Wissenschaftliche Untersuchungen
zum Neuen Testament · 2. Reihe

Herausgeber / Editor
Jörg Frey (Zürich)

Mitherausgeber / Associate Editors
Friedrich Avemarie (Marburg)
Markus Bockmuehl (Oxford)
James A. Kelhoffer (Uppsala)
Hans-Josef Klauck (Chicago, IL)

300

Martin G. Ruf

Die heiligen Propheten, eure Apostel und ich

Metatextuelle Studien zum zweiten Petrusbrief

Mohr Siebeck

MARTIN G. RUF, geboren 1967; Studium (ev. Theologie, Latein, bibl. Hebräisch, Französisch) in Heidelberg, Marburg/Lahn und Halle/Saale; Lehrer für ev. Religionslehre, Latein und Französisch in Schönebeck/Elbe; wissenschaftlicher Mitarbeiter an der Universität Utrecht; 2010 Promotion; derzeit Junior Universitair Docent an der Universität Utrecht.

ISBN 978-3-16-150592-8

ISSN 0340-9570 (Wissenschaftliche Untersuchungen zum Neuen Testament, 2. Reihe)

Die Deutsche Nationalbibliothek verzeichnet diese Publikation in der Deutschen Nationalbibliographie; detaillierte bibliographische Daten sind im Internet über http://dnb.d-nb.de abrufbar.

Das Buch wurde von Laupp & Göbel in Nehren auf alterungsbeständiges Werkdruckpapier gedruckt und von der Buchbinderei Nädele in Nehren gebunden.

Meinen Eltern

Vorwort

Das vorliegende Buch entspricht weitestgehend meiner Arbeit gleichen Titels, die Anfang 2010 von der Geisteswissenschaftlichen Fakultät der Universität Utrecht als Dissertationsschrift angenommen wurde. Für die Drucklegung wurde sie um einige Literaturverweise angereichert und stellenweise sprachlich geringfügig verändert.

Diese Dissertation ist nicht das Resultat einer vierjährigen Doktorandenanstellung am Theologischen Departement der Universität Utrecht. Sie ist es *auch*. Doch ohne eine gediegene schulische und universitäre Ausbildung wäre sie undenkbar. Ein erstes Wort des Dankes gilt daher all denen, die mir beibrachten, wie man lernt, die mir Freude am Wissen und Neugier zum Forschen vermittelten, die mich lehrten, wie man sich auf wissenschaftlichem Niveau mit Fragestellungen auseinandersetzt, und die es mir ermöglichten, dem Wissensdrang und der Lust am Studieren nachzugehen. Die Ermunterung, doch noch ein Promotionsprojekt ins Auge zu fassen, verdanke ich Herrn Prof. Dr. Heinz Thoma von Institut für Romanistik an der Martin-Luther-Universität Halle-Wittenberg. Herrn Prof. Dr. Gerd Theißen habe ich – neben dem größten Teil meiner Ausbildung im Neuen Testament – den Hinweis auf die Stellenausschreibung an der Universität Utrecht zu danken. Diese wiederum schuldet sich dem High-Potential-Programm der Universität Utrecht zur Förderung interdisziplinärer Forschungsprojekte und der Projekterarbeitung von Prof. Dr. Annette Merz und Dr. Teun Tieleman.

Diese Dissertation ist auch nicht das Ergebnis einer intensiven Zweierbeziehung zwischen Forscher und Thema. Sie ist es *auch*. Doch viel mehr Menschen haben ihr Zustandekommen begleitet und gefördert. Meine Doktormutter Prof. Dr. Annette Merz hat nicht nur den gesamten Entstehungsprozess dieser Arbeit betreut; ich durfte darüber hinaus ihr anhaltendes Vertrauen in mein Tun genießen, die Freiheit, die sie mir in vielerlei Hinsicht ließ, ihre wohlwollende Unterstützung und Förderung sowie ihre freundschaftliche Offenheit und Gastfreiheit. Ihr gilt mein herzlicher Dank für so vieles in den letzten nahezu sechs Jahren seit der Zusage für die Promotionsstelle. Das Forschungsprojekt „Habent sua fata libelli: Text Processing in the Philosophical and Religious Movements within Roman Empire" bildete den engeren Rahmen für meine Forschung. Meinen Kolleginnen Dr. Nicole Frank („Der Kolosserbrief im Kontext des paulinischen Erbes", 2009), Dr. Irene Conradie ("Seneca in his cultural and literary context: Selected moral letters on the body", 2010) und Anna Ntiti sowie den bereits genannten Projektleitern möchte ich danken für den horizonterweiternden und anregenden Gedankenaustausch in unseren Kolloquien. Als sehr inspirierend habe ich meine disziplinäre Doktorandenausbildung bei NOSTER (Nederlandse Onderzoeksschool voor Theologie en Religiewetenschap) erfahren; vor allem die Netzwerkgruppe für Doktoranden der Exegese erlebte ich als äußerst gewinnbringend. Des weiteren möchte ich der früheren Fachgruppe exegetischer Disziplinen am theologischen Departement der Universität Utrecht danken, in der ich ungeachtet der doch recht episodischen Rolle als Doktorand nie das Gefühl vermittelt bekam, eine marginale Erscheinung zu sein. Meinen Mitdoktoranden am Departement Adriaan, Anne-Mareike, Annemeik, Arwin, Carlos, Henk-Jan, Inge, Ingeborg, Joantine, Nienke, Marike, Trudelien und Zoltán danke ich für alle *gezelligheid* bei und außerhalb der Arbeit, allen voran Dr. Izaak de Hulster und Dr. Dorottya Nagy für ihre herzliche Freundschaft – und meinem Bürokollegen Niek Brunsveld. Besser lässt sich Alltag nicht teilen.

Im Zusammenhang mit der Entstehung dieses Buches will ich meiner ehemaligen *collega proxima* Dr. Nicole Frank danken für das Korrekturlesen einiger Teile und mancherlei dienliche Tipps, Dr. Eva Hänßgen für die Hilfe bei der Literaturbeschaffung in den letzten Jahren, Bram van den Heuvel für die Anfertigung des Stellenverzeichnisses und Stefan van Dijk für die Durchsicht ausgewählter Passagen. Ein besonderer Dank gilt Prof. Dr. Jörg Frey für die Aufnahme in die zweite Reihe der *Wissenschaftlichen Untersuchungen zum Neuen Testament* und Herrn Matthias Spitzner vom Verlag Mohr Siebeck für die geduldige und konstruktive Betreuung bei der Erstellung der Druckvorlage.

Die beste wissenschaftlich inspirierende Umgebung ist nicht ausreichend für eine gelungene, ausgewogene Promotionszeit. In besonderer Weise bereichert wurde die nichtakademische Seite meines Lebens in diesen Jahren durch Benno, Jaime, Taco, Ton und Torsten. Danke.

Nicht zuletzt danke ich meiner Familie als meiner beständigen Stütze und treuen Begleiterin, allen voran meinen Eltern, denen dieses Buch gewidmet ist, und – über allem – Dem, der unzählig viel zugut' bis hierher hat getan.

Utrecht, am Reformationstag 2010
Martin G. Ruf

Inhalt

"Nur muss man endlich damit aufhören, den Pseudonymus daran erkennen zu wollen, dass derselbe sich in sinnlosen Widersprüchen bewegt (z.B. um sich nicht zu verrathen, den Brief an die ganze Christenheit datirt und dann 3,1 doch voraussetzt, dass er an die Leser des ersten Petrusbriefes schreibe, wie man ihm zugetraut hat), aus seiner Rolle fällt, Gegenwart und Zukunft verwechselt, was alles dem Verfasser einer so sinnvollen Komposition nicht zuzumuthen ist..."

BERNHARD WEISS, Lehrbuch der Einleitung in das Neue Testament,
zweite Auflage, Berlin 1889, Seite 451 Anm. 2

Kapitel I

Theoretische und methodische Grundlegung

A. Hinführung

Ein neues Stück Literatur ist keine *creatio ex nihilo*, sondern entsteht in ständiger Bezugnahme auf Vorausgehendes. Dies gilt weit über die Antike hinaus als ausgemacht. Zu den antiken und mittelalterlichen Produktionsbedingungen von Literatur schlechthin gehören *imitatio, variatio* und *aemulatio* im Verhältnis zu den jeweiligen literarischen Vorbildern.[1] Durch Nachahmung und Übernahme von Gattungen und Inhalten, durch Variation in einzelnen Elementen, Neuformulierung derselben Gegebenheiten, durch leichte Akzentverschiebungen, also durch ständige Bezugnahme auf Vorgängiges, schreibt man sich in den Literaturstrom ein.[2] Das Streben nach nie Dagewesenem bleibt der Romantik und ihrer Folgezeit vorbehalten.[3]

Neben der Verpflichtung antiken literarischen Schaffens auf dieses Prinzip der Relationalität zum Vorhandenen, zeigt sich eine zweite Form der Rückgewandtheit – nicht nur in der Antike, aber dort ganz sicher – in der Begründung von Standpunkten und Vorgehensweisen. Die Grundlage für je gegenwärtiges Denken und Handeln, wenn nicht gar Autorität überhaupt, liegt in der Vergangenheit, oft in einer ‚Anfangszeit'.[4] Davon zeugt, um zwei recht willkürliche Beispiele zu wählen, ein Livius, der einige Figuren aus der grauen Vorzeit Roms als Vor- und Leit-, aber auch Schreck-

---

[1] CLAES 1987, 7f; VAN WOLDE 1984a, 3; zur *imitatio* ferner WORTON/STILL 1990, 6–8; zu *imitatio* und *aemulatio* WARNING 1983, 288ff; zu *imitatio*-Konzeptionen bei Plato, Aristoteles, Horaz, Cicero und Quintilian siehe WORTON/STILL 1990, 2–8. GREEN 2010, 1–25 versucht, das Verhältnis zwischen dem *zweiten Petrusbrief* und dem *Judasbrief* mit der Kategorie der *imitatio* zu beschreiben.

[2] Zur Rolle der „diskontinuierlichen Kontinuität" in der Geschichte der Formen und Gattungen, konkret auch des Apostelbriefs, siehe VOUGA 1992, 7ff; zum selben Phänomen allgemein FENS 1983, 7.

[3] CLAES 1987, 7f; VAN WOLDE 1984a, 3.

[4] Vgl. NEYREY 1993, 128: "It is a commonplace that the past was considered normative for people in antiquity." Einer besonderen Ausprägung der Wertschätzung des Alten in der Antike, nämlich der Argumentation mit dem höheren Alter zum Beweis der besseren Qualität, der höheren Autorität etc., dem so genannten ‚Altersbeweis', widmet sich PILHOFER 1990 in seiner Dissertation mit dem bezeichnenden Titel ΠΡΕΣΒΥΤΕΡΟΝ ΚΡΕΙΤΤΟΝ.

bilder für seine Gegenwart fungieren lässt,[5] ebenso wie ein Urchristentum, dem die apostolische Zeit in ihren Persönlichkeiten und Schriften auch dann noch Autorität und Maßstab ist, als sich die gesellschaftliche Situation der Gegenwart bereits erheblich von der Zeit der Apostel unterscheidet.[6]

Eine dritte Spielart der Rückbezogenheit schließlich ist nicht gemeinantik, sondern ein Spezifikum der aufkommenden christlichen Religion. Urchristliche Theologie bildet sich in ständiger Bezugnahme auf die Inhalte der heiligen Schriften des Judentums aus, die es schließlich gegenläufigen Bestrebungen im zweiten Jahrhundert zum Trotz definitiv als eigene heilige Schriften in seine weitere Geschichte mitnimmt. Dies bedeutet den Verzicht auf ein ausschließliches Fortbauen auf den neuen, christlichen Schriften und die Entscheidung zu einer ständigen Vergewisserung der eigenen Herkunft. Was in der frühesten Literatur der neuen christlichen Bewegung selbstverständlich war, soll weitergeführt werden.

Die genannten Produktionsbedingungen antiker Literatur, die Idee von der autoritativen Vergangenheit und die Verbindungen zwischen christlicher Theologie und jüdischen heiligen Schriften lassen bereits erwarten, dass die Entstehung einer urchristlichen Schrift grundsätzlich nicht anders als auf der Basis vorgängiger Texte zu denken ist. Das Verhältnis des *zweiten Petrusbriefes* zu seiner textuellen Umwelt geht jedoch in diesen allgemeinen Kategorien literarischer Verwobenheit nicht auf. Denn wie bereits eine erste oberflächliche Lektüre zeigt, reflektiert und thematisiert er das Vorhandensein vorgängiger Schriften und deren Bedeutung. Er weist ihnen einen Ort in seinem textuellen Universum zu, platziert sie, absolut und im Verhältnis zu sich selbst – sowie sich im Verhältnis zu ihnen. Diese Aktivität des expliziten und impliziten Kommentierens und Bewertens anderer Schriften durch den *zweiten Petrusbrief* sowie die daraus hervorgehende Platzanweisung an andere Schriften und die Standortbestimmung seiner selbst sind Gegenstand der vorliegenden Untersuchung.

---

[5] In der *praefatio* (§10) zu seinem vielbändigen Geschichtswerk *Ab urbe condita* hebt Livius hervor, das „Heilsame und Fruchtbare" (*salubre ac frugiferum*) der Beschäftigung mit Geschichte liege gerade darin, dass sie eindrückliche Beispiele zur Belehrung in jeglicher Hinsicht bereitstelle, aus denen man für sich und für den Staat entnehmen könne, was man nachahmen und was meiden solle; vgl. auch Hans-Jürgen HILLEN, Einführung in die Bücher I–III des Livius, in: T. Livius, Römische Geschichte, Darmstadt ²1997, 588.

[6] Für das jüdisch-christliche Denken sind es nach BROX nicht nur Autorität und Leitbild, die in der Vergangenheit liegen: „Die verläßliche Wahrheit liegt je früher. Sie ist am Anfang in ihrer Fülle gegeben und muß seither weitergereicht werden. Wenn das jetzt als wahr Erkannte, für wahr Gehaltene beteuert und abgesichert werden soll, muß es als ursprüngliche Wahrheit vordatiert werden. Die Autoritäten der Vergangenheit, des Ursprungs, sind in jedem Fall näher bei der Wahrheit als die je Heutigen"; BROX 1973, 330f.

B. Der zweite Petrusbrief als metatextuelles Dokument: Motivation und Anknüpfung in der Forschungsgeschichte

Der *zweite Petrusbrief* ist eine Schrift, die andere Texte ausdrücklich voraussetzt. Insofern ist er diesen anderen Texten zeitlich *nach*geordnet und steht er *über* ihnen. Gibt man dem Begriff ‚Metatextualität' für einen Augenblick diese naiv-assoziative Bedeutung, so leuchtet eine Betrachtung des *zweiten Petrusbriefes* als metatextuelles Dokument unmittelbar ein. Explizit verweist dieser nämlich auf die Prophetie der Schrift (1,20), auf eine Mehrzahl von Paulusbriefen (3,15–16) und einen Brief, als dessen Folgeschreiben er sich versteht (3,1). Auch die Formulierung „Eurer Apostel Gebot vom Herrn und Retter" (3,2) deutet auf einen oder mehrere Texte hin; allein bleibt beim ersten Lesen offen, ob es sich dabei um mündliche oder schriftliche Texte handelt. Implizit schließlich, also ohne ausdrückliche Nennung der vorgängigen Texte, bezeugt der *zweite Petrusbrief* dasselbe: Der mit biblischen Schriften nicht gänzlich unvertrauten Leserin begegnen schon bei der ersten Lektüre bekannte Textstücke oder Gedanken wie das Wort vom Tag, der kommt wie ein Dieb (3,10), oder die Gleichsetzung von tausend Jahren mit einem Tag in den Augen Gottes (3,8); und entlang dem gesamten Text erinnern einzelne Wörter, Wortverbindungen und Themen an den *Judasbrief*.

Immer wieder einmal wird der *zweite Petrusbrief* aufgrund dieses metatextuellen – wir bleiben noch einen weiteren Moment bei der naivassoziativen Füllung des Begriffs – Charakters auf die eine oder andere Weise mit der Entstehung des neutestamentlichen Kanons in Verbindung gebracht.[7] So wird ihm aufgrund der Beobachtung seiner unterschiedlichen Haltung verschiedenen Schriften(gruppen) gegenüber, namentlich auch seiner angeblichen Distanznahme zur Verwendung von Apokryphen, verschiedentlich ein "incipient intuitive sense of canon" oder ähnliches attestiert.[8] Seine Aussage über die Geistgetriebenheit der Propheten, so eine andere Sicht der Verbindung zwischen dem *zweiten Petrusbrief* und dem Kanon, mache ihn zum „Kronzeugen des herkömmlichen Kanonverständnisses", nach dem die übernatürliche Entstehung der Bibel eine be-

---

[7] Die gilt ungeachtet der Tatsache, dass gegenüber dem Gebrauch des Wortes ‚Kanon' in diesem Zusammenhang häufiger starke Vorbehalte bestehen, vgl. KOPERSKI 2004, 461 Anm. 1.

[8] MEIER 1999, 69 ist einigermaßen typisch für diese Sicht: "… his incipient, intuitive sense of canon excludes as well as includes, as any canon must." Auch das im Anschluss zur Begründung angeführe Argument ist das gebräuchliche: "… while he takes over a good part of the Epistle of Jude, he pointedly omits Jude's use of material from 1 *Enoch* and the *Testament of Moses.*"

sondere Auslegungsmethode erfordere.[9] Ein differenziertes Bild von der Rolle des *zweiten Petrusbriefes* bezüglich des werdenden Kanons hat Denis Farkasfalvy entworfen: In seiner Sicht arbeitet die *Secunda Petri* in zweierlei Hinsicht auf den Kanon zu, zum ersten, indem sie die Lehre (in Rom, wo er sie lokalisiert) bereits anerkannt normativer Schriften verdichtet und ausführt, und zum zweiten, indem sie versucht, sich selbst in diesen Kreis der normativen Schriften einzugliedern und dabei (durch ihren Testamentcharakter) den Ausschluss potentieller weiterer petrinischer Schriften zu gewährleisten.[10] Einer der konkretesten Vorschläge zur Deutung des *zweiten Petrusbriefes* im Rahmen einer Hypothese zur Entstehung des neutestamentlichen Kanons stammt aus der Habilitationsschrift von David Trobisch:[11] Ihm zufolge ist das Neue Testament, wie es als zweiter Teil der christlichen Bibel vorliegt, nicht „das Produkt eines jahrhundertelangen Entwicklungsprozesses", bei dem sich aus den Diskussionen um die Zugehörigkeit einzelner Schriften schließlich der vorliegende siebenundzwanzigteilige Kanon ergeben hat, sondern: „Die Geschichte des Neuen Testamentes ist die Geschichte eines Buches. Eines Buches, das von einem konkreten Herausgeberkreis an einem bestimmten Ort und zu einem bestimmten Zeitpunkt herausgegeben wurde."[12] Bestandteile dieser „Kanonischen Ausgabe" seien vier Teilsammlungen gewesen: die Evangeliensammlung, der Praxapostolos (=*Acta* und katholische Briefe), die Paulusbriefsammlung und die *Johannesapokalypse*.[13] Der Herausgeber dieser Kanonischen Ausgabe zeige sein Interesse und seine endredaktionelle Tätigkeit in einem ‚Editorial', das aus der *Apostelgeschichte*, dem *zweiten Timotheus*- und dem *zweiten Petrusbrief* sowie dem heutigen Schlusskapitel des *Johannesevangeliums* (Joh 21) bestehe.[14] Bewusst lässt Trobisch offen, ob

---

[9] So KLEIN 1970, 109 in einem Vortrag im Westdeutschen Rundfunk am 22.11.1965. Der gesamte Vortrag ist ein meisterliches Beispiel für die Verachtung, mit der man dem *zweiten Petrusbrief* in dieser Zeit begegnete, nämlich als einer Schrift, deren geistige Inferiorität und frühkatholischer Abfall von den genuin frühchristlichen Positionen, wie sie natürlich vor allem in den paulinischen Briefen zu finden waren, ihn eigentlich für den neutestamentlichen Kanon disqualifizierten; zur einer vergleichbaren Haltung aus derselben Zeit siehe KÄSEMANN 1960.

[10] FARKASVALVY 1985, hier besonders 24. Dabei modifiziert FARKASVALVY auch die These von der Apokryphenfeindlichkeit des *zweiten Petrusbriefes*; bezüglich Veränderungen des Textes von Jud 9 und 14, also u.a. der Nichtaufnahme der Namen Henochs und Michaels sowie des Streits um den Leichnam des Mose, hält er fest: "These editorial measures do not eliminate all apocryphal material from the passages taken over from Jude; however, they erase all appearance of attributing scriptural status to the sources of Jude."

[11] TROBISCH 1996; für eine kritische Würdigung siehe THEISSEN 2007, 303–308.

[12] TROBISCH 1996, 11.

[13] TROBISCH 1996, 40.

[14] Zu diesem Editorial siehe TROBISCH 1996, 125ff.

diese endredaktionelle Tätigkeit vor allem in der Auswahl dieser Schriften als Editorial besteht, ob mit starken Überarbeitungen der Bestandteile dieses Editorials durch den Endredaktor oder gar mit ihrer Erstellung eigens für diese Ausgabe zu rechnen ist.[15]

Interaktionen zwischen Texten, d.h. Verweise und Bezugnahmen von Texten aufeinander im weitesten Sinne, werden seit dem Ende der sechziger Jahre des letzten Jahrhunderts unter dem Stichwort ‚Intertextualität' verhandelt. Den Literaturtheoretikerinnen und Literaturtheoretiker, die die Intertextualitätstheorie aus der Taufe hoben, war es dabei vor allem um postmoderne Literatur zu tun; der Intertextualitätsbegriff war nicht oder jedenfalls nicht in jedem Fall auf jede Art von Text gemünzt.[16] Erst mit der Zeit setzte sich die Sicht durch, dass Intertextualität auch unter den Produktions- und Rezeptionsbedingungen antiker Literatur einen geeigneten Zugang darstellt, und wurden und werden Ergebnisse und Denkansätze der Intertextualitätsforschung auch auf Texte der paganen und christlichen Antike angewandt.[17]

Eine Untersuchung der besonderen Form textueller Interaktion des *zweiten Petrusbriefes* mittels des inzwischen durch die Intertextualitätstheorie bereitgestellten Instrumentariums fehlt bislang. Diese Lücke will die vorliegende Arbeit füllen, indem sie mit Hilfe eines aus einem intertextua-

---

[15] TROBISCH 1996, 128.

[16] Nach PFISTER 1985b, 27 ist moderne und postmoderne Literatur das „Paradigma für Intertextualität überhaupt". Das Interesse Julia KRISTEVAs, die den Begriff ‚Intertextualität' einführte, geht – wenngleich auch nicht ausschließlich – so doch zunehmend in Richtung des modernen Romans; siehe LERNOUT 1987, 33. Einige Autoren des ausgehenden neunzehnten Jahrhunderts markieren für sie einen Einschnitt in die Literaturgeschichte: «Avec Lautréamont, Mallarmé, Joyce, Artaud, lire signifie abandonner l'opération lexicale-syntaxique-sémantique du déchiffrement, et refaire le trajet de leur production»; KRISTEVA 1974, 98. Joyce ist das große Vorbild für die literarische Revolution, für die sich Philippe SOLLERS in der ersten Hälfte der 70er Jahre im *TelQuel* stark macht, vgl. LERNOUT 1987, 41. Zur eingeschränkten Gültigkeit des Intertextualitätsbegriffs bei KRISTEVA siehe HEMPFER 1991, 8ff. Auch manche Untersuchungen auf Teilgebieten des Phänomens ‚Intertextualität' beschränken ihre Aussagekraft ausschließlich auf moderne Literatur, siehe SUERBAUM 1985, 73; HELBIG 1996, 83. Auf der anderen Seite scheinen KRISTEVAs Äußerungen in *Le texte clos* durchaus Intertextualität als Eigenschaft *jedes* Textes nahezulegen; vgl. KRISTEVA 1966/67, 52f und HEMPFER 1991, 8.

[17] Für die pagane Antike siehe etwa Rudi VAN DER PAARDT, Een vertrouwd gevoel van onbekendheid. Opstellen over antieke intertekstualiteit, Leiden 1996; zur Intertextualität der Antikenrezeption im Werk von Hugo CLAUS siehe CLAES 1981. Der Versuch, die Ansätze einzelner Vordenker oder Vertreter der Intertextualität für die Theologie fruchtbar zu machen, findet sich bei PHILLIPS 1991 (Pierce, Derrida), PHILLIPS 2006 (Eco, Genette) u.a., siehe ferner z.B. DRAISMA 1989, VAN IERSEL 1989; HAYS 1989; VAN WOLDE 1990, WEREN 1993, VOELZ 1995, MERZ 2004; BAUMANN 2005; BRODIE/MACDONALD/PORTER 2006; FRANK 2009.

litätstheoretischen Denkansatz heraus entwickelten Verfahrens den Text des *zweiten Petrusbriefes* befragt, welchen Platz er sich und den von ihm gebrauchten und erwähnten Schriften in seinem textuellen Universum anweist. Auf diesem Weg sucht sie neue Einsichten zu erlangen bezüglich der alten Frage nach Spuren eines Kanonverständnisses *avant la lettre*[18] im *zweiten Petrusbrief.*

C. Metatextualität:
intertextualitätstheoretischer Ansatz und Terminologie[19]

1. *Gérard Genette: Metatextualität als Form der textuellen Transzendenz*[20]

Unzufrieden mit seinen eigenen früheren Betrachtungen beginnt der Literaturwissenschaftler Gérard Genette 1982 im ersten Kapitel seiner *Palimpsestes* erneut, den Gegenstand der Poetik zu beschreiben.[21] Es sei die Transtextualität oder auch textuelle Transzendenz, womit diese sich beschäftige; all das, was einen Text in Verbindung bringt mit anderen Texten. Diese textuelle Transzendenz, die im übrigen für Genette auf textuelle

---

[18] Der Kanonbegriff stammt erst aus dem vierten Jahrhundert, als die Zusammenstellung der neutestamentlichen Schriften wahrscheinlich schon abgeschlossen, zumindest aber der dahin führende Prozess schon längst im Gange war; vgl. VIELHAUER 1978, 774–786 § 64 *„Das Problem der Kanonbildung".*

[19] Im Folgenden wird nur insoweit auf intertextuelle Denkansätze Bezug genommen, als es für die vorliegende Arbeit nötig ist. Für umfassendere Darstellungen siehe das Kapitel «*Histoire de l'intertextualité*» bei GIGNOUX 2005, 7–51 sowie das Kapitel «*Une notion instable*» bei SAMOYAULT 2005, 7–32.

[20] Für andere Verstehensweisen des Begriffes ‚Metatextualität' in der Literaturwissenschaft siehe KRAVAC 1994 und ggf. WOLF 2004. MARGOLIN 1999 etwa gebraucht einen Metatextualitätsbegriff, der in seiner Kurzbeschreibung dem gleichkommt, was gewöhnlich als Intertextualität bezeichnet wird: "indebtedness of a later text to an earlier one"; ibid. 158, von MARGOLIN aber in der ausführlichen Definition als Untermenge aller möglichen intertextuellen Beziehungen beschrieben wird: "Metatextuality will be understood here as constituting a proper subset of the total sphere of intertextual relations, encompassing most of the relations referred to in traditional comparatism by terms such as "contact," "influence," "borrowing," "imitation," "adaptation," and the like." Damit kommt er in die Nähe dessen, was der vermutliche Schöpfer des Begriffes Metatextualität, der Literaturtheoretiker Anton POPOVIČ (Teória metatextov 1974), darunter verstand: Metatext ist der „auf einem anderen Text beruhende Text"; KRAVAC 1994, 274. Ähnlich dürfte der Metatextualitätsbegriff bei HALLYN 1983 gefasst sein, wiewohl dieser hierüber nicht explizit Rechenschaft ablegt. Etwas überraschend, weil nicht erläutert, begegnet der Begriff ‚Metatext' bei THURÉN 1996, 344 bezüglich 2 Petr 1,12–15 (und 2 Petr 3,1–2). Der Einbettung des Begriffs ist zu entnehmen, dass er auf die Bezugnahme der genannten Textstellen auf vorgängige Texte gemünzt ist.

[21] Vgl. zum Folgenden GENETTE 1982, 7–14.

Beziehungen beschränkt bleibt und die Kontaktaufnahme des Textes mit der außertextlichen Welt nicht mit umfasst, kategorisiert er in fünf Erscheinungsformen, deren dritte die für die vorliegende Untersuchung relevante Metatextualität ist. Mit diesem Begriff bezeichnet er die kommentierende Bezugnahme eines Textes auf einen anderen. Genette weist darauf hin, dass für das Ausüben dieser Kommentarfunktion weder das Zitieren des kommentierten Textes unbedingt notwendig ist noch selbst dessen Nennung.[22]

Damit enden Genettes Ausführungen; Metatextualität ist nicht sein eigentliches Thema. Der Leser bleibt zurück mit einem unausgereiften Gedanken. Denn Kommentarfunktion übt ein Text nicht nur dort aus, wo er explizit kommentiert. Vielmehr haftet jeglicher Kontaktaufnahme eines Textes zu einem anderen ein kommentierender Aspekt an. Wenn ein Text einen anderen zitiert, alludiert oder plagiiert, so birgt dies implizit eine Stellungnahme zu dem aufgenommenen Text und also einen Kommentar. Um das Phänomen der Metatextualität, verstanden als Kommentierung eines Textes durch einen anderen, in seiner Gesamtheit, seiner Komplexität zu erfassen, muss auch und gerade diese metatextuelle Dimension einer jeglichen Text-Text-Beziehung mitberücksichtigt werden, was wiederum dazu führt, dass die theoretische Grundlegung beim Phänomen der Intertextualität einsetzen muss.

2. Julia Kristeva: Text als Intertextualität

Als Julia Kristeva in der zweiten Hälfte der sechziger Jahre des zwanzigsten Jahrhunderts den Begriff Intertextualität einführt, ist es ihr – Genette nicht unähnlich – wesentlich um das Verständnis dessen zu tun, was ein Text ist. Zu eng, zu starr erscheint ihr ein strukturalistischer Textbegriff, der sich im sprachlichen Ist-Zustand des fertigen Textproduktes erschöpft und wonach Verstehen eines Textes sich auf ein Dechiffrieren der sprachlichen Strukturen beschränkt. Auf diesem Hintergrund müssen ihre Ausführungen in *Le mot, le dialogue et le roman*[23] gelesen werden. In diesem Essay, in dem sie erstmalig von Intertextualität spricht, stellt sie den russischen Sprach- und Literaturtheoretiker Michail Bachtin (1895–1975)[24] als einen der ersten dar, der die strukturalistische Zugangsweise zum Text dynamisiert habe, indem er die literarische Struktur nicht als seiend, sondern als werdend ansehe: In seinen Arbeiten über Dostojewski und Rabe-

---

[22] GENETTE 1982, 10: «Le troisième type de transcendance textuelle, que je nomme métatextualité, est la relation, on dit plus couramment de «commentaire», qui unit un texte à un autre texte dont il parle, sans nécessairement le citer (le convoquer), voire, à la limite, sans le nommer [...].»

[23] KRISTEVA 1966.

[24] Für eine erste Orientierung über Bachtin siehe z.B. MERTENS 1990, 4ff.

lais beschreibe Bachtin das literarische Wort als ein „Zusammentreffen von Textoberflächen, einen Dialog zwischen Schriftsteller, Adressat (oder Figur), aktuellem oder voraufgehendem kulturellem Kontext."[25] Was ein Text ist, fasst Kristeva in ein räumliches Modell: Die drei Dimensionen sind erstens der «sujet de l'écriture», dessen de- und konnotative Welt hier – *traduttore traditore!* – in der Übersetzung „Subjekt der Schreibe" einzufangen versucht wird,[26] zweitens der Empfänger und drittens „die äußeren Texte".[27] Bei diesen „äußeren Texten" ist nicht nur an sprachliche Zeugnisse der Gegenwart und Vergangenheit zu denken. Der „aktuelle oder voraufgehende kulturelle Kontext", die Wirklichkeit von Geschichte und Gesellschaft, schreiben sich mit in einen Text ein. In einem nun zweidimensionalen Bild lokalisiert Kristeva das literarische Wort auf einer horizontalen Achse innerhalb der Kommunikation zwischen Subjekt und Empfänger, auf einer vertikalen Achse im zeitgenössischen oder literarischen Textkorpus. Freilich ist in einem Text der Empfänger wiederum nur als Diskurs vorhanden, er verschmilzt mit dem Diskurs des Subjekts. Man kann, so Kristevas Wiedergabe der Gedanken Bachtins, in den Worten des Subjekts bei Dostojewski den anderen mitlesen.[28] Das Wort ist demnach

---

[25] KRISTEVA 1966, 83: «...le 'mot littéraire' n'est pas un *point* (un sens fixe), mais un croisement de surfaces textuelles, un dialogue de plusieurs écritures: de l'écrivain, du destinataire (ou du personnage), du contexte culturel actuel ou antérieur.»

[26] Es scheint unmöglich, «sujet de l'écriture» prägnant und treffend zu übersetzen. «écriture» bezeichnet sowohl die Tätigkeit des Schreibens wie auch den persönlichen Schreibstil und das geschriebene Produkt; der obige Versuch «écriture» mit „Schreibe" wiederzugeben, in dem man *cum grano salis* Vorgang, Stil und Resultat sehen könnte, hat den Nachteil, dass „Schreibe" eine pejorative Konnotation in den Ausdruck importiert, die er im Französischen nicht hat. Diese Verlegenheit zeigt sich etwa am deutschen Titel von Roland BARTHES' frühem Aufsatz *Le Degré zéro de l'écriture* (1953); meist wird er mit „Nullpunkt der Literatur" übersetzt, zuweilen aber auch mit „Nullpunkt des Schreibens" (vgl. die niederländische Übersetzung von E. Axel VAN CASPEL: De nulgraad van het schrijven). CLAES 1973/74, 266f beschreibt BARTHES écriture-Begriff in *Le Degré zéro de l'écriture* wie folgt: "Dit werk ontwikkelt de notie schriftuur (écriture), die de ruimte tussen taal (het geheel van wetten die het taalgebruik regelen) en stijl (het aan het individu van de schrijver gebonden idioom) opvult. De schriftuur is dan een geheel van linguïstische eigenaardigheden in literaire teksten die het idee vertolken dat de auteur en zijn publiek zich van de literatuur vormen." In unmittelbarer Verbindung zu seinem Verständnis von «écriture» ist Barthes' Verständnis von ‚Text' zu sehen, wie es im Vergleich mit dem Netz einer Spinne anschaulich wird; siehe BARTHES 1973, 100f. Zur Entwicklung der Verwendung des Begriffs «écriture» von BARTHES zu KRISTEVA siehe CLAES 1979, 34f; zum «sujet de l'écriture» bei BARTHES siehe PETETIN 1993; in *Le texte du roman* (KRISTEVA 1976) geht KRISTEVA nur punktuell auf den «écriture»-Begriff ein.

[27] KRISTEVA 1966, 84.

[28] KRISTEVA, 1966, 88. Diese zweite Nennung des Begriffs Intertextualität wird leider viel seltener angeführt als die allenthalben zitierte Definition vom „Mosaik der Zitate", obwohl sie vielleicht sogar noch aussagekräftiger ist als die erste: «Mais pour

ein Zusammentreffen von Worten, der Text ein Zusammentreffen von Texten. Jeder Text ist das Ergebnis einer Absorption und Transformation anderer Texte, ist ein Mosaik von Zitaten. Um diesem Sachverhalt einen griffigen Namen zu geben, greift sie zu dem Begriff Intertextualität.[29] Deutlich ist zu erkennen, wie der Text seine Abgeschlossenheit einbüßt, indem er nach mehreren Seiten geöffnet wird: In ihm schlagen sich mindestens die Stimmen von Empfänger und Subjekt nieder, aber auch das literarische Textkorpus, die gesellschaftlichen und geschichtlichen Gegebenheiten. Um einen Text angemessen zu verstehen, muss man also über die sprachlichen Strukturen hinausgreifen und die genannten Dimensionen beachten.[30]

Ganz in diesem Sinne beschreibt Kristeva den Text in dem nur wenige Monate jüngeren Aufsatz *Le texte clos*[31] aus semiotischer Perspektive als *translinguistischen Apparat*.[32] Mit „translinguistisch" wird erneut auf das Transzendieren sprachlicher Kategorien verwiesen, mit „Apparat" auf seinen dynamischen Charakter: Ein Apparat bearbeitet, produziert. Kristeva nennt den Text in zweifacher Hinsicht eine *Produktivität*. Zum ersten bewerkstellige er eine Neuverteilung sprachlicher Einheiten: Er entnehme der Sprache – und damit: anderen Zusammenhängen! – sprachliche Elemente, insofern sei er destruktiv. Sein konstruktiver Charakter zeige sich, indem er diese sprachlichen Elemente neu zusammenfüge. Das Ergebnis sei die genannte Umverteilung, die Redistribution. Seine zweite produktive Aktivität: Er permutiere Texte, ja er sei selbst deren Permutation. Eben diese Permutation von Texten ist für Kristeva Intertextualität: Innerhalb eines Textes begegnen sich sprachliche Einheiten, die anderen Texten entnommen sind.[33] Dadurch dass auch Geschichte und Gesellschaft als Texte

---

Bakhtine [...] le dialogue n'est pas seulement le langage assumé par le sujet, c'est une *écriture* où on lit *l'autre* [...]. Ainsi le dialogisme bakhtinien désigne l'écriture à la fois comme subjectivité et comme communicativité ou, pour mieux dire, comme *intertextualité*...»

[29] KRISTEVA 1966, 85. «Tout texte se construit comme mosaïque de citations, tout texte est absorption et transformation d'un autre texte. A la place de la notion d'intersubjectivité s'installe celle d'*intertextualité*, et le langage poétique se lit, au moins, comme *double*.» Der Begriff dürfte in enger Anlehnung an Bachtin entstanden sein, der bereits von „Interaktion der Kontexte" und von „sozioverbaler Interaktion" spricht, vgl. ANGENOT 1983, 124.

[30] Hierher gehört auch ihre Idee der anderen Art von Lesen, die aber nun nicht für Texte allgemein postuliert wird, sondern produktionsseitig durch einige Autoren vom Rezipienten eingefordert wird: KRISTEVA 1974, 98 «Avec Lautréamont, Mallarmé, Joyce, Artaud, lire signifie abandonner l'opération lexicale-syntaxique-sémantique du déchiffrement, et refaire le trajet de leur production.»

[31] KRISTEVA 1966/67.

[32] KRISTEVA 1966/67, 52.

[33] KRISTEVA 1966/67, 52: «Le texte est donc une *productivité*, ce qui veut dire : 1. son rapport à la langue dans laquelle il se situe est redistributif (destructivo-constructif),

in jeden Text eingehen, erhält ein Text historische und soziale Koordinaten. Diese intertextuelle Funktion, die historisch-soziale Lokalisierung eines Textes, nennt Kristeva das *Ideologem* eines Textes.[34]

In poststrukturalistischen Weiterentwicklungen der Intertextualitätstheorie lässt sich oft ein programmatischer Schwerpunkt auf dem Verhältnis Text-Leser – oder eher noch: Leser-Text – und ein Abrücken von
der Beziehung eines Autors zu seinem Text beobachten.[35] So hat Roland
Barthes 1968 in Anlehnung an Julia Kristeva und Jacques Derrida den Tod
des Autors verkündigt,[36] nämlich in dem Sinne, dass sobald etwas erzählt
ist, ohne direkt auf die Wirklichkeit einwirken zu wollen, das Erzählte
sich löse von seinem Autor und ein selbständiges Dasein beginne. Der *Autor*, Auswuchs unserer Gesellschaft seit dem ausgehenden Mittelalter und
ihrer Entwicklungsphasen des englischen Empirismus, des französischen
Rationalismus und des persönlichen Glaubens der Reformation, müsse, so
habe es Mallarmé deutlich gesehen, ersetzt werden durch die *angewandte
Sprache*. Dann höre das ‚Dechiffrieren‘ von Texten auf, das vorgibt, den
Text erklären zu können, hat man erst den Autor.[37] Pointiert hat Barthes
das Wort ‚Text‘ bei seiner Etymologie gefasst: Ein Text ist ein *Gewebe* und
man habe dieses Gewebe immer als Produkt aufgefasst und hinter diesem
einen Sinn, die Wahrheit, gesucht. Jetzt werde die generative, die produktive Seite des Textes betont, das Subjekt löse sich darin auf gleich einer
Spinne, die sich selbst in ihren konstruktiven (produktiven!) Sekretionen
auflöst.[38] Denn ein Text sei nicht *eine* Schreibe, sondern viele, die miteinander im Dialog stehen, sich parodieren, sich gegenseitig bestreiten, und

---

par conséquent il est abordable à travers des catégories logiques plutôt que purement
linguistiques; 2. il est une permutation de textes, une intertextualité: dans l'espace
d'un texte plusieurs énoncés, pris à d'autres textes, se croisent et se neutralisent.»

[34] KRISTEVA 1966/67, 53: «L'idéologème est cette fonction intertextuelle que l'on
peut lire «matérialisée» aux différents niveaux de la structure de chaque texte, et qui
s'étend tout au long de son trajet en lui donnant ses coordonnées historiques et socia-
les.»

[35] Vgl. PFISTER 1985b, 20: „Poststrukturalistische Konzepte der Intertextualität gehen, hierin im Einklang mit der Rezeptionsästhetik, vom Leser eher als vom Autor
aus." Zur Rolle des Lesers vgl. darüber hinaus das Kapitel «*La passoire du lecteur*» bei
SAMOYAULT 2005, 66–72. Zuweilen wird sogar die Unterscheidung Autor-Text-Rezi-
pienten überhaupt dekonstruiert: PFISTER ibid. 21.

[36] BARTHES, *La Mort de l'Auteur*, 1968; hier zitiert nach: BARTHES, Essais critiques
IV, Paris 1984.

[37] BARTHES 1968, 61–67.

[38] BARTHES 1973, 100f: «Texte veut dire Tissu; mais alors que jusqu'ici on a toujours
pris ce tissu pour un produit, un voile tout fait, derrière lequel se tient, plus ou moins
caché, le sens (la vérité), nous accentuons maintenant, dans le tissu, l'idée générative
que le texte se fait, se travaille à travers un entrelacs perpétuel; perdu dans ce tissu –
cette texture – le sujet s'y défait, telle une araignée qui se dissoudrait elle-même dans
les sécrétions constructives de sa toile.»

diese Vielfalt werde nicht durch den Autor zusammengeführt, sondern durch den Leser.[39] Indem somit die Einheit eines Textes dem Empfänger zugeschrieben wird, nicht dem Urheber, wird der Akt des Lesens oder allgemeiner der Textrezeption, aufgewertet gegenüber der Textprodukti-on. Dabei kann es geschehen, dass Intertextualität nicht mehr *produktions-seitig* als eine literarische Technik oder *produktseitig* als eine Eigenschaft von Texten, sondern *rezeptionsseitig* als eine Art der Wahrnehmung von Texten, als Mechanismus des Lesens definiert wird.[40] Gewissermaßen als Korrektiv, damit der Intertext nicht ganz von den Zufälligkeiten der Re-zeption abhängt, gibt Michael Riffaterre zufolge ein Text seinem Rezipien-ten anhand von Lücken, die sein Verständnis aus sich selbst heraus un-möglich machen, zu verstehen, dass es einen Intertext gibt, „einen oder mehrere Texte, die der Leser kennen muss um ein literarisches Werk in seiner Gesamtbedeutung zu verstehen" und stößt ihn so zur Suche nach dem Intertext an, um diese Lücken zu füllen.[41] Es findet also durch den vorliegenden Text eine Leserlenkung statt, weg von sich selbst in Rich-tung des Intertextes. Diese Funktion wird zuweilen als zentrifugale Inter-textualität bezeichnet.[42]

Die hier vorgestellte textontologische oder texthermeneutische Ver-wendung des Intertextualitätsbegriffes durch Kristeva u.a. scheint zu-nächst sowohl Anwendung als auch Spezifizierung auszuschließen.[43] In-

---

[39] BARTHES 1968, 66: «Un texte est fait d'écritures multiples, issues de plusieurs cultures et qui entrent les unes avec les autres en dialogue, en parodie, en contesta-tion; mais il y a un lieu où cette multiplicité se rassemble, et ce lieu, ce n'est pas l'auteur, comme on l'a dit jusqu'à présent, c'est le lecteur.»

[40] «L'intertextualité est un mode de perception de texte, c'est le mécanisme propre de la lecture littéraire.» RIFFATERRE 1979, 496. Ähnlich GRIVEL 1983, 56: „'Intertextua-lität' deckt eine ganze Skala von möglichen virtuellen, gegenseitigen Beziehungen zwischen Texten bzw. Textteilen ab; diese Beziehungen vollziehen sich aufgrund be-stimmter Zusammenstellungen („Vergleiche") durch den Leser, bewußt oder unbe-wußt, im Text selbst..."

[41] RIFFATERRE 1990, 56–58, Zitat Seite 56; siehe hierzu SCHMITZ 1987, 26 und ferner VORSTER 1989, 26: "In intertextuality a text does not have a meaning. Meaning is as-signed to the text by intertextual reading in accordance with the function of the inter-texts of the focused texts."

[42] PHILLIPS 2006 passim. Dieser Artikel ist ein Plädoyer dafür, das zentrifugale Po-tential von Intertextualität auszuleuchten, auf das ein Genette oder Eco den Blick er-öffnen, also die Verweiskraft auf die Welt von Texten und Vorstellungen, über die ein Verfasser bzw. eine Verfassering in einem Text mit den Leserinnen und/oder Le-sern kommuniziert, und diesen Zugang gleichwertig neben die lange Zeit in der bib-lischen Exegese vorherrschende zentripetale, d.h. auf die den Text generierenden Motive, Quellen und Einflüsse konzentrierte Betrachtungsweise zu stellen.

[43] ANGENOT 1983, 124.

tertextualität ist bei diesem Ansatz keine *Methode*, sondern eine *Theorie*.[44] Der Schritt hin zur Instrumentalisierung der Intertextualität erfolgt dann in der Regel über eine definitorische Engführung etwa als „Theorie der Beziehungen zwischen Texten"[45], „Verbindungen zwischen Aussagen aus verschiedenen Texten"[46], „Gesamtheit von Verbindungen zwischen Texten"[47], "one text's appearance in another"[48] oder „Kopräsenzverhältnis zwischen zwei oder mehreren Texten"[49] mit einem nun wieder auf den konkreten (literarischen) Text zurechtgestutzten Textbegriff.[50] Demgegenüber eröffnet der ausführlicher als in anderen exegetischen Untersuchungen vorgenommene Rückgriff auf Kristeva ein als Grundlage für das im Folgenden darzustellende Analyseverfahren hilfreiches Verständnis des *zweiten Petrusbriefes* als Text, in dem sich unterschiedliche Stimmen vernehmen lassen. Da ist zunächst die Stimme des Verfassers, zum anderen die Stimme der Empfänger und schließlich die Stimmen der „äußeren Texte", nämlich der kulturell-geistesgeschichtlichen Prägung des Verfassers, die ihm vorausgehende und ihn umgebende Textwelt, aber auch die Lebenswelt der Adressaten, die konkrete Situation der Entstehung des Textes. Dies alles hat sich in den vorliegenden Text des *zweiten Petrusbriefes* eingeschrieben. In erster Linie werden in der vorliegenden Arbeit zwar „Verbindungen zwischen Texten"[51] als konkret vorliegenden sprachlichen Gebilden untersucht, ihr Textbegriff ist also oft enger als der Kristevas. Doch ihre Vorstellung vom Text als einem Raum mit den beschriebenen

---

[44] MOYISE 2006, 24: "Intertextuality is not a method but a theory (or group of theories) concerning the production of meaning."

[45] PFISTER 1985b, 11.

[46] VERDAASDONK 1973, 349: "Relaties tussen uitspraken uit verschillende teksten noemen wij *intertextualiteit*."

[47] CLAES 1980, 24: "Ik bepaal intertextualiteit voorlopig als het geheel van relaties tussen teksten."

[48] HARTOG 2002, 192 Anm. 128.

[49] GENETTE, 1982, 8: «Je le (scil.: le nom d'intertextualité, MGR) définis pour ma part, d'une manière sans doute restrictive, par une relation de coprésence entre deux ou plusieurs textes, c'est-à-dire, eidétiquement et le plus souvent, par la présence effective d'un texte dans un autre.»

[50] Anhand dieser Variation im Textbegriff lässt sich die Intertextualitätsforschung in Strömungen gliedern, vgl. ETTE 1985, 507: „Wenn man versucht, die bisherigen Arbeiten zur Intertextualität systematisch darzustellen, so bieten sich als Parameter zum einen die Varianz zwischen einem – polemisch gesprochen – ‚offenen' und einem ‚geschlossenen', d.h. auf literarische Texte eingeengten, Textbegriff, zum anderen die tendenzielle Orientierung mehr zur Rezeptions- oder Produktionsseite an." Für einen Harmonisierungsversuch zwischen textontologischer und textanalytischer Intertextualität durch das Verständnis der textanalytischen Intertextualität als „prägnante Aktualisierungen" der textontologischen Intertextualität siehe PFISTER 1985b, 25 und in dessen Gefolge auch HELBIG, 1996, 60f.

[51] CLAES 1980,24.

drei Dimensionen eröffnet einen Blick auf den in mehrere Richtungen kommunikativen Charakter des Textes. Zum einen findet in diesem Raum die Kommunikation zwischen dem Verfasser und seinen intendierten Rezipienten statt, zum anderen eine Kommunikation zwischen Texten: Ein Text äußert sich über andere Texte, indem er sie bearbeitet, indem er seine destruktiven und konstruktiven Verfahrensweisen auf sie anwendet. In dem von Kristeva beschriebenen ‚Apparat'charakter eines Textes, der rezeptiv und integrierend in die eigene Richtung arbeitet, transformativ – oder mit Kristeva formuliert: permutativ – in die Richtung des ‚anderen' Textes, zeigt sich sein metatextuelles Handeln, seine Stellungnahme, sein Kommentieren. Der Text als Raum mit den beschriebenen Dimensionen ermöglicht noch eine dritte Art der Kommunikation, nämlich die zwischen dem Text in seiner Vorfindlichkeit mit den in ihm erklingenden Stimmen äußerer Texte und den tatsächlichen Rezipienten.

D. Methodik zur Analyse der Metatextualität

1. Terminologie

Die Näherbestimmung intertextueller Verhältnisse geht einher mit einem Höchstmaß an terminologischer Kreativität für die jeweils behaupteten Kategorien,[52] so dass schon Genette, der die von ihm selbst gewählten Bezeichnungen von der einen zur anderen Publikation änderte, einen *Commissaire de la République* bemühen wollte, um zu einer einheitlichen Terminologie gezwungen zu werden;[53] andere wiesen mit größerer Ernsthaftigkeit darauf hin, der Intertextualitätstheorie gebreche es an einem Basismerkmal jedes wissenschaftlichen Paradigmas, nämlich der Übereinstimmung in grundlegenden Fragen der Terminologie und des Inhalts.[54] Es ist

---

[52] Zu markierter und nichtmarkierter Intertextualität siehe BROICH 1985b, 31ff; zu indexikaler und typologischer Intertextualität VERDAASDONK 1973, 349 u.ö., zu typologischer und referentieller Intertextualität HOLTHUIS 1993 passim; zu Schreiberintertextualität und Leserintertextualität sowie zu kohäsiver und nichtkohäsiver Intertextualität VAN IERSEL 1988, 5.7 u.ö.; zu allgemeiner und besonderer Intertextualität siehe CLAES 1987 passim; zu zentripetaler und zentrifugaler Intertextualität PHILLIPS 2006 passim; zu latenter, intendierter und kaschierter Intertextualität MERZ 2004, 29–35, MERZ 2006, 119–121.

[53] GENETTE 1982, 7 Anm. 2: «Le terme architexte, je m'en avise un peu tard, a été proposé par Louis Marin ... pour désigner «le texte d'origine de tout discours possible, son "origine" et son milieu d'instauration.» Plus près, en somme, de ce que je vais nommer hypotexte. Il serait temps qu'un Commissaire de la République des Lettres nous imposât une terminologie cohérente.»

[54] Diesen Mangel beklagt VAN PEER 1987, 18. Die mangelnde Einigkeit schon bezüglich dessen, was das Konzept ‚Intertextualität' besagt, führt zu teilweise polemischen Abgrenzungen und dem Vorwurf des Missbrauchs von Intertextualität: Der

daher unerlässlich, vorab diejenigen Begriffe hier einzuführen, die für die folgenden Ausführungen vorausgesetzt werden.

Der Text, der einen anderen Text aufnimmt, auf einen anderen Text referiert etc. wird fortan als *Phänotext* bezeichnet oder durch eine attributive Ergänzung zum Simplex Text (vorliegender Text o.ä.) ausgewiesen. Der aufgenommene Text bzw. der Text, auf den eine Referenz zielt, wird *Prätext* genannt.[55] Zwischen *Metatextualität* und *Intertextualität* wird im bereits beschriebenen Sinne in Anlehnung an Genette unterschieden: Von *Intertextualität* ist die Rede, wenn sich die tatsächliche Präsenz von Textteilen aus dem Prätext im Phänotext ausmachen lässt.[56] *Metatextualität* bezeichnet demgegenüber die kommentierende Funktion einer (Sequenz von) Äußerung(en) aus dem Phänotext über eine (Sequenz von) Äußerung(en) aus dem Prätext oder über den Prätext als ganzen sowohl bei textuellen Schnittmengen als auch ohne gemeinsamen Textbestand.

2. Der Satz von der reziproken Semantisierung

Zwischen Phänotext und Prätext besteht eine eigentümliche Spannung, auf die schon Kristeva hinwies, als sie von der destruktiv-konstruktiven Produktivität eines Textes sprach.[57] Auf der einen Seite leugnet der Phänotext seinen Prätext, er lässt ihn nicht in seiner Autonomie bestehen, an-

---

Begriff sei ein „Modewort [...], das die Präsentation alter und längst bekannter Inhalte verdecken soll" (HOLTHUIS, 1993, 2); nicht wenige, die ihn gebrauchten, trieben niedrige Motive wie „theoretische Innovationsgelüste" und das „Provozieren eines Paradigmenwechsels", nicht etwa das hehre „Interesse an der Sache selbst" (HOLTHUIS, 1993, 3). Der Ton in den exegetischen Disziplinen ist kaum milder: Auch hier tummeln sich depravierte Gestalten, die Intertextualität als „restriktives Werkzeug gebrauchen um Autorintention und literarischen Einfluss festzunageln" (AICHELE/PHILIPPS 1995, 7), und seichte Geschöpfe, die nur eine „oberflächliche Besichtigungsrundfahrt" durch die Welt der Methodik unternehmen, an der „Station Intertextualität" aussteigen „um sich die Beine zu vertreten" aber ihre Zeit nicht ernsthaft investieren „um vertraut zu werden mit dem, was diese Station zu bieten hat" (VAN WOLDE, 1989, 43, Übersetzung MGR).

[55] Für mögliche weitere Benennungen und deren kritische Diskussion siehe HELBIG, 1996, 77f. Den Begriff Phänotext (phéno-texte) verwendet bereits KRISTEVA im Gegenüber zu géno-texte, freilich ist bei ihr der Begriff géno-texte viel weiter gefasst als einfach ‚alludierter' oder ‚anzitierter' Text, vgl. KRISTEVA 1974, 83ff. HELBIG, 1996, 77f kritisiert die Bezeichnung Phänotext, weil sie nicht konnotationsfrei sei, sondern eine Opposition ‚Kryptotext' evoziere. Dies wird hier, zumal es unter bestimmten Umständen ganz zutreffend erscheint, billigend in Kauf genommen, wo nicht auf HELBIGsche Vorschläge wie „aktueller Text" o.ä. zurückgegriffen wird.

[56] GENETTE, 1982, 8 definiert: «Je le (scil: le nom d'intertextualité, MGR) définis ... par une relation de coprésence entre deux ou plusieurs textes, c'est-à-dire, eidétiquement et le plus souvent, par la présence effective d'un texte dans un autre.»

[57] KRISTEVA 1966/67, 52.

dererseits bejaht er ihn, indem er ihn wiederverwendet.[58] Dekonstruktion und Konstruktion sind Funktionen, die auf den anderen Text wirksam sind; Kristeva sieht aufgrund dieser Funktionalität den Text als Apparat.[59] Eine andere Weise, dieses Verhältnis zu beschreiben, ist die Charakterisierung als *Stellungnahme* des (de)konstruierenden Textes zum (de)konstruierten Text. Der Phänotext nimmt eine bestimmte Haltung ein gegenüber seinem Prätext und kommentiert ihn dadurch, wie sich besonders gut erkennen lässt, wenn er ihn bei der Integration in den eigenen Text verändert. Durch die textuelle Kontaktaufnahme weist der Phänotext dem Prätext Bedeutung zu, tritt in ein semantisches Verhältnis zu ihm.[60] Diese Bedeutungszuweisung findet nicht allein ausgehend vom Phänotext in Richtung Prätext statt, vielmehr ist die semantisierende Einflussnahme ist als *wechselseitiges* Geschehen[61] zu betrachten, wie ein einfaches Beispiel plausibel zu machen vermag: Zitiert ein Phänotext einen angesehenen Prätext, um etwa seine eigene Aussage mit dessen Autorität zu untermauern, so hat der Prätext auf den Phänotext stützende, bestätigende Funktion. Gleichzeitig wirkt die Praxis des Zitierens auf den Prätext zurück: Er wird dadurch in seiner Rolle als Autorität bestätigt. Darüber hinaus erhält der Prätext möglicherweise einen Bedeutungszuwachs, indem er vielleicht erstmalig Anwendung auf den thematischen Kontext des Phänotextes erfährt.[62] Für die Kennzeichnung der Wirkungsrichtungen solcher rezipro-

---

[58] Die Formulierung erfolgt in Anlehnung an CLAES 1980, 31, der freilich in seiner Terminologie von Architext statt von Prätext spricht: "Een van de paradoxen van de intertextualiteit, namelijk dat de fenotekst tegelijk de architekst ontkent (niet als autonome tekst laat bestaan) en affirmeert (hem herhaalt in zijn eigen tekst)..." Man beachte dabei, dass CLAES ‚Architext' anders verwendet als später GENETTE, der sich sehr wohl bewusst war, dass, als er den terminus ‚architexte' auf die zu Grunde liegende Gattung bezog, er die bereits bestehende Begriffswelt neu ordnete oder besser verwirrte; GENETTE 1982, 7.

[59] Siehe I.C.1. Die Idee, dass sich in der Wiederverwendung eines Textes durch einen anderen eine ambivalente Haltung ausdrücken kann, wurde übrigens gerade in der Beziehung zwischen *zweitem Petrusbrief* und *Judasbrief* zuweilen schon geäußert, bevor die Intertextualitätstheorie in die Exegese Einzug gehalten hatte; vgl. hierzu SCHELKLE 1961, 220f: „2 Petr aber, wiewohl er weithin dem Judasbrief folgt und ihn also hochschätzt, kürzt die Berichte, die Jud aus der jüdischen Haggada übernimmt. Innerhalb des NT selber wird damit ein heute kanonisches Buch von einem anderen kritisch interpretiert."

[60] CLAES 1987, 12.

[61] Vgl. PLETT 1985, 87: „Intertextuelle Texte können nicht nur das Bedeutungspotential des Textes, sondern auch das der von ihm vereinnahmten Prätexte erweitern. [...] Aber auch das Gegenteil ist denkbar: Bedeutungsverengung, sogar Bedeutungsentleerung. [...] Andererseits kann aber auch ein Zitat selbst an einer möglichen Expandierung seines Sinnhorizonts gehindert werden."

[62] Wenn in diesem Zusammenhang oft vom „Dialog der Texte" die Rede ist, so ist mit dieser Metapher natürlich eine gewisse Schieflage verbunden. STIERLE 1983, 17

ken Semantisierungen werden die Termini *phänotextorientiert* bzw. *prätext-orientiert* verwendet.[63]

3. Ansätze zur intertextuellen Analyse nach Manfred Pfister und Udo Hebel

Auf dem Weg zu der in der vorliegenden Arbeit angewandten Methodik des *zweiten Petrusbriefes* verdienen zwei andere Verfahren zur Analyse von intertextuellen Beziehungen Erwähnung.[64] Das erste stammt von Manfred Pfister und befasst sechs so genannte „Parameter" oder „qualitative Kriterien", mit denen er die „Intensität von Intertextualität" messen will, also abschätzen, ob ein Text mit einem anderen einen intensiven Austausch pflegt oder ihn nur oberflächlich streift: Referentialität, Kommunikativität, Autoreflexivität, Strukturalität, Selektivität und Dialogizität.[65] Die *Referentialität* gibt an, ob ein Phänotext sich eines Prätextes nur bedient, ihn dabei gewissermaßen als eigenständiges Gegenüber negiert, indem er ihn sich nahtlos einverleibt (schwache Referentialität), oder ob er ihn weitestgehend in seiner Eigenart belässt, ihn zitiert und das Zitat als solches womöglich sogar noch kenntlich macht (starke Referentialität).

---

bemerkt treffend: „Dialogisch in einem genaueren Sinne kann der Bezug zwischen Texten nicht heißen. Jeder Text macht den hereingeholten Text zum Moment seiner eigenen Bewegung. Dialog setzt die Autonomie der Aktanten des Dialogs voraus. Gerade diese aber erscheint in der intertextuellen Relation aufgehoben." Was die Redeweise vom „Dialog der Texte" leisten will, ist die Hervorhebung der Abgrenzung zum alten Paradigma der Quellenforschung, bei dessen Bildern wie dem der Quelle oder des Einflusses, nur in eine Richtung absorbiert wird. Demgegenüber soll festgehalten werden: Auch vom aufnehmenden Text geht eine Wirkung in Richtung des aufgenommenen Textes aus.

[63] MERZ 2004, 57ff und MERZ 2006, 116–119 gebraucht das Begriffspaar textorientiert/referenztextorientiert für diesen Sachverhalt; HEBEL hatte 1989, 98–106 dafür die Opposition intratextuell/metatextuell eingeführt.

[64] Über die beiden im Folgenden vorzustellenden Verfahren hinaus ist speziell für den Bereich neutestamentlicher Exegese, konkret für die prätextuelle Anwesenheit von Schriftzitaten in den als Phänotexten fungierenden Paulusbriefen, von HAYS 1989, 29ff eine Kriteriologie erstellt worden: Um eine textuelle Aufnahme zu bestimmen, fragt er nach der Verfügbarkeit des angeblichen Prätextes für den Phänotext, nach dem Umfang der Übernahme aus dem Prätext, nach der Häufigkeit der Bezugnahmen auf denselben Prätext, nach der thematischen Kohärenz, also nach dem Beitrag des Prätextes zum Verständnis des aktuellen Anliegens des Phänotextes, nach der produktions- wie rezeptionsseitigen historischen Plausibilität des durch die textuelle Wiederaufnahme erzielten Effektes, nach der Wahrnehmung der postulierten textuellen Wiederaufnahme im Lauf der Rezeptionsgeschichte des Phänotextes und schließlich, unabhängig von den anderen Kriterien, ob das vorgeschlagene intertextuelle Verhältnis und Verständnis des Phänotextes ein sinnvolles Ganzes ergibt. Rezipiert wird dieser Ansatz von STARR 2000, 18–19 und GILMOUR 2002, 159.

[65] PFISTER 1985b, 25ff; in den exegetischen Disziplinen rezipiert von MERZ 2004, 105ff; GILLMAYR-BUCHER 2006, 22; FRANK 2009, 15f mit kritischer Würdigung ibid. 16f.

Die *Kommunikativität* erteilt Auskunft über den Grad der Bewusstheit hinsichtlich der intertextuellen Kommunikation auf Seiten sowohl des Verfassers wie der Rezipienten, d.h. eine schwache Kommunikativität zeichnet sich beispielsweise dadurch aus, dass Rezipienten eine vom Verfasser nicht intendierte Referenz in einem Text sehen, während starke Kommunikativität bedeutet, dass ein Autor bewusst einen Prätext verwendet, dabei mit Recht davon ausgeht, dass auch die Rezipienten den Prätext kennen, und dies auch im Text markiert (starke Kommunikativität). Die *Autoreflexivität* bestimmt, ob der Phänotext das intertextuelle Verhältnis ausdrücklich thematisiert (starke Autoreflexivität) oder nicht (keine Autoreflexivität). Die *Strukturalität* misst die „syntagmatische Integration", gewissermaßen die Extensivität des intertextuellen Bezuges, nämlich ob der Prätext nur punktuell als Folie dient (geringe Strukturalität) oder das ganze Werk hindurch (hohe Strukturalität). Die *Selektivität* besagt, ob gezielt ein einzelnes Element aus dem Prätext im Phänotext eine Rolle spielt (hohe Selektivität) oder aber der Prätext insgesamt oder sogar nur sein Autor oder die zugrunde liegende Gattung alludiert wird (geringe Selektivität). Die *Dialogizität* schließlich ist umso höher, je größer das semantische und ideologische Spannungsverhältnis zwischen altem Textzusammenhang und neuem Kontext ist.

Pfisters Kriterien stellen ein mitunter nützliches sprachliches Material zur beschreibenden Erfassung des Charakters einer intertextuellen Beziehung zur Verfügung, und als solches werden sie im weiteren Verlauf der Untersuchung Anwendung finden. Als Methode, d.h. als eine Folge von Schritten bei der Untersuchung, sind sie für die metatextuelle Analyse nicht zureichend. Pfisters Leitfrage, wie intensiv ein vorliegender Text sich mit seinen Prätexten auseinandersetzt („maximale Intensität", „schwach intertextuell", „hoher oder niedriger Intensitätsgrad" usw.),[66] ist trotz der angeblich „qualitativen Kriterien" doch als eine vorwiegend quantifizierende anzusehen: Das *Maß* der Intensität gibt nun einmal eine Quantität an. Das Erfassen des spezifisch metatextuellen Moments einer intertextuellen Beziehung, also das Erfassen und Bestimmen des *kommentierenden Charakters* einer textuellen Referenz, verlangt andere Analyseschritte.

Ein zweiter Ansatz verdient Erwähnung, weil er operationalisierbar macht, was oben als „Satz von der reziproken Semantisierung" bezeichnet wurde. Für seine Untersuchung der Intertextualität in F. Scott Fitzgeralds Roman *This Side of Paradise* hat Udo J. Hebel[67] ein detailliertes „intertextuelles Allusionsparadigma" erstellt, das einen Leser, der in einem gegebenen Text auf ein Element eines Prätextes stößt – „Allusionssignal" oder

---

[66] PFISTER 1985b, 27f.
[67] HEBEL 1989, 55–109.

„Allusionslexie" in Hebels Begrifflichkeit – , Schritt für Schritt begleitet. In einer ersten Etappe, der von Hebel so genannten „archäologischen Aufarbeitung", begleitet er diesen Leser, der dem ‚fremden' Element aus dem vorliegenden Text nachgeht, aus dem Text hinaus. Das Element wird identifiziert und sein „evokatives Allusionspotential" erwogen. Mit diesem Erkenntniszuwachs geht er in einem zweiten Schritt zurück in den Text und beschreibt die Allusionslexie umfassend nach den Kategorien Erscheinungsform, Lokalisierung, extrafiktionale Bezogenheit, Bezugsbereich, Eigenaussage, Kotextualisierung, textarchäologische Allusionskompetenz und Funktionalisierung.[68] Hebels Analyseverfahren geht insofern über Pfisters Kategorien hinaus, als es nicht lediglich die Messung der Intensität – aus Pfisters Sicht: die „typologische Differenzierung"[69] – von Intertextualität erlaubt, sondern ihm zu einer konkreten Beschreibung des syntaktischen und semantischen Verhältnisses von alludiertem und alludierendem Text verhilft.

4. Entwicklung eines Verfahrens zur intertextuellen Analyse
im Anschluss an Paul Claes

In mehreren Veröffentlichungen Ende der siebziger und in den achtziger Jahren des vorigen Jahrhunderts[70] hat der flämische Philologe, Schriftsteller und Übersetzer Paul Claes vorgeschlagen, den Intertextualitätsbegriff durch die Koppelung mit den drei Grundkategorien der Semiotik (Syntax, Semantik, Pragmatik)[71] operationalisierbar zu machen.[72] Nacheinander wird hier die ‚materielle' Seite der Intertextualität untersucht, also das sprachliche Ausmaß des Vorhandenseins eines Prätextes im Phänotext, dann die Funktion des textuellen Verhältnisses, d.h. die Bedeutungsbeimessung, die in einer Referenz beschlossen liegt, die metatextuelle Dimension also, und schließlich die Rolle der textuellen Wiederaufnahme in der Interaktion zwischen dem Subjekt des Textes und den Empfängern. Dieser Ansatz eignet sich besonders gut für metatextuelle Studien, weil er sowohl den metatextuellen Aspekt eines intertextuellen Verhältnisses zu erfassen vermag, bei dem Prätextspuren im Phänotext zu entdecken sind, als auch die von Genette beschriebenen Fälle, wo sich ein Text direkt kommentierend über einen anderen äußert «sans nécessairement le citer

---

[68] Zu diesem zweiten Aspekt vgl. auch LINDNER 1985.

[69] PFISTER 1985b, 30.

[70] CLAES 1979, 31–40; CLAES 1980; CLAES 1984,34f; CLAES 1987.

[71] Diese mittlerweile allgemein anerkannte Dreiteilung der Semiotik wurde von Charles MORRIS 1938 in *Foundations of the Theory of Signs* eingeführt, vgl. dazu VAN WOLDE 1984b, 139.156; einem guten Überblick über Positionen in der Semiotik des zwanzigsten Jahrhunderts dienen die ersten drei Abschnitte desselben Artikels: VAN WOLDE 1984b, 138–157.

[72] CLAES 1980, 24ff; CLAES 1987, 10ff.

(le convoquer), voire, à la limite, sans le nommer».[73] Im letzteren Fall wird die syntaktische Untersuchung ein negatives Ergebnis liefern und allein der semantische und der pragmatische Aspekt Auskünfte über das Textverhältnis geben.

Claes' Ansatz hat bislang kaum Widerhall gefunden in exegetischen Studien.[74] Die vorliegende Arbeit betritt daher Neuland, wenn sie ausgehend von Claes' Vorschlag im Folgenden eine dreistufige Vorgehensweise zur intertextuellen Analyse erstellt und mit ihrer Hilfe die Metatextualität des *zweiten Petrusbriefes* untersucht. Dabei wird eine Veränderung in der klassischen Reihenfolge der semiotischen Grundkategorien vorgenommen: Die Semantik der Intertextualität, d.h. die metatextuelle Funktion, tritt als Ziel und Höhepunkt der Untersuchung des jeweiligen Textabschnitts ans Ende des Dreischritts; mit in dem Wissen, dass die Betrachtung der kommunikativen Einbettung einer textuellen Wiederaufnahme beiträgt zur deren Funktionsbestimmung.

4.1. Zur Syntax von Intertextualität

Syntax beschäftigt sich mit der formalen Beziehung, die zwischen sprachlichen Zeichen besteht.[75] Betrachtet man einen Text als eine geordnete Menge von sprachlichen Zeichen, so geht es bei der Untersuchung der Syntax einer intertextuellen Beziehung zwischen Texten um deren Schnittmenge an sprachlichen Zeichen, um den ,materiellen' Bestand, der Texten gemein ist. Die treffende Beschreibung der Beschaffenheit einer solchen Schnittmenge erfordert eine Näherbestimmung erstens ihrer Mächtigkeit und zweitens der an ihr beteiligten Mengen.

4.1.1. Zur Mächtigkeit

Nach Claes entsteht eine intertextuelle Beziehung, wenn unterschiedliche Texte mindestens ein Element gemeinsam haben. Dieses gemeinsame Element nennt er *Intertextem*. Prinzipiell kann ein Intertextem auf verschiedenen Sprachebenen in Erscheinung treten: auf der graphischen, der phonischen, der morphologischen, der lexikalischen etc.[76] Auf welcher sprachlichen Ebene auch immer sich Schnittmengen zwischen Texten manifestieren, können sie unterschiedlichen Umfang annehmen. Sie können aus einem Phonem bestehen, aus mehreren Phonemen oder aus einer ganzen

---

[73] GENETTE 1982, 10.

[74] Die einzige mir bekannte Studie, die Teile seines Ansatzes rezipiert, ist eine knappe Untersuchung der *koptisch-gnostischen Petrusapokalypse* (NHC 7,3); siehe HAVELAAR 1992.

[75] CLAES 1980, 24.

[76] CLAES 1980, 25; CLAES 1987, 10.

Phonem*folge*, sich auf ein Graphem beschränken, mehrere Grapheme umfassen oder sich auf ganze Graphem*folgen* ausdehnen. Analoges gilt für Morpheme, Lexeme, kurz: für eben die Kategorie der Elemente, aus denen die Schnittmenge besteht. Doch auch mit einer linear verstandenen Folge ist das Maximum an Komplexität eines Intertextems noch nicht erreicht. Hinreichend komplexe Verbindungen von sprachlichen Zeichen führen zu Gebilden wie Handlungsmotiven oder Themen, selbst Relationen und Strukturen können die Schnittmenge zwischen Texten ausmachen.[77]

Der Vorteil eines solch weit gefassten Intertextualitätsbegriffes, der bei mindestens einem gemeinsamen Element ansetzt, ist, dass seine Verbindung zu der ursprünglichen Intertextualitätskonzeption Kristevas (und anderer) in ihrer Ausdehnung auf die Konzeption einer jedem Text inhärenten Eigenschaft noch deutlich zu greifen ist. Nachteilig ist freilich, dass viele der damit erfassten Fälle von intertextuellen Beziehungen sich als trivial erweisen, denn natürlich besteht jeder Text aus Zeichen, die er einer vorgängigen Textwelt entnimmt.[78] Damit kann bei einem Intertextem, das hinreichend klein und wenig komplex ist, die Zahl der an ihm beteiligten Texte unüberschaubar groß werden. Für eine literaranalytische Untersuchung wird Intertextualität – jedenfalls in den meisten Fällen – jedoch erst dann interessant, wenn die Zahl der am Intertextem beteiligten Zeichenmengen gegen zwei tendiert. Denn proportional mit ihrer Anzahl sinkt die Wahrscheinlichkeit der Zufälligkeit eines intertextuellen Verhältnisses.

Die Zahl der an einem Intertextem beteiligten Texte ist jedoch nur *ein* Kriterium, das einen Beitrag leistet zur Lokalisierung eines intertextuellen Verhältnisses zwischen Koïnzidenz und Intentionalität. Daneben steht der Umfang der Schnittmenge sprachlicher Zeichen reziprok zur Zufälligkeit. Aus diesem Kriterium wird zuweilen eine Minimalvoraussetzung für eine potentielle intertextuelle Bezugnahme gewonnen.[79] Dass dieses Kriterium nicht verabsolutiert werden darf, liegt auf der Hand: Handelt es sich um Lexeme von hoher Frequenz, so sinkt die Möglichkeit einer Intentionalität

---

[77] So widmet sich etwa KARRER 1985 dem Problem der Elementen- und Strukturreproduktion.

[78] Von daher ist es zu verstehen, wenn immer wieder dafür plädiert wird, den Intertextualitätsbegriff einzuschränken, wie z.B. VAN PEER 1987, 18: "Kortom, het begrip intertextualiteit is slechts dàn nuttig voor literairanalytische doeleinden wanneer de kans op herhaling voor het betreffende talige element relatief gering is. Voor klanken en (de meeste) woorden is dat niet het geval." Gleichwohl scheint es mir sinnvoll, statt einer Beschneidung des Intertextualitätsbegriffs jeweils eine Einordnung der Anwendung von Intertextualität in deren Gesamtspektrum vorzunehmen.

[79] LEPPÄ 2000, 81 nennt eine intentionale intertextuelle Bezugnahme dann *wahrscheinlich*, wenn innerhalb von fünf Druckzeilen *mehr* als drei ‚ähnliche' Substantive, Adjektive oder Verben dem zu Grunde liegenden Lexem nach übereinstimmen, *möglich* ist eine solche bei *mindestens* drei Übereinstimmungen.

und steigt die Wahrscheinlichkeit der Beteiligung mehrerer Lexemmengen am Intertextem. Mindestens die *Prägnanz* der Übereinstimmung, die wiederum durch Komplexität und Rarität bestimmt ist, muss mit der Mächtigkeit des Intertextems korreliert werden, und mit weiteren Parametern ist zu rechnen.[80]

In der vorliegende Untersuchung wird das Intertextem in der Regel die Form einer mehrere Elemente umfassenden Äußerung oder Äußerungssequenz und nur selten die eines einzelnen Wortes haben, wenngleich das prinzipiell natürlich denkbar ist: Gerade bei einem Text wie dem *zweiten Petrusbrief*, der sich durch viele seltene Wörter und neutestamentliche Hapaxlegomena auszeichnet, kann bereits die Verwendung dieser Wörter in anderen Texten zu interessanten Beobachtungen führen.

4.1.2. An der Schnittmenge beteiligte Mengen

Zur treffenden Beschreibung der Syntax einer intertextuellen Beziehung ist neben Umfang und Konsistenz des Intertextems die Bestimmung der an dieser Schnittmenge beteiligten Zeichenmengen nötig. Konstituiert sich diese Schnittmenge zwischen einem Text auf der einen mit einer *Gruppe* von Texten, etwa einer *Gattung* oder *Subgattung,* auf der anderen Seite, so spricht man von typologischer oder generischer Intertextualität; kommt sie durch Überschneidung zwischen genau zwei Texten zustande, wird dieser Typus als indexikale oder referentielle Intertextualität bezeichnet.[81] Von generischer Intertextualität spricht man also, wenn hinreichend viele Merkmale aus einem gegebenen Text den Systemmerkmalen einer bestehenden Gruppe von Texten, etwa einer Gattung, entsprechen und daher den entsprechenden Text mit dieser Textgruppe in Verbindung bringen.[82]

---

[80] Solche Einschränkungen werden oft auch dort genannt, wo man quantitative Minimalkriterien für das Vorliegen einer intertextuellen Bezugnahme aufstellt: Nach LEPPÄ 2000, 80 müssen die Wörter "sufficiently significant and unusual" sein.

[81] Eine einheitliche Terminologie in der Intertextualitätsforschung ist hier nicht in Sicht. Die Bezeichnung ‚indexikale Intertextualität' verwendet beispielsweise VERDAASDONK 1973, 349 u.ö., während z.B. HOLTHUIS 1993, 89 u.ö. von ‚referentieller Intertextualität' spricht; ‚typologische Intertextualität' gehört zu beider Lexikon. Hinsichtlich der einzelnen Bezüge sprechen BROICH und PFISTER von ‚Systemreferenzen' und ‚Einzeltextreferenzen' (BROICH 1985a, 49 u.ö.; PFISTER 1985a, 53 u.ö.). Im GENETTE'schen Begriffsapparat entspricht *architextualité* der typologischen und *inter-* sowie *hypertextualité* der indexikalen Intertextualität; GENETTE 1982, 7–14. Bei WEREN 1993, 11 unterteilt in ‚spezifische' und ‚generische' Intertextualität. Letztere Bezeichnung wird auch von CLAES 1987, 11 verwendet. HEMPFER 1991, 14ff plädiert vehement dafür, die Frage nach System und Realisierung im Einzelfall aus dem Problemkreis Intertextualität herauszuhalten, dagegen betrachtet SUERBAUM 1985, 44.73 u.ö. die Entstehung von Gattungen als durch Intertextualität wesentlich mitbestimmt.

[82] Ein Versuch mathematischer Beschreibung von typologischer oder generischer Intertextualität findet sich bei VERDAASDONK 1973, 352f: Von typologischer Intertex-

Generische Intertextualität kann sich entweder auf einen Text in seiner Gesamtheit beziehen, wie etwa das als Systemmerkmal fungierende Präskript den gesamten *zweiten Petrusbrief* in die Traditionslinie der von Paulus begründeten (Sub-)Gattung des apostolischen Briefes einreiht.[83] Oder sie bezieht sich auf einen Textabschnitt, wie etwa 2 Petr 1,5–7 ein Exemplar der Form des Tugendkatalogs darstellt. Die Analyse der Syntax generischer Intertextualität bleibt jedoch nicht bei der Zuordnung zu einer Form oder Gattung aufgrund bestimmter Merkmale stehen; vielmehr stellt sie fest, wie sich ein Text in Kongruenz mit und Divergenz zu den ihm vorgängigen Beispielen in die Gattung oder Form einschreibt.

Für indexikale Intertextualität gilt: Eine Aussage oder eine Aussagenfolge aus dem Phänotext verweist auf eine Aussage oder Aussagenfolge aus einem Prätext.[84] Konstituiert sich der Verweis intertextuell im engeren Sinne, also durch die Anwesenheit des Prätextes in Form von Textfragmenten oder Motiven, so wird das in den Phänotext aufgenommene Element selten mit seiner Form im Prätext vollständig kongruieren; vielmehr ist mit Transformationshandlungen zu rechnen. Mit Claes kann zwischen identischen und nichtidentischen Transformationen unterschieden werden.[85] Bei identischen Transformationen kann entweder nur die Form übernommen werden, beispielsweise bei einem Lautzitat, oder nur der Inhalt, so bei einer Anspielung, oder beides wie bei einem Zitat. Nichtidentische Transformationen sind Addition, Deletion, Substitution, Permutation u.a. Durch eine solche nichtidentische Transformation wird oft nicht nur die Syntax des Prätextes verändert, sondern auch seine Semantik beeinflusst. Wenn beispielsweise ein textuelles Element durch Transposition an eine exponierte Position im Satz rückt, kann diese Umstellung eine Vorgehensweise sein, um diesem Element mehr Geltung und Nachdruck zu verschaffen, als ihm im prätextuellen Setting zugekommen war.[86] Deutlich zeigt sich hier die generative Apparatfunktion des Phäno-

---

tualität sei die Rede, wenn "voor een willekeurig aantal niet noodzakelijk met elkaar tot een sekwentie verbonden zinnen uit een oneindige verzameling teksten geldt, dat zij eindketens zijn van tekstgrammatika's (TGs) die leden zijn van dezelfde familie, TGı....TGn, TG'ı ... TG'm, etc., dwz. van een verzameling gerelateerde opeenvolgingen van TGs." Zur ‚mathematischen' Beschreibbarkeit von Dichtung siehe: Helmut KREUZER/Rul GUNZENHÄUSER, Mathematik und Dichtung. Versuche zur Frage einer exakten Literaturwissenschaft, 4. durchgesehene Auflage, München 1970.

[83] WHITE 1988, 1739; VOUGA 1992, 18f und 52f.

[84] Für eine mathematische Formulierung indexikaler Intertextualität siehe VERDAASDONK 1973, 349f.

[85] CLAES 1987, 11.

[86] PLETT 1985, 82 differenziert die Wirkung von Zitaten (als intertextuelle Verfahren) nach ihrem Anwendungsbereich: Bei seiner Eingliederung in den aktuellen Text „dürfte das Zitat häufig gewisse Änderungen erfahren, die im alltagssprachlichen Kontext die «Botschaft» leicht entstellen oder gar verfälschen können, während sie im

textes, der aus Vorhergehendem Neues und Anderes schafft. Beinhaltet bereits der schiere Akt des Aufgreifens eines vorgängigen Textes eine Stellungnahme des Phänotextes zu diesem Prätext, so sind besonders Transformationshandlungen mit einem Semantisierungsprozess verbunden.

4.2 Zur Pragmatik von Intertextualität

Pragmatik fragt nach den Beziehungen zwischen sprachlichen Zeichen und denen, die sie anwenden;[87] Pragmatik von Intertextualität nach der Beziehung zwischen den das intertextuelle Verhältnis konstituierenden Zeichen und seinen Anwendern. Dabei interessiert weder ausschließlich produktionsseitig das Verhältnis des Verfassers, der die intertextuelle Operation vornimmt, zu Phänotext und Prätext(en) noch ausschließlich rezeptionsseitig das Verhältnis intendierter und tatsächlicher Rezipienten zu ihnen. Vielmehr ist eine intertextuelle Operation eingebunden in ein Kommunikationsgeschehen: Innerhalb einer Mitteilung, einer Botschaft eines Senders an einen Empfänger wird Intertextualität gewissermaßen als Technik angewandt.[88]

Dieses intertextuelle Verfahren kann bewusst erfolgen, wie im Falle des *zweiten Petrusbriefes* der Autor bewusst den *Judasbrief* verwendet und bearbeitet hat. Daneben ist es auch denkbar, dass ein Autor oder Sprecher auf eine vorhandene Äußerung rekurriert, ohne sich dessen bewusst zu sein. Er könnte beispielsweise in seinem Denken so sehr von bestimmten Traditionen geprägt, so sehr mit bestimmten Texten vertraut sein, dass nicht nur die Gedanken, sondern auch die Formulierungen ganz nah an diese Texte heranreichen, obwohl er keineswegs bewusst auf sie anspielen will. Diese Prägung kann durch individuelle Beschäftigung mit bestimmten Texten geschehen oder auf dem Hintergrund eines allgemeineren kulturellen Kontextes.[89] Anhaltspunkte für die Wahrscheinlichkeit einer Absicht oder bloßen Zufalls lassen sich bis zu einem gewissen Grad an der syntaktischen Beschaffenheit ablesen. Verwendet ein Autor andere Texte vorsätzlich und will er die Wahrscheinlichkeit erhöhen, dass die Rezipien-

---

poetischen Kontext zusätzlichen Spielraum für Polysemie- und Ironiephänomene schaffen."

[87] CLAES 1980, 24.

[88] Dieses Verständnis von Text entspricht dem SCHULTE-MIDDELICHs, der sich an eine Tendenz anschließt, bei der „innerhalb und außerhalb der Literaturwissenschaft immer wieder versucht wurde, Texte allgemein und im besonderen literarische Texte als Teil kommunikativen Handelns zu erfassen, sie wieder in den Kontext von Produktions- und Rezeptionsvorgängen zu stellen." SCHULTE-MIDDELICH 1985, 205.

[89] Vgl. hierzu die Darstellung PHILLIPS' zu Ecos Unterscheidung von "conscious direct intertextuality", "subconscious intertextuality" und "cultural intertextuality", PHILLIPS 2006, 42f.

ten die Referenz erfassen, so kann er mittels Markierung auf sie aufmerksam machen. Unterschiedliche Formen der Markierung stehen ihm zur Verfügung, je nach dem, wie ein Text konzipiert und wie er realisiert wird.[90] In einem schriftlich konzipierten Text beispielsweise lässt sich wohl eine Passage kursiv schreiben oder in Anführungszeichen setzen; von Nutzen wird dies freilich nur für den sein, der den Text *liest*. Wird der Text aber gehört, beispielsweise bei einer Lesung, so wird der Hörer von einer Kursivsetzung wenig profitieren, es sei denn, bei der Lesung würde die Hervorhebung phonisch, also durch Intonation, realisiert. Neben der Konzeptions- und Realisierungsebene muss noch die Rezeptionsebene berücksichtigt werden: ausschließlich visuell, visuell *und* auditiv oder ausschließlich auditiv, denn natürlich stehen bei einer Lesung mit Blickkontakt der Hörenden dem Vorlesenden mimische und gestische Mittel zur Verfügung, die bei einer Radiolesung nutzlos sind. Für den *zweiten Petrusbrief* ist von einer schriftlichen Konzeption auszugehen; hinsichtlich Realisierung und Rezeption sollte die Möglichkeit, dass er *zum Vorlesen* in Gemeinden gedacht war, also zu einer phonischen Realisierung mit auditiver oder auditiv-visueller Rezeption, nicht von vornherein ausgeschlossen werden.[91] Da der Autograph des *zweiten Petrusbriefes* nicht vorliegt, gibt es keine Möglichkeiten am Schriftbild ersehen zu wollen, was der Autor markiert hat ohne vorauszusetzen, dass die vom Autor gesetzte Markierung bei der Abschrift des Textes in die Handschriften mit übernommen wurde. Die vorrangige Informationsquelle zur Frage nach der Markierung ist also die sprachliche Gestaltung des Textes.

Wie im Einzelnen markiert wird, hängt nicht nur von der konkreten Kommunikationsform ab, auch die geschichtlich-gesellschaftlichen Umstände von Produktion und Rezeption spielen dabei eine Rolle.[92] Neben zeitgebundenen Gepflogenheiten der Markierung ist die Kompetenz der intendierten Rezipientenschaft und die Intention des Produzenten Ausschlag gebend. Ein Autor kann ausdrücklich wollen, dass ein Zitat oder eine Anspielung als solche erkannt wird, er kann es aber auch verbergen wollen.[93] Der Entdeckung der textuellen Integration kann er vorbeugen, indem er syntaktische Brüche weitgehend vermeidet, stilistische Unter-

---

[90] Zum Begriff der Konzeptions- und Realisierungsebene siehe SÖLL/HAUSMANN ²1980, 19ff.

[91] Für ein Plädoyer, die Gegebenheiten einer, jedenfalls in einigen Bereichen, deutlich mündlichen Kultur für die Exegese ernster zu nehmen, siehe ACHTEMEIER 1990.

[92] Für eine für den englischen Roman des neunzehnten und zwanzigsten Jahrhunderts entwickelte Markierungstheorie siehe HELBIG 1996. Auf die eingeschränkte Möglichkeit, diese Ergebnisse ohne weiteres zu übertragen, weist HELBIG 1996, 83 ausdrücklich hin.

[93] Vgl. hierzu das Kapitel „Funktionen markierter Intertextualität" bei HELBIG 1996, 143–185.

schiede durch redaktionelle Tätigkeit zu beseitigen versucht und die Zahl der verbalen Kongruenzen mit seiner Vorlage durch Variation in der Wortwahl vermindert, kurzum, unter Zuhilfenahme komplexer Transformationshandlungen mögliche Verweise auf einen Prätext weitgehend ausschließt, mit Pfister gesprochen: die Referentialität minimiert. Je geschickter der Autor den fremden Text integriert und je weniger Kenntnis an zu Grunde liegenden Texten bei den Rezipienten vorhanden ist, desto mehr steigt die Wahrscheinlichkeit, dass ein Prätext unentdeckt bleibt. Dies muss dem Verständnis des Phänotextes an der Oberfläche keinen Abbruch tun, doch verliert es eine Dimension gegenüber einem Verständnis im Lichte des Prätextes.[94] Die Markierungspraxis im *zweiten Petrusbrief* als Teil des Kommunikationsgeschehens zwischen Verfasser und Rezipienten, oder noch allgemeiner: die Verständigung des Verfassers mit seinen Rezipienten über seine literarische Praxis, wäre dann von besonderem Interesse, wenn sich zeigen ließe, dass der Verfasser seine Rezipienten ausdrücklich auf andere Schriften verweist, die seiner Ansicht nach als Grundlage für die Ausgestaltung christlicher Lehre gelten müssen, zumal wenn diese Verweise nicht allein im Kontext repräsentativer oder assertiver, sondern womöglich direktiver Illokutionsakte zu finden wären, also als mit der Aufforderung, sie als solche zu verstehen.[95]

Mit der Deutung des *zweiten Petrusbriefes* als Kommunikationsgeschehen und der daraus folgenden Einbeziehung seiner Produktions- und Rezeptionsbedingungen in die Betrachtung der in ihm angewandten intertextuellen Verfahren, gehören auch Aspekte der klassischen Einleitungsfragen um den Autor, die Adressaten, die Entstehungssituation, den Charakter des Schreibens etc. als Rahmenbedingungen der intertextuellen Struktur des Textes zu den Aspekten der Untersuchung.

---

[94] Vgl. hierzu die Definition von ‚Intertext' bei RIFFATERRE 1990, 56: "An intertext is one or more texts which the reader has to know in order to understand a work of literature in terms of its overall significance (as opposed to the discrete meanings of its successive words, phrases, and sentences)." Für ein etwas differenzierteres Bild über das zum Verstehen eines Textes nötige Maß an intertextuellem Wissen siehe STEMPEL 1983.

[95] Grundlegend zur Sprechakttheorie: AUSTIN 1975; zu Austins Klassifizierung der Illokutionsakte siehe ibid, 148–164, ferner John R. SEARLE, Speech Acts. An Essay in the Philosophy of Language, Cambridge 1969.

4.3. Zur Semantik von Intertextualität

Mit jeder textuellen Kontaktaufnahme, jedem Zitat, jeder Anspielung auf einen anderen Text äußert sich ein Phänotext kommentierend über den aufgenommenen Text.[96] Vor allem die an einem Prätext bei der Wiederaufnahme vorgenommenen Transformationshandlungen wie Weglassung, Hinzufügung, Umstellung und Einbettung von Teilen aus dem Prätext in einen neuen Kontext innerhalb des Phänotextes können recht unmittelbar Aufschluss geben über die Art der Stellungnahme. Dass eine solche Kommentarfunktion nicht allein vom Phänotext auf den Prätext ausgeübt wird, sondern auch umgekehrt, ist Inhalt des Satzes von der reziproken Semantisierung.

Als heuristisches Konstrukt, um die Art der Semantisierung näher zu bestimmen, leistet ein Funktionsebenenmodell von Bernd Schulte-Middelich gute Dienste.[97] Dieses stellt auf einer ersten, von ihm F_0 genannten Funktionsebene fest, in welche Richtung die Funktion weist, nämlich auf den Prätext, den Phänotext, beide oder auf eine Metaebene jenseits beider. Danach bestimmt er auf einer Ebene F_1, ob die Anwendung von Intertextualität selbstzweckhaft-spielerisch ist, auf einen Einzelzweck gerichtet oder auf einen umfassenden Zweck. Auf der Ebene F_2 erfolgt dann eine Beurteilung der Funktionsaussage mit jeweils drei Möglichkeiten, etwa „affirmative Wirkungsstrategie" – „neutrale Position" – „kritische Wirkungsstrategie" oder „Sinnstützung/Sinnerweiterung" – „neutrale Sinnkonstitution" – „Sinnkontrastierung". Die letzte Ebene F_3 spezifiziert dann, auf welchen Aspekt des beurteilten Textes, nämlich Form, Thematik oder beides sich die durch den anderen Text ausgesprochene Wertung konkret richtet. Nun lässt sich zwar bezüglich der Ebene F_2 kritisch anfragen, ob ein semantisch neutrales Verhältnis von Prätext und Phänotext nicht eher ein theoretisches Postulat als ein *realiter* zu beobachtendes Phänomen darstellt.[98] Ferner sind Zweifel denkbar, ob auf derselben Ebene die Wirkungsstrategien („affirmativ", „kritisch" usw.) wirklich immer eindeutig bestimmbar sind. Angesichts des möglichen Auftretens etwa einer „bedingt kritischen" Wirkung könnte ein Kontinuum, dessen Enden durch „ausschließlich affirmativ" und „ausschließlich kritisch" markiert sind und das somit auch bedingt affirmative und bedingt kritische Haltungen umfasst, ein geeigneteres Denkmodell für die Ebene F_2 darstellen als die von Schulte-Middelich vorgeschlagene Dreiteilung. Dies alles ändert jedoch nichts an dem grundsätzlichen Wert dieses Entwurfs, der anhand gezielter Fragen auf mehreren Ebenen eine Klassifizierung und vor

---

[96] Das sieht u.a. auch HEBEL 1989, 104: „[...] auch die bloße Präsenz einer Lexie im Text impliziert bereits eine metatextuell-rezeptionsgeschichtliche Komponente."

[97] Vgl. zum Folgenden SCHULTE-MIDDELICH 1985, 214ff.

[98] Mit FRANK 2009, 22.

allem Beschreibung der metatextuellen Dimension eines intertextuellen Verhältnisses ermöglicht.

Paul Claes geht bei seinem Klassifizierungsvorschlag von vier möglichen Zielrichtungen intertextueller Bedeutungszuweisung aus; neben Prätext und Phänotext fasst er noch das jeweilige Subjekt als mögliches Ziel einer metatextuellen Aussage auf.[99] So entstehen vier Funktionstypen: Ist die intertextuelle Bezugnahme auf den Prätext orientiert, zielt die Funktion auf den Inhalt, beispielsweise wenn in einer wissenschaftlichen Studie eine Belegstelle angeführt wird. Liegt eine Ausrichtung auf das Subjekt des Prätextes vor, etwa durch das Zitieren einer Autorität, so spricht Claes von einer auktoriellen Funktion. Der Bezug auf den Phänotext – Claes nennt ein zum Klischee gewordenes Zitat – hätte integrierende und die Bezogenheit auf das Subjekt des Phänotextes charakterisierende Funktion: Durch eine bestimmte Sorte von Zitaten etwa kann man sich selbst als gebildet charakterisieren. Auch bei Claes folgt dann eine zweite Ebene: Für jeden der vier Typen ließe sich fragen, ob die intertextuelle Bezugnahme destruktiv oder konstruktiv ist. Kritisch anzumerken wäre hier, dass sich vermutlich nicht immer so genau zwischen der Ausrichtung der metatextuellen Funktion auf einen Text auf der einen und auf sein Subjekt auf der anderen Seite unterscheiden lässt: Ein Zitat kann *sowohl* den Inhalt eines Textes stützen *als auch* durch seine Herkunft den Zitierenden als gebildet ausweisen. Ferner erscheint es im Lichte des Satzes von der reziproken Semantisierung nicht angeraten, die Bezugsrichtung entweder auf den Prä- oder auf den Phänotext als strenge Alternativen zu betrachten; vielmehr wird man in den meisten Fällen mit beidem rechnen müssen. Und schließlich könnte neben Prätext, Phänotext und deren jeweiligen Subjekten das intertextuelle Verfahren auch auf die intendierten Rezipienten ausgerichtet sein.

Als heuristisches Instrument im Hintergrund der Überlegungen zur Semantik der Intertextualität wird in der vorliegenden Untersuchung folgendes Modell dienen, das die zentralen Ideen von Schulte-Middelich, von Claes und des Satzes von der reziproken Semantisierung vereint:

Funktionebene	Inhalt der Funktionsebene	Beispiele
F0	Verweisrichtung(en) der Funktion	– Prätext, Subjekt des Prätextes – Phänotext, Subjekt des Phänotextes, – Metaebene jenseits beider Texte, – Rezipienten etc.
F1	Aktionsradius des Zwecks der Funktion	– selbstzweckhaft-spielerisch, – Einzelzweck, – umfassender Zweck

---

[99] Vgl. zum Folgenden CLAES 1987, 12f.

Funktionebene	Inhalt der Funktionsebene	Beispiele
F2	Aussage der Funktion	– affirmativ, konstruktiv, sinnstützend, sinnerweiternd etc.
		– neutral,
		– kritisch, destruktiv, sinnkontrastierend etc.
F3	Bezug des Funktionsinhalts	– Form
		– Inhalt

E. Voraussetzungen und Aufbau der Untersuchung

1. Die produktionsästhetische Ausgangssituation: Pseudepigraphie

1.1. Die pseudepigraphe Phase frühchristlicher Literatur und der zweite Petrusbrief

Dass Pseudepigraphie nicht nur in der Antike überhaupt in unterschiedlicher Ausprägung eine einigermaßen geläufige Praxis war, sondern auch im frühen Christentum unter falschem Namen geschrieben wurde, ist eine ebenso missliche wie unleugbare Tatsache.[100] Während allerdings etwa für das *Petrusevangelium*, die *Petrusapokalypse* oder die *Petrusakten* schwerlich irgendein moderner Exeget behaupten wird, sie stammten aus der Feder des Jesusjüngers Simon aus Bethsaida,[101] wird die Authentizitätsdebatte zu einer heikleren Angelegenheit, sobald sich Pseudepigraphie und Kanonizität kreuzen, weil sich die Frage stellt, ob eine Fälschung Anrecht auf den Status einer heiligen Schrift hat.[102] Trotz der vielfach empfunde-

---

[100] BROX 1973, 316. Der häufig empfundenen Anstößigkeit dieser Tatsache lässt sich nicht zufrieden stellend mit dem Hinweis begegnen, im Urchristentum sei die Pseudepigraphie kein so ausgreifendes Phänomen gewesen wie in der paganen antiken Epistolographie; TORM 1932, 113. Zur pseudepigraphischen Tradition in der antiken Literatur des nahen Ostens, näherhin dem Umfeld, aus dem die Hebräische Bibel hervorging, siehe VAN DER TOORN 2007, 27–49.

[101] Zu den wenigen verfügbaren biographischen Daten über den historischen Petrus vgl. CULLMANN 1967, 21f; PERKINS 1994, 18–51; GNILKA 2002, 19–141.

[102] Dies zeigt der Abriss der Forschungsgeschichte bei JANSSEN 2003, 17–212. Einigermaßen charakteristisch für all diejenigen, die ein Zusammengehen von pseudepigrapher Praxis und moralischem Anspruch und daher auch Kanonizität im frühesten Christentum als äußerst problematisch empfinden, formuliert CHARLES 1997, 68: "If 2 Peter is a pseudepigraphon, the morality of its writer stands all the more in question with his overly strained attempts at appropriating apostolic experience." Für seine gesamte diesbezügliche Argumentation, die sich als Kritik am Testamentcharakter des *zweiten Petrusbriefes* gebärdet, siehe ibid. 49–75. Konstruktiv um das Verständnis des Phänomens neutestamentlicher Pseudepigraphie bemüht ist die Habilitationsschrift von Riedl, in der er sich die Aufgabe stellt, „das theologische und moralische Problem der Pseudonymität des 2. Petrusbriefes aufzugreifen und einen

nen Spannung mit dem moralischen Anspruch des Christentums sieht es jedoch so aus, als sei eine Zeit lang Pseudepigraphie *die* Produktionsform von Literatur im jungen Christentum schlechthin gewesen: Von den sechziger Jahren an bis gegen Ende des ersten Jahrhunderts schreibt kaum ein christlicher Schriftsteller in eigenem Namen.[103] Just in dieser Zeit dürfte ein Großteil der neutestamentlichen Schriften entstanden sein, darunter die (meisten) derzeit als pseudepigraph angesehenen neutestamentlichen Briefe.[104] Mit dem *ersten Clemensbrief*[105] und Ignatius von Antiochien ändert sich das an der Schwelle zum zweiten Jahrhundert wieder, was freilich der Schriftstellerei unter falschem Namen kein definitives Ende bereitete, wie allein die Tatsache zeigt, dass auch unter dem Namen dieser beiden Bischöfe später wieder pseudepigraphe Schriften verfasst wurden.[106]

Die frühe christliche Kirche hatte ein Bewusstsein dafür, dass nicht alle vorhandenen Briefe und anderen Schriften orthonym waren. Dies belegen die altkirchlichen Authentizitätsdebatten, die nicht zuletzt auch den *zweiten Petrusbrief* betreffen. Schon Origenes, der erste unumstrittene Gewährsmann für die Existenz des *zweiten Petrusbriefes*, berichtet von Zweifeln an dessen Authentizität.[107] Euseb sieht den Brief nicht als echt an und rechnet ihn unter die *Antilegomena*.[108] Auch die Theologen des sechzehnten Jahrhunderts sind nicht von der petrinischen Verfasserschaft überzeugt,

---

Lösungsansatz zu erarbeiten, der nicht nur für diesen Brief Gültigkeit hat, sondern auch für andere neutestamentliche Pseudepigraphen von Bedeutung sein könnte"; RIEDL 2005, 5. Zum Thema weiterhin GUTHRIE 1962 und MEADE 1986.

[103] Vorsichtiger formuliert: Aus dieser Zeit sind keine Briefe unter eigenem Namen erhalten. Glaubt man den Präskripten des *zweiten* und *dritten Johannesbriefes*, so wurden sie von einem ‚Presbyter' verfasst, der zwar diesen ‚Titel', nicht aber seinen Namen nennt. Bezeichnenderweise werden diese beiden Briefe auf das Ende des ersten bzw. den Beginn des zweiten Jahrhunderts datiert, siehe KLAUCK 1992, 23.

[104] Siehe hierzu Karl Martin FISCHERS Konzept der „Zeit der Pseudepigraphie", vgl. FISCHER 1977, 76–81 und THEISSEN 2007, 147–244, der ebenfalls die gesamte Zeit nach Paulus bis zum Aufkommen einer „funktionalen Phase", in der selbständige Formen wie *Johannesapokalypse* oder die *Acta* entstehen, als pseudepigraphe Phase bezeichnet, in der sich in der Fiktion der Evangelienliteratur Jesus und der deutero- und tritopaulinischen Briefe Paulus selbst auslegen.

[105] Nach FISCHER 1977, 76 „kann man den 1. Clemensbrief schon als im eigenen Namen verfaßtes Schreiben ansehen, denn der Absender ist zwar nicht eine einzelne Person, aber eine sich ihrer Autorität und Verantwortung bewußte Gemeinde."

[106] Zu pseudoclementinischer Schriftstellerei siehe FISCHER in SUC I, 21; Pseudo-Ignatianen entstehen bis ins lateinische Mittelalter, siehe FISCHER in SUC I, 139.

[107] Origenes zitiert von Eusebius hist.eccl VI,25,8: Πέτρος δέ […] μίαν ἐπιστολὴν ὁμολογουμένην καταλέλοιπεν, ἔστω δὲ καὶ δευτέραν· ἀμφιβάλλεται γάρ.

[108] Eus hist.eccl III,3,4: ἀλλὰ τὰ μὲν ὀνομαζόμενα Πέτρου, ὧν μόνην μίαν γνησίαν ἔγνων ἐπιστολὴν καὶ παρὰ τοῖς πάλαι πρεσβυτέροις ὁμολογουμένην, τοσαῦτα· und Eus hist.eccl III,25,3: τῶν δ'ἀντιλογουμένων, γνωρίμων δ'οὖν ὅμως τοῖς πολλοῖς, ἡ λεγομένη Ἰακώβου φέρεται καὶ ἡ Ἰούδα ἥ τε Πέτρου δευτέρα ἐπιστολή...

und diese Linie zieht sich weiter durch die Geschichte der historisch-kritischen Erforschung des Neuen Testaments[109] bis zu einer weitgehenden Anerkennung des pseudepigraphen Charakters spätestens in der zweiten Hälfte des zwanzigsten Jahrhunderts,[110] die dazu führt, dass von vielen eine Diskussion nicht mehr als erforderlich betrachtet wird.[111] Verstummt waren die Stimmen, die der Authentizität das Wort sprechen, jedoch nie völlig.[112] Betrachtet man monographische Publikationen zum *zweiten Petrusbrief* in den letzten anderthalb Jahrzehnten, so zeigt sich im deutschsprachigen Bereich ein als selbstverständlich empfundenes Festhalten an der Pseudonymität;[113] in englischsprachigen Forschungsergebnissen aus Skandinavien, Kanada den Vereinigten Staaten jedoch, wenngleich nicht unbedingt die Behauptung der Authentizität, so doch häufiger die Infragestellung klassischer Argumentationen und die Bemühung, zumindest

---

[109] ZAHN 1907, 104f Anm 1.

[110] Vgl. die Einschätzung im Forschungsbericht bei BAUCKHAM 1988d, 3719. RIEDL 2005, 1 konstatiert in der neueren exegetischen Forschung „sogar ein[en] fast einmütige[n] Konsens, dass dieser Brief erst nach dem Tod des Apostels Petrus als pseudepigraphes Schreiben verfasst wurde." Noch einen Schritt weiter geht FREY 2009, 702 Anm. 60: „Gelegentliche Gegenstimmen aus dem ultrakonservativen evangelikalen Lager ... sind wissenschaftlich kaum ernst zu nehmen."

[111] PAULSEN 1992, 93 verweist auf Zusammenstellungen der Argumente, die für eine Abfassung durch Petrus sprechen könnten, doch bemüht er sich nicht, diese in der Diskussion zu entkräften; für VÖGTLE 1994, 122 genügt der Hinweis auf die „seit etwa 1925 fast allgemein anerkannte nachpetrinische Verfasserschaft"; Vertreter der Orthonymität werden namentlich erwähnt, doch eine Auseinandersetzung muss auch hier nicht mehr erfolgen. Neu ist der Verzicht auf die Diskussion allerdings nicht, Guthrie beobachtete ihn schon in den 60er Jahren, vgl. GUTHRIE 1970, 814.

[112] Siehe beispielsweise den programmatischen Untertitel der Dissertation von VAN HOUWELINGEN aus dem Jahre 1988 "De authenticiteit van de tweede brief van Petrus". Zumindest ernsthaft erwogen wird die Authentizität bei GUTHRIE 1970, 820–848. Daneben gibt es bei DE RU 1969/70 die Konstruktion, dass der Brief auf Geheiß des Petrus von einem seiner Jünger kurz vor oder kurz nach Petri Tod geschrieben wurde. Der wahrscheinlich neuste Versuch, die *Authentizität des zweiten Petrusbriefes* wahrscheinlich zu machen, stammt erneut von VAN HOUWELINGEN. Der Linie seiner Dissertation folgend betrachtet er keinen der allgemein gegen die Authentizität ins Feld geführten Einwände als zwingend; siehe VAN HOUWELINGEN 2010.

[113] KRAUS 2001, 413 bemerkt, es falle schwer, die *Secunda Petri* noch in das erste Jahrhundert zu datieren; Pseudepigraphie wird als Problem bei ihm nur im Rahmen des Forschungsrückblicks thematisiert, ibid. 2ff.; SCHMIDT 2003, 2 setzt falsche Verfasserangaben für beide Petrusbriefe voraus; RIEDL 2005 empfindet Pseudepigraphie zwar als moralisches und theologisches Problem, sucht aber nicht sie zu leugnen, sondern eine Erklärung für das Phänomen zu finden. Sowohl für SCHMIDt als auch für RIEDL spielt dabei, wenn auch in ganz unterschiedlicher Weise, die Erinnerungsfunktion der *Secunda Petri* eine große Rolle.

eine zeitliche Einordnung in der zweiten Hälfte des ersten Jahrhunderts zu ermöglichen.[114]

Während es dem literaturgeschichtlichen Modell einer pseudepigraphen Phase der urchristlichen Literatur eher entspräche, für jede Schrift aus der entsprechenden Zeit in zwei Richtungen Argumente für ihre Orthonymie und solche für ihre Pseudonymie gegeneinander abzuwägen, verfahren diejenigen, die sich zur Authentizitätsfrage äußern, oft noch immer nach dem Prinzip, dass die Beweislast bei den Bestreitern der Echtheit liege, und bemühen sich um einen Nachweis des pseudepigraphen Charakters des *zweiten Petrusbriefes*. Die angeführten Argumente liegen zu einem Teil auf dem Gebiet literarischer Beziehungen: Die gedankliche Nähe zu Schriften aus der Zeit nach Petri Tod spreche gegen die Echtheit, ebenso die literarische Abhängigkeit vom *Judasbrief* und die Anknüpfung an den ebenfalls pseudepigraphen *ersten Petrusbrief* etc. In einer zweiten Gruppe von Argumenten wird die Situation in der Geschichte des Urchristentums als unstimmig mit den diesbezüglichen Voraussetzungen der *Secunda Petri* angesehen: Der in 3,4 erwähnte Tod der ersten Christengeneration weise auf postpetrinische Situation; die Formulierung ‚eure Apostel' in 3,1 drücke Distanz des Schreibers aus u.a.m.[115] Ferner wird den wenigen persönlichen Anspielungen in 1,1 und 1,14f mangelnde Glaubwürdigkeit nachgesagt; außerdem passe die Welt hellenistischer Vorstellungen und Termini, wie sie vor allem, aber nicht nur das Proöm verwendet, nicht zusammen mit dem historischen Petrus. Darüber hinaus werden weitere sprachlich-stilistische Beobachtungen angeführt.[116]

---

[114] GILMOUR 2002, 6 (Montreal) legt sich bezüglich der Fiktionalität nicht fest, weil seine Untersuchung sich nur kritisch mit Methodologie (oder deren Mangel) beschäftige; auch am Ende seiner Untersuchung bleibt die Frage offen; ibid 135: "Whether fiction or not…"; STARR 2000, 20 (Lund) betrachtet den *zweiten Petrusbrief* als pseudepigraph und datiert ihn um das Jahr 90 nach Rom; GERDMAR 2000, 332 (Uppsala) verortet die wohl pseudepigraphe *Secunda Petri* im ersten Jahrhundert in Palästina wie auch den *Judasbrief*, der aber von ihm abhängig ist (!); CHARLES 1997, 45ff (USA) ist bemüht, die Plausibilität des pseudepigraphen Charakters in jeder Hinsicht zu unterminieren, ohne dass er irgendwo ausdrücklich den Brief als echt erklärt; vgl. dazu die Rezension von DAVIDS 1999, 580: "Is proving the authenticity of 2 Peter a not-so-covert agenda of C.?"

[115] Beide Argumente werden übrigens von der vorliegenden Untersuchung nicht geteilt. In III.D.1.1.2. wird gezeigt, dass πατέρες in 3,4 keineswegs die erste Christengeneration bezeichnet, und die Zuordnung der Apostel zu den Adressaten mittels des Possessivums ὑμῶν dürfte nicht so sehr die Funktion haben, die Distanz des Schreibers zu unterstreichen, sondern adressatenorientiert der Zugehörigkeit zur apostolischen Traditionslinie Nachdruck zu verleihen.

[116] Die diesbezüglichen Darstellungen in den Kommentaren sind nicht immer besonders ausführlich, manchmal sogar eher mager: SCHELKLE 1961, 179ff; GRUNDMANN 1974, 55ff; BAUCKHAM 1983, 158ff; KNOCH 1990, 215–218; PAULSEN 1992, 93; VÖGTLE

1.2. Gattung und Pseudepigraphie

Eines der wichtigsten Ergebnisse aus der wechselvollen Geschichte der Erforschung antiker Literatur unter falschem Namen ist die Erkenntnis bzw. die auf verschiedene Beobachtungen gegründete Forderung, dass dieses verzweigte und vielschichtige Phänomen weder ausschließlich isoliert an der einzelnen Schrift noch ausnahmslos im großen Zusammenhang der literarischen Fälschung im Altertum insgesamt,[117] sondern an der einzelnen Schrift in ihrer Gattungszuordnung zu untersuchen ist.[118] Für den *zweiten Petrusbrief* besteht mittlerweile die *communis opinio*, dass er sowohl Gattungsmerkmale der Briefliteratur aufweist als auch der Gattung der Testamente und Abschiedsreden nachgestaltet ist.[119] Diese Doppelnatur wird einerseits ermöglicht durch die Eigenart des antiken Briefes, für dessen Konstitution es im Grunde nur des Präskripts und eventuell noch einer Schlussformel bedurfte, wobei schon diese letztere von nachgeordnetem Rang ist; andere durchaus vorhandenen brieftypische Merkmale waren nicht konstitutiv für die Gattung. So konnte durch Hinzufügung von Anfangs- und vielleicht noch Schlussformeln leicht eine andere Gattung zu einem Brief gemacht werden.[120] Andererseits kann auch ein Abschiedsszenarium in verschiedene Werke in unterschiedlicher Form Eingang finden, etwa als Rede in ein Geschichtswerk oder mit einem narrativen Rahmen als eigenständiges Testament.[121] Diese Beweglichkeit beider Formen war die Voraussetzung zur Entstehung des *zweiten Petrusbriefes*.

1994, 127f; für eine etwas umfassendere Darstellung der Argumente, allerdings aus der Perspektive potentieller Entkräftung siehe GUTHRIE 1970, 820–848.

[117] SPEYER 1965/66, 195; HENGEL 1972, 232f.

[118] Zur Diskussion dieser Sicht vgl. BROX 1973, 314f.

[119] Zu diesem Konsens vgl. BAUCKHAM 1988c, 3424f, etwas breiter BAUCKHAM 1983, 131ff. Dabei können einzelne Forscher bezüglich des Testamentcharakters durchaus eine abweichende Meinung vertreten. So wird dieser etwa neuerdings von DAVIDS 2006, 143–150 in Frage gestellt. Für ihn gehört der *zweite Petrusbrief* wohl zur Gattung der Abschiedsrede, ist aber nicht als Testament zu betrachten. Solche Beiträge – vgl. etwa auch CHARLES 1997, 49ff; STARR 2000, 4 – weisen auf die zuweilen beobachtbare Unschärfe in der Formulierung des Sachverhalts hin. Wer etwa den *zweiten Petrusbrief* formgeschichtlich als Testament deklariert, ruft zwangsläufig den Protest derer hervor, die ihn mit den *Testamenta duodecim patriarcharum* vergleichen. Darum wird hier vorsichtig und bis auf weiteres von *Merkmalen* beider Genera gesprochen; für nähere Ausführungen zum Gattung des ‚Testaments' etc. siehe II.E.1.1.

[120] Dieser Sachverhalt wird von BAUCKHAM 1988b, 473 unterstrichen. Ein weiteres biblisches Beispiel für die lose Verbindung eines Briefes mit einer anderen Gattung liegt im biblischen Bereich in der *Johannesapokalypse* vor, wo Apk 1,4 mit einer Eröffnungsformel die Offenbarungen an den Seher an „die sieben Gemeinden in Asien" adressiert; vgl. zu dieser Verbindung von Brief und Apokalypse VAN OYEN 2005, 51.

[121] Siehe II.E.1.1.

Versucht man nun, den pseudepigraphen Charakter des *zweiten Petrus-briefes* in Abhängigkeit zur Gattung zu verstehen, so bieten sich eine Reihe mehr oder weniger triftiger Plausibilitätsargumente. Zunächst gilt zu konstatieren, dass die genannte lose Verbindung des Briefrahmens mit dem *Corpus* briefliche Pseudepigraphie prinzipiell begünstigt; ein Name in der *superscriptio* ist leicht ausgetauscht.[122] Neutestamentliche Pseude-pigraphie wird dadurch freilich schwerlich plausibel, zeichnet sie sich in der Regel doch gerade nicht durch eine oberflächliche Verbindung des Corpus mit einem Briefrahmen aus; vielmehr wird, etwa in den Pastoral-briefen, die in der Briefanrede aufgebaute Fiktion durch ‚persönliche Be-merkungen' in anderen Briefteilen konsequent aufrecht erhalten.[123] Eher schon lässt sich anknüpfen beim Selbstverständnis des Paulus als Brief-schreiber. Nicht nur führt er apostolische Autorität in den Präskripten ausdrücklich auf göttliche Beauftragung zurück; auch die ἀπό-Formel in der *salutatio,* die Gott als den eigentlichen Absender von χάρις, εἰρήνη etc. ausweist, macht den Apostel zum Übermittler. In gewisser Weise schreibt also schon der Begründer der Subgattung des Apostelbriefes nicht in eigenem Namen, sondern von Gott her.[124] Freilich zeigt auch diese Erwägung nur, dass das Ich des apostolischen Briefeschreibers hinter dem göttlichen Auftrag zurücktritt, erklärt aber nicht, warum die Folgegenera-tionen dann zusätzlich die Namen der Apostelgeneration vorschoben. Möglicherweise wird man davon ausgehen müssen, dass sich die briefli-che Kommunikation mit Gemeinden mit so viel Erfolg bewährt hatte, dass man ihre Ausgangsparameter erweiterte: Paulus hatte sich in seinen Ge-meinden zur Überbrückung räumlicher Entfernung bei wichtigen Mittei-lungen durch Briefe vertreten lassen, so war der Apostelbrief entstan-den.[125] Die mehr oder weniger umfangreiche Anlehnung der Präskripte aller weiteren Briefe des Neuen Testaments an die paulinische Form ver-rät den Willen zur Kontinuierung genau dieser Kommunikationsform, doch wurde in der Folgezeit nicht mehr nur räumliche, sondern auch zeit-liche Entfernung überbrückt.[126] Konstant blieb der Anspruch (göttlich be-

---

[122] So jedenfalls KLAUCK 1998, 303f. Zur Fälschung in der griechischen Episto-lographie siehe STIREWALT 1993, 27–42.

[123] Diese „historisch-konkreten Andeutungen" sind nach BROX 1975, 85 „Mittel der fingierenden Schriftstellerei unmittelbar" und „insofern also viel «absichtsloser» als der moderne Interpret leicht meint." Neben gängigen Motiven aus antiken Briefen wie „Sehnsucht nach dem Wiedersehen" (2 Tim 1,4; BROX 1969, 285) oder „Bitte um Zustellung zurückgelassener Kleidung" (2 Tim 4,13; BROX 1969, 292) lassen sich eini-ge anscheinend „konkreten, historischen Konstellationen" als „typische Situationen des kirchlichen Amtes bzw. auch des Glaubens in der Kirche der Pastoralbriefe" be-greifen; vgl. BROX 1969, 294.

[124] Vgl. zu diesem Gedanken BERGER 1974, 202ff.

[125] WHITE 1988, VOUGA 1992.

[126] KLAUCK 1998, 304.

gründeter) apostolischer Autorität zur Beeinflussung von Lehre, Moral und Organisation.[127]

Möglicherweise gibt auch die Herkunft der Form des Apostelbriefes einen Zugang zur neutestamentlichen Pseudepigraphie, nämlich dann, wenn dieser sich nicht in erster Linie vom antiken Privatbrief herleitet,[128] der natürlich *eo ipso* den Authentizitätsanspruch in sich trägt, sondern von „literarisch fixierten Reden theologisch verbindlicher Autoritätsfiguren im Judentum (Prophetenbriefe, Testamente, Apokalypsen)".[129] Denn hier, in den jüdischen Testamenten und Apokalypsen hat das Schreiben unter einem großen Namen der Vergangenheit wie Baruch, Mose oder Esra zu hellenistischer Zeit einen festen Platz.[130] Diese Nähe zwischen Brief und Rede hat nicht nur einen hellenistisch-jüdischen Kontext, sondern ist allgemeiner für die griechisch-römische Antike belegt, wo das Briefeschreiben bei der Rhetorikausbildung mit zu den Übungen der Charakterdarstellung gehörte, gerade wie dies von Reden hinlänglich bekannt ist.[131]

---

[127] Vgl. hierzu die Deutung der Pastoralbriefe als „fiktive Selbstauslegung des Paulus" bei MERZ 2004.

[128] WHITE 1998.

[129] VOUGA 1992, 16 Anm. 24 im Anschluss an BERGER 1974, 207ff; so bereits SCHNI-DER/STENGER 1987, 50f: „Die paulinischen Briefe wenden sich ... nicht an Einzelpersonen, sondern an ein großes Publikum, was auch für den Philemonbrief gilt. Damit nähern sich die paulinischen Briefe stärker als der dem *Gespräch* unter Freunden vergleichbare hellenistische Privatbrief dem Genus der *Rede*."

[130] BROX 1973, 328ff, ferner zu Apokalypsen HENGEL 1972, 267ff, zu Testamenten Hengel 1972, 261ff; anders BAUCKHAM 1983, 133, der für testamentarische Reden eher den Begriff der Fiktion geeignet hält als die Subsumierung unter den Begriff ‚Pseudepigraphie'. Die genannte testamentarische und apokalyptische Literatur hat ihren Ursprung in der Auseinandersetzung mit der hellenistischen Kultur während der Makkabäerzeit, wo offenbar die mosaische Tora und die Prophetenschriften für sich genommen keine zureichenden Orientierungshilfen mehr boten und doch Norm und Weisung nicht anders denkbar waren als aus der Vergangenheit hervorgehend; HEN-GEL 1972, 232f und 266f. Eine ähnliche Form von „Bindung an Tradition" und ein analoger „Wille zur rückwärts orientierten Kontinuität" angesichts von einer Situation, die „von der Tradition unbeantwortet, unbewältigt" blieb, lässt sich auch für das nachapostolische Christentum reklamieren: Angesichts des Wachsens der jungen Bewegung und des Bedürfnisses nach Organisation und Leitung, nicht zuletzt aber auch nach theologischer Weiterentwicklung, mussten Antworten gefunden werden, die in der Tradition des Alten standen und doch der neuen Situation gerecht wurden; Zitate aus BROX 1973, 328. Die Verbindung von Brief, Apokalypse und Testament findet sich in auffallender Nähe zum *zweiten Petrusbrief* in der *Baruchapokalypse* (syrBar 78–86), wie im Laufe der Untersuchung noch verschiedentlich zu beobachten sein wird; vgl. auch BERGER 1974, 215ff, der gerade in den Briefen der Jeremia-Baruch-Tradition Schlüssel zum Verständnis frühchristlicher Briefe findet.

[131] Hierauf macht GLASER 2009, 156f im Zusammenhang mit der Herkunft des Briefromans aufmerksam. Theon, den er dabei als Gewährsmann anführt, nennt in seinen *Progymnasmata* 115,8 unmittelbar nebeneinander die Lobrede (πανηγυρικοὶ

Gerade im Falle des *zweiten Petrusbrief*es scheint nun die Verbindung von Brief und Rede umso greifbarer, als einige Passagen typische Merkmale des Testaments oder der Abschiedsrede aufweisen.[132] Solche Abschiedsszenen und Abschiedsreden, die gerne teils in mehreren redaktionellen Stufen ausgebaut und mit paränetischem und apokalyptischen Material versehen werden[133] und wie sie die frühchristliche Literatur etwa in Abschiedsreden Jesu (Joh 13–17) oder Pauli (Act 20) rezipiert und adaptiert, sind sozusagen wesenhaft pseudepigraph. Mehr als für andere Gattungen also ist Pseudepigraphie für einen Brief, der Wesenszüge von Abschiedsliteratur aufgreift, eine nahe liegende Möglichkeit.

2. Pseudepigraphie zwischen Produktion und Rezeption

2.1. Eine durchschaubare Fiktion?

Bedient sich ein Verfasser des Mittels der Pseudepigraphie, so wird die von ihm beabsichtigte Kommunikation mit seinen intendierten Rezipienten nur dann erfolgreich sein, wenn diese sich erstens mit den genannten Adressaten so weit identifizieren, dass sie den Geltungsbereich der Botschaft als sie selbst mit einschließend betrachten, und zweitens die Autorität des fiktiven Absenders so weit akzeptieren, dass sie eine von ihm ausgehende Botschaft als für sich maßgeblich werten. Damit die zweite Voraussetzung gegeben ist, wird als fiktiver Absender eine Persönlichkeit gewählt, die als Autorität gilt. Erhöht wird die Bedeutung der Botschaft im *zweiten Petrusbrief* noch durch die fiktive Situation des fiktiven Absenders: Was ein Mensch im Angesicht des Todes sagt, sein Segen, sein Fluch haben besondere Bedeutung; er hat die Gabe, in die Zukunft zu schauen.[134] Zur Gewährleistung der ersten Voraussetzung kann der Verfasser zu verschiedenen Mitteln greifen:[135] Entweder kann er die fiktiven Adressaten in der Fiktion beauftragen, die Botschaft oder den Brief an die realen Adressaten weiterzureichen. Oder er kann die Situation der vorgeblichen Adressaten so gestalten, dass die realen Adressaten sie als die ihre erkennen. Schließlich bleibt ihm noch die Möglichkeit, den Brief direkt als Vermächtnis an die Nachwelt zu gestalten. Dadurch entfällt eine Adressatenfiktion, wie sie etwa die Pastoralbriefe kennen; die im Werk genannten Adressaten sind die tatsächlich ins Auge gefassten. Diesen Weg hat der

---

λόγοι), die Mahnrede (προτρεπτικοὶ λόγοι) und den Brief (ἐπιστολικοὶ λόγοι) als Übungsformen der Prosopopoiie.

[132] Vgl. den Exkurs über die Gattung des literarischen Testaments im Kommentar zum *Johannesevangelium* von Jürgen Becker: BECKER 1981, 441–445; die Problematik der Fassbarkeit der weit verzweigten Gattung deutet PAULSEN 1992 an.

[133] BECKER 1981, 442.

[134] HENGEL 1972, 261.

[135] BAUCKHAM 1988b, 477f.

Verfasser des *zweiten Petrusbriefes* gewählt: Kurz vor seinem Tod sieht ‚Petrus' zukünftige Schwierigkeiten der Gemeinde und wendet sich direkt an sie.

Die geschilderte Kommunikation verschiebt sich allerdings, wenn von den Rezipienten gar nicht erwartet wird, dass sie die Fiktion als Realität begreifen. In diesem Sinne postuliert, ausgehend vom grundsätzlich pseudonymen, fiktionalen Charakter des literarischen Testaments bzw. der Abschiedsrede in der jüdisch-hellenistischen Literatur,[136] Richard Bauckham die Transparenz der Fiktion von Testamenten und Abschiedsreden und deren generelle Akzeptanz. Man müsse die jüdische Leserschaft nicht für so naiv halten, als habe sie solche Abschiedsliteratur gleichermaßen als Bericht des historischen Hergangs gelesen; entsprechend hätten die Verfasser dies auch nicht erwartet.[137] So nimmt er auch an, dass der fiktionale Charakter des *zweiten Petrusbriefes* von den Rezipienten von vornherein durchschaubar war. Dann aber wäre von den intendierten Rezipienten auch nicht das Vertrauen in die Autorität des Apostels gefragt, sondern das Vertrauen, dass die, die in seinem Namen schreiben, dies mit gutem Recht tun.[138]

Ohne die Behauptung einer durchschaubaren Fiktion ohne weiteres abtun zu wollen, bereitet sie doch auch Schwierigkeiten. Was bislang fehlt, ist ein Plausibilitätsnachweis für das vorausgesetzte Vertrauen der Rezipienten zur Orthodoxie der von Bauckham als Verfasser betrachteten petrinischen Kreise in Rom. Ferner müsste erwogen werden, ob es nicht Hinweise auf eine bildungssoziologische Staffelung der Rezipientenschaft und der Rezeption gibt, wie dies für eine spätere Phase der Alten Kirche in bestimmten Fragen nachweisbar ist.[139] Ferner wäre die Motivation für

---

[136] HENGEL 1972, 262.

[137] BAUCKHAM 1983, 134: "It is very implausible to suppose that most Jewish readers were so naïve as to read such speeches as accurate historical reports, or that their authors were so naïve as to expect them so to be read."

[138] BAUCKHAM sieht das auch und fährt an der genannten Stelle (1983, 134) fort: "If they knew that it came from the Petrine circle in Rome [...], then they might trust its author to have made a good job of reporting the essence of Peter's teaching, but they would not expect Peter to have written it. At any rate the presumption would be that he had not."

[139] KLAUCK 1998, 304f, der sich dafür ausspricht, die Frage, ob es sich um eine als transparent intendierte Pseudepigraphie handelt, je nach der einzelnen Schrift zu beantworten, rechnet mit solch einer bildungssoziologisch gestaffelten Rezeption: auf der einen Seite Gemeindeglieder mit einem Bildungsniveau, das ihnen erlaubte, die Fiktion zu durchschauen, und andere, „die sich mit der ausgeborgten Verfasserangabe ohne Rückfrage zufrieden gaben und die man mit den Feinheiten der Brieferstellung besser nicht behelligte"; ibid. 304; ähnlich auch VÖGTLE 1994, 129f. Als Analogon dient ihm die bei den Kirchenvätern bezeugte spätere Situation, wo „manche brisanten Wahrheiten einer einsichtsfähigen Elite [...] vorbehalten blieben und dem „einfachen" Kirchenvolk vorenthalten wurden"; ibid. 305.

die Verwendung eines Pseudonyms zu erhellen, wenn die Fiktion durchschaubar war und der Verfasser – wie die meisten Datierungen voraussetzen – in einer Zeit lebte, wo das Schreiben unter eigenem Namen bereits wieder möglich war.[140]

2.2. Fiktive Selbstauslegung?

Die literarische Vorgehensweise der Pastoralbriefe bezüglich der authentischen Paulinen wurde von Annette Merz als *fiktive Selbstauslegung* beschrieben.[141] Die Verbindung von Pseudepigraphie mit intertextuellen Bezugnahmen auf authentische Paulusbriefe erlaubt es dem Verfasser, paulinische Aussagen und Themen aufzugreifen, sie in seiner – von ihm selbst wahrscheinlich als im Sinne des Paulus beurteilten – Weise zu interpretieren, weiterzudenken und – aus der Sicht von Heutigen – zu modifizieren, diese Deutung aber gleichzeitig durch die Verfasserfiktion als die genuin paulinische darzustellen. Aus der Perspektive der intendierten Rezipienten legt sich Paulus also in den Pastoralbriefen selbst aus, was zurückwirkt auf das Verständnis der Gnesiopaulinen: Wer die Sicht der Pastoralbriefe als die authentisch paulinische übernimmt, wird auch unterstellen, dass Paulus seine Worte in den echten Briefen nicht anders gemeint hat als dort.

Für das Verständnis des *zweiten Petrusbriefes* ist fiktive Selbstauslegung ein nur begrenzt anwendbares Modell. Denn erstens stehen höchstwahrscheinlich keine orthonymen Schriften des Petrus zur Verfügung; der *erste Petrusbrief* dürfte ebenfalls eine pseudepigraphe Schrift sein.[142] Damit ist eine Untersuchung der Verschiebungen in der Theologie von den echten zu den pseudepigraphen Schriften hin, wie dies bei Paulus möglich ist, für Petrus verwehrt. Geht man allerdings davon aus, dass der *erste Petrusbrief* als echte petrinische Schrift gelesen wurde, und gelingt der Nachweis, dass der *zweite Petrusbrief* die Rezeption des *ersten* steuern will, so lässt sich wenigstens das Verhältnis der beiden Petrinen als fiktive Selbstauslegung deuten. Tatsächlich zeigt die Untersuchung der direkt metatextuellen Aussagen der *Secunda Petri* über die *Prima*, dass diese von jener in einer bestimmten Weise gelesen wird und wohl auch von den Rezipienten so gelesen werden soll.[143] Dennoch liegt hier aufs Ganze gesehen insofern

---

[140] In schroffer Weise ablehnend gegenüber der Idee einer "entirely transparent fiction" ist FREY 2009, 727–731. BAUCKHAMs These gleiche „an Kühnheit fast der Fiktion des 2Petr" und ziele „erkennbar bemüht auf die ‚Rettung' des Schreibens vor dem Verdikt ‚Fälschung', die mit der für den Kanon geltenden Wahrheitsvermutung nicht mehr vereinbar wäre.", ibid. 729f.

[141] MERZ 2004; für eine Zusammenfassung dieses Ansatzes siehe ibid. 382–387 sowie zugehörige hermeneutische Reflexionen in MERZ 2006.

[142] Siehe die Einleitungsfragen zur Verfasserschaft bei ELLIOTT 2000, 118–130.

[143] Siehe II.C.

keine Analogie zur Situation der Pastoralbriefe vor, als der *zweite Petrusbrief* nicht in einer Auseinandersetzung um das *Petrus*verständnis seiner Deutungsweise mittels Pseudepigraphie und Intertextualität zur Geltung verhelfen will. Vielmehr wird aus dem Text deutlich, dass er unter dem Pseudonym *Petrus* – unter anderem – gegen eine seiner Ansicht nach falsche Interpretation *Pauli* vorgeht.

3. Allographische Fortsetzung, Interfiguralität und Formbarkeit der Erinnerung[144]

Um zu der Anknüpfung an den *ersten Petrusbrief* und der Verwendung der Petrusgestalt in einer weiteren Schrift unter dem Namen des Petrus einen literaturtheoretischen Zugang zu schaffen, wird noch einmal auf ein Konzept aus der – fortentwickelten – Intertextualitätstheorie zurückgegriffen, nämlich die Interfiguralität.[145]

Aus der Literaturwissenschaft ist das Phänomen bekannt, dass literarische Werke zuweilen nicht allein bleiben. Sie können Fortsetzungen bekommen – aus ganz unterschiedlichen Gründen und in ganz unterschiedlicher Form. Manche sind von Anfang an mehrteilig konzipiert, bei anderen zeitigt der Erfolg die Fortsetzung oder das Bedürfnis eines Verfassers, an ein bestehendes Werk anzuknüpfen. Dabei braucht dieses Werk nicht sein eigenes zu sein. Seit jeher gibt es das Phänomen der *allographischen Fortsetzung*, der Fortsetzung von anderer Hand.[146] Dieses kann sich verbinden mit einer möglichen Ausprägung von Interfiguralität, der Wiederverwendung literarischer Figuren: Figuren, die bereits im ersten Teil eine Rolle spielten, dürfen auch im zweiten auftreten. Ähnlich einem Zitat, und vielleicht sogar noch augenfälliger, unterliegt dabei jede wieder verwendete literarische Figur Veränderungen. Sie kann unmöglich völlig identisch mit dem ‚Original‘ bleiben.[147] Selbst wenn der die Figur wieder aufgreifende Autor auf Änderungen am Namen verzichtet, so schickt er sie doch in neue textuelle Umgebungen, neue Abenteuer, eine andere Zeit, lässt sie anderen Figuren begegnen, zu denen sie sich verhalten muss. Durch all diese Dinge wachsen der Figur aus Leserperspektive neue, beispielsweise charakterliche Aspekte zu. Wer im Roman *Een gevaarlijke verhouding of Daal-en-Bergse brieven* von Hella S. Haasse den Briefwechsel der einsamen und zurückgezogenen Marquise de Merteuil aus ihrem neuen

---

[144] Siehe hierzu auch RUF 2008.

[145] MERZ 2004, 23 zieht im Anschluss an MÜLLER 1991b Gewinn aus dem Begriff der onomastischen Referenz bzw. onomastischen Intertextualität; wenn hier die Rede ist von Interfiguralität, so liegt der Unterschied nur in der Nuance, dass weniger auf die Technik des Verweisens über den Gebrauch von Namen abgehoben werden soll, als auf die Prägung der Erinnerung an eine zur Figur gewordenen Persönlichkeit.

[146] Zur Bezeichnung MÜLLER 1991a, 110.

[147] MÜLLER 1991a, 107.

Zuhause in Den Haag verfolgt hat, für den ist diese eine andere geworden, als sie es zu der Zeit war, da er sie nur aus Pierre Cholderlos de Laclos' *Liaisons dangereuses* kannte, in der Adelswelt Frankreichs am Vorabend der Revolution, umgeben von aktuellen und ehemaligen Liebhabern und eifrig beschäftigt, Intrigen zu spinnen.

Als der *zweite Petrusbrief* entsteht, ist Petrus für die Rezipienten nicht mehr allein die historische Persönlichkeit des Jesusjüngers Simon, sondern auch eine literarische Figur. Ausdrücklich wird in 2 Petr 3,1 darauf verwiesen, dass den Rezipienten bereits ein Petrusbrief bekannt ist, und mit der synoptischen Petrustradition sind sie wohl zumindest in Teilen vertraut.[148] Indem nun ,Petrus' sich kurz vor seinem Tod erneut an die Empfängeren richtet, neue Themen anschneidet, (angeblich) alte wieder aufgreift und, zwar spärlich, aber doch hin und wieder einige ,persönliche' Bemerkungen über ,sich' einfließen lässt, unterliegt das Petrusbild der Rezipienten Veränderungen. Sofern es sich im vorliegenden Fall nicht um eine als durchschaubar konzipierte Fiktion handelt, ist diese Modifikation des Petrusbildes durchaus gewollt: Die Rezipienten sollen den *zweiten Petrusbrief* lesen als Nachfolgeschreiben zu jenem anderen Petrusbrief und die ,Informationen', die der *zweite Petrusbrief* über den Apostel enthält, in ihre Sicht des Apostels integrieren.[149] Dass diese Deutung pseudepigraphen Schaffens als Veränderung eines bestehenden Bildes von der Persönlichkeit, deren Namen man sich bedient, keinen Anachronismus bedeutet, sondern durchaus einer (möglichen) Sicht in der Antike entspricht, bestätigt an der Wende vom zweiten zum dritten Jahrhundert Tertullian für unechtes narratives Material über Paulus: Durch die literarische Tätigkeit des Verfassers oder Kompilators der *Paulusakten* werde

---

[148] Siehe hierzu die Rezeption der synoptischen Verklärungserzählung in 2 Petr 1,16–18 und die diesbezüglichen Ausführungen in II.B., sowie die Zusammenfassung weiterer Beobachtungen zur Bekanntschaft mit den Synoptikern in IV.A.4.4.

[149] BROX 1973, 332f; 1975, 92–96f konstatiert für die nachapostolische Generation eine „Entindividualisierung der Apostel", wobei der einzelne Apostelname für das Apostolische, d.h. die Orthodoxie an sich stehe. Die Entscheidung für diesen oder jenen Namen lasse sich eher von der Verbindung des jeweiligen Apostels mit dem Abfassungsort oder auch dem Ort der Adressaten erklären als in Abhängigkeit von einer konkreten Zuordnung des Inhalts zur spezifischen Theologie des jeweiligen Apostels. Die Tatsache, dass die *Secunda Petri* ausdrücklich an die *Prima* anschließt, wirft m.E. die Frage auf, ob nicht doch mehr hinter der Verwendung des Petrusnamens steht, etwa eine gewisse Geltung der Petrusfigur bei den Adressaten o.ä. Doch selbst wenn BROXENS Behauptung *produktionsseitig* zutreffen sollte, kann sich dennoch *rezeptionsseitig* eine Verbindung von theologischem Inhalt und konkretem Apostel ausbilden und weiterwirken. Zu weit gehen dürfte LAPHAM 2003 in seinem Postulat theologischee Konstanten durch das gesamte petrinische Schrifttum hin.

die Reputation des Paulus aus eigenem Zutun des Verfassers gemehrt,[150] also die Erinnerung an eine der großen Persönlichkeiten des Urchristentums beeinflusst.

Diesen Erwägungen liegt die Erkenntnis zugrunde, dass Erinnerungen an Personen und Ereignisse der Vergangenheit nicht fest sind, sondern Veränderungen unterliegen. Gegenwartsfragen sind eines der Momente, die das Gedenken in seiner vorfindlichen Form modellieren.[151] Diesen Prozess fördert der *zweite Petrusbrief*, indem er die gegenwärtige Situation – unter Vermittlung der literarischen Figur des Petrus – aus der Autorität der (prophetischen und) apostolischen Vergangenheit verstanden wissen will.[152] *Pflege* der Erinnerung weist der Brief selbst durch die nachdrücklich gehäufte Verwendung entsprechender Lexeme an zentralen Stellen als sein Anliegen schlechthin aus;[153] tatsächlich hat man es durch den Ausgangs- und Interessenspunkt in der Gegenwart mit *Gestaltung* der Erinnerung zu tun: Das Erinnerte – Petrus und seine (apostolische) Botschaft – muss so erinnert werden, dass es zur Gegenwart passt.

Dieses ‚Passen' kann grundsätzlich zwei Formen annehmen: Entweder bestätigt das Erinnerte die Gegenwart, indem es sie als „sinnvoll, gottgewollt, notwendig und unabänderlich"[154] darstellt. Dann spricht man von einer *fundierenden* Funktion des Erinnerten. Oder die Erinnerung kontrastiert die als defizitär wahrgenommene Gegenwart mit einer vorbildlichen, normativen, idealen o.ä. Vergangenheit. In diesem Falle hat das Erinnerte *kontrapräsentische* Funktion.[155] Im einen wie dem anderen Fall erlaubt die Erinnerung dem Erinnernden eine Vergewisserung seiner Standortbestimmung, sei es in Abgrenzung, sei es in Kontinuität zur Vergangenheit, und damit eine Festigung der eigenen Identität. Genau dies lässt sich am *zweiten Petrusbrief* beobachten: Die prophetisch-apostolische Vergangenheit wird kontrapräsentisch zu den Verirrungen der Heterodoxen erinnert, fundierend aber für die ‚petrinische' Lehrmeinung des Verfassers.

---

[150] Tertullian, *De baptismo* 17,5: *quod si quae Acta Pauli, quae perperam scripta sunt, exemplum Theclae ad licentiam mulierum docendi tinguendique defendant, sciant in Asia presbyterum qui eam scripturam construxit, quasi titulo Pauli de suo cumulans, convictum atque confessum id se amore Pauli fecisse loco decessisse.*

[151] KIRK 2005, 11f.

[152] PAULSEN 1992, 91: „Die gemeindliche Lage [...] wird bedacht durch die Rückkehr zur Autorität des Vergangenen."

[153] Bei der Eröffnung des Briefcorpus: ὑπομιμνῄσκειν 1,12; ὑπόμνησις 1,13; μνήμην ποιεῖσθαι 1,15; in der Einleitung zum eschatologischen Lehrabschnitt ὑπόμνησις 3,1; μιμνῄσκειν 3,2.

[154] ASSMANN 2002, 79.

[155] ASSMANN 2002, 79 mit einer von THEISSEN übernommenen Terminologie.

4. Die intertextuelle Ausgangssituation: ständige Prätexte

Die vorausgehenden Abschnitte haben bereits gezeigt, dass die vorliegende Arbeit den *ersten Petrusbrief* als den in 2 Petr 3,1 alludierten Brief versteht und dieser somit als Prätext zur *Secunda Petri* zu betrachten ist.[156] Konkret unterstellt sie, dass der *zweite Petrusbrief* den *ersten* nicht nur erwähnt, sondern ihn auch kennt. Damit soll nicht das oft wahrgenommene Problem der anscheinend verschwindend geringen Berührungspunkte zwischen beiden Schreiben ausgeblendet werden. Doch hat die Ökonomie bei Postulaten Vorrang vor der Konstruktion glatter Lösungen, d.h. es muss so lange als nur irgend möglich mit den vorhandenen Daten und Fakten gearbeitet werden. Diese sind im vorliegenden Fall: Der *zweite Petrusbrief* verweist auf einen anderen Petrusbrief. Es gibt weder irgendwelche Anzeichen für die Existenz weiterer Petrusbriefe außer den beiden im Kanon vorliegenden für die fragliche Zeit noch dafür, dass ein Brief, der heute unter anderem Namen kursiert, irgendwann ein Petrusbrief gewesen sein könnte, und auch nicht dafür, dass das zeitliche und inhaltliche Verhältnis zwischen beiden kanonischen Briefen je ein anderes gewesen wäre als das uns bekannte. Auch Teilungshypothesen für den *zweiten Petrusbrief* lassen sich weder durch Textzeugen belegen noch haben sie sich in der neutestamentlichen Exegese durchsetzen können. Die Sicht, dass der in 2 Petr 3,1 erwähnte Brief der *erste Petrusbrief* des Kanons ist, kommt mit den wenigsten Postulaten aus und ist daher zu favorisieren.[157] Der dem anscheinend entgegenstehende Einwand der geringen inhaltlichen Berührung beider Briefe lässt sich mit der Beobachtung eines ähnlich gelagerten Falles begegnen: Auch die in 2 Petr 3,16 erwähnten Paulusbriefe werden ihrem Inhalt nach offenbar nicht ausgeschöpft. Es scheint geradezu eine Strategie des Verfassers des *zweiten Petrusbriefes* zu sein, die erwähnten Schriften inhaltlich nicht so zu thematisieren, wie mancher moderne Leser es vielleicht zunächst erwartet. Die Diskrepanz zwischen be-

---

[156] Die Identität des in 3,1 erwähnten Briefes mit dem kanonischen *ersten Petrusbrief* vertreten (mit unterschiedlichem Gewissheitsgrad) u.a. die im Folgenden angeführten Kommentare. Dabei ist an den oft gequälten Formulierungen abzulesen, wie den Kommentatoren eine tief verankerte Überzeugung fehlt: BIGG 1902, 289 ("cannot tell absolutely certain", "will satisfy the conditions fairly well"); CAMERLYNCK 1909, 141 mit Anm. 2; GREIJDANUS 1931, 140f; SCHELKLE 1961, 222; GRUNDMANN 1974, 108; KAHMANN 1983, 14; BAUCKHAM 1983, 285f; FRANKEMÖLLE 1987, 108 („wird wohl am ehesten auf den schon bekannten 1 Petr verweisen wollen"); FUCHS/REYMOND 1988, 105; HILLYER 1992, 210 ("most naturally"); PAULSEN 1992, 149f („am ehesten nachvollziehbar" 150); NEYREY 1993, 229 ("it is easiest"); VAN HOUWELINGEN 1993, 11–13.77; BÉNÉTREAU 1994, 171; VÖGTLE 1994, 211f; DE VRIES 1998, 163 ("moet wel"); MAZZEO 2002, 310; KRAFTCHICK 2002, 148f; SCHREINER 2003, 368–370; SKAGGS 2004, 131 ("in all likelihood"); REESE 2007, 163 ("most likely"); GREEN 2008, 310f.

[157] Vom *canonical approach* herkommend liest auch WALL 2001 den *zweiten Petrusbrief* als Fortsetzung zum *ersten Petrusbrief*.

haupteter Kenntnis und mangelnder inhaltlicher Überschneidung muss gedeutet, nicht weghypothetisiert werden.[158] Aus der Deutung der Bezugnahme in 2 Petr 3,1 auf den *ersten Petrusbrief* folgt allerdings weder, dass der Verfasser des *zweiten Petrusbriefes* auch der Verfasser des *ersten Petrusbriefes* ist, noch dass er den ersten Brief für authentisch hielt.[159] Wohl aber kann ein als feststehend angenommenes Prätextverhältnis in Zweifelsfällen bei der Erwägung, ob an einer konkreten Stelle eine textuelle Kontaktaufnahme vorliegt, zu einer Deutungshilfe werden.[160]

Der zweite Text, der als ständiger Prätext zum *zweiten Petrusbrief* vorausgesetzt wird, ist der *Judasbrief*. Eine neuerliche Auflage der bereits allzu häufig geführten Diskussion um die Möglichkeit, das Abhängigkeitsverhältnis könne auch in die andere Richtung weisen oder es liege gar gemeinsame Abhängigkeit von einer weiteren Schrift vor, entspricht nicht dem gegenwärtigen Forschungsstand[161] und wird an dieser Stelle nicht geführt. Der Verlauf der Untersuchung wird zeigen, dass die Annahme der Judaspriorität alle Plausibilität auf ihrer Seite hat.

5. Aufbau der Untersuchung

Für den Aufbau der Untersuchung werden in einem ersten Hauptkapitel (II) die ‚biographischen‘ Abschnitte, also die direkt von der Petrusfiktion geprägte Passagen, in beinahe ‚biographisch-chronologischer‘ Reihenfolge

---

[158] Eine ähnliche Sicht vertritt GILMOUR 2002, 95: "What is found in the relationship of 2 Peter to 1 Peter is analogous with the relationship between 2 Peter and Paul. [...] First Peter is most likely referred to [...]. For whatever reasons, the author chose not to reflect its style or content. Why this decision was made is open to debate [...]."

[159] Ferner bedeutet dies auch keine Identität der Adressaten: mit KELLY 1969, 353: "The recognition that iii. 1 refers to I Peter should not lead us to conclude that 2 Peter was necessarily addressed to the identical four Anatolian provinces named in I Pet. I, 1. The earlier letter must by now have attained a fairly wide currency, and all we need infer is that the author feels entitled to suppose that it is being read in the particular communities he has in mind in the first instance. These may have been situated somewhere in Asia Minor; but quite conceivably they may not; the local reference is only another prop in the apparatus of pseudonymity." Zur Diskussion vgl. die beiden Forschungsberichte BAUCKHAM 1988d, 316–318 und MÜLLER 2001, 325f.

[160] In diesem Sinne BERDING 2002, 63 über die Beziehung zwischen Polykarp und dem *Philipperbrief*: "Thus, since we know that Polycarp almost certainly has read and knows the canonical Philippians, we are helped in deciding the likelihood of individual allusions to that letter when we encounter them in Pol.Phil."

[161] Die Priorität des *Judasbriefes* ist mittlerweile bis auf wenige Ausnahmen *communis opinio*, vgl. die Forschungsberichte von BAUCKHAM 1988d, 3714–3716 und MÜLLER 2001, 326f, die Diskussion des Forschungsstandes bei GILMOUR 2002, 83–91 und die neuerliche Erwägung der klassischen Thesen zum Verhältnis *Judasbrief – zweiter Petrusbrief* bei THURÉN 2004, die ihn zu dem Ergebnis führt; ibid. 460: "Yet, if no strong arguments for the other option emerge, we can assume this solution to be the modern consensus of scholarship."

behandelt. Die einzige Ausnahme bildet das Präskript, das den Analyseteil aufgrund seiner Bedeutung für den gesamten Brief eröffnet (II.A); dann folgt die Wiederaufnahme der Verklärung auf dem Berg (II.B), Petri Wirken als Briefschreiber (II.C), sein Verhältnis zu Paulus (II.D) und schließlich die Situation unmittelbar vor dem Tod (II.E). Auffallenderweise finden sich in diesen „biographischen" Abschnitten alle direkt metatextuellen Bemerkungen über die Paulusbriefe, den *ersten Petrusbrief* und die Vorhersagen der Propheten.[162] In einem zweiten Hauptteil (III) werden dann entlang ihrer Anordnung im *zweiten Petrusbrief* die Passagen behandelt, die keine Merkmale direkter Petrusfiktion tragen, sondern im Rahmen der Gesamtfiktion als Petri Lehre erscheinen: das vor allem christliche Moral behandelnde Proöm (III.A), die Ausführungen über das rechte Verständnis von Prophetie (III.B), die polemische Abgrenzung von den heterodoxen Lehrern und ihren Anhängern (III.C) sowie die Lehre von den eschatologischen Erwartungen (III.D). In einem letzten Kapitel (IV) werden die Untersuchungsergebnisse zusammenfassend ausgewertet.

In jedem einzelnen Teilabschnitt der beiden Analysekapitel wird von der entsprechenden Phänotextpassage ausgegangen. Anhand von textuellen Transzendenzen, also lexikalischen, syntaktischen oder motivischen Elementen im Phänotext, die über diesen hinauszuweisen scheinen, begibt sich die syntaktische Analyse dann im Sinne des von Udo Hebel erstellten Verfahrens auf die Suche nach der textuellen Welt, der sich das entsprechende Textelement verdankt. Daraufhin folgt, entsprechend dem in Anlehnung an Claes entworfenen Analyseverfahren, die Betrachtung der pragmatischen Einbettung der textuellen Kontaktaufnahme, bevor in einem letzten Schritt zur Semantik der Intertextualität die metatextuelle Dimension beleuchtet wird, nämlich die Frage der Bedeutungszuweisung an die textuelle Umwelt und die eigene Standortbestimmung in ihr.

Dabei beschränkt sich die Untersuchung nicht auf die heute kanonischen Elemente des textuellen Universums. Zwar ist die Fragestellung der vorliegenden Untersuchung nicht zuletzt durch die immer wieder mit dem *zweiten* Petrusbrief in Verbindung gebrachte Entstehung des Kanons motiviert, doch ergäbe sich, untersuchte man ausschließlich das Verhältnis zur kanonischen Literatur, leicht eine Schieflage der Ergebnisse, wenn sich etwa nachweisen ließe, dass die *Secunda Petri* andere Schriften ebenso behandelt oder in derselben Weise Stellung zu ihnen bezieht wie zu den kanonischen.

---

[162] Allein die Propheten werden auch in den Passagen petrinischer ‚Lehre' aufgegriffen, jedoch nicht in erster Linie in Form eines Verweises auf die Propheten als Schriften, sondern in der Erörterung ihres Stellenwertes und der rechten Deutung.

Kapitel II

Der Petrus des zweiten Petrusbriefes

A. Symeon Petrus, Knecht und Apostel Jesu Christi (2 Petr 1,1–2)

Die *superscriptio* gibt als Absendernamen Συμεών[1] Πέτρος an und fügt ihm die Titel δοῦλος und ἀπόστολος Ἰησοῦ Χριστοῦ bei. Adressiert wird der Brief in der *adscriptio* an diejenigen, die einen ‚uns' gleichwertigen Glauben erlost haben (τοῖς ἰσότιμον ἡμῖν λαχοῦσιν πίστιν) – dank[2] der Gerechtigkeit (ἐν δικαιοσύνῃ) ‚unseres' Gottes und Retters Jesus Christus (τοῦ θεοῦ[3] ἡμῶν καὶ σωτῆρος Ἰησοῦ Χριστοῦ). Die *salutatio* wünscht den

---

[1] Gegenüber Σίμων ist dem gewichtigen Zeugnis von P72, Codex Vaticanus und einiger für die Katholischen Briefe wertvollen Minuskeln wie 1241 und 1243 zum Trotz Συμεών doch die leichter als ursprünglich zu verstehende Lesart; es ist schlechterdings nicht erklärbar, warum jemand den bekannten Namen des Petrus, Σίμων, nachträglich in eine Form verwandeln sollte, die innerhalb der Petrusüberlieferung nur an einer einzigen weiteren Stelle verwendet wird und somit eine weniger als marginale Rolle spielt, vgl. METZGER 1998, 629.

[2] Die Präposition ἐν dürfte hier instrumental-kausal zu verstehen sein und inhaltlich ἰσότιμος kommentieren: Aufgrund der δικαιοσύνη Gottes haben die Angeschriebenen diesen gleichwertigen Glauben erlost; zum Problem siehe KRAUS 2001, 125f, wo auch die gängigen Kommentare rezipiert sind. Von den Neueren sehen den Bezug auf ἰσότιμος DAVIDS 2006, 162; WITHERINGTON 2007, 295; GREEN 2008, 175 ("The action of apportioning them a faith of equal honor was an act of divine righeousness or justice."); anders jedoch SCHREINER 2003, 286, der die Verbindung mit πίστις hervorhebt und δικαιοσύνη anders füllt ("the faith received, then, is rooted in God's saving righteousness"). REESE 2007, 131 sieht zunächst auch die Verbindung zu ἰσότιμος: "It is because of God's righteousness that the faith of the readers is of equal value to the faith of the apostles", um gleich darauf doch eher πίστις als Bezugswort ins Auge zu fassen: "Faith is based in the righteousness τοῦ θεοῦ ἡμῶν καὶ σωτῆρος Ἰησοῦ Χριστοῦ" – und entzieht sich damit der Diskussion.

[3] Das Gewicht der Variante κυρίου, die neben den Kodizes 01 und 044 auch von wenigen Minuskeln sowie koptischen und syrischen Übersetzungen statt θεοῦ geboten wird, reicht nicht für eine Änderung des Textes. Sie lässt sich am leichtesten erklären als Anpassung an die geläufigere Wendung τοῦ κυρίου (ἡμῶν) καὶ σωτῆρος Ἰησοῦ Χριστοῦ (vgl. 1,11; 2,20; 3,2.18), so dass θεοῦ als *lectio difficilior* die höhere Wahrscheinlichkeit auf Ursprünglichkeit zukommt. In diese Richtung entscheiden heute die meisten Ausleger, siehe etwa STARR 2000, 29 Anm. 31; METZGER 1998, 629; PAULSEN 1992, 105 Anm. 12; BAUCKHAM 1983, 165 und SCHELKLE 1961, 185 Anm. 2, der seine Position freilich sehr schwach begründet, wenn er die Textgestalt von P72

Angeschriebenen die Mehrung von Gnade und Friede (χάρις ὑμῖν καὶ εἰρήνη πληθυνθείη) in[4] der Erkenntnis Gottes und ‚unseres' Herrn Jesus Christus (ἐν ἐπιγνώσει τοῦ θεοῦ καὶ Ἰησοῦ τοῦ κυρίου ἡμῶν).

1. Syntax der Intertextualität

1.1. Zur generischen Intertextualität des Briefpräskripts

Als Ignatius, Bischof von Antiochien, wohl gegen Ende des ersten Jahrzehnts des zweiten Jahrhunderts[5] an die Gemeinde in Tralles in Kleinasien schreibt, grüßt er sie ἐν ἀποστολικῷ χαρακτῆρι – in apostolischer Manier, also so, wie die Apostel es in ihren Briefen zu tun pflegten.[6] Demnach ist Ignatius sich dessen bewusst, dass, wenigstens für manche Briefteile, in den Apostelbriefen Standards bestehen, Gepflogenheiten, Planstellen im Briefformular auf bestimmte Weise zu realisieren. Das bedeutet andererseits: Wer einen Brief unter dem Namen eines Apostels verfasst, muss sich bestimmter Formelemente bedienen, wenn er nicht riskieren will, dass seinem Brief die Anerkennung als Apostelbrief versagt wird. Denn Standards zeitigen rezipientenseits Erwartungshaltungen. Dass daneben bei aller Standardisierung für den Verfasser ein Spielraum zur eigenen Gestaltung vorhanden ist, ist an den paulinischen Präskripten ersichtlich: Paulus selbst variiert in Teilen des Präskripts und auch den Deutero- und Tritopaulinen bleibt in gewissem Rahmen die Möglichkeit zur Abweichung von dem, was Paulus formuliert hatte.[7]

Die Erstellung eines Briefpräskripts wie 2 Petr 1,1–2 ist also ein Akt generischer bzw. typologischer Intertextualität, in der Pfister'schen Begriffswelt eine Systemreferenz: Einer gegebenen Vielheit von Präskripten wird ein neues Präskript an die Seite gestellt, das gewissen Anforderungen des Systems genügen muss, um als solches zu gelten. Eine Reihe von Gegebenheiten und Implikationen der generischen Intertextualität des Präskripts gilt es sich zu vergegenwärtigen, um ihre Analyse in einen ihr

---

den Ausschlag geben lässt; immerhin weist dieser Papyrus mehrfach auffallende, wenn nicht gar fragliche Textformen auf.

[4] KRAUS 2001, 126 will ἐν hier nicht instrumental verstehen, weil sonst χάρις und εἰρήνη ‚abhängig werden' von der ἐπίγνωσις. Stattdessen findet er in ἐν ἐπιγνώσει die „Betonung eines prozesshaften Vorganges der ἐπίγνωσις ... ‚innerhalb' dessen sich etwas vollzieht" ausgedrückt.

[5] So die von der Alten Kirche übermittelte Datierung, vgl. FISCHER in SUC I, 114f.

[6] Diese Deutung folgt FISCHER in seiner kommentierten Ausgabe der Apostolischen Väter: SUC I, 173, Anm. 3 und PAULSEN/BAUER in der kommentierten Übersetzung der Ignatiusbriefe, PAULSEN/BAUER 1985, 58.

[7] Vgl. beispielsweise zum Wandel der *adscriptio* ROLLER 1933, 109f. ROLLER geht zwar von der Echtheit aller kanonischen Paulusbriefe aus und wertet daher Variationen im Briefformular als Entwicklung bei Paulus, dies ändert jedoch nichts an der Beobachtung der Variationsbreite der Briefformulargestaltung im *Corpus Paulinum*.

angemessenen Rahmen zu stellen und die Erwartungen an diese Analyse mit dem von ihr Leistbaren abzustimmen:

1. Das Präskript eines Apostelbriefes paulinischer Prägung besteht aus drei Planstellen, nämlich der *superscriptio*, einer Absenderangabe, der *adscriptio*, einer Adressatenangabe, und der *salutatio*, einem Gruß oder Segenswunsch.[8]

2. Jede einzelne dieser Planstellen kann unterschiedlich realisiert werden. Der Verfasser hat hier begrenzte Freiheiten. Ihm steht eine je nach Planstelle mehr oder weniger umfangreiche Palette möglicher Füllungsarten oder Strukturbausteine zur Verfügung, aus denen er eine Auswahl treffen kann.

3. Durch diese Auswahl platziert sich das Präskript des *zweiten Petrusbriefes* in Anlehnung und Variation im Reigen der Apostelbriefpräskripte. Um seine Position bestimmen zu können, kann die Feststellung der gewählten Füllungsarten eben so wichtig sein wie die der nicht gewählten.

4. Mit dem Vorgang des Auswählens aus der Palette der Strukturbausteine sucht das neue Präskript Nähe zu bestimmten vorgängigen Typen von Präskript(teil)en oder geht zu ihnen auf Distanz. So bezieht es Stellung zu diesen, kommentiert sie, mit anderen Worten: Dieser Vorgang des Auswählens ist eine metatextuelle Äußerung.

5. Metatextuelle Bezugnahme kann paradoxerweise gerade dort bestehen, wo keinerlei syntaktische Überschneidung mit anderen Füllungsarten wahrzunehmen ist: Wenn von einem allen bekannten und vertrauten Schema abgewichen wird, wenn die Erwartungshaltung („An dieser Stelle kommt doch immer...") der Rezipientinnen und Rezipienten enttäuscht wird, so haftet dieser ausdrücklichen Nichtaufnahme auf der syntaktischen Ebene eine eigene Semantik bezüglich des Nichtaufgenommenen, aber natürlich auch bezüglich der gewählten Füllungsart an. Reziproke Semantisierung kann also auch dort stattfinden, wo eine syntaktische Schnittmenge nicht wahrzunehmen, wohl aber zu erwarten ist. Diese Erwartung generiert sich aus der Annahme der Rezipienten, der Verfasser kenne die ihnen vertraute Struktur eines Präskripts samt den Füllungsarten der betreffenden Planstellen und orientiere sich daran. Die textuelle

---

[8] Das paulinische Präskript gehört zu den Mischformen griechischer epistolographischer Konventionen mit allgemein vorderorientalischen; die einzelnen Formelemente transformiert Paulus auf eine charakteristische Weise, so dass man von einer typisch paulinischen Briefkonvention sprechen kann, siehe KARRER 1986, 69 und TAATZ 1991, 8. In diese paulinische Brieftradition gehören auch der *Judasbrief*, der *Jakobusbrief*, der *erste* und *zweite Petrusbrief* sowie die *Apokalypse*, siehe TAATZ 1991, 7–8. Zum Formular des Präskripts vgl. zudem auch KLAUCK 1998, 36f; ROLLER 1933, 46–91.99–124; SCHNIDER/STENGER 1987, 3f.

Umgebung⁹ bewirkt dabei das Erkennen der Struktur oder Planstelle und löst die Erwartungshaltung aus. Genau genommen erlaubt also eine intertextuell generierte textuelle Umgebung eine Bezugnahme auf vorgängige Texte ohne syntaktische Schnittmenge.

6. Die Palette der von der Gattung für die Planstellen des Präskripts bereitgestellten Füllungsarten ist begrenzt, so dass Verfasser immer wieder auf dieselben Strukturbausteine zurückgreifen müssen. Für den einzelnen Text, der sich nun einer bestimmten Füllungsart bedient, bedeutet das, dass bereits mehrere vorgängige Texte denselben Strukturbaustein verwendet haben. Dadurch kommt es zu syntaktischen Schnittmengen von beträchtlichem Umfang, die allerdings, anders als bei vom Verfasser frei zu füllenden Aufbauelementen, noch nicht zwingend eine indexikale (referentielle) Intertextualität beweisen. Mit anderen Worten: Auch eine völlige Übereinstimmung in der Formulierung beispielsweise des Grußes mit einem anderen Brief des Neuen Testament wäre an sich noch kein ganz sicheres Indiz, dass der *zweite Petrusbrief* gerade diesen Brief kannte.

Da für die vorliegende Untersuchung von Interesse ist, wo sich der *zweite Petrusbrief* innerhalb der frühchristlichen Literatur situiert, genügt es, als Hintergrund für die Analyse der generischen Intertextualität des Präskripts die frühchristliche – punktuell mit einem Seitenblick auf die frühjüdische – Briefliteratur heranzuziehen, ein Ausblick in die Gepflogenheiten des antiken Briefes insgesamt muss nur punktuell stattfinden. Dass dabei die Paulusbriefe die allererste Referenzgröße bilden, ergibt sich nicht erst daraus, dass die nachpaulinische frühchristliche Briefliteratur insgesamt weitgehend zur Wirkungsgeschichte des paulinischen Apostelbriefes gehören dürfte,¹⁰ sondern schon unmittelbar aus der Andeutung des Verfassers in 2 Petr 3,16 über seine Vertrautheit mit einer Sammlung von Paulusbriefen. Er weiß nicht nur, dass Paulusbriefe existieren, sondern kennt diese auch, wie seine wertende Stellungnahme nahe legt, in diesen Briefen sei einiges schwer verständlich (δυσνόητά τινα). Da sich der Umfang dieser Sammlung (zunächst?) nicht näher bestimmen lässt, kann dieser oder jener einzelne Paulusbrief nicht ohne weiteres als Prätext gewertet werden, wohl aber ist ein wie auch immer abzugrenzendes Corpus Paulinum Bezugsystem. Je nach Abfassungszeit und -ort des *zweiten Petrusbriefes* könnte dieses *Corpus Paulinum* auch Deutero- und Tritopaulinen umfassen.

---

⁹ Der Term ‚textuelle Umgebung' wird gebraucht um dem Verwirrspiel der nicht immer auf dieselbe Weise gebrauchten Begriffe ‚Kontext' und ‚Ko-Text' zu entrinnen. ‚Textuelle Umgebung' entspricht ‚Ko-Text' im Sinne von Merz 2004, 10.

¹⁰ White 1983 passim; zur Vorsicht gegenüber der voreiligen Voraussetzung einer einseitigen Derivation von Formularbestandteilen des Apostelbriefes von Paulus her mahnt dagegen Mullins 1972, 390. Zu den „Variationen des Apostelbriefs" in den neutestamentlichen Schriften der nachpaulinischen Zeit siehe Vouga 1992, 48ff.

Neben den Paulus- und anderen kanonischen Briefen werden für die Analyse der generischen Intertextualität auch die Briefe der Apostolischen Väter als Vergleichsgröße zu Rate gezogen: Wenn die Entstehung des *zweiten Petrusbriefes*, wie manche Exegeten behaupten, weit ins zweite Jahrhundert hinein zu legen ist, dann ist, je nach Entstehungsort, deren Kenntnis auf Seiten des Verfassers der *Secunda Petri* nicht nur *möglich*, sondern angesichts dessen, was über ihre Rezeption im zweiten Jahrhundert bekannt ist, sogar *wahrscheinlich*.[11]

1.2. Analyse

1.2.1. Die superscriptio: Symeon Petrus, Knecht und Apostel Jesu Christi

Die *superscriptio* lässt die *Secunda Petri* von Συμεὼν Πέτρος geschrieben sein. Nur an einer weiteren Stelle in der gesamten Petrusüberlieferung des Neuen Testaments taucht die Namensform Συμεών für Petrus noch einmal auf, nämlich in Act 15,14, in einer Rede des Herrenbruders Jakobus; an jeder anderen Stelle, wo von Petrus mit seinem ‚Vornamen' die Rede ist, hat dieser die Form Σίμων. Der *erste Petrusbrief* hatte den Namen seines Absenders nur mit Πέτρος angegeben, also ohne Συμεών/Σίμων; und dies ist die gängige Form des Absendernamens in der frühchristlichen Briefliteratur. Dass Name *und* beigelegter Name des Absenders genannt werden, gibt es sonst nur ansatzweise bei Ignatius, der sich unverändert in allen Briefen mit Ἰγνάτιος ὁ καὶ θεοφόρος einführt. Doch insofern der beigelegte Name in seinem Fall durch ὁ καὶ als solcher kenntlich gemacht wird und eben dadurch Ἰγνάτιος als eigentlicher, gebräuchlicherer Name ausgewiesen wird, besteht ein deutlicher Unterschied zu Συμεὼν Πέτρος: Hier ist Petrus der weitaus geläufigere Name.[12] Die Namen aller anderen

---

[11] Beispielsweise ist bekannt, dass der *erste Clemensbrief* um 170 n. Chr. regelmäßig in Korinth verlesen wurde, vgl. ANDRESEN 1965, 241. Für die Wertschätzung und Verbreitung des *ersten Clemensbriefes* vgl. FISCHER in SUC I, 20f, für die Ignatiusbriefe ibid. 138f, für Polykarp ibid. 244.

[12] Die weitaus meisten Belege im NT finden sich in den Synoptikern und der Apostelgeschichte für die Namensform (ὁ) Πέτρος, zweimal auch bei Paulus. Das *Johannesevangelium* zeigt neben dieser Namensform eine auffällige Vorliebe für die Kombination Σίμων Πέτρος, die bei den Synoptikern nur je einmal im *Markus-* und *Lukasevangelium* (Mk 16,16, Lk 5,8) belegt ist. Einfaches Σίμων ist sehr vereinzelt in allen vier Evangelien anzutreffen, vorzugsweise im Munde Jesu oder bestimmten Abschnitten wie z.B. Mk 1,16–18.29–31.35–39 und Lk 5,1–11, gelegentlich wird es erweitert durch das Patronym Σίμων Βαριωνᾶ (Mt 16,17, im Munde Jesu) oder Σίμων Ἰωάννου (Joh 21,15.16.17), manchmal wird das Namensverhältnis Σίμων – Πέτρος erklärt, z.B. Σίμων ὁ λεγόμενος Πέτρος (Mt 4,18.10,2) oder ἐπέθηκεν ὄνομα τῷ Σίμωνι Πέτρον (Mk 3,16) o.ä. Paulus gebraucht je vier Mal im *ersten Korinther-* und *Galaterbrief* die aramäische Namensform (ὁ) Κηφᾶς, die sonst innerhalb des NT nur noch einmal im *Johannesevangelium* zu finden ist (Joh 1,42).

Absender erscheinen, wo genannt, in ihrer einfachen Form (Ἰάκωβος, Ἰούδας, Παῦλος, Πολύκαρπος); dies gilt auch für in der *superscriptio* aufgeführte Mitabsender (Σιλουανός, Τιμόθεος, Σωσθένης). Hinzutreten kann, wie im *Judasbrief,* eine Verwandtschaftsangabe (ἀδελφὸς δὲ Ἰακώβου) oder, wie im *ersten Korintherbrief,* die Bezeichnung eines Mitarbeiters als ἀδελφός[13] (Σωσθένης ὁ ἀδελφός). Zuweilen verschwindet der Name hinter einer Funktionsbestimmung (ὁ πρεσβύτερος in 2 Joh 1 und 3 Joh 1; οἱ ἀπόστολοι καὶ οἱ πρεσβύτεροι ἀδελφοί in Act 15,23).

Als Funktionsbezeichnung und Positionsbestimmung gegenüber Christus erscheinen in der *Secunda Petri* δοῦλος (Ἰησοῦ Χριστοῦ) und ἀπόστολος (Ἰησοῦ Χριστοῦ). Als δοῦλος Ἰησοῦ Χριστοῦ hatte sich auch der Judas des *Judasbriefes* vorgestellt: Ἰούδας Ἰησοῦ Χριστοῦ δοῦλος (Jud 1); ähnlich der Jakobus des *Jakobusbriefes* als θεοῦ[14] καὶ κυρίου Ἰησοῦ Χριστοῦ δοῦλος (Jak 1,1). Daneben kennen die Präskripte einiger Paulinen diese Selbstbezeichnung *an Stelle* (Phil 1,1) oder *neben* der als Apostel (Röm 1,1); der *Philipperbrief* zeigt, dass sie auch für Mitverfasser verwendet werden kann: In Phil 1,1 sind Paulus *und* Timotheus δοῦλοι Ἰησοῦ Χριστοῦ. Außerhalb von Präskripten können auch die Christen insgesamt als δοῦλοι Ἰησοῦ Χριστοῦ bezeichnet werden (1 Kor 7,23; Eph 6,6); an der exponierten Stelle des Präskripts jedoch allein der oder die Schreiber. Innerhalb des frühjüdischen Schrifttums bezeichnet sich Baruch in den *Paralipomena Jeremiou* in der Absenderangabe eines Briefes an Jeremia als δοῦλος τοῦ θεοῦ.[15]

Die Entscheidung für δοῦλος und/oder ἀπόστολος als Titelangabe in der *superscriptio* hängt bei Paulus mit dem Verhältnis zur jeweiligen Gemeinde und daher mit dem Inhalt des Briefes zusammen, der Aposteltitel hat einmal mehr, einmal weniger stark, legitimatorische Funktion.[16] Als ἀπόστολος Ἰησοῦ Χριστοῦ führt er sich im *ersten* und *zweiten Korintherbrief* ein, im *Galaterbrief* als ἀπόστολος οὐκ ἀπ'ἀνθρώπων οὐδὲ δι'ἀνθρώπου ἀλλὰ διὰ Ἰησοῦ Χριστοῦ καὶ θεοῦ πατρὸς τοῦ ἐγείραντος αὐτὸν ἐκ νεκρῶν. Im *Römerbrief* finden sich, wie erwähnt, *beide* Qualifizierungen für Paulus, sowohl δοῦλος als auch ἀπόστολος, doch nicht wie im

---

[13] Neben der allgemeinen Qualifikation als Mitchrist – hinter dem Bild der Geschwisterschaft steht die Vorstellung von der *familia Dei,* wie sie in Mk 3,35 grundgelegt wird – dient ἀδελφός/ἀδελφή bei Paulus zumal im Präskript und Briefschluss als Bezeichnung für Mitarbeiter, vgl. EWNT I, 76–72 s.v. ἀδελφός, hier speziell 71.

[14] δοῦλοι (τοῦ) θεοῦ werden im NT Mose (Apk 15,3) und die Propheten (Apk 10,7) genannt. Für Christen tritt δοῦλος (τοῦ) θεοῦ selten auf, sie sind δοῦλοι Ἰησοῦ Χριστοῦ; vgl. RENGSTORF in ThWNT II (s.v. δοῦλος κτλ.), v.a. 276.280.

[15] *Paralipomena Jeremiou* 6,19 (in der Übersetzung SCHALLERS 6,17): Βαρούχ ὁ δοῦλος τοῦ θεοῦ γράφει τῷ Ἰερεμίᾳ ... TAATZ 1991, 79 deutet den δοῦλος-Titel hier aus Ausdruck göttlicher Beauftragung.

[16] SCHNIDER/STENGER 1987, 10f.

zweiten Petrusbrief in *paralleler* Abhängigkeit von Ἰησοῦ Χριστοῦ; allein δοῦλος erhält hier die ausdrückliche Zueignung Ἰησοῦ Χριστοῦ, der Aposteltitel wird nur indirekt durch κλητός bei Gott oder Christus verankert: Παῦλος δοῦλος Ἰησοῦ Χριστοῦ, κλητὸς ἀπόστολος (Röm 1,1). Von den Deutero- und Tritopaulinen verwenden der *Kolosser-* und *Epheser-* sowie beide *Timotheusbriefe* den Titel ἀπόστολος, der *Titusbrief* kombiniert ἀπόστολος und δοῦλος, allerdings mit unterschiedlichen *genitivi possessoris*: Παῦλος δοῦλος θεοῦ, ἀπόστολος δὲ Ἰησοῦ Χριστοῦ (Tit 1,1).[17] Obwohl also der *zweite Petrusbrief* die kombinierte Verwendung von δοῦλος und ἀπόστολος in der *superscriptio* nur mit dem *Römer-* und dem *Titusbrief* gemeinsam hat, lässt sich aufgrund der jeweils unterschiedlichen syntaktischen Fügung nicht sagen, dass seine *superscriptio* einem von diesen beiden Briefen näher kommt als anderen, die nur einen der beiden Titel führen. Im Gegenteil, von den *superscriptiones* der Paulusbriefe, seien sie nun gnesio-, deutero- oder tritopaulinisch, unterscheidet sich der Aposteltitel des ‚Petrus‘ insofern, als er ohne weitere Ergänzung verwendet wird. Demgegenüber wird das Apostolat Pauli in allen dem Paulus zugeschriebenen Briefen bei Gott verankert, sei es durch ein διὰ θελήματος θεοῦ (1 Kor, 2 Kor, Kol, Eph, 2 Tim), ein κλητός (1 Kor, Röm), ein κατ᾽ ἐπιταγὴν θεοῦ (1Tim) oder durch eine noch aufwändigere Formel wie im *Galaterbrief*: οὐκ ἀπ᾽ ἀνθρώπων οὐδὲ δι᾽ ἀνθρώπου ἀλλὰ διὰ Ἰησοῦ Χριστοῦ καὶ θεοῦ πατρὸς τοῦ ἐγείραντος αὐτὸν ἐκ νεκρῶν.

Auf der einen Seite knüpft also die *Secunda Petri* an die paulinische Form der *superscriptio* an. Dies gilt ganz grundsätzlich für das ‚Basismodell‘ *superscriptio*, bestehend aus Name und Funktionsbezeichnung in Zuordnung zu Gott und/oder Christus, im Besonderen aber ist die Verbindung der beiden Titel δοῦλος und ἀπόστολος schon im *Römer-* und im *Titusbrief* vorhanden, allerdings in anderer syntaktischer Fügung. Die Schlichtheit des Aposteltitels, der nur die Ergänzung Ἰησοῦ Χριστοῦ mit sich führt, rückt die *Secunda* jedoch näher an die *Prima Petri* als an die Paulinen; die unaufwändige Kombination von δοῦλος mit Ἰησοῦ Χριστοῦ weist neben dem *Römer-* und *Philipperbrief* vor allem auf den *Judasbrief*. Bezogen auf die beiden als Prätexte vorauszusetzenden Briefe nimmt die *superscriptio* des *zweiten Petrusbriefes* folgende Transformationen vor: In der *superscriptio* des *Judasbriefes* ersetzt sie den Absendernamen Ἰούδας [...] ἀδελφὸς δὲ Ἰακώβου durch Συμεὼν Πέτρος und fügt dem Titel Ἰησοῦ Χριστοῦ δοῦλος ein καὶ ἀπόστολος hinzu; das Ἰησοῦ Χριστοῦ tritt an das Ende des Syntagmas. In der *superscriptio* des *ersten Petrusbriefes* ergänzt sie als Absendernamen Συμεών zu Πέτρος und stellt die ‚Selbst‘bezeichnung δοῦλος neben den Aposteltitel. – Weiter reichende Überschneidungen und

---

[17] Der *erste* und *zweite Thessalonicherbrief* qualifizieren Paulus überhaupt nicht näher; im *Philemonbrief* bezeichnet er sich als δέσμιος Χριστοῦ Ἰησοῦ.

Nähen, die die *superscriptio* der *Secunda Petri* mit außerkanonischen früh-christlichen Briefen in Verbindung brächten, wurden nicht konstatiert. Die Vermutung weiterer konkreter Prätexte legt sich von der *superscriptio* aus nicht nahe.

1.2.2. Die adscriptio: An Menschen mit ‚uns' äquivalentem Glauben

Größer als bei der *superscriptio* ist in den frühchristlichen Briefen die Vari-ationsbreite bei der *adscriptio,* der einzelne Verfasser hat hier mehr Gestal-tungsmöglichkeiten,[18] ein Spielraum, von dem der Verfasser der *Secunda Petri* umfänglich Gebrauch macht. Die Suche nach Analogien zur Formu-lierung τοῖς ἰσότιμον ἡμῖν λαχοῦσιν πίστιν ἐν δικαιοσύνῃ τοῦ θεοῦ ἡμῶν καὶ σωτῆρος Ἰησοῦ Χριστοῦ in ihrer Gesamtheit ist vergeblich. Im Detail freilich lassen sich durchaus Konvergenzen mit anderer frühchrist-licher Literatur entdecken.

Paulus nennt häufig eine ἐκκλησία im kollektiven Singular als Em-pfängerin, entweder mit der jeweiligen Ortsbezeichnung wie in τῇ ἐκκλη-σίᾳ τοῦ θεοῦ τῇ οὔσῃ ἐν Κορίνθῳ oder mit dem Namen der betreffenden Einwohner wie in τῇ ἐκκλησίᾳ Θεσσαλονικέων. Es kann aber auch die ἐκκλησία in einem bestimmten οἶκος in der Adresse (mit) ausgewiesen sein wie im *Philemonbrief* τῇ κατ'οἶκόν σου ἐκκλησίᾳ oder eine Mehrzahl von ἐκκλησίαι in einem Gebiet wie im *Galaterbrief* ταῖς ἐκκλησίαις τῆς Γαλατίας. Eine zweite Möglichkeit der sprachlichen Form ist ein Plural der Empfänger, entweder *neben* der Gemeinde in ihrer Gesamtheit wie in der Korintherkorrespondenz τῇ ἐκκλησίᾳ τοῦ θεοῦ τῇ οὔσῃ ἐν Κορίνθῳ ἡγιασμένοις ἐν Χριστῷ Ἰησοῦ, κλητοῖς ἁγίοις, oder *statt* ihrer wie im *Römerbrief* πᾶσιν τοῖς οὖσιν ἐν Ῥώμῃ ἀγαπητοῖς θεοῦ, κλητοῖς ἁγίοις; eine Tradition, die im *Kolosser- und Epheserbrief* fortgesetzt wird. Dabei werden für die Christen oft Bezeichnungen gewählt, die Gottes Handeln an ihnen zum Ausdruck bringen: ἀγαπητοὶ θεοῦ, ἡγιασμένοι ἐν Χριστῷ Ἰησοῦ, κλητοί. Wie namentlich die Korintherkorrespondenz zeigt, kann die Adresse auch in der Pluralform über die Ortsgemeinde hinaus gehen: σὺν πᾶσιν τοῖς ἐπικαλουμένοις τὸ ὄνομα τοῦ κυρίου ἡμῶν Ἰησοῦ Χρι-στοῦ ἐν παντὶ τόπῳ αὐτῶν καὶ ἡμῶν.[19]

Der Gebrauch, eine ἐκκλησία als Adressatin zu nennen, wird sowohl im *ersten Clemensbrief* (τῇ ἐκκλησίᾳ τῇ παροικούσῃ Κόρινθον) wie auch in den Ignatianen (z.B. IgnTrall ἐκκλησίᾳ ἁγίᾳ τῇ οὔσῃ ἐν Τράλλεσιν τῆς Ἀσίας) und im *Polykarpbrief* (τῇ ἐκκλησίᾳ τοῦ θεοῦ τῇ παροικούσῃ Φι-λίππους) fortgesetzt; der *erste Clemensbrief* fügt noch eine pluralische

---

[18] Zur *adscriptio* vgl. SCHNIDER/STENGER 1987, 15ff.

[19] Dass diese Ausweitung des Adressatenkreises zuweilen dem Paulus abgespro-chen und in den Zusammenhang der Sammlung des *Corpus Paulinum* gerückt wird, vgl. SCHNIDER/STENGER 1987, 23, ist hier vorerst nicht von Belang.

Formulierung (κλητοῖς ἡγιασμένοις) an. Bei Ignatius findet sich eine solche im *Römerbrief* (κατὰ σάρκα καὶ πνεῦμα ἡνωμένοις πάσῃ ἐντολῇ αὐτοῦ, πεπληρωμένοις χάριτος θεοῦ ἀδιακρίτως καὶ ἀποδιϋλισμένοις ἀπὸ παντὸς ἀλλοτρίου χρώματος), meist aber zieht er es vor, die jeweilige ἐκκλησία im Singular mehrfach näher zu qualifizieren (z.B. IgnTrall ἠγαπημένῃ θεῷ [...] ἐκκλησίᾳ ἁγίᾳ τῇ οὔσῃ ἐν Τράλλεσιν τῆς Ἀσίας, ἐκλεκτῇ καὶ ἀξιοθέῳ, εἰρηνευούσῃ ...). Polykarp schreibt schlicht τῇ ἐκκλησίᾳ τοῦ θεοῦ τῇ παροικούσῃ Φιλίππους.

Andere neutestamentliche Briefe adressieren an eine Mehrzahl von ἐκκλησίαι oder wählen eine andere mit einer Ortsangabe verbundene Formulierung für die Empfänger: An mehrere, genauer sieben ἐκκλησίαι in der Provinz Kleinasien richtet Johannes die *Apokalypse* (1,4); der *erste Petrusbrief* adressiert im Plural an Christen, die in mehreren Provinzen lokalisiert werden: ἐκλεκτοῖς παρεπιδήμοις διασπορᾶς Πόντου, Γαλατίας, Καππαδοκίας, Ἀσίας καὶ Βιθυνίας.[20] Einer diffusen Ortsangabe bedient sich der *Jakobusbrief* ταῖς δώδεκα φυλαῖς ταῖς ἐν τῇ διασπορᾷ, gänzlich fehlt die lokale Zuschreibung im *Judasbrief:* Hier werden die Angesprochenen ausschließlich über Gottes Handeln an ihnen bestimmt: τοῖς ἐν θεῷ πατρὶ ἡγαπημένοις καὶ Ἰησοῦ Χριστῷ τετηρημένοις κλητοῖς.

Auf diesem Hintergrund erweisen sich die Überschneidungen des *zweiten Petrusbriefes* mit anderen frühchristlichen Briefen, was die Gestaltung der Adressatenangabe anbelangt, auf den ersten Blick als äußerst gering: Die Angeschriebenen werden nicht lokal bestimmt, weder als ἐκκλησία an einem konkreten Ort noch in einem Gebiet oder einem lokalen Konstrukt wie der Diaspora. Ihre Nennung erfolgt im Plural, ihre nähere Charakterisierung jedoch nicht durch passive Partizipien oder Verbaladjektive, die Gottes Handeln zum Inhalt haben, sondern geschieht über ein formal aktives Partizip (λαχοῦσιν). Erst wenn man die rein formale Ebene verlässt und den semantischen Gehalt von λαγχάνειν und seine Ergänzungen ins Auge fasst, zeigt sich, dass auch hier von Gottes Handeln an den intendierten Empfängeren die Rede ist. Denn λαγχάνειν bezeichnet ein Erlangen durch Erlosen, was dem grammatikalischen Subjekt des Erlangens faktisch eine recht passive Rolle zumisst.[21] Ferner setzt πίστις als Objekt des Erlangens dem aktiven Charakter von λαγχάνειν zusätzlich Grenzen; gerade Glaube lässt sich schwerlich vermittels Bemühungen er-

---

[20] Die Adresse ist damit noch nicht vollständig, vor dem Segensgruß findet sich noch eine theologische Ausführung, wie ἐκλεκτός zu verstehen ist: Auserwählung geschieht κατὰ πρόγνωσιν θεοῦ πατρὸς ἐν ἁγιασμῷ πνεύματος εἰς ὑπακοὴν καὶ ῥαντισμον αἵματος Ἰησοῦ Χριστοῦ; 1 Petr 1,2.

[21] Leider wird nur gelegentlich darauf hingewiesen, dass die Wortbedeutung von λαγχάνειν das Element der Geschenks, der Gabe transportiert, da die Grundbedeutung ,erlosen, durch Los empfangen' ist, so beispielsweise KAHMANN 1983, 25 ad loc. oder auch WATSON 1988, 96 Anm. 82.

gattern; und schließlich versteckt sich in der instrumentalen Präpositionalgruppe ἐν δικαιοσύνῃ τοῦ θεοῦ ἡμῶν καὶ σωτῆρος Ἰησοῦ Χριστοῦ das logische Agens. Inhaltlich liegt also durchaus eine Analogie zu der Bezeichnung der Angeschriebenen über göttliches Handeln an ihnen vor.

Für die Wendung πίστιν λαγχάνειν ist der vorliegende Vers die einzige Belegstelle im Neuen Testament. Ebenso ist ἰσότιμος ein neutestamentliches Hapaxlegomenon, das auch die Apostolischen Väter nicht verwenden.[22] Beides zusammen gibt einen Hinweis darauf, dass der Verfasser hier selbständig formuliert oder sich jedenfalls nicht an einer gängigen Formulierung der frühchristlichen Briefliteratur orientiert. Eine gewisse *motivische* Nähe besteht zur Adressatenangabe im *Titus-* und im *ersten Timotheusbrief*. Dort ist Titus das γνήσιον τέκνον κατὰ κοινὴν πίστιν und Timotheus das γνήσιον τέκνον ἐν πίστει. Wie im *zweiten Petrusbrief* wird also der Adressat(enkreis) durch eine Verbindung zu einem apostolischen Absender vermittels der πίστις eingeführt.[23] Hierzu findet sich eine Analogie in frühjüdischen Briefen, die teils Gamaliel dem Älteren, teils Simeon ben Gamaliel und Jochanan ben Zakkai zugeschrieben werden.[24] Dort schreiben die religiösen Autoritäten an Glaubensgeschwister (אחינו bzw. אחנא) im palästinensischen Raum bzw. in der Diaspora. Zugegebenermaßen ist hier die Verbindung über den Glauben nicht ausdrücklich lexikalisiert, auch sei zugestanden, dass אח auch (und vor allem?) andere Konnotationen transportiert als die Verbindung durch den Glauben, dennoch ist das Element der religiösen Verbundenheit enthalten. In den fraglichen fünf Briefen geht es um Weisungen bezüglich der religiösen (!) Pflicht der Verzehntung agrarischer Produkte.

---

[22] FUCHS/REYMOND 1980, 44; vgl. auch den *Index Patristicus* (GOODSPEED 1960); zu ἰσότιμος vgl. ferner KRAUS 2001, 333: Lediglich Philo gebraucht das Wort häufig, in der LXX fehlt es gänzlich.

[23] Der Brief, den die ἐν Βιέννῃ καὶ Λουγδούνῳ τῆς Γαλλίας παροικοῦντες δοῦλοι Χριστοῦ im Jahr 177 n. Chr. an ihre Glaubensgeschwister in Asien und Phrygien schreiben, verbindet diese ebenfalls in der *adscriptio* über den gemeinsamen Glauben (an die Erlösung) mit den Absendern: τοῖς κατὰ τὴν Ἀσίαν καὶ Φρυγίαν τὴν αὐτὴν τῆς ἀπολυτρώσεως ἡμῖν πίστιν καὶ ἐλπίδα ἔχουσιν ἀδελφοῖς (Eus hist.eccl V,1,3). Da jedoch hier nicht das Gefälle Apostel – Gemeindeglieder bzw. Apostelschüler vorliegt, bleibt dieser Brief hier außer Betracht.

[24] Drei Briefe Gamaliels I. finden sich in bSan 11b und ySan 18d; für zwei weitere Fundorte in der Tosefta und im Yerushalmi siehe Taatz 1981, 83 und Schmidt 2003, 38. Simeon ben Gamaliel und Jochanan ben Zakkai: *Midrasch Tannaim* zu Dtn 26,13, siehe die Ausgabe von Hoffmann 1909, 176; zur Bezeichnung ‚Midrasch Tannaim' und dessen Eigenart siehe Stemberger 1992, 270f. Alle fünf Briefe werden besprochen bei TAATZ 1991, 82–90. Zur Bestreitung der Echtheit dieser Briefe siehe TAATZ 1991, 87–89. Zur Nähe der drei Gamalielbriefe zu den petrinischen Präskripten im NT siehe SCHMIDT 2003, 38.

Ebenso wie δικαιοσύνη, die zweite substantivische Ergänzung zu λαγχάνειν, ist πίστις Gemeingut christlicher (Brief)Literatur überhaupt, daneben sind jedoch auch beide zentrale Begriffe paulinischer Theologie. Zwar treten sie in der paulinischen Briefliteratur nie nebeneinander im Präskript auf, wohl aber bringt Paulus im Briefcorpus πίστις und δικαιοσύνη miteinander in Verbindung, vor allem im *Römerbrief*:

δικαιοσύνη γὰρ θεοῦ ἐν αὐτῷ ἀποκαλύπτεται ἐκ πίστεως εἰς πίστιν,
καθὼς γέγραπται, Ὁ δὲ δίκαιος ἐκ πίστεως ζήσεται (Röm 1,17)

δικαιοσύνη δὲ θεοῦ ἐκ πίστεως Ἰησοῦ Χριστοῦ
εἰς πάντας τοὺς πιστεύοντας (Röm 3,28)

Angesichts dieser beiden Beispiele scheint ihre Verbindung in 2 Petr 1,1 zunächst nicht spezifisch paulinisch: Die Adressatinnen und Adressaten haben πίστις erlangt ἐν δικαιοσύνῃ τοῦ θεοῦ ἡμῶν. Dennoch könnte den Rezipienten des ausgehenden ersten und/oder beginnenden zweiten Jahrhunderts bei der gemeinsamen Nennung dieser Begriffe der Gedanke an Paulus gekommen sein.[25] Dies belegen Polykarp und der *erste Clemensbrief*. Als jener nämlich spätestens gegen 135 n. Chr.[26] an die Gemeinde in Philippi περὶ τῆς δικαιοσύνης schreibt, betont er, er hätte das von sich aus ja nie getan, sondern mache sich nur auf die ausdrückliche Bitte der Philipper hin an diese Aufgabe, weil an Paulus ja keiner heranreiche.[27] Die Aufforderung, sich schriftlich über δικαιοσύνη zu äußern, ruft offensichtlich unmittelbar den Gedanken an Paulus auf, in dessen Briefe, so Polykarp, man sich doch vertiefen solle, um den Glauben zu fördern.[28] Das δικαιοσύνη-Konzept des Paulus übernimmt Polykarp bei aller deutlichen Anlehnung an dessen Briefe aber dennoch nicht, wie allein die folgende Aussage zeigt: Wer Glaube, Liebe und Hoffnung praktiziere, der erfülle die ἐντολή δικαιοσύνης, so der Bischof von Smyrna.[29] Auch der *erste Clemensbrief* assoziiert Paulus mit dem Stichwort δικαιοσύνη: Gegen Ende seiner kurzen Beschreibung des Wirkens und Leidens Pauli fasst er dessen Tätigkeit zusammen mit: δικαιοσύνην διδάξας ὅλον τὸν κόσμον (1 Clem 5,7). Ob die *Prima Clementis* δικαιοσύνη damit ganz im paulinischen Sinn

---

[25] Siehe hierzu auch KOPERSKI 2004, 467, die δικαιοσύνη in 2,1 auch unter möglichen "echoes of Paul in 2 Peter" verhandelt.

[26] Zur Datierung und der damit verbundenen Frage nach der Einheit des *Polykarpbriefes* siehe BAUER/PAULSEN 1985, 111–113 sowie FISCHER in SUC I, 229–245.

[27] Pol 2 Phil 3,1f: ... οὐκ ἐμαυτῷ ἐπιτρέψας γράφω ὑμῖν περὶ τῆς δικαιοσύνης, ἀλλ᾽ ἐπεὶ ὑμεῖς προεπεκαλέσασθέ με. οὔτε γὰρ ἐγὼ οὔτε ἄλλος ὅμοιος ἐμοὶ δύναται κατακολουθῆναι τῇ σοφίᾳ τοῦ μακαρίου καὶ ἐνδόξου Παύλου ...

[28] Pol 2 Phil 3,2: ... ἐπιστολάς, εἰς ἃς ἐὰν ἐγκύπτητε, δυνηθήσεσθε οἰκοδομεῖσθαι εἰς τὴν δοθεῖσαν ὑμῖν πίστιν.

[29] Pol 2 Phil 3,(2–)3: πίστιν ... ἐλπίδος ... ἀγάπης ... ἐὰν γάρ τις τούτων ἐντός ἦ, πεπλήρωκεν ἐντολὴν δικαιοσύνης. Zum δικαιοσύνη-Verständnis Polykarps vgl. MERZ 2004, 120ff.

verwendet, sei dahingestellt, in jedem Falle gilt ihr δικαιοσύνη als treffende Zusammenfassung der Lehre des Heidenapostels. Rechnet man mit ähnlichen Mechanismen, d.h. mit der assoziativen Verbindung bestimmter Begriffe mit Paulus ungeachtet einer möglichen inhaltlichen Verschiebung,[30] auch für die *Secunda Petri*, so könnte bereits die *adscriptio* einen Verweis auf Paulus darstellen, sei es dass der Verfasser seine Auffassung von πίστις und δικαιοσύνη als gut paulinisch betrachtet oder sie wenigstens paulinisch anmuten lassen will.

Auch die intertextuelle Deutung der Verwendung der ersten Person Plural in der *adscriptio* erfordert eine eingehendere Betrachtung. Im Allgemeinen vermeidet die griechisch-römische die Briefliteratur im Präskript die erste und zweite Person.[31] Der paulinische Apostelbrief ist diesbezüglich weniger zurückhaltend, er kann durchaus die angeblichen Mitverfasser anführen als οἱ σὺν ἐμοὶ πάντες ἀδελφοί (Gal 1,2) statt, wie Polykarp das in Anknüpfung an die eher übliche Formulierung tut, οἱ σὺν αὐτῷ πρεσβύτεροι. Mit ἡμῖν in τοῖς ἰσότιμον ἡμῖν λαχοῦσιν πίστιν und ἡμῶν in ἐν δικαιοσύνῃ τοῦ θεοῦ ἡμῶν κτλ. verwendet die *adscripitio* des *zweiten Petrusbriefes* zweimal die erste Person *Plural*. Dabei gilt es zu unterscheiden zwischen einer ersten Person Plural, die die Angesprochenen jeweils mit einschließt, und einer ersten Person Plural, mit der sich der Schreiber als Mitglied einer Gruppe ausweist, die der zweiten Person Plural der Angesprochenen gegenübersteht.[32] In die erste Kategorie gehören u.a. theologische Aussagen über das, was Gott oder Christus für die Gläubigen tun, getan haben oder sind, also im vorliegenden Fall τοῦ θεοῦ ἡμῶν καὶ σωτῆρος Ἰησοῦ Χριστοῦ: Hier ist vom *gemeinsamen* Gott und

---

[30] Immer wieder einmal wird behauptet, ἐν δικαιοσύνῃ sei in 2 Petr 1,1 auf Gottes gerechtes, menschenfreundliches Handeln gemünzt, so etwa PAULSEN 1992, 104 oder STARR 2000, 168: "...the δικαιοσύνη "of our God and Savior Jesus Christ" refers simultaneously to "the Lord's" impartiality and to his general moral excellence..." Den Unterschied im Gebrauch δικαιοσύνη zwischen Paulus und 2 Petr beschreibt STARR folgendermaßen: "Unlike 2 Peter then, the term "God's righteousness" belongs for Paul to the world of the covenant; it speaks of God's constancy to his promise to make Abraham the father of many nations."

[31] ROLLER 1933, 58 und 434ff Anm. 246.

[32] Mit SCHELKLE 1961, 184f Anm. 2. ROLLER 1933, 169–187 unterscheidet für die Paulusbriefe sogar drei Kategorien von ‚Wir': Wie in der hier getroffenen Unterscheidung kennt er ein ‚Wir', das „Paulus + Empfänger (bzw. die Gläubigen oder die Menschheit)" umfasst, ein zweites, unter dem er nebst sich die „Mitapostel oder Mitarbeiter (soweit nicht Mitabsender)" subsumiert, und ein drittes, mit dem er von sich samt den Mitabsendern spricht (ibid. 173 u.ö.). Letzteres entfällt für den *zweiten Petrusbrief*, weil keine Angabe eines Mitabsenders vorliegt. Die Kategorie, bei der Paulus die „Mitapostel oder Mitarbeiter (soweit nicht Mitabsender)" mit einschließt, umfasst die wenigsten Belege (ibid. 182–184), eine Beobachtung, die auch noch gilt, wenn man aus ROLLERS Statistiken die von ihm als orthonym angesehenen Deutero- und Tritopaulinen herausrechnet.

Heiland der Angesprochenen und des Schreibers die Rede. Mit dieser Formulierung hat die *Secunda Petri* an einem Sprachgebrauch der frühen Christenheit teil, der sich über das gesamte Spektrum frühchristlicher Briefe erstreckt.

Etwas spezifischer ist ἡμῖν in τοῖς ἰσότιμον ἡμῖν λαχοῦσιν πίστιν. Es liegt auf der Hand, dass hier die erste Person Plural die Angesprochenen nicht einschließen kann, sondern die Gruppe der τοῖς λαχοῦσιν πίστιν dem Wir des ἡμῖν gegenübersteht.[33] Dieses Wir trifft den Leser unvermittelt, denn als Schreiber war ja Petrus allein eingeführt worden. Es stellt sich die Frage, ob dieses Wir schlicht statt ‚Ich' gebraucht wird oder ob der Schreiber Petrus als Repräsentant einer Gruppe einführen will, für die er spricht und schreibt.[34]

Das Griechische kennt ἡμεῖς statt ἐγώ schon seit klassischer Zeit. Es gehört zu den „Umgangsformen des gebildeten Atheners", den Plural zu verwenden, wenn man seine eigene Meinung vertritt.[35] Auch Plutarch berichtet davon, wie sein Vater ihm dringend riet, einen Bericht über eine Mission beim römischen Prokonsul in der ersten Person Plural zu verfassen und damit Solidarität und Kollegialität (zu einem verhinderten Kollegen) zum Ausdruck zu bringen.[36] In dieser Weise, nämlich dass andere Personen mitgedacht werden, also im Sinne eines *pluralis sociativus* scheinen sich die meisten Belege für ἡμεῖς statt ἐγώ deuten zu lassen. Sie signalisieren Gemeinschaftsgefühl und Bescheidenheit.[37] Die Möglichkeit, in einem ἡμεῖς statt ἐγώ den Reflex eines *pluralis sociativus* zu sehen, gilt selbst bei einem scheinbar so eindeutigen *pluralis maiestatis* wie in den hellenistischen Königsbriefen: Der König vertritt jetzt „diejenige kollektive Staatsautorität [...], die zuvor vom Rat, von der Volksversammlung, in letzter Linie vom ganzen Volk ausgeübt wurde."[38] In Papyrusbriefen aus ptolemäischer Zeit scheint „der soziative Plural [...] nunmehr völlig idiomatisch zu sein, und zwar

---

[33] Wenn KRAUS 2001, 236 auch hier die *Funktion der ersten Person Plural* in der „Angabe der gemeinsamen Grundlage, des gemeinsamen Ausgangspunktes von Verfasser und Adressat/innen" sieht, verschiebt er die semantische Kraft des ἰσότιμον auf das ἡμῖν und verwischt dadurch, dass der Verfasser mit der ersten Person Plural die Angesprochenen nicht in jedem Fall inkludiert, sondern sich ihnen wie hier im Rahmen eines (wie auch immer zu bestimmenden) Kollektivs zwar in freundlicher Weise, aber doch *gegenüber* stellen kann.

[34] Dieses wird in der Regel auch in dem für Röm 1,5 geschilderten Sinne auf die Gesamtheit der Apostel gedeutet, vgl. SCHELKLE 1961, 184; SPICQ 1966, 208; GRUNDMANN 1974, 66, PAULSEN 1992, 104; VÖGTLE 1994, 132. BAUCKHAM 1983, 167 spezifiziert, dass so das Gegenüber von (verstorbenen) Aposteln und nachapostolischer Generation zum Ausdruck kommt.

[35] DIHLE 1952, 181.

[36] Plut mor 816D = praec 20: Οὐ γὰρ ἐπιεικὲς τὸ τοιοῦτον καὶ φιλάνθρωπόν ἐστιν, ἀλλὰ καὶ τὸ λυποῦν τὸν φθόνον ἀφαιρεῖ τῆς δόξης.

[37] ZILLIACUS 1953, 76 u.ö.

[38] ZILLIACUS 1953, 43.

in allen sozialen Schichten."[39] Ein wirklicher *pluralis maiestatis* aber „kommt im 2. Jahrhundert auf und gewinnt im 4. Jahrhundert weite Verbreitung [...]."[40]

Dem Phänomen des singularisch eingeführten Verfassers und des unvermittelt auftretenden Plurals kommt von den neutestamentlichen Briefpräskripten Paulus im *Römerbrief* am nächsten,[41] wenn er als alleiniger Absender bezogen auf Jesus Christus schreibt δι'οὗ ἐλάβο<u>μεν</u> χάριν καὶ ἀποστολήν (Röm 1,5). Angesichts dessen, dass Paulus bei dieser ersten schriftlichen Kontaktaufnahme mit einer ihm fremden Gemeinde insgesamt etwas leiser tritt als sonst und sein Apostolat etwas weniger in den Vordergrund stellt als andernorts,[42] lässt sich der Plural ebenfalls als Zurücknahme seiner selbst deuten. Möglich ist jedoch auch der Bezug auf das Kollektiv der Apostel: Die Apostel haben ihr Apostolat alle von Christus empfangen, wobei nicht deutlich abgegrenzt wird, wie weit sich dieses Wir erstreckt. Die Situation ist also hier ähnlich unklar wie im *zweiten Petrusbrief*.

In den Präskripten der hier betrachteten frühchristlichen Briefliteratur ist ein solches nicht konkret fassbares Wir des Absenders weiter nicht zu finden; es sei denn, man rechnete den so genannten *ersten Johannesbrief* mit zur Briefliteratur.[43] Dessen Prolog kennt nicht nur dasselbe ἡμεῖς, sondern dazu noch das Gegenüber der Adressaten, ganz analog zur *Secunda Petri*:[44]

Ὃ ἦν ἀπ'ἀρχῆς, ὃ ἀκηκόα<u>μεν</u>, ὃ ἑωράκα<u>μεν</u> τοῖς ὀφθαλμοῖς <u>ἡμῶν</u>, ὃ ἐθεασά<u>μεθα</u> καὶ αἱ χεῖρες <u>ἡμῶν</u> ἐψηλάφησαν, περὶ τοῦ λόγου τῆς ζωῆς, – καὶ ἡ ζωὴ ἐφανερώθη, καὶ ἑωράκα<u>μεν</u> καὶ μαρτυροῦ<u>μεν</u> καὶ ἀπαγγέλλο<u>μεν</u> <u>ὑμῖν</u> τὴν ζωὴν τὴν αἰώνιον, ἥτις ἦν πρὸς τὸν πατέρα καὶ ἐφανερώθη <u>ἡμῖν</u>, – ὃ ἑωράκα<u>μεν</u> καὶ ἀκηκόα<u>μεν</u>, ἀπαγγέλλο<u>μεν</u> καὶ <u>ὑμῖν</u>, ἵνα καὶ <u>ὑμεῖς</u> κοινωνίαν ἔχητε μεθ'<u>ἡμῶν</u>. καὶ

---

[39] ZILLIACUS 1953, 47, als Beispiel führt er ibid. 45 den ersten Brief aus der Sammlung WITKOWSKIS an (WITKOWSKI 1911), den Brief eines Philonides an seinen Vater: ἐγράψαμέν σοι καὶ ἐν ταῖς ἐνπρόσθεν ἐπιστολαῖς. Unmittelbar zuvor gebrauchte er den Singular der ersten Person: ὑγι[αίνω δὲ καὶ] αὐτός.

[40] DIHLE 1952, 176.

[41] Andernorts lässt sich das ἡμεῖς als die Mitabsender inkludierend deuten. So setzt Paulus im *Philemonbrief* zwar Philemon und Archippus zu einem Wir in Bezug, indem er adressiert Φιλήμονι τῷ ἀγαπητῷ καὶ συνεργῷ <u>ἡμῶν</u> [...] καὶ Ἀρχίππῳ τῷ συστρατιώτῃ <u>ἡμῶν</u>, doch ist bei diesem Brief Timotheus Mitabsender, so dass das Wir konkret auf Paulus und ihn gemünzt sein könnte. Ebenso verhält es sich mit Belegen für die erste Person Plural außerhalb des Präskripts. Die pluralische Danksagung im *ersten Thessalonicherbrief* zu Beginn des Prooms (1 Thess 1,2) Εὐχαριστοῦ<u>μεν</u> τῷ θεῷ πάντοτε περὶ ὑμῶν, μνείαν ποιούμενοι ἐπὶ τῶν προσευχῶν <u>ἡμῶν</u> kann die Mitabsender Silvanus und Timotheus einschließen.

[42] SCHNIDER/STENGER 1987, 12.

[43] Für eine erste Orientierung über die literarische Gattung des *ersten Johannesbriefes* siehe KLAUCK 1998, 257–259 sowie die dort angegebene Literatur.

[44] Diese Verbindung des ‚apostolischen Wir' zu den johanneischen Schriften wird auch von FARKASVALVY 1984, 13 wahrgenommen.

ἡ κοινωνία δὲ ἡ <u>ἡμετέρα</u> μετὰ τοῦ πάτρος καὶ μετὰ τοῦ υἱοῦ αὐτοῦ Ἰησοῦ Χριστοῦ. καὶ ταῦτα γράφο<u>μεν</u> <u>ἡμεῖς</u> ἵνα ἡ χαρὰ <u>ἡμῶν</u> ᾖ πεπληρωμένη.

Der hier als Ziel (ἵνα) ausgedrückte Aspekt der Gemeinschaft zwischen ἡμεῖς und ὑμεῖς, ist im *zweiten Petrusbrief* in realisierter Form vorhanden in der ἰσότιμος ἡμῖν πίστις. Offenbar liegt dem *ersten Johannesbrief* ein dem *zweiten Petrusbrief* vergleichbares Selbstverständnis des Schreibers und ein vergleichbares Verständnis des Verhältnisses Verfasser-Adressaten zu Grunde, das sprachlich ähnlich realisiert wird. Auch hier folgt also die *Secunda Petri* einem im frühen Christentum weiter verbreiteten sprachlichen Muster, demzufolge eine apostolische Autorität im Apostelbrief o.ä. im Plural ἡμεῖς zu den Adressaten sprechen kann.

Auf ganz ähnliche Weise kommuniziert der angebliche Gamaliel I in den ersten beiden der bereits genannten Briefe mit den ‚Brüdern' in anderen Teilen Palästinas und der Diaspora. Ohne dass der Brief einen Hinweis auf einen pluralischen Absender gäbe, schreibt ‚Gamaliel' an ‚unsere' Brüder. Erst der dritte Brief nennt ausdrücklich Gefährten (חבירי), die ein Wir rechtfertigen. Auch wenn die These, dass Gamaliel I als Sprecher des Synhedriums dargestellt werden soll,[45] zutreffen sollte, also die Deutung auf die fiktive (?) Kommunikationssituation möglich ist, bleibt das Phänomen dasselbe: Eine religiöse Autorität schreibt an eine größere Gruppe von Mitgliedern der Religionsgemeinschaft und gebraucht dafür die erste Person Plural.

Die Erlosung des ‚uns' äquivalenten Glaubens vollzieht sich ἐν δικαιοσύνῃ τοῦ θεοῦ ἡμῶν καὶ σωτῆρος Ἰησοῦ Χριστοῦ. Eine solche Nennung Christi und/oder Gottes innerhalb der Planstelle *adscriptio* – wie übrigens auch in der *salutatio* – gehört zu den Eigenheiten des paulinischen Briefformulars.[46] Paulus selbst variiert: Er schreibt *adscriptiones* ohne Gott oder Christus zu nennen (Phil, Phlm), in anderen erwähnt er nur Gott (2 Kor, Röm), aber auch Beispiele für die Nennung Gottes und Christi finden sich (1 Thess und 1 Kor, in letzterem jedoch nicht in Koordination zueinander). Ein ähnliches Bild zeigen die *adscriptiones* der Deutero- und Tritopaulinen: Die Pastoralbriefe erwähnen weder Gott noch Christus, der *Kolosser-* und *Epheserbrief* nur Christus, der *zweite Thessalonicherbrief* beide. Der *Judas-* und der *erste Petrusbrief* schließen in die *adscriptio* Gottvater und Christus ein, ebenso wie der *erste Clemensbrief* und alle Ignatiusbriefe, letztere teilweise sogar mit Mehrfachnennungen, Polykarp nennt nur Gott.

Bevor erwogen werden kann, ob die vorliegende von ἐν δικαιοσύνῃ abhängige Formel τοῦ θεοῦ ἡμῶν καὶ σωτῆρος Ἰησοῦ Χριστοῦ der *adscriptio* der einen oder anderen der genannten Schriften besonders nahe kommt, muss auf die umstrittene Frage eingegangen werden, ob es sich

---

[45] Siehe TAATZ 1991, 87f.
[46] KARRER 1986, 69f.

hierbei um eine binitarische Aussage handelt oder ob sowohl θεός als auch σωτήρ auf Christus bezogen sind. Während einige Argumente nach der einen oder andern Seite hin verwendet werden können, zeigt sich insgesamt doch ein leichtes Übergewicht für die Deutung der Bezeichnung Christi als θεός:

1. Zugegebenermaßen gibt die Position von ἡμῶν keinen eindeutigen Hinweis auf Selbständigkeit oder Christusbezogenheit von θεός. Die vergleichbare *adscriptio* des *zweiten Thessalonicherbriefes* etwa führt ein ἡμῶν im Anschluss an die Nennung Gottes, der auch hier die Nennung Christi beigeordnet ist: ἐν θεῷ πατρὶ ἡμῶν καὶ κυρίῳ Ἰησοῦ Χριστῷ. Hier jedoch ist aufgrund von πατρὶ deutlich, dass eine binitarische Formulierung vorliegt. Läse man 2 Petr 1,1 analog dazu, spräche das gegen den Bezug des Gottestitels auf Christus. Doch wird im *zweiten Petrusbrief* selbst, der ja dem *zweiten Thessalonicherbrief* für die Beobachtung von Parallelformulierungen argumentativ vorzuziehen ist, dieselbe Position von ἡμῶν auch verwendet, wo zwei Titel auf Christus bezogen werden sollen: τοῦ κυρίου ἡμῶν καὶ σωτῆρος Ἰησοῦ Χριστοῦ (3,18 und 1,11[47]).

2. Zwar gestaltet die *Secunda Petri* ihre *adscriptio* wie gesehen in ihrem ersten Teil völlig ohne Anlehnung an uns bekannte Prätexte. Das Wort θεός jedoch ist eines der übereinstimmenden Elemente mit den beiden sicheren Prätexten *Judasbrief* und *erster Petrusbrief*. Nun fällt auf, dass der *zweite Petrusbrief*, anders als beide Prätexte dem Wort θεός kein πατήρ beifügt, obwohl die Prädikation Gottes als Vater nachweislich zu seiner Theologie gehört, wie 2 Petr 1,17 zeigt. Das Fehlen von πατήρ im Vergleich zu den Prätexten kann also nicht auf einer gewollten Distanzierung von deren Gottesbild bzgl. Gottes als Vater beruhen.

3. Zunächst könnte es so scheinen, als spräche die Abhängigkeit der Formel τοῦ θεοῦ ἡμῶν καὶ σωτῆρος Ἰησοῦ Χριστοῦ von ἐν δικαιοσύνῃ gegen den Bezug von θεός auf Christus. Denn eine δικαιοσύνη, die mittels eines Genetivattributs Ἰησοῦ Χριστοῦ allein Christus zugeschrieben wird, ist neutestamentlich weiter nicht belegt.[48] Bezöge sich dagegen τοῦ θεοῦ ἡμῶν auf Gottvater, so schlösse die Formulierung in ihrem ersten Teil, also ἐν δικαιοσύνῃ τοῦ θεοῦ gut an Paulus und die Septuaginta an. Dem ist jedoch entgegenzuhalten, dass sich im *zweiten Petrusbrief* noch weitere theologische Aussagen finden, die einer neutestamentlichen Paral-

---

[47] Textzeugen, die für 2 Petr 1,11 anderes belegen, vermögen die *lectio probabilior* nicht für sich zu beanspruchen, vgl. die Entscheidung der *Editio Critica Maior*.

[48] STARR 2000, 168 Anm. 4 weist darauf hin, dass neben 2 Petr 1,1 nur 2 Tim 4,8 (ὁ κύριος ... ὁ δίκαιος κριτής); 1 Petr 3,18 (Χριστὸς ἅπαξ περὶ ἁμαρτιῶν ἀπέθανεν, δίκαιος ὑπὲρ ἀδίκων) und 1 Joh 2,1 (παράκλητον ἔχομεν πρὸς τὸν πατέρα, Ἰησοῦν Χριστὸν δίκαιον) ein Derivat von δικαιο- mit Christus verbinden. Darüber hinaus ist an 1 Kor 1,30 zu denken: ὑμεῖς ἐστε ἐν Χριστῷ Ἰησοῦ, ὃς ἐγενήθη σοφία ἡμῖν ἀπὸ θεοῦ, δικαιοσύνη τε καὶ ἁγιασμὸς καὶ ἀπολύτρωσις.

lele ermangeln. Eine Argumentation mit dem theologisch Gebräuchlicheren wird dem Charakter des *zweiten Petrusbriefes* also nicht gerecht.[49]

4. Nicht nur in der Anwendung des Gottestitels auf Christus, sondern auch bei seiner Prädikation als σωτήρ ist das Neue Testament zögerlich. Die größte Dichte von Belegen für σωτήρ als Prädikation Christi findet sich im *zweiten Petrusbrief* (2 Petr 1,1.11; 2,20; 3,2.18); dem am nächsten kommen die Pastoralbriefe mit vier Belegen (2 Tim 1,10; Tit 1,4; 2,13; 3,6).[50] Wo sonst von Jesus als σωτήρ die Rede ist, geschieht dies in prädikativer oder identifizierender Form in einem Satz.[51] Innerhalb eines neutestamentlichen Briefpräskripts findet sich σωτήρ überhaupt nur im *Titusbrief*, in der *adscriptio* auf Gott bezogen, in der *salutatio* auf Jesus Christus. Von den Apostolischen Vätern nennen Polykarp und Ignatius, dieser sogar in der *adscriptio*, Jesus Christus σωτήρ ἡμῶν.[52] Die Prädikation Jesu als ὁ θεὸς ἡμῶν ist in keinem der neutestamentlichen Präskripte zu finden; im Briefcorpus steht es je einmal im *Titusbrief* und vielleicht im *zweiten Thessalonicherbrief* zu lesen.[53] Ignatius verwendet den Gottestitel häufiger für Christus, in seinem *Epheserbrief* sogar im Präskript.[54] Christologiege

---

[49] Die weiteren Belege von δικαιοσύνη in der *Secunda Petri* werfen kein zusätzliches Licht auf die vorliegende Stelle. In 2 Petr 2,5 wird Noah als κῆρυξ δικαιοσύνης eingeführt, wobei δικαιοσύνη den ethischen Lebenswandel bezeichnen dürfte, ähnlich wie in ἡ ὁδὸς τῆς δικαιοσύνης (2,21) und in der Kennzeichnung des neuen Himmels und der neuen Erde als Wohnort von δικαιοσύνη; vgl. auch das Adjektiv δίκαιος in 2,7 und 8; mit BAUCKHAM 1983, 168 und vielen anderen.

[50] Daneben finden sich noch sechs Belege für Gott als σωτήρ in den Pastoralbriefen: 1 Tim 1,1; 2,3; 4,10; Tit 1,3; 2,10; 3,4. Auch im *Judasbrief* ist Gott einmal σωτήρ (Jud 3), vgl. auch Lk 1,47.

[51] Lk 2,11: ἐτέχθη ὑμῖν σήμερον σωτὴρ ὅς ἐστιν Χριστὸς κύριος; Act 5,31: τοῦτον ὁ θεὸς ἀρχηγὸν καὶ σωτῆρα ὕψωσεν; Act 13,21: ὁ θεὸς ... ἤγαγεν τῷ Ἰσραὴλ σωτῆρα Ἰησοῦν; Phil 3,20 ἡμῶν γὰρ τὸ πολίτευμα ἐν οὐρανοῖς ὑπάρχει, ἐξ οὗ καὶ σωτῆρα ἀπεκδεχόμεθα κύριον Ἰησοῦν Χριστόν; Eph 5,23 ὅτι ἀνήρ ἐστιν κεφαλὴ τῆς γυναικὸς ὡς καὶ ὁ Χριστὸς κεφαλὴ τῆς ἐκκλησίας, αὐτὸς σωτὴρ τοῦ σώματος·. Hierher gehören auch die beiden Belege für σωτὴρ τοῦ κόσμου im *Johannesevangelium*: Joh 4,42 und 4,14.

[52] Zu σωτήρ als christologischem Titel siehe Frey 2003, 141–144.

[53] 2 Thess 1,12 ist umstritten. Die Gottesbezeichnung für Jesus sieht hier beispielsweise MÜLLER 2001, 257f, die Gegenposition vertreten u.a. WAINWRIGHT 1962, 69f; BRUCE 1982, 156; RICHARD 1995, 311. MARXSEN 1982, 75 verlagert seine eigene Unsicherheit auf den Verfasser des *zweiten Thessalonicherbriefes*: Er sieht hier eine „nicht wirklich durchreflektierte Formulierung". In Tit 2,13 (τοῦ μεγάλου θεοῦ καὶ σωτῆρος ἡμῶν Ἰησοῦ Χριστοῦ) ist mit recht großer Sicherheit der Gottestitel auf Christus zu beziehen, vgl. die Argumentation bei WAINWRIGHT 1962, 63–65 und KNOCH 1988, 78. Für die Prädikation Jesu als θεός mit über die Briefliteratur hinausgehenden Belegstellen siehe FREY 2003, 137f. Zur Gottheit Christi vor allem bei Ignatius siehe BAUER/PAULSEN 1985, 23f.

[54] IgnEph inscr; mit ἡμῶν: IgnEph 18,2; IgnRöm 3,3; IgnPol 8,3, ohne ἡμῶν: IgnEph 17,2; IgnTrall 7,1; IgnSmyr 10,1.

schichtlich würde es – analog zum Umfang der Prädikation Christi als σωτήρ – passen, wenn die *Secunda Petri* im späten ersten oder beginnenden zweiten Jahrhundert den Gottestitel auf Christus bezöge.

5. Einige Handschriften scheinen in der Tat θεός auf Christus bezogen gelesen und dies als so störend empfunden zu haben, dass sie es durch κύριος ersetzten, darunter als gewichtigster Zeuge der Codex Sinaïticus (viertes Jahrhundert), sodann der Codex Athous Laurensis (044; achtes oder neuntes Jahrhundert), einige Minuskeln aus dem zwölften bis vierzehnten Jahrhundert sowie koptische und syrische Übersetzungen.[55]

6. Der wahrscheinlichste Bezug für das Possessivum in τῆς θείας δυνάμεως αὐτοῦ in 2 Petr 1,3 ist Ἰησοῦ τοῦ κυρίου ἡμῶν in 1,2. Die Göttlichkeit oder Gottheit Jesu scheint also in seiner Vorstellungswelt durchaus einen Platz zu haben.

So gibt es insgesamt zwar keinen zwingenden Beweis dafür, dass 2 Petr 1,1 Christus θεός nennt; doch wäre dies stimmig und plausibel. Nimmt man also τοῦ θεοῦ ἡμῶν καὶ σωτῆρος Ἰησοῦ Χριστοῦ als allein auf Christus bezogen und vergleicht damit die anderen neutestamentlichen *adscriptiones*, in denen nur Christus genannt ist, nämlich die des *Epheser-* und des *Kolosserbriefes*, so zeigt sich auch dort eine Verbindung mit dem Lexem πιστ-: Die Briefe werden adressiert τοῖς … πιστοῖς ἐν Χριστῷ Ἰησοῦ, die *Secunda Petri* τοῖς ἰσότιμον ἡμῖν λαχοῦσιν πίστιν ἐν δικαιοσύνῃ …Ἰησοῦ Χριστοῦ. Für den Fall, dass der *zweite Petrusbrief* bewusst auf die mögliche Füllungsart der *adscriptio* mit einer Aussage über den Glauben der Angeschriebenen abheben sollte, so wäre seine Vorgehensweise als Erweiterung dieser vorhandenen Füllungsart zu deuten. Dann aber hätte die besondere Aufmerksamkeit bei der Interpretation just den Elementen zu gelten, die hinzutreten, nämlich λαγχάνειν, ἰσότιμος und δικαιοσύνη, also genau den Bestandteilen, denen sich die vorliegende Untersuchung schon aufgrund ihres seltenen Vorkommens gewidmet hat.

Ist für die Bezeichnung Christi als θεός keine letzte Sicherheit zu gewinnen, so ist die Verwendung des Titels σωτήρ desto unbestreitbarer. Die Dichte dieser Prädikation, die in den gnesiopaulinischen Briefen nur in Phil 3,20 auftaucht und deren Gebrauch erst in einigen der jüngeren Schriften des Neuen Testaments und in den Apostolischen Vätern zunimmt,[56] ist in der *Secunda Petri* auffällig hoch, was darauf schließen lässt, dass sie eine ihrer zentralen christologischen Prädikationen wiedergibt. Neben der Frequenz deutet darauf auch der Vergleich mit dem *Judasbrief* hin. Zweimal verwendet der Verfasser des *zweiten Petrusbriefes* den σω-

---

[55] Vgl. die *Editio Critica Maior*.

[56] Σωτήρ für Christus im NT: Lk 2,11; Act 5,31; 13,23; Joh 4,42; 1 Joh 4,14; Phil 3,20; Eph 5,23; 2 Tim 1,10; Tit 1,4; 2,13; 3,6.; bei den Apostolischen Vätern: IgnEph 1,1; IgnMagn inscr; IgnPhld 9,2; IgnSm 7,1; Pol 2 Phil inscr; 2 Clem 20,5.

τήρ-Titel in Passagen, wo er unabhängig vom *Judasbrief* formuliert (2 Petr 1,11 und 2,20). In der Schlussdoxologie (Jud 25 und 2 Petr 3,18) gebrauchen ihn beide Briefe, der *Judasbrief* allerdings in Bezug auf Gott. Da der *zweite Petrusbrief* bei der Formulierung der Schlussdoxologie die des *Judasbriefes* sehr wahrscheinlich vor Augen hatte, sich aber bewusst gegen eine engere Anlehnung entschied,[57] ist die Zuschreibung des Titels an Christus in der *Secunda Petri* sprechender. Sie entspricht seinem Vorgehen bei den beiden anderen Belegen in der *adscriptio* und in 2 Petr 3,2: Beide Male erweitert er den Christusnamen aus seinem Prätext *Judasbrief* um den Titel σωτήρ. Damit wird der Blick auf eine völlig andere Sach- und Textwelt als die der frühchristlichen Briefe gerichtet: Dass Menschen aufgrund einer besonderen Tugend (δικαιοσύνη) eines σωτήρ in den Genuss eines für sie vorteiligen Gutes gelangen (πίστιν λαγχάνειν) verweist auf die Gepflogenheit, verdienstvolle Menschen, oft Inhaber bestimmter Ämter, die sich als Retter oder Wohltäter erwiesen haben, aber auch Götter mit dem Titel σωτήρ zu versehen,[58] eine Sach- und Textwelt, auf die im weiteren Verlauf des ersten Kapitels der *Secunda Petri* (1,3–11.16–18) noch mehrfach zurückgegriffen werden wird.[59]

Alles in allem lassen sich also in der *adscriptio* eine Fülle von Details beobachten, in denen der Sprachgebrauch unterschiedlicher sprachlicher Zeugnisse des jungen Christentums, sei es im Wortschatz, sei es in Strukturen, sei es in Motiven anklingt. Eine besondere Nähe der *adscriptio* des *zweiten Petrusbriefes* in ihrer Gesamtheit zu einer bestimmten Form der *adscriptio* innerhalb der urchristlichen Briefliteratur, so dass man über den *Judasbrief* und die *Prima Petri* hinaus einen konkreten Prätext wittern müsste, ist jedoch nicht gegeben. Die *adscriptio* des *Judasbriefes* ist der des *zweiten Petrusbriefes* denn auch am ehesten vergleichbar, jedenfalls strukturell: In beiden fehlt eine Ortsangabe, in beiden werden die Adressaten allein anhand ihres Christseins im Plural bezeichnet. Dies gilt jedoch nicht auf der Ebene des Vokabulars, das im *Judasbrief* viel stärker an paulinische *adscriptiones* erinnert (ἠγαπημένοις wie in Röm 1,7; κλητοῖς wie in 1 Kor 1,2 und Röm 1,7) als das des *zweiten Petrusbriefes*. Im Motiv des gemeinsamen Glaubens als Verbindung zwischen Schreiber und Adressaten begegnet er den Pastoralbriefen. Die Würdetitel Christi werden ähnlich am ehesten von den Deutero- und Tritopaulinen sowie Ignatius – bei ihm allerdings nicht zwingend in der *adscriptio* – in der Bezeichnung Christi als σωτήρ geht die *Secunda Petri* bewusst über den *Judasbrief* hinaus. Die auffälligste Parallele für die ἡμεῖς-ὑμεῖς-Struktur ist der Prolog des *ersten Jo*-

---

[57] Siehe dazu Abschnitt II.D.1.4..

[58] Siehe hierzu vor allem die gleichnamige Studie (ΣΩΤΗΡ) von Franz JUNG aus dem Jahr 2002.

[59] Siehe die Analysen in III.A (1,3–11) und II.B (1,16–18).

hannesbriefes; Anklänge daran gibt es seltener auch bei Paulus, an den ferner die Stichwörter πίστις und δικαιοσύνη denken lassen. Darüber hinaus ist die *adscriptio* des *zweiten Petrusbriefes* in Wortschatz und sprachlicher Fügung eine durchaus eigenwillige Erscheinung.

1.2.3. Die salutatio: Mehrung von χάρις und εἰρήνη durch ἐπίγνωσις

Der vom Verfasser der *Secunda Petri* gewählte Beginn der *salutatio*, nämlich die Kombination χάρις ὑμῖν καὶ εἰρήνη, begegnet standardmäßig in allen Gnesio- und Deuteropaulinen, (aus leicht ersichtlichen Gründen ohne ὑμῖν) im *Titusbrief*, ferner im *ersten Petrusbrief*, im Briefpräskript der *Apokalypse* (1,4) und im *ersten Clemensbrief*. Der *Judas*- und der *Polykarpbrief* beginnen die Formel mit ἔλεος statt χάρις, ersterer schließt ἀγάπη als drittes Gut an. Eine Trias haben ferner die *Timotheusbriefe* mit asyndetischem χάρις ἔλεος εἰρήνη, dieselbe steht im *zweiten Johannesbrief* zu lesen. Ignatius weicht von diesem Schema ganz ab und formuliert umfangreiche *salutationes*, die mit Ausnahme des *Philadelphierbriefes* – wie übrigens auch der Apostelbrief in Act 15,23 – immer mit dem traditionellen χαίρειν schließen und oft[60] auch die Verbform ἀσπάζομαι enthalten. Die *Secunda Petri* schließt sich also mit den ersten Worten erkennbar an die paulinische[61] Grußformel an, die sich auch in der *Prima* findet.

Ein unmittelbar auf χάρις ὑμῖν καὶ εἰρήνη folgender Optativ πληθυνθείη findet sich dagegen allein im *ersten Petrusbrief*; am Ende der *salutatio* kommt πληθυνθείη im *Judasbrief, ersten Clemensbrief* und bei *Polykarp* zum Einsatz wie auch in je einem Brief Nebukadnezars und des Dareios in Theodotions Version des *Danielbuches* (4,1 und 6,26). Annähernd vergleichbar damit ist der Indikativ Futur ἔσται μεθ'ἡμῶν, den der *zweite Johannesbrief* seiner Trias χάρις ἔλεος εἰρήνη vorausschickt. Die Entscheidung des Verfassers des *Secunda Petri* fiel hier gegen die paulinische Tradition der *salutatio*. Zuallererst dürfte dies im direkten Anschluss an die *Prima Petri* geschehen sein, doch integriert er sich daneben in eine weiter verbreitete Tradition, die über die genannten frühchristlichen Briefe hinausreicht und allgemein vorderorientalischen Konventionen entspricht.[62] Eine ähnliche Grußstruktur mit einer jussivischen Verbalform kennen auch die bereits erwähnten Briefe unter dem Namen Gamaliels: שלומכון

---

[60] So IgnMagn, IgnTrall, IgnRöm, IgnPhld.

[61] ‚Paulinisch' bedeutet hier mehr als ‚standardmäßig von Paulus verwendet', denn Paulus darf sogar als Urheber dieser Form der *salutatio* gelten. Jedenfalls ist χάρις καὶ εἰρήνη vor Paulus nicht in Briefen belegt, siehe KARRER 1986, 70.

[62] KARRER 1986, 71: „1 Petr 1,2 und 2 Petr 1,2 fügen in Annäherung an die vorderorientalische Konvention πληθυνθείη in die Salutatio ein…" Auch PETERSON 1959, 131 betrachtet πληθυνθείη als „charakteristisch für den Eingangsgruß im jüdischen Brief." Zur Herkunft von πληθύνειν aus Segensformeln oder besser: der gesamten Friedenszusage in der *salutatio* aus Segensformeln siehe BERGER 1974, 196.

יסגא,[63] die sich damit einer Grußformel bedienen, die wörtlich in zwei Briefen im Buch *Daniel* begegnet (3,31; 6,26) und die in der Linie einer Jahrhunderte alten Gepflogenheit steht, wie sie aus aramäischen Papyrusbriefen aus Elephantine bekannt ist:שלם אחי אלהיא ישאלו.[64]

Mit Ausnahme des *ersten Thessalonicherbriefes* schließt sich in allen gnesiopaulinischen Briefen an χάρις ὑμῖν καὶ εἰρήνη die zweigliedrige Formel ἀπὸ θεοῦ πατρὸς ἡμῶν καὶ κυρίου Ἰησοῦ Χριστοῦ an; im *Kolosserbrief* fehlt möglicherweise das christologische Element[65], im *zweiten Thessalonicherbrief* das ἡμῶν, und der *Titusbrief* ersetzt κυρίου durch σωτήρος. Im *ersten Clemensbrief* ist Gott nicht πατήρ, sondern παντοκράτωρ, ebenso bei Polykarp, bei letzterem erscheint Christus als σωτήρ, im *zweiten Johannesbrief* als υἱὸς τοῦ πατρός, in der *Apokalypse* ist die Formel dreigliedrig und mit Titeln angefüllt: ἀπὸ ὁ ὢν καὶ ὁ ἦν καὶ ὁ ἐρχόμενος, καὶ ἀπὸ τῶν ἑπτὰ πνευμάτων ἃ ἐνώπιον τοῦ θρόνου αὐτοῦ, καὶ ἀπὸ Ἰησοῦ Χριστοῦ ὁ μάρτυς ὁ πιστός, ὁ πρωτότοκος τῶν νεκρῶν καὶ ὁ ἄρχων τῶν βασιλέων τῆς γῆς (Apk 1,4b–5a). Die Verwendung einer zweigliedrigen Formel im *zweiten Petrusbrief* entspricht an sich also einem Muster, das im paulinischen Apostelbrief und in dessen Wirkungsgeschichte zu finden ist, aber auch im außerpaulinischen Christentum, wie der *zweite Johannesbrief* zeigt. Doch weicht die syntaktische Einbettung dieser Formel signifikant und analogielos von den anderen betrachteten Briefen ab. Sie wird nämlich hier nicht mit ἀπό, wie fast immer, oder mit παρά, wie im *zweiten Johannesbrief* und bei Polykarp, dazu verwendet, eine Herkunft der zugewünschten Güter anzugeben, vielmehr soll Mehrung von χάρις und εἰρήνη stattfinden ἐν ἐπιγνώσει, die sich auf Gott und Christus erstreckt. Dabei fehlt im Vergleich zum paulinischen Schrifttum der Vatertitel Gottes, ohne dass er, wie bei Polykarp oder im *ersten Clemensbrief*, ersetzt würde.

Mit der Verwendung von ἐπίγνωσις in der *salutatio* steht der *zweite Petrusbrief* allein da im Neuen Testament; der *Titusbrief* verwendet es in der *superscriptio*: Paulus sei Apostel κατὰ πίστιν ἐκλεκτῶν θεοῦ καὶ ἐπίγνωσιν ἀληθείας τῆς κατ᾽ εὐσέβειαν (Tit 1,1). Die Bezüge sind so unterschiedlich, dass die Kongruenz auf Wortebene zunächst keinen Verdacht auf Textkenntnis zu erwecken vermag.

Aus der Palette der möglichen Füllungsarten der Planstelle *salutatio* wählt der *zweite Petrusbrief* also erneut anders als sein Prätext *Judasbrief*.

---

[63] bSan 11b und ySan 18d; siehe TAATZ 1991, 85.

[64] Diese Formel ist so gebräuchlich, dass COWLEY 1923, 63 in Papyrus Nr 21 am Ende der unvollständigen Zeile 2 im Anschluss an שלם אחי אלהיא meint, ישאלו oder ישאלו בכל עדן ergänzen zu können. Die neuere Ausgabe von PORTEN/YARDENI folgt ihm hierin, siehe TADAE A4.1, 54. Zu Gruß- und Segenswünschen im reichsaramäischen Briefpräskript siehe auch SCHWIDERSKI 2000, 115–154.

[65] Vgl. den textkritischen Apparat in den NT-Ausgaben.

Zwar bleiben ὑμῖν, εἰρήνη und πληθυνθείη erhalten, aber da der Segensgruß nunmehr mit χάρις statt mit ἔλεος anlautet, das dritte Element in der Reihe der zugewünschten Güter, nämlich ἀγάπη, nicht mehr erscheint und der eigentliche Wunsch um eine ‚Orts'angabe einschließlich einer Doppelformel mit theologischem und christologischem Bestandteil (ἐν ἐπιγνώσει τοῦ θεοῦ καὶ Ἰησοῦ τοῦ κυρίου ἡμῶν) erweitert ist, fallen die wenigen Übereinstimmungen nicht mehr ins Gewicht.

Dagegen ist der Anschluss an den *ersten Petrusbrief* offensichtlich: Von ihm wird der Eingang der *salutatio* übernommen, damit ist gleichzeitig der Anschluss an die Paulinen gewonnen, denn die ersten vier Wörter beider *Petrusbriefe* nehmen ihrerseits die paulinische Form des Segenswunsches auf. Der Rest der *salutatio* des schwankt zwischen Abweichung vom und Orientierung am paulinischen Briefcorpus: Der Optativ πληθυνθείη verweist weg von Paulus auf andere frühchristliche und frühjüdische Brieftraditionen. Die paulinische Standardformel ἀπὸ θεοῦ πατρὸς ἡμῶν καὶ κυρίου Ἰησοῦ Χριστοῦ dagegen ist aus einem wie auch immer begrenzten *Corpus Paulinum* so geläufig, dass zwar ἐν ἐπιγνώσει τοῦ θεοῦ καὶ Ἰησοῦ τοῦ κυρίου ἡμῶν eine bewusste Entscheidung gegen sie darstellt, aber durch diese Addition die *salutatio insgesamt* ihrer Länge und Struktur nach paulinischer anmutet als die Kurzform im *ersten Petrusbrief.*

1.2.4. Zusammenfassung:

Hinsichtlich der beiden sicheren Prätexte *erster Petrusbrief* und *Judasbrief* lassen sich die textverarbeitenden Maßnahmen der *Secunda Petri* wie folgt beschreiben: Von der *superscriptio* des *Judasbriefes* entfernt sich der *zweite Petrusbrief* durch die Änderung des Namens, nur der Titel δοῦλος [Ἰησοῦ Χριστοῦ] wird übernommen; die *superscriptio* der *Prima Petri* dagegen wird aufgenommen und um Συμεών und δοῦλος erweitert. Vom Wortlaut der *adscriptio* seiner Prätexte distanziert sich der *zweite Petrusbrief* gleichermaßen. Von der *Prima Petri* trennt ihn sein Verzicht auf eine konkrete Lokalisierung der Adressaten, was wiederum eine kleine Nähe zum *Judasbrief* bedeutet; von beiden die Tatsache, dass er die Angeschriebenen relational zu einem (allgemein apostolisch oder spezifischer petrinisch zu deutenden) ‚Wir' definiert; in den *adscriptiones* der Prätexte findet sich keine erste Person Plural. Verbindungen mit beiden sind die Nennung der Adressaten im Plural; Jesus Christus wird wie in den beiden Prätexten in der *adscriptio* genannt, doch in völlig unterschiedlichen Einbettungen und Kontexten. Auffällig freilich ist, dass Christus allein im *zweiten Petrusbrief* die Prädikate θεός und σωτήρ beigelegt werden. Die *salutatio* endlich schließt sich in ihrem ersten Teil (χάρις ὑμῖν καὶ εἰρήνη πληθυνθείη) im Wortlaut deutlich an die der *Prima Petri* an, sehr viel mehr als an die des *Judasbriefes,* der zweite Teil (ἐν ἐπιγνώσει τοῦ θεοῦ καὶ Ἰησοῦ τοῦ κυρίου ἡμῶν) ist analogielos in beiden Briefen. Insgesamt zeigt sich also vor allem in der *superscriptio* und in der *salutatio,* also just den beiden Teilen, die die Identität des Absenders kennzeichnen und die somit geeignet sind über die Person des (fiktiven) Verfassers die beiden Briefe miteinander zu verbinden, ein Anschluss an die *Prima Petri*[66] und, von einigen wenigen Merkmalen abgesehen, ein Abrücken vom *Judasbrief.*

Aus der Perspektive generischer Intertextualität liegt dem Präskript der *Secunda Petri* das Präskript des Apostelbriefs paulinischer Prägung zugrunde. Paulinisch ist die Dreiteilung des Präskripts; Paulus ist das Modell, nach dem sich ‚Petrus' in der *superscriptio* präsentiert, paulinisch auch der Beginn des Grußes. Dass in der konkreten Füllungsart der einzelnen Planstellen Abweichungen von paulinischen Gepflogenheiten vorliegen und sich andere Affinitäten zeigen können, wurde im Einzelnen dargelegt. Begegnungen mit der frühesten noch fassbaren christlichen Briefliteratur erwiesen sich in den folgenden Punkten:

	beobachtete Affinität oder Kongruenz auf Wortebene	Affinität beobachtet mit
1.	Verbindung der Titel δοῦλος und ἀπόστολος in der *superscriptio*	Röm, Tit
2.	Bezeichnung der Adressaten über den gemeinsamen Glauben	1Tim, Tit
3.	Stichwörter πίστις und δικαιοσύνη	Pls
4.	ἡμεῖς-ὑμεῖς-Struktur mit ἡμεῖς als nicht konkret fassbarem, wohl apostolischem Kollektiv	Pls (selten), 1 Joh
5.	Jesus Christus als θεός (?)	2 Thess, Tit, Ign
6.	Jesus Christus als σωτήρ	2 Tim, Tit, Ign, Pol
7.	χάρις ὑμῖν καὶ εἰρήνη	Pls, 1 Clem, Pol
8.	πληθυνθείη	1Clem, Pol
9.	ἐπίγνωσις im Präskript	Tit

Wie bei diesem Fall generischer Intertextualität kaum anders zu erwarten, lässt sich über die als Prätexte fest stehenden Briefe (*Judasbrief, erster Petrusbrief*) kein weiterer frühchristlicher Brief allein anhand des Präskripts als Prätext des *zweiten Petrusbriefes* ausmachen. Einzelne Wörter oder Motive erweisen ihn in unterschiedlicher Hinsicht als zu dieser oder jener

---

[66] BAUCKHAM 1983, 146 ist hier nicht zuzustimmen, wenn er deutet: "The address and salutation of 2 Petr (1:1–2) is decisive evidence against the view that the author of 2 Peter deliberately modeled his work on 1 Peter to give it a Petrine appearance, for the resemblance in the salutation (a standard formula) is outweighed by the divergence in Peter's self-designation." Die *superscriptio* darf je nach Briefanlass beim selben Verfasser leichte Unterschiede aufweisen und natürlich kann ein und derselbe Verfasser Briefe an unterschiedliche Gruppen adressieren, auch wenn er im Folgebrief die Bekanntschaft des Vorgängerbriefes bei den neuen Adressaten voraussetzt. Und schließlich kann die Verwendung des (modifizierten) paulinischen Standardgrußes auch als Argument für die Anknüpfung verwendet werden: Wie anders hätte der Verfasser der *Secunda* denn anknüpfen sollen, wo doch die *Prima* eben diesen (modifizierten) paulinischen Standardgruß verwendet hatte?

Schrift(engruppe) affin, ohne dass diese Affinität als Abhängigkeit in diese oder jene Richtung gedeutet werden kann. Ihr Wert besteht darin, dass sie, wenigstens teilweise, einen ungefähren theologie- und literaturgeschichtlichen Kontext anzuweisen und Auskünfte über literarische Fertigkeiten und Kenntnisse des Verfassers zu geben vermögen, also pragmatische Aspekte erhellen können.

Ferner macht das Präskript deutlich, dass die *Secunda Petri* in einem größeren literarischen Bezugssystem steht als allein dem frühchristlichen Brief, aus dem es ebenfalls schöpfen kann. Vorderorientalische epistolographische Gepflogenheiten wurden beobachtet, die unter anderem in wahrscheinlich pseudepigraphischen Briefen auffällige Nähen fanden, deren angebliche Verfasser jüdische Autoritäten des ersten Jahrhunderts sind. Und schließlich fanden sich vor allem in der *adscriptio* erste Bezüge zur (Sach- und) Textwelt der Zuerkennung des σωτήρ-Titels an öffentliche Wohltäter, wie sie vor allem in entsprechenden Ehrendekreten fassbar wird.

2. Pragmatik der Intertextualität

2.1. Zur textpragmatischen Funktion des Briefpräskripts

Das Präskript ist *der* prominente Ort, an dem der Absender eines Briefes seinen Adressaten bedeuten kann, wie sie das Schreiben aufzufassen haben. Es stellt gewissermaßen eine Leseanweisung für den Brief dar und zwar für den Brief als Ganzen. Insofern ist das Präskript ein Teil, der sich vom Rest des Textes abhebt: Einzelne Abschnitte im Corpus haben nicht dieselbe übergreifende Relevanz wie das Präskript. Dieser besondere Charakter des Präskripts wird aus seiner Einordnung sowohl in das antike als auch in das moderne System von Textkategorien plausibel:[67]

1a) Zur literaturtheoretischen Einordnung und Funktionalität des Präskripts liegt keine antike Abhandlung vor. Gleichwohl lässt es sich mit gutem Grund in die Nähe der Vorrede in ihren unterschiedlichen Ausprägungen rücken, teilt es doch manche Funktionen, die in der Antike für diese beschrieben wurden.[68] Nach Aristoteles bereiten Exordium, Prolog

---

[67] Inspirationsquelle und Anstoß zu den folgenden Überlegungen sind die Betrachtungen Jean ZUMSTEINS zum Johannesprolog in ZUMSTEIN 1999, 86f.

[68] Hierin hat Duane Frederick WATSON in seiner Untersuchung zu *inventio, dispositio* und *elocutio* im *Judas-* und *zweiten Petrusbrief* sicher richtig beobachtet, mag die durchgängige Betrachtung neutestamentlicher Briefe unter rhetorischen Kategorien vielleicht sonst auch nicht an jeder Stelle zu überzeugen, vgl. WATSON 1988, 41: "The epistolary prescript, although necessitated by the epistolary form of the discourse and not technically a recognized element in rhetorical arrangement, does function like the *exordium*." Diese partielle funktionale Analogie lässt WATSON 1988, 40ff und 95f das Präskript als ‚Quasi-Exordium' bezeichnen.

und Präludium in ihrer Gemeinsamkeit als Anfänge je auf ihre Weise den Weg für das, was kommt.[69] Dies betrifft alle, die am Kommunikationsvorgang Anteil haben: die Rezipienten, den Verfasser und den Text. Bei den jeweiligen Rezipienten, also den Hörerinnen und Hörern einer Rede oder eines Musikstücks, den Zuschauerinnen und Zuschauern bei der Aufführung eines Dramas, den Lesern (oder Hörern) eines Epos muss die nötige Offenheit, Aufmerksamkeit und wohlwollende Geneigtheit für das Kommende geschaffen werden.[70] Aufmerksamkeit werden Rezipienten unter anderem dann gewähren, wenn sie den Gegenstand als wichtig, als in Bezug zu ihnen stehend erkennen.[71] Gelingt es, die prinzipielle Gewogenheit des Publikums etwa dem gegenüber, was ein Redner zu sagen hat, zu gewinnen, so kann es geschehen, dass es ihm auch dann noch folgt, wenn er sich von bestimmten Sichtweisen und Personen distanziert[72], kurz, es lässt sich dann vom Redner in seiner Sichtweise lenken. Dazu muss der Redner eine Verbindung zwischen seinem Publikum und seiner eigenen Person herstellen. Was den Vortragenden, Redenden selbst angeht, so muss dieser darauf achten, dass er als rechtschaffen, als achtbar angesehen wird, weil das die Aufnahmebereitschaft für den Inhalt seiner Botschaft erhöht.[73] Je nach Art des Exordiums kann es auch einen Vorgeschmack auf den Inhalt geben, so zum Beispiel bei Reden oder Epen.[74]

Es ist unschwer zu erkennen, dass das apostolische Briefpräskript die genannten Funktionen übernimmt: Die *superscriptio* erlaubt nicht allein eine schlichte Absenderangabe, sondern ein Herausheben der Autorität des Briefschreibers durch die Nennung entsprechender Qualitäten oder

---

[69] Aristot rhet III,14,1414b: Τὸ μὲν οὖν προοίμιόν ἐστιν ἀρχὴ λόγου, ὅπερ ἐν ποιήσει πρόλογος καὶ ἐν αὐλήσει προαύλιον· πάντα γὰρ ἀρχαὶ ταῦτ'εἰσί, καὶ οἷον ὁδοποίησις τῷ ἐπιόντι.

[70] Cic inv I,20: „*Exordium est oratio animum auditoris idonee comparans ad reliquam dictionem: quod eveniet, si eum benivolum, attentum, docilem confecerit.*" Diesen drei Adjektiven entsprechen bei Aristoteles εὔνους, προσεκτικός und das Substantiv εὐμάθεια (Aristot rhet III,14,1415a). Vgl. ferner Her I,4: „*Exordium est principium orationis, per quod animus auditoris vel iudicis constituitur et apparatur ad audiendum.*" und Quint inst IV,1,5: „*Causa principii nulla alia est, quam ut auditorem, quo sit nobis in ceteris partibus accomodatior, praeparemus. Id fieri tribus maxime rebus inter auctores plurimos constat, si benivolum attentum docilem fecerimus, non quia ista non per totam actionem sint custodienda, sed quia initiis praecipue necessaria [...].*"

[71] Aristot rhet III,14,1415b προσεκτικοὶ δὲ τοῖς μεγάλοις, τοῖς ἰδίοις [...].

[72] Die Hörerinnen und Hörer einer Rede sollen beispielsweise emotional mitgehen, ein Redner soll auch ihre Empörung wecken können: ὀργίζειν Aristot rhet III, 1415a; ihren Hass, ihre Missgunst und ihre Verachtung der Gegenpartei gegenüber: Her I,8: „*Ab adversariorum persona benivolentia captabitur, sic eos in odium, in invidiam, in contemptionem adducemus.*"

[73] Aristot rhet III,1415a: εἰς δὲ εὐμάθειαν ἅπαντα ἀνάξει, ἐάν τις βούληται, καὶ τὸ ἐπιεικῆ φαίνεσθαι· προσέχουσιν γὰρ μᾶλλον τούτοις.

[74] Aristot rhet III,1415a: ἐν δὲ προλόγοις καὶ ἔπεσι δεῖγμά ἐστιν τοῦ λόγου [...].

Titel, um sich so als Respekt gebietend und den kommenden Inhalt als wichtig darzustellen. Unter anderem in diesem Sinne kann verstanden werden, wenn Paulus auf die göttliche Herkunft seines Apostelamtes verweist.[75] In der Formulierung der *adscriptio* kann der Verfasser den Adressaten seine Wertschätzung bedeuten[76] oder sie durch die Erwähnung des göttlichen Handelns an ihnen würdigen,[77] eine Atmosphäre gegenseitigen Wohlwollens schaffen, die eine gute Basis für potentielle Rezipientenlenkung bildet. Ähnliche Funktionen, nämlich die positive Beeinflussung der Haltung der Rezipienten durch Schaffung einer wohlwollenden Atmosphäre, aber auch die Charakterisierung des Schreibenden als Autorität durch die Anlehnung an bestimmte Grußformen können in der Gestaltung der *salutatio* gesehen werden. Schließlich lassen sich auch inhaltliche Vorgriffe auf die Themen des jeweiligen Briefes oder wenigstens auf die Briefsituation in den Präskripten finden.[78] Dies gilt besonders für die Weiterentwicklung der Präskripte bei Paulus, die beinahe resümierenden Charakter haben.[79]

Mit den verschiedenen Formen von antiken Vorworten hat das Präskript also gemein, dass es Funktionen wahrnimmt, die sich auf die Rezeption des *gesamten* Textes erstrecken. Daher ist es auch plausibel, dass sich die beobachteten reziproken oder einseitigen Semantisierungen durch Intertextualität jeweils auf die Texte als Ganze richteten.

1b) So vielfältig das Phänomen Brief in der Antike auch ist, hinsichtlich des Formulars und namentlich des Präskripts ist die Variationsbreite recht gering. Allein der stilistisch anspruchsvollere Brief distanziert sich durch Verzicht auf formelhafte Konventionen,[80] doch sonst hat das Präskript eines offiziellen, also von einem Machthaber oder Würdenträger in Auftrag gegebenen oder geschriebenen Briefes oft dieselbe Form wie das des Privatbriefes,[81] eine der wenigen Variationsmöglichkeiten ist es, aus Höflichkeit den Adressaten vor dem Absender zu nennen.[82] Daneben kann dem Präskript nur in Form von Erweiterungen wie Vollständigkeit der Namensangabe, Titel, Verwandtschaftsbezeichnungen oder die Zuneigung

---

[75] Gal 1,1: Παῦλος ἀπόστολος οὐκ ἀπ'ἀνθρώπων οὐδὲ δι'ἀνθρώπου ἀλλὰ διὰ Ἰησοῦ Χριστοῦ καὶ θεοῦ πατρός.

[76] Phlm 1: Φιλήμονι τῷ ἀγαπητῷ καὶ συνεργῷ ἡμῶν.

[77] IgnRöm: τῇ ἠλεημένῃ [...] ἐκκλησίᾳ ἠγαπημένῃ καὶ πεφωτισμένῃ.

[78] SCHNIDER/STENGER 1987, 7.

[79] SCHMIDT 2003, 44.

[80] GÖRGEMANNS in DNP III, s.v. Epistel, 1161.

[81] AUNE 1987, 164.

[82] DIHLE 1952, 170. Dies gilt schon für die vorchristliche Zeit und wird bis weit in die christliche Zeit hinein so gehandhabt. Für Beispiele aus dem dritten und vierten Jahrhundert siehe bei GHEDINI 1923 Nr. VI, VII, XVII, XXI, XXIII, XXVI, XXVII, XXX, XXXI, XXXII, XXXV, XXXVIII, XL, XLI, XLII, XLIV.

ausdrückende Adjektive oder Substantive eine Note verliehen werden,[83] die auf den grundsätzlichen Charakter des Briefes voraus weist.[84] Diese prinzipiellen Möglichkeiten des Präskripts nutzt der Apostelbrief.

2) Etwa dasselbe Bild ergibt sich, wenn man sich von der modernen Literaturwissenschaft an das Präskript annähert. In deren Systematik teilt das Präskript Aspekte der Kategorie der Paratexte, wie auch Titel, Untertitel und Zwischenüberschriften, Vorworte, Nachworte, Randnotizen, Fußnoten, Inhaltsverzeichnisse, Klappentexte und andere mehr.[85] Die grundlegende Funktion von Paratexten ist es, andere Texte zu begleiten oder zu rahmen.[86] Die konkrete Ausprägung dieser Funktion variiert je nach Art des Paratextes. Ein Titel beispielsweise kann auf den Inhalt verweisen oder dem Inhalt einen Interpretationsrahmen zuweisen, kann zum Lesen anreizen.[87] Der Prolog wiederum kann u.a. als Instrument zur Dekodierung fungieren, kann die Leserichtung für das Werk angeben.[88] In jedem Fall haftet dem Paratext ein stark pragmatisches Element an, vorzugsweise hier tritt der Verfasser oder die Verfasserin mit den Lesern ins Gespräch über das Werk[89] und steuert die Rezeption.

Diese pragmatische Funktion eines Paratextes erlaubt es dem Präskript, wichtige theologische Aussagen für und Hinweise auf den kommenden Inhalt anzuschneiden und vorzubereiten. Dies geschieht in der *Secunda Petri* namentlich dort, wo das Präskript andere Wege geht als seine Prätexte. Drei Beispiele mögen dies illustrieren. In der Verwendung von σωτήρ als christologischem Titel geht der *zweite Petrusbrief* über seine Prätexte hinaus. Im *Judasbrief* wird in der Schlussdoxologie Gott σωτήρ genannt, Christus im gesamten Brief nicht; auch in der *Prima Petri* sucht man vergeblich nach diesem Titel für Christus. Im *zweiten Petrusbrief* wird Christus nicht weniger als vier weitere Male σωτήρ genannt werden,[90] darüber hinaus wird die Möglichkeit der σωτηρία in 2 Petr 2,1–10 eines der zentralen

---

[83] AUNE 1987, 163.

[84] Eine weitere Möglichkeit des Vorausweisens auf den Charakter des Schreibens ist die Ersetzung. So wird im Kondolenzbrief der übliche Gruß χαίρειν durch εὖ πράττειν ersetzt, siehe KOSKENNIEMI 1956, 161f.

[85] Für eine umfassendere Liste siehe GENETTE 1982, 9; eine ausführliche Untersuchung widmet GENETTE dem Paratext in GENETTE 1987.

[86] HALLYN/JACQUES 1987, 202.

[87] HALLYN/JACQUES 1987, 203–210.

[88] HALLYN/JACQUES 1987, 210f.

[89] Nach GENETTE 1982, 9 ist der Paratext «un des lieux privilégiés de la dimension pragmatique de l'œuvre, c'est-à-dire de son action sur le lecteur.»

[90] Neben 2 Petr 1,1 noch 1,11; 2,20; 3.2.18, jeweils verbunden mit dem κύριος-Titel. Siehe darüber hinaus auch σωτηρία in 3,15, einer Stelle, die dem Verfasser offenbar so wichtig ist, dass er sogar die inhaltliche Unterstützung Pauli dafür sucht. Zu Christus als σωτήρ im *zweiten Petrusbrief* siehe FREY 2003, 141–144, vor allem aber JUNG 2002, 336–343.

Themen sein. Es liegt auf der Hand, dass mit der Ergänzung der Bezeichnung Christi als σωτήρ in der *adscriptio* eines der Briefanliegen vorbereitet wird. Ähnliches gilt für δικαιοσύνη. Wer sich vergegenwärtigt, dass der δίκαιος in 2,1–10 zentrales Vorbild sein wird, das es nachzuahmen gilt und das das Kennzeichen der neuen Himmel und der neuen Erde nach 3,13 δικαιοσύνη schlechthin sein wird, wird schwerlich umhin können, dieses Thema in der δικαιοσύνη τοῦ θεοῦ ἡμῶν καὶ σωτῆρος Ἰησοῦ Χριστοῦ vorbereitet zu sehen, auch wenn δικαιοσύνη sich als inhaltlich anders gefüllt erweist.[91] Ein drittes und letztes Beispiel ist die Spezifizierung der *salutatio*: Die Ergänzung der *Secunda Petri* im Vergleich zur *Prima* lautet: ἐν ἐπιγνώσει τοῦ θεοῦ καὶ Ἰησοῦ τοῦ κυρίου ἡμῶν. Aus πίστις und ἀρετή erwachsende (1,5f) Erkenntnis (ἐπίγνωσις und γνῶσις), die nicht fruchtlos bleibt (1,8), ist eines der Themen des ersten großen thematischen Abschnitts 1,3–11.[92]

2.2. Kommunikation durch Intertextualität im Präskript der Secunda Petri

Der in besonderem Maße rezeptionslenkende Charakter des Präskripts gilt sowohl für authentische[93] als auch für pseudepigraphe Werke. Gerade bei letzteren liegt die Rezeptionslenkung im Präskript auf der Hand: Hier ist der Ort, wo der Fiktionsaufbau vorgenommen wird, der sich auf den gesamten Inhalt des Briefes erstreckt. Als literarische Strategie für die Erstellung eines Präskripts, das dem gesamten Brief den Status eines apostolischen Briefes unter der Urheberschaft und Autorität Petri verleiht, wählt der *zweite Petrusbrief* das Mittel der Intertextualität. Durch den Anschluss an Präskripte von Apostelbriefen, deren Kenntnis er bei seinen intendierten Rezipienten voraussetzt, sowie durch bewusste Abweichung von deren vertrauter Gestalt, tritt der Verfasser in Kommunikation zu den intendierten Rezipienten.

2.2.1. Verständigung mittels intertextueller Kongruenzen und Konvergenzen

Über die Art der Selbstvorstellung in der Absenderangabe und die zum Gruß verwendete Formel in der *salutatio* kann ein Briefschreiber sich selbst charakterisieren. Eine standardisierte Grußformel oder eine feste Selbstvorstellung eröffnen Rezipienten die Möglichkeit, eine Briefeinleitung als typisch für eine bestimmte Person zu empfinden oder die Ähn-

---

[91] Dass δικαιοσύνη zentrales Thema des Briefes ist, wird auch gesehen von SKAGGS 2004, 93. Siehe dazu ferner Kapitel III A.1.2. zu 2 Petr 2,4–10a, besonders 2,5.

[92] Die Bedeutung von ἐπίγνωσις für den Rest des Briefes wurde auch richtig gesehen von HOPPE 2004, 437f.

[93] Am Beispiel des *Römerbriefes* lässt sich beobachten, wie überlegt Paulus seine Selbstvorstellung im Rahmen der Präskriptgestaltung auf die Briefsituation abstimmt, vgl. SCHNIDER/STENGER 1987, 12.

lichkeit eines den Gepflogenheiten dieser Person entsprechenden Präskripts zu erkennen. Im vorliegenden Brief folgt das Präskript deutlich paulinischen Konventionen, nicht nur was die strukturelle Dreiteilung betrifft, sondern auch hinsichtlich der Selbstvorstellung als δοῦλος und ἀπόστολος, der Verwendung christologischer oder binitarischer Formeln in *adscriptio* und *salutatio* und dem Anfang des Wortlauts der *salutatio*. Dass in der *Secunda Petri* ein Brief vorliegt, der paulinischen Briefen nahe stehen soll, ist offensichtlich und für die Adressatenschaft erkennbar. Noch enger als an Apostelbriefe in paulinischer Tradition allgemein ist der Anschluss an die *Prima Petri* durch die Namensidentität und die über die Kongruenz mit dem Paulusgruß hinausreichende Übereinstimmung in der Grußformel. Dass die *Secunda* als Folgebrief zur *Prima* gelesen werden will, kann schwerlich Zweifel leiden. Den intendierten Empfängern wird durch intertextuelle Kongruenz zu verstehen gegeben, dass sie es beim *zweiten Petrusbrief* mit einem Schreiben zu tun haben, der in dieselbe Kategorie gehört wie die Paulusbriefe und der unter dieselbe Autorität fällt wie der *erste Petrusbrief*.

2.2.2. *Verständigung mittels intertextueller Divergenzen*

Trotz des unverkennbaren Anschlusses an die *Prima Petri* – oder gerade aufgrund seiner – ist davon auszugehen, dass auch die Divergenzen den intendierten Rezipienten ins Auge fallen mussten. Angesichts dessen, dass bereits Paulus je nach Anlass und Charakter eines Briefes seinen Titel variierte, wird die Kombination der beiden Titel δοῦλος und ἀπόστολος vor allem die Vorahnung der Hörern oder Lesern bezüglich des Charakters des Inhalts und somit ihre Haltung beim Hören oder Lesen beeinflusst haben: Der Brief war nicht nur in apostolischer Autorität geschrieben, sondern auch von jemandem, der für sich Würde und Respekt eines Gottergebenen in der Tradition großer Männer aus den Schriften einfordert.[94]

---

[94] Der traditionsgeschichtlich δοῦλος Ἰησοῦ Χριστοῦ wohl am nächsten stehenden Vorgänger ist δοῦλος τοῦ θεοῦ, ein Titel, mit dem in der Septuaginta nur herausgehobene Gestalten wie Abraham, Mose oder David bezeichnet wurden, vgl. hierzu die Ausführungen von BARTCHY in AncBD VI, 1992, 72 s.v. Slavery (Greco-Roman): "The OT's use of "slave" language as a designation of a special and honoured relationship to God is continued in the NT, especially by Paul who described himself. (Rom 1:1), along with Timothy (Phil 1:1) as "slaves of Christ Jesus," thereby stressing not only full dependence on Christ but also their place of honor in the OT tradition of Abraham, Moses, David, Elijah, et al. In Titus 1:2 Paul is further designated as a "slave of God"." Vgl. auch RENGSTORF in ThWNT II, 269 (s.v. δοῦλος κτλ.): עֶבֶד wird in der LXX meist durch παῖς wiedergegeben, Mose, Aaron etc. aber sind δοῦλοι. Eine die Dimensionen des δοῦλος-Titels (auch im Gegenüber zur Bezeichung ἀπόστολος) sorgfältig abwägende Darstellung findet sich bei BAUCKHAM 1983, 23f. Zu Baruch als δοῦλος τοῦ θεοῦ in den *Paralipomena Jeremiou* 6,19 siehe TAATZ 1991, 79.

Ebenso muss die vollständigere Namensform Συμεὼν Πέτρος auffallen. Die personale Identität des Senders mit dem der *Prima Petri* wird durch sie nicht in Frage gestellt, denn natürlich kann derselbe Briefschreiber je nach Kommunikationspartner und/oder Art des Briefes seinen Namen unterschiedlich angeben. Da nach 2 Petr 3,1 die Adressaten angeblich dieselben sind wie die des *ersten Petrusbriefes*, kann der Grund für die vollständigere Namensform nicht in der fiktiven Adressatenschaft zu suchen sein, sondern ist damit zu rechnen, dass Συμεὼν Πέτρος in Verbindung mit dem Doppeltitel δοῦλος καὶ ἀπόστολος Ἰησοῦ Χριστοῦ eine Vorbereitung der Leserinnen und Leser auf die Art des Briefes darstellt. Nach der Regel, dass, je ,offizieller' ein Schreiben, desto vollständiger die Namens- und Titelangabe erfolgen,[95] erhält der *zweite Petrusbrief* durch die im Vergleich zur *Prima Petri* vollständigere Absenderangabe in noch höherem Maße als das bei Apostelbriefen paulinischer Prägung ohnehin schon der Fall ist,[96] Dokumentcharakter.[97] In jedem Fall aber wird das Au-

---

[95] Im römischen Bereich kann ein Briefschreiber je nach Ausführlichkeit der Namensangabe den Grad der Vertraulichkeit eines Privatbriefes bestimmen. Je höher die Vertraulichkeit, desto knapper auch die Namensangabe (*nomen* und/oder *cognomen*); vgl. auch die ausdrückliche Thematisierung dieser Gepflogenheit in Cic fam VII,32,1. Demgegenüber gehört „der Gebrauch des Praenomens in Verbindung mit den anderen Namen [...] zum feierlichen, solennen Stil", so ROLLER 1933, 80, für Beispiele siehe ibid. 508, Anm 356. Im griechischen Bereich stand dieser Differenzierung zunächst die Einnamigkeit im Wege. Im Fall des Petrus, bei dem ja eine Art Zweinamigkeit vorhanden war, könnte die genannte epistolographische Gepflogenheit durchaus eine Rolle gespielt haben, vgl. das Plausibilitätsargument bei SCHMIDT 2003, 10 Anm. 2: „Zweifelsohne hat ... das römische Briefwesen in Verwaltung und Privatleben auch Spuren im hellenistischen Raum hinterlassen. Trotz der griechischen Sprache der Petrusbriefe ist daher auch mit Einflüssen der römischen Epistolographie zu rechnen." Möglicherweise ist die Vollständigkeit des Namens auch mit dem feierlichen Ton im Testamentsabschnitt 1,12–16 zu verbinden. Bezüglich der Titel gilt nach ROLLER 1933, 84: „Im ganzen ist der Privatbrief in Superscriptio und Adresse auf den Namen allein eingestellt. Alle anderen Gruppen fügen je nach ihrem Charakter und ihren Zwecken der Superscriptio oder der Adresse Titel und Amtsbezeichnungen nebst Ehrenbezeigungen hinzu." Ähnliches lässt sich auch außerhalb der römischen Epistolographie beobachten. So zeigt der aramäische Erlass in Briefgestalt, den König Artaxerxes in Esr 7,12 an Esra adressiert, eine umfassende Titulatur Esras und des Königs: ארתחשסתא מלך מלכיא לעזרא כהנא ספר דתא די-אלה שמיא גמיר.

[96] Für das paulinische Briefformular wird dies von TAATZ 1991, 8 festgehalten: „Im Ergebnis erinnern die Titulaturen der Absender in fast allen Superskriptionen an amtliche Behördenschreiben…"

[97] Dieser Zusammenhang zwischen Präskript und Art des Briefes wird in der Kommentarliteratur zur *Secunda Petri* meist nicht gesehen. Oft gilt Συμεών ausschließlich als authentifizierend, da semitisierend oder einfach als archaisierend: FUCHS/REYMOND qualifizieren die Namensform als «trait volontairement archaïsant», ähnlich interpretiert FRANKEMÖLLE 1987, 89 ihn als „gewollte Altertümlichkeit." Nach NEYREY 1993 ad loc. verweist Συμεών auf die Zeit des historischen Jesus: "The sender

toritätsgefälle unterstrichen, denn Personen, die eine bestimmte Funktion oder ein bestimmtes Amt tragen, werden entsprechende Titel im Briefverkehr gebrauchen, wenn er nicht gänzlich privater Natur ist.[98] Dass diese Deutung in die richtige Richtung weist, belegt der insgesamt als anspruchsvoll zu bezeichnende Stil des *zweiten Petrusbriefes*:[99] Denn während die Antike für den Freundschaftsbrief einen eher schlichten Stil als angemessen ansieht, sollte der sprachliche Duktus von Briefen mit offiziellem Charakter eher gehobener Natur sein.[100] Stilhöhe und ausführliche *superscriptio* verleihen also dem gesamten Brief das Gepräge eines Schreibens von offiziellerer Art.

In diesem größeren Zusammenhang nun erhält auch Συμεών, die semitisierende Namensform zu Σίμων[101], ihre Funktion. Angesichts dessen,

---

identifies himself by a name which suggests a rich association in the past with the historical Jesus and a specific role and status among the followers of Jesus.", eine etwas gesuchte und schlecht belegbare Deutung; immerhin ist die Namesform Συμεών für Petrus in der erhaltenen Jesustradition nicht belegt. Mit dem Testamentcharakter des *zweiten Petrusbriefes* argumentiert GRUNDMANN 1974, 66.

[98] Diese Eigenheit wird auch in antiken Briefromanen nachgeahmt. Man vergleiche etwa folgende Präskripte aus dem Hippokrates-Briefroman (Ps-Hippokr) miteinander: (3) Βασιλεὺς βασιλέων μέγας Ἀρταξέρξης Ὑστάνει Ἑλλησπόντου ὑπάρχῳ χαίρειν. (5) Ἱπποκράτης ἰητρὸς Ὑστάνει Ἑλλησπόντου ὑπάρχῳ χαίρειν. (6) Ἱπποκράτης Δημητρίῳ ὑγιαίνειν.

[99] Vgl. die Ergebnisse der Untersuchung zum Stil des *zweiten Petrusbriefes* durch T. J. KRAUS: KRAUS 2001, 278f, 309f, 361ff, 367f.

[100] Vgl. hierzu den Exkurs des Pseudodemetrius in *De Elocutione*/Περὶ ἑρμενείας über das Briefeschreiben: Ps-Dem 223–235. Grundsätzlich soll der Stil nach Pseudodemetrius im Brief etwas ausgearbeiteter sein als im Dialog: δεῖ γὰρ ὑποκατεσκευάσθαι πως μᾶλλον τοῦ διαλόγου τὴν ἐπιστολήν (ibid. 224), doch muss man stets den Adressaten im Auge behalten bei der Wahl der Stilhöhe, so dass Briefe an einen Staat oder Herrscher etwas gehobener ausfallen müssen: Ἐπεὶ δὲ καὶ πόλεσίν ποτε καὶ βασιλεῦσιν γράφομεν, ἔστωσαν τοιαῦται [αἱ] ἐπιστολαὶ μικρὸν ἐξερμέναι πως. Στοχαστέον γὰρ καὶ τοῦ προσώπου ᾧ γράφεται (ibid. 234).

[101] Συμεών ist die griechische Wiedergabe von שׁמעון, Σίμων dagegen ein griechischer Name, mit dem Συμεών oft gleichgesetzt wurde; vgl. BAUCKHAM 1983, 166. Die Ähnlichkeit von שׁמעון und Σίμων könnte dafür verantwortlich sein, dass Simon/Simeon in hellenistischer Zeit zu einem der beliebtesten, wenn nicht zum beliebtesten Namen für männliche Juden wurde; vgl. HÖLSCHER 1925, 155; FITZMYER 1971, 106ff. Lukas kennt sowohl die Namensform Συμεών als auch Σίμων, doch scheint er klar zu trennen: Bestimmte Personen heißen Συμεών, so der Prophet Simeon (Lk 2,25.34), ein Vorfahr im Stammbaum Josephs (Lk 3,30), ein Gemeindeglied in Antiochia (Act 13,1), andere Σίμων. Nur für einen Σίμων wird ausnahmsweise die Form Συμεών gebraucht: Für Petrus, und zwar im Munde des Jakobus (Act 15,14). Offenbar soll damit der Sprecher charakterisiert werden, der Judenchrist und Herrenbruder Jakobus. Ein analoger Fall ist im *ersten Makkabäerbuch* zu finden: Simon Makkabäus ist in der Regel Σίμων (1 Makk 5,17.20.21 u.ö.), wird aber einmal von seinem Vater Συμεών genannt (1 Makk 2,65). Auch hier wird durch die gebrauchte Namensform eine Aussage über den Sprecher getroffen. Für Petrus besagt das noch nicht,

dass andere Möglichkeiten der Authentifizierung und der Unterstreichung der Verbindlichkeit wie die Eigenhändigkeit oder wenigstens die
eigenhändige Zufügung[102] ja entfallen, kann die semitisierende Namensform authentifizierend wirken. Doch geht es um mehr als um eine platte
und eher unbeholfene Methode der pseudepigraphen Authentizitätssug-
gestion.[103] Denn die Kombination Συμεὼν Πέτρος ist in der erhaltenen
Petrusüberlieferung einzig.[104] Sie entscheidet sich gegen die Form Συμεὼν
Κηφᾶς, die noch weitaus semitisierender gewesen wäre,[105] sei es, weil sich
das Präskript der *Prima Petri* schon auf die Namensform Πέτρος festgelegt
hatte, sei es, weil die Kombination Συμεὼν Κηφᾶς[106] noch weniger gängig
gewesen wäre oder sie den AdressatIen der Name Κηφᾶς gänzlich unver-
traut gewesen wäre.[107] Die Form Σίμων Πέτρος ist einigermaßen geläufig,[108] die kleine Abwandlung zu Συμεὼν Πέτρος besitzt sowohl den Vorteil leichter Wiedererkennbarkeit als auch den erwünschten Hinweischarakter auf die Herkunft Petri. Durch sie werden die Adressaten bereits in
den ersten Worten der *Secunda Petri* auf das kulturelle Umfeld gewiesen,
dem Petrus entstammt und das für ihn prägend war. Wenn sich im Folgenden sein Gedankengut als im jüdisch-hellenistischen Schrifttum verwurzelt erweisen wird, kann ihnen das nur als plausibel und folgerichtig
erscheinen.

Die *adscriptio* dient nicht in derselben Weise zum Aufbau der pseudepigraphischen Identität wie die *superscriptio* und die *salutatio*. Zwar ließe
sich auch hier eine Imitation bekannter Anredeformen mit dem Ziel der
Fiktionsverstärkung bei den Rezipienten („So wendet sich Paulus/Petrus
immer an seine Adressaten") vorstellen, doch muss die *adscriptio* in erster
Linie erreichen, dass die intendierten Kommunikationspartnern sich als

---

dass er eigentlich Συμεὼν hieß, aber Σίμων genannt wurde; immerhin scheint sein
Bruder auch einen rein griechischen Namen getragen zu haben; mit ähnlichem Argument PESCH 1980, 10.

[102] Zur Eigenhändigkeit vgl. SCHMIDT 2003, 11.

[103] Schon gar nicht kann man die unterschiedliche Namensform als Argument für
die Unabhängigkeit der *Secunda* von der *Prima Petri* ins Feld führen; gegen GUTHRIE
1970, 820f.

[104] Die Kombination Συμεὼν Κηφᾶς hingegen ist in der neutestamentlichen und
das Neue Testament umgebenden Tradition nirgendwo zu finden; nur in den syrischen Versionen der Evangelien und Acta wird sie gebraucht, siehe ELLIOTT 2000, 324.

[105] ‚Simon Kephas‘ findet sich etwa in der syrischen *Doctrina Simonis Kepha in urbe
Roma* aus dem fünften oder sechsten Jahrhundert; vgl. SMITH 1985, 54.

[106] Zur Namensentwicklung von Kephas zu Petrus siehe LAMPE 1978–79, 228–231.

[107] Die Kombination Συμεὼν Πέτρος „der den Pseudepigraphiker kennzeichnen-
den Inkonsequenz" (GRUNDMANN 1974, 66) anzulasten, sagt mehr über den so urtei-
lenden Kommentator und seine Sicht auf Pseudepigraphie als über den Verfasser der
Secunda Petri.

[108] Zur Namensform Petri im NT siehe II.A.1.2.1.

die Angesprochenen wissen und erkennen, welche Position ihnen im Kommunikationsvorgang zugemessen wird. Dabei wird die im Aufbau begriffene pseudepigraphe Fiktion durchaus um einen neuen Aspekt bereichert: Die Angeschriebenen erfahren, dass sie bei dem Sender der Botschaft nicht allein mit Symeon Petrus zu tun haben, sondern dass Symeon Petrus für ein größeres Kollektiv, ein ἡμεῖς, spricht (τοῖς ἰσότιμον ἡμῖν λαχοῦσιν πίστιν).

Die in der syntaktischen Untersuchung anhand von Parallelen mit der johanneischen Literatur und den angeblichen Gamalielbriefen befürwortete Deutung als ‚apostolisches Wir‘ wird für die Rezipienten im weiteren Rezeptionsprozess intratextuell Bestätigung finden. In 2 Petr 1,16 erscheint dasselbe ἡμεῖς als Gegenüber zu ὑμεῖς erneut: ἐγνωρίσαμεν ὑμῖν τὴν τοῦ κυρίου ἡμῶν Ἰησοῦ Χριστοῦ δύναμιν καὶ παρουσίαν. Die ἡμεῖς sind diejenigen, die die Angesprochenen mit der Botschaft von Christus bekannt gemacht haben. Zuvor sind sie selbst Augenzeugen von Jesu Größe geworden (ἐπόπται γενηθέντες τῆς ἐκείνου μεγαλειότητος) und Ohrenzeugen der Himmelsstimme bei der Verklärung Jesu auf dem heiligen Berg (1,18: ταύτην τὴν φωνὴν ἡμεῖς ἠκούσαμεν ἐξ οὐρανοῦ ἐνεχθεῖσαν σὺν αὐτῷ ὄντες ἐν τῷ ἁγίῳ ὄρει). Der Verweis auf die Jünger, die nach der synoptischen Tradition bei der Verklärung zugegen waren, ist deutlich.[109] Die Abfolge ‚Augen-/Ohrenzeugen werden‘ – ‚das Gesehene und Gehörte weitergeben‘, entspricht genau der Struktur, die den Prolog des *ersten Johannesbriefes* prägt. Die *Secunda Petri* folgt also tatsächlich mit der ἡμεῖς-ὑμεῖς-Struktur im Präskript dem Kommunikationsmuster des *ersten Johannesbriefes* oder allgemeiner johanneischer Literatur.[110]

---

[109] Damit können nun andere Vorschläge zur Deutung des ἡμεῖς zurückgewiesen werden. Es bezeichnet nicht Petrus allein. Das wird auch dadurch unterstrichen, dass sonst ἰσότιμος ἡμῖν πίστις darauf anspielen müsste, dass sich Petri Glaube in den Augen der Adressaten besonders auszeichnete. Das tut er aber nach Ausweis des *zweiten Petrusbriefes* nur in dem Maße, wie es auch der Glaube derer tut, die sonst noch Augenzeugen geworden sind. Von einem Element, durch das sich nur der Glaube Petri auszeichnet, ist im gesamten Brief nichts zu finden und man müsste spekulieren, auf welches Element aus den Petrustraditionen wohl angespielt wird. Ähnlich verhält es sich mit der Deutung, in ἰσότιμος ἡμῖν πίστις werde das Verhältnis des Glaubens von Judenchristen und Heidenchristen thematisiert, die wohl u.a. auch durch den Anklang an die Corneliusepisode in der *Apostelgeschichte* motiviert ist, wo Petrus (!) nach der Ausgießung des Heiligen Geistes auf das Haus des Cornelius feststellen muss: ἴσην δωρεὰν ἔδωκεν αὐτοῖς ὁ θεὸς ὡς καὶ ἡμῖν (Act 11,17), vgl. WOHLENBERG 1923, XXVII. Die unmittelbare Nähe der semitisierenden Namensform Συμεών mag dem Gedanken zunächst einige Plausibilität verleihen, doch ist danach nie auch nur ein Hinweis darauf gegeben, dass bei den Adressaten dieser Konflikt irgendeine Rolle spielt; mit ähnlichem Argument BOLKESTEIN 1972, 242.

[110] Bemerkenswert ist in diesem Zusammenhang FREY 2009, 711, der die kommunikative Struktur des *zweiten Petrusbriefes* nicht nur an der Oberfläche mit der der johanneischen oder allegemeiner der Evangelienliteratur vergleicht. Wie dort die Horizonte Jesu und der Adressaten verschmolzen, so geschehe dies in analoger Weise auch hier. Dies ermögliche die Thematisierung der Probleme späterer Generationen in der Situation des Abschieds Jesu – vgl. die johanneischen Abschiedsreden – bzw. Petri.

Geht man vom *Corpus Paulinum* und der *Prima Petri* als Referenztexten aus, so muss auch die nicht lokal oder regional eingegrenzte Adressatenschaft auffallen. Selbst wenn sich eine Gemeinde durch den ihre gegenwärtige Situation betreffenden Inhalt besonders angesprochen weiß, kann – und soll – sie sich angesichts der Formulierung der *adscriptio* vergegenwärtigen, dass es sich bei der vorliegenden Schrift nicht um ein speziell an sie gerichtetes Schreiben handelt, sondern die Worte ‚Petri' umfassende Reichweite beanspruchen. An die Stelle einer geographischen Ortsbestimmung tritt eine Ortsbestimmung der Glaubenszugehörigkeit: Der Brief richtet sich an alle, die petrinisch-apostolischen Glaubens sind. Menschen, die sich an den Worten Petri orientieren, gibt es nicht nur dort, wo die Gemeinde sich befindet, der der Brief vielleicht im Besonderen gilt, und umgekehrt gibt es Menschen, die unpetrinische Ansichten vertreten, überall – auch in eben dieser Gemeinde. Den Angeschriebenen signalisiert dies, dass sie sich positionieren müssen, um zu wissen, ob ihnen der Brief gilt. Wollen sie sich jedoch auf die Seite Petri und der Apostel stellen, dann gilt ihnen der Inhalt des Briefes in apostolischer Autorität und nimmt sie mit hinein in die Abgrenzung von anderen Lehrinhalten – und Lehrerpersönlichkeiten! –, die dann zwangsläufig nicht-petrinisch und nicht-apostolisch sind.[111]

Schließlich geht noch ein weiteres Signal von der abweichenden Form der *adscriptio* aus. Die Adressaten nehmen zur Kenntnis, dass die vorliegende Schrift nicht ein Brief neben anderen paulinischen Gemeindebriefen zu sein beansprucht. Sie durchbricht die paulinische Briefkonvention, indem sie ein breiteres Publikum anspricht, steigt über die Gattung des paulinischen Gemeindebriefes hinaus. Noch im ersten Kapitel der *Secunda Petri* kann literarisch geübten Rezipienen aufgehen, welcher Gattung die umfassende Dimension der Adressatenschaft geschuldet ist: In 2 Petr 1,12–15 erweist sich die Schrift als Testament Petri. Die Gattung des Testaments jedoch richtet sich nicht an ein geographisches eingegrenztes Publikum.[112]

Der für eine *adscriptio* ungewöhnliche Wortschatz verweist die intendierten Rezipienten auf einen Vorstellungsbereich aus ihrer Alltagswelt: Durch die δικαιοσύνη eines Einflussreichen mit anerkannter τιμή (ἰσότιμος) sind sie in den Genuss von Vorteilen gekommen (λαγχάνειν), er hat sich als Wohltäter erwiesen und wird daher als σωτήρ geehrt, viel-

---

[111] Zur Funktion der Stiftung einer kollektiven Identität unter den intendierten Empfängern der *Secunda Petri* siehe jetzt MILLER 2010.

[112] PAULSENs Charakterisierung des Verhältnisses von Brief und Testament in der *Secunda Petri*: „Die Gattungsmerkmale des ‚Briefes' nehmen … die Topik des Testaments auf und interpretieren sie." (PAULSEN 1997, 159) muss dann folgendermaßen ergänzt werden: „Die Topik des Testaments beeinflusst und verändert die Gattungsmerkmale des Briefes."

leicht lässt man ihm sogar göttliche Ehren zukommen (θεός).[113] Dies, so bedeutet der Verfasser seinem intendierten Publikum, ist die geeignete Analogie für das Tun Christi und die angemessene Reaktion ihm gegenüber. Dieses christologische Konzept ist zwar in derselben Weise nicht in den Prätexten zu finden, doch entfernt es sich auch nicht grundsätzlich von paulinischer Theologie. Die Verbindung von πίστις und δικαιοσύνη in einem nach paulinischem Vorbild strukturiertem Präskript weist darauf hin, dass der Brief ein konstruktiver theologischer Beitrag sein will in einem Rahmen, aus dem Paulus nicht mehr wegzudenken ist.

Der ungewöhnliche Ausklang der *salutatio* mit einer Angabe über den Ort oder das Mittel für die Mehrung von Gnade und Frieden (ἐν ἐπιγνώσει τοῦ θεοῦ καὶ Ἰησοῦ τοῦ κυρίου ἡμῶν) stellt ein letztes Element der Kommunikation mittels intertextueller Differenz dar. Ein solches Anhängsel an die Grußformel fällt aus der Norm, es weist die Angeschriebenen auf die Bedeutung wahrer ἐπίγνωσις hin: Durch die oder in der ἐπίγνωσις τοῦ θεοῦ καὶ Ἰησοῦ τοῦ κυρίου ἡμῶν sollen Gnade und Frieden sich entwickeln; dies impliziert die Möglichkeit, dass diese ἐπίγνωσις nicht vorhanden ist. Die Rezipienten werden vorbereitet auf die Auseinandersetzung mit den Heterodoxen bzw. auf die späteren Ausführungen, dass echte ἐπίγνωσις bedeutet, sich – anders als die ψευδοδιδάσκαλοι – von den μιάσματα τοῦ κόσμου dauerhaft zu entfernen (2,20f) und nicht ohne Ertrag oder Frucht (οὐκ ἀργὸς οὐδὲ ἄκαρπος; 1,8) zu bleiben.[114]

3. Semantik der Intertextualität

Da sich aus der syntaktischen Analyse neben den vorausgesetzten Prätexten *Judas-* und *erster Petrusbrief* sowie einem in seinem Umfang nicht näher bestimmbaren *Corpus Paulinum* keine weiteren sicheren Prätexte ermitteln ließen, sind für die semantische Analyse die Abweichungen im Präskript des *zweiten Petrusbriefes* gegenüber *Judas-* und *erstem Petrusbrief* heranzuziehen und im Verhältnis zu paulinischen Präskripten auszuwerten.

---

[113] Vgl. JUNG 2002, 336: „Im feierlichen Präskript des 2 Petr erscheinen Gott und der Retter Jesus wie Patrone, die von ihrer Klientel geehrt werden, weil sie in ihrer Gerechtigkeit den kostbaren Glauben übereignet haben." JUNG erkennt im Anschluss an DANKER 1982 und NEYREY 1993, dass hier die Sprache von Ehrendekreten aufgenommen ist, geht aber nicht so weit, auch den Titel θεός für Jesus Christus als Teil der Ehrung zu deuten.

[114] Vgl. KNOCH 1990, 236: „Die Erweiterung des Eingangsgrußes durch das für den Vf. bedeutsame Wort epígnosis, Erkenntnis ..., signalisiert die Frontstellung des Schreibens gegen Irrlehrer ..., die sich tieferer Glaubenskenntnis rühmen, und weist zugleich auf die Glaubensweise des Vf. hin, die durch vertiefte Glaubens-Erkenntnis geprägt ist..."

3.1. Die superscriptio

Die Schnittmenge zwischen *Judas-* und *zweitem Petrusbrief* in der *super-scriptio* beschränkt sich auf die Bezeichnung Ἰησοῦ Χριστοῦ δοῦλος. Eben-so grundlegend wird der *zweite Petrusbrief* die anderen Präskriptbestand-teile des *Judasbriefes* neu formulieren. Das Ergebnis ist ein Präskript, das mit seiner Vorlage nur noch wenig gemein hat. Ginge nicht aus dem Brief-corpus des *zweiten Petrusbriefes* hervor, dass der *Judasbrief* dem *zweiten Pet-rusbrief* vorgelegen haben muss – es wäre am Präskript nicht abzulesen. Die wenigen verbleibenden Übereinstimmungen wie Ἰησοῦ Χριστοῦ δοῦ-λος und εἰρήνη gehören so sehr in den Bereich generischer Intertextuali-tät, in den Bereich möglicher Bestandteile von Füllungsarten für Planstel-len im Präskript, dass sie nicht konkret auf den *Judasbrief* zu verweisen vermögen. Doch da der *Judasbrief* dem *zweiten Petrusbrief* vorgelegen hat, ist diese radikale Veränderung nicht anders denn als Absicht zu interpre-tieren. Es entsteht für das Präskript die paradoxe Situation, dass hier In-tertextualität gerade in der weitgehenden Abwesenheit konkreter Bezüge auf der Ebene von Syntagmata besteht.

Diese Form intertextueller Bezugnahme hat mehrere Verweisrichtun-gen. Vordergründig wird natürlich auf den Phänotext und seinen (angeb-lichen) Verfasser, Petrus, verwiesen. Dies bedeutet jedoch gleichzeitig eine Ablenkung vom (angeblichen) Verfasser des Prätextes, oder besser eine Abkoppelung des Prätextes von seinem (angeblichen) Verfasser. So gese-hen hat die Grunderneuerung der *superscriptio* Konsequenzen für den ge-samten Text des *Judasbriefes*: Der *zweite Petrusbrief* kann aus dem Briefcor-pus des *Judasbriefes* Textteile übernehmen und sie seinem eigenen Anlie-gen im neuen Kommunikationszusammenhang dienstbar machen. Kom-plementär zur destruktiven Haltung gegenüber der alten *superscriptio* zeigt sich also bezogen auf den Inhalt der übernommenen Textteile des *Judasbriefes* eine durchaus affirmative Haltung. In welch hohem Maße die-se Haltung affirmativ ist, lehrt ein Blick auf die konkreten Ersetzungen in der *superscriptio*: Es ist nicht *irgendeine* neue Urheberschaft, die diesen Lehrelementen gegeben wird, es ist die des Petrus, also eines Mannes, dem höhere Autorität zukommt als dem Judas, der den *Judasbrief* ge-schrieben haben soll:[115] Petrus kann für sich über den Titel eines δοῦλος Ἰησοῦ Χριστοῦ hinaus auch den Aposteltitel beanspruchen, also die Sen-

---

[115] Um dies zu behaupten, muss nicht erst die Diskussion geführt werden, ob mit dem (angeblichen) Verfasser des *Judasbriefes* nun in der Tat Judas, der Bruder Jesu, gemeint sei, und wenn ja, welche Rolle die δεσποσύνοι, die leiblichen Verwandten Jesu, im ausgehenden ersten und beginnenden zweiten Jahrhundert noch spielten. Es genügt der Blick auf die beiden *superscriptiones*: Petrus führt den Aposteltitel, Judas nicht. Für Überlegungen zu Judas und den δεσποσύνοι siehe die (leider etwas flüch-tige) Darstellung bei GERDMAR 1999, 308–310.

dung durch den Auferstandenen.[116] Damit werden die rezipierten und inkorporierten Anteile des *Judasbriefes* aufgewertet, gleichsam geadelt: Diese Lehre kann jetzt als apostolisch gelten.

Anders als beim *Judasbrief* ist das Verhältnis der *superscriptio* des *zweiten Petrusbriefes* zur der des *ersten Petrusbriefes* nicht Substitution, sondern Addition: Über das Πέτρος ἀπόστολος Ἰησοῦ Χριστοῦ der *Prima Petri* hinaus findet sich hier die Selbstbezeichnung δοῦλος und Συμεών, der eigentliche Name des Petrus.[117] Diese Hinzufügungen erweitern zwar die Absenderangabe, doch die Namensangabe Πέτρος verbunden mit der Funktion ἀπόστολος Ἰησοῦ Χριστοῦ, also der gemeinsame Grundbestand, erlaubt, beide ohne Schwierigkeit als dieselbe Person zu identifizieren. Bei der semantischen Deutung ist nun beides auszuwerten, der Anschluss an den *ersten Petrusbrief* durch die Wiederverwendung des Grundbestandteils *und* die Additionen im *zweiten Petrusbrief*.

Was den gemeinsamen Bestand betrifft, so eignen der textuellen Wiederaufnahme mehrere Verweisrichtungen: Sowohl der Prätext als auch der Phänotext einschließlich ihrer jeweiligen (angeblichen) Verfasser sind von der gemeinsamen Absendernennung betroffen, aber auch die Rezipienten. Dabei werden die Briefe in ihrem gesamtem Umfang ins Auge gefasst: Der *zweite Petrusbrief* soll rezipiert werden als weiteres schriftliches Produkt eben des Briefschreibers, der schon den *ersten Petrusbrief* geschrieben hat.[118] Für den *ersten Petrusbrief* bedeutet dies Anerkennung und Bestätigung als Schreiben von petrinischer Hand und eine globale Akzeptanz von dessen Inhalt. Bezogen auf den aufnehmenden Text bedeutet es, dass für ihn dieselbe Autorität postuliert wird wie für den vorausgehenden Brief.[119]

---

[116] Nach RENGSTORF, ThWNT II, 280 (s.v. δοῦλος κτλ.) findet sich in den Präskripten des *Judas*- und des *Jakobusbriefes* allein der δοῦλος-Titel, weil diesen Männern der Aposteltitel nicht zukam, da das Apostolat an die Aussendung durch den Auferstandenen gebunden ist, so RENGSTORF, ThWNT I, 423 (s.v. ἀποστέλλω κτλ.) mit Berufung auf 1 Clem 42,1ff und Pauli eigene Aussagen in 1 Kor 9,1 und 15,8ff.

[117] Die Änderung von Namen in literarischen Folgewerken wurde auch von der neueren Intertextualitätsforschung untersucht, siehe z.B. MÜLLER 1991, vor allem 154–159. Ihre Ergebnisse tragen für hiesige Belange allerdings kaum etwas aus, da der Fall der Namensänderung für eine historische Persönlichkeit, die als Verfasser gedacht wird, und seine Implikationen dort nicht bedacht werden.

[118] Zur Möglichkeit der Deutung des *zweiten Petrusbriefes* als allographische Fortsetzung siehe auch RUF 2008.

[119] GILMOUR 2002, 95 erkennt sowohl die bestätigende Haltung des *zweiten* gegenüber dem *ersten Petrusbrief* als auch die Forderung hinter der Selbstprädikation als Nachfolgeschreiben, den *zweiten Petrusbrief* als Autorität anzuerkennen: "First Peter is most likely referred to (scil: in 2 Petr 3,1; MGR), which suggests the author recognized it as an authority (i.e., he assumed it to be authentic and was attempting to gain authority for his own work)." GILMOURs Schluss, dass der Verfasser des *zweiten Pet-*

Die Erweiterungen sind an der Oberfläche auf den angeblichen Verfasser des Phänotextes gemünzt, auf Petrus. Jedoch wird angesichts dessen, dass das Präskript eine Leseanweisung für den gesamten Brief darstellt, davon unweigerlich der gesamte Text betroffen. Das Präskript informiert darüber, unter wessen Autorität das Geschriebene steht und in welchem Kommunikationszusammenhang es zu lesen ist; es kann sogar angedeutet werden, in welcher Nähe oder Distanz sich der Schreiber zu den Adressaten sieht, ob es ein eher persönlich gehaltener oder eher offizieller Brief ist. Wenn nun der Absender anders qualifiziert wird als in dem vorausgehenden Schreiben, so soll auch der folgende Inhalt in einem veränderten Licht gelesen werden. Durch δοῦλος wird im Vergleich zum *ersten Petrusbrief* nicht nur Nachdruck auf die Ergebenheit des Schreibers Christus gegenüber gelegt,[120] vielmehr transportiert δοῦλος eine besondere Würde, eine außerordentliche Verbindung des so Bezeichneten zu Christus. Der Petrus des *zweiten Petrusbriefes* verfasst seine Botschaft aus einer ausgezeichnet engen Verbindung mit Christus heraus.

Pseudepigraphe Briefpräskripte nachpaulinischer urchristlicher Briefe stehen oft unter der Einwirkung des paulinischen Briefformulars, dies gilt namentlich für die *superscriptio*. So folgte bereits der *erste Petrusbrief* mit ἀπόστολος Ἰησοῦ Χριστοῦ paulinischem Vorbild, aber auch Ἰησοῦ Χριστοῦ δοῦλος im *Judasbrief* reflektiert paulinische Gepflogenheiten.[121] Indem der *zweite Petrusbrief* nun beide Titel übernimmt und kombiniert bzw. die Kombination aus dem *Römer-* oder *Titusbrief* – dort aber: δοῦλος θεοῦ! – entlehnt, stellt er sich auch in Beziehung zu den Paulinen: Petrus gebühren dieselben Titel wie Paulus und damit seinen Briefen dieselbe Autorität wie denen Pauli. Diese Form generischer Intertextualität dient also umfassenden Zwecken: Der *zweite Petrusbrief* will an die Seite der Paulinen treten, will mit derselben Autorität wie jene rezipiert werden,[122] möglicherweise sogar noch mit mehr. Hierauf könnte eine Beobachtung zu den Unterschieden zwischen paulinischer Verwendung seines Aposteltitels im Präskript und den beiden Petrusbriefen hinweisen: Überall dort, wo Paulus sich in der *superscriptio* mit ἀπόστολος einführt, rechtfertigt er

---

rusbriefes den ersten für authentisch gehalten haben muss, greift jedoch zu weit. Er könnte auch einfach die Fiktion des ersten Briefes bewusst akzeptieren.

[120] RENGSTORF in ThWNT II, 264 (s.v. δοῦλος κτλ.); Vögtle 1994, 133 ad loc. und andere. In dieser Weise, als Ausdruck der Ergebenheit und Unterordnung, wird δοῦλος bereits im AT verwendet. Beispielsweise redet Samuel auf Elis Rat hin mit dieser Selbstbezeichnung von sich, als Gott ihm erscheint, 1 Reg 3,9.10 LXX.

[121] SCHIDER/STENGER 1987, 4–14, besonders 13f.

[122] FUCHS/REYMOND 1980, 43 über δοῦλος καὶ ἀπόστολος: «La reprise d'une formule tradtitionelle est l'indice d'une volonté chez l'auteur de se situer [...] en étroite solidarité avec le cercle des apôtres.»

diesen Titel mit dem Hinweis auf die Herkunft des Apostolats von Gott.[123] Dem folgen der deutero- und tritopaulinische Paulus. Die Petrusbriefe scheren aus dem vorgegebenen Muster aus, führen die generische Intertextualität gerade in diesem Punkt nicht weiter: Petrus muss seinen Aposteltitel nicht verteidigen. Er wird allgemein als solcher angesehen.

3.2. Die adscriptio

In der syntaktischen Analyse wurde gezeigt, dass die *adscriptio* des *zweiten Petrusbriefes* sich nicht an ihren Prätexten orientiert; eine Verbindung auf der Ebene von Syntagmata oder wenigstens einzelner Wörter ist weder zum *ersten Petrusbrief* noch zum *Judasbrief* zu beobachten. Es wird keine ἐκκλησία als Empfängerin genannt, ja, die Adressaten werden überhaupt nicht lokalisiert, sondern allein über ihren mit dem Gremium, zu dem sich der Absender zählt, übereinstimmenden Glauben bezeichnet.

Dass es keine Anklänge an die Formulierung des *Judasbriefes* gibt, geschieht im Rahmen dessen, dass der *zweite Petrusbrief* Textteile des *Judasbriefes* seinen eigenen Zielen dienstbar machen will, ohne auf deren Herkunft oder ursprünglichen Kommunikationszusammenhang zu verweisen. Aber die Distanznahme von der Adressatenangabe des *ersten Petrusbriefes* und den Gepflogenheiten paulinischer *adscriptiones* lässt aufmerken, da er sich ja, wie gesehen, mit der *superscriptio* gerade an deren Seite stellt. Durch Abwesenheit von konkret wahrnehmbarer syntaktischer Intertextualität an einer Stelle, wo sie vielleicht zu erwarten wäre, verweist er ganz auf sich in seiner Gesamtheit, konkret auf das neue Kommunikationsverhältnis, in das er die folgenden Inhalte stellt: Seine Bestimmung ist nicht lokal eingrenzt, es handelt es sich um einen als *katholisch* konzipierten Brief.

Inmitten dieses deutlich unpaulinischen Kontextes müssen die paulinischen Stichwörter πίστις und δικαιοσύνη auffallen. Auch wenn sie nicht in spezifisch paulinischer Weise[124] gebraucht werden, so haben sie für

---

[123] In der Korintherkorrespondenz tritt διὰ θελήματος θεοῦ hinzu, im *ersten Korintherbrief* ferner κλητός, das auch im *Römerbrief* zu lesen ist und hier zusammen mit dem *passivum divinum* ἀφωρισμένος εἰς εὐαγγέλιον θεοῦ dieselbe Funktion erfüllt wie die explizite Erwähnung des Willens Gottes. Im *Galaterbrief* ist die Rückführung auf Christus und Gott noch ausgebreiteter: οὐκ ἀπ'ἀνθρώπων οὐδὲ δι'ἀνθρώπου ἀλλὰ διὰ Ἰησοῦ Χριστοῦ καὶ θεοῦ πατρὸς τοῦ ἐγείραντος αὐτὸν ἐκ νεκρῶν; zur legitimatorischen Funktion des Aposteltitels und seiner Erweiterungen vgl. SCHNIDER/STENGER 1987, 8–13.

[124] Dieses Eingeständnis bedeutet noch keinen Anschluss an die Behauptung, hier sei von einer *fides quae creditur* die Rede (z.B. SCHELKLE 1961 ad loc., PAULSEN 1992 ad loc.). Außerhalb des deutschen Sprachraums begegnet man unverstellteren Blicken: «Le v. 1 nous dit que la foi est l'objet d'un λαγχάνειν: «obtenir, atteindre, recevoir, par le sort» [...]. Pourrait-on employer cette expression s'il s'agissait seulement d'une

Menschen, die mit paulinischer Tradition vertraut sind, doch ein hohes Evokationspotential, dessen Wirkung im Kontext einer paulinisch geprägten *superscriptio* und einer ebensolchen *salutatio* gesehen werden muss. Zwar nicht *en détail*, wohl aber insgesamt wird signalisiert, dass ein grundlegender theologischer Konsens mit Paulus besteht.

Insofern das ἡμεῖς, sei es als ἡμεῖς statt ἐγώ oder als ἡμεῖς für ein gedachtes Kollektiv, an einem frühchristlichen Sprachmuster teilhat, dessen sich Apostel oder andere autoritative Gestalten bzw. Gremien bedienen, findet auch hier eine Semantisierung statt: Bezogen auf den *zweiten Petrusbrief* insgesamt kann dieses Aufgreifen wiederum nicht anders gesehen werden denn als Ausdruck seiner Sicht, an die Seite derer zu gehören, die so schreiben. Das Aufgreifen dieses Sprachmusters stützt also die Autorität des Inhalts. Bezogen auf die Redeweise bedeutet ihr Aufgreifen durch die *Secunda Petri* ihre Akzeptanz als apostolische Ausdrucksform.

Mit dem Gebrauch einer (theologisch-)christologischen Formel in der *adscriptio* schließt sich der *zweite Petrusbrief* einerseits an die Konventionen des Apostelbriefes paulinischer Prägung an, doch mit der ausdrücklichen Kennzeichnung Christi als σωτήρ und wahrscheinlich auch als θεός setzt er unübersehbar neue Akzente, nicht nur gegenüber dem paulinischen Brief insgesamt, sondern konkret auch gegenüber seinen Prätexten *Judasbrief* und *erstem Petrusbrief*. Deren Christologie wertet er durch diese Neugestaltung als für seine Zwecke unzureichend. Für das in der aktuellen Situation angemessene Reden über Christus muss ihm zufolge ein Modell aus der Umwelt herangezogen werden, nämlich das eines Wohltäters, der sich etwa durch ein als δικαιοσύνη zu beschreibendes Handeln als Förderer einer Gemeinschaft erwiesen hat, die ihm dafür den Titel σωτήρ zugesteht und ihm gegebenenfalls sogar göttliche Ehren zuerkennt (θεός!). Neben einer impliziten Korrektur vorgängiger *adscriptio*-Gestaltungen hat die σωτήρ-Christologie intratextuell kataphorische Funktion.

3.3. Die salutatio

Die bewusste Abweichung vom *Judasbrief* in diesem letzten Teil des Präskripts ist nicht anders zu interpretieren als im Falle der super- und *adscriptio*, nämlich als Maßnahme zur Eröffnung der Möglichkeit, Text(teil)e in einen neuen Kommunikationszusammenhang zu transferieren, ohne den alten kenntlich zu machen.

Die gesamte *salutatio* des *ersten Petrusbriefes* übernimmt der *zweite Petrusbrief* als ersten Teil seiner *salutatio*. Bezogen auf den Prätext als ganzen bedeutet das eine Bestätigung sowohl der Form als auch des Inhalts; bezogen auf den Phänotext insgesamt die Absicht, seinen Inhalt durch den

---

foi doctrinale? L'accent ne demeure-t-il pas sur un acte qui est à l'origine de la foi?»
FUCHS/REYMOND 1980, 44.

formalen Anschluss an den Prätext positiv zu stützen. Oder anders formuliert: Die übereinstimmende Grußformel ist ein Mittel, mittels petrinischer Identitätsfiktion – „So grüßt Petrus in seinen Briefen." – Prima und *Secunda Petri* aneinander zu knüpfen und sich gegenseitig stützen zu lassen.[125]

In Bezug auf das *Corpus Paulinum*, an das der Eingang der *salutatio* und die zweigliedrige Formel anknüpfen, verläuft die reziproke Semantisierung ähnlich wie beim *ersten Petrusbrief*: Das Prätextcorpus als ganzes wird in Form und Inhalt bestätigt; vor allem wird der Phänotext insgesamt seinem Inhalt nach in der Behauptung, ein Schreiben von analoger Autorität zu sein, durch die Prätexte gestützt. Dabei liegt jedoch kein völliger Anschluss vor, die Abweichungen im Gottesbild – dass Gott nicht als πατήρ bezeichnet wird, muss angesichts der Bekanntheit der paulinischen Formel auffallen – und die Einführung des für den *zweiten Petrusbrief* zentralen Begriffes ἐπίγνωσις[126] in das Präskript markieren eigene theologische Akzente gegenüber Paulus. Es sind wohl gerade diese individuellen Schwerpunkte, die durch das insgesamt petrinisch-paulinische, also apostolische Formular als Teil apostolischer Lehre dargestellt werden sollen.

3.4. Zusammenfassung

In der Semantisierungsbewegung, die vom *zweiten Petrusbrief* ausgeht und in Richtung seiner Prätexte weist, lassen sich folgende Funktionszuschreibungen und Werturteile erkennen: Gegenüber dem Präskript des *Judas-*

---

[125] Solche individuellen Züge waren in begrenztem Maße möglich. So vermerkt Diogenes Laertius über Charakteristika von Epikurs Briefen: καὶ ἐν ταῖς ἐπιστολαῖς ἀντὶ τοῦ Χαίρειν Εὖ πράττειν καὶ Σπουδαίως ζῆν (Diog Laert X,14).

[126] ἐπίγνωσις wird in den Gnesiopaulinen fünf Mal verwendet (Röm 1,28; 3,20; 10,2; Phil 1,9; Phlm 6), in den Deuteropaulinen sechs Mal (Kol 1,9.10; 2,2; 3,10; Eph 1,17; 4,13), vier Mal in den Pastoralbriefen (1 Tim 2,4; 2 Tim 2,25; 3,7; Tit 1,1), einmal im *Hebräerbrief* (10,26) und vier Mal im *zweiten Petrusbrief* (1,2; 1,3; 1,8; 2,20). Das bedeutet, dass das Wort in nachpaulinischer Zeit (gemessen an der Textmenge!) häufiger gebraucht wird als bei Paulus und im *zweiten Petrusbrief* die größte Dichte aufweist. – Gegenstand der Erkenntnis sind im *zweiten Petrusbrief* stets Gott und/oder Christus, wie die *genitivi obiectivi* zeigen: τοῦ θεοῦ καὶ Ἰησοῦ τοῦ κυρίου ἡμῶν (2 Petr 1,2); τοῦ καλέσαντος ἡμᾶς ἰδίᾳ δόξᾳ καὶ ἀρετῇ (2 Petr 1,3); τοῦ κυρίου ἡμῶν Ἰησοῦ Χριστοῦ (2 Petr 1,8); τοῦ κυρίου [ἡμῶν] καὶ σωτῆος Ἰησοῦ Χριστοῦ (2 Petr 2,20); ähnlich manche Belegstellen der Deuteropaulinen: τοῦ θεοῦ/=αὐτοῦ (Eph 1,17); Kol 1,10); τοῦ μυστηρίου τοῦ θεοῦ, Χριστοῦ (Kol 2,2). Paulus gebraucht das Wort vielfältiger, entweder absolut (Röm 1,28; 10,2; Phil 1,9; so auch Kol 3,10) oder mit unpersönlichen Objekten: ἁμαρτίας (Röm 3,20) oder παντὸς ἀγαθοῦ τοῦ ἐν ἡμῖν εἰς Χριστόν (Phlm 6), vgl. hierzu auch τοῦ θελήματος αὐτοῦ (Kol 1,9). In den Pastoralbriefen und im *Hebräerbrief* lautet der Genitiv stets ἀληθείας. Dieser Befund mag nahelegen, dass wohl nicht für alle neutestamentlichen Verfasser von demselben Verständnis von ἐπίγνωσις ausgegangen werden kann. Zu den Deutungen von ἐπίγνωσις siehe PICIRELLI 1975 und den den Exkurs «La «connaissance» (γνῶσις, ἐπίγνωσις) en 2 Pierre» in FUCHS/REYMOND 1988, 127–131.

briefes verhält sich der *zweite Petrusbrief* destruktiv. Damit koppelt er die Inhalte ab von ihrem ehemaligen Kommunikationszusammenhang, eine Maßnahme der Vorbereitung für ihre Nutzung zu eigenen Zwecken. Der *erste Petrusbrief* wird als Brief mit apostolischer Autorität und als Vorgängerschreiben zum aktuellen Brief anerkannt, ebenso gelten die Paulinen als apostolische Autorität und normgebendes Beispiel für apostolische Äußerungen im Brief.

In der umgekehrten Richtung, also ausgehend von den Prätexten hin zum Phänotext, zeigt sich vor allem die folgende Funktionalisierung: Der *erste Petrusbrief* und die Paulinen stützen den apostolischen Charakter des *zweiten Petrusbriefes*, indem sie die Folie bilden, auf deren Hintergrund der *zweite Petrusbrief* als Brief des Apostels Petrus erscheinen kann.

Insgesamt teilt der *zweite Petrusbrief* durch seine intertextuellen Bezüge im Präskript bezüglich seiner selbst mit, dass er an die Seite des *ersten Petrusbriefes* und der Paulinen treten, d.h. in gleicher Weise wie sie rezipiert werden will. Abweichungen von den Vorlagen zeigen, dass er jedoch durchaus sein eigenes Profil haben wird.

4. Intertextualität des Präskripts und Standortbestimmung der Secunda Petri

Die *adscriptio* errichtet eine Situation brieflicher Kommunikation zwischen einem ἡμεῖς und einem ὑμεῖς, die an die Kommunikation des Verfassers mit den intendierten Rezipienten in der johanneischen Literatur des Neuen Testaments erinnert. Mit einer weiterführenden Überlegung kann diese Analogie einen Hinweis geben auf den Standort der *Secunda Petri*. Die ausdrückliche Qualifizierung der πίστις der Adressaten als ἰσότιμος ἡμῖν impliziert die Denkmöglichkeit, die πίστις der Angesprochenen sei gerade nicht ἰσότιμος, nicht gleichwertig zur der des apostolischen ἡμεῖς, was wiederum auf die Suche führt nach dem Proprium des ‚apostolischen‘ Glaubens, dem, was die πίστις der Apostel der πίστις der in der *Secunda Petri* Angeschriebenen voraushaben könnte. Fündig wird man bei der Wiederaufnahme der ἡμεῖς-ὑμεῖς-Kommunikationsstruktur im Rahmen des Rekurses auf die synoptische Verklärungsszene: Die Apostel sind Augenzeugen von Jesu μεγαλειότης geworden und konnten darum seine δύναμις καὶ παρουσία verkündigen (1,16). Sie sind Ohrenzeugen der Gottesstimme geworden, als er τιμὴ καὶ δόξα vom Vater empfing (1,17). Einmal mehr in Übereinstimmung mit der johanneischen Sicht im ersten Brief (ὃ ἑωράκαμεν καὶ ἀκηκόαμεν, ἀπαγγέλλομεν καὶ ὑμῖν; 1 Joh 1,3) wie im Evangelium (ἐθεασάμεθα τὴν δόξαν αὐτοῦ; Joh 1,14) ist es die direkte Augen- und Ohrenzeugenschaft, das Erleben der δόξα Jesu, das die πίστις der Apostel besonders macht. Die Formulierung der *adscriptio* τοῖς ἰσότιμον ἡμῖν λαχοῦσιν πίστιν zielt demnach auf den Abstand des Glaubens nachapostolischer Generationen zum Glauben der Apostelgeneration. Die Antwort des Johannesevangeliums auf dieses Problem ist, dass, wenngleich Nachfolge (ἀκολουθεῖν) in nachösterlicher Zeit nicht mehr wie zu Jesu Lebzeiten möglich ist (Joh 13,36–38), die nachösterliche Zeit doch qualitativ keineswegs als minderwertig anzusehen ist, sondern im Gegenteil als Gewinn (συμφέρει ὑμῖν ἵνα ἐγὼ ἀπέλθω, Joh 16,7).[127] Ähnlich bekräftigt der *zweite Petrusbrief*: Die Angeschriebenen haben eine den Aposteln ebenbürtige πίστις.

Andererseits trägt τοῖς ἰσότιμον ἡμῖν λαχοῦσιν πίστιν nicht nur deskriptiven und assertorischen Charakter. Die Formulierung umfasst mehr als eine *captatio benevolentiae* durch die Erhebung der Adressaten auf dieselbe Stufe mit den Aposteln zum Zweck des aufmerksameren Lesens oder Zuhörens.[128] Angesichts der implizit enthaltenen Unterscheidung in Menschen mit einer dem apostolischen ἡμεῖς entsprechenden πίστις und Menschen mit einer anderen πίστις sind die Rezipienten dieses Briefes vor die Aufforderung gestellt, sich zu positionieren. Allerdings sind die Alternativen ungleichgewichtig. Denn auf der einen Seite steht die Tradition des apostolischen ἡμεῖς, als deren Sprecher Συμεὼν Πέτρος fungiert, die wohl prominenteste Figur, die die Verbindung zwischen persönlicher Kenntnis Jesu und christlicher Verkündigung gewährleisten kann. Nach 2 Petr 3,15 steht diese Tradition in keinerlei inhaltlichem Widerspruch zur paulinischen, was auch die gesuchte Nähe zum paulinischen Präskript unterstreicht. Sich nicht zu den Angeschriebenen zu rechnen, bedeutet also, sich außerhalb der petrinisch-paulinisch-apostolischen, mithin christlichen Tradition schlechthin zu verorten, sich als heterodox zu bekennen. Die Wahl des Pseudonyms Petrus, an dem apostolische Autorität und exemplarische Bindung an Christus haften, in Kombination mit einer Anrede, die den Rezipienten einen Platz in der regional nicht eingegrenzten (!) petrinisch-apostolischen, d.h. orthodoxen Glaubenslinie anweist, legt also das Streben des Verfassers offen, auf die orthodoxe Lehrentwicklung Einfluss zu nehmen.

Damit entspricht sein Vorgehen dem der Pastoralbriefe. Auch in deren Präskripte wird eine Verbindung der gemeinsamen Rechtgläubigkeit zwischen Absender und Adressat konstituiert. In einer Situation sich in verschiedene Richtungen diversifizierenden paulinischen Erbes beansprucht das *Corpus Pastorale*[129] mittels der Betonung des glaubensbezogenen Vater-Sohn-Verhältnisses zwischen Paulus und Timotheus/Titus für seine Linie der Paulusdeutung die rechtmäßige Erbnehmerschaft. Ähnlich signalisiert der *zweite Petrusbrief* den Angeschriebenen, dass seinen Ausführungen

---

[127] Hierzu ausführlich ZUMSTEIN, Die Logien Jesu der ersten Abschiedsrede und die joh Schule, in: ZUMSTEIN 1999, 115–124.

[128] Als Mittel zur *captatio benevolentiae* wird die Anrede bei WATSON 1988, 95 interpretiert; doch greift (seine Art von) 'rhetorical criticism' damit zu kurz, wie obige Ausführungen zeigen.

[129] Zum Begriff *Corpus Pastorale* siehe TRUMMER 1981.

widerstreitende Sichtweisen außerhalb der ‚legitimen' Lehrtradition liegen, und kanalisiert somit die Entwicklung der Lehre. Ein kleiner Unterschied ist, dass sich die Pastoralbriefe über die Adressatenfiktion ‚Timotheus' und ‚Titus' an Funktionsträger in der Gemeinde wenden (und vielleicht über diese wiederum an die Gemeinde selbst?); die *Secunda Petri* nimmt den direkten Weg, indem sie die hierarchische Gliederung der Gemeinde außer Acht lässt.

B. Augenzeugen der Größe Jesu Christi (2 Petr 1,16–18)

Nach der Ankündigung des Verfassers (2 Petr 1,12–15), er wolle den Adressatinnen und Adressaten etwas an die Hand geben, das es ihnen ermöglichen werde, sich auch nach seinem Tod ‚an diese Dinge' (τούτων 1,12 und 1,15) zu erinnern, markiert er mit γάρ[130] (1,16) und dem Wechsel zur ersten Person Plural den Übergang zum Inhalt seines eigentlichen Anliegens: Sie – d.h. das ‚apostolische Wir'[131], das schon in der *adscriptio* in Erscheinung trat – seien nämlich nicht ausgeklügelten Ammenmärchen aufgesessen (σεσοφισμένοις μύθοις ἐξακολουθεῖν), als sie den Adressaten Christi δύναμις und παρουσία zur Kenntnis brachten (γνωρίζειν), vielmehr seien sie ja zuvor Augenzeuge (ἐπόπτης) seiner Größe (μεγαλειότης) geworden, und zwar (γάρ[132]) als[133] er von Gottvater τιμή und δόξα empfing, indem von der erhabenen Majestät (μεγαλοπρεπὴς δόξα) folgender Ausspruch (φωνή) an ihn herangetragen (φέρειν) wurde: „Mein Sohn, mein Geliebter ist dieser, auf den ich mein Wohlgefallen gerichtet habe." Diesen Ausspruch (φωνή), der aus dem Himmel heraus (ἐξ οὐρανοῦ) verkündet (φέρειν) worden sei, hätten sie gehört, als sie mit ihm auf dem heiligen Berg (ἐν τῷ ἁγίῳ ὄρει) waren.

---

[130] Dieses γάρ hat, anders als KRAUS 2001, 172 es darstellt, neben einer kausalen auch eine explizierende Note: Es geht dem Verfasser nicht nur darum, eine Begründung für die versprochene dauerhafte Erinnerung anzuführen, sondern er will nun auf sein Anliegen, den Anlass seines Schreibens zu sprechen kommen, also den Inhalt der Erinnerung.

[131] Vgl. hierzu die Ausführungen zur *adscriptio* in II.A.

[132] Auch dieses γάρ zu Beginn von Vers 17 ist explikativ.

[133] M. E. ist keines der beiden Partizipien λαβών und ἐνεχθείσης als vorzeitig anzusehen, vielmehr dürfte der punktuelle Aspekt des Aorist im Vordergrund stehen, also der Zeitpunkt, als die himmlische Zusage kam und Jesus τιμή und δόξα empfing. In Verbindung mit Vers 16 wäre damit der Inhalt dessen beschrieben, wovon das ‚apostolische Wir' Augenzeuge war. Die Aussage der Stimme könnte also durchaus performativen Charakter haben. Zu den Deutungsmöglichkeiten der Partizipien überhaupt, der Frage nach Affirmation oder Performation und den implizit damit verbundenen christologischen Aussagen vgl. SCHMIDT 2003, 357.

1. Syntax der Intertextualität

1.1. Die Botschaft der Apostel (2 Petr 1,16)

1.1.1. Ihre Zuverlässigkeit: οὐ σεσοφισμένοις μύθοις ἐξακολουθήσαντες

Polemik gegen μύθοι und speziell die Gegenüberstellung von μύθοι und
‚biblischer' Wahrheit sind keine Erfindung des Verfassers des *zweiten Petrusbriefes*.[134] Ebenso hat sich Philo der nachdrücklichen Unterscheidung
zwischen biblischer Tradition und μύθοι bedient[135] und auch bei Josephus
rückt die jüdische Religion in Opposition zu anderen Kulten und Religionen. Bei ihm findet sich die nächste lexikalische Parallele zur Verwendung
von μύθοι in 2 Petr 1,16, denn auch er bedient sich der Kollokation μύθοις
ἐξακολουθήσαντες, wenn er Mose mit anderen νομοθέται vergleicht:
Diese seien ‚Mythen hinterhergelaufen', hätten dadurch den Göttern allerlei menschliche Laster angedichtet und so den Menschen einen Grund zur
Entschuldigung für ihre moralischen Defizite gegeben; Mose hingegen
habe gezeigt, dass Gott im Besitz reiner Tugend sei und die Menschen gelehrt, nach eben dieser zu streben. [136]

Im Neuen Testament findet sich das Wort μύθοι weiterhin in den Pastoralbriefen, dort in Verbindung mit falschen Lehren und Genealogien (1
Tim 1,3–4), mit der Qualifikation Ἰουδαϊκός (Tit 1,14) oder abwertend gekennzeichnet als βέβηλος und γραώδης (1 Tim 4,7) und in Gegenüberstellung zu ἀλήθεια (Tit 1,14; 2 Tim 4,4); das Wort disqualifiziert also
Sichtweisen der bekämpften Gruppierung(en). In 2 Petr 1,16 nun steht
μύθοι der Wahrhaftigkeit, der Glaubwürdigkeit der ἐπόπται gegenüber.
Dabei bleibt unklar, ob der Begriff von der bekämpften Gruppierung oder
von dem Verfasser des *zweiten Petrusbriefes* in die Diskussion geworfen
wird bzw. ob es sich um Verteidigung gegen einen möglichen oder tatsächlich erfolgten Vorwurf handelt oder um einen polemischen Angriff.[137]

---

[134] Eine Liste von antiken Belegstellen für den abwertenden Gebrauch von μύθοι
und möglichen Oppositionen findet sich bei WINDISCH/PREISKER 1951, 89.

[135] Vgl. die Darstellung bei BARRETT 1956/57, 347, VAN HOUWELINGEN 1988, 133
Anm. 128 und NEYREY 1993, 157f.

[136] Jos ant I praef 4 § 22–23: οἱ μὲν γὰρ ἄλλοι νομοθέται τοῖς μύθοις ἐξακολουθήσαντες τῶν ἀνθρωπίνων ἁμαρτημάτων εἰς τοὺς θεοὺς τῷ λόγῳ τὴν αἰσχύνην
μετέθεσαν καὶ πολλὴν ὑποτίμησιν τοῖς πονηροῖς ἔδωκαν· ὁ δ' ἡμέτερος νομοθέτης
ἀκραιφνῆ τὴν ἀρετὴν ἔχοντα τὸν θεὸν ἀποφήνας ᾠήθη δεῖν τοὺς ἀνθρώπους
ἐκείνης πειρᾶσθαι μεταλαμβάνειν καὶ τοὺς μὴ ταῦτα φρονοῦντας μηδὲ μὴν
πιστεύοντας ἀπαραιτήτως ἐκόλασε. Fundorte für den Gebrauch von μῦθος bei anderen antiken Autoren sind aufgelistet bei NEYREY 1993, 175.

[137] Nach BAUCKHAM 1983, 214 haben die ψευδοδιδάσκαλοι die eschatologische
Lehre von der Parusie als μύθοι abgetan; ähnlich auch MAZZEO 2002, 278, der allerdings diejenigen, die sich der Klassifizierung μύθοι bedienen, unter den Adressaten
sucht. PAULSEN 1992, 117 zieht dies aufgrund des traditionellen Gebrauchs von μύθοι
bei der Bekämpfung anderer Positionen in Zweifel. Als Verteidigung gegen einen

Wenn die σεσοφισμένοι μῦθοι in Zusammenhang zu bringen sind mit der ἴδια ἐπίλυσις in 1,20, so könnte hier ein erster Angriff auf die Gegner vorliegen.[138] Dann entspräche der Gebrauch des Wortes μῦθοι dem Gebrauch in den Pastoralbriefen, was freilich nicht deren Kenntnis beim des *zweiten Petrusbriefes* Verfasser impliziert; ein ähnlicher Gebrauch durch Josephus und Philo zeigt, dass sich Polemik gegen andere religiöse Gruppierungen und Verteidigung der eigenen Glaubensrichtung auch außerhalb des Christentums unter Zuhilfenahme des Mythenvorwurfs vollzog. Im christlichen Bereich gebraucht in der ersten Hälfte des zweiten Jahrhunderts noch der *zweite Clemensbrief* das Wort μῦθος – in Parallelität mit πλάνη, das auch in 2 Petr 2,18 und 3,17 zur Bezeichnung der bekämpften Positionen dient, – als befürchtete Reaktion der ἔθνη, wenn sie sehen, dass christliche Lehre nicht von entsprechendem Lebenswandel begleitet ist.[139]

1.1.2. Ihr Inhalt: ἡ τοῦ κυρίου ἡμῶν Ἰησοῦ Χριστοῦ δύναμις καὶ παρουσία

Mit einer metatextuellen Bemerkung fasst der Verfasser der *Secunda Petri* die Verkündigung des ‚apostolischen Wir' oder jedenfalls den Teil der Verkündigung, dessen verlässliche Grundlage im vorliegenden Brief erwiesen werden soll, als ἡ τοῦ κυρίου ἡμῶν Ἰησοῦ Χριστοῦ δύναμις καὶ παρουσία zusammen. Interpretatorische Diskussionen verursacht hierbei vor allem παρουσία, das sowohl auf Jesu eschatologische Wiederkunft als auch auf Jesu Gekommensein zielen könnte.[140] Die folgende Betrachtung erörtert das Verhältnis von δύναμις und παρουσία, platziert die Substantivkombination δύναμις καὶ παρουσία inter- und intratextuell und eröffnet so einen Zugang zu ihrer Deutung.[141]

---

tatsächlich erfolgten oder als möglich erwogenen Angriff deutet NEYREY 1993, 175 die Stelle; als Verteidigung SCHMIDT 2003, 357; zur Diskussion vgl. VÖGTLE 1994, 165f.

[138] SCHMIDT 2003, 357.

[139] 2 Clem 13,3: τὰ ἔθνη γὰρ ἀκούοντα ἐκ τοῦ στόματος ἡμῶν τὰ λόγια τοῦ θεοῦ, ὡς καλὰ καὶ μεγάλα, ταῦτα θαυμάζει· ἔπειτα καταμαθόντα τὰ ἔργα ἡμῶν, ὅτι οὐκ ἔστιν ἄξια τῶν ῥημάτων, ὧν λέγομεν, ἔνθεν εἰς βλασφημίαν τρέπονται λέγοντες εἶναι μῦθόν τινα καὶ πλάνην.

[140] Vgl. BÉNÉTREAU 2005, 179ff. Die letztgenannte Möglichkeit wird u.a. bei PAULSEN 1992, 118 erwogen: „Während in den anderen Passagen des 2 Petr bei παρουσία an die Wiederkunft des κύριος gedacht ist, erscheint dies hier nicht als gesichert." Oft aber wird die Bedeutung von παρουσία in 1,16 von 3,4 her festgelegt; als Beispiel dafür mag HÖLLER 1937, 136 dienen: „Da [...] in 2 Pt 3 die παρουσία, die geleugnet wird (V. 4f.) und die der Apostel darum verteidigen muß (V. 5–13), deutlich die zweite Ankunft Christi ist, wird auch in Kp. 1 mit dem Worte kein anderer Sinn verbunden werden dürfen."

[141] Weitere Besprechungen von δύναμις καὶ παρουσία mit teilweise anderen Deutungen siehe bei FORNBERG 1977, 79ff und KELLY 317f.

Auf rhetorisch-stilistischer Ebene lässt sich beim Verfasser des *zweiten Petrusbriefes* eine Vorliebe für Doppelausdrücke beobachten.[142] Im zu betrachtenden Abschnitt gehört dazu neben δύναμις καὶ παρουσία noch τιμὴ καὶ δόξα. Manche davon lassen sich als Hendiadyoin verstehen, also als Wortverbindung, bei der sich unter der syntaktischen Form einer Koordination semantisch eine Subordination verbirgt,[143] wobei sich zumeist das letztgenannte Substantiv als Näherbestimmung des ersteren liest. Im vorliegenden Fall erscheint jedoch δύναμις als Merkmal von παρουσία logisch plausibler, das erste Element diente also als Beschreibung des zweiten. Gerade dies wird zuweilen als Einwand gegen die Deutung als Hendiadyoin angeführt, dass nämlich für ein Verständnis als ‚machtvolle Wiederkunft' oder ‚machtvolle Gegenwart' παρουσία als erstes der beiden Elemente zu erwarten wäre und nicht als zweites;[144] ein Argument, das sich durch das im Folgenden zu besprechende Gegenbeispiel aus den *Antiquitates* des Josephus ohne weiteres entkräften lässt. Zugunsten einer Deutung als Hendiadyoin kann dagegen angeführt werden, dass für beide Substantive nur einmal der Artikel gesetzt wurde.

Im neunten Buch seiner *Antiquitates* erzählt Josephus, wie Adados (=Benhadad) von Aram versucht, des Propheten Elisa habhaft zu werden, weil der seine militärischen Pläne vereitelt, indem er sie dem König von Israel mitteilt.[145] Als eines Morgens der Diener des Propheten diesem voll Entsetzen berichtet, Adados habe Dothaein, die Stadt, in der sie sich befinden, umzingelt, bittet Elisa Gott, dem Diener τὴν αὐτοῦ δύναμιν καὶ παρουσίαν zu zeigen (IX,4,3 § 55). Das Gebet wird erhört: Der Diener sieht Elisa von Pferden und Wagen umringt. Das Wortpaar δύναμις καὶ παρουσία fungiert hier als Hendiadyoin und bezeichnet Gottes machtvolle Gegenwart.[146] Gestützt wird diese Sicht durch die Verwendung von δύναμις und παρουσία in der *Schrift an Diognet*: Hier wird konstatiert, dass das Martyrium der den Bestien vorgeworfenen Christen keineswegs bewirke, dass sie sich geschlagen geben, ja dass, im Gegenteil, ihre Zahl

---

[142] FORNBERG 1977, 79; BAUCKHAM 1983, 145 charakterisiert die Verbindungen als ‚pairs of synonyms of near-synonyms', ähnlich KRAFTCHICK 2002, 76: "The author frequently creates synonymous pairs, conjoining nouns and adjectives to amplify his thought…" In der vorliegenden Untersuchung wird die Sicht vertreten, dass diese Paarverbindungen häufig keine kreative Eigenleistung des Verfassers der *Secunda Petri* darstellen, sondern er sich gängiger Nominalkombinationen bedient.

[143] Die Formulierung lehnt sich an die Beschreibung eines Hendiadyoin durch LAUSBERG 1963, 100 § 305 an. Zu den Voraussetzungen für eine Deutung zweier durch καί verbundener Substantive als Hendiadyoin anhand des Beispiels von Act 4,13 u.a. siehe KRAUS 1999, 444–446 samt den dortigen Anmerkungen. FUCHS/REYMOND 1980, 68 halten für die vorliegende Stelle einen Hendiadyoin nicht für ausgeschlossen.

[144] BENETREAU 1994, 110.

[145] Jos ant IX,4,3 § 53ff; vgl. 2 Reg 6,8ff.

[146] Zu Gottes παρουσία bei Josephus siehe auch ant III,5,2 § 80 und III,8,5 § 202.

sogar noch wachse. Der Verfasser folgert, dies könne nicht Menschenwerk sein: ταῦτα δύναμίς ἐστι θεοῦ·ταῦτα τῆς παρουσίας αὐτοῦ δείγματα (Diog 7,9). Hier werden δύναμις und παρουσία zwar nicht durch καί zu einem Hendiadyoin verbunden, doch steht die δύναμις θεοῦ im Parallelismus zu den δείγματα τῆς παρουσίας αὐτοῦ; beide Formulierungen sollen also als Beschreibung desselben Sachverhalts gelten. Das dem angesichts des Martyriums zu erwartenden Rückschlag entgegenstehende Wachstum der christlichen Bewegung wird als Machterweis Gottes, als seine Anwesenheit gedeutet. Im *zweiten Thessalonicherbrief* wird die παρουσία des ἄνομος aufgrund der ἐνέργεια Satans gepaart gehen mit δύναμις, σημεῖα καὶ τέρατα (2 Thess 2,9); auch hier ist also δύναμις ein Kennzeichen von παρουσία. Der *Hoheliedkommentar* des Prokop von Gaza schließlich, in dem wahrscheinlich der *Hoheliedkommentar* des Origines aufgenommen ist, erwägt, ob das *Hohelied* die δύναμις des Names Christi prophezeie, die κατὰ τὴν αὐτοῦ παρουσίαν die Erde fülle.[147] Auch außerhalb des jüdisch-christlichen Schrifttums finden sich δύναμις und παρουσία unmittelbar nebeneinander, dann allerdings teilweise mit anderer Semantik. Aristoteles schreibt in seinem *Protreptikos*, das Leben definiere sich geradezu durch die das Vorhandensein (παρουσία) von und das Vermögen (δύναμις) zur Wahrnehmung (Aristot prot 74). Cassius Dio scheint mit der Kombination von δύναμις und παρουσία zu spielen, wenn er die bewusste Abwesenheit Caesars bei seiner Wahl zum Konsul, die demonstrieren sollte, dass seinerseits keinerlei Druck auf die Anwesenden bestand, mit den Worten kommentiert: als ob man seine παρουσία und nicht vielmehr seine δύναμις fürchtete (Cass.Dio XLVI,45,5). Aelius Aristides schließlich gebraucht παρουσία und δύναμις nebeneinander bei der Wiedergabe der Vision eines Tempeldieners am Heiligtum des Asklepios in Smyrna. Der Bericht endet summarisch: Von einer heiligen Leiter habe Philadelphus erzählt, von der Gegenwart und einigen Wundertaten der Gottheit (ἐξήγγελλεν ... παρουσίαν καὶ δυνάμεις τινὰς τοῦ θεοῦ θαυμαστάς; Aristeid or 48,30).

Diese kurze und unvollständige Beispielreihe mag genügen, um die Gängigkeit der Verbindung zwischen δύναμις und παρουσία zu belegen. Diese Verbindung kann syntaktisch verschiedene Formen annehmen und sich zu einem Hendiadyoin verdichten. Besonders, aber nicht ausschließlich im jüdisch-christlichen Bereich ist die Verbindung von δύναμις und παρουσία in Bezug auf Gott oder (quasi)göttliche Mächte nicht unge-

---

[147] Auf die Herkunft von Origenes verweist nur ein Teil der handschriftlichen Überlieferung, siehe PG 87/2, 1549A; doch lässt sich eine gewisse Ähnlichkeit mit dem lateinischen Text des *Hoheliedkommentars* nach der Übersetzung Rufins feststellen; siehe Orig commCant I,4,2 = Seite 101 in der Ausgabe von BAEHRENS, der die Stelle bei Prokop aufgenommen hat: Τάχα προφητεύει τοῦ ὀνόματος τοῦ Χριστοῦ τὴν τὸν κόσμον πληρώσασαν δύναμιν κατὰ τὴν αὐτοῦ παρουσίαν.

wöhnlich und bezeichnet dessen bzw. deren wirkmächtige Anwesenheit.[148] Die zeitliche und gedankliche textuelle Umgebung empfiehlt also eine Deutung von δύναμις καὶ παρουσία in 2 Petr 1,16 als Hendiadyoin. Über die zeitliche Verortung ist damit noch wenig gesagt; eine durch δύναμις gekennzeichnete παρουσία kann im Prinzip gegenwärtig oder künftig sein.[149] Allein die zeitliche Aufspaltung in δύναμις jetzt und παρουσία dermaleinst, die eine semantische Koordination als Möglichkeit erscheinen ließe, ist durch die Deutung als Hendiadyoin ausgeschlossen.[150] Die Suche nach Hinweisen auf den Zeitpunkt von δύναμις καὶ παρουσία setzt ein bei intratextuellen Betrachtungen zum gesonderten Gebrauch von δύναμις und παρουσία in der *Secunda Petri*.

Von der δύναμις Christi ist im *zweiten Petrusbrief* noch ein weiteres Mal die Rede: In 1,3 beginnt das Proöm[151] oder Exordium[152] mit einem *genitivus absolutus*, der aussagt, seine[153] θεία δύναμις habe alles geschenkt, was zu einem frommen Lebenswandel nötig ist. Das Partizip Perfekt δεδωρημένης macht deutlich, dass das Schenken als eine abgeschlossene Hand-

---

[148] Die Vorstellung, dass die Anwesenheit Gottes mit δύναμις einhergeht, begegnet auch in der synoptischen Tradition, wo Jesu Wunder als δυνάμεις bezeichnet werden und als Beglaubigung göttlicher Gegenwart in Jesus aufgefasst werden können. Besonders häufig wird das Wort von Matthäus verwendet: Mt 7,22; 11,20; 11,21 par. Lk 10,13, Mt 21,23; 13,54 par. Mk 6,2, Mt 13,58 par. Mk 6,5 (δύναμις hier aber im Singular); Mk 6,14. Diese δυνάμεις Jesu können eschatologischen Charakter haben, sie werden verschiedentlich als Zeichen für den Einbruch der βασιλεία τοῦ θεοῦ gesehen, vgl. Mt 12,28.

[149] FORNBERG 1977, 79f allerdings folgert aus der Koppelung von παρουσία (Mt 24,27) mit δύναμις, die in Mt 24,30 Kennzeichen der Parusie des Menschensohnes ist, dass in 2 Petr 1,16 ebenfalls von der künftigen Parusie des Menschensohnes die Rede sein müsse.

[150] Diese Option wird beispielsweise suggeriert durch das 'SSA (= Semantic Structural Analysis) display' von JOHNSON 1988, 40: "We(exc) told you that our(inc) Lord Jesus Christ is powerful and that he (will) come back ..." Über die Unterschiede zwischen einem 'SSA display' und einer herkömmlichen Übersetzung vgl. ibid. 8.

[151] KLAUCK 1998, 307f.

[152] WATSON 1988, 87ff.

[153] Der Bezug von αὐτοῦ auf Christus entspricht der Logik des nächststehenden *antecedens* in 1,2b, siehe u.a. GRUNDMANN 1974, 69 und FORNBERG 1977, 144. Ohne diese grammatische Lösung für den Bezug von αὐτοῦ zu übersehen, hält BAUCKHAM 1983, 177 die sichere Entscheidung, ob nun Gott oder Christus gemeint sei, für unmöglich zu treffen. VÖGTLE 1994, 138f sieht den Verfasser des *zweiten Petrusbriefes* hier vom „Heilshandeln Gottes durch Christus" in einer „Aktionseinheit von Gott und Jesus" sprechen. NEYREY 1993, 151 entscheidet sich implizit, wenn er von der "benefaction of God" spricht. Auch KELLY 1969, 300 vermutet eher einen Bezug auf Gott, fühlt sich aber andererseits versucht, dem Verfasser zu unterstellen, dieser habe sich nicht deutlich für den einen oder anderen Bezug entscheiden wollen. Dem schließt sich KAHMANN 1983, 29 an. SCHELKLE 1961, 187 bezieht αὐτοῦ, ausgehend von antiken Belegstellen für θεῖος, ohne Diskussion des Problems auf Gott.

lung betrachtet wird; die schenkende θεία δύναμις ist demnach an dieser Stelle keine erst zu erwartende Größe; sie hat sich bereits in der Heilstat, der Voraussetzung zu gelebter Frömmigkeit, manifestiert. Ferner wird in 2 Petr 2,11 festgehalten, die Engel seien an ἰσχύς καὶ δύναμις geringer als die vom Verfasser bekämpften Heterodoxen. Der Verfasser rechnet also für die Gegenwart mit abgestuft verteilter δύναμις bei verschiedenen Instanzen in der menschlichen und göttlichen Sphäre.

Παρουσία begegnet noch zweimal im dritten Kapitel. Dort fragen die als endzeitliche Spötter gezeichneten Heterodoxen, wo denn die ἐπαγγελία seiner παρουσία sei (3,4). Nach dem Entschlafen der Väter bestehe ja alles so fort – von Anbeginn der Schöpfung (3,5). Für sie passt dieses unveränderte Fortbestehen der Schöpfung mit seiner παρουσία nicht zusammen; sie erwarten offenbar einschneidende Ereignisse. Die Entgegnung des Verfassers: Schon die gedankliche Voraussetzung dieser Aussage, nämlich die unveränderte Kontinuität seit der Schöpfung, sei falsch; immerhin sei die Welt schon einmal durch Wasser zu Grunde gegangen, und diesmal werde sich ihr Ende durch Feuer vollziehen (3,6–7). Im Zusammenhang mit seiner παρουσία werden also Ereignisse erwartet, sichtbare Eingriffe in den Lauf der Welt, Machtbeweise Gottes bzw. Christi – δυνάμεις, auch wenn das Wort hier nicht genannt ist.[154] Παρουσία bezeichnet also für die als ἐμπαῖκται Identifizierten (3,3) eine gewissermaßen sichtbare Anwesenheit, deren Merkmale sie in der Gegenwart vermissen. Insofern diese παρουσία eine verheißene, nicht aber schon realisierte ist, trägt sie auch futurischen Charakter. Mit anderen Worten: Nicht der παρουσία *an sich* eignet das Element des Künftigen, sondern erst die Fügung ἐπαγγελία τῆς παρουσίας αὐτοῦ, verbunden mit dem Blick auf das Weltende, verleiht παρουσία etwas Futurisches. Ähnlich liegt der Fall in 2 Petr 3,12, wo von der Erwartung und Beschleunigung der παρουσία τῆς τοῦ θεοῦ ἡμέρας die Rede ist, ein Termin, an dem οὐρανοί und στοιχεῖα im Feuer vergehen werden. Auch hier wird das eschatologische Gepräge der gesamten Nominalverbindung durch den Genitiv τῆς τοῦ θεοῦ ἡμέρας getragen und scheint nur von dorther auch auf das an sich neutrale παρουσία.[155] Auf der Ebene des *zweiten Petrusbriefes* wird also παρουσία dort verwendet, wo Gottes/Christi machtvolles (δύναμις!) Eingreifen erwartet wird, doch ist Gottes/Christi δύναμις nicht auf die noch ausstehenden letzten Ereignisse beschränkt. Geht man davon aus, dass δύναμις καὶ παρουσία in 1,16 die auch sonst im Brief ersichtliche Bedeu-

---

[154] Für die Verwendung von δύναμις im NT siehe GRUNDMANN in ThWNT I (s.v. δύναμις κτλ.), v.a. 300–318.

[155] Insgesamt nicht gerade falsch, wohl aber etwas unscharf ist hier die bislang eingehendste semasiologische Untersuchung zu παρουσία von SCHOONHEIM, wenn sie 2 Petr 3,12 einfach zu den Belegen für παρουσία "als aanduiding van Christus' wederkomst" rechnet; SCHOONHEIM 1953, 81.

tung beider Substantive trägt, so zielt das Wortpaar sehr wahrscheinlich nicht ausschließlich auf eschatologisches Geschehen, sondern bezeichnet auch die Gegenwart. Ausgeschlossen werden kann dagegen der Gebrauch von παρουσία mit der Denotation des In-die-Welt-gekommen-Seins, eine Bedeutung, die im *zweiten Petrusbrief* durch nichts gestützt wird.[156]

Ein solches Verständnis wäre zunächst nicht *a priori* auszuschließen. Während in den neutestamentlichen Schriften παρουσία für die Gegenwart oder Ankunft von Menschen[157] gebraucht wird und einmal für die Ankunft des Antichristen,[158] ansonsten aber für die eschatologische Ankunft bzw. die zukünftige Anwesenheit Christi in Herrlichkeit,[159] nie aber Christi Kommen in die Welt, seine Menschwerdung o.ä.,[160] ist außerkanonisch schon für die erste Hälfte des zweiten Jahrhunderts nachweisbar, dass παρουσία auch auf das erste Kommen Christi bezogen wurde. Gewöhnlich gilt IgnPhld 9,2 als frühester Beleg dafür,[161] sofern nicht das *Kerygma Petrou* älter ist.[162] Justin verwendet παρουσία etwa gleich häufig für Christi erstes und zweites Kommen.[163] Wenn also der *zweite Petrusbrief* wirklich eine sehr späte Schrift sein sollte, so wäre eine Teilhabe an diesem Gebrauch von παρουσία nicht prinzipiell ausgeschlossen; doch gibt es intratextuell darauf keinerlei Hinweise.

Im vorliegenden Zusammenhang ist die Verbindung δύναμις καὶ παρουσία Objekt des Verbes γνωρίζειν. Dieses Verb wird von mehreren neu-

---

[156] BÉNÉTREAU 2005 sieht in 1,16–18 allein die apostolische Glaubwürdigkeit betont, nicht aber die Eschatologie thematisiert.

[157] 1 Kor 16,17: Angekommensein und daher Gegenwart von Stephanas, Fortunatus und Achaicus; 2 Kor 7,6f: Angekommensein des Titus; 2 Kor 10,10: Anwesenheit des Paulus; Phil 1,26: Ankunft des Paulus, Phil 2,12: Gegenwart des Paulus.

[158] 2 Thess 2,9. Dieser Vers verbindet die παρουσία des ἄνθρωπος τῆς ἀνομίας (2,3) mit δύναμις: ὁ ἄνομος ... οὗ ἐστιν ἡ παρουσία κατ᾽ ἐνέργειαν τοῦ σατανᾶ ἐν πάσῃ δυνάμει καὶ σημείοις καὶ τέρασιν ψεύδους (2,8f).

[159] 1 Kor 15,23; 1 Thess 2,19; 3,13; 4,15; 5,23; 2 Thess 2,1.8; 1 Kor 1,8 *v.l.*; Jak 5,7.8; 1 Joh 2,28; Mt 24,3.27.37.39 sowie die drei genannten Verse im *zweiten Petrusbrief*; zu παρουσία als *terminus technicus* für „die Ankunft oder den Besuch des Königs oder des Kaisers" siehe DEISSMANN 1923, 314–320.

[160] OEPKE in ThWNT V (s.v. παρουσία), 863.

[161] IgnPhld 9,2: ἐξαίρετον δέ τι ἔχει τὸ εὐαγγέλιον, τὴν παρουσίαν τοῦ σωτῆρος, κυρίου ἡμῶν Ἰησοῦ Χριστοῦ, τὸ πάθος αὐτοῦ καὶ τὴν ἀνάστασιν, vgl. dazu den Kommentar von Bauer/PAULSEN 1985, 87. Dies ist der einzige Beleg für παρουσία bei Ignatius; wie überhaupt in der weiter gefassten Schriftengruppe der Apostolischen Väter das Wort nur noch in Diog 7,6.9 und Herm sim 5,5,3 verwendet wird.

[162] Zu den Datierungsfragen für das *Keryma Petrou* vgl. SCHNEEMELCHER in NTApo ⁵1989, 35. παρουσία steht hier in einer Reihe mit dem Kreuz und dem Leiden als etwas, das von den Propheten vorhergesagt wurde: εὕρομεν (scil.: in den Prophetenbüchern) καὶ τὴν παρουσίαν αὐτοῦ καὶ τὸν θάνατον καὶ τὸν σταυρὸν καὶ τὰς λοιπὰς κολάσεις πάσεις. Fr. 9 (nach der Zählung von CAMBE in CCSA 15, 159) = ClemAl strom VI,15,128,1–2; zur Deutung von παρουσία an dieser Stelle vgl. CAMBE, CCSA 15, 354f.

[163] Vgl. SCHOONHEIM 1953, 82 und BAUCKHAM 1983, 215.

testamentlichen Autoren verwendet,[164] tritt aber besonders häufig bei Paulus und in auffälliger Dichte im *Epheserbrief* auf.[165] Es besagt, dass etwas Unbekanntes, nicht Gewusstes bekannt gemacht wird.[166] Ausgeübt wird γνωρίζειν entweder durch Gott selber bzw. Jesus Christus oder eine bzw. mehrere apostolische Gestalten;[167] Inhalt von γνωρίζειν sind seltener persönliche Umstände, meistens aber Aspekte christlicher Verkündigung wie ὁ πλοῦτος τῆς δόξης αὐτοῦ (Röm 9,23), τὸ μυστήριον τοῦ θελήματος αὐτοῦ (Eph 1,9) oder τὸ εὐαγγέλιον ὃ εὐηγγελισάμην ὑμῖν (1 Kor 1,15) u.a.m.[168] Mit γνωρίζειν bedient sich der Verfasser also eines Verbs, das zusammen mit dem als Subjekt fungierenden apostolischen Wir und der Tempusgestaltung im Aorist (ἐγνωρίσαμεν) auf die christliche Verkündigung der Apostelzeit verweist. Damals, so 2 Petr 1,16, wurde von Petrus und den Aposteln die machtvolle παρουσία Christi verkündigt. Diese ist offenbar nicht für jedermann unmittelbar aus der Anschauung oder Erfahrung einsichtig, denn ihre Grundlage ist eine Offenbarung an das ‚apostolische Wir' auf dem heiligen Berg, bei der sie Augenzeugen seiner μεγαλειότης wurden (1,17–18). Die Darstellung dieser Offenbarung ist ganz und gar konzentriert auf die Übertragung göttlicher Würden auf Jesus Christus: Von Gott empfängt dieser τιμή und δόξα, wird dem ‚apostolischen Wir' als ὁ υἱός μου und ὁ ἀγαπητός μου vorgestellt. Diese göttliche Position Christi, die der Verfasser der *Secunda Petri* so sehr hervorhebt, soll als Beleg für seine δύναμις καὶ παρουσία – und damit für die Glaubwürdigkeit der apostolischen Verkündigung[169] – gewertet werden,

---

[164] Im lukanischen Doppelwerk Lk 2,15. 2,17 und Act 2,28, im *Johannesevangelium* 15,15 und 17,26.

[165] Röm 9,22.23; 16,26; 1 Kor 12,3; 15,1; 2 Kor 8,1; Gal 1,11; Phil 1,22; 4,6; Eph 1,9; 3,3.5.10; 6,19.21.

[166] Diese allgemeinere Formulierung verdient den Vorzug vor der engführenden Beschreibung, dass mit γνωρίζειν – zumindest manchmal – das Offenbaren eines göttlichen Geheimnisses verbunden sei, was allein für den *Epheserbrief* in hohem Maße zutrifft; gegen KAHMANN 1983,47 und VAN HOUWELINGEN 1988, 133, die sich zu selektiv auf BULTMANNS Artikel (ThWNT I, s.v. γινώσκω κτλ., 718) stützen. Auch für Belege bei den Apostolischen Vätern reicht die gegebene allgemeinere Formulierung hin, vgl. Barn 5,3: οὐκοῦν ὑπερευχαριστεῖν ὀφείλομεν τῷ κυρίῳ, ὅτι καὶ τὰ παρεληλυθότα ἡμῖν ἐγνώρισεν καὶ ἐν τοῖς ἐνεστῶσιν ἡμᾶς ἐσόφισεν καὶ εἰς τὰ μέλλοντα οὐκ ἐσμὲν ἀσύνετοι.

[167] Gott: Lk 2,15; Act 2,26; Kol 1,27; Röm 9,22.23; Eph 1,9; 3,3.5; Jesus: Joh 15,15; 17,26; die Hirten: Lk 2,17; Paulus: 1 Kor 12,3; 15,1; Gal 1,11; Phil 1,22; Eph 6,19; Paulus und andere: 2 Kor 8,1; die ἐκκλησία: Eph 3,10; Tychikus: Eph 6,21; Kol 4,7; Tychikus mit Onesimus: Kol 4,9; unklar: Apostel (?): Röm 16,26.

[168] Wohl auf dieser Basis formuliert MAYOR 1907, 104 prägnant: "γνωρίζω in the N.T. is generally used of the preaching of the Gospel." Persönliche Umstände als Objekt finden sich nur in Kol 4,7.9; Eph 6,21.

[169] Die Frage, wer Glaubwürdigkeit und damit die Autorität der rechten Lehre hat und worauf diese sich gründet, ist ein zentrales Thema des *zweiten Petrusbriefes*, wie

und zwar nicht erst für eine eschatologische δύναμις καὶ παρουσία. Nicht anders als bei Josephus' *relecture* der Elisaerzählung bezeichnet δύναμις καὶ παρουσία die machtvolle Gegenwart, in diesem Fall Jesu Christi, die sich freilich eschatologisch in besonderer Weise manifestieren wird.[170] Die Charakterisierung des Inhalts apostolischer Verkündigung als ἡ τοῦ κυρίου ἡμῶν Ἰησοῦ Χριστοῦ δύναμις καὶ παρουσία gehört in die Nähe der Aussage des Paulus, der von ihm verkündigte Christus sei für die Berufenen θεοῦ δύναμις (1 Kor 1,24).[171]

Insgesamt wird man der Bezeichnung der unter den Adressaten verkündeten Botschaft als ἡ τοῦ κυρίου ἡμῶν Ἰησοῦ Χριστοῦ δύναμις καὶ παρουσία den vorbereitenden Charakter für die Ausführungen zur Eschatologie im dritten Kapitel, einem der, wenn nicht *dem* zentralen Anliegen der *Secunda Petri*, nicht gänzlich absprechen dürfen. Gleich nach dem Exordium[172] das Thema anzuschneiden, entspricht den rhetorisch-epistolographischen Anforderungen an einen sinnvoll aufgebauten Brief.[173] Doch hat die inter- und intratextuelle Untersuchung gezeigt, dass man die Tragweite der Argumentation viel zu eng führte, wenn man diesen Versen ausschließlich den genannten vorbereitenden Charakter zumäße. Der Verfasser setzt ein mit der Begründung der Glaubwürdigkeit apostolischer Verkündigung von Christi göttlicher, machtvoller Majestät, die sich, so die

---

an diesem Abschnitt zu ersehen ist. Dass mit der Verklärungserzählung die Glaubwürdigkeit der Apostel herausgehoben werden soll, bemerkt BIGG 1902, 266.

[170] Bei der Verkündigung von δύναμις καὶ παρουσία könnte den δυνάμεις Jesu (nach synoptischem Verständnis) eine besondere Rolle zugekommen sein; vgl. HÖLLER 1937, 136: „Παρουσία wird hier manchmal mit der Vg als „praesentia" ... verstanden. Unter δύναμις würde dann seine Wundermacht zu begreifen sein." Noch weiter in diese Richtung wagt sich BIGG 1902, 265, der hier eine der Differenzen mit den ψευδοδιδάσκαλοι vermutet: "The False Teachers, or some of them, must have maintained that the Gospel miracles were to be understood in a spiritual sense, and not regarded as facts."

[171] Christus als δύναμις Gottes in 1 Kor 1,24 bildet gewissermaßen die Antwort Gottes auf die Forderung der Juden nach σημεῖα in 1,22; vgl. SCHRAGE 1991, 187f. Es geht also auch hier bei δύναμις um den zeichenhaften Machterweis Gottes.

[172] Nach WATSON 1988, 87ff erstreckt sich das *exordium* bis einschließlich Vers 15. Ab Vers 16 beginnt ihm zufolge dann die *probatio* bis einschließlich 3,13. "In the *probatio*, the rhetor attempts to persuade the audience of the legitimacy of his case through a presentation of propositions and corresponding proof and refutation." WATSON 1988, 101.

[173] Für CAMERLYNCK 1909, 144 beginnt mit 1,16 nach dem *exordium* das *argumentum* mit der Einführung des Themas, dem *„dogma de secundo Christi adventu"*. Anders freilich sehen den Aufbau des Briefes KLAUCK 1998, 307ff und sein Schüler SCHMIDT 2003, 350–360. Für sie setzt nach dem Proömium die *narratio* bereits mit Vers 12 ein. SCHMIDT 2003, 356 sieht die Hauptfunktion von 2 Petrus 1,16–18 in der „Hervorhebung der Zuverlässigkeit des Petrus" (Betonung der Augenzeugenschaft!); in diesem Abschnitt überschneiden sich für ihn *confirmatio* und *refutatio*.

Zuspitzung im dritten Kapitel, eschatologisch in seiner Parusie manifestieren wird. Das Problem, dem er so argumentativ zu begegnen sucht, besteht darin, dass (auch schon gegenwärtig gedachte) δύναμις und παρουσία Christi sich im Erleben derer, mit denen er sich auseinandersetzt, nicht zeigen, es geht also letztlich um die Frage nach Offenbarsein und Verborgenheit der Macht Christi. Mit dieser Deutung wird *nicht* einem Bezug von παρουσία auf Christi Gekommensein das Wort geredet. Diese Denotation lässt sich aus dem *zweiten Petrusbrief* nicht herauslesen.[174]

1.1.3. Ihre Basis: ἐπόπται γενηθέντες τῆς ἐκείνου μεγαλειότητος

Die Augenzeugenschaft des ‚apostolischen Wir' bei der Verklärung wird vom Verfasser des *zweiten Petrusbriefes* besonders hervorgehoben. Eingebettet in eine οὐ ... ἀλλά – Antithese ist sie μύθοις ἐξακολουθεῖν schroff gegenübergestellt;[175] deutlich hat die Augenzeugenschaft somit die Funktion, die Glaubwürdigkeit des ‚apostolischen Wir' zu untermauern.

Das für ‚Augenzeugen' verwendete Wort ἐπόπται ist ein neutestamentliches Hapaxlegomenon.[176] In der Septuaginta wird es vier Mal verwendet, stets in den Spätschriften und stets mit Gott als ἐπόπτης, d.h. als derjenige, der alles übersieht, in alles Einsicht hat.[177] In diesem Sinne nimmt auch der *erste Clemensbrief* den Gebrauch des Wortes auf: Gott wird als ἐπόπτης ἀνθρωπίνων ἔργων prädiziert (59,3). In Bezug auf Menschen findet es sich bei Josephus im Rahmen einer Aufzählung priesterlicher Funktionen: Sie seien als generelle Aufseher (ἐπόπται πάντων), Richter in Streitangelegenheiten und Bestrafer von Überführten (Ap II,1,22 § 187) eingesetzt. Doch keiner dieser Zeugen der näheren textuellen Umgebung wirft hilfreiches Licht auf die Verwendung in 2 Petr 1,16.

---

[174] VAN HOUWELINGEN 1988, 134 argumentiert, dass das Gekommensein Jesu wohl kaum als δύναμις zu beschreiben ist. Daran mag etwas Richtiges sein, wenn man die irdische Existenz Jesu im Sinne des Philipperhymnus als Verzicht auf göttliche Macht, als Selbsterniedrigung und gänzliches Annehmen der *conditio humana* ansieht. Die Zuschreibung von δυνάμεις an sein Wirken in der synoptischen Tradition nimmt dem Argument allerdings etwas von seinem Gewicht. Ähnliches gilt für die Bezeichnung κύριος: Das Gekommensein Jesu als das des κύριος zu bezeichnen, wirkt dann anachronistisch, wenn man sich Jesu Leben als einem κύριος unangemessene Niedrigkeit vorstellt. Und doch könnten sich auch für eine solche Formulierung ungefähre Analogien in der synoptischen Tradition oder anderen urchristlichen Theologien finden lassen, gewissermaßen in der Zusammenschau des irdischen Lebens und des späteren Status als κύριος.

[175] PAULSEN 1992, 117: „Solcher rhetorischer Gegensatz zwischen Mythos und Augenzeugenschaft findet sich mit inhaltlichen Anklängen auch sonst in der Literatur." Vgl. z.B. die bereits erwähnten Belegstellen für den abwertenden Gebrauch von μῦθοι und möglichen Oppositionen bei WINDISCH/PREISKER 1951, 89.

[176] KRAUS 2001, 332.

[177] Est 5,1a LXX; 2 Makk 3,39; 7,35; 3 Makk 2,21; siehe auch NEYREY 1993, 176.

Der *erste Petrusbrief* ist die einzige Schrift im Neuen Testament, die das zu ἐπόπτης gehörige Verb ἐποπτεύειν verwendet.[178] So auffällig dies auf den ersten Blick sein mag, dass der *erste Petrusbrief* als einzige Schrift das Verb und der *zweite Petrusbrief* als einzige Schrift das Substantiv verwendet, so wenig ist bei der konkreten Untersuchung aus diesem Umstand zu entnehmen. In den beiden betreffenden Versen (1 Petr 2,12; 3,2) wird jeweils mit Außenstehenden gerechnet, die die Lebensweise der Christen beobachten (ἐποπτεύειν). Deshalb müssen sich alle einer einer ἀναστροφὴ καλή befleißigen und καλὰ ἔργα verrichten, damit Menschen, die die Christen als Übeltäter verleumden, infolge der Beobachtung (ἐποπτεύοντες) der guten Werke der Christen Gott loben am Tag der Heimsuchung (2,12). Insbesondere müssen sich Frauen ihren Männern unterordnen und eine ἐν φόβῳ erfolgende ἁγνὴ ἀναστροφή an den Tag legen, um Menschen, die ‚dem Worte ungehorsam sind‘, aber diesen Lebenswandel beobachten (ἐποπτεύσαντες), ohne Worte zu überzeugen (3,2). Eine Verbindung zur *Secunda Petri* ergibt sich von dieser Verwendung des Verbs ἐποπτεύειν aus nicht.

Eine spezielle Verwendung des Wortes ἐπόπτης findet sich im Kontext der eleusinischen Mysterien. Dort ist ein ἐπόπτης ein Eingeweihter dritten Grades, d.h. einer, der in die höchste Form der Mysterien eingeweiht worden ist. Nicht selten wird für die *Secunda Petri* postuliert, sie verwendende mit ἐπόπτης Mysteriensprache.[179] Dies scheint auf den ersten Blick in Verbindung mit der Verklärungsszene gut zu passen: Das ‚apostolische Wir‘ hat als Eingeweihter schon das Mysterium von Jesu göttlicher δύναμις καὶ παρουσία geschaut, anders als die Angeschriebenen und die Heterodoxen. Problematisch an dieser Deutung ist, dass ἐπόπτης in der Verweiskraft auf die Mysterien nicht unterstützt wird. Die Verbindung γνωρίζειν – μεγαλειότης – ἐπόπται, auf der man verschiedentlich einen solchen Verweis gründen wollte, trägt nämlich die Beweislast nicht.[180] So muss γνωρίζειν in der Tradition der Septuaginta nicht zwingend die Konnotation von Geheimem tragen,[181] μεγαλειότης ist ebenfalls von der Septuaginta her ohne Mysterienkulthintergrund bekannt und wird bei den

---

[178] Der Hinweis auf diesen Umstand gehört beinahe zur Topik der Auslegung von 2 Petr 1,16, siehe etwa KELLY 1969, 318; BAUCKHAM 1983, 216; JOHNSON 1988, 43. Doch ist ebenso regelmäßig die Verlegenheit zu beobachten, welche Schlüsse daraus zu ziehen sind. Bis zur Behauptung bewusster textueller Aufnahme wagt man sich in der Regel nicht vor.

[179] FORNBERG 1977, 123; VÖGTLE 1994, 167. Demgegenüber kritisch, zurückhaltend oder die allgemeinere Bedeutung ‚Betrachter, Beobachter‘ in den Vordergrund rückend: KELLY 1969, 318; BAUCKHAM 1983, 215f. Unklar: HILLYER 1992, 177; NEYREY 1993, 176.

[180] Siehe beispielsweise SMITH 1985, 82.

[181] Siehe BULTMANN in ThWNT I s.v. γινώσκω κτλ., 718.

Apostolischen Vätern öfter für Gottes Majestät verwendet. Es hieße wohl, ἐπόπται mit allzu viel Bedeutung zu beladen, wollte man ihm allzu deutliche Verweiskraft auf die eleusinischen Mysterien zuschreiben, und man wird gut daran tun, zunächst von der unspezifischen Bedeutung ‚Beobachter, Zuschauer' auszugehen.[182]

Eine viel wichtigere Parallele setzt nicht bei der lexikalischen Kongruenz an, sondern bei der sachlichen Übereinstimmung. Das *Lukasevangelium* misst nämlich der Augenzeugenschaft ebenso viel Gewicht bei wie der *zweite Petrusbrief*; allerdings wird das Motiv dort anders realisiert. An prominenter Stelle, nämlich im Proöm zu seinem Evangelium, weist Lukas auf die Tradentenkette hin, die dem schriftlichen Niederschlag von Evangelienliteratur vorausgeht: καθὼς παρέδοσαν ἡμῖν οἱ ἀπ᾽ ἀρχῆς αὐτόπται καὶ ὑπερέται γενόμενοι τοῦ λόγου (Lk 1,2). Beide treffen sich darin, dass die apostolischen Augenzeugen die Zuverlässigkeit christlicher Verkündigung gewährleisten. Lukas' schriftliche Fassung dessen, was letztlich auf die Berichte der ἀπ᾽ ἀρχῆς αὐτόπται zurückgeht, soll die ἀσφάλεια der Botschaft, die Theophilus empfangen hat, gewährleisten, gerade wie der Verfasser in 2 Petr 1,19 die Konsequenz aus der Augenzeugenschaft der Verklärung angeben wird mit: καὶ ἔχομεν βεβαιότερον τὸν προφητικὸν λόγον.[183] Auch andernorts betont Lukas, dass apostolische Gestalten wie Johannes, Petrus und Paulus verkünden, was sie gesehen und gehört haben (Act 4,20; 22,15). Lukas und der *zweite Petrusbrief* teilen hier dieselbe Sicht auf die Apostel: Sie sind Augen- und Ohrenzeugen und bürgen so für die Zuverlässigkeit ihrer Lehre.

Augen- und Ohrenzeugenschaft sind in mehreren Kontexten antiker Lebenswelt und Kultur, so u.a. in der Geschichtsschreibung, ein gebräuchliches Motiv, das für die Verlässlichkeit des Berichteten benötigt wird.[184] Darum ist es wenig erstaunlich, dass die Augenzeugenschaft noch in weiteren frühchristlichen Theologien unterstrichen wird.[185] Innerhalb der jo-

---

[182] Dies um so mehr als die Übernahme von Mysterienvokabular in den profanen Gebrauch (Plato), aber auch in die Sprache des hellenistischen Judentums (Philo, *Sapientia Salomonis*) schon lange erfolgt ist und damit fraglich wird, wie lebendig das Evokationspotential einzelner Wörter noch ist; zur Übernahme von Mysteriensprache siehe RIEDWEG 1987; BETZ 1991, 99; KLAUCK 1995, 79.

[183] Vgl. DABROWSKI 1939, 45 über die Verklärung im *zweiten Petrusbrief*: «Remarquons-le cependant, l'idée dominante de toute cette péricope est de démontrer la véracité des apôtres qui prêchaient cette vérité.»

[184] Einige Beispiele finden sich bei VAN UNNIK 1973, 9–13; siehe auch NEYREY 1993, 170, der unterstreicht, die Argumentation mit der Augenzeugenschaft sei Teil forensischer Strategie.

[185] Zur Bedeutung von Augenzeugenschaft im NT und in anderen frühchristlichen Schriften siehe die Darstellung bei NINEHAM 1958, 14–15 wie überhaupt NINEHAM 1958 und NINEHAM 1960 passim.

hanneischen Tradition tritt sie neben Joh 1,14[186] besonders stark im Prolog des *ersten Johannesbriefes* zu Tage,[187] hier in der Form der Verben θεᾶσθαι und ὁρᾶν, letzteres in 1 Joh 1,1 verstärkt durch τοῖς ὀφθαλμοῖς ἡμῶν; daneben steht dort die Ohren- und die haptische Zeugenschaft; das apostolische ἡμεῖς ist Subjekt der Sehens, Hörens und Tastens. Die Berührung zwischen johanneischer Literatur und *zweiten Petrusbrief* liegt in diesem Punkt auf einer ähnlichen Ebene wie die Berührung mit Lukas, nämlich in einer vergleichbaren Sicht auf die Funktion apostolischer Augen- und Ohrenzeugen.

1.2. Auf dem heiligen Berg (2 Petr 1,17–18)

Während weite Teile der neutestamentlichen Wissenschaft davon ausgehen, dass in 2 Petr 1,17–18 eine Wiederaufnahme der synoptischen Verklärungserzählung in Mk 9,2ff zu sehen ist, melden sich zuweilen auch Stimmen, die die beiden Verse als von der synoptischen Tradition unabhängige Überlieferung derselben Begebenheit[188] oder als Reflex einer weiter nicht bekannten Auferstehungsvision des Petrus deuten.[189] Die Basis der Argumentation, nämlich der textuelle Befund in 2 Petr 1,17–18 im Vergleich zu den synoptischen Texten, ist dabei stets dieselbe, lediglich die Interpretation unterscheidet sich.[190] Die vorliegende Untersuchung

---

[186] Siehe hierzu II.B.1.2.2.

[187] 1 Joh 1,1–3: Ὃ ἦν ἀπ᾽ἀρχῆς, ὃ ἀκηκόαμεν, ὃ ἑωράκαμεν τοῖς ὀφθαλμοῖς ἡμῶν, ὃ ἐθεασάμεθα καὶ αἱ χεῖρες ἡμῶν ἐψηλάφησαν, περὶ τοῦ λόγου τῆς ζωῆς, – καὶ ἡ ζωὴ ἐφανερώθη, καὶ ἑωράκαμεν καὶ μαρτυροῦμεν καὶ ἀπαγγέλλομεν ὑμῖν τὴν ζωὴν τὴν αἰώνιον, ἥτις ἦν πρὸς τὸν πατέρα καὶ ἐφανερώθη ἡμῖν, – ὃ ἑωράκαμεν καὶ ἀκηκόαμεν, ἀπαγγέλλομεν καὶ ὑμῖν, ἵνα καὶ ὑμεῖς κοινωνίαν ἔχητε μεθ᾽ἡμῶν. καὶ ἡ κοινωνία δὲ ἡ ἡμετέρα μετὰ τοῦ πάτρος καὶ μετὰ τοῦ υἱοῦ αὐτοῦ Ἰησοῦ Χριστοῦ.

[188] So etwa WATSON 2002, 200: "Our author's account of the transfiguration from the Gospel tradition appears to be independent of the Synoptic Gospel accounts." Siehe auch BAUCKHAM 1983, 210; BEST 1982, 42 und BLINZLER 1937, 71f; dezidiert gegen BAUCKHAMS Argumentation wendet sich MILLER 1996 und hält eine Abhängigkeit von Matthäus für weitaus wahrscheinlicher.

[189] So etwa BALTENSWEILER 1959, 27 im Anschluss an GOETZ 1927, 77ff und CULLMANN.

[190] Siehe etwa die Begründung bei BALTENSWEILER 1959, 27: „Denn ausser der Erwähnung des «heiligen Berges», welche nicht unbedingt den Berg der Verklärung meinen muss, liegt nicht eine einzige, konkrete Bezugnahme in der Zitierung der Himmelsstimme. Dabei sind jedoch die sachlichen Unterschiede beachtlich. Im 2. Petrusbrief handelt es sich um eine *Himmels*stimme, in der Verklärungsgeschichte aber um eine *Wolken*stimme. Und zweitens: Gerade den charakteristischen Zusatz, der die Verklärungsstimme z.B. von der Taufstimme (Mk 1,11 par) unterscheidet, die Worte «Ihn höret», suchen wir bei der Himmelsstimme in 2. Petr 1,17 vergebens." (ibid.) Demgegenüber argumentiert VAN HOUWELINGEN 1988, 132 Anm. 126: "Soms ziet men deze verzen niet als een verslag van de verheerlijking op de berg, maar als weergave

wird nach der Feststellung der intertextuellen Bezüge unter Berücksichtigung des Kommunikationszusammenhanges von 2 Petr 1,17–18[191] zu der
These gelangen, dass kein hinreichender Grund besteht, an einer Verarbeitung der synoptischen Verklärungstradition zu zweifeln.

1.2.1. Das Verhältnis zur synoptischen Tradition von der Verklärung Jesu

Bei der Analyse der intertextuellen Syntax werden zunächst die Verbin-
dungen zur synoptischen Tradition insgesamt ins Auge gefasst, bevor das
Interesse spezifischen Konvergenzen mit den *Evangelien nach Matthäus und
Markus* auf der einen und dem *Lukasevangelium* auf der anderen Seite gilt.

Als Gemeinsamkeiten von 2 Petr 1,17–18 und der Verklärung Jesu nach
der synoptischen Tradition insgesamt sind zu nennen[192]: eine Stimme, die
Jesus als geliebten Sohn qualifiziert, die Anwesenheit des Petrus und anderer Jünger und die Lokalisierung auf einem Berg.

Eine lexikalische Übereinstimmung zwischen dem *zweiten Petrusbrief*
und allen drei Synoptikern ist das Wort φωνή, das einen Ausspruch bezeichnet, in dem Jesus als geliebter Sohn präsentiert wird. Sie beschränkt
sich allerdings gänzlich auf dieses eine Wort, schon die Herkunft dieser
φωνή wird unterschiedlich angegeben: Während die Synoptiker sich einig
sind, dass sie ἐκ τῆς νεφέλης erklingt, benennt der *zweite Petrusbrief* den
Ausgangspunkt als ἐξ οὐρανοῦ und indirekt παρὰ θεοῦ πατρός.[193] Der
Wortlaut dieses Ausspruchs ist der einzige Passus, der in mehreren aufeinander folgenden Wörtern mit dem entsprechenden Abschnitt aus der
synoptischen Verklärungs- und teilweise Tauferzählung übereinstimmt:

2 Pt 1,17	ὁ υἱός ὁ ἀγαπητός	μου	οὗτός	εἰς ὃν	ἐγὼ	εὐδόκησα
	μου		ἐστιν			
Verklärung						
Mt 17,5	οὗτός	ὁ υἱός ὁ ἀγαπητός		ἐν ᾧ		εὐδόκησα
	ἐστιν	μου				
Mk 9,7	οὗτός	ὁ υἱός ὁ ἀγαπητός				
	ἐστιν	μου				
Lk 9,35	οὗτός	ὁ υἱός ὁ ἐκλελεγμένος				
	ἐστιν	μου				

van een persoonlijke ontmoeting, die Petrus met Jezus had, vlak na de opstanding
[...] Maar in de eerste plaats wordt de verwijzing door Petrus heel konkreet en her-
kenbaar gemaakt (de stem uit de hemel, de heilige berg) en in de wij-vorm beschre-
ven. Op de berg was Petrus niet alleen, maar toen Christus hem verscheen, wel."

[191] Siehe Kapitel II.B.2.

[192] Gemeinsamkeiten und Unterschiede finden sich in der Literatur immer wieder
aufgelistet: siehe etwa NEYREY 1980, 509; PAULSEN 1992, 118f; NEYREY 1993, 173.

[193] BAUCKHAM 1983, 220f weist darauf hin, dass eine Stimme vom Himmel (φωνὴ
ἐκ τοῦ οὐρανοῦ) zum Standardinventar apokalyptischer Visionen gehöre: Dan 4,31
LXX; Apk 10,4.8; 11,12; 14,13; äthHen 13,8; 65,4; syrBar 13,1 und 22,1 („Stimme aus
den Höhen" in KLIJNS Übersetzung).

2 Pt 1,17		ὁ υἱός μου	ὁ ἀγαπητός	μου	οὗτός ἐστιν	εἰς ὃν ἐγώ	εὐδόκησα
Taufe							
Mt 3,17	οὗτός ἐστιν	ὁ υἱός μου	ὁ ἀγαπητός			ἐν ᾧ	εὐδόκησα
Mk 1,11	σὺ εἶ	ὁ υἱός μου	ὁ ἀγαπητός			ἐν σοι	εὐδόκησα
Lk 3,22	σὺ εἶ	ὁ υἱός μου	ὁ ἀγαπητός			ἐν σοι	εὐδόκησα
weitere Aufnahme von Jes 42,1							
Mt 12,18			ὁ ἀγαπητός	μου		(εἰς) ὃν	εὐδόκησεν ἡ ψυχή μου
LXX							
Jes 42,1b			ὁ ἐκλεκτός	μου		προσεδέξατο αὐτόν	ἡ ψυχή μου
Ps 2,7		υἱός μου				εἰ σύ	

Wie die Übersicht zeigt, weist der Wortlaut der Stimme in 2 Petr 1,17 die meisten Überschneidungen mit dem *Matthäusevangelium* auf.[194] Matthäus ist der einzige, der der mit οὗτός-ἐστιν eingeleiteten Präsentation als Sohn bei der Verklärung eine Ich-Aussage Gottes mit dem Verb εὐδοκεῖν beifügt; in der Perikope über die Taufe Jesu findet sie sich bei allen drei Synoptikern, allerdings ist sie bei Markus und Lukas in der zweiten Person als Zusage direkt an Jesus gerichtet und hat die Form eines unabhängigen zweiten Satzes. Der Relativsatz in der dritten Person ist also ein weiteres Merkmal, das die Matthäusversion mit dem *zweiten Petrusbrief* verbindet. Weitere Übereinstimmungen mit Matthäus ergeben sich nicht direkt aus Verklärungsszene, sondern aus Mt 12,18, wo ein weiteres Mal Jes 42,1, der Vers, aus dem der Wortlaut der Himmelsstimme gebildet ist, zitiert wird: Das μου hinter ἀγαπητός könnte durch Einfluss von Mt 12,18 entstanden

---

[194] Dies wird oft festgestellt, aber unterschiedlich interpretiert, siehe SCHELKLE 1961, 199 Anm. 1; KELLY 1969, 319, der dennoch vermutet, dass der *zweite Petrusbrief* nicht den geschriebenen Evangelien, sondern 'traditional material' folgt; GRUNDMANN 1974, 82; VAN HOUWELINGEN 1988, 139 der überraschenden Folgerung: "Matteüs en Petrus lijken in de weergave het meest op elkaar. Toch kan de formulering van Petrus εἰς ὃν ἐγώ εὐδόκησα in geen geval afhankelijk zijn van Matteüs"; HILLYER 1992, 177f, der einsieht, dass, falls die *Secunda Petri* ein pseudepigraphes Werk wäre, man Abhängigkeit von den Synoptikern postulieren müsse: "It is likely that, had 2 Peter been the work not of the apostle but of a later pseudonymous writer, the divine words would have been reported in a version copied from one of the Gospel accounts. As it is, assuming apostolic authorship for this letter, the record in 2 Peter is an early testimony to the Gospel narratives, preceding them in time by some years."

sein, und ἐγώ wird zuweilen als Ersatz für ἡ ψυχή μου erklärt.[195] Sogar der veränderte Kasus des Relativums mit Ersetzung des Präposition – εἰς ὅν an Stelle von ἐν ᾧ in Mt 17,5 – ist für Mt 12,18 als Variante zu präpositionslosem ὅν überliefert. Der Wortlaut der Himmelsstimme von 2 Petr 1,17 lehnt sich also am engsten an Matthäus an, allerdings nicht in jeder Hinsicht an seine Formulierung im Rahmen der Verklärungsszene. Möglicher Prätext für die Himmelsstimme in 2 Petr 1,17 ist neben Mt 17,5 auch Mt 12,18.[196]

Der Umgang des Verfassers mit dem Prätext bzw. den Prätexten ist allerdings geprägt von Selektivität: Er folgt den Prätexten nur in so weit, als sie sein Anliegen stützen. Wo er eigene Akzente setzen will, unterzieht der die vorgegebene Textform intertextuellen Transformationsmaßnahmen. So ist die Nachstellung von οὗτός ἐστιν ohne jegliches Vorbild bei den Synoptikern; sie fällt demnach wohl in die Verantwortung des Verfassers des *zweiten Petrusbriefes*.[197] Grund für die Umstellung dürfte die so erzielte prominente Position von ὁ υἱός μου sein,[198] die den Nachdruck auf die Vater-Sohn-Beziehung zwischen Jesus und Gott legt. Jesus soll als von Gott her kommend herausgehoben werden.[199] Dieselbe Intention der Unterstreichung der Verbindung zu Gott lässt sich bei der Wiederholung des

---

[195] FARKASFALVY 1985, 6. Eine ganz andere Erklärung für das zweifache μου gibt BRETSCHER 1968: Die Himmelsstimme bei Taufe und Verklärung sei zunächst weder auf der Basis von Ps 2 noch auf der Basis von Jes 42,1 formuliert worden; vielmehr stehe Ex 4,22 im Hintergrund.

[196] Entgegen der beliebten Behauptung, der *zweite Petrusbrief* greife statt auf die schriftlichen Evangelien auf mündliche Traditionen zurück. So z.B. KAHMANN 1983, 49: "2 Petr ontleent de gegevens betreffende de transfiguratie aan de traditie, blijkt echter van geen van de synoptische evangelies rechtstreeks afhankelijk." BAUCKHAM 1983, 209f will eine Verbindung in der Tradition mindestens zwischen Mt 12,18 und 2 Petr 1,17 sehen: "[...] it is possible that the whole phrase ὁ ἀγαπητός μου εἰς ὃν εὐδόκησεν ἡ ψυχή μου [...] in Matt 12:18 depends on a tradition of the words of the voice different from that used in Mt 3,17; 17,5, but related to the tradition in 2 Peter."

[197] VAN HOUWELINGEN 1988, 136 Anm. 140 macht mit Recht darauf aufmerksam, dass die außergewöhnliche Wortstellung so stark gar nicht bezeugt ist, nämlich nur durch P72, den *Codex Vaticanus*, die Minuskel 1751 aus dem 15. Jahrhundert und sahidische Handschriften. Die Mehrzahl der Majuskeln und Minuskeln liest eine Wortfolge, bei der οὗτός ἐστιν am Satzanfang steht. Doch ist diese Variante plausibel als Angleichung an das *Matthäusevangelium* zu erklären und die oben zitierte Wortfolge bleibt als *lectio difficilior* die *lectio probabilior*; mit ähnlicher Argumentation u.a. FUCHS/REYMOND 1988, 66 und BÉNÉTREAU 1994, 113.

[198] Ob nun dadurch, wie BAUCKHAM 1983, 207 meint, der Vers als Echo von Ps 2,7 deutlich werden soll, mag dahingestellt bleiben. Als vordringliches Ziel ist dies nicht ersichtlich.

[199] So auch VÖGTLE 1994, 167: Durch die Verschiebung von οὗτός ἐστιν „rückt der Hauptton auf den die Relation Christi zu Gott bezeichnenden Doppeltitel." Die in dieselbe Richtung wirkende Verwendung von ἐγώ wird bei ihm allerdings nicht thematisiert.

μου nach ἀγαπητός und in dem nachdrücklich betonten ἐγώ erkennen. Auch hier dürfte sich die bearbeitende Hand des Verfassers zeigen.[200] Selbst die Entscheidung für ein dynamisches εἰς ὅν an Stelle des statischen ἐν ᾧ passt in sein Konzept,[201] immerhin ist auch sonst die Beziehung Gottes zu Jesus in der Szene dynamisch gestaltet: Jesus *nimmt* (λαβών) von Gottvater τιμή καὶ δόξα entgegen und der Gottesspruch, der die Sohnschaft bekundet, wird von der erhabenen Majestät an ihn *herangetragen* (φωνῆς ἐνεχθείσης αὐτῷ ... ὑπὸ τῆς μεγαλοπρεποῦς δόξης). Die Richtung dieser Dynamik ergeht immer von Gott auf Jesus hin; ein εὐδοκεῖν, das sich von Gott auf Jesus hin erstreckt (εἰς ὅν), ist somit durchaus stimmig.

Neben dem Wortlaut der göttlichen Bestätigung Jesu als Sohn ist das zweite Element, das in 2 Petr 1,16–18 auf die synoptische Tradition von der Verklärung insgesamt anspielen könnte, die erste Person Plural ἡμεῖς, die in 2 Petr 1,17 betont verwendet wird. In der synoptischen Tradition sind allerdings diejenigen mit Namen genannt, die außer Petrus, dem Ich des *zweiten Petrusbriefes*, der Gegenwart bei der Verklärung Jesu gewürdigt wurden, nämlich die Zebedaiden Jakobus und Johannes (Mt 17,1, Mk 9,2, Lk 9,28). Petrus ist dabei in dieser Dreiheit stets als erster angeführt.

Übereinstimmend mit den Synoptikern findet schließlich das Ereignis auf einem Berg statt. Jesus nimmt drei Jünger beiseite und führt nur sie, wie Markus und Matthäus betonen, auf einen hohen Berg: ἀναφέρει αὐτοὺς εἰς ὄρος ὑψηλὸν κατ᾿ ἰδίαν (Mk 9,2 = Mt 17,1), bei Lukas steigt er mit ihnen εἰς τὸ ὄρος, um zu beten (Lk 9,26).[202] Der *zweite Petrusbrief* erwähnt den Aufstieg nicht, ihm ist nur der Moment entscheidend, als die Jünger mit Jesus auf dem heiligen Berg sind (σὺν αὐτῷ ὄντες ἐν τῷ ἁγίῳ ὄρει, 2 Petr 1,17). Die Qualifikation als ἅγιος lässt sich zunächst verstehen als die Handschrift des Verfassers. Das Wort wird von ihm noch vier weitere Male im Brief verwendet, als Attribut zu πνεῦμα (1,21), zu ἐντολή

---

[200] Eine nicht zu unterschätzende gestalterische Rolle des Verfassers erwägt auch VÖGTLE 1994, 169.

[201] Die Beweislast für die Behauptung, der der *zweite Petrusbrief* sei nicht literarisch abhängig vom *Matthäusevangelium*, kann εἰς ὅν nicht tragen; gegen VAN HOUWELINGEN 1988, 136 Anm. 141.

[202] Die Tatsache, dass der Berg bei Lukas determiniert und als Absicht der Bergbesteigung προσεύξασθαι angegeben ist, dürfte wohl dem Verfasser des *Lukasevangeliums* anzulasten sein. Auf diese Weise entsteht nämlich eine intratextuelle Referenz nach Lk 6,12: Auch dort geht Jesus εἰς τὸ ὄρος προσεύξασθαι, diesmal vor der Berufung der Jünger. Weiterhin wird durch das Motiv des Schlafens bzw. Wachens der schon vorhandene Verweis auf die Gethsemane-Szene (Lk 22, 39–46 par. Mk 14,32–42) verstärkt; vgl. NOLLAND 1993, 491.497. Zur Rede von *dem* Berg in den Evangelien siehe auch VAN HOUWELINGEN 1988, 137.

(2,21), zu προφῆται (3,2) und zu ἀναστροφαί (3,11).[203] An keiner Stelle übernimmt er dabei das Wort ἅγιος aus dem *Judasbrief*; vielmehr ergänzt er es bei der Bearbeitung von Jud 17 in 2 Petr 3,2. Man wird ihm also kein Unrecht tun, wenn man ihm die Neigung attestiert, ihm Wichtiges als ἅγιος zu bezeichnen,[204] worunter auch den Berg, auf dem das in seinen Augen für den Argumentationszusammenhang zentrale Ereignis aus der Zeit der Apostel stattfand.[205] Indem er jedoch dem Berg das das Attribut ἅγιος gibt, erzielt er einen Effekt, der ihm schwerlich verborgen geblieben sein kann. ‚Heiliger Berg' verweist in die Textwelt der Schriften, wo der Zionsberg so bezeichnet wird.[206] Im Zusammenhang mit den Transformationsmaßnahmen an der Himmelsstimme war beobachtet worden, dass es dem Verfasser vor allem um die Übertragung von τιμή καὶ δόξα durch Gott auf Jesus geht. Ein heiliger Berg, auf dem τιμή καὶ δόξα übertragen werden, verweist aber deutlich auf das Bild der Einsetzung eines Köngis in Psalm 2 (ἐγὼ δὲ κατεστάθην βασιλεὺς ὑπ' αὐτοῦ ἐπὶ Σιον ὄρος τὸ ἅγιον αὐτοῦ; Ps 2,6),[207] um so mehr, als mit dem Beginn der Himmelsstimme dieser Psalm ja bereits angeklungen war: ὁ υἱός μου ὁ ἀγαπητός μου οὗτός ἐστιν erinnert an υἱός μου εἶ σύ in Ps 2,7, und um so mehr, als dieser Psalm zum Grundbestand in der frühchristlichen Theologie christologisch interpretierter Schrifttexte gehört.[208] Gemeinsam mit den beschrie-

---

[203] Davon ist πνεῦμα ἅγιον (1,21) natürlich eine standardisierte Kollokation, und wie oben zu zeigen, hat auch ἅγιον ὄρος wohl eine konkrete Verweiskraft. Die Rede von ἅγιοι προφῆται könnte theologische Gruppensprache sein, siehe hierzu II.C.1.1 und II.C.1.2.1. Singularische kollektive ἁγία ἐντολή nur hier belegt; Röm 7,12 (ὁ μὲν νόμος ἅγιος, καὶ ἡ ἐντολὴ ἁγία καὶ δικαία καὶ ἀγαθή) kann aufgrund der prädikativen Verwendung nicht als Gegenargument herangezogen werden. Im Plural spricht Theophilus von Antiochien in *Ad Autolycum* II,14,13 von der διδαχὴ τῶν ἁγίων ἐντολῶν τοῦ θεοῦ (vgl. ähnlich ibid. II,27: ἔδωκεν γὰρ ὁ θεὸς ἡμῖν νόμον καὶ ἐντολὰς ἁγίας) und Clemens Alexandrinus beschreibt in seinem *Paedagogus* I,12,98,2 das Wirken Jesu als εἰς υἱοθεσίαν καὶ σωτηρίαν ἁγίαις ἐντολαῖς κατευθύνων.

[204] Mit VAN HOUWELINGEN 1988, 137: "Het adjectief 'heilig' is typerend te noemen voor het woordgebruik van 2 Petrus [...]."

[205] Der Versuch, den ἅγιον ὄρος mit einem heiligen Berg der Tradition oder einem zur Zeit des Verfassers als heilig angesehenen Berg identifizieren zu wollen, verfehlt den Text des *Secunda Petri*. VÖGTLE 1994, 169 dürfte das Richtige treffen, wenn er schreibt: „Wahrscheinlich hat der Verfasser von sich aus den Berg durch »heilig« als Stätte göttlicher Offenbarung qualifiziert", denn, so WOHLENBERG 1923, 198: „Jeder Ort wird geheiligt durch außergewöhnliche göttliche Offenbarungstatsachen."

[206] Siehe neben Ps 2,6 etwa Jes 65,25: οὐκ ἀδικήσουσιν οὐδὲ μὴ λυμανοῦνται ἐπὶ τῷ ὄρει τῷ ἁγίῳ μου; vgl. BAUCKHAM 1998a, 193 und WATSON 2002, 200.

[207] BAUCKHAM 1983, 221.

[208] BERGER 1994, 20 leugnet zwar, dass Psalm 2 beim Zustandekommen der Taufstimme (und demnach wohl auch der Verklärungsstimme?) eine Rolle gespielt habe, doch dass die Sohnesprädikation zusammen mit der Nennung des Heiligen Berges auf Psalm 2 verweisen muss, bleibt davon unberührt. Siehe ibid. auch für die Bezugnahme auf Psalm 2 in frühchristlichen Schriften überhaupt.

benen Transformationen am Prätext verweist also ἐν τῷ ἁγίῳ ὄρει zunächst nach Psalm 2 und von dort wieder zurück auf den Phänotext: Jesus
soll begriffen werden als vom Vater mit den Würden eines Königs über
die Völker ausgestattet.[209] Gerade so weist Christus auch in Apk 2,28 darauf hin, dass er vom Vater (παρὰ τοῦ πατρός μου!) ἐξουσία empfangen
habe (εἴληφα – λαμβάνειν), und gerade so wird in diesem Zusammenhang Ps 2,8–9 zitiert.[210]

Ein nur ungefähr übereinstimmender Ausspruch, zwei einzelne gemeinsame Wörter (ὄρος, φωνή), jedoch in unterschiedlicher Einbettung,
und die Anwesenheit Petri und anderer Jünger als motivische Kongruenz
könnten auf den ersten Blick als allzu magere Basis für das Postulat einer
Abhängigkeit von der synoptischen Tradition kritisiert werden, zumal
sich zu diesem Befund über das Genannte hinaus zahlreiche ‚Unterschiede' gesellen: Im *zweiten Petrusbrief* ist keine Rede von Mose und Elia. Jesu
‚Metamorphose' wird nicht – wenigstens nicht mit diesem Wort – erwähnt. Gesicht und Kleider leuchten nicht. Petri in den Evangelien als
unpassend qualifizierter Vorschlag, Hütten zu bauen, fehlt. Petrus und die
Jünger schlafen nicht, sind nicht verwirrt oder erschrocken. Bei den Him-
melsworten fehlt ἀκούετε αὐτοῦ. Entsprechend wurde und wird eine Bezugnahme auf die Verklärungsszene der synoptischen Tradition immer
wieder einmal in Abrede gestellt.[211] Bedient man sich jedoch aus dem
Pfister'schen Katalog qualitativer Kriterien zur Bestimmung der Intensität
eines intertextuellen Verhältnisses der Elemente Strukturalität und Selektivität, so erweist sich diese Skepsis als unbegründet. Was die Strukturalität angeht, so genügen die beschriebenen Kongruenzen – ein Ereignis auf
einem Berg, bei dem Petrus und andere Jünger zugegen waren und bei
dem eine Himmelsstimme von äußerst ähnlichem Wortlaut wie in der synoptischen Verklärungsgeschichte erscholl – um den Text der synoptischen Tradition als Folie zum Phänotext zu evozieren. Ist dies gegeben,
dürfen die Auslassungen beinahe beliebig groß sein; sie stehen im Dienste
der Selektivität: Ein Phänotext kann bei der Wiederaufnahme eines Prätex-

---

[209] Richtet sich der Verweis tatsächlich in erster Linie auf die Bedeutung der Offen-
barungsszene, so muss vom Verfasser nicht zwingend intendiert sein, die Verklärung
auf dem Zion zu lokalisieren. Zu den Spekulationen um den Ort der Verklärung nach
den synoptischen Berichten, seine Lokalisierung in der frühchristlichen Tradition und
in der Geschichte der Exegese des NT vgl. HÖLLER 1937, 22–39 und VAN HOUWELIN-
GEN 1988, 137f. Siehe ferner den Hinweis bei BERGER 1981, 284 Anm. 92, dem zufolge
die *Arabische Petrus-Apokalypse* II,102 vom ‚heiligen Berg Sinai' spricht.

[210] So auch WATSON 2002, 200: "Our author uses Ps 2:7 as the content of the voice
"This is my son" (2 Petr 1:17) within the stated context of the "holy mountain" (1:18),
a designation for Mount Zion in the Old Testament. God is appointing Jesus as eschatological king over the nations. Revelation 2:26–28 portrays Jesus using Ps 2,8–9 to
claim the authority to rule the nations was given to him by the Father."

[211] S.o. am Beginn dieses Kapitels II.B.1.2.

tes eklektisch verfahren und bestimmte Elemente oder Momente hervorheben und andere in den Hintergrund treten lassen. Genau dies geschieht hier: Die *Secunda Petri* konzentriert sich bei der textuellen Bearbeitung auf die Übertragung göttlicher Würde auf Jesus. Dazu braucht sie wenig mehr als den Wortlaut der Gottesstimme und ein paar erläuternde Worte eigener Formulierung. Die Erwähnung, dass die Jünger als Augenzeugen zugegen waren, ist erforderlich, weil die argumentative Funktion der textuellen Wiederaufnahme der Nachweis der Zuverlässigkeit der apostolischen Botschaft ist. Der Hinweis auf den Berg dient – neben der Anspielung auf Ps 2 – der Lokalisierung der Begebenheit und somit rezipientenseits der Identifikation des Ereignisses: Sie können nun in ihrem Wissensvorrat von Traditionen aus dem Erleben der Apostel mit Jesus nach einem Geschehen auf einem Berg mit einer Himmelsstimme suchen.

Ein weiterer Anhaltspunkt dafür, dass in 2 Petr 1,17–18 ein Rückgriff auf die synoptische Tradition erfolgt, ergibt sich aus einer Beobachtung zur Komposition: In allen drei synoptischen Evangelien schließt die Verklärung Jesu an ein Jesuslogion von der Nähe des Gottesreiches an:

Mt 16,28	Mk 9,1	Lk 9,27
ἀμὴν λέγω ὑμῖν ὅτι εἰσίν τινες τῶν ὧδε ἑστώτων οἵτινες οὐ μὴ γεύσωνται θανάτου ἕως ἂν ἴδωσιν τὸν υἱὸν τοῦ ἀνθρώπου ἐρχόμενον ἐν τῇ βασιλείᾳ αὐτοῦ.	Ἀμὴν λέγω ὑμῖν ὅτι εἰσίν τινες ὧδε τῶν ἑστηκότων οἵτινες οὐ μὴ γεύσωνται θανάτου ἕως ἂν ἴδωσιν τὴν βασιλείαν τοῦ θεοῦ ἐληλυθυῖαν ἐν δυνάμει.	λέγω δὲ ὑμῖν ἀληθῶς, εἰσίν τινες τῶν αὐτοῦ ἑστηκότων οἳ οὐ μὴ γεύσωνται θανάτου ἕως ἂν ἴδωσιν τὴν βασιλείαν τοῦ θεοῦ.

Aus der Alten Kirche sind noch vor der Wende zum dritten Jahrhundert Stimmen bekannt, die die unmittelbar anschließende Erzählung von der Verklärung als Erfüllung dieses Logions ansehen:[212] Petrus und die beiden anderen Apostel hätten in der Tat den Tod nicht gekostet, bevor sie in der Verklärung Jesu das Reich Gottes in Macht hätten kommen sehen.[213] Vielleicht lässt sich nicht restlos plausibel machen, dass Markus die Verklärung als *Erfüllung* der Prophezeiung des Logions gesehen habe, doch hat bei ihm die Verklärung eindeutig eschatologischen Kontext, indem sie ge-

---

[212] NEYREY 1980, 510 und 1993, 173 spricht von einer "widespread interpretation of the transfiguration as the fulfilment of a prophecy made by Jesus" in der Alten Kirche.

[213] Origines berichtet in seinem *Matthäuskommentar* XII,31 von solchen Auslegern: Ταῦτα ἀναφέρουσί τινες ἐπὶ τὴν »μεθ᾿ ἡμέρας ἕξ« ἢ (ὡς ὁ Λουκᾶς φησιν) ὀκτὼ ἀνάβασιν τῶν τριῶν ἀποστόλων εἰς τὸ »ὑψηλὸν« μετὰ τοῦ Ἰησοῦ »κατ᾿ ἰδίαν ὄρος«. Καί φασιν οἱ οὕτω διηγούμενοι ὅτι οὐκ ἐγεύσαντο θανάτου Πέτρος καὶ οἱ λοιποὶ δύο πρὸ τοῦ ἰδεῖν τὸν υἱὸν τοῦ ἀνθρώπου ἐλθόντα ἐν τῇ βασιλείᾳ αὐτοῦ καὶ ἐν τῇ δόξῃ αὐτοῦ. ἰδόντες γὰρ »ἔμπροσθεν αὐτῶν« μεταμορφωθέντα τὸν Ἰησοῦν, ὡς λάμψαι »τὸ πρόσωπον αὐτοῦ« καὶ τὰ ἑξῆς, ἑωράκασι »τὴν βασιλείαν τοῦ θεοῦ ἐληλυθυῖαν ἐν δυνάμει«.

rahmt wird einerseits durch das zitierte Logion (Mk 9,1), andererseits durch die Frage der Jünger nach dem Kommen Elias, der ja vor dem Hereinbrechen des Gottesreiches erwartet wurde (Mk 9,9–13).[214] Matthäus spitzt in seiner Bearbeitung von Mk 9,1 das Kommen des *Gottesreiches* zu auf das Kommen des *Menschensohnes* (Mt 16,28), ausdrücklich wird dadurch die Parusie neben das Verklärungsgeschehen gestellt.[215] Dieselbe Zuordnung erfolgt auch in 2 Petr 1,16–18: Das Ereignis, auf das in den Versen 17 und 18 angespielt wird, fungiert als Vergewisserung der machtvollen παρουσία Gottes, die in die im dritten Kapitel dargestellten eschatologischen Ereignisse ausmünden wird.[216] Zusammen mit den festgestellten Übereinstimmungen mit der synoptischen Tradition bildet diese Beobachtung ein starkes Argument dafür, dass hier in der Tat die synoptische Szene von der Verklärung Jesu reflektiert wird.[217]

Über die Frage hinaus, ob 2 Petr 1,16–18 die synoptische Verklärungsgeschichte zu Grunde liegt, ist zu untersuchen, ob es über allgemein mit der synoptischen Tradition verbindende Züge hinaus Elemente gibt, die eines oder mehrere der Evangelien als Prätext dingfest zu machen vermögen. Für das *Matthäusevangelium* wurde bereits herausgefunden, dass die Nähe zum Wortlaut der Himmelsstimme die Kenntnis dieses Evangeliums, jedenfalls in seiner Fassung der Verklärungserzählung, seitens des *zweiten Petrusbriefes* als wahrscheinlich erscheinen lässt.

Ein Reflex des *Matthäus-* oder des *Markusevangeliums* lässt sich vielleicht in einem anderen Zug erkennen: Dass der Verfasser der *Secunda Petri* besonderen Nachdruck auf die Augenzeugenschaft des ‚apostolischen Wir' legt, wurde bereits dargestellt. Über die in diesem Zusammenhang dargestellten textuellen Konvergenzen könnte nun – und das muss den

---

[214] Zu dieser Interpretation der Jüngerfrage nach Elia vgl. HÖLLER 1937, 172; zur markinischen Redaktion der Verklärungsszene insgesamt siehe BEST 1982; zum Charakter der markinischen Verklärung siehe KEE 1972: "Thus the transfiguration scene is … a proleptic vision of the exaltation of Jesus as kingly Son of man granted to the disciples as eschatological witnesses." In diesem Sinne interpretiert CALLAN 2010, 67 die Aufnahme der Verklärungstradition im *zweiten Petrusbrief*: "The author implies that what Peter and the others experienced when Jesus was transfigured was an experience of Jesus' power and coming … However, in order to be an experience of Jesus' coming, the Transfiguration must have been an anticipation of this future event."

[215] BOOBYER 1942, 28.

[216] NEYREY 1980, 510 stellt ausdrücklich die Deutung der Verklärung als Erfüllung der Parusie der Deutung als Prophezeiung auf die Parusie gegenüber: "[…] the transfiguration has alternately been understood, not as a fulfillment, but as a prophecy of the parousia." Doch ist dieser Gegensatz kaum haltbar. Denn nicht als eine Erfüllung der Parusie im Allgemeinen gilt sie den von Origenes genannten Auslegern, sondern als Erfüllung des Logions Mk 9,1 par., das sich an τινες … τῶν ἑστηκότων richtet.

[217] Anders BERGER 1994, 518: „Der Text stimmt mit keinem der bekannten Verklärungs- und Taufberichte überein und setzt … keines der kanonischen Evv voraus."

anderen Deutungen nicht widersprechen! – in der Augenzeugenschaft die Wiederaufnahme eines Erzählmoments der markinischen und matthäischen Fassung der Verklärungsszene aufgenommen sein, wenngleich nicht auf lexikalischer Ebene. Die beiden ersten Synoptiker unterstreichen, dass Jesu Gestalt ἔμπροσθεν αὐτῶν verwandelt wurde – vor den Augen der anwesenden Jünger. Wenn die Verwendung von ἐπόπται auf diesen Zug der Verklärungserzählung abhebt, dann muss der Verfasser die Erzählung in einer markinisch-matthäischen Fassung gekannt haben. Für sich allein würde diese Beobachtung wenig besagen, doch im Verband mit anderen Übereinstimmungen darf sie als unterstützendes Indiz für die Bekanntschaft mit einem der beiden Evangelien gewertet werden.

Sprechen für eine Bekanntschaft mit dem *Matthäusevangelium* die Gestalt des Ausspruchs der Himmelsstimme, mit Matthäus oder Markus das Element der Augenzeugenschaft, so finden sich auch Details, die eine Nähe zur lukanischen Variante schaffen: Lukas ist der einzige, der die Verklärung unter Zuhilfenahme des Begriffs δόξα erzählt.[218] Während bei Matthäus und Markus zwar unmittelbar vor dem oben zitierten der Verklärung vorausgehenden Logion über die Wiederkunft noch vor dem Tod einiger Umstehender (Mk 9,1 par. Mt 16,28 par. Lk 9,27) das Kommen des Menschensohnes in der δόξα des Vaters angekündigt wird (Mk 8,38 par. Mt 16,27 par. Lk 9,26),[219] fehlt der Begriff der δόξα innerhalb der Verklärungsszene. Nicht so bei Lukas. In den Versen Lk 9,31 und 32, die – jedenfalls ab Lk 9,31b – ohne Parallele bei Matthäus und Markus sind,[220] wird zweimal von der δόξα gesprochen: Die beiden Männer, die als Mose und Elia identifiziert werden, erscheinen ἐν δόξῃ (9,31a), und als die Jünger von ihrem Schlummer erwachen, sehen sie τὴν δόξαν αὐτοῦ καὶ τοὺς δύο ἄνδρας τοὺς συνεστῶτας αὐτῷ (9,32). Beide Male ist δόξα etwas *Wahrnehmbares* und *Wahrgenommenes*, wie an den Verbformen ὀφθέντες und εἶδον abzulesen ist. Der *zweite Petrusbrief* umschreibt Gott als μεγαλοπρεπὴς δόξα (1,17) und Jesus als von Gottvater her τιμὴ καὶ δόξα (1,17) empfangend. Dieser Vorgang, das Empfangen von τιμή und δόξα, dürfte der Inhalt dessen sein, wovon das apostolische Wir Augenzeuge war.[221]

---

[218] Zur δόξα bei der Verklärung und im NT in Bezug auf Jesus überhaupt siehe HÖLLER 1937, 54–57; allgemein zu δόξα, seinem Gebrauch und seiner Entwicklung im NT siehe HEGERMANN s.v. δόξα, EWNT I, 832–841.

[219] Mt 16,27: μέλλει γὰρ ὁ υἱὸς τοῦ ἀνθρώπου ἔρχεσθαι ἐν τῇ δόξῃ τοῦ πατρὸς αὐτοῦ μετὰ τῶν ἀγγέλων αὐτοῦ... Mk 8,38: ... ὅταν ἔλθῃ ἐν τῇ δόξῃ τοῦ πατρὸς αὐτοῦ μετὰ τῶν ἀγγέλων τῶν ἁγίων. Lk 9,26 erweitert die δόξα: ὅταν ἔλθῃ ἐν τῇ δόξῃ αὐτοῦ καὶ τοῦ πατρὸς καὶ τῶν ἁγίων ἀγγέλων.

[220] BLINZLER 1937, 72.83 u.ö. postuliert eine Sonderquelle für die lukanische Verklärungserzählung.

[221] Mit BAUCKHAM 1983, 217: "ἐπόπται [...] requires some mention of what the apostles saw. The meaning of the double expression may be that God conferred honor on Jesus by glorifying his appearance."

Dann würde im *zweiten Petrusbrief* von der *wahrnehmbaren* μεγαλοπρεπὴς δόξα Gottes eine *wahrnehmbare* δόξα auf Jesus übergehen. Der Nachdruck auf der δόξα Jesu und ihrer visuellen Wahrnehmung durch die Jünger bei der Verklärung entspricht also der lukanischen Variante; dass Jesu eschatologische δόξα die des Vaters ist, ist synoptisches Gemeingut.

Einen weiteren Zug der Verklärungsgeschichte verstärkt Lukas: Bei allen drei Synoptikern werden die drei Jünger, die bei der Verklärung zugegen sind, einigermaßen gleichberechtigt eingeführt, nämlich als Petrus und Jakobus und Johannes, wobei Petrus immer der Erstgenannte ist.[222] Im weiteren Verlauf tritt von ihnen nur noch Petrus als handelnde Einzelperson hervor, als er den Vorschlag unterbreitet, Hütten zu bauen; die anderen werden in kollektiven Pronomina der dritten Person Plural aufgenommen,[223] spielen aber sonst keine Rolle mehr. In diesem Sinne bearbeitet bereits Matthäus den markinischen Text in geringfügigem Maße: Bei ihm ist nur vom Hüttenbau durch Petrus die Rede, bei Markus (und Lukas) sind die anderen noch beteiligt (ποιήσω in Mt 17,4 vs ποιήσωεν in Mk 9,5 par. Lk 9,33). Lukas wird durch seine Einschaltung in den Markustext (Lk 9,30–32), die ihn über drei Verse von den drei Jüngern wegführt, veranlasst, diese in 9,32 sprachlich wieder aufzunehmen, was er durch die Formulierung Πέτρος καὶ οἱ σὺν αὐτῷ realisiert. Damit ist Petrus nun explizit eine Spitzenstellung eingeräumt, die implizit schon vorlukanisch der Erzählung anhaftete. Dieses Ungleichgewicht zwischen den anwesenden Jüngern spiegelt sich auch im *zweiten Petrusbrief* wieder, indem der namentlich erwähnte angebliche Verfasser des Briefes die Gesamtheit der Anwesenden nur als ἡμεῖς auftreten lässt.[224]

Zwei weitere lexikalische Übereinstimmungen fallen auf, wenn man sowohl im *zweiten Petrusbrief* als auch im *Lukasevangelium* das unmittelbare Umfeld der Verse über die Verklärung ins Auge fasst: Der *zweite Petrusbrief* umschreibt das, wovon die Jünger Augenzeugen geworden sind, als Jesu μεγαλειότης. Dieses Substantiv ist im Neuen Testament nur zwei weitere Male neben 2 Petr 1,16 bezeugt, nämlich bei Lukas: Unmittelbar nach dem Abstieg vom Berg der Verklärung, der bei Lukas am folgenden Tag stattfindet, heilt Jesus einen epileptischen Jungen, den die Jünger nicht zu heilen vermocht hatten (Lk 9,37–43). Die Folge: Alle staunen über

---

[222] Matthäus fügt das verwandtschaftliche Verhältnis von Johannes zu Jakobus hinzu: τὸν ἀδελφὸν αὐτοῦ (Mt 17,1), und Lukas nennt Johannes vor Jakobus (Lk 9,28).

[223] αὐτοῖς in Mt 17,3 par. Mk 9,2.

[224] Diese Beobachtung macht u.a. auch DABROWSKI 1939, 44. In der weiteren Rezeption der Verklärung treten Johannes und Jakobus so sehr zurück, dass Petrus allein der entscheidende Zeuge der Verklärung wird; nur ausnahmsweise kann auch Johannes oder sogar Thomas (sic!) die zentrale Person der Verklärung werden, nämlich dort, wo Johannes bzw. Thomas der Offenbarungsträger der jeweiligen Schrift ist (*Acta Ioannis; Acta Thomae*); BERGER 1981, 282f.

Gottes μεγαλειότης (Lk 9,43).[225] In Act 19,27 ist μεγαλειότης eine Eigenschaft der Göttin Artemis. Auch das Substantiv ἔξοδος verbindet Lukas mit dem *zweiten Petrusbrief*: Lukas gibt als einziger den Inhalt des Gespräches zwischen Elia, Mose und Jesus an: Sie hätten über seinen ἔξοδος gesprochen ἣν ἤμελλεν πληροῦν ἐν Ἰερουσαλήμ (9,31). Dieser Gebrauch von ἔξοδος als Euphemismus für den Tod[226] kommt nur noch ein Mal vor im Neuen Testament - in 2 Petr 1,15, unmittelbar vor dem Abschnitt über die Verklärung: σπουδάσω δὲ καὶ ἑκάστοτε ἔχειν ὑμᾶς μετὰ τὴν ἐμὴν ἔξοδον τὴν τούτων μνήμην ποιεῖσθαι.[227] An beiden Stellen wird auf einen bevorstehenden (gewaltsamen) Tod hingewiesen.[228]

Zusammenfassend lässt sich feststellen, dass der *zweite Petrusbrief* und das *Lukasevangelium punktuell* konvergieren. Beide interpretieren sie die Verklärungsszene mit Hilfe der Kategorie δόξα: Die δόξα Jesu ist es, was die Jünger wahrnehmen. Bei beiden konzentriert sich die Darstellung der anwesenden Jüngergruppe auf Petrus, die anderen treten zurück. Beide gebrauchen das Wort μεγαλειότης für göttliche Größe und Wirkmächtigkeit,[229] und beide gebrauchen ἔξοδος euphemisierend für den bevorstehenden gewaltsamen Tod. Doch lässt sich hier mit den Kriterien der Strukturalität und Selektivität nicht in derselben Weise auf ein intertex-

---

[225] Diese Verwendung von μεγαλειότης im unmittelbaren Kontext zur Verklärung sieht auch HILLYER 1993, 177.

[226] DABROWSKI 1939, 87f nimmt für ἔξοδος eine breitere Bedeutung als ‚Tod' an: «ἔξοδος souvent signifie la mort. Xénophon emploie ce terme pour désigner la fin en général : ἐπ'ἐξόδῳ τοῦ ζῆν. Cependant [...] ἔξοδος en ce cas, ne signifie pas uniquement la mort. Car chez S. Luc la venue du Christ dans le monde s'appelle εἴσοδος et pour cela ἔξοδος désigne outre la mort tout ce qui la suit: la résurrection et l'ascension. Ce sens est contenu dans les mots: ἣν ἤμελλεν πληροῦν ἐν Ἰερουσαλήμ. Πληροῦν se rapporte à tout ce qui a été prédit du Christ, de sa passion, de sa mort et de sa glorification.» Das mag sachlich stimmen, allein die Beweisführung ruht auf schwachem Grund: Bei Lukas tritt das Wort εἴσοδος nur einmal auf, nämlich in Act 13,24, dort bezeichnet es die Zeit des Auftretens Jesu, was in etwa in der von DABROWSKI angedeuteten Weise verstanden werden kann.

[227] Daneben bezeichnet es den Auszug aus Ägypten in Hebr 11,22. Beide Bedeutungen kommen bereits in der Septuaginta vor, ferner bei Philo, Josephus, im *Testament der zwölf Patriarchen*; die Bedeutung ‚Tod' auch bei Epiktet und Justin, vgl. BAUER/ALAND 1988 und HÖLLER 1937, 78f. Irenäus haer III,1,1 (= Euseb, hist.eccl V,8,2–3) bezeichnet den Tod Petri und Pauli als ἔξοδος, was u.a. VAN HOUWELINGEN 1993, 35 mit einiger Wahrscheinlichkeit als Anspielung auf 2 Petr 1,15 sieht. Bei den Apostolischen Vätern ist ἔξοδος nur einmal belegt: Herm vis 3,4,3. Hermas hat in einer Vision einen Turm – eine Metapher für die Kirche – im Stadium des Erbautwerdens gesehen und will nun wissen, was der ἔξοδος und die δύναμις der Steine ist. LEUTZSCH übersetzt ἔξοδος mit ‚Schicksal' und vermerkt, es scheine sonst keine Belege für diese Bedeutung zu geben; siehe SUC III, 167 und 415 (Anm 318).

[228] So schon BOOBYER 1959, 45.

[229] μεγαλειότης findet sich neben Lk 9,43 und Act 19,27 noch in 1 Klem 24,5, Diog 10,5 und im Präskript des IgnRöm.

tuelles Verhältnis schließen wie bei der Frage nach der Abhängigkeit von der synoptischen Tradition; zu versprengt sind die Berührungspunkte. Ein plausibler Deutungsversuch ist es, die genannten Konvergenzen einer benachbarten Sprach- und Vorstellungswelt, womöglich auch einem angrenzenden theologischen Ort bei Lukas und dem Verfasser des *zweiten Petrusbriefes* zuzuschreiben: Beide teilen die Beschreibungsweise göttlicher Erscheinung mit Vokabular, das im paganen Bereich auch für Herrscher und Wohltäter gebraucht werden kann (μεγαλειότης, δόξα), teilen den feierlich-euphemistischen Ton beim Sprechen vom anstehenden Martyrium (ἔξοδος), der sich auch in der Testamentliteratur finden lässt, teilen die Deutung von Petrus als zentraler Figur, die für den Zugang zu Jesu tatsächlicher Bedeutung steht. Zu diesem Verständis der Konvergenzen passt, was oben zu der Begegnung zwischen Lukas und dem *zweiten Petrusbrief* hinsichtlich der Rolle der Augenzeugen gesagt wurde. Dies schließt nicht aus, dass der Verfasser der *Secunda Petri* das *Lukasevangelium* kannte, allein legt sich ein intertextuelles Verhältnis im Sinne einer literarischen Abhängigkeit ausgehend von 2 Petr 1,16–19 nicht nahe.

1.2.2. Konvergenzen mit johanneischer Literatur des Neuen Testaments

Aus der johanneischen Literatur des Neuen Testament bietet ein Vers des Prologs zum *Johannesevangelium* eine theologische Parallele mit lexikalischen Anklängen an 2 Petr 1,16–18.[230] Joh 1,14b kennt ebenfalls ein Schauen der δόξα des fleischgewordenen Logos durch das ‚apostolische Wir', nämlich zu der Zeit, als er unter ‚uns' sein Zelt aufgeschlagen[231] hatte: καὶ ἐθεασάμεθα τὴν δόξαν αὐτοῦ. Diese δόξα hängt wie im *zweiten Petrusbrief* mit der Sohnschaft zusammen (δόξαν ὡς μονογενοῦς[232]) und wird ebenfalls vom Vater vermittelt (παρὰ πατρός).[233] In einer Übersicht zeigen

---

[230] Aufgrund einiger der im Folgenden aufgeführten Kongruenzen erwägt BROWN 1966, 34f, ob die Formulierung von Joh 1, 14cd nicht ein " echo of the Transfiguration" darstellt.

[231] Bezöge man die synoptischen Erzählungen von der Verklärung mit in die Betrachtung ein, bildete bereits das Verb σκηνοῦν in Joh 1,14a noch eine bedenkenswerte Verbindung zum Vorschlag Petri ποιήσωμεν ... σκηνάς (Mk 9,5 par.).

[232] Auch zwischen μονογενής in Joh 1,14 und dem ἀγαπητός der Himmelsstimme lässt sich eine Verbindung herstellen; so DABROWSKI 1939, 101f: «Ἀγαπητός, dans la littérature classique, quand il est joint à υἱός, θυγάτηρ, παῖς et autres mots semblables, signifie «unique». Dans le texte des Septante ce mot correspond à l'hébreu יחיד [...] et, comme dans le Nouveau Testament, il a le sens de μονογενής [...]. Ce sens se trouve aussi fréquemment chez les Pères.» KAHMANN 1980, 91 bringt die Verbindung auf den Punkt: "2 Petr. 1,17 vat in feite de betekenis betekenis van Jezus' aardse leven samen op dezelfde wijze als Joh. 1,14."

[233] Da die δόξα an der Sohnschaft hängt, kann sie auch in der Taufe weitergegeben werden, so jedenfalls die sicher christliche Textstelle TestLev 18,6–7: Οἱ οὐρανοὶ ἀνοιγήσονται, καὶ ἐκ τοῦ ναοῦ τῆς δόξης ἥξει ἐπ' αὐτὸν ἁγίασμα μετὰ φωνῆς

sich die möglichen Anklänge zwischen Joh 1,14b und 2 Petr 1,16–18 wie
folgt:

Joh 1,14b	καὶ ἐθεασάμεθα	τὴν δόξαν αὐτοῦ,	δόξαν ὡς μονογενοῦς	παρὰ πατρός
2 Petr 1,16–18	ἐπόπται γενηθέντες	λαβὼν γὰρ ... τιμὴν καὶ δόξαν	Ὁ υἱός μου ὁ ἀγαπητός μου οὗτός ἐστιν	λαβὼν γὰρ παρὰ θεοῦ πατρὸς

Auch wenn auf der Basis der lexikalischen Kongruenzen ein intertextuelles Verhältnis im Sinne einer literarischen Abhängigkeit nicht postuliert
werden kann, ist der Gleichklang der theologischen Absichten ist unüber-
hörbar: Wie Johannes geht es dem Verfasser des *zweiten Petrusbriefes* darum, Jesu Herkunft von Gott, ausgedrückt in der Kategorie der Sohnschaft,
hervorzuheben und das ‚apostolische Wir' als Zeugen dieser Verbindung
darzustellen. Ein grundsätzlicher Unterschied besteht jedoch zwischen
dem johanneischen und petrinischen Konzept: Während bei Petrus die
Schau der δόξα der Sohnschaft ein punktuelles Ereignis auf dem Verklärungsberg ist, erstreckt sich die Offenbarung der δόξα im *Johannesevangelium* über das gesamte Buch[234], mithin die gesamte Dauer von Jesu Auftreten, und kulminiert in Kreuz und Auferstehung. Dem ‚apostolischen Wir'
steht hier ein gedehnter Zeitraum zur Schau zur Verfügung, und sei es
auch erst in der nachösterlichen *relecture* des Lebens Jesu.[235]

Einen weiteren Vers des *Johannesevangeliums*, nämlich 12,28 hat man oft
mit der (synoptischen) Verklärungserzählung in Verbindung gebracht.[236]
Jesus bittet: πάτερ, δόξασόν σου τὸ ὄνομα. Darauf kommt eine φωνὴ ἐκ
τοῦ οὐρανοῦ mit dem Wortlaut καὶ ἐδόξασα καὶ πάλιν δοξάσω. Angesichts des spezifischen Umgangs des *Johannesevangeliums* mit der wohl
vielerorts vorauszusetzenden synoptischen Tradition ist das durchaus
möglich.[237] Für hiesige Belange stellt sich dann die Frage, ob sich Über-

---

πατρικῆς ... Καὶ δόξα ὑψίστου ἐπ᾽ αὐτὸν ῥηθήσεται , καὶ πνεῦμα συνέσεως καὶ
ἁγιασμοῦ καταπαύσει ἐπ᾽ αὐτὸν ἐν τῷ ὕδατι.

[234] Die traditionelle Einteilung des Evangeliums seit BULTMANN in Offenbarung
der δόξα vor der Welt (Joh 1–12) und Offenbarung der δόξα vor den Jüngern (13–20)
gilt weithin auch noch gegenwärtig, siehe etwa ZUMSTEIN 1999, 126 Anm. 4.

[235] Zur johanneischen Darstellung des Lebens Jesu als nachösterliche *relecture* vgl.
ZUMSTEIN 1999, v.a. 62–77.

[236] BAUER 1925, 157: „Die Stimme, die sich antwortend vom Himmel vernehmen
läßt, ruft uns angesichts der Tatsache, daß die Idee der Verklärung 23 leitender Gesichtspunkt ist, und daß 25.26 bereits das der Verklärungsgeschichte Vorausgehende
Mc 8 34. 35. 38 = MT 16 24. 25 Verwendung gefunden hat, vor allem jene Erzählung [...] ins
Gedächtnis."

[237] In Joh 12,27f wird beispielsweise die Gethsemane-Tradition in markinischer
Fassung vorausgesetzt, vgl. SCHNELLE 1998, 204. Nur am Rande erwähnt sei die eigentümliche Berührung mit Lukas: Wie dieser in seine Gestaltung der Verklärungsszene
Verweise nach dem Gebet in Gethsemane einfließen lässt, so verarbeitet Johannes hier
möglicherweise beide Traditionen innerhalb von zwei Versen.

schneidungen zwischen dieser johanneischen Form der Verklärungsszene und der Bezugnahme auf dieselbe Szene im *zweiten Petrusbrief* zeigen. Diese beschränken sich jedoch auf die φωνὴ ἐκ τοῦ οὐρανοῦ (statt dem synoptischen ἐκ τῆς νεφέλης) und den zentralen Begriff der δόξα. Die φωνὴ ἐκ τοῦ οὐρανοῦ ist, wie gezeigt, eine gängige Erscheinung apokalyptischer Literatur und δόξα ein Konzept, das sich als Beschreibung und Deutehorizont des Verklärungsgeschehens geradezu aufdrängt und entsprechend auch von Lukas als solches verwendet wird. Hinweise auf ein textuelles Verhältnis, das über die gemeinsame theologische und begriffliche Textwelt hinausgeht, fehlen.

1.2.3. Konvergenzen mit dem ersten Petrusbrief und der Petrusapokalypse

Auf den ersten Blick ist die Wiederaufnahme der Verklärungsszene aus der synoptischen Tradition eine Eigenheit der *Secunda Petri*, kein Verbindungselement zur *Prima*. Gleichwohl bietet diese möglicherweise Anknüpfungspunkte oder sogar Anspielungen auf die Transfiguration Jesu, die der Verfasser des Fortsetzungsbriefes aufgegriffen haben könnte.

So mahnt ‚Petrus' in 1 Petr 5,1 als μάρτυς τῶν τοῦ Χριστοῦ παθημάτων, ὁ καὶ τῆς μελλούσης ἀποκαλύπεσθαι δόξης κοινωνός. Hierin wird zuweilen ein Hinweis auf die Anwesenheit Petri bei der Passion Christi und bei der Verklärung gesehen. Voraussetzung ist eine eine perfektisch-präsentische Deutung von κοινωνός: Petrus sei der δόξα Christi, die noch offenbart werden soll, schon teilhaftig (geworden) und zwar während der Verklärung.[238] Dieses Verständnis überstrapaziert jedoch die Formulierung. Δόξα gibt in der vorliegenden Einbettung keinerlei Hinweis darauf, dass hier auch mitgelesen werden soll, dass sie Petrus sozusagen schon proleptisch geoffenbart worden sein soll, allein von der künftigen δόξα aller Gläubigen ist die Rede.[239] Freilich lässt sich dann immer noch behaupten, der Verfasser des *zweiten Petrusbriefes* habe – anders als vom Verfasser der *Prima Petri* beabsichtigt – 1 Petr 5,1 als Anspielung auf die Verklärung gelesen und dies in 2 Petr 1,16–18 expliziert.[240] Mangels konkreter Hinweise aus dem Text könnte solch eine These nur im Rahmen einer größeren Menge ähnlicher Bezugnahmen des *zweiten Petrusbriefes* auf den

---

[238] SELWYN 1949, 228f. Er argumentiert, man dürfe μελλούσης nicht über δόξης hinaus auch noch auf κοινωνός beziehen. Κοινωνός beziehe sich im NT immer auf konkrete Erfahrungen und der bestimmte Artikel ὁ zeige, dass der Verfasser auf etwas den Rezipienten schon Bekanntes anspiele; vgl. auch BOOBYER 1959, 43.

[239] Mit ELLIOTT 2000, 821.

[240] BOOBYER 1959, 47–49. Diese Idee gehört bei BOOBYER zu einer umfassenderen These, nach der "the structure of the first chapter of 2 Peter in its framework and sequence of thought lies in very real debt to the way in which the writer of the second epistle read 1 Pet. 1:2–12, not forgetting his more detailed explication of 1 Pet. 5:1 in 2 Pet 1:16–18"; ibid. 43.

ersten Plausibilität gewinnen; die Evidenz des isoliert betrachteten Falles trägt keine Beweiskraft.

Eine andere Beobachtung setzt nicht bei δόξα ein, sondern bei παρουσία, das dann gänzlich in seinem eschatologischen Aspekt aufgefasst wird. Der *zweite Petrusbrief* schließe sich gerade in der starken Parusieerwartung an den *ersten Petrusbrief* an.[241] Nun hat zwar der *erste Petrusbrief* in der Tat eine starke eschatologische Ausrichtung, allerdings verwendet er, anders als der *zweite Petrusbrief*, nicht das Wort παρουσία, vielmehr spricht er von der ἀποκάλυψις Ἰησοῦ Χριστοῦ (1,7) oder von der ἀποκάλυψις τῆς δόξης αὐτοῦ (4,13). Dies ist kein zwingendes Argument gegen die Behauptung der Bezugnahme, da ja, wie nun schon häufiger beobachtet, der Verfasser des *zweiten Petrusbriefes* mit einer großen lexikalischen Freiheit Bezug nehmen kann auf andere Texte. Doch gilt auch hier, dass diese Behauptung nur dann Plausibilität gewinnen kann, wenn eine größere Zahl hinreichend sicherer Rückgriffe auf den *ersten Petrusbrief* den Rahmen für eine Anlehnung in diesem Punkt bilden.

Das zweite Jahrhundert und die Folgezeit bringen eine Fülle an Literatur hervor, die mit dem Namen Petri assoziiert wird. Gemeinsame Textwelten oder gar textuelle Interferenzen sind nicht *a priori* auszuschließen; immerhin gehört die *Secunda Petri* in die Bewegung, die Petrus am Ende des ersten und zu Beginn des zweiten Jahrhunderts in zunehmendem Maße zum Verfasser oder zur Hauptfigur literarischer Erzeugnisse macht. Mehrere dieser Werke schließen eine Verklärungsszene ein.

Euseb kennt neben den beiden Briefen Petrus*akten*, ein Petrus*evangelium*, ein *Κήρυγμα Πέτρου* und eine *Petrusapokalypse*.[242] Von einem Petrus*evangelium* erfährt gegen Ende des zweiten Jahrhunderts Bischof Serapion von Antiochien. Es befindet sich zum damaligen Zeitpunkt im Gebrauch (eines Teils?) einer Gemeinde in Rhossos, wenige Kilometer nordwestlich von Antiochien.[243] Als man Ende des 19. Jahrhunderts in Akhmîm in Oberägypten ein Fragment eines Evangeliums entdeckt, das in der Ich-Form von ‚Petrus' erzählt wird, identifiziert man es rasch mit der Schrift, auf die Serapion Bezug nimmt. Die Entstehung dieses Evangeliums wird meist in die erste Hälfte des zweiten Jahrhunderts datiert, aber die erhaltenen Passagen setzen erst mit der Passion ein und nehmen keinen Bezug auf die Verklärung, auch sonst scheint keine Verbindung mit dem *zweiten Petrusbrief* zu bestehen.[244] Weiterhin zitiert Clemens Alexandrinus mehr-

---

[241] KAHMANN 1980, 90. Als Belege führt er an 1 Petr 1,5.7.13; 4,7.13 und 5,4.

[242] Eus hist.eccl III,3,1–2.

[243] Eus hist.eccl VI,12,2–6.

[244] SMITH 1985, 42: "Despite the fact that one or two general similarities have been observed between the Gospel and 2 Peter, there are no significant resemblances between the two writings to indicate that either author used or even knew the other document." Dies gilt auch für die kleineren noch erhaltenen Fragmente aus Oxyrhyn-

mals eine Schrift mit dem Titel κήρυγμα Πέτρου, die ebenfalls an den Anfang des zweiten Jahrhunderts datiert wird. Erhalten ist sie nur in wenigen Zitaten bei den Schriftstellern der Alten Kirche, die jedoch auch keinen Bezug auf die Verklärung nehmen.[245] Bleibt die Petrus*apokalypse*,[246] die
ebenfalls von Clemens von Alexandrien in einer Reihe mit den von ihm
als ‚umstritten' (ἀντιλεγόμεναι) klassifizierten Schriften *Judasbrief*, übrige
katholische Briefe und *Barnabasbrief* genannt wird.[247] Sie muss also wenigstens in der Umgebung des Clemens und zu dessen Zeit einiges Ansehen
genossen haben.[248] Erhalten ist die ursprüngliche griechische Fassung nur
in zwei kleinen Fragmenten eines Pergamentcodex,[249] eine seit 1910 bekannte äthiopische Version aber soll nach einer Mehrheit der Forscher
diesem griechischen Original im Umfang recht nahe kommen, allerdings
unter Einbußen bezüglich der Qualität hinsichtlich der Wiedergabe des
griechischen Textes.[250] Eine griechische Fassung, zusammen mit dem *Petrusevangelium* in Akhmîm gefunden, ist nicht nur unvollständig, sondern

---

chus und das Fayûm-Fragment, falls dieses überhaupt zu diesem *Petrusevangelium* zu
rechnen ist. Die neueste Ausgabe aller erhaltenen Fragmente wurde von KRAUS und
NICKLAS in GCS.NF 11 besorgt, siehe dort auch für Datierung und Bezeugung bei den
Autoren der Alten Kirche. Vgl. ferner auch LAPHAM 2003, 15ff.

[245] Die neuste Ausgabe des Textes mit Kommentar wurde von CAMBE besorgt:
CCSA 15; siehe dort auch die Quellen für die Bezeugung der Schrift.

[246] Weitere Pseudopetrinen wie die *koptisch-gnostische Petrusapokalypse* (Nag Ham-
madi Codex VII) oder die in den Pseudoklementinen verarbeiteten *Kerygmata Petrou*
sind aufgrund ihrer späteren Datierung ohnehin für den *zweiten Petrusbrief* von eher
nachgeordnetem Interesse, geben aber auch im Text keinen Anhaltspunkt für die
Aufnahme einer Verklärungstradition. Literarische Abhängigkeit der *koptisch-gnostischen Petrusapokalypse* vom *zweiten Petrusbrief* wird vertreten u.a. von PEARSON 1990,
passim, besonders 74; anders SMITH 1985, 142: Der *zweite Petrusbrief* und die *koptisch-
gnostische Petrusapokalypse* seien zwei Antworten auf dieselbe Auseinandersetzung
um die Figur Petri im zweiten Jahrhundert.

[247] Die *Hypotyposeis* des Clemens Alexandrinus sind nicht erhalten. Eus hist.eccl
VI,14,1 berichtet, Clemens habe darin kurze Zusammenfassungen aller kanonischen
Bücher gegeben und habe auch die umstrittenen nicht ausgelassen, worauf die oben
genannte Aufzählung folgt.

[248] Siehe auch die Erwähnung im so genannten *Kanon Muratori*: „*Apocalypses etiam
Iohannis et Petri tantum recipimus, quam quidam ex nostris legi in ecclesia nolunt.*" Zitat
nach GCS.NF 11,87.

[249] *Bodl. MS Gr. Th. f. 4 [P]* und *P.Vindob.G 39756*, zu finden in der Ausgabe von
KRAUS/NICKLAS GCS.NF 11, 121–30; siehe hierzu auch KRAUS 2003.

[250] In dieser äthiopischen Version sind nicht nur alle Kirchenväterzitate der Apokalypse zu identifizieren, sie stimmt auch in ihrer Länge in etwa mit den dazu überlieferten Angaben überein, vgl. MÜLLER in NTApo ⁵1989, 565. Auf die schlechte Qualität
der Übersetzung lässt sich aus dem Vergleich der äthiopischen Textversion mit den
beiden genannten Fragmenten des Pergamentcodex schließen; siehe SMITH 1985, 44.
Für eine kurze Übersicht über die Unterschiede zwischen beiden Fassungen und ihrem Verhältnis zur ursprünglichen Fassung siehe REBELL 1992, 245f.

weicht auch sonst von der äthiopischen Fassung ab; sie hat dieser gegenüber deutlich sekundären Charakter.[251]

Der äthiopische Text der *Petrusapokalypse* bietet einen Abschnitt, der Elemente der Verklärungstradition aufgreift.[252] Nach auf dem Ölberg lokalisierten Belehrungen Jesu an die Jünger zuvorderst über die Parusie (1), die letzte Zeit (2), dann aber auch über den Jüngsten Tag (3) und seine kosmischen Begleiterscheinungen (5), die Auferstehung zum Gericht (4), das Gericht (4–6), in großer Ausführlich- und Anschaulichkeit über die Höllenstrafen (7–13) und in knappen Worten über die erretteten Gerechten (13–14) wendet sich Jesus am Ende des Textes an Petrus mit der Aufforderung, die Jünger sollten mit auf den Heiligen Berg zu kommen (15). Alle Jünger kommen mit hinauf und beten. Die folgenden Sätze bieten zahlreiche Berührungspunkte mit der synoptischen Tradition, gehen aber an Ausführlichkeit über diese hinaus. Zunächst sehen die Jünger Elia und Mose in hellem Lichtglanz (15). Sie sind hier Vertreter für die ‚gerechten Väter' im Paradiesesgarten (16). Petrus macht den Vorschlag, Hütten zu bauen. Schließlich kommt eine ‚Stimme vom Himmel' (17): „Dies ist mein Sohn, den ich liebe und an dem ich Gefallen habe und meine Gebote...", und eine weiße Wolke nimmt Jesus, Mose und Elia mit sich fort in den Himmel. Die Verklärung ist hier also gekoppelt mit der Himmelfahrt, oder besser: Motive, die aus den synoptischen Verklärungsszenen bekannt sind, gehen hier einer Himmelfahrtsszene voraus.[253] Als Beleg für die Verknüpfung der Parusie mit der Verklärung kann die äthiopische Version jedoch keinesfalls herhalten.[254] Der Kontext ist wohl eschatologisch, aber

---

[251] Die umgekehrte Sichtweise findet sich bei LAPHAM 2003, 195ff, aber auch BLINZLER 1937, 69 hält über die äthiopische Fassung fest: „Das Ganze verrät sich demnach deutlich als Kompilation aus der synoptischen Verklärungs- und der Himmelfahrtsgeschichte auf der Basis der Akhmimdarstellung."

[252] Mehr als Elemente der synoptischen Verklärungsszene sind nicht zu finden, darum gilt mit BAUCKHAM 1988d, 4735, dass die im Folgenden geschilderte Szene "should not be called an account of the transfiguration, for in neither version is the transfiguration of Jesus described at all." Als Textgrundlage dient im Folgenden die deutsche Übersetzung in NTApo ⁵1989 sowie die zweisprachige äthiopisch-englische Ausgabe BUCHHOLZ 1988.

[253] THEISSEN 1987, 105 hat die Vermutung geäußert, die Verklärung sei ursprünglich nicht, wie oft behauptet, eine Oster-, sondern eine Himmelfahrtserzählung. Wäre das richtig, so hätte die äthiopische Variante der *Petrusapokalypse* entweder eine vormarkinische Fassung der Verklärung bewahrt oder die synoptische Fassung dahin zurückverwandelt. Dabei ist eine Entwicklung von der synoptischen Tradition hin zur Verlagerung der Verklärung auf die Zeit nach dem Tod des historischen Jesus leichter zu kontextualisieren, da sich in Offenbarungs- und apokalyptischer Literatur eine allgemeine Tendenz beobachten lässt, die entscheidenden Offenbarungen an Petrus auf die nachösterliche Zeit zu verschieben, vgl. BERGER 1981, 284. 298 u.ö.

[254] Als solche wertet NEYREY 1980, 511–513 die äthiopische Fassung. Ein methodisches Problem seines Vorgehens über die obige Argumentation hinaus ist, dass er

von der Parusie ist nur am Anfang des Textes die Rede, nicht aber am Ende, wo die Elemente der Verklärungsgeschichte Verwendung finden. Bei der Aufnahme Jesu in den Himmel schließlich finden sich im äthiopischen Text, anders als bei Lukas, eben keine Aussagen, dass er so wiederkommen wird, wie er ging. Als lexikalische oder inhaltliche Überschneidung mit der Textgestalt des *zweiten Petrusbriefes* in 1,16–18, die nicht über die deutlich verwendete synoptische Tradition erklärbar ist, kann allein der ‚heilige Berg' (15) gelten. Dieser hat hier jedoch nicht die Funktion eines Verweises auf Psalm 2, sondern gehört zum geographischen Setting der *Petrusapokalypse*. Während die ersten vierzehn Kapitel auf dem Ölberg lokalisiert waren, fordert Jesus die Jünger in 15,1 auf, mit auf den Tempelberg zu kommen.[255] Ein Nachweis, dass das Attribut ‚heilig' aus der *Secunda Petri* übernommen ist, ist schwer zu erbringen; ein mögliches Argument wäre, dass in der Umgebung auch Elemente aus den Synoptikern entgegen ihrer ursprünglichen Verwendung rekontextualisiert wurden. Für die zweite kleine Übereinstimmung, die Herkunft der Stimme ‚vom Himmel' statt ‚aus der Wolke' wie bei den Synoptikern, finden sich, wie gesehen, zu viele mögliche Erklärungen, um sie mit dem *zweiten Petrusbrief* in Verbindung zu bringen. Möglich ist, dass ‚Ehre und Herrlichkeit' in äthApkPetr 16,5 τιμή καὶ δόξα in 2 Petr 1,17 reflektiert. Dies charakterisiert allerdings dort diejenigen, die nach Jesu Gerechtigkeit trachten, während im *zweiten Petrusbrief* Jesus τιμή καὶ δόξα vom Vater empfängt. Die Dürftigkeit der Kongruenzen lässt eine Aussage über eine direkte textuelle Beziehung also nicht zu.[256]

Im Text des Akhmîmfragments finden sich zu Beginn einzelne Motive, die an die Verklärungsgeschichte anklingen. Hier fordert Jesus (Vers 4)[257] seine Jünger auf, mit ihm auf den Berg (εἰς τὸ ὄρος) zu steigen um zu beten. Die Jünger werden eingeführt als ἡμεῖς οἱ δώδεκα μ[α]θηται (Vers 5). Sie bitten Jesus, ihnen einen der gerechten Brüder zu zeigen, um zu sehen, was für eine μορφή diese hätten. (Vers 5) In der Tat erscheinen beim Gebet zwei Männer mit Gewändern in gleißendem Licht (Vers 6). Die δόξα

---

einen Textschluss nach James zitiert, der nicht als ursprünglich erachtet wird und sich dementsprechend auch nicht in NTApo findet. Auch SMITH 1985, 52 sieht im Bezug zur Parusie die Gemeinsamkeit zwischen äthApkPetr und 2 Petr: "More significant is the fact that both writers appear to have understood the transfiguration as a foreshadowing of the parousia, which might argue for their having come from the same segment of early Christianity."

[255] BAUCKHAM 1998a, 193; vgl. auch BAUCKHAM 1998b, 300f.

[256] Mit BLINZLER 1937, 76. Siehe auch SMITH 1985, 51f: "… it is unlikely that the author [scil.: von äthApkPetr, MGR] has been directly influenced by the transfiguration account in 2 Pet 1:16–18, though the two writings share the phrase "holy mountain", the words spoken by the heavenly voice, and the phrase 'honour and glory'."

[257] Die Versangabe erfolgt nach der HARNACK'schen Zählung, die auch in den Textausgaben von GEBHARDT und von KRAUS/NICKLAS (GCS.NF 11) durchgeführt ist.

(Vers 7), in die sie gehüllt sind, ist unbeschreiblich. Sie werden vorgestellt als die zu sehen gewünschten gerechten Brüder (Vers 13). Es folgt ein kurzer Blick in das Paradies (Vers 15–20), bevor Schilderungen des Ergehens der Übeltäter in der Hölle einsetzen (Vers 21–34). Die Überschneidungen mit dem *zweiten Petrusbrief* gehen hier nicht über Gemeinsamkeiten mit den Synoptikern hinaus:[258] εἰς τὸ ὄρος entspricht Lukas, entgegen der äthiopischen Version findet sich hier keine Qualifikation als ‚heilig'. Auch die Art der Verwendung von δόξα ist die der lukanischen Erzählung. ἡμεῖς οἱ δώδεκα μ[α]θηται entspricht zwar eher dem ἡμεῖς des *zweiten Petrusbriefes* als der klar definierten Dreizahl der Synoptiker, aber daran eine literarische Beziehung knüpfen zu wollen, wird man nicht ernsthaft in Betracht ziehen.

Neben den mehr oder weniger großen Anklängen an die synoptische Tradition auf lexikalischer Ebene fällt vor allem die große Freiheit auf, die sich die *Petrusapokalypse* nimmt bezüglich der kontextuellen Einbettung und der Funktion der Verklärungserzählung. Während sie im *zweiten Petrusbrief* noch in einiger Übereinstimmung mit den Synoptikern Einblick gewährt in Jesu göttliche Herkunft und daher als Argument für die Glaubwürdigkeit der Verkündigung der Apostel von Jesu (eschatologischer) Macht fungieren kann, ist sie in der *äthiopischen Petrusapokalypse* eine Himmelfahrtserzählung und im Akmîmfragment Ausgangspunkt zur Schau der eschatologischen Ereignisse nach dem Plan Gottes.

1.2.4. Konvergenzen mit ‚Verklärungsszenen' apokrypher Apostelakten

Apokryphen Apostelakten kommen zwar als Prätexte aus chronologischen Gründen vermutlich nicht in Betracht, aber sie können einen Einblick vermitteln, wie die Verklärungstradition im späteren *zweiten Jahrhundert* verwendet wurde, sie geben somit Auskunft über den traditionsgeschichtlichen näheren oder ferneren Kontext der Bezugnahme auf die Verklärung durch die *Secunda Petri*.

In den *Johannesakten* wird die Verklärung mit deutlichen lexikalischen Anklängen an die Synoptiker aufgenommen (ActJoh 90): Jesus nimmt Johannes, Jakobus und Petrus zur Seite (παραλαμβάνειν, vgl. Mk 9,2 par.), geht mit ihnen hinauf εἰς τὸ ὄρος (vgl. Lk 9,28), wo es seine Gewohnheit war zu beten (εὔχεσθαι, vgl. Lk 9,28: προσεύξασθαι).[259] Diese Verklärung

---

[258] Für eine ausführlichere Auflistung der Parallelen mit den Synoptikern siehe u.a. BLINZLER 1937, 65–67. Sein Fazit: „Der Bericht läßt sich also vollkommen hinter der heutigen Form der Synoptikergeschichte verstehen".

[259] CARTLIDGE 1986, 54 sieht gleichwohl keinen Anlass, ein literarisches Verhältnis zu den Synoptikern zu postulieren, auch nicht für die dritte ‚Metamorphosen'erzählung (ActJoh 89): "These stories of Jesus transfigured are analogous to the metamorphosis tradition in Mk 9:2–8 and parallels to the ascension story in the Canonical Acts. However, with the exception of formal elements and the names of the

in der synoptischen Traditionslinie wird jedoch schnell wieder verlassen und der erzählende ‚Johannes' fährt fort mit dem Bericht eines neuerlichen Verklärungsgeschehens auf dem Berg, bei dem er die Hauptrolle spielt, während Jakobus und Petrus zurücktreten: Sie sehen aus der Ferne eine ganz andere Vision als Johannes, der sich dem verwandelten Jesus nähert und mit ihm spricht. Dementsprechend verstehen sie auch weniger als der besonders eingeweihte Johannes. Johannes wird zentraler Offenbarungsträger.[260] Das Metamorphosenmotiv wird ausgebreitet. Jesus erscheint in den *Johannesakten* in unterschiedlichen Gestalten; die einzelnen Erscheinungsformen bzw. die Erzählung davon nennt der Erzähler δόξαι,[261] was daran erinnert, dass bei Lukas die drei nach dem Aufwachen τὴν δόξαν αὐτοῦ sahen (Lk 9,32) und dass Jesus nach dem *zweiten Petrusbrief* in der Verklärung τιμὴν καὶ δόξαν (2 Petr 1,17) von Gott empfing. Dass daran jedoch keine Verbindung zum *zweiten Petrusbrief* geknüpft werden kann, liegt auf der Hand; überhaupt fehlen jegliche Anzeichen der Benutzung von 2 Petr 1,16–18 durch die Johannesakten.[262]

Dasselbe trifft auch für die *Thomasakten* zu. Die Verklärungtradition wird in ActThom 143 gerade in so weit aufgenommen, dass sie als solche erkenntlich ist: τὴν δὲ θέαν εἴδομεν ἐνηλλοιωμένην τοῖς ἡμετέροις ὀφθαλμοῖς, … ἐν τῷ ὄρει, dann aber in ihrer Bedeutung sofort abgewertet: τὸν δὲ τύπον αὐτοῦ τὸν οὐράνιον ἐν τῷ ὄρει ἰδεῖν οὐκ ἠδυνήθημεν. Die Verklärung konnte also nur begrenzte Einsicht in das Wesen Christi gewähren. Überhaupt ließ sich mit den Augen als körperlichen Sinnesorganen nur Jesu σμικρότης wahrnehmen, seine μεγαλειότης aber wurde im Glauben erkannt und an den Werken gesehen. Das steht nun in direktem Gegensatz zum *zweiten Petrusbrief*, der ausdrücklich konstatiert, die Verkünder der machtvollen Gegenwart Christi seien beim Verklärungsereignis ἐπόπται τῆς ἐκείνου μεγαλειότητος geworden. Hier Kritik und Korrektur an der Darstellung des *zweiten Petrusbriefes* sehen zu wollen, ist durchaus nicht abwegig.[263] Dafür spricht auch, dass sich im unmittelbaren

---

disciples involved, the parallels between the metamorphoses in the AJh and those in the synoptic gospels are general descriptions common to most epiphanic tales [...]. Attempts to show a literary relationship between the synoptics' transfiguration stories and those in the apocryphal Acts have not been convincing."

[260] Für eine eingehendere Besprechung siehe CARTLIDGE 1986, 53–57.

[261] Siehe beispielsweise ActJoh 93: Ἑτέραν δὲ ὑμῖν δόξαν ἐρῶ, ἀδελφοί. Hierauf wird von den unterschiedlichen Körperlichkeiten erzählt, die Johannes an Jesus erfahren hat, im Anschluss daran folgt ein Brotwunder unter den Jüngern und ein ‚Natur'wunder, nämlich dass Jesus keine sichtbaren Fußspuren auf der Erde hinterließ.

[262] it BLINZLER 1937, 73.

[263] iese Deutung passt in die These von CARTLIDGE, 1986, 60f, dass die *Johannes-*, *Petrus-* und *Thomasakten* eine frühchristliche 'miracle-story christology' weitertradierten, die vom Verfasser des *zweiten Petrusbriefes* abgelehnt worden sei, indem er die Verklärung vorwiegend mit der παρουσία innerhalb des Doppelbegriffs δύναμις

Kontext weitere Anspielungen auf biblische Texte finden lassen: Der Beginn des *ersten Johannesbriefes* ist zu erkennen in den Formulierungen

ActThom 143	ὖ τὸ σῶμα ἀνθρώπινον	τὴν δὲ θέαν εἴδομεν ...
	αἱ ταῖς χερσὶν ἐψηλαφήσαμεν	τοῖς ἡμετέροις ὀφθαλμοῖς
1 Joh 1,1	... αἱ χεῖρες ἡμῶν ἐψηλάφησαν	ὃ ἑωράκαμεν τοῖς ὀφθαλμοῖς ἡμῶν

Weitere Aufnahmen stammen aus den Evangelien.[264] Die Predigt des Judas Thomas im Gefängnis in Erwartung seines Todes (!), in deren Rahmen der Verweis auf die Verklärung erfolgt, ist offensichtlich ein Textabschnitt, dem die Verarbeitung biblischer Texte als Bauprinzip zu Grunde liegt. Dass dieser – entgegen der synoptischen Überlieferung mit auf dem Berge war – scheint keiner Erklärung zu bedürfen.[265]

In den *Petrusakten* berichtet Petrus selbst von seiner Bergerfahrung (ActPetr 20). Er befindet sich im Haus eines gewissen Marcellus, wo das Evangelium gelesen wird. Petrus ergreift das Wort und legt aus, wie das Gelesene, die Verklärungsgeschichte, zu verstehen ist: *Dominus noster volens me maiestatem suam videre in monte sancto, videns autem luminis splendorem eius cum filiis Zebedei, caecidi tamquam mortuus et oculos meos conclusi et vocem eius audivi talem qualem referre non possum, qui me putavi exorbatum ab splendore eius.* Petrus überlegt, ob der Herr ihn wohl des Augenlichts berauben wolle, und findet sich dazu bereit, doch erhält er sein Sehvermögen zurück. Die Worte Petri sollen hier nach Aussage des Textes eine Auslegung eines Evangelientextes sein, doch ist die Bezeichung ‚heiliger Berg‘ (*in monte sancto*) bisher in keinem Evangelium zu finden, dafür aber, wie gesehen, im *zweiten Petrusbrief* und der äthiopischen Fassung der *Petrusapokalypse. Maiestas* dürfte μεγαλειότης wiedergeben,[266] auch *vocem... talem* wurde schon als Parallele zu φωνῆς ... τοιᾶσδε oder ταύτην τὴν

καὶ παρουσία verbinde, während die *Acta Petri* die παρουσία der δύναμις unterordneten; vgl. CARTLIDGE 1986, 62. BLINZLER 1937, 73 sieht über diese Berührung zwischen *Thomasakten* und *zweitem Petrusbrief* hinweg; für ihn zeigen die *Thomas-* und *Johannesakten* keine Verknüpfung mit 2 Petr 1,16–18.

[264] Vgl. die Angaben in der Textausgabe der AAA und der Übersetzung in NTApo.

[265] Für eine ausführlichere Besprechung siehe auch hier CARTLIDGE 1986, 57–58.

[266] Auch nur aus der Rückübersetzung erschließen lässt sich μεγαλειότης in der Aufnahme der Verklärung in dem wohl in griechischer Sprache verfassten, aber nur in einem ‚stark regional eingefärbten oberägyptischen Sahidisch‘ unter den Nag-Hammadi-Funden überkommenen *Philippusevangelium*: „Jedoch als er seinen Jüngern in Herrlichkeit auf dem Berge erschien, war er nicht klein. Er wurde groß, aber groß machte er auch die Jünger, damit sie ihn in seiner Größe sehen könnten." (EvPhil 26a, Übersetzung zitiert nach SCHENKE, TU 143, 27). Neben μεγαλειότης lassen sich wohl auch δόξα (Herrlichkeit) und ἐν τῷ ὄρει für den Originaltext erschließen. Zu den Einleitungsfragen vgl. Schenke in TU 143, 3–5, ferner REBELL 1992, 61, nach dem für die Datierung das Wirken des Valentinus, dessen theologische Einflüsse in der Schrift spürbar seien, also die Mitte des zweiten Jahrhunderts, der *terminus post quem* ist.

φωνὴν angesehen, wobei hier jedoch beachtet werden muss, dass in den *Petrusakten* wohl nicht von Gottes, sondern von Christi Stimme die Rede ist. Insgesamt scheint hier eine Bekanntschaft mit der Textform des *zweiten Petrusbriefes* einigermaßen wahrscheinlich.[267]

1.3. Zusammenfassung: potentielle Prätexte zu 2 Petr 1,16–18

Die vorausgehenden Untersuchungen haben gezeigt, dass mit einiger Sicherheit davon ausgegangen werden kann, dass 2 Petr 1,16–18 eine Bearbeitung der synoptischen Verklärungstradition darstellt.[268] Für etwaig noch fehlende Gewissheit wird das folgende Kapitel zeigen, dass die Art der Bezugnahme sich am besten als Einverständnis zwischen Verfasser und Rezipienten über gemeinsam Bekanntes verstehen lässt. Lexikalische, motivische und kompositorische Bezüge deuten in Richtung einer Bekanntschaft mit dem *Matthäusevangelium*, allerdings fällt auf, dass die phänotextuelle Form des Gottesspruches Merkmale zweier verschiedener Paralleltexte bei Matthäus vereinigt (Mt 12,18 und 17,5). Für das *Lukasevangelium* ist dies minder deutlich; die Kongruenzen lassen sich hier als einer benachbarten Sprach- und Vorstellungswelt, vielleicht auch einem angrenzenden theologischen Ort entstammend begreifen. Spezielle Bezüge zum *Markusevangelium* treten nicht hervor; mitverantwortlich dafür mag der Umstand sein, dass so gut wie alle Charakteristika der markinischen Verklärung in einem der beiden späteren Synoptiker wiederzufinden sind.

Berührungspunkte mit dem *Johannesevangelium* und dem *ersten Johannesbrief* sind eher motivisch-christologischer Natur, sie reichen nicht hin, um eine literarische Beziehung sicher zu behaupten. Versuche, Anklänge an den *ersten Petrusbrief* auszumachen, mit dem ja der Verfasser als vertraut gelten darf, überzeugen für sich genommen noch nicht, könnten aber an Plausibilität gewinnen, wenn gleichgeartete Beobachtungen auch für andere Textpassagen gemacht werden können. Beziehungen zum *Corpus Paulinum* neben punktuell gemeinsamen Wortgebrauch (μῦθοι in Pastoralbriefen, γνωρίζειν bei Paulus und im *Epheserbrief*) und ähnlichen christologischen Motiven (göttliche δύναμις Christi), die jedoch nicht hinreichend spezifisch paulinisch sind, um weitergehende Folgerungen daran

---

[267] Wenn die alte These FICKERS haltbar ist, dass der Autor der *Petrusakten* ‚geradezu mit Vorliebe die Petrusbriefe benutzt', darf man umso mehr von einer Bezugnahme auf 2 Petr 1,16–18 ausgehen. Auch SPITTA und ZAHN beobachteten hier literarische Abhängigkeit; vgl. dazu BLINZLER 1937, 73 Anm. 120.

[268] Treffend formuliert BOOBYER 1959, 50: "It is, of course, true that his description of the transfiguration is not exactly parallel to any one of the Synoptic versions, but the divergences are not so great as to require the hypothesis of some non-synoptic source." FARKASFALVY 1985, 7 geht davon aus "that Second Peter in its transfiguration scene combines elements of Matthew and Luke." Er weist darauf hin, dass solche Vorgänge durchaus im zweiten Jahrhundert beheimatet waren.

zu knüpfen, sowie zum *Judasbrief* wurden nicht festgestellt. Das Motiv der Übertragung herrscherlicher/göttlicher Würden auf Christus – teilweise wohl mit bedingt durch die Verbreitung der christologischen Deutung von Psalm 2 – findet sich auch in anderen frühchristlichen Theologien, so deutlich in der *Johannesapokalypse* (2,26–28).[269] Im *Johannesevangelium* ist in 1,14 δόξα mit Sohnschaft verbunden und in 12,28 ist von einer Himmelsstimme im Zusammenhang mit der Verherrlichung (δόξα) des Gottesnamens die Rede. Konkrete Beziehungen zwischen den Texten können daran jedoch nicht festgemacht werden, ebensowenig wie beispielsweise an der mit dem *zweiten Clemensbrief* übereinstimmenden Lexik zur Abgrenzung (μῦθοι, πλάνη) von Gegnern oder an weiteren Zeugnissen der Verbindung von τιμή und δόξα.

Die Verbindungen mit der *Petrusapokalypse* sind so dürftig, dass auf dieser Basis keine weitergehenden Folgerungen angestellt werden sollten. Deutlich scheint, dass der *zweite Petrusbrief* seinerseits zur Textwelt der Verfasser der *Thomas-* und *Petrusakten* gehörte.[270]

2. Pragmatik der Intertextualität

Die Erzählung von der Verklärung Jesu, auf die in 2 Petr 1,16–18 verwiesen wird, ist den Adressaten des Briefes bekannt.[271] Der Verfasser gibt durch mehrere Textsignale deutlich zu erkennen, dass er diese Kenntnis seitens der intendierten Rezipienten voraussetzt und die Tradition nur wieder in Erinnerung ruft. Dieses Erinnern geschieht zuerst durch die Feststellung ἐγνωρίσαμεν ὑμῖν τὴν τοῦ κυρίου ἡμῶν Ἰησοῦ Χριστοῦ δύναμιν καὶ παρουσίαν (1,16). Der Verfasser unterstellt durch den Aorist ἐγνωρίσαμεν ὑμῖν („wir haben euch zur Kenntnis gebracht"), dass die Angesprochenen über den im Anschluss genannten Gegenstand infor-

---

[269] Ebenso lässt sich eine Verbindung zum *Hebräerbrief* herstellen, der in 1,5 ebenfalls Ps 2 zitiert und in 1,3 Christus als ἀπαύγασμα der δόξα Gottes bezeichnet und als Mitregent, der an der Rechten der μεγαλωσύνη ἐν ὑψηλοῖς Platz genommen hat.

[270] Auf die Studie von LEE aus dem Jahre 2009, die die Entwicklung der Verklärungserzählung im frühchristlichen Schrifttum untersucht, kann hier nur global verwiesen werden; sie gelangte erst während der Fertigstellung der Druckvorlage zum vorliegenden Buch in die Hände des Verfassers.

[271] Dies wird verschiedentlich von Kommentatoren erkannt, aber meist nur ansatzweise am Text aufgezeigt. VAN HOUWELINGEN 1988, 132 Anm. 126 beispielsweise schreibt summarisch, die Fassung im *zweiten Petrusbrief* "duidt … in zijn beknoptheid en door de weglating van details erop, dat de geschiedenis zelf als bekend wordt verondersteld. Het moet dus gaan over een gebeuren met algemene bekendheid." Ähnlich FARKASFALVY 1985, 5: "The summary reference to the event of the transfiguration supposes that the adressees are familiar with the story as such." Schon WOHLENBERG 1923, 198 war der Meinung: „Freilich hätte er, was er meinte, viel ausführlicher erzählen müssen, wenn er nicht Bekanntschaft seiner Leser mit der Geschichte hätte voraussetzen können."

miert sind. Die Formulierung dieses Gegenstandes, δύναμις καὶ παρουσία, hat die Form einer Zusammenfassung, die die Rezipienten aus ihrem Wissen füllen sollen, auch, so ist vernünftigerweise anzunehmen, mit der Begründung dieser Verkündigung, der Verklärungsszene. Die intendierten Leser oder Hörer nun, deren Vertrautheit mit paulinischem (und deuteropaulinischem?) Schrifttum vorausgesetzt werden darf, werden mit dem Verb γνωρίζειν die Konnotation der apostolischen Verkündigung verbinden und sich an diese erinnern.[272] Während der Verfasser bis einschließlich zum voraus gehenden Vers in der ersten Person Singular von sich als Petrus gesprochen hatte, wechselt er jetzt zum apostolischen Plural der ersten Person.[273] ‚Petrus' stellt sich in die Gemeinschaft derer, die unter den Angesprochenen verkündigt haben. Sobald den Rezipienten deutlich ist, dass auf eine konkrete Tradition abgehoben wird, werden sie aus ihrem Vorrat an Erzählungen aus der Jesustradition diejenigen auswählen, wo Petrus nicht allein zugegen war. Entweder die apostolische Verkündigung insgesamt oder wenigstens der Teil von ihr, der im Interesse der Briefthematik steht, wird dann als τὴν τοῦ κυρίου ἡμῶν Ἰησοῦ Χριστοῦ δύναμιν καὶ παρουσίαν bezeichnet. Da δύναμις im Verband mit παρουσία grundsätzlich auf die Manifestation göttlicher Macht bzw. Größe abhebt und παρουσία in der Tradition mit der Verklärung verbunden war, ist die Assoziation der Verklärungsgeschichte durch die Rezipienten bereits an dieser Stelle immerhin möglich. Das nächste deutliche Signal ist ἐπόπται γενηθέντες. Ihm kommen gleich mehrere Funktionen zu: Zum einen geht aus ihm hervor, dass es um ein Erleben der Apostel geht. Sie waren dabei. Es wird also auf eine Tradition abgehoben werden, bei der die oder jedenfalls einige Apostel gemeinsam etwas erlebt haben. Zum zweiten wird das Sehen unterstrichen. Aus den ihnen bekannten Traditionsstücken werden die Leser oder Hörer eines auswählen, bei dem das Gesehene im Vordergrund steht. Vielleicht werden sie schon auf das ἔμπροσθεν αὐτῶν der markinisch-matthäischen Variante der Verklärungserzählung hingelenkt. Und schließlich wird durch ἐπόπται die Erwartung der Erwähnung von etwas Sichtbarem geschaffen, eine Erwartung, die im Folgenden nur teilweise erfüllt wird, denn das Gesehene wird nur in abstrakter Form genannt. In erster Linie ist es der Genitiv τῆς ἐκείνου μεγαλειότητος, der das Wahrgenommene repräsentiert. Daneben ist nicht auszuschließen, dass es noch einmal in λαβὼν παρὰ θεοῦ πατρὸς τιμὴν καὶ δόξαν, obwohl dies syntaktisch schon zum nächsten

---

[272] Zur Konnotation der Verkündigungssituation bei γνωρίζειν siehe II.B.1.1.2.

[273] Der Begriff ‚apostolischer Plural' ist u.a. inspiriert von der treffenden Bezeichnung 'apostolisch meervoud' bei Van Houwelingen 1988, 131 u.ö.

Satz gehört, benannt wird.[274] Der Unterschied zwischen beiden Formulierungen ist, dass die erste nur statisch eine *Eigenschaft* Christi, eben die μεγαλειότης, angibt, die zweite auf den *Vorgang* abhebt (λαβὼν), bei dem Jesus geehrt wurde. Die Abstraktnomina, die beide Formulierungen kennzeichnen, tragen in Verbindung mit dem Nachdruck, den der Verfasser auf die Augenzeugenschaft legt, Evokationspotential. Denn auch im weiteren Verlauf wird das durch ἐπόπται gegebene Versprechen eines Bildes, das vor Augen entstehen soll, nicht eingelöst, denn spätestens ab φωνῆς ἐνεχθείσης ruht alles Gewicht auf der *Ohren*zeugenschaft. Man wird also entweder dem Verfasser falsche Wortwahl unterstellen müssen und ihm vorwerfen, ihm ginge es ja gar nicht um die *Augen-*, sondern um die *Ohren*zeugenschaft, oder man deutet den Verzicht auf die Schilderung des Gesehenen als Teil einer Kommunikation über gemeinsam Bekanntes und die Abstraktnomina sozusagen als Platzhalter für die Bilder, die die Rezipienten aus der Erinnerung an die entsprechende Erzähltradition selber einfügen. Die Richtigkeit dieser letzteren These wird bestätigt durch die Eignung der gewählten Abstraktnomina, d.h. ihr Vermögen, die Verklärungstradition zu repräsentieren. Μεγαλειότης wird einer Gottheit zugeschrieben oder gilt als eine der göttlichen Eigenschaften Gottes:[275] In den beiden einzigen weiteren neutestamentlichen (ausschließlich lukanischen!) Belegstellen scheinen Macht, Einfluss, Anerkennung Gottes oder der Gottheit im Vordergrund zu stehen.[276] Bei den Apostolischen Vätern gehören Gottes Wachen über dem Gedeihen der Schöpfung, seine Parteinahme für Schwächere und Benachteiligte und sein Erbarmen zu seiner μεγαλειότης.[277] Wenn also die Apostel Augenzeugen von Christi μεγαλειότης geworden sind, ist damit nichts Anderes gesagt, als dass sie seine

---

[274] Dass μεγαλειότης den Inhalt des Geschauten beschreibt, hat auch KELLY 1969, 318 erkannt; für τιμή καὶ δόξα findet sich ein analoger Hinweis bei BAUCKHAM 1983, 217 und bei BIGG 1902, 267.

[275] BAUER/ALAND 1988 s.v. μεγαλειότης.

[276] In Lk 9,43 findet sich das Wort in der Akklamation der Menge nach der Heilung des epileptischen Knaben: Alle staunen über die μεγαλειότης Gottes. In Act 19,27 äußert der Silberschmied Demetrius die Befürchtung, durch die radikale Götterkritik Pauli würde die μεγαλειότης der in ganz Kleinasien verehrten Artemis demontiert.

[277] Im *ersten Clemensbrief* ist es die μεγαλειότης τῆς προνοίας τοῦ δεσπότου (24,5), die aus der Auflösung eines Samenkorns (Pflanze und) Frucht erstehen lässt. Dass gewalttätiges Vorgehen gegen die Nächsten, Streben nach über den der wirtschaftlich Schwächeren hinausgehenden Besitz und das Unterdrücken geringerer Leute außerhalb von Gottes μεγαλειότης liegen, erfährt Diognet aus der an ihn gerichteten Schrift (10,5). Für Ignatius schließlich gehört das Erbarmen zu Gottes Größe: Den Brief an die Gemeinde in Rom adressiert er τῇ ἠλεημένῃ ἐν μεγαλειότητι πατρὸς ὑψίστου καὶ Ἰησοῦ Χριστοῦ τοῦ μόνου υἱοῦ αὐτοῦ ἐκκλησίᾳ.

göttliche Hoheit, seine Gottheit gesehen haben.[278] Dass mit τιμὴ καὶ δόξα Jesus göttliche Ehren empfängt, geht aus dem neutestamentlichen Gebrauch des Wortpaares – oft in doxologischem Kontext – hervor.[279] Manche wollen an dieser Stelle die beiden Begriffe noch konkreter beziehen: Die τιμή, die Ehrung, bestehe in der Zuschreibung des Sohnesstatus an Christus; δόξα, das Pendant zum alttestamentlichen כבוד,[280] verweise mit dem auch von Lukas dafür gebrauchten Wort direkt auf den verklärten Zustand Jesu.[281] Diese Sicht mag sich hier geradezu aufdrängen, doch kann es nicht angehen, stehende Wortverbindungen in ihrem Bezug aufzusplitten, jedenfalls nicht in der Absicht des Verfassers.[282] τιμὴ καὶ δόξα beschreiben als Paar den Vorgang, dass Jesus von Gott die Ehre der Bestätigung der Sohnschaft entgegennimmt. φωνῆς ἐνεχθείσης und das folgende Zitat wirken dann endgültig identifizierend: Hier wird über die Verklärungstradition gesprochen. Vers 18 legt noch einmal Nachdruck auf das Hören der Stimme durch die Apostel, er fungiert als eine Verstärkung der Bezugnahme. Das betonte ἡμεῖς bei der Wiederholung ist eine unklare Ausdrucksweise allein für den, der mit der Verklärungstradition nicht vertraut ist. Diejenigen jedoch, die es sind, verweist es unweigerlich auf Johannes und Jakobus, den Gefährten Petri. Schließlich wird noch durch die Ortsangabe die Gewissheit der Erinnerung an die richtige Tradition

---

[278] In diesem Sinne spricht KELLY 1969, 318 von der "the supernatural quality of Jesus", BIGG 1902, 266 von der "majesty of Christ which directly involves His δύναμις."

[279] 1 Tim 1,17, Apk 4,9 und 11; in letzterem Vers mit dem Verbum λαμβάνειν und δύναμις als drittem Element in der Aufzählung. Die Verbindung begegnet auch schon alttestamentlich z.B. Ps 8,6 LXX, der in Hebr 2,7 zitiert wird. Als Vergeltung Gottes an den Menschen für gutes Tun Rö 2,7, ähnlich 1 Petr 1,7, vgl. u.a. KELLY 1969, 319 und FUCHS/REYMOND 1980, 69.

[280] Dabrowski 1939, 79f: «L'expression δόξα ou δόξα κυρίου que l'on trouve souvent dans les Septante, équivaut à l'hébreu כבוד ou יהוה כבוד. Parfois elle signifie la lumière produite par Dieu en un certain lieu pour le glorifier (Ex. 24,15; 40,30). Mais plus souvent, elle signifie Dieu lui-même, sa présence rendue visible aux hommes (Ex 33,18, Ostende mihi gloriam tuam). יהוה כבוד, si fréquent dans les théophanies, est le signe extérieur de la présence de Dieu. S. Luc et S. Pierre, en décrivant la δόξα du Christ dans la Transfiguration, veulent dire que la μορφὴ θεοῦ dans le Christ comme son apparence extérieure avait la splendeur caractéristique des théophanies de l'Ancien Testament, splendeur qui, dans le Nouveau Testament, à l'exemple des Septante, est justement exprimée par le terme δόξα.»

[281] Vgl. KELLY 1969, 319: "Here honour denotes the exalted status which the proclamation of Sonship implies, while glory (*doxa*) points to the ethereal radiance of the transfigured Jesus (Mk. Ix.2f. and parr.), a radiance which, according to OT conceptions [...] belonged to God's very being"; ferner BIGG 1902, 267: "The actual vision is described by the words λαβὼν τιμὴν καὶ δόξαν, which represent ἔλαμψεν τὸ πρόσωπον αὐτοῦ ὡς ὁ ἥλιος, τὰ ἱμάτια αὐτοῦ ἐγένετο λευκὰ ὡς τὸ φῶς." Ähnlich auch MAYOR 1907, 105 und SCHELKLE 1961, 199.

[282] Mit BAUCKHAM 1983, 217.

verstärkt. Ἐν τῷ ἁγίῳ ὄρει suggeriert Bekanntheit durch die Determinierung; der Berg wird nicht als Unbekannter eingeführt.[283] Wiederum ist hier ein Anhaltspunkt dafür gegeben, dass sich der Verfasser mit den intendierten Rezipienten verständigt. In der Tat werden sich diejenigen, denen die Verklärung vor Augen steht, daran nicht aufhalten. Natürlich ist ihnen klar, welcher Berg gemeint ist und dass er bei einem so bedeutsamen Erlebnis von einem Beteiligten das Prädikat *heilig* erhält, leuchtet ohne weiteres ein. Alles in allem erschließen sich in 2 Petr 1,16–18 gerade die Stellen, welche die Seiten der exegetischen Kommentare füllen, wenn man den Text als Kommunikationsvorgang zwischen Verfasser und Adressaten über eine gemeinsam bekannte Tradition versteht, nämlich über eine synoptische Form der Verklärungserzählung.[284]

Zur Kommunikation zwischen Verfasser und intendierten Rezipienten gehört ferner die sprachliche Form, wie auf ein bekanntes Geschehnis angespielt wird, die Worte, die verwendet werden, um das Bekannte zu beschreiben. Denn sie haben neben evozierender auch rezeptionslenkende Funktion. Wenn Christus μεγαλειότης zugeschrieben wird, göttliche Größe und Majestät,[285] so ist ein panegyrisch-hymnischer Ton angeschlagen. Dieser wird fortgeführt durch τιμὴ καὶ δόξα, eine Formel, die sich in Doxologien und Hymnen findet,[286] und durch die Umschreibung Gottes als μεγαλοπρεπὴς δόξα, die an Wendungen wie ἡ μεγάλη δόξα oder ἡ δόξα ἡ μεγάλη erinnert, wie sie häufiger in apokalyptischen Schriften oder in

---

[283] Mit FORNBERG 1977, 81, der allein hieran die Bekanntheit der Verklärung bei den Adressaten festmacht: "[...] the Gospel tradition of Christ's Transfiguration [...] ist presumed to be known to the readers." Ibid., Anm. 18 "The reference to 'the holy mountain' is otherwise hard to explain." Ähnlich bereits – womöglich etwas zu kühn – WOHLENBERG 1923, XXX: „Wenn 1,18 auf den Verklärungsberg als ,auf den heiligen Berg' Bezug genommen wird, so scheint es, als setze der Vf. bei seinen Lesern ohne weiteres voraus, welcher Berg gemeint sei: sie wissen auf Grund der Überlieferung, daß der Berg, den sie in der Nähe, vielleicht vor Augen haben, den sie ,den heiligen Berg' nennen, darum so heißt, weil auf ihm jener geheimnisvolle Vorgang stattgefunden, auf den Petrus hier zu sprechen kommt."

[284] Dass die vorliegende Textgestalt bei denen, die mit der Verklärungserzählung bekannt sind, die Erinnerung an sie ermöglicht, vertritt auch CALLAN 2010, 65.

[285] SPICQ 1978, 543f bemerkt, dass neben Gottes Majestät auch die Majestät seines Volkes oder Salomos mit μεγαλειότης bezeichnet sein kann. Die Papyri verwenden μεγαλειότης auch für die Größe der Pyramiden; ferner kann vom ersten Jahrhundert an auch der Kaiser Träger von μεγαλειότης sein.

[286] Ps 8,6 LXX; vgl. 1 Clem 61,1.2. Hier findet sich übrigens auch das Adjektiv μεγαλοπρεπής in Bezug auf Gottes κράτος. In der so genannten *Legenda Graeca* der *Ascensio Isaiae* 2,12f singen Engel im ersten Himmel εἰς δόξαν καὶ τιμήν Gottes, der im siebenten Himmel sitzt. Inwiefern sich darin der ursprüngliche Sprachgebrauch der *Ascensio* widerspiegelt, ist jedoch unklar; denn die vergleichbare Stelle AscJes 6,17 ist nicht griechischer Sprache erhalten.

der Testamentliteratur verwendet wird.[287] Es liegt eine Feierlichkeit in der
Art, wie ‚Petrus' über die Begebenheit spricht, eine Feierlichkeit, die die
Bedeutung der Verklärung unterstreicht und die vielleicht auch noch den
Gedanken, dass es sich ja um ein Testament handelt, aus 1,12–15 weiter-
transportiert. Dazu würde auch das Ertönen der Himmelsstimme passen,
da göttliche Offenbarungen, die in die Zukunft sehen lassen, ein charakteristisches Element der testamentarischen Abschiedsrede darstellen.[288]

3. Semantik der Intertextualität

Die Untersuchung der lexikalischen wie motivischen Überschneidungen
zwischen *zweitem Petrusbrief* und synoptischen Evangelien sowie der Verständigung des Verfassers mit seinen intendierten Rezipienten haben gezeigt, dass es mehr als sinnvoll ist, davon auszugehen, dass 2 Petr 1,16–18
auf die Verklärungserzählung der synoptischen Tradition zurückgreift.
Vor allem Wortlaut der Himmelsstimme lässt auf eine Bekanntschaft mit
dem *Matthäusevangelium* schließen; die Konvergenzen mit Lukas schienen
eine literarische Abhängigkeit eher nicht nahezulegen, sondern über gemeinsame Sprach- und Vorstellungswelten erklärbar zu sein. Letzte Sicherheit ist hier jedoch nicht zu gewinnen, es bleibt auch die Möglichkeit
der Bekanntschaft mit mehreren der Synoptiker.[289]
    Da es sich, abgesehen vom konkreten Wortlaut der Stimme, nun eher
um eine Wiederaufnahme der synoptischen Verklärungstradition insgesamt zu handeln scheint und nicht deutlich auf einen der Prätexte hingewiesen wird, soll im Folgenden auch die Semantisierung anhand der aufgenommenen bzw. nicht aufgenommenen Motive aus der synoptischen
Tradition und nicht in Bezug auf einen konkreten matthäischen, markinischen oder lukanischen Prätext bestimmt werden. Übernommen wurde
eine Personengruppe aus dem Kreis der Apostel, der Ort des Geschehens,
die Himmelsstimme, die Aussage über die Sohnschaft und damit göttliche
Herkunft Christi sowie eventuell das veränderte Aussehen Jesu, allerdings
nur in Form einer Allusion, die auf die Narration von der Metamorphose

---

[287] ἡ μεγάλη δόξα TestLev 3,4; ἡ δόξα ἡ μεγάλη äthHen 14,2; siehe hierzu den
Kommentar von BLACK zum Henochbuch, SVTP 7, 149f ad loc.; weitere Belegstellen
aus AscJes und äthHen siehe bei HOLLANDER/DE JONGE 1985, 138 ad 3,4. Identisch mit
2 Petr 1,17 wird μεγαλοπρεπής δόξα in 1 Clem 9,2 verwendet, nachdem kurz zuvor
Gottes βούλησις als μεγαλοπρεπής bezeichnet worden war (9,1). Im Anschluss werden Beispiele von Vorbildern vor Augen gestellt, die Gott in vollkommener Weise
gedient haben: Henoch, Noah, Abraham u.a.

[288] In Anlehnung an die Formulierung von VÖGTLE 1994, 164 dem zufolge „himmlische Offenbarungen, die Voraussagen ermöglichen, ein geläufiger Zug des Genus
der testamentarischen Abschiedsrede waren."

[289] Vgl. FARKASFALVY 1985, 7 Anm. 10, demzufolge die Kombination verschiedener
Evangelienberichte im zweiten Jahrhundert ein gebräuchlicher Vorgang gewesen sei.

Jesu abhebt. Nicht aufgenommen wurde die Erscheinung von Mose und Elia, die Petrusfrage zum Hüttenbau, die Aufforderung der Wolkenstimme, auf Jesus zu hören, und die Narration des Verklärungsvorgangs.

Als erste Auffälligkeit ergibt sich aus der Summe dieser Details eine beachtliche Reduktion des personellen Inventars sowie der Handlungsstränge. Akteure sind jetzt nur noch das Wir der Jünger, von denen einzig Petrus als angeblicher Briefschreiber namentlich identifiziert wird, Jesus und die göttliche Himmelsstimme. Damit verweist die Bezugnahme auf die Verklärung zwar auf die synoptische Tradition als Prätext, setzt ihn in seiner Gänze voraus, aber will ihn doch unter einem bestimmten Schwerpunkt gelesen wissen, mit dem Fokus auf das für den vorliegenden Kontext Wichtige. Die destruktive Kraft des intertextuellen Verweises führt zu so starken Eingriffen, dass die Verweisrichtung zu weiten Teilen auf das konstruktiv aus dem Wiederaufgenommenen Errichtete, den Phänotext, zielt. Der Zweck dieser hohen Selektivität ist die Aufbereitung zu einem das Anliegen des Phänotextes unterstützenden Argument.[290] Entscheidend ist allein die göttliche Bestätigung Jesu, die in der Verklärungssituation für die Anwesenden augenfällig wurde. Diejenigen Züge der Tradition, die diesem Interesse dienen, werden durch die Aufnahme betätigt und in ihrem Inhalt durch das Wegfallen anderer Elemente sowie durch verbalen Nachdruck positiv verstärkt. Mose und Elia, was auch immer ihre ursprüngliche Funktion gewesen sein mag,[291] werden für die neue Ausrichtung der wieder aufgenommenen Tradition nicht benötigt. Aus der veränderten Funktion der alludierten Verklärungstradition im Phänotext erklären sich auch die anderen Veränderungen, beispielsweise die Weglassung des ἀκούετε αὐτοῦ. Im vorliegenden Kontext macht diese Aufforderung keinerlei Sinn mehr. Die Briefsituation ist nicht die, dass die Jünger ermahnt werden müssten, auf Jesus zu hören. Vielmehr ist die implizite Aufforderung, dass die intendierten Rezipienten auf die apostolische Verkündigung von der δύναμις καὶ παρουσία τοῦ κυρίου ἡμῶν Ἰησοῦ Χριστοῦ hören sollen, weil diese glaubwürdig ist.[292] Und glaubwürdig ist sie, weil Jesus von Gott selbst als Sohn bestätigt wurde, weil ihm τιμὴ καὶ δόξα des Vaters übertragen wurden. Darauf hin zielen alle Veränderun-

---

[290] Mit CHARLES 1997, 55f: "That the account in 2 Pet. 1.16–18 differs from the Synoptic version can be understood in light of the writers's redactive interests."

[291] Die gnostische Interpretation im *Rheginusbrief* deutet die Erscheinung mit Moses und Elia als Beleg für die Wirklichkeit der Auferstehung (NHC I,4,48). Eine ausführliche Besprechung, warum gerade Mose und Elia erscheinen, findet sich beispielsweise bei HÖLLER 1937, 66–78.

[292] Treffend erkannt haben dies FUCHS/REYMOND 1980, 70: «On peut aussi comprendre l'absence du «écoutez-le» ... par le fait qu'il s'agit moins d'écouter directement le Fils ... que d'écouter les apôtres, qui ont été les témoins privilégiés de sa «venue» et dont l'enseignement doctrinal fait désormais autorité.»

gen, die – nun im Vergleich zu Matthäus – an der Himmelsstimme vorgenommen wurden, und auch die Unterdrückung von ἀκούετε αὐτοῦ ist nicht anders zu deuten.

Die Erwähnung des Berges dient zusammen mit der Anwesenheit von Aposteln und der zitierten Gottesstimme der Identifikation der Verklärungserzählung, hier liegen also Verweiselemente auf die synoptische Tradition vor. Eine vom Verfasser des *zweiten Petrusbriefes* durchgeführte Transformationshandlung ist die Qualifizierung des Berges als ‚heilig'. Dies dürfte auf das Ereignis der Verklärung verweisen: Der Berg ist heilig, weil dort die Verklärung geschah. Diese wird somit herausgehoben aus der synoptischen Tradition; sie ist ein besonderes Geschehnis, ein Geschehnis von tief greifenderer Bedeutung als andere. Daneben weist die Ergänzung auch auf den Ergänzenden, in der pseudepigraphischen Fiktion den ‚Petrus' des *zweiten Petrusbriefes:* Er ist es, der diese Wertbeimessung ausspricht; für Petrus ist die Verklärung ein Geschehen, das den Ort heiligt. Eine ähnliche Wertschätzung des Ortes (καλόν ἐστιν ἡμᾶς ὧδε εἶναι) zeigt sich im Vorschlag des synoptischen Petrus, Hütten zu bauen für Jesus, Mose und Elia (Mk 9,5 parr.), doch lässt sich nicht belegen, dass die Qualifikation des Berges als ‚heilig' die synoptische Tradition aufnimmt. Für die Rezeption bedeutet der Hinweis auf die Anwesenheit an dem heiligen Ort eine Forderung des pseudepigraphen Petrus nach Respekt vor seiner Autorität: Der *zweite Petrusbrief* wird nicht von irgendwem geschrieben, sondern von einem, der an dem heiligen Ort Augenzeuge geworden ist; im Verein mit der pseudepigraphischen Verfasserangabe wird damit die Wiederaufnahme der Verklärungstradition zur Lese- oder allgemeiner Rezeptionsanweisung: Es handelt sich um ein Schreiben der höchsten apostolischen Autorität, deren Ausführungen im gesamten Brief verlässlich sind und denen man daher folgen darf und muss.[293] Dass es genau darum geht, nämlich um folgen, um das Sich-Anschließen an Lehrmeinungen, wird bereits zu Beginn des Abschnittes deutlich: Das ‚apostolische Wir' ist keinen Mythen *gefolgt* (οὐ ... σεσοφισμένοις μύθοις ἐξακολουθήσαντες).

Der Untermauerung von Petri Autorität dient noch ein weiterer rezeptionslenkender Eingriff des Verfassers des *zweiten Petrusbriefes* in die synoptische Tradition, nämlich der Verzicht auf die Aufnahme von Petri Vorschlag, Hütten zu bauen, der ja bei Matthäus, Markus und Lukas einmütig disqualifiziert wird. Natürlich wäre es der Autorität Petri wenig dienlich, die Geschichte seiner verfehlten Reaktion zu erzählen, die ja den Eindruck vermittelt, er habe die Bedeutung des Ereignisses gar nicht zu fassen vermocht. Hier korrigiert die neue Fassung der Verklärung die sy-

---

[293] Dass der Rückgriff auf die Verklärungstradition die Funktion hat, die Autorität des ‚Petrus' zu stärken, wird klar erkannt von SMITH 1985, 82.

noptische Tradition inhaltlich: Nein, Petrus hat die Bedeutung der Verklärung sehr wohl richtig verstanden; damals erhielt Jesus göttliche Bestätigung. Das Petrusbild entfernt sich von der synoptischen, vor allem bei Markus deutlichen Ausrichtung: Petrus schwankt nicht mehr zwischen Jüngerunverständnis einerseits und tiefer Einsicht in Jesu Bedeutung wie beim Bekenntnis von Cäsarea Philippi andererseits. Indem die erste Komponente wegfällt, tritt die zweite umso stärker hervor: Petrus ist jetzt nur noch derjenige, der Einsicht in Wesen und Bedeutung Jesu hat.[294]

Dies ist natürlich kein neuer Zug in der Petrusüberlieferung. Häufiger in der synoptischen Überlieferung und in der Apostelgeschichte erhält Petrus gesonderte Belehrung durch Jesus oder Einsicht durch eine Vision.[295] Mit Jakobus und Johannes ist er nach Mk 5,37 und Lk 8,41 bei der Auferweckung von Jaïri Töchterlein zugegen. Andreas kommt noch zu diesen Dreien hinzu bei der Rede über die Endzeit nach Mk 13,3, während Lukas und Matthäus hier den Jüngerkreis nicht einschränken. Nach Mt 17,24–27 findet das Gespräch über Zölle und Kopfsteuer nur zwischen Jesus und Petrus statt. Und in Act 10,10ff erlebt Petrus eine ἔκστασις verbunden mit einer Schau, aus der er eine andere Haltung zur Begegnung mit Nichtjuden gewinnt. Nun wird dieses Traditionselement von Petrus als dem Eingeweihten im *zweiten Petrusbrief* dadurch verstärkt, dass ihm kein anderer Baustein des Petrusbildes als Korrektiv an die Seite gestellt wird.[296] In dieser einseitigen Betonung von Petrus als Offenbarungsempfänger wird zuweilen eine Funktion wahrgenommen in Bezug auf einen potentiellen Prätext, der in der syntaktischen Analyse als solcher gar nicht in Erscheinung getreten war, nämlich das *Corpus Paulinum*. ‚Petrus‘ wolle durch die Thematisierung der Offenbarung auf dem heiligen Berg der visionären Erfahrung des Paulus gleichkommen (Gal 1,12; 2 Kor 12,2ff) oder diese sogar überbieten.[297] Damit träte das von ‚Petrus‘ Geschriebene neben oder sogar über die paulinischen Schriften. Diese Deutung setzt freilich voraus, dass aus 2 Petr 3,15f, wo die theologische Übereinstimmung Petri

---

[294] Die veränderte Rolle Petri durch die Auslassungen im Vergleich zu den Synoptikern konstatiert auch CHARLES 1997, 55f.

[295] NEYREY 1993, 171 spricht von Petri "traditional role as recipient of heavenly revelations"; vgl. die Studie von GOETZ 1927: „Petrus als Gründer und Oberhaupt der Kirche und Schauer von Gesichten nach den altchristlichen Berichten und Legenden."

[296] Tertullian nimmt in *De praescriptione haereticorum* 22,6 ebenfalls Bezug auf die Verklärung, wenn er auf die besonderen Einsichten und Kenntnisse von Petrus und Johannes abhebt: *Quid eos ignorasse voluit quibus etiam gloriam suam exhibuit, et Moysen et Heliam et insuper de caelo patris vocem?* KLINGER 1973, 161 deutet daher die Bearbeitung der Verklärung im *zweiten Petrusbrief* folgendermaßen: "2 Peter opens a new road which leads to Christian gnosis, according to which the Savior did not disclose the fullness of His teaching to all, but only to a few who were capable of grasping it."

[297] FARKASFALVY 1985, 13 Anm. 19, begeistert aufgenommen von FARMER 1985, 31. Ähnlich STEIN 1976, 89.

mit dem ‚lieben Bruder Paulus' bezüglich konkreter Lehrinhalte hervorgehoben wird, eine Konkurrenzsituation zwischen Petrus und Paulus als von unterschiedlichen Gruppen favorisierten Autoritäten herausgelesen und als Interpretationsrahmen für den gesamten Brief genommen werden kann, denn die Darstellung der Verklärung im *zweiten Petrusbrief* an sich weist nicht darauf hin, dass sie aus einer Haltung der Konkurrenz heraus geschrieben ist. Einen ersten Hinweis, dass die Behauptung einer Geltung mindestens analog der des Paulus für den Brief postuliert wird, hat bereits die Untersuchung des Präskripts geliefert; ob sich dies als Konkurrenz mit dem Ziel des Übertrumpfens weiterentwickeln lässt, muss aus der Analyse von 3,15f hervorgehen.[298]

Den Aspekt, den der Verfasser der *Secunda Petri* am deutlichsten hervorhebt, ist die Aktion Gottes im Blick auf Jesus Christus. In der synoptischen Tradition ist dies ein Bekenntnis Gottes zu Jesus als seinem Sohn. Im *zweiten Petrusbrief* tritt nun durch die Art der lexikalischen Ausgestaltung ein weiterer Aspekt dazu, nämlich das Bild von der Einsetzung eines Herrschers durch Gott. Dieses wird zum einen durch den verstärkten Hinweis auf Psalm 2 mittels der Erwähnung des heiligen Berges erreicht. Aber auch τιμὴ καὶ δόξα weist in diesen Bereich, denn diese zwei Güter können von Gott auch weltlichen Herrschern übertragen werden, wie der *erste Clemensbrief* belegt. In einem Gebet anerkennt dessen Verfasser, dass den ἄρχοντες καὶ ἡγούμενοι ihre δόξα καὶ τιμή von Gott gegeben wurde (1 Clem 61,1.2). Zwei Bilder überlagern einander also hier: das des Sohnes und das des von Gott eingesetzten Herrschers. Der Sohn ist ein Königssohn bzw. ist ein Gottessohn in der Art eines Königs.[299]

Eine letzte Beobachtung betrifft noch einmal die synoptische Tradition: Ganz offensichtlich rechnet der Verfasser damit, dass sein Rückgriff auf diese die Gültigkeit der ihm als apostolisch geltenden Verkündigung stützt.[300] Das kann nur dann sinnvoll sein, wenn die synoptische Tradition bei den Adressaten bereits Autorität besitzt. Wenn der Verfasser auf keinerlei Bereitschaft hoffen kann, sich an der synoptischen Tradition auszurichten, ist diese Argumentationsweise verfehlt. In die Form einer – extrapolierten! – intertextuellen Funktionsbeschreibung gebracht bedeutet das: Die synoptische Tradition, von der – *pars pro toto* – hier die Verklärungsüberlieferung verwendet wird, wirkt im Verständnis des *zweiten Petrus-*

---

[298] Siehe II.D.

[299] Denkbar ist auch eine Anspielung auf den in Hebr 2 auf Christus bezogenen Ps 8,5f: τί ἐστιν ἄνθρωπος, ὅτι μιμνήσκῃ αὐτοῦ, ἢ υἱὸς ἀνθρώπου, ὅτι ἐπισκέπτῃ αὐτόν; ἠλάττωσας αὐτὸν βραχύ τι ... δόξῃ καὶ τιμῇ ἐστεφάνωσας αὐτόν.

[300] Vgl. hierzu MUSSNER 1976, 67: „Vita Jesu wird gegen ‚bloßes' Kerygma gesetzt bzw. das Kerygma durch die Vita Jesu unterstützt, weil ansonsten die Gefahr bestand, daß das Kerygma, zu dum auch jenes von der Wiederkunft des Kyrios gehört, zum ‚Mythos' depraviert würde."

briefes und in dem dort vorausgesetzten Verständnis der intendierten Rezipienten auf jeglichen in seiner Gegenwart denkbaren theologischen Phänotext als Stütze oder als Kritik. Freilich ist diese Wirkung keine unmittelbare; sie nimmt den Umweg über den angeblichen Verfasser ,Petrus': Nur dadurch, dass dieser in der synoptischen Tradition eine Autorität ist, kann das von ihm Geschriebene durch die synoptische Tradition gestützt und mithin akzeptiert werden. Auch in die Gegenrichtung wirkt das Verfahren: Dadurch, dass der Verfasser im Phänotext die synoptische Tradition als Rechtfertigung seiner Autorität – und somit des Inhalts seiner theologischen Aussagen – heranzieht, bestätigt und festigt er ihr Ansehen.

4. Schlussbetrachtungen

Der *zweite Petrusbrief* hat eine traditionsgerichtete Lösung für die Fragen der Gegenwart: Diejenigen können den Anspruch auf theologische Richtlinienkompetenz erheben, deren Autorität über ihre Rolle in der synoptischen Tradition definiert ist. Damit ist gleichzeitig eine Sackgasse gewiesen: Wenn kein Zeitgenosse mehr dazu in der Lage ist, bleibt nach diesem Modell nur die Berufung auf die Autoritäten der apostolischen Zeit und sei es in der Form pseudepigrapher Schriftstellerei. Es ist wohl kein Zufall, dass im *zweiten Petrusbrief* keinerlei kirchliches Amt Erwähnung findet: Wo der Anspruch auf das Sagen sich direkt von den Persönlichkeiten der apostolischen Zeit ableitet, hat das Amt keine Bedeutung an sich. Der Amtsträger kann nur in dem Maße Autorität für sich beanspruchen, wie er sich in direkte Linie zu den Aposteln und ihrer Lehre stellt.

Der Verfasser des *zweiten Petrusbriefes* verwendet die Verklärungstradition nicht nur, er gestaltet sie auch. Im vorliegenden Kontext benutzt er sie als Argument für die Glaubwürdigkeit der Apostel und der apostolischen Botschaft, und damit sie dieser Funktion besser gerecht wird, unterdrückt er einzelne Züge und hebt andere stärker hervor. Bei ihm steht die Verklärung ganz und gar unter dem Zeichen des Bekenntnisses Gottes zu seinem Sohn. Mit der Tradition wird also gearbeitet. Sie findet Verwendung in der Argumentation und unterliegt daher Deutungen und Anpassungen. Doch will es scheinen, als seien diese Deutungen und Anpassungen nicht willkürlich. Betrachtet man die Version des *zweiten Petrusbriefes* im Reigen anderer Verarbeitungen derselben Tradition im zweiten Jahrhundert, so fällt auf, dass der *zweite Petrusbrief*, nach allem, was erkennbar ist, sich dem narrativen Rahmen wie dem Deutungshorizont der Synoptiker doch in weit höherem Maße verpflichtet fühlt als andere Schriften. Er deutet die Verklärung nicht an den Synoptikern vorbei als Himmelfahrtserzählung wie der äthiopische Text der *Petrusapokalypse*. Sie wird nicht umfunktioniert zum Ausgangspunkt einer Vision der Gerechten, des Paradieses und der Höllenstrafen wie im Akhmîmfragment. Sie wird weder nicht überboten durch eine zweite, eigentliche Offenbarung wie in den *Johannesakten* noch abgewertet durch Geringschätzung des Geschauten wie in den *Thomasakten*. Die Deutung durch den *zweiten Petrusbrief* ist eine in der synoptischen Tradition als möglich angelegte.

C. Die Briefe des Petrus (2 Petr 3,1–2)

Im Anschluss an das Proöm hatte die Gedankenfolge den Verfasser vom bevorstehenden Tod des Petrus und seinem Verantwortungsgefühl den Angeschriebenen gegenüber, ihnen etwas zur ständigen Erinnerung hinterlassen zu sollen (1,12–15), zunächst zum Geschehen der Verklärung geführt, das als Offenbarung der machtvollen Gegenwart Christi die Zuverlässigkeit der petrinisch-apostolischen Botschaft unterbauen sollte (1,16–18). Daraufhin hatte er sich der Frage gewidmet, wie man Prophetie verstehen und deuten müsse, um zu zeigen, dass die heterodoxen Lehrer und ihre Lehren genau in diesem Punkt der richtigen Deutung der Prophetie der Schriften versagten und daher mit schlimmsten Konsequenzen zu rechnen hätten (1,19–2,22). Nun, zu Beginn des dritten Kapitels, kommt er zurück zu seinem Ausgangspunkt in 1,12: Erneut meldet sich das pseudepigraphe Ich des Petrus und bekräftigt unter Verwendung derselben Lexeme, was er dort als Funktion seines Schreibens angab, nämlich das Erinnern (διεγείρειν ἐν ὑπομνήσει 1,13 und 3,1; ὑπομιμνήσκειν 1,12 μιμνήσκειν in 3,2): Den vorliegenden Brief schreibe er – wie auch den ersten – um ihnen durch Erinnern (ἐν ὑπομνήσει) die lautere Gesinnung (ἡ εἰλικρινὴς διάνοια) wach zu halten (διεγείρειν). Diese besteht im Gedenken an die von den heiligen Propheten vorhergesagten Worte (αἱ προειρημένα ῥήματα ὑπὸ τῶν ἁγίων προφητῶν) und an das durch die Apostel, die ausdrücklich durch ein Possessivum den Angeschriebenen zugewiesen werden, vermittelte ‚Gebot‘ des Herrn und Retters (ἡ τῶν ἀποστόλων ὑμῶν ἐντολὴ τοῦ κυρίου καὶ σωτῆρος). Der so formulierte Inhalt der Erinnerung weist zurück auf weitere Teile des ersten Kapitels: Von Prophetie und ihrer Deutung war ab 1,20 in allgemeiner Form die Rede, von der apostolischen Verkündigung von der δύναμις καὶ παρουσία des Herrn Jesus Christus, die ihrerseits wieder nicht nur auf der Augenzeugenschaft, sondern auch auf dem προφητικὸς λόγος (1,19) beruht, in 1,16–18.

1. Syntax der Intertextualität

Mit 2 Petr 3,1–2 liegt ein durch seine offensichtliche Kommentarfunktion explizit als *metatextuell* ausgewiesener Abschnitt vor.[301] Referenztext der

---

[301] Zum formgeschichtlichen Begriff des Kommentars siehe BERGER 1984, 1048: „Kommentar nennen wir es, wenn der Verf. sich selbst (auf einer ‚Metaebene‘) mit

metatextuellen Aussage ist zunächst der Phänotext des *zweiten Petrus-briefes* selbst, auf den das gezielt als Thema an den Satzanfang gestellte Demonstrativum ταύτην zielt. Den Kommentar zu diesem Thema stellt das zugehörige Rhema δευτέραν ὑμῖν γράφω ἐπιστολήν dar. In diesem wird bereits mit δευτέραν der logisch zu erschließende ‚erste' Brief einge-führt, der gemeinsam mit dem Phänotext neues Thema ab 3,1b wird: ἐν αἷς. Referenztexte sind jetzt also beide ‚Petrus'briefe. Der zugehörige Kommentar, das Rhema, die metatextuelle Bemerkung besteht aus einer Selbstaussage des Verfassers über ‚seine' Tätigkeit in beiden Briefen (δι-εγείρω ὑμῶν ἐν ὑπομνήσει τὴν εἰλικρινῆ διάνοιαν), gefolgt von einer Angabe über den konkreten Inhalt der εἰλικρινῆ διάνοια. Während die metatextuelle Aussage über den vorliegenden Brief vor allem in 3,1, aber ansatzweise auch in 3,2, wie soeben in der Einführung zum vorliegenden Kapitel gezeigt, mit textuellen Wiederaufnahmen aus 2 Petr 1 einhergeht, äußert der Verfasser sich (beinahe?) ohne materielle, d.h. lexikalische An-knüpfung über den ‚ersten Brief'. Die syntaktische Untersuchung wird sich daher, was die metatextuelle Referenz betrifft, weniger der Analyse lexikalischer Überschneidungen widmen als ausgehend von dem vom Verfasser angegebenen Thema die Frage erörtern, ob ihm bei dieser Äuße-rung konkrete Teile oder Aspekte des *ersten Petrusbriefes* vor Augen stan-den und so ja, welche. Zunächst ist jedoch das Verhältnis der Textstelle zu dem aus der Synopse deutlich als Prätext zu erkennenden Vers Jud 17 herauszuarbeiten und sind die Textwelten vor allem der Textstücke ‚petri-nischer' Redaktion zu ermitteln.

1.1. Transformationen am Prätext Judas 17

Ein vergleichender Blick auf den Prätext *Judasbrief* enthüllt die textuellen Transformationshandlungen bei der Erstellung des Phänotextes:

2 Petr 3, 1–2	Jud 17
Ταύτην ἤδη, <u>ἀγαπητοί,</u>	Ὑμεῖς δέ, <u>ἀγαπητοί,</u>
δευτέραν ὑμῖν γράφω ἐπιστολήν,	
ἐν αἷς διεγείρω	
ὑμῶν ἐν ὑπομνήσει τὴν εἰλικρινῆ διάνοιαν,	
<u>μνησθῆναι</u>	<u>μνήσθητε</u>
<u>τῶν προειρημένων ῥημάτων</u>	<u>τῶν ῥημάτων τῶν προειρημένων</u>
<u>ὑπὸ τῶν</u> ἁγίων προφητῶν	<u>ὑπὸ τῶν</u>
καὶ τῆς τῶν <u>ἀποστόλων</u> ὑμῶν ἐντολῆς	<u>ἀποστόλων</u>
<u>τοῦ κυρίου</u> καὶ σωτῆρος·	<u>τοῦ κυρίου</u> ἡμῶν Ἰησοῦ Χριστοῦ·

seiner Meinung neben das von ihm selbst im Text Dargestellte stellt. Die Mittel sind verschiedener Art, in Briefen häufig ist ‚ich schreibe dies mit ...' (2 Petr 3,1)...“

Der erste Eingriff betrifft die syntaktische Gestaltung.[302] In Jud 17 werden die Angeschriebenen mit einer finiten Verbform direkt angesprochen: Sie sollen sich erinnern. Der Verfasser der *Secunda Petri* formt den Imperativ um in einen Infinitiv, der abhängig wird von εἰλικρινὴς διάνοια. Diese ist ihrerseits Objekt der Bemühungen ‚Petri' Er will in den Adressatinnen und Adressaten dem Einschlummern der – in der Erinnerung bestehenden! – lauteren Gesinnung entgegenwirken (διεγείρω). Die Erinnerung der intendierten Rezipienten, für den Verfasser der Garant einer unverfälschten Lehrmeinung (und Moral), wird also explizit an die Briefschreibtätigkeit des Petrus gekoppelt.

Die übrigen Eingriffe in den Prätext lassen sich als auf Erweiterung basierende Umgestaltungen charakterisieren. So werden die ῥήματα προειρημένα den „Aposteln unseres Herrn Jesus Christus" entwunden und den neu in den Text eingeführten Propheten zugeordnet. Vorhersagen ist Sache der Propheten. Damit weist 2 Petr 3,2 zurück auf 1,19ff, wo der Verfasser sein Prophetieverständnis dargelegt hatte. Die ῥήματα προειρημένα, an die der Verfasser hier erinnern will, sind also synonym zu verstehen zu dem προφητικὸς λόγος, an den sich zu halten die Angeschriebenen, so 2 Petr 1,19, gut täten. Dabei werden die Propheten – mit einem Vorzugswort des Verfassers – als ἅγιοι qualifiziert.[303] Doch die προειρημένα ῥήματα ὑπὸ τῶν ἁγίων προφητῶν machen nur die Hälfte des Inhalts der Erinnerung aus. Der andere Teil der Botschaft, nämlich der Beitrag der Apostel zum für das Christentum relevanten Traditionskomplex, wird im Vergleich zum *Judasbrief* durch eine Texterweiterung neu definiert: Es sind nicht die προειρημένα ῥήματα, sondern ist die ἐντολὴ τοῦ κυρίου καὶ σωτῆρος.[304]

---

[302] CREHAN 1982 hat versucht, ausgehend vom Papyrus Bodmer (P72) und dessen zuweilen besonderer Textgestalt den *zweiten Petrusbrief* in die Lebenszeit Petri zu datieren. In den Versen 2 Petr 3,2 und Jud 17 erschließt sich ihm die Sekundarität des *Judasbriefes* anhand dessen ‚Auslassungen' (CREHAN 1982, 148). Ein ‚Nachweis' der Unabhängigkeit der *Secunda Petri* vom *Judasbrief* in 3,1–3 wird mühsam von WITHERINGTON 2007, 365f konstruiert: Nachdem er aufgrund des intratextuellen Bezuges zwischen 2 Petr 1,20 und 3,3 die Parallelität von 2 Petr 3,3 mit Jud 18 geleugnet und aufgrund der geringen lexikalischen Kongruenzen zwischen 2 Petr 3,1 und Jud 17 das mögliche Abhängigkeitsverhältnis auf 2 Petr 3,2 und Jud 17,b' reduziert hat, ist ihm hier das Vokabular zu unspezifisch, bis auf προειπεῖν, das beide jedoch unabhängig voneinander aus Mk 13,23 par. Mt 24,25 genommen haben sollen.

[303] Die weiteren Belege: 1,18 (ἐν τῷ ἁγίῳ ὄρει); 1,21 (ὑπὸ πνεύματος ἁγίου φερόμενοι); 2,21 (ἐκ τῆς παραδοθείσης αὐτοῖς ἁγίας ἐντολῆς); 3,11 (ἐν ἁγίαις ἀναστροφαῖς καὶ εὐσεβείαις).

[304] Der Umfang der als ‚Apostel' bezeichneten Gruppe ist weder im *Judasbrief* noch im *zweiten Petrusbrief* deutlich. Die Behauptung "Jude v. 17 and 2 Peter 3:2 seem to reflect more the Lucan understanding of apostleship for we may take it that these two references speak of the twelve as apostles in a somewhat exclusive sense" (GILES 1985, 249) ist aus dem Text der beiden Briefe weder zu untermauern noch zu widerlegen.

Durch die Einfügung der Propheten und die Umgestaltung des Beitrages der Apostel zum Traditionsgeschehen entsteht, zumal unter gedanklicher Einbeziehung von 2 Petr 1,16–21, ein Modell, das Schriftpropheten,
Apostel bzw. Verkündiger und Angeschriebene einander in ähnlicher
Wiese zuordnet wie 1 Petr 1,10–12: Die – inspirierten! – Propheten sagten
voraus auf die Zeit Jesu, der Christen oder das Eschaton, die Apostel oder
Verkündiger überbrachten die Botschaft an die Gemeinden. Freilich bestehen im einzelnen Unterschiede. So erwähnt etwa die *Secunda Petri* mit
keinem Wort, dass die Propheten sich fragten, für welche Zeit denn ihre
Prophetie gelte, was die *Prima* sehr wohl thematisiert (1 Petr 1,10). Umgekehrt hat in der *Prima* die Erfahrung der Apostel (etwa bei der Verklärung), dass die Prophetie sich zu erfüllen beginnt, nicht die Funktion einer
Vergewisserung der Schriftprophetie, was jedoch die *Secunda* nahelegt (2
Petr 1,19).[305] Darüber hinaus sind die lexikalischen Überschneidungen gering. Dennoch bleiben das Nebeneinander von Schriftpropheten und
Aposteln bzw. Verkündigern – der *erste Petrusbrief* gebraucht das Wort
‚Apostel' nicht – und ihre vergleichbare Funktion bemerkenswert, nicht
weil seine Bestandteile so außergewöhnlich wären – dass Ur- und Frühchristentum die Schriftprophetie auf Christus, die Gemeindegegenwart
und Zukunft der Welt gedeutet haben und dass die Apostel die christliche
Botschaft zu den Gemeinden gebracht haben, sind Allgemeinplätze –,
sondern weil übereinstimmend der Dreischritt der Tradition von Propheten über Apostel und zu den christlichen Gemeinden reflektiert wird. In
den christlichen Schriften des zweiten Jahrhunderts findet sich die explizite Reflexion dieser Reihe, zumindest aber ihre gemeinsame Nennung als
verbindliche Autoritäten der Tradition häufiger.[306] So glaubt der *zweite
Clemensbrief*, seine Sicht, dass die Kirche nicht erst eine aktuelle Gründung
sei, sondern von jeher bestehe, aus den Schriften der Propheten und den
Aposteln entnehmen zu können (14,2).[307] Noch näher an 2 Petr 3,2 heran
tritt Polykarp, der nicht nur Propheten als auf Christus hin Vorhersagende, Apostel und Gemeinden in eine Reihe stellt, sondern darüber hinaus
analog zur Rede der *Secunda Petri* von der ἐντολὴ τοῦ κυρίου καὶ σωτῆ
ρος auch Christi Tun als ein Gebieten (ἐντέλλεσθαι) beschreibt: καθὼς
αὐτὸς ἐνετείλατο καὶ οἱ εὐαγγελισάμενοι ἡμᾶς ἀπόστολοι καὶ οἱ προ
φῆται, οἱ προσκηρύξαντες τὴν ἔλευσιν τοῦ κυρίου ἡμῶν (Pol 2 Phil 6,3).

---

[305] Zum Verständnis von βεβαιότερον in 1,19 siehe III.B.

[306] Der wohl noch ins erste Jahrhundert fallende kanonische *Epheserbrief*, der in 3,5
Apostel und Propheten nebeneinander nennt, gehört nicht hierher, da hier wohl nicht
die Schriftpropheten, sondern urchristliche Propheten gemeint sind, siehe II.C.1.2.1.

[307] 2 Clem 14,2: καὶ ἔτι τὰ βιβλία τῶν προφητῶν καὶ ἔτι οἱ ἀπόστολοι τὴν ἐκκλη
σίαν οὐ νῦν εἶναι λέγουσιν, ἀλλὰ ἄνωθεν; zitiert nach WENGST in SUC II. Zu den
textkritischen Problemen siehe ibid. 256 und 276 Anm. 117.

Auch der *Philadelphierbrief* des Ignatius nennt Propheten, Apostel und Kirche in vergleichbarer Weise nebeneinander.[308]

Eine letzte Transformation, die der *zweite Petrusbrief* bei der Konstituierung des Phänotextes an seinem Prätext Jud 17 vornimmt, betrifft Name, Titel und syntaktische Eingliederung Christi. Der Name Christi wird getilgt, an seine Stelle tritt der Titel σωτήρ. Die so entstehende Zweiheit κύριος καὶ σωτήρ lässt trotz des fehlenden Christusnamens keine Zweifel an der Identität des so Bezeichneten, denn κύριος καὶ σωτήρ ist die christologische Standardcharakterisierung Christi im *zweiten Petrusbrief*.[309] Die Erweiterung des schon im Prätext vorhandenen κυρίος-Titels um die Prädikation σωτήρ markiert deutlich die christologische Verschiebung gegenüber dem Prätext *Judasbrief*, der den σωτήρ-Titel nur bezogen auf Gott verwendet (Jud 25), um so mehr als die Erweiterung um den Titel σωτήρ auch schon im Präskript zu beobachten war.[310] Auch die syntaktische Zuordnung der Nennung Christi ändert sich. Im *Judasbrief* spezifizierte τοῦ κυρίου ἡμῶν Ἰησοῦ Χριστοῦ die Apostel. Diese jedoch werden jetzt direkt an die Angeschriebenen gebunden, sie sind ἀπόστολοι ὑμῶν. Dagegen tritt τοῦ κυρίου καὶ σωτῆρος als zweites Genitivattribut neben τῶν ἀποστόλων ὑμῶν an ἐντολή.

1.2. Textwelt der Elemente ‚petrinischer' Redaktion

1.2.2. αἱ προειρημένα ῥήματα ὑπὸ τῶν ἁγίων προφητῶν (2 Petr 3,2)

Die im Vergleich zum *Judasbrief* neu in den Text eingeführten Propheten erhalten das Prädikat ἅγιοι, wie auch andere Substantive, denen in der Theologie des Verfassers große Bedeutung beigemessen wird: der Berg der Verklärung (1,18), die ἐντολή (2,21) und der fromme Lebenswandel (3,11), zu dem er ermahnen will.[311] Die Erwähnung der Propheten hat zu-

---

[308] In IgnPhld 5,1 beschreibt Ignatius seine Hinwendung zum christlichen Glauben als Zuflucht zum Evangelium und zu den Aposteln, um gleich darauf in 5,2 den Wert der Propheten hervorzuheben, die schließlich auf das Evangelium und Christus hin geweissagt hätten: προσφυγὼν τῷ εὐαγγελίῳ ... καὶ τοῖς ἀποστόλοις ... Καὶ τοὺς προφήτας δὲ ἀγαπῶμεν, διὰ τὸ καὶ αὐτοὺς εἰς τὸ εὐαγγέλιον κατηγγελκέναι καὶ εἰς αὐτὸν ἐλπίζειν ... Auch in IgnPhld 9,1 werden Propheten, Apostel und Kirche in einer Reihe genannt und im Folgenden (9,2) die Propheten wiederum als Verkündiger auf Christus hin beschrieben: οἱ προφῆται καὶ οἱ ἀπόστολοι καὶ ἡ ἐκκλησία... Οἱ γὰρ ἀγαπητοὶ προφῆται κατήγγειλαν εἰς αὐτόν·

[309] Siehe 1,11; 2,20; 3,18. In 1,1 findet sich die Variante θεὸς καὶ σωτήρ; vgl. dazu Kapitel II.A; zu Christus als σωτήρ im *zweiten Petrusbrief* siehe FREY 2003, 141–144.

[310] Siehe Kapitel II.A.

[311] An einem Punkt könnte diesbezüglich im *ersten Petrusbrief* ein vergleichbares Phänomen vorliegen. In 1 Petr 1,5 ist von ἅγιαι γυναῖκες ... ἐλπίζουσαι εἰς θεόν die Rede. Als Beispiel wird Sara genannt. Offenbar erhalten Frauen aus der biblischen

nächst intratextuelle Funktion, sie weist zurück auf 2 Petr 1,19–21, wo Prophetie und ihr (richtiges) Verständnis bereits einen thematischen Schwerpunkt bildeten; die Qualifizierung der Propheten als ἅγιοι dient auf der Ebene des Phänotextes der Hervorhebung der Bedeutsamkeit der Propheten. Daneben verrät die Kollokation ἅγιοι προφῆται einen Teil der textuellen Umwelt der *Secunda Petri*:[312] In der Septuaginta ist die Wortverbindung nur einmal belegt, nämlich in der in griechischer Sprache verfassten *Sapientia Salomonis*, wo Mose als προφήτης ἅγιος bezeichnet wird.[313] Im Neuen Testament findet sie sich bezogen auf die Schriftpropheten nur im lukanischen Schrifttum:[314] Zacharias lobt Gott, weil sich nun vollzieht, was durch die ἅγιοι προφῆται versprochen war (Lk 1,70); und der lukanische Petrus verkündigt, dass Jesus in den Himmel aufgenommen werden musste bis zum Anbruch der Zeit, die Gott durch seine ἅγιοι προφῆται angekündigt hat (Act 3,21). Auffallend ist, dass hier jeweils die Qualifikation der Propheten als ἅγιοι mit einem weiteren Element gepaart geht, nämlich der Ankündigung künftigen Geschehens, dessen Eintreten vom aktuellen Sprecher wahrgenommen wird.[315] Ähnliches lässt sich teilweise auch in den außerkanonischen Belegen des zweiten Jahrhunderts beobachten. Im *Philadelphierbrief* unterstreicht Ignatius die Rolle der Propheten: Weil ihre Verkündigung auf das Evangelium gezielt habe, sie Christus erwartet hätten und sie durch den Glauben gerettet seien, gelten sie Igna-

---

Tradition aufgrund ihrer Vorbildlichkeit und ihrer Hoffnung auf Gott das Prädikat ἅγιαι.

[312] In der Sicht BOVONs (1989, 105) setzt die Rede von ἅγιοι προφῆται die Kanonisierung ihrer Schriften voraus. Leider vergisst er, diese Behauptung durch Nachweise plausibel zu machen.

[313] Die Erwähnung geschieht innerhalb eines Abschnitts, in dem die biblische Geschichte etwas kryptisch ohne Angabe von Namen in Erinnerung gerufen wird. Weish 11,1: Εὐόδωσεν τὰ ἔργα αὐτῶν ἐν χειρὶ προφήτου ἁγίου.

[314] Eph 3,5 (ὡς νῦν ἀπεκαλύφθη τοῖς ἁγίοις ἀποστόλοις αὐτοῦ καὶ προφήταις ἐν πνεύματι) kann hier nicht mit einbezogen werden, da die Mehrheit der Exegeten glaubt, hier sei nicht von den Schrift-, sondern von urchristlichen Propheten die Rede; vgl. LINCOLN 1990, 153; ferner PFAMMATTER 1987, 24; LINDEMANN 1985, 54 und SCHNACKENBURG 1982, 123. LINCOLN 1990, 179 glaubt darüber hinaus, ἁγίοις beziehe sich allein auf ἀποστόλοις, nicht aber auf προφήταις. Anders jedoch BOUTTIER 1991, 143, der aufgrund der textuellen Wiederaufnahme von Kol 1,26 ἁγίοις für ein Substantiv und ἀποστόλοις αὐτοῦ καὶ προφήταις für eine Apposition hält, eine Sicht, die freilich nicht zwingend ist.

[315] Die Untersuchung der biblischen Belege für ἅγιοι προφῆται durch GHIBERTI kommt zu dem Ergebnis, dass die Verleihung des Adjektivs ἅγιοι an die Propheten mit der Quelle der Prophetie zu tun habe: Gott als Ausgangspunkt von Prophetie sei heilig, mit dem Transfer der Prophetie auf den Propheten werde sozusagen die Heiligkeit weitergegeben. Erst im Zusammenhang mit der Weitergabe der Botschaft komme diese jedoch zum Tragen; wo der Prophet zum Zeugen werde, sei von Heiligkeit die Rede; GHIBERTI 2006, 233f.

tius als ἀξιαγάπητοι καὶ ἀξιοθαύμαστοι ἅγιοι (IgnPhld 5,2). Justin spricht mehrfach vom ἅγιον προφητικὸν πνεῦμα, das in Mose, David und den Propheten Vorhersagen auf Christus und die Zeit der Christen wirkte.[316] Mindestens einmal nennt Justin auch die ἅγιοι προφῆται, nämlich gerade in dem Zusammenhang, in dem er, wie 2 Petr 2,1, von ψευδοπροφῆται und ψευδοδιδάσκαλοι spricht.[317] Theophilus von Antiochien, ein weiterer Apologet des zweiten Jahrhunderts, bezeichnet die Propheten ebenfalls verschiedentlich als ἅγιοι.[318] Dies geschieht in der Regel in Passagen, in denen er mit teilweise an 2 Petr 1,19ff erinnernder Lexik sein Verständnis von Prophetie darlegt. So gibt er etwa wie in 2 Petr 3,2 προειπεῖν als Tätigkeit der ἅγιοι προφῆται an oder führt in nur geringfügiger Variation dazu aus, dass der Heilige Geist in den heiligen Propheten alles vorherverkündet habe (προκαταγγέλλειν).[319] Für weitere Belege der Kollokation ἅγιοι προφῆται im zweiten Jahrhundert lässt sich keine Sicherheit gewinnen.[320] Es scheint demnach im ausgehenden ersten und im zweiten Jahrhundert einen theologischen Sprachstrom zu geben, der Propheten

---

[316] JustMart apol I,32,3; I,44,1; I,53,6; dial 32,3; 56,5.

[317] JustMart dial 82,1: ὄνπερ δὲ τρόπον καὶ ψευδοπροφῆται ἐπὶ τῶν παρ' ὑμῖν γενομένων ἁγίων προφητῶν ἦσαν, καὶ παρ' ἡμῖν νῦν πολλοί εἰσι καὶ ψευδοδιδάσκαλοι, οὓς φυλάσσεσθαι προεῖπεν ἡμῖν ὁ ἡμέτερος κύριος; siehe zu dieser Textstelle auch Kapitel III.B.

[318] Siehe über die im Folgenden erwähnten Stellen hinaus Theophilus, *Ad Autolycum* II,32.34 und III,17.

[319] προειπεῖν: Theophilus, *Ad Autolycum* I,14: … τῶν ἁγίων προφητῶν, οἳ καὶ προεῖπον διὰ πνεύματος θεοῦ τὰ προγεγονότα ᾧ τρόπῳ γέγονεν καὶ τὰ ἐνεστῶτα τίνι τρόπῳ γίνεται καὶ τὰ ἐπερχόμενα ποίᾳ τάξει ἀπαρτισθήσεται. Dieses Kapitel kommt in einem weiteren Aspekt in die Nähe der Sicht des *zweiten Petrusbriefs*: Das Eintreffen durch die Propheten vorhergesagter Ereignisse nimmt Theophilus den Unglauben: ἀπόδειξιν οὖν λαβὼν τῶν γινομένων καὶ προαναπεφωνημένων οὐκ ἀπιστῶ. Dies erinnert an die Argumentationsstruktur im ersten Kapitel der *Secunda Petri*, wo die Verklärung als erstes Eintreffen eines für die Zukunft angekündigten Geschehens neben dem (und unterstützend zum) Schriftzeugnis das Vertrauen auf die vorhergesagte Zukunft stärkt; siehe dazu Kapitel II.B. προκαταγγέλλειν: Theophilus, *Ad Autolycum* II,33.

[320] Wenn die so genannte *Legenda Graeca* der *Ascensio Isaiae* (Text siehe CCSA 7,328ff) verschiedentlich von dem heiligen Propheten Jesaja (ὁ ἅγιος προφήτης Ἠσαΐας 1,7.12) oder häufiger vom heiligen Jesaja, dem Propheten (ὁ ἅγιος Ἠσαΐας ὁ προφήτης 2,1.5, 3,10.16; 4,1) spricht, scheint sie dabei nicht auf den ursprünglichen Sprachgebrauch des Textes zurückzugreifen, sondern eigene Akzente zu setzen. Der in den Amherst-Papyri in griechischer Sprache erhaltene Teil belegt die Wendung jedenfalls nicht. – Ferner bezeichnet noch die *Esra-Apokalypse* in ihrem Titel den Esra als „heiligen Propheten" (Λόγος καὶ ἀποκάλυψις τοῦ ἁγίου προφήτου Ἐσδρὰμ καὶ ἀγαπητοῦ τοῦ θεοῦ, ApkEsr 1,1), doch ist der mögliche Entstehungszeitraum zu groß – Oegema JHRSZ VI,1,5, Seite 50 nennt das zweite bis fünfte Jahrhundert – als dass man diesem Beleg einen sicheren Platz in der Skizze des Gebrauchs von ἅγιοι προφῆται bis zum zweiten Jahrhundert einräumen könnte.

gerade in Verbindung mit ihrer Vorhersagetätigkeit als heilig bezeichnet.[321] In diesen Sprachstrom gehören neben dem *zweiten Petrusbrief* vor allem Lukas und Theophilus, in gewissem Maße auch Ignatius und Justin. Direkte Interaktionen zwischen den zu Rate gezogenen Texten sind jedoch nicht zu erkennen.[322]

1.2.2. ἡ τῶν ἀποστόλων ὑμῶν ἐντολὴ τοῦ κυρίου καὶ σωτῆρος (2 Petr 3,2)

Mit der Erweiterung ἐντολή gegenüber dem Prätext Jud 17 wählt der Verfasser der *Secunda Petri* ein Wort, das der *Judasbrief* an keiner Stelle verwendet, genauso wenig wie das zugehörige Verbum ἐντέλλεσθαι. Desgleichen scheint das Geben einer ἐντολή oder mehrerer ἐντολαί durch Christus für den *ersten Petrusbrief* kein christologischer Schwerpunkt zu sein, auch er gebraucht weder das Substantiv noch sagt er eine solche Tätigkeit Christi aus. In der Theologie und im Sprachgebrauch des *zweiten Petrusbriefes* dagegen ist ἐντολή für die christliche Botschaft ein wichtiger und gängiger Begriff. Dafür spricht neben der ausdrücklichen Erweiterung in 3,2 seine Verwendung in 2,21, wo die ἐντολή mittels ἁγία einen herausragenden Platz auf der Bedeutsamkeitsskala zugewiesen bekommt.[323] Aus diesem Vers geht ebenfalls hervor, dass diese ἐντολή die im Zusammenhang mit der – als Erkenntnisgeschehen beschriebenen – Zuwendung zum Christentum (ἐπεγνωκέναι τὴν ὁδὸν τῆς δικαιοσύνης) weitergegebene Tradition (παραδοθῆναι) darstellt. Demnach wird hier die christliche Lehre in ihrer Gesamtheit – eventuell unter Hervorhebung des ethischen Aspekts – als ἐντολή bezeichnet.[324] Da dieser Sprach-

---

[321] Anhand der auf die ἅγιοι προφῆται Bezug nehmenden Sekundärliteratur lässt sich bestens ablesen, wie unglücklich das Hantieren solch unscharfer Kategorien wie ‚spät‘ bei Datierungsfragen ist. Während NOLLAND in seinem Lukaskommentar (1993, 86f) mit dem Hinweis auf Weish 11,1 die Qualifikation der Propheten als ἅγιοι als 'late development' bewertet, wehrt sich WITHERINGTON 2007, 370 energisch gegen diese Einordnung – und verweist auf Lk 1,70 und Act 3,21.

[322] Eine Ausnahme könnte JustMart dial 82,1 sein, da hier zusätzlich Kongruenzen mit 2 Petr 2,1 vorliegen, vgl. Kapitel III.B.

[323] Dass ἐντολή hier und in 2,21 als zusammengehörig betrachtet werden muss, gehört zu den erfreulicherweise in der Forschung recht einstimmig akzeptieren Sichtweisen, siehe u.a. REESE 2007, 163; DAVIDS 2006, 261; HARRINGTON 2003, 281; MAZZEO 2002, 311; SCHRAGE 1993, 147; BOLKESTEIN 1972, 289; SCHELKLE 1961, 223.

[324] So mit vielen anderen MAZZEO 2002, 311: "Il sostantivo «comandamento», *entolē*, qui comprende tutto il messaggio cristiano e definisce il modo di vivere dei credenti, la novità del comportamento cristiano come in 2Pt 2,21 («santo comandamento»)." Ähnlich FUCHS/REYMOND 1988, 107: «Précisons que le terme d'ἐντολή est particulièrement apte à rendre compte du composantes à la fois doctrinales et éthiques de la foi chrétienne.» SCHRAGE 1993, 147 will an dieser Stelle mit ἐντολή vor allem die eschatologische Botschaft bezeichnet wissen, während es in 2,21 die ethische gewesen sei, doch diese Differenzierung ist gänzlich überflüssig. Exe-

gebrauch weder vom *Judas-* noch vom *ersten Petrusbrief* herrührt, stellt sich die Frage, wo andernorts die zeitlich nahestehendsten Niederschläge einer solchen Ausdrucksweise und damit die potentiellen Textwelten für die *Secunda Petri* an dieser Stelle zu finden sind. Innerhalb des Neuen Testaments[325] sind es vor allem die johanneischen Schriften, darunter in erster Linie das *Johannesevangelium*, die vom Gebot oder den Geboten Christi sprechen.[326] Sie tun das zum einen singularisch, öfter mit der Qualifikation der ἐντολή als καινή oder gerade eben nicht καινή, sondern παλαιά, und inhaltlich bestehend in oder wenigstens in Verbindung mit dem Gebot der christlichen Bruderliebe.[327] Der Singular gleicht zwar äußerlich der Verwendung im *zweiten Petrusbrief*, doch weist hier nichts auf eine ähnliche inhaltliche Zuspitzung. Daneben kennen die johanneischen Schriften des Kanons den Plural ἐντολαί.[328] Dieser wird inhaltlich nicht weiter spezifiziert, doch häufig eine Verbindung hergestellt zur Liebe zu Gott, der Erkenntnis Gottes und zum Bleiben in Gott. Außerdem fungiert der Plural beinahe ausnahmslos als Objekt zu τηρεῖν.[329] Diese gebräuchliche Kollokation belässt den johanneischen ἐντολαί den Charakter von Geboten in viel höherem Maß als er an der petrinischen ἐντολή haftet, von der man sich auch *abwenden* (ὑποστρέψαι, 2 Petr 2,21) kann. Die ungewöhnliche Verbindung mit dem Verbum ὑποστρέψαι[330] gibt der petrinischen ἐντολή gewissermaßen lokalen Charakter. Mit dem ἐντολή/ἐντολαί-Begriff der johanneischen Literatur hat also der der *Secunda Petri* wenig gemein. Neben der johanneischen Literatur ist im Neuen Testament nur an zwei weiteren Stellen die Rede von der ἐντολή (κυρίου): Offenbar etwas ungehalten von dem Anspruch der Pneumatiker wirft Paulus in 1 Kor 14,37 in die

---

geten mit ausgeprägtem Spürsinn für „frühkatholische" Tendenzen nehmen bei ἐντολή unmittelbar die Witterung auf, siehe etwa SCHELKLE 1961, 223: „Mit 2 Petr 2,21 … zusammen steht 3,2 in einer sich verfestigenden Auffassung, … die immer mehr das Wesen des Christentums als Gesetz und sittliche Ordnung empfindet."

[325] Zu ἐντολή im NT siehe EWNT I, s.v. ἐντολή, 1121–1125 (LIMBECK), mit etwas kritischer Distanz im Einzelnen auch ThWNT II, s.v. ἐντολή, 542–553 (SCHRENK).

[326] In den ersten beiden Johannesbriefen ist zu beobachten, dass die ἐντολή oder die ἐντολαί wieder häufiger Gott zugeordnet, aber sonst ganz in der Weise verwendet werden, wie die ἐντολή/ἐντολαί, die im Evangelium als die Jesu bezeichnet wurde(n), vgl. etwa die beiden inhaltlichen Entfaltungen von ἐντολή: In Joh 13,34 sagt Jesus: ἐντολὴν καινὴν δίδωμι ὑμῖν, ἵνα ἀγαπᾶτε ἀλλήλους· καθὼς ἠγάπησα ὑμᾶς ἵνα καὶ ὑμεῖς ἀγαπᾶτε ἀλλήλους; in 1 Joh 3,23 geht das Liebesgebot auf Gott zurück: καὶ αὕτη ἐστὶν ἡ ἐντολὴ αὐτοῦ, ἵνα πιστεύσωμεν τῷ ὀνόματι τοῦ υἱοῦ αὐτοῦ Ἰησοῦ Χριστοῦ καὶ ἀγαπῶμεν ἀλλήλους, καθὼς ἔδωκεν ἐντολὴν ἡμῖν.

[327] Joh 13,34; 15,12; 1 Joh 2,7–11; 1 Joh 3,23; 1 Joh 4,21; 2 Joh 1,4–6.

[328] Joh 14,15.21; Joh 15,10; 1 Joh 2,3.4; 1 Joh 3,22.24; 1 Joh 5,2f; 2 Joh 1,6.

[329] 1 Joh 5,2 als Objekt zu ποιεῖν und 2 Joh 1,6: περιπατεῖν κατὰ τὰς ἐντολάς.

[330] Nach Ausweis des TLG begegnet ὑποστρέφειν sonst nie in ähnlicher syntaktischen Verbindung wie in 2 Petr 2,21 mit ἐντολή/ἐντολαί in einem Abstand von sechs Wörtern.

Waagschale, dass, was er schreibe, κυρίου ἐντολή sei.[331] Mit dieser Verbindung will er die Autorität seiner Worte unterstreichen, die ἐντολή κυρίου hat noch nicht den Charakter einer festen Größe, die das umfasst, was die Angeschriebenen einst an christlicher Unterweisung bekommen haben; sie ist noch im Werden. Nicht mehr im Werden ist die ἐντολή, wenn ‚Timotheus' ermahnt wird, sie ohne Fleck und Fehl (ἄσπιλον ἀνεπίλημπτον) zu halten (τηρεῖν; 1 Tim 6,14).[332] Diese Zuordnung zum Verbum τηρεῖν rückt zwar – wie in den johanneischen Schriften – den Auftragscharakter stark in den Vordergrund, doch könnte in dieser ἐντολή auf die παραθήκη der Pastoralbriefe Bezug genommen sein,[333] so dass ähnlich wie in der *Secunda Petri* die Lehre an sich als ἐντολή bezeichnet würde. Freilich erhält sie im *ersten Timotheusbrief* weder κυρίου noch ἁγία als Attribut. An die Empfänger vermittelt ist die paulinische ἐντολή wie im *zweiten Petrusbrief* apostolisch, deutlich ist das im Fall des *ersten Korintherbriefes*, wo der historische Paulus die ἐντολή κυρίου niederschreibt; im Fall des *ersten Timotheusbriefes* erinnert der pastorale Paulus an die ἐντολή, die er jedoch nicht ausdrücklich als von ihm weitergegeben charakterisiert. Alles in allem stellt der – wenn auch sehr sporadische – Gebrauch von (κυρίου) ἐντολή im *Corpus Paulinum* also letztlich einen plausibleren Anknüpfungspunkt für die Verwendung von ἐντολή κυρίου bzw. ἁγία ἐντολή in der *Secunda Petri* dar als die johanneische Literatur.[334]

Auf der Suche nach einem der ἐντολή τοῦ κυρίου καὶ σωτῆρος im *zweiten Petrusbrief* ähnelnden Konzept bei den Apostolischen Vätern stößt man zunächst auf die ausschließlich pluralischen ἐντολαί im *zweiten Clemensbrief*, von denen der Kontext erweist, dass es sich stets um Christi ἐντολαί handelt. Vergleichbar dem Singular in der *Secunda Petri* bezeichnen diese ἐντολαί Christi zuweilen ein nicht näher definiertes Gan-

---

[331] Es ist ganz unwahrscheinlich, dass hier mit κύριος Gott gemeint ist, vgl. SCHRAGE 1999, 460.

[332] Zur Frage des Bezugs der beiden Adjektive auf σε oder ἐντολήν siehe die einschlägigen Kommentare.

[333] So jedenfalls OBERLINNER 1994, 296; anders ROLOFF 1988, 283: ἐντολή sei hier der „in der Ordination vermittelte Amtsauftrag".

[334] Die Untersuchung von ἐντέλλεσθαι mit Jesus als Subjekt im NT führt nicht wesentlich über die genannten Ergebnisse hinaus. Von den insgesamt fünf Belegen (Mt 17,9; Mt 28,20; Joh 15,14.17; Act 1,2) entfallen zwei auf konkrete Einzelaufträge (Mt 17,9 und Act 1,2), und im *Johannesevangelium* geht es wie bei der ἐντολή Jesu um das Liebesgebot (Joh 15,14.17). In Mt 28,20 wird die Gesamtheit der Jesu Lehre an die Jünger durch πάντα ὅσα ἐνετειλάμην ὑμῖν beschrieben. Da der Auftrag des Auferstandenen an die Jünger konkret lautet, sie sollten zu werbende Jünger diese Lehre *halten* (τηρεῖν) lehren, wird der Vorschriftscharakter der Lehre, der implizit in ἐντέλλεσθαι enthalten ist, noch verstärkt und das Beispiel liegt dichter beim johanneischen Verständnis von ἐντολή als beim petrinischen.

zes.[335] Ähnlich summarisch kann Ignatius den Ephesern schreiben, sie seien κεκοσμημένοι ἐν ταῖς ἐντολαῖς Ἰησοῦ Χριστοῦ (IgnEph 9,2). Neben dem Plural verwendet er auch eine singularische ἐντολή, doch ist diese nie eindeutig die ἐντολή Christi, so dass sich keine Verbindung zum *zweiten Petrusbrief* abzeichnet.[336] Der *erste Clemensbrief* bezeichnet einmal eine Zusammenstellung von Worten, die auch in der Bergpredigt und Feldrede verarbeitet sind, als ἐντολή (1 Clem 13,3), hier erhält also nicht unähnlich der *Secunda Petri* ein Lehrabschnitt die Benennung ἐντολή. Dies könnte auch beim Didachisten der Fall sein. Dieser spricht im Rahmen seiner redaktionellen Tätigkeit drei Mal von Geben (διδόναι) κατὰ τὴν ἐντολήν; es ist unklar, ob er damit die Gesamtheit der Lehre oder ein konkretes Gebot vor Augen hat.[337] Von den zwei übrigen Belegen in der *Didache* bestimmt einer – am Ende der *interpolatio evangelica* – die zweite Hälfte der Zweiwegelehre als ἐντολή (Did 2,1); beim zweiten wird in einem paränetischen Teil dazu aufgerufen, die ἐντολαὶ τοῦ κυρίου nicht zu ‚verlassen‘ (ἐγκαταλείπειν; Did 4,13 id. Barn 19,2f). Zwar unterscheidet sich dieser Vers durch den Gebrauch des Plurals von 2 Petr 3,2 und ist nicht ganz deutlich, ob der κύριος Gott oder Christus ist. Doch die Vorstellung, dass man ἐντολαί verlassen kann, ähnelt dem Konzept der Abwendung von der ἐντολή im *zweiten Petrusbrief* (ὑποστρέψαι, 2 Petr 2,21).[338] Der *Barnabasbrief* erwähnt neben der Bezeichnung alttestamentlicher Gebote u.ä. als ἐντολαὶ κυρίου auch einmal die ἐντολαὶ τῆς διδαχῆς, womit nach dem Kontext die christliche Lehre gemeint sein könnte (Barn 16,9a).[339] Polykarp und der *Hirt des Hermas* bieten keinen Anknüpfungspunkt für das Konzept einer durch die Apostel vermittelten ἐντολή τοῦ κυρίου καὶ σωτή-

---

[335] Die Belegstellen im Einzelnen: 2 Clem 3,4; 4,5; 6,7; 8,4; 17,1.3.6.

[336] Die Verwendung bei Ignatius ist also vielfältig. Im Präskript von IgnRöm ist nicht ganz eindeutig, ob es um Gottes oder Christi ἐντολή geht; in IgnSm 8,1 ist es klar Gottes ἐντολή. Wiederum nicht zuzuordnen sind die ἐντολαί in IgnPhld 1,2; in IgnTrall 13,2 ist textkritisch nicht letztlich klar, ob θεοῦ zu lesen ist oder nicht; BAUER/PAULSEN 1985, 181 Anm. 51 halten es für eine nachträgliche Angleichung an IgnSm 8,1. IgnTrall 3,1 kennt die *varia lectio* ἐντολὴν Ἰησοῦ Χριστοῦ statt Ἰησοῦν Χριστόν, doch hat sie kein großes Gewicht. In IgnMagn 4,1 schließlich bedeutet κατ' ἐντολήν wohl ‚vorschriftsmäßig‘, es ist aber nicht so ganz deutlich, welche Vorschrift Ignatius dabei vorschwebt.

[337] Did 1,5; 13,5.7; zur Deutung als Merkmal der Redaktion des Didachisten siehe NIEDERWIMMER 1989, 110.233.

[338] Im Unterschied zu ὑποστρέψαι ἐκ τῆς … ἐντολῆς in 2 Petr 1,21 ist jedoch ἐγκαταλείπειν τὰς ἐντολὰς κυρίου / σου in der LXX belegt und gibt dort עזב wieder (4 Reg 17,16 LXX = 2 Reg 17,16 MT; Ps 188,87 LXX = Ps 119,87 MT; 2 Esr 9,10 LXX = Esr 9,10 MT; 2 Chr 12,2); ἐντολαί entspricht wechselnd מצוות, תורה und פקודים.

[339] Anders PROSTMEIER 1999, 520 ad loc., dem zufolge die genannte Stelle wohl schon vorausweist auf die Zweiwegelehre in den Kapiteln 18–20.

ϱος.[340] Alles in allem ergibt der Vergleich mit dem Gebrauch von ἐντολή bei den Apostolischen Vätern keine deutlichen Hinweise auf die Textwelt, die die *Secunda Petri* zum Konzept und zu der Formulierung ἐντολὴ τοῦ κυρίου καὶ σωτῆρος veranlasst haben könnte. Mit dem *ersten Clemensbrief* und der *Didache* verbindet sie, dass (ein Ausschnitt der) Lehre als ἐντολή bezeichnet wird; besteht man nicht auf einer singularischen Verwendung von ἐντολή findet man eine Analogie in der Zuordnung von ἐντολαί zu Christus im *zweiten Clemensbrief* und bei Ignatius.

1.2.3. διεγείρω ὑμῶν ἐν ὑπομνήσει τὴν εἰλικρινῆ διάνοιαν (2 Petr 3,1)

Innerhalb der wortwörtlichen Wiederholung διεγείρω ... ἐν ὑπομνήσει aus 2 Petr 1,13 verändert der Verfasser der *Secunda Petri* in 3,1 das direkte Objekt. Wollte er dort die Angeschriebenen in ihrer ganzen Person wach halten (ὑμᾶς), so spezifiziert er nun, es sei ihre εἰλικρινὴς διάνοια, deren Einschlummern er entgegenwirken wolle. Angesichts dessen, dass er diesen Wachzustand durch die Erinnerung an die Vorhersagen der Propheten und an die durch die Apostel vermittelte ἐντολὴ τοῦ κυρίου καὶ σωτῆρος stabilisieren will, ist deutlich, dass es hier um das durch andere Lehren oder Ansichten unbeeinflusste (εἰλικρινής) Denken (διάνοια) geht.[341]

---

[340] Polykarp spricht einmal von der ἐντολή Gottes (2 Phil 5,1), einmal von den ἐντολαί Gottes (2 Phil 2,2) und einmal von der ἐντολὴ τοῦ κυρίου (2 Phil 4,1), was man vielleicht aufgrund der ähnlichen Einbettung wie in 5,1 (ἀξίως τῆς ἐντολῆς αὐτοῦ καὶ δόξης περιπατεῖν vs πορεύεσθαι ἐν τῇ ἐντολῇ τοῦ κυρίου in 2,2) als ἐντολή Gottes deuten muss; ἐντολὴ δικαιοσύνης in 2 Phil 3,3 trägt für die vorliegende Diskussion nichts aus. Im *Hirten des Hermas* ist sehr oft von der ἐντολή oder den ἐντολαί die Rede, in der Regel bezogen auf Gott, zuweilen kann der Hirt in seiner Funktion als Offenbarungsmittler die ἐντολαί als „meine Gebote" bestimmen. Zu der großen Fülle an Belegen, die u.a. daher rührt, dass gerade die *Mandata* häufig sich selbst mit dem Wort ἐντολή/ἐντολαί thematisieren, siehe KRAFTs *Clavis Patrum Apostolicorum* (KRAFT 1963) und GOODSPEEDS *Index Patristicus* unter den entsprechenden Einträgen (GOODSPEED 1960).

[341] Bemerkenswerterweise bemühen sich die meisten Kommentare um eine Bestimmung der genauen Wortbedeutung von διάνοια an dieser Stelle. GRUNDMANN 1974, 108f sieht in διάνοια die „Fähigkeit des Menschen, aufnehmen, begreifen, einsehen zu können". NEYREY 1993, 230 dagegen will gerade nicht die Fähigkeit des Verstandes und auch nicht den Prozess des Verstehens ausgedrückt finden, sondern "the very product of the mind, namely, understanding or meaning." KELLY 1969, 354 möchte von einer allzu sehr auf den Intellekt bezogenen Deutung abrücken: "the noun (*dianoia*) does not denote the mind or intelligence in the intellectual sense but, as often in the NT ... and Hellenistic Greek ... is faculty of spiritual discernment.", eine Meinung, die HILLYER 1992, 210 so getreu übernimmt, dass es schwer fällt, nicht von einer literarischen Abhängigkeit von KELLY auszugehen: "But in Christian writings dianoia usually does not refer to the mind in the intellectual sense but to the faculty of spiritual discernment ...". Manch einer versteht so gut, was der Verfasser eigentlich sagen wollte, dass er ihm seine Hilfestellung bei der Formulierung anbie-

Fraglich ist, ob der Wortverbindung εἰλικρινὴς διάνοια eine konkrete Verweisfunktion anhaftet. Betrachtet man die Bestandteile im Einzelnen, so lässt sich feststellen, dass εἰλικρινής nicht aus der Tradition der Septuaginta kommt. Dort wird es nur einmal in der *Sapientia Salomonis*, also einer nicht übersetzten, sondern in griechischer Sprache verfassten und somit späten Schrift verwendet.[342] Mit fünf Belegen im Neuen Testament, ausschließlich bei Paulus[343] – und dabei sind die Belege für das Substantiv εἰλικρίνεια bereits mitgezählt – und drei bei den Apostolischen Vätern[344] ist es auch dort nicht gerade in großer Dichte vertreten. Philo benutzt es häufiger, mehrfach an der Seite von καθαρός.[345] Verbreiteter ist der Gebrauch von διάνοια. Siebenundsechzig Belegen in der Septuaginta stehen etwa ein Dutzend im Neuen Testament und rund zwanzig bei den Apostolischen Vätern gegenüber. Dass etwa ein Drittel der Belege in der Septuaginta auf die wenigen in griechischer Sprache geschriebenen Bücher entfällt, darf man vielleicht dahingehend deuten, dass das Konzept der διάνοια im Zeitalter des Hellenismus zunehmend mehr Raum im jüdischen Schrifttum und Denken gewann. Sein Gebrauch durch den Verfasser der *Secunda Petri*, der sowohl mit der Denkwelt und Sprache jüdisch-hellenistischen Schrifttums vertraut ist als auch bestimmte pagane griechische Textgattungen zu handhaben weiß,[346] lässt an sich noch keinen Schluss auf die Gedanken- oder gar Textwelt zu, die ihn zu der Verwendung des Wortes inspiriert haben mag. Die Kollokation εἰλικρινὴς διάνοια findet sich einmal bei Platon als Gegensatz zu einem sich auf Sinneswahrnehmung stützenden Denken, das nicht zu Wahrheit und Erkenntnis führt.[347] Darauf könnte Philo kritisch Bezug nehmen, wenn er,

---

tet: "... in 2 Peter the emphasis is more likely on the moral aspect ("sincere, free of dissimulation") rather than on the intellectual aspect, and so "pure heart" would have been even more appropriate." (HARRINGTON 2003, 281).

[342] Weish 7,25: ἀτμὶς γάρ ἐστιν τῆς τοῦ θεοῦ δυνάμεως καὶ ἀπόρροια τῆς τοῦ παντοκράτορος δόξης εἰλικρινής·

[343] Neben 2 Petr 3,1 noch Phil 1,10; 1 Kor 5,8; 2 Kor 1,12 und 2 Kor 2,17.

[344] 1 Clem 2,5; 32,1; 2 Clem 9,8.

[345] Phil all II,88; ebr 101; somn 20.74.134; spec.leg I,99. Ohne καθαρός: Phil all III,111; ebr 189f; her 98.308; Mos 2,40. NEYREY 1993, 227 möchte εἰλικρινής eher epistemologisch als moralisch verstehen. Er begründet dies mit dem Hinweis, dass Philo das Wort wiederholt gebrauche, wenn er reines, lauteres Wissen gegen Sinneswahrnehmung abgrenze. Freilich belegen dies keineswegs alle der von ihm in diesem Zusammenhang angegebenen Philo-Stellen.

[346] Zu letzterem siehe etwa die Analyse von 1,3–11 in Kapitel III.A; deutlich jüdisch-hellenistische Prägung zeigt sich in 1,19–2,3; hierzu siehe III.B.

[347] In Plat Phaid 65E – 66A legt Sokrates dem Simmias dar, dass derjenige sich der Erkenntnis eines Gegenstandes auf die reinste Weise nähert, der dafür das reine, für sich genommene Denken gebraucht (αὐτῇ καθ᾽ αὑτὴν εἰλικρινεῖ τῇ διανοίᾳ χρώμενος) und sich bei seinen Überlegungen nicht auf optische oder andere Sinneswahrnehmungen stützt (μήτε τιν᾽ ὄψιν παρατιθέμενος ἐν τῷ διανοεῖσθαι μήτε

der Rolle der Sinnesorgane ganz positiv gegenüberstehend, deren Wirkung als einer καθαρώτερον δὲ καὶ εἰλικρινέστερον διάνοια geradezu dienlich beschreibt.[348] Auffallend ist nämlich, dass die beide Belege für εἰλικρινὴς διάνοια – und sie sind die einzigen außerhalb der *Secunda Petri* – die Wortverbindung zur Sinneswahrnehmung in Bezug setzen. Möglicherweise äußert sich der *zweite Petrusbrief* hier implizit zu einer öfter thematisierten Frage, nämlich der, was zu einer εἰλικρινὴς διάνοια beiträgt. Seine Antwort wäre dann: die unverfälschte apostolische Lehre. Mehr als der Wert einer Vermutung lässt sich dem jedoch nicht beimessen; ganz sicher zu weit geht die Erwägung, der Verfasser bediene sich hier eines zum Schlagwort gewordenen Ausdruckes und setze nun an die Stelle der Sinneswahrnehmungen ἐπιθυμίαι und αἱρέσεις als die Erkenntnis trübende Einflüsse.[349] Minimal wird man festhalten müssen, dass die *Secunda Petri* mit εἰλικρινὴς διάνοια eine Formulierung verwendet, die in die Ausdruckweise hellenistisch gebildeter Juden wie Philo und Paulus durchaus passt. Dass ein platonisches Erbe mitspielt, ist nicht auszuschließen, auf eine bewusste Anspielung auf Plato deutet jedoch nichts hin.

1.3. Mehr als eine Wiederaufnahme: ἀγαπητοί

Mit ἀγαπητοί wendet sich der Verfasser direkt an die Angeschriebenen. Er wird diese Form der Anrede, deren er sich hier erstmalig bedient, noch drei weitere Male in diesem dritten Kapitel seines Briefes gebrauchen (3,8.14.17). An der vorliegenden Stelle dürfte sie durch den Prätext Jud 17 motiviert sein, doch für die übrigen Stellen bietet der *Judasbrief* keine Vorlage, so dass der Verfasser selbständig formuliert. Demnach hat der Gebrauch von ἀγαπητοί eine über den aktuellen Prätext hinausgehende Verweisfunktion. Ziel der Referenz ist die neutestamentliche Briefliteratur, denn die Anrede ἀγαπητοί ist, wenigstens in der sich hier zeigen-

---

[τινὰ] ἄλλην αἴσθησιν ἐφέλκων μηδεμίαν). Denn die Beteiligung von Körperlichem stehe der Gewinnung von Wahrheit und Einsicht im Wege.

[348] Phil congr 143: ὥσπερ γὰρ ὀφθαλμοὶ μὲν ὁρῶσιν, ὁ δὲ νοῦς δι' ὀφθαλμῶν τηλαυγέστερον, καὶ ἀκούει μὲν ὦτα, ὁ δὲ νοῦς δι' ὤτων ἄμεινον, καὶ ὀσφραίνονται μὲν οἱ μυκτῆρες, ἡ δὲ ψυχὴ διὰ ῥινῶν ἐναργέστερον, καὶ αἱ ἄλλαι αἰσθήσεις τῶν καθ' αὑτὰς ἀντιλαμβάνονται, καθαρώτερον δὲ καὶ εἰλικρινέστερον ἡ διάνοια. Nach Philo und dem *zweiten Petrusbrief* ist dem *Thesaurus Linguae Graecae* zufolge erst wieder im dritten und vierten Jahrhundert bei Jamblich, Athanasius, Basilius usw. die Rede von einer εἰλικρινὴς διάνοια.

[349] So GREEN 1987, 134, der dies vorsichtig als Frage formuliert: "*Wholesome thinking* translates *eilikrinē dianoian*, a phrase used by Plato to mean 'pure reason', uncontaminated by the seductive influence of the senses. Did Peter take over what may well have become a catchword, and encourage his readers by telling them that he believed that their minds were uncontaminated by the lust and heresy all around them?"

den Häufigkeit, erstmalig bei Paulus belegt und daher typisch christlich.[350] In den paulinischen Pseudepigraphen kaum gebraucht,[351] findet sie sich mehrmals im *ersten Johannesbrief*, im *ersten Petrusbrief* und im *Judasbrief*.[352] Stilistisch auffällig ist, dass der *erste Johannesbrief* die Anrede stets an erster Stelle im Satz gebraucht, ebenso wie der *erste Petrusbrief*; bei Paulus und im *zweiten Petrusbrief* steht sie nie an erster Stelle; der *Judasbrief* kennt beide Formen. Falls man daraus einen Schluss ziehen darf, muss er lauten, dass die *Secunda Petri* mehr dem Sprachgebrauch des Paulus verpflichtet ist als dem des *ersten Petrus-* oder *ersten Johannesbriefes*. Die rhetorische Funktion ist unabhängig von der Stelle im Satz dieselbe: Beim Übergang zu einem neuen, nicht selten paränetischen Abschnitt oder beim Abschluss eines solchen, nicht aber am Beginn eines Briefes oder am Eingang einer umfassenden thematischen Einheit,[353] versichert sich der Schreiber durch die Anrede ἀγαπητοί κτλ. der Aufmerksamkeit der Rezipienten durch die Betonung der Verbindung zwischen Schreiber und Empfängern in der ἀγάπη.[354] Auch in diesem formalen Element der Anrede ἀγαπητοί in 2 Petr 3,1 zeigt sich also, dass die *Secunda Petri* zur Wirkungsgeschichte des paulinischen Briefes gehört. Paulus wiederum scheint mit diesem Gebrauch von ἀγαπητός in einer jüdischen Tradition zu stehen, in der sich mit ἀγαπητός konnotativ das Element des Erwählten verbindet.[355] In rabbinischer Literatur werden die Juden häufig חביבין genannt, vor allem, wenn es um Gottes Wohltaten gegenüber Israel geht.[356] Ob der Verfasser des *zweiten Petrusbriefes* bewusst auf diesen Hintergrund abhebt oder einfach einer inzwischen christlichen epistolographischen Gepflogenheit folgt, lässt sich isoliert aus 3,1 nicht erheben.

---

[350] WISCHMEYER 1986, 478; siehe Röm 12,19; 1 Kor 10,14 (ἀγαπητοί μου); 1 Kor 15,58 (ἀδελφοί μου ἀγαπητοί); 2 Kor 7,1; 12,19; Phil 2,12 (ἀγαπητοί μου); Phil 4,1bis (ἀδελφοί μου ἀγαπητοὶ καὶ ἐπιπόθητοι neben einfachem ἀγαπητοί); außerhalb der Anrede siehe noch Röm 1,7; 11,28; 1 Thess 2,8. Zum Gebrauch von ἀγαπητός als Ersatz von φίλτατος in den (späteren) Papyrusbriefen siehe TIBILETTI 1979, 44.

[351] Als Anrede Hebr 6,9, sonst nur einmal in der Rede über Dritte in 1 Tim 6,2 parallel zu ἀδελφοί und πιστοί.

[352] 1 Joh 2,7; 3,2.21; 4,1.7.11; 1 Petr 2,11 und 4,12, Jud 3.17.20. Der *Jakobusbrief* gebraucht sie ausschließlich in der Form ἀδελφοί μου ἀγαπητοί: Jak 1,16.19; 2,5.

[353] WITHERINGTON 2007, 136.

[354] SCHMIDT 2003, 230 unterstreicht, dass ἀγαπητοί „nicht notwendig eine innige Beziehung" voraussetze, da Paulus die Anrede auch gegenüber den Römern gebrauche, die er nicht kenne. Wie innig oder nicht die Beziehung auch sein mag, in jedem Fall tritt in 2 Petr 3,1ff die briefliche Kommunikation zwischen Sender und Empfängern stark in den Vordergrund, und zu den sprachlichen Elementen dieser verstärkten Kommunikation gehört auch ἀγαπητοί, das die Verbundenheit der Kommunikationspartner aus der Sicht des Senders hervorhebt.

[355] WISCHMEYER 1986, 477.

[356] Siehe hierzu die Belege bei STRACK-BILLERBECK III, 24.

1.4. Anknüpfungspunkt der metatextuellen Referenz auf den ersten Petrusbrief

Dass der Verfasser der *Secunda Petri* mit der δευτέρα ἐπιστολή höchstwahrscheinlich auf den kanonischen *ersten Petrusbrief* abhebt, wurde schon im einleitenden Kapitel dargelegt.[357] An dieser Stelle muss nun die Frage erörtert werden, worin denn der Verfasser dort einen Anknüpfungspunkt gesehen haben könnte. In seiner Sicht ist die Funktion des ersten wie des zweiten Briefes das Wachhalten (διεγείρειν) einer von unliebsamen Einflüssen unbeeinträchtigten inneren Haltung (εἰλικρινὴς διάνοια). Er will die Adressatinnen und Adressaten erinnern; sie sollen sich der προειρημένα ῥήματα ὑπὸ τῶν ἁγίων προφητῶν und der durch ,ihre' Apostel vermittelte ἐντολὴ τοῦ κυρίου καὶ σωτῆρος entsinnen. Die Frage ist, ob sich im ersten Brief tatsächlich vorausgesagte Prophetenworte und Jesus Christus zugeordnete Lehrelemente finden, die ihm bei dieser Formulierung vor Augen gestanden haben könnten.

1.4.1. Positionen aus der Forschung

In der Forschung ist dies durchaus nicht unumstritten. Nicht nur diejenigen, die die in 2 Petr 3,1–2 gegebene Charakterisierung so wenig auf den *ersten Petrusbrief* zutreffend finden, dass sie eine Bezugnahme schlichtweg in Abrede stellen, resignieren gegenüber dieser Fragestellung.[358] Auch unter denen, die im kanonischen *ersten Petrusbrief* den alludierten Text zu sehen gewillt sind, wird zuweilen die Intention konkreter Übereinstimmungen in Zweifel gezogen und das Anliegen des Verfassers auf den Anspruch auf petrinische Autorität reduziert.[359]

---

[357] Siehe dazu auch RUF 2008.

[358] Hierzu gehört etwa SPITTA 1885, 221.226f.232f.526f. In neuerer Zeit hält Davids 2006, 259 es für die vernünftigste Lösung, in 3,1f eine Referenz nach einem heute unbekannten Brief des Verfassers der *Secunda Petri* zu sehen. Er weist darauf hin, dass die anschließende Prophetie (3,3–4) nicht im Namen Petri, sondern „eurer Apostel" angeführt sei. Diese Argumentation geht jedoch völlig am eigentlichen Problem vorbei, schließlich geht es nicht um die Frage, wem die Prophetie in 3,3–4 zugeschrieben wird, sondern darum, ob die Beschreibung des in ἐν αἷς (3,1) deutlich mitbezeichneten ersten Briefes auf den kanonischen *ersten Petrusbrief* zutrifft.

[359] So etwa KNOPF 1912, 254: „Daß der Verf. I Pt kennt, folgt aus II Pt 3₁, aber nur daraus. Denn im Übrigen haben die beiden Schreiben, die unter dem gleichen Namen gehen, nichts mit einander gemein, nicht einmal Namen und Titel des Absenders sind gleich, der Stil und auch der Wortschatz zeigen keine Gemeinschaft und keine Einzelstelle von II Pt weist eine Anspielung auf I Pt von der Art auf, daß man sagen müsste, hier liege eine Benützung des älteren Briefes durch den jüngeren vor ..." und SCHELKLE 1961, 222: „Doch vielleicht reflektiert der Verfasser, wiewohl er sagt, er schreibe in beiden Briefen das gleiche, kaum über die Übereinstimmung. Vielleicht genügt es ihm, daß in 2 Petr der Apostel Petrus spricht."

Mit einem glühenden Plädoyer brach Bernhard Weiß in seinem *Lehrbuch der Einleitung in das Neue Testament* der Verbindung zum *ersten Petrusbrief* eine Lanze. „Biblisch theologisch gesehen", so die Pointe seiner Ausführungen, stehe „ohne Frage der zweite Petrusbrief keiner NTlichen Schrift näher als dem ersten."[360] In den Bereich der Erinnerung an die προειρημένα ῥήματα ὑπὸ τῶν ἁγίων προφητῶν fallen dabei seine Beobachtungen, dass „Verheißung und Erfüllung" in beiden Briefen auf eine ähnliche Weise zueinander stehen (2 Petr 1,19ff und 1 Petr 1,10ff), dass das Wort der Schrift auf vergleichbare Art an die Botschaft der Apostel herangerückt wird (2 Petr 3,2.16 und 1 Petr 1,22–25), dass die Geschichte Israels als Analogie zur Geschichte der Gemeinde aufgefasst wird (2 Petr 2,1 und 1 Petr 2,9f; 3,6) und schließlich die Rezeption der Sintfluterzählung, die „nicht nur in der Erwähnung Noah's und der ἀσεβεῖς seiner Zeit ..., sondern insbesondere in der Art, wie sie als Typus des Endgerichts erscheint..., aufs Stärkste" an ihre Aufnahme im *ersten Petrusbrief* denken lasse (2 Petr 2,5; 3,6f und 1 Petr 3,20f). Was die τῶν ἀποστόλων ὑμῶν ἐντολὴ τοῦ κυρίου καὶ σωτῆρος betrifft, so macht Weiß auf das Aufgreifen der Verklärungsgeschichte in 2 Petr 1,16–18 einerseits und „die Art, wie im ersten Briefe die Erinnerung an das geschichtliche Leben des Herrn überall durchblickt" andererseits aufmerksam.[361]

Ganz ähnlich nennt Joseph B. Mayor in seinem Kommentar nach einem Vergleich beider Briefe auf lexikalischer Ebene[362] drei große Themen, die die beiden Briefe neben "one or two slighter resemblances"[363] gemeinsam hätten: Übereinstimmend trete das Thema der Parusie deutlich hervor, ferner werde hier wie dort Noahs Rettung von der Flut aufgegriffen und schließlich machten sich beide Briefe Gedanken um die theologische Bedeutung der Schriftprophetie.[364]

Der zweite eindringliche Verfechter einer Anlehnung des *zweiten Petrusbriefes* an den ersten ist George H. Boobyer. Ausgehend von 2 Petr 3,1–2 und der intratextuellen Verflechtung dieser Verse vertritt er in seinem häufig angeführten Aufsatz *The Indebtedness of 2 Peter to 1 Peter* die Sicht, dass der *erste Petrusbrief* der ,Beschreibung' in 2 Petr 3,2 sehr wohl entspreche. Die Hauptanliegen des *zweiten Petrusbriefes*, auf das 2 Petr 3,1–2 ziele, nämlich die Mahnung zu moralischer Lebensführung und der Aus-

---

[360] WEISS 1886, 445.

[361] Alle Zitate ibid. Die aufgeführten Nähen stellen nur eine Auswahl aus WEISSens Beobachtungen dar. Kriterium der Auswahl ist die Möglichkeit, die Nähen als Zielpunkt der Referenzen προειρημένη ῥήματα ὑπὸ τῶν ἁγίων προφητῶν und τῶν <u>ἀποστόλων</u> ὑμῶν ἐντολὴ <u>τοῦ κυρίου</u> καὶ σωτῆρος zu fassen.

[362] MAYOR 1907, lxx–lxxiv. BAUCKHAM 1983, 144 zufolge wurde dieses Unternehmen weithin als gescheitert angesehen.

[363] MAYOR 1907, lxxxv.

[364] MAYOR 1907, lxxx–lxxxi und lxxxiv.

blick auf Christi Wiederkunft, zeichneten sich im *ersten Petrusbrief* durchaus als prominente Gegenstände ab und zwar gerade im Namen der drei in 3,2 genannten Autoritäten (Propheten, Apostel, Christus): Für moralisches Verhalten sei dort Christus als Vorbild vor Augen gestellt (2,21), und die (als Prophetie verstandenen) Schriften seien sowohl im Kontext der Paränese als auch für das zukünftige Gericht und Heil angeführt. Alle drei Autoritäten seien nebeneinander in 1 Petr 1,10–12 genannt, gerade diese Stelle habe der Verfasser der *Secunda Petri* beim Formulieren von 3,1–2 vor Augen.[365] Augenfällig sei die Anknüpfung durch die Parallelität der Präskripte und Proömien.[366]

Inhaltlich in engem Anschluss an Boobyer ist auch John N. D. Kelly überzeugt, dass gegenüber der Anlehnung des zweiten Briefes an den ersten weniger Skepsis angebracht ist, als die Forschung zuweilen aufzubringen sich genötigt fühlte. Die Gemeinsamkeit bestehe nicht so sehr in konkret auszumachenden Textblöcken als im Anliegen. So wolle der *zweite* übereinstimmend mit dem *ersten Petrusbrief* gegen Unmoral und für einen makellosen Lebenswandel zu Felde ziehen. Anknüpfungspunkt sei ferner die Aussicht auf das eschatologische Erbe der Gerechten und die Verdammnis der Bösen, die bei Christi Wiederkunft zu Tage treten werden. Auch Christus als Vorbild und die Schriften als Lehrmeister ethischer Lebensführung und Ankündiger des Gerichtes sowie die kombinierte Autorität von Schriftpropheten, Geist Gottes und apostolischen Lehrern seien dem Verfasser der *Secunda Petri* zupass gekommen.[367]

Dem Genannten fügt der Kommentar von Joseph Chaine noch einen weiteren Aspekt hinzu. Zwar stehen bei seinen sorgfältig abwägenden Ausführungen jeweils die Unterschiede im Vordergrund,[368] doch beobachtet er, dass beide Briefe, wenn auch in völlig unterschiedlicher Weise, auf Paulus zurückgreifen. Darüber hinaus sieht auch er, dass beide, wenigstens implizit, dasselbe Verständnis der eschatologischen Parusie als Gericht aufweisen, mag die Perspektive auf die Parusie in beiden Briefen auch eine gänzlich andere sein.[369]

Damit sind die vorgeschlagenen möglichen Anknüpfungspunkte, die zu der Formulierung von 2 Petr 3,1–2 geführt haben, *grosso modo* erfasst. Die weitere Forschung hebt einmal diesen, einmal jenen Aspekt als besonders plausibel hervor oder zieht angeblich allzu gewollte Verbindungsli-

---

[365] BOOBYER 1959, 38f.
[366] BOOBYER 1959, 34.39ff.
[367] KELLY 1969, 353.
[368] CHAINE 1939, 24–28.
[369] CHAINE 1939, 27f.

nien wieder in Zweifel.[370] Grundlegend neue Beobachtungen treten jedoch nicht hinzu.

1.4.2. Die beiden Petrusbriefe als Verweise auf die eschatologische Zukunft

Intertextualitätstheoretisch besteht das Phänomen eines pseudometatextuellen Verweises, d.h. einer kommentierenden Bezugnahme auf einen nichtexistenten Text oder auf einen existenten Text, ohne dass die kommentierende Referenz tatsächlich einen Haft- oder Zielpunkt im genannten Text hätte.[371] Ob jedoch ein pseudometatextueller Verweis vorliegt, lässt sich in unserer Literatur im Einzelfall nicht immer leicht feststellen. Methodisch darf als Faustregel gelten, dass, solange die Fiktionalität des angeblichen Referenztextes oder das referentielle Verfehlen des angeblich kommentierten Textes nicht gesichert ist, von einem wirklichen Verweis ausgegangen werden muss. So angebracht es demnach im vorliegenden Fall ist, der Frage nachzugehen, welche Teile, Aspekte oder Themen des *ersten Petrusbriefes* mit der Formulierung αἱ προειρημένα ῥήματα ὑπὸ τῶν ἁγίων προφητῶν und ἡ τῶν ἀποστόλων ὑμῶν ἐντολὴ τοῦ κυρίου καὶ σωτῆρος aufgegriffen werden, sind angesichts des Fehlens syntaktischer Übereinstimmungen dem Gewissheitsgrad einer Antwort doch *a priori* Grenzen gesetzt. Unumstößlichkeit ist nicht zu erwarten, allenfalls Plausibilität. Diese aber wird dann erzielt, wenn es gelingt, den Gehalt beider Formulierungen zu konkretisieren und für diese Konkretion einen Anknüpfungspunkt im *ersten Petrusbrief* zu finden.

Mit der Erweiterung des Prätextes Judas 17 um die προφῆται und der Zuordnung der προειρημένα ῥήματα an sie greift der Verfasser sein Anliegen vom Ende des ersten Kapitels wieder auf, wo er bereits dazu gemahnt hatte, die Angeschriebenen sollten sich doch bis zum Anbruch des Tages und zum Aufgang des Morgensterns an den προφητικὸς λόγος halten (1,19ff). Die anschließende Polemik gegen diejenigen, die in diesem

---

[370] SCHELKLE 1961, 222 hält die Inhaltsangabe in 3,1 wenigstens insofern für treffend, als die eschatologische Hoffnung, zu deren Verteidiger sich der Verfasser der *Secunda Petri* macht, auch ein theologischer Schwerpunkt des *ersten Petrusbriefes* ist (4,7). FORNBERG 1977, 12f sieht mögliche Einflüsse des ersten Briefes vor allem in der Ausgestaltung der Bezugnahme auf die Sintflut, da die Flut beide Male mit dem Fall der Engel aus Gen 6 verbunden sei. Ferner sei in beiden Texten Gottes μακροθυμία eine wichtige theologische Aussage und unterstrichen beide Texte die Achtzahl der Geretteten. Ähnlich gilt BAUCKHAM 1983, 146 die Aufnahme der Sintfluterzählung als einzige wirkliche Berührung der beiden Texte, aber auch hier sei eher mit gemeinsamem Rückgriff auf gängige Auslegungstraditionen zu rechnen. MEADE 1986, 183ff referiert im wesentlichen BOOBYER 1959, sieht jedoch auch mit KELLY 1969 den gemeinsamen ethischen Akzent. MAZZEO 2002, 310, Anm. 1 weist wie SCHELKLE auf die gemeinsame eschatologische Hoffnung hin.

[371] Zur Pseudointertextualität siehe MERZ 2004, 24.

Punkt Anderes lehrten, hatte ihn an der Schwelle zum zweiten Kapitel weggerissen von der konsequenten inhaltlichen Ausführung des Gedankens. Nun, in 3,3f, kommt er erneut auf diese Menschen zu sprechen; das Textsignal τοῦτο πρῶτον γινώσκοντες ὅτι markiert die Bedeutsamkeit der folgenden Worte. Die in 2 Petr 2,1 als ψευδοδιδάσκαλοι Bezeichneten sind durch die Propheten angekündigt als Spötter und Zweifler am Eintreten der Parusieverheißung. Dies ist auch der Aspekt der durch die Apostel vermittelten ἐντολὴ τοῦ κυρίου καὶ σωτῆρος, auf den der Verfasser abhebt. Dass die Verkündigung der Apostel von der wirkmächtigen Gegenwart (δύναμις καὶ παρουσία) des κύριος Ἰησοῦς Χριστός, die in die eschatologische Parusie auslaufen wird, nicht aus der Luft gegriffen, sondern glaubhaft war, hatte er schon im ersten Kapitel anhand der Verklärung Jesu dargelegt. Es geht ihm also mit dem Hinweis auf die προειρημένα ῥήματα ὑπὸ τῶν ἁγίων προφητῶν und die τῶν ἀποστόλων ὑμῶν ἐντολὴ τοῦ κυρίου καὶ σωτῆρος um die Aufrechterhaltung der eschatologischen Hoffnung.[372]

Dies aber kann mit Fug und Recht auch vom *ersten Petrusbrief* behauptet werden. Namentlich in dessen Proöm wird der Blick der Angeschriebenen auf das Eschaton gelenkt:[373] In 1,4–5 werden sie auf die κληρονομία ἄφθαρτος καὶ ἀμίαντος καὶ ἀμάραντος hingewiesen, die ihrer ἐν οὐρανοῖς harrt. Ihre σωτηρία – man beachte die konsequente Anwendung des σωτήρ-Titels Christi im *zweiten Petrusbrief*! – wird ihnen vor Augen gestellt; diese liegt bereit, ἐν καιρῷ ἐσχάτῳ offenbar zu werden (ἀποκαλυφθῆναι). In 1,7 wird Aussicht gegeben auf das ‚Gefunden-Werden' (εὑρεθῆναι)[374] der Bewährtheit ihres Glaubens (τὸ δοκίμιον ὑμῶν τῆς πίστεως) und auf ἔπαινος, δόξα und τιμή, die ihnen dann zufallen, was in 1,13 noch einmal variiert wird als Empfang von χάρις am Tag der Offenbarung Christi (ἐν ἀποκαλύψει Ἰησοῦ Χριστοῦ).[375] Doch nicht nur am

---

[372] VÖGTLE 1970, 126 spekuliert, welche Verse aus den Schriften dem Verfasser vorschwebten: „Er denkt an jene alttestamentlichen Stellen, an denen die Sünder voll frevlerischen Hochmuts über die ausbleibende Strafe Gottes spotten (Am 9,10; vgl. Mal 2,17), sogar bis zur Leugnung der Existenz Gottes gehen (Ps 110,4), diesen frevlerischen Spöttern jedoch das vernichtende Gericht (Am 9,10; Jes 5,18–20), sogar durch Feuer (Ps 97,3; Jer 5,12–14; Mal 3,19) – das oft genannte Gerichtsmittel Jahwes –, angedroht wird."

[373] Was jedoch nicht zu auffälligen lexikalischen Kongruenzen zwischen den beiden petrinischen Proömien führt, siehe III.A.

[374] Gerade hier trifft sich die *Secunda* mit der *Prima Petri* über die Motivik hinaus auch lexikalisch: In 2 Petr 3,10 werden am Tag des Herrn die Erde und die sich auf ihr befindlichen Werke ‚gefunden' (καὶ γῆ καὶ τὰ ἐν αὐτῇ ἔργα εὑρεθήσεται).

[375] Die Offenbarung Christi als Element oder Beschreibung der eschatologischen Ereignisse ist ein im *ersten Petrusbrief* ständig wiederkehrendes Motiv (ἐν ἀποκαλύψει Ἰησοῦ Χριστοῦ 1,7.13; 4,13). Näherhin ist es Christi δόξα, die aus der Verborgenheit hervortreten soll (ἐν τῇ ἀποκαλύψει τῆς δόξης αὐτοῦ 4,13; τῆς μελλούσης

Briefanfang, auch in den beiden letzten Kapiteln wird im Rahmen der Paränese als Motivation immer wieder auf die eschatologische Zukunft verwiesen, auf deren Nähe (4,7), auf die Freude der Gläubigen, wenn es soweit ist (4,13), darauf, dass dies eine Zeit des Urteilsspruches ist (4,17 κρίμα; vgl. 2,12 ἐν ἡμέρᾳ ἐπισκοπῆς), auf die dann zu empfangende δόξα (5,1.4.10), auf die Erhöhung der Gläubigen (5,6).[376] Allein der aktuelle Anlass für den Verweis auf das noch ausstehende eschatologische Gut und seine Formulierung divergieren; in der *Prima Petri* sind es Diskriminierung und Anfeindung von außen, in der *Secunda* die heterodoxen Aktivitäten von Lehrerpersönlichkeiten, die diesen thematischen Schwerpunkt generieren. Dennoch wird man deshalb dem Verfasser des *zweiten Petrusbriefes* die Berechtigung nicht absprechen können, im Fingerzeig auf eben das eschatologisch Erhoffte ein gemeinsames Anliegen zu sehen. Die darüber hinaus beobachteten Konvergenzen und Kongruenzen wie etwa die vergleichbare Zuordnung von Schriftpropheten und Aposteln, der ähnliche Blickwinkel, von dem aus Noah betrachtet wird, oder der Nachdruck auf moralischer Lebensführung, die durch die Aussicht auf das eschatologische Gut motiviert ist, mögen zutreffend sein, doch das Ziel der metatextuellen Referenz in 3,1–2 liegt in der eschatologischen Ausrichtung beider Briefe.

1.5. Fazit

Die Analyse der intertextuellen Syntax von 2 Petr 3,1–2 führt zu folgenden Beobachtungen:

Das Verhältnis zum *Judasbrief* ist von texterweiternden Transformationsmaßnahmen geprägt. Das Ergebnis ist eine konzeptuelle Nähe zum *ersten Petrusbrief* bezüglich der Traditionsvermittlung von Propheten und Aposteln auf die christliche Gegenwart hin, eine Nähe, die auch zum *zweiten Clemensbrief*, Polykarp und Ignatius zu beobachten ist.

ἀποκαλύπτεσθαι δόξης κοινωνός), die dann auch den Petrus und den Gläubigen zuteil werden wird (5,1.4.10). Anders formuliert dies 1,4: Die σωτηρία der bewährten Gläubigen soll enthüllt (ἀποκαλυφθῆναι) werden. Der *zweite Petrusbrief* gebraucht weder das Verb noch das Substantiv.

[376] Auch in der Sekundärliteratur zum *ersten Petrusbrief* lässt sich die pointierte Aussage finden, die Hoffnung auf das Heil sei das Hauptthema des Briefes, siehe etwa BROX 1979, 16: „...der Brief will ... zeigen, wie diese Gnade bzw. die Gestalt des Christseins gerade unter den erschwerenden Bedingungen von Diskriminierung und Verfolgung wegen des Glaubens konkret möglich ist und daß die von den Christen jetzt erlebten Schwierigkeiten der Verfolgung das Erwartbare, »Regelmäßige«, Bezeichnende, durchaus nicht Irritierende und Anstößige sind. Diese Klärungen zusammen wollen aber – und das ist das Hauptthema – zur Hoffnung auf das Heil als die sichere Zukunft motivieren."

Die redaktionellen Passagen, die Zugang bieten zu den eigenen Formulierungen des Verfassers, weisen in unterschiedliche Richtungen. Die Rede von ἅγιοι προφῆται passt zu Lukas und Theophilus, im Wieteren auch zu Ignatius und Justin; der Gebrauch von ἐντολή steht, was die kanonischen Schriften anbelangt, dichter bei Paulus als beim *Corpus Johanneum* und lässt sich innerhalb der Apostolischen Väter nicht eindeutig in die Nähe einer der dort unterschiedlichen Verwendungsweisen von ἐντολή bringen; εἰλικρινὴς διάνοια kann nicht sicher als Beitrag zur Diskussion um eine platonische Aussage gewertet werden, passt aber ganz allgemein zur möglichen Ausdrucksweise hellenistisch gebildeter Juden wie Philo und Paulus. Der vom *Judasbrief* motivierte, aber im *zweiten Petrusbrief* ausgedehnte Gebrauch der Anrede ἀγαπητοί, weist auf Gepflogenheiten des (gnesio)paulinischen Apostelbriefes.

Die direkt metatextuelle Referenz auf den *ersten Petrusbrief* schreibt diesem dieselbe Funktion zu wie dem vorliegenden Brief, nämlich mittels der Erinnerung an die von Propheten in Aussicht gestellte und von den Aposteln verkündigte eschatologische Zukunft deren geradlinige, durch andere Lehrmeinungen unbeeinträchtigte Denkungsart am Einschlafen zu hindern. Auffallender syntaktischer Kongruenzen mit dem *ersten Petrusbrief* bedient der Verfasser des *zweiten* sich dabei nicht.

2. Pragmatik der Intertextualität

Bereits Judas 17 wandte sich nach Ausführungen über die Heterodoxen und das ihnen bevorstehende Schicksal nachdrücklich an die intendierte Leserschaft: Ein betontes ὑμεῖς am Satzanfang markierte dort im Verband mit der Anrede ἀγαπητοί die Abwendung vom Thema und die Zuwendung zu den Angeschriebenen und verstärkte den Imperativ μνήσθητε. Im Vergleich dazu sind die Kommunikationssignale in 2 Petr 3,1–2 sogar noch vervielfacht. Dies geschieht zum einen dadurch, dass der Verfasser mittels einer ersten Person Singular (γράφω, διεγείρω) den angeblichen Briefschreiber Petrus erstmalig nach 1,15 sich wieder als Sprecher zu Wort melden und ihn so als sendenden Kommunikanten profiliert hervortreten lässt. Zum anderen finden sich neben der Anrede ἀγαπητοί nicht weniger als drei Pronomina der zweiten Person Plural, die die Rolle der Angeschriebenen als Kommunikationspartner herausstellen: Explizit werden sie als intendierte Briefempfängerschaft angesprochen δευτέραν ὑμῖν γράφω ἐπιστολήν.[377] In einer ähnlichen *captatio benevolentiae* wie in der

---

[377] Immer wieder führt dieses ὑμῖν, an das, wie implizit aus der Formulierung von 2 Petr 3,1 hervorgeht, ja auch der erste Brief geschrieben sein soll, dazu, dass die Adressaten aus dem *ersten Petrusbrief* als Adressaten in den *zweiten* importiert werden. Dies kann dann Erwägungen nach sich ziehen wie etwa die folgende: „Da nun die kleinasiatischen Gemeinden zur Zeit, als der erste Petrusbrief an sie erging, wesent-

adscriptio, wo der Brief an Menschen mit dem der Apostel äquivalenten Glauben (τοῖς ἰσότιμον ἡμῖν λαχοῦσιν πίστιν) war, wird ihnen die prinzipielle Rechtgläubigkeit bescheinigt: Ihre (ὑμῶν!) εἰλικρινὴς διάνοια soll wach gehalten werden, ist also grundsätzlich vorhanden. Schließlich werden die Apostel, die die ἐντολή τοῦ κυρίου καὶ σωτῆρος den intendierten Leserinnen und Lesern übermittelt haben, ausdrücklich als ἀπόστολοι ὑμῶν bezeichnet, also den Angeschriebenen zugeordnet. Dies dürfte im Zusammenhang stehen mit dem Ziel des Briefschreibers, die Empfänger an die Botschaft dieser Apostel rückzubinden, vielleicht schwingt auch Abgrenzung von denen mit, die die Lehre heterodox beeinflussen: Denn natürlich haben die eigenen Apostel die Lehrautorität, nicht irgendwelche διδάσκαλοι der letzten Tage (ἐπ'ἐσχάτων τῶν ἡμερῶν 3,3), die aus eigenem Antrieb kommen (κατὰ τὰς ἰδίας ἐπιθυμίας αὐτῶν πορευόμενοι 3,3), sich als Spötter gebärden (ἐμπαῖκται 3,3) und daher die Qualifikation ψευδοδιδάσκαλοι (2,1) verdienen.[378]

Gegenstand der Kommunikation ist jedoch nicht die intertextuelle Bearbeitung des *Judasbriefes.* Dieser wird, wie immer verschwiegen. Sehr wohl verständigt sich ,Petrus' aber mit den Angeschriebenen über seinen ,ersten Brief'. Für diesen erhalten sie, ebenso wie für den zweiten, eine Angabe des Abfassungszwecks und damit eine Rezeptionsanweisung.

---

lich judenchristlich waren ..., so liegt schon darum zwischen beiden Briefen etwa ein Decennium, innerhalb dessen die paulinische Wirksamkeit den nationalen Charakter der dortigen Christenheit wesentlich umgewandelt hatte." (WEISS 1886, 438). Doch solche Konstrukte sind ganz unnötig. Der Verfasser der *Secunda Petri* Briefes ist im Stande, einerseits ein *konkretes* Problem (wohl in einer konkreten Gemeinde oder Gegend) vor Augen zu haben, andererseits aber seine Äußerung zu diesem Problem für wichtig genug zu halten, einen *katholischen* Brief zu schreiben, dessen Empfängerschaft also nicht näher eingegrenzt ist; vgl. die Diskussion zum Präskript in II.A.

[378] Die hiesige Deutung wird treffend von BIGG 1902, 290 formuliert: "'Your apostles' are the men whom you ought to trust; do not listen to these false teachers, with whom you have neither part nor lot." Ansonsten herrscht über die Deutung von ἀπόστολοι ὑμῶν Uneinigkeit in der Forschung. Eine Sichtweise besagt, dass speziell auf die Apostel hingewiesen werden soll, die die Gemeinde gegründet haben, so etwa WITHERINGTON 2007, 370; DAVIDS 2006, 262; SKAGGS 2004, 132; GREEN 1987, 137 und BAUCKHAM 1983, 287. HARRINGTON 2003, 282 will darin die Zwölf sehen, deren Sprecher Petrus ist; ähnlich schon KNOPF 1912, 309; auch VAN HOUWELINGEN 1993, 78f wehrt sich gegen die Gemeindegründerhypothese und interpretiert ἀπόστολοι ὑμῶν als Aufnahme des apostolischen Wir des Briefes. CHATELION COUNET 2006, 113 sieht hier den Hinweis, dass die intendierte Leserschaft des *zweiten Petrusbriefes* verschiedenen Gemeinden entstammt. FUCHS/REYMOND 1988, 106 lesen – ihrer Meinung nach mit der Mehrzahl der Exegeten – ὑμῶν so, dass die gemeinsame Zugehörigkeit aller Apostel zu der Gesamtheit christlicher Gemeinden herausgestellt wird. Einigermaßen charakteristisch für eine große Zahl von Forschern ist die Folgerung, zu der MOLLAND 1955, 67 aufgrund dieser Formulierung gebracht wird: «Cette juxtaposition autant que la terminologie qui parle de «vos apôtres» est une trace visible de la date tardive où fut composée cette épître.»

Beide sind zu verstehen als Erinnerungshilfe an die Vorhersagen der Schriftpropheten und die apostolische Botschaft bezüglich der Eschatologie, mit deren Hilfe sie bei der rechten Glaubenslehre bleiben. Mit dem Anschluss an diese beiden doch wohl als unbestritten zu wertenden Autoritätsgruppen beansprucht der Verfasser für sich und beide Petrinen einen Platz in der orthodoxen Traditionslinie, implizit damit verbunden ist die Aufforderung an die Rezipientinnen und Rezipienten, in dieser eingereiht zu bleiben.

3. Semantik der Intertextualität

Die am *Judasbrief* vorgenommenen texterweiternden Transformationshandlungen verweisen zunächst auf den Phänotext selbst und dessen theologische Schwerpunkte, konkret die Bedeutung der Propheten, die der Rezipient bei kursorischer Lektüre schon vom Ende des ersten Kapitels der *Secunda Petri* her kennt, und die Funktion Christi als σωτήρ, die der Text ebenfalls bereits mehrfach erwähnte. Gleichzeitig kommentieren sie den Inhalt des Prätextes *Judasbrief* in kritisierend-korrigierender Weise: Er verkenne die Funktion der Apostel: Deren Aufgabe sei es keineswegs, Aussagen über die Zukunft zu machen (ῥήματα προειρημένα), dies sei Sache der Propheten; die Apostel dagegen seien Überbringer der ἐντολή Christi. Ferner sei seine Christologie nicht zureichend, Christus als σωτήρ zu bezeichnen sei im vorliegenden Kontext unverzichtbar. Durch die Einfügung der Propheten in ihrer Funktion als Ankündiger künftigen Geschehens, die Hervorhebung der apostolischen Verkündigungstätigkeit und der so erfolgenden Angleichung an das sich von den Propheten über die an Christus gebundenen Apostel hin zur Gemeinde erstreckende Traditionslinienkonzept des *ersten Petrusbriefes* wird der übernommene Inhalt des *Judasbriefes* gewissermaßen ,petrinisiert'. Dass es sich um eine Angleichung an die *Prima Petri* und nicht etwa an die anderen Schriften handelt, die dieses Konzept belegen, geht daraus hervor, dass der Verfasser – zwar nicht in Bezug auf das Konzept selbst, aber doch in unmittelbarer Nähe dazu – diese selbst als ihr bekannten und im Anliegen verwandten Text anführt.

Die metatextuelle Referenz auf den *ersten Petrusbrief* stellt implizit, aber deutlich eine Leseanweisung dar. Dass dieser nach der Aussage des Verfassers demselben Ziel dient wie der vorliegende Brief, besagt nichts anderes, als dass er diesen wie jenen Brief zur Kenntnis genommen haben will. Gleichzeit wird auch die Richtung des Verständnisses vorgegeben: Er ist – sie sind! – als Vergewisserung der eschatologischen Hoffnung zu lesen bzw. zu hören. Damit wird der Leserichtung eine neue Nuance verliehen, denn der *erste Petrusbrief* hatte für sich selbst einen anderen Deutehorizont angegeben, ihn nämlich als Mahnung und Zeugnis für die wahre χάρις etikettiert: δι' ὀλίγων ἔγραψα, παρακαλῶν καὶ ἐπιμαρτυρῶν ταύτην εἶναι ἀληθῆ χάριν τοῦ θεοῦ·εἰς ἣν στῆτε (1 Petr 5,12). So gesehen kann man das Verhältnis des *zweiten* zum *ersten Petrusbrief*, soweit es sich hier äußert, als eine Indienstnahme für die eigenen Zwecke beschreiben.

Die These, dass der *zweite Petrusbrief* den *Judasbrief* ersetzen will,[379] fügt sich ein in die hier an 2 Petr 3,1–2 vorgenommenen Untersuchungen und Deutungen. Sie ist zu ergänzen durch eine zweite, die die beiden Petrusbriefe betrifft: Mit der metatextuellen Bemerkung, der vorliegende Brief sei der zweite, schließt die *Secunda Petri* bewusst an die *Prima* an. Der Hinweis, beide dienten der Erinnerung an die Vorhersagen der Propheten und die von den Aposteln vermittelte Lehre von Jesus Christus, stellt nicht nur eine Leseanweisung für beide Briefe dar, gibt also nicht nur an, unter welchem Aspekt und in welcher Funktion sie zu rezipieren sind, sondern weist den beiden Briefen auch eine Position und eine Rolle im Verhältnis zu der Verkündigung dieser beiden Gruppen zu. Ihre Rolle, ihre Funktion wird als ‚erinnern‘ angegeben.[380] Sie bringen also inhaltlich keine Neuerung oder Erweiterung, sondern haben Verweisfunktion auf das, was von den Propheten und Aposteln gelehrt wurde, letztlich handelt es sich also um Auxiliarliteratur, so jedenfalls die Selbstdarstellung der *Secunda Petri*, Literatur, die auf das hinweist, was schon als autoritativ feststeht, nämlich die Vorhersagen der Propheten und die durch die Apostel vermittelte Lehre von Jesus Christus. Die Positionierung im Verhältnis zu diesen beiden Gruppen ist eine zweifache. Zum einen stehen nach dem Willen des *zweiten Petrusbriefes* beide Petrinen in einer direkten Linie zu ihnen. Diese sind die vorgängigen autoritativen Zeugnisse, und die Petrinen verweisen auf sie. Zum anderen ist einer der Apostel nach der pseudepigraphen Angabe ja selbst der Verfasser der Petrinen. Sie stehen also nicht nur in einer Linie mit der maßgeblichen Lehre, sondern machen einen Teil von ihr aus. Sie fordern, als zur τῶν ἀποστόλων ὑμῶν ἐντολὴ τοῦ κυρίου καὶ σωτῆρος gehörig betrachtet zu werden, beanspruchen einen Platz unter den apostolischen Schriften.[381] Hätte der Verfasser der *Se-*

---

[379] PAULSEN 1992, 99 äußert dies vorsichtig: „Die Erklärung ist jedenfalls diskutabel, daß der 2 Petr in der gezielten Neuinterpretation des Jud diesen Text begrenzt ersetzen will."

[380] Die Funktion des Erinnerns nimmt die Habilitationsschrift RIEDLs (RIEDL 2005) zum Ausgangspunkt, um einen Zugang zum Phänomen der Pseudepigraphie zu gewinnen. Der Verfasser, so RIEDL, bediene sich der „Reflexionsfigur der alttestamentlichen und jüdischen Anamnese", bei der in der Erinnerung die zeitliche Distanz zwischen Erinnertem und Erinnernden aufgehoben werde. Auf diese Weise werde der reale Verfasser in der Erinnerung eins mit dem Apostel Petrus und könne daher pseudepigraph als Συμεὼν Πέτρος die *Secunda Petri* schreiben; RIEDL 2005 passim, v.a. 239–241.

[381] So schon MOLLAND 1955, 68: «Dans la classe des écrits apostoliques l'auteur aimerait placer la Première Épître de Pierre, à laquelle il renvoit III,1, mais aussi sa

cunda Petri einen Kanon autoritativer Schriften zu erstellen, so bestünde dieser aus zwei Teilen, nämlich erstens den als Vorhersagen der Propheten zu lesenden Schriften und zweitens der Lehre der Apostel von Jesus Christus. Den *Judasbrief* umfasste dieser Kanon eher nicht, wohl aber beide Petrinen; sie machten zum einen Teil der zweiten Gruppe aus, zum anderen hätten sie die Funktion einer paratextuellen Leseanweisung für die anderen, indem sie an deren Inhalte erinnerten. Welche Schriften konkret dieser potentielle Kanon umfasste, lässt sich aus den im vorliegenden Kapitel untersuchten Versen 2 Petr 3,1–2 nicht entnehmen; diesbezügliche Aussagen und Mutmaßungen bleiben dem Ergebnis der gesamten vorliegenden Untersuchung vorbehalten.

D. Petrus und sein lieber Bruder Paulus (2 Petr 3,14–18)

Mit διό, ἀγαπητοί in 3,14 leitet der Verfasser den letzten Abschnitt des *zweiten Petrusbriefes* ein.[382] Wie bereits in 3,1 und 3,8 ist die Anrede ἀγαπητοί nicht nur ein Appell an die Aufmerksamkeit der Leser bzw. Hörer, sondern auch Gliederungssignal. Διό markiert den Beginn der Folgerungen, die aus dem vorausgehend dargestellten endzeitlichen Geschehen zu ziehen sind: Während der Wartezeit (προσδοκᾶν[383]) auf das Ende sollen die Angesprochenen ihren Eifer dareinsetzen (σπουδάζειν), dann, wenn es soweit ist, als Menschen mit einem ethisch tadellosen Lebenswandel (ἄσπιλοι καὶ ἀμώμητοι) in Frieden (ἐν εἰρήνῃ) vorgefunden zu werden (εὑρεθῆναι). Die Langmut (μακροθυμία) des Herrn – nach 3,9 die Erklärung für das Ausbleiben der eschatologischen Ereignisse – sollten sie als

---

propre œuvre, en l'y rattachant comme «seconde lettre» (III,1) en en invoquant l'expérience qu'il a eue de la glorification de Jésus-Christ sur la montagne (I,15–18).»

[382] So beispielsweise WATSON 1988, 135–141 und SCHMIDT 2003, 302.387–391. Ähnlich, doch mit stärkerer Betonung der Zäsur zwischen 3,16 und 3,17 sieht KLAUCK 1998, 308 in 3,14–16 den Korpusabschluss und den Briefschluss in 3,17–18. Eine andere Gliederung wählt beispielsweise BAUCKHAM, indem er bereits mit 3,11 die eschatologische Paränese beginnen lässt, die dann allerdings auch mit 3,16 wieder endet. 3,17–18 bilden dann für ihn die 'conclusion'. Aufgrund der engen inhaltlichen Verflechtung von 3,14 mit den vorausgehenden Versen hat diese Einteilung durchaus etwas für sich, allerdings kommt die hier gewählte besser mit den prägnanten Textsignalen διό und ἀγαπητοί überein.

[383] Wohl irrtümlicherweise führt WATSON 1988, 136 προσδοκῶντες auf προσδοκεῖν zurück. Zwar kann im Ionischen προσδοκεῖν die Bedeutung von προσδοκᾶν annehmen, vgl. BARTELINK 1992. Das Urteil des *Thesaurus Graecae Linguae* (ThGL) s.v. προσδοκάω über προσδοκεῖν-Formen anstelle von προσδοκᾶν fällt jedoch härter aus: „προσδοκέω *forma vitiosa ab librariis verbi* δοκεῖν *similitudine inductis interdum pro* προσδοκᾶν *posita.*" Das vorliegende προσδοκῶντες ist jedenfalls dem Infinitiv προσδοκᾶν zuzuordnen, nicht προσδοκεῖν.

Heil werten. So habe es ihnen (ὑμῖν) ja auch „unser lieber Bruder" Paulus
(ὁ ἀγαπητὸς ἡμῶν ἀδελφὸς Παῦλος) entsprechend der ihm gegebenen
Weisheit (κατὰ τὴν δοθεῖσαν αὐτῷ σοφίαν) geschrieben, wie er dies ja
überhaupt in allen Briefen tue, wo er darauf zu sprechen komme.[384] In ihnen sei freilich einiges schwer verständlich (δυσνόητά τινα), was die Un-
gelehrten und Ungefestigten (οἱ ἀμαθεῖς καὶ ἀστήρικτοι) dereinst ver-
drehen würden (στρεβλοῦν),[385] – genau wie die übrigen Schriften (αἱ
λοιπαὶ γραφαί) – zu ihrem eigenen Verderben (πρὸς τὴν ἰδίαν αὐτῶν
ἀπώλειαν).

Der zweite Teil der Schlussmahnungen setzt in 3,17 mit einer erneuten,
noch durch ein ὑμεῖς verstärkten Wendung an die ἀγαπητοί ein: Da sie
nun dies alles im voraus wüssten (προγινώσκειν), sollten sie sich in Acht
nehmen, sich nicht vom Irrtum der Gesetzlosen (τῇ τῶν ἀθέσμων πλάνῃ)
mit fortreißen zu lassen (συναπαχθῆναι) und so aus dem eigenen Gefestigtsein herauszufallen (ἐκπίπτειν τοῦ ἰδίου στηριγμοῦ). Vielmehr sollten sie sich immer mehr in der Gnade (χάρις) und Erkenntnis (γνῶσις)
„unseres Herrn und Heilandes" Jesus Christus fortentwickeln (αὐξάνειν).
Mit einer Schlussdoxologie endet der Brief: αὐτῷ (scil: Ἰησοῦ Χριστῷ) ἡ
δόξα καὶ νῦν καὶ εἰς ἡμέραν αἰῶνος.

Deutlich handelt es sich um einen rhetorisch überlegten Schluss, denn
alle zentralen Themen des Briefes werden durch intratextuelle Verweise

---

[384] In dieser Paraphrase wird das Partizip λαλῶν, wie meist, konditional aufgefasst: „in allen Briefen, sofern er in ihnen darüber spricht..." Vgl. u.a. JACHMANN
1875, 207: „...in allen Briefen, w e n n er in denselben hievon redet...", KNOPF 1912,
325 „...wenn er in ihnen darauf zu sprechen kommt, oder: wo er in ihnen davon redet...". KRAUS 2001, 271 Anm. 949 erwägt darüber hinaus, ob hier nicht eine Prolepse
vorliegt, also von einem Relativsatz ἐν αὐταῖς περὶ τούτων λαλῶν ausgegangen
werden muss. Darüber hinaus überlegt er, mit 3,16 einen neuen Satz beginnen zu lassen und das Partizip zum Hauptverb zu machen, ein Vorschlag, der jedoch aufs Ganze gesehen mehr Schwierigkeiten eröffnet als Probleme löst.

[385] Die *Editio Critica Maior* hält gegenüber dem Präsens στρεβλοῦσιν früherer Ausgaben des *Novum Testamentum Graece* das Futur στρεβλώσουσιν für ursprünglich.
Dies passt dazu, dass im nächsten Vers (3,17) davon die Rede ist, dass die Angesprochenen dies ja nun im Voraus wüssten. Ob man nun aber dem Verfasser die Verwendung des Futurs bereits im Blick auf seinen folgenden Vers zuschreiben soll oder lieber Abschreiber verdächtigen, den Tempusgebrauch sekundär logisch gemacht zu haben, ist schwer zu entscheiden. Die Quantität der Zeugen spricht für das Präsens,
doch auch die Qualität der Zeugen für das Futur lässt Zweifel fortbestehen: Die Entscheidung für das Futur scheint wesentlich an P72 zu hängen, wo jedoch auch nicht
immer der glaubwürdigere Text geboten wird, wie bereits die *superscriptio* zeigte. Mit
einem inneren Argument soll hier eine vorsichtige Präferenz für das Futur ausgesprochen werden: Gerade wo der Verfasser vom Auftreten der ψευδοδιδάσκαλοι
spricht, die ja für das στρεβλοῦν verantwortlich sind, pflegt er das Futur sonst recht
konsequent zu verwenden (2 Petr 2,1–3). Daher mag man der Logik folgen, die den
Ausfall der Buchstaben -ωσ- als Flüchtigkeit von Abschreibern wertet.

auf lexikalischer oder motivischer Ebene wieder aufgegriffen und zusammengeführt.[386] Das Thema der eschatologischen Erwartung (προσδοκᾶν)
wird aus 3,12 und 3,13 unmittelbar fortgeführt, die Frage, worauf sich das
eigene Streben, die eigene Energie grundsätzlich richten soll, wurde bereits in 1,5 (σπουδὴν πᾶσαν ἐπιχορηγεῖν) und 1,10 (σπουδάζειν) angeschnitten. Die Forderung, ethisch ἄσπιλοι καὶ ἀμώμητοι zu leben, bildet
die komplementäre Aussage zu der Charakterisierung der ψευδοδιδάσκαλοι als σπίλοι καὶ μῶμοι in 2,13. εὑρεθῆναι verweist zum einen nach
3,10, zum anderen aber als typisches lexikalisches Element in generischer
Intertextualität auf eine ganze Reihe von Texten, die die Frage stellen, wie,
d.h. bei welcher Lebensführung man vorgefunden wird am Tag der Parusie, des Gerichts o.ä.[387] ἐν εἰρήνη blickt möglicherweise zurück auf die *salutatio* im Präskript, und als μακροθυμεῖν Gottes wurde das Ausbleiben
der Parusie schon in 3,9 ausgelegt. Der Vorwurf, die ψευδοδιδάσκαλοι
seien ἀμαθεῖς, korrespondiert thematisch mit der Diagnose, es fehle am
entscheidenden Wissen (λανθάνει αὐτούς; 3,5), und im weiteren Sinne
mit der Bedeutung, die im gesamten Brief der γνῶσις bzw. ἐπίγνωσις
beigemessen wird.[388] Auch die Frage nach dem Gefestigtsein in der Glau-
bensüberzeugung, wahlweise ausgedrückt durch στηρίζειν, βεβαιοῦν
oder enstprechende nominale Bildungen, ist eines der großen Themen des

---

[386] WATSON 1988, 135 bezeichnet 3,14–18 mit der rhetorischen Kategorie der *peroratio*. Von deren vier bei Cicero (Cic inv I,52,98–100; WATSON 1988, 68f) genannten
Grundtypen komme diese *peroratio* dem Typ am nächsten, der jeden Punkt der *probatio* noch einmal kurz zusammenfasse, ibid. 136. In der Tat zeigt obiger Befund, dass
etliche der großen Themen und Motive im Briefcorpus wenn schon nicht zusammengefasst, so doch noch einmal aufgegriffen werden. Doch was Cicero angeht, so hat
Watson ihn gründlich missverstanden. Ausdrücklich nennt jener nämlich <u>drei</u> Arten
von *conclusio* oder *peroratio* (Cic inv I,52,98: *Conclusio est exitus et determinatio totius
orationis. Haec habet partes <u>tres</u> …*). Was Watson als vierte Kategorie ausmacht, figuriert bei Cicero lediglich als eine der beiden Methoden, die für <u>jede</u> dieser drei Arten
möglich sind: Entweder man geht seiner eigenen Beweisführungen gesondert entlang
oder man verknüpft sie mit der des Gegners (Cic inv I,52,99: *atque in his generibus…
tum tuas argumentationes transire separatim, tum … cum tuis contrarias coniungere*).

[387] Neutestamentliche Beispiele sind 1 Petr 1,7; 2 Kor 5,3; Phil 3,9. Doch nicht nur
im Passiv, wenn auch dort vorzugsweise, findet sich «*le sens judiciaire qu'a
fréquemment le verbe heuriskeïn*» (BÉNÉTREAU 1994, 205 ad loc.); im selben gedanklichen
Kontext und mit denselben Konnotationen wird es auch aktiv gebraucht: Mt 24,46;
Mk 13,36; Lk 12,37–38.43; Apk 3,2–3. Außerhalb des Kanons begegnet es, nun wieder
passiv, etwa in 1 Clem 35,4; IgnTrall 13,3 und Herm sim 5,6,7. Dabei ist die Verbindung von εὑρεθῆναι mit Adjektiven, die die Untadeligkeit ausdrücken, ebenfalls generisch vorgegeben, vgl. IgnTrall 13,3: εὑρεθείητε ἄμωμοι und Herm sim 5,6,7: πᾶσα
… σάρξ … ἡ εὑρεθεῖσα ἀμίαντος καὶ ἄσπιλος...

[388] 1,2.3.5.6.8.16.20; 2,12.20.21bis; 3,3.18. Zu γνῶσις bzw. ἐπίγνωσις siehe den Exkurs bei FUCHS/REYMOND 1980, 127–131.

Briefes,[389] ebenso wie die πλάνη, die falsche Auffassung christlicher Lehre.[390] Schließlich wird für die ψευδοδιδάσκαλοι und ihre Anhänger verschiedentlich ἀπώλεια bzw. φθορά in Aussicht gestellt.[391]

Nicht nur einzelne Motive und Themen kommen noch einmal aufs Tapet, es wird auch durch generische Intertextualität deutlich auf die beiden Kategorien verwiesen, denen der *zweite Petrusbrief* angehören will: den apostolischen Brief und die literarisch fixierte fingierte Abschiedsrede.[392] Auch sonst findet sich gegen Ende neutestamentlicher Briefe Paränese mit eschatologischer Ausrichtung.[393] Und wenngleich der Schluss häufiger als ‚sehr rasch'[394] o.ä. bezeichnet wird, entspricht er doch insgesamt den Anforderungen des literarischen Genres.[395] Denn die Doxologie rundet den Brief insofern ab, als sie intratextuell durch die Attribuierung der δόξα an Jesus auf die Verklärung 1,16–18 zurückweist sowie durch die Formulierung Wachstumsauftrages auf das Präskript 1,1–2: χάρις und γνῶσις nehmen χάρις und ἐπίγνωσις aus der *salutatio* wieder auf, auch erhält Jesus wie dort die Titel κύριος und σωτήρ. In 3,17 wird festgestellt, dass die Empfänger nun vor künftigen Gefahren in der Person der ψευδοδιδάσκαλοι gewarnt sind. Eine der Funktionen einer literarisch fixierten fingierten Abschiedsrede ist damit erfüllt.[396] Da die Angeschriebenen nun im Voraus Bescheid wissen (προγινώσκοντες), ist der Sterbende entlastet; er hat ihnen nichts vorenthalten.[397] Vielleicht ist hier auch der Bezug zu 1,17

---

[389] στηρίζειν κτλ.: 1,12; 2,14; 3,16.17; βεβαιοῦν κτλ.: 1,10.19.

[390] πλανᾶν κτλ.: 2,3; 2,15.18; 3,17.

[391] ἀπώλεια: 2,1bis.3; 3.6.16 bzw. φθορά 2,12bis.

[392] Zum Gebrauch der Formulierung „literarisch fixierte fingierte Abschiedsrede" statt der Engführung auf „Testament" siehe II.E. Zum Aufgreifen von Merkmalen von Brief- und Abschiedsredenliteratur siehe BAUCKHAM 1983, 323 (bezüglich 3,11–16): "In concluding his letter with a section of eschatological paranaesis, urging the moral implications of his eschatological teaching, the author not only rounds off his apologetic argument in an appropriate way, but also fulfills the requirements of the two literary genres in which he is writing: the apostolic letter and the testament."

[393] Siehe beispielsweise Gal 6,7–10; Kol 3,23–25; 1 Thess 5,1–10; vgl. HARRINGTON 2006, 229: "As most NT letters do, 2 Peter concludes with an exhortation or parenesis in 3,11–18a that spells out the practical implications of the "theological" exposition."

[394] KLAUCK 1998, 310 („Der Brief geht in 3,17–18 sehr rasch zu Ende..."); KRAUS 2001, 402 („unvermitteltes Ende"); NEYREY 1993, 247 spricht von einem "perfunctory closing". Für einen Überblick über Grüße, Postscripta und Doxologien am Schluss neutestamentlicher Briefe siehe ibid. 246f.

[395] Anders DAVIDS 2006, 143: "2 Peter is a speech or sermon with a letter beginning and no letter ending."

[396] BAUCKHAM 1983, 336: "προγινώσκοντες ("since you know this in advance") evokes the central idea in the author's use of the testament genre: Peter's prediction of the false teachers." Auch die Abschiedsrede kann vergleichbare Momente der Warnung vor Kommendem durch rechtzeitige Ankündigung befassen, vgl. Act 20,29–31.

[397] Zum Motiv der Selbstentlastung in Abschiedsliteratur siehe MICHEL 1973, 51.

herzustellen: Jetzt haben die Adressatinnen und Adressaten etwas, um sich allzeit zu erinnern. Überhaupt zeichnen sich auch etliche Abschiedsreden, Testamente etc. durch moralische Ermahnungen unter der Aussicht auf eschatologische Sanktionen aus.[398]

1. Syntax der Intertextualität

1.1. Wie euch schon Paulus schrieb… (2 Petr 3,15)

Dass der Verfasser des *zweiten Petrusbriefes* wie in 2 Petr 3,15 mit dem Verweis auf Paulus eine textuelle Referenz als solche kennzeichnet, geschieht alles andere als häufig. Unmittelbar damit vergleichbar ist der Hinweis auf den *ersten Petrusbrief* in 2 Petr 3,1.[399] So sehr eine solche Markierung auf den ersten Blick das Aufspüren der einem Text zu Grunde liegenden Textwelt zu befördern scheint, so mühsam gestaltet sich, bedingt durch mehrere Undeutlichkeiten, die Suche im Einzelnen. Zum einen offenbart bereits die Formulierung der Markierung eine Weise der textuellen Begegnung, die nicht auf eine Erzeugung des Phänotextes unter Zuhilfenahme umfangreicher Textbausteine des alludierten Textes schließen lässt. Sowohl „in beiden Briefen halte ich euch mittels Erinnerung die lautere Gesinnung wach" (3,1) als auch „wie auch unser lieber Paulus euch geschrieben hat" (3,15) suggerieren eher eine ungefähre inhaltliche Übereinstimmung denn eine literarische Abhängigkeit. Dies lässt vermuten, dass einer Suche, die sich zu einseitig auf lexikalische Schnittmengen fixiert, wenig Erfolg beschieden sein wird. Vielmehr muss als zweiter, mindestens ebenso wichtiger Vergleichspunkt die generelle inhaltliche Ausrichtung des potentiellen Referenztextes hinzutreten, um ermessen zu können, welche paulinischen Textstellen dem Verfasser der *Secunda Petri* vor Augen standen.[400] Selbst diese inhaltliche Ausrichtung wird allerdings nicht in jedem Fall ein eindeutiges und zweifelsfreies Ergebnis zeitigen können, da es einem aufnehmenden Text natürlich frei steht, einen früheren – absichtlich oder unabsichtlich – gegen dessen Intention zu lesen. Ein zweites Erschwernis auf dem Weg zu einer direkten und verlässlichen

---

[398] BAUCKHAM 1983, 323; zu Schlussdoxologie und Testament siehe ferner SCHMIDT 2003, 308: „Die angehängte Doxologie fügt sich textimmanent gut in die Gattung des literarischen Testaments ein. Das letzte Wort des Apostels gilt dem Lobpreis Christi."

[399] Etwas anders gelagert ist die Kennzeichnung als παροιμία in 2 Petr 2,22.

[400] Vielfach unterzieht man sich aufgrund des allzu spekulativen Charakters des Unterfangens nicht mehr der Bemühung, überhaupt ein Ziel der Referenz ausmachen zu wollen; für diese Position siehe etwa SCHRAGE 1993, 154: „Sich an dem Ratespiel zu beteiligen, worauf der Verfasser genauer in den paulinischen Briefen anspielen will, ist wenig sinnvoll" oder FRANKEMÖLLE 1987, 115: „Das Thema »Langmut Gottes, der seinen Zorn für eine Weile zurückhält, und ethisch verantwortetes Handeln der Christen in der Zwischenzeit« wird von 1 Thess bis Röm ständig thematisiert."

Antwort besteht darin, dass nicht einmal im Phänotext unanfechtbar deutlich ist, wie weit sich der Bezug nehmende Text erstreckt bzw. welche Textteile des Phänotextes von der jeweiligen metatextuellen Bemerkung erfasst werden sollen. Die Untersuchung der intertextuellen Syntax beginnt darum mit einigen Überlegungen zur Abgrenzung des Referenzbereiches im Phänotext, bevor einige der am häufigsten vorgeschlagenen Textstellen aus dem *Corpus Paulinum* diskutiert werden.

Dem Verweis καθὼς καὶ ὁ ... Παῦλος ... ἔγραψεν ὑμῖν unmittelbar voraus geht eine doppelte Aufforderung, deren Bestandteile durch καὶ parallel geordnet sind:

3,14   ταῦτα προσδοκῶντες
        σπουδάσατε ἄσπιλοι καὶ ἀμώμητοι αὐτῷ εὑρεθῆναι ἐν εἰρήνῃ
3,15   καὶ τὴν τοῦ κυρίου ἡμῶν μακροθυμίαν σωτηρίαν ἡγεῖσθε
        καθὼς καὶ ὁ ἀγαπητὸς ἡμῶν ἀδελφὸς Παῦλος
        κατὰ τὴν δοθεῖσαν αὐτῷ σοφίαν ἔγραψεν ὑμῖν,
3,16   ὡς καὶ ἐν πάσαις ταῖς ἐπιστολαῖς λαλῶν ἐν αὐταῖς περὶ τούτων ...

Diese doppelte Aufforderung stellt durch ihre Position den nahe liegendsten Bezug für καθὼς dar. Doch auch andere Textbereiche wurden und werden als referentielles Ziel des Komparativsatzes vorgeschlagen; insgesamt begegnen vier Deutungen: (1) Der καθὼς-Satz verweist auf 3,14.[401] (2) Der καθὼς-Satz verweist auf 3,15a.[402] (3) Der καθὼς-Satz verweist sowohl auf 3,14 als auch auf 3,15a.[403] (4) Der καθὼς-Satz verweist mit περὶ τούτων (in seiner Verlängerung in 3,16) auf ταῦτα in 3,14 und damit auf den Zusammenhang 3,10–13, 3,5–13 oder auf den gesamten Brief.[404]

---

[401] VAN HOUWELINGEN 1988, 269 sieht zwar den Verweis auf 14 und 15a bezogen, also auf die "korrelatie tussen eschatologie en ethiek", doch mit einem Schwerpunkt auf 14, weil in 15a ja der Verfasser auf sich selbst in 3,9 zurückweise.

[402] MAYOR 1907, 164; SCHMIDT 2003, 388.

[403] KNOPF 1912, 323: „Es ist gänzlich ungerechtfertigt, dabei an größere und entfernter liegende Teile des Schreibens zu denken. Der klare Wortlaut zwingt καθὼς κτλ. an das unmittelbar Vorhergehende anzuschließen, und das ist die Mahnung, die V. 14 beginnt und zum Inhalte die Paränese hat, das Leben angesichts der bevorstehenden Parusie würdig einzurichten und Gottes Langmut als Gelegenheit zur eigenen Rettung zu erachten." Ferner HARRINGTON 2003, 295; BAUCKHAM 1983, 330; Schelkle 1961, 236; GREIJDANUS 1931, 150; BIGG 1902, 299; HOFMANN 1875, 113.

[404] An einen Verweis nach 3,10–13 glaubt JOHNSON 1988, 112. Einen Bezug auf 3,5–13 postuliert DE WETTE 1865, 189: „Man muss καθὼς nicht ängstlich auf die letzte Ermahnung Vs. 15., auch nicht bloss auf Vss. 14. sondern zugleich auf die ganze Materie von der Zukunft Christi 'inclus. des Verhaltens in Bezug darauf beziehen, worauf offenbar περὶ τούτων Vs. 16 geht' und was Vs. 14 f. (vgl. ταῦτα προςδοκ.) mit beschlossen ist." Auch BENGEL 1915, 1003 ad loc. sieht einen Bezug auf einen größeren, wenn auch nicht genau abgegrenzten Zusammenhang: "καθὼς, *sicut. Hoc refertur ad totam tractationem hactenus progressam. Cf.* περὶ τούτων, *de his, v.* 16."

Der Vergleich mit dem einzigen weiteren durch καθώς eingeleiteten Komparativsatz im gesamten Brief liefert einen ersten möglichen Anhaltspunkt auf den gemeinten Textbereich; denn beide καθώς-Sätze finden sich in Abschnitten, in denen der Verfasser die petrinische Fiktion aufrichtet, also in Passagen, die beide seinen Schreibstil widerspiegeln. Die Verse 2 Petr 1,13–14 lauten:[405]

δίκαιον δὲ ἡγοῦμαι,
    ἐφ' ὅσον εἰμὶ ἐν τούτῳ τῷ σκηνώματι,
    διεγείρειν ὑμᾶς ἐν ὑπομνήσει,
εἰδὼς
        ὅτι ταχινή ἐστιν ἡ ἀπόθεσις τοῦ σκηνώματός μου
        καθὼς καὶ ὁ κύριος ἡμῶν Ἰησοῦς Χριστὸς ἐδήλωσέν μοι,

Wie in 3,15 hat der καθώς-Satz in 1,14 die Funktion, für etwas vorausgehend Gesagtes eine Autorität anzuführen. Die Behauptung, deren inhaltliche Zuverlässigkeit auf diese Weise bekräftigt werden soll, beschränkt sich auf den ὅτι-Satz: Gegenstand der Offenbarung ist das baldige „Ablegen des Zeltes". Das Referenzziel des καθώς-Satzes geht diesem also unmittelbar voraus und umfasst keinen weiter ausgreifenden textuellen Bereich. Geht man nun davon aus, dass καθώς in 3,15 analog zu 1,14 verwendet wird, so ist auch für 3,15 wahrscheinlich, dass der καθώς-Satz in 3,15 nicht über den Zusammenhang 3,14–15 hinaus verweist. Damit wird der vierte der genannten möglichen Verweisbereiche unwahrscheinlich. Die erstgenannte Möglichkeit, ein Verweis ausschließlich auf 3,14, also ohne Bezug auf 3,15a, scheint nicht besonders plausibel; der καθώς-Satz wäre dann schlecht platziert. In Betracht kommen also die Möglichkeiten 2 und 3, d.h. entweder Vers 15a mit Vers 14 oder ohne ihn. Da sich keine weiteren Anhaltspunkte für eine weitere Eingrenzung ergeben, wird im Folgenden nach lexikalischen und/oder motivisch-inhaltlichen Parallelen gesucht zum einen für die Aufforderung, sich angesichts der endzeitlichen Erwartung um ein moralisch makelloses Leben zu bemühen, um im Frieden gefunden zu werden (14), und zum anderen für die Aufforderung, Gottes Langmut als Heil zu betrachten (15a). Als möglicher Referenztextbereich gilt das gesamte heute bekannte *Corpus Paulinum*.

Aus dem *Römerbrief* wird vor allem 2,4 immer wieder in die Diskussion gebracht:[406]

---

[405] Zu Komparativsätzen in der *Secunda Petri* allgemein und den beiden καθώς-Sätzen siehe KRAUS 2001, 184–187, speziell 186f.

[406] Siehe u.a. MAYOR 1907, 264; CHAINE 1939, 94; VÖGTLE 1994, 263; SCHREINER 2003, 395. Zur über die Jahrhunderte immer wieder vertretenen Folgerung, dass aufgrund dessen der *zweite Petrusbrief* wohl als Brief an die Gemeinde in Rom verstanden werden müsse, siehe MAYOR 1907, 164.

ἢ τοῦ πλούτου τῆς χρηστότητος αὐτοῦ
καὶ τῆς ἀνοχῆς καὶ τῆς μακροθυμίας καταφρονεῖς,
ἀγνοῶν ὅτι τὸ χρηστὸν τοῦ θεοῦ εἰς μετάνοιάν σε ἄγει;

Zu der lexikalischen Kongruenz μακροθυμία tritt hier eine inhaltliche Nähe: Wie in 2 Petr 3,15a die μακροθυμία als σωτηρία gesehen werden soll, so weist Paulus in Röm 2,4 darauf hin, dass Gottes Güte (χρηστότης bzw. τὸ χρηστόν), die parallel zu seiner ἀνοχή und μακροθυμία genannt wird, den Menschen zur μετάνοια bringen will. μετάνοια aber ist auch in 2 Petr 3,9 als Ziel von Gottes μακροθυμεῖν angegeben. Die grundsätzliche Idee ist also in Röm 2,4 und 2 Petr 3,(9.)15 dieselbe: Gottes gütige Zurückhaltung und Langmut bedeutet für den Menschen die Chance der Hinwendung zum Heil. Hintergrund zu dieser Aussage bildet im *Römerbrief* nicht ausdrücklich das Ausbleiben eschatologischer Ereignisse, wohl aber wird sie in Erwartung der *dies irae* getroffen (Röm 2,5).

Verzichtet man auf jegliche lexikalische Schnittmenge, bietet sich ferner Röm 12,1 als Ziel der Referenz in 2 Petr 2,14–15a an:

Παρακαλῶ οὖν ὑμᾶς, ἀδελφοί, διὰ τῶν οἰκτιρμῶν τοῦ θεοῦ,
παραστῆσαι τὰ σώματα ὑμῶν θυσίαν ζῶσαν ἁγίαν εὐάρεστον τῷ θεῷ,
τὴν λογικὴν λατρείαν ὑμῶν·

Denn hier wird als Bildfeld für die moralische Paränese der Opferkult herangezogen, ähnlich wie auch in 2 Petr 2,14 mit ἄσπιλοι καὶ ἀμώμητοι.[407] Ein Hinweis auf die μακροθυμία Gottes, die als σωτηρία gesehen werden soll, fehlt hier; doch ist es ähnlich wie in Röm 2,4 Gottes Erbarmen (διὰ τῶν οἰκτιρμῶν τοῦ θεοῦ), das zu einer moralischen Lebensführung motivieren soll. Plausibel ist dieser Vorschlag zusätzlich durch ein strukturelles Argument: In Röm 11 war die σωτηρία der Heiden und Israels erörtert worden (11,11.14.26), und in Röm 12,3 gebraucht Paulus die Formel διὰ τῆς χάριτος τῆς δοθείσης μοι, die wohl der τὴν δοθεῖσαν αὐτῷ σοφίαν in 2 Petr 2,15 zu Grunde liegt.[408]

Andere Verse aus dem *Römerbrief*, die als in 2 Petr 3,15 alludiert angeführt werden,[409] sind als Referenzziel schwerlich geeignet. In Röm 3,25f etwa könnte die ἀνοχή Gottes als lexikalische Variante zu seiner μακροθυμία cum grano salis akzeptiert werden, doch wird diese ἀνοχή gerade nicht in der Gegenwart bis zum Eintreten der letzten Ereignisse lokalisiert. Vielmehr steht ἐν τῇ ἀνοχῇ τοῦ θεοῦ in direkter Opposition zu ἐν τῷ νῦν καιρῷ: ἀνοχή ist das vorläufige Hinwegsehen Gottes über die Sünde, bis

---

[407] Zu ἄσπιλοι καὶ ἀμώμητοι siehe VAN UNNIK 1942, 43: "Beide adjectiva betekenen dus, dat het lam cultisch rein, volgens de voorschriften van de Thora moest zijn; het eerste: zonder gebrek; het tweede: zonder vlek."
[408] Siehe unten II.D.1.3.
[409] Siehe etwa MAYOR 1907, 264.

er Christus zum ἱλαστήριον machte.[410] – Genau so wenig wie in Röm 3,25f geht es in Röm 9,22f sachlich um den Gedanken der Langmut Gottes als Möglichkeit zur Umkehr für den Menschen.[411] Hier wird gesagt, Gott habe ἐν πολλῇ μακροθυμίᾳ zum Untergang geschaffene Gefäße ertragen (ἤνεγκεν), um schließlich seinen Zorn und seine Macht zu erweisen. Mögliches Heil wird in diesem Satz gerade nicht in Aussicht gestellt, außerdem weist der Aorist die Zeit des Ertragens ἐν πολλῇ μακροθυμίᾳ als vergangen aus; allein am Stichwort μακροθυμία jedoch lässt sich kein plausibler Referenztext festmachen. Röm 11,22f. schließlich stellt im Rahmen des Ölbaumvergleichs fest, dass Gott die aus seinem Ölbaum ausgerissenen Zweige, sofern sie nicht im Unglauben verharren, auch wieder einsetzen kann. Im Einpflanzen und Ausreißen zeigen sich Gottes Güte (χρηστότης) und seine Strenge (ἀποτομία). Das mit 2 Petr 3,15 verbindende Motiv ist die Möglichkeit des Heils. Kongruierende lexikalische Einheiten, die eine Verweisfunktion vom *zweiten Petrusbrief* auf den *Römerbrief* übernehmen könnten, sind jedoch nicht zu entdecken.

In Betracht gezogen wurde weiterhin der *erste Korintherbrief*, konkret 1 Kor 1,7–19.[412] Dort ist ähnlich wie in 2 Petr 3,15 (ταῦτα προσδοκῶντες) die Gegenwart eine Zeit des Wartens (ἀπεκδεχομένους) auf die letzten Ereignisse, hier als ἀποκάλυψις τοῦ κυρίου ἡμῶν Ἰησοῦ Χριστοῦ beschrieben (1,7). Der Gemeinde wird versichert, Gott selbst werde sie bis zum Ende stärken (βεβαιοῦν), damit sie an der ἡμέρα τοῦ κυρίου ἡμῶν Ἰησοῦ [Χριστοῦ] tadellos (ἀνέγκλητος) dastehe (1,8). Die moralische Paränese in 2 Petr 3,14 erfolgt in derselben Perspektive: Entscheidend ist, dass die Angeschriebenen am Gerichtstag in einem tadellosen moralischen Status (ἄσπιλοι καὶ ἀμώμητοι) vorgefunden werden.[413] Der in beiden enthaltene Aspekt der Stärkung wird nicht nur unterschiedlich lexikalisiert (βεβαι-

---

[410] LIETZMANN 1928, 50 setzt ἐν τῇ ἀνοχῇ daher geradezu mit „in der Vergangenheit" gleich; anders freilich WILCKENS 1978, 197 ad loc., der eine temporale Bedeutung von ἐν τῇ ἀνοχῇ ausschließt.

[411] LIETZMANN 1928, 93: „Der Gedanke an ‚Zeit zur Bekehrung' ist hier durch den Zusammenhang ausgeschlossen", ebenso WILCKENS 1980, 204 ad loc.: „Doch ist von Umkehr weder hier noch im gesamten Kontext die Rede."

[412] Diese Idee findet sich u.a. bei JACHMANN 1838, 207. Zwar konstatiert er bezüglich des mit ἔγραψεν ὑμῖν alludierten Briefes recht deutlich: „...welcher gemeint sei, und ob der gemeinte für uns verloren ist, dieses liegt außer dem Bereich unseres Wissens", räumt dann aber ein: „Wenn aber die Worte κατὰ - σοφίαν ... etwa eine Anspielung auf 1 Kor 2,1 ff. 12,8. enthalten, so dürfte die Vermuthung vielleicht nicht ganz zurückgewiesen werden, daß der Verfasser, möglicher Weise in Betracht solcher Stellen wie 1 Kor 1,7–19., auf die Briefe an die Korinther Rücksicht genommen habe."

[413] 2 Petr 3,10 wird von JACHMANN als möglicher Bezug für das καθὼς ausdrücklich mit angegeben, vgl. Jachmann 1838, 206f, so dass sich mit ἡμέρα κυρίου (2 Petr 3,10) und ἡμέρα τοῦ κυρίου ἡμῶν Ἰησοῦ [Χριστοῦ] (1 Kor 1,8) die lexikalische Kongruenz quantitativ erhöht. Doch selbst dann wäre mehr als die Ähnlichkeit die Unähnlichkeit hervorzuheben, weil mit κύριος in der ἡμέρα κυρίου des *zweiten Petrusbriefes* wohl gerade nicht Christus bezeichnet ist; siehe PAULSEN 1992, 166.

οὖν 1 Kor 1,8; στηριγμός 2 Petr 3,16 ἀστήρικτος; 3,17 στηριγμός); eine inhaltliche Differenz zeigt sich auch darin, dass der *erste Korintherbrief* schwerpunktmäßig darauf zielt, dass Gott für das Gefestigtsein und die darauf aufbauende Moral sorgt, im *zweiten Petrusbrief* dagegen beides mehr in der Verantwortung der Angesprochenen zu liegen scheint. Ab 1 Kor 1,17 kommt Paulus auf das Thema σοφία zu sprechen. Anders als 2 Petr 3,15, wo Paulus in den Ausführungen seiner Briefe σοφία zugeschrieben wird, lehnt jedoch Paulus die σοφία λόγου für seine Kreuzespredigt gerade ab. Die lexikalischen und thematischen Berührungen zwischen beiden Texten sind alles in allem also deutlich weniger stark als im *Römerbrief*, der damit einen viel plausibleren Zielpunkt für die Anspielung in 2 Petr 3,15 abgibt; allein für die Erweiterung ὡς καὶ ἐν πάσαις ταῖς ἐπιστολαῖς in 3,16 kommt der *erste Korintherbrief* durchaus in Betracht.[414]

Als weiterer Prätextkandidat wurde der *Epheserbrief* ins Spiel gebracht. Paulus (!) habe dort ebenso die „Christenpflicht eines heiligen Wandels eingeschärft" und diese mit „Hinweisungen auf das Ende" verknüpft.[415] Genau in dieser Allgemeinheit sind tatsächlich Übereinstimmungen treffend beobachtet: Eph 4,30 warnt, die Angeschriebenen sollten den Heiligen Geist Gottes nicht betrüben, mit dem sie εἰς ἡμέραν ἀπολυτρώσεως versiegelt seien. Doch außer der Verbindung von Moral und bevorstehendem Ende gibt es keine gemeinsame Grundlage. Die Rede vom Tag des Gerichts als einer ἡμέρα ἀπολυτρώσεως entspricht ebenso wenig der Denk- und Ausdrucksweise des *zweiten Petrusbriefes* wie die Argumentation mit dem Heiligen Geist bei der Ermahnung zu ethischem Verhalten. Da lexikalische Kongruenzen gänzlich fehlen und Motive nur sehr unspezifische Berührungsmomente aufweisen, kann von einer erkennbaren Bezugnahme auf den *Epheserbrief* nicht die Rede sein.[416]

---

[414] Aus demselben Brief wurden zuweilen noch andere Passagen als Referenztexte für 2 Petr 3,15 vorgeschlagen, die jedoch zu obigem Urteil nichts qualitativ Neues beifügen können. Wenn pauschal 1 Kor 3 genannt wird, wie bei A LAPIDE 1853, 493, so scheint der Berührungspunkt im Themenkomplex „Vorfindlichkeit am Tag des Gerichts" zu liegen, der in 3,10–17 ausgeführt wird, unwahrscheinlicher ist das in 3,18ff angeschnittene Thema der σοφία. Zur Kongruenz von 1 Kor 3,10 (κατὰ τὴν χάριν τοῦ θεοῦ τὴν δοθεῖσάν μοι) und 2 Petr 3,15 (κατὰ τὴν δοθεῖσαν αὐτῷ σοφίαν) siehe II.D.1.3. Unklar ist, worin die Berührung mit 1 Kor 12 bestehen soll, die ebenfalls bei A LAPIDE 1853, 493 angeführt ist.

[415] HOFMANN 1875, 115, der dabei an Eph 4,30 und 5,6f denkt.

[416] In den ebenfalls als Paralleltext angeführten Versen Eph 5,6f wird auf das Gericht Gottes in beinahe gnesiopaulinischer Weise – vgl. ὀργὴ θεοῦ z.B. in Röm 1,18 – durch das Syntagma ἡ ὀργὴ τοῦ θεοῦ verwiesen, ganz anders als im *zweiten Petrusbrief*. Die Deutung unethischen Verhaltens als ἀπείθεια (Eph 5,6) fehlt in der Theologie des *zweiten Petrusbriefes*. Auch bei der beiderseits vorhanden paränetischen Warnung vor Irreführung lässt der *zweite Petrusbrief* jeden lexikalischen Anklang an den *Epheserbrief* vermissen: Er kennt weder ἀπατᾶν – nur die ἀπάται der Gegner in 2 Petr

Im Gefolge der Lokalisierung der Empfänger an der Ostküste der Ägäis verfiel man bei der Suche nach dem in 2 Petr 3,15 alludierten Text auch auf den *Galater-*, den *Kolosser-*, den *ersten* und *zweiten Timotheusbrief*.[417] Doch aus der Fülle als Referenztexte angeführter Verse ragt kaum einer durch lexikalische oder sonstige Nähe zum vorliegenden Metatext hervor. Viele Beobachtungen, so etwa dass Paulus unter Verwendung der Metapher des Säens und Erntens zu christlicher Lebensgestaltung mit der Perspektive auf das Eschaton mahnt (Gal 6,7–10), gehören zunächst in den Bereich der Topik des Apostelbriefes, dahinter eine konkrete literarische Beziehung nachzuweisen dürfte schwer fallen, wenngleich es nicht völlig ausgeschlossen werden kann. So mag etwa der *Galaterbrief* dem Verfasser der *Secunda Petri* also mit vor Augen gestanden haben, wenn er behauptet, Paulus weise auf die große Bedeutung moralischer Lebensgestaltung im Blick auf das Ende hin, doch lässt sich ein konkreter Referenztext weder im *Galaterbrief*[418] noch im *Kolosserbrief*[419] ausmachen. Etwas ergiebiger sind

---

2,13 – noch spricht er von κενοὶ λόγοι und die Verwendung des Adjektivs σύμμέτοχος ist im gesamten NT ohnehin dem *Epheserbrief* vorbehalten. – Ferner findet sich als Vorschlag Eph 2,11–3,12, dies jedoch „unter der falschen Voraussetzung … als habe er 3,9. 15 den dort von Paulus weiter ausgeführten Gedanken ausgesprochen, die eigenthümliche Bedeutung der Gegenwart sei, die Heidenwelt in die Gemeinde einzuführen." (HOFMANN 1875, 114f). Für "the obligations to virtue and piety" (BENSON 1756, 429) sollte Eph 1,4 Prätext sein, wobei es hier wenigstens eine lexikalische Nähe von ἀμώμους zu ἀμώμητοι in 2 Petr 3,14 gibt, ferner Eph 2,1ff und 5,1–18. "That the long-suffering of the Lord is salvation" (ibid.) sollte auch in Eph 2,3.4.5 ausgesagt sein. Diese Verse im Einzelnen zu diskutieren, wäre müßig. Es würde bei der Suche nach Prätexten nicht über den oben angezeigten Befund hinausführen.

[417] BENSON 1756, 428: "The persons, to whom St. *Peter* directed his epistles, resided in *Pontus, Galatia, Cappadocia, Asia propria* and *Bithynia*; that is, he wrote to the christians dispersed in *Asia Minor*. [1 Pet. i.1] To the same persons, as it is here asserted, St. *Paul* also wrote. Accordingly; we find that St. *Paul* did write to the churches of *Galatia*, to the *Ephesians*, [or *Laodiceans*,] to the *Colossians*; and two epistles to *Timothy*, while he resided among the christians at *Ephesus* … Now, as these epistles were writen to the christians, to whom St. *Peter* wrote, there is no room to dispute St. *Peter*'s refering to them."

[418] So passt etwa die Mahnung μὴ πλανᾶσθε (Gal 6,7) in die Ausrichtung des *zweiten Petrusbriefes*. Sie ist inhaltlich vergleichbar mit ἵνα μὴ τῇ τῶν ἀθέσμων πλάνῃ συναπαχθέντες ἐκπέσητε τοῦ ἰδίου στηριγμοῦ (2 Petr 3,17) und kongruiert sogar in der Verwendung der Wurzel πλαν*. Doch auch diese Warnung ist viel zu unspezifisch und topisch, um einen Rückschluss auf Bekanntschaft des einen Briefes mit dem anderen zu erlauben.

[419] BENSON 1756, 429 nennt als Belege für "the obligations to virtue and piety" im *Kolosserbrief* 1,5.9f.22f.27f.; 2,6f; 3,1–17.24; 4,1f.12 und dass "the long-suffering of the Lord is salvation" findet er in Kol 1,21 und 2,13. Eine motivische textuelle Begegnung, aber keine Referenzstelle ist die Frage nach dem Gefestigtsein der Gemeindeglieder (Kol 2,7 und 2 Petr 3,17). Auch die lexikalische Nähe von ἀμώμους in Kol 1,22 und ἀμώμητοι in 2 Petr 3,14 taugt nicht für weitergehende Schlüsse. Das Wort begegnet

einige der für die Timotheusbriefe vorgeschlagenen Referenzverse,[420] allerdings sprechen auch diese Berührungen mehr für eine Art Verwandtschaft des Denkens in den genannten Punkten als für weitergehende Bezugnahmen. Dies gilt etwa, wenn in 1 Tim 6,14 der angebliche Empfänger geradezu beschworen wird:

παραγγέλλω[...]
τηρῆσαί σε τὴν ἐντολὴν ἄσπιλον ἀνεπίλημπτον
μέχρι τῆς ἐπιφανείας τοῦ κυρίου ἡμῶν Ἰησοῦ Χριστοῦ.

Das außer in 2 Tim 6,14 sonst nur noch im *Jakobusbrief* und im *ersten Petrusbrief* verwendete Adjektiv ἄσπιλος[421] wird hier wie in 2 Petr 3,14 mit dem Ende verbunden: In 2 Petr 3,14 ist die ἡμέρα κυρίου implizit in εὑρεθῆναι mitbezeichnet, in 1 Tim 6,14 wird, für die Pastoralbriefe typisch, von der ἐπιφάνεια τοῦ κυρίου gesprochen. Von einer ähnlichen Verwandtschaft des Denkens zwischen der *Secunda Petri* und den Pastoralbriefen zeugt auch 1 Tim 2,4:

ὃς πάντας ἀνθρώπους θέλει σωθῆναι
καὶ εἰς τὴν ἐπίγνωσιν τῆς ἀληθείας ἐλθεῖν.

Wie Gottes μακροθυμία in 2 Petr 3,15 auf die σωτηρία zielt, so will er in 1 Tim 2,4, dass alle Menschen gerettet werden (σωθῆναι) und εἰς ἐπίγνωσιν τῆς ἀληθείας gelangen. Ἐπίγνωσις ist zwar in 2 Petr 3,14f nicht genannt, ist aber im Denken des *zweiten Petrusbriefes* letztlich mit dem Heil verknüpft,[422] ebenso wie das Achthaben auf die Lehre, was in 1 Tim 4,16 deutlich ausgesprochen wird.[423] Insgesamt bieten die Kleinasienbriefe also

---

auch in Eph 5,27, Phil 2,15, Heb 9,14, 1 Pet 1,19, Jud 1,24, Rev 14,5 und 18,13. Es entstammt der Opfersprache der Septuaginta, hat nach BÉNÉTREAU 1994, 216 ad loc. allerdings die Konnotation der für das Opfer verlangten Reinheit verloren; anders BAUCKHAM 1983, 327. Im Gegensatz zu 2 Petr 3,14 ist es in Kol 1,22 mit der soteriologischen Funktion des Todes Christi verbunden: Christus hat die Angesprochenen ἐν τῷ σώματι τῆς σαρκὸς αὐτοῦ διὰ τοῦ θανάτου versöhnt, um sie ἀμώμους vor sich hinzustellen. Es mutet als ein wenig zielloses Konkordanzarbeit an, solche Verse als mögliche Zielpunkte des Verweises von 2 Petr 3,15 in die Diskussion zu bringen.

[420] Nach BENSON 1756, 429 finden sich "the obligations to virtue and piety" in 1 Tim 1,5ff und 6,11ff sowie in 2 Tim 2,18ff. Die Aussage, dass "the long-suffering of the Lord is salvation" entdeckt er in 1 Tim 1,13 ff; 2,4.6; 4,16; 6,14f.

[421] Jak 1,27; 1 Petr 1, 19; 2 Petr 3,14 und 1 Tim 6,14.

[422] Dies geht aus 2,20 hervor, wo gesagt wird, dass man durch ἐπίγνωσις τοῦ κυρίου den μιάσματα τοῦ κόσμου entrinne, wenn man aber diesen wieder unterliege, so sei das Letzte schlimmer als das Erste.

[423] Demgegenüber darf man aus der räumlichen Nähe von Christi Kommen zur Rettung (σῶσαι; 1 Tim 1,16) zu der für die Nachwelt beispielhaften μακροθυμία Gottes gegenüber Paulus (1 Tim 1,17) keine Verbindung zu 2 Petr 3,15 konstruieren. Im Gegensatz zu diesem Vers ist in 1 Tim 1,16f die μακροθυμία Gottes nicht mit der Rettung der Welt verbunden.

nur sehr allgemeine Anknüpfungspunkte für die *Secunda Petri*; in den Pastoralbriefen zeigt sich zuweilen ein Element geteilter Gedanken- und Vorstellungswelt, das für weiter reichende Folgerungen kaum tragfähig ist.

Weitere Vorschläge zur Identifikation des Briefes oder der Briefe, auf den oder die das καθὼς καὶ ὁ ... Παῦλος ... ἔγραψεν ὑμῖν ziele, gehen davon aus, dass καθώς sich entweder auf die gesamte Themenfolge des bisherigen Briefes erstrecke oder doch wenigstens auf eine längere Passage aus dem dritten Kapitel der *Secunda Petri*, was wiederum zur Folge hat, dass ausgerechnet für 2 Petr 3,15a, den Aufruf, die Wartezeit bis zum Ende als Gottes μακροθυμία zu werten, keinerlei Verbindung zu dem vorgeschlagenen Text besteht. Dies trifft etwa auf den *ersten Thessalonicherbrief* zu (1 Thess 4,13–5,11), der ausgehend von der Deutung von 2 Petr 3,10 als Wiederaufnahme von 1 Thess 5,2 als alludierter Text vorgeschlagen wurde.[424] Denn eine thematische Überschneidung ergibt sich mit 3,14 insofern, als Paulus bis zum Eintreten der ἡμέρα κυρίου Wachsamkeit fordert, und das bedeutet: ein moralisches Leben (οὐκ ἐστὲ ἐν σκότει; 1 Thess 5,4). Auch die Haltung der Gegner scheint in etwa vergleichbar zu sein: Im *ersten Thessalonicherbrief* rechnen sie nicht mit der verunsichernden Möglichkeit des plötzlichen Hereinbrechens des Endes (5,3), im *zweiten Petrusbrief* thematisieren sie offen das Ausbleiben des Endes (3,4). Ferner ist die mit der ἡμέρα κυρίου verbundene Frage nach Heil (σωτηρία 1 Thess 5,8+9; 2 Petr 3,15) oder Unheil (1 Thess 5,3 ὄλεθρος, 2 Petr 3, 16 ἀπώλεια, 1 Thess 5,9 ὀργή) in beiden Texten angesprochen.[425]

Die Suche nach einem Referenztext, der dem Verfasser des *zweiten Petrusbriefes* vor Augen stand, als er – wohl mit Bezug auf 3,14–15a – sein καθὼς καὶ ὁ ἀγαπητὸς ἡμῶν ἀδελφὸς Παῦλος κατὰ τὴν δοθεῖσαν αὐτῷ σοφίαν ἔγραψεν ὑμῖν formulierte, führt zu dem Ergebnis, dass, wer vor

---

[424] DE WETTE 1865, 189f; zur intertextuellen Beziehung zwischen 2 Petr 3,10 und 1 Thess 5,2; siehe Kapitel III.D.1.3.3.

[425] Steht der *erste Thessalonicherbrief* somit vielleicht mit im Hintergrund der allgemeinen Formulierung von 2 Petr 3,16a, so ist die weiterführende Behauptung von DE WETTE 1865, 189, mit dem δυσνόητα in 2 Petr 3,16 werde auf die Verzögerungserklärung aus dem *zweiten Thessalonicherbrief* (2 Thess 2,1–12) verwiesen, in keiner Weise verifizierbar. Ferner hat Bengel 1915, 1003 vorgeschlagen, καθὼς καὶ ὁ ... Παῦλος ... ἔγραψεν ὑμῖν auf den *Hebräerbrief* und καθώς dabei bezogen auf die gesamte Themenfolge des Briefes bis 3,15 zu beziehen. Entsprechend sind die angegebenen Verse aus dem *Hebräerbrief* auch nicht als Prätexte zu 3,14–15a vorgeschlagen, sondern zu anderen Themen aus dem Brief. Die angeblichen thematischen Nähen sind jedoch so gesucht, dass es schwer fällt, einen Ansatzpunkt für weitergehende Analysen zu finden, um den Vorschlag zu verifizieren. Genannt werden Hebr 1,1 (Πολυμερῶς καὶ πολυτρόπως πάλαι ὁ θεὸς λαλήσας τοῖς πατράσιν ἐν τοῖς προφήταις) wohl als Bezugspunkt für 2 Petr 3,1, evtl. auch 1,20.21; Hebr 9,26; Hebr 10,25 sowie Hebr 10,37 (ἔτι γὰρ μικρὸν ὅσον ὅσον, ὁ ἐρχόμενος ἥξει καὶ οὐ χρονίσει) wohl als Prätext zu 2 Petr 3,9. Es bleibt vermutlich nur, diesen Vorschlag als „besonders unglücklich(en) Einfall" (KNOPF 1912, 342) zu werten und ihm keine weitere Bedeutung beizumessen.

allem die Aussage über Gottes μακροθυμία in 3,15a in den Blick nimmt, mit einiger Wahrscheinlichkeit den *Römerbrief* als den Text ausmachen wird, der unter den Paulusbriefen an den genannten Stellen lexikalisch und gedanklich der *Secunda Petri* am nächsten kommt. Motivische Affinitäten zu der Aufforderung zu moralischer Lebensführung angesichts des baldigen Endes finden sich bald stärker, bald weniger stark verstreut über verschiedene proto-, deutero- und tritopaulinische Briefe, so etwa im *ersten Korintherbrief*, im *Galaterbrief*, im *ersten Thessalonicherbrief*, im *Epheserbrief* und im *ersten Timotheusbrief*; lexikalische Anklänge sind sehr viel seltener. Dass angesichts dieses Befundes auch die Behauptung aufgestellt wurde, dieser Brief verweise auf ein verlorenes Schreiben des Paulus,[426] kann schwerlich überraschen. Doch dass nach einer Zeit, wo in einer Gemeinde bereits mehrere Paulusbriefe bekannt waren und offenbar als Autorität galten, an der sich christliche Lehre zu messen hatte – und gerade diese Situation wird ja in 2 Petr 3,15f vorausgesetzt –, einer Zeit also, in der man offenkundig Paulusbriefe gesammelt, bewahrt und vervielfältigt hat, noch Briefe verloren gegangen sein sollen, will so gar nicht einleuchten. Wie die Formulierung der metatextuellen Bezugnahme bereits nahelegte, hatte der Verfasser der *Secunda Petri* für 3,14 (ταῦτα προσδοκῶντες σπουδάσατε ἄσπιλοι καὶ ἀμώμητοι αὐτῷ εὑρεθῆναι ἐν εἰρήνῃ) gar nicht die Absicht, einen konkreten Text zu bezeichnen, sondern wusste sich mit dem, was er aus der ihm vorliegenden Sammlung paulinischer Briefe als Gesamteindruck von paulinischer Theologie gewonnen hatte, eins; darauf deutet auch der Plural in 2 Petr 3,16 (ὡς καὶ ἐν πάσαις ταῖς ἐπιστολαῖς).[427] Trifft die hier vertretene Vermutung zu, dass nämlich im Blick auf 3,15a (τὴν τοῦ κυρίου ἡμῶν μακροθυμίαν σωτηρίαν ἡγεῖσθε) der *Römerbrief* der Text ist, in dem der Verfasser seine theologische Sicht ausgedrückt fand, so ist der vorliegenden Referenz zu entnehmen, dass er sich auch dort, wo er mit einer anderen theologischen Auffassung Übereinstimmung bekundet, nicht an deren Ausdrucksweise gebunden fühlt.

1.2. Unser geliebter Bruder Paulus (2 Petr 3,15)

Das Motiv der Bruderschaft aller Christen (ἀδελφός) in Kombination mit dem Ausdruck persönlicher Verbundenheit und Zuneigung (ἀγαπητός) begegnet als Anrede bereits in den frühesten Briefen an christliche Ge-

---

[426] Vgl. den Rückblick auf weiter zurückliegende Forschung bereits bei KNOPF 1912, 324 und JACHMANN 1838, 206.

[427] Vgl. hierzu KNOPF 1912, 324: „Das Suchen nach einer bestimmten Stelle oder bestimmten Stellen in einem mit Namen zu nennenden Paulus=Brief ist m.E. vollständig unnötig, ja von vornherein verfehlt" und KELLY 1969, 371: "That the End is approaching, and that Christians should adopt the standards and moral attitudes appropriate to it, are such common themes in Paul that the listing of parallels is scarcely called for; 'Peter's' reference is ... general."

meinden:[428] Paulus spricht die Gemeinden in Korinth und Philippi mit ἀδελφοί μου ἀγαπητοί an, und der *Jakobusbrief* folgt diesem Beispiel.[429] Ist also ἀδελφός – zumal im Plural – zunächst der Mit*christ*, so kann in die singularische Bezeichnung über diese Bedeutung hinaus noch die Konnotation des Mit*arbeiters* einschließen.[430] Diesen Sprachgebrauch pflegt schon Paulus, wenn auch nicht konsequent: Im *ersten Thessalonicherbrief* bringt er die Funktion des συνεργός neben der des ἀδελφός, angewandt auf Timotheus, ausdrücklich zur Sprache,[431] in der *superscriptio* des *Philemonbriefes* jedoch erhält derselbe Timotheus schlicht den Titel ὁ ἀδελφός.[432] Damit kann aber nicht nur der Ausweis des Timotheus als Mitchrist gemeint sein, denn dass der Mitabsender eines apostolischen Briefes an eine Gemeinde Mitchrist ist, versteht sich schlichtweg von selbst. ἀδελφός muss demnach mehr aussagen als nur die Bruderschaft unter Christen, und dieses Mehr besteht in dem nun nicht mehr eigens lexikalisierten Aspekt des Mitarbeiterseins. Aufgegriffen wird dieser semantisch angereicherte Gebrauch von ἀδελφός durch Briefe, die sich bewusst in die Tradition des Paulus stellen: *Kolosser-*, *Epheser-* und die beiden *Petrusbriefe*, zumeist im Syntagma ἀγαπητὸς ἀδελφός.[433]

Paulus verwendet *singularisches* ἀδελφὸς ἀγαπητός nur ein einziges Mal: Philemon, so des Paulus drängende Bitte, soll den vermutlich entlaufenen Sklaven Onesimus wieder aufnehmen und nun nicht mehr nur als Sklaven, sondern als ἀδελφὸς ἀγαπητός (Phlm 16). Auch im *Kolosserbrief* ist Onesimus ἀγαπητὸς ἀδελφός, zu ἀγαπητὸς tritt dabei als zweites Adjektiv πιστός (4,9). Denselben Titel ἀγαπητὸς ἀδελφός erhält dort auch Tychikus nebst den Prädikaten πιστὸς διάκονος καὶ σύνδουλος ἐν κυρίῳ (Kol 4,7) – genau wie im *Epheserbrief*, nur dass hier σύνδουλος fehlt (Eph 6,21). All diese Anreicherungen der Kollokation ἀγαπητὸς ἀδελφός, sei

---

[428] Zum grundlegenden traditionsgeschichtlichen Beitrag des Paulus zu diesem Wortgebrauch siehe WISCHMEYER 1986.

[429] 1 Kor 15,58; Phil 4,1; Jak 1,16.19; 2,5. Nicht als Anrede, sondern in der dritten Person, bezogen auf christliche Sklavenbesitzer unter räumlicher Trennung der beiden Wörter, wohl aber doch in bewusster Aufnahme paulinischen Sprachgebrauchs ermahnt der pastorale Paulus im *ersten Timotheusbrief* (6,2) οἱ δὲ πιστοὺς ἔχοντες δεσπότας μὴ καταφρονείτωσαν, ὅτι ἀδελφοί εἰσιν, ἀλλὰ μᾶλλον δουλευέτωσαν, ὅτι πιστοί εἰσιν καὶ ἀγαπητοὶ οἱ τῆς εὐεργεσίας ἀντιλαβόμενοι.

[430] Siehe beispielsweise BEUTLER 1980, 71; dementsprechend FUCHS/REYMOND 1980, 123: «compagnon d'apostolat» und Schrage 1993, 154 ad loc.: „Apostelkollege", „Amtsbruder".

[431] 1 Thess 3,2: καὶ ἐπέμψαμεν Τιμόθεον, τὸν ἀδελφὸν ἡμῶν καὶ συνεργὸν τοῦ θεοῦ ἐν τῷ εὐαγγελίῳ τοῦ Χριστοῦ.

[432] Phlm 1: Παῦλος δέσμιος Χριστοῦ Ἰησοῦ καὶ Τιμόθεος ὁ ἀδελφὸς Φιλήμονι τῷ ἀγαπητῷ καὶ συνεργῷ ἡμῶν.

[433] Ohne ἀγαπητός nur Kol 1,1 und 1 Petr 5,12; mit ἀγαπητός Kol 4,7.9; Eph 6,21 und 2 Petr 3,15.

es in Form von Adjektiven, sei es in Form weiterer Adjektiv-Substantiv-Kombinationen, sind positiv konnotiert. Sie zeigen eine deutliche, echte Wertschätzung des so bezeichneten Mitarbeiters.[434]

Im *zweiten Petrusbrief* nun begegnet ἀγαπητὸς ἀδελφός erstmalig nicht aus der Feder des Paulus oder eines Deuteropaulus. Hier ist es der pseudepigraphe Petrus, der diesen Titel auf Paulus anwendet. In den außerkanonischen frühchristlichen Schriften sucht man vergebens nach dieser Verbindung.[435] Ignatius gebraucht zweimal singularisches ἀγαπητός in Bezug auf Mitchristen bzw. Mitarbeiter, allerdings ohne ἀδελφός: In IgnPol 7,2 fordert er den Polykarp auf, die Gemeinde möge einen ὃν ἀγαπητὸν λίαν ἔχετε auswählen, um ihn nach Antiochien in Syrien zu schicken. In der Grußliste am Schluss desselben Briefes (8,2) grüßt er Ἄτταλον τὸν ἀγαπητόν μου. Ebenso hatte Paulus im *Römerbrief* Epainetos (16,5), Ampliatos (16,8), Stachys (16,9) und, jedoch ohne μου, Persis (16,12) gegrüßt. Pluralformen von ἀγαπητός tauchen auch außerkanonisch öfter auf: Bei Ignatius werden einmal wie im *Polykarpbrief* Attalus die Adressaten in einem nachgestellten Attribut, diesmal mit partizipialer Kopula, als Geliebte qualifiziert: ὑμᾶς ὄντας μου ἀγαπητούς (IgnTrall 8,1); sehr oft begegnet die Anrede ἀγαπητοί wie in 2 Petr 3,14.

Das bedeutet: Die singularische Prädikation eines Mitarbeiters als ἀγαπητὸς ἀδελφός ist eine Eigenheit des Paulus. Indem die Deuteropaulinen diesen Wortgebrauch aufgreifen, ahmen sie die Ausdrucksweise des Paulus nach. Die Verbindung ist stets positiv konnotiert. Über Paulus und die Deuteropaulinen hinaus hat die Kollokation keine große Geschichte gemacht. Wenn der Verfasser des *zweiten Petrusbriefes* sie verwendet, rekurriert er damit gezielt auf einen Sprachgebrauch paulinischer Literatur.[436]

1.3. Paulus und die ihm verliehene Weisheit (2 Petr 3,15)

Die Idee, dass Paulus sich durch etwas auszeichnete, was ihm von Gott gegeben war,[437] stammt nicht vom Verfasser des *zweiten Petrusbriefes*. Be-

---

[434] Dem widerspricht nicht, dass FRANK 2007, 78 beobachtet, dass der Verfasser des *Kolosserbriefes* die Formulierung des *Philemonbriefes* „entschärft", indem er die dort ausgerechnet einem entlaufenen Sklaven vorbehaltene Auszeichnung „zu einer stereotypen Mitarbeiterprädikation transformiert." Eine Auszeichnung bleibt es allemal.

[435] Präziser formuliert: Sie begegnet nicht in den im *Index patristicus* oder in der *Clavis Patrum Apostolicorum* aufgenommenen Schriften: 1 Clem, 2 Clem, Barn, Pap, Diog, Ign, Pol, MartPol, Herm, Did.

[436] Die übereinstimmende Formulierung fällt bereits MAYOR 1907, 163f ad loc auf, doch wird nicht restlos deutlich, ob er hier eine bewusste Aufnahme sieht.

[437] Bei δοθεῖσαν handelt es sich um ein *passivum divinum*, vgl. u.a. WATSON 1988, 137 ("theological passive"), RINALDI 1967, 406f ("impersonale teologico" bzw. "passivo teologico"), CONTI 1969, 128f und KRAUS 2001, 263, der freilich hier zu zurückhaltend ist, wenn er die Deutung als *passivum divinum* nur als „nahe liegend" bezeichnet.

reits Paulus selbst war sich der göttlichen Gabe einer bestimmten χάρις bewusst. Mehrmals spricht er von ihr in seinen Briefen mit einer Formulierung, die Ähnlichkeiten mit 2 Petr 3,15 aufweist: διὰ τῆς χάριτος τῆς δοθείσης μοι ermahnt er die Gemeindeglieder in Rom, nicht über das ihnen Zukommende hinaus zu streben (Röm 12,3); διὰ τὴν χάριν τὴν δοθεῖσάν μοι schreibt er ihnen einen stellenweise recht mutigen Brief (Röm 15,15); κατὰ τὴν χάριν τοῦ θεοῦ τὴν δοθεῖσάν μοι hat er als ein weiser Baumeister das Fundament der Gemeinde in Korinth gelegt (1 Kor 3,10). Und weil Kephas, Jakobus und Johannes τὴν χάριν τοῦ θεοῦ τὴν δοθεῖσάν μοι kannten, gaben sie ihm die Rechte zum Zeichen des Einverständnisses (Gal 2,9):

2 Petr 3,15				
Παῦλος	κατὰ	τὴν δοθεῖσαν αὐτῷ σοφίαν		
1 Kor 3,10				
	κατὰ	τὴν χάριν τοῦ θεοῦ	τὴν δοθεῖσάν μοι	ὡς σοφὸς ἀρχιτέκτων θεμέλιον ἔθηκα
Gal 2,9				
				Ἰάκωβος καὶ Κηφᾶς καὶ Ἰωάννης ... δεξιὰς ἔδωκαν ἐμοί
Γνόντες		τὴν χάριν	τὴν δοθεῖσάν μοι	
Röm 12,3				
Λέγω γὰρ	διὰ	τῆς χάριτος τῆς δοθείσης μοι		
Röm 15,15				
Τολμηρότερον ἔγραψα ὑμῖν ... ὡς ἐπαναμιμνήσκων ὑμᾶς	διὰ	τὴν χάριν	τὴν δοθεῖσάν μοι	

Der Umfang der lexikalischen Kongruenz ist zugegebenermaßen nicht besonders groß. Mit Gal 2,9 und mit Röm 15,15 beschränkt er sich auf τὴν δοθεῖσαν, ähnlich in Röm 12,3, allerdings mit anderem Kasus. Mit 1 Kor 3,10 beläuft sich die Schnittmenge auf κατὰ ... τὴν δοθεῖσαν. Ein Gegengewicht zum geringen Umfang der Übereinstimmung ist die relative Häufigkeit der schon bei Paulus in leicht variierten Formen auftretenden Wendung, die ihr bereits den Ruf eines ‚paulinischen Slogans' eingetragen hat.[438] Die Verbindung eines passiven Partizips Aorist von διδόναι als *pas-*

---

[438] CONTI 1969, 131 u.ö.; BAUCKHAM 1983, 329. Nur sehr zögerlich jedoch wagt man sich an die Vermutung heran, hier könnte ein bewusster Verweis von 2 Petr 3,15 nach den paulinischen Versen vorliegen, siehe KELLY 1969, 371: "Paul ... even recalls (Gal. ii. 9), in words of which these seem an echo, that the apostles, 'perceived the grace granted to me' – the same participle *dotheisan* as here." MAYOR 1907, 165 beschränkt sich auf ein einfaches "Cf. Paul's own words..." Geringfügig zuversichtlicher ist

sivum divinum[439] mit der entsprechenden Gabe und dem Empfänger ist freilich vorpaulinisch. Nach 1 Esr 8,6 LXX gelangen die Heimkehrer aus dem Exil in Jerusalem an κατὰ τὴν δοθεῖσαν αὐτοῖς εὐοδίαν παρὰ τοῦ κυρίου; und Koh 9,9 LXX rät πάσας ἡμέρας ζωῆς ... τὰς δοθείσας σοι ὑπὸ τὸν ἥλιον mit der geliebten Frau zu genießen. So ist Paulus auch nicht der einzige neutestamentliche Autor, der diesen Sprachgebrauch aufgreift. Im *Markusevangelium* (6,2) wundern sich nach Jesu Predigt in der Synagoge seiner Vaterstadt die Zuhörer: τίς ἡ σοφία ἡ δοθεῖσα τούτῳ?

Signifikant bei Paulus ist die gehäufte Verwendung in der konstanten Verbindung mit χάρις. Insgesamt sechs Mal gebraucht er sie, dabei geht es vier Mal um eine ihm selber gegebene χάρις und zwei Mal um eine den angesprochenen Gemeindegliedern verliehene.[440] Die Verfasser der Deuteropaulinen scheinen das Syntagma als Eigenheit des Paulus aufgefasst zu haben, denn im Neuen Testament sind neben Mk 6,2 und 2 Petr 3,15 nur sie es, die darauf zurückgreifen, freilich nicht ohne ihm ihr eigenes Gepräge zu geben. Der *Kolosserbrief* ändert das Objekt des Gebens und konkretisiert dadurch die χάρις: Der kolossische Paulus ist Diener der ἐκκλησία geworden κατὰ τὴν οἰκονομίαν τοῦ θεοῦ τὴν δοθεῖσάν μοι (1,25).[441] Als ob das schon zu unpaulinisch wäre, beeilt sich der Verfasser des *Epheserbriefes*, die χάρις in diese neue Fügung des *Kolosserbriefs* zu integrieren: Die Empfängerinnen und Empfänger hätten τὴν οἰκονομίαν τῆς χάριτος τοῦ θεοῦ τῆς δοθείσης μοι zur Kenntnis bekommen (3,2). Der ephesinische Paulus ist Diener des Evangeliums geworden κατὰ τὴν δωρεὰν τῆς χάριτος τοῦ θεοῦ τῆς δοθείσης μοι (3,7). Noch in der tritopaulinischen Generation klingt das Syntagma nach, hier in einem Kontext, wo die Verwendung theologischer Schlüsselbegriffe des Paulus keinen Zweifel daran bestehen lässt, dass paulinische Theologie aufgegriffen werden soll: In 2 Tim 1,9 ist die Rede von Gott τοῦ σώσαντος ἡμᾶς καὶ καλέσαντος κλήσει ἁγίᾳ, οὐ κατὰ τὰ ἔργα ἡμῶν ἀλλὰ κατὰ ἰδίαν πρόθεσιν καὶ χάριν τὴν δοθεῖσαν ἡμῖν ἐν Χριστῷ Ἰησοῦ πρὸ χρόνον αἰωνίων (2 Tim 1,9). Bei den Apostolischen Vätern verliert das Syntagma den von den ersten nach-

---

BAUCKHAM 1983, 329: "It is possible that the author of 2 Peter deliberately echoes the Pauline "slogan," "the grace given to me" ... But he phrase is too natural for dependence on Paul to be demonstrable." Mit Überzeugung dagegen FORNBERG 1977, 26: "This indicates that the author of 2 Peter was dependent on Pauline theology."

[439] Dabei kann Gott als Geber durchaus angeschlossen sein wie in 1 Esr 8,6 LXX. Dies bestätigt nur, dass, wo dies nicht geschieht, Gott als Geber zu denken ist, es sich also in der Tat um ein *passivum divinum* handelt.

[440] Mit indirektem Objekt μοι: Röm 12,3, Röm 15,15; 1 Kor 3,10; Gal 2,9; siehe obige Paraphrase; ὑμῖν als indirektes Objekt findet sich in Röm 12,6 und 1 Kor 1,4.

[441] Zu Kol 1,25 als Wiederaufnahme von „entsprechenden Bevollmächtigungsaussagen bei Paulus" siehe FRANK 2009, 99.

apostolischen Generationen paulinisch empfundenen Klang: Nie mehr taucht χάρις als Gabe auf, nie mehr ist Paulus der damit Bedachte:[442]

Polykarp

2 Phil 3,2	τὴν δοθεῖσαν	ὑμῖν	πίστιν
2 Phil 4,2	ἐν τῇ δοθείσῃ	αὐταῖς (scil: ταῖς γυναικαῖς)	πίστει

Barnabasbrief

9,8	ἡ δοθεῖσα	αὐτῷ (scil: τῷ Ἀβραάμ)	γνῶσις
19,1	ἡ δοθεῖσα	ἡμῖν	γνῶσις

Hirt des Hermas

mand 10,3,2	τὸ δοθὲν	τῷ ἀνθρώπῳ	τὸ πνεῦμα τὸ ἅγιον
mand 10,2,6	τὸ δοθὲν	εἰς τὴν σάρκα ταύτην	τὸ πνεῦμα τοῦ θεοῦ
mand 11,5	ἀπὸ θεοῦ δοθὲν		πνεῦμα
sim 8,3,2	δοθεὶς	εἰς ὅλον τὸν κόσμον	νόμος

Nun ist 2 Petr 3,15 freilich nicht von der δοθεῖσα αὐτῷ χάρις, sondern von einer δοθεῖσα αὐτῷ σοφία die Rede. Ein kurzer Blick in die Traditionsgeschichte von σοφία zeigt jedoch, dass diese konzeptionell so nah bei χάρις steht, dass trotz dieser lexikalischen Verschiebung, ein Rekurs auf den paulinischen Slogan mit Fug und Recht behauptet werden darf: Dass σοφία eine Gabe Gottes ist, ist eine der Vorstellungen, die sich in den jüdischen Schriften römisch-hellenistischer Zeit mit ihr verbinden.[443] Daher tritt sie natürlicherweise nicht selten gemeinsam mit dem Verb διδόναι auf, ein Gebrauch, der im Neuen Testament weitergeführt wird.[444] Als Ga-

---

[442] Wohl ist auffällig, dass 2 Phil 3,2 von der δοθεῖσα ὑμῖν πίστις ausgerechnet in einem Kontext spricht, in dem er auf Paulus rekurriert.

[443] Selbstverständlich findet sie sich bereits in der hebräischen Bibel wie überhaupt das Motiv von der Weisheit schenkenden Gottheit in mehreren altorientalischen Religionen bekannt ist; Beispiele für die ägyptische und babylonische Religion sowie für die Verbindung von Weisheit mit El in den ugaritischen Texten siehe RINALDI 1967, 399f. Auf die griechischsprachigen und ins Griechische übersetzten Schriften des Judentums in römisch-hellenistischer Zeit wird hier abgehoben, weil sie die nächste Bezugsgröße für die *Secunda Petri* darstellen. Dies bedeutet nicht, dass die ihr vorliegende Textform immer die der Septuaginta gewesen sein muss, mit GERDMAR 2001, 48 gegen SKAGGS 2004, 83. Treffend die Formulierung von BIGG 1902, 230: "The author of 2 Peter knew his Greek Bible well, and applied its thoughts and speech with facility."

[444] LXX: Für σοφία als direktes Objekt von aktivem διδόναι oder als Subjekt bei passivem δίδοσθαι jeweils mit Gott als gedachtem oder explizit genanntem Geber siehe Ex 36,1; 1 Reg 3,12; 5,9; Prov 2,6; Sir 51,17; 2 Chr 1,10.12; die indirekte Anknüpfung von σοφία an διδόναι findet sich in Dan 1,17. Daneben begegnet σοφία in weiteren syntaktischen Verbindungen mit derselben Vorstellung von Gott als Geber der Weisheit, z.B. als Genetivobjekt von ἐμπιμπλάναι wie in Ex 35,35 (ἐνέπλησεν αὐτοὺς σοφίας). NT: Nach Jesu Predigt in der Synagoge seiner Vaterstadt wundern sich die Zuhörer: τίς ἡ σοφία ἡ δοθεῖσα τούτῳ; (Mk 6,2). Jesus verspricht in der lukanischen Endzeitrede für die Situation, wenn seine Anhänger inhaftiert werden und ihn vor Machthabern bezeugen müssen: ἐγὼ ... δώσω ὑμῖν στόμα καὶ σοφίαν (Lk 21,25),

be Gottes kann sie gleichsam als χάρις gesehen werden. Dies belegt neben
dem *Epheserbrief*, für den sich χάρις in σοφία und φρόνησις manifestiert
(1,7f), unter anderen Lukas, der bisweilen σοφία und χάρις in einem
Atemzug nennt. Fast als Hendiadyoin verwendet sie der lukanische Stephanus in seiner Predigt bezüglich Josefs, einmal mehr als Objekte göttlichen Gebens: ... ὁ θεὸς ... ἔδωκεν αὐτῷ χάριν καὶ σοφίαν (Act 7,10). Und
die Kindheitserzählungen beschließt Lukas mit den Worten καὶ Ἰησοῦς
προέκοπτεν [ἐν τῇ] σοφίᾳ καὶ ἡλικίᾳ καὶ χάριτι παρὰ καὶ ἀνθρώποις.[445]

Aber auch für Paulus selbst besteht, wie 1 Kor 3,10 zeigt, eine inhaltliche Verbindung zwischen χάρις und σοφία: Aufgrund der ihm ge-
schenkten χάρις konnte Paulus gleich einem *weisen* (σοφός!) Baumeister
das Fundament der Gemeinde in Korinth legen: κατὰ τὴν χάριν τοῦ θεοῦ
τὴν δοθεῖσάν μοι ὡς σοφὸς ἀρχιτέκτων θεμέλιον ἔθηκα. Nicht nur inhaltlich, sondern auch durch das Lexem σοφ- ist also schon bei Paulus die
Weisheit an seine χάρις gebunden. Vielleicht beginnt hier der sich bis ins
zweite Jahrhundert erstreckende Traditionsstrom, der das Wirken des
Paulus, sei es in der unmittelbaren Verkündigung, sei es in seinen Briefen,
als Weisheit betrachtet. Wenn die ihm verliehene χάρις den Paulus zu einem weisen Baumeister machte, der das Fundament der Gemeinde in Korinth legte, ist die Weisheit an die Gemeindegründung gekoppelt. Und
diese, so doch wohl die implizite Logik im *ersten Korintherbrief*, geschah
durch seine Verkündigung. Seine Verkündigung kann Paulus pointiert
auch direkt als σοφία bezeichnen, allerdings ist es dann eine besondere
σοφία, nämlich die θεοῦ σοφία als Gegensatz zu der σοφία (τῶν ἀρχόν-
των) τοῦ αἰῶνος τούτου (1 Kor 2,6f). Diese Opposition zwischen Gottes
σοφία und der σοφία dieses Äons ist nur bei Paulus selbst ausgeprägt;
doch bleibt in deuteropaulinischer Zeit ist die Vorstellung, dass Paulus
voll σοφία lehrte.[446] Noch für Polykarp zeichnet sich Paulus auf dem Gebiet der σοφία – in Brief und Verkündigung – in so hervorragender Weise
aus, dass jeder andere zwangsläufig dahinter zurück bleiben muss:

2 Phil 3,1   οὔτε ... ἐγὼ οὔτε ἄλλος ὅμοιος ἐμοὶ δύναται
             κατακολουθῆσαι τῇ σοφίᾳ τοῦ μακαρίου καὶ ἐνδόξου Παύλου,
                 ὃς γενόμενος ἐν ὑμῖν κατὰ πρόσωπον τῶν τότε ἀνθρώπων
                 ἐδίδαξεν ἀκριβῶς καὶ βεβαίως τὸν περὶ ἀληθείας λόγον,
                 ὃς καὶ ἀπὼν ὑμῖν ἔγραψεν ἐπιστολάς ...

---

und der Schreiber des *Jakobusbriefes* fordert seine Rezipienten auf: εἰ ... τις ὑμῶν
λείπεται σοφίας, αἰτείτω παρὰ ... θεοῦ ... καὶ δοθήσεται αὐτῷ (Jak 1,5).

[445] In unmittelbarer Nähe, wenn auch nicht parallel in die Syntax integriert, begegnen σοφία und χάρις auch in Lk 2,40: τὸ δὲ παιδίον ηὔξανεν καὶ ἐκραταιοῦτο
πληρούμενον σοφίᾳ, καὶ χάρις θεοῦ ἐπ' αὐτό.

[446] Siehe Kol 1,28: ὃν [scil: τὸν Χριστὸν] ἡμεῖς καταγγέλλομεν ... διδάσκοντες
πάντα ἄνθρωπον ἐν πάσῃ σοφίᾳ.

Eine zweite Argumentationslinie für die Plausibilität einer Bezugnahme von κατὰ τὴν δοθεῖσαν αὐτῷ σοφίαν auf den paulinischen Slogan ἡ χάρις τοῦ θεοῦ ἡ δοθεῖσά μοι setzt ein bei der Verknüpfung von σοφία mit ἐπίγνωσις, einem der zentralen theologischen Begriffe des *zweiten Petrusbriefes*.[447] Diese Verbindung kommt deutlich in den deuteropaulinischen Briefen an die Kolosser und Epheser zum Ausdruck. Im *Epheserbrief* etwa bittet ‚Paulus' ἵνα ὁ θεὸς ... δῴη ὑμῖν πνεῦμα σοφίας καὶ ἀποκαλύψεως ἐν ἐπιγνώσει αὐτοῦ (Eph 1,17). Σοφία und ἀποκάλυψις sind einander gleichgeordnet und werden ἐν ἐπιγνώσει αὐτοῦ zuteil. Ebenso bittet der Paulus des *Kolosserbriefs*, dass die Angeschriebenen mit der ἐπίγνωσις τοῦ θελήματος αὐτοῦ erfüllt werden, und konkretisiert: ἐν πάσῃ σοφίᾳ καὶ συνέσει πνευματικῇ (Kol 1,9). Somit hat σοφία in der Tradition des *Kolosser*- und *Epheserbriefes* mit Offenbarung, Erkenntnis und mit geistlicher Einsicht zu tun,[448] und dieser Linie könnte 2 Petr 3,15 folgen: In der σοφία des Paulus schwingen Offenbarung, Erkenntnis und geistliche Einsicht mit; genau das macht seine Briefe zur Autorität.[449] Im selben Sinne verwendet das *Markusevangelium* σοφία für die erkenntnis- und einsichtsvolle, geisterfüllte Schriftauslegung Jesu in der Synagoge von Nazareth (6,2).

Über die Feststellung hinaus, dass der *zweite Petrusbrief* hier eine paulinische Formulierung aufgreift und leicht verändert, zeigen sich mit zwei Versen besondere Verbindungen. In Röm 15,15 bringt Paulus seine χάρις in einem Kontext ins Spiel, wo er sein Briefeschreiben reflektiert:

Τολμηρότερον δὲ ἔγραψα ὑμῖν ...
ὡς ἐπαναμιμνήσκων ὑμᾶς διὰ τὴν χάριν τὴν δοθεῖσάν μοι.

Doch ist zu beachten, dass dieser Bezug auf ἔγραψα ὑμῖν ein indirekter ist. Zunächst ergänzt διὰ τὴν χάριν τὴν δοθεῖσάν μοι das nächstliegende Partizip ἐπαναμιμνήσκων und nur mit diesem zusammen geben sie explizieren sie die Schreibtätigkeit des Paulus.[450]

Mindestens genaus so plausibel, aber durchaus seltener wahrgenommen, ist die besondere Verbindung zu dem zitierten Vers aus dem *Galaterbrief* aufgrund von dessen textueller Umgebung. Auffälligerweise spricht Paulus nämlich in Gal 2,9 von der ihm verliehenen χάρις gerade in einem Zusammenhang, in dem er nachdrücklich auf das Einverständnis

---

[447] Auf diese Verbindung hebt vor allem CONTI 1969, 134f ab.

[448] Auch andere Verse des *Epheserbriefes* stellen einen ähnlichen Zusammenhang her zwischen Erkenntnis, Offenbarung und Weisheit; vgl. beispielsweise den Zusammenhang Eph 1,7–10 oder Eph 3,8–13. Für den *Kolosserbrief* siehe noch Kol 2,3.

[449] Vgl. hierzu die Argumentation bei CONTI 1969, 135.

[450] Dies gegen CONTI 1969, 131f, der mit großem Nachdruck auf Röm 15,15 als nächster Parallele besteht. Aus oben genannten Gründen ist seine Darstellung, als sei die syntaktische Überschneidung mit 2 Petr 3,15 von allen in Frage stehenden Stellen in Röm 15,15 am größten, etwas irreführend.

des Petrus und der anderen beiden Säulen im Jerusalem der ausgehenden vierziger Jahre abhebt: Weil Kephas, Jakobus und Johannes sich seiner χάρις, die hier im *Galaterbrief* der Beauftragung mit der Heidenmission gleichkommt, bewusst waren, gaben sie Paulus die Rechte zum Zeichen der Akzeptanz, des Einverständnisses. Um grundsätzliches Einverständnis nun umgekehrt des Petrus mit Paulus geht es aber auch im *zweiten Petrusbrief*. Will man dies nicht als pure Zufälligkeit abtun, wird man die Formulierung κατὰ τὴν δοθεῖσαν αὐτῷ σοφίαν in 2 Petr 3,15b als gezielten Verweis auf Gal 2,10 sehen müssen.

In κατὰ τὴν δοθεῖσαν αὐτῷ σοφίαν liegt also eine Reminiszenz an eine paulinische Formulierung vor. Ein Verweis nach Röm 15,15 ist möglich, nach Gal 2,9 wahrscheinlich. Dass der Verfasser des *zweiten Petrusbriefes* das Objekt des göttlichen Gebens ändert, zeigt einmal mehr, was schon in der Wiederaufnahme der synoptischen Tradition von der Verklärung Jesu festzustellen war: Evokation eines Prätextes schließt für ihn die Variation und eigene Gestaltung des wieder Aufgenommenen nicht aus. Die Ersetzung von χάρις durch σοφία war aufgrund der traditionellen Nähe beider ein nahe liegender, wohl aber signifikanter Schritt.

1.4. Schlussmahnungen und Doxologie (2 Petr 3,17–18)

Das Präskript des *zweiten Petrusbriefes* zeichnete sich einerseits durch Anlehnung an das Präskript des *Judasbriefes* aus, andererseits aber ebenso und wohl noch mehr durch Abweichung davon. Konkret verhielt es sich so, dass die *Secunda Petri* die ihr brauchbar erscheinenden Bestandteile in einen neue textuelle Umgebung und einen neuen Kommunikationszusammenhang stellte und im Phänotext jegliche Hinweise auf die alten Zusammenhänge für den, der nicht beide Texte kennt, unsichtbar machte. Dies war nötig für den Fiktionsaufbau: Der gesamte Brief sollte unter die Verfasserschaft des Apostels Petrus zu stehen kommen, was nur im Präskript bewerkstelligt werden konnte. Für den Briefschluss ergibt sich diese Notwendigkeit nicht in derselben Weise; ihm eignet nicht die paratextuelle Funktion des Präskripts. Freilich ließe sich durch persönliche Mitteilungen und Grüße die petrinische Fiktion verstärken. Der hier gewählte Schluss durch eine Doxologie muss an sich nur generischer Intertextualität genügen, d.h. aus den möglichen Doxologieformeln muss eine gewählt oder gestaltet werden.

2 Petrus 3	Judas
(17.) Ὑμεῖς οὖν, ἀγαπητοί, προγινώσκοντες φυλάσσεσθε ἵνα μὴ τῇ τῶν ἀθέσμων πλάνῃ συναπαχθέντες ἐκπέσητε τοῦ ἰδίου στηριγμοῦ, (18.) αὐξάνετε δὲ ἐν χάριτι καὶ γνώσει τοῦ κυρίου ἡμῶν καὶ σωτῆρος Ἰησοῦ Χριστοῦ.	

2 Petrus 3	Judas
αὐτῷ	(24.) Τῷ δὲ δυναμένῳ
	φυλάξαι ὑμᾶς ἀπταίστους
	καὶ στῆσαι κατενώπιον τῆς δόξης
	αὐτοῦ ἀμώμους ἐν ἀγαλλιάσει,
	(25.) μόνῳ θεῷ σωτῆρι ἡμῶν
	διὰ Ἰησοῦ Χριστοῦ τοῦ κυρίου ἡμῶν
ἡ <u>δόξα</u>	<u>δόξα</u> μεγαλωσύνη κράτος καὶ
	ἐξουσία πρὸ παντὸς τοῦ αἰῶνος
<u>καὶ νῦν καὶ εἰς</u> ἡμέραν <u>αἰῶνος.</u>	<u>καὶ νῦν καὶ εἰς</u> πάντας τοὺς <u>αἰῶνας·</u>
[ἀμήν.]	ἀμήν.

Die Synopse der beiden Briefschlüsse zeigt zunächst vor allem Unterschiede im Aufbau. Während sich im *Judasbrief* die Schlussdoxologie mit einer ausgebreiteten Beschreibung von Möglichkeiten (τῷ … δυναμένῳ) und Funktion Gottes (μόνῳ θεῷ σωτῆρι ἡμῶν) über zwei Verse (Jud 24–25) erstreckt, endet die *Secunda Petri* mit einer negativen (φυλάσσεσθε, ἵνα μὴ…) und einer positiven (αὐξάνετε …) Mahnung, an die sich eine knappe Doxologie anschließt. Nun ist eine Doxologie als Abschluss eines Briefes im antiken Briefformular keine vorgesehene Planstelle, sondern stellt höchstens eine nicht allzu häufig genutzte Möglichkeit innerhalb der Entwicklung des Apostelbriefes dar.[451] Dies spricht dafür, dass das Vorhandensein einer Doxologie sich dem Prätext *Judasbrief* verdankt.[452]

Vergleicht man die beiden Doxologien des *Judas*- und des *zweiten Petrusbriefes*, so unterscheiden sie sich nicht nur in ihrer Länge erheblich, sondern auch hinsichtlich dessen, dem sie gelten: Im *Judasbrief* ist Gott der Adressat von δόξα, μεγαλωσύνη und κράτος – und zwar διὰ Ἰησοῦ Χριστοῦ –, im *zweiten Petrusbrief* wird „unserem Herrn und Heiland Jesus Christus" δόξα angetragen. Damit gibt der *zweite Petrusbrief* der intratextuellen Stimmigkeit den Vorrang vor dem Anschluss an den *Judasbrief*: τοῦ κυρίου ἡμῶν καὶ σωτῆρος Ἰησοῦ Χριστοῦ ist die christologische Standardformel des Briefes (1,11; 2,20; 3,18) und die Zuweisung von δόξα an Christus bindet die Doxologie zurück an den Abschnitt von der Verklärung 1,16–18, die sich auf die Übertragung göttlicher δόξα vom Vater auf den Sohn konzentriert. Auch in der Ewigkeitsformel geht der *zweite Petrusbrief* eigene Wege: Das auffällige weil ungewöhnliche εἰς ἡμέραν αἰῶνος, das ein zu erwartendes εἰς τοὺς αἰῶνας bzw. εἰς πάντας τοὺς

---

[451] Am Briefende sonst nur (sekundär?) in Röm 16,25–27; 1 Clem 65,2; MartPol 21; Diog 12,9; am Ende des Briefcorpus vor den Schlussgrüßen oder eines längeren Briefabschnitts Phil 4,20; 2 Tim 4,18; Heb 13,21; 1 Petr 5,11; 1 Clem 64; MartPol 20,2.

[452] So argumentiert auch SCHMIDT 2003, 298. Eine Doxologie, die der des *Judasbriefes* hinsichtlich der Länge und der Eingangsformulierung ähnelt und die, so Klauck 1998, 229, „deuteropaulinischen Geist atmet", findet sich in den handschriftlich nicht in allen Fällen überlieferten Versen Röm 16,25–27.

αἰῶνας (Jud 25) vertritt, könnte an Sir 18,10 inspiriert sein, einem Vers, der den Gedanken von Ps 90,4 wieder aufnimmt – wie auch in 2 Petr 3,8. Bis in die Doxologie hinein scheint also der *zweite Petrusbrief* damit beschäftigt, in den letzten beiden Versen die zentralen Anliegen und Themen des Briefes Revue passieren zu lassen.

Damit stellt sich erneut die Frage, ob es in den letzten beiden Versen Hinweise gibt, dass die *Secunda Petri* den Schluss des *Judasbriefes* überhaupt in irgendeiner Weise rezipiert, oder ob sie ihn gänzlich beiseite schiebt. Eine Gemeinsamkeit ist die Verwendung des Verbums φυλάσσειν jeweils am Beginn des vorletzten Verses in einer signifikant unterschiedlichen Einbettung. Mit einem Imperativ Medium weist der *zweite Petrusbrief* die Aktivität des φυλάσσειν den Angeschriebenen zu: Sie sollen sich hüten. Dagegen macht der *Judasbrief* eingangs seiner Doxologie aktives φυλάσσειν zu einer der Fähigkeiten Gottes: τῷ δὲ δυναμένῳ φυλάξαι ὑμᾶς. An der lexikalischen Kongruenz eines einzigen Verbalstammes wird man den Nachweis, dass der Jud 24 im Hintergrund von 2 Petr 3,17 steht, nicht festmachen wollen, zumal φυλάσσειν sich aufgrund seiner Semantik für mahnende und wünschende Briefschlüsse einigermaßen nahelegt. Zu φυλάσσειν tritt jedoch eine weitere Eigenheit: Beiderorts kommt im Objektbereich des Verbs φυλάσσειν das semantische Feld des stabilen Gehens und Stehens zum Einsatz: Auf der einen Seite ist Gott derjenige, der in der Lage ist, die Angeschriebenen vor dem Straucheln zu bewahren (φυλάξαι ὑμᾶς ἀπταίστους), auf der anderen Seite sollen sich die intendierten Rezipienten hüten, aus ihrem festen Stand herauszufallen (ἵνα μὴ ... ἐκπέσητε τοῦ ἰδίου στηριγμοῦ), indem sie sich mit wegreißen lassen (συναπαχθέντες). Wenngleich auch Stehen und Fallen, Stabilität und Stärke zu beliebten Themen von Briefschlüssen gehören, siehe etwa Röm 16,25: τῷ δὲ δυναμένῳ ὑμᾶς στηρίξαι, so ist doch die Kombination von φυλάσσειν mit einem Objekt des Strauchelns, Fallens oder Stehens bei zwei Texten, die ohnehin über weite Strecken in einem Abhängigkeitsverhältnis stehen, nicht gut als Zufall zu erklären. Daher darf davon ausgegangen werden, dass der Verfasser der *Secunda Petri* bei der Formulierung der letzten beiden Verse sehr wohl Jud 24–25 in Gedanken oder vor Augen hatte und sich bewusst gegen eine engere textuelle Anlehnung entschied. Der Anklang von ἀμώμητος in Jud 2 Petr 3,14 an ἄμωμος in Jud 24 mag dann als Vergewisserung dieser Position herangezogen werden. Geschieht die Abweichung vom Prätext jedoch bewusst, so zeigen sich an den Divergenzen wenigstens zwei theologisch signifikante Akzentsetzungen der *Secunda Petri* gegenüber dem *Judasbrief*: Anders als dieser legt jene die Verantwortlichkeit für die richtige theologische Ausrichtung der Angeschriebenen bei diesen selbst nieder und erwähnt Gottes Rolle dabei nicht. Eine zweite theologische Schwerpunktverschiebung kommt mit den

Beobachtungen am Präskript überein: Jesus erhält im *zweiten Petrusbrief* gottgleiche Titel und Verehrung.[453]

1.5. Ergebnis: Prätexte zu 2 Petr 3,14–18

Die vorliegende Analyse bestätigt, wenn vielleicht auch anders als in der erhofften Weise, die Andeutung des Verfassers des *zweiten Petrusbriefes*, dass er Paulusbriefe kenne. Der Verweis auf die Paulusbriefe ist eine weitgehend metatextuelle Aussage, d.h. ein Kommentar zu einem Prätext, ohne im Wortlaut umfassend und direkt auf diesen zurückzugreifen. Anklänge an den geäußerten theologischen Inhalt fanden sich im *Römerbrief, ersten Korintherbrief, Galaterbrief, ersten Thessalonicherbrief, Epheserbrief* und im *ersten Timotheusbrief*, ohne dass eine unzweifelhafte Bekanntschaft mit diesem oder jenem Brief ausgemacht werden konnte, aller Wahrscheinlichkeit nach mit Ausnahme des *Römerbriefes*, der, will man über die Metatextualität hinaus an einer intertextuellen Beziehung im engeren Sinne festhalten, sicher 2 Petr 3,15a am nächsten steht.

Deutlicher als in der Übernahme moralischer Ermahnung im Blick auf das Eschaton und dem Plädoyer für eine Interpretation des Ausbleibens der letzten Ereignisse als Geduld Gottes zum Heil der Menschen zeigt sich die Bekanntschaft mit paulinischem Schrifttum in der Weiterverwendung paulinischer Formulierungen – originellerweise gerade in dem Vers, in dem der Verfasser auf seine Kenntnis paulinischer Briefe hinweist. So weist die an Paulus anknüpfende Redeweise vom ἀγαπητὸς ἀδελφός wohl auf die Vertrautheit mit Deuteropaulinen (*Kolosserbrief, Epheserbrief*) hin, von denen dieses Syntagma als Mitarbeiterprädikation weitertradiert wurde. Die Formulierung κατὰ τὴν δοθεῖσαν αὐτῷ σοφίαν stellt auf jeden Fall die Aufnahme eines paulinischen Slogans dar; wenn dem Verfasser dabei ein konkretes Beispiel der Verwendung dieses Slogans als Referenzziel vorschwebte, so dürfte dies entweder der *Galaterbrief* oder der *Römerbrief* gewesen sein.

Je weiter man sich von Paulus entfernt und je mehr man in den Bereich deutero- und tritopaulinischer Schriften gelangt, desto mehr Nähen und Überschneidungen ergeben sich in den Formulierungen einzelner theologischer Fragestellungen bzw. zeigen sich die Überschneidungen bei höherfrequentem Vokabular. In allen gnesiopaulinischen Briefen zusammen

---

[453] Dieselbe Beobachtung heben FUCHS/REYMOND 1980, 127 ad loc. hervor und erinnern in diesem Zusammenhang an die Beschreibung christlichen Gottesdienstes durch Plinius: «La comparaison avec le texte parallèle est significative: Jude, lui, rend gloire «au Dieu unique *par* Jésus Christ notre Seigneur»; 2 P ne distingue plus, quant à lui, Jésus Christ de Dieu (cf. 1,1). Cela rappelle la phrase de Pline dans sa lettre à Trajan (Ep. 10,96): «les chrétiens chantent un hymne au Christ qu'ils considèrent comme Dieu» (vers 112 ap. JC).»

beispielsweise ist gerade einmal das Adjektiv ἄμωμος verwendet,[454] doch je einmal in *Epheser-, Kolosser-* und *Hebräerbrief,* einmal im *ersten Petrusbrief* und im *Judasbrief,* dreimal in der *Apokalypse des Johannes.* Ähnliche Statistiken ließen sich für weitere Wörter wie ἐπίγνωσις feststellen. Und sie lassen sich über den Rahmen des neutestamentlichen Kanons hinaus verfolgen in die Zeit der Apostolischen Väter, wie die prägnante Zuschreibung von σοφία an Paulus bei Polykarp (2 Phil 3,1) oder die Verbindung von εὑρεθῆναι mit Adjektiven wie ἄμωμος, ἀμίαντος oder ἄσπιλος in Herm sim 5,6,7 und IgnTrall 13,3 zeigen. Solange jedoch die Kongruenzen über die gemeinsame theologische Sprache nicht hinausreichen, kann von Prätexten nicht gesprochen werden.

Für die Schlussverse darf von einer bewussten weitgehenden Nichtanlehnung an den Prätext *Judasbrief* ausgegangen werden, die von einer theologischen Schwerpunktverschiebung hin zur eigenen Verantwortung für Rechtgläubigkeit und ethische Praxis und hin zur Göttlichkeit Christi Zeugnis ablegt.

2. Pragmatik der Intertextualität

2.1. Die Identität der ὑμεῖς

Der globale metatextuelle Verweis auf die Paulusbriefe und die intertextuellen Bezugnahmen auf sie sind eingebettet in die briefliche Kommunikationssituation: Ausdrücklich konstatiert der Verfasser, Paulus habe an die intendierten Rezipientinnen und Rezipienten (ἔγραψεν ὑμῖν) geschrieben. Entspricht dieses ὑμῖν der Kommunikationssituation, die im Präskript geschaffen wurde, so bezieht es sich auf eine nicht regional eingegrenzte, sondern über den gemeinsamen Glauben bestimmte Adressatenschaft. Ein ähnlicher Fall lag bereits in 2 Petr 3,1 vor, wo ‚Petrus' darauf hingewiesen hatte, dass die vorliegende *Secunda Petri* bereits der zweite Brief sei, den er an die intendierten Rezipienten richte (ὑμῖν γράφω). Im Sinne der im Präskript aufgebauten Fiktion wäre demnach auch der *erste Petrusbrief* für alle bestimmt, „die einen dem unseren gleichwertigen Glauben erlost haben". Dies jedoch steht im Widerstreit zum Präskript der *Prima Petri,* das als intendierte Empfänger Gemeinden in den kleinasiatischen Provinzen Pontus, Galatien, Kappadokien, Asia und Bithynien angibt. Dies hat immer wieder dazu geführt, dass über die in 3,1 vorausgesetzte Identität der Adressatinnen und Adressaten der beiden Petrinen, die Gemeinden in den genannten Provinzen auch als intendierte Empfänger in die *Secunda* eingetragen wurden, wodurch man letztlich dem Ver-

---

[454] Für die Argumention hier wird davon ausgegangen, dass der Verfasser des *zweiten Petrusbriefes* mit dem Gebrauch der erweiterten Form ἀμώμητος keine besondere Absicht verknüpfte, m.a.W. ἄμωμος und ἀμώμητος werden in eins gesehen.

fasser den Bruch der im Präskript aufgerichteten Kommunikationssituation unterstellte.[455] Liest man jedoch die *Prima* im Lichte der *Secunda* und nicht umgekehrt, so lässt sich auch behaupten, dass der Verfasser der *Secunda* die Adressatenschaft der *Prima* neu bestimmt.[456] Und wenn dies der Fall ist, dann könnte auch in der Aussage, dass Paulus den intendierten Empfängern geschrieben hat (ἔγραψεν ὑμῖν) eine Umadressierung der Paulusbriefe vorliegen. Der Verfasser würde dann die Paulusbriefe als an die intendierten Empfänger der *Secunda Petri* gerichtet betrachten, und die Fiktion eines katholischen Briefes bliebe gewahrt. Analogien für eine nicht mit der jeweiligen *adscriptio* übereinstimmenden Deutung der Empfängerschaft von Schreiben in der Tradition des Apostelbriefes vom Ende des ersten und Beginn des zweiten Jahrhunderts belegen im Folgenden die Plausibilität der letztgenannten Position.

Je weiter die Abfassungszeit einer Schrift von der apostolischen Zeit entfernt liegt, desto häufiger begegnet die Tendenz, die Briefe vor allem des Paulus nicht als an eine konkrete Gemeinde in einer konkreten historischen Situation gerichtet zu lesen. Der Adressatenkreis wird zeitlich oder räumlich ausgeweitet – oder beides zugleich. Eine augenscheinliche zeitliche Ausweitung liegt im Brief des Polykarp an die Gemeinde zu Philippi vor. Polykarp geht auf den Wunsch der Philipper ein, über die Gerechtigkeit zu schreiben, obwohl weder er noch irgendein anderer in Bezug auf dieses Thema an die Weisheit des Paulus heranreichen könne (2 Phil 3,2). Weiter führt er über den großen Apostel aus:

ὃς γενόμενος ἐν ὑμῖν κατὰ πρόσωπον τῶν τότε ἀνθρώπων
ἐδίδαξεν ἀκριβῶς καὶ βεβαίως τὸν περὶ ἀληθείας λόγον,
ὃς καὶ ἀπὼν ὑμῖν ἔγραψεν ἐπιστολάς,

    εἰς ἃς ἐὰν ἐγκύπτητε,

      δυνηθήσεσθε οἰκοδομεῖσθαι εἰς τὴν δοθεῖσαν ὑμῖν πίστιν·

Zweimal stellt Polykarp in diesen Zeilen eine Verbindung der philippensischen Gemeinde seiner Zeit, also der ersten Hälfte des zweiten Jahrhunderts,[457] zu Paulus her. In der ersten Bezugnahme berücksichtigt er noch

---

[455] Als typischer Vertreter einer solchen Argumentationsweise sei HOFMANN 1875, 114 zitiert: „An wen er selbst schreibt, hat er nicht unbestimmt gelassen ...: seine Leser sind laut 3,1 dieselben, an die er den vorigen Brief gerichtet hatte ... Wir kennen den Brief an die Epheser als das Schreiben, welches Paulus an die Christenheit derselben kleinasiatischen Lande ... geschrieben hat, die wir in der Ueberschrift des ersten so absichtlich an jenes Schreiben erinnernden petrinischen Briefs aufgezählt fanden. Auf ihn wird also der Apostel auch jetzt seine Leser verweisen, und zwar auf ihn allein..." Siehe ferner GRUNDMANN 1974, 120; VAN HOUWELINGEN 1988, 269 u.a.

[456] Ebenso bestimmt er ja auch in 3,1–2 die Lesart der *Prima* neu; siehe II.D.1.4.

[457] Enger braucht die Datierung hier nicht eingegrenzt werden; zur Datierungsfrage siehe LINDEMANN 1979, 87; FISCHER in SUC I, 229–237; DASSMANN 1979, 149f. Ent-

den zeitlichen Abstand von der Gegenwart zur Zeit des historischen Paulus, wenn er nämlich sagt, Paulus habe sich zu Lebzeiten der damaligen Gemeindeglieder (τῶν τότε ἀνθρώπων) unter ihnen aufgehalten (ἐν ὑμῖν). Diese Differenzierung verschiedener historischer Stadien in der Gemeindegeschichte entfällt, wenn Polykarp formuliert, Paulus habe ihnen (ὑμῖν) in Abwesenheit Briefe geschrieben. Polykarp vergegenwärtigt sich nicht mehr, dass etliche Jahrzehnte zwischen der ursprünglichen Empfängergemeinde und den jetzt lebenden Gemeindegliedern liegen. In seinen Augen ist der Brief auch an die Nachfahren der damaligen Adressaten und Adressatinnen gerichtet.[458] Dasselbe Phänomen ist bereits einige Zeit zuvor im *ersten Clemensbrief* (47,1) zu beobachten: Auch hier fragt der Verfasser die korinthische Gemeinde seiner Zeit, also der neunziger Jahre des ersten Jahrhunderts,[459] als ob der zeitliche Abstand zwischen Empfängergemeinde und zeitgenössischer Gemeinde aufgehoben sei:

τί πρῶτον ὑμῖν ἐν ἀρχῇ τοῦ εὐαγγελίου ἔγραψεν [scil: ὁ Παῦλος];

Ebenso zieht der *Epheserbrief* des Ignatius (IgnEph 12,3) eine Zeitspanne mehrerer Jahrzehnte in seine Gegenwart zusammen, wenn er behauptet, Paulus erwähne die Epheser in jedem Brief:

ὃς [scil: Παῦλος] ἐν πάσῃ ἐπιστολῇ μνημονεύει ὑμῶν ἐν Ἰησοῦ Χριστῷ[460]

Die obige Deutung von 2 Phil 3,2 im Sinne einer temporalen Kontraktion zwischen ursprünglicher Adressatengemeinde und deren in der Verfassergegenwart lebenden Folgegeneration lässt sich ausdehnen auf eine *lokale* Entgrenzung des Adressatenkreises. Auffälligerweise behauptet Polykarp nämlich, Paulus habe den Philippern *mehrere* Briefe (ἐπιστολάς; 2 Phil 3,2) geschrieben.[461] Will man diesen Plural nicht als Beleg dafür werten, dass Polykarp mehrere Philipperbriefe des Paulus gekannt habe, eine Deutung, der im übrigen der Singular in 11,3 (*qui estis in principio epistulae eius*) widerspricht,[462] so lässt sich der Plural dahingehend deuten, dass Po

---

gegen einer häufiger vertretenen Datierung des späteren zweiten *Philipperbriefes* um 135 sieht BERDING 2002, 17–24 keinen Grund, so weit mit der Datierung ins zweite Jahrhundert hineinzugehen und denkt eher an eine Abfassungszeit um 120 für den Hauptteil dessen, was als *Polykarpbrief* überliefert ist.

[458] Eine vergleichbare Aufhebung zeitlicher Distanz liegt vor, wenn Polykarp im selben Brief daran erinnert, dass Paulus unter ihnen gearbeitet habe (*in vobis ... in quibus laboravit beatus Paulus*; 11,3).

[459] Zur Datierung siehe beispielsweise FISCHER in SUC I, 19.

[460] Die Behauptung, Paulus erwähne die Epheser in jedem Briefe, wird meist als Übertreibung des Ignatius gewertet, siehe BAUER/PAULSEN 185, 38 ad loc. sowie FISCHER in SUC I, 153 ad loc. und DASSMANN 1979, 130.

[461] Theorien zur Deutung dieses Plurals finden sich bei BERDING 2002, 62f.

[462] Polykarps Kenntnis mehrerer Philipperbriefe postuliert etwa GNILKA 1968,11. Die Wertung von 11,1 als Gegenargument dazu geht vom nicht ganz befriedigenden,

lykarp die paulinischen Briefe grundsätzlich an jede Gemeinde, daher auch die in Philippi, gerichtet verstand.[463] In ähnlicher Weise überspielt auch um 200 n. Chr. das *Muratorische Fragment* den ursprünglichen Bestimmungsort, indem es zwar wahrnimmt, dass die Briefe Pauli an sieben konkrete *ecclesiae* adressiert waren, aber dagegensetzt, man wisse ja schließlich, dass es nur eine über die ganze Welt verstreute *ecclesia* gebe.[464] Da diese zeitliche und räumliche Entgrenzung der Adressierung paulinischer Briefe seit dem Ende des ersten Jahrhunderts bezeugt ist, darf sie auch für den *zweiten Petrusbrief* vorausgesetzt werden. Dabei würde die zeitliche Entgrenzung für sich genommen das Problem der durchbrochenen Adressatenfiktion nicht lösen; wäre allein sie gegeben, so bedeutete dies, dass Jahrzehnte nach Paulus etwa der *Römerbrief* – als wahrscheinlichster Kandidat für einen in 3,15b alludierten Text – an eine dann zeitgenössiche Gemeinde in Rom gerichtet verstanden wäre. Erst wenn man davon ausgeht, dass die Ortskonstante aufgegeben ist, dass also der *Römerbrief* an alle Christen gerichtet ist, kann ἔγραψεν ὑμῖν im Sinne des Präskripts gelesen werden. „Die einen uns gleichwertigen Glauben erlost haben" sind dann 2 Petr 3,15 zufolge auch die Adressaten der Paulusbriefe; die im Präskript angelegte Absicht auf katholische Rezeption des *zweiten Petrusbriefes* muss nicht in Zweifel gezogen werden.

Die Deutung von ἔγραψεν ὑμῖν im Sinne der zeitlichen und räumlichen Ausweitung des Adressatenkreises der Paulusbriefe im Laufe der Rezeptionsgeschichte beeinflusst das Verständnis von 3,16: Wenn ὑμῖν nicht die Adressatenschaft eines Briefes lokalisiert und damit identifiziert, wenn also nicht auf einen konkreten Brief Bezug genommen wird, in dem Paulus mit 3,14–15a inhaltlich übereinstimmende Dinge geschrieben haben soll, dann kann in 3,16a (ὡς καὶ ἐν πάσαις ταῖς ἐπιστολαῖς) nicht von anderen Briefen die Rede sein als in 3,15b (ἔγραψεν ὑμῖν).[465] Der Konnek-

---

aber einfachsten Verständnis aus, nach dem *qui estis in principio epistulae eius* bedeutet „die ihr am Anfang eines Briefes von ihm steht", vgl. dazu und zu anderen Deutemöglichkeiten FISCHER, SUC I, 261–63 ad loc.

[463] Ähnlich LINDEMANN 1979, 88f: „Wahrscheinlicher ist m.E., daß ὑμῖν „ekklesiologisch" zu verstehen ist; dann wäre einfach gemeint, daß Paulus den Christen Briefe geschickt hat, die jetzt noch gelesen werden können."

[464] *Muratorisches Fragment* 47–57: *Cum ... apostolus Paulus ... nonnisi nominatim septem ecclesiis scribat ..., una tamen per omnem orbem terrae ecclesia diffusa esse dignoscitur.*

[465] Konsequent ist hier KELLY 1969, 372f: "So when Paul speaks of writing **to you**, it is unnecessary to press his language too strictly and infer that he has any peculiar locality or epistle in mind; **you** covers any community his letter may reach ... Nor should we assume that in 15b and 16a he is distinguishing between one particular letter of Paul's and the rest of his correspondence, in 16b he is merely elaborating the point he has just made by emphasizing the consistency of the Apostle's teaching on these subjects." Freilich wird genau dieser Unterschied zwischen einem Brief in 15b und anderen in 16a auch in neuerer Zeit immer wieder vertreten, so etwa von DAVIDS

tor ὡς καί ist dann nicht mit ausschließlich komparativer Semantik zu lesen wie ὡς („genau so wie"); die Aussage ist nicht: Dies ist hier (ἔγραψεν ὑμῖν) ebenso zu lesen wie da (ἐν πάσαις ταῖς ἐπιστολαῖς). Vielmehr enthält der mit ὡς καί eingeführte (Teil-)Satz eine zusätzliche Information, einen erweiternden Aspekt oder eine Akzentverschiebung im Verhältnis zum vorher Gesagten.[466] Dies belegen die beiden anderen Verse in der *Secunda Petri*, wo sich der Verfasser dieses Konnektors bedient. Zuerst geschieht dies in 2 Petr 2,1:

ἐγένοντο δὲ καὶ ψευδοπροφῆται ἐν τῷ λαῷ
    ὡς καὶ ἐν ὑμῖν ἔσονται ψευδοδιδάσκαλοι.

Die vorliegende ὡς καί-Komparation birgt eine Aspektverschiebung, wie die chiastische Struktur und die Wortwahl unterstreichen. Letztere platziert das Thema der folgenden Verse an das betonte Ende: ψευδοδιδάσκαλοι.[467] Es soll also auf eine vergleichbare Situation hingewiesen werden, die doch nicht dieselbe ist: Jenes war damals, dieses findet in der Zukunft statt (ἐγένοντο – ἔσονται); jenes ereignete sich ἐν τῷ λαῷ, dieses ἐν ὑμῖν; und schließlich sind die Auftretenden keine ψευδοπροφῆται, sondern ψευδοδιδάσκαλοι. Diese Aspektverschiebung zeigt sich, diesmal nicht kontrastierend, sondern generalisierend, auch in 2 Petr 3,16b:

ἐν αἷς (scil: ἐν ταῖς ἐπιστολαῖς τοῦ Παύλου) ἐστιν δυσνόητά τινα,
    ἃ οἱ ἀμαθεῖς καὶ ἀστήρικτοι στρεβλώσουσιν
        ὡς καὶ τὰς λοιπὰς γραφὰς πρὸς τὴν ἰδίαν αὐτῶν ἀπώλειαν.

Die ἀμαθεῖς καὶ ἀστήρικτοι haben nicht nur ein Verständnisproblem mit den *schwer zu durchgründenden Paulusbriefen*, vielmehr haben sie ein *generelles* Problem, die maßgeblichen Schriften (auch die weniger anspruchsvollen) so aufzufassen, wie sie zu verstehen sind. Dieser Linie, nämlich einer Aspektverschiebung in Richtung einer Generalisierung, folgt auch 2 Petr 3,15b-16a:

καθὼς καὶ ὁ ἀγαπητὸς ἡμῶν ἀδελφὸς Παῦλος
κατὰ τὴν δοθεῖσαν αὐτῷ σοφίαν,
        ὡς καὶ ἐν πάσαις ταῖς ἐπιστολαῖς λαλῶν ἐν αὐταῖς περὶ τούτων.

Hier liegt die Aspektverschiebung darin, dass im ὡς-καί-Teilsatz besonders und generalisierend auf die gottgegebene Weisheit in allem paulini-

---

2006, 302: "But it was not just in the letter that Paul had written to the addressees of 2 Peter that he had written about the topics of concern to our author. He writes about 'these matters' in 'all his letters'" oder auch von SCHMIDT 2003, 389, Anm. 186: „2 Petr setzt voraus, dass ein Paulusbrief an die Gemeinde gerichtet ist, sich inhaltlich aber mit den übrigen Briefen deckt, die über die entsprechende Frage gehandelt haben."

[466] Vgl. hierzu die hilfreichen Ausführungen von KRAUS 2001, 185f und 190f.

[467] Dies im Gegensatz zu KRAUS 2001, 186, der vor allem die Opposition ἐν τῷ λαῷ – ἐν ὑμῖν hervorgehoben sieht.

schem Schrifttum abgehoben wird, während der καθώς-Satz in erster Linie die Identität petrinischen und paulinischen Gedankenguts in den in 3,14–15a genannten Themen hervorgehoben hatte: So hat es der geliebte Bruder Paulus in seiner gottgegebenen Weisheit euch geschrieben, wie er ja immer, in all seinen Briefen in dieser Weisheit über dieses Thema schreibt, wo es aufgegriffen wird. Fasst man die Periode in dieser Weise auf, ist es nicht nötig, in 2 Petr 3,16 andere Briefe zu sehen als in 2 Petr 3,15, und muss man dem Verfasser kein Abweichen von der katholischen Konzeption seines Briefes unterstellen.

2.2. Petrus und sein lieber Bruder Paulus

Die Tübinger Schule lehrte, man müsse die Geschichte des Christentums der ersten zwei bis drei Jahrhunderte als einen Konflikt zwischen einem judenchristlich-petrinischen und einem heidenchristlich-paulinischen Christentum ansehen, der in einer ersten Phase erbittert geführt wurde, worauf man sich in einer zweiten aufeinander zu bewegte, was schließlich in einer dritten Phase zu seiner Beilegung und zur Entstehung der Katholischen Kirche geführt habe.[468] Wenn auch dieses Schema in seiner schlichtesten Form heute kaum noch jemand wird vertreten wollen, so scheint doch Ferdinand Christian Baurs Sicht, dass die Petrusbriefe frühe Zeugnisse für „Versuche der Ausgleichung und Vermittlung" zwischen den beiden Hauptströmungen der jungen Christenheit seien,[469] gerade an 2 Petr 3,16 einen Anhaltspunkt finden zu können. In der Tat stellt sich für die Prädikation des Paulus als ‚lieber Bruder' die Frage, auf dem Hintergrund welcher Kommunikationssituation sie zu lesen ist, d.h. mit welchem Bild des Verhältnisses von Petrus und Paulus die intendierten Adressaten lebten, mit welchen christlichen Prägungen, Vorbildern und vielleicht auch Feindbildern. Den spärlichen direkten und indirekten Informationen des Briefes ist folgendes zu entnehmen:

---

[468] Für einen kurzen Überblick siehe SMITH 1985, 24–32. Eine ausführliche Darstellung erschien 1975 in der Monographie von HORTON HARRIS „The Tübingen School".

[469] „Noch auffallender verräth der zweite Brief des Petrus eine vermittelnde Tendenz dieser Art, wodurch der ohnedies überwiegend starke Verdacht der Unächtheit ein neues Gewicht erhält, indem eben diese specielle Absicht des Verfassers es um so begreiflicher macht, warum er seinen Brief für einen vom Apostel Petrus selbst verfaßten angesehen wissen wollte…Am unzweideutigsten spricht zuletzt der Verfasser die conciliatorische Absicht seines Briefs … am Schlusse des Briefes in 3, 15. aus, wo er den Apostel Paulus seinen geliebten Bruder nennt, die demselben verliehene Weisheit rühmt, sich auf die Briefe desselben beruft, und vor den Mißverständnissen, die sie veranlassen können, ebenso wie vor den Mißdeutungen, die ihnen gegeben werden, warnt." Ferdinand Christian BAUR, *Die Christuspartei in der korinthischen Gemeinde, der Gegensatz des petrinischen und paulinischen Christenthums in der ältesten Kirche, der Apostel Petrus in Rom* (1831), zitiert nach KÜMMEL 1956, 160f.

Die Aussage des ‚Petrus' über den ‚lieben Bruder Paulus' ist in erster
Linie durch das aktuelle kirchliche oder gemeindliche Geschehen motiviert: Gemeindeglieder, die offensichtlich eine Lehrposition bekleiden –
wenn sie in 2,1 als ψευδοδιδάσκαλοι disqualifiziert werden, wird damit
gleichzeitig ihre Lehrtätigkeit konstatiert: Sie wirken als διδάσκαλοι – begründen ihre Lehrmeinung mit Paulusbriefen, wie aus dem Vorwurf, sie
verdrehten diese, deutlich wird (2 Petr 3,16). Der Verfasser spricht hier unverkennbar von der ihm vor Augen stehenden Situation, gleichgültig, ob
nun die prophetische Futurform στρεβλώσουσιν oder das Präsens
στρεβλοῦσιν ursprünglich ist.[470]

Die Fiktion petrinischer Verfasserschaft zieht sich nicht gleichmäßig
durch den gesamten *zweiten Petrusbrief*, vielmehr flackert sie über den
Brief verteilt punktuell in einigen Passagen auf. Offensichtlich erhofft sich
der Verfasser gerade von diesen Abschnitten, als Petrus die gegenwärtige
Situation beeinflussen zu können. In 3,14ff nun spricht er als Petrus, der
die intendierten Empfänger ermahnt und die Einmütigkeit mit Paulus bezüglich der fraglichen *loci* unterstreicht. Damit zeigt er, dass er der Figur
des Petrus potentiell einende Wirkung beimisst. Jedenfalls unternimmt er
einen Versuch, Petrus dahingehend zu instrumentalisieren. Andere Formen der Indienstnahme, Korrektur oder anderen Auseinandersetzung mit
paulinischen Sichtweisen bzw. deren Rezeptionslenkung im Sinne der eigenen Sicht auf den ‚wahren' Paulus, wie sie ihm etwa in der paulinischen
Pseudepigraphie zu Gebote gestanden hätten, wählt er nicht. Ob man daraus folgern muss, dass ihm dieser Weg versperrt gewesen sei, weil schon
ein fest umrissenes *Corpus Paulinum* vorlag, mag getrost offen bleiben.[471]
Für die Wirkungsgeschichte der Petrusgestalt bedeutet der *zweite Petrusbrief* zumindest den Versuch, paulinische Lehre über die Figur Petri zu
bewerten und in die rechten Bahnen zu lenken, ein Ansatz, der nur dann
Erfolg versprechend ist, wenn christliche Identität mehr von Petrus als
von Paulus hergeleitet wird.

Die Stellung der Petrus- und Paulusfigur in der Gegenwart des Verfassers führt weiter zu der Frage, ob darüber hinaus auch noch ein Bewusstsein für das historische oder wenigstens überlieferte Verhältnis beider
vorhanden war. Texte aus dem zweiten und dritten Jahrhundert reflektieren dieses Verhältnis von Petrus und Paulus durchaus unterschiedlich,[472]

---

[470] Zur Textkritik vgl. die Anmerkung zu Beginn des Kapitels.

[471] BROWN/DONFRIED/REUMANN 1973, 156 Anm. 333 erwägen diese Möglichkeit: "It
may be asked why the author did not compose a deutero-Pauline letter to correct his
opponents. One reason may have been that there was an already fixed collection of
Pauline letters…" Dies wird freilich weithin bezweifelt, siehe etwa VÖGTLE 1981, 227.

[472] Die *Epistula Apostolorum* (siehe z.B. EpAp 31 [42.] in der Ausgabe von DUEN-
SING) beispielsweise zeigt eine recht positive Rezeption der Gestalt des Paulus. Er
scheint akzeptiert neben den zwölf Aposteln, mithin auch Petrus, zu stehen. Damit

daher lässt die mögliche textuelle Umwelt des *zweiten Petrusbriefes* zur Petrus- und Paulusrezeption keinen Schluss auf die Sicht des *zweiten Petrusbriefes* zu; das einzige zur Verfügung stehende Mittel sind Indizien aus dem Brief. Da der Verfasser des *zweiten Petrusbriefes* bei der Abfassung offenbar Empfängerinnen und Empfänger vor Augen hat, bei denen eine gewisse Kenntnis paulinischer Briefe vorausgesetzt werden darf, möchte man vermuten, dass ihnen zumindest die Äußerungen Pauli aus dem *Galaterbrief* nicht unbekannt waren. Neben der allgemeinen Erwägung, dass der *Galaterbrief* wohl Grundbestandteil einer jeden Paulusbriefsammlung war[473] und daher mit einer gewissen Wahrscheinlichkeit auch zu der Sammlung gehörte, die dem Verfasser des *zweiten Petrusbriefes* vor Augen stand, führt hier das Ergebnis der syntaktischen Analyse noch einen Schritt weiter: Wenn die Vermutung, dass die δοθεῖσα αὐτῷ (scil: Παύλῳ) σοφία in 2 Petr 3,15 vor allem auf die χάρις ἡ δοθεῖσά μοι in Gal 2,9 abhebt, wäre das vor allem dann sinnvoll, wenn von den potentiellen Lesern oder Hörern des Briefs erwartet werden konnte, dass sie diesen Verweis als solchen erkannten.

3. Semantik der Intertextualität

3.1. Paulus als ἀγαπητὸς ἡμῶν ἀδελφός und seine σοφία

Die syntaktische Analyse hat gezeigt, dass der Verfasser des *zweiten Petrusbriefes* mit der Prädikation ἀγαπητὸς ἀδελφός eine typisch paulinisch-deuteropaulinische und für Rezipienten mit einiger Textkenntnis des *Corpus Paulinum* aber ohne Differenzierungsvermögen zwischen paulinisch und deuteropaulinisch auch als typisch paulinisch identifizierbare Redeweise aufnimmt. Dieser Verweis zielt zunächst auf die Prätexte bzw. deren angeblichen Verfasser, um dann sofort wieder zurück auf den Phänotext zu kommen, indem dem (angeblichen) Verfasser der Prätexte nun

---

vertritt die wohl aus der zweiten Hälfte des zweiten Jahrhunderts stammende (BRUNS, LACL s.v. *Epistula apostolorum,* 229) Schrift eine Sicht, die schon von Lukas vorgezeichnet wurde. Im *ersten Clemensbrief* stehen Petrus und Paulus nebeneinander, ohne dass man irgendwelche Zwistigkeiten wittern könnte (1 Clem 5). Demgegenüber taucht Paulus in den *Pseudoclementinen* als Feind des Petrus auf (Clem hom 17,13–19; EpPetr 2,1–7). Für ausführlichere Darstellungen der Rezeption der Paulus- und Petrusgestalt (wobei das Verhältnis beider selten eingehend thematisiert wird bzw. aufgrund der Quellenlage werden kann) siehe die entsprechenden Abschnitte in: DASSMANN 1979, KNOCH 1981, LINDEMANN 1979, MUSSNER 1976, PESCH 1980, SMITH 1985, WAGENMANN 1926.

[473] TROBISCH 2001 geht davon aus, dass Paulus selbst noch für Freunde in Ephesus Röm, 1 und 2 Kor sowie Gal als Sammlung herausgab, die als literarische Einheit gelesen werden sollte. Der *Galaterbrief* habe dabei "the form of an authorized document, like an affidavit. It should be used by friends to prove his case against the saints in Jerusalem"; ibid. 94.

selbst die Rolle zugewiesen wird, mit der er andere versah. Die Aussage ist: So wie Paulus diesen oder jenen Mitarbeiter als ἀγαπητὸς ἀδελφός ansah, so gilt Paulus auch für das petrinische ἡμεῖς als ἀγαπητὸς ἀδελφός. Die Formulierung ist durch und durch positiv, von ihrer Herkunft her positiv konnotiert, keineswegs ist etwa ein ironischer, herablassender oder sonstiger Unterton darin zu entdecken.[474] Damit ist einem umfassenden Zweck gedient: Wenn Paulus der vertraute, geschätzte, zuverlässige Mitarbeiter des Petrus ist, wirft das ein Licht auf den Inhalt von dessen Schriften. Dieser wird damit gutgeheißen.

Implizit geht damit noch ein weiterer Verweis einher, nämlich in Richtung auf die beiden angeblichen Verfasser der Prätexte und des Phänotextes. Jetzt ist es ‚Petrus‘, der die Formulierung gebraucht, die ‚Paulus‘ auf seine Mitarbeiter anwandte. Dadurch wächst jenem die Rolle des Paulus zu, und Paulus findet sich in der Position eines seiner Mitarbeiter; Paulus wird also durch eine Mitarbeiterbezeichnung, die er selbst verwendete, zum Mitarbeiter des Petrus.[475] Gegenüber dem Zeugnis seiner eigenen und der deuteropaulinischen Briefe bedeutet dies einen Positionsverlust: Paulus steht nicht mehr an der Spitze seiner Mitarbeiter, er ist selber Mitarbeiter des Petrus oder des petrinischen ἡμεῖς. Hierin zeigt sich dieselbe Tendenz, die schon am Briefpräskript wahrgenommen wurde: Petrus tritt gegenüber dem paulinischen Schrifttum mindestens an die Seite des Paulus, wahrscheinlich aber hat er sogar Vorrang vor ihm.

Mit κατὰ τὴν δοθεῖσαν αὐτῷ σοφίαν, so wurde oben wahrscheinlich gemacht, wird ein paulinischer Slogan in leicht abgewandelter Form wieder aufgegriffen. Verwiesen wird nicht mehr nach der χάρις des Paulus, der ihm in ganz besonderer Weise anvertrauten Aufgabe, von der er selber wiederholt sprach, sondern nach seiner σοφία. Dieses Verfahren ist ebenso destruktiv wie konstruktiv: Das alte Spezifikum des Paulus wird verworfen, ein neues tritt an dessen Stelle, so jedenfalls will es auf den ersten Blick erscheinen. Zieht man jedoch in Betracht, dass σοφία auch schon bei Paulus – und vorpaulinisch – einen Aspekt von χάρις darstellen

---

[474] KLEIN 1961, 105 unterschätzt dies, wenn er in ὁ ἀγαπητὸς ἡμῶν ἀδελφὸς Παῦλος nur ein „höfliche(s), aber völlig unverbindliche(s) Prädikat" sieht. Kaum nachzuvollziehen ist auch die Behauptung von SCHULZ 1976, 296, der *zweite Petrusbrief* kanonisiere „die zwölf Apostel als fest umgrenzte Institution" und verweigere „aus diesen Gründen ... Paulus bewußt den Aposteltitel"; in ὁ ἀγαπητὸς ἡμῶν ἀδελφὸς Παῦλος verberge sich also eine Ausgrenzung aus dem Kreis der Apostel. Auf diese Sicht hat LINDEMANN schon 1979, 93 in einer Fußnote in unübertrefflicher Weise reagiert: „Wo?" Siehe ferner PAULSEN 1992, 173, dessen Urteil völlig zutrifft: „Das Paulusbild des Vf.s ist uneingeschränkt positiv; von einem herablassenden Ton in seinen Äußerungen kann keine Rede sein."

[475] Hierin mag das Körnchen Wahrheit liegen, wenn VIELHAUER 1978, 595 in ἀγαπητὸς ἡμῶν ἀδελφός einen gönnerhaften Ton spürt, doch dürfte „gönnerhaft" ein zu starkes Wort für den Sachverhalt sein.

konnte, wird man zumindest sagen müssen, χάϱις werde modifiziert oder spezifiziert. Ein affirmatives Verhältnis besteht zu den anderen Bestandteilen des Syntagmas: Paulus ist in besonderer Weise von Gott begabt worden (δοθεῖσα). Diese göttliche Begabung, so die *Secunda Petri*, hat sich in seiner nunmehr schriftlich vorliegenden Botschaft niedergeschlagen (κατὰ τὴν δοθεῖσαν αὐτῷ σοφίαν ἔγϱαψεν ὑμῖν). Vielleicht liegt genau hierin der Grund der Ersetzung von χάϱις durch σοφία. In Pauli Gebrauch hatte χάϱις etwas zu tun mit seiner Missionstätigkeit (1 Kor 3,10), der Betreuung von Gemeinden in brieflicher und mündlicher Mahnung und Ermutigung (Röm 12,3; 15,15) vorwiegend unter den ἔθνη (Gal 2,9). All dies jedoch waren Aktivitäten zu seinen Lebzeiten, inzwischen ist die Situation verändert: Paulus ist tot, seine Botschaft liegt in seinen Briefen vor. Darf man hier ein ähnliches Verständnis von σοφία voraussetzen, wie in Mk 6,2, wo auf Jesu Lehre (!) in der Synagoge zu Nazareth hin die Menschen sich fragen: τίς ἡ σοφία ἡ δοθεῖσα τούτῳ, so ist in σοφία der autoritative Charakter der Paulusbriefe ausgedrückt. Vermittels des *passivum divinum* δοθεῖσα wird die σοφία auf Gott zurückgeführt, was einer Inspirationsaussage gleichkommt.[476] So braucht es auch nicht zu verwundern, wenn die paulinischen Schriften in 3,16 mit anderen γϱαφαί parallelisiert werden. Besagt die neue textuelle Nachbarschaft des aufbereiteten Syntagmas zur Auszeichnung des Paulus als ἀγαπητὸς ἡμῶν ἀδελφός wenigstens, dass sie die „richtige apostolische Theologie"[477] vertreten, wird man nach dem eben Gesagten noch weiter gehen und – mit der gebotenen Vorsicht – denen beipflichten dürfen, die ahnen, dass sich in der Zuschreibung von Weisheit an Paulus „vielleicht schon das spätere Urteil der Kirche von der Inspiration der Paulusbriefe"[478] ankündigt. Dass für das Qualitätsurteil über die gesamte Menge als paulinisch geltender Prätexte gerade zwei paulinische Formulierungen – sei es auch in transformierter Form (τὴν δοθεῖσαν αὐτῷ statt τὴν δοθεῖσάν μοι, σοφία statt χάϱις) – zum Einsatz kommen, gibt ihm etwas Spielerisches, gerade als ob neben Petrus, der dieses Zeugnis ausstellt, noch Paulus selbst für sich zeugte.

---

[476] Vgl. hierzu die bekannte Verbindung zwischen σοφία und πνεῦμα; WILCKENS in ThWNT VII s.v. σοφία, 515.

[477] LINDEMANN 1979, 93.

[478] DASSMANN 1979, 119; siehe auch MEIER 1999, 69: "Paul is recognized by our author as a writer inspired by divine wisdom". Vgl. hierzu auch Theophilus von Antiochien, *Ad Autolycum* II,9, wonach die Lehre der Propheten so zu Stande kam, dass die Propheten, „zu Gottes Werkzeugen geworden und die von ihm ausgehende Weisheit in sich aufgenommen habend, durch diese Weisheit über die Schöpfung der Welt und alle anderen Dinge sprachen" (ὄϱγανα θεοῦ γενόμενοι καὶ χωϱήσαντες σοφίαν τὴν παϱ' αὐτοῦ, δι' ἧς σοφίας εἶπον καὶ τὰ πεϱὶ τῆς κτίσεως τοῦ κόσμου, καὶ τῶν λοιπῶν ἁπάντων); siehe ferner die Rolle von Einsicht, Weisheit und Erinnerung bei der Inspiration Esras in 4 Esr 14,37–48.

Ob absichtlich oder unabsichtlich wird mittels der Substitution der χάρις durch σοφία auch der σοφία-Diskussion aus dem *ersten Korintherbrief* eine Richtung gegeben. Ein pauluskundiger Rezipient des *zweiten Petrusbriefes* wird sich bei der Erwähnung der σοφία unweigerlich an den *ersten Korintherbrief* erinnern. Doch wird die dortige Abgrenzung göttlicher von menschlicher Weisheit gerade nicht neu entfaltet. Die Ablehnung menschlicher Weisheit für sich und allenfalls die Akzeptanz *göttlicher* Weisheit, die jedoch bei den Menschen Torheit ist, ist nicht Gegenstand des *zweiten Petrusbriefes*. Allein das ‚Ergebnis' dieser Überlegungen wird festgehalten: Paulus *ist* weise, und diese Weisheit ist eine Gabe Gottes. Für den Kenner der Paulusbriefe muss sich die σοφία-Aussage über Paulus im *zweiten Petrusbrief* als hermeneutische Anweisung für die Rezeption der Paulusbriefe lesen, gleichgültig ob dies vom Verfasser des *zweiten Petrusbriefes* intendiert war oder nicht. Im Umgang mit der σοφία zeigt sich so eine Parallele zum Umgang mit der δικαιοσύνη im Briefpräskript: In einem Kontext, der an Paulus erinnert oder Paulus thematisiert, wird ein paulinisches Schlagwort aufgegriffen, ohne dass ihm noch die typisch paulinische Verwendung oder typisch paulinische Gehalt anhaftete.[479]

3.2. Lenkung der Galaterrezeption

Nicht selten wird in der Kommentarliteratur im Zusammenhang mit 2 Petr 3,15 auf das Fehlen eines Hinweises auf den im zweiten Kapitel des *Galaterbriefes* thematisierten Antiochenischen Konflikt zwischen Paulus und Petrus; zuweilen wird eine bewusste Unterlassung angedeutet.[480] Die implizite Erwartungshaltung ist dann, dass dies doch thematisiert werden müsse; könne es doch nicht angehen, dass dieser Zwist so völlig ohne Niederschlag blieb bei jemand, der den *Galaterbrief* doch wohl kannte und nun ausdrücklich das Verhältnis von Paulus und Petrus thematisierte. Andere wiederum heben die Kraft der Versöhnung oder die versöhnliche Haltung des Petrus hervor, der Paulus seinen lieben Bruder nenne, wiewohl dieser das nie getan habe,[481] und unterstreichen, dass es keineswegs zu einem schlimmen Bruch des Paulus mit Petrus gekommen sei. Mag sein, dass aus Gal 2 in der Exegese zuweilen ein zu schlechtes Bild vom

---

[479] Wie wenig der Weisheitsbegriff des *zweiten Petrusbriefes* konkret den Weisheitsbegriff des Paulus aufnimmt, sondern sich traditionsgeschichtlich aus anderen Strömungen herleitet, zeigt RINALDI 1967.

[480] ASSMANN 1979, 119: „Von Spannungen, wie sie in Gal 2,11/6 berichtet werden, weiß oder will der 2. Petrusbrief nichts mehr wissen.". Ähnlich FUCHS/REYMOND 1980, 123: «Le conflit qu'évoquait Ga 2,11–16 est oublié: dans l'image que l'Eglise du deuxième siècle s'en fait, Pierre et Paul sont totalement unis et également vénérés.»

[481] BIGG 1902, 299 ad loc.: "St. Paul never calls St. Peter 'our beloved brother Cephas.'"

Verhältnis Petrus – Paulus herausentwickelt wurde.[482] Doch die Erwartung einer Bezugnahme auf die Ereignisse in Antiochia bzw. auf deren Darstellung wird vielleicht gar nicht enttäuscht. Selbst wenn unsere Vermutung, dass in κατὰ τὴν δοθεῖσαν αὐτῷ σοφίαν ein Hinweis auf Gal 2,9 enthalten sein könnte, nicht von jedem als Verfasserabsicht akzeptiert wird: Der aufmerksame pauluskundige Rezipient konnte diese Verbindung auf der Textgrundlage von 2 Petr 3,16 durchaus herstellen. Er wurde dann durch κατὰ τὴν δοθεῖσαν αὐτῷ σοφίαν nicht etwa auf die Auseinandersetzung zwischen Petrus und Paulus verwiesen, sondern auf die Akzeptanz der paulinischen χάρις durch Jakobus, Kephas und Johannes, denn diese Akzeptanz bildet den unmittelbaren Kontext des Syntagmas im Prätext Gal 2,9:

γνόντες τὴν χάριν τὴν δοθεῖσάν μοι
Ἰάκωβος καὶ Κηφᾶς καὶ Ἰωάννης … δεξιὰς ἔδωκαν ἐμοί

Wenn also 2 Petr 3,16 einen Verweis auf Gal 2,9 als Prätext darstellt, so wird man darin einen rezeptionslenkenden Eingriff sehen müssen. Wer den *Galaterbrief* liest, soll durch die Aufnahme gerade von 2,9, nicht aber anderer Stellen, darauf hingewiesen werden, dass die Einmütigkeit zwischen Petrus und Paulus auch damals bestand. Dies, die grundsätzliche Übereinstimmung beider, soll den Schwerpunkt der Galaterlektüre bilden, nicht das Übrige.

3.3. Die Bedeutung der Paulusbriefe

Wenn schon die Formulierung der metatextuellen Bemerkung καθὼς καὶ ὁ … Παῦλος … ἔγραψεν ὑμῖν nicht hatte erwarten lassen, dass der Wortlaut der in 2 Petr 3,14–15a als inhaltliche Konvergenz zwischen Paulus- und Petrusbriefen dargestellten Inhalte sich in großem Umfang aus lexikalischen Einheiten aus Paulusbriefen speisen würde, so wurde dies durch die syntaktische Analyse nur bekräftigt. Um lexikalische Übereinstimmung war es dem Verfasser der *Secunda Petri* nicht zu tun. Wohl gelang es, Passagen in den erhaltenen Paulusbriefen ausfindig zu machen, die ihm vor Augen gestanden haben könnten, als er sein καθὼς καὶ ὁ … Παῦλος … ἔγραψεν ὑμῖν formulierte. Unabhängig davon jedoch, wie viel an dieser Stelle zu beweisen ist, sind zwei viel generellere Aspekte der

---

[482] Zumindest als Möglichkeit wird man erwägen müssen, ob nicht die von der Tübinger Schule propagierte Dualität die Exegese des *Galaterbriefes* dahingehend prägte, dass die Gegensätze zwischen Paulus und Petrus stärker wahrgenommen wurden, als sie dem antiken Rezipienten ins Bewusstsein traten. Wenn die Aussagen des *Galaterbriefes* über die Auseinandersetzung zwischen Paulus und Petrus für antike Rezipienten gar nicht so dramatisch klangen, wie wir sie rezipieren, werden sie auch 2 Petr 3,16 nicht als Versöhnung gesehen haben. Zum Petrusbild der Paulusbriefe vgl. PESCH 1979.

Semantisierung der paulinischen Theologie insgesamt oder wenigstens der paulinischen Äußerungen bezüglich der zur Debatte stehenden Themen entscheidend:[483] Zum einen ist dies die Tatsache, dass die zur Frage stehenden Lehraussagen überhaupt auf Paulus zurückgeführt werden. Dass das nahende Ende eine bestimmte Verhaltensweise erfordert und dass das Ausbleiben des Endes ein Zeichen von Gottes Langmut ist, sind Aussagen, die so wenig spezifisch paulinisch sind, dass sie der Verfasser auch aus anderen Schriften als den paulinischen Briefen hätte entnehmen können.[484] Er aber führt sie auf Paulus zurück; ganz offensichtlich kommt treffende Lehre in der Sicht des Verfassers grundsätzlich von Paulus her. Zum zweiten besteht zwischen Paulus und dem Verfasser der *Secunda Petri* in der Sicht des letzteren kein Lehrunterschied. Wer mit Paulus in der Hand andere Dinge lehrte als er, musste die Paulusbriefe in völlig verdrehter Weise verstehen.

Eigentlich ging es dem Verfasser mehr um die Charakterisierung der Gegner, als er schrieb, sie verdrehten nicht nur die Aussagen der Paulusbriefe, sondern auch die der übrigen Schriften (τὰς λοιπὰς γραφάς), sie, die ἀμαθεῖς καὶ ἀστήρικτοι, verstünden es grundsätzlich nicht, die maßgeblichen Schriften richtig zu lesen. Doch unversehens stellte er damit die Paulusbriefe in eine Reihe mit „den übrigen Schriften". Mit dieser eher beiläufigen Juxtaposition[485], die intertextualitätstheoretisch eine metatextuelle Aussage über die Paulusbriefe darstellt, reflektiert er einen bereits

---

[483] LINDEMANN 1979, 93 bemisst die Tragweite der Aussage ausgehend von der Eschatologie hin auf die gesamte paulinische Theologie: „Der Vf behauptet, Paulus habe sein Verständnis der Eschatologie (d.h. also den Gedanken der Parusieverzögerung) in allen seinen Briefen dargelegt; im Sinne des 2 Petr bedeutet dies, daß „Petrus" nicht etwa mit irgendeiner Randbemerkung in irgendeinem der paulinischen Briefe übereinstimmt, sondern mit der paulinischen Theologie schlechthin."

[484] So findet sich die Deutung des ausbleibenden Endes als Geduld Gottes noch viel deutlicher als bei Paulus und viel dichter an den Formulierungen im dritten Kapitel der *Secunda Petri* in der *Apokalypse Baruchs*, so dass es alles andere als abwegig ist, eine Bekanntschaft des *zweiten Petrusbriefes* mit dieser Schrift zu vermuten; vgl. syrBar 21,20; 24,2; 48,39; 85,8–9; siehe dazu auch die Ausführungen in III.D.

[485] Natürlich bezeichnet οἱ λοιποί jeweils etwas, das etwas ‚Anderem', etwas ‚nicht Übrigem' *an die Seite gestellt* wird. Ob dies kontrastierend-exklusiv geschieht oder parallelisierend, liegt nicht an οἱ λοιποί an sich, sondern an der Semantik der Einbettung von οἱ λοιποί. Wenn beispielsweise Paulus in 1 Thess 4,13 sagt, er wolle die Thessalonicher nicht in Unkenntnis lassen über das Schicksal der Entschlafenen ἵνα μὴ λυπῆσθε καθὼς καὶ οἱ λοιποὶ οἱ μὴ ἔχοντες ἐλπίδα, verfehlt BIGGs Bemerkung (1902, 302) "οἱ λοιποί means not 'other Christians,' but 'other people who are not Christians'" die gemeinsame Basis von οἱ λοιποί und den Thessalonichern. Hier werden Menschen, die Christen sind, verglichen mit Menschen, die keine Christen sind, in beiden Fällen aber handelt es sich um Menschen. Ähnlich wenig überzeugen die übrigen Beispiele BIGGs und anderer, mit denen belegt werden soll, dass die paulinischen Briefe hier keineswegs unter die Kategorie γραφαί subsumiert werden.

gegebenen Status der Briefe. Um abzuschätzen, welche Tragweite diese metatextuelle Bewertung hat, wird ein kurzer Blick auf die ur- und frühchristliche Verwendung des Wortes γραφή und auf Belege für das faktische Nebeneinander von christlichen und vorchristlichen autoritativen Schriften im frühen Christentum geworfen.

ἡ γραφή oder αἱ γραφαί[486] wird im Neuen Testament oft für die maßgeblichen Schriften aus der jüdischen Tradition verwendet. Dabei können sowohl Singular als auch Plural für eine Größe stehen, die den Verfassern und intendierten Rezipienten als eine mehr oder weniger fest umrissene vor Augen stand und die darum ihrem Umfang nach nicht expliziert wird. Dem modernen Leser stellt sich allerdings die Frage, wie weit der Schriftbegriff im jeweiligen Fall reichte. Allein wo Zitate oder deutliche Anspielungen auf konkrete Schriften gemeinsam mit dem Begriff γραφή oder γραφαί verwendet werden, kann sicher behauptet werden, diese oder jene Schrift gehöre zur γραφή bzw. zu den γραφαί. In der Regel sind diese Zitate und Anspielungen im Kreis der Schriften zu finden, die zur Septuaginta gehören, freilich nicht immer in deren Wortlaut. Die Apostolischen Väter bieten dasselbe Bild.[487] Dass sich die Größe γραφή in ihrem Umfang nicht völlig mit dem Tenach oder der Septuaginta deckt, zeigt sich dort, wo es Mühe bereitet, die zitierte oder alludierte Stelle aufzufinden.[488]

Ein γραφή-Zitat kann auch Sätze oder Teilsätze zweier Prätexte miteinander kombinieren.[489] Für den vorliegenden Kontext sind diejenigen Kombinationen interessant, wo ein Teil der Kombination unter dem Verdacht steht, aus neutestamentlichen Schriften zu stammen, oder mit Gewissheit dort entnommen ist.[490] Dies ist in 1 Tim 5,18 der Fall:

Λέγει γὰρ ἡ γραφή·
    βοῦν ἀλοῶντα οὐ φιμώσεις,
καί·
    ἄξιος ὁ ἐργάτης τοῦ μισθοῦ αὐτοῦ.

---

[486] Vgl. zur gesamten Frage SCHRENK s.v. γράφω κτλ., ThWNT I, 742–773.

[487] Γραφή findet sich bei den Apostolischen Vätern in 1 Clem 23,3 (Zitat unbekannt); 23,5 (Jes 13,22b LXX und Mal 3,1b LXX); 34,6 (Dan 7,10 Theodotion; Jes 6,3); 35,6 (Ps 49,16–23 LXX); 42,5 (Jes 60,17 LXX mit Änderungen); 45,2; 2 Clem 2,4; 6,8; 11,2; 14,1.2; Barn 4,7.11; 5,4; 6,12; 13,2; 16,5; Herm vis 2,2,1; Pol 2 Phil 12,1. Zu den Versen aus den Clemensbriefen vgl. jeweils LINDEMANN 1992 ad loc.

[488] 1 Clem 23,2 bietet ein Zitat unbekannter Herkunft als γραφή, vgl. LINDEMANN 1992, 83 ad loc.; ebenso Barn 16,5, wo der Beginn jedoch an Mi 4,1 erinnert; vgl. WENGST in SUC II, 201 ad loc.

[489] Vgl. 1 Clem 23,5, dazu den Kommentar von LINDEMANN 1992, 84 ad loc.

[490] Wenn dabei, wie meist, keine Quellenangabe durch den Verfasser erfolgt, ist es natürlich stets möglich, die Parallelordnung als falsche Zuordnung des Zitats durch den Verfasser zur Gruppe der γραφή-Schriften zu deuten. Zu dieser Denkmöglichkeit und ihren Vertretern vgl. für 2 Pol 12,2 MERZ 2004, 133.

Das erste Zitat stammt aus Dtn 25,4 LXX, wobei die Reihenfolge der Wörter umgedreht ist. Das zweite findet sich identisch in der synoptischen Überlieferung, nämlich in Lk 10,7b.[491] Die schlichteste, wenngleich nicht einhellig akzeptierte Erklärung ist, dass die Kategorie γραφή beide Zitate umfasst.[492] Bei aller Unsicherheit, woher genau der Verfasser das Logion kannte, wird man doch mindestens mit der Möglichkeit rechnen müssen, dass hier der Anwendungsbereich des γραφή-Status auf frühchristliche Schriften ausgeweitet wird.[493]

Etwas anders liegt der Fall beim folgenden Beispiel. In 2 Phil 12,1 drückt Polykarp sein Vertrauen aus, dass die Angeschriebenen gut *in literis sacris* unterwiesen seien und ihnen nichts entgehe. In diesen Schriften (*in his literis*) heiße es unter anderem: *irascimini et nolite peccare*, was ursprünglich ein Zitat von Psalm 4,5a LXX ist,[494] aber genau so schon in Eph 4,26a übernommen ist. Mittels *et* schließt Polykarp dann an, was im *Epheserbrief* folgt: *sol non occidat supra iracundiam vestram*. Noch leichter als für 1 Tim 5,18 lässt sich hier mit dem Hinweis auf den unsicheren Charakter der Übersetzung, auf die anscheinend selbst eingestandene Unkenntnis des Polykarp in den Heiligen Schriften[495] u.a. in Abrede stellen, dass Eph 4,26a unter die *literae* gerechnet wird, doch ist das Vorhandensein von bereits *zwei* Beispielen aus etwa demselben Zeitabschnitt, nämlich dem ausgehenden ersten und der ersten Hälfte des zweiten Jahrhunderts,[496] in denen *vielleicht* urchristliches Schrifttum γραφή-Status erhält, an sich schon vielsagend.

Ganz sicher erhält urchristliches Schrifttum γραφή-Status zur Zeit des *zweiten Clemensbriefes*: In 2 Clem 2,4 wird das Jesuslogion, das in Mt 9,13b überliefert ist, als ἑτέρα γραφή bezeichnet. Leider lässt sich jedoch damit keine Entwicklungslinie hin zu einer Anerkennung urchristlicher Schriften als γραφή zeichnen, ohne einer *petitio principii* zum Opfer zu fallen: Ein

---

[491] In Mt 10,10b ist τῆς τροφῆς durch τοῦ μισθοῦ ersetzt.

[492] Hartnäckig versucht OBERLINNER 1994, 255f sich gegen die in seinen Augen anachronistische Vorstellung zu wehren, christliche Schriften würden als γραφή vorausgesetzt. Ohne Zweifel am Bezug von γραφή auf beide Zitate ist ROLOFF 1988, 309.

[493] So die vorsichtige Formulierung. Zuversichtlicher ist MERKEL 1991, 45: „An unserer Stelle wird das Jesuswort genau nach Lk 10,7 zitiert, so daß wir entweder auf Kenntnis des Lukasevangeliums oder der von Lukas verarbeiteten Spruchquelle schließen müssen."

[494] BERDING 2002, 117.

[495] Pol 2 Phil 12,1. Wenn Polykarp sich wirklich so schlecht in den Schriften auskannte, könnte er den Anteil des Zitates, der aus dem *Epheserbrief* stammt, fälschlich Psalm 4 zugeordnet haben. Zur Diskussion um die Bewertung von Polykarps Behauptung seiner eigenen Unkenntnis siehe BERDING 2002, 115f.

[496] Eine präzisere Datierung als der Zeitraum, der den augenblicklichen Forschungsstand widerspiegelt, nämlich 90 bis 140 n.Chr. (vgl. MERZ 2004, 73) ist hier nicht nötig. Zur Datierungsfrage der Pastoralbriefe insgesamt vgl. MERZ 2004, 72–86.

wesentlicher Anhaltspunkt für die Datierung von frühchristlicher Schriften des zweiten Jahrhunderts ist die Art und Weise, wie Verweise auf andere, später neutestamentliche Schriften oder Teile davon gehandhabt werden.[497] Auf den ersten Blick scheint der *Barnabasbrief*, der Anfang der dreißiger Jahre des zweiten Jahrhunderts geschrieben sein muss[498], für ein ähnliches Stadium zu zeugen, wenn er πολλοὶ κλητοί, ὀλίγοι δὲ ἐκλεκτοί fast genau übereinstimmend mit Mt 22,14 mit dem Hinweis ὡς γέγραπται zitiert, doch werden für das Zitat auch andere Quellen postuliert.[499]

Mit der angesichts dieser Unklarheiten gebotenen Vorsichtigkeit ergeben sich nun zwei Deutungsmöglichkeiten für die metatextuelle Bemerkung über die Paulusbriefe in 2 Petr 3,16: Entweder sie werden an die Seite von Schriften gestellt, die schon von der jüdischen Tradition her Autoritäten waren. Dann lautete der Vorwurf an die Gegner, sie verstünden es nicht, diese Schriften richtig auszulegen. Dazu könnte intratextuell passen, dass in 1,20f von der προφητεία γραφῆς die Rede ist, deren nichtmenschliche Herkunft offenbar betont werden muss. Die Falschauslegung könnte mit der Nichtanerkennung der προφητεία γραφῆς als göttliches Wort zu tun haben, wobei die προφητεία γραφῆς doch wohl eher auf Schrifttum des Tenach bzw. der Septuaginta deutet.[500] Es kann aber auch nicht ganz ausgeschlossen werden, dass man mit einer erweiterten Menge von γραφαί zu rechnen hat, dass die Paulusbriefe neben den genannten auch weiteren ur- oder frühchristlichen Schriften an die Seite gestellt werden.[501] Dann würde den Gegnern auch die richtige Lesart christlicher Texte neben den Paulusbriefen abgesprochen.

---

[497] Vgl. WENGST in SUC II, 227: „Überhaupt bietet die Zitierung von „Herrenworten" den besten Anhaltspunkt für eine Datierung des 2. Klemensbriefs."

[498] WENGST in SUC II, 115.

[499] WENGST in SUC II, 198: „… nichts sonst im Barnabasbrief kann es wahrscheinlich machen, daß der Verfasser das Matthäusevangelium als „Schrift" zitiert. Möglicherweise handelt es sich um ein Zitat aus einer uns unbekannten jüdischen Schrift … das als „Herrenwort" auch Eingang in die synoptische Tradition fand." So ganz zu überzeugen vermag es freilich nicht, dass es plausibler sein soll, die Worte einer „uns unbekannten jüdischen Schrift", die dann auch noch der Zitationsformel ὡς γέγραπται gewürdigt wird, zuzuschlagen als dem uns bekannten *Matthäusevangelium*.

[500] Diese Schriften wären dann verstanden im Sinne von 1 Kor 15,3, wo Paulus das Geschehen an Christus als κατὰ τὰς γραφάς bezeichnet. VÖGTLE 1981, 231f glaubt, dass προφητεία γραφή „in erster Linie das Alte Testament als Prophetie des Endgeschehens" bezeichne, „jedoch auch Parusieworte der Jesusüberlieferung und der Apostel, speziell des Paulus, miteinschließen" werde.

[501] Sehr zuversichtlich in dieser Hinsicht ist VÖGTLE 1981, 231: „Zu „den übrigen Schriften", die jene verfälschend auslegen, können um 120 bzw. eher noch ein bis zwei Jahrzehnte später sehr wohl die synoptischen Evangelien, vor allem Markus gehört haben." Unklar bleibt, warum VÖGTLE gerade für das *Markusevangelium* mit einem solchen Status rechnet.

Der *zweite Petrusbrief* selbst steht dicht neben den Paulusbriefen und den übrigen γραφαί. Er gibt sich selbst die Position eines Werkes, das weiß, wie die Paulusbriefe und die übrigen γραφαί richtig auszulegen sind, d.h. die Position eines kommentierenden Werkes, intertextualitätstheoretisch gesprochen eines Metatextes. Und doch tritt er nicht als regelrechter Kommentar neben die Paulusbriefe und die übrigen γραφαί; er geht nicht deren Text entlang, um diesen zu kommentieren und auszulegen. Er tritt *neben* die Paulusbriefe, Paulus ist der 'liebe Bruder', mit dem er, 'Petrus' auf Augenhöhe ist, es ist nur ein kleiner Schritt zur Behauptung, er gehöre selbst wie Paulus neben die γραφαί. Diese 'Zwischenposition' zwischen Kommentar und mit den Paulinen gleichwertigem Werk kennzeichnet das Selbstbild des *zweiten Petrusbriefes*. Aus der Perspektive von Assmanns Theorie vom kulturellen Gedächtnis bewegt sich der *zweite Petrusbrief* damit im Grenzbereich der Kanonbildung. Liegt ein Kanon vor, so kann nichts mehr hinzugefügt, nichts mehr hinweggenommen werden, weil „in den ‚Großen Texten' alles Sagbare gesagt und alles Wißbare aufbewahrt ist", es bleibt nur noch die Form der Textinterpretation.[502] Doch so sehr dieses Merkmal schon auf den *zweiten Petrusbrief* zutrifft, so sehr er schon auf Texte, die als γραφαί gelten, zurücksieht, diese auslegt, kommentiert, an diese erinnert, so sehr zeigt sich in ihm noch das Bewusstsein und der Anspruch, neben diese anderen Texte treten zu können, zumal neben die Texte der von ihm als paulinisch gelesenen Briefe.

E. Das Testament des Petrus (2 Petr 1,12–15)

Wenn der Verfasser der *Secunda Petri* den ersten auf das Proöm 1,3–11 folgenden Vers mit διό einleitet, so markiert dies einen Neuansatz. Die Ausführungen des Proöms sind zu einem Abschluss gekommen, jetzt zieht das pseudepigraphe Ich daraus die Folgerung:[503] Er werde (μελλήσω),[504]

---

[502] ASSMANN 2002, 175.

[503] Mit Recht macht KRAUS 2001, 170.401 darauf aufmerksam, dass der Subjektswechsel die durch διό angewiesene Zäsur verstärkt, wie dies auch für 3,14 gilt. Ähnlich beobachtet KAHMANN 1983, 40, dass das pseudepigraphe ‚Ich' in dieser Passage in den Vordergrund tritt; für die Funktion von διό, das noch an zwei weiteren Stellen in der *Secunda Petri* begegnet, siehe FUCHS/REYMOND 1980, 62.

[504] Mit Recht weist neuerdings die *Editio Critica Maior* das von sehr vielen Minuskeln gebotene διὸ οὐκ ἀμελήσω als "alternative reading" aus. Die Verwendung des negierten Verbums ἀμελεῖν würde sowohl in die Phraseologie des Briefes bei kommentierenden Aussagen des Verfassers zur eigenen Schreibtätigkeit als auch zur Situation des bald sterbenden Testamentschreibers hervorragend passen. Ähnlich verwendet beispielsweise der *Barnabasbrief* das nicht negierte μελεῖν in einer seine Schreibtätigkeit kommentierenden Aussage (Barn 1,5): λογισάμενος οὖν τοῦτο ὅτι ἐὰν μελήσῃ μοι περὶ ὑμῶν τοῦ μέρος τι μεταδοῦναι ἀφ' οὗ ἔλαβον, ὅτι ἔσται μοι

so ‚Petrus', die Angeschriebenen allzeit (ἀεί) an das Gesagte (περὶ τούτων)[505] erinnern (ὑπομιμνήσκειν), auch wenn sie darüber schon Bilde sei-
en (εἰδότας) und in der in ihnen verkündigten christlichen Botschaft (ἐν
τῇ παρούσῃ ἀληθείᾳ)[506] sicheren Halt hätten (ἐστηριγμένους). Dieses
Vorhaben führt ‚Petrus' zu zwei zeitlich geschiedenen Teilgedanken. Zuerst spricht er über die ihm verbleibende Lebenszeit. Er halte es für angebracht, sie, so lange er noch „in diesem Zelt" (ἐν τούτῳ τῷ σκηνώματι)
weile, in ihrem Erinnern wachzurütteln (διεγείρειν … ἐν ὑπομνήσει).
Schließlich sei ihm bewusst, dass das „Ablegen seines Zeltes" (ἡ ἀπόθεσις
τοῦ σκηνώματός μου) unmittelbar bevorstehe. So habe es ihm ja (καθὼς
καί) der Herr Jesus Christus offenbart (ἐδήλωσέν μοι). Daraufhin wagt er
den Blick über seinen Tod hinaus: Er werde seinen Eifer darein setzen,
dass sie auch zu jeder Zeit (ἑκάστοτε) nach seinem Hingehen (μετὰ τὴν
ἐμὴν ἔξοδον) eine Möglichkeit hätten sich zu erinnern.

1. Syntax der Intertextualität

1.1. Generische Intertextualität

Deutlicher als an jeder anderen Stelle im Text tritt in diesen vier auf das
Prooöm 1,3–11 folgenden Versen zu Tage, dass für den *zweiten Petrusbrief*
nicht allein das literarische Genus der Apostelbriefe, wie Paulus sie
schrieb, Modell gestanden hat. Der Verfasser bedient sich hier eines Bün-
dels von Motiven, die er allesamt den *literarisch fixierten fingierten Abschiedsreden*[507] des jüdisch-hellenistischen Schrifttums entlehnt. Unter die-

---

τοιούτοις πνεύμασιν ὑπηρετήσαντι εἰς μισθόν, ἐσπούδασα κατὰ μίκρον ὑμῖν πέμπειν; siehe auch 1 Tim 4,14 und die Ausführungen von MERZ 2004, 181. Der Nachteil
dieser Lesart ist, dass sie etwas schlechter bezeugt ist, da alle Codices gegen sie stehen, und dass μελλήσω eindeutig die *lectio difficilior* ist, deren Sperrigkeit die Kommentatoren allenthalben zu ausführlichen Kommentaren reizt. Gleichwohl scheint für
die handschriftliche Überlieferung nicht, wie KRAUS 2003, 249f richtig beobachtet, das
häufig diskutierte Futur das Problem zu sein, sondern die Semantik des Verbums. –
Die vorliegende Paraphrase folgt der Deutung der Verwendung von μέλλειν mit Infinitiv als *coniugatio periphrastica* (KRAUS 2003, 249 und 274) für das Futur, wobei jedoch der Aspekt des Im-Begriff-Seins (vielleicht mehr noch als der des festen Vorhabens) ebenfalls mitzuschwingen scheint; vgl. zum Problem neben den Ausführungen
bei KRAUS 2003, 249f die einschlägigen Wörterbücher und die Kommentare.

[505] περὶ τούτων kann schwerlich anders denn anaphorisch gelesen werden; so u.a.
FUCHS/REYMOND 1980, 63.

[506] Die vereinzelt vorgeschlagene Konjektur παραδοθείσῃ statt παρούσῃ, so etwa
MAYOR 1907, 100, ist schwerlich notwendig. Der Gebrauch des Adjektivs ist gut verständlich, wenn man es mit BAUCKHAM 1983, 198 interpretiert: Es geht hier erneut um
den Gedanken, dass die Gemeindeglieder die ‚Wahrheit' bereits haben.

[507] Vgl. zu dieser Begriffswahl die treffende Umschreibung BOGAERTS in SC 144,
121: «… procédé littéraire qui consiste à mettre une exhortation morale sur les lèvres

sen Begriff soll hier sowohl die Gattung ‚Testament' im engeren Sinn gefasst werden, wie sie etwa in den *Testamenten der zwölf Patriarchen* vorliegt
oder im *Testament Amrams*[508], – ist sie doch nichts anderes als eine aufge-
schriebene Rede, die durch einen narrativen Rahmen[509] den Charakter eines Testaments bekommen hat – als auch Abschiedsreden ohne die
Formmerkmale eines Testaments, wie beispielsweise die Ansprache des
Paulus beim Abschied von den Presbytern der Gemeinde zu Ephesus in
Act 20,18–35 oder die letzten Worte des Mose nach der Darstellung des
Josephus im vierten Buch der *Antiquitates Iudaicae.*[510]

Die Begriffe Testament und Abschiedsrede sind in der Forschungsgeschichte nicht
klar definiert und getrennt verwendet worden. STAUFFER überschrieb eine entsprechende Motivauflistung in der vierten Auflage seiner *Theologie des Neuen Testaments*
1948 mit „Abschiedsreden und Abschiedsszenen". MUNCK stellt in seinem viel zitierten Aufsatz über *discours d'adieu* von 1950 ausdrücklich fest, dass es sich beim *zweiten
Petrusbrief* und den beiden *Timotheusbriefe*n um Abschiedsreden handele.[511] In MI-
CHELs Monographie über die Abschiedsrede des Paulus in Acta 20 figurieren Schriften wie die *Testamente der zwölf Patriarchen* oder das *Testament Isaaks und Abrahams* unter Beispielen für die Gattung der Abschiedsrede.[512] BOGAERT bezeichnet in der umfangreichen Einleitung zu seiner Übersetzung der *syrischen Baruchapokalypse* Passagen
wie Moses Abschiedsrede in Gen 47,29–50,14 oder die Josuas in Jos 23,1–24,32 als
«testaments» – die Anführungszeichen stammen von ihm selbst.[513] KOLENKOW führt
zwar im Titel ihres Aufsatzes die Gattung des Testaments an, doch stellt diese in ihren Augen eine Entwicklung der Kategorie "last words" dar.[514] Die Untersuchung
von CORTÈS wählt Abschiedsrede (*discursos de adiós*) als Überbegriff mit unterschiedlichen Ausprägungen.[515] So findet er Abschiedsreden in den *Testamenten der 12 Patriarchen* oder liest einzelne dieser Testamente als Abschiedsreden. Eine Verhältnisbestimmung oder zumindest ein Plausibilitätsargument, warum so schwierig zwischen
beiden klar unterschieden werden kann, gibt Nordheim in seiner zweibändigen Mo-

d'un personnage, plus ou moins mythique, à l'heure où il est sur le point de quitter
cette terre...»

[508] 4Q543–548 sind Fragmente von fünf verschiedenen Handschriften eines Werkes, das als *Visionen Amrams* (des Sohnes von Kehat und des Vaters von Aaron) oder
Testament von Amram bezeichnet werden kann. Die älteste Handschrift (4Q544)
stammt aus der Mitte des zweiten vorchristlichen Jahrhunderts, dies ist zugleich der
terminus ante quem für die Entstehung der Schrift; siehe dazu GARCÍA MARTINEZ/VAN
DER WOUDE II, 1995, 395–403.

[509] Zur Formgeschichte der Rahmung siehe HULTGÅRD 1981, 53–91.

[510] Für einen ausführlichen Forschungsrückblick siehe WINTER 1994, 9–35; kürzere
Darstellungen zur Gattung finden sich in einem Exkurs im zweiten Band des Johan-
neskommentars von BECKER (BECKER 1981, 440–445) und im Kommentar zum *zweiten
Timotheusbrief* von WEISER (WEISER 2003, 35–38). Älteren Datums ist der RAC-Artikel
‚Abschiedsreden' von STAUFFER (STAUFFER 1948).

[511] MUNCK 1950, 162f.
[512] MICHEL 1973, 41–44.
[513] BOGAERT 1969, SC 144, 121.
[514] KOLENKOW 1975.
[515] CORTÈS 1976.

nographie über die Literaturgattung des Testaments, wenn er das Testament als eine „weisheitliche Gattung" beschreibt, „wohl am nächsten verwandt mit der weisheitlichen Lehr- und Mahnrede und von ihr hauptsächlich nur durch die spezielle Situation, die Ansiedlung in der Sterbestunde, die der Gattung besondere Autorität verleihen soll, unterschieden."[516] Für den hiesigen Kontext dienlich ist auch seine Feststellung der Flexibilität und Variabilität der Gattung Testament, die einerseits andere Gattungen sich einverleiben und andererseits Verbindungen mit anderen Gattungen eingehen und dabei Veränderungen unterliegen kann.[517] HULTGÅRD schließlich geht im zweiten Band seiner umfassenden Monographie über die Eschatologie der *Testamenta duodecim patriarcharum* auf die Gattungsfrage ein.[518] Die (variabel gestaltbare) Abschiedsrede formt für ihn (im Gefolge von BECKER) den Mittelteil der Testamentgattung, der von einer Einleitung und einer Feststellung des Todes gerahmt ist. Auch Passagen wie Gen 47,29 bis Gen 50,14, Gen 50,22–26, 1 Reg 2,1–10 u.a. kann er so als «testaments» oder «passages testamentaires» bezeichnen.[519] Formgeschichtlich stammen für ihn in größere Werke integrierte Abschiedsworte aus der Tradition Israels, das unabhängige literarische Testament ist eine Neuerung hellenistischer Zeit.[520] Kurz unterscheidet zwischen "farewell letter" und "farewell speech in a narrative context".[521] WHITTERS behauptet, die Gattung, die Abschiedsreden großer biblischer Gestalten umfasse, werde „Testament" genannt und arbeitet fortan mit dieser Bezeichnung.[522] Hilfreich ist seine Unterscheidung zwischen früheren und späteren Testamenten. Unter letzteren versteht er die stark mit apokalyptischen Elementen – dem Sterbenden wird ein Blick in die Zukunft ermöglicht! – durchsetzten Schriften wie das *Testamentum Levi*, die *Assumptio Mosis* und den Brief aus dem *ersten Henochbuch* (91–104).[523]

Die dominierende, Gestalt gebende Form des *zweiten Petrusbriefes* ist freilich der Brief;[524] und innerhalb dieses Rahmens und der durch ihn be-

---

[516] NORDHEIM 1980, 239.

[517] NORDHEIM 1980, 231f; ähnlich bereits BOGAERT 1969 in SC 144, 122 und 124.

[518] HULTGÅRD 1981, 53ff.

[519] HULTGÅRD 1981, 63ff; die Anführungszeichen stammen von ihm selbst.

[520] HULTGÅRD 1981, 91.

[521] Diese Unterscheidung wird bei ihm zum Kriterium dafür, welche Texte er in seine Studie "Farewell Addresses in the New Testament" aufnimmt; KURZ 1990, 9.

[522] WHITTERS 2001, 149f.

[523] WHITTERS 2001, 152.

[524] DAVIDS 2006, 143–149 tut Unrecht daran, den Briefcharakter des *zweiten Petrusbriefes* herunter- und die Form des ‚Testaments' gegen die der ‚Abschiedsrede' auszuspielen. Zwar beobachtet er richtig, dass einige Elemente wie Danksagung, persönliche Grüße u.a., die sonst meist zu den Briefen des Neuen Testaments gehören, im *zweiten Petrusbrief* fehlen. Auch mag seine Kritik an BAUCKHAM, dass sich das Genus des Testaments nicht auf die Merkmale „ethische Ermahnung" und „Offenbarungen über die Zukunft" reduzieren lasse, berechtigt sein. Doch die viel zu unkritische Rezeption der Untersuchung WATSONs (WATSON 1988) und die Beobachtung, dass eine testamentarische Rahmung fehlt, reichen nicht hin, um den *zweiten Petrusbrief* als "a speech in letter clothing" zu bezeichnen und zu konstatieren, dass BAUCKHAM wohl bewiesen habe, dass eine Abschiedsrede vorliege, nicht aber ein Testament. Der *zweite Petrusbrief* mag rhetorische Elemente der Rede benutzen (SCHMIDT 2003, 303 beispielsweise sieht in der gewählten Stilhöhe eine deutliche Verbindung zur Rhetorik),

stimmten Möglichkeiten erhält der Text durch einschlägige Bausteine aus der literarisch fixierten fingierten Abschiedsrede sein charakteristisches Gepräge. Zur Bestimmung der generischen Intertextualität werden zunächst die Motivkongruenzen mit den literarisch fixierten fingierten Abschiedsreden untersucht, dann geprüft, ob näherhin in diesem Rahmen auch indexikale Intertextualität ausgemacht werden kann, d.h. ob ein bestimmter Text innerhalb der Gattung durch den *zweiten Petrusbrief* vorausgesetzt wird.

1.1.1. Motivinventar

Eines der konstitutiven Elemente von literarisch fixierten fingierten Abschiedsreden ist das Konstatieren der Todesnähe.[525] Sie wird im vorliegenden Abschnitt in zweifacher Gestalt angedeutet. Bereits in Vers 13 deutet der temporale Gliedsatz ἐφ' ὅσον εἰμὶ ἐν τούτῳ τῷ σκηνώματι darauf hin, dass ‚Petrus' auch schon die Zeit vor Augen hat, da er nicht mehr „in diesem Zelte" weilen wird.[526] Im darauf folgenden Vers spricht er dann ausdrücklich von seinem Wissen (εἰδώς) bezüglich seines bevorstehenden Todes, den er als ταχινή ἀπόθεσις τοῦ σκηνώματός μου beschreibt. Die Briefform, und damit das Nichtvorhandensein eines narrativen Rahmens, lässt dem Verfasser nicht die Freiheit, die Todesnähe anders als in der Ich-Form festzustellen. Einer Abschiedsrede in einem größeren Erzählwerk oder mit einem testamentarischen Rahmen bleibt die Option, dieses Element entweder zusätzlich oder ausschließlich außerhalb der Rede zu verankern.[527] Dabei kann das Wissen um den Tod sowohl als innere

---

vielleicht auch Aufbau- und Argumentationsschemata aus der antiken Rhetorik übernehmen, wie es im Hellenismus und der Kaiserzeit in der gesamten Literatur geschieht (HOMMEL/ZIEGLER, 1972, 1401; im Anschluss daran auch KARRER 1986, 48; für eine sehr ausgewogene Darstellung des Verhältnisses Epistolographie – Rhetorik in der Antike siehe KLAUCK 1998, 165–169), aber er wurde nicht als Rede konzipiert, sondern als Brief (mit PAULSEN 1992, 89; NEYREY 1993, 111 u.a.). Die Merkmale eines solchen trägt er so offensichtlich, dass bereits P72, wie danach viele andere Handschriften, nicht zögert, ihn mit der Überschrift ΠΕΤΡΟΥ ΕΠΙΣΤΟΛΗ ΔΕΥΤΕΡΑ zu versehen (vgl. zu den verschiedenen *inscriptiones* die *Editio critica maior*).

[525] Zur Variationsbreite des Motivs der Todesnähe in der Abschiedsrede siehe MICHEL 1973, 48f; NORDHEIM 1980, 229; STAUFFER 1948, 321; Analogien aus der griechisch-römischen Literatur bei STAUFFER 1950, 29.

[526] MUSSNER 1976, 60 hat Recht: „Die Formulierung in 1,13: „solange ich in diesem Zelt lebe", hat deutlich den Sinn: solange ich *noch* in diesem Zelt lebe. Er schreibt wie einer, der nicht mehr mit einem allzu langen Leben rechnet."

[527] Dies gilt bereits für entsprechende Abschnitte des Tenach wie z.B. beim Tod Jakobs (Gen 47,29) oder dem Davids (1 Reg 2,1) und wird im zwischentestamentlichen Schrifttum beispielsweise für den Tod des Mattatias (1 Makk 2,49) fortgeführt. In den TestXII macht etwa TestRub 1,1 davon Gebrauch; für weitere Belegstellen siehe MICHEL 1973, 48.

Gewissheit dargestellt werden ohne ausdrückliche Nennung ihrer Grundlage[528] oder als Ergebnis einer Offenbarung.[529] Diese letzte Möglichkeit ist
im Tenach noch auf Mose beschränkt,[530] nimmt jedoch in der außerbiblischen Literatur an Häufigkeit zu.[531] Im Neuen Testament ist es neben Jesus
in den synoptischen Leidensankündigungen vor allem der Paulus der *Acta*
und der Pastoralbriefe, der sein künftiges Schicksal ahnt.[532] Im vorliegenden Text bezeugt ‚Petrus‘ in 1,14a das Wissen um sein bevorstehendes
Ende; in 1,14 ist die Rede von einer Offenbarung seines Todes durch
Christus (καθὼς καὶ ὁ κύριος ἡμῶν Ἰησοῦς Χριστὸς ἐδήλωσέν μοι).[533]

Ein Redner braucht ein Publikum. Und ein sterbender Redner ein Publikum, dem er die Summe seines Lebens, seine Erfahrungen, Erkenntnisse
usw. weitergeben kann. Dieser Logik entspricht es, wenn nicht nur die
Testamente der zwölf Patriarchen, sondern auch andere Abschiedsreden fast
regelmäßig das Element der Versammlung einer Zuhörerschaft kennen.
Entweder wird eine regelrechte Menschenmenge zusammengerufen, beispielsweise das Volk Israel (Jos 23,2), oder wenigstens deren Vertreter (1
Chr 28,1) oder die Söhne und/oder andere nahe Verwandte des Sterbenden (4Q545 Frg. 1, Sp. 2, Z. 8).[534] Bei einem Brief wird dieses Element der
explizit Angesprochenen durch die Briefform bestimmt: Sie fallen mit den
Adressaten in eins. Dass dies nicht nur formal so ist, sondern der Abschnitt 1,12–15 tatsächlich das kommunikative Element des mit seinen
Zuhörern Redenden voraussetzt, zeigt die Häufung der zweiten Person

---

[528] Siehe beispielsweise TestNaph 1,2–4: συνελθόντων τῶν υἱῶν αὐτοῦ ἐν ἑβδόμῳ
μηνί, τετάρτῃ τοῦ μηνός, ὑγιαίνοντος αὐτοῦ, ἐποίησε δεῖπνον αὐτοῖς καὶ κώθωνα.
καὶ μετὰ τὸ ἐξυπνισθῆναι αὐτὸν τὸ πρωί, εἶπεν αὐτοῖς ὅτι Ἀποθνήσκω· καὶ οὐκ
ἐπίστευον αὐτῷ. καὶ εὐλογῶν κύριον ἐκραταίωσεν ὅτι μετὰ τὸ δεῖπνον τὸ χθὲς
ἀποθανεῖται; weitere Belegstellen bei MICHEL 1973, 49.

[529] So unter anderem im TestLev 1,2: ὤφθη (einige Handschriften statt dessen: ἀπεκαλύφθη) γὰρ αὐτῷ ὅτι μέλλει ἀποθνήσκειν. Geschildert wird die Ankündigung
des Todes in einer Erscheinung etwa in syrBar 43,2 oder 4 Esr 14,9.13f. Weitere Belegstellen bei MICHEL 1973, 49 und STAUFFER 1948, 321.

[530] Dtn 3,26f; 4,21 u.ö.

[531] SyrBar 43,2; 4 Esr 14,9.13f. Das Motiv kann auch in einem Werk auftauchen, das
nur vereinzelte Charakterzüge von literarisch fixierten fingierten Abschiedsreden
übernimmt. So sieht beispielsweise Rebeka in Jub 35,6 den Tag ihres Todes im Traum
voraus. Weitere Belegstellen bei MICHEL 1973, 49.

[532] Zumindest die Vorstufe einer Todesahnung muss in Act 20,23 gesehen werden:
τὸ πνεῦμα τὸ ἅγιον κατὰ πόλιν διαμαρτύρεταί μοι λέγον ὅτι δεσμὰ καὶ θλίψεις με
μένουσιν. Für die Pastoralbriefe siehe 2 Tim 4,6: ἐγὼ γὰρ ἤδη σπένδομαι, καὶ ὁ
καιρὸς τῆς ἀναλύσεώς μου ἐφέστηκεν.

[533] Zur Frage, ob es in 1,14b um die Quelle der in 1,14a geäußerten Todesgewissheit geht oder ob die Gewissheit in 1,14a unabhängig zu denken ist von der Offenbarung durch Christus, siehe II.E.1.2.4.

[534] Etliche weitere Belege für jede der Publikumsformen bei MICHEL 1973, 49 und
STAUFFER 1948, 321.

Plural: Drei Mal wird in diesen vier Versen ὑμᾶς verwendet. Während die intendierten Leser in 1,3–11 schon verschiedentlich angesprochen wurden, tritt ‚Petrus' hier zum ersten Mal nach dem Präskript wieder auf. Das Kommunikationsszenario, das dort aufgebaut wurde, wird jetzt aktiviert. Oder andersherum: Im Präskript wurde bereits ein Publikum für die Botschaft des Sterbenden, ein Empfängergremium für seine Botschaft bereitgestellt, nämlich οἱ ἰσότιμον ἡμῖν λαχόντες πίστιν. Man mag darin eine Analogie sehen zu der Idee des Nahestehenden, die sich in der Wahl der *Söhne* als Zeugen des Sterbens und Adressaten der Abschiedsrede zeigt. Der Gedanke des Umfassenden, der in der Wendung eines Abschiedsredners an das gesamte Volk zum Ausdruck kommt, spiegelt sich in der Tatsache, dass der Adressatenkreis nicht lokal eingegrenzt wird.

Auffällig im vorliegenden Abschnitt ist die gehäufte Verwendung von Wörtern aus dem semantischen Feld des Erinnerns. Petrus ist im Begriff, die Angesprochenen allzeit zu erinnern, obwohl sie schon über Wissen verfügen (1,12 μελλήσω ἀεὶ ὑμᾶς ὑπομιμνήσκειν … καίπερ εἰδότας), er will sie wachrütteln in ihrem Erinnern (1,13 διεγείρειν … ἐν ὑπομνήσει), will Sorge tragen, dass sie immer etwas haben, um sich zu erinnern (1,15 μνήμην ποιεῖσθαι). Erinnern, so wird zuweilen behauptet, sei ein typisches Thema von Abschiedsreden,[535] und die Belegstellen, die dafür angeführt werden,[536] mögen das wohl auch bezeugen. Doch ist die isolierte Betrachtung des Merkmals ‚erinnern' wenig hilfreich, wie eine Sichtung des Materials schnell ergibt. Zu unterschiedlich sind sowohl *Subjekte* als auch *Objekte* der Erinnerung. Was die *Subjekte* angeht, so wird meist das Erinnern der Angesprochenen thematisiert,[537] zuweilen aber auch die Aufforderung erteilt, die Angesprochenen möchten andere erinnern,[538] was dann

---

[535] Siehe etwa BAUCKHAM 1983, 196.

[536] Bei BAUCKHAM 1983, 196 syrBar 84,7–8; LibAnt 19,5; 24,3; Jos ant IV,8,47 § 318; Act 20,31; 2 Tim 2,8.14; ActVerc 36; Joh 14,16 steht wohl versehentlich für Joh 14,26. Ferner nennt er AssMos 10,11; TestSim 7,3 und TestDan 6,9.

[537] Paulus zu den versammelten Ältesten der Gemeinde zu Ephesus: διὸ γρηγορεῖτε μνημονεύοντες ὅτι … (Act 20,31); Josua zum Volk: *Memores estote mei post mortem meam et Moysi amici Domini* … (LibAnt 24,3). Petrus zur Menge: μέμνησθε ὧν εἴδετε δι' ἐμοῦ σημείων καὶ τεράτων, μέμνησθε τῆς συμπαθείας τοῦ θεοῦ … (ActVerc 36). Im TestLev erzählt Levi, wie Isaak ihn damals in der Todessituation an das "Gesetz des Herrn" erinnert habe: καὶ Ἰσαὰκ ἐκάλει με συνεχῶς, τοῦ ὑπομνῆσαί με νόμον κυρίου … (TestLev 9,6).

[538] Diese Variante tritt in den Pastoralbriefen auf (Tit 3,1; 2 Tim 2,14), die in unterschiedlicher Intensität eine Abschiedssituation fingieren; besonders betrifft das bekanntermaßen den *zweiten Timotheusbrief*, doch auch die anderen sind nicht frei von einzelnen Merkmalen, wie man sie in Abschiedsreden findet (vgl. z.B. MICHEL 1973, 67). Allerdings ist dort der auf Textebene angesprochene Paulusschüler ja nur scheinbarer Adressat, durch den die wirklichen Adressaten, nämlich die Gemeinde(n), die der Verfasser im Auge hat, erinnert werden sollen. Letztlich geht es also auch hier um die Erinnerung der eigentlichen Adressaten. –Verwandt mit dieser Aufforderung,

als eine mögliche Form der Realisierung des Elements „Aufforderung zur Traditionsweitergabe"[539] zu deuten ist. Als *Objekt* des Erinnerns erscheint oft das vorbildhafte oder auch abschreckende Beispiel des Lebens dessen, der sich verabschiedet,[540] oder Gottes Tun in dessen Leben (ActVerc 36), ferner aber auch Jesus (2 Tim 2,8), Moses (Jos ant IV,8,47 § 318), das Gesetz (Jos ant IV,8,47 § 318; TestLev 9,6) u.a. Aufgrund dieser Diversität der jeweiligen Kontexteinbettung des Erinnerns ist es geeigneter, bei der Suche nach Analogien das Motiv komplexer zu fassen, nämlich als das Zurücklassen von etwas, das den angesprochenen Hinterbliebenen die Erinnerung auch nach dem Tod des Sterbenden ermöglicht. In die Nähe dieses Gedankens kommt Josephus, wenn er den Mose in seiner Abschiedsrede in den *Antiquitates* (IV,8,47 § 318) formulieren lässt, er werde ihnen zur Erinnerung zurücklassen (καταλείπων εἰς μνήμην ὑμῖν), dass es ihnen zukomme (προσήκειν ...ὑμῖν), Gott zu verehren und zu fürchten und die Gebote zu bewahren (σέβειν τε καὶ τιμᾶν ... τοῦτον ... καὶ τοὺς νόμους... φυλάττειν). Was hier also zurückgelassen wird, ist der Inhalt dessen, was Mose in diesem Satz sagt, seine Botschaft. Auf lexikalischer Ebene etwas weiter entfernt, insofern weder ‚erinnern' noch ‚zurücklassen' verwendet werden, aber inhaltlich doch vergleichbar ist das Testament Baruchs in der *syrischen Baruchapokalypse* (84,7): „Es soll aber dieser Brief zwischen mir und euch Zeugnis sein, dass ihr denkt an die Gebote des Mächtigen..." Der vorliegende, von Baruch zurückgelassene Brief soll einerseits als Beweis dafür dienen, dass der sterbende Baruch die Hinterbliebenen auf die Gebote Gottes verwiesen hat, andererseits aber die Erinnerung an Gottes Gebote befördern. In anderen Fällen muss das Dokument, das zur Erinnerung hilft, nicht neu zurückgelassen werden, sondern liegt bereits vor. So hebt der scheidende Josua im *Liber Antiquitatum* auf die Thora ab: *Memores estote ... Moysi amici Domini, et non recedant de vobis verba testamenti que disposuit ad vos per omnes dies* (24,3).

Wenngleich nun das Merkmal ‚erinnern' unbestritten an der Gattung der literarisch fixierten fingierten Abschiedsreden haftet, so doch nicht ausschließlich. Vielmehr gehört es auch zur (fakultativ realisierbaren) Topik eines Briefes. So will etwa der *Judasbrief*, dem kein Testamentcharakter

---

andere zu erinnern, ist der Aufruf, das selbst Erhaltene weiterzugeben oder an andere aufzutragen, ohne dass dabei explizit von "erinnern" die Rede wäre. Hierher gehören u.a. TestSim 7,3: διὰ τοῦτο πάντα ταῦτα ἐντέλλομαι ὑμῖν, ἵνα καὶ ὑμεῖς ἐντείλησθε τοῖς τέκνοις ὑμῶν ὅπως φυλάξωσιν αὐτὰ εἰς τὰς γενεὰς αὐτῶν; und TestDan 6,9: καὶ ἃ ἠκούσατε παρὰ τοῦ πατρὸς ὑμῶν, μετάδοτε καὶ ὑμεῖς τοῖς τέκνοις ὑμῶν.

[539] KLAUCK 1998, 213.

[540] Dies ist besonders in den TestXII der Fall, wo jedes Patriarchenleben für eine Tugend oder ein Laster steht. Ferner gehört hierher Act 20,31, wo Paulus an sein Wirken zu Ephesus erinnert: διὸ γρηγορεῖτε μνημονεύοντες ὅτι τριετίαν νύκτα καὶ ἡμέραν οὐκ ἐπαυσάμην μετὰ δακρύων νουθετῶν ἕνα ἕκαστον.

nachgesagt werden kann, die Angeschriebenen im Rahmen seiner Paränese daran erern, dass Gott zwar sein Volk insgesamt aus Ägypten gerettet, aber später die Ungläubigen vernichtet hat.[541] Weiterhin ergibt sich bereits für Paulus die Notwendigkeit, dass er als Apostel seine Gemeinde noch zu Lebzeiten im Falle seiner Abwesenheit an die eigene Lehre erinnern muss. Nach dem *ersten Korintherbrief*, der ebenfalls nicht in einer Abschiedssituation entstanden ist, schickt er Timotheus den Korinthern ausdrücklich in der Funktion, sie an seine ‚Wege' zu erinnern, wie er sie in jeder Gemeinde lehre.[542] Und der Vertreter der Gemeinde in Rom, der den *ersten Clemensbrief* verfasst hat, sieht die Funktion seines Schreibens ebenfalls in der Erinnerung: πρὸς ἀνάμνησιν οὖν ταῦτα γράφομεν (53,1).

Dass Erinnern bedeutet, dass die Angesprochenen schon über Wissen verfügen, kann manchmal – als *captatio benevolentiae*, als Tadel oder in welcher Funktion auch – ausdrücklich erwähnt sein, sowohl im Brief als auch in der Abschiedsrede: Wie im *zweiten Petrusbrief* καίπερ εἰδότας (1,12) diesen Sachverhalt andeutet, so geschieht es im *Judasbrief* durch εἰδότας [ὑμᾶς] πάντα und im *ersten Clemensbrief* sogar durch einen ganzen Satz: ἐπίστασθε γὰρ καὶ καλῶς ἐπίστασθε τὰς ἱερὰς γραφάς, καὶ ἐγκεκύφατε εἰς τὰ λόγια τοῦ θεοῦ. πρὸς ἀνάμνησιν οὖν ταῦτα γράφομεν (1 Clem 53,1). Wenn der lukanische Paulus die Abschiedsrede an die Presbyter der Gemeinde von Ephesus mit der Feststellung von deren Wissen (ὑμεῖς ἐπίστασθε Act 20,18) das Vorbild seines Wirkens unter ihnen einleitet, so hat dies genau die Funktion an die Erinnerung der Presbyter zu appellieren, ebenso wie im weiteren Verlauf der Rede αὐτοὶ γινώσκετε.

Im Zurücklassen eines schriftlichen Dokuments spiegeln sich sowohl die Bedeutung, die der Botschaft beigemessen wird, als auch die Sorge um die weitere Entwicklung der Hinterbliebenen, die die Form einer Warnung vor falschen Lehrentwicklungen annehmen kann. Selbst nach ihrem Tod möchte die jeweilige Autorität in der pseudepigraphischen Fiktion die Akzeptanz der Lehre gewährleisten, wie es zu ihren Lebzeiten noch persönlich möglich war. Somit hat das Hinterlassen eines testamentarischen Dokuments in einer weiteren Hinsicht Teil an der Topik des antiken Briefes: Es gewährt bei entsprechender Rezeption die geistige Anwesenheit des Abwesenden.[543] Im vorliegenden Abschnitt bringt die Formu-

---

[541] Jud 5: Ὑπομνῆσαι δὲ ὑμᾶς βούλομαι, εἰδότας [ὑμᾶς] πάντα ὅτι [ὁ] κύριος ἅπαξ λαὸν ἐκ γῆς Αἰγύπτου σώσας τὸ δεύτερον τοὺς μὴ πιστεύσαντας ἀπώλεσεν.

[542] 1 Kor 4,17: διὰ τοῦτο ἔπεμψα ὑμῖν Τιμόθεον ... ὅς ὑμᾶς ἀναμνήσει τὰς ὁδούς μου τὰς ἐν Χριστῷ ... DAVIDS 2006, 193 weist also völlig zu Recht darauf hin, dass die Auffrischung der Erinnerung an die Lehre der Apostel nicht *a priori* ein Phänomen der nachapostolischen Zeit ist.

[543] Zu diesem Topos äußert sich beinahe jeder Beitrag über den antiken Brief; hier mag ein Verweis nach KOSKENNIEMI 1956, 169ff und KLAUCK 1998, 155f genügen.

lierung διό μελλήσω ἀεὶ ὑμᾶς ὑπομιμνῄσκειν genau diesen Wunsch nach Anwesenheit des Verfassers zum Ausdruck: Er möchte die Angeschriebenen immer erinnern können, so als wäre er leibhaftig zugegen.

Weitere Motive und Topoi literarisch fixierter fingierter Abschiedsreden werden bei der Besprechung anderer Textstellen des *zweiten Petrusbriefes* zu Tage treten. Die in 2 Petr 1,11–15 realisierten Merkmale entsprechen dem, was sich in anderen Beispielen für Reden in deren ersten Abschnitten oder bei Testamenten bzw. entsprechenden in größere literarische Werke eingebettete Abschiedseinheiten im narrativen Rahmen befindet.[544] Doch schon bis hierher tritt deutlich zu Tage, dass die Gattung der literarisch fixierten fingierten Abschiedsrede und der Apostelbrief im vorliegenden Abschnitt gleichermaßen eine natürliche Synthese eingehen. Die Behauptung, die Merkmale eines Testaments seinen nur schwach ausgeprägt,[545] trifft auf diesen Abschnitt genau so wenig zu wie Zweifel am grundsätzlichen Briefcharakter begründet sind. Auf beide Gattungen wird in 1,12–15 deutlich verwiesen.

1.1.2. Indexikale Verweise innerhalb generischer Intertextualität?

Zu einigen konkreten Texten innerhalb der Gattung der literarisch fixierten fingierten Abschiedsreden wurde die besondere Nähe des *zweiten Petrusbriefes* festgestellt, behauptet oder vermutet. Unter ihnen befindet sich die *syrische Baruchapokalypse*.[546] Deren siebenter Teil[547] (syrBar 77,18–87,1) besteht größtenteils aus einem Brief (syrBar 78–86), der gewissermaßen das Vermächtnis des Baruch enthält. Wie im *zweiten Petrusbrief* findet sich

---

[544] Vgl. die Motivlisten bei MICHEL 1973, 48ff, NORDHEIM 1980, 229–232, ferner STAUFFER 1948, 321–324.

[545] SCHMIDT 2003, 297 behauptet mit Bezug auf den gesamten Brief, nur wenige Formulierungen gingen auf Form des Testaments zurück. Eine ähnliche Aussage trifft STARR 2000, 4: "2 Peter is often described as belonging to the tradition of Jewish "testaments", but these exhibit only a tenuous similarity of genre to 2 Peter."

[546] SCHMIDT 2003, 300, Anm. 7 formuliert ganz vorsichtig, ein „Einfluss verwandter Traditionen oder gar eine Kenntnis der Baruchapokalypse" sei „nicht völlig auszuschließen". Veranlasst wird er dazu u.a. durch die Strukturierung des syrBar durch Kundgabeformeln (syrBar 79,1; 82,2; 85,1; weiterhin 80,1; 81,1; 84,1), die der zweimaligen Verwendung von τοῦτο πρῶτον γινώσκοντες ὅτι in 2 Petr 1,20 und 3,3 ähnelt, ferner eine ganz ähnliche Bewertung von Gottes Langmut (syrBar 85,8–9 und 12,4; Schmidt 2003, 359f Anm. 127), die ähnliche Situation der entschlafenen Propheten- (syrBar 85,1.3) bzw. Vätergeneration (2 Petr 3, 4; siehe dazu III.D.1.1.2). Ähnlichkeiten beobachtet er weiterhin bezüglich des Empfangs einer Himmelsstimme (syrBar 13,1 und 2 Petr 1,17; vgl. SCHMIDT 2003, 358 Anm. 124) und in der Gestaltung des Präskripts (syrBar 78,1–2 und 2 Petr 1,1–2; vgl SCHMIDT 2003, 45).

[547] Zur Gliederung siehe BOGAERT 1969, SC 144, 58–67.

also auch hier die Form des Abschiedsbriefes.[548] Ferner sind über das gesamte Werk weitere Elemente der literarisch fixierten fingierten Abschiedsrede verstreut, was zeigt, wie flexibel diese Bausteine gehandhabt werden können. Unmittelbar vor dem Beginn des siebenten Teiles hatte Baruch vom Engel Remiel zwar nicht seinen Tod, immerhin aber seine Entrückung angekündigt bekommen (syrBar 76,2), woraufhin Baruch das Volk versammelt (syrBar 76,1) und eine Rede mit Geschichtsrückblick und Paränese hält, Elementen also, die für Abschiedsreden in ihrem Hauptteil konstitutiv sind.[549] Genau mit derselben Abfolge von Ankündigung der Entrückung und Abschiedsrede hatte schon der vierte Teil geendigt (syrBar 43–45); mit der Variation, dass dort die Rede vor seinem ältesten Sohn, seinem Freund Godolias[550] und sieben Ältesten des Volkes gehalten wurde. Dass die Abwesenheit dessen, der sich verabschiedet, ein Problem sein könnte und sich daher die Frage nach der Vorsorge für die Zeit der Abwesenheit aufwirft, wird ebenfalls thematisiert: Der Sohn und die Ältesten reagieren mit Ratlosigkeit auf die Ankündigung Baruchs: Von woher soll ihnen Weisung kommen, wenn Baruch nicht mehr da ist (syrBar 46,2)? Der Bescheid lautet hier, es werde an Weisen und „Söhnen der Thora" nicht fehlen (syrBar 46,3). Der Stabilität garantierende Faktor ist die Thora (syrBar 46,5–6 u.ö.). So weist Baruch nach einer kurzen Erwiderung des Volkes (syrBar 77,11–14) auf seine Abschiedsrede auf die Beständigkeit der Thora im Kontrast zu menschlicher Vergänglichkeit hin; hebt hervor, dass eine Lebensgestaltung nach der Thora Orientierung zu geben vermag, verspricht aber doch zusätzlich zwei Briefe zu schreiben, einen an die „Brüder in Babylon" und einen an die neuneinhalb Stämme. Auch hier fungieren also Abschiedsbriefe als Bekräftigung von bereits vorhandenem

---

[548] KARRER 1986, 51 möchte, angeregt durch BOGAERT und BERGER, in seinem Überblick über die Apokalypse und die Briefe der Elia-, Jeremia- und Baruchtradition (ibid. 49–55) die *syrische Baruchapokalypse* der „Testamentenliteratur" zuordnen. Neben dem nahen Tod Baruchs als Beweggrund zur Abfassung des Briefes führen ihn vor allem inhaltlich-strukturelle Beobachtungen zu dieser Kategorisierung: „Indem der Text in seinem Mittelteil Vergangenheitsrückblick (79,1–80,7; 84,2–4 u.ö.), Verhaltensanweisung (84,6ff u.ö.) und Zukunftsansage (83 u.ö.) enthält, erfüllt er weitere wichtige Kriterien dieser ... Gattung, deren belehrende und paränetische Intention er – unter besonderer Berücksichtigung der Trostfunktion (78,5; 81,1 u.ö.) – teilt (z.B. 84,1). Zu ihr fügt sich weiterhin der Tradierungsauftrag 84,9 mit seinem Interesse an der (angeblich) alten, für ihre Nachkommen fruchtbaren Tradition ... und das Bemühen Baruchs um den Nachweis seiner Unschuld 84,7 ..." (ibid. 51, Anm. 14).

[549] Vgl. beispielsweise NORDHEIM 1980, 229 u.ö. Die Form der Rede an das Volk wird freilich in der *Baruchapokalypse* nicht nur für den Abschied Baruchs verwendet, auch in syrBar 31–32 spricht Baruch zum Volk. Hier handelt es sich um eine Reaktion auf die zuvor erhaltenen Offenbarungen.

[550] Zu dem problematischen Plural im Syrischen an dieser Stelle vgl. den Kommentar von BOGAERT 1969, SC 145, 79 ad loc.

Wissen, denn die Thora ist als prinzipiell bekannt vorauszusetzen, und als Mittel zur Stärkung, zur Stabilisierung der Adressaten in der vom Verfasser als grundlegend wichtig erachteten Lehre (syrBar 77,12).[551] Es ist ihm ein Anliegen, die für ihn dringliche Botschaft des Briefes noch vor dem Tod niederzuschreiben (syrBar 78,5). Die Todesnähe wird neben der Ankündigung durch Gott (syrBar 43,2) und durch Remiel (syrBar 76,2) in verschiedener Formulierung mehrmals innerhalb des Briefes, also in der ersten Person, zum Ausdruck gebracht: „bevor ich sterbe" (syrBar 78,5; 84,1), „weil ich jetzt noch am Leben bin" (syrBar 84,1).[552] Neben verschiedenen Aufforderungen zu wissen (syrBar 82,2; 85,1), zu hören (syrBar 81,1) u.ä. wird auch zur Erinnerung aufgerufen (syrBar 84,2), nämlich zur Erinnerung an eine Aussage des Mose zu den Folgen von Gesetzesgehorsam und -übertretung.

Außer der Verbindung von Brief und Abschied, einer ähnlichen Vorgehensweise bei der Verwendung von Appellen an die Leser, der vergleichbaren Art der Realisierung des Motivs der Todesnähe, der Wertung der Abfassung des Briefes und der Mitteilung der Botschaft als wichtiges Bedürfnis vor dem Tod und der Funktion des Briefes zur Bekräftigung einer vorhandenen Lehre und zur Stärkung der Angesprochenen in dieser Lehrauffassung liegt vielleicht noch eine analoge Textverweisstrategie vor: Baruch wurde nur um die Abfassung eines Briefes an die „Brüder in Babylon" gebeten; von sich aus macht er sich darüber hinaus an die Abfassung eines Briefes an die neuneinhalb Stämme. Dass beide Briefe geschrieben und abgeschickt wurden, wird ausdrücklich vermerkt (syrBar 77,19), doch nur der zweite wird im Wortlaut wiedergegeben. Wie im Fall des *zweiten Petrusbriefes*, der ebenfalls einen weiteren, ersten Brief voraussetzt (2 Petr 3,1), eröffnet diese Behauptung der Existenz eines zweiten Briefes Raum für allerlei Spekulationen über das Ziel dieses Verweises.[553]

---

[551] Vielleicht ist sogar der Anspruch der *syrischen Baruchapokalypse*, namentlich des Briefes, derselbe wie der des *zweiten Petrusbriefes*: Aus der Untersuchung des Präskripts ging hervor, dass der *zweite Petrusbrief* für sich eine Rolle wenigstens neben den anderen autoritativen Schriften wie z.B. den Paulusbriefen eingeräumt sehen will. Einen durchaus vergleichbaren ‚kanonischen' Anspruch ermittelt WHITTERS 2001 aus dem Text der *syrischen Baruchapokalypse*.

[552] Auch das Volk nimmt das Motiv der Todesnähe auf, als es um die Abfassung eines Briefes an die Geschwister bittet, bevor Baruch sie verlasse (syrBar 77,12). Ferner sagt Baruch schon in der Abschiedsrede an seinen Sohn und die Ältesten, er werde sich „nach dem Lauf der ganzen Erde" zu seinen Vätern begeben (syrBar 43,2).

[553] So wird die Meinung vertreten, es handle sich um einen Selbstverweis, die *Baruchapokalypse* selbst sei also damit gemeint. Andere sehen einen Verweis auf das kanonische Buch *Baruch*, wobei die einen von einer tatsächlichen Identität der Verfasser ausgehen, das kanonische Buch Baruch sei also von derselben Hand geschrieben wie die *Baruchapokalypse*; die anderen aber von einem literarischen Verweis auf das bereits

Die genannten Analogien zwischen der *syrischen Baruchapokalypse* und dem *zweiten Petrusbrief*, die durch zusätzliche Beobachtungen im weiteren Verlauf der Untersuchung noch ergänzt werden, können nicht anders als ins Auge fallen. Zu der Folgerung, dass der *zweite Petrusbrief* und die *syrische Baruchapokalypse* in einem Verhältnis literarischer Abhängigkeit stehen oder wenigstens die eine Schrift die andere kannte, vermögen sie freilich nicht zu führen; der Beobachtung lexikalischer Kongruenzen steht die Verschiedenheit der Sprachen im Wege, und die eindeutige Thematisierung eines Textes durch den anderen, wie sie etwa durch das Kriterium der Strukturalität nachgewiesen werden könnte, lässt sich aus der Beobachtung eher versprengter Kongruenzen nicht erhärten. Jedoch kann mit dem vorliegenden Befund eine Bekanntschaft der Texte auch nicht ausgeschlossen werden. Festzuhalten ist, dass beide Werke sich einer Zahl von Motiven und literarischen Vorgehensweisen in vergleichbarer Weise bedienen, um ihrem Werk dadurch den Charakter eines Vermächtnisses einer Autorität vor deren Tod zu verleihen.

Eine besondere Nähe wird auch gelegentlich zwischen dem *zweiten Petrusbrief* und der Abschiedsrede des Mose bei Josephus wahrgenommen.[554] Im achten Kapitel des vierten Buches der *Antiquitates* (ant IV,8,1–49 §§ 176–327) schließt Josephus seine Darstellung von Moses Wirken ab. Mose ruft das Volk zusammen (§ 176) und beginnt eine lange Rede. Gleich zu Beginn stellt er fest, dass er nach Gottes Wohlgefallen nun aus dem Leben scheiden muss (§ 177: ἐπεὶ τῷ θεῷ δοκοῦν ἤδη … δεῖ με τοῦ ζῆν ἀπελθεῖν). Da er aufgrund dessen dem Volk nicht mehr persönlich wird beistehen können (§ 177: οὐ μέλλω βοηθὸς ὑμῖν ἔσεσθαι καὶ σύμμαχος), hielt er es für richtig (§ 178: δίκαιον ἡγησάμην), ihnen etwas zur Verfü-

---

von anderer Hand verfasste biblische *Baruch*buch; zur Diskussion siehe u.a. BOGAERT 1969, SC 144, 78–80; TAATZ 1991, 62 und KLAUCK 1998, 211.

[554] Die vorsichtige Variante findet sich bei KNOPF 1912, 274: Er konstatiert „die in Sinn und Wortlaut auffallend enge Parallele" in der Moserede des Josephus, fällt aber keinerlei Urteil darüber, wie man diese zu werten habe. Dagegen war ABBOTT 1882, 49–63, nachdem er eine Anzahl von Wörtern, Wortverbindungen und Denkweisen aus dem *zweiten Petrusbrief* zusammengetragen hatte, die sich bei Josephus konzentriert in den einführenden Kapiteln zu den *Antiquitates* sowie im selben Werk in der Abschiedsrede des Mose wieder finden, davon überzeugt, der Verfasser des *zweiten Petrusbriefes* habe Josephus gelesen. FARRAR 1882 passim und vor allem 1884, 107 deutete ABBOTTs Entdeckungen in die andere Richtung: Acht oder neun Wörter und Wortverbindungen aus der Abschiedsrede des Mose, die er im *zweiten Petrusbrief* wiederfand und die sonst im NT nicht oder kaum vorkommen, räumten für ihn in ihrer Summe jeglichen Zweifel aus, dass, falls der *zweite Petrusbrief* authentisch sein sollte, Josephus ihn kannte (FARRAR 1884, 108). Während sich für diese Sicht schwerlich ein Vertreter in der Forschung findet, wird auch die umgekehrte Deutung, dass nämlich der *zweite Petrusbrief* mit Josephus bekannt war, heute eher bezweifelt; charakteristisch ist etwa das Urteil von DAVIDS 2006, 191: "Josephus's testament of Moses in ant. 4.177–93 may not have been known to 2 Peter."

gung zu stellen, was ihnen dauerhaften Genuss des Glücks gewährleistet
(§ 178: ἀίδιον ... πραγματεύσασθαι τὴν τῶν ἀγαθῶν ἀπόλαυσιν). So
sollen die Angesprochenen in den Stand gesetzt werden auch ihrerseits
ihren Kindern die Anleitung zum Glück weiterzugeben. Mit der Durchführung dieses Vorhabens will er aus dem Leben gehen (§ 179: οὕτως
ἀπέλθω τοῦ βίου). Durch den Hinweis auf sein Wirken in der Vergangenheit und die Ehrlichkeit, die Sterbende grundsätzlich an den Tag legen, stellt er dabei selber seine Vertauenswürdigkeit fest. Schon in diesen
ersten drei Paragraphen reiht Josephus in seiner Moserede Motive aneinander, die analog auch in 2 Petr 1,12–15 begegnen; an einer Stelle kommt
es sogar zu einer lexikalischen Kongruenz: Zweimal wird die Todesnähe
erwähnt, wobei die Rückführung auf den Willen Gottes nahezulegen
scheint, dass er das Wissen um seinen Tod von Gott offenbart bekommen
hat. Die Konsequenzen, die aus dem bevorstehenden Tod gezogen werden, sind dieselben wie im *zweiten Petrusbrief*: Der Tod führt logischerwei-
se zur Unmöglichkeit persönlicher Gegenwart. Darum *halten* sowohl Mose
als auch der *zweite Petrusbrief* es *für angemessen* (δίκαιον ἡγεῖσθαι), für die
Zurückbleibenden zu sorgen und ihnen etwas Dauerhaftes, etwas Kontinuität Gewährendes zu hinterlassen. In beiden Fällen ist dieses Hinterlas-
sene den Empfängern grundsätzlich bekannt.

Es folgt eine Paränese zum Gehorsam gegenüber dem einzigen Gott,
der Quelle allen Glücks, zum Befolgen der Gebote samt einer Aussicht auf
die Belohnung, die für eine solche Frömmigkeit zu erwarten ist, ferner die
Verpflichtung des Volkes auf den Nachfolger Josua und den Priester Elea-
sar. Ein kurzer Rückblick auf ihren Ungehorsam ihm selbst, Mose, gegenüber soll sie jetzt, beim Hinweggehen aus dem Leben (§ 189: ἐπ᾽ ἐξόδῳ τοῦ
ζῆν) nicht betrüben, sondern bringt ihnen diese Ereignisse ins Gedächtnis
(§ 189: εἰς τὴν ἀνάμνησιν φέρων), damit sie in Zukunft besser handeln
können. Um zu gewährleisten, dass ihre Natur sie nicht aus Unwissenheit
des Besseren (§ 193: δι᾽ ἀμαθίαν τοῦ κρείττονος) zum Schlechteren treibt,
hat Mose ihnen die Gesetze Gottes und seine Verfassung (πολιτεία) auf-
gezeichnet (§ 193). Auch hier sind dem *zweiten Petrusbrief* vergleichbare
Gedankengänge und sogar lexikalische Überschneidungen unübersehbar:
Wie im *zweiten Petrusbrief* wird der Tod als ἔξοδος bezeichnet, wird an
etwas erinnert, wird ein schriftliches Dokument angefertigt, um Unwissenheit und Vergessen zu vermeiden.

Bereits dieser erste Teil der Rede ruft – gattungsgemäß – beim Volk Be-
stürzung und Trauer hervor (§§ 194–195). Josephus schiebt an dieser Stelle
zunächst eine umfangreiche – nach seinen eigenen Worten – von ihm sys-
tematisierte Darstellung der mosaischen Gebote ein (§§ 196–301). Daraufhin erteilt Mose Segen und Fluch (§ 302), trägt ein Gedicht in Hexametern
über die Zukunft Israels vor (§ 303), vertraut den Priestern Schriften, Bundeslade und Stiftshütte an und gibt Ratschläge (§ 303–308). Am folgenden

Tag beruft Mose erneut das gesamte Volk samt Frauen, Kindern und Sklaven ein (§ 309). Sie alle werden auf die Thora eingeschworen (§ 309), wiederum wird auf Einhaltung und Übertretung der Thora geblickt, die jeweiligen Konsequenzen in Aussicht gestellt, punktuell ein Geschichtsrückblick gehalten, das eigene Vorbild vor Augen gestellt, der Nachfolger
eingeführt (§§ 310–314). All dies geschieht summarisch und indirekt. Erst
den letzten Teil (§§ 315–319) gestaltet Josephus wieder als direkte Rede.[555]
Diese liest sich in vielerlei Hinsicht als eine Dublette der ersten Moserede,
weshalb auch einige der bereits beobachteten Konvergenzmomente mit
dem *zweiten Petrusbrief* wiederkehren. Wiederum beginnt Mose mit der
Feststellung der Todesnähe: Er werde zu den Vorvätern gehen (§ 315:
πρὸς τοὺς ἡμετέρους ἄπειμι προγόνους). Angelehnt an alttestamentliche
Formulierungen, ähnelt sie hier eher dem Wortlaut von syrBar 43,2 als
dem Bild vom Ablegen des Zeltes im *zweiten Petrusbrief*. Übereinstimmend
mit diesem findet sich jedoch auch im Mund des Mose die positive Alter-
nativformulierung, das eingeflochtene „solange ich noch lebe", hier sehr
schlicht in der Form ζῶν ἔτι, anders als das demgegenüber pompöser
wirkende, aber sachlich äquivalente ἐφ' ὅσον εἰμὶ ἐν τούτῳ τῷ σκηνώματι
des *zweiten Petrusbriefes* (2 Petr 1,13). Bei der Bezeichnung des eigenen Todes im Munde des Mose variiert Josephus nun, doch auch diesmal ist es
ein gewähltes Synonym: Wie der lukanische Paulus in Act 20,29, aber anders als ‚Petrus' in 2 Petr 1,12–15, entscheidet sich der Mose des Josephus
für ἄφιξις (§ 189).[556] Beide, sowohl ἔξοδος wie auch ἄφιξις, vermeiden
das Wort θάνατος in euphemistischer Weise. Wie im ersten Teil der Rede
wird das Motiv der Offenbarung des Todes indirekt realisiert: Hier, im
zweiten Teil, kennt Mose den Tag, den ihm Gott für seine ἄφιξις zu den
Vätern bestimmt hat (θεὸς τήνδε μοι τὴν ἡμέραν τῆς πρὸς ἐκείνους

---

[555] Wie schon bei syrBar beobachtet, so verwendet auch Josephus Elemente literarisch fixierter fingierter Abschiedsreden nicht allein in dieser Rede. Verpflichtung auf
die Thora, Ermahnung, der Ausblick auf den eigenen Tod u.a. begegnen auch in anderen Teilen des vierten Buches, so etwa die Erwähnung des bevorstehenden Todes
des Mose in Jos ant IV,8,2 § 189.

[556] Die, wenn wohl auch nicht ganz auf das NT beschränkte, so doch seltene Konnotation ‚Tod' für ἄφιξις hängt an der allgemeineren Bedeutung ‚Abreise', die wiederum nach WACKERNAGEL 1925, 59 auf einer nachträglichen Hervorhebung der Semantik des Präfixes ἀπο- beruhe, immerhin bedeutet das Wort i.d.R. ‚Ankunft'
(BAUER-ALAND, s.v. ἄφιξις). Was genau WACKERNAGEL mit ‚nachträglich' meint, liegt
nicht so ganz auf der Hand, denn die Bedeutung ‚Abreise' ist schon für das vierte
vorchristliche Jahrhundert in den Briefen des Demosthenes belegt (1,2 und 3,39).
Auch Josephus verwendet das Wort in dieser Bedeutung (ant II,2,4 § 18; IV,8,47 § 315
und VII,10,4 § 247) und im zweiten nachchristlichen Jahrhundert Aelius Aristides
(Aristeid 48,7). Dass im Begriff der ‚Abreise' der Tod mit anklingt, scheint dabei jedoch nur bei Josephus in der Abschiedsrede des Mose (ant IV,8,47 § 315) und in Act
20,29 der Fall zu sein.

ἀφίξεως ὥρισε), wie ‚Petrus' durch eine Offenbarung Christi von seinem eilig herannahenden Tod weiß. Die oben festgestellte Verknüpfung von Todesnähe und durch diese Todesnähe motivierter Entscheidung zu einer bestimmten Handlungsweise wird wiederholt, diesmal in geringerer lexikalischer Kongruenz mit dem *zweiten Petrusbrief* (§ 318 ἀπαλλασσόμενος καλῶς ἔχειν ἡγησάμην). Und noch einmal hinterlässt Mose den Hinterbliebenen wie Petrus im *zweiten Petrusbrief* etwas zur Erinnerung. Wörtlich bedient sich dieser Formulierung Josephus (§ 318: καταλείπων εἰς μνήμην), während ‚Petrus' sich als eifrig darauf bedacht darstellt, dass die Empfängerinnen und Empfänger allzeit etwas haben, das ihnen die Erinnerung „an diese Dinge" ermöglicht (σπουδάσω δὲ καὶ ἑκάστοτε ἔχειν ὑμᾶς ... τὴν τούτων μνήμην ποιεῖσθαι; 1,15).

Motive und gedankliche Verknüpfungen bei Josephus konvergieren also an verschiedenen Punkten mit dem *zweiten Petrusbrief*. Dies wird zuweilen unterstützt von lexikalischen Kongruenzen, die freilich nicht in der Lage sind, indexikale Intertextualität zu wahrscheinlich zu machen, wie folgende Beispiele belegen:[557] Josephus benutzt als Wort für ‚Erinnerung' – unter anderem! – wie der *zweite Petrusbrief* μνήμη. Dies ist ein neutestamentliches Hapaxlegomenon und findet sich selten in der außerkanonischen frühchristlichen Literatur[558], wird jedoch knapp zwanzig Mal in bestimmten Büchern der Septuaginta gebraucht, ferner zuweilen in der Testamentliteratur und in Apokalypsen sowie außerhalb der religiösen Literatur vor allem in Papyri, dann auf Verstorbene bezogen, und in Grabsteinepigrammen.[559] Die Verwendung dieses Wortes dürfte demnach in erster Linie durch das semantische Feld bedingt sein, das sich um die

---

[557] ABBOTT 1882, 59f – und in seinem Gefolge FARRAR 1884, 107 – listet bei den lexikalischen Überschneidungen zwischen Josephus und dem *zweiten Petrusbrief*, die er gehäuft in der Einführungspassage zu den *Antiquitates* und in der Moserede beobachtet, neben den oben diskutierten weitere ‚Parallelen' auf, die den Eindruck der großen Nähe beider Werke auf ihn verstärken. Doch die Aussagekraft solcher Beispiele wie τοιᾶσδε/τοιάδε (2 Petr 1,17 und Jos ant IV,8,1 § 176) oder ἐφ᾽ ὅσον (2 Petr 1,13 und Jos ant IV,8,2 § 185) ist mehr als begrenzt. Auch wenn der *zweite Petrusbrief* auffälligerweise die einzige neutestamentliche Schrift ist, die eine Form des Pronomens τοιόσδε verwendet, das auch in der LXX völlig fehlt, so geht doch daraus nicht mehr hervor, als dass der Verfasser des *zweiten Petrusbriefes* sein Griechisch nicht nur an späteren NT-Schriften und der LXX entwickelte, sondern an einem größeren Ausschnitt aus der griechischen Literatur, wo das Wort durchaus geläufig ist, wie ABBOTT 1882, 54 übrigens auch zugibt. Ähnlich lässt sich für ἐφ᾽ ὅσον argumentieren. Die sprachlichen Fähigkeiten und Literaturkenntnisse des Verfassers der *Secunda Petri* sind „sehr beachtlich", wie KRAUS 2001, 367 als Ergebnis seiner Studie festhält. In diesem Rahmen interpretiert verweisen Wörter wie τοιόσδε und ἐφ᾽ ὅσον allgemein nach der Textwelt des Verfassers, nicht aber auf einen konkreten Text.

[558] MartPol 18,2; Herm sim 6,5,3; für weitere Belege bei Justin und Tatian siehe KRAUS 2001, 295, Anm. 48.

[559] Belege sämtlich bei KRAUS 2001, 295, Anm. 48 und 49.

mehrfach ausgedrückte Todesnähe aufbaut, und somit ebenfalls in den weiteren Bereich generischer Intertextualität einzuordnen sein.

Den Tod bezeichnet Josephus in der Moserede – wiederum unter anderem! – als ἔξοδος.[560] Dies ist zwar nicht völlig außergewöhnlich, doch immerhin selten.[561] Zweimal wird das Wort vom Buch *Weisheit* (Weish 3,2 und 7,6) in dieser Bedeutung benutzt, einmal davon als Gegensatz zu εἴσοδος, dem Eingang ins Leben (Weish 7,6).[562] Philo benutzt es für den Tod des Mose (virt 77), Justin und Epiktet für den Ausgang des menschlichen Lebens überhaupt (JustMart dial 105,3.5 und Epikt IV,4,38). Die *Testamente der zwölf Patriarchen* bieten das Wort in dieser Bedeutung nur in einer *varia lectio* zu τέλος in TestNaph 1,1, ferner noch drei Mal in Bezug auf den Auszug aus Ägypten. In allen genannten Stellen wird mit dieser Vokabel vom Tod mit Respekt, Ehrerbietung, Achtung, Distanz o.ä. gesprochen. In der zweiten Hälfte des zweiten Jahrhunderts begegnet ἔξοδος für den Tod von Märtyrern[563], für den Tod Petri und Pauli (Iren haer III,1,1) und den Tod Jesu (ClemAl *excerpta ex Theodoto* 4,1). Für ἔξοδος scheint sich also spätestens seit dem Buch *Weisheit* eine Möglichkeit der Verwendung herauszubilden, die es u.a. für religiöse Literatur oder wenigstens religiöse Kontexte geeignet macht.

Schließlich fühlte man sich durch δίκαιον ἡγησάμην in der Moserede (Jos ant IV,8,2 § 178) an δίκαιον ἡγοῦμαι aus 2 Petr 1,13 erinnert. Doch ist diese Wortverbindung viel zu unspezifisch, um hieran eine literarische Abhängigkeit knüpfen zu können. Vielmehr wird man es zum potentiellen phraseologischen Inventar eines Briefes überhaupt zählen müssen, dass ein Schreiber bestimmte Dinge für richtig oder angemessen hält,[564] was

---

[560] Vgl. hierzu Bigg 1902, 264 und Bauckham 1983, 202.

[561] Siehe Michaelis in ThWNT V s.v. εἴσοδος, ἔξοδος, διέξοδος, 108.

[562] Nach Michaelis in ThWNT V s.v. εἴσοδος, ἔξοδος, διέξοδος, 109 sind dies die beiden ältesten Belege.

[563] *Brief der Gemeinden von Vienne und Lyon* an die Gemeinden in Asia und Phrygia bei Euseb hist.eccl V,1,36.55 und V,2,3.

[564] δίκαιον ἡγοῦμαι ist zwar keine typische *Brief*formel, immerhin aber eine Formel, die *auch* im Brief verwendbar ist. Darüber hinaus findet sie sich, wie ein Blick in den *Thesaurus Linguae Graecae* ergibt, auch in rhetorischen, historischen und anderen Werken, so etwa bei Demosthenes, Lysias, DionHal ant XI,31,1; Jos ant XVIII,8,5 § 280; JustMart dial 125,1 u.a.m. Sie enthält jeweils eine Stellungnahme zum eigenen Tun oder Schreiben oder zu einem Sachverhalt außerhalb der eigenen Person. Dabei können auch andere Adjektive an die Stelle von δίκαιον treten. Die *Schrift an Diognet* verwendet περισσὸν ἡγοῦμαι: Der Schreiber begründet, warum er nicht weiter auf ein bestimmtes Thema eingeht: Er hält es für überflüssig (Diog 2,10). Nicht bezüglich der Gestaltung eines Briefes, sondern mit dem Blick auf außerbriefliches Handeln benutzt Paulus zwei Mal ἀναγκαῖον ἡγησάμην, einmal für die Entsendung des Epaphroditus zu den Philippern (Phil 2,25) und einmal für das Vorausschicken einiger ἀδελφοί nach Korinth im Zusammenhang mit der Kollekte (2 Kor 9,5). Eine Variante dazu ist das ἀνάγκην ἔσχον des *Judasbriefes* (Jud 3): Er hält es für notwendig, die

durch die Beobachtung unterstützt wird, dass Josephus bei der Wiederholung des Gedankens im zweiten Redeteil variiert: Jetzt schreibt er καλῶς ἔχειν ἡγησάμην. Näherhin könnte es zu den möglichen Bausteinen einer Abschiedsrede oder eines Abschiedsbriefes gehören, dass gerade im Angesicht des Todes bestimmte Handlungsweisen als angemessen erscheinen. Auffälligerweise werden nämlich diese beiden Elemente – mit der Todesnähe verbundene Unmöglichkeit der eigenen Anwesenheit und Beurteilung einer bestimmten Handlung als angemessen – beide Male bei Josephus wie auch im *zweiten Petrusbrief* miteinander verbunden:

ant IV,8,2 § 177:	οὐ μέλλω βοηθὸς ὑμῖν ἔσεσθαι	δίκαιον ἡγησάμην
ant IV,8,47 § 318:	ἀπαλλασσόμενος	καλῶς ἔχειν ἡγησάμην
2 Petr 1,13:	δίκαιον δὲ ἡγοῦμαι	ἐφ᾿ ὅσον εἰμὶ
		ἐν τούτῳ τῷ σκηνώματι

Josephus und der *zweite Petrusbrief* ähneln sich darin, dass sie die Situation des nahen Todes mit einem vergleichbaren Gespür gestalten: Im Angesicht des Todes erscheinen einige Dinge als nötig oder angebracht. Oder, um es von der psychologischen auf die literarische Ebene zu bringen: Generische Intertextualität kann sich, wie dieses Beispiel belegt, bis in die Formulierung einzelner Wendungen (ἡγεῖσθαι) und die Kombination von Motiven erstrecken.

Das Beispiel des Josephus zeigt einmal mehr, wie flexibel sich die Gattung der literarisch fixierten fingierten Abschiedsreden handhaben lässt: Hier hat die Abschiedsrede des Mose zwei Teile, wobei etliche grundlegende Motive in beiden Teilen vertreten sind. Darüber hinaus wird zuweilen ein- und dasselbe Motiv wie etwa die Todesnähe im selben Redeteil mehrfach realisiert. Und weiterhin lässt sich bei Josephus beobachten, wie vielfältig sich ein Motiv, etwa das des bevorstehenden Todes, formulieren lässt. Dass sich bei solcher Variationsfreude zuweilen eine lexikalische Berührung mit den Formulierungen des *zweiten Petrusbriefes* findet, braucht kaum zu erstaunen und darf nicht zu allzu weitreichenden Folgerungen verleiten, ebenso wenig wie die zu beobachtende Parallelität im Motivinventar oder sogar der Motivverknüpfung. Josephus und der *zweite Petrusbrief* greifen bei einigen der Planstellen im Genre der Abschiedsliteratur zu denselben oder ähnlichen Füllungsarten aus dem von der Tradition der Gattung und den Möglichkeiten der Sprache bereitgestellten Sortiment. Wie schon im Fall der *syrischen Baruchapokalypse* lassen sich also die teilweise zugegebenermaßen auffälligen Nähen sämtlich auf gattungsspezifische Muster zurückführen. Ein Beweis für eine speziellere Verbindung zwischen dem *zweiten Petrusbrief* und der Abschiedsrede des Mose

---

Angeschriebenen per Brief zu ermahnen. Barn 1,5 verwendet mit vergleichbarer Aussagekraft λογισάμενος. Kurzum: δίκαιον ἡγοῦμαι ist eine der möglichen Formeln, um im Brief sein eigenes Tun kommentierend als wohl reflektiert darzustellen.

bei Josephus lässt sich aus der Lexik und Syntax der untersuchten Abschnitten nicht erbringen.

Dies gilt gleichermaßen für das Verhältnis zur Abschiedsrede des Paulus in der *Apostelgeschichte* (Act 20,18–35) und den Abschied Henochs im *slavischen Henochbuch* (slHen 55–67).[565] Überschneidungen reichen auch hier nicht über die generische Intertextualität hinaus.

1.1.3. Fazit

Die Gattung der literarisch fixierten fingierten Abschiedsrede ist nicht auf so etwas wie Vollständigkeit der Motivinventars angelegt,[566] vielmehr zeichnet sie sich gerade durch Variationsbreite und Freiheit in der aktuellen Realisierung der möglichen typischen Motive aus. Die Erwartung, ihr Motivinventar möglichst vollzählig in einem bestimmten Text anzutreffen, wäre der Gattung nicht angemessen. Damit muss für 2 Petr 1,12–15 nicht gefragt werden, ob alles, was typisch ist für Abschiedsreden und Testament, dort repräsentiert ist, sondern ob die dort vorhandenen Merkmale hinreichend sind, um auf diese Textkategorie zu verweisen. Dies allerdings kann nach der obigen Analyse nur bejaht werden. Der Brief lokalisiert sich in eine Situation bevorstehenden Abschieds, die der anderer Testamente und Abschiedsreden analog ist.

Verglichen mit den Charakteristika für den Anfangsrahmen eines Testaments, nämlich Titel der Schrift, Name des (fiktiven) Verfassers, Nennung der Adressaten, Hinweis auf den bevorstehenden Tod, Altersangabe mit evtl. Vergleichsdatierung und Situation der Rede[567] nimmt der Verfasser des *zweiten Petrusbriefes* genau die Elemente auf, die sich ohne weiteres in einen Brief einfügen, und verteilt sie auf die Abschnitte 1,1 und 1,12–15: Jener nennt den (fiktiven) Verfasser und die Adressaten und dieser skizziert die Situation des bevorstehenden Todes. Ein eigener Titel erübrigt sich, genau so wie eine Redeeinleitungsformel. Auch dass die Möglichkeit der Altersangabe nicht realisiert ist, ist angesichts des Fehlens eines narrativen Rahmens aufgrund der Briefform ohne weiteres plausibel.[568] Neben Analogien zu den Rahmenbestandteilen von Testamenten und Abschieds-

---

[565] Schon im *slavischen Henochbuch* (slHen 55–67) sind die Berührungpunkte mit dem *zweiten Petrusbrief* sehr gering, kaum noch vorhanden in der – ebenfalls motivisch der Gattung der Abschiedsreden sehr nahe stehenden – Mahnrede Henochs an seine Nachkommen im *äthiopischen Henochbuch* (äthHen 91).

[566] Siehe u.a. HULTGÅRD 1981, 54.

[567] Nach NORDHEIM 1980, 229f.

[568] Es zeugt von wenig Einsicht in die Flexibilität der Gattung der literarisch fixierten fingierten Abschiedsrede und die Kombinierbarkeit von deren Merkmalen, wenn durch den Nachweis der Unähnlichkeit mit den Einleitungen zu TestAbr, TestRub und TestHiob die Nähe des *zweiten Petrusbriefes* zu apokalyptischen Testamenten in Abrede gestellt werden soll; gegen CHARLES 1997, 56f.

reden sind auch thematische Elemente aus deren Korpus in dem kurzen Abschnitt 1,12–15 aufgenommen. Hierher gehört die Sorge des Scheidenden um die Zurückbleibenden und das Zurücklassen von etwas, das diesen die Möglichkeit der Erinnerung bietet.

Diese Vorgehensweise des *zweiten Petrusbriefes* bei der Texterstellung, nämlich die Verarbeitung von Merkmalen der literarisch fixierten fingierten Abschiedsrede, zwingt also zu der Einsicht, dass der Verfasser mit der Gattung vertraut war. Welche Beispiele dieser Gattung er kannte, ist schwerlich nachzuweisen. Die Nähen zur *syrischen Baruchapokalypse* sind beachtlich; hier ist eine Bekanntschaft nicht auszuschließen, andererseits aber auch nicht sicher zu belegen. Die Konvergenzen und Kongruenzen mit der Abschiedsrede des Mose in den *Antiquitates* des Josephus lassen keine weitergehenden Schlüsse auf eine Vertrautheit mit diesem Werk zu.

So wenig es nun Zweifel leidet, dass der Verfasser der *Secunda Petri* sich in den Komplex der literarisch fixierten fingierten Abschiedsliteratur einreihen will, so wenig geht er darin auf. Im Gegenteil, er gestaltet just den Abschnitt, mit dem er sich zu der genannten Gattung bekennt, besonders eigenwillig: Die Verwendung der Zeltmetapher für den sterblichen Körper etwa entnimmt er offenbar nicht von dort, jedenfalls fehlte sie in der zum Vergleich immer wieder vorgeschlagenen und daher hier diskutierten Abschiedsredenliteratur. Seine Inspiration hierfür ist andernorts zu suchen.

1.2. Indexikale Intertextualität

1.2.1. Transformationen am Prätext Judasbrief

Nach dem Präskript (Jud 1–2) wendet sich der Verfasser des *Judasbriefes* mit der Anrede ἀγαπητοί direkt an seine Rezipienten und berichtet in der ersten Person über die Motivation für sein Schreiben: Es geht ihm um das gemeinsame Heil und die überlieferte Glaubensform (Jud 3). Konkreter Anlass sind Menschen, die in die Gemeinde eingedrungen sind, und sich heteronorm verhalten bzw. heterodox verkündigen (Jud 4). Dies führt den Verfasser dazu, die Angeschriebenen an Dinge zu erinnern, die sie eigentlich schon wissen, nämlich an eine Reihe von Beispielen aus dem Traditionsbestand, die durch die Vernichtung der aus Ägypten geretteten Ungläubigen angeführt wird (Jud 5).

Der *zweite Petrusbrief* schließt an das Präskript ein ausführliches Proöm an, in dem es im Wesentlichen um zielgerichtete christliche Lebensführung auf der Basis von Gottes Handeln und Gabe geht (2 Petr 1,3–11). In diesen Versen ist keinerlei direkte Anlehnung an den *Judasbrief* zu erkennen.[569] Erst im Anschluss an dieses Proöm meldet sich das pseudepigraphische Ich zu Wort und berichtet über Anliegen und Dringlichkeit seiner schriftlichen Wortmeldung (2 Petr 1,12–15). Während die Thematik der Bedrohung durch ψευδοδιδάσκαλοι, wie sie im *zweiten Petrusbrief* genannt werden, in das zweite Kapitel ausgelagert ist (2 Petr 2,1ff), zeigen sich zumindest in den Briefformeln, die zur Anrede der Adressaten verwendet werden, Überschneidungen mit dem *Judasbrief* (Jud 3 und 5):[570]

Judas		2 Petrus	
1–2	Präskript	1,1–2	Präskript
		1,3–11	Proöm
3	Ἀγαπητοί, πᾶσαν σπου-δὴν ποιούμενος γράφειν ὑμῖν περὶ τῆς κοινῆς ἡμῶν σωτηρίας ἀνάγκην ἔσχον γράψαι ὑμῖν παρα-καλῶν ἐπαγωνίζεσθαι τῇ ἅπαξ παραδοθείσῃ τοῖς ἁγίοις πίστει.	1,12–15	Διό μελλήσω ἀεὶ ὑμᾶς ὑπομιμνῄσκειν περὶ τούτων καίπερ εἰδότας καὶ ἐστηριγ-μένους ἐν τῇ παρούσῃ ἀληθείᾳ. δίκαιον δὲ ἡγοῦμαι, ἐφ' ὅσον εἰμὶ ἐν τούτῳ τῷ σκηνώματι, διεγείρειν ὑμᾶς ἐν ὑπομνή-σει, εἰδὼς ὅτι ταχινή ἐστιν ἡ ἀπόθεσις τοῦ σκηνώματός μου καθὼς καὶ ὁ κύριος ἡμῶν Ἰησοῦς Χριστὸς ἐδήλωσέν μοι, σπουδάσω δὲ καὶ ἑκάστοτε ἔχειν ὑμᾶς μετὰ τὴν ἐμὴν ἔξοδον τὴν τούτων μνή-μην ποιεῖσθαι.
4		2,1–3	
5	Ὑπομνῆσαι δὲ ὑμᾶς βού-λομαι, εἰδότας [ὑμᾶς] πάν-τα ὅτι [ὁ] κύριος ἅπαξ λα-ὸν ἐκ γῆς Αἰγύπτου σώσας τὸ δεύτερον τοὺς μὴ πισ-τεύσαντας ἀπώλεσεν		
6		2,4	

Abgesehen von den in der Tabelle markierten wörtlichen Anklängen bei den Briefformeln, sind intentional vergleichbare Wendungen und Struk-

---

[569] STARR 2000, 223f entdeckt mit aller Vorsicht zwei übereinstimmende Elemente. Das erste besteht im Aspekt des Gemeinsamen, der im *Judasbrief* im Thema περὶ τῆς κοινῆς ἡμῶν σωτηρίας realisiert ist, während der *zweite Petrusbrief* als das Ziel christlicher Lebensführung ἵνα … γένησθε θείας κοινωνοὶ φύσεως bestimmt. Zum zweiten geht es hier wie dort um die christliche Biographie, angefangen bei Gottes Handeln und der κλῆσις an die Angeschriebenen (2 Petr 1,19, vgl. Jud 1 τοῖς …κλητοῖς), über die Frage nach der christlichen Lebensgestaltung in der Gegenwart und der Zukunft, die die Gläubigen erwarten dürfen.

[570] TROBISCH 1996, 143ff beschränkt seine Synopse auf 2 Petr 1,1–18 und Jud 4–16. Doch lohnt es sich, auch auf die kleinen Übereinstimmungen zwischen Judas 3 (und 5) einerseits und 2 Petr 1,11–15 andererseits zu achten; siehe MAYOR 1907, 2–15, der in seiner Zusammenschau Jud 3 neben 2 Petr 1,12f stellt und bei Jud 5 auf 2 Petr 1,12 verweist; vgl. auch MAYORs sorgfältig verbal explizierten Vergleich zwischen beiden Briefen, der ihn zur Überzeugung von der Judaspriorität führt, ibid. I–xxv.

turen zu erkennen: Das dringliche Anliegen des Schreibens wird im *Judasbrief* durch ἀνάγκην ἔσχον (Jud 3) zum Ausdruck gebracht, im *zweiten Petrusbrief* durch die gesamte Situation des Schreibens vor dem nahe bevorstehenden Tod, aber auch in lexikalischen Einheiten wie σπουδάσω (2 Petr 1,15). Ferner erfüllen βούλομαι und μελλήσω in den Verbindungen ὑπομνῆσαι δὲ ὑμᾶς βούλομαι (Jud 5) und μελλήσω ἀεὶ ὑμᾶς ὑπομιμνήσκειν (2 Petr 1,12) eine analoge Funktion: Beide beschreiben den Modus des Erinnerns ausgehend vom Verfasser als dessen Intention.

Die Unterschiede zwischen beiden Briefen treten klar zu Tage: Der Verfasser des *Judasbriefes* nutzt die Adresse an die Angeschriebenen nicht, um die Fiktion des Jesusbruders auszubauen oder zu bekräftigen. Er überlässt es den Rezipienten, den Text vom Präskript her zu lesen. Der Textzuwachs im *zweiten Petrusbrief* gegenüber dem *Judasbrief* geht dagegen zu einem großen Teil auf die Rechnung des Ausbaus der Petrusfiktion und vor allem auf die Integration von Elementen, die den Text des *zweiten Petrusbriefes* als der Gattung der literarisch fixierten fingierten Abschiedsreden zugehörig ausweisen. Genau so wird man wohl auch die Futurformen μελλήσω und σπουδάσω erklären müssen: Sie eröffnen den Blick in die Zukunft über den Tod des Petrus hinaus, einen Blick, der dem Sterbenden jetzt schon zu eigen ist, weshalb er – gattungsgemäß! – auch schon vorhersagen kann, was nach seinem Tod geschehen wird: Die Umformung vom παρεισέδυσαν τινες ἄνθρωποι des *Judasbriefes* (Jud 4) zum ἔσονται ψευδοδιδάσκαλοι (2 Petr 2,1) ist in dieser Hinsicht bezeichnend.[571]

Die einschneidenden verändernden, erweiternden und ersetzenden Maßnahmen am Prätext *Judasbrief* stehen also im Dienste der Aufbereitung des Textes zu einem literarisch fixierten fingierten Testament des Petrus.

1.2.2. Die bei den Adressaten vorhandene Wahrheit (2 Petr 1,12)

Der todgeweihte Petrus will die Angeschriebenen an all das Gesagte erinnern, wiewohl sie darüber schon informiert sind und „gefestigt in der Wahrheit", die bei ihnen „zugegen ist" (1,12). Während die umgebenden Worte und Wortverbindungen von Jud 5 inspiriert sind, gibt es für ἐστηριγμένους ἐν τῇ παρούσῃ ἀληθείᾳ keinen Anhaltspunkt im *Judasbrief*. Der Verfasser formuliert hier also selbständig. Dieser Gedanke, dass die Angeschriebenen gefestigt – und dennoch potentiell gefährdet! – sind, gehört zu seinen grundsätzlichen Denkvoraussetzungen, denn er leitet nicht nur das Korpus des Briefes ein, sondern findet sich auch an dessen Ende wieder. In 3,17 wird nach erfolgter Belehrung noch einmal konstatiert, die Adressaten wüssten nun im Voraus Bescheid. Ausgehend von diesem

---

[571] Zum Futur in der „testamentarische Abschiedsrede" als Projektion der eigenen Gegenwart in die Zukunft im Dienste der Pseudepigraphie siehe MUSSNER 1976, 61.

Wissen sollten sie sich daher hüten, durch das Irren der Gesetzlosen mit fortgerissen zu werden und so aus ihrer Standfestigkeit herauszufallen.

2 Petrus 1	2 Petrus 3
12 Διό μελλήσω	17 ὑμεῖς οὖν, ἀγαπητοί,
ἀεὶ ὑμᾶς ὑπομιμνήσκειν περὶ τούτων	
καίπερ εἰδότας	προγινώσκοντες
καὶ ἐστηριγμένους	φυλάσσεσθε, ἵνα μὴ
ἐν τῇ παρούσῃ ἀληθείᾳ.	τῇ τῶν ἀθέσμων πλάνῃ συναπαχ-
	θέντες ἐκπέσητε τοῦ ἰδίου στηριγμοῦ.

Die Feststellung des Gefestigtseins, hinter der sich wohl der Appell, dem auch tatsächlich zu entsprechen, verbirgt, bildet also einen Rahmen um das Korpus des Briefes. Dadurch wird deutlich, dass ἀλήθεια in Opposition steht zur πλάνη τῶν ἀθέσμων; ἀλήθεια bezeichnet also in 2 Petr 1,12 die Orthodoxie im Gegenüber zur Heterodoxie.[572] Bestätigt wird das durch die Koordination εἰδότας – ἐστηριγμένους ἐν τῇ παρούσῃ ἀληθείᾳ: ἀλήθεια ist also etwas, das man wissen kann. Mit ἀλήθεια verknüpft ist darüber hinaus ein moralischer Aspekt, denn diejenigen, die nicht auf ihrer Seite stehen, werden als ἄθεσμοι charakterisiert, ein Adjektiv, das nach 2 Petr 2,7 in Opposition zu δίκαιος zu lesen ist.[573] Darüber hinaus zeigt die Verwendung von στηρίζειν im Neuen Testament und bei den Apostolischen Vätern, dass in den wenigen Fällen, wo das Verb durch eine Präpositionalgruppe mit ἐν konkretisiert wird, diese ein moralisches Verhalten bezeichnet.[574]

Insgesamt dürfte der Wahrheitsbegriff des *zweiten Petrusbriefes* eher in paulinischer Tradition stehen als in johanneischer.[575] Schon bei Paulus

---

[572] BULTMANN 1933a, 244f hat diesen Umstand erkannt und ἀλήθεια in 2 Petr 1,12 unter „ἀλήθεια als *die rechte Lehre, der rechte Glaube*" eingeordnet. Zu behaupten ἀλήθεια heiße hier „einfach *Christentum*" (ibid. 245), dürfte jedoch zu undifferenziert sein, in jedem Falle aber wenig hilfreich. Eine Wiedergabe mit „rechte Glaubenslehre" o.ä. hat dem gegenüber den Vorteil, dass der hinter der Wortwahl stehende Konflikt mit den heterodoxen Lehrern noch zu erkennen ist. Dass der Briefschreiber das Christsein dieser Leute in Frage stellt – hierin liegt das Treffende in BULTMANNs Vorschlag – geht aus dem Brief deutlich hervor, wenn ihnen etwa die ἀπώλεια in Aussicht gestellt wird (2 Petr 2,3 vgl. 2,19 u.ö.) oder gesagt wird, sie hätten den geraden Weg verlassen (2,15). Ein definitiver Ausschluss von der Zugehörigkeit zu den Christen ist aber daraus nicht abzuleiten; die Möglichkeit der Umkehr (3,9) gilt auch ihnen.

[573] Vgl. hierzu auch 2 Thess 2,12, wo ἀλήθεια der ἀδικία gegenübersteht.

[574] So in 1 Thess 3,13 ἐν ἁγιωσύνῃ und in 2 Thess 2,17 ἐν παντὶ ἔργῳ καὶ λόγῳ ἀγαθῷ. Alle weiteren Belege im NT (Lk 9,51; 16,26; 22,32; Röm 1,11; 16,25; 1 Thess 3,2; 2 Thess 3,3; Jak 5,8; 1 Pt 5,20; Apk 3,2) und bei den Apostolischen Vätern (1 Clem 8,5; 13,3; 18,12 cit; 33,3; 35,5; 2 Clem 2,6; IgnEph 12,1; IgnPhld praescr.) verwenden das Verb entweder im selben Sinne, aber absolut, oder in einer anderen Bedeutung.

[575] Das bedeutet nicht, dass Nähen zur johanneischen Auffassung von ἀλήθεια gänzlich fehlten. Auch das johanneische Schrifttum kennt die ethische Komponente

kann ἀλήθεια zuweilen ähnlich verwendet werden wie εὐαγγέλιον, ein Sprachgebrauch, der übrigens vom *ersten Petrusbrief* fortgesetzt wird.[576] In Opposition zur Heterodoxie wird ἀλήθεια dann oft in den Tritopaulinen gebraucht.[577] Möglicherweise liegt in 2 Petr 1,12 sogar eine konkrete Reminiszenz an eine deuteropaulinische Formulierung vor.[578] Der *Kolosserbrief* spricht von der Hoffnung ἣν προηκούσατε ἐν τῷ λόγῳ τῆς ἀληθείας τοῦ εὐαγγελίου τοῦ παρόντος εἰς ὑμᾶς (Kol 1,5–6). Wie in 2 Petr 1,12 wird das Verbum παρεῖναι, wenn hier auch indirekt in Kongruenz zu τοῦ εὐαγγελίου, mit ἀλήθεια verbunden.

2 Petrus 1,12	Kol 1,5–6
Διό μελλήσω	... διὰ τὴν ἐλπίδα
ἀεὶ ὑμᾶς ὑπομιμνήσκειν περὶ τούτων	τὴν ἀποκειμένην ὑμῖν ἐν τοῖς οὐρανοῖς,
καίπερ εἰδότας	ἣν προηκούσατε
καὶ ἐστηριγμένους	
ἐν τῇ παρούσῃ <u>ἀληθείᾳ</u>.	ἐν τῷ λόγῳ τῆς <u>ἀληθείας</u>
	τοῦ εὐαγγελίου τοῦ παρόντος εἰς ὑμᾶς.

Eingebettet ist dieser Teilsatz im *Kolosserbrief* in das Proöm (1,3–8),[579] in dem die Angeschriebenen ausgiebig für ihren Glauben und ihre Liebe gelobt werden. Letztere übten sie, so der Verfasser, um der Hoffnung willen, von der sie „im Wort der Wahrheit des Evangeliums, das zu ihnen gelangt" (ἐν τῷ λόγῳ τῆς ἀληθείας τοῦ εὐαγγελίου τοῦ παρόντος εἰς ὑμᾶς) sei, zuvor gehört hätten. Auch im *zweiten Petrusbrief* findet sich die Formulierung in einem Satzabschnitt, wo die positiven Aspekte des Glaubensstandes der Angeschriebenen hervorgehoben werden (εἰδότας καὶ

---

von ἀλήθεια, die Briefe vielleicht noch mehr als das Evangelium; vgl. HÜBNER in EWNT I s.v. ἀλήθεια κτλ., 143–145. Doch erinnert 2 Petr 1,12 an keine der typisch johanneischen Aussagen zur ἀλήθεια.

[576] Auf diesen Umstand weist überzeugend BULTMANN in ThWNT I s.v. ἀλήθεια κτλ., 245 hin: „Wie Pls sagen kann ὑπακούειν τῷ εὐαγγελίῳ (R 10,16), so in gleichem Sinne τῇ ἀληθείᾳ (μὴ) πείθεσθαι (Gl 5,7), und so heißt 1 Pt 1,22 der christliche Glaube ὑπακοὴ τῆς ἀληθείας. Die Predigt des Ev kann λόγος ἀληθείας genannt werden (2 K 6,7, Kol 1,5; Eph 1,13 uö)..."; vgl. auch BAUCKHAM 1983, 198.

[577] Siehe u.a. 2 Tim 2,18; 3,8; 4,4; Tit 1,14, vgl. BULTMANN a.a.O., 245. Auch KAHMANN 1983, 41 bringt ἀλήθεια in 2 Petr 1,12 mit diesen Stellen aus den Pastoralbriefen zusammen, ebenso wie FRANKEMÖLLE 1987, 95f u.a.; vgl. ferner SCHRAGE 1993, 134, der die Stelle zusätzlich dem Analogon im *Judasbrief* gegenüberstellt: „Die ‚vorhandene Wahrheit' ist wie der ‚ein für allemal überlieferte Glaube' von Jud. 3 die in der apostolischen Tradition vorliegende normative Glaubenswahrheit ..."

[578] Die im Folgenden dargestellte Übereinstimmung zwischen Kol 1,5f und 2 Petr 1,12 wurde schon von mehreren bemerkt, so beispielsweise MAYOR 1907, 100 und FUCHS/REYMOND 1980, 63. Fast nie jedoch wagt man sich zu Aussagen über die Beziehung beider Stellen vor, meist bleibt es bei Formulierungen wie bei KELLY 1969, 312: "The expression *the truth which lies before you* ... recalls Col. i.5 f..."

[579] Für eine mögliche Gliederung siehe VIELHAUER 1975, 191.

ἐστηριγμένους ...). Ansonsten gibt es in der textuellen Umgebung keinen unterstützenden Hinweis dafür, dass der Verfasser des *zweiten Petrusbriefes* gezielt auf den Kolossertext verweisen wollte, die Übereinstimmung beschränkt sich auf die Kombination von παρεῖναι mit einem paulinischen ἀλήθεια-Begriff an zwei Textstellen mit ähnlicher Funktion. Selbst wenn er jedoch nur einen mehr oder weniger geläufigen (paulinisch klingenden?) Ausdruck aufgegriffen hat, so ist doch der veränderte Umgang mit dem Syntagma kennzeichnend: Gemeinsam ist beiden der Blick auf etwas schon Geschehenes bzw. schon Vorhandenes, doch im Gegensatz zum *zweiten Petrusbrief*, wo statisch vom Wissen (εἰδότας) und der vorhandenen Wahrheit (ἐν τῇ παρούσῃ ἀληθείᾳ) die Rede ist, erinnert der *Kolosserbrief* ein dynamisches Geschehen, nämlich an das *Kommen* des „Wortes der Wahrheit des Evangeliums" εἰς ὑμᾶς, also an die Verkündigungssituation. Der *zweite Petrusbrief* dagegen scheint weniger auf die Verkündigungssituation zu verweisen, als vom gegenwärtigen Stand des Vorhandenseins der Lehre direkt in die Zukunft zu denken.

1.2.3. Petri Ablegen seines Zeltes (2 Petr 1,13–14)

Gleich zweimal greift der Petrus des *zweiten Petrusbriefs* in 1,13–14 zum Bild des Zeltes für den menschlichen Körper. In 1,13 legt er dar, welche Tätigkeit ihm sinnvoll erscheint, solange er noch „in diesem Zelte weilt" (ἐφ᾽ ὅσον εἰμὶ ἐν τούτῳ τῷ σκηνώματι), und in 1,14 weist er unter Verwendung desselben Wortes auf seinen bevorstehenden Tod hin: ταχινή ἐστιν ἡ ἀπόθεσις τοῦ σκηνώματός μου. Nun würde eine feierliche Diktion zur Ankündigung des nahen Todes in einem Text der literarisch fixierten fingierten Abschiedsliteratur an sich alles andere als eine Auffälligkeit darstellen; auch der Gebrauch der Zeltmetapher an sich, der nicht zum Standardinventar dieser Literaturgattung gehört, würde noch nicht unbedingt aufsehen lassen; was dagegen in den vorliegenden beiden Versen stutzig macht, ist das Insistieren auf diesem Bild durch den zweimaligen Gebrauch desselben Wortes σκήνωμα. Da auch die andere Wortwiederholung in diesem Abschnitt 1,12–15 (ὑπομιμνήσκειν – ἐν ὑπομνήσει – μνήμη) wie überhaupt die Verwendung von etymologischen Figuren u.ä. im ganzen Brief absichtsvolle Gestaltungsmethoden sind, die über den lexikalischen Nachdruck auf den semantischen Gehalt verweisen,[580] muss auch hier mit der Möglichkeit eines Verweises gerechnet werden.

Im *zweiten Korintherbrief* spricht auch Paulus im Zusammenhang mit dem Tod vom menschlichen Körper als der ἐπίγειος οἰκία τοῦ σκήνους. Wie ‚Petrus' unterscheidet auch er zwischen der Zeit ‚im Zelt' und der Zeit danach. Sogar in der Formulierung kommen sich die beiden nahe, in-

---

[580] Vgl. 2,12: ἐν τῇ φθορᾷ αὐτῶν καὶ φθαρήσονται; 2,13: ἀδικούμενοι μισθὸν ἀδικίας; 2,13: ἡδονὴν ἡγούμενοι τὴν ... τρυφήν, σπίλοι καὶ μῶμοι ἐντρυφῶντες u.ö.

dem sie das irdische Leben als Verweilen in der Hütte bzw. im Zelt des Körpers mit εἶναι + ἐν + Dativ bezeichnen:

δίκαιον δὲ ἡγοῦμαι,	ἐφ᾽ ὅσον εἰμὶ ἐν τούτῳ τῷ σκηνώματι,	διεγείρειν ὑμᾶς ἐν ὑπομνήσει,	2 Petr 1,13
καὶ γὰρ	οἱ ὄντες ἐν τῷ σκήνει	στενάζομεν βαρούμενοι ἐφ᾽ ᾧ οὐ θέλομεν etc.	2 Kor 5,4f

Diese irdische Behausung, aber auch die in Aussicht stehende himmlische, scheint Paulus als ein Gewand anzusehen, denn er verbindet mit dieser Zeltbehausungsmetapher die Verben ἐπενδύεσθαι und ἐκδύεσθαι (2 Kor 5,2.3.4). Der Mensch möchte sein irdisches Zelthaus nicht ‚ausziehen‘, sondern das himmlische lieber gleich ‚darüber ziehen‘. Da nun der *zweite Petrusbrief* mit ἀπόθεσις, dem ‚Ablegen‘, ebenfalls ein potentiell für Kleidungsstücke verwendbares Wort in unmittelbarer Umgebung zur Zeltmetapher benutzt, stellt sich beinahe von selbst die Frage, ob in den Worten des *zweiten Petrusbriefes* eine Reminiszenz an oder gar ein Verweis auf den *zweiten Korintherbrief* vorliegt.[581] Eine lexikalische Basis für eine solche Reminiszenz ist freilich so gut wie nicht gegeben, denn nicht einmal im Wortgebrauch stimmen Paulus und der *zweite Petrusbrief* überein: Paulus gebraucht σκῆνος, ‚Petrus‘ σκήνωμα. Geht man jedoch davon aus, dass bei metaphorischer Redeweise das Vermögen, dasselbe Bild zu evozieren viel mehr ins Gewicht fällt als die lexikalische Kongruenz, braucht die diesbezügliche Divergenz noch kein Argument gegen einen Kontakt zwischen den beiden Texten darzustellen.

Tatsächlich sind signifikante Unterschiede zwischen dem von Paulus verwendeten σκῆνος und dem petrinischen σκήνωμα, die ihnen grundsätzlich divergierende Evokationskraft gäben, nicht zu erkennen: Für σκῆνος, eigentlich einer Bezeichnung für ‚Hütte‘ oder ‚Zelt‘, also eine eher instabile Behausung, ist schon seit dem fünften Jahrhundert vor Christus die Bedeutung ‚Körper‘ belegt.[582] Das Moment des Irdischen, Vergängli-

---

[581] Kaum ein Kommentar verzichtet auf eine diesbezügliche Bemerkung, wie auch immer letztlich sein Urteil darüber ausfällt, siehe BIGG 1902, 264; KNOPF 1912, 275; WOHLENBERG 1923, 189; VAN UNNIK 1956, 1196; SCHELKLE 1961, 195; KNOCH 1967, 34; KELLY 1969, 313; GRUNDMANN 1975, 79; FUCHS/REYMOND 1980, 64; PAULSEN 1992, 114; NEYREY 1993, 167f; SENIOR 2003, 252; SKAGGS 2004, 105; DAVIDS 2006, 195.

[582] Belege für Hippokrates und Demokrit im Lemma σκῆνος/σκᾶνος (dorisch) bei LIDDELL/SCOTT. Vgl. auch den pseudoplatonischen Dialog *Axiochos* (366) und die aus dem ersten Jahrhundert vor oder nach Christus stammende Schrift Περὶ φύσιος κόσμω καὶ ψυχᾶς, die vorgibt, das dem Plato für seinen Dialog *Timaios* vorliegende Werk zu sein (TimLocr 103c), zur Datierung siehe die Einleitung zur Werkausgabe von Tobin, 3–7. Sehr selten scheint demgegenüber σκηνή diese übertragene Bedeutung anzunehmen. Eine der wenigen Ausnahmen: Philo lässt sich in seinen *Quaestiones in Genesim* (IV,11) bei seiner allgorischen Auslegung von Gen 18,9 durch σκηνή zu einer Deutung auf das *vacuum securumque tabernaculum corporis* inspirieren.

chen ist diesem Wort inhärent,[583] so dass es sogar für den toten Körper, die Leiche, gebraucht wird.[584] In dieser Tradition stehen die Ausführungen des Paulus in 2 Kor 5,1–5. σκήνωμα, wohl eine seltenere Variante zu σκηνή,[585] mit demselben Bedeutungsspektrum wie σκῆνος, wird im Singular überwiegend in dieser metaphorischen Bedeutung ‚Körper‘ verwendet.[586] Das Vergängliche, Äußerliche haftet auch an diesem Wort, mit derselben Folge, nämlich dass es ebenfalls als Bezeichnung für eine Leiche oder Mumie verwendet werden kann.[587] Diesem Wortgebrauch schließt sich der *zweite Petrusbrief* an. Wenn es einen Unterschied gibt, dann den, dass der Verfasser des *zweiten Petrusbriefes* mit σκήνωμα zu dem Wort greift, das durch den häufigeren metaphorischen Gebrauch mit weniger Umschweifen direkter auf das Signifikat weist.

Dies führt zur Frage, in wie weit mit ἀπόθεσις, das zunächst auch ganz allgemein das Nieder-, Ab- oder Weglegen bezeichnet, in 2 Petr 1,14 eine Kleidungsmetapher mitschwingt, also ob in der Tat die Vorstellung vorhanden ist, dass das „irdische Zelt" wie ein Gewand abgelegt wird.[588] Hierzu ist zunächst festzuhalten, dass das zugehörige Verb ἀποτιθέναι durchaus für das Ablegen von Kleidern gebraucht wird (2 Makk 8,35; Act 7,58), daneben aber häufig auch mit ganz anderen Objekten verbunden wird. So kann man bestimmte Verhaltensweisen ablegen wie τὰ ἔργα τοῦ σκότους (Röm 13,12), die ἀλαζονεία (1 Clem 13,1), die ὀργή (Kol 3,8), τὸ ψεῦδος (Eph 4,25) u.a. Ist für diese Beispiele noch gut denkbar, dass die Kleidermetapher mitschwingt, in dem Sinne, dass die Verhaltensweisen als etwas Äußeres angesehen werden, das man wie Kleidungsstücke ablegt, so ist dies bei Gegenständen wie ῥάβδοι (1 Clem 43,2) oder λίθοι (Herm sim 9,5,4), wo dasselbe Verb verwendet wird, nicht mehr plausibel, ge-

---

[583] Vgl. den Parallelismus φθαρτὸν σῶμα – γεῶδες σκῆνος in Weish 9,15.

[584] Siehe erneut das Lemma σκῆνος/σκᾶνος (dorisch) bei LIDDELL/SCOTT.

[585] KRAUS 2001, 350 verzeichnet im NT 3 Belege für σκήνωμα gegen 20 Belege für σκηνή und in der LXX 72 Belege für σκήνωμα gegen 265 für σκηνή, verzichtet allerdings auf eine nach Bedeutungen und Kontexten differenzierte Aufschlüsselung.

[586] Vgl. das Lemma σκήνωμα bei LIDDELL/SCOTT. Die Kommentare führen auffälligerweise meist Belegstellen aus dem zweiten Jahrhundert und später an: Die *Paralipomena Jeremiou* (σκήνωμα mehrmals in 6,6–7) sind vielleicht ins erste Drittel des zweiten Jahrhunderts zu datieren (SCHALLER in JSHRZ 1,8, 7f), in dasselbe Jahrhundert gehören Tatian (σκήνωμα in *oratio* 15,2–3) und die *Sentenzen des Sextus* (σκήνωμα in 320). Ob die *Paulusapokalypse* (σκήνωμα in 15) bei Origenes bezeugt ist, ist sehr fraglich (DUENSING in NTApo³, 536), sie stammt vielleicht erst aus späterer Zeit. An das Ende des dritten und den Beginn des vierten Jahrhunderts gehört die *Kirchengeschichte* Eusebs (σκηνώμα in 3,31,1–2).

[587] DIETHART 1998, 175f.

[588] Eine Vermischung der Metaphern oder einen Übergang von der einen zur anderen behaupten u.a. BIGG 1902, 264; KELLY 1969, 313; FUCHS/REYMOND 1980, 65; BAUCKHAM 1983, 102; BÉNÉTREAU 1994, 102; SENIOR 2003, 252.

schweige denn beim ‚Ablegen' eines Menschen im Gefängnis (Mt 14,3). Nicht jeder Beleg für die Verwendung von ἀποτιθέναι impliziert also *per se* die Assoziation mit Kleidung. Ob dies der Fall ist, hängt ab von der Art des abgelegten Objekts und möglicherweise dem textuellen Umfeld, das die eventuelle Metapher noch durch andere Lexeme unterstützen kann.

Ebenso wenig wie das Verb ist das Substantiv ἀπόθεσις an sich schon Metapher; es bezeichnet zunächst einmal entweder ein Weglegen zu Speicherzwecken oder ein Weglegen, um sich des Weggelegten zu entledigen.[589] Allerdings findet es sich auch im Zusammenhang mit dem Tod, den etwa Clemens von Alexandrien mit ἡ τῆς σαρκὸς ἀπόθεσις bezeichnet (strom I,19,94). Er tut dies in einem Kontext, in dem er auf 1 Kor 13,12 eingeht, auf das Schauen πρόσωπον πρὸς πρόσωπον. Während dies bei Paulus schlicht τότε stattfindet; führt Clemens aus: μετὰ δὲ τὴν τῆς σαρκὸς ἀπόθεσιν. Hier scheint die Kleidermetapher anzuklingen: Die σάρξ wird abgelegt; dem, was nach deren Ablegen übrig bleibt, wird das Schauen ermöglicht. Noch deutlicher könnte vielleicht der griechische Text der *Ascenio Isaiae* in diese Richtung weisen, wäre er erhalten. In AscJes 9,9 wird Jesaja in den siebenten Himmel geführt und sieht dort *exutos stolis carnalibus* bzw. *qui exierant de vestibus carnalibus* bzw. *qui nudati erant vestitu carnis*.[590] War hier die Vorlage für *exuere* oder *nudatus* eine Form von ἀποτιθέναι oder, weniger wahrscheinlich, ἀπόθεσις, dann in einem Umfeld, wo andere Lexeme die Kleidermetapher stützten.

Auch wenn ἀπόθεσις die Kleidungsmetapher mitträgt: Paulinisch ist das Wort nicht. Im Neuen Testament taucht es außer in 2 Petr 1,14 nur noch im *ersten Petrusbrief* auf, auch dort in übertragener Bedeutung, nämlich in der Verbindung σαρκὸς ἀπόθεσις ῥύπου (1 Petr 3,21). Der Kontext ist die Tauftheologie des *ersten Petrusbriefes*; mit der Formel wird ausgedrückt, wie die Taufe nicht angesehen werden soll, nämlich als Entfernen von am Körper haftendem Schmutz. Die Verwendung des zugehörigen Verbs in der Taufkatechese, wo die Kleidungsmetapher nachweislich eine Rolle spielte, könnte auch hier eine solche Konntotation nahe legen.[591] Wo Paulus selbst die Kleidermetapher ins Spiel bringt, gebraucht er die Verben ἐνδύεσθαι, ἐπενδύεσθαι und ἐκδύεσθαι.[592] Ein einziges Mal greift er auf das Verbum ἀποτιθέναι zurück, nämlich als er die Gemeinde zu Rom auffordert, τὰ ἔργα τοῦ σκότους abzulegen (Röm 13,12), und an dieser Stelle bildet es in der Tat mit ἐνδύεσθαι (13,12b) ein Gegensatzpaar; die

---

[589] Das entsprechende Lemma bei LIDDELL/SCOTT legt durch nichts nahe, dass das Ablegen von Kleidern die dominierende Bedeutung wäre. Dort werden die zwei genannten Hauptgruppen unterschieden; sie zerfallen in jeweils einige Unterkategorien. Die dritte Hauptgruppe ist ein synonymer Gebrauch mit ἀποδυτήριον.

[590] Vgl. die Synopse der lateinischen Versionen in CCSA 7, 408f.

[591] ELLIOTT 2000, 677.

[592] 1 Kor 15,53–54 und 2 Kor 5,2.4.

Metapher ist also gegeben. Der *Kolosserbrief* gebraucht als Antonym zu ἐν-δύεσθαι (Kol 3,10.12) ἀπεκδύεσθαι (3,9).[593] ἀποτιθέναι findet sich in demselben Kontext zwar ebenfalls (Kol 3,8), doch scheint es nicht empfehlenswert, hier schon den Beginn der Kleidungsmetapher zu sehen, da man sonst bei der Aufforderung ἀπόθεσθε ... αἰσχρολογίαν ἐκ τοῦ στόματός zu dem etwas befremdlichen Bild eines Kleidungsstücks der Zunge käme. Erst im *Epheserbrief* kann die klare Opposition ἐνδύεσθαι – ἀποτιθέναι wieder beobachtet werden (Eph 4,22.24). Ganz sicher jedoch muss ἀπο-τιθέναι im *Hebräerbrief* (12,1) mit Kleidung in Verbindung gebracht werden, da es hier innerhalb des Bildes von einem Läufer gebraucht wird, der alle hinderlichen Kleider ablegen muss.

Dies bedeutet: Mit einer gewissen Wahrscheinlichkeit kann ἀπόθεσις in 2 Petr 1,14 als eigenständige Substantivierung eines in der paulinischen Tradition im Rahmen einer Kleidungsmetapher verwendeten ἀποτιθέναι betrachtet werden, und auch σκήνωμα als Metapher für den sterblichen Leib kann an Paulus erinnern. Könnten an beidem bei getrenntem Auftreten letzte Zweifel bleiben, da das Bild vom Gewand lexikalisch nicht weiter unterstützt wird[594] und sich auch kein weiteres Indiz für die intentionale Bezugnahme auf das Bild vom Zelt in 2 Kor 5 findet, so stellt doch die Kombination beider trotz mangelnder wörtlicher Übereinstimmung mit einiger Sicherheit einen Reflex der Paulusstelle dar, denn die die Verbindung von Kleidungs- und Zeltmetapher scheint außerhalb dieser beiden Briefe nicht belegt zu sein.[595]

1.2.4. Die Offenbarung seines eilig herannahenden Todes an Petrus (2 Petr 1,14)

εἰδὼς ὅτι ταχινή ἐστιν ἡ ἀπόθεσις τοῦ σκηνώματός μου
καθὼς καὶ ὁ κύριος ἡμῶν Ἰησοῦς Χριστὸς ἐδήλωσέν μοι

‚Petrus' weiß um seinen Tod. Soviel ist dem Wortlaut von 2 Petr 1,14 zweifelsfrei zu entnehmen. Auch dass er sich auf eine diesbezügliche Offenbarung von Christus her beruft, kann keinem Missverständnis unterliegen.

---

[593] Vgl. dazu auch ἀπέκδυσις in Kol 2,11; zur Bekleidungsmetaphorik in Kol 3,12 siehe FRANK 2008, 121ff.

[594] Auf diesen Umstand weist auch VAN HOUWELINGEN 1988, 127 hin: "In het tekstverband van 2 Petrus 1 wordt echter geen vergelijking met een kleed gemaakt."

[595] D.h. an keiner der mir zur Kenntnis gelangten Stellen ist die Verbindung anzutreffen. Dass die Metaphernverknüpfung mit Paulus übereinstimmt, wurde schon von vielen Kommentatoren festgehalten, allerdings werden daraus meist keine weiteren Schlüsse gezogen; vgl. BIGG 1902, 264; KELLY 1969, 313; BAUCKHAM 1983, 199; BÉNÉ-TREAU 1994, 102; HARRINGTON 2003, 252. Sehr vorsichtig SNYDER 1986, 135: "Perhaps the mention of the 'putting off of the tent' in 2 Peter 1:14 and the employment of the word 'exodus' to mean <u>delivrance</u> as well as 'departure' ... does in fact sound like something which Paul could have said, but unfortunately it is not developed enough to make any definite statements in the matter."

Denn selbst wer von der allgemeinen Bedeutung „mitteilen, wissen lassen" für δηλοῦν ausgeht,[596] gelangt doch über die Rolle Christi als Subjekt der Mitteilung zu der Bedeutung ‚offenbaren', die im Übrigen in der Septuaginta und der urchristlichen Literatur gut belegt ist.[597] Diskutiert wird dagegen, ob man den Vers so verstehen muss, dass Petrus *ohnehin* von seinem eilig herannahenden Tode weiß und *zusätzlich* darüber eine Offenbarung erhalten hat,[598] oder ob gesagt werden soll, dass sein Wissen von dieser Offenbarung herrührt.[599]

Zu Grunde liegt diesem Problem sprachlicherseits die Frage nach der Natur von καί. Dieses sei, so Befürworter der Deutung auf zwei Informationsquellen Petri über seinen bevorstehenden Tod, zwar in der subjunktionalen Verbindung καθώς καί zur Einleitung von Komparativsätzen durchaus pleonastisch, aber hier liege ja nun nicht ein ‚richtiger' Vergleichssatz vor, es werde durch καθώς καί lediglich eine Autorität eingeführt, und so sei auch das καί nicht wie andernorts als pleonastisch anzusehen.[600] Den beiden in dieser Überlegung enthaltenen Beobachtungen für sich genommen kann nur zugestimmt werden: Erstens ist καί in Verbindung mit καθώς nicht so sehr seinem additiven Charakter nach zu lesen, denn als eine Intensivierung des καθώς.[601] Dass für diesen Sachverhalt die

---

[596] Darauf weist u.a. BOOBYER 1959, 45 hin.

[597] Vgl. 1 Kor 3,13 und noch deutlicher 1 Petr 1,11. Zu den LXX-Belegen vgl. BULTMANN, ThWNT II s.v. δηλόω, 61.

[598] So u.a. ZAHN 1907, 54f; Knopf 1912, 276; WOHLENBERG 1923, 190; BAUCKHAM 1983, 199; VÖGTLE 1994,159–161 (mit der Behauptung, die Doppelung vorausgehendes Eigenwissen – himmlische Offenbarung bezüglich des eigenen Todes entspreche durchaus der Gattung der Abschiedsrede; ausführlicher findet sich dieser Ansatz bereits in VÖGTLE 1972, 301–303); SKAGGS 2004, 105f; DAVIDS 2006, 195.

[599] So BENETREAU 1994, 103: «On peut voir ici une première mention d'une certitude intime qui présente un intérêt pour le ministère futur du rappel, puis la précision relative à l'annonce de Jésus qui la fonde. Il n'y a alors qu'une seule source d'information.»

[600] So die Argumenation von ZAHN 1907, 55, der unter anderen WOHLENBERG 1923, 190 folgt. Andere postulieren eine zweite Wissensquelle, indem sie einfach von der additiven Basisbedeutung von καί ausgehen und eine besondere Funktion des καί in καθώς καί nicht ins Auge fassen, siehe u.a. KNOPF 1912, 276; DAVIDS 2006, 195.

[601] Betrachtet man als näheres sprachliches Umfeld die neutestamentlichen Belege für καθώς καί (Lk 6,36; 11,1; 24,24; Act 15,8; Röm 1,13; 15,7; 1 Kor 13,12; 14,34; 2 Kor 1,14; 11,12; Eph 4,4.17.32; 5,2.25bis; Kol 1,16 bis; 3,13; 1 Thess 2,14; 3,4; 4,1.6.13; 5,11; 2 Thess 3,1; Hebr 5,6), so stellt man fest, dass zuweilen der additive Charakter nicht fehlt. In jedem Fall aber würde sich an der Aussage abgesehen von der Intensität des Vergleichs nichts ändern, fehlte das καί. Daran sieht man, dass seine Grundausrichtung auf ein Hervorheben des καθώς geht. – KRAUS 2001, 161f nennt als Möglichkeiten der Funktion von καί bei καθώς im *zweiten Petrusbrief* für beide Belegstellen (außer 1,14 noch 3,15) neben Intensivierung auch Bestätigung. Wenn er dabei für die bestätigende Funktion jedoch die Übersetzung ‚auch' wählt, unterstreicht er unfreiwillig

Bezeichnung ‚pleonastisch' womöglich nicht besonders glücklich ist, tut der Richtigkeit der Beobachtung keinen Abbruch. Und zweitens benutzt der *zweite Petrusbrief* καθώς καί zur Einführung einer das Gesagte legitimierenden Autorität. Für die Behauptung jedoch, dass diese spezielle Verwendung eine Veränderung des Charakters von καί nach sich ziehe, gibt es keinen sprachlichen oder logischen Anhaltspunkt, und so muss davon ausgegangen werden, dass καθώς καί mit der üblichen Aussagerichtung verwendet wird. Für die vorliegende Fragestellung bedeutet dies, dass die sprachliche Gestaltung die Lesart von zwei Quellen des Wissens um den eigenen Tod eher nicht unterstützt.

Eine zweite Überlegung setzt bei der generischen Intertextualität ein: Ein Vermerk über die Todesgewissheit gehört zum potentiellen Inventar literarisch fixierter fingierter Abschiedsreden. Dieser kann verbunden sein mit einer Angabe über oder einem Indiz zur Herkunft dieser Gewissheit. Zu untersuchen ist, ob die Kombination zweier Erkenntniswege zur Erlangung der Gewissheit über den eigenen Tod belegt ist. Lässt sie sich nicht nachweisen, bedeutet dies zwar noch nicht den definitiven Ausschluss der Möglichkeit, dass der *zweite Petrusbrief* – vielleicht als erste Schrift – diese Verbindung herstellt, immerhin aber eine geringere Wahrscheinlichkeit, dass er so zu verstehen ist. Die Untersuchung der tenachischen und späteren Beispiele für Abschiedsreden und vergleichbare Texte ergibt nun aber, dass meist die eine *oder* die andere Form der Gewissheit im Text zum Ausdruck gebracht wird: *Entweder* weiß der in nicht allzu ferner Zukunft Sterbende um seinen Tod, wobei zuweilen offen bleibt, wie er zu dieser Gewissheit kommt.[602] *Oder* die göttliche Herkunft des Wissens durch einen Traum, eine Ankündigung durch einen Erzengel oder andere Offenbarungsformen wird ausdrücklich thematisiert.[603] Wo beides zu-

---

die additive Funktion, die doch in dieser Verbindung gerade nicht das Ausschlag gebende semantische Element sein soll.

[602] Von den bei MICHEL 1973, 49 genannten Stellen gehören hierher die Worte Jakobs an Josef in Gen 48,21, die Abschiedsrede Josuas in Jos 23,2.14, die Worte Samuels in 1 Sam 12,2 und Davids in 1 Kön 2,2. Im *Jubiläenbuch* werden die Reden Abrahams und Isaaks auf diese Weise gestaltet (Jub 21,1; 22,7; 31,4; 36,1), ferner mehrere Beispiele in den *Testamenta XII patriarcharum* (TestRub 1,3f; TestJud 26,2; TestSeb 10,1.4; TestDan 2,1; TestNaph 1,3 und TestBenj 10,2) sowie die Abschiedsansprache Deboras bei Pseudo-Philo (LibAnt 33,1f) und die Worte des Mose in AssMos 1,15. Auch Adam scheint in der *Vita Adam et Evae* selber um seinen Tod zu wissen, seinem Sohn Seth dagegen wird er durch Michael offenbart (VitAd 30.43.45).

[603] Stark ausgebaut ist diese Variante im *Testament Abrahams*. Hier geht es von Anfang an (TestAbr 1–7) darum, dass Gott den Erzengel Michael zu Abraham schickt, um diesem seinen Tod anzukündigen. Innerhalb der *Testamente der zwölf Patriarchen* wird im Testament Levis ausdrücklich die Offenbarung seines baldigen Todes erwähnt (TestLev 1,2) und im *Jubiläenbuch* sieht Rebeka den Tag ihres Todes im Traum (Jub 35,6). Im *vierten Esrabuch* wird Esra die Entrückung angekündigt (4 Esr 14,9.13f).

sammen auftaucht, lässt sich das Wissen plausibel auf Offenbarung zurückführen.[604] Kaum zu finden ist dagegen ein Beleg für einen Todgeweihten, der sich zum einen seines nahen Ablebens aus sich selbst bewusst ist und sich darüber hinaus noch auf eine diesbezügliche Offenbarung durch Christus, Gott oder einen Engel beruft[605]. Am ehesten scheint noch das *Deuteronomium* dafür in Anspruch genommen werden zu können: In Dtn 31,2a stellt Mose zunächst fest, dass er alt ist und gebrechlich. Im zweiten Teil des Verses erst ist davon die Rede, dass Gott ihm gesagt habe, er werde den Jordan nicht überqueren. Zwar lässt die sprachliche Gestaltung, nämlich die Verbindung durch ein schlichtes *waw copulativum* im Masoretischen Text und ein einfaches δέ in der Septuaginta, keine Heraushebung der Zusätzlichkeit erkennen und ist Gottes Verbot, den Jordan zu überqueren, ein über das gesamte *Deuteronomium* hin wiederkehrendes Motiv,[606] doch immerhin ist Moses Argumentation mit Alter und Gebrechlichkeit logisch unabhängig von dieser Untersagung. Sie könnte im Kontext des gesamten *Deuteronomium*buches wie im Denken der Mosefigur die Funktion übernehmen, den Todeszeitpunkt, der ja nicht in der Verweigerung der Flussüberquerung enthalten ist, zu konkretisieren.[607] Genau diese Doppelung, nämlich hohes Alter einerseits und Gottes Wille andererseits, wird – sehr viel formelhafter als im *Deuteronomium* – auch in der Abschiedsrede des Mose bei Josephus als Begründung der Todesgewissheit

---

[604] In der *syrischen Baruchapokalypse* findet sich zweimal die Kombination, dass erst Baruch seine Entrückung angekündigt bekommt (syrBar 43,2; 76,1f) und er wenig später dann von seinem eigenen Tod redet (syrBar 44,2; 78,5). Ebenso deutlich verbunden ist beides im *Liber Antiquitatum* beim Abschied Josuas: Nachdem im Erzählrahmen festgestellt wurde, dass Josua alt geworden war, wird ihm von Gott sein Tod angekündigt, woraufhin Josua in seiner Abschiedsrede sein Wissen darum bekundet (LibAnt 21,1 und 23,1). Im *slavischen Henochbuch* ist beides beinahe unauflösbar miteinander verbunden: Henoch spricht hier selbst von seinem Wissen, aber Formulierungen wie „festgesetzte Zeit", „zwingt mich zu meinem Weggang" sowie der Hinweis auf Engel, die auf der Erde bereitstehen, ihn abzuholen, weisen auch in diesem Fall auf eine göttliche Quelle des Wissens (slHen 55,1f).

[605] So die Deutung von 2 Petr 1,14 durch VÖGTLE 1972, 301: „Der fiktiv redende Petrus beruft sich für sein bevorstehendes Ableben somit zunächst auf sein Eigenwissen und dann auch noch auf eine Offenbarung bzw. Mitteilung (ἐδήλωσεν) Christi."

[606] Dtn 3,26f; 4,21f; 31,2b.14.16. Wenn der Leser also bei der Aussage über Moses Alter und nachlassende Kräfte anlangt, dann weiß er schon, dass Mose nicht mehr ins Gelobte Land kommen wird.

[607] Im *Liber Antiquitatum* wird das Wissen des Mose nicht an seinem Alter und dessen Folgen festgemacht. Sein Tod wird hier zum ersten Mal durch ihn selbst in LibAnt 19,2 thematisiert; in LibAnt 19,6 jedoch kündigt Gott ihm seinen Tod „zum dritten Mal" an. Offenbar soll sein Wissen auf Gottes Ankündigung zurückgeführt werden; von den in 19,6 vorausgesetzten ersten beiden Malen spricht der Text jedoch nirgends ausdrücklich.

angeführt: ἐπεὶ τῷ θεῷ δοκοῦν ἤδη καὶ τῷ γήρᾳ ... δεῖ με τοῦ ζῆν ἀπελθεῖν (Jos ant IV,8,2 § 177).

Die Suche nach Vorläufern oder Zeitgenossen, die neben die Offenbarung noch eine andere Erkenntnisquelle für das Wissen um den eigenen Tod stellen, führt also zu der Einsicht, dass Beispiele für eine echte Kombination zweier unabhängiger Informationswege über den eigenen Tod selten sind, und dass dort, wo sie vorliegen, in der Regel das Alter und seine Folgen die Gewissheit des baldigen Todes verleihen. Zusammen mit dem sprachlichen Befund bedeutet dies für 2 Petr 1,14, dass es, wenngleich auch nicht wahrscheinlich, so doch auch nicht unmöglich ist, dass der Verfasser Petrus zwei unabhängige Quellen seiner Todesahnung zuschreibt. Erhöht würde die Wahrscheinlichkeit, dass dem so ist, gäbe der Text ein deutliches Signal, dass die Todesahnung in 2 Petr 1,14a durch das fortgeschrittene Alter des Petrus bedingt ist. Ein solcher Hinweis lässt sich jedoch im Wortlaut (εἰδὼς ὅτι ταχινή ἐστιν ἡ ἀπόθεσις τοῦ σκηνώματός μου) nicht ausmachen. Auch die allgemeine Erwägung, der Verfasser des Briefes habe gewusst, dass Petrus nicht jung gestorben ist, wenn er also einen Petrus kurz vor seinem Tod schreiben lasse, sei ein hohes Lebensalter damit schon impliziert, stellt keine zweifelsfreie Verbindung zwischen dem Alter und der Todesgewissheit her. So wenig man die These von der doppelten Gewissheitsquelle also als gänzlich ohne Anhaltspunkt vom Tisch wischen kann, so schwierig gestaltet sich der Nachweis ihrer Richtigkeit. Offenbar wird die Fragestellung nach der Zahl der Gewissheitsquellen dem Text nicht gerecht.

Eine neuerliche Überlegung zur Subjunktion καθὼς καί, die eine Autorität für das Gesagte einleitet, führt weiter. Denn noch ein weiteres Mal verwendet der Verfasser dieses καθὼς καί, wiederum zur Einführung einer Autorität, nämlich im dritten Kapitel, dort, um nachzuschieben, dass auch Paulus den Adressaten dies geschrieben habe (2 Petr 3,15).[608] Hier wird in der Tat eine bisher nicht genannte zusätzliche Quelle für einen schon ausgeführten Inhalt angegeben. Bei der Analyse von 2 Petr 3,15 war deutlich geworden, dass der Verfasser zwar nicht unbedingt auf einen konkreten Text hinweisen will, dass ihm wohl aber doch bei der Formulierung bestimmte Text(abschnitt)e vor Augen standen; entsprechend ist auch hier damit zu rechnen, dass ihm eine konkrete Tradition vorschwebte, die ihn zu den Worten des Vergleichssatzes καθὼς καὶ ὁ κύριος ἡμῶν Ἰησοῦς Χριστὸς ἐδήλωσέν μοι Anlass gaben,[609] auch wenn er nicht konkret angibt, wo diese Tradition zu finden ist.

---

[608] Siehe hierzu die Ausführungen unter II.D.1.1.

[609] Ähnlich auch BAUCKHAM 1983, 199, wenngleich er das καθὼς καί etwas anders deutet: "Probably this conventional motive accounts for the statement that Peter knows (εἰδώς) he is soon to die. But why should the writer then add that this had also been revealed to him by Christ? The only plausible reason is that there was a well-

Um dieser Tradition so möglich auf die Spur zu kommen, ist der Inhalt von Petri Todesgewissheit unter die Lupe zu nehmen: ὅτι ταχινή ἐστιν ἡ ἀπόθεσις τοῦ σκηνώματός μου (2 Petr 1,14a). Das Adjektiv ταχινός, abgeleitet von ταχύς,[610] ist im Neuen Testament außer an der vorliegenden Stelle nur noch in 2 Petr 2,1 anzutreffen. Dort wird bezüglich der ψευδοδιδάσκαλοι gesagt, sie zögen durch verderbliche Lehre und die Leugnung des Herrn, der sie erkauft habe, eine ταχινὴ ἀπώλεια auf sich. Zwei Verse später wird derselbe Aspekt in negativer Form in Worte gefasst: ἀπώλεια αὐτῶν οὐ νυστάζει (2 Petr 2,3): Dass die ἀπώλεια nicht schläft, bedeutet, dass sie sich bereithält und bevorsteht.[611] Entsprechend wird die Bedeutung von ταχινός für den *zweiten Petrusbrief* auch meist mit ,schnell', ,rasch herankommend', ,nahe bevorstehend' u.ä. angegeben.[612] In den Septuagintabüchern mit hebräischer Vorlage dient ταχινός der Wiedergabe der hebräischen Verba רוץ (qal) und / oder מהר (pi'el), auch hier bezeichnet das Adjektiv also die eilige Bewegung,[613] ebenso wie in den Versen, die bereits in griechischer Sprache verfasst sind oder für die die Vergleichsmöglichkeit mit dem Hebräischen nicht mehr gegeben ist.[614] Der *Hirt des Hermas* verwendet es drei Mal in Verbindung mit μετάνοια: Die Umkehr muss rasch erfolgen.[615] Die zuweilen für ταχινός in 2 Petr 1,14 vorgeschlagene Bedeutung ,plötzlich'[616] fügt sich schlecht in dieses Feld; der Inhalt von Petri Gewissheit ist nicht, dass sein Tod plötzlich eintreten,

---

known dominical prophecy of Peter's death which the readers of 2 Peter would know, and so it is natural for the writer to add a reference to this prophecy."

[610] Zur Adjektivbildung unter Verwendung des Suffixes –ινός vgl. die Grammatik von SCHWYZER 1968, 490.

[611] So wird die ἀπώλεια den Ereignissen um die παρουσία τῆς τοῦ θεοῦ ἡμέρας zugeordnet, von der ebenfalls hervorgehoben wird, dass mit ihr zu rechnen ist und Gott ihr Eintreffen nicht etwa hinauszögert (2 Petr 3,8–14).

[612] Vgl. LIDDELL/SCOTT und BAUER/ALAND s.v. ταχινός; ferner KRAUS 2001, 337f.

[613] Vgl. Prov 1,16; Jes 59,7; Hab 1,6. Nicht zu überprüfen ist der Sachverhalt für das Buch *Jesus Sirach*. Für Sir 18,26 ist der hebräische Text in keiner Handschrift enthalten, und in Sir 11,22 hat der Übersetzer – falls ihm der hebräische Text in der Form vorlag, wie ihn die einzige überkommene Handschrift mit diesem Vers bietet (siehe BEENTJES 1997, 37; der Vers figuriert dort unter 11,20) – בעת durch ἐν ὥρᾳ ταχινῇ übersetzt: ברכת אל ברגל צדיק   εὐλογία κυρίου ἐν μισθῷ εὐσεβοῦς,

ובעת תקותו תפרח   ἐν ὥρᾳ ταχινῇ ἀναθάλλει εὐλογίαν αὐτοῦ.

[614] In Weish 13,2 wird die Luft als ταχινός qualifiziert, doch wohl als flüchtig, sich schnell bewegend. Zu Sir 11,22 siehe die vorige Fußnote, in Sir 18,26 geht es um die Unbeständigkeit, den schnellen Wandel der Zeit.

[615] Herm sim 8,9,4; 9,20,4; 9,26,4. Weitere Belege sind in der *Clavis patrum apostolicorum* und im *Index patristicus* nicht aufgeführt.

[616] Mit ausführlicher Begründung vorgeschlagen von Zahn 1907, 55, ferner vertreten von BOOBYER 1959, 46; auch BÉNÉTREAU 1994, 102 scheint eher dieser Bedeutung zuzuneigen. Für eine Diskussion dieses Vorschlags aus der Perspektive eines Vertreters der Bedeutung ,baldig' siehe BAUCKHAM 1983, 199.

sondern dass er bald erfolgen wird. Damit gesellt sich die Aussage rei-
bungslos in die Motivpalette literarisch fixierter fingierter Abschiedsreden.[617] Zusammen genommen mit dem Vorausgehenden bedeutet das:
Während die erste Hälfte von 2 Petr 1,14 aus der generischen Intertextualität heraus verstanden werden muss, könnte hinter der zweiten Vershälfte
eine konkrete Tradition zu suchen sein.[618]

Am häufigsten diskutiert wurde und wird in diesem Zusammenhang
Joh 21,18:[619]

ἀμὴν, ἀμὴν λέγω σοι,
ὅτε ἦς νεώτερος, ἐζώννυες σεαυτὸν καὶ περιεπάτεις ὅπου ἤθελες·
ὅταν δὲ γηράσῃς, ἐκτενεῖς τὰς χεῖράς σου,
καὶ ἄλλος σε ζώσει καὶ οἴσει ὅπου οὐ θέλεις.

Nun ist in diesem Vers wenig mehr gesagt als dass Petrus, wenn er alt ist
– wohl am Kreuz – den Märtyrertod sterben wird.[620] Wenn 2 Petr 1,14 tatsächlich auf diese Tradition anspielen sollte, müsste man voraussetzen,
dass der den *zweiten Petrusbrief* schreibende Petrus als alt zu denken ist, so
dass er von einem ‚schleunig herannahenden' Ende sprechen kann.[621] Aber

---

[617] So auch DAVIDS 2006, 195.

[618] Mit BAUCKHAM 1983, 199–200, der 2 Petr 1,14a ebenfalls für einen typischen Bestandteil von Testamentliteratur hält. 14b aber ergibt seiner Meinung nach aber nur
dann Sinn, wenn er einen Hinweis an die Leser darstellt, auf eine Tradition anspielt,
die diese kennen. Dem gegenüber steht etwa die Meinung von KELLY 1969, 314 ad
loc., der die Suche nach einem konkreten Bezug für verfehlt hält: "The discussion is
unrealistic, for on the assumption that the epistle is pseudonymous Peter was revered
as a glorious martyr at the time it was written ... It came naturally to Christians to
believe that the heroes of the faith received premonitions of their approaching martyrdom ... The same motive was probably at word here, and it is fruitless to hunt
around for any particular incident, historical or legendary..."

[619] Zuweilen wird dabei Joh 21,18 in Verbindung mit Joh 13,36 als Hintergrund für
2 Petr 1,14 genannt, so etwa BOLKESTEIN 1972, 264. BAUCKHAM 1983, 200 hält Joh 13,36
für eine Bildung durch den vierten Evangelisten in Reaktion auf Mt 26,35, Mk 14,31,
Lk 22,33 (bei BAUCKHAM fälschlicherweise als 23,33 angeführt).

[620] Diese Deutung ergibt sich aus dem Zusammenhang mit Joh 21,19a. Joh 21,18
dürfte eine Art Sprichwort darstellen, das nachträglich auf Petri Schicksal angewendet wurde; vgl. SCHNELLE 1998, 318 ad loc. und DIETZFELBINGER 2001, 363 ad loc. Die
Assoziation mit der Todesart der Kreuzigung wird durch die Bemerkung über das
Ausstrecken der Hände erreicht, siehe DIETZFELBINGER 2001, 364 und vor allem die
ausführliche und überzeugende Argumentation von BAUCKHAM 1992, 547.

[621] Mit BIGG 1902, 264, bei dem sich dies freilich unter der Voraussetzung der Echtheit des Briefes etwas anders liest: "In John xxi.18 our Lord foretold that Peter should
die a violent death ὅταν γηράσῃς. If the apostle was γέρων when he wrote this Epistle, he would feel that this prophecy must soon be accomplished. The point must be
left to the reader's judgment." – Die Problematik, die das Postulat eines Verweises
von 2 Petr 1,14 nach Joh 21,18 mit sich bringt, weil dort ja kein ‚baldiger' Tod prophezeit ist, wird diskutiert bei VÖGTLE 1994, 160f ad loc.

selbst wenn man dem Verfasser des *zweiten Petrusbriefes* so viel Geschichtsbewusstsein konzediert, dass er einen *alten* Petrus vor Augen hatte, den er diesen Brief schreiben ließ, kann doch allenfalls ein Verweis auf
die hinter dem Vers stehende Tradition postuliert werden, dass Jesus dem
Petrus seinen gewaltsamen Tod im Alter angekündigt habe, nicht aber auf
den konkreten Vers des Nachtragskapitels im *Johannesevangelium* – dafür
gibt es keinerlei sprachlichen Anhaltspunkt. Nimmt man allerdings den
Kontext sowohl im *Johannesevangelium* als auch im *zweiten Petrusbrief* hinzu, erhält die Behauptung wenigstens eine kleine Stärkung: Im *Johannesevangelium* schließt sich an die Todesweissagung an Petrus ein Gespräch
zwischen Jesus und Petrus über das Schicksal des Lieblingsjüngers an, in
dessen Verlauf Jesus den Petrus fragt, was es ihn denn angehe, wenn der
Lieblingsjünger bleibe, bis Jesus wiederkomme (Joh 21,22). Damit ist klar,
dass Petrus die Parusie auf keinen Fall mehr erleben wird. Hat der Verfasser des *zweiten Petrusbriefes* jedoch diese Verknüpfung „Tod Petri vor der
Parusie" im Kopf, dann gewinnt auch die Tatsache, dass sich im *zweiten
Petrusbrief* an die ‚Testamentpassage' (1,12–15) die Perikope über die Verklärung Jesu (1,16–18) anschließt, einen Zuwachs an Plausibilität: ‚Petrus'
schreibt sein Vermächtnis. Er wird die eschatologischen Ereignisse nicht
mehr erleben,[622] aber unterstreicht deren gewiss zu erwartendes Eintreten.
Denn die Verklärung bestätigt – nach der Lesart des *zweiten Petrusbriefes* –
die apostolische Botschaft von Christi δύναμις und παρουσία, die notwendig in die verkündeten eschatologischen Ereignisse, worunter die ‚Parusie', ausmünden wird. Auch mit dieser Beobachtung gelangt man aber
nur bis zu der Feststellung, dass der Tod Petri im *zweiten Petrusbrief* in Relation zur Parusie gesetzt ist – *wie im Johannesevangelium*.[623] Ein Beweis,
dass der Verfasser der *Secunda Petri* diese Verbindung gerade *aus* dem *Johannesevangelium* hat, ist damit noch nicht gegeben.

Das Vorauswissen Petri um seinen Tod bzw. die Voraussage seines
Martyriums durch Jesus findet ihren Niederschlag jedoch nicht allein im
Johannesevangelium und im *zweiten Petrusbrief*. Vielmehr zieht sich dieses
Motiv durch einen großen Teil der pseudopetrinischen Literatur. Das
Fragment P.Vindob.G 39756 bietet ein Bruchstück des der äthiopischen
Übersetzung letztlich zu Grunde liegenden griechischen Textes der *Pet-
rusapokalypse*.[624] In diesem Fragment trägt Jesus nach der Feststellung, er

---

[622] GALBIATI 1967, 417f zieht in diesbezügliche Überlegungen noch 2 Petr 3,8 mit
ein: Wenn Petrus vor seinem Tod weiß, dass tausend Jahre wie ein Tag sind, rechnet
er nicht mit der Parusie Jesu vor seinem Tod.

[623] Ließe sich ein intertextuelles Verhältnis nachweisen, so könnte man hier das
Kriterium der Strukturalität anwenden; siehe dazu siehe PFISTER 1985b, 28; MERZ
2004, 107f; GILLMAYR-BUCHER 2007, 21f.

[624] Das Fragment dürfte aus dem 3./4. Jahrhundert stammen. Man geht davon aus,
dass es den griechischen Text der ursprünglichen Fassung der *Petrusapokalypse* reprä-

habe Petrus „alles geoffenbart und dargelegt", diesem auf, „in die Stadt,
die herrscht über den Westen" zu gehen und dort den „Kelch, den ich dir
verheißen habe in der Hand des Sohnes im Hades" zu trinken:[625]

(14.3b) Ἰδοὺ ἐδήλωσά σοι, Πέτρε, καὶ ἐξεθέμην πάντα. (14.4) καὶ πορεύου εἰς πόλιν
ἀρχούσαν δύσεως, καὶ πίε τὸ ποτήριον ὃ ἐπηγγειλάμην σοι ἐν χειρεὶ τοῦ υ(ἱο)ῦ
τοῦ ἐν Ἀΐδου, εἵνα ἀρχὴν λάβῃ αὐτοῦ ἡ ἀφάνια· (14.5) καὶ σὺ δεκτὸς τῆς
ἐπαγγελεί[ας][626]

Die Formulierung τὸ ποτήριον ὃ ἐπηγγειλάμην σοι setzt eine der aktuellen Beauftragung (πορεύου ... καὶ πίε) vorausgehende (Aorist ἐπηγγειλάμην) Martyriumsankündigung an Petrus voraus, wie auch der *zweite
Petrusbrief* für die Zeit vor der Abfassung des Briefes von einer Offenbarung bezüglich seines Todes spricht: καθὼς καὶ ὁ κύριος ἡμῶν Ἰησοῦς
Χριστὸς ἐδήλωσέν μοι (2 Petr 1,14). Doch ebenso wenig wie aus dem Brief
geht aus dem Text der *Petrusapokalypse* deutlich hervor, wann und in welcher Situation Petrus der Märtyrerkelch angekündigt worden sein soll. Eine wie auch immer geartete über diese Gemeinsamkeit hinaus reichende
Beziehung zwischen beiden Schriften lässt sich über die Untersuchung
von Lexik und Syntax nicht ausmachen. Die Tatsache, dass beiderorts
δηλοῦν für den Offenbarungsvorgang gebraucht wird, wird man nicht
überstrapazieren dürfen, solange keine daran gekoppelte weitere Übereinstimmung auszumachen ist.[627] Denn das Objekt zu δηλοῦν ist in ApkPetr
14,3 (= P.Vindob.G 39756 f. 2 rekto Zeile 11) πάντα, das wiederum
anaphorisch das Vorausgehende, nämlich die Offenbarung des Gerichts,
abschließt,[628] den sich anschließenden Hinweis auf das Martyrium also gerade nicht umfasst. Dieses ist, ausgedrückt durch die Metapher ποτήριον,
vielmehr Objekt von ἐπαγγέλλειν. Demgegenüber ist in 2 Petr 1,14 der
bevorstehende Tod Gegenstand des δηλοῦν. Beide Texte wissen also von

---

sentiert, der – eventuell auf dem Umweg über eine arabische Version – auch für die
äthiopische Übersetzung die Grundlage bildet. Davon zu trennen ist der griechische
Text aus Akhmîm in Oberägypten, der wohl eine Bearbeitung der ursprünglichen
Apokalypse ist, vgl. die Ausführungen unter II.B.1.2.3; ferner BUCHHOLZ 1988, 419;
BAUCKHAM 1988e, 4721–4723; BAUCKHAM 1998a, 162–165 und BAUCKHAM 1998b, 291f.

[625] P.Vindob.G 39756 f. 2, rekto 7ff und ibid. verso. Nach BAUCKHAM 1998b ist dies
außer Joh 21,18 die einzige Stelle in der christlichen Literatur vor 150 n. Chr., wo von
einer Todesankündigung Christi an Petrus die Rede ist.

[626] An dieser Stelle endet das Fragment.

[627] Ebenso BAUCKHAM 1998b, 300: "The verb is a very natural one in both passages,
and this correspondence could be significant only in connexion with other correspon-
dences in the same context in the Apocalypse of Peter."

[628] Mit BAUCKHAM 1998a, 246f: "With the words, 'I have told you, Peter, and I have
informed you' (14:3b), the revelation of the judgment which began with chapter 3 is
at last concluded."

einer Ankündigung des Todes bzw. des Martyriums Petri, zeigen aber zunächst weiter keine Spuren eines diesbezüglichen textuellen Kontaktes.

Die *Petrusapokalypse* lässt mehr konkretes Wissen über die genaueren Umstände des Martyriums durchblicken als der *zweite Petrusbrief*: Das Martyrium wird lokalisiert, nämlich in der „Stadt die herrscht über den Westen" (πόλις ἄρχουσα δύσεως[629]), womit nur Rom gemeint sein kann,[630] und zeitlich eingeordnet, denn der „Sohn im Hades" dürfte mit Nero zu identifizieren sein.[631] Dieses Wissen kann nicht aus dem Text des *zweiten Petrusbriefes* genommen sein. Selbst wenn die *Petrusapokalypse* den Brief kannte, muss sie also darüber hinaus noch über weitere Informationen über das tatsächlich erfolgte Martyrium verfügt haben, was jedoch nicht zwingend bedeutet, dass diese Informationen in der Martyriumsankündigung enthalten waren, auf die angespielt wird, denn diese Details werden offenbar von Jesus in der aktuellen Situation neu gegeben und nicht als aus der vorausgehenden Prophezeiung bekannt vorausgesetzt. Auch für eine mögliche Abhängigkeit in die andere Richtung, also des Briefes von der Apokalypse, ergibt sich kein konkretes Indiz. Überlegungen wie die, dass es für diesen Fall seltsam wäre, dass der Brief Zeit- und Ortsangaben nicht in irgendeiner Weise verwertete, tragen die Schwäche aller *argumenta e silentio* und können leicht Gegenargumente finden in der Behauptung, dass zu viel Details nicht in die Fiktion des *zweiten Petrusbriefes* gepasst hätten, oder in der Vermutung, dass der Verfasser auch ohne Kenntnis der Apokalypse wohl sehr viel mehr über den Tod Petri gewusst haben dürfte, als aus dem Text hervorgeht, da Petri Martyrium zur Abfassungszeit allgemein bekannt war, gleichgültig ob diese noch ins erste oder erst ins zweite Jahrhundert fällt. Ebenso wie die Frage nach dem Verhältnis von *Petrusapokalypse* und *zweitem Petrusbrief* also an dieser Stelle vorläufig offen bleiben muss[632], kann auch nicht mit Sicherheit gesagt

---

[629] Die Lesart δύσεως ist mittlerweile gesichert gegenüber der früheren Lesart ὀπύσεως, siehe KRAUS/NICKLAS in CGS.NF 11, 127. Diesbezügliche Unsicherheiten, wie sie sich noch in älteren Publikationen, so etwa bei Peterson 1954 zeigen, sind daher überholt.

[630] BAUCKHAM 1998a, 248 mit Verweis auf IgnRom 2,2 und 1 Clem 5,6–7.

[631] Zu den erheblichen Differenzen zwischen griechischem Text (Sohn im Hades) und äthiopischem Text (sündloser Sohn) siehe die Erklärungsversuche bei BUCHHOLZ 1988, 353f. Die Identifikation des „Sohnes im Hades" mit Nero geschieht unter Zuhilfenahme der *Ascensio Isaiae*, vgl. BAUCKHAM 1998a, 247–250, der allerdings τοῦ υ(ἱο)ῦ τοῦ ἐν Ἅιδου wahlweise als Fehlübersetzung des semitischen Idioms „Sohn des Verderbens" sieht oder mit dem zweiten τοῦ eine zweite Person bezeichnet wissen will, also „des Sohnes dessen, der im Hades ist". Nero gälte dann als Sohn des Teufels, dessen Lokalisierung im Hades hier bemerkenswert früh bezeugt wäre, ibid. 249.

[632] BAUCKHAMs Hinweis auf die anzunehmende Wahrscheinlichkeit der Abhängigkeit der *Petrusapokalypse* vom *zweiten Petrusbrief* (BAUCKHAM 1992, 552) mit der Berufung auf SMITH 1985, 49–54 ist im Zusammenhang mit der vorliegenden Textstelle

werden, ob beide Werke auf dieselbe Martyriumsankündigung an Petrus anspielen. Ein Schritt in Richtung einer Lösung könnte sich ergeben, wenn sich die Abhängigkeit der einen von der anderen Schrift erkennen ließe. Dass die beiden in irgendeiner Form miteinander zu tun haben könnten, wird unterstützt von der Beobachtung, dass beiderorts auf die Todesankündigung eine Bearbeitung der Verklärungserzählung folgt.[633] Nimmt man das *Johannesevangelium* dazu, ist also nun schon zum dritten Mal die thematische Reihenfolge Tod des Petrus vor der Parusie zu konstatieren.

In den *Petrusakten*[634] (ActVerc 33–35) gestalten sich die Ereignisse, die zum Tod des Petrus führen, wie folgt: Als Reaktion auf Petri Predigt von der Keuschheit beschließen einige Frauen und Konkubinen führender Männer in Rom, dem Geschlechtsverkehr zu entsagen. Der Präfekt Agrippa und Albinus, ein Freund des Kaisers, beschließen daraufhin, Petrus zu töten. Xanthippe, die Frau des Albinus, erfährt vom Plan ihres Mannes und warnt Petrus. Dieser lässt sich von den Christen überreden, aus Rom wegzugehen; als er aber Rom verlässt, sieht er Jesus nach Rom kommen. Auf Petri Frage, wohin er denn gehe, entgegnet Jesus, er gehe nach Rom, um gekreuzigt zu werden. Jesus fährt gen Himmel, Petrus kehrt um in die Stadt und preist Gott für die neuerliche Kreuzigung, die er, wie der Fortgang zeigt (ActVerc 36), als sein Los sieht.[635] Auch hier ist also das Motiv einer Martyriumsankündigung vorhanden, doch kommt selbst eine eventuelle Vorform dieser Quo-vadis-Szene als Bezug für den 2 Petr 1,14 kaum in Betracht, da sie zeitlich unmittelbar vor dem Martyrium liegt und somit für die Abfassung des *zweiten Petrusbriefes* innerhalb von dessen pseudepigraphischer Fiktion schwerlich noch ein plausibler Zeitraum offen bleibt.[636]

---

irreführend. SMITH geht nämlich für seine Behauptung dieses Abhängigkeitsverhältnisses vom Akhmîmfragment aus, das wohl zum einen eine spätere Bearbeitung der Apokalypse insgesamt in Kenntnis des *zweiten Petrusbriefes* ist, zum anderen aber für die hier zur Diskussion stehende Stelle gar kein Vergleichsmaterial bietet.

[633] Darauf weist schon BAUCKHAM 1983, 200 hin. Unklar ist allerdings, woran er es konkret festmacht, dass die in der *Petrusapokalypse vorausgehende* Passage abhängig scheint von 2 Petr 1,3–11.

[634] Die für den vorliegenden Zusammenhang relevanten Passagen finden sich in den *Actus Vercellenses*, einer lateinischen Handschrift aus Vercelli, die den größten zusammenhängend erhaltenen Teil der *Petrusakten* umfasst; zu den erhaltenen Teilen der Petrusakten siehe RÖWEKAMP in LACL³, s.v. Petrus-Literatur, 566f.

[635] Diese Quo-vadis-Szene wurde in wesentlich späteren Akten und Martyriumsberichten vielfach aus den Petrusakten übernommen, vgl. *Martyrium Petri et Pauli* (=*Passio sanctorum apostolorum Petri und Pauli*) 61 (AAA I, 170), *Acta Petri et Pauli* 82 (AAA I, 211) und *Passio apostolorum Petri et Pauli* 12 (AAA I, 233).

[636] Entgegen Versuchen, der Quo-vadis-Episode eine letztlich an einem historischen Geschehen haftende Tradition zu Grunde liegen zu sehen oder ihr wenigstens ein gewisses Maß an historischer Plausibilität zuzuschreiben (so etwa mit aller Vorsicht MARIANI 1975), weist BAUCKHAM 1983, 201 mit Nachdruck darauf hin, dass es

Das Vorauswissen des Petrus findet im dritten Jahrhundert noch einmal Niederschlag und zwar in den *Pseudoklementinen*, näherhin in der *Epistula Clementis ad Jacobum*.[637] In diesem Brief teilt Clemens dem Jakobus den Tod Petri mit. Wenige Tage vor seinem Tod habe Petrus vor einer Versammlung der Brüder eine Rede gehalten, in der er angesichts seines nahen Todes den Clemens als Bischof eingesetzt habe (EpClem 2,1–2). Diese Abschiedsworte Petri sind in direkter Rede in den Brief integriert. Durch die Elemente „bevorstehender Tod" und „Einsetzung eines Nachfolgers" gibt sich die Rede von Anfang an als zur Gattung der literarisch fixierten fingierten Abschiedsreden gehörig zu erkennen. Über das bloße Motiv des Vorwissens hinaus ist keine Bezugnahme auf eine diesem Wissen zu Grunde liegende konkret greifbare Tradition genommen, vielmehr liest sich die Gestaltung des Motivs wie eine Neubearbeitung der Worte des *zweiten Petrusbriefes*:

EpClem 2,1	2 Petr 1,14[638]
ἐπεί	εἰδὼς ὅτι
– ὡς ἐδιδάχθην	– καθὼς καὶ ἐδήλωσέν μοι
ἀπὸ τοῦ με ἀποστείλαντος κυρίου	ὁ κύριος ἡμῶν Ἰησοῦς Χριστὸς –
τε καὶ διδασκάλου Ἰησοῦ Χριστοῦ –	
αἱ τοῦ θανάτου μου ἠγγίκασιν ἡμέραι,	ταχινή ἐστιν ἡ ἀπόθεσις τοῦ σκηνώματός μου
Κλήμεντα τοῦτον ἐπίσκοπον ὑμῖν	σπουδάσω δὲ καὶ ἑκάστοτε ἔχειν ὑμᾶς
χειροτονῶ …	μετὰ τὴν ἐμὴν ἔξοδον τὴν τούτων μνήμην ποιεῖσθαι.

Die lexikalischen Kongruenzen sind zwar gering, aber der Informationswert und die dafür benötigten Syntagmata stimmen überein: Der Hinweis auf die Unterweisung über den bevorstehenden Tod durch Christus findet sich in einem Komparativsatz, der nicht mehr Details enthält als die Identität des Mitteilenden, den Vorgang der Mitteilung und die Angabe des Empfängers der Mitteilung. Der Inhalt der Mitteilung ist in der *Epistula*

---

vor den *Acta Petri*, die wohl in das letzte Drittel des zweiten Jahrhunderts fallen, keinerlei Zeugen für sie gibt und sie recht sicher von Joh 13,36 her inspiriert ist. Zudem hätten die ActPetr den *zweiten Petrusbrief* gekannt.

[637] Die *Pseudoklementinen* werden zwar insgesamt in der vorliegenden Form i.d.R. ins vierte Jahrhundert datiert, aber Vorformen und Teile dürften schon früher entstanden sein. Der Untersuchung STRECKERs (STRECKER 1981) zufolge gehört die *Epistula Clementis* der von ihm herausgearbeiteten ‚Grundschrift' an, vgl. STRECKER 1981, 90–92, deren Entstehung er zwischen 220 und 300 datiert, ibid. 255-267, v.a. 267. Während diese *termini a quo* und *ante quem* nachvollziehbar sind, mutet es etwas fragwürdig an, dass er für die nähere Eingrenzung schlicht das arithmetische Mittel 260 heranzieht, ibid. 267. KELLY 1969, 314 datiert den Brief, jedoch ohne Verweis auf Gewährsleute oder Anführung von Argumenten, auf das frühe dritte Jahrhundert.

[638] Die Reihenfolge der Syntagmata ist für die Zusammenschau geändert

Clementis ohne Metapher formuliert, sowohl hier wie auch im *zweiten Pet-rusbrief* ist es jedoch die schlichte Tatsache des nahen Todes. Beide Male ist das Wissen um das baldige Sterben Anlass für eine bestimmte Handlung: In der *Epistula Clementis* für die Einsetzung des Clemens zum Bischof, im *zweiten Petrusbrief* für das Hinterlassen einer Erinnerungsmöglichkeit für die Hinterbliebenen. Sehr wahrscheinlich liegen hier nicht einfach Ge-meinsamkeiten vor, die generischer Intertextualität anzurechnen sind, sondern stand der *zweite Petrusbrief* Modell für die Formulierung.[639]

Die Suche nach einer Tradition von einer Ankündigung des Todes Petri durch Jesus, auf die 2 Petr 1,14 anspielen könnte, führt also zu keinem be-friedigenden Ergebnis. Während *Petrusakten* und *Pseudoklementinen* schlichtweg gar keinen Anhaltspunkt geben, der in der Fragestellung wei-terführen könnte, haben *zweiter Petrusbrief, Petrusapokalypse* und Joh 21,18 wenigstens dies gemeinsam, dass sie von einer Todes- oder Martyriums-ankündigung an Petrus wissen und den Tod Petri vor einem Abschnitt über die Parusie thematisieren. Konkreten Niederschlag findet diese An-kündigung dann einzig und allein in Joh 21,18, doch stellt auch diese Überlieferung, wie gezeigt, keinen restlos überzeugenden Vorschlag für die in 2 Petr 1,14 alludierte Tradition dar.[640] Als Lösung des Rätsels wurde eingeworfen, eine Jagd nach einem besonderen legendarischen oder histo-rischen Vorfall, auf den hier Bezug genommen werde, sei von vornherein zur Erfolglosigkeit verurteilt, denn die Pseudonymität des Briefes bedeute zweifellos, dass Petrus zur Abfassungszeit schon hohes Ansehen als Mär-tyrer genoss, und es gehöre zum Glauben des frühen Christentums, dass seine Märtyrer Vorwarnungen ihres Martyriums erhalten hätten.[641] In der Tat berichtet auch die Apostelgeschichte von Ahnungen des Paulus von seinem bevorstehenden Schicksal und expliziten Ankündigungen.[642] Dies ist aber auch schon – abgesehen von den Leidensankündigungen Jesu – das einzige dem *zweiten Petrusbrief* nahe stehende Beispiel.[643] So richtig es

---

[639] Dass die *Epistula Clementis* über Informationen verfügte, die über das hinaus-gingen, was sie aus der *Secunda Petri* entnehmen konnte, zeigt sich etwa bei der Loka-lisierung des Todesgeschehens in Rom u.a. Doch lässt dies keine Rückschlüsse zu auf eine bisher ungenannte Tradition der Todesankündigung Jesu an Petrus.

[640] Positiver beurteilt BAUCKHAM den Befund: Joh 21,18 erfüllt die Voraussetzun-gen der gesuchten Tradition, siehe BAUCKHAM 1992, 552 wie auch schon 1983, 201. Auch VAN HOUWELINGEN 1993, 43f empfindet keinerlei Unstimmigkeit, wenn er Joh 21,18–19 als die fragliche Tradition deklariert.

[641] So KELLY 1969, 314.

[642] So bringt er in Act 20,25 gegenüber den ephesinischen Gemeindeältesten seine Gewissheit zum Ausdruck, dies sei das letzte Treffen mit ihnen. Und nach Act 21,11 kündigt ihm in Caesarea ein judäischer Prophet namens Agabus seine Gefangennah-me in Jerusalem an.

[643] Die im Weiteren von KELLY 1969, 314 angeführten Belegstellen sind späteren Datums und es ist daher zu bezweifeln, ob sie als Vergleichsmaterial herangezogen

sein mag, dass das Vorauswissen um den eigenen Tod zum potentiellen Inventar der Abschiedsliteratur gehört, dass Petrus – aber nicht nur er! – schon in neutestamentlicher Zeit, erst recht aber danach, vielleicht ausgehend von der durch Paulus in 1 Kor 15,5 bezeugten Erscheinung am dritten Tag, immer mehr zum Offenbarungsempfänger geworden ist[644] und dass es zu den Fähigkeiten eines θεῖος ἀνήρ in der Antike gehörte, im Voraus von seinem Tod zu wissen,[645] so wenig darf doch der gesamte Vers 2 Petr 1,14 auf das Konto generischer Intertextualität geschrieben werden. Genau dies ist der sprachlichen Gestaltung zu entnehmen. Hätte der Verfasser es bei einer allgemeinen Andeutung des Vorauswissens um den Tod, wie sie gängigen Schemata entspricht, belassen wollen, wäre der καθώς-καὶ-Satz nicht nötig gewesen.

Beinahe ein halbes Jahrhundert alt ist der Vorschlag, nicht von δηλοῦν ausgehend nach einer Offenbarungsüberlieferung zu suchen, sondern die in 2 Petr 3,1 behauptete Bekanntschaft mit dem *ersten Petrusbrief* ernst zu nehmen und den *ersten Petrusbrief* mit den Augen des Verfassers des *zweiten Petrusbriefes* zu lesen – weitgehend unabhängig davon, ob diese Lesart der Intention und den Aussagen des *ersten Petrusbriefes* entspricht. Es handelt sich also gewissermaßen um einen metatextuellen Entwurf *avant la lettre*.[646] Dabei wird für den *zweiten Petrusbrief* eine deutlich ins zweite Jahrhundert hineinragende Abfassungszeit angenommen. Aufgrund des Kontextes von 1 Petr 5,1, wo das nahe Ende der Zeiten (1 Petr 4,7) festgestellt und angesichts der erhöhten Gefahr der Versuchung (1 Petr 4,12) zur Praxis christlicher Ethik aufgerufen wird, sowie in Anbetracht seines Wissens um den Märtyrertod Petri, seiner Interpretation der Verklärung als Vorabschattung der Parusie und seiner Analyse der eigenen Zeit, könnte

---

werden sollten. Polykarp erlitt den Märtyrertod höchstwahrscheinlich um 155 (zu den Datierungsfragen vgl. BUSCHMANN 1998, 39f). Selbst wenn diese frühest mögliche Datierung des Todes und die Angabe innerhalb des *Martyrium Polycarpi*, dass diese Schrift binnen Jahresfrist danach entstanden ist (MartPol 18,3), zuverlässig sind, so kommt sie doch nur bei einer extremen Spätdatierung des *zweiten Petrusbriefes*, an der heute kaum noch festgehalten wird, in dessen zeitliche Nähe. Die *Passio Perpetuae et Felicitatis* sowie die *Vita Cypriani* gehören gar erst ins dritte Jahrhundert. Noch viel später sind die bei BIELER 1967, 92 angeführten *Martyrium Petri et Pauli*, *Acta Petri et Pauli* sowie die *Passio apostolorum Petri et Pauli*, vgl. SCHNEEMELCHER/DE SANTOS in NTApo³ II, 399–404. Richtig ist natürlich, dass in all diesen Werken das Motiv des – durch Offenbarung erlangten – Bewusstseins über das bevorstehende Martyrium Niederschlag gefunden hat: MartPol 5,2; *Passio Perpetuae et Felicitatis* 4,3–10; VitCypr 12–13, ferner die Wiederaufnahme der Quo-vadis-Szene (neben anderen Äußerungen Petri und/oder Pauli zu ihrem bevorstehenden Tod) in *Martyrium Petri et Pauli* 52–53.55.61 (AAA I,162–167 und 170f), *Acta Petri et Pauli* 76 und 82 (AAA I,210f und 215f) sowie die *Passio apostolorum Petri et Pauli* 11 und 12 (AAA I,231–233).

[644] Vgl. die Darstellung bei GOETZ 1927, 66–105.

[645] Vgl. BIELER 1967, 91f.

[646] Siehe zum Folgenden BOOBYER 1959, 47ff.

der Verfasser des *zweiten Petrusbriefes* den *ersten Petrusbrief* als am Horizont einer Verfolgung entstanden gelesen haben. Diese habe den alternden Petrus (συμπρεσβύτερος 1 Petr 5,1) schon damals seinen eigenen Märtyrertod (μάρτυς τῶν τοῦ Χριστοῦ παθημάτων 1 Petr 5,1) voraussehen und die – in dieser Lesart auf der Verklärung basierende! – Hoffnung auf Teilhabe an der eschatologischen Herrlichkeit aussprechen lassen (ὁ καὶ τῆς μελλούσης ἀποκαλύπτεσθαι δόξης κοινωνός 1 Petr 5,1). Diese Situation Petri habe der Verfasser des *zweiten Petrusbriefes* dann auch seiner eigenen Fiktion zu Grunde gelegt. Somit verweise 2 Petr 1,14 auf die Rezeption von 1 Petr 5,1.

Da diese Argumentation nicht bei konkret übereinstimmenden Textelementen ansetzt, ist ihr mit dem bisher angewandten Verfahren nicht zu begegnen. Sie gewinnt ihr Gewicht dadurch, dass sie Teil ist einer umfassenden Sicht auf den *zweiten Petrusbrief* als Reflektion der Beschäftigung seines Verfassers mit dem *ersten Petrusbrief* und muss daher insgesamt gewürdigt werden.[647] So viel darf allerdings jetzt schon festgehalten werden: Eine der Basisüberlegungen dieses Ansatzes, nämlich dass Petrus in der Fiktion des *zweiten Petrusbriefes* als alt gedacht ist, ließe sich, wie gesehen, über die generische Intertextualität an der Aussage des bevorstehenden Todes anknüpfen, es entspräche der Gattung der literarisch fixierten fingierten Abschiedsrede in keiner Weise, stürbe der Erblasser jung. Über lexikalische Indizien freilich ist der Nachweis nicht zu führen.

1.2.5. Petri Vorsorge für eine Erinnerungsmöglichkeit (2 Petr 1,15)

σπουδάσω δὲ καὶ ἑκάστοτε ἔχειν ὑμᾶς
μετὰ τὴν ἐμὴν ἔξοδον τὴν τούτων μνήμην ποιεῖσθαι.

So beschließt der Verfasser die vier vom Proöm zum Korpus überleitenden Verse, in denen die Fiktion eines testamentarischen Vermächtnisses des todgeweihten Petrus aufgebaut wird. Dies entspricht dem Beginn des Abschnitts, wo er versprochen hatte: Διὸ μελλήσω ἀεὶ ὑμᾶς ὑπομιμνῄσκειν περὶ τούτων καίπερ εἰδότας καὶ ἐστηριγμένους ἐν τῇ παρούσῃ ἀληθείᾳ (2 Petr 1,12). Deutlich ist die zweifache Betonung der zeitlichen Unbegrenztheit der Erinnerungsmöglichkeit durch ἀεί (1,12) und ἑκάστοτε (1,15).[648] Ein apostolisches Sorge Tragen kann aber schon

---

[647] Siehe Kapitel IV.

[648] Plausibler als die Interpretation, dass sich 1 Petr 1,12 auf die Zeitspanne bis zum Lebensende beziehe und dann in 1,15 erst etwas über seinen Tod hinaus Bleibendes in Aussicht stelle – so beispielsweise SCHMIDT 2003, 354 Anm. 113 –, scheint mir die Auffassung, dass ἀεί seiner üblichen Bedeutung entsprechend die beiden Zeitabschnitte ἐφ' ὅσον εἰμὶ ἐν τούτῳ τῷ σκηνώματι (1,13) und μετὰ τὴν ἐμὴν ἔξοδον (1,15) umfasst. 1,12 wäre damit eine sowohl die folgenden Verse einleitende

bei zeitweiliger Abwesenheit zu Lebzeiten kaum anders als per Brief und/oder die Stelle des Apostels vertretende Mitarbeiter erfolgen, wie viel mehr also bei einer dauerhaften irreversiblen Abwesenheit durch den Tod. Darum wird diese Aussage in der Regel als metatextueller Verweis nach einer Schrift verstanden;[649] von einem stellvertretenden Mitarbeiter wird im Text ja kein Wort gesagt. Als Zielpunkt dieses Verweises wurden verschiedene Texte vorgeschlagen.

Auf Nachrichten aus dem zweiten Jahrhundert geht die Deutung auf das *Markusevangelium* zurück. Papias von Hierapolis berichtet – wahrscheinlich Anfang des zweiten Jahrhunderts[650] –, der Presbyter Johannes habe erzählt, dass Markus, der Dolmetscher des Petrus, sein Evangelium nach seiner Erinnerung an die Lehrvorträge des Petrus geschrieben habe.[651] Dieser Sicht folgt Irenäus, der die Abfassung des *Markusevangeliums* ausdrücklich zeitlich μετὰ δὲ τὴν τούτων (scil.: τοῦ Πέτρου καὶ Παύλου) ἔξοδον einordnet. Die Verwendung gerade des Wortes ἔξοδος für den Tod der beiden großen Apostel könnte eine Reminiszenz an 2 Petr 1,15 darstellen,[652] doch kann die Beweislast, dass dem so ist, von diesem Wort allein nicht getragen werden, da seine Verwendung im zweiten Jahrhundert zunimmt.[653] Dieser Markushypothese haftet der Makel großer Konstruiertheit an. Eindeutige lexikalische oder syntagmatische Indizien, die

---

als auch sie zeitlich umgreifende Aussage; vgl. die dem Sinne nach ähnliche Deutung bei WOHLENBERG 1923, 187.

[649] Um aus der großen Menge der Vertreter dieser Sichtweise wenigstens zwei anzuführen vgl. WOHLENBERG 1923, 189 ad loc.: „Da nun von einem Gegensatz zwischen mündlicher und schriftlich ergehender Ermahnung und Belehrung nicht die Rede ist, da jene gar nicht angedeutet ist, so wird der Apostel die Absicht ausdrücken, schriftliche Aufzeichnungen der genannten Art seinen Lesern zukommen zu lassen, die einen dauernden Ersatz für seine persönliche Gegenwart bieten sollen." und MUSSNER 1976, 60: „Er will „für immer Vorsorge treffen, daß ihr nach meinem Hingang die Möglichkeit habt, euch dieser Dinge zu erinnern". Diese ‚Vorsorge' trifft er konkret mit seinem Brief (besser gesagt: mit seinen beiden Briefen, da er in 3,1 beansprucht, auch den 1 Petr geschrieben zu haben)."

[650] Zur Datierung des Papias vgl. KÖRTNERs Einleitung in die Papiasfragmente in SUC III, 30f.

[651] Papias bei Euseb hist.eccl III,39,15. Moderne Vertreter sind u.a. MAYOR (sehr vorsichtig) 1907, cxlii–cxliv und 103, HILLYER 1992, 172 und VAN HOUWELINGEN 1993, 45. Sehr zögernd und tastend äußert sich BIGG 1902, 265: "Certainly no document would redeem the apostle's promise so well as a gospel; and if a gospel is meant, the reference can hardly be to any other than that of St. Mark." Ausgehend von der Markushypothese versuchte CREHAN 1982, 146, die Tatsache, dass P72 in 2 Petr 1,15 das Präsens statt des Futurs bietet, für die Datierung des *Markusevangeliums* fruchtbar zu machen: "If this [scil.: σπουδάζω statt σπουδάσω; Anm. MGR] is the right reading, it brings the composition of Mark's gospel within the lifetime of St. Peter."

[652] MAYOR 1907, 102 formuliert dies als Frage.

[653] BAUCKHAM 1983, 202.

auf eine Bekanntschaft mit dem *Markusevangelium* schließen lassen, sucht man im Text des *zweiten Petrusbriefes* vergeblich. Auch will der Inhalt des in Aussicht gestellten Schreibens, das klar auf 1,3–11 bezogene anaphorische περὶ τούτων in 1,12.15, nicht ohne weiteres zum *Markusevangelium* passen. Und schließlich behaupten weder Papias noch Irenäus, Markus habe *im Auftrag* Petri geschrieben, während doch 2 Petr 1,15 unterstreicht, Petrus selbst wolle Sorge tragen, dass eine entsprechende Erinnerungsmöglichkeit zur Verfügung steht.[654] Falls Irenäus 2 Petr 1,15 als Verweis auf das *Markusevangelium* gelesen hat, so bestätigt das nur, dass die Stelle in Kenntnis der biographischen Verflechtung zwischen Markus und Petrus auf diese Weise gelesen werden *konnte*.[655] Diese rezeptionsseitige Möglichkeit ist aber nicht gleichzusetzen mit der produktionsseitigen Intention. Für diese legt sich eine andere Lösung näher:

Der gesamte Abschnitt 2 Petr 1,12–15 ist, wie gesehen, durchtränkt mit Motiven, die dem potentiellen Inventar literarisch fixierter fingierter Abschiedsreden angehören. Auch das Motiv des Erinnerns und des Schaffens einer Erinnerungsmöglichkeit ist dieser Palette entnommen.[656] Methodisch ist es daher vernünftig, die Lösung für das Problem des Verweises auch innerhalb dieses Rahmens zu suchen. Einmal mehr ist es der ebenfalls als ‚Testament' aufgemachte Brief der *syrischen Baruchapokalypse*, der die nächste Parallele darstellt.[657] Nachdem ‚Baruch' seine Verbundenheit mit den Adressaten als eine Verbundenheit der Angehörigen der zwölf Stämme durch die Kindschaft zum selben Vater (syrBar 78,2–4) ausgedrückt hat, was an die Verbundenheit des ‚Petrus' mit seinen Lesern oder Hörer über den gemeinsamen Glauben (2 Petr 1,1) erinnert, lässt er die Angeschriebenen wissen, dass es ihm (a) ein wichtiges Anliegen sei, (b) vor seinem Tod ihnen (c) die Botschaft des vorliegenden Briefes zu hinterlassen (syrBar 78,5). Das Element des Herzensanliegens (a) ist in 2 Petr 1,15 in der Semantik von σπουδάσω wiederzufinden, die Todesnähe (b) ist unmissverständlich in μετὰ τὴν ἐμὴν ἔξοδον verbalisiert. Die Tatsache, dass innerhalb der generischen Intertextualität literarisch fixierter fingierter Abschiedstexte die *Secunda Petri* bereits an früherer Stelle in besonderer

---

[654] So überzeugend die Argumente BAUCKHAMS 1983,202.

[655] Im Grunde ist diese Lese*möglichkeit* die Ausgangsposition von TROBISCH 1996, wenn er darstellt, wie sich der Leserschaft des kanonischen Ausgabe des Neuen Testaments in dieser Aussage ein Verweis nach dem *Markusevangelium* und so nach der Teilsammlung der vier Evangelien aufdrängte; siehe TROBISCH 1996, 136–147 und THEISSEN 2003, 350f Anm. 13, der dafür hält, ein „scharfsinniger Kopf" hätte das bei Papias nachzulesende biographische Konstrukt, dass ein Petrusbegleiter und -übersetzer namens Markus im *Markusevangelium* dessen Erinnerungen aufzeichnete, „im 2. Jh. aus dem NT erschließen können."

[656] DAVIDS 2006, 194.

[657] Auf die auffällige Übereinstimmung macht – einmal mehr im Gefolge von BAUCKHAM 1983, 201 – auch SKAGGS 2004, 106 aufmerksam.

Nähe zur *syrischen Baruchapokalypse* zu stehen schien, gibt Berechtigung zur Annahme, dass die so begonnene Analogie sich noch weiter erstreckt, dass also auch in 2 Petr 1,15 ein autoreferentieller Verweis zu sehen ist. Damit wird eine verständliche Lösung für den als περὶ τούτων beschriebenen und sachlich 1,1–11 umfassenden Inhalt der angekündigten Schrift gefunden: Die beste Erinnerungsmöglichkeit an diese Dinge ist natürlich der vorliegende Brief. Unterstützt wird diese Lesart durch eine Beobachtung zu einer möglicherweise spezifisch epistolographischen Verwendung von σπουδάζειν: Dieses Verb wird im *Barnabasbrief* häufiger und im *Judasbrief* gleich zu Beginn kombiniert mit einer folgenden Bemerkung über die eigene Schreibtätigkeit im vorliegenden Brief.[658] Es dürfte also hier eine Standardfügung vorliegen, die vom Verfasser des *zweiten Petrusbriefes* elliptisch gebraucht wurde: Der explizit auf den Schreibvorgang gemünzte Teil wurde weggelassen zugunsten einer Hervorhebung des Ergebnisses: Ihr habt (in diesem Brief) dann etwas, was euch immer die Möglichkeit zur Erinnerung geben wird.[659] Dass dabei nicht der Briefaorist[660] verwendet wird, sondern das Futur, mag der Orientierung an der Gattung der literarisch fixierten fingierten Abschiedsrede angelastet werden.[661] Insgesamt kann sich die Interpretation von 2 Petr 1,15 als autoreferentieller Verweis ein so hohes Maß an Plausibilität zu Gute halten, dass sie sich ohne weiteres allen Alternativvorschlägen als überlegen erweist.[662] Auch

---

[658] Der *Barnabasbrief* schließt beispielsweise mit der Wendung μᾶλλον ἐσπούδασα γράψαι, ἀφ' ὧν ἠδυνήθην (21,9) – der Bezug auf das vorliegende Schreiben ist deutlich. Seine eigene Rolle als Briefschreiber formuliert er so: γράφειν ἐσπούδασα περίψημα ὑμῶν (4,9). Der *Judasbrief* beginnt nach dem Präskript mit einer Verbindung von σπουδὴν ποιοῦν und γράφειν: ἀγαπητοί, πᾶσαν σπουδὴν ποιούμενος γράφειν ὑμῖν περὶ ... (Jud 3); vgl. auch BAUCKHAM 1083, 201.

[659] Ein Zwischenstadium dazu würde die Verwendung am Beginn des *Barnabasbriefes* darstellen, wo ebenfalls nicht der Schreibvorgang, wohl aber die Tätigkeit des Abschickens ausgedrückt wird: ἐσπούδασα κατὰ μίκρον ὑμῖν πέμπειν (1,5).

[660] Der *Barnabasbrief* bewegt sich, was den Aorist betrifft, deutlicher in den Bahnen traditionellen Briefstils: γράφειν ἐσπούδασα (Barn 1,5; 4,9; 21,19), ebenso der *Judasbrief*: ἀγαπητοί, πᾶσαν σπουδὴν ποιούμενος ... ἀνάγην ἔσχον γράψαι ὑμῖν (Jud 3).

[661] BAUCKHAM 1983, 201 denkt, dass das Futur entweder durch ἑκάστοτε motiviert ist oder durch einen geringeren Bezug auf die derzeitige Schreibtätigkeit und einen Schwerpunkt auf der Fürsorge in der Zeit nach dem Tod des impliziten Autors. Für BIGG 1902, 264f stellt das Futur ein Hindernis für eine Deutung auf den vorliegenden Brief dar. FUCHS/REYMOND 1980, 63 plädieren zu Recht dafür, die Futurformen in 1,12 und 15 analog zu verstehen, nämlich als Kennzeichen der Abschiedsrede.

[662] Die Mehrzahl der Exegetinnen und Exegeten sieht hier ebenfalls eine Autoreferenz, siehe beispielsweise KNOPF 1912, 277; SCHELKLE 1961, 196; KELLY 1969, 314f; BOLKESTEIN 1972, 264; GRUNDMANN 1974, 80; FUCHS/REYMOND 1980, 65f; KAHMANN 1983, 42f; JOHNSON 1988, 39; KNOCH 1990, 250; PAULSEN 1992, 115f; BÉNÉTREAU 1994, 104; VÖGTLE 1994, 161; HARRINGTON 2004, 252; DAVIDS 2006, 197. Weitere Vorschläge über die Markus- und Autoreferenzhypothese hinaus fehlen nicht: Nach WOHLEN-

intratextuell erfährt dies Bestätigung, wenn 2 Petr 3,1–2 beiden Petrinen lexikalisch doppelt abgesichert Erinnerungsfunktion zuweist (ἐν αἷς διεγείρω ὑμῶν ἐν ὑπομνήσει τὴν εἰλικρινῆ διάνοιαν; μνησθῆναι τῶν προειρημένων ῥημάτων ὑπὸ τῶν ἁγίων προφητῶν καὶ τῆς τῶν ἀποστόλων ὑμῶν ἐντολῆς τοῦ κυρίου καὶ σωτῆρος). Vielleicht darf man darauf aufbauend sogar noch einen Schritt weiter gehen und in dem eher iterativen ἑκάστοτε eine Rezeptionsanweisung für den vorliegenden Brief sehen: Er soll immer wieder, bei jeder Gelegenheit gelesen werden, wie auch der Brief Baruchs die Intention der Rezeption klar zum Ausdruck bringt (syrBar 84,7.9).

1.2.6. Fazit

Die Untersuchung möglicher indexikaler Verweise in 2 Petr 1,12–15 führt zu folgendem Ergebnis:

Den *Judasbrief* als Prätext zum *zweiten Petrusbrief* zu verstehen, stellt sich einmal mehr als sinnvolle Lösung heraus. Deutlich zeigt sich, wenn man dieses Verhältnis voraussetzt, das literarische Interesse der Umgestaltung durch den Verfasser des *zweiten Petrusbriefes*, nämlich die Veränderung in eine Schrift, die den literarisch fixierten fingierten Abschiedsreden zugerechnet werden kann, ohne dass der Briefcharakter dabei verloren geht. Nach den Transformationsmaßnahmen bleiben Berührungspunkte zwischen beiden Briefen in den fraglichen Versen nur noch in allgemein epistolographischen Wendungen, d.h. von einem erkennbaren Verweis nach dem Prätext kann für einen Leser, der diesen nicht kennt, nicht mehr die Rede sein.

In der Formulierung ἐν τῇ παρούσῃ ἀληθείᾳ könnte eine Wiederaufnahme einer Formulierung aus dem *Kolosserbrief* vorliegen. Gewissheit ist hierüber aber nicht zu erlangen, weil keine weiteren Verbindungen zum potentiellen Prätext zu beobachten sind und ein Bedeutungsimport in den Phänotext durch die Aufnahme des Prätextes nicht zu ersehen ist.

Mit einiger Wahrscheinlichkeit hingegen spielt die Verbindung von Zeltmetapher für den Körper und Kleidungsmetapher auf das fünfte Kapitel des *zweiten Korintherbriefes* an.

Dass der Hinweis auf die Offenbarung des bevorstehenden Todes durch Christus auf Joh 21,18 anspielt, wie immer wieder behauptet wird, kann nicht bewiesen werden. Außer der – auch in der *Petrusapokalypse* belegten – Datierung des Todes Petri vor der Parusie Christi, gibt es keine zwingenden Verbindungen zu dem Text aus dem Nachtragskapitel des

---

BERG 1923, 191–193 hat Petrus bereits früher ein Schreiben angekündigt und mit dem zweimaligen Futur 1,12 und 1,15 bekräftigt er nun die noch nicht zur Tat gewordene Absicht. Auch GREIJDANUS 1931, 117 sieht hier die Ankündigung einer Schrift, von der weiter keine anderen Nachrichten überliefert sind.

Johannesevangeliums. Andererseits scheint die hinter diesem Vers stehende Tradition der einzig nachvollziehbare Anknüpfungspunkt der Aussage in 2 Petr 1,14 zu sein, es sei denn, man wollte von einer verlorenen Tradition ausgehen oder einen Scheinverweis postulieren.

Zuletzt verweist der *zweite Petrusbrief* auf sich selbst als auf ein Dokument, das den Empfängern die ihnen bekannte Lehre bleibend in Erinnerung rufen bzw. halten soll.

2. Pragmatik der Intertextualität

Das Ergebnis der syntaktischen Untersuchung war, dass zwar einerseits die generischen Verweise aus 2 Petr 1,12–15 auf das Genus der literarisch fixierten fingierten Abschiedsrede wie auch nach dem apostolischen Brief mehr als deutlich im Text zu greifen sind. Dagegen wollte es nicht gelingen, einzelne Texte dieser Gattung als Prätexte dingfest zu machen, wenngleich immer wieder besondere Nähen besonders zum Brief des Baruch in der *Baruchapokalypse* und, wohl vor allem auf generische Intertextualität zurückzuführende, Konvergenzen und Kongruenzen mit der Abschiedsrede des Mose bei Josephus zu beobachten waren. Für den Verfasser bedeutet dies, dass er auf jeden Fall mit dem Genus der literarisch fixierten fingierten Abschiedsrede umfänglich vertraut gewesen sein muss. Dass Josephus und die *Baruchapokalypse* zu seiner Textwelt gehörten, ist durchaus möglich, vielleicht für letztere sogar noch in etwas höherem Maße als für Josephus. Doch wenn dem so war, lag es offenbar nicht in seiner Absicht, eindeutig auf diese zu verweisen, ja, überhaupt wollte er augenscheinlich auf keinen konkreten Prätext verweisen. Für den Text bedeutet das: Der Text sollte dem Genus an sich zugehören, sich aber nicht als in den Fußstapfen eines bestimmten, diesem Genus zugehörigen Textes gehend ausweisen. Die Rezipientinnen und Rezipienten sollten beim Lesen nicht an eine konkrete andere Schrift denken.

Die deutliche Anlehnung an andere Schriften desselben Genres könnte dafür sprechen, dass die intendierte Rezipientenschaft zumindest auf das Genre an sich hingewiesen werden sollten. Doch ob sie mit dessen literarischen Techniken so vertraut waren, dass sie den Brief als Fiktion wahrnahmen, es sich also um eine offene Fiktion handelte,[663] deren sich Verfasser und intendierte Rezipienten vollauf bewusst waren, wird man aus dem Gesagten nicht entnehmen können. Es ist nicht bekannt, wie andere Abschiedsreden und Testamente rezipiert wurden, ob sie als ‚echt' galten

---

[663] Die These, dass es sich beim *zweiten Petrusbrief* um eine "entirely transparent fiction" handele, hat BAUCKHAM in seinem Kommentar von 1983 im Rahmen der *Introduction* unter der Überschrift *Form and Structure* entwickelt, siehe BAUCKHAM 1983, 131–135. Dagegen denkt STARR 2000, 51, dass die *Secunda Petri* als authentischer Petrusbrief gelesen wurde.

oder als akzeptierte Fiktion.[664] Gewiss kennt der Verfasser das Genus und
weiß mit dessen Bauelementen umzugehen und dürfte somit mit einer
gewissen Wahrscheinlichkeit auch bei anderen Schriften derselben Gattung die Fiktion durchschaut haben. Doch in welchem Maße seine literarische Bildung auch bei den intendierten Rezipienten vorausgesetzt werden
muss, lässt sich nicht ohne weiteres bestimmen. Vielleicht wird man sogar
davon ausgehen müssen, dass Testamente und Abschiedsreden nicht von
allen auf dieselbe Weise gelesen bzw. gehört wurden.

Ein Hinweis auf die vom Verfasser intendierte Rezeption ergibt sich
aus einer anderen Beobachtung. Zwar reiht sich die *Secunda Petri*, wie gesehen, in das Genus der literarisch fixierten fingierten Abschiedsreden ein,
geht aber darin nicht auf, sondern nimmt Variationen auf das Genus vor.
Dies lässt auch Veränderungen in der beabsichtigten und/oder der erfolgten Rezeption im Vergleich zu anderer Abschiedsliteratur vermuten. Einer
der auffälligsten Unterschiede zu anderen Texten derselben Gattung besteht im historischen Abstand der intendierten Adressaten vom angeblichen Verfasser des Testaments. Während beispielsweise die Patriarchen
und Mose, aber auch noch Baruch im Verhältnis zu den Erstrezipienten
sehr weit zurückliegenden Zeiten angehörten, trennt die intendierten Leser des *Zweiten Petrusbriefes* vom historischen Petrus maximal eine Zeit
von zwei oder drei Generationen. Das Geschichtsbewusstsein von sowohl
Verfasser als auch Rezipienten war groß genug, um Petrus in der Apostelgeneration zu belassen und ihn nicht neben Mose, Josua, Baruch und die
Erzväter zu stellen. Diese Verortung in der Apostelgeneration geschieht
nicht nur durch sprachliche Merkmale wie das apostolische Wir oder die
Rezeption der Verklärung als Erlebnis der Apostel, sondern auch durch
den Gebrauch der Form des Apostelbriefes. Gerade diese Variation, die
Kombination der literarisch fixierten fingierten Abschiedsrede mit dem
Apostelbrief, kann kaum anders gedeutet werden denn als eine auf die
Akzeptanz als authentisch petrinisches Schriftstück zielende Maßnahme,
ist doch der Apostelbrief ein Genus, das in sich ein hohes Maß an Authen-
tizitätsbehauptung der jeweiligen Schrift trägt. Dass die *Secunda Petri*
mehr noch als in die Reihe der Testamente und Abschiedsreden in die
Gruppe der Apostelbriefe gehören will, ergibt sich aus den primär hervor-
tretenden Gattungsmerkmalen, die die eines Briefes sind. In diese Richtung dürfte auch der neuerliche Verweis auf einen paulinischen Brief
durch die Verbindung von Zelt- und Kleidungsmetapher bei der Rede
vom Tod wirken: Inmitten des Abschnittes, der sich am deutlichsten an

---

[664] So auch DAVIDS 2006, 146: "What we do not know is how the first readers of
these works understood them. It is clear to us that they are pseudepigraphical, but
was it as clear to those first readers? It would be helpful to have a series of reports
that indicated that they did indeed understand them to be relatively recent works
drawing on the reverend status of the ancient hero."

die Abschiedsliteratur anlehnt, findet sich ein Querverweis nach einem Paulusbrief. Ist aber diese Beobachtung richtig, dass die *Secunda Petri* an erster Stelle beansprucht, ein authentischer Apostelbrief zu sein, kann die die Fiktion als so ganz und gar transparent nicht intendiert gewesen sein.

Was der Verfasser aber ganz sicher von seinen Rezipientinnen und Rezipienten erwartet, ist, dass sie den autoreferentiellen Verweis in 2 Petr 1,12.15 als solchen erkennen, dass sie also den Brief als die angekündigte Erinnerungsschrift verstehen und nicht auf eine andere Schrift warten. Um hierzu in der Lage zu sein, brauchten sie allein mit der Gattung des Briefes hinreichend vertraut zu sein, denn, wie gezeigt wurde, ist dieser Verweis zwar auch ein Element generischer Intertextualität der Abschiedsliteratur, wird aber mit Wendungen realisiert, die allgemein der Gattung Brief angehören.

Eine Verständigung zwischen Verfasser und Rezipienten liegt wohl auch im Verweis auf eine Tradition vor, nach der Petrus seinen baldigen Tod von Jesus angekündigt bekam. Wenn man καθώς καί in 1,14, wie ausgeführt, so zu verstehen hat, dass καί in erster Linie nicht additiv (‚wie auch'), sondern intensivierend auf καθώς wirkt (‚gerade wie', ‚wie ja'), dann enthält es einen kommunikativen Aspekt, nämlich die Unterstellung seitens des Verfassers, die Rezipienten müssten die Anspielung zuordnen können: „wie ja – ihr wisst schon, worauf ich anspiele – unser Herr Jesus Christus mir offenbart hat." In Bezug auf das faktisch bei den Rezipienten vorhandene Wissen bestehen dann zwei Möglichkeiten: Entweder die Angeschriebenen wissen tatsächlich, worauf ,Petrus' Bezug nimmt, oder ,Petrus' blufft nur: Er unterstellt ihnen ein Wissen, über das sie tatsächlich gar nicht verfügen haben, von dem sie aber das Gefühl bekommen sollen, dass sie es eigentlich haben müssten. Dass die Suche nach einem Referenztext zu keinem eindeutigen Ergebnis führte, muss noch nicht bedeuten, dass es sich in 1,14 um einen pseudointertextuellen Verweis handelt. Um einen Anhaltspunkt über die Natur des Verweises in 1,14 zu bekommen, kann nur zurückgegriffen werden auf die Beobachtung, dass sich der Verfasser an einer weiteren Stelle im Brief auf identische Weise, nämlich durch ein dem Gedankengang nachgeschobenes nachgeschobenes καθώς καί, der Technik bedient eine Autorität als Unterstützung seiner Aussage heranzuziehen, die anscheinend den Adressaten bekannt sein sollte. Bei der Analyse von 3,15 war deutlich geworden, dass der Verfasser nicht scheinbar, sondern wirklich, allerdings nicht konkret, sondern global auf Paulus hinweisen wollte. Ein Hinweis auf einen konkreten Text lag dort nicht in seiner Intention, was jedoch nicht bedeutete, dass die Referenz gegenstandslos war; er kann tatsächlich von Paulus zu ihr inspiriert worden sein. Geht man nun in Analogie dazu davon aus, dass auch der Verweis in 1,14 nicht pseudointertextuell ist, sondern ebenso global verweist, ohne auf Details eines Textes abzuheben, dann käme Joh 21,18 doch wieder als

Referenztext in Betracht; Sicherheit wird hierüber jedoch nicht zu gewinnen sein.

3. Semantik der Intertextualität

Die syntaktische Untersuchung ergab, dass ein intertextuelles Verhältnis generischer Natur zu der Gattung der literarisch fixierten fingierten Abschiedsreden besteht. Nun kann man mit einer Gattung und ihren literarischen Eigenheiten aber nur dann in einem solchen Maße vertraut werden, dass man Elemente davon für sein eigenes Werk übernimmt, wenn man mehrere Exemplare dieser Gattung kennt. Auf die ihm bekannten Beispiele wollte der Verfasser des *zweiten Petrusbriefes* aber ganz offensichtlich nicht verweisen; die Verweisrichtung geht ohne Konkretion auf die Gattung an sich und von dort aus wieder zurück zum Phänotext. Die Dimension der Verweisfunktion ist umfassend: Der *zweite Petrusbrief* verhält sich zu der Gattung als Ganzer affirmativ, sie ist ihm ein probates Mittel für seine Zwecke, jedoch nicht in der Konkretion ihm vorliegender Beispiele. Form und Inhalt der Gattung dienen ihm nur in ihrer allgemeinen Ausprägung, indem sie nämlich inhaltlich die Situation unmittelbar vor dem Tod als Situation des eigenen Werkes bereitstellen und formal einige literarische Techniken liefern wie die Futurisierung des Gegenwärtigen als prophetische Voraussage im Munde des Sterbenden. Die Weigerung gezielt auf das Sterben eines anderen zu verweisen und somit in den Gedanken der Rezipienten den Abschied eines anderen zu evozieren, behält deren Blick bei der vorliegenden Sterbesituation: Es geht um Petri Tod, um das, was er in seiner Autorität weiterzugeben hat, nicht um Adam, Mose, Baruch, Henoch oder einen anderen der Großen aus dem Alten Testament.

Was im *zweiten Petrusbrief* vorliegt, ist im Grunde die Adaptation eines Genus, und zwar in mindestens zweifacher Hinsicht. Zum einen wird die Gattung christianisiert bzw. werden die bereits erfolgten Anfänge ihrer Christianisierung fortentwickelt. Denn ihre Ausbildung und Ausgestaltung erfuhr sie anhand von Gestalten wie den Erzvätern, Gestalten also, die schon Jahrhunderte oder gar Jahrtausende tot waren, als ihnen eine literarisch fixierte fingierte Abschiedsrede in den Mund gelegt wurde. Relevant für die Gegenwart waren Menschen aus uralten Zeiten. Auch die Christen, das ist bekannt, haben einige dieser Werke rezipiert und rezensiert. Doch einen weiteren Schritt stellt es dar, nun als Redner nicht mehr eine Gestalt aus grauer Vorzeit zu wählen, sondern jemanden, der vor nicht einmal einem Jahrhundert gestorben war. Das ist zuerst im synoptischen und johanneischen Bereich in den verschiedenen Formen der Abschiedsreden Jesu geschehen, dann zuerst an den beiden großen Gestalten aus der Apostelgeneration: Paulus nämlich in der *Apostelgeschichte* und in gewisser Weise auch in den Pastoralbriefen, und – Petrus im *zweiten Petrusbrief*. Schon nach einigen Dezennien rücken Paulus und Petrus auf zu einem Autoritätsrang, der vergleichbar ist mit dem der Patriarchen. Das hinter diesem Eingriff in das Genus stehende Geschichtsbild besagt, dass die maßgebliche Zeit nicht mehr Jahrhunderte zurückliegt, sondern nur wenige Jahrzehnte.

Neben die Christianisierung tritt, nicht unabhängig von ihr, die Kontaminierung mit der Gattung des Apostelbriefes. Da sie verschiedene Formen annehmen konnte wie die einer Vermächtnisrede mit geringfügigem narrativem Rahmen wie in den *Testamenten der zwölf Patriarchen*, die einer Rede innerhalb eines Geschichtswerkes (Moserede im *Deuteronomium* und in den *Antiquitates* des Josephus) oder auch die eines Briefes einer religiösen Autorität (Brief des Baruch in der *Baruchapokalypse*), ist es nicht verwunderlich, dass sie auch im der christlichen Literatur in unterschiedlicher Form Niederschlag gefunden hat. Der *zweite Petrusbrief* stellt die Vereinigung des Testamentes mit dem Apostelbrief dar; eine christliche Variation des Vorgehens der *Baruchapokalypse*. Dies bedeutet zum einen die Bejahung ihrer Möglichkeiten, ebenso wie das eklektische Aufgreifen gattungstypischer Motive und Züge, von denen jedes andere konkrete Werk auch nur eine bestimmte Anzahl aufgriff. Zum anderen enthält die Variation der Gattung durch die Aufnahme in ein als Brief konzipiertes Werk und die Durchsetzung mit brieflichen Merkmalen und Topik des Apostelbriefes ein destruktives Element. Durch die Verbindung gerade mit einem Authentizität beanspruchenden Genre wird ein typisches Merkmal, nämlich die Möglichkeit, das Werk als Fiktion zu lesen, verringert, wenn nicht gar beseitigt.

Briefmerkmale und Merkmale der Abschiedsrede gehen dabei eine perfekte Synthese ein, so perfekt, dass beide Gattungen erkennbar sind, und doch nicht jedes Element eindeutig zuzuordnen, weil manches in beide Gattungen passt. Hatte das Präskript das Werk schon als Brief ausgewiesen, so kommt die Selbstzuweisung an das Genus der Abschiedsrede nun neu hinzu und zwar gleich im Anschluss an das Prooöm, als Übergang zum Korpus des Briefes. Sie gehört noch nicht zu den inhaltlichen Ausführungen, zum Anliegen, zur Botschaft des Briefes, sondern hat mit Präskript und Prooöm gewissermaßen noch paratextuellen Charakter. Mit dem Präskript zusammen muss also 1,12–15 als Rezeptionsanweisung gelten: Dieses Schreiben ist nicht nur als irgendein Brief des Apostelfürsten zu lesen, sondern als sein Vermächtnis am Ende seines Lebens. Jedes weitere Textsignal, das im weiteren Verlauf entweder auf den Briefcharakter oder auf eine Abschiedsrede verweist, wird der Rezipient nun einordnen können und als Bestätigung für die Sicht nehmen, dass er es mit einem als Vermächtnis geschriebenen Brief des Apostels zu tun hat.

Der Vergleich mit dem Prätext *Judasbrief* hat ergeben, dass der *zweite Petrusbrief* aus diesem einzelne Anteile aus Phraseologie und Topik übernimmt, gleichzeitig diesen Bestand aber wesentlich erweitert um Merkmale der literarisch fixierten fingierten Abschiedsrede. Die verbleibende Berührung mit dem *Judasbrief* beschränkt sich auf allgemein epistolographisch gebräuchliche Wendungen. Ein Verweis nach dem Prätext liegt also nur vor, insofern bestätigend auf die Form des Briefes verwiesen wird. Gleichzeitig wird jedoch ein starker Verweis auf den Phänotext und dessen Subjekt Petrus ergänzt: Das Besondere, über den *Judasbrief* Hinausgehende, ist eben der Abschiedsredencharakter, und dieser ist geprägt von der Person des Abschiednehmenden.

Wer den Verweis auf 2 Kor 5, wo Paulus die Zeltmetapher auf den Körper anwendet und den Tod als Entkleidung beschrieb, erkennt, kann aus 2 Kor 5,1 die Hoffnung bzw. Gewissheit des Paulus – οἴδαμεν γὰρ ὅτι ἐὰν ἡ ἐπίγειος ἡμῶν οἰκία τοῦ σκήνους καταλυθῇ, οἰκοδομὴν ἐκ θεοῦ ἔχομεν, οἰκίαν ἀχειροποίητον αἰώνιον ἐν τοῖς οὐρανοῖς – in den *zweiten Petrusbrief* importieren und als Hoffnung auch des Petrus lesen. Wie Paulus, so betrachtete auch Petrus seine irdische Existenz (ἐφ' ὅσον εἰμὶ ἐν τούτῳ τῷ σκηνώματι; 1,13) als etwas Vorübergehendes und erwartete eine andere Körperlichkeit im Himmel nach dem Tod (ἡ ἀπόθεσις τοῦ σκηνώματός μου; 1,14). Dass noch weitere Asp Aspekte von 2 Kor 5 aufgerufen wurden, ist möglich, aber schwer zu beweisen, weil die Anhaltspunkte im Phänotext fehlen. Deutlich dagegen scheint, dass Petrus und Paulus so auf eine Stufe gestellt werden: Beide sind sie verstorben, beide hatten sie dieselbe Sicht auf das, was der Tod bedeutet. Dies ist ganz im Sinne der in 2 Petr 3,15 unterstrichenen theologischen Einmütigkeit zwischen Petrus und Paulus, auf die der der Rezipient im weiteren Verlauf der Lektüre stößt, was ihn in seiner anhand von 1,12 und 2 Kor 5,1–5 gewonnen Sicht bestärken dürfte.

Die Intention einer Bezugnahme auf den *Kolosserbrief* (Kol 1,5–6) kann nicht mit letzter Sicherheit behauptet werden, und das Zustandekommen einer intertextuellen Beziehung hängt von der Prädisposition der Rezipientinnen und Rezipienten ab. Pauluskundige haben die Möglichkeit eine Verbindung zwischen ἐστηριγμένους ἐν τῇ παρούσῃ ἀληθείᾳ (2 Petr 1,12) und ... προηκούσατε ἐν τῷ λόγῳ τῆς ἀληθείας τοῦ εὐαγγελίου τοῦ παρόντος εἰς ὑμᾶς (Kol 1,6) herzustellen. Dabei könnte ihnen zum einen auffallen, dass der Paulus des *Kolosserbriefes* und der Petrus des *zweiten Petrusbriefes*, für sie schlicht die Autoritäten Paulus und Petrus, dieselben Worte für das Kommen der christlichen Botschaft gebrauchen; ihre Verkündigung scheint dieselbe gewesen zu sein. Die Wendung kann ihn mit in die Zeit der apostolischen Verkündigung, als die Lehre *kam* (εἰς ὑμᾶς) und zu hören war (προηκούσατε). An diese Anfangszeit wird er ohnehin in 1,16 (ἐγνωρίσαμεν ὑμῖν τὴν τοῦ κυρίου ἡμῶν Ἰησοῦ Χριστοῦ δύναμιν καὶ παρουσίαν) und in 3,2 (μνησθῆναι ... τῆς τῶν ἀποστόλων ὑμῶν ἐντολῆς τοῦ κυρίου καὶ σωτῆρος) erinnert werden, was ihn nachträglich bestätigen wird in seinem gedanklichen Ausflug zurück zur Anfangszeit der christlichen Verkündigung. Achtet er auf die Unterschiede, so könnte ihm auffallen, dass von εἰς ὑμᾶς in 2 Petr 1,12 gerade nicht mehr die Rede ist, was ein Signal für den ‚Fortschritt' der Gegenwart gegenüber der Situation der Gemeindeerrichtung sein könnte: Die Wahrheit des Evangeliums, die damals gebracht wurde, liegt jetzt vor, ist vorhanden, gegenwärtig, greifbar (Partizip Perfekt ἐστηριγμένους). Das Lob des Glaubens und der Liebe der Adressatinnen und Adressaten um der Hoffnung willen in Kol 1,4–6 könnte als Beispiel fungieren, wie ἐστηρίχθαι ἐν τῇ παρούσῃ ἀληθείᾳ konkret aussehen kann. Doch dies alles gehört in das Gebiet der potentiellen rezeptionsseitigen Intertextualität; insofern der Ausgangspunkt von einer konkreten Formulierung im Phänotext genommen wird und zu einer konkreten Formulierung im potentiellen Prätext geht, ist sie nicht völlig willkürlich und aus der Luft gegriffen, doch es handelt sich um eine Lesemöglichkeit, die nicht eindeutig in der Absicht des Verfassers verankerte werden kann.

Eine letzte Funktion ist dem Selbstverweis nach dem Phänotext *zweiter Petrusbrief* als Ganzem zuzuschreiben: Wer will, dass den Adressaten sein Werk auf immer (ἀεί) die Erinnerung ermöglicht und man es zu aller Zeit (ἑκάστοτε) hat (ἔχειν), der misst seinem Inhalt eine große Bedeutung für die Zukunft zu, so groß, dass sie die Richtung der Theologie bei den Rezipienten dauerhaft prägen soll. Der *zweite Petrusbrief* postuliert damit für sich, ähnlich wie der Baruchbrief[665], eine gleichsam ‚kanonische' Geltung.

---

[665] WHITTERS 2001 passim.

Kapitel III

Petri Lehre nach dem zweiten Petrusbrief

A. Christliche Moral: Voraussetzungen, Inhalt und Ziel (2 Petr 1,3–11)

Der Verfasser des *zweiten Petrusbriefes* eröffnet sein Schreiben nach dem Präskript mit einer Aussage über Gottes bzw. Christi Tun für den Menschen.[1] Seine göttliche Kraft (ἡ θεία δύναμις αὐτοῦ) hat alles geschenkt, was zu einem Leben in Frömmigkeit nötig ist (πάντα ... τὰ πρὸς[2] ζωὴν καὶ εὐσέβειαν). Dieses Geschenk kommt ‚uns' (ἡμῖν) zu Gute: Die Angesprochenen werden zusammen mit dem Verfasser in den größeren Rahmen der Beschenkten gestellt.[3] Die Gabe erreichte die Beschenkten durch

---

[1] Die weitaus originellste und wahrscheinlich treffendste Deutung des oft diskutierten Problemkreises, ob denn wirklich Christus in 1,1 als Gott bezeichnet werde (siehe II.A.1.2.2), auf welche der beiden in 1,2 genannten göttlichen ‚Personen' denn nun αὐτοῦ in 1,3 (τῆς θείας δυνάμεως αὐτοῦ) verweise, wer denn der Rufende in 1,3 sei usw. bietet STARR in seiner Dissertation aus dem Jahre 2000: Dass die Zuordnung zu Gott oder Christus nicht immer eindeutig sei, liege gerade daran, dass Christus im *zweiten Petrusbrief* gleichsam göttlichen Status habe. ἡ θεία δύναμις αὐτοῦ dürfte demnach durchaus eine Umschreibung Christi sein. Damit stellt aber das Epitheton Gott in 1,1 kein Problem mehr dar. Und als das eines „göttlichen Wesens" ist Christi Tun nicht immer eindeutig von dem Gottes zu trennen, so STARR 2000, 34: "2 Peter makes no consistently sharp distinction between Christ and God, and evidently did not feel it necessary to specify in 1:3–4 precisely which divine agent is meant; they operate as one"; vgl. den gesamten Kontext ibid. 31–35. Zur grundsätzlichen Frage des Verhältnisses von Christologie und Theologie im *zweiten Petrusbrief* siehe die Untersuchung von VÖGTLE 1991, die zu dem Ergebnis kommt, dass es dem Brief nicht entspräche, wollte man die eine als Alternative zur anderen ausspielen; ibid. 397f.

[2] Die Bedeutung von τὰ πρός τι bewegt sich zwischen „was sich auf etwas erstreckt, was zu etwas gehört" bis hin zu „was für etwas nötig ist"; für die erste Bedeutung siehe etwa Act 23,32 oder auch Röm 15,17, für die zweite vgl. Jdc 17,10 LXX oder auch Act 28,10; siehe auch BAUER-ALAND s.v. πρός III 5b.

[3] Mit BAUCKHAM 1983, 177 gegen VAN HOUWELINGEN 1988, 101 und FUCHS/REYMOND 1988, 50, die hier dasselbe apostolische ἡμεῖς fortgeführt sehen wollen wie in der *adscriptio* 1,1 (τοῖς ἰσότιμον ἡμῖν λαχοῦσιν πίστιν). Doch wenn man schon mit der Fortsetzung des Pronominagebrauchs argumentiert, liegt das inklusive ἡμῶν aus τοῦ θεοῦ ἡμῶν καὶ σωτῆρος Ἰησοῦ Χριστοῦ in 1,1 und ἐν ἐπιγνώσει τοῦ θεοῦ καὶ Ἰησοῦ τοῦ κυρίου ἡμῶν in 1,2 als Anknüpfungspunkt näher. Dies ergibt sich zum ersten aus der Syntax: Diese beiden Belege gehen dem fraglichen ἡμῖν unmittelbarer

ihre Erkenntnis (ἐπίγνωσις) dessen, der sie durch sein eigenes ruhmreiches großartiges Handeln (ἰδίᾳ δόξῃ καὶ ἀρετῇ) gerufen hat.[4] Die Bedeutung dieser Interaktion in Rufen und Schenken einerseits, in Erkenntnis andererseits besteht darin, dass seine göttliche Kraft die Beschenkten dadurch[5] mit den kostbarsten und wertvollsten Verheißungen (τὰ τίμια καὶ μέγιστα ἡμῖν ἐπαγγέλματα) beschenkt hat.[6] Erst jetzt löst der Verfasser den Verband mit den Angeschriebenen: Waren sie zuvor noch gemeinsam mit ihm die Beschenkten, so wechselt er bei der Formulierung

voraus als die *adscriptio;* zum zweiten aber aus dem Inhalt: In den beiden Wortgruppen wird Gott bzw. Christus ins Verhältnis gesetzt zur Gesamtheit der ἡμεῖς. Dies geschieht erneut, wenn Gott bzw. Christus als Geber gepriesen wird. Eine ausdrückliche Differenzierung zwischen den Angeschriebenen und der Gruppe, in die sich der Absender gestellt sehen will, wird nach der ersten Hälfte der *adscriptio,* wo sie ja auch nur erscheint, um in gewisser Weise aufgehoben zu werden, nicht fortgeführt.

[4] ἰδίᾳ δόξῃ καὶ ἀρετῇ ist am ehesten als instrumentaler oder modaler Dativ zu verstehen. Die *varia lectio* διά statt ἰδία, wie sie unter anderem P72 und der *Codex Vaticanus,* sowie daneben eine ganze Reihe von Minuskeln bieten, weist in diese Richtung: Sie alle verstehen den Ausdruck instrumental bzw. modal und ihnen folgen etliche der Kommentatoren; vgl. die Übersetzungen von GREIJDANUS 1931, 107; SCHELKLE 1961, 186; KNOCH 1967, 27; GRUNDMANN 1974, 68; PAULSEN 1992, 105; VÖGTLE 1994, 137; vgl. ferner BIGG 1902, 254, der freilich die beiden Dative als nähere Bestimmung zu δεδωρημένης auffassen will, was sich aufgrund des großen Abstandes jedoch nicht empfiehlt; weiter KNOPF 1912, 263; KELLY 1969, 300f; BOLKESTEIN 1972, 251; FUCHS/REYMOND 1988, 49; BAUCKHAM 1983, 178; HILLYER 1992, 160; SKAGGS 2004, 96; DAVIDS 2006, 169. Einige andere dagegen scheinen in dem Dativ eher eine Zielangabe zu sehen, eine Art *griechischen dativus finalis,* der angibt wozu ‚wir' berufen wurden; siehe hierzu die Übersetzungen von NEYREY 1993, 150 und HARRINGTON 2003, 243. Die Berechtigung einer solchen Deutung des Dativs als Zielangabe wird freilich dort nicht diskutiert.

[5] Der naheliegendste Bezug für δι' ὧν sind die beiden unmittelbar vorausgehenden Substantive in der Wendung ἰδίᾳ δόξῃ καὶ ἀρετῇ; so BIGG 1902, 255; KNOPF 1912, 263; KELLY 1969, 301; GRUNDMANN 1974, 70; HARRINGTON 2003, 244; DAVIDS 2006, 171 u.a. Doch wurde auch schon ein Bezug auf ein dann apostolisch gedeutetes ἡμᾶς in Erwägung gezogen; zur Diskussion siehe MAYOR 1907, 87 und GRUNDMANN 1974, 70 Anm. 16; ein Ansatz, dem man hier schon aufgrund eines anders interpretierten ἡμᾶς nicht gefolgt wird. Vielleicht braucht man den Bezug des Relativums, jedenfalls was die inhaltliche Seite betrifft, nicht zu eng nur auf die beiden vorausgehenden Substantive zu beschränken, sondern darf den gesamten vorausgehenden Nominalverband τοῦ καλέσαντος ἡμᾶς ἰδίᾳ δόξῃ καὶ ἀρετῇ, als das verstehen, was die „kostbarsten und größten Verheißungen" geschenkt hat, oder, um noch weiter zu gehen: Womöglich ist sogar das Element der ἐπίγνωσις hier mit einzubeziehen; dann hätte die Erkenntnis des Rufenden diese Verheißungen in Aussicht gestellt.

[6] Überraschenderweise übersetzen viele Kommentatoren diese zweite Verbalform von δωρεῖν als Passivum, während man doch relativ einmütig die erste als mediale Form aktiver Bedeutung gedeutet hat; so etwa PAULSEN 1992, 105; NEYREY 1993, 150; VÖGTLE 1994, 137. In der obigen Paraphrase wird gemäß der Anmerkung Knopfs 1912, 264, es handle sich erneut um ein Medium, die θεία δύναμις αὐτοῦ aus 1,3 als Subjekt importiert; ähnlich BAUCKHAM 1983, 172, der 'he' zum Subjekt macht.

des Zweckes, dem dieses Geschenk dient, zur zweiten Person Plural. Mit der direkten Anrede beginnt die Paränese: Das Geschenk dieser Verheißungen zielt darauf (ἵνα), dass die Angesprochenen, motiviert durch die Hoffnung auf deren Erfüllung,[7] Gefährten werden im Blick auf die Wesensart Gottes (θείας κοινωνοὶ φύσεως),[8] d.h. sich so verhalten, wie es auch Gottes Art ist, nachdem sie ja dem Verderben in der Welt, das seinen Grund in der Begierde (ἐπιθυμία) hat,[9] entronnen sind.[10] Und eben weil

---

[7] So etwa muss man das διὰ τούτων fassen, das natürlich vordergründig auf nichts Anderes denn auf ἐπαγγέλματα verweist. So gesehen geben die Verheißungen, genauer: das in ihnen in Aussicht gestellte Gut, die Energie, um aktiv dem Verderben zu entfliehen (ἀποφύγοντες) und dadurch im ethischen Verhalten dem Wesen Gottes zu entsprechen; vgl. MAYOR 1907, 87, der freilich ‚Teilhabe' am Wesen Gottes vertritt: "Our nature is changed to divine by the moral power of hope and faith kindled in us by the promises."

[8] Der Genitiv bei κοινωνός kann entweder den in irgendeiner Form Gleichgestellten, also etwa den Partner, Gefährten, Genossen, Kompagnon etc., bezeichnen (Hebr 10,33; MartPol 6,2 und 17,3) oder das gemeinschaftliche Gut, das gemeinsame Verbrechen etc. (1 Petr 5,1; Herm mand 4,1,5; Diog 11,8). Es geht also in 2 Petr 1,4 entweder um eine Partnerschaft mit der θεία φύσις oder eine Gemeinschaft in Bezug auf diese; wenn in κοινωνός wirklich, wie oft vorausgesetzt, die Idee der Anteilhabe liegt, dann kann auch eine Teilhabe an Gottes Wesen ausgesagt sein. WOLTERS 1990, 32–34 erfasst diese Problematik nur unscharf, weil er von möglichen Übersetzungen (partner, partaker, sharer) ausgeht und sich keiner eingehenden Untersuchung der Semantik des Genitivs widmet; für ihn bedeutet θείας κοινωνοὶ φύσεως einfach „Partner Gottes". Die Idee einer Gemeinschaft bezüglich des Wesens Gottes im Sinne eines Verhaltens, wie Gott selbst es an den Tag legt, passt jedoch nicht nur gut in die Theologie des Briefes, ähnliche Ausdrucksweisen aus der textuellen Umwelt des zweiten Petrusbriefes sprechen ebenfalls für diese Interpretation. Eine bedenkenswerte Deutung gibt BAUMERT in seiner eingehenden semantischen Untersuchung von 2003, 124–126: Ein ἡμῖν sei bei κοινωνοί mitzudenken; es ginge dann um „unsere Gefährten im Blick auf die θεία φύσις". An der Tatsache, dass die θεία φύσις als Ideal dargestellt wird, dem es nachzueifern gilt, ändert sich dadurch freilich nichts.

[9] ἐν in τῆς ἐν ἐπιθυμίᾳ φθορᾶς ist wohl kausal aufzufassen; vgl. KRAUS 2001, 123.

[10] WOLTERS 1990, 42 möchte ἀποφεύγειν gern als juristischen Term mit der Bedeutung „freigesprochen werden" verstanden wissen, weil es, anders als bei den anderen Verwendungen 2 Petr 2,18.20, mit dem Genitiv statt des Akkusativs gebraucht wird. Doch dieses Argument verfängt nicht, kann doch die juristische Bedeutung genau so gut (oder besser?) mit dem Akkusativ auftreten, wie die entsprechenden Einträge etwa in den Wörterbüchern von GEMOLL und LIDDELL-SCOTT belegen; in letzterem sind sogar ausschließlich Beispiele mit Akkusativ für die juristische Bedeutung aufgelistet. Darüber hinaus führen einige Handschriften auch den Akkusativ; sie scheinen also den Genitiv seltsam gefunden zu haben, so dieser denn original war, und dachten, man müsse ἀποφεύγειν hier wie an den anderen Stellen auffassen; siehe etwa P72 (τὴν ἐν τῷ κόσμῳ ἐπιθυμίαν φθοράν) oder den *Codex Alexandrinus* (τὴν ἐν τῷ κόσμῳ ἐπιθυμίαν φθορᾶς). Überhaupt müsste methodisch vor dem Postulat einer besonderen Semantik aufgrund eines bestimmten begleitenden Kasus die Textkritik eines so variantenreichen Syntagmas stehen, die jedoch bei Wolters gänzlich fehlt. ἀποφεύγειν dagegen hier wie an den anderen Stellen aufzufassen, scheint nicht we-

dies so ist, so fordert der Verfasser des *zweiten Petrusbriefes* seine Adressaten auf, sollen sie unter Einsatz (παρεισφέρειν) aller Energie (σπουδή) als eigenen Beitrag (ἐπιχορηγεῖν) im Rahmen ihres Glaubens (πίστις) Tugend (ἀρετή) an den Tag legen, durch die Praxis der Tugend Erkenntnis (γνῶσις) beweisen, in der Erkenntnis Enthaltsamkeit (ἐγκράτεια) üben, in der Enthaltsamkeit Durchhaltevermögen (ὑπομονή) bekunden, im Durchhaltevermögen die Frömmigkeit (εὐσέβεια) praktizieren, in der Frömmigkeit die Liebe zu den Mitchristen (φιλαδελφία) und in dieser die zu allen Menschen (ἀγάπη).

Nachdem so die durch Gott geschaffenen Voraussetzungen für das gewünschte ethische Verhalten genannt (1,3–4) und die Erscheinungsformen eben dieses Ethos entfaltet (1,5–7) sind, wird schließlich seine Bedeutung für das Leben von Christen dargelegt (1,8–11). Die erste Bedeutungsdimension erscheint in Form einer Begründung für die geforderten Tugenden: Wenn nämlich die eben aufgeführten Verhaltensweisen und Haltungen bei den Angeschriebenen vorhanden sind und wachsen, dann bringen sie ihnen auf die bereits erfolgte anfängliche Erkenntnis (ἐπίγνωσις) des gemeinsamen Herrn Jesus Christus hin einen Ertrag an Werken (οὐκ ἀργὸς οὐδὲ ἀκάρπος) ein. Anschließend wird dasselbe von der negativen Seite entfaltet: Wer diese Dinge nicht aufweisen kann, ist blind (τυφλός), sieht maximal auf ganz kurze Entfernung (μυωπάζειν) – auf keinen Fall aber bis zum bevorstehenden Ende, wo es wichtig sein wird, Frucht und Werk aufzuweisen! – und hat die Reinwaschung von seinen früheren Sünden vergessen (λήθην λαβὼν τοῦ καθαρισμοῦ τῶν πάλαι αὐτοῦ ἁμαρτιῶν): Die Taufe als Beginn eines neuen Lebens ist solchen Menschen aus dem Blick geraten. Darum, so ein erneuter Appell an die Angeschriebenen, sollen sie engagiert (σπουδάζειν) ihre Berufung, ihre Erwählung bestätigen (βεβαίαν ... τὴν κλῆσιν καὶ ἐκλογὴν ποιεῖσθαι). Denn wenn sie dies tun, wird ihnen das Straucheln auf ewig erspart bleiben (οὐ μὴ πταίσετέ ποτε). Wenn nicht schon mit diesen letzten Worten,[11] so eröffnet der Verfasser mit dem letzten Satz des Abschnittes endgültig den Blick auf die letzten Dinge: So werden sie großzügig (πλουσίως) mit

---

niger als vernünftig, immerhin wird die juristische Interpretation durch nichts in der Umgebung gestützt. Dagegen steht die Fügung von 2 Petr 2,20 (ἀποφυγόντες τὰ μιάσματα τοῦ κόσμου) der Formulierung in 1,4 (ἀποφύγοντες τῆς ἐν τῷ κόσμῳ ἐν ἐπιθυμίᾳ φθορᾶς) mit jeweils einem Objekt, das die negativen Eigenschaften des κόσμος angibt, zu nahe als dass es sich anböte, die Semantik von ἀποφεύγειν an beiden Stellen zu differenzieren.

[11] BAUCKHAM 1983, 191 sieht das Thema der Eschatologie bereits mit ‚Straucheln' seinen Anfang nehmen. Gestützt auf Jud 24 als Parallele deutet er es nicht als das Straucheln bei einer Sünde, sondern das Straucheln im Endgericht. Ganz überzeugend will das nicht scheinen, es fehlen eindeutige Belege, die die Bedeutung ‚unterliegen im Engericht' für πταίειν ausweisen Beide Stellen können einfacher als Straucheln auf dem Weg dorthin aufgefasst werden.

dem Einzug in das ewige Königreich (ἡ εἴσοδος εἰς τὴν αἰώνιον βασιλείαν) des gemeinsamen Herrn und Heilandes Jesus Christus ‚ausstaffiert' (ἐπιχορηγηθήσεται) werden.[12] War zu Beginn die Rede davon gewesen, was Gottes Kraft an Voraussetzungen zu einem frommen Leben schon geschenkt hat, und war der mittlere Teil ganz darauf ausgerichtet, was der Beitrag des Menschen sei, rückt nun wieder der Beitrag Gottes in den Blick – mit demselben Verb ἐπιχορηγεῖν, das auch für den Beitrag des Menschen verwendet worden war.[13]

1. Syntax der Intertextualität

1.1. Generische Aspekte

1.1.1. Eine Proömeröffnung (2 Petr 1,3–4)

Ὡς
πάντα ἡμῖν τῆς θείας δυνάμεως αὐτοῦ τὰ πρὸς ζωὴν καὶ εὐσέβειαν δεδωρημένης
διὰ τῆς ἐπιγνώσεως τοῦ καλέσαντος ἡμᾶς ἰδίᾳ δόξῃ καὶ ἀρετῇ,
            δι' ὧν τὰ τίμια καὶ μέγιστα ἡμῖν ἐπαγγέλματα δεδώρηται,
                        ἵνα διὰ τούτων γένησθε θείας κοινωνοὶ φύσεως
                        ἀποφύγοντες τῆς ἐν τῷ κόσμῳ ἐν ἐπιθυμίᾳ φθορᾶς.
καὶ αὐτὸ τοῦτο δὲ σπουδὴν πᾶσαν παρεισενέγκαντες ἐπιχορηγήσατε …

                                                        2 Petr 1,3–5a

2 Petr 1,3f präsentiert seinen Inhalt in der Form eines *genitivus absolutus* mit vorangehendem ὡς (Ὡς … τῆς θείας δυνάμεως αὐτοῦ … δεδωρημένης …), der einem Relativsatz (δι' ὧν) übergeordnet ist, von dem wiederum ein finaler Gliedsatz (ἵνα…) abhängt. Im Anschluss daran wäre im Normalfall – so es denn sprachlich einen Normalfall gibt – mit einer Apodosis in Form eines Hauptsatzes zu rechnen. Einen solchen stellt der anschließende Vers 5 zwar auch dar, doch die als Konnektor fungierende Verbindung καὶ αὐτὸ τοῦτο δέ eignet sich denkbar schlecht als Beginn einer Apodosis. Vielmehr scheint sie einen Neueinsatz zu markieren. Daher muss man wahlweise die Partizipialkonstruktion dem Präskript zu-

---

[12] Dass ἐπιχορηγεῖν ursprünglich die zusätzliche Ausrüstung eines Chores durch einen Mäzen bezeichnet, wird in beinahe jedem Kommentar angemerkt, siehe etwa KELLY 1969, 306 oder auch FUCHS/REYMOND 1988, 61. In hellenistischer Zeit kommt es zu der allgemeineren Bedeutung ‚großzügig geben'; KELLY 1969, 306. Für das Simplex χορηγεῖν führt DANKER 1978, 71f auch inschriftliche Belegstellen an.

[13] SYLVA 2010, 114f und *passim* sieht einen größeren Zusammenhang von 2 Petr 1,3–15. Letztlich liege der Passage die Idee einer Reise zugrunde, die ihren Anfang nehme bei der Flucht aus einer dem Verderben unterworfenen Welt und als Ziel die verheißene Teilhabe an Gottes Natur habe. Die Verse 5–9 stellten eine ethische Lebensführung als Transportmittel bei der Reise dar; daraufhin gehe es um die Antriebskraft für die Reise, den zunehmenden Eifer. Am Ende werde in Vers 12–15 Petrus vor Augen geführt als jemand, der am Ziel der Reise angekommen sei.

rechnen oder dem Verfasser einen Anakoluth unterstellen. Ein zweifacher Gedankengang über den Intertext, zunächst vorwiegend syntaktischer, dann inhaltlicher Ausrichtung, wird den Anakoluth als die plausiblere Erklärung erweisen.[14]

In aller Regel beginnen Proömien, und zwar nicht nur die neutestamentlichen, mit einem neuen Satz.[15] Dies bedeutet jedoch nicht, dass das Präskript jeweils völlig ohne Verbindung zum Proöm oder Korpus bleibt; durch den Einsatz von Phorik etwa können beide miteinander verknüpft werden, beispielsweise wenn ein Teil des Inhalts aus dem Präskript im Proöm aufgegriffen werden soll.[16] Doch dies geschieht im Falle von 2 Petr 1,3 nur sehr schwach durch das anaphorische αὐτοῦ.[17] Weiterhin lassen sich Beispiele finden, wo der Korpusbeginn durch ein Partizip im Nominativ gebildet wird. Eine mögliche Lesart besteht dann darin, dieses Partizip als *participium coniunctum* zu lesen, als dessen Bezug man entweder die *superscriptio* oder das Subjekt eines in der *salutatio* zu ergänzenden λέγω heranziehen könnte.[18] Weniger umständlich ist freilich die Interpretation als Analogie zu solchen Fällen, wo ein Partizip an Stelle eines *verbum finitum* gebraucht wird.[19] Doch einerlei, welcher Interpretation man zuneigt: Ein wirkliches Analogon für eine *genitivus-absolutus*-Konstruktion, die syntaktisch dem Präskript zuzurechnen wäre, stellt dieses Partizip im Nominativ nicht dar. Dagegen gibt es in zeitnaher Literatur durchaus Beispiele sowohl für einen *genitivus absolutus* zur Einleitung eines

---

[14] Zu etwa demselben Ergebnis kommt die Analyse bei GERDMAR 2001, 33.

[15] Für Proömien außerhalb des NT siehe etwa Pol 2 Phil 1,1 und Barn 1,2.

[16] Ein solches Beispiel bietet die Eröffnung des ignatianischen *Philadelphierbriefes* durch einen relativischen, also anaphorischen Satzanschluss (Ὅν ἐπίσκοπον ἔγνων; IgnPhld 1,1). Mit ihm wird nach dem Bischof zurückverwiesen, der schon mit den Presbytern und Diakonen zusammen im Präskript erwähnt war. Trotz dieser Vernetzung ist ein syntaktischer Einschnitt gegeben. Die Wiederholung des Bezugswortes ἐπίσκοπος nach dem Relativum trennt den Satz von den vorausgehenden Relativsätzen und unterstreicht seine Selbständigkeit. Ähnlich verhält es sich mit den u.a. von SPITTA 1885, 29 in die Diskussion gebrachten *(pseudo)platonischen Briefen* 3 und 8. In beiden Briefen wird anschließend an das Präskript die Wahl der Füllungsart der *salutatio* thematisiert. Die Verknüpfung geschieht in beiden Fällen jedoch nicht phorisch, sondern über die (variierte) Wiederholung der Formulierung aus der *salutatio*.

[17] Darüber hinaus ist die Wiederholung von ἐπίγνωσις aus 1,2 in 1,3 ein verbindendes Element. Doch anders als in den genannten *(pseudo)platonischen Briefen* die Formulierung der *salutatio* wird die ἐπίγνωσις nicht zum ersten Thema des Briefes, und die Wiederverwendung des Wortes wird auch nicht durch Phorik unterstützt.

[18] Hier gehören der Beginn des ignatianischen *Epheser-* und *Smyrnäerbriefes* durch die Partizipien ἀποδεξάμενος und δοξάζων. Für letzteres ist die *varia lectio* ohne -ν, also als konjugiertes Verb der ersten Person, als *lectio facilior* und damit sekundär zu werten; vgl. BAUER/PAULSEN 1985, 24.

[19] Siehe BLASS/DEBRUNNER/REHKOPF § 468.2.

Prooms, so im Prolog zum *Buch Sirach*, als auch für einen Anakoluth am Briefbeginn.[20] Beides kombiniert bietet der *Barnabasbrief* (Barn 1,2-3):

Μεγάλων μὲν ὄντων καὶ πλουσίων τῶν τοῦ θεοῦ δικαιωμάτων εἰς ὑμᾶς,
  ὑπέρ τι ... ὑπερευφραίνομαι ...:
    οὕτως ἔμφυτον τῆς δωρεᾶς πνευματικῆς χάριν εἰλήφατε.
Διὸ καὶ μᾶλλον συγχαίρω ἐμαυτῷ ...
  ὅτι ἀληθῶς βλέπω ἐν ὑμῖν ἐκκεχυμένον ... πνεῦμα ἐφ᾽ ὑμᾶς

Hier schließt sich an einen *genitivus absolutus* (μεγάλων ... ὄντων καὶ πλουσίων τῶν ... δικαιωμάτων) ein Relativsatz an (ὑπέρ τι...), auf den zwar ein formal nicht abhängiger Satz folgt (οὕτως ... εἰλήφατε), der jedoch als explizierender eingeschobener Satz, als Parenthese zum Relativsatz gesehen werden muss und keinesfalls die Apodosis zum *genitivus absolutus* darstellen kann. Mit διό beginnt dann in 1,3 erneut ein unabhängiger Satz, doch dieses kataphorisch auf den folgenden ὅτι-Satz gerichtete διό lässt eine Apodosis-Funktion auch für den dadurch eingeleiteten Satz unmittelbar ausscheiden. Die Partizipialkonstruktion bleibt ohne syntaktischen Anschluss.[21]

Spricht demnach die Art der Textgestaltung durch einen *genitivus absolutus* ebenso wenig für eine Zuordnung von 2 Petr 1,3f zum Präskript wie der Vergleich mit zeitlich dem *zweiten Petrusbrief* nahestehenden Schriften,[22] so bildet die innere Logik zwischen 2 Petr 1,3–4 und 1,5–7 ein viel-

---

[20] In IgnEph 1,1 und IgnSm 1,1 ist die Bewertung der Partizipialkonstruktion als Anakoluth nichts Anderes als eine andere Perspektive auf das oben erwähnte Phänomen „Partizip statt *verbum finitum*". Daneben produziert Ignatius eindeutige Anakoluthe, vorwiegend, aber nicht nur, am Briefbeginn und vorzugsweise, aber nicht durchgängig, nach ἐπεί; siehe IgnEph 1,3; IgnMagn 2; IgnMagn 5,1f; IgnRöm 1,1 und IgnPhld 7,2; vgl. dazu jeweils die Anmerkungen von Fischer in SUC 1 und den Kommentar von BAUER/PAULSEN 1985, 48.

[21] Auf diese Satzstruktur wird in den einschlägigen Kommentaren erstaunlich wenig hingewiesen. WINDISCH 1920, 303 übergeht das Problem, ebenso die Fußnoten in der Ausgabe von PRIGENT (SC 172); und auch in den Monographien von WENGST 1971 und PAGET 1994 wird das Problem keiner Besprechung gewürdigt. Lediglich PROSTMEIER 1999, 142 bemerkt, dass das μέν zu Beginn von V2 ohne korrespondierendes δέ stehe. „Makrosyntaktisch" jedoch bereite dies keine Probleme, „wenn es anakoluthisch aufgefaßt wird, weil dann sein semantisches Adversativum vom Textsignal δέ unabhängig, rein auf semantischer Ebene gefunden werden kann."

[22] Behauptet wird die syntaktische Einheit von 2 Petr 1,1–4 jedoch ganz offensichtlich von BIGG 1902, 253 und explizit von VAN HOUWELINGEN 1988, 100. Ausschlaggebend ist für letzteren die mangelnde Eignung von 1,5ff als Apodosis aufgrund des καὶ αὐτὸ τοῦτο δέ. SCHELKLE 1961, 187 urteilt, Vers 3 sei „wohl als Fortführung von V2 empfunden, da διὰ τῆς ἐπιγνώσεως (V3) als Wiederaufnahme von ἐν ἐπιγνώσει (V2) gelten kann." Siehe ferner KELLY 1969, 299; FORNBERG 1977, 86. Wenig entscheidungsfreudig zeigt sich WINDISCH 1930, 84f ad loc: „ὡς cum part. ... scheint die Ausführung des ersten Briefabschnittes unmittelbar an den Gruß anzu-

leicht noch gewichtigeres Indiz für die Zugehörigkeit zum Proöm. Die argumentative Verknüpfung zwischen den beiden Versverbänden ist nämlich nicht von der Hand zu weisen:[23] Der Inhalt des *genitivus absolutus*, also die Feststellung, dass Gott alles geschenkt hat, was zu einem frommen Leben nötig ist, ist die Grundlage, auf der an die Angeschriebenen appelliert wird, nun ihren Teil zu einer angemessenen moralischen Lebensgestaltung beizutragen.[24] Damit ist der Verfasser bei seinem ersten Thema, der Moral, angekommen. Die inhaltliche Struktur von 1,3–7 lässt sich also so beschreiben, dass im Anschluss an die Feststellung einer Gegebenheit das eigene aktuelle Anliegen thematisiert und zu dem Gegebenen ins Verhältnis gesetzt wird. Diese Struktur nun evoziert andere Texte, die, wenn auch syntaktisch variiert, ihr Werk mit einem Gedankengang ähnlicher Logik beginnen, mit anderen Worten: Das Argumentationsmuster ist ein Fall von generischer Intertextualität.

Innerhalb des neutestamentlichen Kanons findet sich ein Beispiel für diese Argumentationsstruktur im Prolog des *Lukasevangeliums* (Lk 1,1–4):

Gegebenheit:	Schon viele vor mir haben über diese Ereignisse geschrieben;	Ἐπειδήπερ πολλοὶ ἐπεχείρησαν ἀνατάξασθαι διήγησιν ...
Übergang zum eigenen Anliegen oder Werk:	jetzt hab auch ich mich dazu entschlossen.	ἔδοξε κἀμοὶ ... καθεξῆς σοι γράψαι, κράτιστε Θεόφιλε ...

Dieses Grundgerüst ist, ähnlich wie in 2 Petr 1,3–7, angereichert mit etlichen Partizipialkonstruktionen und Subordinationen.

Analog zeigt sich der hauptsächliche Gedankengang des Prologs zum Buch *Jesus Sirach* (Sir Prol 1–14), wobei sich in diesem Fall die Parallelität auch auf die syntaktische Form der Gegebenheit erstreckt, nimmt diese doch, wie bereits erwähnt, in ihrem ersten Teil die Gestalt eines absoluten Genitivs an, um dann in ihrem zweiten als ein durch ὡς eingeleiteter Gliedsatz zu erscheinen:

---

knüpfen ... Sonst läßt sich ὡς κτλ. auch als Eingangssatz nehmen, der über der Fülle der Gedanken, die sich in den Vordersatz einschoben, nicht zur Vollendung kam." SPITTA 1885, 26–30 ad loc. spricht sich für eine Weiterführung des Präskripts in 1,3, ein Komma zwischen 1,2 und 1,3 und einen Punkt nach 1,4 aus.

[23] Diese inhaltliche Verbindung wird im Gegensatz zur Syntax auch recht einmütig gesehen; vgl. etwa FUCHS/REYMOND 1988, 47, BAUCKHAM 1983, 173; VAN HOUWELINGEN 1988, 100.

[24] Die Semantik des ὡς muss also im Kausalen gesucht werden, anders als bei anderen neutestamentlichen Belegen für ὡς mit *genitivus absolutus*, die oft einen Vergleich mit Irrealem ausdrücken, vgl. 1 Petr 4,12–13: μὴ ξενίζεσθε ... ὡς ξένου ὑμῖν συμβαίνοντος: „als widerführe euch etwas Außergewöhnliches", 1 Kor 4,18f: ὡς μὴ ἐρχομένου δέ μου πρὸς ὑμᾶς ἐφυσιώθησάν τινες· ἐλεύσομαι δὲ ταχέως: „Als käme ich nicht zu euch..." und ähnlich 2 Kor 5,20 und Act 27,30.

Gegebenheit	1) Viel Großes ist Israel in der Tora, den Propheten und deren Nachfolger gegeben.	πολλῶν καὶ μεγάλων ἡμῖν διὰ τοῦ νόμου καὶ τῶν προφητῶν καὶ τῶν ἄλλων τῶν κατ᾽ αὐτοὺς ἠκολουθηκότων δεδομένων...
	2) Nicht nur sollen die Lesekundigen das für sich selbst verstehen, sondern auch Außenstehenden daraus Nutzen vermitteln können.	καὶ ὡς οὐ μόνον αὐτοὺς τοὺς ἀναγινώσκοντας δέον ἐστὶν ἐπιστήμονας γίνεσθαι ἀλλὰ καὶ τοῖς ἐκτὸς δύνασθαι ... χρησίμους εἶναι
Übergang zum eigenen Anliegen oder Werk	Darum hat mein Großvater selbst etwas aufgeschrieben, um Thora-gemäßes vorbildliches Leben zu fördern.	ὁ πάππος μου ... προήχθη καὶ αὐτὸς συγγράψαι τι ... ὅπως ... πολλῷ μᾶλλον ἐπιπροσθῶσιν διὰ τῆς ἐννόμου βιώσεως

Auch diese Basisstruktur ist durch Partizipialkonstruktionen und Hypotaxen zu einer komplexen Periode ausgebaut. An sie schließt ein aus diesen Voraussetzungen hervorgehender Imperativ an (Sir Prol 15 παρακέκλησθε), ähnlich wie im 2 Petr 1,5 die im *genitivus absolutus* festgehaltene Gegebenheit zu einem einem Imperativ führt (ἐπιχορηγήσατε).[25]

Nicht nur literarische Prologe bzw. Proömien können diese Struktur aufweisen; auch öffentliche Inschriften zum Gedenken an die Verdienste eines Wohltäters eröffnen in syntaktisch und inhaltlich vergleichbarer Weise: Auf die Vorstellung des Personenkreises, der als Nutznießer der Wohltaten das Anbringen der jeweiligen Inschrift veranlasst hat, folgt eine oft durch ἐπειδή, zuweilen aber auch anders eingeleitete Nennung der Verdienste und Qualitäten des Wohltäters, woran sich der Entschluss oder die Feststellung der Ehrung anschließt.[26] In der wohl um 9 v. Chr. angebrachten Prieneinschrift (OGIS 458) zur Einführung des Julianischen Kalenders in der Provinz Asia wird der Beschluss, den Jahresanfang auf den Geburtstag des Kaisers Augustus, den 23. September, zu verlegen, mit einem solchen voluminösen ἐπειδή-Satz eingeleitet:[27]

OGIS 458 *carptim*		
Gegebenheit I = Verdienste der göttlichen Vorsehung, die den Wohltäter schickte	Da [die göttlich] unser Leben durchwaltende Vorsehung, Eifer beweisend und Ehrgeiz, das vollkommenste [Gut] dem Leben einfügte, indem sie Augustus hervorbrachte ...	Ἐπειδὴ ἡ πάντα διατάξασα τοῦ βίου ἡμῶν πρόνοια σπουδὴν εἰσεν[εγκαμ]ένη καὶ φιλοτιμίαν τὸ τελειότατον τῶι βίωι διεκόμησεν ἐνενκαμένη τὸν Σεβαστόν ...

[25] Nur mit Einschränkung stellt der *Barnabasbrief* ein weiteres Beispiel hierfür dar. Eine Bezugnahme auf sein eigenes Werk (ἐσπούδασα κατὰ μίκρον ὑμῖν πέμπειν), seine Motivation dafür (λογισάμενος) und seine Absicht (ἵνα) finden sich erst in 1,5.

[26] Zu diesem Formular siehe DANKER 1978, 65; etliche Beispiele ibid. 65ff.

[27] OGIS 458; Übersetzung aus UUC II, 106f.

Gegebenheit II = Verdienste des Wohltä- ters	[...da nun bei seinem irdi- schen Erscheinen] der Kai- ser die Hoffnungen der früheren [...über]bot.....	[φανεὶς δὲ] ὁ Καῖσαϱ τὰς ἐλπίδας τῶν πϱολαβόντων [...]έθηκεν ...
Übergang zum eigenen Anliegen = Ehrung des Wohltäters durch Beschlussfassung des Paullus Fabius Ma- ximus	so hat Paullus Fabius Ma- ximus, der Prokonsul der Provinz, ... zur Ehre des Augustus ersonnen: dass von dessen Geburt die Zeit des Lebens beginne.	Παῦλλος Φάβιος Μάξιμος ὁ ἀνθύπατος τῆς ἐπαϱχήας ... εἰς τὴν τοῦ Σεβαστοῦ τειμὴν εὕϱετο, τὸ ἀπὸ τῆς ἐκείνου γ[ενέ]σεως ἄϱχειν τῷ βίῳ τὸν χϱόνον·
Feststellung des Be- schlusses	Darum beschließen die Griechen in Asien ..., dass das neue Jahr ... am 9. Tag vor den Kalenden des Ok- tober beginne, das ist am Geburtstag des Kaisers.	διὸ ... δ[εδό]χθαι τοῖς ἐπὶ τῆς Ἀσίας Ἕλλησι, ἄϱχειν τὴν νέαν νουμηνίαν ... τῇ πϱὸ ἐννέα καλανδῶν Ὀκ- τωβϱίων, ἥτις ἐστὶν γενέθ- λιος ἡμέϱα τοῦ Σεβαστοῦ.

Ein weiteres epigraphisches Beispiel stellt die folgende Verfügung „durch Rat und Volk" von Ägina dar.[28] Die im zweiten Jahrhundert vor Christus zeitweilig von Pergamon abhängige Insel ehrt einen gewissen Kleon, der von der Attalidendynastie als Präfekt zur Aufsicht über Aegina bestellt worden war und seine Aufgabe sechzehn Jahre lang in vorbildlicher Weise ausgeführt hatte.[29] Die Gründe für die Ehrung werden im Einzelnen in einem umfänglichen *genitivus absolutus* aufgelistet, freilich nicht ohne dem in derselben Konstruktion den Gehorsam der Bevölkerung von Ägina voranzustellen. Die Gründe für die Ehrung finden dann in mehreren *participia coniuncta* ihre Fortsetzung, so dass der Hauptsatz, der den Ehrungsbeschluss festhält, nicht vor der einunddreißigsten Druckzeile beginnt:

OGIS 329 *carptim*[30]		
Gegebenheit 1 = Gehorsam des Volkes (gen.abs.)	Nachdem das Volk al- len, die abgesandt und über die Stadt gesetzt worden sind, gehorcht hat und im Rahmen des Möglichen den Wünschen jedes ein- zelnen von ihnen will- fährig war,	Zeilen 2–5: τοῦ δήμου πᾶσιν μὲν τοῖς ἀπεσταλ- μένοις ἐπὶ τ[ὴ]ν [πό]λιν πεπειθαϱχηκότος τε καὶ ἐφ' ἣν δυνατὸν κατηκ[ο]- λουκότος ταῖς ἑκαστῶν αὐτῶν βουλήσεσιν

---

[28] OGIS 329,1: δεδ[όχθ]αι τεῖ βουλεῖ καὶ τῶι δήμωι. Die Zeile hat die Funktion einer Überschrift. Der eigentliche Ehrungsbeschluss findet sich dann ab Zeile 30.

[29] Zur zeitlichen Einordnung und anderen historischen Details siehe DITTENBERGERs Fußnoten zu OGIS 329.

[30] Die Wiedergabe im Deutschen ist paraphrasierend.

Gegebenheit 2 = Verdienste des Wohltäters	a) gen.abs.	nachdem auch Kleon herabgezogen ... und 16 Jahre lang geblieben ist, und in diesen Jahren den Erweis seiner politischen wie privaten Integrität erbracht hat, sowie sich nach Gebühr allen gegenüber mit aller Korrektheit verhalten und sich keinerlei Privateigentum angeeignet hat etc.	Zeilen 5–10: καταχθέντος δὲ καὶ Κλέωνος ...καὶ μείναντος ἔτ[η δε]καέξ, καὶ ἐν τούτοις ἀπόδειξιν πεποιημένου τῆς π[ραγ]-ματικῆς καὶ τῆς κατὰ τὸν βίον εὐταξίας, ἴσως τε καὶ δ[ικαίως] προσενηνεγ-μένου πᾶσιν μετὰ τῆς πάσης καθαρει[ότη]τος, οὐδὲν ἐφελκο[μέ]νου τῶν ἰδιωτικῶν κτλ.
	b) p.c.	von den in diesen Jahren abgehandelten Rechtsfällen die meisten einer Schlichtung zugeführt hat etc.	Zeilen 18–19: τῶν τε ἀπεν-ενχθεισ[ῶν] ἐν τούτοις τοῖς ἔτεσι δικῶ[ν τὰ]ς μὲν πλείστας εἰς σύλ[λυ]σιν ἀγηγοχώ[ς κτλ.
Übergang zum Anliegen = Ehrung des Wohltäters		aufgrund dessen haben der Rat und das Volk beschlossen, den Kleon zu ehren etc.	Zeilen 31–35: διά δε δὴ ταῦτα ... δεδόχθ[αι τῆι] βουλῆι καὶ τῶι δήμωι ἐπαινέσαι Κλέω[να κτλ.

Die öffentlich angebrachte Inschrift eines königlichen Schreibens in Milet schließlich vereinigt ein Briefpräskript mit der Reaktion des Seleukiden-königs Seleukos II Kallikinos (246–226 v. Chr.) auf eine Ehrenbezeugung durch die Stadt Milet;[31] es handelt sich also gewissermaßen um einen ver-öffentlichten Dankesbrief. Das Schreiben des Königs beginnt nach dem Präskript auch hier mit einem absoluten Genitiv, der für das im Anschluss genannte Anliegen Argumente aus der Vergangenheit anführt. Fortgesetzt wird er durch weitere Gründe in der Form διά + Akkusativ und andere Anreicherungen, bevor in Zeile 15 der Hauptsatz beginnt:

OGIS 227 *carptim*		
Präskript	König Seleukos grüßt Rat und Volk der Milesier.	Zeile 1–2: Βασιλεὺς Σέλευκος Μιλησίων τῆι βουλῆι καὶ τῶι δήμωι χαίρειν·
Gegebenheit	Nachdem unsere Vorfahren und unser Vater eurer Stadt viele bedeutende Wohltaten erwiesen haben ...	Zeile 2–3: τῶμ προγόνων ἡμῶν καὶ τοῦ πατρός πολλὰς καὶ με-γάλας εὐεργεσίας κατατεθειμέ-νων εἰς τὴν ὑμετέραμ πόλιν κτλ.
Anliegen = Annahme der Ehrung	nehmen wir diese Entschei-dung an...	Zeile 15: ἀπεδεξάμεθα τὴν αἵρεσιν κτλ.

---

[31] Zu historischen Details siehe erneut DITTENBERGERS Anmerkungen zu OGIS 227.

Die vorausgehend angestellten Überlegungen und Textvergleiche lassen die syntaktische Zuordnung von 2 Petr 1,3–4 zu den Folgeversen schwerlich noch als strittig erscheinen. Darüber hinaus wurde deutlich, dass die syntaktische Gestaltung des Korpusbeginns durch einen *genitivus absolutus* mit vielfältig angereicherter Satzstruktur eine textuelle Transzendenz[32] darstellt mit Verweiskraft auf proömienartige Anfänge von literarischen Werken oder präambelähnliche Hinführungen zum eigentlichen Anliegen in öffentlich angebrachten Inschriften.[33]

1.1.2. Ein Tugendkatalog (2 Petr 1,5–7)

Nachdem in 1,4 die Gemeinschaft im Blick auf göttliche Wesensart als Ziel angegeben wurde, das erreicht wird, *nach-* und wohl auch *in*dem man dem auf der ἐπιθυμία fußenden Verderben dieser Welt entflohen ist, werden die Angeschriebenen von 1,5 an nun positiv dazu angehalten, unter Aufwendung all ihres Eifers die richtigen Haltungen und Verhaltensweisen an den Tag zu legen. Diese Aufforderung ergeht in der Form eines Tugendkatalogs, wie er im hellenistischen Judentum und in bestimmten philosophischen Strömungen des Hellenismus beliebt geworden ist.[34] Der

---

[32] Zum Begriff „textuelle Transzendenz" siehe GENETTE 1982, 7.

[33] Der Verweis zielt also nicht allein in Richtung von Ehrendekreten, sondern umfasst auch andere Textsorten. Darum ist es zu einseitig, den gesamten *zweiten Petrusbrief* als feierliches Dekret verstehen zu wollen, wie dies DANKER 1978 (ähnlich die entsprechenden Passagen von DANKER 1982) vor allem aufgrund der Untersuchung des Vokabulars am Briefbeginn tut.

[34] Für eine grobe Orientierung über Tugend- und Lasterkataloge siehe die Überblicksartikel von Hans Dieter BETZ in RGG⁴ V, s.v. Lasterkataloge/Tugendkataloge, 2002, 89–91 und John T. FITZGERALD in ABD VI s.v. Virtue/Vice Lists, 857–859, ferner die Notizen von BERGER 2005, 208–214 (= § 57) und seine rund zwei Jahrzehnte zuvor zu Papier gebrachten Beobachtungen im ANRW 2.25.2 (= BERGER 1984), 1088–1092. Sofern Tugend- und Lasterkataloge in der Form des breiteren literarischen Phänomens Sorites (Klimax, Gradatio) vorliegen (hierher gehören die von BERGER so genannten ‚Filiationsreihen' BERGER 1984, 1089; 2005, 211f), ist FISCHEL 1973 unverzichtbar. Auf ihn wird dementsprechend auch im weiteren Verlauf von III.A.1.1.2 noch zurückzugreifen sein. Für die neutestamentlichen Tugend- und Lasterkataloge ist noch stets EASTON 1932 lesenswert. Unter den einschlägigen Monographien ist zunächst VÖGTLE 1936 zu nennen. Hier werden Tugend- und Lasterkataloge als „Elemente der Missions- und Predigtpraxis" gedeutet und zu ihren religionsgeschichtlichen Parallelen im „griechisch-römischen Heidentum" sowie im „AT und Spätjudentum" – so VÖGTLE ibid. 92 – ins Verhältnis gesetzt. Eine zweite Monographie (WIBBING 1959) widmet sich am Ende der 50er Jahre der Traditionsgeschichte der Tugend- und Lasterkataloge, d.h. wiederum ihrer Verwurzelung in der damals noch immer so genannten „spätjüdischen Tradition." Die wesentliche Neuerung besteht darin, dass auch in Qumran entdeckte Texte mit in die Untersuchung einbezogen werden. 1964 unterteilt KAMLAH schließlich die neutestamentlichen Kataloge in „deskriptive" und solche „mit paränetischer Funktion". Beide gehören für ihn zum

Katalog des *zweiten Petrusbriefes* nimmt als Ausgangspunkt die πίστις; jeweils mit der Präposition ἐν und der Wiederholung der letztgenannten Tugend wird eine weitere gefordert: ἐν τῇ πίστει soll die ἀρετή aufgebracht werden usw. So entsteht eine Reihe von insgesamt acht Gliedern: πίστις, ἀρετή, γνῶσις, ἐγκράτεια, ὑπομονή, εὐσέβεια, φιλαδελφία, ἀγάπη. Auch Paulus hat sich des Tugend- und/oder Lasterkataloges gerne bedient[35], so dass sich die Frage stellt, inwieweit der Tugendkatalog des *zweiten Petrusbriefes* den Blick auf die paulinischen Kataloge lenkt und in welchem Maße Kataloge anderer Herkunft durch den *zweiten Petrusbrief* evoziert werden. Dies gilt es sowohl für die Form als auch für den Inhalt, d.h. die einzelnen Tugenden, zu untersuchen.

i. Intratextuelle Verflechtung der Tugendreihe

Dabei muss jedoch von vornherein deutlich sein, dass einem etwaigen Verweis nach anderen Texten maximal eine Stellung *neben*, wenn nicht gar *unter* der intratextuellen Referenzkraft zukommen kann. Denn zuallererst fällt auf, dass einige der aufgelisteten Elemente klar in Verbindung mit der Theologie des *zweiten Petrusbriefs* stehen. Dies betrifft zunächst γνῶσις. Sie kann nicht gesondert gesehen werden von ἐπίγνωσις, deren Verwendung bereits im Präskript ankündigt, dass sie eines der zentralen Themen des Briefes sein wird.[36] Die zusätzliche Semantik des Präfixes ἐπι- gegenüber dem Simplex γνῶσις könnte entweder darin liegen, dass eine Richtung der Erkenntnis zum Ausdruck gebracht werden soll, oder in der Spezifizierung, dass es um die Erkenntnis eines konkret benennbaren Sachverhalts geht; auch eine inchoative Bedeutung wurde erwogen: Es gehe bei ἐπίγνωσις um eine initiale Erkenntnis.[37] Welche Deutung man auch

---

jüdischen Erbe des Christentums. In der deskriptiven Variante schlage sich, so KAMLAH, die iranische Kosmologie direkt in der jüdischen Anthropologie nieder. Die zweite sei zunächst im „hellenistischen Synkretismus astrologisch interpretiert" worden und habe von daher ihre Form erlangt. Im Urchristentum gehörten beide Formen zur eschatologischen Paränese. Eine minimale Quellensammlung mit kurzer Einleitung liegt in englischer Übersetzung vor bei MALHERBE 1986, 138–143.

[35] Siehe etwa 1 Kor 6,9f, Gal 5,19–21.22–23 oder Röm 1,28–32 und Röm 13,12–14.

[36] In der Gewichtung der γνῶσις/ἐπίγνωσις übereinstimmend ("epistolary catchword"), wenn auch im Einzelnen nicht immer mit der gewünschten Tiefenschärfe CHARLES 1997, 134. Ähnlich in der Beurteilung der Bedeutung von γνῶσις/ἐπίγνωσις für den *zweiten Petrusbrief* weiterhin u.a. FORNBERG 1977, 14f; FUCHS/REYMOND 1988, 17 und 127f, NEYREY 1993, 114, VÖGTLE 1994, 133f; HARRINGTON 2003, 241.

[37] J. B. LIGHTFOOT plädierte in seinem Kommentar zu *Kolosser-* und *Philemonbrief* (1875, in der zweiten Auflage von 1879 in den Anmerkungen zu Kol 1,9, Seite 139) dafür, ἐπίγνωσις als eine umfassendere, vertiefte Kenntnis zu sehen, als einen Fortschritt gegenüber γνῶσις. J. Armitage ROBINSON hob in seinem *Epheserbrief*kommentar (Erstauflage 1903) die direktive Bedeutung des Präfixes hervor: ἐπίγνωσις richte sich unmittelbar auf einen konkreten Gegenstand, γνῶσις sei ein allgemeinerer, wei-

für die plausibelste hält, in jedem Fall ergibt die Verwendung des Simplex statt des Kompositum hier Sinn: Entweder kann man in ihm das Element des Statischen sehen – es geht um bei den Adressaten bereits vorhandene Erkenntnis, nicht mehr um die Initialkenntnis – oder seine Verwendung mag dem Umstand geschuldet sein, dass kein besonderes Objekt des Erkennens genannt ist. Wie also γνῶσις ein bereits angeschnittenes Thema aufgreift, so dürfte auch die den Angeschriebenen abverlangte ἀρετή ein Anklang an die nur zwei Verse zuvor (1,3) hervorgehobene (δόξα und) ἀρετή Christi sein, durch die dieser seinen Ruf an ‚uns‘ hat ergehen lassen. Vielleicht spielt der Gedanke der Gemeinschaft im Hinblick auf die Wesensart Gottes (θείας κοινωνοὶ φύσεως 1,4), verstanden als ein zum Tun Gottes analoges Handeln, hier eine Rolle: So wie Christus in seiner ἀρετή handelte, soll jetzt der Gläubige seinerseits die ihm zukommende ἀρετή entfalten. ἐγκράτεια steht im Kontrast zu den später den ψευδοδιδάσκαλοι zur Last gelegten ἀσέλγειαι (2,2), und ὑπομονή könnte bewusst im Blick auf den Spott über das Ausbleiben eines endgültigen sichtbaren Eingreifens Gottes in den Lauf der Welt (3,3–4) gewählt sein.[38] εὐσέβεια ist allein schon durch die Häufigkeit ihrer Nennung in der *Secunda*

---

terer, abstrakter Begriff; entsprechend sei ein Genitiv bei γνῶσις entweder subjektiv oder objektiv, bei ἐπίγνωσις bezeichne er zwangsläufig den Gegenstand der Erkenntnis (vgl. den das vorhandene Belegmaterial sorgsam analysierenden Exkurs "On the meaning of ἐπίγνωσις" in ROBINSON [2]1907, 248–254). Dem Prinzip folgend, dass ein Kompositum zwar im Wunsch nach Unterscheidung vom Simplex entstanden sein muss, aber sein Gebrauch in der Folgezeit nicht unbedingt die Geburtsumstände widerzuspiegeln braucht (MAYOR 1907, 171–174), erkennt J. B. MAYOR auf der einen Seite an, dass das Präfix ἐπι- oft richtungsweisend gebraucht wird, aber hält diese Erklärung weder für den klassischen noch für den paulinischen Gebrauch des Wortes für zureichend. Für ihn kommt die Nuance der Weiterbewegung hinzu, die einem Kompositum mit ἐπι- eine intensivierende Konnotation geben kann. R. E. PICIRILLI – im fraglichen Artikel wohl fälschlich PICIRELLI geschrieben – bringt darüber hinaus einen ingressiven Aspekt vor allem des Gebrauchs im *zweiten Petrusbriefs* in die Diskussion. ἐπίγνωσις habe damit sachlich mit dem als eine Erfahrung der Erkenntnis gedeuteten Bekehrungserlebnis zu tun (PICIRELLI 1975, vor allem 89–93). Dass ἐπίγνωσις in den Pastoralen und im *Hebräerbrief* annähernd *terminus technicus* für die „entscheidende Erkenntnis Gottes, die in der Bekehrung zum christlichen Glauben erfolgt" geworden ist, hatte jedoch auch schon BULTMANN in ThWNT I s.v. γινώσκω κτλ., 706. hervorgehoben. Allgemein aber wollte er nicht zwischen dem Simplex und dem Kompositum differenzieren: „Im übrigen läßt sich ein Unterschied zwischen γνῶσις und ἐπίγνωσις nicht feststellen, im NT so wenig wie in LXX und bei Philo... oder bei Justin..." (ibid. 707). FUCHS/REYMOND 1988, 127–131 bekräftigen dies, weisen jedoch darauf hin, dass ἐπίγνωσις stets *in bonam partem* verwendet werde. Speziell für den *zweiten Petrusbrief* sei die Verwendung des Wortes nicht so eindeutig wie in den Pastoralbriefen.

[38] Diese Deutung von ἐγκράτεια und ὑπομονή vertritt auch VÖGTLE 1994, 150f.

Petri als erstrangiges Anliegen des Verfassers qualifiziert.[39] 2 Petr 1,3ff zeigt dabei den Platz, den sie in seinem Denken einnimmt: Gott hat alles gegeben, was zu einem gottgefälligen Leben (πρὸς ζωὴν καὶ εὐσέβειαν) nötig ist. Diese Gabe muss nun auch aktiviert werden. Die Mahnung, sich eines Lebensstils der εὐσέβεια zu befleißigen, bildet den Kern oder wenigstens einen der Kerne der Botschaft des *zweiten Petrusbriefes*.[40] Die Liste lässt sich zunächst also intratextuell auf der Ebene der Theologie des *zweiten Petrusbriefsgut* begreifen; ob darüber hinaus durch einige Elemente in ihrer Einbettung in die vorliegende Form des Tugend- und Lasterkatalogs noch der Blick auf andere Literatur(en) und Denkkontexte gelenkt wird, wird unten zu erörtern sein.

ii. Geordnete Form wirren Inhalts?

Was die Form angeht, so lassen sich grob zwei Kategorien von Tugend- und Lasterkatalogen unterscheiden: syndetische oder asyndetische Reihungen, für deren Elemente die Formulierung keinerlei kausale oder sonstige logische Verknüpfung behauptet, auf der einen Seite, und solche Listen, bei denen ein wie auch immer näher zu konkretisierender Zusammenhang zwischen zwei aufeinander folgenden Gliedern durch die sprachliche Gestaltung suggeriert wird. Für diese letztgenannte Form kann die Figur des Sorites (Gradatio, Klimax) benutzt werden: A...B, B...C, C...D etc., die, wenngleich nicht ohne Analogien aus anderen Sprach- und Kulturkreisen, so doch vorrangig einen Beitrag der griechisch-römische Rhetorik zur Ausformung tannaitischer und frühchristlicher Literatur darstellen dürfte.[41] Diese Form der Realisierung eines Tugend- oder Lasterkatalogs stellt im Neuen Testament eine Ausnahme dar: Nur 2 Petr 1,5–7 bedient sich ihrer deutlich erkennbar.[42]

---

[39] Neben 1,6f ist von εὐσέβεια noch in 1,3; 2,9 und 3,11 die Rede. Für die Wertung von εὐσέβεια als 'key topic' des Briefes siehe NEYREY 1993, 114. Zur εὐσέβεια in den Pastoralbriefen siehe STANDHARTINGER 2006; ein Seitenblick auf den *zweiten Petrusbrief* findet sich hier zwar leider nicht; doch die Ausführungen über εὐσέβεια/*pietas* als gesellschaftspolitisches Programm der Kaiserzeit seit Augustus, das von den Pastoralbriefen unter Einbeziehung jüdischer Vorbilder augegriffen wird, führen zu einer Vorstellung vom gedanklichen Standort und Vorgehen des Verfassers der *Secunda Petri*, die sich mit dem oben entworfenen Bild deckt.

[40] Über die häufig thematisierte zögerliche und nur punktuell stattfindende Rezeption jeglicher Bildungen vom Stamm σεβ- im jüdisch-christlichen Bereich siehe die einschlägigen Artikel von FIEDLER in EWNT II s.v. εὐσέβεια κτλ., 212–214 und FOERSTER in ThWNT VII, s.v. σέβομαι κτλ., 168–195.

[41] FISCHEL 1973, 119.

[42] Neben 2 Petr 1,5–7 (ἐν τῇ πίστει ... τὴν ἀρετήν, ἐν ... τῇ ἀρετῇ τὴν γνῶσιν etc.) nehmen die tugendkatalogähnlichen Verse Röm 5,3–5 diese Form an (ἡ θλῖψις ὑπομονὴν κατεργάζεται, ἡ δὲ ὑπομονὴ δοκιμήν, ἡ δὲ δοκιμὴ ἐλπίδα). Im Lasterkatalog 1 Tim 6,4f ist, wenn schon kein Sorites, so doch der Ansatz zu einer Rangord-

Diese Form des Sorites weckt – jedenfalls bei vielen Exegeten – die Erwartung, die einzelnen Elemente der Reihung müssten inhaltlich in einem klimaktischen und klar erkennbaren logischen Verhältnis zueinander stehen. Entsprechend dieser Erwartung und infolge einer nicht unmittelbar empfundenen Plausibilität trifft den Verfasser des *zweiten Petrusbriefes* häufig der Vorwurf, er habe die Aufzählung nicht sorgfältig durchdacht.[43] Nur selten bemüht man sich, einen Sinn, eine Logik in der vorliegenden Reihenfolge der Elemente zu finden.[44] Eine Reihe von Beobachtungen können die sprachliche Realisierung durch den Verfasser aufwerten, ohne auf einer letzten, für jeden einsichtigen Erklärung für die Reihenfolge der Glieder beharren zu müssen.

Die Aussagekraft der Reihung (ἐπιχορηγήσατε) ἐν τῇ ... τὴν ... kann wie folgt beschrieben werden: Ausgehend von einer lokalen Bildkraft von ἐν gibt der Dativ den weiteren Rahmen an, in dem das jeweils folgende Glied enthalten ist. Damit wird die ἀγάπη zum innersten Kern, auf dem der Schwerpunkt liegt, die πίστις bildet den großen Rahmen, in dem die anderen Tugenden sich bewegen.[45] Dies bedeutet jedoch nicht, dass die

---

nung zu beobachten, wenn es heißt, dass aus verbalen Auseinandersetzungen (ζητήσεις) und Wortgefechten (λογομαχίαι) Missgunst (φθόνος), Hader (ἔρις), Schmähungen (βλασφημίαι), falsche Verdächtigungen (ὑπόνοιαι πονηραί) und endlose Reibereien (διαπαρατριβαί) hervorgingen.

[43] So etwa WINDISCH 1930, 86 ad loc., der genau weiß, wie die Ordnung der Tugenden zu sein hat: „... logisch durchdacht ist die Aufzählung freilich nicht, denn εὐσέβεια umschließt πίστις und γνῶσις und ist eigentlich Zentralfunktion, ἐγκράτεια und ὑπομονή gehören zur ἀρετή, ebenso die von ἀγάπη kaum zu unterscheidende φιλαδελφία." Man vergleiche auch den abwertenden Kommentar KNOPFs 1912, 267 ad loc.: „Die Klimax in II Pt läßt sich an Kraft und Durchsichtigkeit mit keiner der angeführten paulinischen Figuren messen. Man weiß weder, was ihr Zweck ist, noch kann man die einzelnen Glieder zu einander in ein logisches Verhältnis bringen. Aller Scharfsinn der Exegese kann nicht vor der Erkenntnis schützen, daß man nicht einsehen kann, wieso aus der ἀρετή die γνῶσις hervorgeht, die der Verf. an anderen Stellen doch viel höher bewertet ..., wie weiter die εὐσέβεια, die V. 3 einen Ehrenplatz neben der ζωή hat, hier so weit hinunter rückt und mit der ὑπομονή zusammen gebracht wird. Es handelt sich für den Verf. darum, eine Anzahl hochgewerteter Äußerungen von Religion und Sittlichkeit zusammenzustellen; das tut er, indem er sie nicht einfach nebeneinander aufzählt, sondern sie in Kette und System bringt, eine Anordnung, die notwendig zu Künsteleien führen muß." Freundlicher äußert sich MAYOR 1907, 91 über die nicht unmittelbar eingängige Logik: "It is not quite so clear that each of the series is in like manner dependent on that which immediately precedes, though this would suit 1,2, and 7"; siehe ähnlich u.a. BAUCKHAM 1983, 185 und VAN HOUWELINGEN 1988, 115.

[44] Eine der Ausnahmen bildet hier VÖGTLE 1936, 48 – jedenfalls partiell, denn auch er behauptet, die Klimax wolle „nicht in logisch-systematischer Reihenfolge die aufgezählten Tugenden gliedern".

[45] KRAUS 2001, 125ff. hat der Semantik der Präposition ἐν in dem Sorites in 2 Petr 1,5–7 eine ausführliche Darstellung gewidmet, der die vorliegenden Ausführungen

Reihenfolge der Tugenden insgesamt eine absolute Logik verträte, so als ließen sich die Glieder Matrjoschka-artig ineinander schachteln. Eine relative Logik lässt sich jedoch durchaus feststellen, d.h.: Die Zuordnung von zwei aufeinanderfolgenden Tugenden durch ἐν ist nicht völlig willkürlich, sondern entspricht einer gewissen Plausibilität im theologischen Denken des Verfassers. Neben der räumlichen Bildkraft von ἐν schwingt auch die instrumental-kausale Dimension mit, nach der das jeweils vorhergehende Element die Grundlage oder Ursache für den Erweis des nächstfolgenden ist.[46] Der gedankliche Aufbau mag wie folgt aussehen: Anfangs- und Endpunkt der Reihe bilden πίστις und ἀγάπη; mit dieser bewussten Setzung folgt der Verfasser einem offenbar weiter verbreiteten Muster (s.u.). Weiterhin fungiert die πίστις als Basis, von der ausgehend ἀρετή an den Tag zu legen ist, überhaupt alle folgenden Tugenden. Dass christliche Moralität sich nur im Bereich christlichen Glaubens verlangen lässt, dürfte auf der Hand liegen. An der ἀρετή soll sich die γνῶσις zeigen. Nach 2 Petr 2,20 sind auch die Gegner einst durch ἐπίγνωσις den μιάσματα τοῦ κόσμου, also doch wohl einer aus christlicher Sicht unmoralischen Lebensweise, entronnen. Wer sich also einer Lebensweise im Sinne christlicher Moral befleißigt, kann darin sehr wohl das Maß seiner (Gottes-)Erkenntnis sehen lassen. Da das Erkennen Gottes eine Deutungsweise der Konversion ist, kommt γνῶσις in die Nähe der πίστις. Wie aufbauend auf der πίστις ἀρετή gefordert werden konnte, so lässt sich auf der Grundlage der γνῶσις die spezielle Tugendform der ἐγκράτεια verlangen.[47] Wer aber sich selbst beherrschen, wer enthaltsam sein kann (ἐγκράτεια), kann so deutlich machen, dass er geduldig auf das Eschaton wartet (ὑπομονή). Daher ist es auch nicht verwunderlich, wenn Leute, die wie die ψευδοδιδάσκαλοι (3,4) das geduldige Warten aufgeben, zu keiner ἐγκράτεια mehr fähig sind, sondern bei deren Gegenteil landen, bei den

---

weitgehend folgen. Immer wieder hat der Anschluss durch ἐν Fragen aufgeworfen. Selbst ein so exzellenter Kenner des Griechischen wie MAYOR schien etwas ratlos gegenüber diesem ἐν, obwohl ihm die lokale und kausative Aussagekraft von ἐν für andere Beispiele durchaus vor Augen stand: "The force of the repeated ἐν δέ in 1[5-7] is not clear." (MAYOR 1907, lxv). Treffend formuliert HIEBERT 1984, 45 den Sinn: "Each new trait is inherent in the preceding, which in turn is supplemented and perfected by the new…"

[46] Auch KRAUS 2001, 127 sieht mit der lokalen Vorstellung noch eine instrumental(-kausal)e konkurrieren oder jedenfalls mitschwingen, nach der mit ἐν jeweils das folgende Glied eine ursächliche Begründung erfahre.

[47] Dass diese Verbindung im Sinne der Theologie des *zweiten Petrusbriefes* ist, erkannte schon VÖGTLE 1936, 190f, dem zudem das Treiben der Irrlehrer in drastischer Plastizität vor Augen stand: „Nicht zufällig wird gerade ἐγκράτεια als unmittelbare Konsequenz der ‚Erkenntnis' genannt sein. Der ganze Brief richtet sich ja gegen die antinomistischen Irrlehrer, die durch ihre Predigt der „Freiheit des Fleisches" ihr eigenes üppiges Wohlleben, ihre Wollust und Habsucht verführerisch empfahlen…"

ἀσέλγειαι (2,2.[7.]18). Wer ausharrt (ὑπομονή), bezeugt eine Haltung der praktischen Verehrung (εὐσέβεια) Gottes. Andersherum: Wer die Hoffnung fahren lässt und somit das geduldige Warten, der wird auch Gott nicht mehr recht verehren. Dass praktizierte Verehrung Gottes selbstredend Liebe zu den Gemeindegliedern und die Liebe überhaupt bedeutet, ist gemeinchristliches Gedankengut, wie es bei den Synoptikern in der Perikope von den zwei wichtigsten Geboten (Mk 12,28–34 parr.) reflektiert wird. Dieser Gedanke rührt aus der tenachischen Tradition her, wo er seinen Niederschlag etwa in den zwei Tafeln des Dekalogs und in der prophetischen Kritik am Sozialverhalten bestimmter Schichten u.a.m. seinen Niederschlag gefunden hat. Das Nebeneinander von Verhalten in der Gemeinde und Verhalten gegenüber jedermann findet sich bei Paulus,[48] und der *erste Petrusbrief* bietet einmal in einem paränetischen Abschnitt sogar – wenn auch im Vergleich zu 2 Petr 1,7 umgekehrter Reihenfolge – genau die Trias von Haltung gegenüber den Menschen überhaupt, gegenüber Mitchristen und gegenüber Gott: πάντας τιμήσατε, τὴν ἀδελφότητα ἀγαπᾶτε, τὸν θεὸν φοβεῖσθε (1 Petr 2,17). Kurzum: Wenn man darauf verzichtet, eine absolute Stimmigkeit aller acht Teile der Tugendreihung zu fordern, und statt dessen jeweils zwei aufeinanderfolgende Glieder auf ihre plausible Zugehörigkeit zueinander im Rahmen der Theologie des *zweiten Petrusbriefes* befragt, so tritt die Deplaziertheit der zuweilen ostentativen Geringschätzung der Kettenkonstruktion ans Licht. Die Reihenfolge ist gewählt, aber so wenig absolut, dass auch der Verfasser selbst womöglich zumindest für einige Glieder eine andere hätte anbieten können.

iii. Bezüge zu anderen Tugendkatalogen im Neuen Testament

Vergleicht man die in 1 Petr 1,5–7 genannten Tugenden, Haltungen etc. mit denen anderer Tugendkataloge im Neuen Testament, so fällt zunächst keine Liste auf, mit der der vorliegende Textabschnitt Kongruenzen in besonderem Maße aufwiese. Πίστις und ἀγάπη werden in fast allen Katalogen genannt; auffälligerweise selten die eine ohne die andere; in der Regel sind beide in der Aufzählung enthalten oder beide fehlen.[49] Von den acht Elementen in 2 Petr 1,5–7 wird ὑπομονή noch mindestens in drei weiteren

---

[48] So etwa 1 Thess 3,12: ὑμᾶς δὲ ὁ κύριος πλεονάσαι καὶ περισσεύσαι τῇ ἀγάπῃ εἰς ἀλλήλους καὶ εἰς πάντας; 1 Thess 5,15: πάντοτε τὸ ἀγαθὸν διώκετε [καὶ] εἰς ἀλλήλους καὶ εἰς πάντας; und Gal 6,10: ἐργαζώμεθα τὸ ἀγαθὸν πρὸς πάντας, μάλιστα δὲ πρὸς τοὺς οἰκείους τῆς πίστεως.

[49] Πίστις und ἀγάπη in 2 Kor 8,7; Gal 5,22; 1 Tim 4,12; 6,11; 2 Tim 2,22; 3,10; die Kombination taucht auf, wo der Katalogcharakter nicht ganz auf der Hand liegt wie etwa in 1 Thess 1,3 und 1 Thess 5,8. Beide fehlen in Eph 4,32; Eph 5,9 und 1 Petr 3,8. Eine Ausnahme bilden Eph 4,2 und 2 Kor 6,6f, wo von ἀγάπη die Rede ist, ohne dass die πίστις zur Sprache käme.

neutestamentlichen Katalogen genannt;[50] γνῶσις findet zwei weitere Male einen Platz in einer Tugendliste;[51] ἐγκράτεια, εὐσέβεια und φιλαδελφία tauchen in jeweils einer weiteren Reihe von Tugenden auf.[52] Ohne Parallele in einem neutestamentlichen Tugendkatalog ist ἀρετή. Der höchste Grad an Übereinstimmung ergibt sich so mit 1 Tim 6,11 und beläuft sich auf vier gemeinsame Elemente (πίστις, ἀγάπη, ὑπομονή, εὐσέβεια); mit jeweils drei Überschneidungen folgen dann 2 Kor 8,7 (πίστις, γνῶσις, ἀγάπη); Gal 5,22f (ἀγάπη, ἐγκράτεια, πίστις); 1 Thess 1,3 (ἀγάπη, πίστις, ὑπομονή); 2 Tim 3,10 (ἀγάπη, πίστις, ὑπομονή) und Apk 2,19 (ἀγάπη, πίστις, ὑπομονή). Ins Verhältnis gesetzt zu der Gesamtzahl der jeweils in der Liste aufgeführten Elemente ergibt sich folgendes Bild:

Zahl der Elemente des Tugendkatalogs		Zahl der gemein- samen Elemente[53]	Zahl der Elemente des Tugendkatalogs in
2 Petr	8	4	6	1 Tim 6,11
2 Petr	8	3	5	2 Kor 8,7
2 Petr	8	3	9	Gal 5,22f
2 Petr	8	3	3 bzw. 6[54]	1 Thess 1,3
2 Petr	8	3	7	2 Tim 3,10
2 Petr	8	3	5	Apk 2,19
2 Petr	8	2	8	2 Kor 6,6f
2 Petr	8	2	5	1 Tim 4,12
2 Petr	8	2	4	2 Tim 2,22

Über die Tatsache hinaus, dass die recht durchgängig in den neutestamentlichen Listen vertretenen Elemente ἀγάπη und πίστις den Tugendkatalog in 2 Petr 1,5–7 eindeutig in die Gruppe neutestamentlicher Tugendkataloge aufnehmen, kann von einem signifikanten Verweis auf eine bestimmte Aufzählung nicht die Rede sein, zumindest dann nicht, wenn man ihn an Lexemkongruenzen festmachen will. Auffallend freilich ist, dass bei aller sonstigen Variation kongruenter Elemente, mit einiger Regelmäßigkeit ὑπομονή das Kongruens bildet. Am plausibelsten lässt sich dieser Umstand als Variation zur Trias ἀγάπη – πίστις – ἐλπίς deuten.[55]

---

[50] 1 Tim 6,11; 2 Tim 3,10; Apk 2,19; ferner in 1 Thess 1,3 und Apk 2,2, deren Katalogcharakter jedoch offenbar nicht allseits anerkannt wird – sie fehlen etwa in der Aufstellung bei WIBBING 1959, 78.

[51] 2 Kor 6,6 und 8,7.

[52] ἐγκράτεια in Gal 5,22f; εὐσέβεια in 1 Tim 6,11 und φιλαδελφία, allerdings in adjektivischer Form, in 1 Petr 3,8.

[53] Nur Listen mit mehr als einem übereinstimmenden Element sind berücksichtigt.

[54] Insofern keine reine Aufzählung vorliegt, sondern jeweils zwei Substantive durch Genitivattribuierung verbunden sind, variiert die Gesamtzahl.

[55] So auch en passant NEYREY 1993, 155. VÖGTLE 1936, 173 zieht das auch schon für 1 Tim 6,11 in Erwägung. Nicht ganz so weit geht RADL im Artikel ὑπομονή, EWNT

ἐλπίς und ὑπομονή stehen in einem inhaltlichen Zusammenhang: Hoffnung befähigt zum geduldigen Ausharren, oder umgekehrt kann geduldiges Ausharren die Hoffnung stärken.[56] Paulus selbst bringt gemäß dieser Logik beide Begriffe miteinander in Verbindung: In 1 Thess 1,3 erinnert er sich der ὑπομονή τῆς ἐλπίδος der Thessalonicher und in Röm 3,5 legt er dar, Geduld (ὑπομονή) führe zu Bewährung (δοκιμή) und diese wiederum zu Hoffnung (ἐλπίς). Trifft diese Interpretation von ὑπομονή als – wohl durch Paulus angestoßene, aber dann in späteren Generationen erst umfassender gebräuchlich gewordene – Substitution für ἐλπίς zu, dann gehören nicht nur die tritopaulinischen Kataloge 1 Tim 6,11 und 2 Tim 3,10, sondern auch Apk 2,19[57] und 2 Petr 1,5–7 zur Wirkungsgeschichte der paulinischen Trias.[58]

An dieser Stelle lässt sich zusammenfassend folgendes *Zwischenergebnis* formulieren: Die metatextuelle Verflechtung von 2 Petr 1,5–7 mit anderen Schriften des Neuen Testaments besteht darin, dass sich der Verfasser – wie Paulus und andere – der Form des Tugendkatalogs bedient und dass sich in diesem Katalog in den einzelnen Tugenden punktuell ein Widerschein paulinischer und anderer neutestamentlich bezeugter Theologien zeigt. Im Besonderen lässt sich ein Reflex der paulinischen Trias wahrnehmen sowie das Nebeneinander von Gottesverehrung und Liebe zu Menschen mit Aufspaltung der letzteren in das Verhalten gegenüber Mitchristen und Menschen im allgemeinen. In alledem erweist sich der Katalog aber gleichzeitig auch als sehr frei: Weder die Gestaltung der Tugendenreihung durch ἐν noch die Zusammenstellung der Tugenden insgesamt verweist nach einem konkreten neutestamentlichen Vorbild.

III, 970. Er bleibt bei der bloßen Feststellung, dass ὑπομονή bei Paulus „Wesenszug der christl. Hoffnung" ist und ὑπομονή „in den spätapostolischen Schriften ... bes. häufig mit πίστις und/oder ἀγάπη verbunden wird. Auch HAUCK bringt ὑπομονή sehr vorsichtig mit der Trias ἀγάπη – πίστις – ἐλπίς in Verbindung; ThWNT IV s.v. μένω κτλ. 591: „Entsprechend ihrer zentralen Bedeutung wird die ὑπομονή in den Past mehrfach neben den entscheidenden christlichen Grundhaltungen πίστις und ἀγάπη ... genannt, zu denen sie ja in besonderem Verwandtschaftsverhältnis steht. Durch den Dreiklang Glaube, Liebe, (hoffendes, standhaftes, geduldiges) Ausharren wird Tt 2,2 der vorbildliche Christ beschrieben ..., ähnlich wie der Dreiklang πίστις – ἐλπίς – ἀγάπη 1 K 13,13 als die christlichen Haupttugenden nennt."

[56] Ein anderer Zusammenhang wird in Jak 1,3 hergestellt: Hier führt die Prüfung des Glaubens (τὸ δοκίμιον τῆς πίστεως) zur Geduld (ὑπομονή).

[57] Zum Versuch des Nachweises direkter literarischer Beeinflussung der Apokalypse durch das *Corpus Paulinum* siehe BARNETT 1941, 41–51.

[58] Vgl. auch 2 Thess 1,3f, wo zuerst in Vers 3 πίστις neben ἀγάπη steht und in Vers 4 ὑπομονή neben πίστις. Zur Formgeschichte der paulinischen Trias insgesamt siehe BERGER 2005, 212–214.

iv. Bezüge zu den Tugendreihen bei den Apostolischen Vätern

Betrachtet man Tugendlisten und vergleichbare Texte, in denen mehrere Tugenden nebeneinander genannt werden, bei den Apostolischen Vätern, so lässt sich feststellen, dass neben πίστις nun ἐγκράτεια mit recht hoher Regelmäßigkeit zu den erwünschten Qualitäten gehört, dass es mit 2 Petr 1,5–7 nicht selten drei oder vier Übereinstimmungen bei den aufgereihten Tugenden gibt, dass aber die Listen häufiger umfangreicher sind als die neutestamentlichen, daher also auch die Wahrscheinlichkeit gemeinsamer Elemente größer. Einzelne Tugenden wie ἀρετή, εὐσέβεια, φιλαδελφία oder γνῶσις bleiben Ausnahmeerscheinungen. Geht man von den aufgezählten Tugenden aus, kann alles in allem auch hier keine indexikale Intertextualität ausgemacht werden.

2 Petr	1 Clem			Herm					Barn
	1,2	62,2	64,1	vis 3,8,7	mand 6,1,1	8,9	12,1	sim 9,15,2	2,2f
πίστις	x	x	x	x	x	x	x	x	x
ἀρετή						x			
γνῶσις	x								x
ἐγκράτεια	x	x	x	x				x	x
ὑπομονή	x	x					x		x
εὐσέβεια	x								
φιλαδελφία									
ἀγάπη		x		x		x	x		
Zahl der Tugenden 8	4	>12	8	7	3	7	7	12	10

Auch in der außerneutestamentlichen christlichen Literatur des ersten und zweiten Jahrhunderts können Reihungen von Tugenden in unterschiedlichen Formen und mit unterschiedlicher Funktion gebraucht werden. 1 Clem 64,4 reiht teils asyndetisch, teils syndetisch acht Tugenden im Rahmen eines Segens aneinander; 1 Clem 1,2 lobt – zwar wenig katalogartig, aber in umfänglicher inhaltlicher Übereinstimmung mit 2 Petr 1,5–7 – vier Qualitäten der Gemeinde zu Korinth; Herm vis 3,8,1–11 personifiziert die Tugenden als sieben Frauen, die einen Turm tragen. Dieser Text ist als Sorites organisiert, denn die Tugenden sind einander allesamt Töchter, d.h. die eine geht aus der anderen hervor. So entsteht die Reihe πίστις – ἐγκράτεια – ἁπλότης – ἀκακία – σεμνότης – ἐπιστήμη – ἀγάπη. Doch auch hier ist die Filiation nicht absolut. Derselbe Verfasser kann in einem der Gleichnisse die nun als zwölf Jungfrauen personifizierten Tugenden auch anders anordnen (Herm sim 9,15,2): Hier werden unter den zwölfen (als „an den Ecken stehend") besonders hervorgehoben: πίστις – ἐγκράτεια – δύναμις – μακροθυμία. Zwischen diesen befinden sich die anderen acht: ἁπλότης – ἀκακία – ἁγνεία – ἱλαρότης – ἀλήθεια –

σύνεσις – ὁμόνοια – ἀγάπη. Obwohl dieser Katalog dem aus Herm vis 3,8,1–11 durchaus nicht unähnlich ist, wird doch mit δύναμις und μακρο-θυμία zwei dort gar nicht genannten Tugenden hier in Herm sim 9,15,2 so zentrale Bedeutung beigemessen, dass sie zu den vier ‚Eck'-Tugenden gehören. Was schon bei Paulus beobachtet werden konnte, nämlich dass ein und derselbe Verfasser nicht unbedingt ein festes System von Tugenden und Lastern in allen Texten unverändert zur Sprache bringt, wiederholt sich also beim *Hirten des Hermas*. Damit braucht man auch dem ‚Tochter-modell' von Herm vis 3,8,1–11 keinen absoluten Charakter zuschreiben, als habe der Verfasser die eine Tugend nur und ausschließlich in einem Tochterverhältnis zu einer konkreten anderen gesehen. So sehr man auf der einen Seite von der Durchdachtheit der einzelnen Reihe auszugehen hat,[59] so wenig braucht man einem Verfasser zu unterstellen, er habe nur eine mögliche Abfolge vor Augen.

Ein mit 2 Petr 1,5–7 übereinstimmender Kompositionsaspekt freilich verdient Aufmerksamkeit, weil er häufiger wiederkehrt: Wie schon in 2 Kor 8,7 werden in Herm vis 3,8,7 und Herm sim 9,15,2 die Eckpunkte einer Tugendliste übereinstimmend durch πίστις und ἀγάπη markiert. Dieser πίστις-ἀγάπη-Rahmen ist Niederschlag eines andernorts reflektierten theologischen Denkmusters. Für Ignatius IgnEph 14,1 sind zufolge Glauben und Liebe Anfang und Ende des Lebens:

.... τὴν πίστιν καὶ τὴν ἀγάπην ἥτις ἐστὶν ἀρχὴ ζωῆς καὶ τέλος·
ἀρχὴ μὲν πίστις, «τέλος δὲ ἀγάπη».
Τὰ δὲ δύο ἐν ἑνότητι γενόμενα θεός ἐστιν,
τὰ δὲ ἄλλα πάντα εἰς καλοκἀγαθίαν ἀκολουθά ἐστιν.

Für Clemens von Alexandrien sind Glaube und Liebe ebenfalls Anfang und Ende können daher nicht Gegenstand von Unterweisung sein.[60] Diese theologische Aussage scheint in einigen Tugendkatalogen zum formgebenden Prinzip geworden zu sein. Wo es das aber nicht ist, steht dennoch oft die πίστις am Anfang eines Katalogs:[61] Der christliche Glaube ist die Voraussetzung für eine christliche Ethik. Bedient sich ein Verfasser nun dieses πίστις-ἀγάπη-Rahmens, bedeutet dies wiederum nicht, dass er jeden Tugendkatalog seines Werkes nach diesem Prinzip organisieren würde: In einer siebengliedrigen Tugendliste in Herm mand 8,9 steht πίστις an erster und ἀγάπη an dritter Stelle.

---

[59] BERGER 2005, 211f sieht in diesen Genealogien „sehr ernstzunehmende Dokumente ethischer Theoriebildung", weil sie „ein deutliches Gefälle in Richtung auf Sichtbarkeit und Auswirkungen" aufweisen.

[60] ClemAl strom VII,10,55,6: καὶ τὰ μὲν ἄκρα οὐ διδάσκεται, ἥ τε ἀρχή καὶ τὸ τέλος, πίστις λέγω καὶ ἡ ἀγάπη.

[61] 1 Clem 1,2; 62,2; 64,1; Herm mand 6,1,1; 8,9; Barn 2,2; ActJoh 29.

v. Bezüge zu philosophischen Tugendreihen

Immer wieder einmal wird 2 Petr 1,5–7 – mehr als anderen neutestamentlichen Tugendkatalogen – eine auffallende Verbindung mit ähnlichen Texten philosophischer Natur nachgesagt oder eine besonders anzumerkende
Verwurzelung in der Welt griechischer Vorstellungen oder Ausdrucksweisen konstatiert.[62] Tatsächlich finden sich einige der aufgezählten Glieder entweder in Katalogen der Alten Stoa oder in den späteren Listen der
kaiserzeitlichen Stoiker, doch genügen diese Überschneidungen schwerlich, um ein Verweispotential zu postulieren. So ist zwar ἐγκράτεια, in
minderem Maße auch εὐσέβεια, eine lexikalische Überschneidung mit Katalogen der frühen Stoiker.[63] Doch wird sie durch kein weiteres Element
mit deutlicherem Referenzpotential in dieselbe Richtung gestützt. Das
Grundmerkmal von Katalogen der Alten Stoa, die Orientierung an den
vier Kardinaltugenden φρόνησις, ἀνδρεία, δικαιοσύνη und σωφροσύνη,
fehlt in 2 Petr 1,5–7 wie in jedem anderen neutestamentlichen Katalog.
Ferner treten die beiden Begriffe später in der ausgehenden Republik und
der Kaiserzeit, also zeitlich näher am *zweiten Petrusbrief*, sowohl in Katalogen der zeitgenössischen Philosophie als auch in der Alltagssprache
auf.[64] In den Katalogen kynisch-stoischer Lehrvorträge der frühen Kaiserzeit ist zwar ἀρετή anzutreffen, doch anders als im *zweiten Petrusbrief*
nicht als Element in der Tugendreihe, sondern als kategorisierendes, sum-
marisches Abschluss- oder Anfangsglied.[65] Inschriftlich freilich ist ἀρετή

---

[62] WIBBING 1959, 86 sieht in 2 Petr 1,5–7 einen „sehr lockeren Anklang" an stoische
Kataloge. FUCHS/REYMOND 1988, 56: «Notre catalogue ... se distingue par la richesse
de son contenu et par la forte coloration hellénistique de son vocabulaire: une fois
encore, l'auteur révèle à quel point il est imprégné de culture grecque.» KLINGER
1973, 165 konzediert zwar, dass es dem ethischen Ideal des *zweiten Petrusbriefes* nicht
gänzlich an spezifisch christlichen Elementen gebreche, aber dass diese so konzipiert
seien "that they can be reached by ascending the steps of the virtues, according to
Stoic wisdom (1:5–7)."

[63] ἐγκράτεια erwähnt beispielsweise Diogenes Laërtius im (unvollständig erhaltenen) siebten Buch (VII,92 = SVF III Nr. 265) über Zenon, Kleanthes und Chrysipp;
siehe ferner SVF III Nr. 264, 265, 274, 275, 297, εὐσέβεια ist seltener: SVF III Nr. 273,
wird aber häufiger von Philo aufgegriffen s.u.

[64] Für ἐγκράτεια siehe etwa Phil sacr 27: Im Gefolge der Tugend: εὐσέβεια ὁσιό-
της ἀλήθεια θέμις ἁγιστεία εὐορκία δικαιοσύνη ἰσότης εὐσυνθεσία κοινωνία ἐχε-
θυμία σωφροσύνη κοσμιότης ἐγκράτεια πραότης ὀλιγοδεΐα εὐκολία αἰδὼς ἀπραγ-
μοσύνη ἀνδρεία γενναιότης εὐβουλία προμήθεια φρόνησις προσοχὴ διόρθωσις
εὐθυμία χρηστότης ἡμερότης ἡπιότης φιλανθρωπία μεγαλοφροσύνη μακαριότης
ἀγαθότης· ἐπιλείψει με ἡ ἡμέρα λέγοντα τὰ τῶν κατ᾽ εἶδος ἀρετῶν ὀνόματα; ferner Phil Abr 24; Phil vitMos 1,154.

[65] Für ἀρετή als Abschlussglied, das einen übergeordneten Begriff darstellt, siehe
Teles ΠΕΡΙ ΦΥΓΗΣ (ed. HENSE 22,4): ...ἀνδρείας ἢ δικαιοσύνης ἢ ἄλλης τινὸς
ἀρετῆς; Musonius in der neunten Diatribe (ΟΤΙ ΟΥ ΚΑΚΟΝ Η ΦΥΓΗ, ed. HENSE
50,10–12): οὔτε ... ἀνδρείαν ἢ δικαιοσύνην ... οὔτε σωφροσύνην ἢ φρόνησιν, οὐδ᾽

als Glied einer Aufzählung von ‚Tugenden' belegt. In einer Inschrift zu
Ehren eines gewissen Herostratos wird dieser gelobt als Ἡρόστρατον ...
ἄνδρα ... διενένκαντα πίστει καὶ ἀρετῇ καὶ δ[ικ]αιοσύνη καὶ εὐσέβείαι
...⁶⁶ Wie in dieser inschriftlichen Tugendreihe πίστις begegnet, so ist sie
auch den philosophischen Listen keineswegs fremd, jedoch wiederum mit
einem semantischen Unterschied: Es geht hier natürlich nicht um die neutestamentliche Bedeutung ‚Glaube', sondern um ‚Treue, Loyalität'.⁶⁷ εὐσέβεια fehlt, lediglich bei Philo ist sie vertreten,⁶⁸ und γνῶσις wirkt aus dem

αὖ ἀρετὴν ἄλλην ἡντινοῦν; Beim selben Autor findet sich auch eine Stellung als Anfangsglied, das die Kategorie der folgenden Aufzählungsglieder angibt, und zwar in
der vierzehnten Diatribe (ΕΙ ΕΜΠΟΔΙΟΝ ΤΩΙ ΦΙΛΟΣΟΦΕΙΝ ΓΑΜΟΣ, ed. Hense
73,6–8): ... ἀρετὴ δὲ φιλανθρωπία καὶ χρηστότης καὶ δικαιοσύνη ἐστὶ καὶ τὸ
εὐεργετικὸν εἶναι καὶ τὸ κηδεμονικὸν εἶναι τοῦ πέλας· Auch bei Philo ist ἀρετή ein
übergeordneter Begriff, wie seine allegorische Auslegung des aus Eden hervorgehenden Stromes als Kategorie der ἀρετή beweist, der sich dann in die Ströme der einzelnen ἀρεταί aufteilt, Phil all I,63f. Die Darstellung bei DAVIDS 2006, 178, wo ἀρετή
gleichrangig in einer Liste mit den anderen Tugenden aufgeführt wird, ist daher dem
Text nicht gemäß und irreführend.
⁶⁶ OGIS 438, 6–7. Die Inschrift stammt aus Mysien und wurde nach DEISSMANN
1923, 270 im ersten Jahrhundert vor Christus angebracht. Sie ist insgesamt für 2 Petr
1,5–7 interessant, weil es auffallende lexikalische Überschneidungen gibt. Auf solche
Inschriften baute Danker seine These vom "solemn decree" (DANKER 1978); siehe dazu auch III.A.1.1.1 und III.A.1.4. Darum hier der Volltext: Οἱ ἐν τῆι Ἀσίαι δῆμοι κα[ὶ
τ]ὰ ἔθν[η] καὶ οἱ κατ᾽ ἄνδρα κεκριμένοι ἐν τῆι πρὸς Ῥωμαίους φιλίαι καὶ τῶν
ἄλλων οἱ εἰρημένοι μετέχειν τῶν Σωτηρίων καὶ Μουκιείων ἐτίμησαν Ἡρόστρατον
Δορκαλίωνος, ἄνδρα ἀγαθὸν γενόμενον καὶ διενένκαντα πίστει καὶ ἀρετῇ καὶ
δ[ικ]αιοσύνη καὶ εὐσέβείαι καὶ περὶ το[ῦ κ]ο(ι)ν[οῦ] συνφέροντος τὴν πλείστ[η]ν
εἰσενηνεγμένον σπουδὴν καὶ πολλὰ καὶ μεγάλα περιπο[ι]ήσαντα τοῖς κοινοῖς τοῦ
συνεδρίου πράγμασιν τῶν πρὸς δόξαν καὶ μνήμην αἰώνιο[ν] ἀνηκόντων, ἀρετῇ[ς
ἕνεκεν] καὶ εὐνοίας τῆς ε(ἰς) ἑαυτού[ς]. Fraglich ist dann freilich, ob ἀρετή in dieser
Reihe wirklich in ethisch-philosophischem Sinn ‚Tugend' bedeutet oder nicht vielmehr die ‚edle Haltung' bezeichnet, die den Veranlassern der Inschrift bzw. denen,
die sie repräsentieren, zu Gute gekommen ist; DEISSMANN 1923, 270 allerdings übersetzt durchaus mit ‚Tugend'.
⁶⁷ VÖGTLE 1936, 125 und 189. Epiktet etwa in II,22,30: ποῦ γὰρ ἀλλαχοῦ φιλία ἢ
ὅπου πίστις, ὅπου αἰδώς, ὅπου δόσις τοῦ καλοῦ, τῶν δ᾽ ἄλλων οὐδενός; ferner 4,3,7:
... αἰδὼς καὶ πίστις καὶ εὐστάθεια, ἀπάθεια, ἀλυπία, ἀφοβία, ἀταραξία, ἁπλῶς
ἐλευθερία u.ö. Vgl. ferner Plutarchs Dialog über die Liebe (ΕΡΩΤΙΚΟΣ), der die körperliche Vereinigung zwischen Mann und Frau als Quelle sieht, aus der φιλία entsteht, und die sexuelle Lust als Ursprung von τιμὴ καὶ χάρις καὶ ἀγάπησις
ἀλλήλων καὶ πίστις (Plut mor 769A = am 23). Auch hier ist sozusagen eine Reihenfolge von Tugenden aufgestellt oder wenigstens ein Verhältnis zwischen ihnen, ebenso wenn Plutarch behauptet, die Liebe trage einen nicht zu unterschätzenden Teil an
Zurückhaltung, Schicklichkeit und Treue in sich (ἔρωτι δ᾽ ἐγκρατείας ... καὶ κόσμου
καὶ πίστεως μέτεστιν ... Plut mor 767E = am 21).
⁶⁸ Phil omn 83 über die Essener: παιδεύονται δὲ εὐσέβειαν, ὁσιότητα, δικαιοσύνην, οἰκονομίαν, πολιτείαν, ἐπιστήμην τῶν πρὸς ἀλήθειαν ἀγαθῶν καὶ κακῶν
καὶ ἀδιαφόρων, αἱρέσεις ὧν χρὴ καὶ φυγὰς τῶν ἐναντίων, ὅροις καὶ κανόσι

Blickwinkel frühkaiserzeitlicher Philosophie ebenso als Fremdkörper in der Liste wie ἀγάπη.[69] ὑπομονή ist ein christliches Element, das als Ausdruck standhafter, beherzter Haltung an die Stelle der philosophischen καρτερία oder ἀνδρεία getreten ist.[70] Auch φιλαδελφία ist, wie oben gezeigt, christlich motiviert, so selten das Wort auch in christlichen Listen genannt sein mag.[71] Von *inhaltlicher* Seite eröffnet der Tugendkatalog in 2 Petr 1,5–7 demnach schwerlich einen Blick auf die Kataloge der Alten Stoa oder der kynisch-stoischen Diatribe. Die Unterschiedlichkeit der Ideale fällt mehr ins Auge als die Übereinstimmungen. Die Tugenden von 2 Petr 1,5–7 sind unverkennbar christlich.

vi. Die Filiation von Tugenden und die Form des Sorites

Schon von den alten Stoikern her rührt der Gedanke, die Tugenden zu klassifizieren, in ein System, ein Abhängigkeitsverhältnis zueinander zu bringen. Dies spiegelt sich zum einen in der Subsumierung jeder Tugend unter eine der vier Kardinaltugenden,[72] zum anderen aber im Versuch der Rückführung der vier Kardinaltugenden auf ein Prinzip (in verschiedenen Ausprägungen),[73] so dass letztlich behauptet werden kann, alle Tugenden hingen miteinander zusammen.[74] Von da ist es nur ein kleiner Schritt, Tugenden nicht nur aufzulisten, sondern sie auch in Soritesform zu präsentieren. Dennoch ist dies nicht in großem Umfang geschehen. Die Kataloge der kynisch-stoischen Diatribe haben eine Tendenz zur asyndetischen Reihe, die durch die Vielzahl der Elemente teils ähnlicher Aussage Wirkung erzielen will.[75] Oft machen Listen, so sie sich nicht mehr – wie noch in der

---

τριττοῖς χρώμενοι, τῷ τε φιλοθέῳ καὶ φιλαρέτῳ καὶ φιλανθρώπῳ. Über die reine Seele, die aus dem Samen Gottes Tugenden hervorbringt, siehe Phil exsecr 160: ζῳογονεῖ περιμαχήτους φύσεις, θαυμαστὰ κάλλη, φρόνησιν, ἀνδρείαν, σωφροσύνην, δικαιοσύνην, ὁσιότητα, εὐσέβειαν, τὰς ἄλλας ἀρετὰς τε καὶ εὐπάθειας ...; siehe ferner Phil sacr 27.

[69] VÖGTLE 1936, 144.

[70] VÖGTLE 1936, 177f.

[71] Plutarchs Dialog ΠΕΡΙ ΦΙΛΑΔΕΛΦΙΑΣ behandelt das Verhältnis unter leiblichen Brüdern. Als solches ist es in der Tat populärethisches Thema, siehe MALHERBE 1986, 93 und den dort angeschlossenen Textauszug (ibid. 93ff) aus dem ethischen Handbuch des Stoikers Hierokles. Zum griechischen Text siehe die Ausgabe von VON ARNIM 59–61 (=Stob flor 84,20).

[72] Siehe SVF III, Nr. 264 und 265.

[73] Siehe etwa SVF III Nr. 262.

[74] Diog Laert VII,125 = SVF III Nr. 295: τὰς δὲ ἀρετὰς λέγουσιν ἀντακολουθεῖν ἀλλήλαις, καὶ τὸν μίαν ἔχοντα πάσας ἔχειν. εἶναι γὰρ αὐτῶν τὰ θεωρήματα κοινά, καθάπερ Χρύσιππος ἐν τῷ πρώτῳ περὶ Ἀρετῶν φησίν; siehe ferner die gesamte Sammlung SVF III Nr. 295 bis 304, die VON ARNIM mit *Mutua virtutum coniunctio* überschrieben hat.

[75] WIBBING 1959, 20–23.

Alten Stoa – an den vier Kardinaltugenden orientieren, einen etwas unge-
ordneten Eindruck, und lediglich partiell sind einige klangliche Aufbau-
prinzipien wie Alliteration oder Assonanz zu erkennen.[76] Die Form des
Sorites ist von den letzten Jahrzehnten der Republik an zu einem zunehmend beliebteren Element griechisch-römischer Rhetorik überhaupt geworden und aus diesem Reservoir schöpfen tannaitische und neutestamentliche Literatur.[77] Die Applikation auf Tugend- und Lasterlisten stellt
nur eine ihrer vielen Verwendungsmöglichkeiten dar. Aus der Soritesform sollte also kein spezifischer Verweis auf philosophische Kataloge
abgelesen werden, vielleicht schon eher allgemein auf griechisch-römische
stilistische Gepflogenheiten. Mit der Verwendung des Sorites bedient sich
die *Secunda Petri* eines beliebten rhetorischen Gestaltungsmittels ihrer
Zeit, und bei eingehender Betrachtung fallen die Konvergenzen mit jüdischen Schriften des ersten vorchristlichen sowie des ersten und zweiten
Jahrhunderts nach Christus. mehr ins Auge als Übereinstimmungen mit
philosophischen Tugendkatalogen.

Während mit Philo, einem besonders eifrigen Ersteller von Tugend-
und Lasterkatalogen, der in den Katalogen sichtbar stoische Tradition und
jüdische Religiosität verband,[78] nur einzelne lexikalische Kongruenzen
festzustellen (εὐσέβεια, ἐγκράτεια) waren, trifft sich die *Secunda Petri* mit
der *Sapientia Salomonis* in der Verwendung der Form des Sorites für eine
Tugendkette (Weish 6,17–20). Dabei wird gelegentlich bei der Wiederaufnahme der vorausgehend genannten Tugend lexikalisch variiert, so dass
sich die Form A...B, B' ... C usw. ergeben kann:

ἀρχὴ γὰρ αὐτῆς (scil.: σοφίας) ἡ ἀληθεστάτη παιδείας ἐπιθυμία,
φροντὶς δὲ παιδείας ἀγάπη,
ἀγάπη δὲ τήρησις νόμων αὐτῆς,
προσοχὴ δὲ νόμων βεβαίωσις ἀφθαρσίας,
ἀφθαρσία δὲ ἐγγὺς εἶναι ποιεῖ θεοῦ·
ἐπιθυμία ἄρα σοφίας ἀνάγει ἐπὶ βασιλείαν.

Ähnlich verhält es sich mit der Tugendkette, die im Mischnatraktat *Sota*
dem Rabbi Pinchas ben Jair zugeschrieben wird, der in der zweiten Hälfte

---

[76] CHARLES 1998, 58. Es ist also gar nicht nötig, mit VAN HOUWELINGEN 1988, 116
apologetisch den Gedanken von sich zu weisen, 2 Petr 1,5–7 orientiere sich an stoischen Tugendlisten, die in der klimaktischen Anordnung der Tugenden die Möglichkeit einer ethische Aufwärtsbewegung ("opklimmen tot hogere morele waarden")
mit dem Ziel der Perfektion suggerierten. So sahen die Listen der stoisch-kynischen
Diatribe in der Regel gar nicht aus. Die Idee freilich der moralischen Progression gehört durchaus in die Stoa.

[77] So die zentrale These des Aufsatzes von FISCHEL (FISCHEL 1973).

[78] VÖGTLE 1936, 107; WIBBING 1959, 27. Ausführlicher zu den Tugend- und Lasterkatalogen bei Philo SIEHE WIBBING 1959, 27–29.

des zweiten Jahrhunderts der vierten Generation der Tannaim angehörte (m.Sot 9,15). Hier sind die einzelnen Glieder durch die partizipiale Wendung מביאה לידי verknüpft, der Gedanke ist also, dass die eine Tugend die andere hervorbringt:

Rabbi Pinchas ben Jair sagt:	רבי פנחס בן יאיר אומר
Eifrigkeit führt zu Unschuld,	זריזות מביאה לידי נקיות
Unschuld zu Reinheit,	נקיות לידי טהרה
Reinheit zu Heiligkeit,	טהרה לידי קדושה
Heiligkeit zu Demut,	קדושה לידי ענווה
Demut zu Sündenscheu,	ענוה לידי יראות חטא
Sündenscheu zu Frömmigkeit,	יראות חטא לידי חסידות
Frömmigkeit zu Heiligem Geist,	חסידות לידי רוח הקודש
Heiliger Geist zur Auferstehung der Toten,	רוח הקודש לידי תחיית המיתים
die Auferstehung der Toten geschieht durch Elijahu,	ותחיית מיתים באה לידי אליהו
seiner sei zum Guten gedacht.	זכור לטוב

Nicht was den Inhalt anbelangt, wohl aber hinsichtlich der Form und der Idee, dass eine Sache in einer anderen enthalten ist, bietet eine *varia lectio* im *Testamentum Asser* (TestAss 5,1) die nächste Parallele zu 2 Petr 1,5–7.[79] Asser will hier seinen Söhnen aufzeigen, wie alle menschlichen Möglichkeiten paarweise angeordnet sind, und alles das jeweilige Gegenteil dicht bei sich trägt, so dass der grundsätzliche Wille und die Entscheidung des Menschen gefragt sind. Dieses Thema hatte er bereits in 1,3ff vorgestellt und kommt nun in 5,1 darauf zurück. Wahrscheinlich auf die Hand eines Abschreibers, der ἐν ὑπὸ τοῦ ἑνὸς κέκρυπται auslegen wollte, aber nicht genau die Aussage des *Testamentum Asser* traf, gehen die Beispiele zurück, die belegen, wie dem allem noch ein zweiter, gegensätzlicher Aspekt verborgen innewohnt:[80]

Ὁρᾶτε οὖν, τέκνα, πῶς δύο εἰσὶν ἐν πᾶσιν, ἓν κατέναντι τοῦ ἑνός,
καὶ ἓν ὑπὸ τοῦ ἑνὸς κέκρυπται·
καὶ γὰρ ἐν τῇ κρίσει ἡ προσοπωληψία, μᾶλλον δὲ ἡ δωροληψία κέκρυπται,
ἐν δὲ τῇ κτήσει ἡ πλεονεξία,
ἐν δὲ τῇ εὐφροσύνῃ ἡ μέθη,
ἐν δὲ τῷ γέλωτι τὸ πένθος,
ἐν δὲ τῷ γάμῳ ἡ ἀτεκνία.

Der Unterschied liegt auf der Hand: Hier liegt kein durchgängiger Sorites vor, sondern es werden lediglich isolierte Paare durch ἐν miteinander verbunden. Doch ist die räumliche Semantik von ἐν hier besser repräsen-

---

[79] Vgl. den Apparat in der Ausgabe von DE JONGE aus dem Jahre 1978.
[80] So die Deutung der Ergänzungen zu TestAss 5,1 im Kommentar von HOLLANDER/DEJONGE 1985, 353 ad loc.

tiert als in der einzigen weiteren vergleichbaren Stelle, wo Plutarch in *De virtute morali* die Hierarchisierung der Kardinaltugenden durch Zenon von Kittion bei Plutarch beschreibt, der sie, so Plutarch, letztlich alle als Spielart der φρόνησις darstellte:

Ζήνων ... ὁριζόμενος ...
τὴν φρόνησιν ἐν μὲν ἀπονεμητέοις δικαιοσύνην,
ἐν δ᾿ αἱρετέοις σωφροσύνην,
ἐν δ᾿ ὑπομενετέοις ἀνδρείαν.[81]

Hier hat ἐν zwar auch eine lokale Komponente, indem es den Bezugsbereich absteckt: Zeno habe die φρόνησις dort als δικαιοσύνη bezeichnet, wo es um Angelegenheiten des Zuteilens geht (ἐν ἀπονεμητέοις), dort als σωφροσύνη, wo um Angelegenheiten des Entscheidens (ἐν αἱρετέοις), und dort als ἀνδρεία, wo um Angelegenheiten des Ertragens (ἐν ὑπομενετέοις); doch handelt es sich bei dem mit ἐν Bezeichneten um verschiedene Bezugsbereiche, verschiedene Fälle, die unabhängig sind voneinander, es besteht also ein grundlegender Unterschied zur Soritesform in 2 Petr 1,5–7.

vii. Tugendreihen in Briefromanen und Ehreninschriften

Ein vorletzter mit dem Sorites in 2 Petr 1,5–7 zu vergleichender Ansatz zur Ableitung von Tugenden findet sich in pseudepigraphen Briefsammlungen unter dem Namen von Philosophen. Auch hier gibt es paränetische Abschnitte, die sich der Form von Tugendkatalogen bedienen. Ansatzweise – mit nur zwei Tugenden – geschieht das beispielsweise im fünfzehnten *Kratesbrief*, wo ,Krates' seine Schüler auffordert, nicht allein ἐγκράτεια und καρτερία, den *Ausformungen* sittlich guten Handelns, nachzujagen, sondern auch deren *Entstehungsgründen*, nämlich den πόνοι.[82] Mit dieser Herkunftserklärung der Tugenden ist der Ansatz zu einer Filiation gelegt, denn die Aussage, dass aus πόνοι ἐγκράτεια und καρτερία hervorgehen, meint zweifellos, dass aus dem erfolgreichen, tugendhaften Durchstehen oder Meistern von πόνοι, etwa in Form von ὑπομονή, diese beiden Qualitäten geboren werden.[83] Doch bietet nicht nur direkte

---

[81] SVF I, 201 = Plut mor 441A = virt 2.

[82] Näher betrachtet ist die Mahnung antithetisch aufgebaut, d.h. das Meiden von Lastern wird dem Erstreben von Tugenden gegenübergestellt, wie es beispielsweise auch in Gal 5,19–24 geschieht. (Pseudo-)Krates, Brief 15: φεύγετε μὴ μόνον τὰ τέλη τῶν κακῶν, ἀδικίαν καὶ ἀκρασίαν, ἀλλὰ καὶ τὰ τούτων ποιητικά, τὰς ἡδονάς· ... καὶ διώκετε μὴ μόνον τὰ τέλη τῶν ἀγαθῶν, ἐγκράτειαν καὶ καρτερίαν, ἀλλὰ καὶ τὰ τούτων ποιητικά, τοὺς πόνους.

[83] Bei Paulus bewirkt θλῖψις, ähnlich wie κόπος eher eine in bestimmter Weise qualifizierte Situation als eine Tugend, ὑπομονή (Röm 5,3–5).

Paränese Anlass, eine Tugendreihe in einen solchen Brief einzugliedern. Im zweiundfünfzigsten Brief des (Pseudo-)Apollonius von Tyana ist es eine eher deskriptiv gehaltene Passage, die nach der Nennung eher kognitiver Vorteile des Umgangs mit Pythagoräern als Steigerung eine Anzahl Tugenden nennt, darunter auch γνῶσις (in Abgrenzung zu δόξα) θεῶν.[84] Was diese Beispiele in die Nähe des *zweiten Petrusbriefes* bringt und die ,Briefromane' zu einem potentiellen Bestandteil seiner textuellen Welt macht, ist die Kombination mehrerer Elemente, wie sie auch in der der *Secunda Petri* vorliegt, nämlich der Briefform, der Absenderfiktion, der ethischen Unterweisung philosophischer oder religiöser Prägung, der Anwendung rhetorischer Textgestaltung durch Tugendreihen etc. verbunden mit der Tatsache, dass diese Briefsammlungen wahrscheinlich in relativer zeitlicher Nähe zum *zweiten Petrusbrief* entstanden.[85]

Schließlich gibt es, dies wurde bisher nur kurz gestreift, auch in Ehren-, Weih- und Grabinschriften vielerlei Gelegenheit, um positive Eigenschaften eines Menschen zu erwähnen. Hier liegt wahrscheinlich sogar die Grundlage für manche andere Erscheinungsform. Die epigraphisch genannten Tugenden können zahlenmäßig recht überschaubar ausfallen, und sind in der Regel nicht in der Form von Filiationen oder Sorites organisiert. Ein Vergleich wird hier nicht viel Konkretes austragen. Dennoch müssen sie hier Erwähnung finden, weil in dieser Form Tugenden für alle gegenwärtig waren. Nicht jede und jeder hatte Zugang zu philosophischen Schriften und anderen literarischen Werken mit Passagen, in denen Tugenden aufgelistet werden; auch hörte nicht jede und jeder entsprechende philosopische Vorträge. Doch Weih-, Ehren- und Grabinschriften gehörten zum vertrauten alltäglichen Bild; wenigstens der oder die Lesekundige konnte in dieser Form Tugendzuschreibungen begegnen.

viii. Fazit

Zuallererst verweist der Tugendsorites in 2 Petr 1,5–7 auf den *zweiten Petrusbrief* selbst. Aus ihm heraus ist er verständlich. Die Verwendung einer Tugendliste in einem apostolischen Brief überhaupt und der Reflex der

---

[84] (Pseudo)Apollonius von Tyana, Brief 52: μεγαλοφροσύνην μεγαλοψυχίαν μεγαλοπρέπειαν εὐστάθειαν εὐφημίαν γνῶσιν θεῶν, οὐ δόξαν, εἴδησιν δαιμόνων, οὐχὶ πίστιν, φιλίαν ἑκατέρων, αὐτάρκειαν ἐκτένειαν λιτότητα βραχύτητα τῶν ἀναγκαίων εὐαισθησίαν εὐκινησίαν εὔπνοιαν εὔχροιαν ὑγείαν εὐψυχίαν ἀθανασίαν.

[85] Zur Datierung der *Kratesbriefe* frühestens ins erste oder zweite Jahrhundert nach Christus siehe die Einführung der Ausgabe von MALHERBE 1977, 10f; die Datierung der Briefe des (Pseudo)Apollonius von Tyana hängt, wie so oft, mit der nicht letztlich beantworteten Frage nach der Authentizität zusammen. Echte Briefe wären ins erste Jahrhundert nach Christus zu datieren, für unechte schlägt PENELLA in der Einleitung zu seiner Ausgabe (1979, 23–29) das vierte oder frühe fünfte Jahrhundert vor.

paulinischen Trias ordnen den Text darüber hinaus in die Wirkungsgeschichte paulinischer Theologie und Epistolographie ein.[86] Es lässt sich
jedoch nicht erweisen, ob dies gezielt geschah. Die nächsten textuellen
Verwandten stammen aus dem Christentum des ersten und zweiten Jahrhunderts sowie aus dem zeitgenössischen Judentum. Das gilt für große
Teile des Inhalts – hier sind, wenn auch nicht ausschließlich, so doch in
erster Linie christliche Texte heranzuziehen –, aber auch für die Form, die
Idee nämlich, Tugenden in ein Abhängigkeitsverhältnis zueinander zu
bringen. Auf Entsprechungen aus der Philosophie ist die Verweiskraft gering. An die Kataloge der Alten Stoa erinnert fast nichts und mit der zeitgenössischen Philosophie verbindet den *zweiten Petrusbrief* nur ein Teil
der Terminologie.[87] Der angeblich besonders hellenistische Charakter des
Katalogs wurde wohl zu oft beschworen, vielleicht unter dem Eindruck
einiger Formulierungen in 1,3–4.[88] Pseudepigraphe Briefsammlungen bieten das Modell paränetischer Unterweisung und die Möglichkeit von Tugendkatalogen im Brief, doch sind keine konkreten Verbindungen feststellbar. Öffentlich angebrachte Inschriften dürften das gängigste Mittel
gewesen sein, wodurch Menschen mit Tugendreihen oder Ansätzen dazu
in Berührung kamen.

1.1.3. Ein eschatologischer Ausblick (2 Petr 1,8–11)

An den Tugendkatalog (2 Petr 1,5–7) schließt sich ein Ausblick auf die
letzten Dinge an, der die Relevanz der geforderten Handlungsweisen angibt. Dies entspricht einem von der Form vorgegebenen Muster, dessen
Realisierung freilich fakultativ ist. Dass der Zielpunkt eines Sorites, der
Gipfel der Klimax, sich auf dem Gebiet der Metaphysik oder im Bereich
der Frage nach dem Lebensziel befindet, ist dabei nicht erst eine Erscheinung der jüdisch-christlichen Form von Tugendlisten. Seneca zitiert in

---

[86] Auch das Anliegen, überhaupt einen Tugendkatalog in dieser Form aufzustel-
len, lässt sich vielleicht als Nähe zu Paulus werten, allerdings ist dies nicht zwingend, weil, wie gesehen, der Tugend- und Lasterkatalog schon zuvor in die Schriften
des Judentums Einzug gehalten hatte. VÖGTLE 1936, 189 wertet den gesamten Katalog
inhaltlich als im Sinne paulinischer Theologie: „Die ganze T[ugend; MGR]-mahnung
ist danach nichts anderes als eine inhaltliche Entfaltung und Anwendung des pl Axi-
oms der πίστις δι' ἀγάπης ἐνεργουμένη."

[87] Für ein vergleichbares Ergebnis siehe FORNBERG 1977, 100f.

[88] Auch wo der christliche Charakter des Katalogs deutlich erkannt wird, wird in
der Regel auf die tiefe Verwurzelung des Verfassers in der hellenistischen Kultur
verwiesen; siehe etwa CHARLES 1997, 85: "Although Stoic categories are utilized, they
serve a distinctly Christian purpose" und FUCHS/REYMOND 1988, 56: «Notre catalogue
demeure très proche des autres listes de la littérature chrétienne primitive. On re-
marquera toutefois qu'il se distingue par la richesse de son contenu et par la forte
coloration hellénistique de son vocabulaire: une fois encore, l'auteur révèle à quel
point il est imprégné de culture grecque.»

Epistulae morales 85,2 einen Sorites, dessen Höhepunkt das *summum bonum* der *beatitudo* darstellt:[89]

Qui prudens est et temperans est;
qui temperans est, et constans;
qui constans est inperturbatus est;
qui inperturbatus est sine tristitia est;
qui sine tristitia est beatus est;
ergo prudens beatus est, et prudentia ad beatam vitam satis est.

Bleibt die Analogie dieses Beispiels zu 2 Petr 1,5–7 noch vage, so wird die Vergleichbarkeit des metaphysischen oder eschatologischen Ausblicks in jüdischen Texten offenkundiger. Die bereits zitierten Texte illustrieren dies. Im Schlusssatz des Sorites aus Weish 6,17–20 beschreiben ἐγγὺς θεοῦ und βασιλεία die genannte Dimension. Und in m.Sot 9,15,25 ist es das Stichwort „Auferstehung der Toten" (תחיית המיתים), eventuell vorbereitet durch „Heiliger Geist" (רוח הקודש). In 1QS, der Gemeinderegel, werden die „Ratschläge des Geistes für die Söhne der Wahrheit (in) der Welt" in Form einer Reihe von Tugenden aufgezählt. Anschließend daran werden folgende Segnungen in Aussicht gestellt (1QS 4,6ff):[90]

Und die Heimsuchung aller, die in ihm wandeln,	ופקודת פול הולכי בה
geschieht zu Heilung und Übermaß des Friedens,	למרפה ורוב שלום
solange die Tage währen,	באורך ימים
und Fruchtbarkeit des Samens	ופרות זרע
mit allen ewigen Segnungen	עם כול ברכות עד
und ewiger Freude in immerwährendem Leben	ושמחת עולמים בחיי נצח
und einem Kranz der Herrlichkeit	וכליל כבוד
mit prachtvollem Gewand in ewigem Licht.	עם מדת הדר באור עולמים

Auch hier wird also im Anschluss an moralische Weisungen die eschatologische Konsequenz eines solchen Handelns bedacht, wobei die eschatologische Planstelle enstprechend den Hoffnungen der Qumrangemeinde gefüllt ist (שמחת עולמים, חיי נצח, כליל כבוד מדת הדר, אור עולמים ברכת עד).

In gleicher Weise gilt dem Neuen Testament der Blick auf das Eschaton als Perspektive moralischen Handelns, wie es in Tugend- und Lasterkatalogen gefordert wird. In 1 Kor 6,9–11 geht der Ausblick auf die βασιλεία einem Lasterkatalog voraus: Diejenigen, die die dort genannten Laster praktizieren, nämlich die ἄδικοι, werden das Reich Gottes nicht erben. Hinzu tritt in diesem Text ein weiteres Element aus 2 Petr 1,8–11, nämlich die Tauferinnerung (ὁ καθαρισμὸς τῶν πάλαι αὐτοῦ ἁμαρτιῶν; 2 Petr 1,9), die hier wie dort mit der Paränese und dem Eingang ins Reich Gottes verbunden ist: Die Betonung Pauli, dass das dem Lasterkatalog entspre-

---

[89] Seneca macht übrigens kein Hehl daraus, dass die Aussage dieser Sorites so gar nicht seiner Meinung entspricht.

[90] Text und Übersetzung aus der Ausgabe von LOHSE 1986.

chende Leben als ἄδικοι hinter den Korinthern liegt, enthält – neben ἡγιάσθητε und ἐδικαιώθητε – die Feststellung ἀπελούσασθε, wodurch
deutlich auf die Taufe verwiesen wird.[91] In der konkreten Ausgestaltung
des übereinstimmenden Schemas unterscheiden sich jedoch die beiden
Texte: Während Paulus das Bild vom *Erben* (κληρονομεῖν) der βασιλεία
wählt, spricht der *zweite Petrusbrief* vom Eingang (εἴσοδος); bei Paulus ist
die βασιλεία ohne weitere Charakterisierung Gott zugeordnet, wohingegen die *Secunda Petri* sie als ewig (αἰώνιος) qualifiziert und dem κύριος
und σωτήρ Jesus Christus attribuiert.[92] Auch die Tauferinnerung wird
nicht auf dieselbe Weise verbalisiert. Während Paulus den Korinthern
versichert, sie seien abgewaschen (ἀπελούσασθε) und so vom alten Wandel (Lasterkatalog) befreit, hält der *zweite Petrusbrief* fest, dass, wer sich
nicht der geforderten neuen Lebensführung (Tugendkatalog) befleißigt,
die Reinigung von seinen früheren Sünden (ὁ καθαρισμὸς τῶν πάλαι
αὐτοῦ ἁμαρτιῶν) vergessen hat. Immerhin beschreiben jedoch sowohl
ἀπελούσασθε als auch καθαρισμός den Reinigungsaspekt der Taufe. Da
die Verbindung von Tugendkatalog und eschatologischem Ausblick ebenso wie die Verknüpfung von Taufe, Moral und Reich Gottes in den Bereich generischer bzw. motivischer Intertextualität gehören, kann auch
unter Vernachlässigung des lexikalischen Abstandes beider Texte und mit
dem Hinweis auf das Pfister'sche Kriterium der Strukturalität ein indexi-
kales intertextuelles Verhältnis nicht mit Gewissheit behauptet werden;
doch liegt es im Bereich des Möglichen. Mit größerer Sicherheit kann die
Verbindung der drei Merkmale *Reich Gottes – Taufe – Tugend-/Lasterkatalog*
bei den Rezipienten die Passage aus dem *ersten Korintherbrief* evozieren.

Ähnlich wie in 1 Kor 6,9–11 wird in Gal 5,19–23 eine katalogische Ermahnung – diesmal am Ende – verbunden mit der Aussicht, dass diejenigen, die den aufgeführten Lastern entsprechend leben, das Reich Gottes
nicht erben werden (5,21 βασιλείαν θεοῦ οὐ κληρονομήσουσιν). Zwar

---

[91] Unterstützt wird dies durch die Eingangsbemerkung von Vers 11, dass die Korinther solche Leute *gewesen* seien. Der Neubeginn des Lebens nimmt paulinischer
Theologie zufolge seinen Ausgang von der Taufe. Auch die Verwendung des Aorists
in ἀπελούσασθε (sowie ἡγιάσθητε und ἐδικαιώθητε) ist tauftheologisch begründ-
bar: Die Abwaschung ist punktuell, einmalig geschehen. Dass ἀπελούσασθε auf die
Taufe verweist, wird allgemein kaum bestritten, so SCHRAGE 1991, 427 ad loc. In Act
22, 16 wird ἀπολούειν parallel zu βαπτίζειν verwendet, vgl. PESCH 2003, 235 ad loc.

[92] In diesem letztgenannten Punkt, der Bindung der βασιλεία an den Sohn, berührt sich 2 Petr 1,11 mit Kol 1,13 als einziger weiterer Stelle im Neuen Testament.
FRANK 2009, 55f sieht darin eine an 1 Kor 15,24 anknüpfende Neuakzentuierung eines
paulinischen Textes im Sinne einer präsentischen Eschatologie: Was in 1 Kor 15,24
noch für die Zukunft angekündigt war, nämlich die Übergabe des Reiches an den
Sohn, wird jetzt als bereits vollzogen dargestellt. Sollte dies der einzige Weg gewesen
sein, auf dem die Zuschreibung der βασιλεία an den Sohn erfolgte, dann stünde die
Secunda Petri in deuteropaulinischer Wirkungsgeschichte.

verweist kein Lexem den Text ausdrücklich in einen tauftheologischen
Bereich, doch ist eine solche Verbindung auch nicht ohne weiteres von der
Hand zu weisen; schließlich gehörte ethische Unterweisung nach der positiven und der negativen Seite, wie sie sich in den beiden Katalogen niederschlägt, zu den Lehrgegenständen der Taufkatechese.[93] Darüber hinaus
ist für Paulus die Motivation für eine neue Lebensgestaltung κατὰ πνεῦμα in einem Verständnis von Taufe als einem der Sünde Gestorben- und
Begrabensein begründet (Röm 6). Da die Tugenden in Gal 5,22 mit der
Metapher des κάρπος τοῦ πνεύματος belegt werden, kann auch das Adjektiv ἄκαρπος (2 Petr 1,8) zusätzliche Verweiskraft gewinnen. Freilich ist
die Bezeichnung der von Christen aufgrund ihres Glaubens erwarteten
Ethik als κάρπος weit über die paulinische Theologie hinaus verbreitet,[94]
allein in der Verbindung mit dem Tugendkatalog und der Rede von der
βασιλεία lässt sich in dem Wort eine mögliche Referenz sehen.

    Der Abschluss einer Tugend- (oder Laster-)liste durch einen Ausblick
auf das *summum bonum*, Gott oder die Ewigkeit liegt dem *zweiten Petrusbrief* also bereits als Möglichkeit der Form vor. Die größte Nähe besteht
wiederum nicht etwa zu den philosophischen Schriften hellenistischer
Zeit, sondern zu etwa gleichzeitigen jüdischen Schriften, beispielsweise
über den Begriff βασιλεία zu Weish 6,17–20, und zu paulinischen Tugendkatalogen, die über die Rede von der βασιλεία hinaus auch noch die
Erwähnung der Taufe in diesem Zusammenhang mit 2 Petr 1,8–11 teilen.

1.1.4. Briefanfänge der Paulinen

Nach Ausweis des Präskripts erkennt der *zweite Petrusbrief* den paulinischen Brief als normgebendes Modell für die briefliche Korrespondenz

---

[93] Dies lässt sich etwa anhand der Didache zeigen. In 7,1 werden Instruktionen
zum Vollzug der Taufe mit ταῦτα πάντα προειπόντες eingeleitet, ταῦτα πάντα
muss dabei nach dem Vorausgehenden, nämlich der Zweiwegelehre (Did 1–6), verweisen. Der Verfasser möchte also die Zweiwegelehre als Taufkatechese verstanden
wissen, eine Funktion, die sie auch in späteren Jahrhunderten noch spielte, siehe VAN
DE SANDT/FLUSSER 2002, 5.29.31.

[94] Belegstellen aus den Synoptikern, dem *Johannesevangelium*, dem (pseudo)pau-
linischen Brieftum, dem *Jakobusbrief*, dem *Hirten des Hermas* und den *Oden Salomos* bei
BAUCKHAM 1983, 188. Möglicherweise ist sogar die Verbindung ἀργὸς οὐδὲ ἄκαρπος
eine bereits vorgegebene Kombination; jedenfalls wird sie genau so in dem bei Euseb
zitierten *Brief der Kirchen von Lyon und Vienne* (Eus hist.eccl V,1,45) gebraucht. Dort
wird über den Märtyrer Attalos gesagt: ὁ δὲ διὰ μέσου καιρὸς οὐκ ἀργὸς οὐδὲ
ἄκαρπος ἐγίνετο, ἀλλὰ διὰ τῆς ὑπομονῆς αὐτῶν ἔλεος ἀνεφαίνετο Χριστοῦ· Sollte
hier keine Reminiszenz an 2 Petr 1,8 vorliegen, muss von einer geprägten Wendung
ausgegangen werden, vgl. BAUCKHAM 1983, 188. FREY 2003, 135 Anm. 25 verweist im
Zusammenhang mit ἄκαρπος in 2 Petr 1,8 ausdrücklich auf die Bezeichnung καρπός
für Tugenden bei Paulus (Gal 5,22–24), nicht ohne in der folgenden Fußnote auf die
Verbreitung der Metapher ‚Frucht' für gute Werke und Tugenden hinzuweisen.

einer apostolischen Autorität mit christlichen Gemeinden an.[95] Ausgehend davon lässt sich berechtigterweise vermuten, dass auch im weiteren Verlauf paulinische Briefe als Orientierung gedient haben könnten. Und tatsächlich lassen sich strukturelle Übereinstimmungen zwischen dem *zweiten Petrusbrief* und paulinischer Epistolographie beobachten. Die erste davon betrifft den Briefeingang, genauer die Einbettung des als Proöm oder Exordium fungierenden Abschnitts. Wie in den paulinischen Gemeindebriefen auf das Präskript ein Abschnitt folgt, in dem das Interesse den Angeschriebenen als Gegenstand des dankenden oder bittenden Gebetes des Apostels gilt, woraufhin die Person des Schreibenden zum Thema wird,[96] so lässt sich diese Struktur ohne Mühe auch im *zweiten Petrusbrief* wiedererkennen: In 2 Petr 1,3–11 stehen die Angeschriebenen im Mittelpunkt, in 2 Petr 1,12–15 der Apostel, der den Tod vor Augen hat.

In der Gestaltung des Proöms freilich reduzieren sich die Analogien. Lediglich einige Topoi sind gemeinsames Gut, so etwa der Heilsstand der Adressaten, die Verbindung von Erkenntnis und Heilsstand (so etwa Kol 1,6) oder der eschatologische Ausblick am Ende, ansonsten jedoch geht der *zweite Petrusbrief* eigene Wege.[97] Die genannten Motive sind nicht, wie bei Paulus üblich, in eine Danksagung oder Eulogie eingegliedert; auch die Grundstrukturen paulinischer Danksagungen sind nicht nachgeahmt.[98] Im weiteren Verlauf muten nur vereinzelte Inhalte als verwandt

---

[95] Siehe Kapitel II.A.

[96] Zu diesem Perspektivwechsel siehe SCHNIDER/STENGER 1987, 42–49.

[97] Wiewohl sie eingestehen, dass sich der *zweite Petrusbrief* mehr noch als der erste vom Briefstil entferne, erkennen SCHNIDER/STENGER 1987, 65 „die formende Kraft von Strukturelementen des paulinischen Briefformulars." Konkret überschnitten sich mit dem Proöm des *zweiten Petrusbriefes* Elemente der „semantischen Struktur und Topik" paulinischer Danksagungen, etwa in der Thematisierung des „Heilsstandes". Mit den nicht authentischen Briefen des Neuen Testaments habe der *zweite Petrusbrief* gegen die echten Paulinen gemein, dass dieser Heilsstand nicht in Verbindung gebracht werde mit der „Erstpredigt". Einschränkend dazu gilt es freilich zu beachten, dass später durchaus auf die apostolische Verkündigung angespielt wird, und zwar mit ἐγνωρίσαμεν ὑμῖν τὴν τοῦ κυρίου ἡμῶν Ἰησοῦ Χριστοῦ δύναμιν καὶ παρουσίαν, und wenigstens implizit ist damit auch der Heilsstand verbunden.

[98] Klassiker zur Struktur paulinischer Danksagungen ist SCHUBERT 1939. Er beschreibt für die authentischen Paulinen zwei mögliche Typen einleitender Danksagungsperioden: Bei Typ I folgen dem εὐχαριστῶ ein bis drei Partizipialkonstruktionen, die es modifizieren, daran schließt sich ein Finalsatz an. Typ II wird ein kausaler ὅτι-Satz dem εὐχαριστῶ untergeordnet, gefolgt von einem Konsekutivsatz mit ὥστε; siehe SCHUBERT 1939, 35. – O'BRIEN stellt drei typische Elemente briefeinleitender paulinischer Danksagungen heraus, nämlich den Bericht über den Dank des Apostels, die Erwähnung seiner Fürbitte und Äußerungen, die seine persönliche Beziehung zur jeweiligen Gemeinde thematisieren; O'BRIEN 1977, 261. Die Fortsetzung des Fiktionsaufbaus und die Kennzeichnung als Abschiedsbrief in 1,12–15 stellt mit der

mit (pseudo)paulinischen Positionen an: Dass Gott die Angeschriebenen mit einer besonderen Eignung versehen hat,[99] kann an die Gabe aller Voraussetzungen zu einem Leben in Frömmigkeit (2 Petr 1,3) erinnern; wie im *Galaterbrief* (Gal 1,6) ist im *zweiten Petrusbrief* (1,3) gleich zu Beginn des Prooms auf die Berufung der Angeschriebenen die Rede, oder besser: von dem, der sie gerufen hat.[100] Und schließlich schreibt der Verfasser des *zweiten Petrusbriefes* wie der des *Kolosserbriefes* (Kol 1,13) die βασιλεία Christus zu statt Gott. Wenn auch mangels Unterstützung durch weitere Verknüpfungen keiner dieser Berührungspunkte auf einen konkreten Text zu verweisen vermag, so könnten doch in diesen Formulierungen zuweilen Reminiszenzen an paulinische Ausdruckweisen vorliegen. Besonders auffällig ist die strukturelle Parallelität zwischen 2 Petr 1,3 und Gal 1,6:

2 Petr 1,3:	τοῦ καλέσαντος	ἡμᾶς	ἰδίᾳ δόξῃ καὶ ἀρετῇ
Gal 1,6:	ἀπὸ τοῦ καλέσαντος	ὑμᾶς	ἐν χάριτι [Χριστοῦ]

Auf die übereinstimmende Bezeichnung des Rufenden durch ein aoristisches Partizip folgt ein pronominales direktes Objekt und eine adverbiale Bestimmung der Tätigkeit des Rufens, die wohl in beiden Fällen das Mittel des Rufens angibt.[101] Sollte 2 Petr 1,3 damit auf die paulinische Formulierung Bezug nehmen, so sind die Veränderungen signifikant, indem sie beide Male intratextuell als im Sinne der Theologie des Verfassers zu erklären sind. Der den Schreiber einschließende Bezug des Rufes entspricht der *adscriptio*, wo ebenfalls die Angeschriebenen auf eine Stufe mit dem Schreiber bzw. dem apostolischen Wir gestellt wurden; und ἰδίᾳ δόξῃ καὶ ἀρετῇ nimmt die σωτήρ-Christologie, die Darstellung Christi in Analogie zu irdischen Wohltätern, auf.[102]

Selbst wenn diese lexikalische Kongruenz und die Übereinstimmung mit Kol 1,13 keine intendierten Allusionen auf den *Galater-* und den *Kolos-*

Sorge ‚Petri' um und seine Fürsorge für die Angeschriebenen nur eine vorsichtige Berührung mit dieser letztgenannten Kategorie dar.

[99] Bezogen auf den Dienst des neuen Bundes in 2 Kor 3,6: ὃς καὶ ἱκάνωσεν ἡμᾶς διακόνους καινῆς διαθήκης, bezogen auf das „Erbteil der Heiligen im Licht" Kol 1,12: εὐχαριστοῦντες τῷ πάτρι τῷ ἱκανώσαντι ὑμᾶς εἰς τὴν μέριδα τοῦ κλήρου τῶν ἁγίων ἐν τῷ φώτι.

[100] Dabei ist es sogar möglich, dass sowohl in Gal 1,6 wie sicher in 2 Petr 1,3 Christus der Rufende ist. BETZ 1979, 48 ad loc. weist darauf hin, dass die Grammatik in Gal 1,6 sowohl Gott als Jesus als Rufenden erscheinen lässt. Ausgehend von der Tatsache jedoch, dass bei Paulus sonst in der Regel Gott der Rufende ist, trägt er diesen Sachverhalt auch in Gal 1,6 ein.

[101] Dies ist freilich nicht unumstritten. BECKER 1976, 10 ad loc. etwa interpretiert ἐν χάριτι [Χριστοῦ] als Richtungsangabe im Sinne eines Rufens „in die Gnade Christi". Dagegen sieht BETZ 1979, 48 die Adverbiale als Beschreibung des gegenwärtigen Zustands der Berufenen. Zur instrumentalen Deutung siehen u.a. ibid.

[102] Siehe dazu III.B.1.2.1.

serbrief darstellen sollten, bleibt die aufgezeigte Verbindung zu den Paulinen und Deuteropaulinen bezüglich der Struktur. Darüber hinaus spiegeln sich auch die Funktionen paulinischer Danksagungen in der Briefeinleitung des *zweiten Petrusbriefes* wider: Die epistolographische Funktion der Einleitung und Einführung zentraler Themen, die apostolische Funktion der Besorgnis um die Angeschriebenen, die didaktische und die paränetische Funktion[103] lassen sich *mutatis mutandis* auch für 2 Petr 1,3–11 aussagen.

1.2. Lexikalische Referenzen

1.2.1. δόξα καὶ ἀρετή (2 Petr 1,3)

Wer mit neutestamentlicher Briefliteratur einigermaßen vertraut ist, dem wird die Umschreibung des gottgleichen Christus als dessen, der ‚uns' in seiner δόξα gerufen hat, nicht als ungewöhnliche Formulierung erscheinen. Erst beim zweiten Teil des Nominalpaares δόξα καὶ ἀρετή dürfte sie oder er stutzig werden. Die Rede von der ἀρετή Gottes bzw. Christi ist weitaus weniger geläufig und lenkt damit auf die Suche nach Vergleichbarem.

Im Neuen Testament ist nicht nur in Verbindung mit Gott bzw. Christus, sondern überhaupt ganz selten die Rede von ἀρετή. Zweimal begegnet ἀρετή als Forderung an die Angeschriebenen, zum einen in 2 Petr 1,5 und zum anderen in einem Tugendkatalog im *Philipperbrief*, wo Paulus ermahnt: Wenn etwas die Bezeichnung ἀρετή oder ἔπαινος verdiente, so sollten die Gemeindeglieder darauf bedacht sein (Phil 4,8).[104] Doch dies führt noch nicht in die Nähe der Redeweise von der ἀρετή des gottgleichen Christus in 2 Petr 1,3. Hiermit ist neutestamentlich nur 1 Petr 2,9 zu vergleichen, wo – allerdings pluralisch[105] – die ἀρεταί τοῦ ἐκ σκότους ὑμᾶς καλέσαντος εἰς τὸ θαυμαστὸν αὐτοῦ φῶς genannt werden, eine Formulierung, mit der der *erste Petrusbrief* auf Jes 43,20ff rekurriert, [106] wie lexikalische Gestaltung belegt:

---

[103] Zur Beschreibung dieser Funktionen siehe O'BRIEN 1977, 261–263.

[104] Mit Recht weist MÜLLER 2002, 200 ad loc. darauf hin, dass die hiesige Verwendung von ἀρετή nicht der Bedeutung entspricht, die sie in der hellenistischen Philosophie genießt, weil sie nicht zentrale ethische Forderung, sondern anderen Begriffen nebengeordnet ist. Auch an den Wortgebrauch der Septuaginta und des hellenistischen Judentums lehnt sich ἀρετή Phil 4,8 nicht an; offenbar schwebt Paulus ein allgemeiner Tugendbegriff mit neu definiertem Stellenwert vor.

[105] Diesen Unterschied bemerkt CHARLES 1998, 66 nicht; er führt 1 Petr 2,9 mit singularischem ἀρετή an, was ihn zu einer vorschnellen Feststellung der Ähnlichkeit zwischen 2 Petr 1,3 und 1 Petr 2,9 bringt.

[106] ELLIOTT 2000, 408 weist darauf hin, dass es sich genauer um eine "collage of OT texts and allusions" handelt, die Ex 19,5f; Jes 43,20f; 42,6–9; 63,7–9; Hos 1,6.9; 2,23

Jes 43,20ff LXX

ποτίσαι
τὸ γένος μου τὸ ἐκλεκτόν,

λαόν μου, ὃν περιεποιησάμην
τὰς ἀρετάς μου διηγεῖσθαι.
οὐ νῦν ἐκάλεσά σε, Ιακωβ, ...

1 Petr 2,9

Ὑμεῖς δὲ
γένος ἐκλεκτόν,
βασίλειον ἱεράτευμα, ἔθνος ἅγιον,
λαὸς εἰς περιποίησιν,
ὅπως τὰς ἀρετὰς ἐξαγγείλητε
τοῦ ἐκ σκότους ὑμᾶς καλέσαντος
εἰς τὸ θαυμαστὸν αὐτοῦ φῶς.

Dabei ist ἀρεταί in Jes 43,21 eine Wiedergabe von תהלה, Ruhm, Lobpreis oder konkretisierend Ruhmestaten; eine Bedeutung, die daher auch für ἀρεταί anzunehmen ist.[107]

Da auch die Apostolischen Väter nur sehr eingeschränkt und stets in Tugendkatalogen oder wenigenstens in paränetischem Kontext Gebrauch macht von dem Begriff der ἀρετή[108], stehen die beiden Petrusbriefe mit der Attribuierung von ἀρετή / ἀρεταί an Christus bzw. Gott stehen in der urchristlichen Literatur alleine da. Damit muss der Möglichkeit nachgegangen werden, die ἀρετή des gottgleichen Christus in 2 Petr 1,3 könne mit den ἀρεταί Gottes in 1 Petr 2,9 in Verbindung stehen. Ein direkter Rückgriff der *Secunda Petri* auf Jes 43,21 scheint sich nicht nahezulegen, dagegen spricht die singularische Form ἀρετή, die nicht nur nicht der Besonderheit des Jesajaübersetzers der Septuaginta entspricht, der gerne den Plural ἀρεταί in der Zuordnung zu Gott verwendet,[109] sondern überhaupt den Sprachgebrauch der Septuaginta so gar nicht widerspiegelt, wo die singularische ἀρετή Gottes genau genommen nur einmal belegt ist, und zwar in der Bedeutung ‚Ruhm Gottes'.[110] Ferner gibt es auch keine weite-

---

aufnimmt, vgl. insgesamt die Kommentare von MICHAELS 1980, 110f ad loc. und ELLIOTT 2000, 434–441 ad loc.

[107] Vgl. MICHAELS 1988, 110 ad loc.: "τὰς ἀρετάς ... does not refer to God's "virtues" or ethical qualities in an abstract sense but to his praiseworthy deeds." ELLIOTT 2000, 438 ad loc.: "The noun *aretai* ... can mean either "wondrous, praiseworthy deeds," "manifestations of divine power and glory" ..., or the "praises" that such manifestations of glory elicit on the part of the recipients and witnesses ..."

[108] Herm mand 6,2,3 und 12,3,1 sind Tugendkataloge, oder wenigstens tugendkatalogartige Texte, zu ihnen lässt sich auch Herm mand 1,2 gruppieren. 2 Clem 10,1 verwendet das Wort im Rahmen der Paränese (διώξωμεν μᾶλλον τὴν ἀρετήν). Herm sim 6,1,4 und 8,10,3 bedienen sich der Fügung ἀρετὴ δικαιοσύνης, was auf den Sprachgebrauch des hellenistischen Judentums verweisen dürfte, wo „ἀρετή und δικαιοσύνη fast Wechselbegriffe werden" (MÜLLER 2002, 200).

[109] Jes 42,8.12; 43,21 und 63,7 LXX.

[110] Hab 3,3 LXX = OdSal 4,3. In 4 Makk 10,10 ruft der dritte der sieben Märtyrerbrüder dem Tyrannen Antiochus zu, er solle wissen, dass sie, die Märtyrer dies διὰ τὴν παιδείαν καὶ ἀρετὴν θεοῦ litten. Die Bedeutung ‚Ruhm Gottes' ist hier unwahrscheinlich, weil ἀρετή, ein Begriff von zentraler Bedeutung im *vierten Makkabäerbuch*, wie bereits die einleitenden Verse zeigen (vgl. 4 Makk 1,2ff.), dort nie in der Bedeutung „Ruhm (Gottes)" verwendet wird. Der ἀρετή-Begriff im vierten Makkabäerbuch

ren lexikalischen Indizien, die für eine Aufnahme von Jes 43,21 sprächen. Damit ist die verbleibende lexikalische Kongruenz zu gering, um einen Dialog der beiden Texte plausibel zu machen. Bleibt also die Frage, ob 2 Petr 1,3 seinerseits 1 Petr 2,9 aufgreift. Tatsächlich finden sich weitere Kongruenzen über das eine Wort ἀρετή hinaus: 2 Petr 1,3 verwendet die Rede von der ἀρετή Christi im Zusammenhang mit der Berufung durch Christus, ebenso wie in 1 Petr 2,9 die ἀρεταί Gottes mit der Berufung durch ihn verbunden sind:

τὰς ἀρετὰς ... τοῦ ἐκ σκότους ὑμᾶς καλέσαντος εἰς τὸ θαυμαστὸν αὐτοῦ φῶς.

(1 Petr 2,9)

τοῦ καλέσαντος ἡμᾶς ἰδίᾳ δόξῃ καὶ ἀρετῇ

(2 Petr 1,3)

Und hier wie dort schließt sich ein paränetischer Abschnitt an (1 Petr 2,11ff; 2 Petr 1,5ff). Da die *Prima Petri* der *Secunda* nach eigenem Bekunden bekannt war (2 Petr 3,1), ist die Behauptung einer textuellen Wiederaufnahme einigermaßen verführerisch. Doch die Beobachtungen, dass ἀρετή singularisch gebraucht ist, dass sie Christus statt Gott zugeordnet und innerhalb eines Nominalpaares (δόξα καὶ ἀρετή) in 2 Petr 1,3 aufgenommen wird, verwehren voreilige Schlussfolgerungen in Richtung einer indexikalen Referenz auf 1 Petr 2,9. Die Textwelt, die den *zweiten Petrusbrief* zur singularischen Formulierung der ἀρετή Christi führt, könnte auch andernorts gesucht werden müssen.

In seiner allegorischen Thora-Auslegung wendet Philo die Feststellung aus Gen 2,24, dass der Mensch sich von den Eltern trennt und eine Gemeinschaft mit seiner Frau eingehen wird, auf den νοῦς an, der Gott, den Vater des Alls, und die Mutter alles Bestehenden, die ἀρετή und σοφία Gottes, verlassen wird.[111] Während hier bei Philo die Zuschreibung von ἀρετή an Gott mit dem *zweiten Petrusbrief* allein insofern konvergiert, als sie auch in 2 Petr 1,3 einem Gottgleichen zugeschrieben wird, darüber hinaus aber keinerlei Berührung festzustellen ist, treffen bei Josephus im Proöm seiner *Antiquitates* mehrere Elemente zusammen, die er mit dem *zweiten Petrusbrief* teilt. Mose wird hier mit anderen Gesetzgebern verglichen: Während diese, den Mythen folgend,[112] den Göttern die schimpfli-

---

gibt sich vielmehr als an die Kardinaltugendlehre anschließend (vgl. 4 Makk 1,2 u.ö.); er kann im gesamten Buch durchweg mit Tugend übersetzt werden (vgl. die Übersetzung von Klauck in JHRSZ III,6) und ist Inbegriff der richtigen Haltung eines Märtyrers, öfter im Sinne von Standhaftigkeit, die die Bereitschaft zum Martyrium einschließt. Der Genitiv θεοῦ in 4 Makk 10,10 ist also gewiss kein *genitivus subiectivus*, sondern eher ein *genitivus qualitatis*. Entsprechend übersetzt Klauck „gottgefällige Tugend" und die Revised Standard Version "godly ... virtue".

[111] Phil all II,49. Ferner ist von der ἀρετή Gottes die Rede in Phil det 160.

[112] μύθοις ἐξακολουθεῖν ist abgesehen vom dort fehlenden bestimmten Artikel dasselbe Syntagma wie in 2 Petr 1,16. Die Verwendung auffälliger Formulierungen

chen Vergehen der Menschen zugeschrieben, die Götter also moralisch genauso unvollkommen wie die Menschen gezeichnet und menschlichem Fehlverhalten damit gewissermaßen eine Entschuldigung eingeräumt hätten, habe Mose gezeigt, dass Gott die vollendete ἀϱετή eigen sei, an der teilzuhaben das Streben der Menschen sein solle.[113] Wie in 2 Petr 1,3.5 ist ἀϱετή einerseits Eigenschaft Gottes (resp. Christi), andererseits das, was dem Menschen abverlangt wird. Gleichzeitig wird aus der Gegenüberstellung mit den anderen Göttern, die sich ethisch genau so fragwürdig verhalten wie die Menschen, deutlich, welche Aussage Josephus in die Formulierung legt, dass Gott die ἀϱετή in makellosem, unversehrtem Zustand (ἀϰϱαιφνῆ τὴν ἀϱετήν) besitze: Gott ist moralisch völlig integer, er teilt die Sündhaftigkeit des Menschen nicht. Diese Perfektion der moralischen Integrität (ἀϱετή) Gottes führt zur Bestrafung menschlicher Vergehen. Dies geht nicht nur aus der genannten Stelle im Proöm der *Antiquitates* hervor, auch in einer Rede nach der Sintflut äußert sich Gott bei Josephus in diesem Sinne: Weil die Menschen sich gegen Gottes εὐσέβεια und ἀϱετή – beides wird in 2 Petr 1,5–6 von den Adressaten gefordert – auflehnten, fühle er sich gezwungen, die Bestrafung durch die Flut gegen sie zu verhängen.[114] Unterstellt man, dass der *zweite Petrusbrief*, weil er wie Josephus ἀϱετή als Eigenschaft Gottes und Forderung an den Menschen kennt, den ἀϱετή-Begriff auch inhaltlich ähnlich füllt wie der flavische Historiker, so wird man folgern, dass mit ἀϱετή sowohl in 1,3 als auch in 1,5 die Tugend, die moralische Vortrefflichkeit bezeichnet wird, gerade wie auch in anderen zeitgenössischen Schriften des Judentums.[115]

Den eindrücklichsten Hinweis auf das textuelle Universum, das die Formulierung ἰδίᾳ δόξῃ καὶ ἀϱετῇ generiert, erhält man jedoch, sobald man nicht mehr fragt, woher neben der Zuschreibung von δόξα an Gott bzw. Christus auch die der ἀϱετή zu erklären ist, sondern wenn man von

---

aus dem *zweiten Petrusbrief* (z.T. in geringfügig abgewandelter Form) im überschaubaren Raum der einleitenden Paragraphen der *Antiquitates* des Josephus wie θεοῦ φύσις (ant 1,18; 2 Petr 1,4), μύθοις ἐξακολουθεῖν (ant 1,22; 2 Petr 1,16), der ἀϱετή Gottes (ant 1,23; 2 Petr 1,3) u.a. hatte ABBOTT 1882, 57 dazu geführt, Josephus als Leser des *zweiten Petrusbriefes* zu sehen.

[113] Jos ant I praef 4 §§ 22–23: οἱ μὲν γὰϱ ἄλλοι νομοθέται τοῖς μύθοις ἐξακολουθήσαντες τῶν ἀνθϱωπίνων ἁμαϱτημάτων εἰς τοὺς θεοὺς τῷ λόγῳ τὴν αἰσχύνην μετέθεσαν καὶ πολλὴν ὑποτίμησιν τοῖς πονηϱοῖς ἔδωκαν· ὁ δ' ἡμέτεϱος νομοθέτης ἀϰϱαιφνῆ τὴν ἀϱετὴν ἔχοντα τὸν θεὸν ἀποφήνας ᾤήθη δεῖν τοὺς ἀνθϱώπους ἐκείνης πειϱᾶσθαι μεταλαμβάνειν καὶ τοὺς μὴ ταῦτα φϱονοῦντας μηδὲ μὴν πιστεύοντας ἀπαϱαιτήτως ἐκόλασε.

[114] Jos ant I,3,8 § 100: ἀλλ' οἷς ἐξύβϱιζον εἰς τὴν ἐμὴν εὐσέβειαν καὶ ἀϱετήν, τούτοις ἐξεβιάσαντό με ταύτην αὐτοῖς ἐπιθεῖναι τὴν δίκην. Für die Zuschreibung von ἀϱετή an Gott siehe ferner Jos ant XVII,5,6 §130, hier als ἀϱετὴ τοῦ θείου.

[115] MAYOR 1907, 86 verweist u.a. auf Weish 8,7 und 4 Makk 1,2–4, wo von den Kardinaltugenden die Rede ist.

der Kombination von δόξα und ἀρετή ausgeht. Diese ist nämlich in der griechischen Literatur wohl belegt,[116] sowohl in formaler Subordination als auch in Koordination. Im ersten vorchristlichen Jahrhundert spricht Diodorus Siculus in seinem Geschichtswerk häufig davon, dass ein guter Leumund, Ruhm oder Berühmtheit (δόξα) auf Tüchtigkeit, Vortrefflichkeit, einer herausragenden Leistung oder Eigenschaft (ἀρετή) basieren. Dies zeigt sich, wenn Fügungen verwendet werden wie „Ruhm, der auf Tüchtigkeit beruht" oder wenn Menschen charakterisiert werden als solche, die sich „durch ihre Tüchtigkeit Ruhm verschafft haben".[117] Dieser Zusammenhang scheint aber auch dort gegeben zu sein, wo δόξα und ἀρετή gleichgeordnet nebeneinander stehen. Wenn etwa davon die Rede ist, dass sich jemandes Taten[118] und Ruhm (τῆς ... ἀρετῆς τε καὶ δόξης διαδιδομένης) verbreiten oder dass jemand zu den herausragenden Leistungen und dem Ruhm eines anderen beiträgt (συμβάλλεσθαί τινι πρὸς ἀρετὴν τε καὶ δόξαν), dann ist der gedachte Zusammenhang durchweg der, dass der Ruhm der jeweiligen Tat als Konsequenz nachgeordnet ist.[119] Die Koordination zweier Wörter (ἀρετή und δόξα) bei inhaltlicher Subordination (aus ἀρετή folgt δόξα), also das Nichtexplizieren eines Konsekutivverhältnisses, zeigt die rhetorische Gestaltung des Ausdrucks, und so muss es nicht verwundern, wenn die Koppelung der beiden Substantive gerade in Reden und Epigrammen Verwendung findet: Im zweiten Jahrhundert zitiert der Geograph Pausanias eine Inschrift an der Statue des Feldherrn Philopoimen (3./2. Jh. v. Chr.) in Tegea in Arkadien,[120] und der

---

[116] CHARLES 1997, 135 Anm. 26 merkt an, dass δόξα und ἀρετή auch bei Platon verbunden sind und verweist auf LAFRANCE 1981 zur Erhellung des philosophischen Hintergrundes; ebenso CHARLES 1998, 62 Anm. 31. Dem muss jedoch hinzugefügt werden, dass es bei Plato speziell um seinen Begriff von δόξα (Meinung) in Trennung von der ἐπιστήμη (wahre Meinung) geht. Die Frage ist dann, wie Tugend (ἀρετή) zu dieser platonischen δόξα steht. Für den vorliegenden Kontext ist diese Debatte ohne Bedeutung und braucht daher nicht weiter verfolgt zu werden.

[117] ἡ ἐπ᾽ ἀρετὴν δόξα beispielsweise bei Diod I,62,6, ähnlich Diod XI,54,3; XV,29,2; δι᾽ ἀρετὴν περιποιησάμενοι δόξαν Diod I,2,3, ebenfalls verbunden durch διά sind δόξα und ἀρετή Diod V,8,1 und X,21,5. Sprachlich anders realisierte Zuordnungen, jedoch jeweils mit demselben Gedanken, dass Ruhm durch Tüchtigkeit oder Tugend erworben wird, finden sich in Diod IV,59,1; X,34,6; XI,62,1; XV,88,3 u.ö.

[118] Hier bezeichnet ἀρετή die Wohltaten des Dionysios für die Menschen, vielleicht auch seine Fähigkeiten, nützliche Dinge zu erfinden und sie den Menschen zur Verfügung zu stellen, siehe Diod III,70.

[119] Die angeführten Verwendungen finden sich in Diod III,71,1 und IV,4,3. Ferner lässt sich dies nachvollziehen an Diod II,45,2; III,70,5; XI,84,2; XVI,80,4 u.ö.

[120] Deren erstes Distichon lautet (Paus Arkad 52,6): „Die ἀρετὰ καὶ δόξα dieses Mannes, der viele Taten durch Kraftakte und viele durch Ratschlüsse vollbrachte, sind überall in Hellas" (τοῦδ᾽ ἀρετὰ καὶ δόξα καθ᾽ Ἑλλάδα, πολλὰ μὲν ἀλκαῖς, πολλὰ δὲ καὶ βουλαῖς ἔργα πονησαμένου). JONES übersetzt ἀρετὰ καὶ δόξα in der Loeb-Ausgabe mit "valor and glory".

Historiker Herodian (2./3. Jh.) verwendet es innerhalb seines Geschichts-
werks zweimal in Reden.[121] Dem *zweiten Petrusbrief* zeitlich am nächsten
dürfte Plutarch stehen, in dessen Werk sich eine beeindruckende Fülle
sowohl der Koordination von δόξα und ἀρετή als auch deren syntaktischer Abhängigkeit findet.[122] Der Befund ist nicht anders als bei Diodorus
Siculus: ἀρετή führt zu δόξα, was besonders deutlich wird, wenn Plutarch dem Vorbild des älteren Cato solche Männer gegenüberstellt, die
nicht auf Tugend, sondern nur auf Geltung erpicht sind (μὴ πρὸς ἀρετὴν,
ἀλλὰ πρὸς δόξαν ἁμιλλώμενοι), also den gängigen und nur so akzeptab-
len Zusammenhang von ἀρετή und δόξα auflösen.[123]

Die Attribution von δόξα und ἀρετή stellt demnach eine geläufige Methode dar, um eine Person positiv zu charakterisieren, sie zu loben. Dies
zeigten die Kontexte in den genannten Geschichtswerken, wo meist Männer, selten auch Frauen[124] mit diesen Worten herausgehoben werden: Sie
haben Ruhm und Ehre durch herausragendes Tun erworben. Dass die
Kombination von δόξα und ἀρετή dann auch in Ehreninschriften Verwendung findet, verwundert daher nicht; das angeführte Beispiel des
Pausanias ist dabei nur eines unter mehreren. Inschriften zur Ehrung eines Wohltäters rühmen dessen δόξα und ἀρετή.[125] Ist es angesichts dessen, dass dies nur eine Variante zum literarischen Lob einer herausragenden Gestalt darstellt, auch zu kurz gegriffen, der Formulierung im *zweiten
Petrusbrief* eine Verweiskraft speziell nach Dekreten zur Ehrung eines

---

[121] Herodian III,6,4 und VII,8,4.

[122] Die Zahl der Belegstellen für δόξα in unmittelbarer Nähe zu ἀρετή bei Plutarch
beläuft sich nach einer Recherche im *Thesaurus Linguae Graecae* (TLG) auf annähernd
hundert. In syntaktischer Abhängigkeit etwa als δόξα δἰ ἀρετὴν in Plut *Comparatio
Solonis et Publicolae* 1,2 und Plut *Aemilius Paullus* 2,2 oder als δόξα τῆς ... ἀρετῆς in
Plut *Theseus* 6,6; als δόξα ... ἀπὸ τῆς ἀρετῆς in Plut *Marcius Coriolanus* 5,1. Sehr spre-
chend ist die Formulierung in ἡ δόξα τῆς ἀρετῆς τέλος in Plut *Marcius Coriolanus*
4,3, wodurch die übliche Sicht und dementsprechend das Streben von Männern charakterisiert wird, dem Coriolan freilich gegenübersteht, weil für ihn nicht die Ehre als
Ziel seiner glanzvollen Leistungen genügt, sondern diese wiederum auf die Freude
der Mutter hinstrebt. Beispiele für die Koordination von ἀρετή und δόξα resp. δόξα
und ἀρετή etwa in Plut *Comparatio Solonis et Publicolae* 3,2; *Comparatio Thesei et Romuli*
1,4; *Marcius Coriolanus* 33,5; *Aemilius Paullus* 2,3; *Marcellus* 28,1; *Galba* 3,1 u.ö.

[123] Plut *Cato Maior* 11,2–3. Bei Plutarch gibt es darüber hinaus sogar eine Stelle, an
der wie im *zweiten Petrusbrief* das Adjektiv ἴδιος vor δόξα und ἀρετή steht: Plut mor
535D = vit.pud 17. Plutarch führt hier das Beispiel eines um Geld Bittenden an und
fragt, warum ‚wir' angesichts solch eines Menschen nicht auf die Idee kommen, dass
es doch seltsam sei, die Belange der eigenen Ehre und des eigenen sittlichen Verhaltens außer Acht zu lassen (τὸ τῆς ἰδίας δόξης καὶ ἀρετῆς ἀφειδεῖν), nur um den
Geldbeutel dieses oder jenes Menschen schwerer zu machen. ἴδιος hat hier deutlich
distinktiven Charakter: Es trennt das ‚Wir', zu dem es gehört, von dem Bettelnden.

[124] Von einer Königin im Amazonenland Diod II,45,2; von Athene Diod III,70,5.

[125] Beispiele bei DANKER 1982, 457.

Wohltäters zu unterstellen, [126] so passt die Formulierung insgesamt doch zu dem feierlichen Ton der langen Periode in 1,3–4, die Züge literarischer Proömien und ausgedehnter Briefanfänge ebenso aufgreift wie die von Ehreninschriften, sowie zu dem christologischen Schwerpunkt der *Secunda Petri*, die in Christus vor allem (den κύριος und) den σωτήρ sieht, den Wohltäter eines Gemeinwesens, dem dafür öffentliches Lob gebührt.

Die Formulierung ἴδια δόξα καὶ ἀρετή in 2 Petr 1,3 verweist also auf die erwähnten Charakterisierung herausragender Figuren der Mythologie, Geschichte und Gegenwart. Die pragmatische Dimension der Intertextualität wird zeigen, dass dieser Verweis auch von nicht literarisch gebildeten Menschen verstanden werden konnte, denn neben öffentlichen Ehreninschriften bediente sich auch die kaiserliche Münzprägung des ersten und zweiten Jahrhunderts der Kombination von δόξα und ἀρετή.[127] Die Zuschreibung von ἀρετή an ein göttliches Wesen ist dabei keine Neuerung; im jüdischen Schrifttum des ersten Jahrhunderts findet sich bei Philo und Josephus bereits Analoges.[128] Auf 1 Petr 2,9 dürfte 2 Petr 1,3 eher nicht rekurrieren. Unter der ἴδια δόξα καὶ ἀρετή Christi ist seine eigene ruhmreiche Großtat zu verstehen.

1.2.2. ἡ θεία δύναμις (2 Petr 1,3)

Die Fügung θεία δύναμις kennt in der griechischen Literatur eine lange Geschichte. Sie ist bereits bei Platon zu finden, der Sokrates die Befähigung, gut über Homer zu sprechen, eine θεία δύναμις nennen lässt, die den Sprechenden gleich der Magnetkraft bewegt und ihn verändert, so dass er selbst in derselben Weise auf andere wirkt.[129] Das spezifisch Göttliche dürfte hier die Wirkmacht sein, die ohne Zutun des Menschen etwas ausrichtet. Auch bei Aristoteles (pol VII,4,8) bedeutet θεία δύναμις eine menschliche Fähigkeiten übersteigende und so besondere Wirkung zeitigende Kraft: Ihr wird der Zusammenhalt des Alls zugeschrieben.

Zeitlich (und sachlich?) näher am *zweiten Petrusbrief* steht die Verwendung in der Literatur jüdisch-hellenistischer Autoren. In *Quod deterius potiori insidiari soleat* spricht Philo sowohl über die δύναμις, die den Menschen mit den nicht verstandesbegabten Wesen verbindet, als auch über diejenige, die aus der λογικὴ πηγή strömt, das πνεῦμα, das ein τύπος und χαρακτήρ θείας δυνάμεως sei. Mose habe das Wort εἰκών dafür ins

---

[126] Gegen DANKER 1982, 457, der behauptet, dass bezüglich des ‚Kanzleistils‘ der Formulierung ἰδίᾳ δόξῃ καὶ ἀρετῇ in 2 Petr 1,3 kein Zweifel bestehen könne.

[127] Siehe dazu III.A.2.

[128] Später sprechen etwa Justin und Clemens von Alexandrien von der θεία ἀρετή; vgl. auch Eus Hierocl 4: τῇ ἰδίᾳ θεότητί τε καὶ ἀρετῇ πᾶσαν ἔσωσεν τὴν οἰκουμένην), siehe MAYOR 1907, 86.

[129] Plat Ion 533d. Auch in Plat leg III,691e bezeichnet θεία δύναμις eine übermenschliche Fähigkeit.

Spiel gebracht, so dass deutlich sei, dass der Ursprung der φύσις λογική in Gott liege (det 83). Philo scheint die Wendung hier zu gebrauchen, weil er ohnehin von den δυνάμεις des menschlichen Wesens redet und er die mit der Rationalität verbundene δύναμις auf Gott zurückführen will. Daher bezeichnet er sie als göttlich. Auch die übrigen Belege für θεία δύναμις bei Philo bringen Gott jeweils mit einer bestimmten Fähigkeit, einem bestimmten Vermögen oder Können in Verbindung bzw. grenzen θεία δύναμις ab von etwas, das gewiss nicht in ihr begriffen liegt: In *De specialibus legibus* werden die Eltern als ἀπεικονίσματα und μιμήματα θείας δυνάμεως bezeichnet, insofern sie Nichtexistentes in die Existenz führen (spec.leg II,2). Schaffung von Leben aus dem Nichts ist eine Fähigkeit Gottes *par excellence*. In *De confusione linguarum* wird festgehalten, dass Verfehlung oder Irrtum sich mit θεία δύναμις nicht vertrage (conf 155). Besonders interessant ist in diesem Zusammenhang eine Stelle aus *De Abrahamo*, weil dort, durch die Feststellung, beharrlich fortgesetztes Praktizieren (τὸ διηνεκές) und Perfektion (τὸ τέλειον) in den Tugenden seien äußerst nah an θεία δύναμις (Abr 26), ἀρετή mit θεία δύναμις in Verbindung gebracht wird. Zwar wird in 2 Petr 1,3 kein unmittelbarer Zusammenhang hergestellt zwischen θεία δύναμις und ἀρετή, immerhin aber ist im engeren Umfeld von θεία δύναμις von der ἀρετή Christi die Rede. Auch ohne unzulässige weiter gehende Folgerungen hieraus soviel wird festzuhalten sein, dass bei Philo besonders im Zusammenhang mit bestimmten Fähigkeiten, die Gott zugeschrieben werden können, von θεία δύναμις die Rede ist und dass θεία δύναμις höchste moralische Integrität – ἀρετή – impliziert. Josephus verwendet θεία δύναμις im Sinne von „göttliches Eingreifen zur Bewahrung eines Menschen", wenn er vermutet, es sei wohl ἔκ τινος θείας δυνάμεως geschehen, dass Kaiser Claudius nicht Opfer der Raserei Caligulas geworden sei (ant XIX,1,10 § 69).

Eine syntaktische Verbindung zwischen ἀρετή, genauer gesagt dem Plural ἀρεταί, und θεία δύναμις ist auch epigraphisch belegt. In einer Inschrift wohl aus den zwanziger Jahren des ersten Jahrhunderts ehren die Bürger von Stratonikeia in Karien den Zeus Panhemerios und die Hekate.[130] Durch deren πρόνοια[131] sei die Stadt aus vielen großen und bedrängenden Gefahren gerettet worden. Darum sei es richtig, allen Eifer zu ihrer Verehrung (εὐσέβεια) aufzubringen.[132] Im Ratsgebäude seien Standbilder dieser Götter aufgestellt, die die ἐπιφανεστάτας ... τῆς θείας δυνάμεως ἀρετάς, also die offenbarsten Großtaten der göttlichen Wirkmacht, zeigten, um derentwillen das Volk ihnen opferte und sie verehrte.

---

[130] CIG 2715a; vgl. zum Folgenden DEISSMANN 1895, 277–293; zur Datierung auch BOECK in CIG II zu 2715a, 83f.

[131] BOECK restituiert ohne πρόνοια; Rettung geschieht durch die Götter direkt.

[132] Vgl. zu diesem Syntagma πᾶσαν σπουδὴν ἰσφέρεσθαι 2 Petr 1,5.

Sowohl die vorausgehenden Ausführungen zur Verwendung von ἀρετή in 2 Petr 1,3 als herausragende Leistung oder Tat als auch die Überlegungen zur Hervorhebung des Aspekts der besonderen Fähigkeit in der Verwendung der Fügung θεία δύναμις bestätigen sich an dieser Inschrift. Gleichzeitig ist mit ihr der Erweis erbracht, dass das erste Jahrhundert θεία δύναμις sowohl im paganen Bereich als auch in Bezug auf den Gott Israels verwenden konnte.

In den übrigen neutestamentlichen Schriften wird von θεία δύναμις nie gesprochen, jedenfalls nicht *dem Wortlaut nach*.[133] Schon das Adjektiv θεῖος an sich ist auffällig; außer im *zweiten Petrusbrief* findet es – bezeichnenderweise (?) – nur noch in der Areopagrede des Paulus (Act 17,29) Verwendung; auch in der Septuaginta (Hiob 27,3 LXX; 2 Makk 3,29) begegnet es selten. Wenig mehr Belege gibt es aus der Zeit der Apostolischen Väter.[134] *Der Sache nach* verhält es sich freilich etwas anders: Nach der synoptischen Tradition wird Jesus, besonders von Lukas, durchaus δύναμις – bzw. konkretisierend δυνάμεις – zugeordnet und dass diese δύναμις von Gott kommt, ist darin impliziert; denn Gott ist schon vor dem und außerhalb des Neuen Testaments geradezu wesenhaft δύναμις.[135] Δύναμις gehört zum Vokabular von Heilungen und Exorzismen, ja Wundern überhaupt, aber auch zur Parusie.[136] Paulus redet ebenfalls oft von der δύναμις Gottes, Christi oder des Geistes.[137] Zu paulinischer und deuteropaulinischer Theologie hin lässt sich möglicherweise eine – zugegebenermaßen nicht allzu strapazierfähige – Verbindung finden, wenn man von der Aussage des *zweiten Petrusbriefes* ausgeht, die Schaffung der dem Menschen geschenkweise zufallenden Voraussetzungen zu einem Leben in εὐσέβεια sei ein Akt göttlicher δύναμις. Ausgehend von der Frage, was denn dem Menschen den Weg zu einem Leben in Gottes Sinn frei gemacht habe, und unter Berücksichtigung, dass δύναμις in der Zuordnung zu einem göttlichen Wesen immer eine Manifestation überirdi-

---

[133] Später ist die Fügung auch bei Justin (apol I,32; in Opposition zu ἀνθρώπειον σπέρμα) und bei Clemens Alexandrinus (strom I,98,4; VII,34,4) belegt.

[134] θεία βουλή als *varia lectio* zu ὅσια βουλή in 1 Clem 2,3; θεία γνῶσις in 1 Clem 40,1; θεία κρίσις in 2 Clem 20,4; ἔργα θεῖα Herm vis 3,8,7; τι θεῖον Herm vis 4,1,6; (τὸ) πνεῦμα (τὸ) θεῖον Herm mand 11,7.8(*varia lectio*).9.12(*varia lectio*) und 21; δύναμις πνεύματος θείου Herm mand 11,2.5; οἱ θειότατοι προφῆται IgnMagn 8,2.

[135] In Röm 1,20 steht δύναμις parallel zu θεότης; beide gelten Paulus als Charakteristika Gottes, die von Anfang der Schöpfung an von seinen Geschöpfen wahrgenommen werden. In rabbinischer Literatur kann ‚Macht' den Gottesnamen ersetzen, siehe Friedrich in EWNT I s.v. δύναμις, 862.

[136] Für Belegstellen siehe Friedrich in EWNT I s.v. δύναμις, 864f.

[137] Ohne Anspruch auf Vollständigkeit siehe etwa für Gottes δύναμις: 1 Kor 1,18 (das Wort vom Kreuz als Gottes δύναμις für diejenigen, die gerettet werden); 1 Kor 1,24 (Christus als Gottes δύναμις); ferner 2 Kor 4,7; 6,7; für Christi δύναμις: 1 Kor 5,4; 2 Kor 12,9; Phil 3,10; für die δύναμις des Geistes: Röm 15,13.19.

scher Kraft oder Wundermacht bezeichnet, gelangt man zur Auferstehung Christi. Diese geschah Paulus zufolge (wie es auch für die der Christen gelten wird!) διὰ τῆς δυνάμεως αὐτοῦ (scil. θεοῦ).[138] Weiterhin kann derselbe Paulus von der δύναμις τῆς ἀναστήσεως αὐτοῦ sprechen, die er in seinem Leben als prägend erfahren will (Phil 3,10).[139] Der *Kolosserbrief* erinnert seine Empfänger, sie seien in der Taufe mit Christus auferweckt, und fordert sie zu einem dieser Tatsache entsprechenden Lebenswandel auf (Kol 3,1ff), wobei die zu meidenden Verhaltensweisen in zwei katalogischen Lasteraufzählungen genannt werden (Kol 3,5.8). Auf diesem Hintergrund erscheint 2 Petr 1,3–11 nicht erst durch den klar tauftheologischen Hinweis auf die Reinigung von den früheren Sünden (1,9) und den vorausgehenden Tugendkatalog (1,5–7), sondern insgesamt als ein Stück feierliche Tauferinnerung.

Der Verweis, der von θεία δύναμις ausgeht, richtet sich also in erster Linie auf eine Ausdrucksmöglichkeit sowohl paganen als auch jüdischen Redens über Gott bzw. die Götter in der hellenistischen und frühkaiserzeitlichen Epoche, in geringerem Maße weist sie auch über diese hinaus in die vorhellenistische Zeit. Bezeichnet wird damit ein konkreter Machterweis der Gottheit, der jenseits menschlicher Fähigkeit liegt. Für Rezipienten der Synoptiker ergibt sich, ausgehend von δύναμις, eine Verbindung zu den Wundern Jesu; wer vertraut ist mit paulinischer und deuteropaulinischer Literatur, erkennt möglicherweise in der θεία δύναμις die Auferstehung, in die die Christen mit hineingenommen sind, und die so die Voraussetzung schafft zu einer neuen Lebensgestaltung, auch wenn das Syntagma dafür nie in der vorliegenden Form gebraucht wird.

1.2.3. θείας κοινωνοὶ φύσεως *(2 Petr 1,4)*[140]

Die Idee einer Teilhabe an der göttlichen Natur erstreckt sich in verschiedenen Ausformungen über weite Teile der griechischen Philosophie. Pla-

---

[138] 2 Kor 6,14; vgl. 13,4: ἐσταυρώθη ἐξ ἀσθενείας, ἀλλὰ ζῇ ἐκ δυνάμεως θεοῦ.

[139] MÜLLER 2002, 161f spricht hier von der „verwandelnden Kraft Christi, die die Existenz des Apostels bestimmt". Freilich fehlt im Kontext jegliche Bezugnahme auf bestimmte moralische Kategorien oder Maßstäbe, wenn man einmal vom Ethos des gemeinsamen Leidens mit Christus absieht.

[140] Die Dissertation von James M. STARR zum Syntagma θείας κοινωνοὶ φύσεως untersucht den hellenistischen Kontext der Fügung, die er mit "sharers in divine nature" übersetzt, geht dabei aber nicht von der Formulierung aus, sondern von der Idee. Dabei widmet er dem AT, Philo, Josephus, Plutarch, dem paulinischen und dem nichtpaulinischen Christentum jeweils ein Kapitel seiner Untersuchung. Anders als hier wird bei ihm hervorgehoben, dass durchweg belegte Attribute des göttlichen Wesens neben völliger moralischer Integrität auch Ewigkeit, Unvergänglichkeit und Macht sind (STARR 2000, 232). 2 Petr 1,4 habe demgemäß neben der moralischen Teilhabe an Gott eine eschatologische Perspektive, nämlich die Teilhabe an der Ewigkeit des Wesens Gottes; vgl. a.a.O. *passim*, bes. 226–239.

ton erzählt im *Kritias* von Königen von Atlantis, die göttliche Natur in sich trugen: Solange dies in vollem Maße der Fall war (μέχριπερ ἡ τοῦ θεοῦ φύσις αὐτοῖς ἐξήρκει) äußerte sich dies in allerlei positiven Merkmalen ihres Verhaltens: Sie gehorchten den Gesetzen, ihre innere Haltung war aufrecht und in jeder Hinsicht groß (φρονήματα ἀληθινά καὶ πάντη με-γάλα), Sanftmut ging mit Besonnenheit einher (πραότης μετὰ φρονή-σεως), nur Tugend (ἀρετή) hatte für sie Geltung, sie wussten mit ihrem Reichtum umzugehen, ihnen war in ihrer nüchternen, klaren Denkart be-wusst, dass all diese Dinge sich durch allgemein freundschaftliches Ver-halten und Tugend (ἐκ φιλίας τῆς κοινῆς μετ' ἀρετῆς) nur vermehren (*Kritias* 120d–121). τοῦ θεοῦ φύσις oder θεία φύσις – Platon benutzt in diesem Abschnitt beide Formulierungen – impliziert also für ihn deutlich moralische Kategorien. In einem Abschnitt im *Phaidros* wird das Verhalten der Seele im Menschen beschrieben: Sie richtet sich, solange sie nicht ver-dorben ist, nach dem Gott, von dessen Gefolge sie ihren Ausgang nahm. Wenn sie ernsthaft in sich sucht, findet sie die Natur ihres Gottes, denn es ist unmöglich, dass die Schau Gottes (in der Präexistenz) sich nicht tief ins Gedächtnis eingegraben hat. Auf diesem Wege erhält sie von ihrem Gott Charakter und Verhaltensweisen, insoweit es denn möglich ist, dass ein Mensch an Gott teilhaben kann (καθ' ὅσον δυνατὸν θεοῦ ἀνθρώπῳ μετασχεῖν). Sie ahmt ihn nach und behandelt auch die Mitmenschen ent-sprechend (Phaidr 249d–257a). Teilhabe an Gott bedeutet wiederum ein bestimmtes moralisches Verhalten, dessen Richtschnur durch die Imitati-on Gottes gegeben ist.[141]

Im Judentum des ersten Jahrhunderts sind es einmal mehr Philo und Josephus, die von der θεία φύσις sprechen. Wenn Philo sich über Könige äußert, die dem Modell göttlichen Wesens folgen (οἱ μιμούμενοι τὴν θείαν φύσιν), dann charakterisiert er damit ein positives moralisches Verhalten: Diese Könige stützen sich auf sich selbst, wenn es darum geht, Gnade zu erweisen, aber ihre Strafurteile lassen sie von anderen bekräfti-gen (Abr 144).[142] Für Josephus kann Teilhabe an der göttlichen Natur Weisheit und Wissen über die Zukunft bedeuten, also Teilhabe an den Fähigkeiten Gottes; so berichtet er etwa von Amenophis, der aufgrund dieser beiden Fähigkeiten im Ruf stand, an göttlicher Natur Teil zu haben (θείας δὲ ... μετεσχηκέναι φύσεως; Jos Ap I,1,26 § 232.).[143] Die göttliche Eigenart oder Wesensart wird durch θεία φύσις auch dann bezeichnet,

---

[141] Vgl. einen ähnlichen Gedanken in Plat rep VI,500c: Θείῳ δὴ καὶ κοσμίῳ ὅ γε φιλόσοφος ὁμιλῶν κόσμιός τε καὶ θεῖος εἰς τὸ δυνατὸν ἀνθρώπῳ γίγνεται. Zur Möglichkeit der Gleichwerdung mit Gott bei Platon aus der Rückschau Plotins siehe den Textauszug Plot I,2,3,12–13 im *Neuen Wettstein* II,2,1383f.

[142] Weiterhin redet Philo etwa decal 104 von der θεῖα φύσις.

[143] Josephus referiert dabei an den ägyptischen Priester und Historiker Manethon, vgl. *Neuer Wettstein* II,2, 1384.

wenn etwa König Salomo im Gebet sich solcher Worte bedient, von denen er denkt, dass sie Gottes φύσις angenehm seien (οὓς τῇ θείᾳ φύσει πρέποντας ὑπελάμβανε; Jos ant VIII,4,2 § 107). θεία φύσις bezeichnet also, das dürften diese Belege gezeigt haben, den Charakter, die Verhaltensweisen, die Fähigkeiten, die Eigenart etc. Gottes.

Auffallend ist freilich, dass in den zu Rate gezogenen Vergleichsstellen der Aspekt des Gemeinsamen nie wie im *zweiten Petrusbrief* durch das Lexem κοιν- zum Ausdruck gebracht wird. Dies könnte bedeutsam sein. Wenn etwa Platon die Vorstellung in Worte fasst, dass die Könige von Atlantis einen „Teil Gottes" (ἡ τοῦ θεοῦ μοῖρα) tragen, der schwächer oder stärker sein, abnehmen oder zunehmen, bleiben oder verschwinden kann (Plat *Kritias* 120d–121a), verwendet er dabei häufig – wie auch Josephus und Philo – das Verb μετέχειν für die Anteilhabe.[144] Philo benutzt in *De somniis* das Lexem κοιν-, wenn er davon spricht, dass der Philosoph das Licht derjenigen ist, die λογικῆς κεκοινωνήκασι φύσεως – nach vielen Wörterbüchern: die „Anteil haben" an der λογικὴ φύσις. Genau dies aber, dass im Lexem κοιν(ων)- die Elemente „Anteil" und „haben" stecken, wird neuerdings (wieder) bestritten. Es gehe nur um den Aspekt der Gemeinschaft, um das Sich-Anschließen, das Verbundensein, nicht um den der Partizipation.[145] Eine Übersetzung in diesem Sinne wäre für die vorliegende Stelle: „… die miteinander verbunden sind im Blick auf die λογικὴ φύσις".[146] Um diese Bedeutung für alle Belegstellen halten zu können, muss zuweilen ein versteckter Dativ postuliert werden. ἵνα διὰ τούτων γένησθε θείας κοινωνοὶ φύσεως in 2 Petr 1,4 würde also bedeuten: „damit ihr *uns* Gefährten werdet bezüglich des Wesens Gottes." Möglich wäre dies, immerhin hat der Verfasser bereits in 1,1 die Augenhöhe mit dem apostolischen Wir eingesetzt, um die Adressaten anzusprechen. Dort freilich ging es um eine faktische Gleichstellung durch den gemeinsamen Glauben, hier wäre es eine in Aussicht gestellte Partnerschaft. Analog dazu lässt sich auch dann auch 1 Petr 5,1 interpretieren:[147]

Πρεσβύτερους οὖν ἐν ὑμῖν παρακαλῶ	Älteste nun unter euch ermahne ich
ὁ συμπρεσβύτερος	als (ihr) Mitältester
καὶ μάρτυς τοῦ Χριστοῦ παθημάτων,	und Zeuge der Leiden des Christus,
ὁ καὶ	als einer, der auch (ihnen) Gefährte ist
τῆς μελλούσης ἀποκαλύπτεσθαι δόξης	hinsichtlich der Herrlichkeit,
κοινωνός.	die im Begriff steht, offenbar zu werden.

---

[144] Plat Phaidr 230a; 253a; Plat Prot 322a; Jos Ap I,1,26 § 232; Phil decal 104.

[145] Vgl. dazu die stattliche Untersuchung von BAUMERT 2003, 43–50 *et saepius*. Die eben angeführte Philo-Stelle diskutiert er leider nicht. Die Diskussion ist allerdings schon älter, wie die Darstellung bei NORMANN 1978, 65–69 zeigt.

[146] SAVINEL übersetzt traditionell «ceux qui participent de la nature raisonnable».

[147] Die im Folgenden zitierte Übersetzung findet sich bei BAUMERT 2003, 121. 2 Petr 1,4 und 1 Petr 5,1 werden diskutiert bei BAUMERT 2003, 121–126.

Da der Aspekt des Gefährteseins schon in συμπρεσβύτερος gegeben war, könnte er sich tatsächlich auch auf μάρτυς erstrecken, immerhin ist das Leiden der Angesprochenen ein Thema des Briefes und die Gemeinschaft mit Petrus im Leiden wie in der δόξα böte guten Sinn. Etwas geschwächt wird diese Überlegung nur dadurch, dass der ‚Petrus‘ des *ersten Petrusbriefes* nicht gleich das Wort σύμμαρτυς verwendet, wenn ihm so viel an dem Gemeinschaftsaspekt liegt. Sollte es allerdings tatsächlich so sein, dass ‚Petrus‘ die gemeinsame Leidenszeugenschaft ebenso wie die gemeinsame noch zu offenbarende δόξα thematisieren will, so wäre die Strategie den Angeschriebenen gegenüber in beiden Petrusbriefen in etwa vergleichbar: Sie sollen sich mit Petrus verbunden, auf einer Ebene fühlen. Analoge Lösungsmöglichkeiten bieten sich auch bei den anderen neutestamentlichen Belegen für κοινωνός ohne ausdrückliche Nennung der anderen Gefährten in Form von Genitiv oder Possessivum, ebenso bei den Apostolischen Vätern.[148]

Es geht also wahrscheinlich in 2 Petr 1,4 nicht um eine Partizipation an göttlichem Wesen in einem irgendwie materiell verstandenen Sinn, um eine wie auch immer verstandene Vergottung des Menschen. Damit ist zunächst also nur klar, dass das schreibende Ich bzw. Wir mit den Angeschriebenen als Gefährten dem Wesen Gottes gegenüberstehen möchte. Wie inhaltlich die Position dieser Gefährten zum Wesen Gottes zu füllen ist, geht dann erst aus dem Folgenden hervor, d.h. es wird explizit in der Aufforderung zur Aufbietung aller Energie, um die im Tugendkatalog genannten Eigenschaften und Verhaltensweisen in die Praxis umzusetzen. Die θεία φύσις verweist also, wie gesehen, auf andere Texte, in denen vornehmlich Gottes moralische Integrität als Merkmal seiner φύσις gilt. Die dem *zweiten Petrusbrief* vermutlich am nächsten stehenden Schriftsteller, die sich dieses Ausdrucks bedienen, sind Philo und Josephus.

1.2.4. σπουδὴν πᾶσαν παρεισενέγκαντες *(2 Petr 1,5)*

Wo immer gelobt wird, kann auch die σπουδή,[149] der Eifer, das Engagement eines Menschen Gegenstand eines solchen Lobes sein. Auch Paulus

---

[148] Für das Neue Testament ist an erster Stelle 2 Kor 1,7 zu nennen, wo es auch darum gehen dürfte, dass die Korinther sowohl im Leiden als auch im Trost Gefährten des Paulus sind, siehe den ausführlichen Nachweis bei BAUMERT 2003, 115–121; für die Diskussion bezüglich 1 Kor 10,18.20 siehe ibid. 419–424. Die außerkanonischen Schriften des Urchristentums wie die Apostolischen Väter sind nicht mehr Gegenstand der Untersuchungen BAUMERTs, doch scheint mir eine vergleichbare Argumentation durchaus möglich, zuweilen sogar unmittelbar auf der Hand liegend; siehe Herm mand 4,15; Herm sim 2,9 – bei weiteren Verwendungen von κοινωνός ist der bzw. sind die Gefährten ausdrücklich genannt.

[149] Siehe hierzu auch den Artikel σπουδάζω κτλ. bei Spicq 1978 II, 816–825.

lobt oder erwähnt verschiedentlich den Eifer seiner Gemeinden oder Mitarbeiter.[150] Daher muss es nicht überraschen, wenn in Ehreninschriften mehrfach von der σπουδή eines Wohltäters die Rede ist.[151] Die Kehrseite: Zu Eifer muss zuweilen auch aufgefordert oder ermahnt werden,[152] wie es in 2 Petr 1,5 der Fall ist. Analog zum Menschen kann auch einer Gottheit Eifer zugeschrieben werden. Epigraphisch wird etwa der göttlichen πρόνοια bescheinigt, sie habe σπουδή und φιλοτιμία an den Tag gelegt, als sie durch die Geburt des Augustus dem Leben das vollkommenste Gut einfügte.[153] Überhaupt begegnet σπουδήν εἰσφέρειν inschriftlich mit einiger Regelmäßigkeit,[154] wenn auch keineswegs ausschließlich.[155]

Ist σπουδή einerseits die Haltung des zu ehrenden Wohltäters, so kann sie andererseits auch das angemessene Verhalten als Reaktion auf das Tun des Wohltäters sein. Als solche erscheint sie in 2 Petr 1,5: „Weil Gott dies und jenes getan hat, setzt euren Eifer darein zu…" ist der Gedankengang. Eine direkte Analogie stellt die bereits angeführte Inschrift von Stratonikeia dar, in der auf die Erwähnung der großen Taten des Zeus Panhemerios und der Hekate hin es als die adäquate Verhaltensweise dargestellt wird, allen Eifer aufzubringen (πᾶσαν σπουδήν ἰσφέρεσθαι) zur tätigen Verehrung und zu keiner Zeit vom Dienst an ihnen abzulassen.[156]

σπουδήν πᾶσαν παρεισφέρειν ist gewiss eines der sprachlichen Indizien dafür, dass der Verfasser des *zweiten Petrusbriefes* in 1,3–11 sich einer feierlichen Diktion bedient, wie sie vor allem in Ehrendekreten gebraucht wird. Dies ist noch nicht gleichbedeutend damit, dass hier auch ein Dekret vorliegt. Und deutlich zu viel wird in den Text gelegt, wenn aufgrund dieser Fügung und der vor Augen gestellten Gemeinschaft bezüglich des Wesens Gottes, die Aussage abgelesen wird, die beschenkten Menschen sollten nun selbst zu Wohltätern werden.[157] Die Referenz ist viel zurück-

---

[150] Vom Eifer der Korinther: 2 Kor 7,11.12; vom Eifer des Titus für die korinthische Gemeinde: 2 Kor 8,16.

[151] Zwei Beispiele bei DANKER 1982, 459f, davon eines auch bei DANKER 1978, 71.

[152] Heb 6,11; Röm 12,8.

[153] OGIS 458: Ἐπειδὴ ἡ πάντα διατάξασα τοῦ βίου ἡμῶν πρόνοια σπουδὴν εἰσεν[εγκαμ]ένη καὶ φιλοτιμίαν τὸ τελητότατον τῶι βίωι διεκόμησεν ἐνενκαμένη τὸν Σεβαστόν ...

[154] Siehe die Beispiele bei DANKER 1982, 459f sowie das oben zitierte Dekret von Stratonikeia; aber auch schon ROUFFIAC 1911, 53 über die Inschriften aus Priene.

[155] Für Belege bei Polybius, Diodorus Siculus und Josephus siehe MAYOR 1907, 89.

[156] DEISSMANN 1895, 277f.

[157] Gegen DANKER 1978, der 2 Petr 1 als feierliches Dekret qualifiziert; und gegen DANKER 1982, 460, wo der Text als Aufforderung an die Adressaten gedeutet wird, selber zu Wohltätern zu werden. Allein von einer Ansammlung übereinstimmenden Vokabulars lässt sich noch nicht auf die Gattung eines Textes schließen. Der Unterschied zwischen einem bestimmten Sprachregister und einer Textgattung wird auch

haltender: In der Weise, wie über die Wohltäter und Götter in paganem Kontext gesprochen wird, kann dies auch in Bezug auf das Handeln des jüdisch-christlichen Gottes bzw. Christi geschehen. Das Vokabular und selbst syntaktische Einheiten von dort sind dafür geeignet. Und wie in paganer Religiosität auf die Wohltaten von Göttern bestimmte Verhaltens- oder Handlungsweisen angemessen sind, so gilt das auch für die Reaktion der Christen auf das Handeln Gottes für sie.

1.3. Indexikale Intertextualität

1.3.1. Durch Besiegelung der Berufung dem Straucheln entgehen (2 Petr 1,10)

Nachdem der Verfasser der *Secunda Petri* deutlich gemacht hat, dass, wer die in 1,5–7 genannten Tugenden nicht praktiziert, blind ist – somit über keine Erkenntnis Christi verfügt – und die Taufe als Reinigung von den früheren Sünden vergessen hat, geht er zur direkten Ermahnung über. Mit einem Imperativ (σπουδάσατε) fordert er die Angeschriebenen nachdrücklich auf, ihre Berufung und Auserwählung auch zu bekräftigen (βεβαίαν ὑμῶν τὴν κλῆσιν καὶ ἐκλογὴν ποιεῖσθαι). Das werde sie gewiss vor dem Straucheln bewahren (ταῦτα γὰρ ποιοῦντες οὐ μὴ πταίσετέ ποτε). Die Verbindung von Berufung (κλῆσις) und Auserwählung (ἐκλογή) in der ersten Vershälfte führt zu Röm 8,28–30, wo ebenfalls diese beiden göttlichen Aktivitäten nebeneinander thematisiert werden:[158] τοῖς κατὰ πρόθεσιν κλητοῖς οὖσιν … οὓς δὲ προώρισεν, τούτους καὶ ἐκάλεσεν· καὶ οὓς ἐκάλεσεν, τούτους καὶ ἐδικαίωσεν. Der Kontext, in dem sie jeweils Verwendung finden, zeigt freilich wenig Berührungspunkte: Argumentationsziel bei Paulus ist es, klimaktisch auf die Feststellung hinzuarbeiten, dass Gott auf Erwählung und Berufung Rechtfertigung und Ehrung hat folgen lassen, und dann geradezu triumphierend zu fragen, was ihm denn nun noch etwas anhaben könne. Im *zweiten Petrusbrief* geht es um eine Aufforderung zur Bestätigung der Erwählung und Berufung durch moralisches Verhalten, das vor dem Straucheln bewahre. Sollte 2 Petr 1,10 hier wirklich mit Röm 8,28–30 in einen Dialog treten wollen, dann lässt sich 2 Petr 1,10 nur als Korrektiv des Paulustextes verstehen: Gegenüber dem Enthusiasmus Pauli, der sich aufgrund von Gottes Auserwählung und Berufung gegen allerlei potentielle Bedrohungen immun weiß, stellte dann der Verfasser der *Secunda Petri* in den Vordergrund, dass ein Ruf auch immer durch eine entsprechende Praxis erhärtet werden muss (βεβαίαν … ποιεῖσθαι). So gut dies in die Theologie des *zweiten*

---

in der Rezeption DANKERs immer wieder übersehen und seine Dekrethypothese unkritisch übernommen wird, so etwa bei NEYREY 1993, 151.

[158] BARNETT 1941, 224. Den Deutlichkeitsgrad der Anleihe verweist er in die Kategorie C, die – als „schlechteste" – "a reasonable degree of probability of literary indebtedness" bezeichnet; ibid. x.

Petrusbriefes und in die Auseinandersetzung mit als heterodox betrachteten Lehrern (2,1), die ja nach 2 Petr 3,16 Paulus für ihre Sicht der Dinge beanspruchen,[159] passen würde, so schwierig ist es an lexikalischer Kongruenz festzumachen: Nicht einmal dasselbe Lexem wie in 2 Petr 1,10 (ἐκλογή) hat die Erwählung in Röm 8,28–30 (προορίζειν). Beide Texte haben soviel gemeinsam, dass sie die Bedeutung von Erwählung und Berufung – mit grundverschiedenen Folgerungen[160] – theologisch abwägen und zu unterschiedlichen Ergebnissen kommen. Eine Lektüre von 2 Petr 1,10 auf der Folie von Röm 8,28–30 ergäbe also einen Sinn, aber ihre auktoriale Intentionalität ist nicht ohne weiteres nachzuweisen.

Eine kaschierte Form der Wiederaufnahme könnte auch bezüglich der Schlussdoxologie des *Judasbriefes* vorliegen. Diese beginnt nämlich mit den Worten τῷ δὲ δυναμένῳ φυλάξαι ὑμᾶς ἀπταίστους etc. Wenn der *zweite Petrusbrief*, wie in dieser Untersuchung vorausgesetzt, den *Judasbrief* zur Vorlage hatte, deren Text er gezielt bearbeitete, dann ist eine Bezugnahme auf ἀπταίστους durch οὐ μὴ πταίσετέ ποτε nicht zuletzt angesichts der relativen Seltenheit von πταίειν und seinen Derivaten[161] in den neutestamentlichen Schriften durchaus plausibel, wenn auch nicht sicher zu erweisen. Die Tendenz einer solchen Wiederaufnahme läge jedoch auf der Hand und käme ganz in die Nähe des möglichen textuellen Verhältnisses zu Röm 8,28–30: Während der *Judasbrief* betont, dass Gott vor dem Straucheln bewahren kann, unterstreicht der *zweite Petrusbrief*, dass es dazu der tätigen Paraphierung der Berufung seitens des Menschen bedarf.

1.3.2. Der Einzug in das ewige Reich Christi (2 Petr 1,11)

Als einzige Schrift des Neuen Testaments qualifiziert der *zweite Petrusbrief* die βασιλεία Christi als αἰώνιος. Der ihm wohl zeitlich am nächsten ste-

---

[159] Noch weniger zu überzeugen vermag die zweite von BARNETT 1941, 224 angeführte angebliche Berührung von 2 Petr 1,10 mit Römer 11,5.7.11.28. BARNETT weist darauf hin, dass beide Briefe das neutestamentlich seltene Verb πταίειν (Röm 11,11; Jak 2,10; 3,2 und 2 Petr 1,10) mit dem neutestamentlich seltenen Substantiv ἐκλογή (nur Acta 9,15; Röm 9,11; 11,5; 7,28; 1 Thess 1,4 und 2 Petr 1,10) verbinden.

[160] Vgl. den Hinweis PAULSENs 1992, 112, wie weit entfernt doch die Theologie der *Secunda Petri* hier von „vergleichbaren paulinischen Überlegungen in Röm 8,30" sei.

[161] Die Verwendung von πταίειν im Neuen Testament beschränkt sich neben 2 Petr 1,10 auf Röm 11,11 sowie Jak 2,10; 3,2; im Schrifttum um die Apostolischen Väter fehlt es nach Ausweis der *Clavis Patrum Apostolicorum* ganz. (Der *Index Patristicus* vermerkt die Form ἐπταίσαμεν für 1 Clem 51,1, was jedoch die Textausgabe innerhalb der SUC nicht bestätigt.) Die Septuaginta verwendet das Verb gelegentlich, doch bezeichnet es in den Samuel- und Königsbüchern, wo sich die meisten Belege finden, meist das Erleiden einer Niederlage im Gefecht, so auch Jos ant XVI,15,7 § 434. Die Bedeutung einer Verfehlung gegen Gott und sein Gebot wie im NT nimmt es nur selten an; vgl. Dtn 7,25 und Sir 37,12. In der jüdischen Literatur um das Neue Testament taucht es zuweilen in dieser Bedeutung auf, vgl. TestGad 4,31 und TestHiob 38,1.

hende Verfasser, der von einer αἰώνιος βασιλεία spricht, ist Justin.[162] Dieser verwendet sie mehrmals im *Dialog mit Trypho* bei der Diskussion über Verständnis und Anwendung von Texten aus dem *Buch Daniel*.[163] Trypho bestreitet, dass Jesus die βασιλεία αἰώνιος aus Dan 7,27[164] zu eigen sei, Justin hält dagegen. Wenn Melito von Sardes in seiner *Passahomilie* Gott preist als ὁ ῥυσάμενος ὑμᾶς ... ἐκ τυραννίδος εἰς βασιλείαν αἰώνιον, dann liegt hier gleichermaßen eine Reminiszenz an den Danieltext vor.[165] Die Kontextualisierung ist gegenüber Justin hier allerdings verändert. Es geht nicht mehr um die Frage, ob man für Christus sagen kann, er habe die βασιλεία αἰώνιος, sondern um die Menschen, die in diese βασιλεία αἰώνιος hinein gerettet sind. Im Unterschied zum *zweiten Petrusbrief*, wo der Eingang in die βασιλεία αἰώνιος als noch nicht vollzogen gedacht ist, hat es bei Melito den Anschein, als ob dies schon gegenwärtige Wirklichkeit sei. Nicht in jedem Fall allerdings muss in αἰώνιος βασιλεία eine Bezugnahme auf das *Danielbuch* vorliegen. Dies zeigt Philo, der in einer Auslegung der Turmbaugeschichte die αἰώνιος βασιλεία Gott zuschreibt (som 2,285), und auch wenn die Homilien der *Pseudoklementinen* gelegentlich von der αἰώνιος βασιλεία sprechen, so ist dort keine Bezugnahme auf Daniel erkennbar.[166] Lässt sich also αἰώνιος βασιλεία zwischen dem ersten und beginnenden dritten Jahrhundert sowohl mit Bezug auf Daniel 7,27 als auch ohne verwenden, so spricht im vorliegenden Kontext die Zuschreibung des Reiches an Christus statt an Gott *für* eine Referenz auf die Textstelle aus dem *Propheten Daniel*. Denn dort gehört die βασιλεία αἰώνιος dem Menschensohn (7,13f); und über die Identifikation mit dem Menschensohn erklärt sich die Zuschreibung der βασιλεία an Christus.[167]

---

[162] In einer *varia lectio* ist ferner für MartPol 20,2 belegt. Ob der Apologet Aristides das Syntagma verwendet hat, ist fraglich. Der Rezeption seines Textes im Barlaam-Roman, wird man, was Originalität angeht, kein völliges Vertrauen schenken können, weil die Wendung im syrischen Text nicht enthalten ist. Damit ist es unklar, ob es sich vielleicht um eine Hinzufügung im Rahmen der Abfassung des Barlaam-Romans handelt (apol I,16,1b–2: Ὄντως οὖν αὕτη ἐστὶν ἡ ὁδὸς τῆς ἀληθείας, ἥτις τοὺς ὁδεύοντας αὐτὴν εἰς τὴν αἰώνιον χειραγωγεῖ βασιλείαν τὴν ἐπηγγελμένην παρὰ Χριστοῦ ἐν τῇ μελλούσῃ ζωῇ). Zu den Beziehungen der verschiedenen Versionen untereinander siehe SC 470, 143–171. FREY 2003, 139 Anm. 44 weist darauf hin, dass der Gedanke sachlich in Lk 1,33 und Apk 11,15 vorliege.

[163] JustMart dial 31,7; 32,1; 34,2; 39,7; 46,1; 76,1; 116,2; 120,5; 140,2.

[164] LXX und Theodotion, bei Theodotion erscheint es zusätzlich in Dan 4,3.

[165] Mel pasch 473–476. Die Vermutung, dass wenigstens eine Reminiszenz der Danielstelle vorliegt, ergibt sich aus dem gesamten Charakter der Homilie, die geprägt ist von Zitaten, Anspielungen, Bezugnahmen etc. auf die Schriften; außerdem spielt ἐκ τυραννίδος auf die übrigen in Dan 7 beschriebenen Reiche bzw. Herrschaften an.

[166] Siehe Clem hom 10,25,3 (αἰωνίου βασιλείας κληρόνομοι) und 13,14,2.

[167] Sehr vorsichtig FREY 2003, 139 Anm. 44: „Für 2 Petr 1,11 könnte eine Abhängigkeit von Dan 4,3 (Theodotion) und 7,27 (LXX und Theodotion) vermutet werden."

Im Neuen Testament ist die Attribuierung der βασιλεία an Christus ist im Neuen Testament seltener als die an Gott.[168] Bei Matthäus geschieht sie höchst selten und auch dann nur aus dem Munde anderer oder über den Menschensohntitel; bei Lukas findet man neben zwei Zuschreibungen durch andere auch zwei im Munde Jesu, und bei Johannes spricht Jesus nur Pilatus gegenüber dezidiert von „meinem Reich."[169] Paulus redet in aller Regel vom Reich Gottes, nur die Aussage, dass Jesus Christus am Ende die βασιλεία dem Vater übergeben wird, setzt voraus, dass er sie selber hat (1 Kor 15,24). Auch die Deutero- und Tritopaulinen sprechen nur hin und wieder vom Reich Christi.[170]

Weist die Verbindung der Zuschreibung der βασιλεία an Christus mit deren Qualifikation als αἰώνιος auf eine Verbindung mit Dan 7, so ist doch unklar, ob der Verfasser der *Secunda Petri* diese Referenz bewusst für seinen Text aktiviert, also gezielt auf den Danieltext verweisen will, oder ob er sie unter Hinzufügung zumindest der zweiten Hälfte der Titulatur τοῦ κυρίου ἡμῶν καὶ σωτῆρος und ohne weitere Absichten aus der Tradition übernimmt. Für die letztgenannte Möglichkeit könnte eine weitere Beobachtung sprechen: Wie im *zweiten Petrusbrief* wird auch bei Paulus die βασιλεία mehrfach im Zusammenhang mit Lasterkatalogen thematisiert. Paulus konstatiert dann, dass die Menschen, die die dort aufgelisteten Laster praktizieren, die βασιλεία Gottes nicht erben werden.[171] Diese Paränese steht jeweils in Verbindung mit der Taufe und der Frage nach der Gestaltung des neuen Lebens als Getaufte oder Getaufter. Vielleicht muss für den *zweiten Petrusbrief* eine Praxis von Taufe und Taufkatechese angenommen werden, die ähnliche Strukturen aufweist wie diejenige, auf die sich Paulus in seinen Briefen bezieht. Bei dieser Form des Taufunterrichts und der Tauferinnerung bilden katalogartige Aufzählungen von Lastern und Tugenden und die Aussicht auf das Reich Gottes bzw. Christi einen festen Bestandteil.

---

[168] Nach SCHMIDT 2003, 352f, Anm. 109 ist „die Zuordnung des Reiches zu Jesus statt zu Gott... spät anzusiedeln." Scheide man die Stellen, an denen βασιλεία dynamisch verstanden wird, also die Herrschaft bezeichnet, von denen, wo sie räumlich als Gebiet gedacht ist, so blieben nur wenige Belege für letztere in Zuordnung zu Jesus, und auch diese seien wieder an Gott zurückgekoppelt. Diese Beobachtungen sind zwar an sich zutreffend, gleichwohl bleibt die Kategorisierung als ‚spät' vage; für SCHMIDT gelten in der genannten Anmerkung offensichtlich die *Pastoralbriefe* und der *zweite Petrusbrief* als spät; *Kolosser-* und *Epheserbrief* scheinen davor zu liegen, sich aber auf dem Weg dahin zu befinden.

[169] Zuschreibungen durch anderen bei Matthäus: die Mutter der Zebedaiden in Mt 20,21, in Verbindung mit dem Menschensohntitel 13,41 und 16,28. Bei Markus gibt es nur das Reich Gottes. Zuschreibungen des Reiches an Jesus bei Lukas im Mund Gabriels 1,33 und des Schächers am Kreuz Lk 23,42; als Selbstaussage Jesu in Lk 22,29–30; Jesus vor Pilatus Joh 18,36.

[170] Eph 5,5; Kol 1,13; 2 Tim 4,18; Heb 1,8.

[171] 1 Kor 6,9(–11) und Gal 5,21 im Kontext 5,13–26.

Dieselbe Abfolge von Taufe und Erwähnung des Reiches Christi, das nun sogar übereinstimmend mit dem *zweiten Petrusbrief* als ewig qualifiziert wird, findet sich in einem Fragment der ursprünglichen griechischen Textform der *Petrusapokalypse*.[172] Hier verspricht Jesus, er werde seinen Berufenen und Auserwählten – τοῖς κλητοῖς καὶ ἐκ{κ}λεκτοῖς,[173] eine Zusammenstellung, die an τὴν κλῆσιν καὶ ἐκλογήν aus 2 Petr 1,10 erinnert – ein καλὸν βάπτισμα ἐν σωτηρία Ἀχερουσία[ς] λίμνης geben und zusammen mit ihnen und den Patriarchen weggehen εἰς τὴ(ν) [α]ἰωνίαν μου [β]ασιλείαν.[174] Unmittelbar hierauf fordert Jesus den Petrus zum Martyrium auf,[175] gerade wie anschließend an die Tauferinnerungsparänese in 2 Petr 1,3–11 der bevorstehende Tod Petri thematisiert wird (2 Petr 1,12–15). Angesichts dieser strukturellen Parallelität und der auffälligen Dichte lexikalischer Kongruenzen[176] ist eine Form literarischer Abhängigkeit zwischen dem *zweiten Petrusbrief* und der *Petrusapokalypse* in ihrer frühen griechischen Textvariante[177] mehr als wahrscheinlich, zumal wenn man die weiteren lexikalischen und sachlichen Kongruenzen auf dem kleinen Fragment mit berücksichtigt.[178] Hinsichtlich der Richtung der Abhängigkeit dürfte leichter der sekundäre Charakter der Apokalypse zu vertreten sein.[179]

Ist die Thematisierung der βασιλεία im Zusammenhang mit der Tauf-(erinnerungs)paränese ein Konvergenzmoment mit Paulus, so steht die

---

[172] P.Vindob.G 39756 f. 1, recto 9–10 (βάπτισμα) und verso 11–13 (εἰς τὴ(ν) [α]ἰωνίαν μου [β]ασιλείαν). Die Klammern hier und im Folgenden stammen aus den Transkriptionen der Ausgabe von KRAUS/NICKLAS, GCS.NF 11 und folgen dem Leidener Klammersystem, siehe die genannte Ausgabe Seite X.

[173] Zur Schreibweise ἐκλεκτοῖς bzw. ἐκκλεκτοῖς auf dem Fragment siehe die Ausgabe von KRAUS/NICKLAS, GCS.NF 11, 126.

[174] Das Verb ἀπέρχεσθαι in ἀπελεύσομαι ... εἰς τὴ(ν) [α]ἰωνίαν μου [β]ασιλείαν in P.Vindob.G 39756, f. 1, verso 5–13, stellt nur eine wohl kontextbedingte Variation zur Vorstellung vom Eingehen (εἰσέρχεσθαι) ins Gottesreich dar, wie sie sich in 2 Petr 1,11 findet: ἡ εἴσοδος εἰς τὴν αἰώνιον βασιλείαν.

[175] Auf diese Stelle wurde bereits in Kapitel II.E Bezug genommen.

[176] Die lexikalischen Kongruenzen werden allesamt auch wahrgenommen von BAUCKHAM 1998b, 299f. Zur Überzeugung einer Abhängigkeit der *Petrusapokalypse* von der *Secunda Petri* gelangt er allerdings über Beobachtungen zur Bearbeitung der Verklärung in beiden Werken; siehe ibid. 302f.

[177] Es sei daran erinnert, dass diese frühe griechische Textvariante, die nur in einzelnen Fragmenten im P.Vindob.G 39756 und Bodl. MS Gr. Th. f. 4 [P] erhalten ist, zu unterscheiden ist vom griechischen Text aus Akhmîm, der wohl eine spätere Bearbeitung darstellt, siehe II.E.

[178] Vgl. P.Vindob.G 39756 f. 2 rekto: ποιήσω μετ᾽ αὐτῶν τὰς ἐπα[γ]γελίας μου, ἃς ἐπηγγειλάμην αὐτοῖς ἐγὼ καὶ ὁ π(ατή)ρ μου ὁ ἐν τοῖς οὐ(ρα)νοῖς mit 2 Petr 1,4; P.Vindob.G 39756 f. 2 rekto: ἰδοὺ ἐδήλωσά σοι Πέτρε mit 2 Petr 1,14 und P.Vindob.G 39756 f. 2 verso mit πίε τὸ ποτήριον ὃ ἐπηγγειλάμην σοι mit 2 Petr 1,14.

[179] Siehe hierfür BAUCKHAM 1988e, 4721–4723 und BAUCKHAM 1998b, 302f.

Vorstellung vom *Eingehen* (εἴσοδος) in die βασιλεία dichter bei der synoptischen Tradition; bei Paulus wird das Reich Gottes vorwiegend geerbt (κληϱονομεῖν κτλ.).[180] Charakteristikum der Sprüche vom Eingehen in das Reich Gottes, wie sie sich nur wenig über die synoptischen Evangelien hinaus finden lassen,[181] ist, dass der Einzug an eine Einlassbedingung geknüpft ist.[182] Genau dies ist auch in 2 Petr 1,3–11 der Fall: Als Einlassbedingung lässt sich der gesamte paränetische Abschnitt verstehen. Dass Formulierungen, die an die synoptische Tradition erinnern, im Rahmen taufparänetischer Passagen Verwendung finden, könnte auf die vorpaulinische Herkunft dieses Paräneseschemas (moralische Paränese, Taufe, βασιλεία) hinweisen.

In diese Richtung weist auch der *zweite Clemensbrief*, einer der wenigen außerkanonischen frühchristlichen Schriften, die das „Eingehen ins Reich Gottes" aufgreifen. Er argumentiert: Wenn – gemäß Ez 14,14.18.20 – schon solche Gerechte wie Noah, Hiob und Daniel ihre Kinder nicht retten können, worauf sollte sich dann die Christenheit (ἡμεῖς) noch berufen, um dereinst ins Gottesreich Eingang zu erlangen (εἰσελευσόμεθα εἰς τὸ βασίλειον τοῦ θεοῦ), wenn sie die Taufe nicht heilig und unbefleckt bewahrte (ἐὰν μὴ τηρήσωμεν τὸ βάπτισμα ἁγνὸν καὶ ἀμίαντον; 2 Clem 6,9). Hier ist der Einzug ins Reich Gottes, das τὸ βασίλειον τοῦ θεοῦ anstatt βασιλεία τοῦ θεοῦ genannt wird, verbunden mit dem Unbefleckthalten der Taufe, also doch wohl einer bestimmten Moral, die den in der Taufe erlangten Status der Freiheit von Sünden erhält. Damit stellt 2 Clem 6,8–9 inhaltlich genau dieselben Zusammenhänge zwischen Moral, Taufe und Eingehen ins Reich her wie 2 Petr 1,5–11, was wiederum die oben geäußerte Vermutung bestätigt, bei 2 Petr 1,5–11 handle es sich um einen Reflex gängiger Taufkatechese.

ἡ εἴσοδος εἰς τὴν αἰώνιον βασιλείαν τοῦ κυρίου ἡμῶν καὶ σωτῆρος Ἰησοῦ Χριστοῦ weist also auf eine komplexe intertextuelle Genese hin. Die αἰώνιος βασιλεία Ἰησοῦ Χριστοῦ gibt die Verarbeitung von Dan 7 zu erkennen, was aber nicht das Werk des Verfassers der *Secunda Petri* gewesen sein muss. εἴσοδος im Zusammenhang mit der βασιλεία reflektiert die synoptische Redeweise vom „Eingehen ins Reich Gottes". Der eschatologische Blick auf die βασιλεία im Kontext moralischer Ermahnung in Form von Laster- oder Tugendkatalogen findet sich auch bei Paulus wohl als Erinnerung an die früher erfolgte und nicht durch ihn geprägte Taufkatechese. Das dem *zweiten Petrusbrief* gedanklich und lexikalisch am nächsten stehende Zeugnis für den Eingang ins Reich Gottes unter der

---

[180] 1 Kor 6,9.10; 1 Kor 15,50; Gal 5,21; siehe auch noch Eph 5,5.
[181] Meist ist dort ein Element aus εἰσέϱχεσθαι εἰς τὴν βασιλείαν τοῦ θεοῦ geändert, vgl. Röm 11,25; 2 Tim 4,18 und Heb 4,11.
[182] WINDISCH 1928 passim, ausdrücklich 170 u.ö.

Bedingung, dass Moral der Paränese gemäß praktiziert wird, und mit dem Hinweis auf die Taufe befindet sich im *zweiten Clemensbrief*. Ein textueller Rückgriff auf 2 Petr 1,10f dürfte in der *Petrusapokalypse* vorliegen.

1.3.3. Das Prooöm des ersten Petrusbriefes

Die Analyse des Präskripts hatte ergeben, dass der *zweite Petrusbrief* sich auch über dessen sprachliche Gestaltung als Anschlussschreiben zum *ersten Petrusbrief* ausweist. Es wäre daher wenig überraschend, wenn sich auch in der Briefeinleitung Elemente befänden, die an die des ersten *Petrusbriefes* anknüpfen. Die obigen Untersuchungen allerdings haben nur wenige Berührungen lexikalischer Natur mit dem *ersten Petrusbrief* festgestellt, die zudem meist nicht als intendierte texuelle Verweise zu deuten waren und sich durchweg außerhalb von dessen Prooöm befanden. Zieht man jedoch statt der Lexik die angeschnittenen Themen und deren Verknüpfung in Betracht, lässt sich eine Verbindung zwischen beiden Prooömien bemerken: Gottes bzw. Christi Heilshandeln steht jeweils am Anfang. Der *zweite Petrusbrief* spricht etwas verschleiernd von der Tat, die zu einem Leben in Frömmigkeit befähigt; 1 Petr 1,3 von einer Wiedergeburt (ὁ … ἀναγέννησας ἡμᾶς) durch die Auferstehung Christi (δι' ἀναστάσεως Ἰησοῦ Χριστοῦ ἐκ νεκρῶν). Der *erste Petrusbrief* nimmt also deutlich Bezug auf Auferstehung und Taufe[183], was indirekt auch in 2 Petr 1,3 der Fall sein könnte: Die θεία δύναμις, die alle Voraussetzungen schafft zu einem frommen Leben, bezieht sich möglicherweise, wie oben ausgeführt, ebenfalls auf Auferstehung und Taufe. Übereinstimmend wird auch in beiden Briefen der Blick auf das Eschaton gelenkt; in 2 Petr 1,11 als εἴσοδος εἰς τὴν αἰώνιον βασιλείαν, in 1 Petr 1,4 als κληρονομία ἄφθαρτος καὶ ἀμίαντος καὶ ἀμάραντον τετηρημένην ἐν οὐρανοῖς, als σωτηρία. Der große Unterschied zwischen beiden Briefen liegt im Schwerpunkt der Aussagen über die Zeit zwischen dem das Glaubensleben begründenden und initiierenden Werk Gottes und dem Ziel: Während es dem *zweiten Petrusbrief* um die Mahnung zu einem von εὐσέβεια geprägten Leben zu tun ist, stellt der *erste Petrusbrief* die Bewahrung durch Gott (ἐν δυνάμει θεοῦ φρουρεῖσθαι 1 Petr 1,4) in dieser Zeit in den Vordergrund. Die Frage nach Moral und Lebensführung wird dabei, wenn überhaupt, nur aus der Retroperspektive vom Eschaton her gestreift, indem der Jubel in Aussicht gestellt wird, wenn dermaleinst beim Offenbarwerden Christi (ἐν ἀποκαλύψει Ἰησοῦ Χριστοῦ) die Bewährung des Glaubens (τὸ δοκίμιον ὑμῶν τῆς πίστεως) zu Lob, zu Ruhm und Ehre „gefunden" wird (εὑρεῖσθαι εἰς ἔπαινον καὶ δόξαν καὶ τιμήν; 1 Petr 1,7). Was die beiden Briefe einander also ähnlich macht, ist der Spannungsbogen vom Heilshandeln Gottes bzw. Christi, das dem Gläubigen in der Taufe

---

[183] ELLIOTT 2000, 332 ad loc.

zugeeignet wird, bis zum Eschaton. Für die Zeit dazwischen legen beide Briefe unterschiedliche Schwerpunkte.[184] Dieser Befund ist kaum tragfähig für das Postulat eines intendierten Dialogs der Proömien beider Petrusbriefe, als wolle der Verfasser der *Secunda* in seinem Proöm gezielt auf das Proöm der *Prima* verweisen. Vielmehr liegt die Beziehung des *zweiten Petrusbriefes* zum ersten auf einer ähnlichen Linie wie seine Beziehung zu den Briefeingängen der Paulinen.[185]

1.4. Fazit: Referenzen und Deutungsrahmen von 2 Petr 1,3–11

Die Untersuchung der syntaktischen und inhaltlichen Struktur von 2 Petr 1,3ff hat die Nähe zu Proömien verschiedener zeitnaher literarischer Werke und zu inschriftlichen Ehrendekreten gezeigt. Vor allem zu letzteren konnten weiterhin lexikalische Kongruenzen ausgemacht werden. Der Verfasser benutzt demnach die feierliche Sprache und Sprachstruktur von Ehrendekreten und Proömien, um seinen Brief zu eröffnen. Den *zweiten Petrusbrief* als Ganzes oder auch nur seinen Anfang aufgrund dessen als Dekret zu deklarieren, ist jedoch nicht angemessen. Gerade das, was das Dekret zum Dekret macht, nämlich die ausdrückliche Erwähnung des Beschlusses, eine Gottheit oder einen Menschen zu ehren, fehlt.[186]

Die inhaltliche Abfolge von dogmatischen Grundlagen, in denen das Handeln Gottes festgestellt wird (1,3–4), darauf aufbauenden ethischen Forderungen (1,5–10) und eschatologischem Ausblick (1,11) steht im Dienste der Tauferinnerung, wie einzelne lexikalische Einheiten, aber auch die Verwendung einer katalogischen Tugendreihe zur Mahnung mit eschatologischem Ausblick nahelegen. Dabei ist zumindest die Koppelung von katalogischer Paränese und deren weiterem Ziel auch vor- und außerchristlich belegt; die nächste Paralle bildet zeitnahe jüdische Literatur. Die

---

[184] Ähnliche Beobachtungen stellte bereits BOOBYER 1959, 39–42 an. Die beiden Proömien kämen nicht nur am selben Punkt an, sie begännen auch ähnlich. Der Gedankengang im Proöm des *zweiten Petrusbriefes* stehe daher keinem anderen neutestamentlichen Brief näher als dem *ersten Petrusbrief*. In 1,5–9 greife der Verfasser, der, wie aus 2 Petr 3,15 hervorgehe, eine falsche Auffassung der paulinischen Lehre von Glauben und Werk kommentiere, das Schwerpunktthema ‚Glaube' aus 1 Petr 1,3–9 auf. 2 Petr 1,5–9 sei somit ein Exkurs zu 1 Petr 1,3–9. Diese Deutung dürfte in ihrer Zuspitzung über das Ziel hinausschießen, doch muss der gemeinsame Spannungsbogen im Proöm auffallen, wenn man den *ersten Petrusbrief* als Prätext zum *zweiten Petrusbrief* betrachtet. Ähnlich maßvoll bewertet STARR 2000, 222 wenn er von Ähnlichkeiten in der "general teleological outline" beider Proömien spricht.

[185] Siehe III.A.1.1.4.

[186] Insofern ist der Titel von DANKERS Aufsatz aus dem Jahre 1978 "2 Petr 1: A Solemn Decree" irreführend. Im Aufsatz selber besteht DANKER dann weniger auf der Form des Dekrets, sondern hebt mehr auf das sprachliche Register ab, dessen sich der Verfasser bedient "in order for his solemn call to faithful allegiance to One whom the Christian community would recognize as the greatest Benefactor of the Ages."

weitergehende Behauptung, 2 Petr 1,3–11 entspreche einem homiletischen Standardschema jüdischer und frühchristlicher Verkündigung, wie es in deutlicher Ausprägung in 4 Esra 14,28–36 und ActJoh 106–107 – beides Abschiedsreden! – vorliege,[187] verweise daher auf homiletische Literatur und sei selbst eine Homilie in Miniaturform, kann dagegen nach den zu Rate gezogenen Vergleichstexten nicht belegt, allerdings auch nicht völlig bestritten werden.[188]

Der briefeinleitende Charakter der Passage liegt auf der Hand, daher mag man getrost von einem Proöm oder Exordium sprechen, sofern man dabei nicht zu viel in diese rhetorischen Kategorien hineinliest; die neun Verse haben sicher nicht die Absicht, in vollem Umfang zu leisten, was ausführliche Exordien antiker Reden leisten konnten.[189] Dass der Ab-

---

[187] BAUCKHAM 1988, 173; die angeführten Textbeispiele überzeugen jedoch nicht.

[188] Der beschriebene Dreischritt wird zuweilen als aus dem so genannten Bundesformular entstanden gedacht. Dieses habe sich unter mancherlei Veränderungen über die Zeit des Alten Testaments hinaus im Judentum und in frühchristlichen Schriften am Leben erhalten und manifestiere sich in der Abfolge Dogmatik – Ethik – Eschatologie. In die wissenschaftliche Diskussion eingebracht wurde das Bundesformular von Klaus BALTZER in der aus seiner Heidelberger Dissertation und Habilitation entstandenen gleichnamigen Monographie aus dem Jahre 1960 (zweite Auflage 1964). Aus hethitischen Staatsverträgen arbeitet BALTZER dort ein Vertragsformular heraus, das das Muster für das ‚Bundesformular', d.h. die als Vertrag beschriebene Beziehung zwischen Jahwe und seinem Volk, gewesen sein soll. Für den „Sitz im Leben", der das Fortleben des Formulars in jüdisch-christlicher Zeit begünstigte, siehe ibid. 171–179. Während BALTZER das Bundesformular zwar an nachalttestamentlicher jüdischer Literatur und an außerneutestamentlicher christlicher Literatur wahrzunehmen glaubte, nicht aber an neutestamentlichen Schriften, sieht DONFRIED, ohne freilich BALTZERs Einsichten kritiklos zu übernehmen, in seiner ebenfalls aus einer Heidelberger Dissertation entstandenen Monographie *The Setting of Second Clement in Early Christianity* aus dem Jahre 1974 einen Reflex des aus dem Bundesformular entstandenen Dreischritts Dogmatik – Ethik – Eschatologie auch im *ersten Johannesbrief*, im *Hebräerbrief* sowie in *beiden Petrusbriefen*. Für den Fall des *zweiten Petrusbriefes* führt ihn das zu einer kühnen Teilungshypothese: 1,3–4 stelle den dogmatischen Abschnitt dar, 1,5–19 den verkürzten ethischen und 3,3–13 den eschatologischen Abschnitt. Zumindest 1,20–3,2 und 1,1–2, vielleicht aber auch 3,14–19 seien spätere Hinzufügungen; so Donfried 1974, 46. In der weiteren Forschung am *zweiten Petrusbrief* wurde dieser Vorschlag durchweg mit Nichtbeachtung geahndet. Größere Plausibilität hätte die Idee gehabt, hätte man den Dreischritt nur in 2 Petr 1,3–11 entdecken wollen; immerhin ist in 1,11 schon der eschatologische Ausblick gegeben. Auch für das schon von BALTZER 1964, 177f angeführte und von DONFRIED 1974, 43f begeistert aufgegriffene Beispiel ActJoh 106–107 will die Dreiheit nur mit Mühe passen.

[189] WATSON 1998, 87–93 neigt stellenweise dazu, zu viel in den Text hineinzulegen, wenn er im Sinne der rhetorischen Funktion von Exordien antiker Reden darlegt, der Verfasser mache in diesem Exordium, das sich bis einschließlich Vers 15 erstrecke und – wie der Brief überhaupt – dem *genus deliberativum* angehöre, die Rezipienten aufmerksam, aufnahmebereit und der Sache gewogen. Inhaltlich biete er eine kurze Zusammenfassung seiner Botschaft und somit eine Vorbereitung auf die Entfaltung.

schnitt vorbereitenden und vorwegnehmenden Charakter hat, insofern einige inhaltliche Schwerpunkte des Briefes in ihm bereits angeschnitten werden, ist ohne weiteres zu erkennen. Die Klassifikation als rhetorische Epitome, als systematische Zusammenfassung eines umfassenderen Themas, wie sie in vielen Bereichen des Lernens in der Antike und in ganz verschiedenen literarischen Gattungen gebraucht wurde, überzeugt mangels deutlicher Analogien jedoch nicht.[190] Eine plausible Einordnung dieser einleitenden Verse, die über das hier vorgeschlagene Verständnis als proömienhafte Tauferinnerungsparänese in teilweise dekretaler Diktion hinausreicht, wurde bislang nicht erbracht. Deutlich ist, dass sie sich insgesamt nicht an brieferöffnenden paulinischen Eulogien und Danksagungen orientieren, lediglich in einzelnen der angeschnittenen Themenfeldern und in wenigen lexikalischen Einheiten könnten sich paulinische Züge spiegeln. Die persönlichen Elemente der Beziehung zur Gemeinde, die diese paulinischen Brieferöffnungen kennzeichnen, beschränken sich im *zweiten Petrusbrief* auf die – nicht als Gebet formulierte – Sorge um dogmatische und moralische Entwicklungen.[191]

Vom *Judasbrief* ist 2 Petr 1,3–11 unabhängig formuliert. Falls πταίειν in 2 Petr 1,10 ἄπταιστος aus Jud 24 reflektieren sollte, so ist dies keinesfalls ein offener Hinweis an die Adressaten. Die Verwendung eines Tugendkataloges zur Paränese entspricht zwar paulinischen Gepflogenheiten, doch angesichts dessen, dass katalogartige Tugend- und Lasteraufzählungen wohl auch außerpaulinisch zur Taufparänese gehörten, dürfte keine gezielte Anknüpfung an Paulus vorliegen. Ebenso kann für den an eine Bedingung geknüpften Einzug in die βασιλεία, der an die synoptische Tradition erinnert, kein konkreter Text als Bezugsgröße angewiesen werden.

Die das Zielpublikum zu gewinnen trachtende Intention zeige sich unter anderem darin, dass der Gegenstand vorsichtig von der positiven Seite her angepackt werde: Von den Gegnern sei noch keine Rede und das, was wirklich zur Debatte stehe, nämlich die Wahrung orthodoxen Glaubens, werde nur indirekt berührt – was doch offenkundig im Widerspruchzur Charakterisierung als Zusammenfassung der Botschaft steht. Die Rezipienten erführen sich als mit Achtung Angesprochene, beispielsweise indem sie – gemeinsam mit dem Sprecher – als Empfängerinnen und Empfänger von Gottes Gabe in das Proöm eingingen.

[190] Die Einordnung als Epitome hat STARR 2000 im Rahmen seiner Analyse der rhetorischen Struktur des *zweiten Petrusbriefes*, ibid. 53–58 in deutlicher Abgrenzung zu WATSON 1988 in die Diskussion gebracht. Sein Verständnis von Epitome entlehnt er dabei 1986, 85ff (mit Textbeispielen 85–104). Dieser freilich führt 2 Petr 1,3–11 nicht als Epitome an, sondern nennt lediglich inhaltliche Überschneidungen mit den von ihm dargebotenen Auszügen aus der nur unvollständig über Stobaeus auf uns gekommen Summe stoischer Ethik aus der Feder des Stoikers Hierokles von Alexandria (2. Jh. n. Chr).

[191] Dies ist übrigens auch ein Unterschied zum *Barnabasbrief*, dessen Einleitung, wie gesehen, ähnliche proömienhafte Züge trägt, ohne auf die persönliche Note der brieflichen Kommunikation zu verzichten.

Einige lexikalische Einheiten und Koppelungen (etwa ἰδίᾳ δόξῃ καὶ ἀρετῇ, θεία φύσις, θεία δύναμις, σπουδὴν εἰσφέρειν, αἰωνία βασιλεία) fallen innerhalb des neutestamentlichen Sprachgebrauchs auf und verweisen somit nach anderen sprachlichen Kontexten. Die nächste Analogie stellt dabei neben dem bereits genannten Sprachregister von Ehrendekreten oft nicht die Literatur der paganen Umwelt dar, obwohl es hier durchaus viele sprachliche Anklänge gibt oder sogar dieselbe Kollokation auch dort Verwendung findet. Häufig konnte jedoch beobachtet werden, dass zeitnahes jüdisches Schrifttum die untersuchten Wörter und Syntagmen bereits in seinen Sprachgebrauch integriert hatte.

Rezipiert wurde der *zweite Petrusbrief* offenbar in der usprünglichen griechischen Version der *Petrusapokalypse*.

2. Pragmatik der Intertextualität

Die Kommunikationsstruktur in 2 Petr 1,3–11 verläuft von einem die Angeschriebenen inkludierenden Wir in den ersten beiden Versen (πάντα ἡμῖν τῆς θείας δυνάμεως ... δεδωρημένης, τοῦ καλέσαντος ἡμᾶς, τὰ τίμια καὶ μέγιστα ἡμῖν ἐπαγγέλματα δεδώρηται) zur paränetischen Anrede in der zweiten Person Plural von 1,4 bis 1,11: ἵνα ... γένησθε, ἐπιχορηγήσατε ἐν τῇ πίστει, ταῦτα γὰρ ὑμῖν ὑπάρχοντα, ἀδελφοί, σπουδάσατε βεβαίαν ὑμῶν τὴν κλῆσιν ... ποιεῖσθαι, οὐ μὴ πταίσετέ ποτε. Ein Wir taucht hier nur auf, wo von Christus als dem gemeinsamen Herrn die Rede ist (εἰς τὴν τοῦ κυρίου ἡμῶν Ἰησοῦ Χριστοῦ ἐπίγνωσιν in 1,8 und εἰς τὴν αἰώνιον βασιλείαν τοῦ κυρίου ἡμῶν καὶ σωτῆρος Ἰησοῦ Χριστοῦ in 1,11). An der Textoberfläche, d.h. explizit verbalisiert wie an anderen Stellen im Brief, etwa εἰδότας in 2 Petr 1,12, ist nur zweimal ein Hinweis darauf zu finden, dass der Verfasser bei den Rezipienten ein bestimmtes Wissen bezüglich der von ihm aufgegriffenen Themen, Textsorten und Formulierungen voraussetzt. Ein erstes Mal zeigt sich dies in der Art und Weise, wie er von der εἴσοδος εἰς τὴν αἰώνιον βασιλείαν τοῦ κυρίου ἡμῶν κτλ. spricht. Damit die Paränese ihr Ziel erreicht und sie die Werte des Tugendkatalogs in die Praxis umsetzen, was die Bedingung für den Einzug in das ewige Reich Christi darstellt, muss den Adressaten dieser Einzug als etwas Erstrebenswertes bereits vor Augen stehen; sie müssen also eine Vorstellung davon haben. Da die Sprüche vom Eingehen in das Reich Gottes im Wesentlichen auf die synoptische Tradition beschränkt sind, kann von einem Kontakt der Empfänger mit synoptischer Tradition jedenfalls in diesem konkreten Punkt ausgegangen werden. Welche Form dieser Kontakt hatte, zeigt vielleicht der zweite Hinweis auf als bekannt Vorausgesetztes: Wer sein Leben nicht den genannten christlichen Werten entsprechend gestaltet, der vergesse, so der Verfasser den καθαρισμὸν τῶν πάλαι αὐτοῦ ἁμαρτιῶν (1,9). Vergessen jedoch impliziert prinzipielles Wissen. Da dieser καθαρισμὸς τῶν πάλαι αὐτοῦ ἁμαρτιῶν auf die

Taufe anspielt, ist die Annahme naheliegend, auch die Vertrautheit mit der Vorstellung vom Eingang ins Reich Gottes sei im Rahmen der Taufkatechese erfolgt. In dieser hätten sich dann Elemente synoptischer Tradition niedergeschlagen.

Geht man nicht von Textsignalen aus, sondern von allgemeineren Erwägungen über die Lebenswelt der Erstrezipientinnen und -rezipienten, lassen sich die pragmatischen Umstände der textuellen Beziehungen dieses Abschnitts noch etwas weiter erhellen: Wenngleich über den Bildungsgrad der Angeschriebenen zu wenig bekannt ist, um sicher vorauszusetzen, dass die Ähnlichkeit der Eingangsverse mit Anfängen literarischer Proömien erkannt wird, wird man doch vermuten dürfen, dass die Verwandtschaft mit der syntaktischen und argumentativen Struktur von Ehreninschriften einem größeren Teil der Bevölkerung und damit auch der Empfängerschaft vertraut war, immerhin waren solche Inschriften zur allgemeinen Kenntnisnahme öffentlich angebracht. Syntax und Argumentationsstruktur, dass nämlich einem Menschen oder einer Gottheit praktische Ehre zusteht, weil er oder sie sich um eine Gemeinschaft verdient gemacht hat, dürften weithin geläufig gewesen sein, so dass der *zweite Petrusbrief* an Alltagswissen anknüpfen konnte.

In besonderem Maß könnte ἰδίᾳ δόξῃ καὶ ἀρετῇ an die tägliche Erlebenswelt anknüpfen. *Honos* und *Virtus*, die Δόξα und Ἀρετή entsprechen, wurden im Römischen Reich als Gottheiten verehrt.[192] Aus dem ersten und zweiten Jahrhundert sind Münzen mit Darstellungen von *Honos* und *Virtus* erhalten, so etwa aus der Zeit von Galba, Vitellius, Vespasian, Antoninus Pius und Marc Aurel.[193] Doch die Tradition der gemeinsamen Ver-

---

[192] Die Gleichsetzung ergibt sich aus Plut *Marcellus* 28,1, wo Plutarch erwähnt, Marcellus habe Δόξα καὶ Ἀρετή einen Tempel zu weihen gewünscht; damit bezieht er sich auf dasselbe Ereignis, das bei Livius (XXVII,25) erwähnt ist als Gelübde eines Tempels für *Honos* und *Virtus*. Dass Plutarch an anderer Stelle erklärt, man könne *Honos* mit Δόξα oder Τιμή übersetzen (τὸν δὲ Ὀνῶρεμ δόξαν ἄν τις ἢ τιμὴν μεθερμηνεύσειε; qu.R 13 = mor 166F), scheint diese Gleichsetzung nicht zu berühren; anders in diesem Punkt McDonnell 2006, 215, der glaubt, es habe – jedenfalls bei der Einführung des *Honos-Virtus*-Kultes in Rom durch Marcellus – kein festes griechisches Pendant zu *Honos* gegeben.

[193] Dass *Virtus* und *Honos* gerade unter Galba und Vitellius auf Münzen auftauchen passt in deren Politik kaiserlicher Münzprägung. Eine Vielzahl an Tugenden werden in ihrer Regierungszeit personifiziert dargestellt auf Münzen; siehe FEARS 1981, 895f. Abbildungen solcher Münzen finden sich für Galba bei GRANT 1972, Tafel XVI Nr. 6; für Vespasian bei BIEBER 1945, 28 Abb. 10; für Vitellius ist die gemeinsame Darstellung von *Honos* und *Virtus* genannt bei STEVENSON/SMITH/MADDEN 1969, 465 s.v. *Honos et Virtus*; MATTINGLY I, 1923, 375; sowie bei BIEBER 1945, 30. Bei dieser werden auch Antoninus Pius und Marc Aurel aufgeführt; für ersteren gibt auch Mattingly IV, 1940, lviii eine Typenbeschreibung gemeinsamer Abbildung von *Honos* und *Virtus*. Auf etlichen Münzen aus der Zeit des Antoninus Pius und Marc Aurel entweder *Honos* oder *Virtus* auf einer Münzseite abgebildet.

ehrung und bildlichen Darstellung von *Honos* und *Virtus* ist älter.[194] Am Ende des dritten vorchristlichen Jahrhunderts ließ M. Claudius Marcellus an einen wenige Jahrzehnte älteren *Honos*tempel einen *Virtus*tempel anbauen.[195] Später haben erst P. Cornelius Scipio Africanus und dann C. Marius je einen Tempel für die beiden Gottheiten errichtet, auch für Pompeius wird die Förderung dieses Kultes überliefert.[196] Eine Münze um 100 vor Christus zeigt *Virtus*, die von *Honos* gekrönt wird,[197] eine weitere, etwa dreißig Jahre jüngere die Köpfe beider Gottheiten parallel nebeneinander.[198] Nach der Zeit der julisch-claudischen Dynastie scheinen sich die ikonographischen Zeugnisse zu häufen:[199] *Honos* und *Virtus* sind außer auf den oben genannten Münzen vielleicht auch auf dem Titusbogen abgebildet.[200] Darüber hinaus ließ Vespasian Renovierungsarbeiten an dem *Honos*-und-*Virtus*-Tempel vom Ende des dritten Jahrhunderts durchführen (Plin nat XXXV,120). Die ikonographische Darstellung auf den Münzen zeigt *Virtus* amazonenhaft mit kurzer Tunika und entblößter rechter Brust, gegürtet, mit Helm, Stiefeln, Speer, manchmal einem Schwert, manchmal auch einem Zweig in der Hand. *Honos*, dargestellt als gelockter junger Mann, trägt ein langes Gewand, manchmal erst von den Hüften ab, und hält ein Füllhorn, zuweilen ist er gestützt auf Szepter oder Speer, zuweilen hält er statt dessen ein belaubten Zweig.[201] *Virtus* verkörpert also eine

---

[194] Zur Verehrung von *Honos* und *Virtus* siehe auch FEARS 1981, 883; ferner McDONNELL 2006, 212ff.

[195] BIEBER 1945, 31 behauptet, man habe den *Honos*tempel nur über den *Virtus*tempel betreten können, eine Angabe, die auch von STEVENSON/SMITH/MADDEN 1969, 465 s.v. *Honos et Virtus* referiert wird als Zitat aus dem *Discours de la religion des anciens Romains* des Antiquars Guillaume DE CHAUL (erste Hälfte 16. Jh). Sollte dies zutreffen, so spiegelte die Architektur das oben für die literarischen Belege skizzierte Verhältnis von δόξα und ἀρετή wider.

[196] Zu diesen Tempeln siehe SCHAFFNERs Artikel zu *honos*, DNP 5, 1998; WARDLEs Eintrag zu *virtus*, DNP 12/2, 2002 sowie BIEBER 1945, 31–33.

[197] Diese Interpretation stammt von RICHARDSON 1978, 245; die entsprechende Münze findet sich bei CRAWFORD 1974/2, Tafel XLII Nr. 329/1b, allerdings interpretiert dieser die von RICHARDSON als *Virtus* gedeutete Figur als *Roma* und schweigt über die Identität der die Krone überreichenden Gestalt, siehe CRAWFORD 1974/1, 329.

[198] BIEBER 1945, 32 Abb. 12; LIMC V/2, 341 Nr. 9; CRAWFORD 1974/2, Tafel L Nr. 403.

[199] WARDLE, DNP 12/2, 2002, 248 vermerkt, dass *Virtus*, wiewohl zu den Tugenden gehörig, mit denen Augustus geehrt wurde, doch vor 69 selten auf Münzen erscheint.

[200] Zur Identifikation der beiden auf dem Titusbogen nicht besonders gut erhaltenen Figuren siehe BIEBER 1945, 25–27; dieselbe Interpretation gibt FEARS 1981, 929.

[201] Zur ikonographischen Darstellung beider Gottheiten und der Ähnlichkeit von *Virtus* und *Roma* sowie *Honos* und *Genius Populi Romani* siehe BIEBER 1945, 30; RICHARDSON 1978, 243. Für Abbildungen von *Honos* siehe LIMC V/2, 341–344, von *Virtus* LIMC VIII/2, 195–203.

kriegerische Qualität, die herausragende militärische Leistung, *Honos* den daraus entspringenden Ruhm.[202]

Wenn diese Darstellungen zur alltäglichen Bilderwelt der Adressaten des *zweiten Petrusbriefes* gehörten,[203] so tritt bei der Formulierung des *zweiten Petrusbriefes*, Christus habe ἡμᾶς ἰδίᾳ δόξῃ καὶ ἀρετῇ gerufen, der Rufende als ruhmreicher Sieger in einer militärischen Auseinandersetzung vor Augen, vergleichbar mit einem ruhmreichen Feldherrn oder, wie die Münzen nahelegen, mit dem Kaiser – und möglicherweise auch in Konkurrenz zu ihm. Denn ἴδιος könnte in diesem Zusammenhang eine Abgrenzung signalisieren: Christus ruft in der ihm eigenen δόξα und ἀρετή, nicht in der eines Wohltäters, Feldherrn oder des Kaisers.[204]

3. Semantik der Intertextualität

Der Nachweis eindeutiger Prätextverhältnisse erwies sich im vorliegenden Kapitel als außerordentlich schwierig. Dagegen zeigten sich mehrere intertextuelle Beziehungen generischer Art; außerdem konnten ausgehend von einigen Formulierungen und Motiven Rückschlüsse auf die Textwelt der *Secunda Petri* gezogen werden. Entsprechend sind auch der Beantwortbarkeit der Frage nach der Metatextualität, die die Frage nach der Bedeutungszumessung des Phänotextes an seine Textwelt ist, Grenzen gesetzt.

Die Funktion der Anknüpfung an die Syntax und zuweilen den Wortgebrauch von Ehreninschriften liegt auf der Hand: Die Orientierung an deren feierlicher Diktion, in geringerem Umfang auch an ihrem Inhalt gibt zu erkennen, dass der Phänotext dasselbe tun will wie die Gruppe der Prätexte, neben die er sich durch diese Konvergenzen stellt. Wie jene die Taten eines Menschen würdigen, der sich um das Gemeinwesen verdient gemacht hat, so soll die ruhmreiche Großtat Christi, die für den Menschen

---

[202] So können militärische Auszeichnungen *honoris virtutisque causa* verliehen werden, siehe CIL III, 14187 (Paphlagonien) und CIL XIII 6800 (Ende 2. Jh n. Chr., Mainz); zur Verbindung von *honos* und *virtus* siehe EISENHUT 1973, 212.214f.

[203] Über die Münzen kann das im ganzen Imperium sein; BIEBER 1945, 30 erwähnt, dass die Darstellung der *Dea Virtus* wie oben beschrieben auch auf Altären in Afrika, Gallien und Germanien gefunden werden kann, ebenso wie auf Sarkophagen. Zusätzliche Anschauung ergäbe sich darüber hinaus, wären Angeschriebenen mit den Tempeln der Gottheiten vertraut. Sollte Rom tatsächlich Abfassungsort der *Secunda Petri* sein, was, um nur den prominentesten Vertreter dieser Sicht zu nennen, BAUCKHAM 1983, 159 vertritt, könnte die Anschauung auch beim Verfasser liegen.

[204] Das gilt ungeachtet des Gebrauchs von ἴδιος als Ersatz für das ἑαυτοῦ/ἑαυτῶν in der Koine; die Signifikanz kann trotzdem erhalten bleiben „wo dem als allgemeingültig bzw. als generell akzeptiert Betrachteten (das keiner Nennung bedarf) das Eigene, Private gegenübergestellt wird", vgl. KRAUS 2001, 217. Gerade hier könnten δόξα und ἀρετή Christi der als generell akzeptiert betrachteten δόξα und ἀρετή anderer hoher Persönlichkeiten oder des Kaisers gegenübergestellt sein.

die Ermöglichung eines frommen Lebens bedeutet, gewürdigt werden. Fällt so von den Prätexten her Licht auf die Darstellungsabsicht des Phänotextes, so besagen in der umgekehrten Richtung, also vom Phänotext ausgehend auf die Prätexte, die genannten Anlehnungen, dass deren Form, Ausdruck und – mit Einschränkungen – Inhalt ein adäquates Mittel sind, um den vorliegenden theologischen Sachverhalt zu formulieren. Die Vorstellungswelt, die die Titulatur Christi als κύριος ἡμῶν καὶ σωτήρ evoziert, erfährt Bestätigung, indem Christus neben dem Titel auch eine Form der gebräuchlichen Ehrenbezeugung für einen σωτήρ zuteil wird.[205]

Der Verweis auf Proömien literarischer Werke gibt Aufschluss über die Bedeutung, die Verfasser seinem Brief zumisst, die Ambition, die er mit ihm verbindet: Hier geht es nicht um ein beiläufiges Gelegenheitsschreiben, mit dessen syntaktischer und lexikalischer Gestaltung man bei der Abfassung nachlässig verfahren kann. Der Brief hat Gewicht, seiner Ausformulierung hat er die Sorgfalt angedeihen lassen, deren man sich bei der Eröffnung schriftlicher Werke mit einigermaßen literarischen Ansprüchen befleißigt. Dies kommt überein mit der wenig bescheidenen Adressierung an die lokal nicht eingegrenzte, also wohl weltweite Gemeinschaft, die sich im Glauben mit Petrus bzw. den Aposteln verbunden weiß. Wie ein literarisches Werk mit entsprechendem Eingang zielt der Verfasser mit dem Briefbeginn auf eine weite Rezipientenschaft.

Schon die Wahl des Mediums Brief, aber auch die Gestaltung des Präskripts hatte gezeigt, dass der Verfasser einerseits die paulinische Form der Korrespondenz als angemessene Kommunikationsform erachtet, sich andererseits jedoch nicht dazu genötigt sieht, paulinische Gepflogenheiten in völliger Entsprechung zu kopieren. In dieser Linie liegen die Folgerungen, die man aus der strukturellen Analogie zu den Paulusbriefen im Proöm ziehen kann: In der Abfolge der Aufbauelemente *adressatenorientierte Briefeinleitung – Selbstthematisierung des Apostels* schließt sich ‚Petrus' an Paulus an, auch einzelne paulinische Motive und Themen des Briefanfangs tauchen bei ‚Petrus' wieder auf. In der konkreten Ausführung jedoch wird nicht kontinuierlich an Paulus erinnert, und selbst wenn er auf eine ähnliche Weise vorgeht wie Paulus, etwa einen Tugendkatalog in den Dienst der Paränese stellt, geschieht dies doch auf seine eigene Art. Implizit bedeutet dies eine Ausformung des Petrusbildes in der Verhältnisbestimmung zu Paulus: Ja, Petrus schreibt Briefe wie Paulus, um von fern Einfluss auf die dogmatischen und moralischen Entwicklungen zu nehmen, und es ist nicht nur das pure Faktum des Briefeschreibens, in dem er mit dem großen Heidenmissionar übereinstimmt. Vielmehr darf

---

[205] FREY 2003, 140 deutet die Ähnlichkeit als eine Art Konkurrenz: „Dabei tritt der Gedanke der Herrschaft Christi zugleich in einen Kontrast zu Formeln der Herrscherverehrung, die den Adressaten aus ihrer Welt vertraut gewesen sein dürften."

der Brief auch in Struktur und Aufbau hier und da mit den Paulinen konvergieren, wie auch in einigen theologischen Aussagen. Mit der Entscheidung, πίστις und ἀγάπη die zentralen Glieder seines Tugendkatalogs
sein zu lassen und in der Mitte ὑπομονή zu platzieren, die, wohl durch
Paulus selbst noch angestoßen, in den ersten nachpaulinischen Generationen die ἐλπίς ersetzen kann, stellt er sich unmissverständlich in paulinische Tradition. Manchmal dürfen sogar Formulierungen, vielleicht eher
toleriert als gezielt, an den ἀγαπητὸς ἀδελφὸς Παῦλος bzw. die unter
seinem Namen Schreibenden erinnern, so die Erinnerung an den Rufenden am Proömbeginn (Gal 1,6), die βασιλεία Christi (Kol 1,13) oder die
Verbindung von Auserwählung und Berufung (Röm 8,28–30). Doch insgesamt ist ‚Petrus‘ unabhängig von Paulus, er benutzt andere sprachliche
Mittel und literarische Strategien als Paulus, um sich mit aktuellen Tendenzen in den Gemeinden auseinanderzusetzen[206] und seiner Theologie
ein Gewand zu verleihen.

Die Verbindung zum *ersten Petrusbrief* besteht im theologischen Ansatz:
Am Beginn des Briefes werden das ein Christenleben begründende Handeln Gottes und das Ziel eines solchen, das Eschaton, in den Blick genommen. Beide Male formt dies Teil einer Tauferinnerung. Damit akzeptiert der *zweite Petrusbrief* diesen theologischen Ausgangspunkt des ersten
und stellt sich selbst in eine theologische Linie mit ihm. Petrinische Theologie wird als in diesem Punkt beständig dargestellt: Der Petrus des *ersten
Petrusbriefes* hat hier dieselbe theologische Grundlinie wie der des zweiten. Darüber hinaus freilich hat ‚Petrus‘ im zweiten Brief andere Themen
als im ersten und die konkrete Ausgestaltung des Prooms erinnert kaum
an die Einleitung des vorausgehenden Briefes. Petrus mag zwar fortgesetzt dieselben theologischen Ausgangspositionen haben, schreibt aber
deswegen durchaus nicht immer dasselbe.

Der *Judasbrief* – wenn überhaupt, so nur mit einer rudimentären Einleitung, nicht aber einem regelrechten Proom versehen[207] – war für den Verfasser des *zweiten Petrusbriefes* im vorliegenden Textabschnitt kein Modell.
Allein in 1,10 (πταίειν) könnte vielleicht ein Reflex eines Verses aus dem

---

[206] COUNTRYMAN 1999, 376 beschreibt den Petrus des *zweiten Petrusbriefes* – ohne
mögliche Bezüge zu Paulus zu erörtern – als "social conservative in an era of what he
sees as collapsing standards".

[207] Nach KLAUCK 1998, 260 übernehmen Jud 3 und 4 „die doppelte Funktion des
Prooms und der Korpuseröffnung." WATSON 1988, 34–40 und 43–48 erklärt Jud 3 zum
exordium und Jud 4 zur *narratio*. Nur am Rande sei vermerkt, dass angesichts dieser
Gliederung in Redeteile von minimalem Umfang dem Zweifel an der Angemes-
senheit einer Beschreibung mit rhetorischen Kategorien, so wie WATSON sie vornimmt, die Berechtigung schwerlich abgesprochen werden kann. Zur Kritik an WAT-
SON in diesem Punkt siehe GERDMAR 2001, 104; zur Beurteilung des *rhetorical criticism*
in weiterem Umfang ibid. 94–106.

Judasbrief (ἄπταιστος, Jud 24) vorliegen; doch Sicherheit ist hier nicht zu gewinnen. Sollte dem so sein, dann hat man es in 2 Petr 1,10 mit einem inhaltlichen Einwand gegen Judas 24 zu tun, wenn nicht gar mit einer theologischen Korrektur, denn in Jud 24 ist es der Bewahrung durch Gott zuzuschreiben, wenn man nicht strauchelt; in 2 Petr 1,10 dagegen ist es an das eigene Tun als Bedingung (ταῦτα γὰρ ποιοῦντες) geknüpft.

Über Bewertung der synoptischen Tradition insgesamt oder ihr zugehöriger konkreter Texte erlaubt der Befund zu 2 Petr 1,3–11 keine Aussage. Sie ist in Form des an eine Bedingung geknüpften Einzuges ins Reich (Christi) in die Tauflehre eingeflossen, an die in 1,11 erinnert wird. Doch ob diese nun mehr oder weniger unmittelbar auf den Evangelien in der heute bekannten Form fußte oder in einem Vorstadium der schriftlichen Abfassung der Synoptiker bereits die Tauflehre und -praxis prägte und die Worte des *zweiten Petrusbriefes* in dieser Tradition stehen, läßt sich nicht mit Sicherheit ermitteln. Die Haltung jedoch gegenüber diesem Element synoptischer Theologie ist ausgesprochen positiv, bekräftigend und ermuntert die Angeschriebenen zur Reaktivierung ihrer Vorstellungen vom Reich Christi/Gottes. Sie kann daher, sofern die Umstände das erlauben, zur (erneuten) Beschäftigung mit den synoptischen Evangelien Anreiz geben.

Zur Textwelt von 2 Petr 1,3–11 gehört auch Literatur, die sich solcher Wortverbindungen wie θεία φύσις oder θεία δύναμις bedient. Beides ist mindestens seit Plato bezeugt, doch liegt es näher zu denken, dass der Verfasser über Autoren wie Josephus und Philo, die dieses Vokabular bereits auf ihren Gott anwandten, zu diesem Sprachgebrauch gekommen ist. Durch die Übernahme dieser Begrifflichkeiten und deren Integration in die eigene theologische Diktion, was natürlich ihre Akzeptanz bedeutet, pflegt er eine sprachliche Gemeinschaft mit bestimmten Richtungen des hellenistischen Judentums, im Verhältnis zu ihnen ziegt sich eine Kontinuität im Reden von Gott. Ähnliches lässt sich über den Gebrauch eines Tugendkataloges sagen. Gleichzeitig ist seine Theologie unverkennbar christlich: Die πίστις-ἀγάπη-Rahmung des Tugendkatalogs, die Rede vom Reich Christi, die Bezugnahme auf die Taufe, all dies verortet den *zweiten Petrusbrief* im Bereich christlicher Theologie. Die Fortführung eines Sprachgebrauchs, der wahrscheinlich aus jüdischem Kontext stammt, lässt auf einen judenchristlichen Verfasser schließen; auf der Ebene der Erzählung über den angeblichen Verfasser, nämlich Petrus, beschreibt sie diesen neben der Charakterisierung als Bewohner des römischen Reiches, der mit der Diktion von Ehrendekreten vertraut ist, als von jüdischer Theologie und jüdischem Schrifttum (mit)geprägt.

B. Entstehung und Auslegung von Prophetie (2 Petr 1,19–2,3)

Erneut liegt mit 2 Petr 1,19–2,3 ein Textabschnitt vor, dessen Verständnis und Platz in der Gedankenfolge des *zweiten Petrusbriefes* aufgrund nicht weniger in der Forschung immer wieder debattierter Einzelfragen erst paraphrasierend-explizierend bestimmt werden muss, bevor die Syntax der Intertextualität untersucht wird.

Die Ausführungen über den προφητικὸς λόγος in 2 Petr 1,19ff sind Bestandteil des Argumentationsganges, der die Glaubwürdigkeit der apostolischen Verkündigung von der δύναμις καὶ παρουσία Jesu Christi aufzeigen soll. Als Beleg dafür, dass die Apostelgeneration hierbei nicht klug ersonnenen Mythen aufgesessen war, diente die Augen- und Ohrenzeugenschaft bei der Verklärung Jesu (2 Petr 1,16b–18). Für 2 Petr 1,19 werden in der Forschung i.w. zwei mögliche inhaltliche Zusammenhänge mit dem Vorhergehenden vertreten. Entweder wird die *Konsequenz* des Verklärungsgeschehens dort festgehalten:[208] Dadurch, dass die dort Anwesenden die Übertragung von δόξα und τιμή auf Jesus geschaut haben, können sie noch vertrauensvoller[209] auf den προφητικὸς λόγος, d.h. die als Prophetie auf Christus gedeuteten Schriften,[210] bauen, weil dieser

---

[208] καί ist in diesem Fall folgernd als ‚so' zu fassen, siehe etwa KNOPF 1912, 282 ad loc.; BAASLAND 1982, 30; VÖGTLE 1994, 170 ad loc. mit Berufung auf BAUER-ALAND s.v. καί f.; KRAUS 2001, 163.

[209] βεβαιότερον ist gegen LUTHER 1923/4, WA 14,28f; REICKE 1964, 158; DE RU 1970, 48–50; NEYREY 1980, 515; BAUCKHAM 1983, 223, JOHNSON 1988,44; NEYREY 1993, 178; HILLYER 1994, 178; BÉNÉTREAU 2005, 183; REESE 2007, 144 und mit PAULSEN 1992, 120 Anm. 122, der freilich eine Begründung schuldig bleibt, nicht als *comparativus pro superlativo* (BDR §§ 60, 244) zu verstehen. Nicht nur der Positiv βέβαιόν τι ἔχειν, sondern auch der Komparativ βεβαιότερόν τι ἔχειν scheint eine einigermaßen geprägte Wendung zu sein, die mit komparativischem Verständnis immer einen guten Sinn ergibt, vgl. in zeitlicher Nähe zu 2 Petr Plut *Philopoimen* 5,4; weiterhin Xen Kyr 2,1,13 (hier nicht prädikativ, sondern adverbiell βεβαιοτέρως ἔχειν, aber mit gleicher Bedeutung); Isokr *Ad Demonicum* 36; Claudius Aelianus, *Epistula* 18; Synes *De insomniis* 13,147B (hier jedoch βεβαιοτέραν τὴν ἐλπίδα παρέχειν). Ob BAUCKHAMs Beispiel für einen *comparativus pro superlativo* Stob IV,25,31a (=Philemon frg. 237) seine Sache wirklich vertritt, ist schwer zu entscheiden, da ein Zusammenhang nicht mehr gegeben ist. Dass βεβαιότερόν τι ἔχειν in den vorliegenden Texten meist oder gar immer komparativisch verstanden werden kann, zuweilen selbst muss, besagt natürlich noch nicht mit unumstößlicher Sicherheit, dass dies auch in anderen Texten immer der Fall gewesen sein *muss*. Doch scheint es angeraten, als die naheliegendere Lösung eine komparativische Lesung zu favorisieren.

[210] Zum Verständnis von προφητικὸς λόγος ist LØNNING 1971, 136 Recht zu geben: „Det som for en moderne teologisk bevissthet heter «Det gamle testamente, i den utstrekning det er Kristusprofeti», eller: «Det gamle testamente forstått som Kristusprofeti», heter for vår forfatter hverken mer eller mindre enn Det gamle testamente – det profetiske ord." Ähnlich BÉNÉTREAU 2005, 183. Andere Deutungen in der neueren Forschung sind säuberlich kategorisiert aufgelistet bei BAUCKHAM 1983,

durch das genannte Ereignis eine Bestätigung in Form einer Erfüllung erfahren hat.[211] Oder es wird ein *zweites Argument für die Glaubwürdigkeit* der
Verkündigung von der δύναμις καὶ παρουσία Jesu Christi angeführt:
Noch gewisser, verlässlicher als die Augenzeugenschaft bei der Verklärung ist der προφητικὸς λόγος.[212]

Als Argument für diese letztgenannte Sichtweise wird als (wenigstens prinzipiell) be-
denkenswertes Argument angeführt, jüdische Theologie habe Prophetie immer den
Vorzug gegeben vor einer Himmelsstimme (בת קול).[213] Der Gedankengang, dass die
Himmelsstimme die Prophetie bestätige, wäre damit auf jüdischem und judenchrist-
lichem Hintergrund nicht denkbar. Daran ist so viel richtig, dass die בת קול nach dem
Ende der Prophetie als die einzig verbleibende Möglichkeit – wenn auch indirekter[214]
– Kundgabe göttlichen Willens, göttlicher Wahl oder göttlichen Urteils an den Menschen angesehen wurde. Dies mag ihr den Ruch einer Lösung zweiter Wahl verleihen. Doch ist damit ja noch nicht gesagt, ob eine בת קול ein Schriftwort oder eine
bestimmte Auslegung bestätigen kann oder nicht. Bekannt ist lediglich, dass Rabbi
Josua die בת קול als Entscheidungsinstanz für Auslegungsfragen der Tora verwarf,
wofür er die Unterstützung späterer Kommentatoren bekam.[215] Doch spricht auch
dies eher dafür, dass eine solche ‚Verwendung' einer בת קול denkmöglich war.
Andernfalls hätte sich Rabbi Josua dazu überhaupt nicht äußern müssen. Sollte also
die בת קול-Vorstellung im vorliegenden Zusammenhang überhaupt eine Rolle spielen, dann allenfalls so, dass die בת קול die Entscheidung bringt in der Streitfrage unter Menschen, wie Jesus zu sehen ist; für den inhaltlichen Zusammenhang zwischen
Vers 18 und 19 hilft sie nicht weiter.

Für die andere Seite, nämlich für die prophetiestützende Funktion des Verklärungsgeschehens, wird Philo bemüht, dem zufolge Augenzeugenschaft Prophetie als
authentisch ausweise. Kein Zeugnis gebe mehr Gewissheit als persönliche Erfahrung,
wobei der höchste Grad von Bestätigung durch das Zeugnis Gottes erbracht werde.[216]
Dies klingt zunächst erfreulich, doch eine Überprüfung der als Beleg angegebenen

---

224. Dass mit dieser Formulierung keine nähere Eingrenzung auf bestimmte Aspekte
oder Teile des Tenach oder Septuaginta vorgenommen wird, wird die Untersuchung
der Verweiskraft von προφητικὸς λόγος in III.B.1.1.1 darlegen.

[211] So oder ähnlich ROSENMÜLLER 1808, 475 („*Sermones prophetarum habuerunt qui-
dem semper apud nos auctoritatem; at nunc multo maiorem habent, ex quo videmus, eventus
tam pulcre congruere dictis de Messia.*"); SPITTA 1885, 107; MAYOR 1907, 108; KNOPF 1912,
281; WOHLENBERG 1923, 201; WINDISCH 1930, 90; GREIJDANUS 1931, 119; MOLLAND
1955, 68 («Nous avons ainsi comme autorité encore plus sûre (qu'elle ne l'était aupa-
ravant) la parole prophétique.»); SCHELKLE 1961, 200; KELLY 1969, 320; BOLKESTEIN
1972, 267; GRUNDMANN 1974, 84; PAULSEN 1992, 120; SCHRAGE 1993, 136; VÖGTLE 1994,
170; HARRINGTON 2003, 257; SCHMIDT 2003, 359; CHATELION COUNET 2006a, 101.

[212] So oder ähnlich CALVIN 1551, 455 („*Nam qui positivi loco comparativum accipiunt,
non satis expendunt totum contextum.*"); COX 1885, 176ff; BIGG 1902, 268; DE RU 1970,
43–50; GREEN 1987, 98; FORNBERG 1977, 78; SKAGGS 2004, 109; DAVIDS 2006, 207f.

[213] GREEN 1987, 98.

[214] OTTENHEIJM 2008, 248 Anm. 16.

[215] Vgl. dazu b.BM 59b; ROTHKOFF in EJ² III s.v. Bat Kol, 213 und BARRETT 1947, 39f.

[216] NEYREY 1993, 180.

Stellen aus dem Werk Philos[217] führt zu der Erkenntnis, dass ihnen diese Aussage nicht zu entnehmen ist. Zwar sprechen die meisten von ihnen von einer ἀψευδὴς μαρτυρία,[218] doch geht es keineswegs immer um Prophetie, erst recht nicht um Bestätigung derselben.[219]

Da weder die sprachliche Ebene – leider fehlt ein anaphorisch-konsekutiver Konnektor – noch, wie gesehen, inhaltliche Parallelen zu einer Lösung des Problems zu führen vermögen, muss die Plausibilität der argumentativen Struktur den Ausschlag geben: In 1,16ff wollte der Verfasser dem tatsächlichen oder möglichen Vorwurf, bei Verkündigung der δύναμις καὶ παρουσία Jesu Christi sei man irgendwelchen Ammenmärchen auf den Leim gegangen, durch den Hinweis auf die Verklärung entgegentreten. Angesichts dessen wäre es doch sehr seltsam, wenn er gleich darauf dieses Argument in seinem Wert herabminderte, indem er versicherte, das eigentlich Verlässliche sei aber keineswegs das Verklärungserlebnis, sondern das prophetische Wort.[220] Vielmehr schreitet der Gedankengang folgendermaßen voran: Die Verkündigung der δύναμις καὶ παρουσία Jesu Christi war kein Irrtum, die Verklärung bezeugt das. Dem προφητικὸς λόγος als Hinweis auf diese δύναμις καὶ παρουσία Jesu Christi kommt damit noch größere Gewissheit zu, weil er in der Verklärung schon im Ansatz Erfüllung gefunden hat.[221]

---

[217] Nach NEYREY belegen folgende Stellen die durch Augenzeugenschaft geleistete Authentifizierung von Prophetien: det 124; migr 139; her 4; spec.leg I,273.341 und IV,32. Um Prophetien mit Zeugenschaft Gottes gehe es in migr 115 und som 2,22; der Zeugenwert persönlicher Erfahrung sei ebr 97–98; congr 73 und vitMos 2,280 zu entnehmen. Doch wenn etwas Mose als Prophet sagt, die Erfahrung der Menschen werde zeigen, dass er nicht gelogen habe, nachdem seine Lehre sie nicht zu dieser Erkenntnis geführt habe (vitMos 2,280: παθόντες εἴσονται τὸ ἐμὸν ἀψευδές, ἐπεὶ μαθόντες οὐκ ἔγνωσαν), so ist das kein verallgemeinerbares grundsätzliches Prinzip, dass Erfahrung Prophetie zu bestätigen vermag. Aus dem Zeugnis Saras, dass Gott der Erzeuger des Lachens sei (det 124), kann nicht gefolgert werden, dass menschliches Zeugnis (wie hier das Zeugnis Saras) grundsätzlich Prophetie zu bestätigen im Stande sind. Ebenso wenig geeignet sind die anderen Stellen.

[218] ἀψευδὴς μαρτυρία oder Vergleichbares findet sich in det 124; her 4; spec.leg 1,273; 1,341; 4,32; migr 115; ebr 97f.

[219] Gleichwohl wird NEYREYs Philo-Deutung von DAVIDS 2006, 208 Anm. 18 völlig unkritisch übernommen: "prophecies with eyewitness are sure to be authentic", selbst NEYREYs ,Belegstellen' werden getreulich aufgelistet.

[220] Mit BAUCKHAM 1983, 223: "...this would be a rather surprising argument in the context, since it appears to relativize the value of the apostolic eyewitness testimony which has been stressed in vv 16–18."

[221] Die Argumentation erinnert also stark an Theophilus, Ad Autolycum III,17: Das Eintreffen (ἡ ἔκβασις) der zuvor angekündigten und bereits geschehenen Ereignisse könne die Freunde des Lernens und der Wahrheit lehren, dass das durch die Propheten Verkündete der Wahrheit entspreche.

Dass Vers 19 das Vorausgehende nicht linear weiterführt, sondern in ein folgerndes Verhältnis dazu tritt, zeigt sich daran, dass der berichtende Rückgriff auf die Verklärungserzählung mit Vers 18 ein Ende findet. Dadurch ergibt sich eine Verschiebung der inhaltlichen Füllung des Wir. Während das betonte ἡμεῖς in 1,18 aufgrund der Bezugnahme auf die synoptische Verklärungserzählung von einigermaßen mit der synoptischen Tradition vertrauen Rezipientinnen und Rezipienten kaum anders als auf die dort anwesenden Jünger gemünzt gelesen werden muss, kann das Subjekt ἔχομεν βεβαιότερον unmöglich Petrus und die Donnersöhne meinen; von einem Interesse des Verfassers, gerade die Zebedaiden, deren einer ja zudem bereits in der ersten Hälfte der vierziger Jahre das Martyrium erlitt, neben ‚Petrus' als diejenigen auszuweisen, die nun um so gewisser auf den *sermo propheticus* bauen können, fehlt sonst im gesamten Brief jede Spur. Vielmehr findet zwischen 1,18 und 1,19 ein schleichender Übergang zum ‚apostolischen Wir' statt,[222] so dass eine polare Spannung mit dem Ihr der Angeschriebenen entsteht: Wir Apostel haben jetzt bezüglich des προφητικὸς λόγος um so größere Gewissheit; und ihr tut gut daran, euch an diesen zu halten, [223] bis der Tag erstrahlt und der Lichtbringer in euren Herzen aufgeht.[224]

---

[222] So etwa WOHLENBERG 1923, 201. SCHRAGE 1993, 136 scheint die Position zu vertreten, dass bereits in 1,18 das Wir nicht zu eng auf die drei bei der Verklärung anwesenden Jünger zu beziehen sei, denn er unterstreicht, Subjekt seien „weiterhin die Apostel". Etwas inkonsequent ist hier CHATELION COUNET, der einerseits in 1,16–18 die drei Verklärungsjünger sehen will, andererseits aber für 1,19 ausdrücklich vermerkt, die erste Person Plural sei "nog steeds het apostolische ‚wij'" (2006a, 99. 101).

[223] Den Übergang von einem ἡμεῖς ... σὺν αὐτῷ ὄντες ἐν τῷ ἁγίῳ ὄρει auf ein den Verfasser und die Angeschriebenen umschließendes Wir sehen zwischen 1,18 und 1,19 etwa SCHELKLE 1961, 200 und KNOCH 1967, 47. Doch will der damit implizierte Gedankengang: „Wir alle (also auch ihr) können uns jetzt noch mehr auf den *sermo propheticus* verlassen, und (speziell) ihr tut gut daran, euch an diesen zu halten." etwas holperig erscheinen. Offensichtlich will sich der Verfasser im letzten Teil von 1,19 explizit an die Angeschriebenen richten (ποιεῖτε; ἐν ταῖς καρδίαις ὑμῶν); diese Intention wird jedoch besser unterstützt, wenn man von einem konstrastierenden statt einem inkludierenden Wir ausgeht.

[224] Unter den ersten Zitierern und Kommentatoren des vierten und fünften Jahrhunderts findet sich keiner, der nicht selbstverständlich ἐν ταῖς καρδίαις ὑμῶν mit dem vorausgehenden ἕως οὗ ἡμέρα διαυγάσῃ καὶ φωσφόρος ἀνατείλη verbände; vgl. Epiphanius, *Panarion haer* 64,5; Didymus Caecus, *De trinitate* I,28,3; Ps-Macarius, *Logos* 59,1,2; Ephräm der Syrer, *Sermo ad renuntiantes* 286,11; Cyrill von Alexandrien, *De sancta trinitate dialogi* 387,30–35; ders., *Glaphyra in Pentateuchum* PG 69,457,6; ders., *Commentarii in Lucam* (in catenis) PG 72,884,8; ders., *Thesaurus de sancta consubstantiali trinitate* PG 75,624,44. Bei eher paraphrasierenden Zitaten umschreibt letzterer zuweilen ἐν ταῖς καρδίαις ὑμῶν mit Synonymen, die dann ebenfalls das Kommen des Tages näher bestimmen, siehe *De adoratione et cultu in spiritu et veritate* PG 68,665,2: διαυγαζούσης ἡμέρας, καὶ Φωσφόρου κατὰ νοῦν ἀνατέλλοντος und *Glaphyra in Pentateuchum* PG 69,521,23: ... Φωσφόρου διαυγάζοντος καὶ νοητῆς ἡμῖν ἀνισχού-

Mit einem Signal an die Rezipienten, dass er nun zur Mitteilung seines eigentlichen Anliegens komme (τοῦτο πρῶτον γινώσκοντες; vgl. dieselbe Technik in 3,3), leitet der Verfasser seine Belehrung zum Schriftverständnis und zum Umgang mit der Schrift ein. Jegliche prophetische Aussage der Schrift falle mitnichten in den Spielraum eigener Auslegung (ἰδίας ἐπιλύσεως οὐ γίνεται).[225] Denn – analog dazu – nie sei eine Prophetie durch Menschenwillen hervorgebracht worden, vielmehr hätten Menschen, weil sie vom Heiligen Geist getrieben waren (ὑπὸ πνεύματος ἁγίου φέρεσθαι),[226] von Gott her gesprochen.[227]

σης ἡμέρας. CALLANs Versuch (CALLAN 2006) ἐν ταῖς καρδίαις ὑμῶν syntaktisch dem Folgenden zuzuschlagen, überzeugt nicht; so auch PORTER/PITTS 2008 zu τοῦτο πρῶτον γινώσκοντες: "...when an adjunct (e.g., a prepositional phrase) is used in a disclosure formula, it does not modify the knowing verb"; ibid. 166.

[225] ἐπίλυσις ist als ‚Deutung, Auslegung' zu verstehen; und der Genitiv ἰδίας ἐπιλύσεως vertritt den Genetiv als Kasus des Bereichs und der Zugehörigkeit und nicht den *genitivus originis* (HIEBERT 1984, 165). Es liegt somit ein Seitenhieb gegen die aus der Sicht des Verfassers heterodoxen Lehrerpersönlichkeiten vor, nicht etwa eine Aussage über die Rolle des Propheten beim Entstehen von Prophetie. Diese Deutung von ἐπίλυσις ergibt sich aus Aquilas Gebrauch von ἐπίλυσις und ἐπιλύειν in Gen 40,8 und 41,8.12 zur Wiedergabe der Wurzel פתר; ferner Mk 4,34; Act 19,39; Herm sim 5,3,1–2; 5,4,2–3; 5,5,1; 5,6,8; 5,7,1; 8,11,1; 9,10,5; 9,11,9; 9,13,9. Ebenso oder ähnlich wird das Wort gedeutet von BIGG 1902; 269f; MAYOR 1907, 114 (mit der ungewöhnlichen Tragweite, Prophetie sei nicht "exhausted by one interpretation to which it is, as it were, tied"); DURAND 1911, 187; KNOPF 1912, 285; WEEDA 1919, 130; WOHLENBERG 1923, 208; GREIJDANUS 1931, 121; MOLLAND 1955, 69; REICKE 1964, 158f; KELLY 1969, 323f; BOLKESTEIN 1972, 268; GRUNDMANN 1974, 86; FUCHS/REYMOND 1988, 74; PAULSEN 1992, 123; VAN HOUWELINGEN 1993, 51; NEYREY 1993, 184; SCHRAGE 1993, 137; VÖGTLE 1994, 175; HARRINGTON 2003, 257; SCHMIDT 2003, 360; CHATELION COUNET 2006a, 101; REESE 2007, 144. LOUW 1964/65, 209 versteht ἐπίλυσις als 'vervoering, bezieling, extase'; die eigene Person des Propheten als mögliche Herkunft oder Interpretationsquelle von Prophetie in Abrede gestellt sehen SPENCE 1896/7, 285f (mit ἐπίλυσις als 'revealment'); THOMSON 1896/7, 331; BOYS-SMITH 1896/7, 331f (mit ἐπιλύειν als 'to set forth'); JOHNSON 1988,46; BAUCKHAM 1983, 232f; GREEN 1987, 100f; HILLYER 1992, 180f; SKAGGS 2004, 110f; DAVIDS 2006, 212f; WITHERINGTON 2007, 333. SPITTA 1885, 115f interpretiert ἐπίλυσις als Verfall, Zerstörung, handelt sich dadurch jedoch Probleme mit ἰδίας ein, deren er nicht Herr zu werden vermag. Eine ungewöhnliche Deutung findet sich bei ROSENMÜLLER 1808, 477: „...nullum vaticinium in sacris litteris consignatum propriae esse interpretationis, ex se et per se explicari posse, nisi vaticinium et eventus secum invicem comparentur." Für eine sorgfältige und überzeugende Analyse aller sprachlichen Probleme von 2 Petr 1,20 siehe CURRAN 1943. Deutlich ist, dass ἴδιος hier einen Gegensatz markiert; so etwa CURRAN 1943, 361. Dies lässt die Annahme, dass dies für 2 Petr 1,3 ebenfalls gilt, umso begründeter erscheinen.

[226] Dasselbe Verb wird Act 27,17 von einem Schiff gebraucht, das man ‚treiben lässt', dem man also weiter keine Lenkung gibt, sondern Wind und Wogen übergibt.

[227] Das recht gut bezeugte ἅγιοι θεοῦ ἄνθρωποι (statt ἀπὸ θεοῦ ἄνθρωποι) dürfte sich leichter als sekundäre Variante erklären lassen; siehe METZGER 1998, 632 und BAUCKHAM 1983, 228.

Der Übergang nach Kapitel 2 erfolgt organisch.[228] Hatte der Verfasser von 1,20 nach 1,21 argumentativ den Schritt von falscher *Auslegung* von Prophetie zum *Zustandekommen* echter (und implizit so auch falscher) Prophetie vollzogen, so tut er ihn nun in die entgegengesetzte Richtung, indem er in 2,1 ausgehend von den falschen Propheten in der Geschichte auf die falschen Lehrer in der Gegenwart zu sprechen kommt, und somit wieder bei denen anlangt, die die Schrift falsch auslegen:[229] Wie in der Geschichte des Volkes Israel (ἐν τῷ λαῷ) – neben den echten – auch falsche Propheten aufgetreten seien, so werde es auch unter den Angeschriebenen künftig falsche Lehrer (ψευδοδιδάσκαλοι) geben, die verderbliche Lehren (αἱρέσεις ἀπωλείας) hereintrügen und, da sie den Herrn, der sie gekauft habe (τὸν ἀγοράσαντα αὐτούς δεσπότην), verleugneten, sich ein in Bälde eintretendes Verderben herbeiführten. Viele würden dann ihren Zügellosigkeiten (ἀσελγείαι) folgen; wegen dieser Leute werde der Weg der Wahrheit (ἡ ὁδὸς τῆς ἀληθείας) in Verruf geraten. Voll Raffgier (ἐν πλεονεξίᾳ) würden sie die Angeschriebenen mit Lügenworten erhandeln. Für sie sei das Urteil schon längst nicht saumselig, und ihr Verderben schlummere nicht.

1. Syntax der Intertextualität

1.1. Generische Aspekte und lexikalische Felder

1.1.1. Lexik des Diskurses über das Prophetieverständnis (2 Petr 1,19–21)

Die Determinierung durch den bestimmten Artikel (καὶ ἔχομεν βεβαιότερον τὸν προφητικὸν λόγον) weist den προφητικὸς λόγος als eine geprägte Größe aus. Wenigstens dem Verfasser steht er als solche vor Augen; vielleicht darf man sogar unterstellen, dass er, da er den Begriff nicht für erläuterungsbedürftig hält, auch auf Seiten der intendierten Rezipienten eine Vorstellung davon voraussetzt.[230] In jedem Fall liegt hier un-

---

[228] Gut beobachtet wurde dies u.a. von SCHMIDT 2003, 363 und SPITTA 1911, 239. Teilungshypothesen, die eine Trennung gerade zwischen 1,21 und 2,1 ansetzen, wie etwa die, dass sich im zweiten Kapitel ein ursprünglich selbständiger Brief verberge, missachten den logischen Fluss der Argumentation und sind daher ganz und gar fehl am Platze. Zu den vorwiegend im 19. Jahrhundert vorgeschlagenen Teilungshypothesen siehe MCNAMARA 1960, 14ff, der auch selbst die Evidenz für den *zweiten Petrusbrief* als Briefsammlung zu stärken versucht, ibid. 16–19.

[229] Für die Auffassung, Schriftauslegung falle in den Bereich der διδάσκαλοι wodurch die Verbindung zwischen 1,19–21 (Frage der Schriftauslegung 1,19) und 2,1–3 (ψευδοδιδάσκαλοι in 2,1b) auf der Hand liege, siehe CURRAN 1943, 366.

[230] Diesbezüglich zuversichtlich HIEBERT 1984, 159: "The definite article marks this as a body of prophecy with which the readers were familiar, while the singular number groups all the Old Testament prophecies together and views them in their unity, all bearing witness to the promised Messiah."

verkennbar eine textuelle Transzendenz vor, ein Verweis auf eine – in diesem Fall ebenfalls textuelle – Realität außerhalb des *zweiten Petrusbriefes*. Um den Zielpunkt dieses Verweises ermessen zu können, wird zunächst der Gebrauch von προφητικὸς λόγος in der textuellen Umwelt ins Auge gefasst.

Erstmalig[231] ist das Syntagma προφητικὸς λόγος bei Philo belegt; der Alexandriner gebraucht es in den erhaltenen Werken drei Mal und an allen drei Stellen thematisiert er Verse oder Texte aus dem Pentateuch.[232] Ein nächster Beleg findet sich im *zweiten Clemensbrief* (2 Clem 11,2). Hier wird ein Zitat unbekannter Herkunft als Bestandteil des προφητικὸς λόγος ausgewiesen. In den *Acta Pauli* predigt Paulus, Gott habe gemäß dem προφητικὸς λόγος in den letzten Zeiten ein πνεῦμα δυνάμεως ins Fleisch, d.h. in die Galiläerin Maria, herabgesandt.[233] Ausgedehnter macht Justin von dem Syntagma Gebrauch; er verwendet es sowohl im Singular als auch im Plural sowie in der Form ὁ λόγος ὁ προφητικός.[234] Der Plural kann das prophetische Zeugnis der Schriften allgemein bezeichnen (so etwa dial 92,4), aber auch ein konkretes Zitat, etwa in Verbindung mit einem Demonstrativum wie in apol I,54,6. Der Singular beschreibt eine kollektive Größe. Zwar kann mit ὁ προφητικὸς λόγος ἔφη auch ein konkreter Vers eingeführt werden (dial 77,2), doch dann ist gemeint, dass das Kollektiv prophetischer Texte an einer bestimmten Stelle dies oder jenes sagt.[235] Was als Inhalt des προφητικὸς λόγος oder der προφητικοὶ λόγοι angeführt wird, kann sowohl aus dem Pentateuch (dial 128,4) stammen als auch aus den Propheten (dial 27,1; 77,2) oder den Schriften (dial 110,3).[236] Nach Justin finden sich einzelne Belege für die Verwendung von προφητικὸς λόγος bei Irenäus, Clemens von Alexandrien und Hippolyt, ausgedehnt verwenden es Origenes, Gregor von Nyssa, Euseb und etliche andere Kirchenschriftsteller. Die *Acta Pauli*, der *zweite Clemensbrief*, der *zweite Petrusbrief* und Justin sind die frühesten Belege für die Weiter-

---

[231] Der TLG führt keine Belege vor Philo an.

[232] Phil all III,43; plant 117; sobr 68. Angesichts dieser nur drei Belege ist es wohl etwas übertrieben, wenn CURRAN 1943, 348 von einer "standard expression" bei Philo (und Justin) spricht.

[233] *Acta Pauli*, Papyrus Hamburgensis Seite 8, Zeilen 25–27: [κ]αὶ π[αρ]ελάβετε τὸν λόγον, ὅτι πνεῦμα δυνάμεως ἐπ' ἐσχάτων [κα]ιρ[ῶ]ν [ὁ θεὸ]ς δι' ἡμᾶς κατέπεμψεν εἰς σάρκα τοῦτ' ἔστιν εἰς τὴν Μα[ρί]αν τὴ]ν [Γ]αλιλαίαν κατὰ τὸν προφητικὸν λόγον.

[234] Singular: JustMart dial 56,6; 77,2; 128,4: Plural: apol I,54,6; dial 27,1; 39,5; 92,4.6; 112,5; ὁ λόγος ὁ προφητικός: dial 110,3; 129,1.

[235] Dies wird auch in JustMart dial 128,4 deutlich.

[236] Wenn auch ntl. Stellen alludiert sind wie in dial 39,5, so darf daraus doch nicht ohne weiteres gefolgert werden, dass auch ntl. Schriften zum προφητικὸς λόγος gerechnet werden. Denn diese ntl. Verse verarbeiten atl. Formulierungen, so dass προφητικὸς λόγος auf letztere verweist.

verwendung der in der jüdischen Schriftauslegung beheimateten Fügung in christlichen Texten; der selbstverständliche Gebrauch der Wendung lässt darauf schließen, dass sie einigermaßen gängig war; man darf wohl davon ausgehen, dass Justin einen angemessenen Spiegel dieser Gebräuchlichkeit darstellt. Inhaltlich ist deutlich, dass προφητικὸς λόγος die auf Christus gedeuteten Schriften des Ersten Testamentes bezeichnet; das nicht zuzuordnende Zitat aus dem *zweiten Clemensbrief* tut dem keinen Abbruch. Urchristliche Prophetie dagegen wird nirgends als προφητικὸς λόγος angeführt;[237] ebenso wenig sind Belege dafür zu finden, dass ein Ereignis wie die Verklärung als προφητικὸς λόγος bezeichnet wird.[238]

Auch der Gedanke, dass Prophetie durch das Eintreten des Vorhergesagten bestätigt und somit als verlässlich ausgewiesen wird, findet sich bei Philo, und zwar mit demselben Lexem wie in 1 Petr 1,19 (βεβαιότερον – βεβαιωθῆναι): Der Tugendhafte, Weise, Gerechte verfüge, so der Alexandriner, grundsätzlich über prophetische Qualitäten, da er sozusagen von Gott ‚besessen' (κατεχόμενος) sei. Als Beispiel dient ihm Noah: Er, der Gerechte, habe unter dem Einfluss des von Gott Ergriffenseins Gebete und Flüche über künftige Generationen ausgesprochen, die durch das Eintreten der Geschehnisse (ἔργων ἀληθείᾳ) bestätigt worden seien (βεβαιωθῆναι).[239] Spezifisch philonisch ist diese Sicht jedoch nicht. Dass das Eintreten des Vorhergesagten Prüfstein ist für die Gottgesandtheit eines Propheten, gehört bereits zu den Basiselementen des deuteronomistischen Prophetenbildes.[240] Übernommen wurde die Idee, dass das Eintreffen vorhergesagter Ereignisse das Vertrauen auf die Prophetie zu bestätigen vermag, vom jungen Christentum. So findet sie sich beispielsweise Ende des zweiten Jahrhunderts bei dem Apologeten Theophilus von An-

---

[237] Wenn BAASLAND 1982, 30 ausgehend vom Gebrauch von προφητεία im NT προφητικὸς λόγος als auf christliche Prophetie gemünzt verstehen will, so ist dies seiner Missachtung der oben dargestellten Herkunft und Verweiskraft von προφητικὸς λόγος anzulasten.

[238] Dies behauptet NEYREY 1980, 515: "There are many reasons for interpreting βεβαιότερον προφητικὸν λόγον as referring to vv. 17–18, the transfiguaration understood as a parousia-prophecy." Doch deren ‚vielen Gründe' entpuppen sich bei einem Verständnis von 2 Petr 1,16–21, wie eingangs skizziert, als gegenstandslos.

[239] Phil her 260: ὁ Νῶε δίκαιος· ἆρ' οὐ καὶ εὐθὺς προφήτης; ἢ τὰς εὐχὰς καὶ κατάρας ἃς ἐπὶ ταῖς αὖθις γενεαῖς ἐποιήσατο ἔργων ἀληθείᾳ βεβαιωθείσας οὐ κατεχόμενος ἐθέσπισε; Dazu passt Bileams Aussage, Gott spreche nichts, was er nicht gewiss vollbringen wird, denn sein Wort ist ihm Tat (vitMos I,283): φθέγξεται τὸ παράπαν οὐδέν, ὃ μὴ τελειωθήσεται βεβαίως, ἐπεὶ ὁ λόγος ἔργον ἐστὶν αὐτῷ.

[240] Dtn 18,21–22; Dtn 13,2–6. Die Königsbücher vermerken mehrmals ausdrücklich, wenn ein Ereignis eintrifft, das Gott „durch die Hand seiner Knechte der Propheten" (ביד־עבדיו הנביאים) vorhergesagt hat: 2 Reg 17,23; ähnliche singularische Formulierungen in 1 Reg 14,18; 16,12; 2 Reg 14,25. Ferner steht ein solches Verständnis auch im Hintergrund von Texten wie Jer 14,13–16; 23,16–32; 27; 28 und Ez 13 (siehe besonders Ez 13,6).

tiochien wieder. Dieser legt dar, die Propheten hätten zum einen Ereignisse beschrieben, die vor ihrer eigenen Zeit gelegen hätten, ferner solche, die sich in ihrer eigenen Gegenwart abgespielt hätten, und wiederum andere, die, so Theophilus, sich καθ᾽ ἡμᾶς vollzögen. Deswegen seien ‚wir' auch überzeugt, dass das auf die Zukunft hin Gesagte ebenso eintreffen werde, wie die für frühere Zeiten vorhergesagten Geschehnisse eingetreten sind.[241] In diese Linie des aus der Hebräischen Bibel und dem (hellenistischen) Judentum übernommenen Prophetenbildes gehört auch das des *zweiten Petrusbriefes.*

Kongruenzen mit dem Standardvokabular von Darstellungen des Prophetieverständnisses im zeitgenössischen Judentum stellen weiterhin die Elemente ἴδιος, θέλημα ἀνθρώπου, ἀπὸ θεοῦ, ὑπὸ πνεύματος ἁγίου und φέρεσθαι in 2 Petr 1,19–21 dar. Sie werden in der Regel dazu verwendet, eine Opposition zwischen dem Reden aus sich selbst heraus und von Gott her aufzurichten, ähnlich wie auch hier ab Vers 21b. Schon einige Schriften des Tenach bedienen sich dieser Polarität, und die griechischen Versionen stellen das Vokabular teilweise bereit. So wird etwa bei Jeremia vor den Worten der Propheten gewarnt, die ἀπὸ καρδίας αὐτῶν λαλοῦσιν καὶ οὐκ ἀπὸ στόματος κυρίου (Jer 23,16.23) und in deren Prophetie sich die θελήματα καρδίας αὐτῶν widerspiegeln (Jer 23,26). Auch Ezechiel ruft ein Wehe aus gegen Propheten, die ἀπὸ καρδίας αὐτῶν prophezeien (Ez 13,2). Dagegen zeichnet sich der „Prophet wie Mose", den das *Deuteronomium* in Aussicht stellt, dadurch aus, dass Gott ihm seine Worte in den Mund legt (δώσω τὸ ῥῆμα μου ἐν τῷ στόματι αὐτοῦ; Dtn 18,18). An mehreren Stellen seines Werkes unterstreicht Philo, dass ein Prophet nichts Eigenes sagt, mehrmals – aber nicht immer! – wird dies durch ἴδιον οὐδέν ausgedrückt.[242] Vielmehr ist der Prophet von Gott ergriffen (θεοφόρητος, θεοφορεῖται),[243] ist Instrument Gottes,[244] der sich dessen Stimmwerkzeuge bemächtigt,[245] ist Gottes Dometscher.[246] Diese Fremdsteuerung kann auch als Wohnungnehmen des Geistes Gottes be-

---

[241] Theophilus *Ad Autolycum* II,9: … εἰρήκασιν τά τε πρὸ αὐτῶν γεγενημένα καὶ τὰ κατ᾽ αὐτοὺς γεγονότα καὶ τὰ καθ᾽ ἡμᾶς νυνὶ τελειούμενα· διὸ καὶ πεπείσμεθα καὶ περὶ τῶν μελλόντων οὕτως ἔσεσθαι, καθὼς καὶ τὰ πρῶτα ἀπήρτισται.

[242] Phil vitMos I,281.286; spec.leg IV,49. Statt dessen findet sich οἰκεῖον οὐδέν in spec.leg I,65.

[243] Θεοφόρητος: Phil spec.leg I,65; θεοφορεῖται Phil vitMos I,283; θεοφορεῖσθαι Phil som I,2; vgl. hierzu auch die Selbstbezeichnung des Ignatius von Antiochien als Θεοφόρος, die ihn vielleicht als „das tragende Gefäß des in ihm wohnenden Gottes" darstellt; BAUER/PAULSEN 1985, 23. Dies ist freilich nur eine von mehreren Deutungen seines Namens; zur Frage siehe ibid. 22f.

[244] Phil spec.leg I,65: … θεοῦ καταχρωμένου τοῖς ἐκείνων ὀργάνοις …

[245] Phil her 266: καταχρῆται δὲ ἕτερος αὐτοῦ τοῖς φωνητηρίοις ὀργάνοις.

[246] Phil spec.leg IV,49: ἔστιν ἑρμηνεύς; vgl. I,65 ἑρμηνεῖς γάρ εἰσιν οἱ προφῆται.

schrieben werden.[247] Dass die Verfasser heiliger Schriften aus sich heraus geredet oder geschrieben hätten, wird ferner im rabbinischen Schrifttum in Abrede gestellt.[248] Der Jesaja der *Ascensio Isaiae* schließlich kündigt es als Zeichen der letzten Tage an, dass man sich um seine Weissagungen und die früherer Propheten nicht scheren, sondern „aus dem Schwall seines Herzens" reden werde.[249] Der Gedanke des φέρεσθαι ὑπὸ πνεύματος ἁγίου für die Prophetenpersönlichkeit findet sich Ende des zweiten Jahrhunderts im Rahmen der Inspirationslehre bei Theophilus von Antiochien, ausgedrückt als πνευματοφόροι πνεύματος ἁγίου;[250] vergleichbar verwendet das rabbinische Schrifttum Wendungen wie die vom Ruhen des Heiligen Geistes auf dem Verfasser einer heiligen Schrift oder dem Reden im Heiligen Geist.[251]

Bei all diesen lexikalischen Nähen und Kongruenzen zu Texten, in denen Abhängigkeit des Propheten von Gott thematisiert wird, ist jedoch ein signifikanter Unterschied zu beobachten: Von ἐπίλυσις ist nirgends die Rede. Wo auch immer von der Inspiration der Propheten gesprochen wird, geht es um die Quelle der Prophetie, nicht um deren Auslegung. Die Rede von der ἐπίλυσις der Prophetie gehört einem anderen Teilbereich der Textwelt der *Secunda Petri* an; ihre Verweiskraft wird in III.B.1.2.3 untersucht.

---

[247] Phil spec.leg IV,49: ἐνῳκηκότος τοῦ θείου πνεύματος.

[248] So wird etwa im Toseftatraktat *Yadayim* (tYad 2,14) die Heiligkeit bzw. Kanonizität des *Shir haShirim* damit begründet, dass das Buch im Heiligen Geist gesagt sei (נאמרה ברוח הקדש). Für *Kohelet* wird dieser Status abgestritten: Das Buch stamme aus der (eigenen) Weisheit Salomos (מחכמתו של שלמה). Weitere Belege siehe bei STRACK-BILLERBECK IV, 444.

[249] ἕκαστος γὰρ τὸ ἀρεστὸν ἐν τοῖς ὀφθαλμοῖς αὐτοῦ λαλήσει. καὶ ἐξαφήσουσιν τὰς προφητείας τῶν προφητῶν τῶν πρὸ ἐμοῦ καὶ τὰς ὁράσεις μου καταρ[γή]σουσιν ἵνα τὰ [ὀ]ρέγμ[α]τ[α] τῆς καρδίας αὐτῶν λαλήσουσιν (AscJes 3,30–31); obige Übersetzung nach FLEMMING und DUENSING in NTApo II ³1964, 458. Allerdings gehören diese Verse zur christlichen Überarbeitung der *Ascensio Isaiae*, ihr Wert für das zeitliche Umfeld des *zweiten Petrusbriefes* hängt also von der Datierung dieser Überarbeitung ab.

[250] Theophilus, *Ad Autolycum* II,9; siehe auch ibid. III,12: διὰ τὸ τοὺς πάντας πνευματοφόρους ἑνὶ πνεύματι θεοῦ λελαληκέναι. Die Spezifizierung πνεύματι θεοῦ ist dabei offenbar unerlässlich, denn von der Septuaginta her kann πνευματοφόρος auch negativ gebraucht sein, siehe Hos 9,7 und Zeph 3,4.

[251] Nach ShirR I,1,7 ruhte der Heilige Geist auf Salomo, als er seine drei Bücher schrieb: ואמר ג' ספרים שרתה עליו רוח הקדש. In GenR LXXV,2,4 wird die als unstimmig empfundene Perikopenfolge im *Danielbuch* als Werk des Heiligen Geistes ausgewiesen: Die Anordnung sollte nicht einfach Dichtung sein, sondern jedem deutlich machen, dass hier der Heilige Geist redete: כדי שידעו הכל שאמרו ברוח קודש. Das ganze *Buch Daniel* sollte als vom Heiligen Geist gesprochen behandelt werden: כדי ליסרוג על הספר כלו שאמרו ברוח קודש; weitere Belege bei STRACK-BILLERBECK IV, 444f.

1.1.2. Die Ankündigung von Heterodoxie und Apostatentum (2 Petr 2,1–3)

Der Verfasser der *Secunda Petri* hat keineswegs vergessen, dass er in 2 Petr 1,12–15 begonnen hatte, sich der Form der schriftlich fixierten fingierten Abschiedsrede zu bedienen. Jetzt, am Anfang des zweiten Kapitels, nimmt er diesen Faden wieder auf, indem er ein Textstück als Voraussage von Heterodoxie und Apostatentum gestaltet.[252] Ankündigungen zukünftiger Ereignisse und Entwicklungen gehören allgemein zur Abschiedsliteratur, jedoch nicht ausschließlich zu dieser; die Schau des Künftigen ist auch ein Element apokalyptischer Literatur nichttestamentarischen Charakters.[253] Abschiedsliteratur kann die Zukunft speziell unter dem Aspekt des Wegfalls einer zentralen Leitfigur ins Auge fassen.[254] Die Frage ist dann, woran sich die Hinterbliebenen orientieren, welche Personen als Nachfolger in Betracht kommen oder welche Prinzipien, Regeln und Weisungen eine positive weitere Entwicklung garantieren sollen. In der Negativform spiegelt sich dies im Vorhersagen ungewünschter Tendenzen in Moral und/oder Lehre.[255] Das Thema von Treue und Abfall hat daher seinen festen Platz schon in den alttestamentlichen Abschiedstexten, oft unter der Form einer bedingten Voraussage.[256] In neutestamentlichen Texten kann das Auftreten unrechtmäßiger Lehrautoritäten und die Diversifizie-

---

[252] Auch BERGER 2005, 138 wertet diese Passage als „testamentarisches Element".

[253] MICHEL 1973, 50f unterscheidet für die Abschiedsreden „nicht eigentlich eschatologische Aussagen über die nähere Zukunft" und „Blick in die ferne Zukunft". Letzterer befasse „hauptsächlich Motive, die aus der Apokalyptik bekannt sind", „praktisch" sei jedoch „eine Trennung zwischen den beiden Gruppen nicht immer leicht vorzunehmen." Für eine umfangreiche Liste entsprechender Texte siehe ibid.

[254] Das künftige Fehlen des Abschiednehmenden kann ausdrücklich konstatiert werden wie in Act 20,25: Καὶ νῦν ἰδοὺ ἐγὼ οἶδα ὅτι οὐκέτι ὄψεσθε τὸ πρόσωπόν μου ὑμεῖς πάντες. Im Anschluss folgt die Erklärung der Nichtverantwortlichkeit für künftige Fehlentwicklungen (26–27), eine Mahnung an die Gemeindeleiter (28) und dann der Hinweis auf heterodoxe Persönlichkeiten (29). Im *zweiten Timotheusbrief* stellt ‚Paulus' im Anschluss an die Anweisungen an seinen Schüler das Ende seines Lebens und Wirkens heraus und hält gleichzeitig seine Vorbildlichkeit fest: 2 Tim 4,6–7: Ἐγὼ γὰρ ἤδη σπένδομαι, καὶ ὁ καιρὸς τῆς ἀναλύσεώς μου ἐφέστηκεν.τὸν καλὸν ἀγῶνα ἠγώνισμαι, τὸν δρόμον τετέλεκα, τὴν πίστιν τετήρηκα·Eine ausführliche Liste von Texten, in denen der Abschiednehmende seinen bevorstehenden Tod ausdrücklich voraussagt, findet sich bei MICHEL 1973, 48f.

[255] Siehe etwa TestLev 16,1–2 (ἑβδομήκοντα ἑβδομάδας πλανηθήσεσθε κτλ.) und TestIss 6,1–2 (Οἶδα, τέκνα μου, ὅτι ἐν ἐσχάτοις καιροῖς καταλείψουσιν οἱ υἱοὶ ὑμῶν τὴν ἁπλότητα, καὶ κολληθήσονται τῇ ἀπληστίᾳ κτλ.), um nur zwei Beispiele aus vielen zu nennen.

[256] Die verhaltensbedingte Vorhersage findet sich beispielsweise bei Jos 23,12f in negativer Form (ἐὰν γὰρ ἀποστραφῆτε) und Dtn 28,1ff in positiver Form (ἐὰν ἀκοῇ εἰσακούσητε τῆς φωνῆς κυρίου τοῦ θεοῦ ὑμῶν).

rung der christlichen Bewegung warnend angekündigt werden.[257] Mögliche Elemente solcher Warnungen sind die Disqualifizierung der konkurrierenden Autoritäten hinsichtlich ihrer Legitimität, ihrer Aktivität und ihrer charakterlich-moralischen Integrität. Die Legitimität wird beispielsweise bestritten durch das Wortbildungselement ψευδο-[258] oder auch den Ausdruck der Nichtzugehörigkeit zur eigenen Gruppe,[259] die Aktivität denigriert durch den Gebrauch pejorativer Lexik für das Lehren und Werben der Konkurrenten[260] und die Integrität hinterfragt durch die Unterstellung unlauterer Motive oder schlechter Charaktereigenschaften.[261]

2 Petr 2,1–3 verweist auf solche Texte. Der Voraussagecharakter wird morphologisch durch die Verwendung des Futurs im Hauptsatz realisiert (ἔσονται, παρεισάξουσιν, ἐξακολουθήσουσιν, βλασφημηθήσεται, ἐμπορεύσονται).[262] In Verbindung damit ruft das Wortbildungselement ψευδο- zunächst die die ψευδοπροφῆται-Ankündigungen in der synoptischen Apokalypse und ähnliche Texte auf.[263] Bei näherem Hinsehen zeigt

---

[257] In der synoptischen Tradition etwa Mk 13,21–23 par. Mt 24,23–28; Lk 21,8; Mk 13,5f; Mt 7,15; ferner Act 20,29–31 u.a.

[258] Mit ψευδο- gekennzeichnete Gestalten finden sich angekündigt etwa in der synoptischen Apokalypse Mk 13,22 par. Mt 24,24, auch Mt 24,11; ferner Mt 7,15; Did 16,3; ApkPet 1 (Akhmîm-Fragment); TestJud 21,9.

[259] Act 20,29–30 unterscheidet deutlich zwischen gemeindebedrohlichen Gestalten von ‚außen' (Act 20,29), und solchen aus dem Gemeindeinnern (Act 20,30).

[260] Act 20,28: ἀποσπᾶν τοὺς μαθητὰς ὀπίσω αὐτῶν; Mt 24,24: πλανῆσαι, εἰ δυνατόν, καὶ τοὺς ἐκλεκτούς; Mk 13,6: πολλοὺς πλανήσουσιν; Act 20,30 λαλοῦντες διεστραμμένα.

[261] Negativcharakterisierung der Person: Act 20,29: λύκοι βαρεῖς εἰς ὑμᾶς μὴ φειδόμενοι τοῦ ποιμνίου; Mt 7,15: ἔρχονται πρὸς ὑμᾶς ἐν ἐνδύμασιν προβάτων, ἔσωθεν δέ εἰσιν λύκοι ἅρπαγες.

[262] Dass der Verfasser dieses Futur im zweiten Kapitel, wo durchweg die hier als künftig ausgewiesenen ψευδοδιδάσκαλοι Gegenstand des Geschriebenen sind, nicht konsequent durchhält, sondern deren Tun und Sein ab 2,10 hie und da präsentisch beschreibt (οὐ τρέμουσιν 2,10; εἰσιν 2,17; δελεάζουσιν 2,18), wird ihm zuweilen als Ausstieg aus der Fiktion angekreidet, so etwa Schrage 1993, 141. Dies ist jedoch nicht zwingend als Unfähigkeit des Verfassers anzusehen. Das Phänomen, dass für Gegenwärtiges, das prinzipiell als Zukünftiges vertextet wird, doch wieder das Präsens gebraucht wird, wenn der Text von der Deskription in die subjektive Herabsetzung oder gar Invektive umschlägt, findet sich auch in anderen Texten, vgl. etwa Mt 7,15–16: Die ψευδοπροφῆται kommen als Schafe, sind aber Wölfe (disqualifizierende Charakterisierung im Präsens), doch die Adressaten der Bergpredigt *werden* sie an ihren Früchten erkennen (Futur).

[263] Eine andere Möglichkeit, in missliebiger Weise auf die Gemeinde Einfluss übende Gestalten der letzten Zeit (Verfolger, Heterodoxe etc.) lexikalisch zu markieren, indem man sie der Opposition zuweist, ist die Kennzeichnung mit dem Wortbildungselement ἀντί-, siehe etwa 1 Joh 2,18: Παιδία, ἐσχάτη ὥρα ἐστίν, καὶ καθὼς ἠκούσατε ὅτι ἀντίχριστος ἔρχεται, καὶ νῦν ἀντίχριστοι πολλοὶ γεγόνασιν· ὅθεν γινώσκομεν ὅτι ἐσχάτη ὥρα ἐστίν.

sich jedoch, dass die einzelnen Gestaltungselemente hinausgehen über ein
bloßes Aufrufen von und Zuordnen zu anderen Vorhersagen des Auftretens heterodoxer Persönlichkeiten und dass der vorliegende Text unter
dieser Oberfläche der Irrlehrerankündigung noch weitere Textsorten voraussetzt und teils offen, teils kaschiert nach ihnen verweist, wie aus den
folgenden drei Unterteilen dieses Abschnitts hervorgeht.

i. Die Bezeichnung für die Heterodoxen

Anders als in der synoptischen Tradition wird nicht vor ψευδοπροφῆται
und ψευδόχριστοι gewarnt;[264] vielmehr geht die Gefahr von ψευδοδιδάσκαλοι aus. ψευδοπροφῆται gehören für den *zweiten Petrusbrief* der Vergangenheit an, nämlich der Geschichte Israels. Genauso gebrauchen die
Septuaginta, Josephus und Philo das Wort: Immer bezeichnet es Gestalten
aus der Geschichte Israels, sei es als gegenwärtiges Problem, sei es allgemein als mögliches religionssoziologisches Phänomen oder in der Geschichtsschreibung als konkrete historische Erscheinung: In den wenigen
Belegen der Septuaginta – nur in den Büchern Jeremia und Sacharja – sind
ψευδοπροφῆται ausschließlich eine gegenwärtige Größe.[265] Philo spricht
nur einmal von ψευδοπροφῆται und zwar in einem Zusammenhang, in
dem er zunächst die Person eines Propheten als in ihrem Prophezeien
gänzlich unselbständig, völlig vom göttlichen Geist geleitet typisiert,
dann die die wahre Prophetie verfälschenden Mantiker an den Pranger
stellt. Diese letzteren bezeichnet er – angeblich in Übereinstimmung mit
Mose – als ψευδοπροφῆται.[266] Handelt es sich bei dieser Passage in *De
specialibus legibus* also um eine beinahe definitionsartige grundsätzliche
Klärung dessen, was wahre und falsche Propheten sind, so sind es bei Josephus wieder ausschließlich konkrete Gestalten seiner Geschichtserzäh-
lungen, die er als ψευδοπροφῆται bezeichnet.[267]

Erst im Neuen Testament können ψευδοπροφῆται als Phänomen oder
gar Symptom der letzten Tage angekündigt werden. Daneben wird das
Wort aber auch weiterhin ähnlich wie bei Josephus und in der Septuaginta

---

[264] Mk 13,22 par. Mt 24,24.

[265] LXX: Jer 6,13; 33,7.8.11.16; 34,9; 35,1; 36,1.8; Sach 13,2.

[266] Phil spec.leg IV,49–52; zu diesem Text siehe auch III.B.1.1.1.

[267] In seiner *rewritten-Bible*-Erzählung in den *Antiquitates* werden als ψευδοπροφήτης bzw. ψευδοπροφῆται bezeichnet: ein namenloser Prophet unter Jerobeam I.
(ant VIII,10,1 § 236 und § 242), ebenfalls namenlose Propheten die Jezabel/Isebel für
ihren Gott Bel einsetzt (ant VIII,13,1 § 318); vierhundert Seher Ahabs, die sich zum
Zug mit Josaphat gegen Tyrus äußern sollen (ant VIII,15,4 §§ 402.406), Sedekias, einer
dieser vierhundert (ant VIII,15,4 § 409); wiederum die Seher Ahabs (ant IX,6,6 §§
133.134.137); Gegenpropheten zu Jeremia (ant X,7,2–3 §§ 104.111); schließlich noch
ein ägyptischer ψευδοπροφήτης in neronischer Zeit unter dem Prokurator Felix (bell
II,13,5 § 261) und andere im Vorfeld der Tempelzerstörung (bell VI,5,2 § 285).

im Rückblick auf die biblische Geschichte und für Gestalten der historischen Gegenwart verwendet.[268] Das außerneutestamentliche frühchristliche[269] Schrifttum verfolgt dann beide Linien: Die *Didache* stellt Kriterien
auf, welcher Prophet der gegenwärtigen Realität als ψευδοπροφήτης zu
gelten hat und welcher ein wahrer Prophet ist, doch kennt sie auch die
Ankündigung der Zunahme von ψευδοπροφῆται am Ende der Zeiten.[270]
Mit dem Erkennungsmerkmal eines ψευδοπροφήτης beschäftigt sich auch
der *Hirt des Hermas*.[271]

Benennt der *zweite Petrusbrief* also wie etwa Lukas und Josephus Gestalten aus der biblischen Geschichte als ψευδοπροφῆται, so folgt er in seiner Ankündigung von ψευδοδιδάσκαλοι gerade nicht dem *Matthäus*- und
Markusevangelium, die ψευδοπροφῆται und ψευδόχριστοι in Aussicht
stellen. Mit ψευδοδιδάσκαλοι bedient er sich eines Wortes, das sonst vor
Origines nur noch Justin (dial 82,1) verwendet, dieser freilich unverhüllt
für einige seiner Zeitgenossen. Möglicherweise bringt also die *Secunda
Petri* dieses Wort in den christlichen Diskurs ein oder stellt wenigstens
dessen ersten schriftlichen Niederschlag dar.[272] Dass ψευδο- in neuen Zu-
sammensetzungen auftaucht, muss nicht verwundern, ist es doch ein
recht flexibel einsetzbares Wortbildungselement: Paulus sieht manche
Konkurrenten als ψευδαπόστολοι (2 Kor 11,13), Josephus spricht zweimal
von ψευδιερεῖς (ant VIII,9,1 § 232 und IX,6,6 § 133) und Philo nennt Menschen, die an einer seiner Überzeugung nach irrigen Meinung festhalten
ψευδοδοξοῦντες (aet 107). Im Rahmen der Vorhersage des *zweiten Petrusbriefes* jedoch dürfte die Wortbildung ψευδοδιδάσκαλοι als eine willentliche Variation zu werten sein, denn die Entscheidung für eine Bildung mit
dem Element ψευδο- stellt ja eine Selbstzuordnung zu bereits bestehenden

---

[268] Angekündigt: Mk 13,22 par. Mt 24,24; ferner Mt 7,15; Mt 24,11; Phänomen der
biblischen Geschichte und eigenen Gegenwart: Lk 62,6; Act 13,6; 1 Joh 4,1; innerhalb
einer – doch wohl die Gegenwart reflektierenden – Vision Apk 16,13; 19,20; 20,10.

[269] Was das etwa gleichzeitige jüdische Schrifttum angeht, so kündigen die *Testamente der zwölf Patriarchen* einmal ψευδοπροφῆται für die Zukunft an – in einem
Textabschnitt, der nicht zur christlichen Überarbeitung gehört (TestJud 21,9). In Asc-
Jes 2,12f, einem Textstück, das gleichermaßen nicht zur christlichen Überarbeitung
gehört (siehe NTApo II ³1964, 454), wird ein Kontrahent Jesajas als ψευδοπροφήτης
bezeichnet.

[270] Did 11,5.6.9.10 für die Gegenwart; Zukunftsankündigung Did 16,3.

[271] Herm mand 9,43,1.2.4.7. Darüber hinaus wird das Wort im zweiten Jahrhundert
u.a. von Justin, Hegesipp, Irenäus, Clemens Alexandrinus gebraucht, teils jedoch innerhalb von Zitaten biblischer Texte.

[272] Dies hängt ab von der Datierung des *zweiten Petrusbriefes*. Sicher geht dem *dialogus* Justins (JustMart dial 82,1) das von Polykarp verwendete Nomen ψευδοδιδασκαλία (Pol 2 Phil 7,2) voraus. Zur Datierung und der damit verbundenen Frage nach
der Einheit des *Polykarpbriefes* siehe BAUER/PAULSEN 1985, 111–113 sowie FISCHER in
SUC I, 229–245.

Ankündigungen von ψευδο-Gestalten dar.[273] Dies wird deutlich, wenn man sich vergegenwärtigt, dass andere Schriften des Neuen Testaments für dasselbe Phänomen abweichender Lehrer sich einer anderen Lexik bedienten. Der *erste Timotheusbrief* etwa gebraucht das Verb ἑτεροδιδασκαλεῖν (1,3; 6,3).

ii. Die Darstellung von Charakter, Wirken und Erfolgen der Heterodoxen

Zwei Laster charakterisieren die ψευδοδιδάσκαλοι in 2 Petr 2,2–3: ἀσέλγεια und πλεονεξία. Dass Gegner verunglimpft werden, indem man ihnen allerhand Unsitten nachsagt, ist ein Allgemeinplatz. Intertextuell ist jedoch im vorliegenden Zusammenhang von Interesse, ob ἀσέλγεια und πλεονεξία zu den Untugenden gehören, die sozusagen standardmäßig mit Heterodoxie in Verbindung gebracht werden.

Für ἀσέλγεια kann dies nicht behauptet werden. Paulus gebraucht es einmal für einen Teil der Korinther, als er begründet, warum er lieber auf einen Besuch in Korinth verzichtet: Er befürchtet unliebsame Auseinandersetzungen und die persönliche Frustration zu sehen, dass sich manch einer trotz seiner ἀκαθαρσία, πορνεία und ἀσέλγεια noch nicht zur Umkehr gewandt hat (2 Kor 12,21). Ansonsten findet sich ἀσέλγεια häufiger in Lasterkatalogen[274] und wird zuweilen ausdrücklich zu mangelnder Gotteserkenntnis und Verehrung fremder Gottheiten in Beziehung gesetzt[275] oder als Charakteristikum heidnischer Lebensweise gehandelt.[276] Allgemeiner formuliert wird ἀσέλγεια oft mit Menschen zusammengebracht, die sich nicht nach der gewünschten Norm verhalten.[277] Daher liegt die Verwendung des Wortes auch für Lehrauseinandersetzungen zwar nahe, doch ist es hierfür nicht spezifisch, schon gar nicht für die *Ankündigung*

---

[273] Zu einem konkreten Prätextbezug über diese generische Selbstzuordnung hinaus siehe III.B.1.2.6.

[274] Mk 7,22; Röm 13,13; Gal 5,19; 1 Petr 4,3; Weish 14,26.

[275] So Weish 14,26; der größere Kontext Weish 14,22–27 weist diesen Zusammenhang auf. Josephus bringt bezüglich der Person Rehabeams (=Roboam), des Sohnes Salomos, Abkehr von der Verehrung Gottes u.a. mit ἀσέλγεια in Verbindung; siehe ant VIII,8,10 § 251f. Ferner kennzeichnet er die Idee Isebels, dem Bel von Tyrus einen Tempel bauen zu lassen, als ἀσέλγεια; vgl. ant VIII,13,1 § 318. Auch der einzige Beleg von ἀσέλγεια in den TestXII findet sich in unmittelbarer Nachbarschaft zu εἰδωλολατρεία: TestJud 23,1.

[276] Eph 4,17–20; 1 Petr 4,3.

[277] Siehe etwa Jos ant IV,6,12 § 151, wo die Rede des Zambrias gegen die durch Mose vermittelten Anordnungen Gottes als λόγοι ἀσελγείας gewertet wird, die, so fürchtet Mose, zu einem umfangreicheren Aufstand führen könnten. Auch das Verhalten des am Tempel zu Jerusalem postierten Wachsoldaten, der am Passafest seine Schamteile entblößt und damit einen solchen Aufruhr heraufbeschwört, dass nach den Angaben des Josephus zwanzigtausend Menschen zu Tode kommen, bezeichnet Josephus als ἀσέλγεια; vgl. ant XX,5,3 § 112.

von Falschlehrern. In 2,2 dürfte der Verfasser des *zweiten Petrusbriefes* ἀσέλγεια aus dem *Judasbrief* übernommen haben,[278] allerdings zeigt die Tatsache, dass er im weiteren Verlauf des Briefes, anders als Judas, das Wort noch zwei weitere Male einsetzt, dass hier auch seine eigene Handschrift vorliegt.

Desgleichen wird im weiteren Verlauf des Briefes der Vorwurf der πλεονεξία an die ψευδοδιδάσκαλοι noch einmal wiederholt (2,14). Im vorliegenden Kontext verbindet er sich mit ἐμπορεύεσθαι ‚erkaufen', so dass auch ein Gebrauch im übertragenen Sinne vorliegen könnte, zumal wenn man berücksichtigt, dass schon in 2,1 vom Kauf durch Christus die Rede war. Vielleicht bedeutet ἐμπορεύεσθαι entschlüsselt nur ‚als Anhänger an sich binden' und beschreibt πλεονεξία vor allem die intensive Bemühung um Gewinnung von Anhängern, sicher ist das jedoch nicht. Soziologisch lässt sich jedenfalls feststellen, dass πλεονεξία eine Unterstellung ist, deren sich vor allem gemeindliche oder gemeindeübergreifende Funktionsträger ausgesetzt sehen könnten. Dabei können an Stelle von πλεονεξία auch Synonyme verwendet werden. Den Thessalonichern gegenüber verwahrt sich Paulus gegen den möglichen Vorwurf, sein und seiner Mitarbeiter Auftreten sei je durch πλεονεξία motiviert gewesen (1 Thess 2,5). Der *erste Petrusbrief* ermahnt die Gemeindeleiter, sie sollten nicht um schnöden Gewinnes willen (αἰσχροκερδῶς) für die Gemeinde Sorge tragen (1 Petr 5,2). In den *Testamenten der zwölf Patriarchen* kündigt Levi als eine der künftigen Entgleisungen an, dass die Gebote des Herrn ἐν πλεονεξίᾳ gelehrt werden (TestLev 14,6). Und der lukanische Paulus erinnert die ephesinischen Ältesten in seiner Abschiedsrede daran, ihn habe nie nach Silber, Gold oder Kleidung verlangt, sondern er habe allzeit mit seinen eigenen Händen gearbeitet (Act 20,33). Da Paulus ganz offensichtlich hier als gutes Vorbild dargestellt wird, lässt sich schließen, dass prinzipiell auch eine andere Motivation denkbar wäre, die freilich in den *Acta* den durchaus angekündigten Falschlehrern aus der eigenen Mitte nicht direkt unterstellt wird, wohl aber im *Titusbrief*. Hier gibt es διδάσκοντες ἃ μὴ δεῖ, und sie tun es αἰσχροῦ κέρδους χάριν (Tit 1,11). Πλεονεξία gehört – als Wort oder mit anderen Lexemen realisiertes Motiv – also mit zu dem Repertoire an Motivationen, die heterodoxen Aktivisten unterstellt werden können. Darüber hinaus ist πλεονεξία ein in Lasterkatalogen oder anderen Beschreibungen charakterlicher Verderbtheit häufig auftretendes Element.[279]

---

[278] Es findet sich schon in Jud 4, dem Prätext zu 2 Petr 1,1–3, siehe III.B.1.2.4.

[279] Lasterkataloge und andere paränetische Texte, in denen πλεονεξία als zu meiden dargestellt wird: Mk 7,22; Kol 3,5; Eph 5,3; TestNaf 3,1; als Charakteristikum heidnischen Lebenswandels im Lasterkatalog Eph 4,19; angekündigt als Element künftiger charakterlicher Verfallserscheinung TestJud 21,8 und TestDan 5,7.

Das Wirken der ψευδοδιδάσκαλοι beschreibt ‚Petrus' als παρεισάγειν αἱρέσεις ἀπωλείας. Die Doppelpräfigierung παρεισ- kann neben neutraler Verwendung[280] in bestimmten Verbindungen das Element des Heimlichen oder Böswilligen in sich bergen,[281] von da ist es ein kleiner Schritt zu einer pejorativen Bedeutung, wie sie ohne Frage in den neutestamentlichen Belegen für παρεισάγειν (2 Petr 2,1), παρεισδύειν (Jud 4), παρείσακτος (Gal 2,4) und παρεισέρεσθαι (Röm 5,20; Gal 2,4) vorliegt. Übereinstimmend mit dem *zweiten Petrusbrief* verwendet im zweiten Jahrhundert noch Hegesipp das Verb παρεισάγειν für die Einführung diverser devianter Lehren, aus denen dann auch ψευδόχριστοι, ψευδοπροφῆται und ψευδαπόστολοι hervorgegangen seien.[282] Wie in der genannten neutestamentlichen Briefliteratur verbindet sich also auch bei ihm das Doppelpräfix παρεισ- sachlich mit dem Kontext der Auseinandersetzung mit Heterodoxie und morphologisch mit dem Lexem ψευδ- für Vertreter der entsprechenden Lehren. In Abschiedsreden ist παρεισάγειν zwar sonst nicht als für die Ankündigung von Falschlehre(r)n typisches Verb nachzuweisen,[283] doch entspricht es der auch sonst zu beobachtenden Verwendung pejorativer Lexeme für die Verbreitung – oder die Verbreiter – anderer Lehren. Verschiedentlich geschieht dies durch den Gebrauch von Metaphern oder Vergleichen, die, indem sie die Gegner ‚charakterisieren', auch deren Wirken diskreditieren. Hierher gehören die Wölfe im Schafspelz (ἐν ἐνδύμασιν προβάτων ... λύκοι ἅρπαγες) aus Mt 7,15 oder die ‚wilden' Wölfe (λύκοι βαρεῖς) aus Act 20,28, die nach dem Weggang Pauli schonungslos in die Herde eindringen werden. Die abwertende Lexik kann auch die Botschaft der Anderen direkt beschreiben: Wie in 2 Petr 2,3 die Werbung von Anhängern über ‚erdichtete Lehren' (πλαστοὶ λόγοι) erfolgt, so reden die aus dem ephesinischen Gemeindeinnern erstehenden Heterodoxen in Act 20,28 ‚verdrehtes Zeug' (διεστραμμένα). Auch der Erfolg kann entsprechend abschätzig beschrieben werden; 2 Tim 2,17 weiß

---

[280] Sogar in positivem Kontext in 2 Petr 1,5: Καὶ αὐτὸ τοῦτο δὲ σπουδὴν πᾶσαν παρεισενέγκαντες ἐπιχορηγήσατε ἐν τῇ πίστει ὑμῶν τὴν ἀρετὴν ...

[281] Belege sowohl zur neutralen als auch zur markierten Verwendung finden sich bei Neyrey 1993, 190. Diese Aspekte können noch eigens verstärkt sein, so ist etwa das Element des Heimlichen in 2 Makk 8,1 zusätzlich lexikalisiert: Ιουδας δὲ ὁ καὶ Μακκαβαῖος καὶ οἱ σὺν αὐτῷ παρεισπορευόμενοι λεληθότως εἰς τὰς κώμας...

[282] Hegesipp bei Eus hist.eccl IV,22,5–6: ἀπὸ τούτων Μενανδριανισταὶ καὶ Μαρκιανισταὶ καὶ Καρποκρατιανοὶ καὶ Οὐαλεντινιανοὶ καὶ Βασιλειδιανοὶ καὶ Σατορνιλιανοὶ ἕκαστος ἰδίως καὶ ἑτέροίως ἰδίαν δόξαν παρεισηγάγοσαν, ἀπὸ τούτων ψευδόχριστοι, ψευδοπροφῆται, ψευδαπόστολοι, οἵτινες ἐμέρισαν τὴν ἕνωσιν τῆς ἐκκλησίας ...

[283] Die TestXII etwa verwenden es nicht. Nur einmal erscheint dort παρεισέρχομαι und zwar mit der Schamlosigkeit als Subjekt, die sich heimlich einstellt, wenn Weingenuss ohne Gottesfurcht erfolgt: TestJud 16,2: παρεισέρχεται ἡ ἀναισχυντία.

zu berichten, dass die falsche Lehre wuchert wie ein Krebsgeschwür: καὶ ὁ λόγος αὐτῶν ὡς γάγγραινα νομὴν ἕξει.

Wie παρεισάγειν muss auch αἵρεσις nicht zwangsläufig negativ sein. Josephus und Lukas stellen übereinstimmend die verschiedenen Strömungen im Judentum als αἱρέσεις dar, als Philosophenschulen vergleichbare Größen.[284] Bei Lukas kann in diesem Sinne auch das werdende Christentum als αἵρεσις bezeichnet werden.[285] Doch Paulus gebraucht αἱρέσεις in einer Reihe mit ἐριθείαι, διχοστασίαι (Gal 5,20) und σχίσματα (1 Kor 11,18f) und zielt mit dem Wort auf sich absondernde Gruppen; damit ist eine deutlich negative Konnotation gegeben, der auch Ignatius folgt, wenn er die Epheser dafür lobt, dass keine αἵρεσις unter ihnen heimisch sei, und die Trallianer mahnt, die αἵρεσις zu meiden.[286] Ebenso wenig sind die αἱρέσεις ἀπωλείας in 2 Petr 2,1 neutral oder positiv, das Attribut ἀπωλείας rückt sie in ein negatives Licht. Semantisch dürfte sich ein Verständnis von αἱρέσεις ἀπωλείας als ‚verderbliche *Lehren*' nahelegen, nicht etwa ‚verderbliche *Gruppierungen*', weil ja von Pseudo*lehrern* die Rede ist und das Verb παρεισάγειν als Komplement leichter ‚Lehren' an sich ziehen kann als ‚Gruppierungen'.[287] Auch der Kontext weist in diese Richtung: Auf den Aspekt einer ‚verderblichen Abspaltung' hebt der *zweite Petrusbrief* auch im Weiteren nicht ab. Zwar wird angekündigt, dass viele es ihnen in ihren ἀσελγείαι nachtun werden, doch wird dies nicht unter dem Aspekt der Absonderung in die Diskussion eingebracht. Vermutlich verwendet der Verfasser demnach αἱρέσεις zwar mit derselben Konnota-

---

[284] Siehe Jos ant XIII,5,9 § 171: Κατὰ δὲ τὸν χρόνον τοῦτον τρεῖς αἱρέσεις τῶν Ἰουδαίων ἦσαν ... ὧν ἡ μὲν Φαρισαίων ἐλέγετο, ἡ δὲ Σαδδουκαίων, ἡ τρίτη δὲ Ἐσσηνῶν; Jos vit 12: ἠρξάμην τε πολιτεύεσθαι τῇ Φαρισαίων αἱρέσει κατακολουθῶν, ἡ παραπλήσιός ἐστι τῇ παρ' Ἕλλησιν Στωϊκῇ λεγομένῃ; Act 5,17 ἡ οὖσα αἵρεσις τῶν Σαδδουκαίων; Act 15,5: ἐξανέστησαν δέ τινες τῶν ἀπὸ τῆς αἱρέσεως τῶν Φαρισαίων ... ; ferner Act 26,5.

[285] Act 24,5 im Munde des Tertullus, eines das Synhedrium vertretenden ῥήτωρ, in Act 28,22 im Munde der Leiterschaft der Juden in Rom, Act 24,14 im Munde des Paulus, der jedoch die Sicht der Jerusalemer Juden wiedergibt. Letztgenannte Stelle kann ebenfalls neutral sein: Paulus nennt den christlichen Glauben ἡ ὁδός und weist darauf hin, dass die fraglichen jüdischen Kreise das sich herausbildende Urchristentum als eine ihrer αἱρέσεις ansehen.

[286] IgnEph 6,2 und IgnTrall 6,1. Es wird nicht so ganz klar, wie BARTELINK 1953, 77 αἵρεσις bei Ignatius interpretiert. Einerseits behauptet er, die beiden Stellen bei Ignatius seien "de oudste waar wij in de christelijke geschriften duidelijk de betekenis valse secte, heterodoxe groep aantreffen". Auf der anderen Seite bezieht er Position gegen BAUER, der – wie BARTELINK – in IgnTrall 6,1 αἵρεσις nicht als Häresie, sondern als Sekte verstanden wissen wollte.

[287] Siehe die Beispiele bei NEYREY 1993, 190.

tion, aber mit einem etwas anderen semantischen Schwerpunkt als die anderen neutestamentlichen Schriften und die Apostolischen Väter.[288]

Der Erfolg der ψευδοδιδάσκαλοι wird lexikalisch mit ἐξακολουθεῖν und ἐμπορεύεσθαι realisiert. Was den Gebrauch des Kompositums anstelle des Simplex betrifft, ist ἐξακολουθεῖν für den Verfasser des *zweiten Petrusbriefes* ein Vorzugswort; inhaltlich, als Frage nach der Orientierung, der eingeschlagenen Richtung, des Anschlusses an Lehren oder Personen aber eines seiner zentralen Anliegen. Beides belegt die recht hohe Frequenz von ἐξακολουθεῖν im Verhältnis zur Kürze des Briefes. In 1,16 erklärt der Verfasser, die apostolische Autorität sei nicht clever ersonnenen μύθοι gefolgt, als sie den Angeschriebenen die δύναμις καὶ παρουσία Christi bekannt gemacht habe. In 2,15 beschreibt er die Gegner als Menschen, die dem Weg Bileams gefolgt sind (ἐξακολουθήσαντες τῇ ὁδῷ τοῦ Βαλαάμ), und schließlich wird in 2,2 angekündigt, dass viele den ἀσελγείαι der ψευδοδιδάσκαλοι Gefolgschaft leisten werden. In diesem Kontext der Auseinandersetzungen mit devianten Gruppierungen gehört ἐξακολουθεῖν auch in der Septuaginta und in den *Testamenten der zwölf Patriarchen*. Die Anderen sind dabei entweder Beispiele aus der Vergangenheit, gehören der Gegenwart an oder sind für die Zukunft angekündigt.[289] Das Verb legt sich also dem Verfasser thematisch nahe, gehört aber nicht zwangsläufig zur *Ankündigung* von Heterodoxie und Apostatentum.

---

[288] Außer Ignatius verwendet Mitte des zweiten Jahrhunderts noch der *Hirt des Hermas* das Wort: ὅσοι ταύτην ἔχετε τὴν αἵρεσιν, ἀπόθεσθε αὐτὴν καὶ μετανοήσατε; Herm sim 9,23,5. WENGST, SUC III, 341 übersetzt mit ,Neigung' und auch BARTELINK 1953, 77 will sich einer französischsprachigen Übersetzung mit «dispositions» anschließen. Nach dem Kontext geht es allerdings auch hier um Menschen, die sich bei Verleumdungen (καταλαλίαι) und fortwährendem Nachtragen (μνησίκακοι) verharren und so in dem Gleichnis ,Risse' (σχισμαί) in einem Berg verursachen. Die Konnotation der Uneinigkeit scheint hier deutlich gegeben, und es ist die Frage, ob tatsächlich ,Neigung' hier den komplexen Gehalt vollständig wiederzugeben vermag.

[289] Am 2,4 parallelisiert die gegenwärtige Hinwendung einiger Judäer zu anderen Göttern mit dem Verhalten der Väter, die diesen ebenfalls folgten οἷς ἐξηκολούθησαν οἱ πατέρες αὐτῶν ὀπίσω αὐτῶν. Von der Vergangenheit spricht auch TestNaf 3,3: Die Heidenvölker seien trügerischen Geistern gefolgt: Ἔθνη ... ἐπηκολούθησαν λίθοις καὶ ξύλοις, ἐξακολουθήσαντες πνεύμασι πλάνης. TestJud 23,1 schwankt textkritisch zwischen ἀκολουθοῦντες und ἐξακολουθοῦντες, bezieht sich aber in jedem Falle auf die Vergangenheit der Angesprochenen. Jes 56,11 wendet sich gegen die Führer des Volkes mit dem Vorwurf, ein jeder von ihnen gehe seinen eigenen Weg: πάντες ἐν ταῖς ὁδοῖς αὐτῶν ἐξηκολούθησαν, ἕκαστος κατὰ τὸ ἑαυτοῦ. 1 Clem 14,1 rät, lieber Gott gehorsam zu sein als „Leuten zu folgen, die unter Großtun und Aufbegehren gegen die Ordnung widerwärtige Eifersucht anzetteln" (τοῖς ἐν ἀλαζονείᾳ καὶ ἀκαταστασίᾳ μυσεροῦ ζήλους ἀρχηγοῖς ἐξακολουθεῖν). Für die letzten Tage kündigt Sebulon in TestSeb 9,5 eine Abkehr von dem Herrn und die Gefolgschaft zwei Königen gegenüber an (ἐν ἐσχάταις ἡμέραις ἀποστήσεσθε ἀπὸ Κυρίου ... καὶ δύο βασιλεῦσιν ἐξακολουθήσετε); Issachar sieht vorher, dass in den

Noch viel weniger ist ἐμπορεύεσθαι, das überhaupt selten ein persönliches Objekt mit sich führt,[290] als Wort für solche Kontexte typisch. Seine Verwendung gehört in den Rahmen der Verwendung abwertender Lexik für das erfolgreiche Werben der Anderen; dass die Wahl auf genau dieses Wort fällt, ist die persönliche Handschrift des Verfassers.[291]

iii. Die Ankündigung des Gerichts über die Heterodoxen

Schon in den Schriften des Tenach kann falschen Propheten kann für die Zukunft ihr Verderben oder ihre Strafe angekündigt werden.[292] Doch geht die Gruppe der von Gerichtsankündigungen Betroffenen weit über Anderslehrende hinaus. Letztlich trifft das Urteil denjenigen, der Gott durch sein Tun entgegensteht. In Mk 12,40 par. wird das κρίμα den Schriftgelehrten aufgrund ihres Verhaltens gegenüber Witwen und ihrer Gebetspraxis angekündigt; Paulus stellt es als bekannte Tatsache hin, dass das κρίμα diejenigen trifft, die bestimmte Untugenden praktizieren.[293] Der *Jakobusbrief* warnt, nicht zu viele sollten nach dem Lehramt streben, drohe ihnen doch ein strengeres κρίμα (3,1); offensichtlich geht er also davon aus, dass grundsätzlich jeder ein κρίμα zu erwarten hat. In 2 Petr 2,3 ist κρίμα parallelisiert mit ἀπώλεια, es ist also deutlich, dass es um einen negativen Urteilsspruch gehen wird, der speziell die falschen Lehrer trifft.

Das anstehende κρίμα ist eine so allgemeine Vorstellung, dass keine konkrete Verweiskraft von ihm auszugehen vermag, ebenso wenig aufschlussreich ist eine Untersuchung von ἀπώλεια. Fragt man, in welchen Texten sonst beide Substantive im Abstand von zwei Druckzeilen genannt werden, so stößt man auf die *Psalmen Salomos* und die *griechische Henochapokalypse*.[294] Keine der Stellen ist signifikant nahe an 2 Petr 2,3; die paralle-

---

letzten Zeiten die Nachfahren seiner Kinder ihren eigenen schlechten Ratschlüssen folgen werden (TestIss 6,2): ἐξακολουθήσουσι τοῖς πονηροῖς διαβουλίοις αὐτῶν.

[290] BAUER/ALAND 1988, s.v. ἐμπορεύομαι 2. trans.

[291] In den elf Belegstellen der LXX wird das Wort niemals pejorativ für das Werben von Anhängern verwendet: Gen 34,10.21; 42,34; 2 Chr 1,16; 9,14; Prov 3,14; 31,14; Am 8,6; Hos 12,1; Ez 27,13.21.

[292] Sach 13,2: καὶ ἔσται ἐν τῇ ἡμέρᾳ ἐκείνῃ, λέγει κύριος, ... καὶ τοὺς ψευδοπροφήτας καὶ τὸ πνεῦμα τὸ ἀκάθαρτον ἐξαρῶ ἀπὸ τῆς γῆς, siehe auch Jer 6,13b.15b.

[293] Röm 2,2f οἴδαμεν δὲ ὅτι τὸ κρίμα τοῦ θεοῦ ἐστιν κατὰ ἀλήθειαν ἐπὶ τοὺς τὰ τοιαῦτα πράσσοντας· τὰ τοιαῦτα weist dabei über 1,32 (οἱ τὰ τοιαῦτα πράσσοντες) zurück nach den Lasterkatalogen am Ende des ersten Kapitels.

[294] Am ehesten vergleichbar: PsSal 9,2: καὶ ὁ ποιῶν ἀδικίαν αὐτὸς αἴτιος τῆς ψυχῆς ἐν ἀπωλείᾳ·τὰ γὰρ κρίματα κυρίου ἐν δικαιοσύνῃ κατ' ἄνδρα καὶ οἶκον; siehe ferner PsSal 2,31f; 15,8f; grHen 10,12; 12,6–3,1. Clemens Alexandrinus zitiert in seinen *stromateis* darüber hinaus noch im Rahmen einer Paraphrase von Dtn 30,15–20 (ClemAl strom V,11,72): ἐὰν δὲ παραβῆτε τὰ δικαιώματα καὶ τὰ κρίματα ἃ δέδωκα ὑμῖν, ἀπωλείᾳ ἀπολεῖσθε. In einigen der genannten Belegstellen sind zwar κρίμα und ἀπώλεια hinsichtlich ihrer syntaktischen Einbindung weit geschieden vonein-

le Konstruktion οἷς τὸ κρίμα ἔκπαλαι οὐκ ἀργεῖ καὶ ἡ ἀπώλεια αὐτῶν οὐ νυστάζει ist wohl die eigene Formulierung des Verfassers.[295] Doch weist die Tatsache, dass man bei der genannten Recherche gerade auf die beiden angeführten Schriften stößt, einmal mehr darauf hin, in welcher Text- und Vorstellungswelt der Verfasser sich bewegt, nämlich in der des hellenistischen Judentums.

Als Fazit der Untersuchungen zum ψευδοδιδάσκαλοι-Abschnitt 2 Petr 2,1–3 ergibt sich, dass die Verse sich zwar innerhalb der Abschiedsliteratur als eine mögliche Ausformung der Zukunftsankündigung lesen, dass sich der Verfasser aber bei der Formulierung nur hie und da einer Lexik bedient, die eindeutig auf die Ankündigung heterodoxer Persönlichkeiten verweist. Weitere Textgattungen oder besser: Gattungselemente gehören zum unmittelbaren Umfeld, so etwa die Gegnerpolemik der neutestamentlichen Briefliteratur und Unheils- bzw. Gerichtsankündigungen.[296] Dass es trotzdem richtig ist, den Text unter dem Aspekt der Zugehörigkeit zu den Abschiedsreden zu betrachten, zeigen die mehrfach beobachteten inhaltlich-sachlichen Parallelen zu dem Abschied des Paulus von den ephesinischen Gemeindeältesten zu Milet:

	Acta 20,29–30	2 Petr 2,1–3
Bedrohung von außen	... in Form von Menschen εἰσελεύσονται ... λύκοι βαρεῖς	... in Form der Lehre παρεισάξουσιν αἱρέσεις ἀπωλείας
falsche Lehrer aus dem Gemeindeinneren	ἐξ ὑμῶν αὐτῶν ἀναστήσονται ἄνδρες	ἐν ὑμῖν ἔσονται ψευδοδιδάσκαλοι
pejorative Beschreibung der anderen Lehre	λαλοῦντες διεστραμμένα	πλαστοῖς λόγοις
Ziel/Erfolg der Heterodoxen: Gemeindeglieder abwerben	τοῦ ἀποσπᾶν τοὺς μαθητὰς ὀπίσω αὐτῶν	ὑμᾶς ἐμπορεύσονται

ander; das tut dem hiesigen Argument jedoch keinen Abbruch, da es um die Vorstellungwelt geht, die gemeinsam ἀπώλεια und κρίμα umfasst, bzw. linguistisch formuliert: um das Wortfeld κρίμα, zu dem auch ἀπώλεια gehört.

[295] Darauf lässt auch die Beobachtung schließen, dass ἀργεῖν und νυστάζειν sonst nicht parallel gebraucht zu finden sind.

[296] Zu Schelte, Unheils- und Gerichtsankündigung im NT im Allgemeinen siehe BERGER 2005 § 63 (Mahnung und Schelte), 252–257; § 64 (Unheilsansage als Mahnung), 257–260; § 65 (Weheworte), 260–264. All dies sind für BERGER symbuleutische Gattungen. Offenbar fällt jedoch 2 Petr 2,3 nicht hierunter, denn der Vers wird dort nicht eigens aufgeführt. Das gesamte Kapitel 2 Petr 2 erscheint erst in § 117 unter „Urteile und Beurteilungen"; ibid. 429f. Der 2,3 eigene Charakter der Unheilsansage wird nicht weiter zu anderen neutestamentlichen Texten in Beziehung gesetzt.

Auffälligerweise findet sich in beiden Texten außerhalb der genannten Verse neben weiteren, auf die Gattung zurückzuführenden Ähnlichkeiten wie die Ankündigung des bevorstehenden Todes (Act 20,25; 2 Petr 1,12–15), auch das Motiv der Heilstat Christi als Erwerb, in den *Acta* freilich auf die Gemeinde bezogen (Act 20,28), im *zweiten Petrusbrief* auf die ψευδοδι-δάσκαλοι gemünzt.[297] All diese Ähnlichkeiten beruhen nicht auf lexikalischen Überschneidungen. Der Verfasser des *zweiten Petrusbriefes*, so eine weitere Beobachtung, gebraucht in 2,1–3 mehrfach Wörter, deren er sich auch sonst im vorliegenden Brief bedient (ταχινός, ἀπώλεια, ἐξακολου-θεῖν, ἀσέλγεια), was darauf schließen lässt, dass der Abschnitt von der Diktion des Verfassers selbst geprägt ist.

1.2. Lexikalische Einzelreferenzen und indexikale Intertextualität

1.2.1. Die christologische Deutung der Propheten durch die Apostel (2 Petr 1,19)

Trifft die Annahme zu, dass die erste Person Plural in 2 Petr 1,19 (καὶ ἔχομεν βεβαιότερον) als apostolisches Wir aufzufassen ist, so hat der *zweite Petrusbrief* ein Element mit der Vorstellungswelt des *Kerygma Petrou* gemein. Auch hier sind ausdrücklich die Apostel diejenigen, die beim Lesen in den Prophetenbüchern dort das Geschick Jesu vorhergesagt finden,[298] ähnlich wie auch der genannte Vers im *zweiten Petrusbrief* voraussetzt, dass die Apostel den Adressaten die Schrift als Deutung auf das (erfolgte und noch zu erwartende) Geschick Christi vorhalten. Es wird im *Kerygma Petrou* sogar ausgeführt, dass dies mit unterschiedlichen Sprachformen geschieht: teils in Gleichnissen, teils in Rätseln, teils aber auch in eigentlicher Sprache und ausdrücklich.[299] Dürfte man ein ähnliches Verständis auch für den *zweiten Petrusbrief* voraussetzen, gewönne das Wort ἐπίλυσις zusätzliche Plausibilität, denn gerade Gleichnisse und Rätsel müssen natürlich gedeutet werden.[300] Ferner werden im *Kerygma Petrou*

---

[297] Zum Motiv des Erwerbs siehe unten III.B.1.2.7.

[298] Vgl. die Fragmente 9 und 10 in der Ausgabe von CAMBE (CCSA 15), 158–161. Den Hinweis auf diese Gemeinsamkeit gibt schon WOHLENBERG 1923, 201.

[299] KerPet 9 (= ClemAl strom VI,15,128,1): ... τῶν προφητῶν, ἃ μὲν διὰ παραβο-λῶν, ἃ δὲ δι' αἰνιγμάτων, ἃ δὲ αὐθεντικῶς καὶ αὐτολεξεὶ τὸν Χριστὸν Ἰησοῦν ὀνομαζόντων ...

[300] Nach Mk 4,34, Herm sim 5,3,1; 5,4,3 und 5,6,8 sind es gerade παραβολαί, die einer ἐπίλυσις bedürfen. Auch in Verbindung mit αἰνίγματα findet sich das Wort, siehe Eus pr.ev V,24,9 (ein Zitat des kynischen Philosophen Oinomaos von Gadara aus dem zweiten Jahrhundert n. Chr.) ὁ γοῦν ἐπιλυσάμενος ἐκεῖνο τὸ αἴνιγμα. Didymus Caecus schreibt in seinem *Koheletkommentar* zu Koh 8,1, die Deutung räselhafter Worte könne nur derjenige kennen, dessen Weisheit kompatibel sei mit der Weisheit der Rätselworte: τὰς ἐπιλύσεις τῶν αἰνιγματωδῶν ῥημάτων οὐχ ὁ τυχὼν οἶδεν, ἀλλ' ὁ κατὰ τὴν σοφίαν, καθ' ἣν προφέρεται τὰ ῥήματα, σοφὸς ὤν (233,13),

die einzelnen Elemente aufgelistet, die prophetisch vorausgesagt wurden: seine παρουσία, der Tod, das Kreuz und die übrigen Strafen, die ihm die Juden antaten, sowie die Auferstehung und die Aufnahme in den Himmel.[301] Die Liste wird also angeführt von der παρουσία, die allerdings hier allgemein als Kommen Jesu gedeutet wird.[302] Betrachet man jedoch die Aufzählung, so findet man in den drei Elementen *nach* der παρουσία eine zeitliche Rückwärtsbewegung: *Tod* – *Kreuz* – ‚*Strafen'*, bevor entlang der Zeitleiste *Auferweckung* und *Himmelfahrt* angeschlossen werden, so dass es verwundern muss, dass sich nicht irgendwo der Vorschlag findet, die Liste beginne insgesamt mit der Parusie gedeutet als Wiederkunft, was die ersten vier Elemente in eine umgekehrt chronologische Reihenfolge brächte. Der Umfang des erhaltenen Textmaterials ist zu schmal, als dass es angebracht wäre, Aussagen über konkrete textuelle Beziehungen zwischen *Kerygma Petrou* und *zweitem Petrusbrief* zu machen, doch im Verein mit etwaigen weiteren Berührungen könnte dieses Element am Ende der Untersuchung zumindest zu Vermutungen über eine Verbindung führen.

1.2.2. Die Lampe am trüben Ort, das Aufscheinen des Tages und der Aufgang des Lichtbringers in den Herzen (2 Petr 1,19)

Sorgfältig gesetzt sind die Worte, mit denen der Verfasser den rechten Umgang mit dem προφητικὸς λόγος beschreibt:[303] Die Angeschrieben sollen an ihm festhalten ὡς λύχνῳ φαίνοντι ἐν αὐχμηρῷ τόπῳ. Substantive und zugehörige Attribute sind chiastisch angeordnet. Dagegen trägt der Gliedsatz, der der Dauer dieses Gebrauchs ein Ende setzt, die Struktur eines *Parallelismus membrorum* mit Erweiterung des zweiten Teiles:

ἕως οὗ	ἡμέρα	διαυγάσῃ	
καὶ	φωσφόρος	ἀνατείλῃ	ἐν ταῖς καρδίαις ὑμῶν.[304]

---

was im übrigen gut zu der Logik in 2 Petr 1,19–21 passt. Auch hier muss die Inspiration des Deuters der Inspiration des Geschriebenen in gewisser Weise entsprechen.

[301] KerPet 9 (= ClemAl strom VI,15,128,1): εὕρομεν καὶ τὴν παρουσίαν αὐτοῦ καὶ τὸν θάνατον καὶ τὸν σταυρὸν καὶ τὰς λοιπὰς κολάσεις πάσας ὅσας ἐποίησαν αὐτῷ οἱ Ἰουδαῖοι, καὶ τὴν ἔγερσιν καὶ τὴν εἰς οὐρανοὺς ἀνάληψιν πρὸ τοῦ Ἱεροσόλυμα κτισθῆναι, καθὼς ἐγέγραπτο ταῦτα πάντα, ἃ ἔδει αὐτὸν παθεῖν καὶ μετ' αὐτὸν ἃ ἔσται.

[302] Vgl. CAMBE in CCSA 15, 354: «La carrière du Christ selon le KP commence par sa venue. Παρουσία est employé ici sans intention eschatologique, exactement comme chez Ignace dans la *Lettre aux Philadelphiens*...» Im selben Sinne auch WOHLENBERG 1923, 201 Anm. 97 und SCHNEEMELCHER in NTApo II ³1964, 63.

[303] THURÉN 1996, 339 bezeichnet den Vers als "poetic and beautiful", in Abgrenzung zu anderen Stellen im Brief, deren Syntax "complicated and puzzling" sei. Woran er die poetische Schönheit präzise festmacht, verrät er nicht.

[304] Die Interpretation als *Parallelismus membrorum*, dessen Teile zweimal mehr oder weniger dasselbe aussagen, entbindet von so gewollten Konstruktionen wie etwa der BOEHMERS (1923, 232), die besagt, die beiden Teile des ἕως οὗ-Satzes implizierten eine

Artikellosigkeit und parallele Struktur erinnern an hebräische – oder weiter gefasst: altorientalische – Poesie,[305] doch ein Text, den der Verfasser direkt wiederverwendet haben könnte, lässt sich nicht ohne weiteres ausmachen. Für einzelne Teile werden jedoch verschiedene Vorlagen diskutiert.

i. ὡς λύχνῳ φαίνοντι ἐν αὐχμηρῷ τόπῳ

Das Wort (λόγος) Gottes, seine Weisung (Thora, νόμος), aber auch diejenigen, die das göttliche Wort übermitteln, können in der Hebräischen Bibel, ihren griechischen Übersetzungen und der auf diesen Schriften fortbauenden jüdischen Tradition mit der Lichtmetapher verbunden werden, angefangen von Ps 118,105 LXX, wo der λόγος Gottes als λύχνος für die Füße bezeichnet wird,[306] über Schriften wie die *Sapientia Salomonis*, wo es als Aufgabe des Gottesvolkes beschrieben wird, das Licht des Gesetzes (νόμου φῶς) zu verbreiten (Weish 18,4), oder *Jesus Sirach*, der das Wort (λόγος) des Propheten (προφήτης) Elia als Fackel (λαμπάς) charakterisiert (Sir 48,1), bis hin zum *Liber Antiquitatum Biblicarum*, der *syrischen Baruchapokalypse* und dem *vierten Esrabuch*.[307] Angesichts dieses Befundes wird meist darauf verzichet, ein bestimmtes dieser Werke zur direkten Inspirationsquelle für den *zweiten Petrusbrief* zu erklären. Selbst wo die textuelle Schnittmenge mehr als eine lexikalische Einheit beträgt, verbieten sich vorschnelle Schlüsse aufgrund der Allgemeinheit des Licht-Dunkelheit-Motivs in Verbindung mit Formen des göttlichen Wortes. Die strukturell nächste Parallele findet sich in 4 Esr 12,42: Esra ist als einziger der Propheten übrig geblieben, *sicut lucerna in loco obscuro*. Einen besonders wertvollen Hinweis auf die Textwelt der *Secunda Petri* könnte diese Stelle darstellen, verfügten wir über den griechischen Text und wäre darin das auffällige αὐχμηρός aus 2 Petr 1,19 als Pendant zu *obscurus* ge-

---

temporale Reihenfolge: Erst gehe es darum, dass der Tag „in seinem ersten Schimmer" erglänze und „[alsdann] als Lichtbringer (mit Sonnenaufgang)" auftrete.

[305] Freilich kann die Artikellosigkeit nicht als eindeutiger Hinweis gelten. Denn zum einen ist die (nicht ganz seltene) Weglassung des Artikels durch den Verfasser der *Secunda Petri* ein komplexeres Feld, siehe dazu KRAUS 2001, 62–86, wo freilich gerade der vorliegende Teilvers nicht diskutiert wird; zum anderen ist sie in hebräischer Poesie nur eine Tendenz, siehe GESENIUS-KAUTZSCH ²⁸1909, § 2s; JOÜON-MURAOKA 1993, 507 = Teil III § 137 3) (1). Zum *Parallelismus membrorum* in der hebräischen Dichtung siehe WATSON 1984, 114–159; BERLIN 1985; ALONSO SCHÖKEL 1988, 48–63.

[306] Als weiterer Vergleichstext wird zuweilen Hi 29,3 LXX angeführt: ὡς ὅτε ηὔγει ὁ λύχνος αὐτοῦ ὑπὲρ κεφαλῆς μου, ὅτε τῷ φωτὶ αὐτοῦ ἐπορευόμην ἐν σκότει·

[307] LibAnt 9,8; 15,6; syrBar 17,4; 59,2; 4 Esr 12,42; siehe darüber hinaus auch Joh 5,35 (der Täufer als λύχνος).

braucht;[308] denn *lucerna* und λύχνος können einander durchaus entsprechen.[309] In diesem Falle wären die beiden Texte bis auf φαίνοντι, dem eine lateinische Entsprechung fehlt, parallel, und eine Abhängigkeit rückte in den Bereich der Wahrscheinlichkeit; doch mit den vorliegenden Daten verbleibt dies im Bereich des Vermutlichen.[310]

ii. ἕως οὗ ἡμέρα διαυγάσῃ[311]

In diesem Teilvers könnte Cant 2,17 = 4,6 anklingen: עַד שֶׁיָּפוּחַ הַיּוֹם. Zwar lautet die Wiedergabe durch die Septuaginta ἕως οὗ *διαπνεύσῃ* ἡ ἡμέρα, doch hat möglicherweise daneben eine andere Übersetzung existiert, die mit der Formulierung ἕως οὗ ἡμέρα διαυγάσῃ aus 2 Petr 1,19 (weitgehend) übereinstimmte. Diese Vermutung lässt sich aus einer Stelle im *Hoheliedkommentar* des Origenes gewinnen. Von diesem ursprünglich zehnbändigen Kommentar sind der Prolog und die ersten drei Bände in der lateinischen Übersetzung Rufins erhalten. Griechische Fragmente gibt es nur sehr spärlich; doch einige Passagen lassen sich aus dem Katenen-

---

[308] Eine Wahrscheinlichkeit kann nicht ohne weiteres behauptet werden, weil die Vergleichsmöglichkeit fehlt, d.h. die Gleichsetzung *obscurus* – αὐχμηρός in unserer Literatur sonst nicht belegt ist. In der LXX etwa findet sich das Wort nicht, im NT ist es *Hapax legomenon*; zum weiteren Vorkommen siehe KRAUS 2001, 330. Zunächst bedeutet αὐχμηρός einfach trocken, regenlos. So verwenden es Hippokrates bzw. das *Corpus Hippocraticum* häufiger mit Bezug auf eine Jahreszeit (Hippokr *De aëre, aquis et locis* 10 mehrfach, aber auch andernorts). Auch die Haut kann αὐχμηρός sein (Hippokr *De affectionibus interioribus* 252, 33), ebenso Nieren (Arist hist.an I,17 = 497a) und Hirn (Arist hist.an III,17 = 520a). In dieser Bedeutung beschreibt es weiterhin Haare, Bodenbeschaffenheit (Theophr h.plant 9,11,10) oder den Erzählstil (DionHal *De Demosthenis dictione* 45). Davon ausgehend kann es zur Bedeutung ‚staubig, schmutzig' kommen, wenn etwa jemand von einer Reise kommt (DionHal ant 20,4,5) oder ungepflegt auftritt (Plut *Agesilaus* 30,3); bei Philo kann eine Lebensform αὐχμηρός sein, vielleicht etwa in der Bedeutung ‚karg' (Phil praem 35). Aristoteles verwendet es parallel mit ἀλαμπές und als Gegensatzpaar zu λαμπρὸν ἢ στίλβον, hell oder glänzend, für eine Farbe (Arist col 3 = 793a). Ein Ort wird im Akhmîm-Fragment der *Petrusapokalypse* als αὐχμηρός charakterisiert (ApkPetr 22 = P.Cair. 10759 f. 8r Zeile 13); inschriftlich bezeugt ist die Anwendung auf die Totenwelt im zweiten nachchristlichen Jahrhundert in Antiochien in Syrien: κεῖμαι ἐς [αὐ]χμηροὺς καὶ ἀλαμπέας Ἀΐδος εὐνάς ... (KAIBEL 1878, 431,3).

[309] Ps 118, 105 LXX und Vulgata, ebenso Joh 5,35.

[310] SCHMIDT 2003, 359 Anm. 127 rechnet zwar mit Impulsen aus 4 Esra und syrBar bei der Abfassung des *zweiten Petrusbriefes*, glaubt für diesen Fall an eine indirekte Verbindung: „Der Ausspruch kann sich einer gemeinsamen Tradition oder einer gängigen Wendung verdanken, er muss nicht direkt aus 4 Esra stammen."

[311] Die folgende Argumentation ist im Wesentlichen eine Zusammenfassung von SMIT SIBINGA 1966, 109ff.

kommentar des Prokopius von Gaza (5./6. Jh.) zum *Hohenlied* entnehmen, der Origenes benutzte.[312]

Die spärlichen Anspielungen auf und Zitate von Cant 2,17 bei Origenes folgen, wenn man den Wiedergaben des Prokopius und des Rufin glauben will, in der Regel der Septuaginta.[313] Mit einer Ausnahme: Im Zusammenhang mit der Auslegung von Cant 2,3 widersprechen sich die Textwiedergaben von Cant 2,17 = 4,6 bei Prokopius und Rufin:[314]

ἕως οὗ	διαυγάσῃ ἡμέρα	καὶ κινηθῶσιν αἱ σκιαί
donec	respiret dies	et amoveantur umbrae

Die Übersetzung Rufins entspricht gänzlich dem Septuagintatext, bei Prokopius überrascht das erste Verb. Dieser Befund ließe sich natürlich so interpetieren, dass Origenes in Anlehnung an 2 Petr 1,19 διαπνεύσῃ durch διαυγάσῃ ersetzt. Doch zeigen sich Anlehnungen an den *zweiten Petrusbrief* bei Origenes sonst ausschließlich in der lateinischen Übersetzung Rufins, wo das griechische Original nicht erhalten ist, so dass eine Überprüfung, ob auch der Text des Origenes schon diese Textberührungen mit der *Secunda Petri* enthielt, nicht durchgeführt werden kann. An der Übersetzungstreue Rufins wiederum bestehen erhebliche Zweifel.[315] Sicher ist, dass Origenes von nur *einem* echten Petrusbrief ausgeht; es sollte überraschen, übernähme er Passagen aus einem Text, den er für umstritten hält.[316] Mit Fug und Recht darf also der Vermutung Raum gegeben werden, Origenes habe die Formulierung ἕως οὗ διαυγάσῃ ἡμέρα nicht aus der *Secunda Petri* gewonnen, sondern der Teilsatz stelle eine Übersetzungsvariante von Cant 2,17 dar; um so mehr, als Hieronymus in seinem Geleitschreiben zu seiner lateinischen Übersetzung zweier *Homiliae in Canticum canticorum* des Origenes an den römischen Bischof Damasus I. erwähnt, Origenes habe in seinem *Hoheliedkommentar* neben der Septuaginta auch Aquila, Symmachus, Theodotion und die Quinta benutzt.[317]

---

[312] PG 17,253–288, siehe auch PG 13,199–215; zu den griechischen Fragmenten allgemein siehe BAEHRENS in GCS 33,XXVII–XXVIII.

[313] Zudem passt die Exegese zu dieser Version, vgl. SCHMIDT-SIBINGA 1966,110–111.

[314] Siehe die Ausgabe von BAEHRENS 1925, CGS 33, 183 (Prokopius), 184 (Rufin), den Prokoptext auch in PG XVII, 261B.

[315] Siehe etwa BIGG 1902, 201.

[316] Origenes weiß um den umstrittenen Charakter des *zweiten Petrusbriefes*: Πέτρος δέ … μίαν ἐπιστολὴν ὁμολογουμένην καταλέλοιπεν, ἔστω δὲ καὶ δευτέραν·ἀμφιβάλλεται γάρ. (Orig commIo 5,3). Konsequenterweise zitiert er den *ersten Petrusbrief* (1 Petr 3,18b) als __den__ katholischen Brief: παρὰ τῷ Πέτρῳ ἐν τῇ καθολικῇ ἐπιστολῇ (Orig commIo 6,175).

[317] „Origenes, cum in ceteris libris omnes vicerit, in Cantico Canticorum ipse se vicit. Nam decem voluminibus explicitis, quae ad viginti usque versuum milia paene perveniunt, primum septuaginta interpretes, deinde Aquilam, Symmachum, Theodotionem et ad extremum quintam editionem, quam in Actio litore invenisse se scribit, ita magnifice aperteque

Dieser Auskunft könnte beispielsweise die Tatsache entsprechen, dass im Kommentar zu Cant 2,17 Origenes die Septuagintaversion καὶ κινηθῶσιν αἱ σκιαί verlässt und statt dessen καὶ παρέλθωσιν αἱ σκιαί schreibt.[318]

So scharfsinnig dieser Argumentationsgang auch sein mag, auch er trägt Schwächen in sich. So lässt sich erstens die Wiedergabe des hebräischen Verbs יפח mit διαυγάζειν andernorts nicht belegen, bleibt zweitens die Abweichung in der Wortfolge ἕως οὗ ἡμέρα διαυγάσῃ (2 Petr 1,19) von ἕως οὗ διαυγάσῃ ἡμέρα unerklärt, ist drittens die Aufnahme einer Formulierung aus dem *zweiten Petrusbrief*, den Origenes kannte, nicht mit letzter Sicherheit auszuschließen und könnte *viertens* auch Prokopius die Formulierung an den *zweiten Petrusbrief* angeglichen haben. Keiner dieser Einwände ist jedoch stark genug, um der Rückführung von 2 Petr 1,19 auf Cant 2,17 = 4,6 den Charakter einer berechtigten Vermutung streitig zu machen.[319]

iii. καὶ φωσφόρος ἀνατείλῃ ἐν ταῖς καρδίαις ὑμῶν

Num 24,17b, Teil eines dem Seher Bileam zugeschriebenen Prophetenspruchs, lautet in der Septuagintaübersetzung: ἀνατελεῖ ἄστρον ἐξ Ιακωβ καὶ ἀναστήσεται ἄνθρωπος ἐξ Ισραηλ. Auf den ersten Blick ist die *lexikalische* Überschneidung mit 2 Petr 1,19 so dürftig, dass man sich wundern mag, dass dieser Vers überhaupt als alludierter Text in Betracht genommen wird. Sie beschränkt sich auf die – in der Flexionsform nicht einmal übereinstimmende – Verwendung des Verbs ἀνατέλλειν. *Sachlich* berühren sich noch die beiden Subjekte: φωσφόρος könnte eine Spezifizierung von ἄστρον sein. Damit freilich endet die Analogie. In Num 24,17 ist keine Rede davon, dass der Stern in den Herzen aufgehen soll. Dass die Assoziation mit dem Bileamspruch hier dennoch alles andere als willkürlich ist, hängt mit dem Verb ἀνατέλλειν zusammen, das gewissermaßen *terminus technicus* geworden ist für das Auftreten des Messias.[320]

---

disseruit, uit mihi uideatur in eo completum esse, quod dicitur: »introduxit me rex in cubiculum suum.«"

[318] Siehe den Prokopiustext in PG 17,268.

[319] Sichere Unterstützung von außen ist nicht mehr leicht zu finden. Zwar wird etwa in einem armenischen Fragment, das dem *Hoheliedkommentar* des Hippolyt zugeordnet sein will, 2 Petr 1,19 ausdrücklich als Anlehnung an Cant 2,17 verstanden. Dies könnte die Sache SMIT-SIBINGAs stärken, wenn nicht der Inhalt schon Ende des 19. Jahrhunderts die Herkunft von Hippolyt als unwahrscheinlich ausgewiesen hätte, siehe BONWETSCH in GCS 1, XXII.

[320] Die Bedeutung von Num 24,17 für die Erwartung einer endzeitlichen Heilsgestalt geht nicht nur aus den griechischsprachigen Schriften des Judentums hervor. Auch in Qumran etwa ist sie belegt: Die Damaskusschrift deutet den Stern auf den „Erforscher des Gesetzes, der nach Damaskus kommt" והכוכב הוא דורש התורה הבא דמשק כאשר כתוב דרך כוכב מיעקב וקם שבט מישראל (CD 7,18–20); auch die Kriegsrolle

Zwei Mal noch wird eine Form von ἀνατέλλειν im Dodekapropheton zur Beschreibung eschatologisch-messianischer Erwartungen verwendet. Sach 6,12 LXX wird die versprochene königlich-priesterliche Gestalt, der Sproß (צמח) aus dem Baum, ἀνατολή genannt; und in Mal 3,20 LXX wird den Gottesfürchtigen der Aufgang der Sonne der Gerechtigkeit verheißen: καὶ ἀνατελεῖ ὑμῖν τοῖς φοβουμένοις τὸ ὄνομά μου ἥλιος δικαιοσύνης.[321] Wie unvermeidlich und eindeutig das Verb damit messianische Erwartungen evoziert, zeigen die *Testamente der zwölf Patriarchen*: Wo auch immer ἀνατέλλειν verwendet wird, geht es um das Erscheinen des Heils bzw. einer heilbringenden Gestalt, auch dort, wo nicht von einer christlichen Überarbeitung ausgegangen werden muss.[322] Dabei kann die Bezugnahme auf Num 24,17 oder Mal 3,20 LXX unterschiedlich stark ausgeprägt sein: In TestJud 24,1[chr.] werden deutlich erkennbar Zitate aus Num 24,17 (ἀνατελεῖ ... ἄστρον ἐξ Ἰακὼβ ... καὶ ἀναστήσεται ἄνθρωπος ἐκ) und Mal 3,20 LXX (ἥλιος ... δικαιοσύνης) gekoppelt; in geringerem Umfang is dies auch in TestLev 18,3–4[chr.] der Fall (ἀνατελεῖ ἄστρον ... ἐν ἡλίῳ ... ὡς ὁ ἥλιος). In TestSeb 9,8 steht die Referenz auf Mal 3,20 LXX im Vordergrund (ἀνατέλλει ὑμῖν ... δικαιοσύνης καὶ ἴασις ... ταῖς πτέρυξιν αὐτοῦ). An anderen Stellen sind die Bezugnahmen knapper: ἀνατελεῖ oder ἀνατελεῖ ὑμῖν übernimmt dann die Hauptlast des Verweises, führt aber Subjekte bei sich, die nicht aus den Prätexten stammen wie τὸ σωτήριον τοῦ Θεοῦ (TestSim 7,1), τὸ σωτήριον Κυρίου (TestDan 5,10[chr.]); σωτηρία (TestNaph 8,2); Κύριος (TestGad 8,1) oder αὐτὸς ὁ Κύριος (TestSeb 9,8). Auch die Lichtmetapher fehlt meistens in diesen Fällen. Unterstützt wird der Verweis durch die Angabe des Ursprungsstammes des Heils, entweder Juda und Levi (TestSim 7,1; TestDan 5,10[chr.]; Test Gad 8,2) oder Juda (TestNaph 8,2), jedoch mit dem entscheidenden Unterschied, dass in Num 24,17 der Stern aus Jakob kommt. Syntaktisch ist die textuelle Wiederaufnahme offen für Ergänzungen: Das Aufgehen kann stattfinden ἐν οὐρανῷ (TestLev 18,3–4[chr.]) oder ἐν εἰρήνη (TestJud 24,1[chr.]); auch der mit dem Aufgang verbundene Hoffnungsaspekt kann variieren: Das Licht des aufgehenden Gestirns kann vor allem Erkenntnis bedeuten (TestLev 18,3–4[chr.]

---

zitiert den Vers (1QM 11,6f), ebenso wie 4QTest (9–)12, ein Blatt, auf dem alttestamentliche Belegstellen für die messianischen Endzeithoffnungen aufgeführt sind. FREY 2003, 146 erinnert ferner an den Namen Bar Kochba.

[321] Sach 6,12 LXX: Ἀνατολὴ ὄνομα αὐτῷ, καὶ ὑποκάτωθεν αὐτοῦ ἀνατελεῖ, καὶ οἰκοδομήσει τὸν οἶκον κυρίου; Mal 3,20 LXX (=4,2 MT): καὶ ἀνατελεῖ ὑμῖν τοῖς φοβουμένοις τὸ ὄνομά μου ἥλιος δικαιοσύνης καὶ ἴασις ἐν ταῖς πτέρυξιν αὐτοῦ, καὶ ἐξελεύσεσθε καὶ σκιρτήσετε ὡς μοσχάρια ἐκ δεσμῶν ἀνειμένα.

[322] TestSim 7,1; TestSeb 9,8; TestNaph 8,2; TestGad 8,1; TestJos 19,6; in der christlichen Überarbeitung der TestXII: TestLev 18,3; TestJud 24,1; TestDan 5,10; die letzteren drei werden im folgenden Textabschnitt mit einem hochgestellten [chr.] als der christlichen Überarbeitungsschicht zugehörig ausgewiesen.

φῶς γνώσεως) oder in erster Linie Heilung, Erbarmen und Erlösung aus der Gewalt Beliars mit sich bringen (ἴασις καὶ εὐσπλαγχνία ... λυτρώσηται πᾶσαν αἰχμαλωσίαν υἱῶν ἀνθρώπων ἐκ τοῦ Βελίαρ, TestSeb 9,8). Konstantes Element ist jeweils ἀνατελεῖ (bzw. ἀνατέλλει in TestSeb 9,8), das mit nur einem weiteren Element verbunden eschatologisch-messianische Hoffnungen aufruft. Dem entspricht auch die Anspielung in Heb 7,14: ἐξ Ἰούδα ἀνατέταλκεν ὁ κύριος ἡμῶν. Das nunmehr perfektische, da bereits vollzogene und die Gegenwart des Schreibers prägende ἀνατέταλκεν verweist, gepaart mit der Herkunftsangabe (ἐξ Ἰούδα), nach der Hoffnung auf den ‚Aufgang', die ihre Grundlage in Num 24,17 und Mal 3,20 LXX hat.[323]

Die Formulierung (καὶ φωσφόρος) ἀνατείλῃ in 2 Petr 1,19 kann demnach nicht zufällig sein. Der Verfasser muss sich beim Schreiben bewusst gewesen sein, dass es zwangsläufig die eschatologisch-messianischen Hoffnungen evozieren würde, die das Verb ἀνατέλλειν konnotativ begleiteten. Das bedeutet auch: Der Verweis muss nicht *direkt* auf den Bileamspruch in seinem Setting im *Numeribuch* zielen, denn durch vielfältigen Gebrauch und konnotative Anreicherung aufgrund der mehrfachen Rekontextualisierung ist ein eingleisiger Verweis nach Num 24,17 nicht mehr gegeben. Auffällig ist etwa, dass die Lichtmetapher, die in Num 24,17 zwar implizit in ἄστρον vorhanden ist, aber dort kaum genutzt wird, in 2 Petr 1,19 eine bedeutende Rolle spielt, angefangen bei der erwünschten Funktion des *sermo propheticus* als λύχνος an einem αὐχμηρὸς τόπος bis hin zur ἡμέρα und dem φωσφόρος im Herzen, der diese Sehhilfe überflüssig macht. Dieses starke Gewicht auf der Lichtmetapher, die hier über ἡμέρα auch das Bild der Sonne aufruft,[324] könnte auf Einflüsse

---

[323] Rezeption von Num 24,17 im Rahmen von messianischen Vorstellungen siehe auch die Tabelle bei OEGEMA 1991, 184ff.

[324] Angesichts dessen wäre sogar zu überlegen, ob φωσφόρος nicht doch allgemeiner zu fassen ist als speziell als Morgenstern oder Venus. BOEHMER (1923, 232) hatte in diesem Sinne vorgeschlagen, φωσφόρος hier prädikativ zu verstehen: »bis der Tag ... erglänzt und ... als Lichtbringer ... auftritt...«. Φωσφόρος, so wird man in den Kommentaren nicht müde zu betonen, bezeichne oft die Venus, den Morgenstern. Das stimmt. Doch die Verwendung von φωσφόρος ist vielfältiger. Da es eine Eigenschaft von Gestirnen ist Licht zu bringen (φωσφορεῖν; von Planeten ὅνπερ τρόπον οἱ λύχνοι Phil her 222; von der Sonne und dem Mond Phil op 168), kann φωσφόρος einfach Epithet für Sterne/Gestirne sein (φωσφόρα ἄστρα Phil op 29.53; Phil fug 184; Phil som I,214; Phil vitMos I,120; II,102; Plut mor 921e = *De facie in orbe lunae*). Von da ausgehend wird Φωσφόρος selbständig gebraucht als Bezeichnung für den Planeten Venus gebraucht (Cic nat.deor 2,20; Phil her 224; Plut mor 430 a = *De defectu oraculorum*; Plut mor 601 a = *De exilio*; Plut mor 925a und 927c = *De facie in orbe lunae*; Plut mor 1028bd und 1029ab = *De animae procreatione in Timaeo*). Es kann aber auch für eine andere Gottheit stehen (Strabo 3.1.9 für Artemis Phosophoros; vgl. auch den von Clemens von Alexandrien in Strom I,24,163 für Munychia [Piraeus, Athen] bezeugten Altar der [Artemis] Phosphoros) oder das Tun oder Wesen einer Gottheit

von Mal 3,20 LXX zurückzuführen sein, so dass der Verfasser des *zweiten Petrusbriefes* wohl die Verbindung von Bileamspruch und Maleachivers, wie oben anhand der *Testamente der zwölf Patriarchen* skizziert, gekannt haben dürfte.[325]

Appliziert wird die Lichtmetapher im vorliegenden Kontext unter dem Aspekt der Erleuchtung, der Erkenntnis. Die Angeschriebenen sollen das prophetische Wort jetzt als Leuchte zur Orientierungshilfe an einem dunklen Ort gebrauchen, bis ihnen durch den Aufgang des φωσφόρος Erleuchtung und Erkenntnis zuteil werden. Damit steht 2 Petr 1,19 namentlich TestLev 18,3–4 nahe, wo die Bezugnahme auf Num 24,17 und Mal 3,20 LXX unter demselben Gesichtspunkt erfolgt: φωτίζων φῶς γνώσεως ἐν ἡλίῳ ἡμέρας·... Οὗτος ἀναλάμψει ὡς ὁ ἥλιος ἐν τῇ γῇ καὶ ἐξαρεῖ πᾶν σκότος ἐκ τῆς ὑπ' οὐρανόν ... [326] Der entscheidende Unterschied ist, dass die Erleuchtung ἐν τῇ γῇ, nicht aber wie in 2 Petr 1,19 ἐν ταῖς καρδίαις ὑμῶν erfolgt.

Eine der Erleuchtung ἐν ταῖς καρδίαις ὑμῶν vergleichbare Idee liegt wiederum bei Philo vor: Dieser legt den Umstand aus, dass die Stimme Gottes bei der Verkündigung der Gebote auf dem Sinai aus dem Feuer kam. Eine Funktion von Feuer, so Philo, sei es, Licht zu geben. Für den, der Gottes Geboten gehorsam ist, zeige das Feuer daher, dass er ewig leben werde und die Gebote als Sterne trage, die in seiner Seele Licht geben

---

(epithetisch) beschreiben; so etwa Plut mor 942d für Persephone; Eur Ion 1157f dichterisch für Eos; für die Sonne in den Orphischen Hymnen 8,12; Phil ebr 44 in Bezug auf den Gott Israels. Siehe auch SPICQ 1982 s.v. φωσφόρος. CALLAN 2005, 146 erneuert den Vorschlag, unter φωσφόρος hier konkret die Sonne zu verstehen; er beruft sich dabei auf DÖLGER 1936, 10–11, der wiederum von den zwölften Vers der achten *Orphischen Hymne* anführt, wo die Sonne mit φωσφόρε angerufen wird; gegen diese Sicht FREY 2003, 145.

[325] Die Verbindung von thematisch verwandten Prophetensprüchen begegnet häufiger. Justin beispielsweise kombiniert den Bileamspruch mit Jes 11,1 und Jes 51,5 in apol I,32,12, und schreibt alles Jesaja zu: καὶ Ἡσαίας δέ, ἄλλος προφήτης, τὰ αὐτὰ δι' ἄλλων ῥήσεων προφητεύων οὕτως εἶπεν· Ἀνατελεῖ ἄστρον ἐξ Ἰακώβ, καὶ ἄνθος ἀναβήσεται ἀπὸ τῆς ῥίζης Ἰεσσαί· καὶ ἐπὶ τὸν βραχίονα αὐτοῦ ἔθνη ἐλπιοῦσιν. In der Deutung des Bileamspruches auf Christus hebt er die Lichtmetapher hervor: ἄστρον δὲ φωτεινὸν ἀνέτειλε, καὶ ἄνθος ἀνέβη ἀπὸ τῆς ῥίζης Ἰεσσαί, οὗτος ὁ Χριστός (apol I,32,13). Ob dies auf Einflüsse von Mal 3,20 LXX zurückzuführen ist, wird hier nicht deutlich. Die Verbindung von Num 24,17 mit Sach 6,12 jedoch findet sich bei ihm in dial 106,4.

[326] Der vollständige Text von TestLev 18,3–4 lautet: Καὶ ἀνατελεῖ ἄστρον αὐτοῦ ἐν οὐρανῷ, ὡς βασιλεύς, φωτίζων φῶς γνώσεως ἐν ἡλίῳ ἡμέρας· καὶ μεγαλυνθήσεται ἐν τῇ οἰκουμένῃ, ἕως ἀναλήψεως αὐτοῦ. Οὗτος ἀναλάμψει ὡς ὁ ἥλιος ἐν τῇ γῇ καὶ ἐξαρεῖ πᾶν σκότος ἐκ τῆς ὑπ' οὐρανόν, καὶ ἔσται εἰρήνη ἐν πάσῃ τῇ γῇ.

(τοὺς νόμους αὐτοὺς ἀστέρας ἔχοντες ἐν ψυχῇ φωσφοροῦντας).[327] An anderer Stelle spricht er über zweierlei mögliche Morgendämmerungen in der Seele (διττὸν γὰρ εἶδος τῆς κατὰ τὴν ψυχὴν ἀνατολῆς), wovon die bessere diejenige sei, bei der das Licht der Tugenden wie die Sonne aufstrahle (ὅταν ἡλιακῶν ἀκτίνων τρόπον ἀνάσχῃ τὸ ἀρετῶν φέγγος).[328] Was die zeitliche Einordnung der Erleuchtung betrifft, gehen die Vorstellungen Philos und des *zweiten Petrusbriefes* auseinander: Während Philo offenbar über ein generell im Menschen mögliches Geschehen spricht; liegt in der *Secunda Petri* die Erleuchtung im Herzen in der Zukunft, zumindest für die Angeschriebenen, denn die Erleuchtung wird ausdrücklich ἐν ταῖς καρδίαις <u>ὑμῶν</u> erwartet.[329]

Wenn man daraus folgern darf, dass der Verfasser des *zweiten Petrusbriefes* für sich einen Erleuchtungsvorsprung beansprucht, liegt hier ein dem Paulus vergleichbares Selbstverständis vor. Dieser erläutert die Grundlage seiner und seiner Gefährten Missionstätigkeit gegenüber den Korinthern mit an eigener Person erfolgter Erleuchtung (ὁ θεὸς ... ἔλαμψεν ἐν ταῖς καρδίαις ἡμῶν), die mit dem Auftrag verbunden ist, anderen Erkenntnis zu bringen (πρὸς φωτισμὸν τῆς γνώσεως τῆς δόξης τοῦ θεοῦ ἐν προσώπῳ Χριστοῦ; 2 Kor 4,6). Derselbe Paulus weiß jedoch auch von einer noch ausstehenden eschatologischen Erkenntnis für sich selbst: βλέπομεν γὰρ ἄρτι δι᾽ ἐσόπτρου ἐν αἰνίγματι, τότε δὲ πρόσωπον πρὸς πρόσωπον·ἄρτι γινώσκω ἐκ μέρους, τότε δὲ ἐπιγνώσομαι καθὼς καὶ ἐπεγνώσθην (1 Kor 13,12).

Doch ist es weit mehr als ein gemeinsames Selbstverständnis, das 2 Petr 1,19 mit 2 Kor 4,6 verbindet. Es ist die Verbindung der – in 2 Kor 4,6 gleichermaßen an ein Schriftzitat (ὁ θεός ὁ εἰπών· ἐκ σκότους φῶς λάμψει) angelehnten – Lichtmetapher zur Bezeichnung der Erleuchtung mit der Präpositionalgruppe ἐν ταῖς καρδίαις und einem possessiven Pronomen im Genitiv. Angesichts dessen, dass gerade das Ende von 2 Petr 1,19 ἐν ταῖς καρδίαις ὑμῶν trotz der dargestellten Offenheit der messianischen ἀνατολή für Anreicherung und Rekontextualisierung doch eine überraschende Wendung darstellt, die in dieser Form weiter nicht belegt

---

[327] Phil decal 49. Im Zusammenhang lautet die Stelle: ... οἱ μὲν τοῖς χρησμοῖς ἀξιοῦντες εἶναι καταπειθεῖς ὡς ἐν ἀσκίῳ φωτὶ τὸν ἀεὶ χρόνον βιώσονται τοὺς νόμους αὐτοὺς ἀστέρας ἔχοντες ἐν ψυχῇ φωσφοροῦντας ...

[328] Phil conf 60. Auch hier sei der Zusammenhang angeführt: διττὸν γὰρ εἶδος <u>τῆς κατὰ τὴν ψυχὴν ἀνατολῆς</u>, τὸ μὲν ἄμεινον, τὸ δὲ χεῖρον, ἄμεινον μέν, ὅταν ἡλιακῶν ἀκτίνων τρόπον ἀνάσχῃ τὸ ἀρετῶν φέγγος, χεῖρον δ᾽, ὅταν αἱ μὲν ἐπισκιασθῶσι, κακίαι δὲ ἀνάσχωσι.

[329] Didymus Caecus (trin I,28,4) deutet im vierten Jahrhundert den Zeitpunkt dieser Erleuchtung auf die Wiederkunft Christi: ἔλεγεν δέ, οἶμαι, τὸν ἀπὸ τῆς δευτέρας αὐτοῦ ἐπιφανείας ἀνίσχειν μέλλοντα ταῖς ψυχαῖς φωτισμὸν καὶ πάντα καταφαιδρύνοντα τὰ σκότῳ κεκρατημένα·

ist, und dass sich die Genese des gesamten Verses Anleihen bei verschiedenen Elementen der Textwelt der *Secunda Petri* verdankt, scheint die Vermutung nicht abwegig, dass der Verfasser am Ende noch einen paulinischen Gedanken verarbeitet. Mag die lexikalische Kongruenz ἐν ταῖς καρδίαις auch nicht spezifisch genug sein, um dies mit Sicherheit zu belegen, so spricht neben der genannten Verbindung mit der Lichtmetapher zum Ausdruck der Erleuchtung und der dargestellten intertextuellen Struktur des gesamten Verses möglicherweise auch noch die analoge Zuordnung der personalen Rollen in diese Richtung: So wie Paulus und seine Mitarbeiter von sich sagen, ihnen sei eine Erleuchtung ἐν ταῖς καρδίαις zuteil geworden, die sie jetzt zur Weitergabe des Lichtes treibt, damit auch andere zur Erkenntnis (γνῶσις) der Herrlichkeit Gottes im Angesicht Christi kommen (2 Kor 4,6), so beansprucht auch Petrus für das apostolische Wir die bereits erfolgte Erkenntnis: Der φωσφόρος muss nur noch in den Herzen der Angeschriebenen (ἐν ταῖς καρδίαις ὑμῶν, 2 Petr 1,19) aufgehen. [330]

Sind nun die noch ausstehende Erkenntnis und Erleuchtung der eigentliche Zielpunkt des Verses, so tritt der personhafte Charakter des Aufgehenden in den Hintergrund. [331] φωσφόρος ἀνατείλῃ lokalisiert insgesamt

---

[330] Damit wird aber der immer wieder einmal geäußerte Vorschlag, man müsse ἐν ταῖς καρδίαις ὑμῶν zum folgenden τοῦτο πρῶτον γινώσκοντες ziehen, überflüssig. Es gilt mit BOEHMER 1923, 230: „Es bedarf keinerlei gekünstelten Beziehung auf das vorhergehende προσέχοντες oder zu dem nachfolgenden γινώσκοντες, so möglich an sich jede dieser beiden Beziehungen wäre." In neuerer Zeit wurde die Zuordnung von ἐν ταῖς καρδίαις ὑμῶν zu Vers 20 vertreten von SCHMIDT 2003, 300 Anm. 8 mit dem Argument, die Wortfolge καρδία – γινώσκειν erinnere an Dtn 18,21: ἐὰν δὲ εἴπῃς ἐν τῇ καρδίᾳ σου Πῶς γνωσόμεθα τὸ ῥῆμα, ὃ οὐκ ἐλάλησεν κύριος; So willkommen dieser Verweis der vorliegenden Untersuchung wäre, da ja in Dtn 18,20–22 gerade die Frage der Erkennbarkeit von Falschpropheten thematisiert wird, was wunderbar zu 2 Petr 2,1ff passte, müssen doch Zweifel angebracht werden: ἐν τῇ καρδίᾳ σου gehört hier, wie so oft, zu einem Verb des Sagens, εἴπῃς, wie SCHMIDT auch selber anerkennt. Dass eine nicht unmittelbare Wortfolge von zwei Wörtern verschiedener syntaktischer Einbindung über eine Satzgrenze hinweg als Cluster Erinnerungspotential haben soll, ist äußerst unwahrscheinlich. Mit anderer Argumentation hat sich CALLAN 2005 der Loslösung der Wortgruppe ἐν ταῖς καρδίαις ὑμῶν von 2 Petr 1,19 angenommen. Doch seine Statistik, die die darüber Auskunft gibt, dass das Verb modifizierende Präpositionalausdrücke beinahe gleich häufig vor und nach dem zugehörigen Verb stehen, vermag die Waagschale nicht zugunsten des τοῦτο πρῶτον γινώσκοντες zu senken.

[331] Daher ist es zumindest fraglich, wie hilfreich der Hinweis ist, dass Christus auch andernorts als Morgenstern o.ä. bezeichnet wird; zumal dies mit anderen Lexemen geschieht, siehe etwa Apk 22,16: ὁ ἀστὴρ ὁ λαμπρὸς ὁ πρωϊνός oder IgnEph 19,2: Πῶς οὖν ἐφανερώθη τοῖς αἰῶσιν; ἀστὴρ ἐν οὐρανῷ ἔλαμψεν ὑπὲρ πάντας τοὺς ἀστέρας, καὶ τὸ φῶς αὐτοῦ ἀνεκλάλητον ἦν καὶ ξενισμὸν παρεῖχεν ἡ καινότης αὐτοῦ, τὰ δὲ λοιπὰ πάντα ἄστρα ἅμα ἡλίῳ καὶ σελήνῃ χορὸς ἐγένετο τῷ ἀστέρι, αὐτὸς δὲ ἦν ὑπερβάλλων τὸ φῶς αὐτοῦ ὑπὲρ πάντα·

die Erleuchtung in messianisch-eschatologischer Zeit, macht jedoch keine eigene Aussage über den φωσφόρος als Person. Deswegen hieße es auch den Vers überstrapazieren, verstünde man ihn so, dass Parusie für den *zweiten Petrusbrief* nur noch ein inneres Geschehen darstelle.[332] καὶ φωσφόρος ἀνατείλη ἐν ταῖς καρδίαις ὑμῶν hat sich erwiesen als Patchwork von verschiedenen Motiven aus der Rezeption biblischer Schriftzitate, wie sie auch im jüdischen Schrifttum des zeitlichen Umfeldes des Verfassers begegnen, Gedankengut aus diesem jüdischen Schrifttum selbst und möglicherweise einer paulinischen Pointe am Ende. Bestandteile bilden die Verbindung des eschatologischen ‚Aufgangs' mit Erleuchtung, der Aspekt der Innerlichkeit von Erleuchtung (durch Gottes Wort), der sich mit in besonderer Übereinstimmung mit der *Secunda Petri* im *zweiten Korintherbrief* ἐν ταῖς καρδίαις der Apostel ereignet hat und der Idee einer inneren Morgendämmerung und aufgehenden Sonne (wohinter sich bei Philo die Tugenden verbergen).

Die vorausgehende Untersuchung dürfte genügend Anhaltspunkte gegeben haben, um folgender Vermutung hinreichende Berechtigung zu geben: 2 Petr 1,19 ist ein syntaktisch wie semantisch sorgfältig konzipierter Vers, dem in seiner zweiten Hälfte die Form eines *Parallelismus membrorum* verliehen ist. Dadurch, dass in der Formulierung verschiedene poetische Passagen aus den Schriften, und zwar nicht nur in der Septuagintaversion, vorsichtig anklingen, ferner inhaltliche Motive im jüdischen Schrifttum des ersten Jahrhunderts begegnen, und der Vers mit einer Anlehnung an einen paulinischen Gedanken endet, wird die intendierte Leserschaft – über das Stichwort προφητικὸς λόγος hinaus – auf die Schriften (in bestimmten Auslegungstraditionen?) und auf Paulus verwiesen; der heutigen wissenschaftlichen Exegese aber ergibt sich darüber hinaus durch die Betrachtung der textuellen Wiederaufnahmen im Rahmen des zeitlich dem *zweiten Petrusbrief* nahe stehenden Schrifttums, ein Hinweis auf die Text- und Gedankenwelt des Verfassers.

1.2.3. Nicht im Spielraum eigener Auslegung (2 Petr 1,20)

Die Untersuchung der Lexik des Prophetie- bzw. Inspirationsverständnisses in III.B.1.1.1 hatte ergeben, dass der *zweite Petrusbrief* sich in 1,19–21 in

---

[332] KÄSEMANNS ebenso viel gerühmter wie gescholtener Vortrag „Eine Apologie der urchristlichen Eschatologie" (gehalten 1952 auf dem Beienroder Konvent und der Berliner Gesellschaft für evangelische Theologie) verkennt die Zielrichtung des Verses, wenn er, der syntaktischen Oberfläche folgend, auslegt, hier sei „was ursprünglich apokalyptisch und kosmisch gemeint war, psychologisch umgebogen" (KÄSEMANN 1952, 152). Erleuchtung in den Herzen ist eine Erwartung für die Zeit des Aufgehens des φωσφόρος; 2 Petr 1,19 zu entnehmen, dass dieser Aufgang sich in seiner Reichweite auf die Erleuchtung beschränke, verabsolutiert diesen Vers gegenüber anderen Erwartungen für die letzte Zeit.

großem Umfang der Vorstellungen und der Lexik des jüdischen Diskurses über das Prophetieverständnis bedient. Als fremdes Element erwies sich in diesem Zusammenhang jedoch das für den *zweiten Petrusbrief* bedeutsame Wort ἐπίλυσις.

Aquila wählt ἐπίλυσις und ἐπιλύειν in Gen 40,8 und Gen 41,8.12 zur Wiedergabe von Derivaten der Wurzel פתר. Wie פתר kann auch die hebräisch-aramäische Wurzel פשר für das Deuten von Träumen und das Lösen von Rätseln verwendet werden, Belege finden sich in den aramäischen Teilen des *Danielbuches*, in den Targumim, der rabbinischen Literatur[333] - und Qumran. Nach qumranischer Sicht erfordern sowohl die Tora als auch die Propheten den Vorgang des פשר, d.h. der Deutung, genauer der Deutung auf den Verlauf der Geschichte,[334] weil die Schriften, so wie sie vorliegen, Geheimnisse enthalten.[335] Die Fähigkeit, diese zu entschlüsseln, stammt nicht aus dem Deuter selbst, sie kommt letztlich von Gott.[336] Vorgenommen wird die Deutung im *Pescher Habakuk* durch den Lehrer der Gerechtigkeit.[337] Nimmt man an, dass hinter 2 Petr 1,20–21 eine dieser im *Pescher Habakuk* zu Tage tretetenden Sicht vergleichbare Auffassung steht, nämlich dass Prophetie auf die Geschichte, in diesem Fall auf die Geschichte Jesu, gedeutet werden muss, sowie dass es für diese Deutung einer Erleuchtung, Leitung oder Inspiration durch Gott bedarf, so erklärt sich ohne weiteres die Verbindung von Prophetie und deren Deutung sowie das ἰδίας vor ἐπιλύσεως.

Eine andere Deutung ist, dass der Verfasser der *Secunda Petri* dem Adjektiv ἴδιος, das, wie gesehen, von Philo in der Verbindung ἴδιον οὐδέν für die Negativbeschreibung der Herkunft von Prophetie gebraucht wird, einen neuen Bezug gibt, indem er es der ἐπίλυσις zuordnet. Er hätte also die Rekontextualisierung von ,eigenem Gedankengut' zu ,eigener Ausle-

---

[333] Siehe die Lemmata פתר und פשר in den einschlägigen Wörterbüchern, etwa bei JASTROW 2005. ἐπιλύειν mag sich als Pendant angeboten haben, weil es sich auch in der nichtbildlichen Bedeutung ,auflösen' mit פשר berührt.

[334] Gott hat durch die Propheten alles verkündigt, was über sein Volk kommen wird: הנבאים [...ב]...ידם ספר אל את כול הבאות על עמו (1QpHab II,9–10); vgl. auch BETZ 1960, 40 und 73.

[335] Der *Pescher Habakuk* spricht von den „Geheimnissen der Worte seiner Knechte der Propheten" (רזי דברו עבדיו הנבאים: 1QpHab VII,4–5); siehe auch BETZ 1960, 75.

[336] So schon die Erzählungen von der Traumdeutung durch Joseph in der Genesis, ferner dann im Danielbuch, in Qumran der Lehrer der Gerechtigkeit und schließlich weitere Deuter der Schrift; siehe BETZ 1960, 77f.

[337] Zum Lehrer der Gerechtigkeit als inspiriertem Ausleger: Ihn hat Gott alle Geheimnisse der Worte seiner Knechte der Propheten wissen lassen (מורה הצדק אשר הודיעו אל את כול רזי דברו עבדיו הנבאים: 1QpHab VII,4–5); was er sagt, kommt aus dem Mund Gottes (מפיא אל) מורה הצדק[ה]: 1QpHab II,2–3); ähnlich auch 1QpHab II,8; siehe LOHSE 1986,227; GARCÍA MARTÍNEZ/VAN DER WOUDE 1995, 221.

gung' vollzogen. Angesichts dessen, was zum *Pescher Habakuk* gesagt
wurde, erscheint dies jedoch weniger wahrscheinlich.[338]

Daneben wurde noch eine weitere Verweismöglichkeit von ἴδια ἐπίλυσις in die Diskussion eingebracht.[339] Diese geht von der Beobachtung aus,
dass es schon in den synoptischen Evangelien meherere Situationen gibt,
in denen die Jünger bestimmte Lehren κατ᾽ ἰδίαν erhalten, sei es auf ihre
Fragen κατ᾽ ἰδίαν hin, sei es auf die Initiative Jesu hin, der sich κατ᾽ ἰδίαν
an sie wendet.[340] Markus spricht nach der Gleichnisrede sogar davon, dass
Jesus den Jüngern diese κατ᾽ ἰδίαν deutete (ἐπιλύειν! Mk 4,33). Die *Homilien der Pseudoklementinen* verwenden ferner für ihre esoterische Lehrver-
mittlung die Verbindung κατ᾽ ἰδίαν ἐπιλύειν oder ἰδίᾳ ἐπιλύειν,[341] ferner
findet sich ἐπιλύειν für die Erklärung schwer verständlicher Stellen des
späteren Alten Testaments.[342] Dieser Wortgebrauch führe zu der Gruppe,
gegen die der Verfasser des *zweiten Petrusbriefes* in 1,19–21 Stellung beziehe, die nämlich die göttliche Herkunft von Prophetie leugnete (1,21). Es
handle sich um Menschen aus dem „ebenso judenchristlichen wie gnostischen Milieu des Ebionitismus",[343] ihre Sicht spiegle sich – neben Bezugnahmen in den Schriften der Kirchenväter – in den *Kerygmata Petrou* der
Pseudoklementinen, einem Werk, das in der ersten Hälfte des zweiten Jahrhunderts entstanden sei.[344]

1.2.4. Petrus und die Prophetie (2 Petr 1,19–21 und 1 Petr 1,10–12)

Prophetie der Schrift, deren richtiges Verständnis und Auslegung ist deutlich eines der zentralen Anliegen des *zweiten Petrusbriefes*.[345] Darin trifft

---

[338] BAUCKHAM 1983, 230 erwägt dies als Möglichkeit: "If, as many think, the sense
of vv 20–21 is that because Prophetic Scripture was not of human origin (v 21) it is
not a matter of human interpretation (v 20), then the author could have adopted ἴδιος
from the standard language about the origin of prophecy and applied it to the interpretation of prophecy."

[339] Vgl. zum Folgenden MOLLAND 1955, 67ff.

[340] Jüngerfragen κατ᾽ ἰδίαν: Mt 17,19 = Mk 9,28; Mt 24,3 = Mk 13,3; Jesus nimmt die
Jünger zur Seite oder wendet sich speziell ihnen zu: Mt 20,17; Lk 10,23.

[341] MOLLAND 1955, 70 führt als Beispiele an: Clem hom 2,39,4 und 3,16,2.

[342] Als Beispiele dienen MOLLAND 1955, 70 Clem hom 2,38,1; 2,48,2; 2,50,3; 2,53,1.

[343] MOLLAND 1955, 71: «Il faut les chercher dans le milieu à la fois judéo-chrétien et
gnostique de l'ébionitisme.»

[344] MOLLAND 1955, 70–77. Eine ausführliche Diskussion dieser These kann hier
nicht erfolgen, da sie eine ausführliche Diskussion der veränderten Sicht der Forschung auf den früher zuweilen als gnostisch betrachteten Hintergrund der Hetero-
xen ebenso mit sich brächte wie Darstellung der Frage nach der literarkritischen
Schichtung der *Pseudoklementinen*; sie soll zu einem späteren Zeitpunkt an anderer
Stelle geführt werden.

[345] Dies wird aus einem Vergleich mit dem *Judasbrief* sehr deutlich: In 2 Petr 3,2
wird Jud 17 wieder aufgenommen. Dabei werden die „heiligen Propheten" neben die

sich der *zweite Petrusbrief* mit dem *ersten Petrusbrief*. Auch dort spielen die Schriftpropheten eine Rolle: Genau wie im *zweiten Petrusbrief* wird eine allgemeine Aussage getroffen über die Bedeutung der Schriftprophetie im Verhältnis zur christlichen Gegenwart. Hinter beiden Briefen stehe, so wurde in die wissenschaftliche Diskussion eingebracht, dieselbe Überzeugung:[346] Hier wie dort gebe es ein Zweistufenverständnis von Prophetie. In einer ersten Phase ließen die Unklarheiten der Prophetie Gläubige wie Propheten in einer Art ,Halbschatten', in einer zweiten Etappe entstehe mit der Ankündigung des Evangeliums von Christus Klarheit. Allerdings nicht als Automatismus; zur korrekten Interpretation der Schrift sei die apostolische Verkündigung nötig; der Geist sei das verbindende Element zwischen beiden, er habe die Propheten inspiriert und erhelle sie jetzt auch ihrer Anwendung.

Der zum Vergleich herangezogene Textabschnitt ist 1 Petr 1,10–12:

1 Petr 1,10–12	2 Petr 1,19–21
10 Περὶ ἧς σωτηρίας ἐξεζήτησαν καὶ ἐξηραύνησαν προφῆται οἱ περὶ τῆς εἰς ὑμᾶς χάριτος προφητεύσαντες, 11 ἐραυνῶντες εἰς τίνα ἢ ποῖον καιρὸν ἐδήλου τὸ ἐν αὐτοῖς πνεῦμα Χριστοῦ προμαρτυρόμενον τὰ εἰς Χριστὸν παθήματα καὶ τὰς μετὰ ταῦτα δόξας 12 οἷς ἀπεκαλύφθη ὅτι οὐχ ἑαυτοῖς ὑμῖν δὲ διηκόνουν αὐτά, ἃ νῦν ἀνηγγέλη ὑμῖν διὰ τῶν εὐαγγελισαμένων ὑμᾶς ἐν πνεύματι ἁγίῳ ἀποσταλέντι ἀπ' οὐρανοῦ, εἰς ἃ ἐπιθυμοῦσιν ἄγγελοι παρακύψαι.	19 καὶ ἔχομεν βεβαιότερον τὸν προφητικὸν λόγον ᾧ καλῶς ποιεῖτε προσέχοντες ὡς λύχνῳ φαίνοντι ἐν αὐχμηρῷ τόπῳ, ἕως οὗ ἡμέρα διαυγάσῃ καὶ φωσφόρος ἀνατείλῃ ἐν ταῖς καρδίαις ὑμῶν, 20 τοῦτο πρῶτον γινώσκοντες ὅτι πᾶσα προφητεία γραφῆς ἰδίας ἐπιλύσεως οὐ γίνεται· 21 οὐ γὰρ θελήματι ἀνθρώπου ἠνέχθη προφητεία ποτέ, ἀλλὰ ὑπὸ πνεύματος ἁγίου φερόμενοι ἐλάλησαν ἀπὸ θεοῦ ἄνθρωποι.

Ganz offensichtlich bestehen etwaige Kongruenzen nicht in der wörtlichen Übernahme kürzerer oder längerer Textblöcke. Und wer Differenzen zwischen beiden Texten aufzeigen will, braucht nicht lange zu suchen: Während in 1 Petr 1,11 vom πνεῦμα Χριστοῦ die Rede ist, das die Propheten dazu bewegt, Aussagen über die Zukunft zu machen, werden sie in 2 Petr 1,21 ὑπὸ πνεύματος ἁγίου getrieben. Der *erste Petrusbrief* zielt auf die gegenwärtige Zeit der Erfüllung, wohingegen der *zweite Petrusbrief* schwerpunktmäßig auf das Festhalten an der Hoffnung auf die noch ausstehenden Inhalte der Prophetie abhebt. Dabei unterstreicht er vor allem die Inspiration der Propheten; menschliches Tun wird ihnen geradezu abgesprochen, anders als bei den Propheten des *ersten Petrusbriefes*, die sehr

---

Apostel gestellt, siehe dazu ausführlich II.C. Diese Erweiterung steht nicht für sich. Auch die Ausführungen über Prophetie und deren Auslegung in 2 Petr 1,19–21 finden sich im *Judasbrief* noch nicht.

[346] Die folgenden Ausführungen lehnen sich eng an an BÉNÉTREAU 2005, 188ff.

menschlich nach Erkenntnissen über die Anwendung ihrer eigenen Prophetien im Dunkeln zu tappen scheinen. Neben diesen Divergenzen zeigen sich auch Nähen zwischen beiden Texten. Hier wie dort wird der *Ursprung von Prophetie* nicht im Menschen gesucht, sondern ist göttlicher Inspiration, die den Propheten gewissermaßen als Instrument benutzt. In 2 Petr 1,21 sind die Propheten ὑπὸ πνεύματος ἁγίου φερόμενοι und sprechen ἀπὸ θεοῦ; in 1 Petr wirkt das πνεῦμα Christi in ihnen als Offenbarungsquelle (δηλοῦν). Eine zweites Mal begegnen sich die Texte im *Gegenstand der Prophetie*: In der *Prima Petri* wird dieser dreifach formuliert: Die Propheten äußern sich περὶ ἧς σωτηρίας bzw. περὶ τῆς εἰς ὑμᾶς χάριτος (1 Petr 1,10) oder bezeugen, ausführlicher formuliert, im Voraus τὰ εἰς Χριστὸν παθήματα καὶ τὰς μετὰ ταῦτα δόξας (1 Petr 1,11). Einen vergleichbaren Zielpunkt der Prophetie setzt jedoch auch die *Secunda Petri* voraus, sofern die hier vertretene Textdeutung stimmt, dass die bei der Verklärung geschaute Übertragung der δόξα auf Christus (2 Petr 1,17) einen Teil der Erfüllung oder wenigstens eine ansatzweise Vorwegnahme der Erfüllung der Prophetie darstellt. Denn die Verklärung führt zu der Folgerung, dass man sich aufgrund ihrer noch viel mehr auf den προφητικὸς λόγος verlassen kann (2 Petr 1,19). In der Deutung der Propheten auf das Geschick Christi sind sich also die beiden Petrusbriefe eins.

Hätte man es mit zwei beliebigen Schriften des jungen Christentums zu tun, müsste man diesem Umstand, dass nämlich die beiden Texte sich in ihrer Sicht auf die Prophetie begegnen, nicht allzu viel Gewicht beimessen, handelt es sich doch dabei um eine einigermaßen verbreitete Überzeugung.[347] Doch angesichts dessen, dass der *zweite Petrusbrief* in 2 Petr 3,1 ausdrücklich metatextuell auf den *ersten Petrusbrief* verweist und auch *superscriptio* und *salutatio* des Präskripts den gewollten Anschluss an die *Prima Petri* verraten, diese aber als Bestandteile des Präskripts paratextuell einen Verstehenshorizont, einen Interpretationsrahmen für den gesamten Brief liefern,[348] muss in Betracht gezogen werden, dass hier einer der Anknüpfungspunkte für den bewussten Hinweis auf das Vorgängerschreiben liegen könnte.[349] Dass die syntaktische Schnittmenge dabei ge-

---

[347] Sie findet sich sehr deutlich beispielsweise in der Theologie des Lukas. So gewinnen die Ereignisse um Jesu Tod und Auferstehung für die Emmausjünger aus der Erkenntnis ihrer Schriftgemäßheit einen Sinn (Lk 24,25–27) und so predigt der lukanische Petrus (!) im Anschluss an die Heilung eines Gelähmten: καὶ πάντες δὲ οἱ προφῆται ἀπὸ Σαμουὴλ καὶ τῶν καθεξῆς ὅσοι ἐλάλησαν καὶ κατήγγειλαν τὰς ἡμέρας ταύτας, was doch sehr an 1 Petr 1,10.12 erinnert (Act 3,24). Vielleicht ist auch der Schlusssatz von *Actus Vercellenses* 13 so zu verstehen: *tractabat eis Petrus de profeticas scripturas et quae dominus noster Iesus Christus egisset et verbo et factis*; siehe ferner IgnPhld 5,1–2; 9,2; IgnMagn 9,2; Barn 5,6.

[348] Siehe die Untersuchungen und Ergebnisse von II.A.

[349] Auch BOOBYER 1959, 42 vermutete für 2 Petr 1,16–21: "Much in this section … could be an outflow from 1 Pet. 1:10–12."

wissermaßen leer ist und die Aussagerichtung des Themas ‚Prophetie' in beiden Briefen nicht dieselbe ist, spricht nicht gegen einen Verweis des *zweiten Petrusbriefes* auf den ersten. Nimmt man 2 Petr 1,1–2 und 2 Petr 3,1 als Leseanweisung ernst, so erweisen sich die Ausführungen der *Secunda Petri* zur Prophetie als Weiterführung eines Themas, das bereits in der *Prima* angeschnitten wurde. Welche Haltung die *Secunda* in ihrem ‚Gesprächsbeitrag'[350] zu dem in der *Prima* Gesagten einnimmt, fällt in den Bereich der semantischen Untersuchung des intertextuellen Verhältnisses.

1.2.5. Transformationsmaßnahmen am Prätext Judasbrief[351] (2 Petr 2,1–3)

Mit dem Beginn des zweiten Kapitels nimmt der *zweite Petrusbrief* erstmals nach dem Präskript und der Einleitung der Testamentsfiktion in 1,12[352] den Faden des *Judasbriefes* wieder auf, der ihm durch das ganze Kapitel hindurch als ständige Vorlage dienen wird. Dabei fallen die lexikalischen Anknüpfungspunkte ebenso ins Auge wie die signifikante Neugestaltung durch den Verfasser der *Secunda Petri*.

Judas 4	2 Petr 2,1–3
Παρεισέδυσαν γάρ τινες ἄνθρωποι,	ἐγένοντο δὲ καὶ ψευδοπροφῆται ἐν τῷ λαῷ
οἱ πάλαι προγεγραμμένοι	ὡς καὶ ἐν ὑμῖν ἔσονται ψευδοδιδάσκαλοι
εἰς τοῦτο τὸ κρίμα, ἀσεβεῖς,	οἵτινες παρεισάξουσιν αἱρέσεις ἀπωλείας
τὴν τοῦ θεοῦ ἡμῶν χάριτα	καὶ τὸν ἀγοράσαντα αὐτοὺς δεσπότην
μετατιθέντες εἰς ἀσέλγειαν	ἀρνούμενοι
καὶ τὸν μόνον δεσπότην	ἐπάγοντες ἑαυτοῖς ταχινὴν ἀπώλειαν,
καὶ κύριον ἡμῶν Ἰησοῦν Χριστὸν	καὶ πολλοὶ ἐξακολουθήσουσιν
ἀρνούμενοι.	αὐτῶν ταῖς ἀσελγείαις
	δι' οὓς ἡ ὁδὸς τῆς ἀληθείας
	βλασφημηθήσεται
	καὶ ἐν πλεονεξίᾳ πλαστοῖς λόγοις
	ὑμᾶς ἐμπορεύσονται,
	οἷς τὸ κρίμα ἔκπαλαι οὐκ ἀργεῖ
	καὶ ἡ ἀπώλεια αὐτῶν οὐ νυστάζει.

Hier wie dort ist das erste Prädikat, dessen Subjekt die Menschen sind, gegen die sich die Briefe abgrenzen wollen, doppelt präfigiert durch παρεισ-. Doch während sie sich im *Judasbrief* in die Gemeinde hereingeschli-

---

[350] Das intertextuelle Verhältnis der beiden Petrinen zum Thema Prophetie muss also im Sinne Pfister'scher Terminologie mit dem Kriterium der Dialogizität bestimmt werden, das besagt, dass „ein Verweis auf vorgegebene Texte oder Diskurssysteme von umso höherer intertextueller Intensität ist, je stärker der ursprüngliche und der neue Zusammenhang in semantischer und ideologischer Spannung zueinander stehen"; PFISTER 1985b, 29; siehe auch MERZ 2004, 108ff. Zur Deutung des *zweiten Petrusbriefes* als allographische Fortsetzung zum *ersten Petrusbrief* siehe RUF 2008.

[351] Zur Möglichkeit einer Bezugnahme auf Jud 5 in 2 Petr 2,3 siehe unten III.B.1.2.6.

[352] Zur Bezugnahme von 2 Petr 1,12 auf Jud 3 und 5 siehe II.E.1.2.5.

chen haben (παρεισδύειν), wird im *zweiten Petrusbrief* hervorgehoben, dass sie heimlich verderbliche Lehren (αἱρέσεις ἀπωλείας) einführen werden (παρεισάγειν), das Hereinkommen in die Gemeinde wird dagegen nicht in den Blick genommen; wahrscheinlich gehören sie schon zur Gemeinde. Dafür spricht auch ihre Bezeichnung. War im *Judasbrief* noch von τινες ἄνθρωποι die Rede, so nennt der *zweite Petrusbrief* ψευδοδιδάσκαλοι. Auch aus dem Rest des Briefes geht hervor, dass sie die Möglichkeit hatten, bestimmte Lehren zu verbreiten. Daher gehörten sie wahrscheinlich nicht nur zur Gemeinde, sondern hatten dort sogar bestimmte Funktionen.[353]

In beiden Fällen werden diese Menschen als Verleugner (ἀρνούμενοι) Christi beschrieben. Unterschiede sind in der konkreten Beschreibung Christi zu beobachten. Dem *Judasbrief* gilt er als einziger Herrscher und Herr (ὁ μόνος δεσπότης καὶ κύριος ἡμῶν); der *zweite Petrusbrief* reduziert die Titulatur auf δεσπότης, ergänzt jedoch die Heilstat Christi in der Form des Bildes vom Loskauf (ὁ ἀγοράσας αὐτούς).[354]

Übereinstimmend schreiben beide Briefe der Gegenpartei ἀσέλγεια zu, doch mit unterschiedlichem Numerus – der *Judasbrief* im Singular, der *zweite Petrusbrief* im Plural – und unter verschiedenen Aspekten. Ersterem ist es darum zu tun, dass Gottes Güte in ἀσέλγεια verkehrt wird, der letztgenannte kündigt an, dass viele den ἀσέλγειαι der ψευδοδιδάσκαλοι folgen werden und so der „Weg der Wahrheit" übler Nachrede ausgesetzt sein wird. Den Aspekt der Verführung durch ἀσέλγειαι wird der *zweite Petrusbrief* im zweiten Kapitel noch einmal aufgreifen, wenn er nämlich in 2,18 davon spricht, dass die Heterodoxen andere mit „begehrlichen Ausschweifungen des Fleisches ködern" (δελεάζουσιν ἐν ἐπιθυμίαις σαρκὸς ἀσελγείαις). Hier liegt also eine intratextuelle Verbindung vor und inhaltlich ein Vorwurf, der einen Schwerpunkt des Verfassers darzustellen scheint. Dies gilt ebenso für ein weiteres Element der Charakterisierung in 2,1–3, das ebenfalls gegenüber Judas eine Erweiterung darstellt, nämlich die Unterstellung von πλεονεξία, die in 2,14 wieder aufgenommen wird, und das Mittel der πλαστοὶ λόγοι, das den Beginn von 1,16 spiegeln dürfte, wo der Verfasser, dann in Abgrenzung zu den Heterodoxen darauf beharrt, sie seien nicht ausgeklügelten Mythen (σεσοφισμένοις μύθοις) gefolgt. Zeigen sich also in diesen Zuwächsen gegenüber dem Text des *Judasbrief* eigene Schwerpunktsetzungen der *Secunda Petri*, so finden sich

---

[353] Auch dass sie als Menschen beschrieben werden, die der Herrscher erkauft hat (ὁ ἀγοράσας αὐτοὺς δεσπότης, 2 Petr 2,1), an denen also das Werk Christi wirksam ist, leidet schwerlich einen anderen Schluss, als dass die Heterodoxen der *Secunda Petri* in der Gemeinde zu finden sind.

[354] CAULLEY 2008, 138 sieht in dieser Zufügung den Hinweis darauf, dass die Lehrdifferenz sich zuvörderst auf dem Gebiet der Christologie niederschlug.

andererseits auch Veränderungen durch Reduktion des Prätextes: Die Bezeichnung ἀσεβεῖς für die Gegenseite fehlt im *zweiten Petrusbrief*.

Einmütig wird ihr dagegen das κρίμα zugesagt, beide Male in Verbindung mit dem Wort(teil) πάλαι. Der *Judasbrief* hält fest, diese Menschen seien längst schon (πάλαι) „für dieses Urteil aufgeschrieben".[355] Die *Secunda Petri* weist darauf hin, dass ihr Urteil (κρίμα) schon längst (ἔκπαλαι) nicht müßig sei und dass ihr Verderben nicht vor sich hinschlummere. Ähnlich wie in 1,19 schafft der Verfasser hier einen poetischen Parallelismus aus Versatzstücken einer Textvorlage, denn κρίμα und ἔκπαλαι – als Variation zu πάλαι – gehen zurück auf den *Judasbrief*. Der *zweite Petrusbrief* personifiziert κρίμα und ἀπώλεια, eines seiner Vorzugswörter,[356] indem er sie zu Subjekten von Verben macht, die üblicherweise Lebewesen, vor allem Menschen als Handlungsträger, mit sich führen.[357]

Über diese inhaltlichen Ergänzungen und Weglassungen hinaus liegt der bezeichnendste Unterschied zwischen beiden Texten auf verbalmorphologischer Ebene: Der Verfasser der *Secunda Petri* gebraucht in 2,1–3 das Futur, wiewohl doch an der inhaltlichen Konkretion der Zuwächse gegenüber dem *Judasbrief* recht deutlich zu sehen ist, dass ihm gegenwärtige Verhältnisse vor Augen stehen.

1.2.6. Von Lügenpropheten zu Lügenlehrern (2 Petr 2,1)

Stellt nun ψευδοδιδάσκαλοι tatsächlich eine willentliche Variation auf andere Bildungen mit dem Wortbildungselement ψευδο- dar,[358] so ist po-

---

[355] Zu den verschiedenen Interpretationen von προγεγραμμένοι εἰς τοῦτο τὸ κρίμα vgl. etwa BAUCKHAM 1983, 36f, FUCHS/REYMOND 1988, 158f; PAULSEN 1992, 56f.

[356] 2 Petr 2,1 (bis); 2,3; 3,7; 3,16.

[357] Wiederum ist der poetische Charakter schwer zu beschreiben, wird aber gelegentlich von Exegeten wahrgenommen; siehe etwa FUCHS/REYMOND 1988, 83: «La phrase est très forte, avec ses deux verbes qui personifient les deux substantifs: inexorablement, comme deux statues du Commandeur, κρίμα et ἀπώλεια, «jugement» et «perdition», s'avancent vers les coupables, sans chômer ni dormir.» oder KELLY 1969, 329: "There is a solemn rhythm in the threat…" Auch wo sich Kommentatoren selber zu poetischen Formulierungen hinreißen lassen, dürfte diese Beobachtung im Hintergrund stehen, siehe etwa KNOPF 1912, 288: „Das κρίμα und die ἀπώλεια … lauern auf die Frevler…" Auf der Suche nach einer Inspirationsquelle vermelden die meisten Kommentatoren allenfalls die „üblichen Verdächtigen", nämlich die Belege der Septuaginta für das Verb νυστάζειν: Ps 120,4 LXX; Jes 5,27; Prov 6,10 = 24,33; Nah 3,18. WOHLENBERG wagt sich einen Schritt weiter vor und erwägt, ob der Verfasser vielleicht an Prov 6,9–11 gedacht hat, wo ebenfalls νυστάζειν mit einem eiligen Herannahen verbunden wird. Doch sind die Verbalhandlungen hier auf zwei Subjekte verteilt: Der Faule schlummert, und schon eilen Mangel und Armut herbei; und die lexikalische Schnittmenge beschränkt sich auf νυστάζειν. Ebensogut freilich ließe sich an einen nicht als Trost, sondern als Drohung gelesenen Ps 120,4 LXX denken, doch bleibt dies spekulativ.

[358] Siehe III.B.1.1.2.1.

tentiell damit zu rechnen, dass der Verfasser sich nicht allein auf generischer Ebene denen zuordnen will, die sich durch deren Kennzeichnung als ψευδο- von missliebigen Strömungen abgrenzen wollen, sondern darüber hinaus einen konkreten Text vor Augen hat, den er erweitern, variieren oder von dem er sich absetzen will. Dieser Text wäre dann nicht über eine lexikalische Kongruenz hinsichtlich ψευδοδιδάσκαλοι ausfindig zu machen, sondern führte eine andere Zusammensetzung mit ψευδο-. Der einzige Text, der ψευδο-Gestalten als künftiges Phänomen ankündigt, ist die markinisch-matthäische Version der synoptischen Apokalypse. Mk 13,22 hatte ψευδόχριστοι und ψευδοπροφῆται angekündigt, die Zeichen und Wunder vollbringen würden, um, wäre dies möglich, sogar die Auserwählten in die Irre zu führen. Während Lukas diese Warnung beiseite lässt, übernimmt sie Matthäus fast wörtlich (Mt 24,24) und vervielfältigt sie: Neben Mt 24,24, der direkten Parallele zu Mk 13,22, spricht auch Mt 24,11 vom Kommen von ψευδοπροφῆται, die viele – und nun nicht mehr als Möglichkeit, sondern tatsächlich – in die Irre führen werden. In Mt 7,15 wird im Wort von den Wölfen im Schafspelz erneut vor den ψευδόχριστοι gewarnt. Dass diese ψευδοπροφῆται und ψευδόχριστοι beträchtliche Erfolge verbuchen (Mt 24,15: πλανήσουσιν πολλούς; 2 Petr 2,2: πολλοὶ ἐξακολουθήσουσιν) wäre gegebenenfalls noch generischer Intertextualität zuzuschreiben, d.h. die Erfolge werden, um den Umfang der Bedrohung eindrücklich zu machen, als groß beschrieben und dafür wird dasselbe Wort πολλοί verwendet; was jedoch besonders auffällt, ist, dass sich die synoptischen ψευδο-Gestalten ebenso wie die petrinischen mit der παρουσία beschäftigen. Während die matthäischen ψευδοπροφῆται und ψευδόχριστοι sich durch ihre Ankündigung ἰδοὺ ἐν τῇ ἐρήμῳ ἐστίν und ἰδοὺ ἐν τοῖς ταμείοις als Enthusiasten einer präsentischen Eschatologie ausweisen (Mt 24,26),[359] sind die petrinischen ψευδοδιδάσκαλοι gerade Menschen, die prinzipielle Zweifel an der traditionellen Endzeiterwartung haben. Wie die Botschaft der matthäischen ψευδοπροφῆται und ψευδόχριστοι wird auch die Botschaft der petrinischen ψευδοδιδάσκαλοι mit einem kurzen, prägnanten Satz zusammengefasst: Ποῦ ἐστιν ἡ ἐπαγγελία τῆς παρουσίας αὐτοῦ (2 Petr 3,4). Der Verfasser der *Secunda Petri* bedient sich also derselben literarischen Technik wie das *Matthäusevangelium* und das *Markusevangelium* (Mk 13,21). Die dogmatische Korrektur der Position der ψευδοπροφῆται und ψευδόχριστοι erfolgt durch den matthäischen Jesus – über Markus hinausgehend! – dann unter Verwendung des Stichwortes παρουσία: Wie ein Blitz vom Osten

---

[359] Dieses Textstück ist eine Erweiterung des Markustextes durch Matthäus. Beiden gemeinsam geht der Nennung der ψευδοπροφῆται und ψευδόχριστοι die Erwähnung von Menschen voraus, die sagen: ὧδε ὁ Χριστός, ἤ, Ὧδε; möglicherweise sind diese als mit den ψευδοπροφῆται und ψευδόχριστοι identisch zu betrachten; so für das *Matthäusevangelium* LUZ 1997, 407; anders für Markus GNILKA 1979, 198.

zum Westen werde die παρουσία des Menschensohnes erfolgen (Mt 24,27). Damit liest sich 2 Petr 2,1–3 in Verbindung mit 2 Petr 3,2–4 als Kommentar zu Mt 24,24–27, um so mehr als bei Matthäus – analog zu 2 Petr 3 – im Anschluss daran die kosmologischen Ereignisse thematisiert werden, die das Ende einläuten.[360] Die Selbstcharakterisierung des *zweiten Petrusbriefes* als Erinnerung an der Apostel Lehre (ἐντολή) vom Herrn und Retter (3,2) könnte u.a. hier einen konkreten Anhaltspunkt haben.

Was nun die petrinische Beschreibung der Heterodoxen als ψευδοδιδάσκαλοι betrifft, so ist der einzige Verfasser im zeitlichen Umfeld der *Secunda Petri*, der das Wort gebraucht, ja, der er es dazu noch genau wie der Verfasser des *zweiten Petrusbriefes* neben ψευδοπροφῆται und in einem völlig analogen Gedankengang verwendet, Justin. Auch er parallelisiert das Auftreten von ψευδοπροφῆται der biblischen Geschichte mit den ψευδοδιδάσκαλοι der Gegenwart. Der einzige Unterschied, von den Formulierungen im Einzelnen abgesehen, besteht darin, dass Justin diese Letztgenannten nicht erst als künftige Erscheinung hinstellt:

2 Petr 2,1a	JustMart dial 82,1
ἐγένοντο δὲ καὶ ψευδοπροφῆται ἐν τῷ λαῷ, ὡς καὶ ἐν ὑμῖν ἔσονται ψευδοδιδάσκαλοι	ὅνπερ δὲ τρόπον καὶ ψευδοπροφῆται ἐπὶ τῶν παρ' ὑμῖν γενομένων ἁγίων προφητῶν ἦσαν, καὶ παρ' ἡμῖν νῦν πολλοί εἰσι καὶ ψευδοδιδάσκαλοι...

Dass die beiden einzigen Texte überhaupt, die das Wort ψευδοδιδάσκαλοι enthalten, es neben ψευδοπροφῆται verwenden, und zwar in just demselben Argument, will des Zufalls etwas zu viel erscheinen, um die Frage nach einer literarischen Abhängigkeit leichtfertig vom Tisch zu wischen. Dazu gesellt sich die Beobachtung, dass die Propheten bei Justin an der vorliegenden Stelle gerade wie in 2 Petr 3,2 das Attribut ἅγιοι erhalten. Daneben sind Weish 8,2 und Lk 1,70 wohl die ersten Texte darstellen, denen die Propheten ausdrücklich ἅγιοι gelten.[361] Wird man also daraus isoliert nicht mit Sicherheit einen Anhaltspunkt über das Abhängigkeitsverhältnis gewinnen können, weil sich darin auch unabhängig voneinander eine weiter verbreitete Haltung zu den Propheten spiegeln könnte, so dürfte die Vorgehensweis Justins bei der Textkonstitution sich als in Ausschlag gebender Weise aufschlussreich erweisen: Neben ausdrücklichen Zitaten bedient dieser sich auch sonst nicht als solcher markierter Text-

---

[360] Siehe hierzu auch Kapitel III.D.

[361] Unklar liegt der Fall bei der griechischen *Esra-Apokalypse* (Titel: APOCALYPSIS ESDRAE Λόγος καὶ ἀποκάλυψις <u>τοῦ ἁγίου προφήτου</u> Ἐσδρὰμ καὶ ἀγαπητοῦ τοῦ θεοῦ), deren Grundschrift wohl aus dem frühen zweiten Jahrhundert stammen während ihre erhaltene Fassung einige Jahrhunderte jünger sein mag, siehe MÜLLER in JHRSZ 5,2, 90.

bausteine aus vorgängigen Texten. Im vorliegenden Abschnitt ergänzt er beispielsweise den Hinweis auf die Vorhersage der heterodoxen Lehrer durch Jesus mit den Worten ὡς ἐν μηδενὶ ὑστερεῖσθαι ἡμᾶς, was man doch wohl als Anspielung auf 1 Kor 1,6f werten darf, wo Paulus feststellt, dass das μαρτύριον τοῦ Χριστοῦ fest in der Gemeinde verankert ist ὥστε ὑμᾶς μὴ ὑστερεῖσθαι ἐν μηδενὶ χαρίσματι.[362] Ist die Textgenese bei Justin also ohnehin der direkten Aufnahme anderer, worunter auch später neu-testamentlicher Schriften geschuldet, darf man annehmen, auch die *Secunda Petri* bilde in 2 Petr 2,1 einen Prätext zum *Dialogus* Justins.[363]

1.2.7. Die Ankündigung von αἱρέσεις (2 Petr 2,1)

In eben demselben *Dialogus* zitiert Justin in Folge erst Mt 24,5, d.i. die Vorhersage, dass viele im Namen Jesu kommen werden, und fährt dann, ohne das Zitat vollendet zu haben, fort mit Mt 7,15, also der Ankündi-gung von den Wölfen im Schafspelz. Beides weist er als Jesuswort aus. Mit einem einfachen καί schließt er an: Ἔσονται σχίσματα καὶ αἱρέσεις.[364] Offenbar sieht er in diesen Worten einen weiteren Ausspruch Jesu. Auch die *Pseudoklementinen* kennen die Ankündigung von αἱρέσεις aus dem Mund Jesu: Ἔσονται γάρ, ὡς ὁ κύριος εἶπεν, ψευδαπόστολοι, ψευδεῖς προφῆται, αἱρέσεις, φιλαρχίαι (Clem hom 16,21,4).[365] Auf diesen beiden Textstellen gründet sich die Behauptung, hier liege unbekanntes Jesuswort vor, auf das 2 Petr 2,1 rekurriere.[366] Ließe sich beides bestätigen, so bedeutete das zum einen die Entdeckung eines Elementes der Textwelt

---

[362] Zur Technik Justins siehe etwa BOBICHON 2003, 723 Anm. 11: «On voit ici ... que pour construire ses commentaires, Justin procède à un véritable «montage» constitué de différentes citations, elles-mêmes composées de diverses références.»

[363] BAUCKHAM 1983, 237 erachtet dies als wahrscheinlich, wenn auch nicht sicher. Nach PAULSEN 1992, 128 dagegen ist Justin hier „kaum von 2,1 abhängig". DAVIDS 2006, 218 quantifiziert die Vertreter einer Abhängigkeit Justins von der *Secunda Petri* als "many", bleibt aber den Nachweis schuldig. Mit Gewissheit sieht GREEN 1987, 104 bei Justin den *zweiten Petrusbrief* zitiert.

[364] Justin dial 35,3: εἶπε γάρ· Πολλοὶ ἐλεύσονται ἐπὶ τῷ ὀνόματί μου, ἔξωθεν ἐν-δεδυμένοι δέρματα προβάτων, ἔσωθεν δέ εἰσι λύκοι ἅρπαγες. καί· Ἔσονται σχίσ-ματα καὶ αἱρέσεις. καί· Προσέχετε ἀπὸ τῶν ψευδοπροφητῶν, οἵτινες ἐλεύσονται πρὸς ὑμᾶς, ἔξωθεν ἐνδεδυμένοι δέρματα προβάτων, ἔσωθεν δέ εἰσι λύκοι ἅρπα-γες. καί Ἀναστήσονται πολλοὶ ψευδόχριστοι καὶ ψευδαπόστολοι, καὶ πολλοὺς τῶν πιστῶν πλανήσουσιν.

[365] Vgl. auch Clem hom 2,17,4: οὕτως δή, ὡς ὁ ἀληθὴς ἡμῖν προφήτης εἴρηκεν, πρῶτον ψευδὲς δεῖ ἐλθεῖν εὐαγγέλιον ὑπὸ πλάνου τινὸς καὶ εἶθ' οὕτως μετὰ κα-θαίρεσιν τοῦ ἁγίου τόπου εὐαγγέλιον ἀληθὲς κρύφα διαπεμφθῆναι εἰς ἐπανόρ-θωσιν τῶν ἐσομένων αἱρέσεων·

[366] Für ersteres siehe JEREMIAS 1963,74f. Als Argument dient ihm die voneinander literarisch unabhängige Bezeugung bei Justin, in den *Pseudoklementinen* und in der *syrischen Didaskalie* an. Zweiteres vertritt BAUCKHAM 1983, 239f.

des *zweiten Petrusbriefes*, zum anderen aber einen Anhaltspunkt über seine Arbeitsweise bei der Textkonstitution. Er würde das Agraphon nämlich teilweise in eine neue syntaktische Struktur integrieren, ohne es als Ausspruch Jesu zu kennzeichnen.

Die Chancen, den Satz bei Justin als Jesuslogion ausweisen zu können, stehen jedoch schlecht. Schaut man sich nur den zur Debatte stehenden Abschnitt dial 35,3 an, so lässt sich die Arbeitsweise Justins am besten als Patchworktechnik beschreiben. Wenn er Jesus beispielsweise auch den Satz Ἀναστήσονται πολλοὶ ψευδόχριστοι καὶ ψευδαπόστολοι, καὶ πολλοὺς τῶν πιστῶν πλανήσουσιν zuschreibt, erinnert dieser zwar an Mt 24,11.24, doch wird in der gesamten Jesustradition der kanonischen Evangelien kein einziges Mal ἀναστήσονται als Verb für das Auftreten der ψευδο-Gestalten verwendet. Genau so wenig findet sich dort im Mund Jesu das Wort ψευδαπόστολοι. Es stammt vielmehr von Paulus aus 2 Kor 11,13. Auch werden die Gläubigen von der synoptischen Tradition überhaupt nie einfach πιστοί genannt,[367] und so auch nicht an der entsprechenden Stelle: Markus und Matthäus reden von ἐκλεκτοί. Alles in allem zeigt dies, dass Justin beileibe nicht wörtlich zitiert, ja dass er nicht nur Verse der Evangelien kombiniert, sondern sie auch mit evangelienfremdem Material kontaminiert. Damit fällt die Wahrscheinlichkeit, dass der fragliche Satz richtig zitiert und zugeordnet ist.[368] Selbst wenn jedoch in dem Zitat bei Justin zweifelsfrei ein Agraphon vorläge, so ließe sich kaum der Beweis für die Aufnahme des Agraphons durch 2 Petr 2,1 erbringen. Das Wort αἱρέσεις, auch wenn übereinstimmend kontextualisiert als Voraussage Jesu, ist keine hinreichende Basis für eine literarische Abhängigkeit. Darüber hinaus wirft noch eine weitere Überlegung Zweifel an der Abhängigkeitshypothese auf, auch wenn sie die Schwäche eines jeglichen Argumentes *e silentio* trägt: Es will nicht so recht einleuchten, dass ein Verfasser, der andernorts ausdrücklich auf die Übereinstimmung mit Jesus und Paulus hinweist (2 Petr 1,14 und 3,15), sich dies entgehen lässt, wo er sich auf ein Jesuswort berufen könnte, noch dazu an einem zentralen Punkt seiner Botschaft, nämlich an der Wertung der Anderen als ψευδοδιδάσκαλοι.

Wesentlich plausibler ist die folgende Deutung: Nachdem schon dial 82,1 den Verdacht auf eine Bekanntschaft Justins mit der *Secunda Petri* beförderte und nachdem Justin gerne inhaltlich Nahestehendes aus ver-

---

[367] Das Adjektiv πιστός ist bei den Synoptikern selten. Wenn es Verwendung findet, dann in der Bedeutung ‚zuverlässig, treu'. Substantiviert im Plural findet sich allein der Vokativ ὀλιγόπιστοι (Mt 6,30; 8,26; 16,8 und Lk 12,28); Lukas verwendet einmal οἱ ἄπιστοι (Lk 12,46).

[368] Dies gilt um so mehr, als die übrigen ‚Belege' für das angebliche Agraphon bei JEREMIAS 1963, 74f den Satz auch nicht wörtlich anführen, sondern lediglich das Wort αἱρέσεις einer Prophetie Jesu zuordnen.

schiedenen Schriften kombiniert, könnten ihm die αἱρέσεις aus 2 Petr 2,1 womöglich als Jesuswort im Kopf haften geblieben sein, unterstützt durch ihr dortiges Auftreten neben dem Wortbildungselement ψευδο-. In diesem Fall wäre auch dial 35,3 als Anhaltspunkt für die Prätextfunktion des *zweiten Petrusbriefes* im Verhältnis zu Justins *Dialogus* zu lesen.[369]

1.2.8. Der Herr, der sie freigekauft hat (2 Petr 2,1)

Die in Jud 4 den Angefeindeten zur Last gelegte Verleugnung „unseres alleinigen Herrschers und Herrn Jesus Christus" (τὸν μόνον δεσπότην καὶ κύριον ἡμῶν Ἰησοῦν Χριστὸν ἀρνούμενοι) wird vom Verfasser des *zweiten Petrusbriefes* übernommen.[370] Die Nennung des δεσπότης inspiriert ihn offenbar dazu, das Bild von einem Sklavenkäufer zu entwickeln: In seinem Brief verleugnen die ψευδοδιδάσκαλοι „den Herrn, der sie doch freigekauft hat" (τὸν ἀγοράσαντα αὐτοὺς δεσπότην). Dass bei der Konstituierung dieses Bildes die weiter nicht aufgenommene Rettung Israels aus Ägypten aus Jud 5 mitgewirkt hat, ist eine berechtigte Denkmöglichkeit, denn diese Rettung fungiert samt dem darauf folgenden Verderben im *Judasbrief* als Analogon für das Schicksal der Widersacher: Das Volk wurde damals zwar auch aus Ägypten gerettet, aber später wurden die Ungläubigen dem Verderben preisgegeben. Allein wird diese Rettung nicht als Loskauf beschrieben, so dass lexikalisch-motivische Anhaltspunkte für Jud 5 als Inspirationsquelle fehlen.[371] Selbst wenn dem jedoch so sein sollte, so geht die Idee, Christi Werk als Loskauf zu beschreiben, gewiss nicht auf den Verfasser der *Secunda Petri* zurück. Schon vor ihm hat die motivische Transposition des Sklavenfreikaufs aus Ägypten[372] in die christologische Soteriologie von Schriften des späteren Neuen Testaments Eingang gefunden. Oft werden dafür Wortbildungen mit dem Lexem λυ- verwendet, namentlich Paulus kennt aber auch ἀγοράζειν oder ἐξαγοράζειν; ersteres findet sich auch in der *Johannesapokalypse*.[373] Häufig

---

[369] Dabei könnte das das Nebeneinander von σχίσματα und αἱρέσεις aus 1 Kor 11,18–19 stammen. Das δεῖ in δεῖ γὰρ καὶ αἱρέσεις ἐν ὑμῖν εἶναι könnte den Anstoß gegeben haben zu der Formulierung als Vorhersage. Doch dies bleibt Vermutung.

[370] NEYREY 1980b, 418 deutet die Verleugung des δεσπότης konkret als ein Leugnen von Gottes Gericht.

[371] Sehr optimistisch in dieser Hinsicht SPITTA 1885, 131. Für ihn „liegt auf der Hand", dass 2 Petr 2,1b durch Judas 5 beeinflusst ist. Lexikalisch ist allerdings nur auszumachen, dass in beiden Briefen den Angefeindeten das Verderben in Aussicht gestellt wird; 2 Petr 2,3 ἡ ἀπώλεια αὐτῶν οὐ νυστάζει; Jud 5 am Beispiel der aus Ägypten Geretteten: κύριος ἅπαξ λαὸν ἐκ γῆς Αἰγύπτου σώσας τὸ δεύτερον τοὺς μὴ πιστεύσαντας ἀπώλεσεν.

[372] Diese Herkunft des christologischen Motivs hält etwa ELLIOTT 2000, 369 fest.

[373] Gal 3,13 Χριστὸς ἡμᾶς ἐξηγόρασεν ἐκ τῆς κατάρας τοῦ νόμου; Gal 4,4–5 ἐξαπέστειλεν ὁ θεὸς τὸν υἱὸν αὐτοῦ ... γενόμενον ὑπὸ νόμον, ἵνα τοὺς ὑπὸ νόμον ἐξαγοράσῃ ...; 1 Kor 6,20: ἠγοράσθητε γὰρ τιμῆς· δοξάσατε δὴ τὸν θεὸν ἐν τῷ

der Kaufpreis genannt oder gar besonders hervorgehoben. Jesus etwa sagt im Markusevangelium, der υἱὸς τοῦ ἀνθρώπου sei gekommen, um seine ψυχή als λύτρον für viele zu geben (Mk 10,45). Paulus beschwört die Korinther mehrfach: τιμῆς ἠγοράσθητε (1 Kor 6,20; 7,23), und der *erste Petrusbrief* führt aus: οὐ φθαρτοῖς, ἀργυρίῳ ἢ χρυσίῳ ἐλυτρώθητε ἐκ τῆς ματαίας ὑμῶν ἀναστροφῆς πατροπαραδότου ἀλλὰ τιμίῳ αἵματι ὡς ἀμνοῦ ἀμώμου καὶ ἀσπίλου Χριστοῦ (1 Petr 1,18f).[374] Dieser Kaufpreis wird nun in 2 Petr 2,1 nicht ausdrücklich genannt, er könnte jedoch implizit mitschwingen, denn dem Käufer Christus werden die ψευδοδιδάσκαλοι gegenübergestellt, die sich in ihrem Werben als unehrliche Käufer auf dem Markt gebärden: Sie kaufen (ἐμπορεύεσθαι) ihre Anhänger voll Raffgier (ἐν πλεονεξίᾳ) um einen Scheinpreis (πλαστοῖς λόγοις) ein.[375] Dass sie sich als Sklavenkäufer betätigen wollen, legt sich dadurch nahe, dass sie Freiheit versprechen (2,19). Angesichts dieser offenbar gewollten Kontrastierung könnte eine Erinnerung an den Kaufpreis, den Christus bezahlt hat, durchaus intendiert sein.

Geht man von den Verben ἀγοράζειν und ἐξαγοράζειν aus, so ist festzustellen, dass sie in der Väterliteratur – anders als etwa λυτροῦν – für das Befreiungshandeln Christi keine Verwendung mehr finden.[376] Aus diesem Grund könnte τὸν ἀγοράσαντα αὐτούς in 2 Petr 2,1 auf paulinische Theologie verweisen. Vielleicht darf man dann sogar noch einen Schritt weiter gehen und den gesamten Vers als Konzentrationspunkt von Paulusreminiszenzen betrachten. Über das Gesagte hinaus erinnern die ψευδοδιδάσκαλοι möglicherweise an die ψευδαπόστολοι aus 2 Kor 11,13, wahrscheinlicher aber zusammen mit dem Wortbildungselement παρεισan die ψευδάδελφοι aus Gal 2,4 und die αἱρέσεις an 1 Kor 11,19.

σώματι ὑμῶν; 1 Kor 7,23 τιμῆς ἠγοράσθητε· μὴ γίνεσθε δοῦλοι ἀνθρώπων; Apk 5,9 Ἄξιος εἶ... ἀνοῖξαι τὰς σφραγῖδας αὐτοῦ, ὅτι ἐσφάγης καὶ ἠγόρασας τῷ θεῷ ἐν τῷ αἵματί σου ἐκ πάσης φυλῆς καὶ γλώσσης καὶ λαοῦ καὶ ἔθνους; Apk 14,4 οὗτοι ἠγοράσθησαν ἀπὸ τῶν ἀνθρώπων ἀπαρχὴ τῷ θεῷ καὶ τῷ ἀρνίῳ.

[374] Vgl. hierzu auch Eph 1,7 ἐν ᾧ ἔχομεν τὴν ἀπολύτρωσιν διὰ τοῦ αἵματος αὐτοῦ; Hebr 9,12: οὐδὲ δι᾽ αἵματος τράγων καὶ μόσχων διὰ δὲ τοῦ ἰδίου αἵματος, εἰσῆλθεν ἐφάπαξ εἰς τὰ ἅγια, αἰωνίαν λύτρωσιν εὑράμενος.

[375] SCHMIDT 2003, 365 wagt ausgehend von der Käufermetapher sogar folgende soziologische Erwägung: „Das Bild von den falschen, habgierigen Krämern, die versuchen, die Christen abzuhandeln, passt besonders gut zu den Gegnern, wenn sie im Umfeld sophistischer Redner zu suchen sind, die auf Märkten und Plätzen standen und freimütig von einer Tonne herab für ihre Sache warben."

[376] Im *Martyrium des Polykarp* kaufen sich die Märtyrer selbst durch das Leiden einer einzigen Stunde von ihrer ewigen Strafe los (διὰ μιᾶς ὥρας τὴν αἰώνιον κόλασιν ἐξαγοραζόμενοι; MartPol 2,3), weiter gibt es nur noch die Aufforderung im *Hirten des Hermas* (Herm sim 1,8–9), statt Äckern bedrängte Seelen zu kaufen (ἀντὶ ἀγρῶν ... ἀγοράζετε ψυχὰς θλιβομένας).

1.2.9. *Lexikalische Kongruenzen mit der Petrusapokalypse (2 Petr 1,19–2,3)*

Der im Akhmîm-Fragment erhaltene Teil der *Petrusapokalypse* beginnt mit einer futurischen Ankündigung von ψευδοπροφῆται. Sie stammt aus dem Munde Jesu, wie wenige Verse später deutlich wird.[377] In der Herkunftsangabe wird auf eine Gruppe verwiesen (ἐξ αὐτῶν), deren Identiteit leider nicht mehr bestimmt werden kann, da die Phorik über den erhaltenen Textteil hinausgreift. Die Tätigkeit dieser ψευδοπροφῆται besteht im Lehren von „Wegen und vielerlei Lehrsätzen des Verderbens" (καὶ ὁδοὺς καὶ δόγματα ποικίλα τῆς ἀπωλείας διδάξουσιν). Die Analogie mit der *Secunda Petri* liegt vor allem in der Sache: Wie zu Beginn von deren zweitem Kapitel werden Menschen angekündigt, die sich mit der Verbreitung Verderben wirkender Lehrmeinungen beschäftigen. Die lexikalische Kongruenz ist demgegenüber beschränkt auf das Wort ψευδοπροφῆται (die jedoch im *zweiten Petrusbrief* nicht die Angekündigten sind!), das Genitivattribut ἀπωλείας und den gemeinsamen Gebrauch der Wegmetaphorik; dazu gesellt sich morphologisch noch der Gebrauch des Futurs.

Zu dieser an sich wenig signifikanten Ähnlichkeit tritt an späterer Stelle des Akhmîm-Fragments die gemeinsame Verwendung des seltenen Lexems αὐχμηρ-.[378] Mit Vers 21 beginnt etwas unvermittelt[379] die Schau einer Lokalität, die wahrscheinlich als τόπος αὐχμηρός – buchstäblich im Codex: τόπος αὐχμηρόντων – bezeichnet wird.[380] Wie der Verfasser des *zweiten Petrusbriefes* verwendet die Apokalypse also dieses Wort zur Charakterisierung eines Ortes. Doch während in der *Secunda Petri* nicht ganz deutlich wird, ob der αὐχμηρὸς τόπος außerhalb des Vergleiches des προφητικὸς λόγος mit einer Lampe ἐν αὐχμηρῷ τόπῳ eine sachliche Entsprechung hat – die sich im Irrtum befindliche Welt? das noch nicht erleuchtete Innere des Menschen? – bezeichnet es in ApkPetr 21 den Ort der Züchtigung (τόπος κολάσεως) im Gegenüber zum Ort der Gerechten (τόπος ... τῶν δικαίων ἀνθρώπων; ApkPetr 20), ähnlich wie auch es auch inschriftlich im zweiten Jahrhundert im syrischen Antiochien für die Totenwelt belegt ist.[381]

---

[377] Noch in der Rede weist ein Possessivum der ersten Person Singular darauf hin: ἐπὶ τοὺς πιστούς μου (Vers 3). Ein weiterer Teil der Rede wird in Vers 4 eingeleitet durch καὶ προσθεὶς ὁ κύριος ἔφη.

[378] Zu αὐχμηρός siehe III.B.1.2.2.

[379] Dieser mangelhaft in den Erzählstrang eingefügte Anschluss ist eines der Argumente für die gegenüber der äthiopischen Version sekundäre Stoffanordnung im Akhmîm-Fragment, siehe schon Prümm 1929, 67, der sich in diesem Punkt der Beobachtung von Duensing 1913, 77 anschließt.

[380] Vers 21 Akhmîm-Codex: εἶδον δὲ καὶ ἕτερον τόπον καταντικρὺς ἐκείνου αὐχμηρόν{των}. Zum Problem der Endung -των und den dazugehörigen Konjekturen siehe den kritischen Apparat in der Ausgabe von Kraus/Nicklas CGS.NF 11 ad loc.

[381] κεῖμαι ἐς [αὐ]χμηροὺς καὶ ἀλαμπέας Ἅιδος εὐνάς ... (Kaibel 1878, 431,3).

Die erste Gruppe von Bestraften, die dort wahrgenommen wird, ist an ihrer Zunge aufgehängt. Es handelt sich dabei um οἱ βλασφημοῦντες τὴν ὁδὸν τῆς δικαιοσύνης (Vers 22). Dies wiederum erinnert durch die Übereinstimmung zweier Lexeme (ὁδός, βλασφημεῖν) an die ψευδοδιδάσκαλοι vom Beginn des zweiten Kapitels des *zweiten Petrusbriefes* δι᾽ οὓς ἡ ὁδὸς τῆς ἀληθείας βλασφημηθήσεται (2 Petr 2,2).[382] Eine andere Gruppe beißt sich auf die Lippen und wird durch brennendes Eisen in den Augen gefoltert. Diese Gequälten werden identifiziert als οἱ βλασφημήσαντες καὶ κακῶς εἰπόντες τὴν ὁδὸν τῆς δικαιοσύνης (ApkPetr 28).[383] Die deckungsgleichen Elemente mit 2 Petr 2,2 haben hier denselben Umfang. Für beide Stellen findet sich eine Entsprechung im äthiopischen Text der *Petrusapokalypse*, dort freilich formuliert als Ankündigung der Zukunft im Munde Jesu. Wenn dieser zur Rechten Gottes sitzt und von ihm gekrönt ist, findet das Gericht statt und die Menschen werden an den Ort kommen, der ihnen entspricht (äthApkPetr 6,1–7,1). Dann werden diejenigen, die den Weg der Gerechtigkeit verlästert haben, an ihrer Zunge aufgehängt werden (7,2). In Entsprechung zu ApkPetr 28 wird in äthApkPetr 9,3 wird eine andere Gruppe erwähnt, die ihre Zunge kaut und deren Augen mit feurigem Eisen ausgebrannt werden. Sie sind Lästerer und Verräter von Gottes Gerechtigkeit.[384] Vor allem diese Formulierungen in der äthiopischen Übersetzung lassen es als recht wahrscheinlich erscheinen, dass bereits in der ursprünglichen Fassung der *Petrusapokalypse* ἡ ὁδὸς τῆς δικαιοσύνης und βλασφημεῖν verwendet waren, geht man doch mehrheitlich davon aus, dass die äthiopische Version im Vergleich zum Akhmîm-Text näher bei der ursprünglichen Fassung der *Petrusapokalypse* steht.[385] Jedenfalls darf man es als recht sicher ansehen, dass schon das griechische Original sich der ὁδός-Terminologie bediente. Denn eines der beiden Papyrusfragmente aus einem Codex,[386] der wohl den ursprünglichen Text bezeugt, spricht von Menschen, die τὴν τοῦ θεοῦ ὁδόν verlassen haben.[387] Allein der äthiopische Text (äthApkPetr 10,7) stützt hier die Wegmetapher nicht, er spricht vom Gebot Gottes.[388]

---

[382] SPITTA 1911, 239 führt außerdem noch folgende Beobachtung als Nähe zwischen Akhmîm-Fragment und der *Secunda Petri* an: „Der Erfolg der Lehre wird in der Apokalypse genannt υἱοὶ τῆς ἀπωλείας γενήσονται ... κρινεῖ τοὺς υἱοὺς τῆς ἀνομίας, im Briefe: ἐπάγοντες ἑαυτοῖς ταχινὴν ἀπώλειαν ... οἷς τὸ κρίμα οὐκ ἀργεῖ"

[383] Vgl. den entsprechenden Text in äthApkPetr 9,3.

[384] Zu äthiopischem Wortlaut und englischer Übersetzung siehe BUCHHOLZ 1988.

[385] Siehe etwa BAUCKHAM 1988d, 4718; demgegenüber vertritt LAPHAM 2003, 195ff eine (schlecht begründete) Minderheitenposition, wenn er im Akhmîm-Fragment die Grundlage für die spätere äthiopische Version findet.

[386] Vgl. KRAUS/NICKLAS in CGS.NF 11, 83 und KRAUS 2003.

[387] Bodl. MS. Gr. Th. f. 4 [P] verso 8–13: οὗτο[ι δ]έ εἰσιν ο[ἵτι]νες κα[τέ]λιπον [τὴν] τοῦ θ(εο)ῦ ὁ[δὸ]ν. Zur Lesart ὁ[δὸ]ν siehe den Apparat in der Ausgabe von

Weiter können in den verschiedenen erhaltenen Versionen der Apokalypse keine Konvergenzen oder gar Kongruenzen mit 2 Petr 1,19–2,3 ausgemacht werden. Vorläufig darf also festgehalten werden, dass vermutlich die ursprüngliche Fassung zumindest punktuell einen ähnlichen
Wortgebrauch mit dem *zweiten Petrusbrief* aufwies. Da in ihr jedoch wohl
nicht die ὁδὸς τῆς ἀληθείας, sondern die ὁδὸς τῆς δικαιοσύνης Gegenstand des βλασφημεῖν war, kann nicht ohne weiteres eine Form literarischer Abhängigkeit mit 2 Petr 2,2 postuliert werden, auch wenn die *Secunda Petri* an anderer Stelle selbst von der ὁδὸς τῆς δικαιοσύνης (2,21)
spricht; im *zweiten Petrusbrief* stehen βλασφημεῖν und ὁδὸς τῆς δικαιοσύνης zu weit auseinander, als dass ihre gemeinsame Nennung eine Thematisierung des *zweiten Petrusbriefes* nahelegte.[389]

Die Übereinstimmungen zwischen *zweitem Petrusbrief* und dem Akhmîm-Fragment, bei denen weder die äthiopische Version noch die Papyrusfragmente zusätzliche Beobachtungen erlauben, können zunächst lediglich konstatiert, nicht aber sicher als Ergebnis textueller Wiederaufnahme gedeutet werden. Die Ankündigung von Falschpropheten mit
Verderben bringenden Lehren könnte generisch bedingt sein, und die
Verwendung von αὐχμηϱ- für den Ort der Züchtigung steht näher bei
dem genannten inschriftlichen Zeugnis als beim *zweiten Petrusbrief*. Sollten
sich an anderer Stelle des Akhmîm-Fragments jedoch noch weitere deutli-
chere wörtliche Anklänge an die *Secunda Petri* finden, könnte sich diese
Bewertung noch verändern. Ein Urteil bleibt der Zusammenschau am Ende der Untersuchung vorbehalten. Wäre dann von einem Abhängigkeitsverhältnis auszugehen, so ist für die Falschlehrerpassage die Abhängigkeit der Apokalypse leichter erklärbar als umgekehrt: Die Ankündigung
von ψευδοπροφῆται weist offensichtliche Anklänge an Verse aus dem
Matthäusevangelium und möglicherweise weiteren neutestamentlichen
Texten auf. Dass aber der *zweite Petrusbrief* diese Anklänge so gründlich
beseitigt haben sollte, ist schwerer zu erklären, als dass die Apokalypse
ihre Version mit einzelnen Zügen aus dem Brief anreicherte.[390]

KRAUS/NICKLAS CGS.NF 11, 124. Ähnlich formuliert hier das Akhmîm-Fragment an
der entsprechenden Stelle (Vers 34): οὗτοι δέ ἦσαν οἱ ἀφέντες τὴν ὁδὸν τοῦ θεοῦ.

[388] Für eine Synopse mit dem äthiopischen Text siehe BUCHHOLZ 1988, 148 ad loc.

[389] GRUNDMANN 1974, 89–91 deutet in seinem Exkurs über das „Wegemotiv in der
Petrus-Tradition und seine Herkunft" die Kongruenz zwischen ApkPetr 22.28 und 2
Petr 2,1–2 als „gemeinsame Überlieferung" und „Petrus-Tradition" (ibid. 90), erachtet
darüber hinaus auch eine literarische Beziehung als „nicht unwahrscheinlich", übt
allerdings in der Frage nach der Priorität Zurückhaltung.

[390] In dieser Hinsicht überzeugt die ähnlich lautende Argumentation SPITTAS 1911,
238f durchaus, auch wenn er beim Abfassen des Artikels noch nichts von der Existenz der äthiopischen Version wusste, die das Problem des Verhältnisses zwischen
Apokalypse und Brief komplizierter machte, vgl. BAUCKHAM 1988d, 4721–4723.

1.2.10. Der Verlästerung des Weges der Wahrheit (2 Petr 2,2–3)

Eines der Elemente, in denen der *zweite Petrusbrief* in den ersten Versen des zweiten Kapitels über den *Judasbrief* hinausgeht, ist die Prophezeiung, durch die ψευδοπροφῆται und diejenigen, die ihnen in ihren ἀσέλγειαι Gefolgschaft leisten, würde „der Weg der Wahrheit geschmäht." Sowohl die Formulierung ἡ ὁδὸς τῆς ἀληθείας als auch die Berücksichtigung des Urteils von Außenstehenden über das Christentum in der Argumentation bieten Anlass, nach möglichen Referenzen zu fragen.

Der Gedanke, dass durch ein bestimmtes Verhalten von Mitgliedern christlicher Gemeinden die christliche Lehre oder Bewegung bei Außenstehenden in Misskredit gerät (βλασφημεῖσθαι), taucht von dem Moment an auf, wo das Christentum mit ‚Außenstehenden' zu tun hat,[391] in besonderer Dichte jedoch in den spätneutestamentlichen und frühaußertestamentlichen christlichen Schriften.[392] Zur ‚biblischen' Untermauerung dieses Gedankens wird des öfteren Jes 52,5 LXX herangezogen (τάδε λέγει κύριος. δι᾿ ὑμᾶς διὰ παντὸς τὸ ὄνομά μου βλασφημεῖται ἐν τοῖς ἔθνεσιν), besonders dann, wenn jüdische Argumentation oder Agitation gegen das Christentum thematisiert oder angegriffen wird.[393] An der Seite von Jes 52,5 LXX erscheint in diesem Zusammenhang mehrfach ein Wehespruch gegen den Verursacher der Schmähung des Namens Gottes: Οὐαὶ δι᾿ ὃν βλασφημεῖται τὸ ὄνομά μου.[394] Seine genaue Herkunft ist unbekannt, vermutlich ist sie im prophetisch-apokalyptischen Schrifttum zu suchen.[395] Eine gegenseitige literarische Abhängigkeit unter den erhaltenen Belegen ist nicht nachweisbar; vielmehr dürfte es sich um ein Zitat handeln, dessen Verwendung sich in dem genannten situativen Kontext nahelegte oder gebräuchlich war. Der Verfasser des *zweiten Petrusbriefes* war mit dieser Argumentationsweise bekannt, wie die folgenden Überlegungen zeigen. Dass er sie in der Form des Jesajazitates kannte, ist möglich, doch nicht sicher nachzuweisen.

Während das Jesajazitat darauf abhebt, dass Gottes Name in Misskredit gebracht wird, ist es in den frühchristlichen Schriften oft die christliche

---

[391] Siehe zu diesem Befund VAN UNNIK 1964, 231. Dieser Aufsatz hat ferner insgesamt Anstoß gegeben für etliche der folgenden Ausführungen, wenngleich VAN UNNIK 2 Petr 2,2 in diesem Rahmen gerade nicht bespricht.

[392] Paulus äußert sich schon in 1 Thess 4,12 über den Lebenswandel unter dem Aspekt der Beurteilung durch Außenstehende. Siehe ferner zu diesem Thema 1 Petr 2,12; 3,16; 4,15; Jak 2,1–7; 1 Tim 5,14; 6,1 und Tit 2,5.8.

[393] Zitiert etwa bei Paulus Röm 2,24; 2 Clem 13,2; JustMart dial 17,2; Tert advMarc IV,14,16: *sicut per Esaiam ad auctores odii Iudaeos: Propter vos blasphematur nomen meum in nationibus.*

[394] 2 Clem 13,2, siehe ferner IgnTrall 8,2; Pol 2 Phil 10,3, weitere Zitatstellen aus den *Apostolischen Konstitutionen* sind bei VAN UNNIK 1964, 225f aufgeführt.

[395] VAN UNNIK 1964, 227.

Lehre bzw. Gemeinde, die von einem möglichen abschätzigen Urteil aufgrund eines unangemessenen Lebenswandels der Gemeindeglieder bedroht ist. Der *erste Timotheusbrief* stellt beides Seite an Seite, er nennt die Schmähung des Namens Gottes <u>und</u> der christlichen Lehre in einem Atemzug: ἵνα μὴ τὸ ὄνομα τοῦ θεοῦ καὶ ἡ διδασκαλία βλασφημῆται.[396] Der *zweite Clemensbrief* fährt nach dem Jesajazitat und dem Weheruf fort, die Nichtchristen fänden zwar die christliche Lehre schön und bedeutend, doch wendeten sie sich in dem Moment zur βλασφημία, wo sie sähen, dass die Christen ihrer Lehre nicht nachlebten. Durch dieses Missverhalten gelte ihnen die Lehre als μῦθος und πλάνη.[397] Auch hier findet also der Übergang statt von einem ablehnenden Urteil Gott gegenüber zu einer Ablehnung des Christentums. In 2 Petr 2,2 nun wird weder der Jesajavers zitiert noch ist τὸ ὄνομα τοῦ θεοῦ, ὁ θεός, ὁ κύριος o.ä. überhaupt als Gegenstand der Lästerung genannt. Objekt der Schmähung ist ἡ ὁδὸς τῆς ἀληθείας.[398]

ὁδός ist ein Vorzugswort des Verfassers des *zweiten Petrusbriefes*. Von den vier Belegen lassen sich ein bis zwei als vom *Judasbrief* inspiriert erklären, die anderen beiden aber sind sein Additum.[399] Dieser im Verhältnis zur Brieflänge ausgedehnte Gebrauch von ὁδός verweist einmal mehr auf einen von den Schriften des späteren Ersten Testaments herkommenden Sprachgebrauch vor allem jüdischen Schrifttums, der freilich – etwa in der Form der Zweiwegelehre oder in der Bezeichnung des Christen-

---

[396] 1 Tim 6,1. Der Vers gehört zur Sklavenparänese der Haustafeln: Ὅσοι εἰσὶν ὑπὸ ζυγὸν δοῦλοι, τοὺς ἰδίους δεσπότας πάσης τιμῆς ἀξίους ἡγείσθωσαν, ἵνα μὴ τὸ ὄνομα τοῦ θεοῦ καὶ ἡ διδασκαλία βλασφημῆται.

[397] 2 Clem 13,3: τὰ ἔθνη γὰρ ἀκούοντα ἐκ τοῦ στόματος ἡμῶν τὰ λόγια τοῦ θεοῦ ὡς καλὰ καὶ μεγάλα θαυμάζει· ἔπειτα καταμαθόντα τὰ ἔργα ἡμῶν ὅτι οὐκ ἔστιν ἄξια τῶν ῥημάτων ὧν λέγομεν, ἔνθεν εἰς βλασφημίαν τρέπονται, λέγοντες εἶναι μῦθόν τινα καὶ πλάνην.

[398] BAUCKHAM 1983, 242 weist darauf hin, dass der Gegenstand der Schmähung in der Anwendung des Verses oft ersetzt wird. Neben 1 Tim 6,1 führt er Tit 2,5; IgnTrall 8,2 und Pol 2 Phil 10,2 als Beispiele an: IgnTrall 8,2: τὸ ἐν θεῷ πλῆθος βλασφημεῖται (anschließend folgt hier der Wehespruch: Οὐαὶ ... δι' οὗ ... τὸ ὄνομά μου ... βλασφημεῖται); Pol 2 Phil 10,2: *ut ... dominus in vobis non blasphemetur (auch hier folgt darauf in 10,3 der Wehespruch: Vae autem per quem nomen domini blasphematur)*. In Titus 2,5 (ἵνα μὴ ὁ λόγος τοῦ θεοῦ βλασφημῆται handelt) macht keine Zitationsformel deutlich, dass es sich um eine Anspielung auf Jes 52,5 LXX handelt. In dieser Hinsicht käme dieser Vers also 2 Petr 2,2 am nächsten.

[399] In 2 Petr 2,15 werden die als Gegner Behandelten beschrieben als Menschen, die die εὐθεῖα ὁδός verlassen haben, in die Irre geführt wurden, indem sie der ὁδός τοῦ Βαλαὰμ τοῦ Βοσόρ folgten. Judas 11 hatte zwar nicht vom Weg Bileams gesprochen, wohl aber ist in unmittelbarer Nähe zu der ὁδός τοῦ Κάϊν auch von Bileam die Rede. Die ὁδὸς τῆς ἀληθείας in 2,2 und die ὁδὸς τῆς δικαιοσύνης in 2,21 sind ohne Analogon im *Judasbrief*.

tums als ἡ ὁδός[400] – von der christlichen Sprachgemeinschaft übernommen und weitergepflegt wurde. Ob nun in 2 Petr 2,2 durch die Formulierung ἡ ὁδὸς τῆς ἀληθείας eher der Aspekt gelebter Moral[401] oder eher die christliche Lehre, die eine bestimmte Moral zwangsläufig einschließt,[402] hervorgehoben werden soll, darf offen bleiben, im einen wie im anderen Fall ist Zielpunkt der befürchteten Schmähung die christliche Gemeinde.

Zwar fehlt im *zweiten Petrusbrief* der in anderen Schriften in Verbindung mit dem Motiv des lebenswandelsbedingten Negativurteils über Christen durch Außenstehende wiederholt begegnende Weheruf, doch wird seine Funktion von 2 Petr 2,3 übernommen.[403] Seiner Herkunft aus der Totenklage entsprechend transportiert der Weheruf die Gewissheit des Verderbens.[404] Diese Gewissheit wird im *zweiten Petrusbrief* realisiert in der poetisch als *Parallelismus membrorum* gestalteten präsentischen Aussage, dass für die ψευδοδιδάσκαλοι das Urteil längst nicht saumselig sei, und ihr Verderben nicht schlummere.[405] Die strukturelle Koppelung einer tatsächlichen oder befürchteten Diskreditierung christlicher Lehre oder Gruppierungen mit dem Aussprechen eines wie auch immer sprachlich realisierten Wehe an die Adresse der Verursacher der Verunglimpfung oder wenigstens Ablehnung hat 2 Petr 2,2–3 also gemein etwa mit 2 Clem 13,2–3; IgnTrall 8,2 und Pol 2 Phil 10,2–3. Zumindest der erste Teil dieser Argumentation findet sich auch in jüdischer Literatur,[406] sehr deutlich etwa in der Damaskusschrift: Hier wird gemahnt, man solle die Heiden gut

---

[400] So vor allem in den *Acta*; siehe Act 9,2; 19,23; 22,4; 24,14.22. Während REPO 1964 diese Eigenheit auf essenischen Gebrauch zurückführen wollte, begegnet VÖLKEL 1982, 1203 einer solchen Herleitung mit Skepsis. Eine neuerliche Diskussion des Sachverhalts wäre wünschenswert, kann hier jedoch nicht geführt werden.

[401] Der Gebrauch von ὁδὸς τῆς ἀληθείας einerseits (2,2) und ὁδὸς τῆς δικαιοσύνης andererseits (2,21) führt CHATELION COUNET 2006a, 103 zu einer bemerkenswerten Deutung von ὁδὸς τῆς ἀληθείας: "Daarmee komen waarheid en gerechtigheid in één lijn te staan met het Hebreeuwse begrippenpaar *emet* en *chesed* … Waarheid betreft dus niet zozeer een cognitief te aanvaarden leerstuk, maar een levenshouding die het handelen aangaat."

[402] FUCHS/REYMOND 1988, 81: «Il nous paraît donc que ὁδός désigne ici la prédication chrétienne, comme ensemble doctrinal et moral.»

[403] NEYREY 1980b, 415f sieht in der Bemerkung von 2,3, dass nämlich das Gericht nicht verzieht, sondern schon lange ausgeprochen ist, eine Reaktion auf die Position der Gegner ("a denial of a denial"; ibid. 415).

[404] Dies gilt ungeachtet dessen, dass das Wehe BERGER 2005, 260 zufolge „dem Wesen nach nicht appellativ und drohend, sondern expressiv ist."

[405] Zur Textgenese durch textuellen Transformationen von Jud 4 siehe III.B.1.2.5; inhaltlich kommt auch Dtn 32,35b LXX (ὅτι ἐγγὺς ἡμέρα ἀπωλείας αὐτῶν, καὶ πάρεστιν ἕτοιμα ὑμῖν) durchaus in die Nähe von 2 Petr 2,3, doch finden sich lexikalisch keine Überschneidungen.

[406] Belege siehe bei VAN UNNIK 1964, 233.

behandeln, um ihnen keine Gelegenheit zum Lästern zu geben.[407] Sowohl die Formulierung ἡ ὁδὸς τῆς ἀληθείας als auch die sprachliche Gestaltung der Zusage des Verderbens als *Parallelismus membrorum* weisen gleichermaßen auf eine jüdisch-hellenistische Gedanken- und Textwelt.

Üble Nachrede von Außenstehenden ist auch ein mehrmals wiederkehrendes Thema des *ersten Petrusbriefes*. In 1 Petr 4,4 wird erwähnt, dass die Angeschriebenen Lästerungen nicht zur Gemeinde gehöriger Zeitgenossen ausgesetzt sind (βλασφημοῦντες), weil sie sich vom Lebensstil ihrer Umwelt distanzierten und bei deren „Exzess an Liederlichkeit" (ἡ τῆς ἀσωτίας ἀνάχυσις) nicht mehr mittäten. Lexikalisch variiert schlägt sich diese Diffamierung noch zweimal im dem Verb καταλαλεῖν nieder. Sachlich völlig übereinstimmend mit der *Secunda Petri* ruft die *Prima* dazu auf, den σαρκικαὶ ἐπιθυμίαι zu entsagen und einen guten Lebenswandel zu führen, so dass gerade in den Punkten, wo andere sie als Übeltäter beleidigen (καταλαλεῖν), diese am „Tag der Heimsuchung" Gott loben müssen angesichts der guten Werke der Christen (2,11–12); eine ähnliche Aussage findet sich, ebenfalls mit dem Verb καταλαλεῖν in 1 Petr 3,16. βλασφημεῖν allein wird nicht belegen können, dass der Verfasser des *zweiten Petrusbriefes* konkret auf die entsprechenden Verse des *ersten Petrusbriefes* zurückverweist, doch im Rahmen dessen, dass er allgemein das Augenmerk der Leser auf den ersten Brief lenkt (2 Petr 3,1) und dem Präskript zufolge dessen Fortsetzung sein will, sind seine Worte in 2,2–3 als Rückgriff und Ergänzung zum Thema βλασφημεῖν zu werten.

1.3. Fazit

Die Ergebnisse der vorausgehenden Untersuchungen zur Syntax der Intertextualität von 2 Petr 1,19–2,3 lassen sich folgendermaßen zusammenfassen:

Gedankenwelt, lexikalische Einheiten und syntaktische Strukturen verweisen zunächst vielfach in die Textwelt des hellenistischen Judentums, teilweise in der Aufnahme und Weiterentwicklung von Gedankengut aus Tenach und Septuaginta. Dies zeigt sich in den Ausführungen der *Secunda Petri* über die Schriftprophetie und Inspiration. Wortgebrauch und Inhalt ähneln Aussagen bei Philo, zuweilen können Linien weiter zurückverfolgt werden bis zur zu Thora und den Propheten. Der zweifache Gebrauch eines *Parallelismus membrorum* in ἕως οὗ ἡμέρα διαυγάσῃ καὶ φωσφόρος ἀνατείλῃ ἐν ταῖς καρδίαις ὑμῶν (1,19) und οἷς τὸ κρίμα ἔκπαλαι οὐκ ἀργεῖ καὶ ἡ ἀπώλεια αὐτῶν οὐ νυστάζει (2,3) verweist allgemein auf Schrifttum in poetischer Diktion, wie es in den Schriften der hebräischen Bibel, besonders aber in deren griechischen Übersetzungen

---

[407] CD 12,6–8: אל ישלח את ידו לשפוך דם לאיש מן הגוים בעבור הון ובצע וגם אל ישא מהונם כל בעבור אשר לא יגדפו.

und den griechischen Schriften der Septuaginta vorliegt.[408] An einigen
Stellen könnten Wörter und Wortverbindungen aus Tenach und griechischen Übersetzungen entlehnt sein, doch ist ein direkter Gebrauch schwer
nachzuweisen; bei so häufig wieder aufgenommenen Versen wie Num
24,17 und Mal 3,20 LXX und einer so geringfügigen wörtlichen Übereinstimmung wie etwa in 2 Petr 1,19 kann auch ein indirekter Bezug auf den
biblischen Text über die Vermittlung anderer Texte vorliegen; Nämliches
gilt für das Verhältnis von 2 Petr 2,3 und Jes 52,5. Gleichermaßen möglich,
aber nicht letztlich sicher zu behaupten sind Berührungen mit Cant 2,17 =
4,6 und 4 Esr 12,42. Noch weniger Folgerungen bezüglich der Textwelt
können aus Beobachtungen zum Sprachgebrauch gezogen werden. Dass
die Verwendung des Wortes ψευδοπροφῆται in der *Secunda Petri* mit der
Verwendung in der Septuaginta und bei Josephus übereinstimmt, weist
dem Brief lediglich einen Ort in diesem Sprachstrom zu, besagt aber
nichts Konkretes über textuelle Beziehungen. Hier und da wurden theolo-
gisch-motivische Berührungen mit Qumran-Texten festgestellt, etwa im
Gedanken, dass ein ungebührlicher Lebenswandel von Mitgliedern
Schmähungen seitens Außenstehender zeitige, ferner in der Vorstellung
von der Notwendigkeit der Deutung prophetischen Schrifttums auf die
Geschichte hin (פשׁר und ἐπιλύειν).

Daneben liegen auch deutliche Nähen zu anderen Schriften des jungen
Christentums vor, nicht zuletzt natürlich dort, wo dieses aus den Schriften des hellenistischen Judentums schöpft. Vom προφητικὸς λόγος bei-
pielsweise spricht, wie gesehen, Philo an einigen Stellen, dann aber auch
der *zweite Clemensbrief*, die *Acta Pauli*, Justin und Irenäus, um nur die Autoren des zweiten Jahrhunderts aufzuführen. Andere Konvergenzen oder
Kongruenzen wurden festgestellt mit Hegesipp und dem Apologeten Antiochus von Antiochien. Justin dürfte den *zweiten Petrusbrief* gekannt haben, wie dial 82,1 zeigt. Mit Ignatius, Polykarp und dem *zweiten Clemensbrief* teilt die *Secunda Petri* die Unheilszusage an Menschen, die durch ihren unpassenden Lebenswandel das Christentum in Verruf bringen.

Was das Neue Testament anbelangt, so besteht ein Verweis in Richtung
der synoptischen Tradition in matthäischer Ausprägung, insofern die Ankündigung von ψευδοδιδάσκαλοι an die matthäischen Ankündigungen
von ψευδοπροφῆται und ψευδόχριστοι erinnert, die sich wie die ψευδοδιδάσκαλοι durch eine bestimmte Lesart eschatologischer Erwartungen
auszeichnen und wie sie beträchtliche Erfolge (πολλοί) verbuchen können. Hier wie dort wird die Botschaft der Anderslehrenden in einen kurzen, prägnanten Satz gefasst (im *zweiten Petrusbrief* erst in 3,4). Die *Secunda Petri* dürfte so die matthäischen ‚Erwartungen' hinsitich divergie-

---

[408] Auffallend ähnlich ist etwa die sprachliche Struktur der Wiederaufnahme von
Jes 66,24 in Mk 9,48: ὅπου ὁ σκώληξ αὐτῶν οὐ τελευτᾷ καὶ τὸ πῦρ οὐ σβέννυται.

render eschatologischer Lehrentwicklungen kommentierend aufgreifen. Mit diesem Verweis dürften Paulusreminiszenzen interferieren, an den das gemeinsame Auftreten der Wortbildungselemente ψευδ- und παρεισ- (Gal 2,4), der Gebrauch von αἵρεσις mit negativer Konnotation, bezogen auf eine Lehre und nicht auf eine Gruppe, sowie das Verbum ἀγοράζειν für das Erlösungshandeln Christi erinnern. Zwar kann in keinem Fall mit Sicherheit eine beabsichtigte Referenz auf einen konkreten Text(abschnitt) nachgewiesen werden, etwa indem weitere Elemente die Behauptung einer textuellen Wiederaufnahme stützten, vielmehr sind für sich betrachtet auch jeweils andere Wege der Aufnahme denkbar oder gar sicher. παρεισ- etwa ist sicher angeregt durch Jud 4, ein paulinischer Anklang käme dann erst sekundär zustande durch die Hinzunahme des Elementes ψευδ-. αἵρεσις wird in derselben Weise wie im *zweiten Petrusbrief* auch bei Ignatius verwendet, und die *Johannesapokalypse* zeigt, dass ἀγοράζειν in der genannten Verwendung den Kreis paulinischer Schriften (wenn auch nur geringfügig) übersteigt. Doch die Häufung dreier möglicher Paulus- reminiszenzen auf engem Raum lässt eine Einwirkung protopaulinischer Formulierungen bei der sprachlichen Gestaltung des Verses als glaubhaft erscheinen. Nicht letztlich sicher zu beweisen, aber gleichfalls im Rahmen des Plausiblen wäre eine Bezugnahme auf die bereits erfolgte Erleuchtung ἐν ταῖς καρδίαις ἡμῶν (2 Kor 4,6) durch die Aussicht auf den Aufgang des φωσφόρος ἐν ταῖς καρδίαις ὑμῶν (2 Petr 1,19). Zum *ersten Petrusbrief* gibt es zwei thematische Verbindungen, nämlich zum ersten das starke Interesse an Prophetie, das jedoch nicht in Form lexikalischer Kongruen- zen nachweisbar ist, und zum zweiten der Aspekt der üblen Nachrede gegen Christen durch Außenstehende, der jedoch ebenfalls thematisch noch deutlicher zu beobachten ist als anhand der lexikalischen Kongruenz im Verbum βλασφημεῖν. Das Verhältnis zum *Judasbrief* ist gekennzeich- net durch die Übernahme einzelner Lexeme bei gleichzeitig sehr selbstän- diger Textgestaltung durch Erweiterung, Konkretisierung, Umgestaltung etc. Während der Verfasser der *Secunda Petri* etwa das Doppelpräfix παρεισ- übernimmt, werden die Handlungsträger des derart präfigierten Verbes ganz anders und wesentlich konkreter beschrieben: Sie sind nicht mehr τινες ἄνθρωποι, sondern ψευδοδιδάσκαλοι. Die Verbindung von πάλαι und κρίμα findet Verwendung in einem poetischen *Parallelismus membrorum*, der freilich ohne die Metapher des Aufgeschriebenseins aus- kommt. Der Wortverbindung ἀρνεῖσθαι τὸν ... δεσπότην wird Eingang gewährt in den neuen Text, doch ändert sich die Charakterisierung des δεσπότης: μόνος und κύριος verschwinden, dafür tritt das soteriologi- sche Handeln Christi in den Vordergrund. Auch ἀσέλγεια scheint dem aufnehmenden Text eine geeignete Typisierung der Gruppe zu sein, ge- gen die er sich absetzt, erneut aber wird es ganz anders eingebettet als im Prätext. Weiter lassen sich Berührungen mit den *Acta* konstatieren. Die

Abschiedsrede Pauli zu Ephesus trägt mehrfach vergleichbare Motive, doch finden diese Berührungen nicht auf lexikalischer Ebene statt. Innerhalb der generischen Fühlungnahme mit Abschiedsliteratur ist die Nähe zwischen *zweitem Petrusbrief* und *Acta* gleichwohl bemerkenswert. Auf einer allgemeinen Ebene setzt 2 Petr 1,19–2,3 ferner die Auseinandersetung mit anderer Lehre(r)n wie etwa in anderer Briefliteratur des Neuen Testaments voraus, ferner trägt der Abschnitt auch Züge apokalyptischer Literatur; Verweise auf konkrete Texte liegen jedoch nicht vor.

Von den pseudopetrinischen Schriften zeigt das *Kerygma Petrou* möglicherweise eine Überschneidung mit dem *zweiten Petrusbrief* hinsichtlich der Vorstellungswelt. Auch hier wird das Geschick Jesu in den Büchern der Propheten, teils direkt, teils indirekt und daher auslegungsbedürftig vorgezeichnet, und die Apostel sind diejenigen, die auf diesen Zusammenhang stoßen. Auf der Ebene der Lexik lässt sich jedoch keine signifikante Übereinstimmung beobachten, die Hinweischarakter trüge. Die *Petrusapokalypse* zeigt auf allen erhaltenen Ebenen ihrer Entwicklung lexikalische Kongruenzen mit der *Secunda Petri*. Bereits die ursprüngliche griechische Fassung dürfte verschiedentlich ὁδός-Terminologie gebraucht haben, wie aus Bodl. MS Gr. th. f. 4 [P] hervorgeht und unterstützend aus der äthiopischen Version rückgeschlossen werden kann. Dieser letztgenannte Text gibt weiterhin Anlass zur Annahme, ὁδός sei als Objekt von βλασφημεῖν ebenfalls schon in der ursprünglichen Fassung verwendet worden, und dieses wiederum als Tätigkeit von Menschen, von denen man sich abgrenzt, indem ihnen ein Platz an dem im Akhmîm-Fragment so genannten „Ort der Züchtigung" angewiesen wird. Im Akhmîm-Fragment schließlich finden sich über diese Wörter hinaus noch weitere Konvergenzen mit dem *zweiten Petrusbrief* im Wortgebrauch (αὐχμηρ-), sowie in einer Kombination von Motivik und partieller lexikalischer Kongruenz bei der Ankündigung von Persönlichkeiten, die falsche Lehren verbreiten und denen das Verderben in Aussicht gestellt wird. Mit den in die *Pseudoklementinen* eingegangenen *Kerygmata Petrou* verbindet den *zweiten Petrusbrief* die Wortkombination des κατ᾿ ἰδίαν ἐπιλύειν oder ἰδίᾳ ἐπιλύειν (vgl. ἰδίας ἐπιλύσεως οὐ γίνεται in 2 Petr 2,20).

Ein Text, der über mehrere Zeilen hin Worte verwendet und Ideen thematisiert, wie sie auch in 2 Petr 1,19–2,3 zu finden sind, ist Philo, *De specialibus legibus* IV,49–52. Diese Abschnitte beginnen mit der Feststellung, dass ein Prophet nichts Eigenes (οὐδὲν ἴδιον, 49) von sich gebe (προφέρεται; ibid.), sondern beim inspirierten Sprechen ganz und gar bewohnt sei vom göttlichen Geiste (ἐνῳκηκότος τοῦ θείου πνεύματος, ibid.). Diejenigen, die unter Absehung von Gott Mantik praktizierten, könnten leicht ungefestigte Menschen (τοὺς ἀβεβαίους, 50) beeinflussen. Diese Leute nenne Mose ψευδοπροφῆται (51). Sie überschatteten die wahre Prophetie. Doch wie die Sonne nach kurzer Sonnenfinsternis wieder ihr

Licht verbreite und man schließlich nur noch das sehe, was von ihr kommt, so würden diese Menschen überführt. Neben den erwähnten lexikalischen Anklängen gibt es weiter noch motivische Überschneidungen, so etwa die Gefahr für die Ungefestigten (2 Petr 2,18: οἱ ὀλίγως ἀποφεύγονται τοὺς ἐν πλάνῃ ἀναστρεφομένους als Opfer der ψευδοδιδάσκαλοι; 2 Petr 3,14: οἱ ἀμαθεῖς καὶ ἀστήρικτοι als Menschen, die Paulus und die übrigen Schriften missverstehen) oder die Verwendung der Lichtmetaphorik für das göttliche Wort, die göttliche Wahrheit. Zwar ist es auch hier nur mit äußerst großem Optimismus möglich, ein Prätextverhältnis nachzuweisen, doch die Verwendung eines Vorstellungskomplexes, der sich aus verschiedenen Motiven zusammensetzt, die sich leicht zueinander in Nachbarschaft begeben, hier wie dort, lässt mindestens die Gedankenwelt, in der sich der *zweite Petrusbrief* bewegt, plastisch hervortreten.

2. Pragmatik der Intertextualität

Erneut verläuft die Verständigung des Verfassers mit seinen Rezipienten über intertextuelle Vorgänge für die Leserinnen und Leser der Gegenwart nicht ohne weiteres an der Textoberfläche erkennbar. Doch finden sich vereinzelt sprachliche Elemente, die sich als Spuren einer solchen deuten lassen.

Zunächst lässt sich beobachten, dass der Verfasser den Begriff des προφητικὸς λόγος als Selbstverständlichkeit gebraucht, so als müsse er den Empfängern geläufig sein. Dafür spricht der bestimmte Artikel und die fehlende inhaltliche Erläuterung. Wäre dem Gegenüber nicht klar, was unter προφητικὸς λόγος zu verstehen ist, wäre die Kommunikation zwischen Briefschreiber und Adressaten gescheitert. Die dringliche Empfehlung, sich an den προφητικὸς λόγος zu halten als an eine Leuchte am trostlosen Ort, ergibt nur dann einen Sinn, wenn die Angeschriebenen den Begriff inhaltlich füllen können. Hier liegt demnach ein Indiz dafür vor, dass dem Verfasser eine Rezipientenschaft vor Augen steht, die vertraut ist mit der Deutung der Schriften des späteren Tenach auf das Geschick Jesu.

Weniger deutlich ist, ob auch τοῦτο πρῶτον γινώσκοντες auf ein als vorhanden vorausgesetztes Wissen rekurriert. Angesichts dessen, dass die Wendung an eine wennzwar nicht morphologisch, so doch in der Funktion als Sprechakt eindeutig imperativische Struktur anschließt (ᾧ καλῶς ποιεῖτε προσέχοντες ὡς λύχνῳ ...), erscheint es plausibel, dass auch das Partizip γινώσκοντες zunächst Aufforderungscharakter trägt. Doch damit ist noch nicht gesagt, dass der Inhalt der Aufforderung den Aufgeforderten nicht bekannt ist. Die nachdrückliche Einleitung τοῦτο πρῶτον γινώσκοντες zu den Aussagen über die Auslegung und Entstehung von Prophetie könnte auch Erinnerungscharakter haben, zumal der Verfasser seinem Brief ohnehin wesentlich Erinnerungsfunktion zuschreibt (2 Petr 1,12–15).

Während also für die zentrale Aussage über Prophetie nur eine gewisse Wahrscheinlichkeit besteht, dass sie als den Adressaten bekannt vorausgesetzt wird, zeigt sich in dem einigermaßen unvermittelt auftretenden determinierten λαός (2,1) wieder eine deutliche Kommunikationsspur. Von einem λαός war im ganzen ersten Kapitel nicht die Rede. Die plötzliche Einführung des Wortes mit dem bestimmten Artikel macht zum einen deutlich, dass der Verfasser seitens der intendierten Empfängerschaft Kenntnis dessen erwartet, was unter diesem Wort zu verstehen ist, zum anderen aber, dass ihm – und seiner Erwartung nach auch seinen Adressaten – bei dem, was er in den vorausgehenden Versen schrieb, der λαός als unfraglicher Kontext vorschwebte. Erneut lässt dies darauf schließen, dass die intendierten Empfängeren mit Inhalten des späteren Ersten Testaments vertraut waren. Der Verfasser jedenfalls kommuniziert seiner Ansicht nach mit ihnen über Bekanntes.

Darf jedoch tatsächlich adressatenseits diesbezüglich eine gewisse Vertrautheit vorausgesetzt werden, dann rückt etwa eine vom Text ausgehende Assoziation zu einem alttestamentlichen Text wie die von φωσφόρος ἀνατείλῃ zu Num 24,17 aus dem Bereich der Spekulation in den Bereich des sehr wohl Möglichen. Der mit der kreativen Verarbeitung von Num 24,17 in 2 Petr 1,19 (καὶ φωσφόρος ἀνατείλῃ ἐν ταῖς καρδίαις ὑμῶν) erfolgende Hinweis auf die Figur Bileams, aus dessen Mund die Prophetie nach Num 24 stammt, dürfte dann wohl kein Zufall sein. Denn eine der anschaulichsten Illustrationen für das Überwältigtsein eines Propheten durch Gott, das ja genau im Anschluss thematisiert wird (2 Petr 1,21), ist Bileam im Buch Numeri (Num 22–24). Dieser Aspekt bleibt etwa auch in Philos Bileamrezeption (vitMos I,263ff) als Positivum erhalten – trotz allem sonstigen Streben des Alexandriners, den Mantiker und Propheten in ein schlechtes Licht zu rücken:[409] Während Bileam die Segenssprüche über Israel ausspricht, ist er erfüllt von göttlicher Inspiration, ohne eigenes Bewusstsein (θεοφορεῖται καὶ μηδὲν συνιείς vitMos I,283, vgl. ibid 286), sozusagen entrückt (κατεχόμενος, vitMos I,286) und spricht οὐδὲν ἴδιον (vitMos I,281.286).[410] Es ist daher sehr gut denkbar, dass die

---

[409] Zur Bileamrezeption bei Philo siehe FELDMAN 2003, 301–319, der freilich Aussagen zu Bileams Gunsten bei Philo im Interesse seiner Gesamtdarstellung etwas zu kurz kommen lässt.

[410] Die Bileamrezeption im nachalttestamentlichen jüdischen Schrifttum ist schillernd. Einerseits wird er geschätzt als Prophet, andererseits wird er in etwa 4Q 339 in einer Liste falscher Propheten aufgeführt. Ein sehr kurzer Abriss über die Rezeption der Bileamgestalt in außeralttestamentlichen jüdischen und frühchristlichen Schriften findet sich bei RÖSEL 1999, 519–522; siehe aber auch BASKIN 1983; BERCHMAN 1989; GREENE 1992; FELDMAN 2003; FORNBERG 2008; VAN HENTEN 2008.

Äußerungen der *Secunda Petri* über die Passivität des Propheten (2 Petr 1,2–21) im Stande sind, das Bild Bileams bei den Rezipienten zu evozieren, zumal bereits in 1,19 mit dem Spruch vom Aufgang des φωσφόρος die Bileamprophetie aus Num 24,17 anklingt. Dies ist um so wahrscheinlicher, als im folgenden Kapitel dem Beispiel Bileams erneut Raum gegeben wird und zwar in weitaus größerem Umfang als im Prätext Jud 11.[411]

Noch in einem weiteren Punkt setzt der Verfasser Verständnis seines Sprachgebrauchs bei seinen Adressaten voraus, nämlich bezüglich der ὁδὸς τῆς ἀληθείας. Auch hier weist der bestimmte Artikel darauf hin, dass er seiner Ansicht nach nicht von unbekannten Dingen spricht, dass vielmehr ἡ ὁδὸς τῆς ἀληθείας zumindest passiv zum Sprachschatz der Rezipienten gehört.

Gleich in mehrfacher Hinsicht stellt ψευδοδιδάσκαλοι ein Element der Kommunikation mit den Briefempfängern dar. Zunächst handelt es sich um eine Verständigung des Verfassers mit dem Zielpublikum über eine außerliterarische Realität, nämlich auftretende Lehrergestalten, für die er eine Interpretationshilfe an die Hand gibt: Sie sind zu den ψευδο-Gestalten zu rechnen, die aus verschiedenen Kontexten bekannt sein könnten. Gemeinsam jedoch mit dem Futur und der Beschreibung von deren Erfolg unter Zuhilfenahme des Wortes πολλοί entsteht ein Hinweis auf die synoptische Apokalypse wahrscheinlich matthäischer Ausprägung. Damit wird mit diesem Text vertrauten Empfängerinnen und Empfängern signalisiert, dass diese Lehrergestalten in eine Linie gehören mit den devianten ψευδο-Gestalten, die Jesus ankündigte. ,Petrus' steht also in einer Linie mit der Verkündigung Jesu oder mehr noch: Die Empfänger werden auf die Lehre Jesu verwiesen, die es ermöglicht, die Beurteilung der Anderslehrenden durch ,Petrus' als richtig zu erkennen und weitergehend überhaupt die eigene Gegenwart zu beurteilen.

Durch die Aufnahme des Doppelpräfixes παρεισ- aus dem *Judasbrief* und die Beschreibung der Lehrerpersönlichkeiten, von denen Abstand genommen werden soll, als ψευδοδιδάσκαλοι entsteht eine Kombination von Lexemen, die – eher gewollt als ungewollt? – an den *Galaterbrief* erinnern können. Dort schreibt Paulus (Gal 2,4) von ψευδάδελφοι, die in Jerusalem eingedrungen seien (παρεισῆλθον), um die Freiheit (ἐλευθερία) auszukundschaften, die Heidenchristen in Jesus Christus hätten. Ihr Ziel sei dabei, sie, die doch Freien, erneut zu knechten (ἵνα ... καταδουλώσουσιν). Das Auffallende im Vergleich zum Beginn des zweiten Kapitels des *zweiten Petrusbriefes* ist, dass Paulus mit παρεισ- und ψευδ- das Motiv von Knechtschaft und Freiheit koppelt – ein Motiv, um das die *Secunda Petri* ihren Prätext Jud 4 erweitert, indem sie Christi Handeln mit einem

---

[411] Dies beobachtet treffend CAULLEY 2008, 137. Zur Bileamrezeption im zweiten Kapitel der *Secunda Petri* siehe III.D.1.2.7.

vielleicht als vorwiegend paulinisch konnotierten Verb und Motiv als
ἀγοράζειν durch einen δεσπότης beschreibt. Die Zusammenstellung dieser drei Elemente bewirkt, dass der Phänotext viel mehr an den *Galaterbrief* anzuschließen scheint als an den sicheren Prätext *Judasbrief*, was
von einem einigermaßen mit paulinischen Briefen vertrauten Publikum
auch als Hinweis auf den *Galaterbrief* verstanden werden kann. Ähnlich
verhält es sich mit der Kombination von Erleuchtung und deren Lokalisierung ἐν ταῖς καρδίαις. Eine Leserschaft, die vertraut ist mit dem *zweiten Korintherbrief*, könnte sich erinnern an die Worte des Paulus ὁ θεὸς ...
ἔλαμψεν ἐν ταῖς καρδίαις ἡμῶν. Paulus formuliert für sich und den Mitverfasser Timotheus (oder allgemeiner für sein Missionsteam?), Gott habe
sie erleuchtet, um diese Erleuchtung weiterzutragen, damit auch andere
die δόξα τοῦ θεοῦ ἐν προσώπῳ Χριστοῦ erkennen. Sollte 2 Petr 1,19 die
Korintherbriefstelle aufnehmen, sind zwei Änderungen signifikant in der
Kommunikation: 2 Petr 1,19 spricht vom Aufgang des Phosphóros ἐν ταῖς
καρδίαις ὑμῶν. Es geht jetzt um die Erleuchtung der Angeschriebenen.
Diese aber ist im Gegensatz zur Erleuchtung der Apostel (Indikativ Aorist
ἔλαμψεν) noch nicht erfolgt, wie Subjunktion (ἕως οὗ) und Modus (Kon-
junktiv Aorist: διαυγάσῃ, ἀνατείλῃ) zeigen. Sich selber ordnet der Verfasser dann dem Paulus zu: Wie dieser die Erleuchtung bereits hat, so hat
Petrus als Repräsentant des apostolischen ‚Wir' den προφητικὸς λόγος
umso sicherer. Den noch Unerleuchteten steht nicht nur Petrus als Leitbild gegenüber, der den προφητικὸς λόγος als Orientierung empfiehlt,
sondern auch Paulus, der über seine Schriften zu rezipieren ist.

Neben diesen Einblicken in das kommunikative Geschehen, innerhalb
dessen sich die textuellen Wiederaufnahmen vollziehen, gibt es noch wenigstens eine Stelle, die einen Rückschluss auf die Situation einer intertextuellen Referenz zulässt. Wie gesehen, wird in den frühchristlichen Schriften spätestens mit der späteren Schicht des Neuen Testaments häufiger mit
Rückgriff auf Jes 52,5 und einen damit verbundenen Weheruf die Gefahr
der Schmähung durch Außenstehende aufgrund eines unangemessenen
Lebenswandels der Gemeindeglieder thematisiert. In Jes 52,5 ist der Gegenstand der Schmähung das ὄνομα τοῦ θεοῦ. Dem wird im frühchristlichen Schrifttum verschiedentlich die christliche Lehre an die Seite gestellt.
In 2 Petr 2,2 ist vom ὄνομα τοῦ θεοῦ keine Rede mehr, es geht nur noch
um die ὁδὸς τῆς ἀληθείας, die in Verruf kommen wird. Da sich hinter
dem Futur der Ankündigungen in 2,1–3 aktuelle Probleme verbergen, wie
es für das Wirken von ψευδοδιδάσκαλοι auf der Hand liegt, könnte auch
diese Verschiebung der historischen Situation des *zweiten Petrusbriefes*
entsprechen: Die christliche Lehre und somit die Gemeinde ist alles andere als akzeptiert, man beäugt sie kritisch und nimmt das Verhalten von
Mitgliedern zum Anlass, um die junge Bewegung und ihre Ansichten her-
abzuwürdigen. Trifft diese Überlegung zur Situation zu, dann könnte es

für den Verfasser der *Secunda Petri* einen Grund mehr gegeben haben, auf die *Prima* hinzuweisen. Denn auch dort sieht die Gemeinde sich der βλασφημία seitens Außenstehender ausgesetzt (1 Petr 2,12; 4,4). Die Lösung, die dort in dieser Situation vorgeschlagen wird, ist ein Lebenswandel, der gekennzeichnet ist von guten Werken (2,12), und die Unterordnung der Frauen unter ihre Männer (1 Petr 3,1–2).

3. Semantik der Intertextualität

Die syntaktische Analyse der Intertextualität hatte als ein erstes Resultat ergeben, dass sich der Verfasser des *zweiten Petrusbriefes* in vielfältiger Weise Gedanken, sprachlicher Strukturen sowie lexikalischer Einheiten oder Kombinationen aus der Textwelt des hellenistischen Judentums bedient. Dies galt vor allem für seine Ausführungen über das Verständnis von Prophetie, aber auch für die Konstitution von Textabschnitten in Form eines *Parallelismus membrorum*, für den Gebrauch von ἡ ὁδός usw. Eine Bezugnahme auf konkrete Einzelprätexte war jedoch nicht zu erkennen. Offenbar will der Verfasser nicht auf einzelne Texte verweisen, sondern bestimmte Vorstellungen aufgreifen, die sich in anderen Texten niedergeschlagen haben. Der anscheinend selbstverständliche Rekurs auf eine Sicht auf Prophetie, wie sie in Kreisen des Judentums und des frühen Christentums beheimatet war, zeugt von einer affirmativen Haltung gegenüber den dort vertretenen Inhalten. Für den Phänotext bedeutet es eine willentliche Anknüpfung an und Einordnung in die diese Gedanken transportierenden Traditionsstrom, für den Verfasser eine Standortbestimmung in dieser gedanklichen Sphäre.

Was die Apostolischen Väter und andere Schriften des frühen Christentums betrifft, so konnten auch hier maximal Parallelen, aber keine Verweise auf konkrete Texte konstatiert werden. Der gemeinsame Gebrauch etwa von προφητικὸς λόγος oder die ähnliche Verwendung des Wehe an Christen, die durch einen unpassenden Lebenswandel die eigene Glaubensgemeinschaft in Verruf bringen, lokalisiert die *Secunda Petri* aufgrund des offenbar nicht vorhandenen Prätextverhältnisses am ehesten neben Schriften wie dem *ersten Clemensbrief*, den *Acta Pauli* und den Werken des Ignatius. *Mutatis mutandis* gilt dies auch für Hegesipp, Antiochus von Antiochien und Irenäus. Da keine sicheren textuellen Aufnahmen aus dem *zweiten Petrusbrief* vorliegen, muss von einer Situation der Parallelität ausgegangen werden, wobei der Begriff Parallelität nicht zu stark zeitlich konnotiert werden darf, sondern in erster Linie das Nichtvorhandensein direkter Einflussnahmen beschreibt.

Anspielungen auf Schriften der Septuaginta, andere griechische Übersetzungen der Schriften des späteren Tenach oder gar auf die hebräischen Texte konnten nur punktuell und nicht mit letzter Gewissheit herausgearbeitet werden, noch viel weniger umfangreichere textuelle Wiederaufnahmen. Eine Bezugnahme auf den Bileamspruch Num 24,17, eventuell unter Beeinflussung von Mal 3,20, scheint plausibel, doch ist die Strukturalität äußerst gering, so dass es maximal um ein (vielleicht nicht einmal direktes) Antippen der prophetischen Ankündigung gehen kann. Ähnlich verhält es sich mit der möglichen Anspielung auf Cant 2,17 = 4,6. *Wenn* hier tatsächlich die Bileamprophetie von Num 24,17 angetippt wird, so scheint dies am ehesten adressatenbezogen gedeutet werden zu können: Die bei ihnen vorhandenen Assoziationen zur Hoffnung auf den Angekündigten sollen geweckt werden. Im Blick auf den Inhalt des Phänotextes könnte eine Stützung der Hoffnung auf den Aufgang des Morgensterns durch den Hinweis auf einen als Garant für diese Hoffnung fungierenden Text vorliegen. Schwieriger zu beantworten ist die Frage nach der Funktion einer etwaigen Anspielung auf den *Hoheliedvers*. Geht es nur um die poetische Form der Vorlage? Liegt gar kein konkreter Zweck vor, sondern eine spielerische Wiederaufnahme? Der Rekurs auf Jes 52,5 in der Ankündigung der Schmähung gibt dem Prätext die Funktion einer Bestätigung der Ankündigungen des Phänotextes, oder umgekehrt ausgedrückt: Petri Vorhersagen im Phänotext entsprechen der Profetie Jesajas.

Da Textgattungen wie Testamentenliteratur, Irrlehrerbekämpfung in neutestamentlicher Briefliteratur und Elemente apokalyptischer Literatur durch den *zweiten Petrusbrief* in ihrer Allgemeinheit vorausgesetzt werden, aber erneut nirgends Einzelverweise zu entdecken sind, kann es sich hier nur um eine generelle Akzeptanz der Genera und ihrer Ausdrucksmöglichkeiten handeln, und bezüglich des *zweiten Petrusbriefes* selbst als Phänotext um eine Selbsteinordnung in diese Textwelt.

Von der Ankündigung des Auftretens von ψευδο-Gestalten geht eine Referenz auf synoptische – konkret wohl in erster Linie matthäische – Texte aus, die diese Elemente beinhalten. Damit verbindet sich zum einen ein adressatenbezogener Zweck: Das Auftauchen von heterodoxen Lehrergestalten wird als von Jesus angekündigt ausgewiesen. Dass die Botschaft der ψευδοδιδάσκαλοι nicht der Botschaft der ψευδοπροφῆται und ψευδόχριστοι entspricht, tut dem keinen Abbruch. Beide befassen sich mit Verkündigungen bezüglich der Endzeit; die Angeschriebenen werden daran erinnert, dass gerade deviante eschatologische Lehren angekündigt waren, also nicht verwunderlich sind. Der Prätext stützt die Aussage des Phänotextes, gleichzeitig erweitert und variiert der Phänotext den Inhalt des Prätextes: Nicht nur die Verkündiger einer präsentischen Eschatologie gehören zu den Gestalten, vor denen man sich hüten muss und die zur Phänomenologie der vorhergesagten letzten Zeit gehören, sondern auch die Zweifler bzw. Leugner der Berechtigung eschatologischer Erwartungen. Gleichzeitig stellt sich der Phänotext als in einer Linie mit dem Prätext stehend dar: Er ist nur eine Erinnerung und geringfügige Erweiterung dessen, was schon Jesus im Prätext angekündigt hat.

Über das *Matthäusevangelium* hinaus dürfte der Verfasser, wie an der Neugestaltung und Erweiterung des Judastextes um das Motiv des ἀγοράζειν durch einen δεσπότης zu erkennen ist, auf Paulus referieren (Gal 2,4) referieren. Dabei lässt sich hier eine bemerkenswerte Verschiebung feststellen: Während Paulus alles Gewicht auf die Freiheit von Heidenchristen legt, die ein erneutes Versklaven durch ψευδάδελφοι ausschließt, schwingt im ἀγοράζειν durch einen δεσπότης zwar durchaus auch der Loskauf mit, aber gleichzeitig mit der Nennung des δεσπότης auch der Erwerb, das neue Eigentumsverhältnis. Da aber ἀγοράζειν ebenfalls ein paulinisches Motiv ist (oder jedenfalls sein kann), wird hier gewissermaßen Paulus mit Paulus gegen Paulus gedeutet oder, anders formuliert, Paulus mit Paulus entschärft und so die Paulusrezeption mit einem Element paulinischer Theologie gesteuert. Der Prätext, auf den verwiesen wird, würde damit in gewisser Weise inhaltlich kritisiert. Ein Herunterspielen der von Paulus so nachdrücklich verfochtenen ἐλευθερία dürfte durchaus im Sinne des Verfassers des *zweiten Petrusbriefes* liegen; immerhin versprachen die bekämpften ψευδοδιδάσκαλοι den von ihnen Umworbenen genau dies: ἐλευθερία (2 Petr 2,19), und vielleicht beriefen sie sich dafür sogar auf Paulus.[412]

Liegt in αἱρέσεις in 2 Petr 2,1 (ἔσονται ψευδοδιδάσκαλοι οἵτινες παρεισάξουσιν αἱρέσεις ἀπωλείας) weiterhin eine Reminiszenz von δεῖ γὰρ καὶ αἱρέσεις ἐν ὑμῖν εἶναι (1 Kor 11,19) vor, so ist die Funktion deutlich stützend in beide Richtungen: Wie Paulus in δεῖ die αἱρέσεις als von Gott her notwendig darstellt, um die Bewährten offenkundig zu machen, so kündigt sie ,Petrus' als Phänomen der Zukunft, und das ist die Gegenwart des Verfassers, an. Die Lehren Pauli und Petri erweisen so genau die Übereinstimmung, die in 2 Petr 3,15f nachdrücklich hervorgehoben wird.

Die Funktionalität des möglichen Verweises auf 2 Kor 4,6 (ἐν ταῖς καρδίαις ἡμῶν/ὑμῶν) wurde schon berührt. Sie dürfte in der Zuordnung des

---

[412] BAUCKHAM 1983, 275: "That Christian "freedom", as taught by Paul and others, was open to … antinomian abuse, is clear enough …, while 2 Pet 3:16 could mean that false teachers misused Paul in this way." Ähnlich SCHRAGE 1993, 125: „Damit sind die Irrlehrer aber keineswegs radikale Hyperpauliner, die die paulinische Freiheitspredigt pervertiert haben, … sondern es handelt sich zugleich um eine von außen eindringende Bewegungen. Immerhin dürften die Irrlehrer die Briefe des Paulus in ihrem Sinn und für ihre Zwecke ausgebeutet haben..." Deutlich bezweifelt wurde eine Herkunft der ψευδοδιδάσκαλοι aus dem Kreise paulinischer Theologie durch LINDEMANN 1979, 262: „Die bisweilen geäußerte Vermutung, die hier bekämpften Irrlehrer kamen aus paulinischer Tradition, lässt sich kaum begründen." Dagegen hatte Ulrich B. MÜLLER 1976, 84 „libertinistische Tendenzen im Umkreis der Paulusanhänger" als Ziel der Angriffe des *zweiten Petrusbriefes* angesehen. Auch CAULLEY 1982, 41 rechnet noch mit der Möglichkeit "that 2 Pet was battling a proto-gnostic baptismal resurrection-like heresy which denied parousia-judgment and abused the Pauline concept of freedom..."

Verfassers und der Angeschriebenen liegen. Im *Galaterbrief* tritt das paulinische Wir den Adressaten als ἐν ταῖς καρδίαις schon erleuchtete Gruppe gegenüber, im *zweiten Petrusbrief* werden die Angeschriebenen als ἐν ταῖς καρδίαις noch zu Erleuchtende dargestellt, und angedeutet, dass das petrinische apostolische Wir schon erleuchtet ist. Paulus und Petrus haben also – samt dem jeweils das ‚Wir' ausmachenden Kreis dieselbe Funktion, die Adressaten der *Secunda Petri* sind gleich denjenigen, denen Paulus die Erleuchtung weiterzugeben den Auftrag hatte. Nehmen die Adressaten diese Gleichsetzung an, so sind sie Adressaten der Botschaft Pauli, und die liegt in ihrer Gegenwart in brieflicher Form vor. Damit bekommen die Paulusbriefe implizit ebenso die Rolle eines Leitfadens zur Erleuchtung wie der ausdrücklich genannte προφητικὸς λόγος, an den sich die Angeschriebenen bis zur Erleuchtung ihrer Herzen halten sollen.

Gleich an zwei Themen des *ersten Petrusbriefes* knüpft der *zweite Petrusbrief* an. Beiderseits wird der Reflexion der Rolle von Schriftprophetie Raum gegeben, und beide argumentieren mit der üblen Nachrede gegen die Christengemeinde durch Außenstehende aufgrund moralisch unerwünschten Verhaltens von Gemeindegliedern. Damit weist sich auch inhaltlich der *zweite Petrusbrief* als zweites Schreiben mit teilweise überschneidenden Themen aus, wie es ja für bestimmte Aspekte in 2 Petr 3,1 ausdrücklich hervorgehoben wird. Auch auf das Petrusbild wirkt die Anknüpfung zurück: Petrus bleibt seinen theologischen Themen treu. Einer seiner theologischen Schwerpunkte ist hier wie dort die Deutung von Schriftprophetie auf das bereits erfolgte und noch ausstehende Schicksal Christi, ein weiterer, in der *Secunda* zugegebenermaßen weniger zentraler Punkt, ist die Wechselwirkung von Moralkodex und Reputation der Gemeinde. Dabei gibt es, was das Thema der Prophetie angeht, kaum Überschneidungen. Der Charakter der Dialogizität des intertextuellen Verhältnisses ist so zu bestimmen, dass der Inhalt der *Secunda* zu diesem Thema als inhaltliche Ergänzung zur *Prima* zu lesen ist; er widerspricht deren Ausführungen nicht, wiederholt aber auch nicht dasselbe, obwohl beispielsweise in der Deutung der Prophetie auf das Schicksal Christi, namentlich auf seine δόξα im Anschluss an die παθήματα (1 Petr 1,11), eine deutliche Übereinstimmung vorliegt. Vielmehr tritt die *Secunda* mit ihren Aussagen zur Prophetie neben die *Prima*, teils unterstützend, teils selektiv hervorhebend, teils Ungenanntes ergänzend. Hob der *erste Petrusbrief* hervor, wie viel besser es doch die gegenwärtigen Generation habe, weil nach der Predigt derer, die das Evangelium brachten, sie diejenigen sind, in deren Zeit sich die Prophetie erfülle, so mahnt die *Secunda*, dass man sich doch angesichts dessen, was sich schon erfüllt habe, auch für den noch ausstehenden Rest getrost auf die Botschaft der Propheten verlassen solle.

Der Umgang mit dem *Judasbrief*, der durch umfangreiche Umgestaltungsmaßnahmen gekennzeichnet ist, weist zum einen den Verfasser des *zweiten Petrusbriefes* als einen eigenwilligen Textgestalter mit eigener Aussageabsicht aus. Zu seinem Prätext hat er eine ambivalente Haltung: Auf der einen Seite gebraucht er ihn als Prätext, was zunächst eine Art Bejahung darstellt, auf der anderen Seite ist ihm Weniges gut genug, um es in sein neues Werk zu übernehmen, er destruiert dessen Zusammenhänge und bettet einzelne Elemente in einen neuen Rahmen ein. Dass er ein prosaisches οἱ πάλαι προγεγραμμένοι εἰς τοῦτο τὸ κρίμα in einen poetischen *Parallelismus membrorum* (οἷς τὸ κρίμα ἔκπαλαι οὐκ ἀργεῖ καὶ ἡ ἀπώλεια αὐτῶν οὐ νυστάζει) einmünden lässt, ist ein sprechender Hinweis auf seine Textverarbeitungsstrategie. Denn es zeigt, wie viel Gewicht auf dem von ihm neu geschaffenen Phänotext zu liegen kommt: Für den, der den Prätext nicht kennt, ist er kaum aus dem Phänotext zu erschließen. Vielmehr weist der poetische Charakter nach der Art griechischer Wiedergaben und Weiterentwicklungen der Parallelismen der hebräischen Schrifttexte auf die Welt jüdisch-hellenistischen Schrifttums hin. Diese starke Betonung des Phänotextes und die verschwindend geringe Wahrnehmbarkeit textueller Wiederaufnahmen in diesem Vers passen zu dem andernorts Beobachteten: Nahezu alle konkreten textuellen Kontaktaufnahmen sind so zaghaft und sacht, dass sie an sich als solche auch bestritten werden könnten. Oft bleiben kaum ein bis zwei Lexeme übrig, an denen ein Verweis hängt. Dies gilt für den Aufgang des φωσφόρος ebenso wie für die Schmähung der ὁδὸς τῆς ἀληθείας. Die Nachvollziehbarkeit des vorliegenden textuellen Wiederaufnahmeprozesses aufgrund des glücklichen Umstandes, dass im *Judasbrief* ein sicherer Prätext vorliegt, zeigt jedoch, dass die Bestreitung unnötig ist. Es ist eine Eigenheit des Verfassers, alludierte und wieder aufgenommene Texte so gründlich für die eigenen Zwecke aufzubereiten, dass der Hinweischarakter auf frühere Texte – zumindest für den modernen Rezipienten – sehr schwach wird. Auf diesem Hintergrund sind die Beobachtungen und Deutungen konkreter intertextueller Referenzen, so vorsichtig sie zuweilen auch als im Bereich des Möglichen liegend formuliert werden mussten, durchaus begründet.

C. Petrus und die Heterodoxen:
Ihr Wesen, ihr Treiben, ihre Vorbilder, ihre Zukunft
(2 Petr 2,4–22)

In 2 Petr 2,1 waren die ψευδοδιδάσκαλοι als Thema eingeführt worden; in 2,3 hatte der Verfasser deren um Mitglieder werbende Verkündigung als aus der Luft gegriffen (πλαστοῖς λόγοις) gebrandmarkt und Habgier als ihr Motiv angeprangert (ἐν πλεονεξίᾳ). In einem *Parallelismus membrorum* ,biblischen' Stils hatte er für diese Menschen Gericht und Verderben als gewiss hingestellt. 2 Petr 2,4–10a, formal ähnlich wie in 1,16 durch γάρ das Folgende sowohl mit dem Vorausgehenden verbindend als auch einen Neueinsatz markierend, knüpft an die Gerichtsthematik an und ergänzt sie um die Möglichkeit der Rettung aus dem allgemeinen Verderben: Wenn nämlich Gott die Engel nach ihrem Sündenfall nicht verschonte (οὐκ ἐφείσατο), sondern sie, in den Tartarus geworfen (ταρταρώσας), finsteren Gruben (σιροῖς[413] ζόφου) überließ (παρέδωκεν),[414] um sie dort auf das Gericht hin festzuhalten (εἰς κρίσιν τηρεῖσθαι),[415] und wenn er den alten Kosmos (ἀρχαῖος κόσμος) nicht verschonte (οὐκ ἐφείσατο), son-

---

[413] Die anhand der handschriftlichen Bezeugung kaum zu lösende textkritische Frage nach ursprünglichem σιροῖς (in Gruben, Silos; 01, 02, 03, 04 etc.) oder σ(ε)ιραῖς (in Fesseln, Ketten, P72, 017, 024, 044 etc.) wird von seit der sechsundzwanzigsten Auflage des *Novum Testamentum Graece* – so auch in der *Editio Critica Maior* – zugunsten von σειραῖς entschieden; die fünfundzwanzigste Auflage hatte noch σιροῖς. Die innere Textkritik erweist klar σιροῖς als die *lectio difficilior*, denn σειραῖς ist eine Variation zu Jud 6 (δεσμοῖς). Diese lässt sich als nachträgliche Angleichung an den Judastext deuten, eventuell unter bestärkendem Einfluss von Weish 17,16, wo eine „Kette der Finsternis" (ἅλυσις σκότους) erwähnt wird, wohingegen der andere Fall, eine nachträgliche Entfernung vom Judastext und (womöglich) Angleichung an nicht-christliche antike Mythologie (vgl. PEARSON 1969) oder an das *äthiopische Henochbuch* (BAUCKHAM 1983, 244) deutlich minder plausibel erscheint; siehe FORNBERG 1977, 52f; FUCHS/REYMOND 1988, 83; PAULSEN 1992, 132; VÖGTLE 1994, 190; wenig überzeugend ist die Argumentation bei METZGER 1998, 632 ad loc. für σειραῖς; für diese Lesart entscheidet sich neben BAUCKHAM 1983, 244 u.a. auch MAZZEO 2002, 292. KRAUS 2001, 335f Anm. 77 zufolge lässt sich „für beide Lesarten … schlüssig argumentieren."

[414] παραδιδόναι mit Dativ σιροῖς (ζόφου) ist sicher ungewöhnlich; wo es sonst um einen Verwahrungsort bei παραδιδόναι geht, findet sich vorzugsweise eine Ortsangabe mit εἰς, siehe etwa Mt 10,17 parr.; Acta 8,3; 22,4; Herm sim 9,28,7; äthHen 91,1.12. Der Dativ findet sich dagegen bei Überstellung oder Auslieferung an eine Person (1 Tim 1,20: τῷ Σατανᾷ; Act 12,4: τέσσαρσιν τετραδίοις στρατιωτῶν), an eine (schlechte) Gepflogenheit, Laster o.ä. (Eph 4,19 ἑαυτοὺς παρέδωκαν τῇ ἀσελγείᾳ); so schon MAYOR 1907, 121. Doch ist diese Trennung nicht allzu scharf zu machen. Paulus kann das Überstellen an eine negative Lebensweise auch mit εἰς formulieren, wie z.B. in Röm 1,24.26.28 (παρέδωκεν αὐτοὺς ὁ θεὸς … εἰς ἀκαθαρσίαν, εἰς πάθη ἀτιμίας, εἰς ἀδόκιμον νοῦν). An der Deutung von σιροῖς (ζόφου) als Dativ zu παραδιδόναι dürfte kein Weg vorbeiführen, auch wenn das Partizip ταρταρώσας dann Verb und Komplement trennt. An Plausibilität gewinnt dies, vergegenwärtigt man sich dass das „Partizip in unmittelbarer Voranstellung vor anderer Verbform" eine Stileigentümlichkeit des *zweiten Petrusbriefes* ist; KRAUS 2001, 263f. Zur temporalen Deutung des Partizips ταρταρώσας siehe KRAUS 2001, 270; zum Verständnis von τηρουμένους ibid. 272.

[415] Ein Plädoyer für die selten als ursprünglich angesehene Lesart εἰς κρίσιν κολαζομένους τηρεῖν (statt εἰς κρίσιν τηρουμένους) findet sich bei SPITTA 1885, 135–137; für die gängige Argumentation zur Stelle siehe KRAUS 2001, 102 Anm. 248.

dern mit sieben anderen[416] Noah als Herold der Gerechtigkeit (δικαιοσύνης κήρυκα) bewahrte, als er die Sintflut über die Welt der Gottlosen
brachte (ἐπάξας), und wenn er die Städte Sodom und Gomorra dem Urteil anheim gab (κατέκρινεν), indem er sie einäscherte, und sie so als
Vorbild (ὑπόδειγμα) dessen, was den Gottlosen bevorsteht, vor Augen
stellte, und wenn er den gerechten Lot (δίκαιος Λώτ) rettete (ἐρρύσατο),
dem der liederliche Lebenswandel der Gesetzlosen schwer zusetzte (κα-
ταπονεῖν),[417] – denn er, der Gerechte, folterte dadurch, dass er unter ihnen
wohnte, über Aug und Ohr seine gerechte Seele mit ihren gesetzlosen
Werken – ja, dann weiß der Herr die Frommen aus der Versuchung zu erretten (ῥύεσθαι), die Ungerechten aber auf den Tag des Urteils zur Bestrafung zu bewahren (τηρεῖν), ganz besonders diejenigen, die hinter der
„Befleckung des Fleisches durch Begierde" (ὀπίσω σαρκὸς ἐν ἐπιθυμίᾳ
μιασμοῦ) herlaufen und auf die göttliche Herrschergewalt (κυριότης)[418]
herabsehen

Unmittelbar hieran anschließend bieten die Verse 2,10b–22 eine ganze
Reihe von Aussagen über und Angriffen auf die als Gegner gekennzeichnete Gruppierung. Ein erster Teil (2,10b–13a) verfemt deren Haltung als
Selbstüberhebung: Dreiste, von sich selbst eingenommene Menschen (τολμηταί αὐθάδεις) seien sie, die nicht davor zurückschreckten, sich Herr-
lichkeitsmächten (δόξαι)[419] gegenüber abfällig zu gebärden (βλασφημεῖν).[420] Dabei trügen Engel, die ihnen an wirkmächtigem Einfluss (ἰσχύϊ
καὶ δυνάμει) überlegen seien, gegen sie (κατ' αὐτῶν) kein abqualifizie-

---

[416] ὄγδοος Νῶε ist BAUCKHAM 1983, 250 und GREEN 2008, 253 zufolge schlicht eine
nicht völlig unübliche Formulierung mit der Aussage „Noah und sieben andere",
verwiesen wird dabei auf 2 Makk 5,27, wo Ιουδας δὲ ὁ καὶ Μακκαβαῖος δέκατος ...
"Judas Maccabeus, with nine others ..." bedeute; daneben ist jedoch eine mögliche
symbolische Anspielung zu erwägen, siehe III.C.1.2.2.

[417] GREEN 2008, 259 deutet καταπονεῖσθαι als physische Bedrohung: Die Sodomiten sind bereit Lot Gewalt anzutun. Tatsächlich kann καταπονεῖσθαι eine Folge etwa
militärischer Gewalt sein, aber zwingend ist das nicht.

[418] Zur Deutung von κυριότης in 2 Petr 2,10 im Sinne von Did 4,1 und Herm sim
5,6,1 siehe FUCHS/REYMOND 1988, 89.

[419] Die Diskussion, ob sich hinter den δόξαι gute oder böse Mächte verbergen,
dürfte schon aufgrund der ausschließlich positiven Semantik und Konnotation von
δόξαι zugunsten von guten Mächten zu entscheiden sein; in diese Richtung siehe bereits SICKENBERGER 1911, 626–629; ferner auch VAN HOUWELINGEN 1988, 181f; anders
jedoch SCHREINER 2003, 348: "... the false teachers did not fear demonic powers."

[420] Die Formulierung δόξας βλασφημεῖν könnte besagen, dass die τολμηταί αὐθάδεις den Engeln eine Rolle beim Gericht absprechen – anders als etwa die synoptische Tradition ankündigt, der Menschensohn werde in der δόξα des Vaters mit seinen Engeln zum Gericht kommen (Mt 16,27), oder die Johannesapokalypse ihnen eine
bedeutende Rolle beim Vollzug der Strafe zumisst (Apk 8,6–9,21), siehe dazu NEYREY
1993, 214 und GREEN 2008, 271.

rendes Urteil (βλάσφημον κρίσιν) vor dem Herrn (παρὰ κυρίῳ) vor.[421] Sie aber würden, da sie doch lästerten, wovon[422] sie nichts verstünden, wie vernunftunbegabte Tiere (ἄλογα ζῷα), die als Naturwesen zum Fang und zur Tötung geboren seien, auch deren Ende entsprechend verenden (ἐν τῇ φθορᾷ αὐτῶν καὶ φθαρήσονται),[423] betrogen um den Lohn für ihren Trug (ἀδικούμενοι μισθὸν ἀδικίας).[424]

Dieser μισθὸς ἀδικίας bildet gleichzeitig den Auftakt zu einem zweiten Teil (2,13–16), der scheinbar verschiedene Vorwürfe nebeneinanderstellt, sich aber durch die Wiederaufnahme dieses Stichwortes in 2,15 als zusammengehörige Komposition erweist: Für Genuss hielten sie die Schwelgerei am Tage, sie, Schmutz- und Schandflecke (σπίλοι καὶ μῶμοι), die in ihren Vergnügungen[425] (ἐν ταῖς ἀπάταις αὐτῶν) schwelgten, wenn

---

[421] KRAUS 2000 hat gezeigt, dass die besser bezeugte dativische Lesart παρὰ κυρίῳ einen sehr guten Sinn ergibt, wenn man berücksichtigt, dass die lexikalische Gestaltung ein Gerichtsszenarium aufbaut. κατ' αὐτῶν ist mit Bezug auf τολμηταί αὐθάδεις zu lesen, ebenso wie der Vergleich ἰσχύϊ καὶ δυνάμει μείζονες auf sie zielt, so bereits SICKENBERGER 1911, 636f; mit anderen Worten: Es findet hier kein Vergleich zwischen schlechten δόξαι und guten ἄγγελοι statt. Vielmehr legt der Verfasser dar, dass die Engel bei Gott nicht im Interesse eines vernichtenden Urteils intervenieren. Das Präsens scheint zu sagen, dass dies allgemein und grundsätzlich nicht die Funktion von Engeln ist. – Andere Erklärungen finden sich u.a. bei KNOPF 1912, 295f; BAUCKHAM 1983, 262; FUCHS/REYMOND 1988, 90f; PAULSEN 1992, 139f.

[422] Das Genus von ἐν οἷς gilt den meisten als Neutrum; für die Möglichkeit des Bezugs auf δόξαι vgl. BAUCKHAM 1983, 263.

[423] Einige Ausleger wollen ἅλωσις καὶ φθορά gleichsam aktiv verstehen: Die ἄλογα ζῷα sind geboren um (andere Tiere) zu fangen und zu töten. Das Wortspiel ἐν τῇ φθορᾷ αὐτῶν καὶ φθαρήσονται ist dann so zu verstehen, dass sie in dem Verderben, das sie anderen bereiten, selbst mit umkommen; siehe VAN HOUWELINGEN 1993, 68. Wahrscheinlicher ist jedoch hier der Reflex des in der Antike häufiger belegten Gedankens, dass manche Tiere zur Jagd und Schlachtung bestimmt sind; Belege siehe III.C.1.2.6; in diesem Sinne u.a. KNOPF 1912, 297; CHAINE 1939, 69; SCHELKLE 1961, 211; KELLY 1969, 339; BAUCKHAM 1983, 263; HARRINGTON 2003, 272; GREEN 2008, 275f.

[424] Die Paraphrase versucht, das Wortspiel zu imitieren. Dass ἀδικούμενοι an das Vorausgehende anschließt, wird vielerseits anerkannt, siehe KNOPF 1912, 298; CHAINE 1939, 70; JOHNSON1988, 61.66; NEYREY 1993, 209; SCHRAGE 1993, 142 u.a. Zu ἀδικούμενοι gehört μισθὸν ἀδικίας. Dem Vorschlag, μισθὸν ἀδικίας dem Folgenden zuzuschlagen (SKEHAN 1960, 70), war zu Recht kein großer Erfolg beschieden. Die textkritische Frage ἀδικούμενοι (P72, 01*, 03, 024 et al.) vs κομιούμενοι (01ᶜ, 02, 04, 017 et al.) ist mit BAUCKHAM 1983, 258 und METZGER 1998, 634 zu Gunsten von ἀδικούμενοι zu entscheiden.

[425] Während ἀπάτη bei Paulus und in der LXX entsprechend seinem klassisch-griechischen Aussagegehalt als ‚Betrug, Täuschung' etc. aufgefasst werden muss, ist im zweiten Petrusbrief von der populär-hellenistischen Bedeutung als Synonym zu ἡδονή, τρυφή, τέρψις auszugehen; zur Semantik von ἀπάτη siehe SPICQ 1978/I, 116–118. Schon aufgrund des Wortspiels mit ἀγάπη aus dem Prätext Judasbrief, erst recht aber mit dem Wissen um das genannte Bedeutungsfeld ist die Deutung von ἀπάτη durch HARNACK 1916, 110, der noch von der klassisch-griechischen Bedeutung an

sie mit den Angesprochenen schmausten. Augen hätten sie, darin sei nichts als die Ehebrecherin, unablässig auf Ausschau nach Sünde. Sie köderten (δελεάζειν) die noch ungefestigten Seelen, hätten ein geiztrainiertes Herz, seien Flucheskinder.[426] Weil sie den geraden Weg verlassen hätten, seien sie in die Irre gelaufen, den Weg Bileams aus Bosor nachgegangen (ἐξακολουθεῖν), der Lohn für seinen Trug (μισθὸς ἀδικίας) liebte, doch seiner eigenen Gesetzlosigkeit (παρανομία) überführt wurde: Ein stimmunbegabtes Zugtier, das mit menschlicher Stimme redete, habe dem Wahnsinn (παραφρονία) des Propheten gewehrt.

In einem letzten Abschnitt (2,17–22) stehen die Gefahr der Rückkehr jungbekehrter Gemeindeglieder zu ihrer vorchristlichen Lebensweise und im Zusammenhang damit noch einmal die bereits angeschnittenen Themen Anhängerwerbung der Anderslehrenden und deren Zukunftsaussichten zentral.[427] Zwei Metaphern charakterisieren die Angefeindeten:

---

unserer Stelle ausgegangen war, als „ein sehr alter Schreibfehler …", der sich nur deshalb zu verbreiten vermochten, weil er zur Not einen Sinn gab", hinfällig.

[426] Von den viel zitierten Analogien τέκνα ἀπώμειας (Jes 57,4); τέκνα ἀδικίας (Hos 10,9); τέκνα φύσει ὀργῆς (Eph 2,3); τέκνα φωτός (Eph 5,8); τέκνα ὑπακοῆς (1 Petr 1,14); τέκνα εὐφροσύνης (Barn 7,1); τέκνα ἀγάπης (Barn 9,7); ἀγάπης τέκνα καὶ εἰρήνης (Barn 21,9); τέκνα οὖν φωτὸς ἀληθείας (IgnPhld 2,1) deuten die meisten auf eine ‚passive' Lesart des Genitivs κατάρας: Die τέκνα erleiden die κατάρα. Dagegen könnte τέκνα ὑπακοῆς in 1 Petr 1,14 eine aktive Lesart stützen, wie sie WOHLLENBERG 1923, 234f vertritt: „Es ist ihnen gleichsam zur zweiten Natur geworden, andern statt zum Segen vielmehr zum Fluche zu dienen." Denn ὑπακοή ist doch wohl etwas, was von den τέκνα ausgeht, nicht sie trifft.

[427] Es ist undeutlich, wo genau im Text der Verfasser von den οὗτοι auf die ὀλίγως ἀποφεύγοντες übergeht. DUNHAM 1983 passim, vor allem aber 41–44, weist nachdrücklich darauf hin, dass 2,20–22 im Blick auf die Jungbekehrten formuliert ist. Inhaltlich ist dies unmittelbar plausibel, sprachlich wirkt es jedoch störend, dass sie in 20 nicht ausdrücklich als neues Subjekt eingeführt werden. In 2,19a sind die οὗτοι Subjekt: ἐλευθερίαν … ἐπαγγελλόμενοι gehört syntaktisch noch zu οὗτοι … δελεάζουσιν. Das anschließende αὐτοὶ δοῦλοι ὑπάρχοντες wird man wohl ebenfalls auf diese beziehen müssen, der Nominativ weist in diese Richtung, siehe CHAINE 1939, 77; KNOCH 1990, 269; PAULSEN 1992, 143; KRAUS 2001, 208. In 2,19c wird sentenzenhaft eine offenbar als allgemein einsichtig dargestellte Aussage für ein unbestimmtes τις formuliert: ᾧ γάρ τις ἥττηται, τούτῳ δεδούλωται. Diese Anknüpfung δοῦλοι – δεδούλωται und das kausale γάρ legen nahe, dass die Sentenz noch im Blick auf 2,19b formuliert ist. In 2,20 identifiziert die Wiederaufnahme von ἀποφυγόντες (vgl. 2,18 ἀποφεύγοντας) das implizite Subjekt als die Jungbekehrten; das Prädikat ἥττῶνται suggeriert jedoch durch das Aufgreifen von ἥττηται in 2,19c auch eine Verbindung zu der Sentenz in 2,19 und damit zu den in 2,19b Gemeinten. SPITTA 1998, 209–216 plädiert nachdrücklich dafür, dass schon die Sentenz auf die ὀλίγως ἀποφεύγοντες gemünzt ist, doch will man bei dieser Deutung mit dem Konnektor γάρ nicht richtig glücklich werden. Da eine sprachliche Lösung nicht erreichbar scheint, sei die Zuflucht zur einer textpsychologischen gestattet: Wie schon 2,2–3 zeigte, wird den ψευδοδιδάσκαλοι ein gewisser Erfolg zugeschrieben: Menschen werden ihnen folgen, auch auf dem Weg zum Verderben. Dieser Umstand macht wenigstens einiger-

Wasserlose Quellen (πηγαὶ ἄνυδροι) seien sie und wirbelwindgejagte Nebelwolken (ὁμίχλαι ὑπὸ λαίλαπος ἐλαυνόμεναι); für sie stehe die düstere Finsternis (ὁ ζόφος τοῦ σκότους) bereit. Indem sie hochtönende Eitelkeiten (ὑπέρογκα ματαιότητος) von sich gäben,[428] köderten (δελεάζουσιν) sie mit „begehrlichen Ausschweifungen des Fleisches" (ἐν ἐπιθυμίαις σαρκὸς ἀσελγείαις) diejenigen, die gerade erst[429] denen entrönnen,[430] die ihr Leben in zielloser Verlorenheit (πλάνη) lebten. In ihrer Verkündigung stellten sie ihnen Freiheit (ἐλευθερία) in Aussicht – und dabei seien sie doch selbst Sklaven des Verderbens (δοῦλοι τῆς φθορᾶς): Denn demjenigen, von dem man besiegt werde (ἡττᾶσθαι), sei man als Sklave verfallen.[431] Dieses Prinzip lasse sich auf die vorliegende Situation anwenden: Wenn Menschen, die durch die Erkenntnis des gemeinsamen Herrn und Retters Jesus Christus den Befleckungen der Welt entronnen seien (ἀποφυγόντες), sich erneut in diese verwickeln ließen und sich ihnen geschlagen gäben (ἡττᾶσθαι), so sei für sie das Letzte schlimmer als das Erste (τὰ ἔσχατα χείρονα τῶν πρώτων). Besser wäre es dann (κρεῖττον ἦν) für sie, den Weg der Gerechtigkeit (ἡ ὁδὸς τῆς δικαιοσύνης) überhaupt nicht erst erkannt zu haben, als sich nach dessen Erkenntnis von dem ihnen überlieferten heiligen Gebot (ἐκ τῆς παραδοθείσης αὐτοῖς ἁγίας ἐντολῆς) abzuwenden. Ihnen sei widerfahren, was die Spruchweisheit (παροιμία) so

---

maßen plausibel, dass am Ende des Kapitels der Übergang vom Schicksal der οὗτοι auf das der ὀλίγως ἀποφεύγοντες fließend ist. Für eine bewusste Schwebe der Formulierungen, die absichtlich nicht auf die ψευδοδιδάσκαλοι einschränkt siehe KNOCH 1990, 270. Ausdrücklich auf diese bezogen werden die Verse 2,20–21 von VÖGTLE 1991, 390.

[428] Eine bestechende Deutung von 2,18 sucht die inhaltliche Ausführung dessen, was der Verfasser als ὑπέρογκα ματαιότητος wertet, in 2,19: ἐλευθερίαν αὐτοῖς ἐπαγγελλόμενοι. Die hochtönende (ὑπέρογκα) Verkündigung, die sich doch als völlig ohne in die Zukunft tragende Basis (ματαιότης) erweist, wäre dann just die ἐλευθερία, so schon SPITTA 1885, 216. Diese Deutung ist umso einsichtiger, wenn man mit CHAINE 1939, 77 in der Freiheitsverkündigung das Mittel sieht, mit dem die Anderslehrenden die Jungbekehrten ködern (δελεάζουσιν 2,18).

[429] Die varia lectio ὄντως, die in der ersten Hand des Codex Sinaiticus, wenigen weiteren Majuskeln und einer Reihe von Minuskeln bezeugt ist, stellt keine ernstzunehmde Infragestellung der alexandrinisch wie westlich gut bezeugten Lesart ὀλίγως dar. Hinsichtlich der Gebräuchlichkeit ist ὄντως eindeutig die lectio facilior. Darüber hinaus erzeugt es eine inhaltliche Spannung: Warum betonen, dass Menschen sich gänzlich abgekehrt haben von ihrer unchristlichen Vergangenheit, wo es doch um ihre Verführbarkeit hin zu ihrer Vergangenheit geht? Vgl. METZGER 1998, 635.

[430] Offenbar will das Partizip Präsens ἀποφεύγοντας an dieser Stelle ausdrücken, dass die Fluchtbewegung vor den ἐν πλάνη ἀναστρεφόμενοι noch nicht zum Abschluss gekommen ist, ähnlich auch SPITTA 1885, 208.

[431] Sitz im Leben des in dieser Sentenz angeführten logischen Zusammenhangs dürfte der militärische Bereich sein, daher liegt eine personale Übersetzung näher als eine neutrische („Der Sache, der man unterlegen sei..."), siehe PAULSEN 1992, 144; offener gegenüber einer neutrischen Deutung sind FUCHS/REYMOND 1988, 100.

zutreffend sagt vom Hund, der sich zum eigenen Gespei zurückwendet, und vom Schwein, das doch nur gebadet habe, um sich erneut im Schlamm zu suhlen.

1. Syntax der Intertextualität

1.1. Transformationshandlungen am Prätext Judasbrief

Der Vergleich zwischen dem *zweiten Petrus-* und dem *Judasbrief* führt zur Feststellung einer großer Anzahl von Berührungen zwischen 2 Petr 2,4–22 und Jud 5–16.[432] Diese Berührungen bestehen in teilweise auffälligen lexikalischen Kongruenzen, wenn etwa durch ihre geringe Gebrauchsfrequenz im Neuen Testament und umgebender Literatur auffallende Wörter oder wenigstens Lexeme in beiden Briefen zum Einsatz kommen. Selten dehnen sich diese Kongruenzen auf Syntagmata oder gar Teilsätze aus, übereinstimmende Einheiten wie ὡς … ἄλογα ζῷα (2 Petr 2,12 und Jud 10) oder οἷς ὁ ζόφος τοῦ σκότους … τετήρηται (2 Petr 2,17 und Jud 12) sind die Ausnahme. Beinahe durchgängig bietet beiderseits derselbe Kontext den Rahmen für die Kongruenzen, so gehören etwa ἀγγέλ-, ζόφ- und εἰς κρίσιν (-)τηρ- zur Wiederaufnahme der Erzählung von der Bestrafung der gefallenen Engel (2 Petr 2,4 und Jud 6) und der Vergleich ὡς … ἄλογα ζῷα (2 Petr 2,12 und Jud 10) dient hier wie dort der Charakterisierung der Gegner. Listet man die Übereinstimmungen in der Reihe ihrer Nennung im Text auf, so zeigt sich – bis auf minimale Abweichungen – dieselbe Abfolge für beide Briefe. In Pfister'schen Kategorien gesprochen hat man es hier also aufs Ganze gesehen mit einer hohen Strukturalität zu tun. Von einigen wenigen Ausnahmen abgesehen, ist die thematische Progression des *Judasbriefes* im *zweiten Petrusbrief* vollständig aufgenommen; stellt man den Vergleich jedoch andersherum an, gelangt man nicht zu demselben Ergebnis: Es zeigt sich ein auffälliges Mehr an inhaltlichen Elementen in der *Secunda Petri*. Zumal dieses Mehr erst recht für Textbereiche des ersten und dritten Kapitels der *Secunda Petri* gilt, liegt hier eines der überzeugendsten Argumente für eine literarische Abhängigkeit des *zweiten Petrusbriefes* vom *Judasbrief* vor. Da jeder der beiden Briefe für sich eine recht einsichtige Gedankenführung und Strukturierung aufweist, lassen

---

[432] WATSON 1988, 77 (u.ö.) beschreibt die Verse 5–16 des *Judasbriefes* als *probatio;* zu dieser Kennzeichnung siehe das Kapitel „Brieftheorie und Rhetorik" bei KLAUCK 1998, 165–180 mit den dortigen Literaturangaben. Bei aller Vorsicht, zu der bei der Anwendung der *partes orationis* auf den Aufriss neutestamentlicher Briefe zu mahnen ist, stehen hinter dieser Etikettierung WATSONs zwei richtige Erkenntnisse, nämlich zum einen, dass die genannten Verse ein zusammengehöriges Ganzes formen, und zum anderen, dass sie die Funktion haben, die Behauptungen des Verfassers in verschiedenen Aspekten mit Belegen aus autoritativen Schriften und deren Applikation auf die bekämpfte Personengruppe zu untermauern.

sich die Transformationshandlungen des aufnehmenden Textes am Prätext insgesamt – ungeachtet der erwähnten analogen Themenfolge – als
Zerstörung von dessen Makrostruktur und als Indienstnahme der Fragmente für seine eigene Argumentationslinie beschreiben.

Die syntaktischen Transformationen auf Mikroebene (Prädikat in *Judasbrief* wird zu Partizip im *zweiten Petrusbrief* etc.) sind in ihrer technischen Dimension hinlänglich beschrieben worden.[433] Schon aus diesem
Grund, aber noch mehr, weil sich so die Absicht des Verfassers der *Secunda Petri* unmittelbarer herausfiltern lässt, kann sich die Darstellung der
intertextuellen Syntax hier auf zwei Schwerpunkte beschränken. Zum Ersten werden die beiden gedanklichen Progressionen einander gegenübergestellt, um so den Grad und Charakter der strukturellen An- und Ent-
lehnung, aber auch der Zerstörung und des Neuaufbaus zu ermessen.
Ausgangspunkt sind dabei die beiden Teile, in die sich der Phänotext
gliedert, nämlich 2,4–10a und 2,10b–22, wobei der zweite Teil in die Unterabschnitte 2,10b–16 – mit den Segmenten 10b–12 und 13–16 – und 2,17–
22 zerfällt.[434] Zum Zweiten werden dann die Transformationen unter der
Fragestellung beleuchtet, ob sich bestimmte Schemata im Umgang mit
dem Prätext erkennen lassen.

Im *zweiten Petrusbrief* bildet 2,4–10a eine lange Konditionalperiode mit
einer mehrfachen Protasis in 2,4–8 und einer Apodosis in 9–10a.[435] Die
Protasis enthält mehrere Beispiele aus der biblischen Geschichte, die allesamt die Wahrheit der in der Apodosis vertretenen These herausstellen

---

[433] So erst unlängst wieder bei CALLAN 2004, der neben einer detaillierten Beschreibung der syntaktischen Operationen auch statistische Vergleichswerte anführt:
2 Petr 2,1–3,3 macht Gebrauch von 28% des Vokabulars von Jud 4–18.22, von den 426
Wörtern in 2 Petr 2,1–3,3 stammen rund 20% aus Jud 4–18 etc. siehe ibid. 43. Schwächer ausgeprägt ist die Interpretation des Vergleichs sowie die Kenntnisnahme auf
diesem Gebiet geleisteter Vorarbeiten. So wird beispielsweise mit keiner Silbe auf
KAHMANN 1989 eingegangen, einen Aufsatz, dessen gesamter erster Teil eine überzeugende Analyse und Darstellung des textuellen Vergleichsmaterials darstellt.

[434] VAN HOUWELINGEN 1988, 180 merkt an, dass beide Unterabschnitte 2,10b–16
und 2,17–22 mit einem Tiervergleich enden: 2,16 mit dem Esel Bileams; 2,22 mit den
Sprichwörtern von Hund und Schwein. Dieses inhaltliche Gliederungselement „Tier
am Ende eines Abschnitts" bestätigt auch den Einschnitt nach 2,12 (bzw 13a): Hier ist
allgemein von ἄλογα ζῷα die Rede. Die Verknüpfungen der einzelnen Abschnitte
geschehen jeweils über ein Stichwort im syntaktisch nachhängenden Ende eines Abschnittes: 10a liefert das Stichwort „κυριότητος καταφρονεῖν", was zu den Ausführungen über βλασφημεῖν in 2,10b–12 führt; das syntaktisch (und inhaltlich) noch an
2,12 anschließende ἀδικούμενοι μισθὸν ἀδικίας zu Beginn von 2,13 zeitig das Beispiel Bileams, dem in 2,15 just das Streben nach μισθὸς ἀδικίας zur Last gelegt wird.

[435] Genauer gesagt stellt Vers 8 einen erläuternden Einschub zum letzten Glied der
Protasis und Vers 10a eine konkretisierende Ergänzung zur Apodosis in Vers 9 dar.
Für eine Beschreibung des Periodenaufbaus siehe CALLAN 2003, 212, für den 2 Petr
2,4–10 "the most polished sentence" nach 2 Petr 1,3–7 darstellt.

sollen, nämlich dass Gott die Frommen aus der Versuchung zu erretten (ῥύεσθαι) wisse, die Ungerechten aber auf den Tag des Gerichts zur Bestrafung zu „bewahren" (τηρεῖν; 2,9), ein Schicksal, das besonders denen ausstehe, die der „Befleckung des Fleisches durch Begierde" hinterherliefen und „Herrschaft" verachteten (2,10a). Drei Beispiele zeigen die Gewissheit von Gottes Gericht, nämlich die Bestrafung der gefallenen Engel in ihrer Aufbewahrung (τηρεῖν) zum Gericht im finsteren Tartarus (2,5), die Vernichtung des alten Kosmos in der Sintflut (2,6) und die Einäscherung von Sodom und Gomorra, die ausdrücklich ein Vorabbild dessen darstellt, was den Gottlosen droht (2,7). Dem gegenüber stehen zwei Beispiele für die Rettung: Noah wurde als „Herold der Gerechtigkeit" von Gott vom Untergang des alten Kosmos gerettet, und der „gerechte Lot", der unter der ausschweifenden Lebensführung der Gesetzlosen litt, wurde aus der Vernichtung von Sodom und Gomorra herausgerissen (ῥύεσθαι; 2,7–8). Anders der Aufbau der Verse 5–8 im *Judasbrief:* Dieser listet drei Beispiele auf, die allesamt zeigen, dass Abtrünnigen und (in einer speziellen Form) Sündigenden Strafe droht – ohne Ansehen dessen, was Gott vorher zu ihren Gunsten getan hat.[436] Dies gilt für die Exodusgeneration, die zwar aus Ägypten gerettet wurde, deren ungläubige Angehörige jedoch später ausgemerzt wurden (5), für die Engel, die sich nicht an ihren Herrschaftsbereich hielten, sondern sich von ihren Wohnplätzen entfernten (6), und für Sodom, Gomorra und die umliegenden Städte, die „fremdem Fleisch" hinterhergelaufen seien und daher in ihrem Gerichtet-Sein als Vorabbild der Strafe im ewigen Feuer vor Augen stünden (7). Im darauf folgenden Vers 8 nennt der Verfasser die ihm zeitgenössische Zielgruppe seiner Drohung: Träumer, die das „Fleisch besudeln", Herrschaft nicht anerkennen und himmlische Mächte verachten.[437] Aus diesem Text des *Judasbriefes,* der allein darauf zielt, Gottes Gericht und Strafe für bestimmte Vergehen zu vergegenwärtigen, fertigt der Verfasser der *Secunda Petri* eine Passage, in der die Möglichkeit der Rettung des Frommen (ἐφύλαξεν, ἐρρύσατο) ebenso hervorgehoben wird wie die Gewissheit des strafenden Gerichts (οὐκ ἐφείσατο, οὐκ ἐφείσατο, κατέκρινεν). Aufschlussreich ist es, wenn man zu diesem Befund die Verse konzentrierter lexikalischer Selektion hinzunimmt, also die Stellen, wo ein thematischer Aspekt des Prätextes mit großer Dichte kongruierender Lexeme wieder aufgenommen wird. Dies geschieht drei Mal, nämlich beim Rekurs auf das Beispiel der zum Gericht im Tartarus verwahrten Engel (ἀγγέλ-, ζόφ- und εἰς κρίσιν (-)τηρ-; 2 Petr 2,4 und Jud 6), bei der Beispielfunktion des

---

[436] CHATELION COUNET 2006, 139 macht eine wohl treffende Beobachtung, wenn er das Verbindende der drei Beispiele darin sieht, dass alle drei mit Verlust von Einheit und Ursprung zu tun haben.

[437] Zur Interpretation von κυριότης und δόξαι vgl. BAUCKHAM 1983, 57–59; KRAFTCHICK 1989, 41–43; VÖGTLE 1994, 49–59; MAZZEO 2002, 388f; GREEN 2008, 74–77.

Urteils über Sodom und Gomorra (Σοδομ-, Γομοϱϱα-, -δειγμα; 2 Petr 2,6 und Jud 7) und der Charakterisierung von Wesen und Vergehen der Heterodoxen (ὀπίσω σαϱκὸς – herübergenommen aus der Darstellung der Bestrafung von Sodom und Gomorra –, μιαιν-/μιασμ- und κυϱιότητ-; 2 Petr 2,10 und Judas 7–8). Genau diese drei Aspekte schienen dem Verfasser also würdig, in den Phänotext übernommen zu werden. Liest man die vom Verfasser der *Secunda Petri* selbst, also ohne den Prätext *Judasbrief* formulierten Passagen, namentlich das dritte Kapitel, zu dem es ab Vers 5 keine Vorlage mehr im *Judasbrief* gibt, und 2,1–3, so wird deutlich, dass gerade diese Aussagen in seine eigene Theologie passen: Denn wie die gefallenen Engel aufbewahrt sind zum Tag des Gerichts und der Ausmerzung der Gottlosen (τηϱούμενοι εἰς ἡμέϱαν κϱίσεως καὶ ἀπωλείας τῶν ἀσεβῶν ἀνθϱώπων), sind es in 3,7 der jetzige Himmel und die Erde. Die typologische Exegese (Σοδομ-, Γομοϱϱα-, -δειγμα) wendet er in 3,6 auf die Sintflut an. Und dass ungebührliche Haltung gegenüber höheren Mächten und sexuelles Fehlverhalten in das Charakterisierungsschema der Gegner passt, ergibt sich aus 2,1–3. Die Selektivität hat ihre Konzentrationspunkte also dort, wo dem Verfasser der *Secunda Petri* Formulierungen oder Wörter aus dem *Judasbrief* der eigenen Theologie dienstbar scheinen.

Insgesamt eignet Jud 5–16 eine gleichsam oszillierende Struktur. Passagen, in denen Beispiele aus biblischer und anderer autoritativer Tradition vor Augen gestellt werden, wechseln sich ab mit Versen, in denen die bekämpften Personen diesen Vorbildern gleich- oder gegenübergestellt werden, markiert jeweils durch καὶ οὗτοι / οὗτοι δέ / οὗτοί εἰσιν. Die Übergänge im einzelnen sind fließend; ein Stichwort wie βλασφημοῦσιν in der ersten Applikation (Jud 8) kann den Verfasser zum nächsten Beispiel bringen, in diesem Fall dem des Erzengels Michael, der es nicht einmal wagte, den Teufel zu schmähen, und der damit in scharfem Kontrast zu den Gegnern steht.[438]

---

[438] Diese ‚weichen' Übergänge sorgen dafür, dass keine in der Forschung allgemein akzeptierte Gliederung der Verse 5–16 vorliegt. Bei Kommentatoren wie MAZ-ZEO 2002, 369.380–400 und SCHRAGE 1993, 233–237 kommt dieser Aspekt des Fortlaufenden so stark zum Tragen, dass sie die Verse 8–16 gar nicht weiter untergliedern; bei KRAFTCHICK 2002, 35ff führt derselbe Umstand zum anderen Extrem, nämlich einer sehr kleinschrittigen Einteilung in ‚Einheiten' von 1 bis maximal drei Versen. Ansonsten werden weitgehend einmütig Jud 14–16 als Einheit betrachtet (GREEN 2008, REESE 2007, CHATELION COUNET 2006, DAVIDS 2006, HARRINGTON 2003, SCHREINER 2003, PERKINS 1995, VÖGTLE 1994, VAN HOUWELINGEN 1993, NEYREY 1993, PAULSEN 1992, FUCHS/REYMOND 1988, GREEN 1987, BAUCKHAM 1983, REICKE 1966), oft auch 11–13 (GREEN 2008, REESE 2007, CHATELION COUNET 2006, DAVIDS 2006, HARRINGTON 2003, SCHREINER 2003, VÖGTLE 1994, VAN HOUWELINGEN 1993, PAULSEN 1992, FUCHS/-REYMOND 1988, GREEN 1987, BAUCKHAM 1983). Für Jud 5–10 ist die Frage, ob ein Einschnitt nach Jud 7 anzusetzen ist (DAVIDS 2006, KRAFTCHICK 2002, MAZZEO 2002, PERKINS 1995, VÖGTLE 1994, SCHRAGE 1993, NEYREY 1993, GREEN 1987, REICKE 1966)

5–7   3 Beispiele: Wüstengeneration, Engelsfall, Sodom und Gomorra

8   Applikation: καὶ οὗτοι

9   Beispiel: Michael im Streit mit dem Teufel um den Leichnam des Mose

10   Applikation: οὗτοι δὲ

11   Vergleich: Kain, Bileam, Korach

12–13   Identifikation/Explikation: οὗτοί εἰσιν

14–15   Prophetie: Henoch

16   Identifikation/Explikation: οὗτοί εἰσιν

Der *zweite Petrusbrief* hat diese regelmäßige Oszillationsbewegung nicht übernommen. Dies hat zur Folge, dass οὗτοι δέ und οὗτοί εἰσιν, deren er sich durchaus auch bedient (2,12.17), eine andere Funktion bekommen. Zumindest im zweiten Fall, nämlich bei οὗτοί εἰσιν in 2,17, ist dies ganz offensichtlich. Es markiert hier beinahe einen Neuansatz, jedenfalls aber ein Zurückkehren zur Beschreibung der Gegner, von der sich der Verfasser durch das Verweilen beim Beispiel Bileam (2,16) hatte abbringen lassen. οὗτοι δέ in 2 Petr 2,12 steht der Funktion von οὗτοι δέ in Jud 10 insofern noch näher, als es wie dieses das Schmähen der angefeindeten Gruppe mit dem vorausgehenden Verzicht auf Schmähen vergleicht. Doch dient es auch hier als Einleitung zu einer Tirade verschiedener Vorwürfe gegen die Heterodoxen. Diese wiederholen sich teilweise, so dass es immer wieder zu inhaltlichen Überschneidungen zwischen 10b–16 und 17–22 kommt. Gleitende Übergänge zwischen den Abschnitten erschweren eine klare Strukturierung zusätzlich.[439] Insgesamt zeigt sich die Progression in 2,10b–22 wie folgt:

2 Petr 2,10a hatte geendet mit dem Nachklapp zur beschriebenen Apodosis, der spezifizierte, welchen ἀδίκους das Aufgespart-Werden zum Gericht im Besonderen (μάλιστα) droht, nämlich denen, die der „Fleischesbefleckung" hinterherlaufen und „Herrschaft" verachten. Damit ist die Reihe biblischer Beispiele abgeschlossen und und der Abschnitt rückgekoppelt an 2,1–2, wo die ψευδοδιδάσκαλοι ähnlich charakterisiert waren. An das letzte Element κυριότητος καταφρονεῖν knüpft 10b–13a inhaltlich (und syntaktisch) direkt an. Ohne Konnektor und mit dem Subjektskasus τολμηταί als einzigem Kennzeichen einer neuen syntaktischen Einheit

---

oder nach Jud 8 (GREEN 2008, REESE 2007, PAULSEN 1992, FUCHS/REYMOND 1988) oder ob auf eine Unterteilung überhaupt zu verzichten ist (CHATELION COUNET 2006, HARRINGTON 2003, SCHREINER 2003, VAN HOUWELINGEN 1993, BAUCKHAM 1983).

[439] VAN HOUWELINGEN 1988, 180 benennt das Problem im Vergleich zu den vorangehenden Versen: "De nu volgende perikoop heeft een veel minder strakke opbouw." Einige Kommentatoren verzichten dementsprechend auf eine weitere Untergliederung und behandeln 2,10b–22 als zusammenhängenden Abschnitt, vgl. MAZZEO 2002, 287, VAN HOUWELINGEN 1993, 66ff und PAULSEN 1992,136ff. Insgesamt ist die Gliederung von 2 Petr 2,4–22 in den Kommentaren noch diverser als die von Jud 5–16.

wird die Hybris der Heterodoxen gegeißelt, die sich nicht entblöden, sogar himmlische Mächte (δόξαι) zu lästern (βλασφημεῖν), wo doch die Engel selbst vor Gott keine Lästerung gegen sie vorzubringen wagen. Dem schließt sich – immer noch zum Thema καταφρονεῖν/ βλασφημεῖν – das Bild der vernunftunbegabten Tieren (ἄλογα ζῷα) an, das anders als im *Judasbrief* in erster Linie dazu dient, das Verderben (ἐν τῇ φθορᾷ αὐτῶν καὶ φθαρήσονται) der Lästerer als gewiss zu charakterisieren: ἄλογα ζῷα sind nun einmal zur ἅλωσις und φθορά bestimmt. Damit erhalten sie den Lohn für wider Gottes Vorstellungen gestaltetes Leben (μισθὸς ἀδικίας). Diese Feststellung aus 2,13a stellt den Auftakt dar zum Verweilen bei der Person Bileams, der, so 2,15, ebenfalls auf μισθὸς ἀδικίας erpicht war. Die übrigen Laster, die den Gegnern unterstellt werden, bevor der Name Bileams fällt, nämlich Schwelgerei (τρυφή), Erpichtsein auf Ehebrecherinnen (ὀφθαλμοὶ ... μεστοὶ μοιχαλίδος), das Ködern noch nicht fest im christlichen Glauben stehender Gemeindeglieder (δελεάζειν ψυχὰς ἀστηρίκτους) und Raffgier (πλεονεξία), kurz Dissidententum (καταλείπειν εὐθεῖαν ὁδόν), dürften Einzelheiten aus der Tradition um die Person Bileams aufnehmen, der schließlich von einem Zugtier seiner παρανομία überführt und an seiner παραφρονία gehindert wurde.

2 Petr 2,17–22 setzt ein mit einem nicht weiter ausgenutzten Vergleich der angefeindeten Partei mit wasserlosen Quellen und sturmgetriebenen Nebelwolken und der Ankündigung, dass auf sie die Finsternis warte (οἷς ὁ ζόφος τοῦ σκότους τετήρηται). Daraufhin wird erneut deren Anhängerwerbung thematisiert, als deren Methoden törichte, aber hochtrabende Reden (ὑπέρογκα ματαιότητος), speziell die Verkündigung von Freiheit (ἐλευθερίαν αὐτοῖς ἐπαγγελλόμενοι) und nicht näher konkretisierte sexuelle „Exzesse" (ἀσέλγειαι) angegeben werden. Zielscheibe ihres Werbens seien Neubekehrte (τοὺς ὀλίγως ἀποφεύγοντας τοὺς ἐν πλάνῃ ἀναστρεφομένους). Der Abschnitt endet mit einer eindringlichen und in der Formulierung wenig zimperlichen Darstellung, wie der Abfall nach einer Bekehrung zu werten ist.

Den Transformationsmaßnahmen, die der Verfasser in 2 Petr 2,10b–22 am Prätext Jud 7–16 – oder umfassender in 2 Petr 2,4–22 an Jud 5–16 – vorgenommen hat, wird jedoch Unrecht getan, beschreibt man sie lediglich makrostrukturell als Zerstörung der genannten regelmäßigen Oszillationsbewegung zwischen Beispielen aus der Tradition und der teilweise ausfälligen Charakterisierung der Gegner im Prätext Jud 5–16. Die Betrachtung dieser gestalterischen Eingriffe, die sich etwa als Reduktion der im *Judasbrief* angeführten Beispiele (Kain und Korach finden keine Wiederaufnahme), Ausbau des Übernommenen (Bileam ist breiter ausgeführt als im *Judasbrief*) und Erweiterung um gänzlich neue Themengebiete (Habgier, Werbung bei Neukonvertiten, Beurteilung des Abfalls etc.) beschreiben lassen, führt zu dem durch die aktuelle Situation der brieflichen Kommunikation bedingten Interesse des Verfassers:

Die Verse 2,10b–11 schöpfen, wie auch schon 10a aus Jud 7–9. Dabei wird weder in 10a noch danach erneut auf das Beispiel Sodom und Gomorra (Jud 7) eingegangen; der Verfasser der *Secunda Petri* hatte es schon zuvor in 2 Petr 2,6 angeführt. Für den vorliegenden Kontext interessiert ihn nur die sexuelle Komponente des moralischen Vergehens, die er mit der Wiederaufnahme der Wortverbindung ὀπίσω σαρκός einfangen will. Dabei verändert er deren syntaktische Vernetzung. Der Genitiv σαρκός wird nun nicht mehr durch die Präposition ὀπίσω erfordert wie in Jud 7 (ἀπελθεῖν ὀπίσω σαρκὸς ἑτέρας), sondern fungiert als Attribut zu dem von ὀπίσω abhängigen Genitiv μιασμοῦ. Die Anregung zur Verwendung dieses Lexems stammt aus Jud 8, wo von den Gegnern behauptet wird: σάρκα μιαίνουσιν. Auch das Stichwort κυριότης wurde von dort übernommen, allein wurde das regierende Verb ἀθετεῖν durch das semantisch nicht allzu weit davon entfernte καταφρονεῖν ersetzt. Desgleichen passt das dritte Element, mit dem Jud 8 die Haltung der Gegner beschreibt, nämlich δόξας βλασφημ-, dem Verfasser der *Secunda Petri* offenbar ins Konzept: Er verwendet es in der nächsten syntaktischen Einheit 2 Petr 2,10b gerade wie Jud 8 für die direkte Beschreibung der Haltung der Heterodoxen. Jud 9 hatte in Aufnahme eines Beispiels aus der *Assumptio Mosis*[440] darauf hingewiesen, dass nicht einmal der Erzengel Michael es gewagt habe, im Streit mit dem Teufel um den Leichnam des Mose ein lästerndes Urteil gegen diesen vorzubringen.[441] Wiewohl der *zweite Petrusbrief* deutlich nicht auf diese Szene rekurrieren will, lässt sich im Vergleich der Texte noch erkennen, dass das Beispiel ihn inspirierte. Die Elemente ἄγγελ-, βλάσφημον κρίσιν als Objekt zu (ἐπι)φέρειν und τολμη- sind erhalten geblieben, die syntaktische und kontextuelle Integration haben sich verändert: Die Heterodoxen werden direkt als τολμηταί charakterisiert, weil sie himmlische Mächte schmähen (δόξας ... βλασφημοῦντες), und die Folie, auf der sich die Heterodoxen negativ abheben, bildet nun nicht mehr Michael in seinem Verhalten gegenüber dem Teufel, sondern Engel, die es ihrerseits nicht wagen, vor Gott ein lästerliches Urteil gegen die Anderslehrenden vorzubringen (1,11). So erweist sich die destruktive Kraft des aufnehmenden Textes am Prätext in der Betrachtung des Ergebnisses Phänotext, der einen ganz neuen Aufbau zeigt. Das konservierende Schaffen zielt auf die Charakterisierung der angefeindeten Partei. Deren drei Elemente aus Judas 8 (σάρκα μιαίνουσιν, κυριότητα ἀθετοῦσιν,

---

[440] Die Information, dass Judas an dieser Stelle die *Assumptio Mosis* zitiert, findet sich bei Clemens Alexandrinus (ClemAl *Adumbrationes in epistula Judae catholica ad loc*) und Origenes (Orig princ III,2,1). Die entsprechende Stelle ist in den überkommenen Fragmenten der *Assumptio* jedoch nicht enthalten, siehe DE JONGE 1966, 14.

[441] Zur Deutung des Genetivs βλασφημίας siehe u.a. PAULSEN 1992, 68.

δόξας βλασφημοῦσιν) wurden (nahezu) vollständig übernommen – ein
deutlicher Fall von hoher Selektivität – , dazu weitere Lexeme aus dem
Rekurs auf die Erzählung von Sodom und Gomorra und dem Streit um
den Leichnam des Mose, die ebenfalls das Tun und die Einstellung der
Anderen beschreiben. An der Bewahrung der im Prätext verwendeten
Beispiele ist dem Verfasser der *Secunda Petri* dagegen nicht gelegen.

In 2 Petr 2,12–18 ist zunächst der Vergleich mit nicht vernunftbegabten
Tieren (2,12 ὡς ἄλογα ζῷα) in ihrer naturgegebenen, d.h. wilden Art
(φυσικ-) aus Jud 10 übernommen, und zwar mitsamt den Aussagen, dass
diese schmähen (βλασφημοῦ-), was sie nicht begreifen (ἀγνοοῦσιν in 2
Petr 2,12 und ἐπίστανται in Jud 10), und ihnen das Verderben (φθαρήσονται 2 Petr 2,12 und φθείρονται Jud 10) bevorsteht. In seiner *relecture*
dieses Vergleichs lässt der Verfasser der *Secunda Petri* gerade diesen letzten Aspekt stark in den Vordergrund treten, wie schon rein äußerlich an
der Verdreifachung des Lexems φθαρ-/φθορ- gegenüber dem *Judasbrief*
zu erkennen ist. Die ἄλογα ζῷα sind für ihn dem natürlichen Lauf der
Welt gemäß geboren, um gefangen und getötet zu werden (γεγεννημένα
φυσικὰ εἰς ἅλωσιν καὶ φθοράν), und mit dem semantischen Nachdruck
einer etymologischen Figur (ἐν τῇ φθορᾷ αὐτῶν καὶ φθαρήσονται) wird
auf der Analogie zwischen dem Verderben der ἄλογα ζῷα und der Heterodoxen insistiert. Einmal mehr ist es das eschatologische Verderben, das
der Verfasser in die vorderste Reihe stellt.

Ein zweites Element textueller Übernahme betrifft Textfragmente, die
Jud 12 über das Verhalten der Heterodoxen bei den Liebesmahlfeiern der
Angeschriebenen (ἐν ταῖς ἀγάπαις ὑμῶν) formulierte: Mit einem Verb,
das aufgrund der Konnotation des Reichlichen und des Überflusses einen
deutlich pejorativen Klang hat, wird ihre Mahlteilnahme als συνευω-
χεῖσθαι, schmausen, abqualifiziert; der negative Beigeschmack wird verstärkt durch die zweimalige Verwendung des Lexems τρυφ- (schwelg-) in
τρυφήν und ἐντρυφῶντες. Die Anderen selbst erhalten darüber hinaus
die Bezeichnung σπιλάδες, Schandflecke. 2 Petr 2,12 übernimmt συνευ-
ωχεῖθαι, σπιλάδες verändert er in σπίλοι, das sich ganz offensichtlich semantisch nicht wesentlich von σπιλάδες unterscheiden soll, wie die Parallelisierung mit μῶμοι im Hendiadyoin belegt.[442] Aus ἐν ταῖς ἀγάπαις

---

[442] Dass der Verfasser überhaupt die Änderung von σπιλάδες in σπίλοι vornahm,
könnte stilistisch-euphonische Gründe haben. Dass rhetorische Gestaltung bei der
Textkonstitution von 2 Petr 2 eine nicht zu unterschätzende Rolle spielte, zeigt sich in
der Häufung von Klang- und anderen Figuren, siehe etwa die bereits erwähnte etymologische Figur in 2,12 (ἐν τῇ φθορᾷ αὐτῶν καὶ φθαρήσονται), die Alliteration des
Buchstabens ἡ im selben Vers in ἡδονὴν ἡγούμενοι τὴν ἐν ἡμέρᾳ τρυφήν, die noch
durch zweimaligen Binnenklang η in ἡδονήν und τρυφήν verstärkt wird, sowie das
Klangspiel παρανομίας ... παραφρονίαν in 2,16, um nur einige wenige Beispiele zu
nennen. Im vorliegenden Fall könnte er σπίλοι den Vorzug gegeben haben, weil so

ὑμῶν wird 2 Petr 2,12 in einem klanglichen Wortspiel ἐν ταῖς ἀπάταις αὐτῶν, wobei die vergnügliche Üppigkeit natürlich nicht den *gemeinsamen* Mahlfeiern zugeschrieben werden kann, daher wird ὑμῶν zu αὐτῶν; dennoch ist offenbar auch im *zweiten Petrusbrief* die Situation eines gemeinschaftlichen Mahles ins Auge gefasst: Ein Pronomen der zweiten Person Plural (ὑμῖν) ergänzt das übernommene συνευωχούμενοι.

Nach einem völlig ohne Zuhilfenahme des *Judasbriefs* formulierten Vers 14 mit den neuen Themen „Versessenheit auf Ehebrecherinnen", „Mitgliedergewinnung bei dogmatischen Wackelkandidaten" und „wohlgetrimmte Habgier" macht 2 Petr 2,15 wieder Anleihen bei Jud 11. Aus den drei biblischen Beispielen Kain, Bileam und Korach übernimmt die *Secunda Petri* nur den Rekurs auf Bileam, baut diesen aber im Vergleich zum Prätext aus. Mit Bileam wird das Stichwort μισθός übernommen. Dass gerade diesem Aspekt besonderes Interesse gezollt wird, zeigt sich daran, dass wie hier auch schon in 2,13 vom μισθὸς ἀδικίας gesprochen und den Heterodoxen in 2,14 eine umfassende Schulung in πλεονεξία attestiert worden war. Aus dem Kainsbeispiel wird nur die ὁδός-Metapher beibehalten und kombiniert mit der in Jud 11 Bileam zugeschriebenen πλάνη zu καταλείποντες εὐθεῖαν ὁδὸν ἐπλανήθησαν. Erneut sind es nicht die biblischen Beispiele an sich, die der Verfasser des *zweiten Petrusbriefes* als bewahrenswert ansieht, sondern die anhand ihrer aufgezeigte lasterhafte Lebensgestaltung der Heterodoxen (μισθός), die nur als Verirrung (πλάνη) gewertet werden kann. Vers 16, erneut ohne konkrete lexikalische Anleihen aus dem *Judasbrief*, hebt die Torheit Bileams hervor: Sein Reittier musste ihm Einhalt gebieten.

Der letzte Abschnitt des zweiten Kapitels beginnt in Vers 17 mit zwei Metaphern für die Inhaltslosigkeit und das Ungefestigt-Sein der Heterodoxen. Beide sind von Jud 12 inspiriert, wo die Anderen als νεφέλαι ἄνυδροι ὑπὸ ἀνέμων παραφερόμεναι bezeichnet worden waren. Aus dem Stichwort ἄνυδροι schafft der Verfasser der *Secunda Petri* das Bild von πηγαὶ ἄνυδροι; die Metapher der vom Wind umhergetriebenen Wolken wird unter Verzicht auf den Aspekt der Wasserlosigkeit beibehalten, doch lexikalisch völlig anders realisiert: ὁμίχλαι ὑπὸ λαίλαπος ἐλαυνόμεναι. Den sich im Prätext anschließenden Bildern von fruchtlosen Bäumen im Herbst, schäumenden Meereswogen und Wandelsternen ist im Phänotext kein zweites Leben beschieden, doch der Relativsatz, der die Metaphernkollektion abschließt, wird bis auf die Zeitangabe εἰς αἰῶνα vollständig übernommen: οἷς ὁ ζόφος τοῦ σκότους τετήρηται. Dies ist die längste syntaktische Einheit, die die *Secunda Petri* beinahe unangetas-

---

im Hendiadyoin zwei zweisilbige Nomina mit demselben Ausgang nebeneinander zu stehen kommen.

tet herübernimmt. Wohl kaum zufällig handelt es sich dabei um eine Gerichtsankündigung.

Das Beispiel Henochs, der das Kommen des κύριος in Aussicht stellt, um die Gottlosen ihrer Gottlosigkeit zu überführen, findet keine Aufnahme. Bevor der Verfasser die Vorlage zu Gunsten seines eigenen Anliegens für den Rest des zweiten Kapitels verlässt, greift er in 2,18 noch zwei Wörter aus Jud 16 auf: Die Reden der Heterodoxen bezeichnet er wie der Prätext als ὑπέρογκα und verbindet diese Menschen mit dem Stichwort ἐπιθυμίαι. Mit der Aufnahme dieser beiden Stichwörter lässt er es allerdings bewenden, der Kontext ist ein anderer: Im *zweiten Petrusbrief* instrumentalisieren die Anderen die ἐπιθυμίαι für die Gewinnung von Anhängern, im *Judasbrief* charakterisieren sie das Leitmotiv der gegnerischen Lebensgestaltung, ohne dass damit eine Aussage über die Beeinflussung anderer gemacht würde.

Die Analyse der Transformationshandlungen am Prätext führt somit zu folgenden Ergebnissen:

Die Beispiele aus Bibel und jüdischer Tradition im *Judasbrief* erfahren eine unterschiedliche Behandlung durch den Verfasser der *Secunda Petri*: Auslassung und Ersetzung finden sich ebenso wie Ausweitung und Ergänzung. Die Bezugnahme auf die Exodusgeneration (Jud 5) greift er nicht erneut auf,[443] genauso wenig wie die Referenz auf Kain und Korach (Jud 11) und die Henochprophetie (Jud 14–15). Der Streit zwischen dem Erzengel Michael und dem Teufel um den Leichnam des Mose (Jud 9) wird ersetzt durch eine andere Engeltradition (2 Petr 2,11). Das Beispiel Bileams (Jud 11) wird ausgeweitet (2 Petr 2,15–16) und neu hinzu kommen Noah (2 Petr 2,5) und Lot (2 Petr 2,7). Dieses Vorgehen entspricht der Behandlung der Metaphernhäufung, die der Verfasser in Jud 12 und 13 vorfand. Auch hier geht er mit Auslassung, Ergänzung und Veränderung zu Werk. Auslassungen betreffen ‚kanonische‘ wie ‚nicht kanonische‘ Beispiele, daher wird man ihm zumindest nicht voreilig ein höheres Kanonbewusstsein attestieren dürfen.[444] So auffällig es ist, dass das Beispiel Michaels *ersetzt* wird, wo es doch auch möglich gewesen wäre, es so *umzu-*

---

[443] Es sei denn, man wollte in der Konstituierung des Bildes vom Sklavenfreikauf in 2 Petr 2,1 einen Reflex davon sehen, siehe dazu III.B.1.2.8.

[444] Dies wird jedoch immer wieder getan, siehe etwa die allzu knappe Ausführung bei KNOCH 1990, 266: „Wie der Vergleich mit Jud 8f zeigt, hat der Vf. dessen Verweis auf das Verhalten des Erzengels Michael gegenüber Satan im Streit um den Leichnam des Mose, von dem eine apokryphe, heute verlorene jüdische Schrift … erzählte…, nicht übernommen, weil er die Apokryphen ablehnte." Bereits KNOPF 1912, 295 sah sich damit in der Meinung der Mehrheit: „Der Grund für die Verallgemeinerung der Aussage des Jud ist von den allermeisten Exegeten schon längst richtig festgestellt worden. Der ausdrückliche Hinweis auf ein apokryphes Buch, die *Assumptio Mosis*, soll vermieden werden."

gestalten, dass es dem Anliegen des Verfassers entsprach, und so auffällig der Wegfall der Henochprophetie vom Kommen des Herrn, die ihm doch eigentlich wie gerufen hätte kommen müssen, erscheinen mag, so gilt es sich doch zu vergegenwärtigen, dass der gesamte Brief kein einziges deutlich erkennbares und als solches gekennzeichnetes Zitat enthält wie Jud 14–15 = äthHen 1,9. Die einzigen Schriften oder besser Verfasser, auf die er ausdrücklich verweist, freilich auch hier ohne regelrechtes Zitat, sind Paulus und er selbst als Schreiber der *Prima Petri* (3,1–2 und 3,15–16). Die Techniken textueller Wiederaufnahme sind subtiler und die Eingriffe in die Prätexte zur Aufbereitung für den Phänotext tiefgreifender; der Text der *Secunda Petri* generiert sich schlichtweg nicht durch Zitieren.[445]

Auswahl und Ergänzung kennzeichnen ferner die Charakterisierung – vielleicht stellenweise auch Verzeichnung – der Gegner. Einen Kulminationspunkt der Selektivität stellt Jud 8b (σάρκα μὲν μιαίνουσιν, κυριότητα δὲ ἀθετοῦσιν, δόξας δὲ βλασφημοῦσιν) dar, dessen Elemente, wenn auch unter Transformation, nahezu vollständig übernommen wurden: Offenbar traf dieses Bild der im *Judasbrief* angefeindeten Partei recht genau auf die Heterodoxen zu, die er vor Augen hatte, denn weitere sprachliche Übernahmen aus dem Prätext passen inhaltlich zu diesen drei Kennzeichen: ὀπίσω σαρκός, τόλμη- im Zusammenhang mit κρίσιν (ἐπι)φέρειν βλασφημίας, ἐπιθυμίας, vielleicht auch ὑπέρογκα (zu βλασφημ-). Als weiteres moralisches Fehlverhalten wird das Schlemmen übernommen (συνευωχούμενοι), das im Prätext nur sehr flüchtig angedeutete Motiv μισθός wird umfassend ausgebaut. Kurz, *ein* Übernahmekomplex bezieht sich auf Moral und Verhalten der Anderen, das übereinstimmend als πλάνη gewertet wird.

Das jedoch am weitaus deutlichsten hervortretende Thema textueller Übernahmen ist das bevorstehende Urteil. Für dieses werden die gefallenen Engel aufgespart (εἰς κρίσιν τηρεῖσθαι, ζόφος; Jud 6 und 2 Petr 2,4). Für dieses stehen Sodom und Gomorra als (ὑπό)δειγμα (Jud 7 und 2 Peter 2,6). Es bringt Verderben (φθορ-, φθαρ-, φθειρ-), genauso naturgemäß wie dies den ἄλογα ζῷα bevorsteht (Jud 10 und 2 Petr 2,12). Die Finsternis der Schatten wird für die Anderen bereitgehalten (οἷς ὁ ζόφος τοῦ σκότους τετήρηται; Jud 13 und 2 Petr 2,17). Ist in 2 Petr 2,4–10a noch ausdrücklich betont, dass Gott vor diesem Gericht retten kann, so tritt dieser Aspekt in 2 Petr 2,10b–22 völlig zurück, statt dessen macht sich das The–ma des drohenden erneuten Rückfalls nach der Bekehrung breit.

Es sind also bestimmte Themenkomplexe, die den Verfasser in 2 Petr 2,4–22 an seinem Prätext interessieren (Selektivität), ihm geht es nicht um

---

[445] Vgl. hierzu auch den Umgang mit dem Zitat der ἀπόστολοι τοῦ κυρίου ἡμῶν Ἰησοῦ Χριστοῦ in Jud (17–)18, das in der *Secunda Petri* den Charakter eines Zitates in wörtlicher Rede verliert (2 Petr 3,(2–)3).

Details der Gedankenfolge von Judas. Auch wenn er die Themenfolge ungefähr übernimmt (Strukturalität), das Textgewebe als Ganzes ist *seine* Leistung und trägt *seine* theologische und stilistische Handschrift, denn der Umgang mit dem Prätext ist von einer großen Freiheit in der Gestaltung der Wiederaufnahme geprägt.

1.2. Traditionen und Verweiskraft der ‚petrinischen' Gestaltung

Während sich der vorige Abschnitt den Transformationshandlungen des *zweiten Petrusbriefes* an seinem Prätext *Judasbrief* widmete, suchen die folgenden Abschnitte die Textwelt ausfindig zu machen, in der sich seine redaktionelle Tätigkeit lokalisieren lässt.

1.2.1. Die Bestrafung der sündigen Engel (2 Petr 2,4)

Die Realisierung der Tradition von den gefallenen Engeln in 2 Petr 2,4 trägt neben der Übernahme einiger Textfragmente aus dem *Judasbrief* drei charakteristische Kennzeichen. Zum einen werden die Vergehen der Engel zusammengefasst, zum anderen die Beschreibung der Verwahrung mit neuen, anderen Details versehen und zum dritten das gesamte Exemplum in ein theologisches Konzept eingebaut, das zwar am *Judasbrief* anknüpft, aber gegenüber diesem expliziter ausgestaltet ist.

Der Verfasser ersetzt die beiden in Jud 6 konkret genannten Vergehen (μὴ τηρῆσαι τὴν ἑαυτῶν ἀρχήν; ἀπολιπεῖν τὸ ἴδιον οἰκητήριον) durch das semantisch verallgemeinernde und so zusammenfassende ἁμαρτῆσαι. Aufgrund dieser allgemeinen Semantik drängt sich dieses Wort für das Handeln der Engel, Göttersöhne oder Wächter geradezu auf und scheint es nicht besonders viel versprechend, für seine Verwendung nach einer konkreten prätextuellen Motivation außerhalb des *Judasbriefes* zu fragen.[446] Vielmehr dürfte die Wortwahl bei der Verknappung im theologischen Interesse dieses Abschnitts liegen, das besagt: Sünde – egal welche – wird mit dem Gericht bestraft; wer δικαιοσύνη praktiziert, wird dem Gericht entrissen.

Mehr Aufmerksamkeit verdient dagegen die Gestaltung der zweiten Vershälfte. Jud 6 hatte seine Hauptaussage εἰς κρίσιν ... τετήρηκεν durch das Attribut μεγάλης ἡμέρας zu εἰς κρίσιν und durch die Ergänzungen

---

[446] So weiß Semyāza, der Anführer der revoltierenden „Söhne der Himmel" im *äthiopischen Henochbuch*, schon im Voraus, dass ihr Plan ein „großes Vergehen" ist, nach dem erhaltenen griechischen Text eine ἁμαρτία μεγάλη; äthHen 6,3. Auffällig ist allein, dass im Laufe des aus Gen 6,1ff hervorgehenden literarischen Schaffens das Vergehen der Engel überhaupt in das Zentrum des Interesses rückte. In Gen 6 selbst, aber auch etwa in LibAnt 3,1ff und Jos ant I,3,1 §§ 72–74 steht die moralische Verderbtheit der Nachkommenschaft aus der Verbindung der Engel mit den Menschenfrauen im Vordergrund.

δεσμοῖς ἀϊδίοις und ὑπὸ ζόφον zum Verb mehrfach spezifiziert. 2 Petr 2,4 übernimmt ein abgespecktes εἰς κρίσιν τηρουμένους als partizipiale Erweiterung zu seiner neuen Formulierung σιροῖς[447] ζόφου ταρταρώσας παρέδωκεν. Von diesen Wörtern ist wohl allein der Genetiv ζόφου durch die Adverbialbestimmung ὑπὸ ζόφον in Jud 6 motiviert. Die Frage ist, ob die *Secunda Petri* sich hier mit der Verwendung des Verbums ταρταροῦν und des Substantivs σιρός auf eine ihr bekannte Fassung der Wächtergeschichte stützt oder sie selbständig mit Vorstellungen aus der paganen Mythologie anreichert.[448]

Das Substantiv τάρταρος findet sich bereits in der Septuaginta. Das Buch *Hiob* verwendet es zweimal (40,20; 41,24), doch ist es einigermaßen mühsam, die Gedanken des Übersetzers in diesen Versen nachzuvollziehen und auszumachen, was genau im hebräischen Text er als Äquivalent zu τάρταρος las.[449] Der Septuagintatext von Prov 30,16 fügt τάρταρος – in Parallelität mit ᾅδης als Wiedergabe für שְׁאוֹל – ohne Vorlage im Masoretischen Text in seine Übersetzung ein. Philo kennt den τάρταρος als Redeweise der paganen Welt, so etwa wenn er in der *Legatio ad Gaium* dem Kaiser schmeichelt, das Kaiserhaus habe alles, was an Schädlichem gedieh

---

[447] Zur textkritischen Entscheidung für σιροῖς siehe die Paraphrase unmittelbar zu Beginn des Kapitels III.C

[448] Auf der Basis einer Wortuntersuchung zur Verwendung von (κατα)ταρταροῦν und σιρός stellte Birger A. PEARSON 1969 die These auf, dass der *zweite Petrusbrief* die Übernahmen aus dem *Judasbrief* mit eigener Kenntnis von griechischer Mythologie (und möglicherweise einer Anspielung auf Mysterienkulte) auffülle. Als eine der zentralen Stützen für seine These einer "Early Church in a Pluralistic Society" wurden diese Beobachtungen von FORNBERG 1977, 51–53 aufgenommen ("The account of the punishment in hell is of great importance for our understanding of 2 Peter", ibid. 52). Eine direkte Auseinandersetzung mit PEARSON findet sich bei GERDMAR 2001, 169–171, der in seiner allgemeinen Skepsis gegenüber allen Ansätzen, die einen ‚jüdischen' *Judasbrief*, der in diesem Fall gänzlich aus der Abhängigkeit vom *äthiopischen Henochbuch* zu erklären ist (PEARSON 1969, 75), gegenüber einem ‚hellenistischen' *zweiten Petrusbrief* aufzubauen versuchen, wertvolle Hinweise auf Schwachstellen in PEARSONS Argumentation gibt, wenn er auch selbst keineswegs über alle Kritik erhaben ist. Für eine ausgewogenere Rezeption PEARSONS siehe BAUCKHAM 1983, 249. CHARLES 2005 glaubt jedoch erneut, die sprachlichen Gestaltung des Beispiels von den "Angels under Rerserve" sei "more Gentile than Jewish" (ibid. 48).

[449] Hi 40,20 LXX divergiert beträchtlich vom MT. Die Erwähnung des Tartarus scheint hier allein durch שָׁם am Versende motiviert. Der vorausgehende Vers spricht – ebenfalls anders als im MT – über die Tötung des Leviathan/Behemot, so HEATER 1982, 126. Möglicherweise hängt es damit zusammen, dass שָׁם ausgebaut wird zu ἐν τῷ ταρτάρῳ, denn in Hi 3,17–19 LXX wird mit zweimaligem שָׁם bzw. ἐκεῖ am Versbeginn von 3,17 auf das Totenreich eingegangen; siehe DHORME 1926, 567. In Hi 41,24 LXX wird der Tartarus in der ersten Vershälfte erwähnt (τὸν δὲ τάρταρον τῆς ἀβύσσου ὥσπερ αἰχμάλωτον), diese gibt jedoch die zweite Vershälfte von 41,24 MT wieder (יַחְשֹׁב תְּהוֹם לְשֵׂיבָה), siehe DHORME 1926, 587. Über die Gleichsetzung von תְּהוֹם mit ἄβυσσος dürfte sich die Assoziation mit τάρταρος nahegelegt haben.

und dem man nachgespürt habe, in den tiefsten Tartarus verbannt (49), oder wenn er distanzierend feststellt, dass dort, wie man sage (φασιν), alles Schändliche (αἰσχρά) hingehöre (103). Er kann es jedoch auch als Bezeichnung für den Ort der Strafe innerhalb seiner jüdischen Vorstellungswelt gebrauchen (praem 152). Josephus erwähnt den Tartarus in einem Zusammenhang, wo er sich negativ über die Mythen und die Götterwelt äußert; die ältesten Götter befänden sich gebunden im Tartarus, referiert er als mythologische Anschauung (Jos Ap II,1,34 § 240). Die *Sibyllinen* führen den Tartarus im Parallelismus zur Gehenna (Sib IV,186; I,101–103). Das Substantivum τάρταρος kann also auch für die jüdische Vorstellung einer Gehenna oder einer Scheol verwendet werden.[450]

Was Verbalbildungen betrifft, so findet sich das Kompositum καταταρταροῦν zuweilen zwischen dem ersten vorchristlichen und dem dritten nachchristlichen Jahrhundert, immer in Verbindung mit dem Mythos von der Bestrafung der Titanen für ihre Rebellion im Tartarus.[451] Nur in einem Scholion zur *Medea* des Euripides wird nicht von den Titanen, sondern von Medea gesagt: δεῖ αὐτὴν ... καταταρταρωθῆναι.[452] Ob das Simplex ταρταροῦν dagegen für den fraglichen Zeitpunkt belegt ist, hängt von der Treffsicherheit von Rekonstruktionsversuchen am Text des Epikureers Philodemus aus dem ersten Jahrhundert v. Chr. ab.[453] Jedenfalls wurde es weder von Hesiod noch von anderen klassischen griechischen Schriftstellern gebraucht,[454] ein sicherer Beleg findet sich im sechsten Jahrhundert bei dem oströmischen Verwaltungsbeamten Johannes Lydos – mit Bezug auf Kronos, der im Rahmen der Titanenbestrafung von Zeus in den Tartarus geworfen wurde.[455] Es scheint also, als handele es sich hier um eine Wortbildung, die, wenngleich nicht den ältesten Texten von der Strafe für die Titanen entnommen, doch in der Regel gerade bei Bezugnahmen auf diesen Mythos gebraucht wurde, der also, auch wenn sie in anderen Kontexten zum Einsatz kommt, doch eine gewisse Verweiskraft auf diesen anhaftet.

---

[450] Zum Tartarus in der Septuaginta, bei Josephus und Philo siehe auch DENNIS 2008, 166–168. ζόφος in 2,4 gilt ihm gleichsam als Synonym zu ‚Tartarus'.

[451] Die Stellen im Einzelnen sind aufgelistet und besprochen bei PEARSON 1969, 76f; siehe auch KRAUS 2001, 337, dessen aufgelistete Belege jedoch zu keinem anderen Ergebnis führen als der Befund bei PEARSON.

[452] Scholion zu Medea 1296, siehe SCHWARTZ 1891, 210, aufgeführt bei PEARSON 1969, 78.

[453] Siehe auch hierzu PEARSON 1969, 76. Angesichts seines konkreten Befundes ist die Aussage "From the first century B.C. onward the verb ταρταροῦν does occur, sometimes in compound form καταταρταροῦν" zu ungenau, denn in Wirklichkeit belegt er unzweifelhaft nur das Vorkommen des Kompositums καταταρταροῦν.

[454] Wiederum PEARSON 1969, 76. Die Recherche im TLG bestätigt dieses Ergebnis; siehe auch KRAUS 2001, 337.

[455] Lyd mens IV,158: ἐν σκότει ἐστὶν ὁ Κρόνος ὡς ταρταρωθεὶς ὑπὸ τοῦ Διός.

Mit dem Wort σιρός[456], zunächst allgemein ‚Grube' bedeutend, können nach Ausweis von Plinius dem Älteren speziell unter anderem in Kappadozien, Thrakien, Spanien und einem Teil Afrikas gebräuchliche in trockenem Boden eingelassene Gruben bzw. Silos zur Getreideaufbewahrung bezeichnet werden (nat XVIII,73,306).[457] Bei Diodorus Siculus wird das Wort auch als Synonym für das βάραθρον in Athen, eine unterirdische Verwahranstalt für Verbrecher, verwendet (XIX,44,1);[458] Lukian wiederum gebraucht βάραθρον metaphorisch für den Tartarus,[459] was zusammen genommen den Einsatz des Wortes σιρός im Rahmen einer Tartarusbeschreibung wenig überraschend erscheinen lässt.[460] Dies gälte um so mehr, wenn der Nachweis gelänge, dass die seit dem fünften Jahrhundert in Eleusis errichteten unterirdischen σιροί für Erstlingsfrüchte als Symbole für die Hadesfahrt der Persephone noch zur Zeit der Abfassung der *Secunda Petri* in Gebrauch waren; doch scheint dies weniger sicher als zuweilen behauptet wird.[461]

---

[456] Die folgenden Ausführungen stützen sich, soweit nicht anders vermerkt, auf PEARSON 1969, 78–80.

[457] Diese Bedeutung findet sich öfter, zu den Belegen siehe KRAUS 2001, 336.

[458] So jedenfalls PEARSON 1969, 79. Die Übersetzung von GEER in der Loeb-Ausgabe sieht jedoch an der entsprechenden Stelle in σειρός offenbar keine Bezeichnung einer konkreten Örtlichkeit: "… Antigonus … seized Antigenes, the commander of the Silver Shields, put him into a pit (εἰς σειρόν), and burned him alive."

[459] Auf seiner Himmelsreise ist der Kyniker Menipp Zeuge einer glühenden Rede des Zeus, in der er die Nutzlosigkeit der Philosophen geißelt und den Göttern ganz besonders die Bedrohung vor Augen malt, die die Epikureer darstellten, da ihre Behauptung, die Götter kümmerten sich nicht um die Menschen, die Einstellung von Opferhandlungen und so ein Hungern der Götter zur Folge haben könne. Daraufhin bricht die geballte Empörung der anwesenden Götter hervor und sie fordern als Strafe: ἐς τὸ βάραθρον, ἐς τὸν Τάρταρον, ὡς τοὺς Γίγαντας! (Lukian *Ikaromenippus* 33).

[460] Diese Folgerung wird aufgrund ihrer Plausibilität von und mit wörtlichem Anklang an PEARSON 1969, 79f übernommen.

[461] FORNBERG 1977, 52f zufolge belegen zwei Stellen bei Aristides den Gebrauch der eleusinischen σιροί für Aparche-Opfer in hadrianischer Zeit. Damit dürfte er jedoch den tatsächlichen Informationswert der Stellen bei weitem überschätzen. *Eleusinios* 4 referiert, was über Eleusis nicht der Arkandisziplin unterliegt, sondern was ποιηταὶ καὶ λογοποιοὶ καὶ συγγραφεῖς πάντες über Eleusis besingen, und dazu gehört das Darbringen der ἀπαρχαὶ τῶν καρπῶν. Eine Aussage über die Praxis zur Zeit des Aristides kann dem nicht entnommen werden. Und *Panathenaikos* 167–168, die zweite angegebene Stelle, listet schlicht die Vorzüge auf, die Athen zur zentralen Stadt Griechenlands machten, worunter auch die Erscheinungen in Eleusis (τὰ ἀπ' Ἐλευσῖνος φάσματα) fallen; vgl. OLIVER 1968 zur Stelle, d.h. in seiner Zählung Abschnitt 128. Damit wird unsicher, ob die eleusinischen σιροί wirklich das Bild waren, das der Verfasser bei der Formulierung von 2,4 im Kopf hatte, und ein Element, das eventuell in den ägäischen Raum als Entstehungsort der *Secunda Petri* weisen könnte – konkret erwägt FORNBERG ibid. 147 eine Entstehung im Inneren der Asia Minor –, entfällt.

Sachlich gehört die unterirdische Verwahrung der gefallenen Engel zwar fest zum Bestand der Fortschreibung von Gen 6, wie sie im *Jubiläenbuch* oder im *äthiopischen Henochbuch* zu finden ist, doch ist an keiner in griechischer Sprache überkommenen Stelle das Wort σιρός verwendet. Im letztgenannten Werk werden die Wächter für siebzig Generationen „in die Schluchten der Erde" (εἰς τὰς νάπας τῆς γῆς) verbannt (äthHen 10,12), Azāz'ēl in die zuvor aufgerissene Wüste geworfen (ἄνοιξον τὴν ἔρημον … κἀκεῖ βάλε αὐτόν, äthHen 10,4),[462] im *Jubiläenbuch* werden sie in den „Abgründen der Erde" (Jub 5,6.10) verwahrt, für diese Formulierung ist jedoch kein griechischer Text erhalten.

Der angezeigte Befund erlaubt gewiss nicht die Behauptung, der Verfasser der *Secunda Petri* habe für die sprachliche Ausgestaltung der Bezugnahme auf die Bestrafung der gefallenen Engel direkt aus einer alten Textform des Mythos von den unterirdisch gefangen gehaltenen Titanen geschöpft. Dazu sind die Bezeugungen allzu lückenhaft. Angesichts des verbreiteten Gebrauchs von τάρταρος im hellenistischen Judentum würde es nicht verwundern, gäbe es auch das Verb ταρταροῦν schon vor dem *zweiten Petrusbrief* in Verbindung mit der Wächtergeschichte, ähnliches ist für σιροί denkbar.[463] Doch, ob selbständig oder in Anlehnung an Vorhandenes, formuliert er mit einem Vokabular, das durchaus Verweiskraft nach dem Titanenmythos hat; mit anderen Worten: Er situiert sich damit in einer gedanklichen und/oder textuellen Umgebung, die eine intensive Begegnung von jüdischen Traditionen und Anschauungen mit dem paganen Hellenismus voraussetzt, die wenigstens der Formulierung jüdischer Vorstellungen, damit aber auch zwangsläufig den Vorstellungen selbst ihren Stempel aufdrückte.

---

[462] In äth Hen 18,11 gibt es ferner ein χάσμα μέγα, in 21,7 eine διακοπὴ … ἕως τῆς ἀβύσσου; für den ,Abgrund' in äthHen 88,1.3 gibt es keinen griechischen Text.

[463] Noch von einer ganz anderen Stelle her lässt sich in etwa ermessen, wie sehr gerade die rätselhaften Gestalten aus Gen 6 Interpretation und Inkulturation unterworfen waren. In 2 Sam 5,18 wird erwähnt, die Philister hätten sich im Rephaïm-Tal (עמק רפאים) versammelt; vgl. 2 Chr 14,9. רפאים bezeichnet nun im MT des Ersten Testaments sowohl – übereinstimmend mit phönizischen, neupunischen und ugaritischen Texten – die Toten in der Totenwelt als auch eine vorisraelitische Bevölkerungsgruppe (siehe hierzu den Artikel רפאים repā'îm in ThWAT VII, 626–636 von LIWAK). Mit der letztgenannten Verwendung von רפאים verbindet sich, wie mit manchen anderen vorisraelitischen Bevölkerungsgruppen, das Merkmal der Riesenhaftigkeit, was sich etwa an den gigantischen Ausmaßen des Bettes von König Og, dem letzten der רפאים, zeigt (Dtn 3,11). Das Merkmal Riesenhaftigkeit weist nun zurück auf Gen 6,4, wo allerdings nicht von den רפאים, sondern den נפלים und den גברים die Rede ist. Die Übersetzer der Septuaginta erinnert all dies an die Giganten. Sie übersetzen beide Wörter in Gen 6,4 mit Γίγαντες, der genannte Ortsname עמק רפאים erscheint bei ihnen als κοιλὰς τῶν Τιτάνων und bei Josephus in κοιλὰς τῶν Γιγάντων (ant VII,4 ,1 § 71).

1.2.2. Noah (2 Petr 2,5)

Das Beispiel Noahs hat keine Vorlage im *Judasbrief*, seine Einfügung in den Argumentationsgang im unmittelbaren Anschluss an die im Tartarus verwahrten Engel ist eine Zutat des Verfassers der *Secunda Petri*. Diese kompositorische Maßnahme gibt Einblick in die Textwelt, die sein theologisches Denken bestimmt, denn nicht allein in der *Genesis* bilden Engelfall, Überhandnehmen der Sünde auf der Welt und die Fluterzählung mit Noah in der Hauptrolle einen zusammengehörigen Komplex. Auch die Literatur, die in den letzten Jahrhunderten vor und den ersten Jahrhunderten nach Christus Gen 6–9 wieder aufnahm und fortschrieb, verknüpfte die Bestandteile fest miteinander.[464] Dabei kann hier nicht davon ausgegangen werden, dass der Verfasser direkt und ausschließlich von der Genesiserzählung inspiriert den Judastext um die Person Noahs ergänzt. Denn durch diese Einfügung ergibt sich ein Nebeneinander von Wächtergeschichte, Sintflut und Sodom/Gomorra, das nicht nur mehrfach in der zeitgenössischen Literatur belegt ist, sondern, sei es in der Verbindung aller drei Teile, sei es in der Verbindung der letzten beiden[465] bis in die Rezeption dieser Erzählungen innerhalb von Gerichtsankündigungen in den späteren Schriften des Ersten Testaments zurückreicht. So nennt Ez 38,22 in einer noch weitere Elemente umfassenden Aufzählung von Gerichtsstrafen שׁוֹטֵף גֶּשֶׁם / ὑετὸς κατακλύζων und אֵשׁ וְגׇפְרִית / πῦρ καὶ θεῖον. Zumindest die Septuagintaversion lässt deutlich an die Flut und das Schicksal Sodoms denken, im hebräischen Text dürfte – trotz veränderter Reihenfolge der Elemente – zumindest אֵשׁ וְגׇפְרִית auf die entsprechende Genesiserzählung verweisen.[466] Als Explikation des Prinzips, dass durch einen einzigen Verständigen eine Stadt bevölkert, die Sippe der Gesetzlosen jedoch zur Wüste wird (Sir 16,4), führt *Jesus Sirach* die Beispiele der Giganten (οἱ Γίγαντες) und der Mitbewohner (ἡ παροικία) Lots an (Sir 16,7–8); bei der Bestrafung der Giganten dürfte an die Sintflut gedacht sein.[467] Schließlich wird in 3 Makk 2,4–5 die Vernichtung der Giganten durch die Flut sowie der Sodomiten durch Feuer und Schwefel unmittel-

---

[464] Die unmittelbare Verknüpfung zwischen Wächtererzählung und Bestrafung in der Sintflut findet sich etwa in Jub 5; eine Verbindung mit der Vernichtung von Sodom und Gomorra, die ohnehin nur eine sehr kurz Behandlung in Jub 16 erfährt, wird hier jedoch nicht hergestellt.

[465] Beispiele für das Nebeneinander von Sintflut und Sodom/Gomorra ohne die Erwähnung der Wächtergeschichte finden sich etwa in Phil vitMos II,56–65, in Lk 17,26–29; in bSan 108a, wo am Beginn der הַמַּבּוּל דּוֹר neben den סְדוֹם אַנְשֵׁי steht, und in den *Apostolischen Konstitutionen* VIII,12,22.

[466] Vgl. Gen 19,24: καὶ κύριος ἔβρεξεν ἐπὶ Σοδομα καὶ Γομορρα θεῖον καὶ πῦρ; Ez 38,22: πῦρ καὶ θεῖον βρέξω ἐπ αὐτόν; sowie Lk 17,29: ᾗ δὲ ἡμέρᾳ ἐξῆλθεν Λὼτ ἀπὸ Σοδόμων, ἔβρεξεν πῦρ καὶ θεῖον ἀπ' οὐρανοῦ ...; siehe SCHLOSSER 1973, 13f.

[467] SCHLOSSER 1973, 27–29.

bar aufeinander folgend genannt. Wenngleich in allen diesen Texten Richten, Strafen und Vernichten im Vordergrund stehen und nicht wie im *zweiten Petrusbrief* das gleichgewichtige Nebeneinander von Zerstörung und Rettung, so fehlt doch zumindest dem angeführten Sirachtext der Aspekt dessen, der durch sein moralisch richtiges Handeln Leben bewahrt, nicht gänzlich.[468] Als abschreckende Beispiele für das Verlassen der natürlichen τάξις und der infolge dessen herabbeschworenen Vernichtung figurieren Sodom und die Wächter (οἱ Ἐγρήγορες) in TestNaph 3,4–5 nebeneinander. Kurzum: Durch seine Transformationsmaßnahme der Ergänzung um das Element der Sintflut konformiert der Verfasser den Phänotext also an einen bereits bestehenden Argumentationskomplex, der in der Aneinanderreihung von Bezugnahmen auf die Wächter (bzw. Engel, Giganten, Geister etc.), die Sintflut sowie Sodom und Gomorra unter dem Aspekt von Gericht und Strafe besteht. Intratextuell schafft er kompositorisch durch die Koordination von Untergang in der Sintflut und im Feuerregen zu Sodom und lexikalisch durch die ausdrückliche Bezeichnung des letzteren als ὑπόδειγμα auf das Künftige die Vorbereitung des Themas der eschatologischen Konflagration im dritten Kapitel. 2 Petr 3,5 stellt insofern intratextuell eine entfaltende Wiederaufnahme des in 2 Petr 2,6 bereits Angedeuteten und insofern einen Rückverweis dar.

Für die konkrete sprachliche Ausgestaltung der Noah-Ergänzung bedient sich der Verfasser teilweise einer Lexik, die sich schon in den griechischen Versionen der *Genesis* findet und die in der auf diesen fußenden Literatur zur Standardlexik für die Bezugnahme auf die Sintfluterzählung avancierte. Hierzu gehören ἐπάγειν und κατακλυσμός.[469] Doch nicht alle Formulierungen in 2 Petr 2,5 können bis auf den Text der *Genesis* zurückgeführt werden; die Kennzeichnung als δικαιοσύνης κῆρυξ etwa stammt nicht von dort. Der Gedanke, dass Noah sich durch seine δικαιοσύνη auszeichnete, geht freilich durchaus auf die *Genesis* zurück, wo konstatiert wird: נח איש צדיק תמים היה בדרתיו (Gen 6,9), in der Übersetzung der Septuaginta: Νωε ἄνθρωπος δίκαιος, τέλειος ὢν ἐν τῇ γενεᾷ αὐτοῦ. Dieser Zug zieht sich fortan durch die Auslegungsgeschichte der Noahfigur; No-

---

[468] Dies scheint SCHLOSSER 1973, 33 zu entgehen, wenn er behauptet: «A la différence de Sir., XVI, 4 ss. et III Mac., II, 3ss., la Secunda Petri voit donc dans les évènements du déluge et de la ruine de Sodome une leçon double, ruine et salut.»

[469] Siehe etwa Gen 6,17 LXX: ἐγὼ δὲ ἰδοὺ ἐπάγω τὸν κατακλυσμὸν ὕδωρ; vgl. zu ἐπάγειν auch Gen 7,4 LXX; 3 Makk 2,4; ἐπάγειν trägt freilich allgemeiner die Bedeutung, jemandem etwas zuzufügen, meist etwas Schlechtes und nicht selten – wenn auch keineswegs ausschließlich – mittelbar oder unmittelbar von göttlicher Seite (so richtig umschrieben von Green 2008, 254), siehe etwa Hes erg 242; Gen 20,9 LXX; Ex 10,4 LXX, aber auch 2 Petr 2,1, wo ironischerweise die Pseudolehrer das Verderben über sich selbst verhängen. Zu κατακλυσμός, einer Standardbezeichnung für die Sintflut, wie sie etwa auch Phil quaest II,13 verwendet, vgl. unten III.D.1.2.2.

ahs Gerechtigkeit wird zu einem nahezu unausbleiblichen Diskussionspunkt bei seiner Rezeption:[470] Auch Ezechiel gilt er als exemplarischer Gerechter neben Daniel und Hiob (Ez 14,14.20). Gleichermaßen ist das Motiv, dass Noah predigte, ein traditionelles,[471] das in seiner wohl am weitesten entfalteten Form in den *Sibyllinen* Niederschlag gefunden hat, wo Noah eine Predigt von nicht unbeträchtlicher Länge hält (Sib I,150–170 und ein zweites Mal Sib I,174–198). Auch Josephus[472], der *erste Clemensbrief* (7,6; 9,4), die *Paulusapokalypse*[473], Methodius (*Symposion* 10,3) und Teile der rabbinischen Literatur wie *Bereschit Rabba* und die *Pirqe deRabbi Eli'ezer*[474]

---

[470] In ganz besonderer Weise unterstreicht Philo die δικαιοσύνη Noahs, bei ihm ist δίκαιος geradezu eine Übersetzung des Namens Noah (ἑρμηνεύεται γὰρ Νῶε ἀνάπαυσις ἢ δίκαιος Phil all III,19 vgl. Phil det 121); zur Noahrezeption bei Philo siehe LEWIS 1978, 42–74; zur δικαιοσύνη Noahs siehe ibid. 46 (mit vielen weiteren Belegstellen neben den hier angeführten) und 62. Darüber hinaus begegnet die Gerechtigkeit Noahs u.a. in Jub 5,19; 10,17; Jos ant I,3,2 § 75; Sib I,280 (δικαιότατος ἀνθρώπων) vgl. Sib I,125.269 und JustMart dial 138,1. In rabbinischer Literatur findet sich wenigstens gelegentlich die Relativierung der Gerechtigkeit Noahs. Der Ansatzpunkt ist dann ein einschränkendes Verständnis von בדרתיו im hebräischen Text: Noah war nur gerecht im Vergleich zu seiner Generation; siehe dazu und zu Gegenbeispielen LEWIS 1978, 133, nach dem es sich bei dieser Relativierung um eine allgemeine Tendenz rabbinischer Literatur handelt. Für einen Überblick über das Motiv der Gerechtigkeit Noahs siehe VANDERKAM 1980.

[471] Ganz richtig beobachtet VEENKER 1986, 204f, dass Noahs Verkündigungstätigkeit an seine Zeitgenossen eine narrative Lücke der Genesiserzählung schließt: "...it applies an answer to the simple question prompted by the gap in Genesis: 'What did Noah do after God had warned him of the impending disaster and before the first drops began to fall?'" Auf der anderen Seite hatten die mesopotamischen Vorläufer der biblischen Sintfluterzählung durchaus einen Passus, in dem der Archenbauer seinem Umfeld seine Tätigkeit erklären musste; die Zuschreibung einer Predigt an Noah kann daher als Variante zu diesem Erzählelement betrachtet werden, siehe VEENKER 1986, 207ff.

[472] Jos ant I,3,1 § 74: ἔπειθεν ἐπὶ τὸ κρεῖττον τὴν διάνοιαν αὐτοὺς καὶ τὰς πράξεις μεταφέρειν. VEENKER 1986, 206 nennt daneben auch Philo: Quaest II,13 belege, dass Gott versucht habe, die Zeitgenossen Noahs durch dessen Predigten zu retten. Daran stimmt soviel, dass der Zeitraum von sieben Tagen, nachdem Noah in die Arche gegangen war und bevor es zu regnen anfing (Gen 7,10), in quaest II,13 als von Gott zur Umkehr gewährte Frist gedeutet wird. Von einer Predigttätigkeit Noahs ist hier jedoch nicht explizit die Rede.

[473] ApkPl 50. Die *Paulusapokalypse* wurde vielleicht in der ersten Hälfte des vierten Jahrhunderts geschrieben; siehe LACL s.v. Paulus-Literatur. 3. Apokalypsen, 555. In Kapitel 50 wird auf der Himmelsreise des Paulus eine Begegnung mit Noah beschrieben. Dabei werden etliche außerbiblische Traditionselemente verarbeitet wie etwa die hundertjährige Bauzeit der Arche, die sexuelle Enthaltsamkeit Noahs während er die Arche baute, der Spott der Menschen über den Archebau etc.

[474] In BerR 30,7A wird Noah der „einzige Herold seiner Generation" genannt: כרוז אחד עמד לי בדוד המבול זה נח; eine summarische Umkehrpredigt an die Zeitgenossen findet sich in PRE 22 108a (שובו מדרכיכם וממעשיכם הרעים שלא יבא עליכם מי המבול)

wissen von einer seine Zeitgenossen mahnenden Tätigkeit Noahs. Zuweilen wird Noah als Mahner seiner Söhne *nach* der Sintflut beschrieben,[475] meist jedoch wird der Inhalt seiner vorsintflutlichen Verkündigung auf die eine oder andere Weise als Aufruf zur μετάνοια beschrieben. Davon liegt zwar die Kennzeichnung als δικαιοσύνης κῆρυξ nicht weit entfernt, dennoch begegnet sie in dieser Weise nur in 2 Petr 2,5, so dass sich die Vermutung nahe legt, hier könnte ein vom Verfasser selbst gesetzter Akzent – und Beitrag zur Auslegungsgeschichte – vorliegen. Dies ist um so wahrscheinlicher, als er Lot in 2,7–8 gleich zweimal δίκαιος nennt und ihm eine ψυχὴ δικαία zuschreibt, während er diejenigen, die nicht wie Noah und Lot als Gerechte gerettet werden, in 2,9 als ἄδικοι kennzeichnet. Δικαιοσύνη ist also Thema dieses Abschnitts, mehr noch, eines der Themen des Briefes, denn schon in der *adscriptio* war davon die Rede, dass der Brief denen gilt, die dieselbe πίστις ἐν δικαιοσύνῃ τοῦ θεοῦ ἡμῶν καὶ σωτῆρος Ἰησοῦ Χριστοῦ erlangt haben wie ‚wir‘[476] und die letzte inhaltliche Aussage zur Eschatologie, bevor der Brief mit Mahnungen an sein Ende kommt, ist die Einwohnung von δικαιοσύνη auf der neugeschaffenen Welt (3,13).

Aufschlussreich bezüglich der Text- und Vorstellungswelt ist weiter die Rede von einem ἀρχαῖος κόσμος. Aus der paganen Umwelt stammt die Idee gewiss nicht. Die spärlichen Belege, die sich dort für die Verbindung ἀρχαῖος und κόσμος finden, setzen einen anderen κόσμος-Begriff voraus; lediglich in der Semantik von ἀρχαῖος im Sinne von ‚früher, vormalig, aus alter Zeit stammend‘ konvergieren sie mit 2 Petr 2,5.[477] Was die

---

(עשו תשובה ואם לאו הקב"ה מביא עליכם את המבול), in bSan 108a (ויכרית כל זרע בני אדם und QohR 9,15 § 1.

[475] Jub 7,20ff, wo Noah seine Kinder ausdrücklich zur Gerechtigkeit ermahnt. Nach Bauckham 1983, 251 ist diese Stelle jedoch irrelevant als Parallele zu 2 Petr 2,5, weil die Mahnung dort <u>nach</u> der Flut geschieht.

[476] Vgl. II.A.2.1.2.

[477] Eine Suche im TLG nach ἀρχαί* und κόσμ* innerhalb dreier Wörter ergibt genau drei Belege in der paganen Literatur. Im *Corpus Hippocraticum, De corde* 10 (Mitte drittes Jahrhundert v. Chr.; vgl. die einleitenden Worte zur Übersetzung von I.M. Leonie) wird mit ἀρχαῖος κόσμος die ursprüngliche Anordnung von Membranen an Herzarterien bezeichnet. Im ersten vorchristlichen Jahrhundert vermerkt Dionys von Halikarnass in seinen *Antiquitates Romanae* (IV,40,7) über den Fortunatempel, dass er samt der Ausstattung nach dem Brand von 213 vor Christus εἰς τὸν ἀρχαῖον κόσμον restauriert worden sei. ἀρχαῖον bezeichnet hier nicht nur die Zeit vor 213, sondern lässt mitschwingen, dass es sich um die Ausstattung seit der Königszeit handelt. Eine zweite Stelle im selben Werk sagt über Gaius Sicinius Bellutus, der in der Zeit der Ständekämpfe die *plebs* zum *Mons Sacer* geführt hatte, er habe in seiner erbitterten Feindschaft gegen die Aristokratie keinerlei Sympathie aufbringen können für die Rückkehr zum ἀρχαῖος κόσμος, wie sie von der Aristokratie angestrebt wurde. Außer in 2 Petr 2,5 und der Rezeption dieses Verses findet sich ἀρχαῖος κόσμος dann erst wieder im vierten Jahrhundert.

biblische Textwelt angeht, so ist κόσμος bekanntermaßen ein Konzept, das den hebräisch geschriebenen Schriften des Ersten Testaments fremd ist und daher auch kaum in deren griechischen Übersetzungen Verwendung findet, von dem jedoch in den griechisch konzipierten Schriften der Septuaginta ausgedehnt Gebrauch gemacht wird. Im griechischsprachigen Judentum tritt κόσμος an die Stelle von οὐρανὸς καὶ γῆ und αἰών.[478] Dies trifft sich auffällig mit der Verwendung im *zweiten Petrusbrief*, dem κόσμος annähernd synonym zu οὐρανοὶ καὶ γῆ zu gelten scheint, wie das Nebeneinander der Formulierungen ὁ τότε κόσμος und οἱ νῦν οὐρανοὶ καὶ ἡ γῆ in 3,6–7 belegt.[479] Die Formulierung ἀρχαῖος κόσμος deutet also an, dass die *Secunda Petri* in der Tradition einer Äonenlehre steht, wobei seine Ausprägung derselben drei Äonen umfasst, den ἀρχαῖος κόσμος oder auch ὁ τότε κόσμος bis zur Flut, den gegenwärtigen (οἱ νῦν οὐρανοὶ καὶ ἡ γῆ) und den zukünftigen nach der großen Feuerkatastrophe (καινοὶ οὐρανοὶ καὶ γῆ καινή); getrennt werden die drei Äonen also durch jeweils eine Gerichtskatastrophe, wobei die erste, die Sintflut, typologische Verweisfunktion auf die anstehende zweite, das kosmische Feuergericht, hat.[480] Der Gebrauch von ἀρχαῖος für den ersten Äon entspricht dabei der Verwendung von ἀρχαῖος für den קדם, die ‚Urzeit', in der Septuaginta, wie sie besonders in Sir 16,7 unserer Stelle nahe kommt: Dort werden die Wächter als ἀρχαῖοι γίγαντες bezeichnet, ἀρχαῖος verweist also wie in 2 Petr 2,5 auf die Zeit vor der Sintflut.

Möglicherweise steht mit dieser Epochalisierung der Geschichte und ihrer typologischen Anwendung auch die Kennzeichnung Noahs als ὄγδοος in Verbindung. Die Verwendung der Achtzahl in vorchristlicher Exegese und Fortschreibung der Noaherzählung ist nicht sicher nachzuweisen; belegt ist sie in Sib I,280, doch gibt es hier noch keine Einmütigkeit bezüglich der Frage nach dem christlichen oder jüdischen Charakter.[481]

---

[478] Vgl. dazu noch immer den Artikel κόσμος von SASSE im ThWNT III, besonders 880f. SASSE geht ferner davon aus, dass die Verbreitung des κόσμος-Konzeptes im griechischsprachigen hellenistischen Judentum auch die Ausprägung eines hebräisch-aramäischen Äquivalents zeitigte. Das hebräische אולם bzw. aramäische עלמא hätten – nachweisbar am Ende des ersten Jahrhunderts unserer Zeitrechnung – eine räumliche Bedeutung angenommen, die ihnen zuvor nicht anhaftete.

[479] Diese Quasi-Synonymität von κόσμος und οὐρανοὶ καὶ ἡ γῆ tut der Konnotation von κόσμος als «l'humanité d'alors» (SCHLOSSER 1973, 32) keinen Abbruch. Vielmehr überlagern sich beide Aspekte im dritten Kapitel der *Secunda Petri*, vgl. die paraphrasierende Textdeutung am Beginn des Kapitels III.D.

[480] Siehe dazu die Ausführungen in III.D und FUCHS/REYMOND 1988, 84f.

[481] Gemeinhin nimmt man an, dass die ersten beiden Bücher der *Sibyllinen* eine Einheit bilden, bestehend aus einer jüdischen Schicht mit christlichen Interpolationen. Die jüdische Schicht habe sich an einem Zehn-Generationen-Schema orientiert, wovon die ersten sieben intakt, also ohne redaktionelle Eingriffe, in I,1–323 erhalten geblieben seien; siehe COLLINS 1984, 376. Trifft dies zu, so fällt die Bezeichnung No-

Auffällig ist jedoch, dass in den letzten Dezennien des ersten, ganz sicher aber im zweiten Jahrhundert christliches Schrifttum immer wieder auf der Achtzahl insistiert. Im *ersten Petrusbrief* hat sie vielleicht die Funktion, die geringe Zahl der Geretteten hervorzuheben, wie die syntaktische Einbettung als Erläuterung zu ὀλίγοι suggeriert: κατασκευαζομένης κιβωτοῦ, εἰς ἣν ὀλίγοι, τοῦτ' ἔστιν ὀκτὼ ψυχαί, διεσώθησαν δι' ὕδατος (1 Petr 3,20). Doch schon hier dürfte die Bedeutung weiter reichen, denn in einem Kontext, in dem es um die Taufe geht, drängt sich der Gedanke an einen Hinweis auf die Auferstehung Christi am achten Tage[482] und den Kircheneintritt eines Täuflings am achten, oft am Ostertag, geradezu auf.[483] Theophilus nennt die Achtzahl dreimal innerhalb eines Kapitels, in dem er auf die Sintflut eingeht (*Ad Autolycum* III,19), und Justin sagt ganz explizit, die Achtzahl der Geretteten sei ein Symbol für den achten Tag, an dem Christus nach der Auferstehung erschienen sei.[484] Die Bezeichnung Noahs als ὄγδοος bzw. der Hinweis auf die Achtzahl der Geretteten wirkt auch nach dem zweiten Jahrhundert noch fort, wie die *Apostolischen Konstitutionen* (VIII,12,22) und das „christliche Adambuch des Morgenlandes"[485]

---

ahs als ὄγδοος in I,280 in einen jüdischen Abschnitt. COLLINS repräsentiert hier zwar vielleicht die Mehrheitsmeinung, doch wird gegen eine frühe jüdische Urschrift die Tatsache in die Waagschale geworfen, dass sich die erste Anspielung auf I,283ff erst im vierten Jahrhundert findet. Auf dieser Beobachtung beruht die These einer rein christlichen und einheitlichen Konzeption der ersten beiden Bücher; in diesem Falle könnte Sib I,280 nicht als Beleg für den Nachdruck auf der Achtzahl im Judentum herhalten. GAUGERs einführenden Worten in seiner Übersetzung von 1998 zufolge bleibt die Frage nach Herkunft, Konzeption und/oder Kompilation der ersten beiden *Sibyllinen*bücher daher ohne definitive Entscheidung, siehe ibid. 438.

[482] Vgl Barn 15,9: Διὸ καὶ ἄγομεν τὴν ἡμέραν τὴν ὀγδόην εἰς εὐφροσύνην, ἐν ᾗ καὶ ὁ Ἰησοῦς ἀνέστη ἐκ νεκρῶν καὶ φανερωθεὶς ἀνέβη εἰς οὐρανούς.

[483] KELLY 1969, 159 weist auf den Einfluss der Achtzahl auf die oktogonale Form von Baptisterien hin.

[484] JustMart dial 138,1: οἵτινες ἀριθμῷ ὄντες ὀκτώ, σύμβολον εἶχον τῆς ἀριθμῷ μὲν ὀγδόης ἡμέρας, ἐν ᾗ ἐφάνη ὁ Χριστὸς ἡμῶν ἀπὸ νεκρῶν ἀναστάς... Zur Besonderheit des achten Tages in der christlichen Symbolik als Tag der Auferstehung Christi und seiner angeblichen Überlegenheit über den siebten siehe JustMart dial 41,1 und 138,1.

[485] Bei dieser Schrift, für die August DILLMANN den Titel „Kampf Adams" oder „Das christliche Adambuch des Morgenlandes" vorschlug, handelt es sich um ein in altäthiopischer (und arabischer) Sprache erhaltenes Werk aus dem fünften oder sechsten Jahrhundert; der Text wurde 1853 von DILLMANN übersetzt, allerdings fehlt hier eine Kapiteleinteilung, so dass mit Seitenzahl nach DILLMANNs Übersetzung zitiert werden muss; die Achtzahl der Geretteten findet sich auf Seite 101 (Methusalah vor seinem Tod: »höret mich, meine lieben kinder; von allen unseren vätern ist keine nachkommenschaft mehr übrig, als ihr 8 seelen;....«), 104 („Und weiter weinten Noah und seine söhne und sagten: »weh uns, wir sind nur 8 seelen, die wir übrig geblieben sind; und siehe wir müssen fort, ...«") und 108 ("Noah nahm seine söhne und sie bauten sich eine stadt und nannten sie Samanân da sie 8 seelen waren, die

zeigen. Wenn nun der Nachdruck auf der Achtzahl bei der Wiederaufnahme der Noaherzählung zusammenhängt mit der Sintflut als Tauf-
typologie, wobei die Acht auf Auferstehung und von da ausgehend Wiedergeburt hinweist, dann ließe sich auch die Zeit nach der Sintflut als erste Neuschöpfung der Welt mit der Zahl acht in Verbindung bringen. Dass
dies mitnichten abwegig ist, zeigt die Aussage, dass Noah eine παλιγγεννεσία (1 Clem 9,4) prophezeite; eine „neue Welt" als παλιγγεννεσία zu
bezeichnen, bedeutet, einmal mehr ein Element der Sintfluterzählung als
Hinweis auf die Taufe zu verstehen.[486] Das allerwenigste aber, was man
wird sagen müssen, ist, dass 2 Petr 2,5 sich mit ὄγδοος Νῶε in einer Welt
christlicher Typologie und Symbolik bewegt, wie sie wahrscheinlich noch
im ausgehenden ersten, auf jeden Fall aber im zweiten Jahrhundert belegt
ist, und dass er bei seiner Leser- und Hörerschaft eine Vertrautheit mit
dieser christlich-typologisch-symbolischen Exegese voraussetzt.[487]

Die Berührung mit dem *ersten Petrusbrief* in der Rezeption der Noaherzählung geht freilich weiter als bis zum gemeinsamen Nachdruck auf der
Achtzahl. 1 Petr 1,19–21a umfasst mehrere Elemente, die auf verschiedene
Weise an den *zweiten Petrusbrief* erinnern. Zunächst wird hier wie dort unmittelbar vor und in Verbindung mit Noah und der Sintflut auf die Gefangenschaft der Wächter abgehoben, in 1 Petr 1,19 auf die πνεύματα ἐν
φυλακῇ und in 2 Petr 2,4 auf die ἄγγελοι ἁμαρτήσαντες, die Gott den
σιροὶ ζόφου überantwortet hat. In beiden Fällen ist sodann von einer Verkündigungstätigkeit die Rede, die lexikalisch mit Hilfe des Stammes κη-
ρυ- realisiert ist: In 1 Petr 1,19 verkündigt (κηρύσσειν) Christus nach seiner Auferstehung – auf dem Weg durch die Himmel (?) – den πνεύματα
ἐν φυλακῇ,[488] in 2 Petr 2,5 ist Noah Künder der Gerechtigkeit (δικαιοσύνης κῆρυξ). Die Zeit vor dem Eintreten der Gerichtskatastrophe in
Form der Sintflut deutet die *Prima Petri* als abwartende (ἀπεκδέχεσθαι)
Geduld (μακροθυμία) Gottes (3,20), gerade wie die *Secunda* im dritten
Kapitel (3,14) das bisherige Ausbleiben der kosmischen Katastrophe als
μακροθυμία gedeutet wird, die es als Gelegenheit zur σωτηρία zu nutzen
gilt. Was die Aufnahme der Sintflut im näheren Sinne anbelangt, so ist
nicht nur die Achtzahl ein Kongruenzmoment, sondern auch das Kriterium der Rettung: 2 Petr 2,5 geht es vor allem um die Rettung (φυλάσσειν)
des Gerechten aus dem allgemeinen Verderben, und 1 Petr 3,20 um die

---

aus dem kasten ausgezogen waren."). Auch die Motive von der Gerechtigkeit Noahs
– wenn auch nicht das Wort selbst – (siehe *Das christliche Adambuch des Morgenlandes*
97f) und seiner Predigttätigkeit (*Das christliche Adambuch des Morgenlandes* 100) werden hier aufgenommen.

[486] Siehe hierzu LEWIS 1978, 102f.

[487] Vgl. unten III.C.2, außerdem den Exkurs zu ὄγδοος Νῶε bei FUCHS/REYMOND
1988, 131–133.

[488] Zur Deutung von 1 Petr 1,19 siehe Elliott 2000, 697–705.

Rettung (διασωθῆναι) von acht ψυχαί durch das Wasser hindurch. Außerdem wird im einen wie im anderen Text im Zusammenhang mit der
Sintflut direkt oder indirekt auf typologische Exegese zurückgegriffen: In
1 Petr 3,21 steht die Taufe ausdrücklich in einem ἀντίτυπον-Verhältnis
zur Sintfluterzählung,[489] und nimmt man 2 Petr 2,5–6 und 3,5–7 zusammen, so ist zwar nur die Vernichtung von Sodom und Gomorra als ὑπόδειγμα bezeichnet, aber die Zerstörung durch die Flut fungiert deutlich
als Analogon dazu. Das wesentliche Hindernis, das sich dem Postulat eines direkten intertextuellen Verhältnisses in den Weg stellt, ist der geringe Umfang lexikalischer Überschneidungen.[490] Erachtet man die übrigen
Konvergenzen als ausreichend, um eine direkte textuelle Wiederaufnahme zu behaupten, so lässt sich das Verhältnis kaum anders beschreiben,
als dass die *Secunda* zwar einige Züge der *Prima* aufnimmt, andere dafür
aber deutlich von sich weist, dass sie sich allenfalls punktuell inspirieren
lässt,[491] insoweit es eben dem ganz eigenen Ziel dient. Zu der bereits an
anderen Stellen beobachteten sehr eigenwilligen Indienstnahme anderer
Texte für die eigenen Zwecke könnte dies zwar *cum grano salis* passen,
doch bleiben Zweifel: Angesichts dessen, dass sich die einzelnen aufgelisteten Besonderheiten der Noahrezeption, die Traditionsverbindung, der
exegetische Zugang zur Noaherzählung auch andernorts finden lassen,
könnten hier auch einfach partiell gemeinsame theologische Ideen ohne
konkretes intertextuelles Verhältnis vorliegen.

1.2.3. Sodom und Gomorra (2 Petr 2,6)

Das Beispiel Sodoms und Gomorras übernimmt der Verfasser wiederum
aus dem *Judasbrief*. Es erfährt jedoch eine noch radikalere Behandlung als
das Beispiel der gefangen gehaltenen Engel: Vom konkreten Vergehen der
beiden Städte in Jud 7 (ἐκπορνεύσασαι καὶ ἀπελθοῦσαι ὀπίσω σαρκὸς
ἑτέρας) ist keine Rede mehr, ebensowenig wie die umliegenden Orte noch
Erwähnung finden. Leicht verändert übernommen hat der Verfasser des

---

[489] Zur Diskussion, ob ἀντίτυπον besser als Substantiv oder als Adjektiv zu verstehen ist, siehe ELLIOTT 2000, 670–672.

[490] Zuweilen wird gerade die Achtzahl doch als Hinweis auf eine direkte Bekanntschaft der beiden Petrinen gewertet. So erachtet etwa DALTON 1979, 551 "the similar
description of the family of Noah" als "precise detail which points to a direct dependence of 2 Peter on 1 Peter". Dies geschieht bei ihm freilich auf dem Hintergrund,
dass er über große Strecken beider *Petrinen* dieselbe Themenabfolge vorfindet. Letztlich also hantiert er Pfisters Kriterium der Strukturalität *avant la lettre*.

[491] So überlegt SCHLOSSER 1973, 33, ob sich der Verfasser der *Secunda* bei der Heils-
interpretation der Sintflut der *Prima* verpflichtet fühlte und von daher die Achtzahl
aufnahm, vgl. ibid. Anm. 112: «Peut-être a-t-il même emprunté à I Pi., III, 20 le détail
des 8 personnes sauvées ; le mot κῆρυξ (II Pi., II, 5) rappelle κηρύσσω (I Pi., III, 19)»,
was aber nach den obigen Ausführungen zur Achtzahl nicht zu überzeugen vermag.

zweiten Petrusbriefes die Funktion der Vernichtung der beiden Städte: Er nennt sie ein ὑπόδειγμα und greift damit δεῖγμα aus dem *Judasbrief* wieder auf. Den Inhalt dieser Funktion verallgemeinert er: Sodom und Gomorra bilden nicht konkret das πῦρ αἰώνιον ab, sondern abstrakter die μέλλοντα. Die Deutung als Strafgeschehen wird aufrecht erhalten, das Vokabular allerdings ausgetauscht (κατακρίνειν statt δίκην ὑπέχειν) und der Sachverhalt durch Konkretisierung radikalisiert: Das Gericht über Sodom und Gomorra ist eine καταστροφή, genauer ein In-Schutt-und-Asche-Legen (τεφροῦν). Diese Transformationen passen zu dem im dritten Kapitel skizzierten Szenario, denn auch beim eschatologisch richtenden Eingreifen Gottes wird es gewissermaßen zu einer Vernichtung durch Einäscherung kommen. Auch wenn καταστροφή und τεφροῦν im dritten Kapitel wörtlich nicht wieder aufgenommen werden, ist dort der Nachdruck auf Zerstörung durch Verbrennung offensichtlich: οἱ δὲ νῦν οὐρανοὶ καὶ ἡ γῆ ... τεθησαυρισμένοι εἰσὶν πυρί (3,7), οἱ οὐρανοὶ ῥοιζηδὸν παρελεύσονται, στοιχεῖα δὲ καυσούμενα λυθήσεται (3,10). Im Anschluss daran ist eine neue Welt (καινοὶ ... οὐρανοὶ καὶ γῆ καινή; 3,13) voll δικαιοσύνη in Aussicht gestellt. Die Erwartung der *Secunda Petri* ist kein πῦρ αἰώνιον.

Die Wortwahl der redaktionellen Ausgestaltung zeigt die Verwurzelung des Verfassers in biblischem Schrifttum sowie dessen Exegese und Theologie. Das Wort καταστροφή haftet – als Wiedergabe des hebräischen הפכה – schon von Gen 19,29 LXX her an der Zerstörung von Sodom und Gomorra und verbleibt in diesem Kontext bis in die christliche Bezugnahme auf die beiden Städte in nachkanonischer Zeit wie u.a. ClemHom 3,29,2 belegt. Das Anwendungsfeld von καταστροφή ist jedoch breiter. Relevant für den vorliegenden Zusammenhang dürfte sein, dass namentlich im Buch *Hiob* der Wendepunkt des scheinbaren Glückes der ἀσεβεῖς, das Ende ihrer Erfolgszeit als καταστροφή bezeichnet wird.[492] Im Neuen Testament wird das Wort sonst nur noch im *zweiten Timotheusbrief* verwendet, dort warnt der pastorale Paulus, dass λογομαχεῖν zu nichts Anderem als zur καταστροφή der Zuhörenden führe und daher unbedingt zu vermeiden sei. Etwas weniger deutlich liegen die Dinge für das in der gesamten griechischen Literatur sehr seltene Verb τεφροῦν,[493] doch lässt sich hier anhand des Überkommenen erahnen, dass auch die Verbin-

---

[492] So etwa Hiob 8,19 LXX: καταστροφὴ ἀσεβοῦς τοιαύτη, ἐκ δὲ γῆς ἄλλον ἀναβλαστήσει; Hiob 21,17 LXX: ἀλλὰ καὶ ἀσεβῶν λύχνος σβεσθήσεται, ἐπελεύσεται δὲ αὐτοῖς ἡ καταστροφή; in Hiob 27,7 LXX hat ἡ καταστροφὴ τῶν ἀσεβῶν beinahe den Charakter einer festen Prägung, wenn Hiob wünscht, seine Feinde möge doch die καταστροφὴ τῶν ἀσεβῶν ereilen; in geringfügiger Variation dazu kann auch von der καταστροφή des ἁμαρτωλός bwz. der ἁμαρτωλοί die Rede sein, siehe Sir 9,11 LXX; PsSal 13,6+7.

[493] Siehe dazu den Eintrag in der Liste von Hapaxlegomena bei KRAUS 2001, 338.

dung dieses Verbs mit dem Untergang von Sodom und Gomorra im Feuerregen in der Textwelt des *zweiten Petrusbriefes* durchaus keine Abwegig-
keit war. Die Schriften der Septuaginta machen keinerlei Gebrauch von
dem Verb τεφροῦν, und an den wenigen Stellen, wo – übrigens durchgehend in den in griechischer Sprache verfassten Schriften – das Substantiv
τέφρα eingesetzt wird, geschieht das nicht im Zusammenhang mit Sodom
und Gomorra.[494] Bei Philo hingegen finden sich mehr als ein Dutzend Belege für τέφρα; sogar in seine Wiedergabe von Gen 18,27 dringt es ein.
Die demütige Aussage Abrahams, er sei doch nur עָפָר וָאֵפֶר, gibt er gelegentlich wieder mit γῆ καὶ τέφρα, als Variation zu der von ihm ebenfalls
gebrauchten Septuaginta-Wiedergabe mit γῆ καὶ σποδός.[495] Überhaupt
steht τέφρα für Niedrigkeit, Nichtigkeit; der Mensch besteht aus τέφρα
καὶ ὕδωρ – gänzlich wertlosen Dingen – und tut gut daran, dessen einge-
denk zu sein.[496] Aufgrund dieses symbolischen Mehrwerts verwundert es
nicht, dass Philo mehrmals erwähnt, Sodom und Gomorra seien zu (Staub
und) Asche geworden,[497] einmal gebraucht er sogar das Verb τεφροῦν im
Rahmen einer allegorischen Auslegung der Sodom-Gomorra-Erzählung
(ebr 223). Auch für Josephus gehört τέφρα zu Sodom und Gomorra, wie
eine Bemerkung zur Gegend Sodoms belegt (bell IV,8,4 § 484): Dieses
Land sei aufgrund der ἀσέβεια (!) der Bewohner durch Blitzeinschlag
verbrannt worden, was man noch immer sehen könne, nicht nur am noch
vorhandenen Schatten der fünf Städte, sondern auch an der Asche
(τέφρα), die in den dortigen Früchten wachse. Diese hätten zwar das Aussehen essbarer Früchte, doch sobald man sie mit Händen pflücke, lösten
sie sich in Rauch und Asche auf (εἰς καπνὸν διαλύονται καὶ τέφραν).
Auf diesem Hintergrund der textuellen Umgebung des *zweiten Petrusbriefes* dürfte sich der Gebrauch von τεφροῦν bei der Wiederaufnahme der

---

[494] Tob 6,17; 8,2; Weish 2,3; ZusDan 14,14 (=*Bel et Draco* 14).

[495] γῆ καὶ τέφρα: Phil imm 162 und her 29; γῆ καὶ σποδός Phil som I,214.

[496] So Phil som I,211. Abraham hat dies erkannt und erhält daher das Prädikat σο-
φός; Phil som I,214. Das bunte Gewand Josephs war nicht rituell (mit Wasser und
Asche) besprengt, und das genau dies gereichte ihm zum Nachteil, denn wäre dies ge-
schehen, hätte es ihn daran erinnert, dass er nur Wasser und Asche ist, und er hätte
Aussicht auf das strahlend weiße Gewand der Tugend gehabt, Phil som I,220. Zur
Wertlosigkeit von Wasser und Asche siehe Phil spec.leg I,264.

[497] Nach Phil Abr 139 wurden sie τέφρα καὶ λεπτὴ κόνις. Phil vitMos II,55f erläutert, Sodom und Gomorra seien zerstört worden, weil die Menschen die Bestrafung
ihrer Vorfahren nicht zu einem μάθημα σωφροσύνης gebraucht, sondern sich zur
Zügellosigkeit (ἀκολασία) gewendet und zu Eiferern für eine noch üblere Lebensweise (ζηλωταὶ χαλεπωτέρων ἐπιτηδευμάτων) aufgeworfen hätten. Bis heute zeige
man die Mahnmale an das Geschehen in Syrien, nämlich Trümmer, Asche (τέφρα),
Schwefel, Rauch und eine düstere Flamme, die noch aus dem Boden emporsteige, als
ob unterirdisch noch ein Feuer schwele. Ferner lässt sich erwägen, ob Sodom und
Gomorra auch bei der Formulierung von Phil vitMos II,157 im Hintergrund standen.

Erzählung vom Strafgericht über die beiden Städte näher gelegt haben, als die bloße Qualifikation des Verbs als neutestamentliches Hapaxlegomenon vermuten lässt.

Bereits eingangs war erwähnt worden, dass der *zweite Petrusbrief* die Funktion des Beispiels von Sodom und Gomorra ausweitet und abstrahiert: War die Vernichtung beider Städte im *Judasbrief* ein δεῖγμα für das πῦρ αἰώνιον, so ist sie im *zweiten Petrusbrief* ein ὑπόδειγμα für μέλλοντα. Um ermessen zu können, ob hinter der Veränderung von δεῖγμα in ὑπόδειγμα mehr zu suchen ist als Freude an der Variation, sei bei den beiden Wörtern kurz verweilt. Δεῖγμα ist schon seit klassisch-griechischer Zeit weit verbreitet; vor und neben unserer Literatur ist es u.a. belegt bei Euripides, Isokrates, Aristoteles, Xenophon, Plato, Demosthenes, Epikur, Chrysipp, Polybius, Demetrius, Diodorus Siculus und Dionys von Halikarnass. Ausgedehnt bedient sich seiner Plato mit den Bedeutungen „Zeichen von, Beweis, Beispiel für".[498] Allerdings gebraucht es die Septuaginta nicht; im Neuen Testament ist es in Jud 7 ein Hapaxlegomenon, und von den Schriften aus der Zeit der Apostolischen Väter verwendet es allein die *Schrift an Diognet*, durchweg mit dem genannten Bedeutungsspektrum.[499] Was den Anwendungsbereich betrifft, ist also δεῖγμα ein vielfältig einsetzbares und eingesetztes Substantiv; dass es besonders dort Verwendung fände, wo biblischen Erzählungen Verweisfunktion zugeschrieben wird, es also zum Wortschatz einer exegetischen Fachsprache gehörte, lässt sich nicht erkennen. Ὑπόδειγμα scheint im Gebrauch etwas weniger weit gestreut gewesen zu sein, vielleicht trägt dazu die Auswechselbarkeit mit oder gar der Vorzug von παράδειγμα vor ὑπόδειγμα bei.[500] Auffallend ist, dass es bei einzelnen medizinischen und technischen Schriftstellern in großer Dichte auftaucht, so etwa bei dem Mediziner Apollonios von Kition (erstes Jahrhundert vor Christus) und in verschiedenen (fälschlich) dem Mathematiker und Ingenieur Heron von Alexandrien zuge-

---

[498] Siehe u.a. Phil plant 40: δεῖγμα τοῦ λεχθέντος: ein Beleg für das Gesagte; som II.171: χαρᾶς ... δεῖγμα: ein Zeichen der Freude; Abr 245: μυρία δείγματα τῆς φιλανδρίας: tausend Beweise für die Liebe zu ihrem Mann; Jos 51: τὰ δείγματα τῆς φρενοβλαβείας die Beweise für seine Tollheit; ferner Phil op 87.157.161.163; sacr 120.139; imm 10; agr 135.152; plant 61; migr 190; her 129.195.289; fug 206; mut 224; som I,25; som II,32.98.265; Abr 114.141.255; Jos 106.149.170; die Liste ist unvollständig.

[499] Diog 3,3: ἀφροσύνης δεῖγμα: ein Beispiel des Unverstandes; Diog 4,5 θεοσεβείας καὶ οὐκ ἀφροσύνης πολὺ πλέον ... τὸ δεῖγμα: ein Beweis von Gottesverehrung und nicht viel mehr von Unverstand; Diog 7,9 τῆς παρουσίας αὐτοῦ δείγματα: Zeichen seiner Gegenwart.

[500] Dieser in den einschlägigen Wörterbuchlemmata (SCHLIER in ThWNT II, 32; GIESEN in EWNT III, 962; SPICQ 1978 II, 907) immer wieder hervorgehobene Bevorzugung geht zurück auf Phrynichus Arabius, einen Grammatiker und Rhetoriker des attischen Stils im zweiten Jahrhundert.

schriebenen Werken; ferner ist es vielfach epigraphisch bezeugt.[501] Philo gebraucht es kaum, doch anders als δεῖγμα hat dieses Wort Eingang gefunden in die Septuaginta, ins Neue Testament und in den *ersten Clemensbrief*. Sind einerseits bestimmte Menschen in ihrem Handeln oder bestimmte Handlungsweisen ὑποδείγματα, die nachzuahmen oder zu meiden sind,[502] so ist andererseits auch der von Ezechiel geschaute Tempel ein ὑπόδειγμα, ein Modell, des zukünftigen Tempels (Ez 42,15). Dieser Sprachgebrauch wird in Hebr 8,5 und 9,23 aufgenommen, wo der irdische Tempel ein ὑπόδειγμα auf das himmlische Heiligtum ist. Auch in 2 Petr 2,6 bezeichnet ὑπόδειγμα in ὑπόδειγμα μελλόντων gewissermaßen ein Modell für künftiges Geschehen. In diesem Sinne hat bereits 3 Makk 2,5 das Wort παράδειγμα verwendet, und zwar gerade bezogen auf das Beispiel von Sodom und Gomorra. Auffällig an diesem Vers ist, dass er zwar nicht lexikalisch, aber doch inhaltlich und syntaktisch 2 Petr 2,6 sehr nahe steht: Auf die Erwähnung der Vernichtung Sodoms und Gomorras bzw. der Sodomiten und Gomorraner folgt mit einem Partizip ausgedrückt die Feststellung, dass Gott damit ein παράδειγμα / ὑπόδειγμα vor Augen gestellt hat. Der Unterschied zwischen beiden Texten besteht darin, dass im *dritten Makkabäerbuch* ein historisches παράδειγμα gegeben wird für die allgemeine Eigenschaft Gottes, das Strafenswürdige nicht ungestraft zu lassen, was wiederum zur Hoffnung auf künftiges Strafhandeln berechtigt;[503] der *zweite Petrusbrief* aber dieses Künftige konkret vor Augen hat: Es wird nach dem ὑπόδειγμα von Sodom und Gomorra erfolgen.

---

[501] Die Bezeugung insgesamt ergibt sich aus einer Recherche im TLG; zur epigraphischen Bezeugung siehe SPICQ 1987 II, 908f.

[502] Hierher gehören: 2 Makk 6,28.31: Eleazar gibt bei seinem Märtyrertod ein ὑπόδειγμα; 4 Makk 17,23: Antiochus legt seinen Soldaten den Märtyrertod der sieben Söhne als ὑπόδειγμα für Standhaftigkeit ans Herz; Sir 44,16: Henoch ist ein ὑπόδειγμα für μετάνοια; Joh 13,15: Jesus hat durch die Fußwaschung ein ὑπόδειγμα gegeben; Hebr 4,11: Die Mosegeneration, die nicht ins gelobte Land durfte, ist ein ὑπόδειγμα, dem es nicht zu folgen gilt; Jak 5,10: Das geduldige Leiden der Propheten soll als ὑπόδειγμα dienen; 1 Clem 5,1 (bis) nennt eine ganze Reihe Gestalten aus der biblischen, aber auch der jüngeren christlichen Tradition, die ὑποδείγματα sind für die schlimmen Auswirkungen von Eifersucht und Neid; dazu kommen viele, die aufgrund der erlittenen Martern und Folter zu ὑποδείγματα geworden sind (6,1); 1 Clem 46,1: Man muss sich an die ὑποδείγματα derer halten, die ausgeharrt haben und von Gott erhöht wurden; 1 Clem 55,1: heidnische Beispiele für die Auswanderung als Weg der Konfliktvermeidung; 1 Clem 63,1: erneuter Appell, den Vorbildern zu folgen.

[503] In diesem Sinne, d.h. als Richtungsweisung für gegenwärtiges Denken, wird in den *pseudoclementinischen Homilien* die Sintflut als ὑπόδειγμα bezeichnet: Wer meint, so die Homilie, sich aufgrund der großen Zahl von Gleichgesinnten in Sicherheit wiegen zu können vor dem Gericht Gottes, der solle das ὑπόδειγμα als Korrektiv für sein Denken heranziehen: Damals sei eine riesige Menschenmenge für eine viel geringere Sünde vernichtet worden (ClemHom 9,2,2).

| 3 Makk 2,5 | σὺ τοὺς ὑπερηφανίαν ἐργαζομένους
Σοδομίτας διαδήλους ταῖς κακίαις
γενομένους πυρὶ καὶ θείῳ κατέφλεξας | παράδειγμα τοῖς
ἐπιγινομένοις
καταστήσας. |
| 2 Petr 2,6 | καὶ πόλεις Σοδόμων καὶ Γομόρρας
τεφρώσας κατέκρινεν, | ὑπόδειγμα μελλόντων
ἀσεβέσιν τεθεικώς, |

Die vom Verfasser des *zweiten Petrusbriefes* vorgenommene Transformation von δεῖγμα in ὑπόδειγμα dürfte also eine Annäherung an einen Sprachgebrauch sein, der sich von der griechischen Version bzw. den griechischen Versionen[504] des Ersten Testaments in die christliche Sprachgemeinschaft hinein entwickelt hat und der sich für eine typologische Exegese näher legte als das Simplex δεῖγμα.

1.2.4. Lot (2 Petr 2,7–8)

Der Prätext *Judasbrief* hatte das Schicksal Sodoms, Gomorras und der umliegenden Städte als Hinweis auf das πῦρ αἰώνιον angeführt; der *zweite Petrusbrief* setzt demgegenüber einen anderen Akzent: In den Versen 2,7–9, die der Verfasser ohne Vorlage aus dem *Judasbrief* formuliert, wird die Wiederaufnahme der biblischen Erzählung um das Beispiel Lots und eine die biblischen Beispiele der Verse 2,4–8 auswertende Schlussfolgerung erweitert. Das theologische Anliegen wird nur allzu augenfällig, wenn man Kenntnis nimmt vom Insistieren des Verfassers auf der δικαιοσύνη Lots: Lot ist schon bei der ersten Erwähnung in 2,7 δίκαιος Λωτ; der Folgevers 2,8 nennt ihn dann schlicht ὁ δίκαιος und attribuiert ihm eine ψυχὴ δικαία. Im Fazit 2,9 ist zwar nicht die Rede von δίκαιοι, sondern von εὐσεβεῖς, doch dass dies lediglich ein Synonym ist für δίκαιοι, erweist die Opposition mit ἄδικοι.[505] Gerechte, wie Lot oder zuvor Noah, so die Aussage des *zweiten Petrusbriefes* in 2,9, werden von Gott aus dem Gericht gerettet. Während also Judas die Unbedingtheit des Gerichts für Apostaten vor Augen stellen will, ist es der *Secunda Petri* um die Möglichkeit der Rettung für ‚Gerechte' aus dem umfassenden und gewiss bevorstehenden

---

[504] Bei Aquila etwa lässt sich feststellen, dass er die Verwendung von ὑπόδειγμα ausweitet; er verwendet das Wort auch an Stellen, wo die Septuaginta eine andere lexikalische Entscheidung trifft (Dtn 4,17; Ez 8,10); siehe dazu REIDER/TURNER 1966 s.v. ὑπόδειγμα und Schlier in ThWNT II, 32f. Es lässt sich daher begründet vermuten, dass ὑπόδειγμα in bestimmten jüdischen Gruppierungen häufiger verwendet wurde, als der erste Blick in die Septuaginta nahelegt.

[505] Mit dieser lexikalischen Variation steht der *zweite Petrusbrief* in einem Sprachstrom, der sich etwa auch im Buch *Weisheit* zeigt, wo nun andersherum die δίκαιοι den Gegensatz darstellen zu den ἀσεβεῖς; vgl. auch Act 10,2 mit Act 10,22, wo Cornelius einmal als εὐσεβὴς καὶ φοβούμενος τὸν θεὸν und einmal als ἀνὴρ δίκαιος καὶ φοβούμενος τὸν θεὸν bezeichnet wird; zur Synonymität von εὐσεβής und δίκαιος siehe auch FIEDLER, s.v. εὐσέβεια κτλ., EWNT II, 212–214.

Verderben beim Gericht zu tun.[506] Erneut stellt sich die Frage nach der Textwelt, die den Verfasser Lot gerade unter diesem Aspekt hat aufnehmen lassen.

Dass Lot so eindeutig und nachdrücklich als Gerechter charakterisiert wird, ist sicher eine Schwerpunktsetzung des Verfassers der *Secunda Petri*. Der Genesiserzählung lässt sich eine solche Charakterisierung höchstens indirekt entnehmen: Die Tatsache, dass er aus Sodom entkommen darf, spricht dafür, dass er zu den möglicherweise in Sodom lebenden Gerechten gehört, für die Abraham im Gebet bei Gott eintritt (Gen 18,23ff);[507] in diese Richtung weist auch die Bemerkung, dass Gott bei der Zerstörung an Abraham gedachte und Lot wegziehen ließ (Gen 19,29). Darüber hinaus lässt sich ihm wohl auch seine Gastfreiheit zugute halten (Gen 19,1ff).[508] Dennoch wird in der *Genesis* nirgends seine Gerechtigkeit ausdrücklich konstatiert.[509] In der Rezeptionsgeschichte, die, wie nach der ambivalenten Haltung des ersten Bibelbuches kaum anders zu erwarten, die Gestalt Lots ganz unterschiedlich interpretiert, findet sich der Hinweis auf seine Gerechtigkeit nur sporadisch.[510] Von nicht geringer Bedeutung

---

[506] Insoweit mit CHARLES 2005, 44: "The grammar and syntax of 2:4–10a … indicates that two motifs – judgment and deliverance – are operative in 2 Peter, in contrast to Jude 5–7, where categorical judgment alone occurs." Der *zweite Petrusbrief* kommt mit dieser theologischen Ausrichtung in die Nähe dessen, was LOADER 1990, 46f als Aussage des von ihm so genannten „Sodom-Zyklus" in der Genesis (Gen 18–19) herausarbeitet: "The *function* of this text is to argue that God punishes wickedness, but that he also respects individual innocence in the midst of mass guilt…"

[507] Hier knüpft der Text von PRE 25 an, wenn er ausdrücklich festhält, dass Abraham für seinen Neffen Lot bittet: התחיל מבקש ומתחנן לפניו על לוט בן אחיו. Sein Gebet beginnt nach der Anrede mit der Frage, ob denn der Gerechte wie der Frevler sterben solle: כמות הרשע ימות צדיק?

[508] ALEXANDER 1985 sieht in der Tatsache, dass die Schilderung der Gastfreiheit Lots in Gen 19,1ff narratologisch eine genaue Parallele mit der Gastfreiheit Abrahams in Gen 18,1ff bildet, einen wichtigen Anknüpfungspunkt für die Entstehung der Tradition vom „gerechten Lot". Tatsächlich hakt die jüdische Tradition offenbar – unter anderem – dort ein, wenn sie Positives über Lot zu melden hat: Die Imitation der Erzählstruktur wird dort allerdings als Imitation im Erzählten wiedergegeben: Lot habe seine guten Seiten durch den guten Einfluss Abrahams erhalten, siehe etwa PRE 25, wo Prov 13,20a auf Lot gedeutet wird: זה לוט שהיה מהלך עם אברהם אבינו ולמד ממעשיו ומדרכיו הטובים. Wohl in diesem Sinne wird in BerR 26,5 wird vermerkt, Lot habe – wie in der Genesis Abraham – für die Einwohner von Sodom Fürbitte gehalten.

[509] Ähnlich uneindeutig ist die Darstellung Lots bei der Trennung von Abraham in Gen 13: Einerseits scheint Lot bei der Wahl des Gebietes auf seinen eigenen Vorteil bedacht zu sein (Gen13,10–11), andererseits wird dies nicht ausdrücklich kritisiert. Treffend AVIOZ 2006, 4: : "…unlike other characters, towards whom the biblical narrator makes his attitude clear, Lot's character remains somewhat of a riddle."

[510] So 1 Clem 11,1 und PRE 25. BemR 10,5 (in der Übersetzung von WÜNSCHE 10,6,2) geht wenigstens soweit zu behaupten, Lot sei ‚gerechter' als seine Frau: היה לוט צדיק יותר מאשתו. BerR 50,3 hält fest, dass die guten Taten Lots mehr waren als die

für die christliche Rezeption und besonders für den *zweiten Petrusbrief* ist womöglich die Tatsache, dass er in der *Sapientia Salomonis* als δίκαιος bezeichnet wird (10,4), neben Abraham und Josef, und zwar just in einem Kontext, in dem es wiederholt darum geht, dass die Weisheit die Gerechten bzw. Frommen bewahrt (φυλάσσειν, διαφυλάσσειν) und rettet (ῥύεσθαι, σώζειν).[511] Ebenfalls in einer Reihe biblischer *exempla* steht Lot dann in 1 Clem 11,1, wo hervorgehoben wird, dass er um seiner φιλοξενία und εὐσέβεια willen aus Sodom gerettet worden sei, wobei διὰ φιλοξενίαν καὶ εὐσέβειαν hier διὰ πίστιν καὶ φιλοξενίαν bezüglich Abrahams und Rahabs variiert (10,7 und 12,1).

Ausgehend von diesem Nachdruck auf der Gerechtigkeit stilisiert der Verfasser Lot als Gerechten, der unter dem Treiben der Gottlosen zu leiden hat, bedient sich also eines Modells, wie es vor allem in den späten Schriften des Ersten Testamentes gezeichnet wird. Von hier stammt dementsprechend auch ein Teil des lexikalischen Materials, mit dessen Hilfe er Lot als Vertreter dieses Modells darstellt. καταπονεῖσθαι bezeichnet einen von einer feindseligen Umgebung kommenden Druck oder eine körperliche Bedrohung. In der Septuaginta beschreibt es zweimal in 3 Makk 2,2.13 die Befindlichkeit des Unterworfenseins an einen fremden Herrscher oder die Feinde allgemein; Josephus bedient sich seiner sowohl für militärisch schwierige Situationen als auch für alles andere, was schwer zu schaffen macht oder die Kraft nimmt,[512] und in Act 7,24 gebraucht es Stephanus für die Wiederaufnahme von Ex 2,11–12: Der Hebräer, für den Mose gewaltsam eintritt, ist καταπονούμενος von den Schlägen des Ägypters. Βασανίζειν findet sich in der Septuaginta vor allem in den *Makkabäerbüchern* und der *Sapientia Salomonis*, mehrfach, wenn auch nicht ausschließlich, mit der Bedeutung ‚foltern, quälen'. Während im Neuen Testament sonst nur die allgemeinere Bedeutung ‚quälen, bedrängen' zu finden ist, schließt 2 Petr 2,8 direkt bei den Martyriumsbildern der späten Schicht der Septuaginta an.[513] Ἡμέραν ἐξ ἡμέρας ist in der Literatur so

---

guten Taten anderer. Als er allerdings zu Abraham kam, verschwanden sie im Schatten von dessen überwältigender Menge guter Taten. Das Wort „Gerechtigkeit" wird an dieser letztgenannten Stelle aber nicht gebraucht. LOADER 1990, 116 charakterisiert die Beurteilung Lots in der rabbinischen Literatur wie folgt: "Lot is usually seen in an unfavourable light, but a good word can, on occasion, be found for him."

[511] Siehe dazu III.C.1.2.5.

[512] Siehe Jos ant VII,6,2 § 124; bell I,2,4 § 57; II,3,3 § 49; II,15,1 § 313; II,15,5 § 329 (CLEMENTZ übersetzt hier καταπονεῖσθαι mit „schwer zusetzen"); VI,3,1 § 178.

[513] Vgl. J. SCHNEIDER im Artikel βάσανος κτλ. in ThWNT I, 561: 2 Petr 2,8 „ist die einzige Stelle, wo im NT eine Beziehung von βασανίζειν auf das Martyrium des Frommen vorliegt"; zu βασανίζειν im NT überhaupt vgl. ibid. und STENGER s.v. βασανίζω κτλ. in EWNT I, 479–481.

gut wie nicht vor und neben der Septuaginta belegt,[514] hier dürfte also ein sprachliches Element vorliegen, das die Vorstellung vom Gerechten, dem die Gottlosen zusetzen, der Gedankenwelt der Schriften zuordnet; ähnliches gilt für ἀνόμοις ἔργοις, denn auch die Kombination der Lexeme ἔργ- und ἀνόμ- tritt in auffallender Dichte allein in der Septuaginta, zumal in den Psalmen, auf,[515] deren Sprachgebrauch in dieser Hinsicht im Neuen Testament nur Mt 7,23 mit οἱ ἐργαζόμενοι τὴν ἀνομίαν folgt.

Dass diese Deutung Lots als unter der Gottlosigkeit leidender Gerechter vor allem im Interesse der Gegenwart des Verfassers steht,[516] zeigt das Vokabular, das in erster Linie intratextuelle Verweiskraft hat, nämlich ἀναστροφή und ἀσέλγεια. Ἀναστροφή, ein in der ur- und frühchristlichen Paränese verbreitetes, aber auch außerchristlich gebrauchtes Wort für den Lebenswandel,[517] wird später aufgenommen werden, wenn die Neubekehrten beschrieben werden als solche, die gerade erst den ἐν πλάνῃ ἀναστρεφόμενοι entronnen sind (2,18), und dem bevorstehenden Untergang direkte Folgerungen für den Lebenswandel entnommen werden:

---

[514] Einzige Ausnahme aus der profanen Gräzität ist nach Ausweis des TLG ein Fragment des Komikers Heniochus aus dem vierten Jahrhundert vor Christus (PCG V Heniochus frg 5,13). Für die Septuaginta siehe Gen 39,10; Num 30,15; 1 Chr 12,23; 2 Chr 24,11; Tob (Codex Sinaiticus) 10,1; Est 3,7; Ps 60,9; 95,2; Sir 5,7; Jes 58,2; ferner noch äthHen 91,7 und 96,10; danach im *zweiten Clemensbrief*, bei Aelius Aristides, Justin und Origenes.

[515] LXX: ἐργάζεσθαι (τὴν) ἀνομίαν: Ps 5,6; 6,9; 13,4; 35,13; 52,5; 57,3; 58,3.6; 63,3; 91,8.10; 93,4.16; 100,8; 118,3; 124,5; 140,4.9; ἐργάζεσθαι ἀνόμημα Weish 3,14; ἐργάζεσθαι χερσὶν ἀνόμοις Weish 15,17; ἔργα ἀνόμων Hi 11,11; ἔργα ἀνομίας Jes 59,6; ἐργάται τῆς ἀνομίας 1 Makk 3,6; vgl. daneben aus der Profangräzität beispielsweise DionHal ant VIII,59,1, wo die Steinigung des Marcius als ἄνομον ἔργον καὶ ἀσύμφορον bezeichnet wird, oder Plut *Aemilius Paullus* 31,2, wo von den Soldaten, die gegen einen Triumphzug des Aemilius Paulus waren, gesagt wird, sie seien zu jedem ἄνομον ἔργον καὶ βίαιον bereit.

[516] So auch KNOCH 1990, 264: „An dieser Stelle weist der Vf. auf die Bitterkeit und Empörung hin, die ihm und gleichgesinnten Christen das Treiben der Irrlehrer und ihres Anhangs bereitet."

[517] Vgl. BERTRAM s.v. ἀναστρέφω κτλ., ThWNT VII, 715: „Die Beziehung von Verb und Substantiv auf Wandeln und Wandel ist der hellenistischen Welt geläufig." Das Verb ἀναστρέφεσθαι ist den Synoptikern ebenso fremd wie das Substantiv ἀναστροφή. Erst in der Briefliteratur, beginnend bei Paulus, vor allem aber postpaulinisch, gewinnen beide an Bedeutung: Zum Substantiv siehe Gal 1,13 (alte ἀναστροφή des Paulus als Verfolger der ἐκκλησία); Eph 4,22 (ἀναστροφή des παλαιὸς ἄνθρωπος); Hebr 13,7; Jak 3,13; 1 Tim 4,12; in besonders hoher Dichte jedoch im *ersten* und *zweiten Petrusbrief*: 1 Petr 1,15.18; 2,12; 3,1.2.16 und 2 Petr 2,7; 3,11. Das Verbum findet sich mit Bezug auf den Lebenswandel in 2 Kor 1,12; Eph 2,3; Hebr 10,33 und 13,18; 1 Tim 3,15; sowie in 1 Petr 1,17 und 2 Petr 2,18. Das Substantiv taucht nur zweimal in den späten Schriften der LXX auf: Tob 4,14 und 2 Makk 6,23. Die Apostolischen Väter setzen diesen Gebrauch des Verbums fort: IgnMag 9,1; 1 Clem 21,8; 63,3; 2 Clem 5,6; Did 3,9; Barn 19,6; Herm mand 9,12; Herm sim 5,6,6; 9,27,2.

τούτων οὕτως πάντων λυομένων ποταποὺς δεῖ ὑπάρχειν ὑμᾶς ἐν ἁγίαις ἀναστροφαῖς καὶ εὐσεβείαις (3,11).

Über diese intratextuelle Verweiskraft hinaus stellt ἀναστροφή auch
eines der die beiden Petrusbriefe verknüpfenden Elemente dar. Mit sechs
Belegen ist der *erste Petrusbrief* die neutestamentliche Schrift, die am häufigsten von ἀναστροφή Gebrauch macht. Dabei verknüpfen sich mit dem
Wort teilweise dem *zweiten Petrusbrief* vergleichbare Aspekte. So wird
beiderorts die geforderte ἀναστροφή als ἁγία qualifiziert, in 1 Petr 1,15
(αὐτοὶ ἅγιοι ἐν πάσῃ ἀναστροφῇ γενήθητε) mit ausdrücklicher Motivation durch Lev 11,44 und in 2 Petr 3,11 (Zitat s.o.) angesichts der drohenden kosmischen Katastrophe. Ferner wird hier wie dort die verlangte
ἀναστροφή abgesetzt gegen eine andere, die als ματαιότης zu bewerten
ist und sich an ἐπιθυμίαι ausrichtet. So preist 1 Petr 1,18 die Erlösung der
Angeschriebenen aus der von den Vätern her überkommenen nichtigen
Lebensweise (ἐλυτρώθητε ἐκ τῆς ματαίας ὑμῶν ἀναστροφῆς πατροπαραδότου). 2 Petr 2,18 zeigt sich erbost, dass die Gegenseite mit großspre-
cherischer Inhaltslosigkeit (ὑπέρογκα γὰρ ματαιότητος!) gerade solche
Menschen ködert, die denen, die ihr Leben in Verirrung führen (Zitat s.o.),
eben erst entronnen waren, und sie zu einem Leben verleiten will, das von
ἐπιθυμίαι σαρκὸς ἀσελγείαι geprägt ist, nicht anders als auch das frühere Leben der Adressaten der *Prima Petri* ἐπιθυμίαι als Merkmal trug (1,14;
4,2f). Die ἀσελγείαι der Gegenpartei führen übrigens dazu, so der Verfasser der *Secunda*, dass die ὁδὸς τῆς ἀληθείας übel ins Gerede kommt
(2,2). Auch in dieser Sorge um das Bild, dass die Christen nach außen ab-
gegeben, stimmt er mit der *Prima* überein, die gegen üble Nachrede eine
ἀγαθὴ ἐν Χριστῷ ἀναστροφή empfiehlt (3,16) und einer ‚guten‘
ἀναστροφή namentlich der Frauen missionarische Wirkung zuschreibt
(3,1.2). So sehr auch diese Kongruenzen auffallen, sie bewegen sich in
häufiger zu beobachtenden paränetischen Mustern und sind nicht spezifisch genug, um eine konkrete intertextuelle Beziehung mit Gewissheit
behaupten zu können.

Noch deutlicher als ἀναστροφή hat ἀσέλγεια in 2 Petr 2,7 intratextuelle Funktion: Sie war in 2,2 als viele mitreißendes Merkmal der ‚künftig‘
auftretenden ψευδοδιδάσκαλοι genannt und wird in 2,18 erneut als Köder
für Neubekehrte ausgewiesen werden. Die Kennzeichnung ἐν ἀσελγείᾳ
legt also den Rezipientinnen und Rezipienten nahe, die Lebensweise der
Heterodoxen mit der der Sodomiten in eins zu sehen.

1.2.5. Vergeltung und Rettung (2 Petr 2,4–10a)

Der syntaktischen Periode 2 Petr 2,4–10 wird eine inhaltliche Ausrichtung
gegeben durch den (teils wiederholten) Gebrauch der Verben οὐ φείδεσθαι, παραδιδόναι, φυλάσσειν, κατακρίνειν, ῥύεσθαι und κολάζειν. Einige dieser Verben treten auch sonst in Verbindung miteinander auf. An-

dere verweisen auf die Textwelten, in denen sich ein vergleichbares theologisches Konzept findet. Paulus etwa gebraucht die Gegenüberstellung von οὐ φείδεσθαι mit παραδιδόναι zur Formulierung einer christologischen Aussage in Röm 8,32: Gott hat seinen Sohn nicht verschont (οὐκ ἐφείσατο), sondern (ἀλλά) ihn pro nobis dahingegeben (παρέδωκεν). Dies braucht nicht zwingend zu bedeuten, dass 2 Petr 2,4 in Anlehnung an Röm 8,32 formuliert ist, wiewohl dies die nächstliegende, weil strukturell ähnlichste und dem Verfasser der *Secunda Petri* mit einer gewissen Wahrscheinlichkeit bekannte Parallele ist. Im Weiteren kennt auch die Septuaginta den Gebrauch beider Verben auf engem Raum. Die Vorschrift, einen Flüchtigen, der vorsätzlichen Mord begangen hat, einem etwaigen Bluträcher auszuliefern (παραδιδόναι) und keine Schonung zu gewähren (οὐ φείδεσθαι; Dtn 19,12f), zeigt, dass die Verbindung einem juridischen Kontext entstammt.[518] Bereits in der Septuaginta war οὐ φείδεσθαι auf die Ausführung von Gottes Gericht über Sodom und Gomorra angewendet worden, neben anderen Verben (οὐκ ἐξιλάσατο; οὐκ ἠλέησεν) beschreibt οὐκ ἐφείσατο in Sir 16,8 Gottes Unerbittlichkeit in seinem Strafen in der Vergangenheit.

Das Nebeneinander von παραδιδόναι und κατακρίνειν findet sich andernorts sogar nachdrücklicher als in 2 Petr 2,4–10, wo letzteres nur über Sodom und Gomorra ausgesagt wird (2,6), während ersteres sich auf die gefallenen Engel bezieht (2,4). In Mk 10,33 kündigt Jesus an, der Menschensohn werde den Hohepriestern und Schriftgelehrten ausgeliefert (παραδιδόναι) werden, die ihn sodann zum Tode verurteilen (κατακρίνειν) und den Heiden überhändigen (παραδιδόναι) werden. Dem Verb κατακρίνειν eignet, verteilt über verschiedene christliche Strömungen und neutestamentliche Schriften, eine starke Verweiskraft auf das letzte Gericht. Q verwendet es für die Niniviten und die Königin des Südens (Q 11,31f), die beim letzten Gericht das Urteil sprechen werden, gerade wie das Interesse Pauli bei der Verwendung dieses Wortes dem eschatologischen Gericht bzw. dessen Gegenwärtigkeit gilt.[519] Der *Hebräerbrief* be-

---

[518] In 1 Reg 24,11 LXX stellt David Saul gegenüber fest, dass Gott ihn, Saul, in seine, Davids, Hand gegeben habe, doch habe er ihn nicht töten wollen und geschont.

[519] In Röm 2,1 hält Paulus dem Rezipienten vor, er spreche selbst das (eschatologische) Verdammungsurteil über sich aus (κατακρίνειν), wenn er über den anderen urteile (κρίνειν) und dabei doch dasselbe tue. In Röm 8,3 wird durch die Sendung des Sohnes die Verurteilung der Sünde vollzogen; der Aorist signalisiert zwar einen konkreten Punkt in der Vergangenheit, doch gilt dieses Verdammungsurteil eschatologisch. Im Rahmen der die Kapitel Röm 5–8 oder gar die Ausführungen Röm 1–8 abschließenden Verse Röm 8,31–39 (PUSTOSLEMŠEK 1997, 105f) wird κατακρίνειν (8,34) einmal mehr im Blick auf das eschatologische Urteil gebraucht: Der für „die in Christus" (οἱ ἐν Χριστῷ Ἰησοῦ; Röm 8,1) eintretende erhöhte Christus verunmöglicht ein sie treffendes Verdammungsurteil. Dieses gilt jedoch ‚der Welt' (κόσμος) ganz grundsätzlich; nur in der Zugehörigkeit zu Christus und das heißt: zur

schreibt ein Ereignis der biblischen Geschichte mit Hilfe des Verbs κατακρίνειν, nämlich den Untergang der Zeitgenossen Noahs (Hebr 11,7),[520] ähnlich wie dies der *zweite Petrusbrief* bezüglich Sodoms und Gomorras tut. Dass hier beides mitschwingt, die Applikation auf ein Ereignis der Geschichte, aber auch der auf das eschatologische Gericht vorausweisende Charakter, legt sich durch die Kennzeichnung des geschichtlichen Ereignisses als ὑπόδειγμα μελλόντων nahe.

ῥύεσθαι ist im Neuen Testament vor allem eine göttliche Tätigkeit: Für alle siebzehn Belege ist stets Gott (selten: Jesus) implizites oder explizites Subjekt.[521] Gegenüber seinem gebräuchlicheren Synonym σῴζειν[522] ist es markiert; es erscheint häufiger in Verbindung mit Metaphern („aus der Macht der Finsternis" Kol 1,13; „aus dem Maul des Löwen" 2 Tim 4,17), ist überhaupt poetischer als σῴζειν und verweist wohl auf die Sprache der Schriften, wie sie oft in Gebeten Verwendung findet.[523] Deutlich als

---

Gemeinde, besteht Zuflucht davor. Wer sich von ihr absondert, der hat faktisch schon jetzt das künftige Verdammungsurteil geschaffen (Perfektum!; Röm 14,23; PUSTOSLEMŠEK 1997, 107 spricht in diesem Zusammenhang von der „korporativen Dimension der Befreiung aus der Verdammnis"). Dadurch dass Gott über den Menschen das Urteil spricht (κρίνειν) und nicht dieser selbst, findet eine Zurechtweisung statt, die es ermöglicht, dem künftigen Verdammungsurteil für die Welt (κατακρίνειν 1 Kor 11,32) zu entkommen. – Zu κατακρίνειν im NT und vor allem bei Paulus siehe PUSTOSLEMŠEK 1997, 77f, der durch Unterscheidung der im eschatologischen Gericht als richtend auftretenden Personen (Gott, die Königin des Südens, die Niniveiten) bei Paulus einen Aspekt ausgeführt findet, der sonst nur „am Rande" mit diesem Wort bezeichnet wird, nämlich die eschatologische Verurteilung durch Gott. Sachlich müssen für die Bedeutung von κατακριν- bei Paulus nicht nur die Belege des Verbs, sondern auch des Substantivs κατάκριμα berücksichtigt werden, siehe dazu PUSTOSLEMŠEK 1997, 76–110.

[520] Grammatikalisches Subjekt zu κατακρίνειν ist hier Noah! ROSE 1994, 197 (mit Anm. 559) postuliert sowohl für die vorliegende Stelle Hebr 11,7 wie für Mt 12,41f die Bedeutung „zur Verurteilung gereichen" für das Verb κατακρίνειν. Damit – wie mit der starken Hervorhebung des kausativen Charakters von κατακρίνειν im Folgenden (ibid. 199) – löst er eine tropische Redeweise (siehe dazu LAUSBERG 1963, 65–80 §§ 174–236) auf und nimmt so dem Text die Spitze, die gerade in der Kühnheit besteht, Noah, die Königin des Südens oder die Niniveiten im eschatologischen Gericht mit der Befähigung zum κατακρίνειν auszustatten, denn natürlich ist Gott der einzige, dem dies zukommt.

[521] Mit Gott als ausdrücklichem Subjekt: Mt 6,13; 27,43; Röm 11,26; 2 Kor 1,10 (ter); Kol 1,13; 2 Petr 2,7; im Passiv mit Gott als logischem Subjekt: Lk 1,74; Röm 15,32; 1 Thess 3,2; in der Frage mit der Antwort ‚Gott': Röm 7,24; Jesus: 1 Thess 1,10; (ὁ) κύριος: 2 Tim 3,11; 4,17–18; 2 Petr 2,9.

[522] LICHTENBERGER verweist in seinem Artikel ῥύομαι in EWNT III, 514 darauf, dass die Rettung Lots in der Septuaginta-Version der *Genesis* mit Formen von σῴζω beschrieben ist; in Weish 10,6 jedoch mit ἐρρύσατο aufgenommen wird.

[523] In gebundener Sprache etwa im Vaterunser in Mt 6,13; in Zitaten oder Anspielungen auf Psalmverse oder andere poetische Texte: Mt 27,43 (Ps 21,9 LXX); Lk 1,74 (Ps 96,10 LXX); 2 Tim 3,11 (Ps 33,20 LXX); 2 Tim 4,17 (1 Makk 2,60 Abschiedsrede des

Variation zu ῥύεσθαι erscheint im vorliegenden Text φυλάσσειν: ὁ θεὸς ... ὄγδοον Νῶε ... ἐφύλαξεν ... καὶ δίκαιον Λῶτ ... ἐρρύσατο. Verglichen mit der Gesamtheit der Belege von φυλάσσειν im Neuen Testament ist diese Bedeutung i.S.v. ‚behüten, bewahren vor' eher selten vertreten.[524] Auch sie verweist auf literarische Zeugnisse unter den Schriften des Ersten Testaments, in denen Gott als Beschirmer und Erhalter des Frommen gerühmt oder gerade diese Rolle von ihm eingefordert wird, so vor allem in den *Psalmen*, aber auch im Buch *Hiob* und andernorts.[525]

Dass der Verfasser der *Secunda Petri* also einer ‚biblischen' Diktion bedient, liegt auf der Hand, wobei sprachliche Einzelheiten mehrfach auf die Schriften in griechischer Übersetzung oder Sprache verweisen, manche Vorstellungen vielleicht aber auch Impulse aus christlichen Theologien bekommen haben könnten. Doch darf man womöglich sogar noch einen Schritt weiter gehen und konkrete Texte benennen, die ihm Bestandteile lieferten für den theologisch-sprachlich-argumentativen Rahmen von 2 Petr 2,4–10, nämlich Sir 16 und Weish 10. Betrachtet man das zweimalige οὐκ ἐφείσατο, das Gottes Unnachsichtigkeit in der Geschichte, nämlich mit den sündigen Engeln und der „alten Welt" (ὁ ἀρχαῖος κόσμος), in Worte fasst, und stellt daneben das dreimalige – allerdings lexikalisch variierte – Insistieren auf der Gnadenverweigerung (οὐκ ἐξιλάσατο – οὐκ ἐφείσατο – οὐκ ἠλέησεν) für die „alten Giganten" (οἱ ἀρχαῖοι γίγαντες), die Mitbewohner Lots und die vorisraelische Bevölkerung Kanaans in Sir 16,7–9,[526] so zeigen sich gleich mehrfache Konvergenzen: Gemeinsames Thema ist die Schonungslosigkeit Gottes, eine übereinstimmend verwendete sprachliche Struktur das wiederholte οὐκ + x und der gemeinsame Rahmen eine Reihe sich teilweise überschneidender *exempla*. Nimmt man das *minor agreement* eines identischen Gebrauchs von ἀρχαῖος hinzu, so

---

sterbenden Mattathias). In weiteren textuellen Wiederaufnahmen aus dem Ersten Testament: Röm 11,26 (Jes 59,20 LXX); 2 Thess 3,2 (Jes 25,4 LXX).

[524] Oft geht es bei φυλάσσειν im NT um das Einhalten von Geboten, das Beachten von Gesetzen: Mt 19,20; Mk 10,20; Lk 11,28; 18,21; Joh 12,47; Act 7,53; 16,4; 21,24; Röm 2,26; Gal 6,13; 1 Tim 5,21; mit Reflexivpronomen oder im Medium mit der Bedeutung ‚sich hüten vor': Lk 12,15; Act 21,25; 2 Tim 4,15; 2 Petr 3,17; 1 Joh 5,21; am dichtesten in die Nähe von φυλάσσειν in 2 Petr 2,5 mit der Bedeutung ‚behüten vor' kommen im NT Joh 17,12; 2 Thess 3,3 und Jud 24; von da ausgehend ergibt sich mit einer Zeitangabe in der Zukunft die Variation ‚behüten bis, bewahren bis': Joh 12,25; 2 Tim 1,12.14; 1 Tim 6,20; vgl. den Artikel φυλάσσω von KATZ in EWNT III,1058–1060.

[525] Siehe hierzu BERTRAM im Artikel φυλάσσω, φυλακή in ThWNT IX, 233: „Die Psalmen feiern in zahlreichen hymnischen Aussagen Jahwe als Hüter u Wächter des Frommen, der sich immer wieder mit der Bitte um Bewahrung an ihn wendet..." Für entsprechende Belegstellen siehe ibid.

[526] Zur Deutung von Sir 16,9 vgl. SCHREINER 2002, 90 ad loc: „⁹ nimmt die Sicht des Dtn auf, wonach die Kanaanäer das Land wegen ihrer Sünden an Israel verloren"; in diesem Sinne auch SAUER 2000, 136 ad loc.

legt sich nahe, dass hier eine der konkreten Inspirationsquellen für 2 Petr
2,4–10 vorliegt, zumindest für die eine Seite der Argumentation, nämlich
das zwangsläufig bevorstehende Verderben für Sünder, wie es program-
matisch zur Einleitung der *exempla* in Sir 16,4 angekündigt wird: φυλὴ
ἀνόμων ἐρημωθήσεται. Für den anderen Aspekt, die Bewahrung und
Rettung des Frommen, könnte eine andere *exempla*-Reihe Pate gestanden
haben, nämlich Weish 10. Hier finden sich mehrfach Lexeme, wie sie der
Verfasser der *Secunda Petri* für die Darstellung gebraucht: διεφύλαξεν,
ἐφύλαξεν, ἐρρύσατο, ferner mehrfach δίκαιος, darunter einmal mit Bezug auf Lot (Weish 10,6), und als Gegenpol die ἀσεβεῖς.[527] Für die zusammenfassende Maxime in 2 Petr 2,9 könnte darüber hinaus noch die
matthäische Form des Vaterunsers ausschlaggebend gewesen sein; die
Formulierung οἶδεν κύριος εὐσεβεῖς ἐκ <u>πειρασμοῦ</u> <u>ῥύεσθαι</u> nimmt nämlich zwei Lexeme aus Mt 6,13 wieder auf: καὶ μὴ εἰσενέγκῃς ἡμᾶς εἰς
<u>πειρασμόν</u>, ἀλλὰ <u>ῥῦσαι</u> ἡμᾶς ἀπὸ τοῦ πονηροῦ.[528]

Die Rahmengestaltung von 2 Petr 2,4–10 orientiert sich also an biblisch-
theologischen Vorstellungen und Sprachformen, höchstwahrscheinlich
muss sie gedeutet werden als eine kreative Neubearbeitung von Sir 16 unter Einfügung eines neuen, in Sir 16 nicht vorhandenen Aspektes, der aus
Weish 10 stammen könnte, nämlich der Rettung des Gerechten.[529] Diese
wird freilich, anders als in der *Sapientia*, nicht der Weisheit, sondern Gott
zugeschrieben. Bei der zusammenfassend-folgerndernen Feststellung,
Gott könne sehr wohl aus der Versuchung erretten, mag das Vaterunser
die Wahl der Lexik beeinflusst haben.[530]

1.2.6. Dreister als Engel (2 Petr 2,10–13a)

In 2 Petr 2,10a hatte der Verfasser das in 2,9 aus den biblischen *exempla*
gezogene Fazit nach seiner negativen Seite hin im besonderen auf zwei

---

[527] διεφύλαξεν: Weish 10,1.12; ἐφύλαξεν: Weish 10,5; ἐρρύσατο: Weish 10,6.9.13.-
15; δίκαιος: 10,5.6.13.20; ἀσεβεῖς: Weish 10,6.20.

[528] Auch BAUCKHAM 1983, 253 hält dies für möglich.

[529] Die Übereinstimmungen mit Weish 10 und Sir 16 werden zu einem guten Teil
auch von VAN HOUWELINGEN 1988, 178f gesehen. Unter Hinzunahme von Lk 17 und 1
Clem 9–12 schließt er auf eine "traditie van apostolische prediking ... waarbij verschillende voorbeelden uit de bijbelse geschiedenis konden worden opgevoerd" (ibid.
179). Dabei war es möglich, so VAN HOUWELINGEN, verschiedene Schwerpunkte bei
der Rezeption der einzelnen Gestalten zu setzen. Dies dürfte jedoch nicht weit genug
gehen, denn zum einen gehen die textuellen Verbindungen zeitlich hinter die "apostolische prediking" zurück und zum zweiten berechtigen die Anklänge namentlich
an Sir 16, aber auch an Weish 10 zur Behauptung einer textuellen Wiederaufnahme in
oben skizziertem Sinne.

[530] Zur Wirkungsgeschichte dieses Textes gehört vielleicht in ClemHom 9,2,1: Die
Überflutung der alten Welt wird hier als ὑπόδειγμα bezeichnet für das μέγιστον
ἁμάρτημα, das in der Lage ist, alle zu vernichten (ἀπολέσαι).

Personengruppen appliziert: Unter den ἄδικοι, die zur Strafe am Gerichtstag aufbewahrt werden, seien vor allem Menschen, die hinter „Besudelung des Fleisches durch Begierde" herliefen und die auf „Herrschaft" herabsähen.[531] Diese zweite Charakterisierung, κυριότητος καταφρονεῖν, die die Beschreibung der ψευδοδιδάσκαλοι in 2,1 (τὸν ἀγοράσαντα αὐτοὺς δεσπότην ἀρνούμενοι) ebenso wieder aufnimmt wie die erste (τοὺς ὀπίσω σαρκὸς ἐν ἐπιθυμίᾳ μιασμοῦ πορευομένους) mit den ἀσέλγειαι aus 2,2 zusammenzusehen ist, liefert ihm nun den Leitgedanken für 2,10b–13a, wobei καταφρονεῖν mit der lexikalischen Variation βλασφημεῖν aufgenommen wird. Diese Schwerpunktsetzung auf dem Thema βλασφημεῖν übernimmt die *Secunda Petri* aus dem *Judasbrief*: Alle drei Belege in 2 Petr 2,10–12 stammen aus dem Prätext Judas 8–10. Was der Phänotext jedoch lexikalisch verstärkt, ist die Bewertung dieses Verhaltens als überhebliche, unverfrorene Respektlosigkeit: Das Lexem τολμη- wird der verbalen Integration in das Satzgefüge in Jud 9 entzogen, als Substantiv aufbereitet und unter Verstärkung und semantischer Erweiterung durch das Adjektiv αὐθάδης als eine Art nominativischer Ausruf in Satzanfangsstellung gerückt. Die direkt übernommene Kollokation δόξας βλασφημ- (Jud 8) wird abhängig gemacht von οὐ τρέμουσιν (2 Petr 2,10), das erneut der empörten Fassungslosigkeit des Verfassers über die von ihm als Vermessenheit erfahrene Haltung der Gegner Ausdruck verleiht. In dieselbe Richtung zielt schließlich die gegenüber dem Prätext ergänzte Charakterisierung der Engel als ἰσχύϊ καὶ δυνάμει μείζονες ὄντες: Nicht einmal Engel, die doch viel höher stehen als die Gegenspieler und daher viel eher ein Recht dazu hätten, nehmen sich heraus, was diese sich anmaßen.

Neben diese Herauskehrung der Dünkelhaftigkeit der anderen Seite tritt in den Formulierungen des Verfassers als zweites Merkmal eine Diktion, die teils biblischen Sprachgebrauch aufgreift, teils Ausdrucksformen auch nichtbiblischer Gräzität, die jedoch bereits im Griechisch der Übersetzungen der autoritativen Schriften und allgemeiner im jüdisch-hellenistischen Schrifttum ihren Niederschlag gefunden haben. Biblische Diktion findet sich bereits in 2 Petr 2,10 in πορεύεσθαι ὀπίσω, einer in der

---

[531] Den kommunikativen Wert dieses Nachklapps erfassen treffend FUCHS/REYMOND 1988, 89: «Le μάλιστα ... indique qu'après le détour par l'AT on revient aux faux docteurs actuels.» SPITTA 1885, 155f dagegen sieht weder in 2,9 noch in 2,10a eine Anwendung auf die Widersacher, sondern eine Fortführung der Rezeption der Sodom-und-Gomorra-Erzählung. Die Frage ist, ob man beides als Alternativen betrachten muss: Die – schon aufgrund der Übereinstimmungen mit 2,1–2 nicht zu leugnende – Rückkehr zur Aktualität könnte mit einem insistierenden Verweis auf das Schicksal der beiden Städte formuliert sein, um so die Gleichgeartetheit der ψευδοδιδάσκαλοι mit den Sodomiten und Gomorranern erneut zu suggerieren, zumal ja schon in 2,6 deren Vernichtung als ὑπόδειγμα bezeichnet worden war.

Septuaginta häufig gebrauchten Wiedergabe von הלך אחר/אחרי.[532] Die Beschreibung der Engel als ἰσχύϊ καὶ δυνάμει μείζονες nimmt die häufig zu
beobachtende gemeingriechische Eigenheit auf, dass sich die beiden Lexeme ἰσχυ- und δυναμ- in den verschiedensten Formen anziehen. Man
findet sie u.a. in verbal-nominaler Zuordnung (ναυτικαῖς δυνάμεσιν
ἰσχύσαντες; Diod V,40,1), als Adjektiv-Substantiv-Kombination (πάνθ'ὅ-
σα δυνάμεις ἰσχυρὰς ἔχει; Plato Tim 33 A), aber auch in verbaler Parallelität (ἐν ὧι γὰρ οὐδὲν δυνάμεθ' οὐδ' ἰσχύομεν)[533], als Elemente einer nominalen Aufzählung[534] und sogar als Hendiadyoin wie im vorliegenden
Text (DionHal ant III,28,4). Ähnlich vielfältig finden sich Zuordnungen in
großer Zahl in der Septuaginta, bei Philo, Josephus und in anderen jüdischen Schriften wie dem *äthiopischen Henochbuch*,[535] darunter ebenfalls
mehrfach der Hendiadyoin.[536] Einmal mehr schwimmt die *Secunda Petri*
mit in einem Sprachstrom, der sich, von der paganen Gräzität herkommend, seinen Weg durch das hellenistische Judentum gebahnt hat und
dort – teilweise unter Adaptationsprozessen – heimisch geworden ist.[537]

---

[532] Ganz wörtlich etwa in Jos 6,9: Die Priester gehen hinter der Bundeslade her;
oder Jdc 9,49: Die Leute von Sichem folgen Abimelech. Viele Belege bezeichnen das
Folgen Gottes oder anderer Götter, vor allem im *Deuteronomium* und im Buch *Jeremia*,
siehe etwa Dtn 4,3; 6,14; 8,18; 13,5; 28,14; Jdc 2,12; Hos 11,10; Jer 2,23; 7,6; 8,2; 26,5.
Selten sind Abstrakta o.ä. abhängig von אחר/אחרי bzw. ὀπίσω: Jer 2,8: οἱ προφῆται …
ὀπίσω ἀνωφελοῦς ἐπορεύθησαν und Hos 5,11: Εφραιμ … ἤρξατο πορεύεσθαι ὀπίσω τῶν ματαίων, wobei hier τὰ μάταια nur eine Metonymie für andere Götter darstellt. An anderen Stellen kann הלך אחר/אחרי auch anders wiedergegeben werden, so
findet sich als Pendant das Verb ἐξακολουθεῖν in Jer 2,2 MT = Jer 2,1 LXX und in Am
2,4: τὰ μάταια αὐτῶν … οἷς ἐξηκολούθησαν οἱ πατέρες αὐτῶν ὀπίσω αὐτῶν.
[533] Das Zitat findet sich in einem Verband von vier Versen, der bei Stobaeus IV
50b,45 erhalten ist. Die Herkunft von dem Komödiendichter Pherekrates (5. Jh. v.),
die die *Comicorum Atticorum Fragmenta* (Kock; Vol I; frg 248) noch als gewiss ansehen,
wird heute in Zweifel gezogen: In den *Poetae Comici Graeci* (Kassel/Austin; Vol VII;
frg 283) erscheinen die Verse zwar noch unter dem Namen des Pherekrates, eröffnen
hier jedoch die Kategorie der ‚*Dubia*'.
[534] Der augusteische Doxograph Arius Didymus im *Liber de philosophorum sectis*
(*Fragmenta Philosophorum Graecorum* II,58,2): ἕξις, κίνησις, σχέσις, ἐνέργεια, δύναμις, ὄρεξις, ὑγίεια, ἰσχύς, εὐεξία, εὐαισθησία, κάλλος, τάχος, ἀρτιότης.
[535] Siehe u.a. Dtn 3,24; 3 Reg 11,28; 2 Chron 26,13; Sach 4,6; Dan 11,25 (Theodotion); Phil ebr 121; Phil all I,98 und III,172; Phil agr 173; Phil spec.leg II,99; aet 26,4; Jos
ant VI,1,2 § 9; IX,1,2 § 8; XI,3,4 § 44 und äthHen 1,4 (gr); vgl. Phil 4,13 und Apk 7,12.
[536] Dtn 3,24; Phil all I,98; Phil ebr 121; Jos ant IX,1,2 § 8 u.ö. GREEN 2008, 273 hat allerdings nur teilweise Recht, wenn er behauptet, ἰσχύϊ καὶ δυνάμει sei "a common
hendiadys used by Jewish and Christian authors", denn zum einen ist der Hendiadyoin über die jüdisch-christliche Literatur hinaus geläufig, zum anderen belegen die
von ihm angeführten Stellen durchaus nicht alle einen Hendiadyoin, sondern die
vielfältige Zuordnung der beiden Lexeme.
[537] Dass hier ein bereits bestehendes Konzept in die Septuaginta eingeflossen ist,
zeigt sich daran, dass verschiedene hebräische Wortkombinationen mit ἰσχυ- und

Eine ähnliche reziproke Anziehungskraft der Lexeme dürfte bei τολ-μηταί, αὐθάδεις (2 Petr 2,10) gegeben sein, allerdings gibt es hierzu aus-schließlich pagane literarische Belege ab dem ersten vorchristlichen Jahr-hundert.[538] Die Sicht, dass man sich als αὐθάδης disqualifiziert für Lei-tungspositionen in der Gemeinde, die im *zweiten Petrusbrief* insofern be-legt ist, als diese Eigenschaft vom Verfasser nicht akzeptierten Lehrerper-sönlichkeiten (ψευδοδιδάσκαλοι) zugeschrieben wird, findet sich freilich auch im *Titusbrief* für die Person des ἐπίσκοπος (Tit 1,7); und sucht man nicht nach genauen lexikalischen, sondern ungefähren semantischen Übereinstimmungen, so könnte in der Formulierung θρασὺς καὶ αὐθάδης καὶ ἀλαζών (Prov 21,24) eine ähnliche Kombination in vorliegen.

Der *Judasbrief* wirft der Gegenpartei vor, sie verhalte sich ‚Herrlich-keitswesen' gegenüber unehrerbietig, oder noch stärker: gebärde sich ih-nen gegenüber abfällig (δόξας βλασφημεῖν). Mit einem Gegenbeispiel aus der *Assumptio Mosis* wird die Vermessenheit dieses Verhaltens illu-striert: Beim Streit um den Leichnam des Mose habe der Erzengel Michael damals keine κρίσις … βλασφημίας gegen den Teufel vorgebracht, son-dern das Urteil dem Herrn überlassen (Jud 8–9). In diesem Vergleich wird also der Erzengel Michael den οὗτοι gegenübergestellt und der διάβολος den δόξαι. *Tertium comparationis* ist δόξας βλασφημεῖν bzw. κρίσιν βλασφημίας ἐπιφέρειν.[539] Bei der Wiederaufnahme durch den Verfasser des *zweiten Petrusbriefes* ist genau dieses *tertium comparationis* erhalten; die

---

δυναμ- wiedergegeben werden. In Sach 4,6 beispielsweise ist οὐκ ἐν δυνάμει μεγά-λῃ οὐδὲ ἐν ἰσχύι die Wiedergabe von לֹא בְחַיִל וְלֹא בְכֹחַ, und in Dtn 3,24 übersetzt der Hendiadyoin τὴν ἰσχύν σου καὶ τὴν δύναμίν σου ein einziges Substantiv, nämlich אֶת־גָּדְלְךָ. Einmal Teil jüdischen Denkens und Sprechens können auch neue Verbin-dungsmöglichkeiten entstehen, die, soweit dem Verfasser bekannt, andernorts nicht belegt sind, wie beispielsweise die nominale Abhängigkeit in Form eines Genitivatt-ributs ἡ δύναμις τῆς ἰσχύος in äthHen 1,4 (gr).

[538] Dreimal belegt bei Dionys von Halikarnass in den *Antiquitates Romanae*: Lucius, der spätere Tarquinius Superbus, wird in ant IV,28,2 als τολμηρὸς καὶ αὐθάδης be-schrieben; siehe ferner ibid. X,10,34: αὐθαδείᾳ χρησάμενοι καὶ τολμήσαντες und IX,2,2: λόγον τε τὸν αὐθαδέστερον εἰπεῖν ἐτόλμησε, siehe ferner Aristeid *ΠΕΡΙ ΤΟΥ ΠΑΡΑΦΘΕΓΜΑΤΟΣ* (=or XXVIII) 137: καίτοι τοσοῦτόν γε ἐμὲ τόλμη καὶ αὐ-θαδείᾳ παρελήλυθε und Hermogenes von Tarsus: *ΠΕΡΙ ΜΕΘΟΔΟΥ ΔΕΙΝΟΤΗΤΟΣ* 6: τῶν … αὐθάδων καὶ τολμηρῶν διανοημάτων.

[539] In einer ausführlichen Begründung, die auf einer Rekonstruktion des fehlenden Schlusses der *Assumptio Mosis* basiert, hat BAUCKHAM 1983, 60–62 und 65–76 dieser traditionellen Deutung des Beispiels widersprochen. Es gehe nicht um den Respekt Michaels vor dem Teufel, nicht darum, dass er keine βλασφημία enthaltende κρίσις über den Teufel ausgesprochen habe, sondern dass er keine κρίσις über den Teufel ausgesprochen habe trotz dessen βλασφημία gegen Mose, als βλασφημία sei der Anspruch des Teufels auf den Leichnam des Mose aufgrund von dessen Mord an dem Ägypter zu werten. In linguistischen Kategorien ausgedrückt: βλασφημίας sei kein *genitivus qualitatis*, sondern ein *genitivus obiectivus*.

sprachlichen Veränderungen sind gering: δόξας βλασφημεῖν ist völlig identisch, und κρίσιν βλασφημίας ἐπιφέρειν wird zu βλάσφημον κρίσιν φέρειν; die Ersetzung des Genitivs durch ein adjektivisches Attribut lässt sich möglicherweise als eine Entfernung von semitischer Diktion interpretieren.[540] Die ergänzenden Näherbestimmungen κατ' αὐτῶν und παρὰ κυρίῳ entwerfen das Szenarium einer Anklage vor dem Richterstuhl Gottes,[541] sie verändern also die Lokalisierung des Gegenbeispiels. Das Mittel eines Gegenbeispiels zur Illustration bleibt erhalten, doch werden die Vergleichsparteien verändert: Den τολμηταὶ αὐθάδεις stehen ἄγγελοι gegenüber, und den δόξαι die durch κατ' αὐτῶν aufgenommenen τολμηταὶ αὐθάδεις. Die *Secunda Petri* verzichtet also auf den Vergleich mit einem Beispiel aus der Tradition, sondern nimmt die zwei Parteien aus der Sachhälfte, vertauscht die Rollen, korrigiert die Machtverhältnisse (ἰσχύϊ καὶ δυνάμει μείζονες ὄντες) und weist auf das ganz andere Verhalten der Geschmähten den aktuell Schmähenden gegenüber an einem das Schicksal entscheidenden Ort, nämlich dem Gericht Gottes. Der so entstandene Phänotext passt zu der bereits anhand der sprachlichen Gestaltung beschriebenen Tendenz, das Verhalten der Gegner nachdrücklich als Vermessenheit zu werten, doch lag auch bereits hinter dem Prätext eine ähnliche Absicht; die Motivation für das Vertauschen des Gegenbeispiels lässt sich also der inhaltlichen Tendenz des Phänotextes nicht ohne weiteres entnehmen.[542]

---

[540] Sollte BAUCKHAM mit seiner Deutung von Jud 9 richtig liegen, müsste allerdings diese Transformationshandlung anders gedeutet werden. Dann hätte er in der Tat – absichtlich oder in einem Missverständnis – in die Semantik eingegriffen und aus einem „Urteil über die Schmähung (des Mose durch den Teufel)" ein „schmähendes Urteil" gemacht.

[541] Siehe KRAUS 2000 und die Paraphrase zu Beginn dieses Kapitels.

[542] Die vielen Hypothesen, die dazu in die Diskussion geworfen wurden, sind allesamt spekulativ. Ganz sicher auszuschließen ist die Meinung von PERKINS 1995, 184: "Second Peter has dropped the legend of Michael and Satan because it is not relevant to the argument of the letter." Könnte er dem Beispiel gar nichts abgewinnen, so hätte er es gänzlich übergehen können. Gerade dies tut er jedoch nicht, vielmehr arbeitet er es um, d.h. zumindest die aufgegriffenen Aspekte scheinen ihm doch offensichtlich des Aufgreifens wert; so auch BAUCKHAM 1983, 262. Angesichts der immer wieder zu beobachtenden Vertrautheit des Verfassers der *Secunda Petri* mit allerlei apokryphen Schriften und Traditionen will allerdings auch BAUCKHAMs eigene Erklärung nicht wirklich plausibel erscheinen: "Probably the author of 2 Petr did not know the story, and therefore he misunderstood the point of Jude 9... He thought the story of Michael and the devil must be intended as an example of an angel's respect for the devil, contrasting with the false teachers' disrespect for the δόξας." Glaubwürdiger, aber ebenso spekulativ, ist FORNBERG 1977, 54, der Rücksichtnahme auf die Leserschaft der *Secunda Petri* hinter der Umgestaltung des Prätextes vermutet: "Since the Assumption of Moses was little known in the early church the revision in 2 Pet 2:11 may result from the awareness that the readers would be bewildered by the tradition

Auch der Vergleich mit den ἄλογα ζῷα unterliegt einer Umgestaltung. Der *Judasbrief* hatte das Beispiel des Streits zwischen Michael und dem Teufel offenbar so verstanden, dass Michael sein Gegenüber, den Teufel, durchaus kannte und daher guten Grund hatte, dem Teufel mit einem ihn vernichtenden Urteil zu begegnen. Denn im Folgenden wird dem entgegengehalten (δέ), die οὗτοι begegneten ihnen Unbekanntem (ὅσα οὐκ οἴδασιν) mit einem verwerfenden Urteil. Ihre Einsicht wird als „naturgegeben" (φυσικῶς) gekennzeichnet und mit dem von ἄλογα ζῷα gleichgesetzt, um dann ihr ‚Verderben' (φθείρονται) durch diese ‚naturgegebene' Einsicht festzustellen.[543] Der *zweite Petrusbrief* greift die sprachlichen Elemente ἄλογα ζῷα, φυσικ- und φθείρειν auf, doch treten sie in ein anderes Verhältnis zueinander. Für ihn sind die ἄλογα ζῷα von Natur dazu geboren, gefangen und getötet zu werden (γεγεννημένα φυσικὰ εἰς ἅλωσιν καὶ φθοράν). Damit erweitert er seinen Prätext um einen Gedanken, der in der paganen Antike ebenso belegt ist wie im Judentum: Nach Iuv 1,141 ist der Eber ein *animal propter convivia natum*; Plin nat VIII,81,219 zufolge der Hase *omnium praeda nascens* und bBM 85a berichtet, dass Rabbi zu einem Kalb, das sich auf dem Weg zum Schlachter losgrissen und bei ihm Schutz gesucht hatte, gesagt habe: „Geh sterben, denn dazu bist du geschaffen." (זיל לכך נוצרת). Sprichwörter, Redensarten und allgemeine Weisheiten, dies wird sich in den letzten Versen des zweiten Kapitels bestätigen, gehören also ebenfalls zur geistigen Welt des Verfassers und zu dem für die textuelle Ausgestaltung des zweiten Kapitels eingesetzten rhetorischen Rüstzeug.

Das Stichwort φθορά wird dann mit einer Art etymologischen Figur noch zweimal in Bezug auf die τολμηταὶ αὐθάδεις aufgenommen (ἐν τῇ φθορᾷ αὐτῶν καὶ φθαρήσονται), wodurch dem drohenden Verderben

---

of Michael's struggle with the devil, so that the author included only that which was relevant to his purpose…" FARKASFALVY 1985, 15 greift die alte These von der kanonkritischen Haltung des *Zweiten Petrusbriefes* auf: "…he reduces and tones down the use of Jewish apocryphal writings …: the names of Enoch and Michael the archangel are missing, because in Jude they are tied to formal quotation of the apocryphal sources; the fight about Moses' body is similarly left out. These editorial measures do not eliminate all material from the passages taken over from Jude; however, they erase all appearance of attributing scriptural status of the sources of Jude." Angesichts einer solchen Interpretation drängt sich die Frage auf, warum der Verfasser, wenn er denn so kanonkritisch war, nur an der Oberfläche Spuren der Autorität dieser Schriften vernichtete, nicht aber gänzliche auf ihren Gebrauch verzichtete.

[543] GREEN 2008, 275 sieht im Gebrauch von φθείρειν in Jud 10 keinen Hinweis auf die eschatologische Vernichtung der Gegner, sondern eine Aussage über deren moralische Verwahrlosung, die ihr vernunftloses ‚tierisches' Verhalten nach sich zieht.

größeres Gewicht[544] zukommt als der nun nicht mehr doppelt im Parallelismus, sondern nur einmalig geäußerten und leicht verändert übernommenen Unterstellung, diese verlästerten ihnen Unbekanntes (ἐν οἷς ἀγνοοῦσιν βλασφημοῦντες). Die Verdoppelung der Derivationen des Lexems φθειρ- führt zu einem textuellen Phänotyp, der auf ‚biblische‘ Sprache verweist; die Septuaginta benutzt ähnliche Formulierungen in Ex 18,18 (φθορᾷ καταφθαρήσῃ), Jes 24,3 (φθορᾷ φθαρήσεται) und Mi 2,10 (διεφθάρητε φθορᾷ). Anders als im *Judasbrief* wird diese φθορά ausdrücklich erneut in einer *derivatio* interpretiert als ein Geprelltwerden um ungerechten Lohn (ἀδικούμενοι μισθὸν ἀδικίας; 2,13a), womit durch den Anklang an Num 24,11 das nächste biblische Beispiel, Bileam, eingeführt ist.[545]

1.2.7. Bileam (2 Petr 2,13–16)

Die Verse 13 bis 16 des zweiten Kapitels muten zunächst als eine Auflistung von Kritikpunkten am Charakter und Verhalten der οὗτοι an.[546] Vers 13 legt ihnen Besudelung der Mahlfeiern zur Last, Vers 14 nacheinander das Trachten nach Ehebruch, die Verführung noch ungefestigter Gemeindeglieder sowie Habgier, Vers 15 beschreibt sie als Nachfolger Bileams, wobei die Gemeinsamkeit in der Liebe zum μισθὸς ἀδικίας besteht. Vers 16 führt das Thema Bileam fort mit der Wiederaufnahme der Eselsgeschichte aus Numeri 22,21ff und greift gleichzeitig auf den Vergleich der οὗτοι mit ἄλογα ζῷα zurück: Während Bileam von dem ὑποζύγιον ἄφωνον an seinem Wahnsinnsvorhaben gehindert wurde, werden diese wie die ἄλογα ζῷα dem Verderben ausgeliefert sein.

Dennoch handelt es sich nicht um eine lose Aneinanderreihung von Vorwürfen, vielmehr ist auch dieser Abschnitt Ergebnis einer Komposition. Zu dieser Einsicht führt auf der Ebene des Phänotextes die Wahrnehmung der rahmenden lexikalischen Gestaltung durch μισθὸς ἀδικίας in 2,13 und 2,15: Die οὗτοι gehen dem Verderben entgegen und werden so um den μισθὸς ἀδικίας gebracht (2,13), den Bileam so sehr liebte (2,15). Bestätigt wird dieser erste Eindruck durch eine Betrachtung der Transformationshandlungen am Prätext *Judasbrief*, die sich als Konzentration durch Reduktion des Personeninventars, als Intensivierung der Behandlung des verbliebenen Personenbestandes, als textuelle Approximation an ein als bekannt vorauszusetzendes, da häufig aufgegriffenes Detail aus der Bileamerzählung (Betrogensein um erhofften Lohn) und als Erweite-

---

[544] Die etymologische Figur dient an sich schon der „Intensivierung der semantischen Kraft" (LAUSBERG 1963, 92 § 281), die ausdrückliche Erwähnung der Bestimmung der ἄλογα ζῷα zur φθορά wirkt zusätzlich in dieselbe Richtung.

[545] Siehe dazu den folgenden Abschnitt III.C.1.2.7.

[546] Entsprechend gibt HARRINGTON 2003, 271 seiner Auslegung von 2 Petr 2,12–16 die Überschrift "Denunciations".

rung um die Wiederaufnahme zusätzlicher Elemente der Bileamerzählung (Eselinnenepisode) beschreiben lassen. Sie führen zu dem Ergebnis, dass die Figur Bileams, wennzwar erst in 2,15–16 ausdrücklich genannt und als (unbewusstes) Vorbild der οὗτοι entlarvt, implizit schon ab spätestens 2,13 als Leitbild vor Augen steht, das die verschiedenen Vorwürfe in 2,13–14 assoziativ freisetzt.

Der Rückgriff auf das Beispiel Bileams stammt aus dem *Judasbrief*. In Jud 11 war er in einer Dreierreihe von Identifikationsmodellen für die οὗτοι aus der biblischen Tradition zwischen Kain und Korach aufgeführt.[547] Der *zweite Petrusbrief* reduziert diese Vergleichsreihe. Kain und Korach entfallen, nur Bileam bleibt übrig, behält die Verbindung mit den Lexemen πλάν- und μισθ- und zieht darüber hinaus aus dem vormaligen Kainsbeispiel die Wegesmetapher an sich: Die ὁδός τοῦ Κάϊν wird zur ὁδὸς τοῦ Βαλαὰμ τοῦ Βοσόρ. Die so entstandene Verbindung von ὁδός mit Βαλαάμ kann das Bild des Weges Bileams zu Balak auf seiner Eselin evozieren – das Wort ὁδός wird in Num 22,21–35 mehrfach genannt –, doch ist dieser Bezug kaum als intentional nachzuweisen, da die Wegesmetapher öfter im Brief verwendet wird.[548]

Die personelle Reduktion des Vergleichs geht einher mit einem Ausbau der Bileamrezeption. Während ihm im *Judasbrief* nicht mehr als sechs Worte und als einziges Thema der μισθός gewidmet waren, umfasst allein der unmittelbar als auf Bileam bezogen erkennbare Teil zwei volle Verse (2,15–16) und neben dem μισθὸς ἀδικίας das anhand der neu eingefügten Bezugnahme auf die Eselinnenepisode angeschnittene Thema παρανομία/παραφρονία. Die Tatsache, dass μισθός bereits im *Judasbrief* mit Bileam verbunden war und der Verfasser diese Verbindung in 2,15 aufrecht erhält, schließt aus, dass er in 2,13 μισθός ohne jeglichen Gedanken an Bileam einführt. Die Art der Erweiterung des bloßen μισθός zu

---

[547] Genau dieselbe Dreierreihe bildet in *Avot de Rabbi Nathan* 41,19 die erste Hälfte einer Reihe von Gestalten, die am עולם הבא keinen Anteil haben. Der Grund: Sie haben nach Größe getrachtet (מבקשי גדולה). Möglicherweise bringt der Vorwurf des βλασφημοῦν (Jud 10), das ja ebenfalls einen Ausdruck von Selbstüberschätzung, also einer Form von גדולה, darstellt, zu dieser Beispielreihe (Jud 11). Dies lässt sich umso mehr vermuten, als den βλασφημοῦντες die φθορά angekündigt wird, also nichts anderes als der Ausschluss aus dem עולם הבא. Kurzum, es sollte nicht verwundern, wenn hinter Jud 10–11 und ARN 41,19 gemeinsame Auslegungstraditionen stünden.

[548] 2,2: ἡ ὁδὸς τῆς ἀληθείας; 2,15: εὐθεῖα ὁδός; 2,21 ἡ ὁδὸς τῆς δικαιοσύνης. Zur Doppelheit von wörtlichem und metaphorischem Verständnis von ὁδός siehe BAUCKHAM 1983, 267 ad loc: "…the author may … have in mind the emphasis on Balaam's "way"…, both literal (Num 22:23 LXX) and metaphorical (Num 23:32 LXX), in Num 22:21–35, the passage to which v 16 refers." Das Begehen eines Weges oder das Abkommen von ihm für die (moralische) Lebensausrichtung ist biblische Sprache, siehe etwa Dtn 11,28 (ἐὰν … πλανηθῆτε ἀπὸ τῆς ὁδοῦ), Prov 21,16 (ἀνὴρ πλανώμενος ἐξ ὁδοῦ δικαιοσύνης), Weish 5,6 (ἐπλανήθημεν ἀπὸ ὁδοῦ ἀληθείας) u.ö.

ἀδικούμενοι μισθὸν ἀδικίας bestätigt dies. Denn der Gedanke, um den erhofften Lohn betrogen zu sein, stammt eben aus der Bileamerzählung – noch dazu in einer analogen Formulierung. Nach dem dritten Segensorakel gibt sich dort Balak geschlagen und schickt Bileam weg mit der Bemerkung, sein Gott habe ihn um die in Aussicht gestellten ‚Ehre'[549] gebracht: והנה מנעך יהוה מכבוד (Num 24,11), was die Septuaginta mit καὶ νῦν ἐστέρησέν σε κύριος τῆς δόξης übersetzt. Dieser Gedanke wird oft bei der Neuerzählung der Bileamgeschichte wieder aufgenommen, wie folgende Übersicht veranschaulicht:

Num 24,11 MT	והנה מנעך יהוה מכבוד
Num 24,11 LXX	καὶ νῦν ἐστέρησέν σε κύριος τῆς δόξης
Liber Antiquitatum Biblicarum 18,12	*fraudavit te Deus tuus* *multorum munerum meorum*
2 Petr 2,12	ἀδικούμενοι μισθὸν ἀδικίας
Phil vitMos I,293	πόσον πλῆθος χρημάτων, ἀνοητότατε, καὶ δωρεῶν, πόσην δ᾽ εὐφημίαν καὶ δόξαν ἀφήρησαι σεαυτὸν φρενοβλαβὴς ὤν
Jos ant IV,6,126	(Βάλακος … ἀποπέμπει τὸν Βάλαμον) μηδεμιᾶς τιμῆς ἀξιώσας

Während der *Liber Antiquitatum Biblicarum* syntaktisch recht analog zu der biblischen Vorlage formuliert, sind die Versionen des Josephus und die Philos allenfalls als Paraphrasen zu charakterisieren. Der Gedanke freilich, dass angesichts der Segenssprüche aus dem für die Verfluchung in Aussicht gestellten Lohn nichts werden kann, stimmt bei allen überein. Offenbar gehörte dieses Element der Erzählung also zum festen Bestand des bei einer Rezeption wieder Aufgenommenen. Dabei konnte das Entgehen des Verdienstes entweder Gott oder der Torheit Bileams angekreidet werden. Die Erweiterungen nun, die der Verfasser der *Secunda Petri* dem Prätext angedeihen lässt, bringen nicht nur inhaltlich näher an das genannte Erzählelement der biblischen Bileamerzählung heran, sondern auch syntaktisch. Lediglich die ausdrückliche Nennung Gottes fehlt, doch wie Philo und Josephus zeigen, ist sie zum einen nicht notwendiger Bestandteil, zum anderen könnte sie implizit sehr wohl vorhanden sein; immerhin ist das Syntagma ἀδικούμενοι μισθὸν ἀδικίας in einen Kontext eingebettet, in dem es um das Gericht über die οὗτοι geht, das zu ihrer φθορά führt; und dieses Gericht wird selbstverständlich von Gott gehal-

---

[549] ‚Lohn, Reichtum' und ‚belohnen, reich machen' wird in der Bileamerzählung in Num 22–24 mit der Wurzel כבד wiedergegeben. Die Septuaginta ahmt dies nach und spricht von δόξα und τιμᾶν; siehe etwa Num 22,17; 24,11. Aus Bileams Reaktion wird jeweils deutlich, dass es um materielle ‚Ehren' geht.

ten. ἀδικούμενοι kann also, wenn nicht reflexiv, auch als *passivum divinum* verstanden werden.

Nimmt man so die Bileamgestalt als Leitbild für den gesamten Abschnitt 2,13–16 an, erklären sich auch die auf den ersten Blick willkürlich zusammengestellt anmutenden Ergänzungen des Verfassers ohne konkreten Anknüpfungspunkt im *Judasbrief* als freie Assioziationen auf der Basis traditionell mit der Gestalt Bileams verbundener Motive. Was etwa den Konnex Bileam – (Trachten nach) sexuelle(n) Verfehlungen (ὀφθαλμοὶ μεστοὶ μοιχαλίδος) betrifft, so wird Bileam schon in Num 31,16 im Nachhinein zur Last gelegt, er habe den Midianiterinnen geraten, die Israeliten zum Dienst an Baal Peor zu verführen; in Num 25,1ff war diese Verfehlung noch völlig ohne Zutun Bileams erzählt worden. Dieser Zug wird in der Bileamrezeption des Josephus und des Philo breit ausgebaut; sowohl in Phil vitMos I,295–299 als auch in Jos ant IV,6,6 § 127–130 ist der Rat Bileams als umfängliche wörtliche Rede ausgeführt, die auf die sexuelle Verführung der Israeliten durch die Reize der Midianiterinnen mit dem Ziel der kultischen Apostasie abhebt. In Phil vitMos I,300 reagiert Balak daraufhin mit dem Hinwegsehen über den κατὰ μοιχῶν νόμος (sowie dem Abschaffen der Gesetze ἐπὶ φθορᾷ καὶ πορνείᾳ). Das Lexem μοιχ-, das der *zweite Petrusbrief* gebraucht, wenn er den Heterodoxen ὀφθαλμοὶ μεστοὶ μοιχαλίδος attribuiert, und allgemeiner das Motiv des Getriebenseins durch sexuelle Leidenschaften verbinden sich also in den literarischen Wiederaufnahmen der Gestalt Bileams mit denen, die dessen Ratschlägen folgen. Die Einfügung von ὀφθαλμοὺς ἔχοντες μεστοὺς μοιχαλίδος καὶ ἀκαταπαύστους ἁμαρτίας steht also – unabhängig davon, wie viel Anhalt an der aktuellen Situation man ihr zugestehen will – in einer Linie mit der Beschreibung der οὗτοι als ἐξακολουθήσαντες τῇ ὁδῷ τοῦ Βαλαὰμ τοῦ Βοσόρ.[550]

Ganz sicher dem Briefanlass geschuldet ist ihre Charakterisierung als δελεάζοντες ψυχὰς ἀστηρίκτους (2,13), wie sich aus der Wiederholung und Erweiterung in 2,18, aber auch schon aus 2,2 ersehen lässt. Doch legt sich die Verwendung des Verbs δελεάζειν aus der Bileamrezeption nahe. Bileam selbst gilt Philo als δελεάσθεις durch die bereits erbrachten und noch in Aussicht gestellten Geschenke Balaks und den Rang der Abgesandten Balaks (vitMos I,268), und sein Mittel, um die Israeliten zur ἀσέβεια zu verleiten, besteht darin, ihnen ἡδονή, die hier sexuell konnotiert ist, als δέλεαρ vor Augen zu führen (vitMos I,295). Das Ziel Bileams in den Augen Philos ist die Verführung der Israeliten zur παρανομία

---

[550] Der intertextuelle Bezug auf die Midianiterinnen könnte sich auch in der Wahl der weiblichen Form μοιχαλίς an Stelle des Abstraktums niedergeschlagen haben, so jedenfalls FORNBERG 2008, 270: "That may explain why the somewhat awkward word 'adulteress' ... was chosen (*moichalis*) ... and not the abstract 'adultery' (*moichalia*) as could be expected."

(ibid.);[551] genau dasselbe Wort παρανομία verwendet der *zweite Petrusbrief* für das Tun Bileams: ἔλεγξιν δὲ ἔσχεν ἰδίας παρανομίας (2,16). Παρανομία ist der Septuaginta zwar kein ungeläufiges Wort, doch greift sie es im Zusammenhang mit der Bileamerzählung nicht auf. Philo verwendet nicht nur das Substantiv für das von Bileam anbefohlene Tun der Israeliten, sondern auch das Verb παρανομεῖν (vitMos I,301).

Wenn der Verfasser der *Secunda Petri* den οὗτοι zur Last legt, sie hätten eine καρδία γεγυμνασμένη πλεονεξίας, so nimmt πλεονεξία natürlich μισθὸς ἀδικίας wieder auf. Wenn auch πλεονεξία bei den Wiederaufnahmen der Bileamerzählung in griechischer Sprache nicht belegt scheint,[552] so wird doch das Motiv als solches vorausgesetzt, indem das Versprechen von Belohnung für die Verfluchungsdienste gerade an Bileams Streben nach Gewinn und Besitz appelliert. Bereits in Num 22,18 und 24,13 wird das Thema Habsucht vorgegeben, wenn dort auch noch in Form von Bileams vollmundiger Ablehnung jeglicher Beeinflussbarkeit durch Reichtümer, die im Ganzen des Erzählzusammenhangs jedoch nicht so recht glaubwürdig erscheinen will. 2 Esdras 23,2 LXX (= Neh 13,2 MT) nennt als Grund für den Ausschluss von Moabitern und Ammonitern aus dem Gottesvolk, sie hätten Bileam zur Verfluchung Israels in Lohndienst genommen: ἐμισθώσαντο. Bereits in der Septuaginta fällt also das Stichwort μισθός.[553] Philo erwähnt, dass Bileam um Lohn (ἐπὶ μισθῷ; Phil migr 114) von den Feinden mit üblen Divinationshandlungen beauftragt wurde, und schildert die von dem Seher empfundene Verlockung durch die teils überreichten, teils in Aussicht gestellten Geschenke Balaks (vitMos I,266–268). In *Avot de-Rabbi Nathan* verweist Rabbi Eleazar ha-Qappar, ein Tannait der vierten Generation, also des zweiten Jahrhunderts, auf Bileam für den Fall, dass jemand einem anderen um des Geldes willen (לשם ממון) Ehre erweist (ARN 29,7,1).[554] Und vielleicht gehört es sogar

---

[551] Für die Verführung Israels gebraucht Philo hier dasselbe Wort ἅλωσις, das der Verfasser der *Secunda Petri* in 2,12 als Bestimmung der ἄλογα ζῷα angegeben hatte. Anders als bei KRAUS 2000, 340 angegeben, fehlt das Wort also nicht gänzlich bei Philo, siehe auch legGai 292 und Flacc 54.

[552] Philo verwendet es weder im ersten Buch von *De vita Mosis* für seine Bearbeitung des Bileamstoffes noch andernorts, wenn er auf Bileam zu sprechen kommt (cher 32–34; det 71; imm 181–183; conf 159; migr 113–115; mut 203); Josephus gebraucht es nicht, wo er im vierten Buch der *Antiquitates* auf Bileam eingeht.

[553] Vielleicht findet sich auch im *Targum Neofiti* das Stichwort „Lohn". Jedenfalls übersetzt MCNAMARA „wages of divination", wo der aramäische Text גדין דקסמין bietet. Diese Übersetzung dürfte freilich auf der bei JASTROW s.v. גדין vorgeschlagenen Lesart אגרין statt גדין zu beruhen, so dass die Stelle nicht als sicheres Argument herangezogen werden kann.

[554] Die Stellenangabe folgt der Textversion A, die auch der Übersetzung NEUSNERS zu Grunde liegt. Bileam erhält übrigens in den ARN beinahe regelmäßig das Attribut

hierher, dass die Mischna den Schülern Bileams eine נפש רחבה attestiert, denn Habgier fällt in das Bedeutungsspektrum von נפש רחבה.[555] Die Erwähnung einer καρδία γεγυμνασμένη πλεονεξίας fügt sich demnach leicht in ein zeitgnössisches Bileambild, auch wenn sich lexikalisch πλεονεξία nirgends mit ihm verbindet.[556]

Eindeutig lexikalische Verweiskraft hat jedoch κατάρας τέκνα, denn κατάρα ist eine der naheliegendsten Assoziationen zur Gestalt Bileams, der Israel segnen musste, obwohl er vom Moabiterkönig Balak dazu gedrängt wurde, es zu verfluchen. Die Verben ארר und קבב, die der hebräische Text von Num 22–24 für ‚fluchen' verwendet, werden in der Septuaginta zumeist mit καταρᾶσθαι, seltener mit dem Simplex ἀρᾶσθαι oder dem doppelt präfigierten ἐπικαταρᾶσθαι übersetzt. In der Wiederaufnahme der Erzählung begegnen dann regelmäßig καταρᾶσθαι und κατάρα, zuweilen auch das Simplex ἀρᾶσθαι.[557] Dass sich umgekehrt vom Thema „Segen und Fluch" der Rekurs auf die Bileamerzählung nahelegt, belegt Philo in De migrationibus Abrahami 109–117, wo er beginnend bei Gen 12,3 – Segen für die, die Abrahams Volk segnen, Fluch für die, die es verfluchen – in direkter Linie zu Bileam gelangt. Das Wort κατάρα neben der Erwähnung Bileams kann also nur eine Bezugnahme auf die Erzählung von Num 22–24 oder deren Rezeption darstellen.

Gelegentlich taucht auch das Element des Essens in der Bileamrezeption auf. Num 22,40 vermerkt die Opferung von Rindern, Ziegen und Schafen, von deren Fleisch Bileam und seine Begleiter einen Anteil bekamen. Bei Philo werden daraus Bewirtungen (εὐωχίαι – mit der Konnotation von ‚Schmausereien'), kostspielige Gastmähler auf Staatskosten (πολυτελεῖς ἑστιάσεις) und „was der Brauch sonst noch für den Empfang von Fremden bereitstellt"(vitMos I,275). Als ob das noch nicht deutlich genug bekundete, wie er einer solch üppigen Bewirtung gegenübersteht, unterstreicht er anschließend die königliche Selbstdarstellung durch Großartig-

---

הרשע, er wird also ausschließlich von seiner schlechten Seite her rezipiert, siehe ARN 1,5,3; 2,5,2; 21,2,2.

[555] Das Wörterbuch von JASTROW s.v. רחב verzeichnet als mögliche Bedeutung von נפש רחבה als "greed".

[556] Dass daneben Gewinnsucht und Habgier zu den Standardvorwürfen gegen missliebige Strömungen im frühen Christentum gehören (siehe neben 2 Petr 2,3 etwa 1 Tim 6,5; Tit 1,11), sei unbestritten, ebenso wie die Tatsache, dass πλεονεξία allgemein in der griechisch-römischen Antike für Redner, speziell aber auch in der jungen christlichen Bewegung ein tatsächliches oder vermutetes Movens für umherziehende Prediger sein konnte, siehe dazu die Bestimmungen in Did 11,5–6.12 und die Verteidigung des Paulus gegenüber den Thessalonichern, er sei nicht aus πλεονεξία gekommen (1 Thess 2,5). Zur Habgier von Rednern siehe GREEN 2008, 244f ad 2 Petr 2,3 mit Belegstellen bei Dio Chrysostomus und Plutarch.

[557] Jos ant IV,6,2 § 106; IV,6,5 § 118.124; IV,6,6 § 126; Phil det 71, migr 113.115; conf 159; vitMos I,280.286; ἀρᾶσθαι bzw. ἀρά Phil vitMos I,263.278.285.292.

keit und Fülle des Gastprogramms. Die *Avot de Rabbi Nathan* bringen das Thema ‚essen' auf eine andere Weise mit Bileam in Verbindung: Angesichts des ausgehungerten Zustandes der Israeliten infolge des Aufenthalts in der Wüste nimmt Bileam in seinen Ratschlag zur Verführung der Israeliten auch den Vorschlag auf, ihnen gutes Essen und Trinken vorzusetzen (ARN 1,5,3). In Anbetracht dieser Beispiele wird plausibel, dass der Verfasser des *zweiten Petrusbriefes* den Vorwurf der Schlemmerei (τρυφή, ἐντρυφοῦν) gegen die οὗτοι in den Rahmen der mit der Person Bileams assoziierten Fehlverhaltensweisen aufnehmen konnte.[558]

Eine letzte auffällige Nähe zeigt der Mischnatraktat *Avot* (m.Av 5,19). Dort werden „Schüler Abrahams"(תלמידו שלאברהם) gegen „Schüler Bileams" (תלמידו שלבלעם) abgegrenzt. Beide weisen sich durch bestimmte Eigenschaften aus. An Schüler oder Anhänger lässt im *zweiten Petrusbrief* die Formulierung ἐξακολουθήσαντες τῇ ὁδῷ τοῦ Βαλαάμ τοῦ Βοσόρ denken, die in 2,15 für diejenigen gebraucht wird, die die in 2,13–16 genannten Verhaltensweisen an den Tag legen. Als Kennzeichen der Bileamschüler gibt der Mischnatraktat an: עין רעה ונפש רחבה ורוח גבוהה. Die Metapher einer עין רעה dürfte ein weiteres Spektrum abdecken als ὀφθαλμοὶ μεστοὶ μοιχαλίδος; dennoch besteht in zweierlei Hinsicht hier eine Gemeinsamkeit, nämlich in der Verwendung der Augenmetapher und in der Auffassung, dass in den Augen die Begierde liegt. [559] נפש רחבה

---

[558] Für Herm sim 6,5,5 stellt τρυφή eine Art Generalvergehen dar, unter das andere subsumiert werden können: Alle Dinge sind τρυφή, wenn man sie mit Vergnügen (ἡδέως) und mit Ausrichtung auf sich selbst tut. So werden auch der μοιχός, der μέθυσος, der κατάλαλος, der ψεύστης und der πλεονέκτης zu Menschen, die ihrer τρυφή huldigen. Diese Auflistung zeigt, dass sich der *zweite Petrusbrief* mit der Zusammenstellung der Negativeigenschaften in 2,13–16 in gängigen Kategorien bewegt. Es soll also keineswegs behauptet werden, dass die im vorliegenden Textabschnitt genannten Laster nicht andernorts ebenso in Verbindung miteinander auftreten können. Gerade im *Hirten des Hermas* finden sich Lasterhäufungen, die denen in 2 Petr 2,13–16 durchaus ähneln, siehe etwa Herm mand 6,2,5: εἶτα ἐπιθυμία πράξεων πολλῶν καὶ πολυτέλειαι ἐδεσμάτων πολλῶν καὶ μεθυσμάτων καὶ κραιπαλῶν πολλῶν καὶ ποικίλων τρυφῶν καὶ οὐ δεόντων, καὶ ἐπιθυμίαι γυναικῶν καὶ πλεονεξία καὶ ὑπερηφανία πολλή τις καὶ ἀλαζονεία, καὶ ὅσα τούτοις παραπλήσιά ἐστι καὶ ὅμοια und ähnlich Herm mand 12,2,1.

[559] Zur Bedeutung von עין רעה siehe den Eintrag עין im Wörterbuch von JASTROW: "*ill-will, selfishness, envy*". Auch Philo verwendet einmal die Augenmetapher, wenn er von Bileams „blindem Auge der Seele" (τὸ τῆς ψυχῆς μεμυκὸς ὄμμα; imm 181) schreibt. Doch zum einen geschieht das in einem Kontext, wo es um das Wahrnehmen des Engels geht, der ihm den Weg versperrt (Num 22,22–35); zum anderen ist es nicht ausgeschlossen, dass hier zusätzlich eine Anspielung auf den Wortlaut des dritten und vierten Bileamspruches vorliegt, wo der Seher sich als ὁ ἀληθινῶς ὁρῶν (Num 24,3.15 LXX) bzw. שתם העין (ibid. MT) bezeichnet; zu den Problemen der Deutung von שתם und der recht freien Wiedergabe durch sie LXX siehe DORIVAL 1994, 138 und WEVERS 1998, 402f.

bezeichnet Habgier,[560] und רוח גבוהה erinnert an den Vorwurf der Selbstüberhebung, die in βλασφημεῖν und καταφρονεῖν (2 Petr 2,10), aber
wohl auch in ὑπέρογκα φθέγγεσθαι (2 Petr 2,18) zum Ausdruck kommt.
Auch in der Mischna werden also an die in 2 Petr 2 genannten nahe he-
rankommende Eigenschaften als Facetten des Bileambildes aufgenommen.
Dabei gibt ein Element wie רוח גבוהה zu vermuten, dass Bileam sogar jenseits der Abgrenzung 2 Petr 2,12–16 manche Formulierungen beeinflusst
haben könnte.

Eine Analyse der Art und Weise, wie die Gestalt Bileams in der *Secunda
Petri* rezipiert wird, erweist die vielfältige Verflechtung des Verfassers in
die zeitgenössische Bileamauslegung ebenso wie seinen eigenwilligen
Umgang mit dieser.[561] Als Beispiel mag die Zuschreibung von παραφρονία an Bileam dienen. Ganz offensichtlich nimmt dieses Wort in einem
Wortspiel παρανομία wieder auf.[562] Dies entspricht der Stilistik des vorliegenden Abschnitts,[563] daher kann die Wahl des Wortes παραφρονία
durchaus ein spontaner Fund des Verfassers sein, zumal das Wort anderweitig in der griechischen Literatur nicht belegt scheint.[564] Mit der Betrachtung der Handlungsweise Bileams als Wahnwitz steht er jedoch in
einer Auslegungstradition, die sich etwa bei Philo findet. Dieser stellt Bileam als von seinem Wahnsinn (φρενοβλάβεια) ‚durchbohrt‘ (κατακεν-
τούμενος; Phil mut 203) dar, als vom mächtigen Strom des Unverstandes
überflutet (πολλῷ τῷ τῆς ἀφροσύνης … ῥεύματι ἐπικλυσθεὶς Phil imm
181) oder doch wenigstens als töricht handelnd (ματαιάζων conf 159).[565]
In den Targumim findet sich, wennschon nicht ausdrücklich der Vorwurf
der Torheit, Tollheit o.ä., so doch die Feststellung mangelnden Verständnisses, fehlender Einsicht im Mund der Eselin. Doch auch auktoriale Ur-

---

[560] Siehe die Übersetzung bei BASKIN 1983, 80.

[561] Zur Bileamrezeption siehe RÖSEL 1999 und GREENE 1992.

[562] Mit WATSON 1988, 119f.

[563] Für stilistische Aspekte von 2,10b–22 kann WATSON 1988, 114–124 herangezogen werden.

[564] So jedenfalls CALLAN 2003, 205.

[565] Etwas anders liegt der Fall, wenn solche Urteile über Bileam in die Wiederer-
zählung integriert sind, doch *nicht* der Perspektive des Verfassers entsprechen und
nicht die Sicht der Eselin wiedergeben, wie etwa in vitMos I,293, wo Balak Bileam
nach dem dritten Segensspruch anstelle des in Auftrag gegebenen Fluchs – und damit in seinen Augen dem Verzicht des Sehers auf Ruhm und Reichtum – mit ἀνοη-
τότατε anspricht und ihn als φρενοβλαβής bezeichnet. Daher steht bei BAUCKHAM
1983, 269 Phil mut 203 etwas unglücklich neben vitMos I,293. Auch die ibid. angeführte Zeile 17 aus dem Fragment IIa der Inschrift von Deir ʿAlla berichtet wohl von
der ungläubigen Reaktion auf Bileams Prophetie, wie die folgende erste Person Plural (נשפט; siehe HOFTIJZER in HOFTIJZER/VAN DER KOOIJ 1976, 181.245) nahelegt. Diese
‚Wir‘-Gruppe wirft Bileam wohl „Unverstand und Torheit“ (לדעת ופר) vor, siehe ibid.
181; 244–248, vor allem 246.

teile über den Seher können dort ähnlich lauten, wenn etwa *Targum Pseu-doJonathan* ihn als einen bezeichnet, „der dumm geworden ist von der gro-ßen Menge seiner Weisheit".[566]

Dem Verfasser der *Secunda Petri* gilt Bileam als προφήτης (2 Petr 2,16). Hierin unterscheidet er sich freilich von Philo, der ihn als μάντις bezeich-net (vitMos I,276), als οἰωνόμαντις καὶ τερατοσκόπος (conf 159),[567] der ihm allenfalls zugesteht, dass bei seinen Segenssprüchen jeweils ein pro-phetischer Geist auf ihn kommt (προφητικοῦ πνεύματος ἐπιφοιτήσαν-τος; vitMos I,277; ἐξαίφνης θεοφορεῖται; vitMos I,283), ihm aber anson-sten nicht das *Wesen* der großen Propheten zuerkennt (ἀστεϊζόμενος ὡς δὴ τῶν ἐλλογίμων προφητῶν γεγονώς vitMos I,266), sondern lediglich de-ren *Gebaren*: Aus der θεοφόρητος προφητεία hat Bileam durch Beimen-gung seiner σοφιστεία μαντική eine Falschmünze geprägt (παραχαράσ-σειν; Phil mut 203). Kurzum, eine προφητεία wird ihm zugestanden, nicht aber der Titel des Propheten.[568] Ähnlich ist Bileam für die Targumim ebenso ein Traumdeuter (פתיר חלמיא TPsJ und TNeof Num 22,5), der Pro-phetien (מתל נבותיה ibid. Num 22,7) ausspricht, wie für den *Liber Antiqui-tatum Biblicarum* (18,2 *interpres somniorum*; 18,12 *prophetia)*; und auch Jose-

---

[566] TPsJ Num 22,5: <ה>דאיטפש מסוגעי חכמתי. Vielleicht stehen solche Urteile im Zu-sammenhang mit einer ‚etymologischen' Deutung seines Namens, jedenfalls erklärt Philo den Namen Bileam als μάταιος: Phil conf 159 (μάταιος ἑρμηνεύεται Βαλαάμ), vgl. auch Phil cher 32 (τὸν ... Βαλαὰμ μάταιον λαὸν ὄντα); Phil migr 113 (ὁ μάταιος Βαλαάμ); det 71 (ὁ σοφιστὴς Βαλαάμ μάταιος ὤν). Relativiert wird diese Vermu-tung durch die Beobachtung, dass Philo auch den Namen Balak auf ähnliche Weise erläutert: ἑρμηνεύεται δὲ Βαλὰκ ἄνους (Phil conf 66). Anders deutet TPsJ Num 22,5 den Namen Bileams als „der das Volk verschlingen will" (דבעא למבלוע ית עמא).

[567] Bezeichnenderweise fehlt bei der Einführung Bileams in den Lauf der Erzäh-lung in *De vita Mosis* I,264 das Wort προφήτης o.ä. völlig, dagegen findet sich erneut der Hinweis auf seine mantischen Praktiken, mit deren Hilfe er zu den Vorhersagen gelangt, die ihm als seine bemerkenswerteste Qualität seine große Bekanntheit ein-tragen: ἀνὴρ δ᾽ ἦν κατ᾽ ἐκεῖνον τὸν χρόνον ἐπὶ μαντείᾳ περιβόητος Μεσοποτα-μίαν οἰκῶν, ὃς ἅπαντα μὲν ἐμεμύητο τὰ μαντικῆς εἴδη, οἰωνοσκοπίαν δ᾽ ἐν τοῖς μάλιστα συγκεκροτηκὼς ἐθαυμάζετο, πολλοῖς καὶ πολλάκις ἐπιδειξάμενος ἄπι-στα καὶ μεγάλα.

[568] RÖSEL 1999, 521 sieht dahinter der Konflikt Philos zwischen der Hochschätzung der Prophetie von Num 24,17ff und dem negativen Bileambild, wie es etwa die Sep-tuaginta zeichnet: „Er müht sich, veranlaßt von Gen 12,3, mit der Frage ab, wie denn ein Fremder, der noch dazu die Israeliten zum Abfall bewegte, gleichzeitig Prophet sein kann. Das theologische Problem für Philo bestand darin, daß nach der Verhei-ßung Gen 12,1–3 die gesegnet sind, die Israel segnen. Bileam aber scheint offenbar die Ausnahme von dieser Regel zu sein. Zwar erkennt Philo ausdrücklich an, daß Bileam „den ehrwürdigsten aller Gesänge" verfaßt habe (De migr. Abr. 113), doch weil er sich mit den Feinden verband, ist er gottlos und verflucht, ἀσεβὴς καὶ ἐπάρατος, seine Verfluchung also rechtens."

phus führt ihn als Mantiker ein, wenn auch als den besten unter denen seiner Zeit (μάντις ἄριστος τῶν τότε Jos ant IV,6,2 § 104).[569]

Für den *Judasbrief* war Bileam einfach Βαλαάμ. Der Verfasser der *Secunda Petri* ergänzt als Patronym τοῦ Βοσόρ, was zu nicht geringem Kopfzerbrechen nicht erst unter den modernen Exegeten, sondern bereits unter den Abschreibern der Handschriften geführt hat, ist doch aus Num 22,5, Num 31,8 und Dtn 23,5 das Patronym Βεώρ geläufig.[570] Scharfsinnige oder gut gemeinte Überlegungen wie das Postulat eines Wortspiels mit dem hebräischen בשׂר, weil Bileam doch so sarkisch gesinnt gewesen sei, oder die Behauptung, es handle sich hier um einen auf seiner galiläischen Aussprache – שׂ statt ע – basierenden Schreibfehler Petri,[571] entbehren weder der Ästhetik noch der Sympathie; erstere hat sogar noch den Vorteil, dass ähnliche Wortspiele in rabbinischer Literatur durchaus belegt sind, doch fehlt für die postulierte Βοσόρ/בשׂר-Paronomasie dort jede Spur.[572] Des Rätsels Lösung näher bringt wohl auch hier die Text- und Auslegungsgeschichte.[573] Die Verwirrung beginnt nämlich bereits mit der Septuaginta, die den in der mehrfach überlieferten Liste edomitischer Könige erwähn-

---

[569] Es ist daher nicht nur unscharf, sondern schlichtweg irreführend und falsch, die Darstellung der Bileaminterpretation des Josephus unter Verweis auf Jos ant IV,6,2 wie GREENE 1992, 144 mit dem Satz zu beginnen: "For Josephus, Balaam was the greatest of the prophets, raised to great reputation because of the truth of his predictions." Treffend dagegen BERCHMAN 1989, 124: "For Philo Balaam is no prophet. He is a magician." – Zur rabbinischen Rezeption der prophetischen Fähigkeiten Bileams siehe BASKIN 1983, 80ff.

[570] Die erste Hand des Sinaiticus konnte sich offenbar zwischen dem ihr vorliegenden Text und dem traditionellen Patronym nicht entscheiden und schrieb kurzerhand Βεωορσόρ, was für einen Korrektor keinen sinnvollen Ausweg aus dem Dilemma darstellte. Er entschied sich für das Βοσόρ der Vorlage.

[571] Die erste Deutung findet sich beispielsweise bei BAUCKHAM 1983, 267f, aber auch noch bei FORNBERG 2008, 267f; die zweite bei ZAHN 1907, 111: „Da hebräischem שׂ häufig aram. ע entspricht ..., so wird einem Fischer aus Bethasida, welcher in der Synagoge Num 22,2ff. hebräisch vorlesen und aramäisch dolmetschen hörte, auch die umgekehrte Vertauschung als Fehler zuzutrauen sein." Nachzulesen sind sie auch in der Rezeption durch HAYS 2004, 105f. Doch sind beide schon viel älter, so werden sie etwa von LUCASSEN in seiner *disputatio theologica* aus dem Jahre 1694 unter dem Vorsitz von Campegius VITRINGA erwogen. Nach einer allgemeinen linguistischen Betrachtung über den Wechsel des *spiritus asper* zu s (ἑπτά – septem etc.) und vergleichbaren Phänomenen und mit dem stützenden Argument, dass Mt 26,73 den galiläischen Akzent des Petrus belege, folgert er: „*Potuit itaque Petrus Grammatice Hebraeam vocem* בעור *efferre per Βοσόρ*", siehe LUCASSEN 1694, 22, um dann im folgenden Abschnitt auch ein Wortspiel mit בשׂר nicht auszuschließen, denn: "*Cujusmodo allusiones, qui attenderit, plures in Petrinis Epistolis inveniet*", ibid. 23.

[572] BIGG 1902, 283f. Andere etymologische Spielereien mit seinem Namen wie עם בלע – er verschlang ein Volk – und בלה עם – er ließ ein Volk vergehen – finden sich dort jedoch sehr wohl, siehe BASKIN 1983, 79.

[573] Die folgenden Ausführungen orientieren sich an HAYS 2004.

ten בלע בן־בעור kurzerhand mit Balak aus der Bileamerzählung identifiziert und ihn Βαλακ υἱὸς τοῦ Βεωρ bzw. Βαλακ ὁ τοῦ Βεωρ nennt. So erhält der Midianiterkönig nicht nur den edomitischen Königstitel, sondern auch das Patronym Bileams. Ferner ist so die Bileamerzählung mit der edomitischen Königsliste verbunden, in der mehrfach die Stadt Βοσόρ bzw. Βοσόρρα erwähnt ist – in unmittelbarer Nähe zu dem Patronym Βεωρ und zuweilen gedeutet als Eigenname. Ausgehend von diesen textuellen Verschiebungen im griechischen Text könnte Βαλαὰμ τοῦ Βοσόρ entstanden sein.[574]

Neu eingefügt im Vergleich zum Prätext *Judasbrief* ist auch der Rückgriff auf die Episode von Bileam und der Eselin. Was die *Secunda Petri* darüber zu sagen weiß, ist, dass Bileam seiner παρανομία überführt wurde, da ein stummes Zugtier, das mit menschlicher Stimme sprach, die παραφρονία des Propheten verhindert habe (2,16). Will man diese Wiederaufnahme zurückkoppeln an die Numerierzählung, so wird man in der παρανομία wohl den Aufbruch zu Balak zu sehen haben, in der παραφρονία, die die Eselin verhinderte, vielleicht die von Balak gewünschte Verfluchung, aber deutlich ist das nicht. In jedem Fall ist die Rolle der Eselin hervorgehoben: Nicht der Engel verhindert nach 2 Petr 3,16 den Wahnsinn des Propheten, sondern die Eselin. Dies könnte natürlich eine Akzentsetzung des Verfassers selbst sein: Da die οὗτοι als Nachfolger Bileams gelten, dient es seinem Ziel, diese herabzusetzen, mehr, wenn nicht ein Engel, sondern ein sprachloses Tier sich als einsichtiger erweist als Bileam. Doch wurde bereits anhand von παραφρονία, der ‚petrinischen‘ Variante des Interpretaments vom Wahnsinn Bileams, gezeigt, dass der Verfasser in bestimmten Auslegungstraditionen steht. Dies scheint auch für die Rezeption der Eselinnenepisode zuzutreffen, denn die Targumim zeugen von einem vergleichbaren Ausbau der Rolle der Eselin. Numeri 22,28.30 hatte ihr nur zwei kleine Redeeinheiten zugestanden, in denen sie sich über die Behandlung durch Bileam beschwert und darauf verweist, dass sie sich sonst immer artig betragen habe. Josephus war diesem Umfang in etwa gefolgt, wenn auch in indirekter Rede (Jos ant IV,6,3 §§ 108–110); Philo hatte die Redeeinheit gänzlich ausgelassen (vitMos I,271–273) und hervorgehoben, dass dem vernunftlosen Tier (ἄλογον ζῷον!) eine Vision zuteil wurde, nicht aber dem Visionär; der *Liber Antiquitatum Biblicarum* hatte die Episode auf einen Satz (18,9) reduziert. Doch sowohl *Neofiti* als auch *Pseudo-Jonathan* zu Num 22,30 lassen die Eselin dem Seher sein epistemisches Manko (חסיר דעתא) aufzeigen, sein Unvermögen, sie, die Eselin zu verfluchen, geschweige denn Israel etc. Dies be-

---

[574] Die *Targumim* werden sich dann erinnern, dass Βεωρ eigentlich Bileams Patronym ist und ihn statt Balaks in die Königsliste einführen, siehe TPsJ Gen 36,32 und T 1 Chr 1,43.

denkend wird man begründet vermuten dürfen, dass ähnliche Auslegungstraditionen Anstoß gegeben haben könnten zu der Aussage, Bileam durch die Eselin seiner παρανομία überführt worden (ἔλεγξιν ἔσχεν) und diese habe so seine παραφρονία verhindert.

Auch die Rezeption der Eselinnenepisode ist mit reichlich rhetorischem *ornatus* ausgestattet. Die zeugmatische *derivatio* ἄφωνον – ἐν ἀνθρώπου φωνῇ und der wahrscheinlich ironische Gebrauch des neben der Verwendung für Tierlaute[575] auch mit Prophetenäußerungen konnotierten Verbums φθέγγεσθαι[576] dürften dem Ingenium des Verfassers beizulegen sein. Doch werden auch hierzu sprachliche Versatzstücke verwendet, wie sie durchaus in der zeitgenössischen Bileamrezeption, nicht aber im biblischen Text begegnen. Die Aussage etwa, dass die Eselin ἐν ἀνθρώπου φωνῇ spricht, findet sich so nicht in Num 22, wohl aber bei Josephus, der innerhalb weniger Zeilen zweimal auf die φωνὴ ἀνθρωπίνη der Eselin abhebt (Jos ant IV,6,3 §§ 109–110). Die Qualifikation der Eselin als ἄφωνος dient natürlich auf der einen Seite dem genannten Sprachspiel, andererseits erinnert sie jedoch an die ἄλογα ζῷα aus 2,12, eine Wortverbindung, die Philo für diese Eselin gebraucht (Phil vitMos I,272): ἄλογον ζῷον. Auch die Aussageintention beider ist vergleichbar: Philo hebt hervor, dass dem ἄλογον ζῷον die Vision gegeben wird, die man eigentlich bei einem Visionär erwarten würde; die *Secunda Petri* verweist auf das ὑποζύγιον ἄφωνον, das Äußerungen hervorbringt, die eigentlich bei einem Propheten zu suchen sind (φθέγγεσθαι).

Die einzige neutestamentliche Schrift, die über den *Judasbrief* und die *Secunda Petri* hinaus die Gestalt Bileams aufgreift, ist die *Apokalypse.*[577] Im Sendschreiben an die Gemeinde in Pergamon (Apk 2,12–17) wird dem Seher die Rolle einer Leitfigur einer gemeindlichen Gruppierung (ἔχεις ἐκεῖ... 2,13) mit einer bestimmten Lehrauffassung zugewiesen: Deren Mitglieder hielten an der Lehre Bileams fest (κρατοῦντας τὴν διδαχὴν Βαλαάμ). Dies entspricht der Vorgehensweise der *Secunda Petri*, die ebenfalls eine Gemeindegruppierung mit bestimmten Lehrauffassungen bzw. (angeblichen) Verhaltenscodes als Anhänger Bileams beschreibt (ἐξακολουθήσαντες τῇ ὁδῷ τοῦ Βαλαὰμ τοῦ Βοσόρ; 2 Petr 2,15). In der Erläuterung dieser Lehre gibt der Apokalyptiker zunächst eine negativ urteilende Umschreibung von deren Funktion: Bileam habe Balak gelehrt, den Israeliten ein σκάνδαλον in den Weg zu stellen (Apk 2,13). Dann erst wird er konkret: Verzehren von Fleisch, das Opferhandlungen fremder Kulte ent

---

[575] Strabo VI,1,9 für das Zirpen von Zikaden.

[576] Siehe ἀποφθέγγεσθαι in Phil conf 62; ferner BIGG 1902, 284.

[577] Für eine Zusammenstellung von Vergleichspunkten zwischen den ‚Bileamiten‘ im *zweiten Petrusbrief* und der *Apokalypse* siehe GERDMAR 2001, 292. Eine flüchtige (und daher wenig ertragreiche) Zusammenschau aller drei neutestamentlichen Stellen im Vogelflug findet sich bei GREENE 1992, 142f.

stammt (φαγεῖν εἰδωλόθυτα), und sexuelle Verfehlungen (πορνεῦσαι).[578]
Ganz offensichtlich wird hier die Tradition aufgenommen, die die Verbindung der Israeliten mit den Midianiterinnen und ihre Apostasie zum
Baal Peor (Num 25,1–2) einem Ratschlag Bileams anlastet (Num 31,16).
Dieser Ratschlag ist mit der unterstellten Intention Bileams, die Israeliten
zu Fall zu bringen – in der Sprache der *Apokalypse*: ihnen ein σκάνδαλον
in den Weg zu stellen! –, vor allem bei Philo und Josephus breit ausgebaut
(Jos ant IV,6,6 §§ 127–130; Phil vitMos I,295–299). Im *zweiten Petrusbrief* ist
aus dem Vergleich mit den ἄλογα ζῷα deutlich, dass den οὗτοι die
φθορά droht, doch ist die Verbindung zu Bileam nur indirekt hergestellt.[579] Auch sind die Vorwürfe an die ἐξακολουθήσαντες τῇ ὁδῷ τοῦ
Βαλαάμ vielfältiger als die beiden Vergehen in der Apokalypse, doch
immerhin ist mit ὀφθαλμοὶ μεστοὶ μοιχαλίδος eine sexuelle Verfehlung
angesprochen, die wohl auch die Midianiterinnen aufgreift, und zeigt sich
in ἡδονὴν[580] ἡγούμενοι τὴν ἐν ἡμέρᾳ τρυφήν ... ἐντρυφῶντες ἐν ταῖς
ἀπάταις αὐτῶν συνευωχούμενοι ὑμῖν auch ein Mahlzeitvergehen, wenn
auch ohne Rückbindung an Fremdkulte. Sowohl die *Apokalypse* als auch
die *Secunda Petri* bringen weiterhin den Tatbestand des Verleugnens mit

---

[578] GREENE 1992, 142 denkt, dass Bileam hier als Leitfigur der Auffassung eines
Paulus in Röm 14,14.20–21 sowie des lukanischen Petrus in Act 10,28 herangezogen
wird und dass die Sichtweise der *Apokalypse* die des Aposteldekrets aus Act 15 wie-
derspiegelt (vgl. Act 15,20.29).

[579] Das ὑποζύγιον ἄφωνον des Propheten in 2,16 verweist zurück auf die ἄλογα
ζῷα in 2,12, denen so nachdrücklich die φθορά angekündigt wird. FORNBERG 2008,
269 weist darauf hin, dass nach BemR 20,14f der Esel sofort nach seinen Worten an
Bileam verstarb.

[580] Die Frage nach der möglichen Verweiskraft von ἡδονή und möglichen Schlussfolgerungen auf die weltanschauliche Lokaliserung der Gegner kann hier nur angeschnitten werden. Es liegt auf der Hand, dass das Stichwort ἡδονή nicht genügt, um
die Gegner als Epikureer zu identifizieren. ἡδονή, so muss zunächst festgestellt werden, wird ebenso wie ἐπιθυμία und andere lexikalische Elemente, die man als Verweis auf den Epikureismus verstehen könnte, auch andernorts in der Bileamrezeption verwendet. Philo etwa formuliert in vitMos I,296, Bileam habe den Israeliten die
ἡδονή als Köder (δέλεαρ) vor Augen gehalten. Ferner ist zu konstatieren, dass in 2
Petr 2,13 durch die Alliteration bzw. Assonanz ein klanglicher Effekt beabsichtigt ist:
ἡδονὴν ἡγούμενοι; die Darstellung ist also auch an dieser Stelle rhetorisch stilisiert.
Insgesamt stellt sich die Frage, ob nicht der Verfasser absichtlich der (Ver)Zeichnung
der οὗτοι einen ,epikureischen' Anstrich verleihen wollte; die christliche Polemik gegen Epikur und die Verzerrung seiner Lehre ist – wenigstens aus späterer Zeit – bekannt. Für Hinweise dazu sowie zum Begriff ἡδονή allgemein siehe GREEN 2008,
278f; NEYREY 1993, 214f. Zu NEYREYs (seither häufiger rezipierter) Verortung der Angefeindeten bei den Epikureern siehe NEYREY 1993, 122–128; eine wertvolle Auseinandersetzung damit findet sich bei GREEN 2008,155–157 im Rahmen seiner Diskussion der in der Forschung gängigen Identifikationen der ψευδοδιδάσκαλοι ibid. 150–
159. Zur Verortung des neutestamentlichen ,Antihedonismus' in seiner kulturellen
Umgebung im Allgemeinen siehe PENNA 1985.

den ‚Bileamschülern' in Verbindung. In der *Secunda Petri* geschieht das durch die Unterstellung, die ψευδοδιδάσκαλοι verleugneten den Herrn (δεσπότην ἀρνούμενοι; 2 Petr 2,1), im Sendschreiben nach Pergamon durch die Aussage des den Auftrag zu dem Sendschreiben gebenden Christus, der Engel der Gemeinde zu Pergamon habe den Glauben an ihn nicht verleugnet (οὐκ ἠρνήσω τὴν πίστιν μου; Apk 2,13).[581] Die *Apokalypse* hat also wie der *zweite Petrusbrief* und der Mischnatraktat *Avot* teil an der Darstellung Bileams als Lehrmeister von Gruppierungen mit bestimmten aus der jeweils auktorialen Sicht zu verwerfenden Verhaltensweisen. Viel weitergehende Folgerungen wird man aus dem Vergleich der beiden neutestamentlichen Schriften nicht ziehen können.[582] Von Belang würden die hier angestellten Beobachtungen allein, wenn sich noch weitere vergleichbare Kongruenzen zwischen beiden Schriften aufzeigen ließen.[583] Die erhaltenen christlichen Schriften vom Ende des ersten und Beginn des zweiten Jahrhunderts erlauben auch nicht, den Umgang mit der Figur Bileams durch *Apokalypse* und *zweitem Petrusbrief* in irgendeiner

---

[581] Diese Beobachtung findet sich bei GERDMAR 2001, 292.

[582] Doch ist dies weitaus mehr und konkreter als die oberflächliche Bemerkung bei SATAKE 2008, 165 Anm. 60, es gebe zwischen den drei Stellen Jud 11, 2 Petr 2,15 und Apk 2,13 „abgesehen davon, dass er ein Verführer ist" keine Gemeinsamkeiten. Dass er die Berührungspunkte nicht bemerkt, ist um so verwunderlicher, als er in demselben Kontext darauf hinweist, dass διδάσκειν und διδαχή in der *Apokalypse* nur für die Gegner verwendet würden, die im *zweiten Petrusbrief* mit Bileam verglichenen οὗτοι aber in 2 Petr 2,1 gerade als ψευδοδιδάσκαλοι geführt werden. Etwas weiter geht HOLTZ 2008, 41; ihm zufolge wurde „das … Bild des Bileam … in der späteren jüdischen Tradition negativ weiterentwickelt; er wird zum Prototyp des habgierigen Verführers. So auch Jud 11; 2 Petr 2,15f." FORNBERG 1977, 103 streift den Gedanken einer lokalen Ausprägung der Bileamrezeption: "If the hypothesis that 2 Peter was written in Asia Minor is correct, Rev 2:14 is of interest." Allerdings geht er nicht näher darauf ein. Signifikant ist, dass VAN HENTEN 2008 in seinem Aufsatz über Bileam in Apk 2,14 ohne nennenswerte Thematisierung der Rezeption in der *Secunda Petri* auskommt. Lediglich seine Kennzeichnung als Prophet in 2 Petr 2,16 dient ihm als Hinweis für die Kontextualisierung von Apk 2,14 im Rahmen eines "ongoing struggle of competing prophetic groups for whom the interaction with non-Jewish culture was a major issue"; ibid. 261.

[583] Es fällt auf, dass GERDMAR 2001, 291f zwar vollmundig die Vernachlässigung der Kongruenzen zwischen der *Secunda Petri* und der *Apokalypse* anprangert, was er einmal mehr dem Denkmuster einer Dichotomie Judentum – Hellenismus in den Köpfen der Exegeten anlastet, die dazu führe, dass man die Nähen des angeblich ‚jüdischeren' *Judasbriefes* zur *Apokalypse* mehr hervorhebe als die des ‚hellenistischeren' *zweiten Petrusbriefes*. Selber wagt er jedoch auch keine weitergehenden Folgerungen aus der Gegenüberstellung zu ziehen, als dass *Apokalypse* und *zweiter Petrusbrief* näher beieinander stehen, als ein guter Teil der Forscher einzusehen bereit ist.

Weise einzuordnen, denn Bileam taucht erst wieder in Fragmenten der Schriften des Irenäus auf,[584] bei Clemens von Alexandrien und Origenes.[585]

Bevor die Beobachtungen zur Rezeption der Bileamgestalt im zweiten Kapitel der *Secunda Petri* einem Fazit zugeführt werden, mögen drei Erwägungen zur Sprache des Abschnitts 2,13–16 dem Bild noch einen Aspekt hinzufügen. κατάρας τέκνα (2,14) wird gerne als Hebraismus bezeichnet, zuweilen allgemeiner als Semitismus.[586] Faktisch lässt dies zwar offen, ob dieser Hebraismus oder Semitismus primär oder sekundär, also vom Schreiber direkt oder als Übernahme einer bereits im Griechischen eingebürgerten Ausdrucksweise, zu Stande gekommen ist, doch kann diese Etikettierung leicht an eine primäre Entstehung denken lassen. Abgesehen davon, dass in einzelnen Fällen in Inschriften beispielsweise υἱός mit dem Genitiv etwa eines Ehrentitels eine Sprachform des Griechischen ohne jeglichen semitischen Spracheinfluss darstellen kann,[587] sind die häufig angeführten Analogien aus der Septuaginta und dem Neuen Testament wie τέκνα ἀπωλείας (Jes 57,4), τέκνα ἀδικίας (Hos 10,9), τέκνα φωτός (Eph 5,8), τέκνα ὑπακοῆς (1 Petr 1,14) oder τέκνα εὐφροσύνης (Barn 7,1) ein Zeichen dafür, dass sich hier eine Ausdrucksweise etabliert hat, die in Anlehnung an die Septuaginta stets neue Beispiele zu generieren weiß.[588] Einmal mehr erweist sich sowohl die Anlehnung des Verfas-

---

[584] Siehe in der Ausgabe von HARVEY 1857 die Fragmente XV (Seite 486), XXI (Seite 490), XXIII (Seite 491), in denen sorgfältig unterschieden wird zwischen einer zeitweiligen Funktion als προφήτης und seinem Wirken als μάντις. Irenäus schließt hier mit einer Bemerkung, die auf den Lohn Bileams abhebt: μὴ ἐμμείνας γὰρ τῇ τοῦ Θεοῦ ἐντολῇ, ἄξιον τῆς αὐτοῦ κακομηχανίας ἀντελάβετο μισθόν.

[585] Zur Bileamrezeption bei Philo, Clemens von Alexandrien und Origenes siehe BERCHMAN 1989, 124–133. Generell, so BERCHMAN, sah das junge Christentum in Bileam sowohl den Magiker als auch den Propheten. Dahinter steht ein verändertes Bild dessen, was Prophetie ist, wie sie sich durch den Propheten ereignet und welche Rolle dem Propheten dabei zukommt. Ein Anlass, um Bileam als Propheten aufzuwerten, dürfte übrigens die auf Christus gedeutete Prophetie vom aufgehenden Stern darstellen; siehe BERCHMAN 1989, 124.

[586] Als Hebraismus etwa von BAUCKHAM 1983, 267 und FUCHS/REYMOND 1988, 95, als Semitismus beispielsweise von GREEN 2008, 283 und KRAFTCHICK 2002, 239.

[587] Bereits DEISSMANN 1895, 161–166 machte darauf aufmerksam, dass τέκνα + Genitiv bzw. υἱοί + Genitiv keineswegs ein Hebraismus im Sinne einer ungriechischen Diktion sein muss, da auch „die feierliche Redeweise der Inschriften und Münzen … in einer Anzahl formelhafter Ehrentitel" υἱός + Genitiv verwende.

[588] KNOPF 1912, 300 hat aus- und nachdrücklich darauf hingewiesen, dass hier kein Hebraismus vorliege, sondern eine „biblische Wendung (Septuaginta=Ausdruck)". Schon vor ihm hatte – etwas weniger vehement – DEISSMANN in seinen Bibelstudien (DEISSMANN 1895, 161–166) sich dafür ausgesprochen, bei den neutestamentlichen Beispielen an Analogiebildungen zu den Beispielen der Septuaginta zu denken.

sers der *Secunda Petri* an ‚biblische' Sprache ebenso wie seine Eigenwilligkeit: κατάρας τέκνα sind andernorts nicht belegt.[589]

Eine zweite Beobachtung gilt der Formulierung von 2,14. Von den vier Vorhaltungen, die den οὗτοι gemacht werden, werden zwei Verfehlungen mit Hilfe von Körperteilen ausgedrückt:

ὀφθαλμοὺς ἔχοντες μεστοὺς μοιχαλίδος καὶ ἀκαταπαύστους ἁμαρτίας ...
καρδίαν γεγυμνασμένην πλεονεξίας ἔχοντες ...

Mit dem direkten Nebeneinander von Augen und Herz hat es eine ähnliche Bewandtnis wie mit den durch einen Genitiv verbundenen τέκνα. Zwar fehlt es in der paganen Gräzität nicht völlig,[590] doch übertrifft die Fülle an Belegen in der Septuaginta den profanen Befund um ein Vielfaches,[591] so dass auch in 2 Petr 2,14 gewiss ‚biblische' Diktion vorliegt. Wo im Neuen Testament ὀφθαλμός neben καρδία steht, liegt in der Regel ein Schriftzitat vor.[592] Die beiden Formulierungen ὀφθαλμοὺς ἔχοντες ... und καρδίαν ... ἔχοντες dürften also eine Anlehnung an die Sprache vor allem poetischer Texte der Schriften sein. Wenigstens aus Leserperspektive lässt sich ein Verweis von den ὀφθαλμοὶ ... μεστοὶ μοιχαλίδος zur zweiten Antithese der Bergpredigt erstellen. Dort folgt auf das Zitat des Gebotes οὐ μοιχεύσεις eine Ausführung über die Rolle des begehrenden (πρὸς τὸ ἐπιθυμῆσαι!) Blicks, der einem Ehebruch ἐν τῇ καρδίᾳ gleichgestellt wird, mit der anschließenden Aufforderung, doch das rechte Auge auszureißen, wenn es zum Straucheln bringt (Mt 5,27–29). Für die Behauptung der Intentionalität eines solches Verweises reicht der Befund zwar nicht aus, doch liegt zweifelsohne beiden Texten an dieser Stelle eine gemeinsame Vorstellung zugrunde.[593]

---

[589] Auch die Suche nach Belegen für בני (ה)מארה oder בני (ה)קללה erweist sich als ergebnislos, sowohl im masoretischen Text als auch in Qumran.

[590] Siehe etwa Plat Ion 535c in einer Aufzählung körperlicher Reaktionen: ἐγὼ γὰρ ὅταν ἐλεινόν τι λέγω, δακρύων ἐμπίμπλανταί μου οἱ ὀφθαλμοί· ὅταν τε φοβερὸν ἢ δεινόν, ὀρθαὶ αἱ τρίχες ἵστανται ὑπὸ φόβου καὶ ἡ καρδία πηδᾷ.

[591] Siehe ohne Anspruch auf Vollständigkeit Dtn 4,9; 15,9; 28,65; 29,2f; 3 Reg 9,3; 4 Reg 10,30; 2 Chr 7,16; 2 Esdr 7,27f; Ps 16,2 LXX; Ps 18,9 LXX; Ps 100,6 LXX; Ps 118,36f LXX; Ps 130,1 LXX; Prov 23,26; Prov 27,19f; Hi 15,12; Sir 12,16; 17,6; Jes 6,10; 44,18; Jer 22,17; Thr 5,17; Ez 6,9; 40,4; 44,5.

[592] Mt 13,15; Joh 12,40; Act 28,27 nehmen Jes 6,10 LXX auf; vgl. hierzu Mk 8,17f; 1 Kor 2,9 zitiert die *Eliaapokalypse*; dazu und zu weiteren Belegen für dieses Zitat in der frühen christlichen Literatur siehe LIETZMANN 1923, 13 ad loc. und CONZELMANN 1969, 81 Anm. 70 ad loc.

[593] GREEN 2008, 281 vermutet allerdings einen Rekurs auf Mt 5,27–29; diese Verse zeigten auch sonst im frühen Christentum eine generative Kraft, siehe 1 Joh 2,16. In jedem Fall ist Mt 5,27–29 als Parallele überzeugender als der immer wieder als Möglichkeit angeführte Rekurs auf das Wortspiel κόρη – πόρνη, wie es etwa bei Plutarch belegt ist in Plut vit.pud 1 (=Mor 528E): ὁ μὲν ῥήτωρ τὸν ἀναίσχυντον οὐκ ἔφη κόρας (Pupillen) ἐν τοῖς ὄμμασιν ἔχειν ἀλλὰ πόρνας oder bei Pseudo-Longinus, *De*

Neben κατάρας τέκνα werden die οὗτοί noch mit einer zweiten Nominalverbindung belegt: σπίλοι καὶ μῶμοι. Technisch, als Transformationshandlung am Prätext, kommt dieser Ausdruck zustande durch die am
Wortteil σπιλ- inspirierte Ersetzung des Substantivums σπιλάδες aus Jud
12. Im Phänotext wird daraus einer der vom Verfasser bevorzugten Doppelausdrücke wie ζωὴ καὶ εὐσέβεια (1,3), δόξα καὶ ἀρετή (1,3), δύναμις
καὶ παρουσία (1,16) und τιμὴ καὶ δόξα (1,17), allem Anschein nach noch
dazu einer, der in seinem Denken einen gewissen Stellenwert hat und auf
den er besonders verweisen will, denn er wiederholt ihn in adjektivischer
Form im letzten an die eschatologischen Ausführungen des dritten Kapitels anschließenden paränetischen Abschnitt: σπουδάσατε <u>ἄσπιλοι καὶ
ἀμώμητοι</u> αὐτῷ εὑρεθῆναι (3,14). Wie bereits für δόξα καὶ ἀρετή und
δύναμις καὶ παρουσία beobachtet, so schafft der Verfasser auch hier keine neue Kombination, sondern nimmt diese aus seiner Textwelt. Die *Prima
Petri* gibt folgende Motivation für ihre Mahnung zu einem Lebenswandel
(ἀναστράφητε) ἐν φόβῳ (1 Petr 1,17–19):

εἰδότες ὅτι
οὐ φθαρτοῖς, ἀργυρίῳ ἢ χρυσίῳ ἐλυτρώθητε
ἐκ τῆς ματαίας ὑμῶν ἀναστροφῆς πατροπαραδότου,
ἀλλὰ τιμίῳ αἵματι ὡς ἀμνοῦ ἀμώμου καὶ ἀσπίλου Χριστοῦ,

ἄμωμος καὶ ἄσπιλος bezeichnen die in Übereinstimmung mit der Thora
von einem Opfertier verlangten Qualitäten.[594] Im *Protevangelium des Jakobus* wird die Verbindung ebenfalls für Opfertiere gebraucht: Joachim trägt
seinen Hirten auf, ihm als Reaktion auf die Botschaft von der – als Gebets-
erhörung eintretenden – Schwangerschaft Annas unter anderem δέκα[595]
ἀμνάδας ἀσπίλους καὶ ἀμώμους zu bringen (Protev 4,3). Melito von
Sardes gebraucht die Verbindung für das Passalamm: λήμψῃ ἄσπιλον
ἀμνὸν καὶ ἄμωμον, καὶ ἑσπέρας σφάξεις αὐτὸν μετὰ τῶν υἱῶν Ἰσραήλ.
Da die Bezeugung der Wortverbindung in der *Prima Petri* die früheste
und – vielleicht mit Ausnahme von 2 Petr 3,14 – im gesamten zweiten

---

sublimitate 4,5: ὃ τίς ἂν ἐποίησεν ἐν ὀφθαλμοῖς κόρας, μὴ πόρνας ἔχων; so etwa
KNOPF 1912, 300; BAUCKHAM 1983, 266; WITHERINGTON 2007, 358.

[594] Es wurde häufiger beobachtet, dass ἄμωμος sehr wohl in den Kultvorschriften
in den Büchern *Leviticus* und *Numeri* gebraucht wird, und zwar als Übersetzung von
תמים bzw. מום mit Negation, nicht aber ἄσπιλος, das erst Symmachus in die Übersetzung der Aussage, vor Gott sei „nicht einmal der Himmel rein", in Hi 15,15 einbringt. Dieses letztere Adjektiv stammt jedoch offenbar auch nicht aus paganer kulti-
scher Sprache, sondern beschreibt die äußerlich wahrnehmbare Fleckenlosigkeit etwa
von Steinen, Früchten oder Tieren, siehe VAN UNNIK 1942, 41–44. Dieser folgert ibid.
43: "Beide adjectiva betekenen dus, dat het lam cultisch rein, volgens de voorschriften van de Thora moest zijn; het eerste: zonder gebrek; het tweede: zonder vlek." Zu
μῶμος als „körperliches Defizit" im Buch *Leviticus* vgl. Lev 21,17.18.21; Lev 24,19.20.

[595] Zur Variante δώδεκα siehe SMID 1965, 42.

Jahrhundert kein Beleg zu finden ist, der sie nicht für die Eignung eines Tieres zu kultischen Zwecken gebraucht,[596] dürfte diese kultische Komponente auch in 2 Petr 2,13 mitschwingen: Der Vorwurf besteht darin, dass die οὗτοι das gemeinsame Mahl (συνευωχούμενοι ὑμῖν) durch ihre „Schwelgerei in ihren Vergnügungen" (ἐντρυφῶντες ἐν ταῖς ἀπάταις αὐτῶν) seiner Reinheit berauben.[597] Diese Störung der kultischen Reinheit ist moralisch bedingt, wie ἐν ταῖς ἀπάταις αὐτῶν zeigt, und so verwundert es auch nicht, dass in 2 Petr 3,14 die adjektivische Verbindung ἄσπιλος καὶ ἀμώμητος – das letztere Adjektiv hat hier eine im Vergleich zu den anderen Stellen um eine Silbe erweiterte Form – in der Schlussparänese wieder auftaucht. Den kultischen Aspekt braucht man der Verbindung jedoch auch hier nicht abzusprechen.[598]

Die Betrachtung von 2 Petr 2,13–16 führt also zu folgendem Ergebnis: Der Rückgriff auf die ‚biblische' Gestalt Bileam ist im Vergleich zum *Judasbrief* beträchtlich ausgebaut. Nicht nur wurden zu seinen Gunsten andere Bezugspersonen unterdrückt, die mit Bileam verbundenen Motive wurden auch erheblich erweitert und ihre Zahl erhöht. Der gesamte Abschnitt 2,13–16 umfasst verschiedene Motive, die allesamt Anhaltspunkte in der zeitgenössischen Bileamrezeption haben. Sogar außerhalb der so abgegrenzten Passage lassen sich einzelne Motive entdecken (βλασφημεῖν und καταφρονεῖν in 2,10, ὑπέρογκα φθέγγεσθαι in 2,18), die mit dem Mantiker verbunden werden können. Damit aber erweist sich die Vermutung, zu der die Analyse von 1,19–2,3 geführt hatte, nämlich dass

---

[596] Der einzige, ebenfalls aus dem zweiten Jahrhundert stammende, pagane Beleg für das Nebeneinander der Lexeme (-)σπιλ- und (-)μωμ- findet sich im *Oneirocriticon* Artemidors von Daldis. Hier sind allerdings nicht wie an allen anderen –ausschließlich christlichen! – Stellen zwei Adjektive oder Substantive einander parallel geordnet, sondern ein Adjektiv und ein Substantiv. ἐγένετο παῖς αὐτῷ τὰ <μὲν> ἄλλα ὅμοιος, οὐκ ἄμωμος δέ, ὅτι καὶ σπίλους εἶχεν (V,67). Die σπίλοι sind hier übrigens körperliche Merkmale, die zu dem bewertenden Urteil „nicht makellos" (οὐκ ἄμωμος) führen.

[597] ἀπάτη ist Wortspiel mit ἀγάπη im Prätext Jud 12. In Herm sim 6,2,1–2; 6,4,1–4 und 6,5,1–7 wird es wie hier Seite an Seite mit τρυφή eingesetzt. Überhaupt zeigen die moralischen Vorstellungen dieses Abschnitts schon auf der Ebene lexikalischer Realisierung Übereinstimmungen mit dem *zweiten Petrusbrief*, vgl. etwa Herm sim 6,2,1–2: ...ἐπιθυμίαις ταῖς πονηραῖς, ἐν αἷς ἀπόλλυνται. ... πορεύονται ταῖς ἀπάταις καὶ τρυφαῖς ταῖς ματαίαις καὶ ἀπόλλυνται ἀπὸ τοῦ ἀγγέλου τούτου, τινὰ μὲν εἰς θάνατον, τινὰ δὲ εἰς καταφθοράν. In der Priene-Inschrift Nr. 113 Zeile 64 ist ἀπάτη eine Art Steigerung zu ἡδονή; zu den lexikologischen Implikationen für die Semantik von ἀπάτη siehe ROUFFIAC 1911, 28, der als *terminus post quem* für die Inschrift 84 v. Chr. angibt.

[598] Allgemein hält schon VAN UNNIK 1942, 43 fest: "In de antieke wereld bespeurt men telkens, hoe het cultisch en zedelijk gebied niet te scheiden zijn en hoe „reinheid" op beide gebieden datgene is, wat de mensch voor Gods gemeenschap noodig heeft; al wat „onrein", „bevlekt" is, deugt voor God niet."

Bileam auch dort bereits als gedankliches Modell fungiert haben könnte, als desto begründeter.[599]

Was die Ausformung der Bileamrezeption im *zweiten Petrusbrief* betrifft, so mag diese im Vergleich zum *Judasbrief* auf den ersten Blick den Anschein erwecken, sie greife in größerem Umfang auf die entsprechenden Passagen im Buch *Numeri* zurück. Eine sorgfältige Untersuchung erweist jedoch einmal mehr, dass die *Secunda Petri* in nicht zu unterschätzendem Umfang teilhat an den exegetischen Traditionen ihrer Zeit. Deren noch erhaltenen literarischen Niederschlägen zufolge sind sie für das Zustandekommen des Phänotextes mindestens ebenso Ausschlag gebend wie die griechische(n) Version(en) der Schriften selbst.[600] Freilich sind die kongruierenden Züge des Bileambildes nirgends so stark ausgeprägt, dass sich eine Abhängigkeit von Philo, Josephus oder anderen literarischen Bileamrezeptionen nachweisen ließe. Gewiss ist auch, dass Philo und Josephus nicht ausreichen, um die Einzelzüge hinreichend zu erklären. Der Ausbau der Rolle der Eselin oder die Bezeichnung Bileams als Prophet stammt nicht von ihnen. Für ersteres gibt es Analogien in den Targumim. Daneben könnten einige Züge auch dem Ingenium des Verfassers zuzuschreiben sein, der einen originellen, kreativen und eigenwilligen Umgang mit seiner Textwelt pflegt, wie etwa seine Form der Realisierung des bileamitischen Wahnsinns als παραφϱονία deutlich werden ließ und wie auch sein Umgang mit der Sprache seiner Umwelt zu erkennen gibt, die ebenso sehr Züge von *imitatio* trägt wie von *aemulatio*, von Nachahmung etwa biblisch-poetischer Diktion wie deren kreative Fortschreibung in Ausdrücken wie κατάϱας τέκνα.

Konkrete Textbezüge zu neutestamentlichen Texten neben denen zum *Judasbrief* können nicht mit Sicherheit behauptet werden. Die ὀφθαλμοὶ μεστοὶ μοιχαλίδος erinnern zwar an die Ausgestaltung der zweiten Antithese in der Bergpredigt, doch sind die Bezüge nicht signifikant genug für das Postulat einer textuellen Beziehung. Bemerkenswert freilich ist, dass es einmal mehr das *Matthäusevangelium* ist, zu dem die Nähe festzustellen ist. Die Art der Verbindung zur Bileamrezeption der *Apokalypse* liegt eher auf der Ebene einer gemeinsamen Strategie im Rückgriff auf die biblische Gestalt als auf konkreter textueller Interaktion.

1.2.8. Wasserlose Quellen und wirbelwindgejagte Nebelwolken (2 Petr 2,17–18)

Diachron stellt sich 2 Petr 2,17 als Zusammenziehung aus Jud 12 und 13 dar. In Jud 12 setzte eine Reihe von vier Metaphern ein mit νεφέλαι ἄνυδ-

---

[599] Siehe III.B.2; vgl. CAULLEY 2008, 137 und FORNBERG 2008 passim, vor allem 266.

[600] So auch PERKINS 1995, 185: "The story, as 2 Peter develops it, reflects Jewish traditions about Balaam that are found outside the Old Testament." Ihr Verweis auf NEYREY 1980 ohne nähere Konkretisierung ist allerdings nicht nachzuvollziehen.

ϱοι ὑπὸ λαίλαπος ἐλαυνόμεναι. Das Adjektiv ἄνυδρος übernimmt die *Secunda Petri*, in lexikalischer Variation und verbunden mit einem neuen Substantiv (ὀμίχλαι) auch die nachfolgenden Worte: Aus ὑπὸ ἀνέμων παραφερόμεναι wird ὑπὸ λαίλαπος ἐλαυνόμεναι. Dadurch entstehen aus dem einen zwei Bilder: πηγαὶ ἄνυδροι und ὀμίχλαι ὑπὸ λαίλαπος ἐλαυνόμεναι. Die folgenden drei Metaphern δένδρα φθινοπωρινὰ ἄκαρπα, κύματα ἄγρια θαλάσσης, ἀστέρες πλανῆται entfallen. Mit einer ungewöhnlich langen nahezu deckungsgleichen Wortfolge – lediglich εἰς αἰῶνα entfällt – schließen sowohl Jud 13 als auch 2 Petr 1,17: οἷς ὁ ζόφος τοῦ σκότους τετήρηται.

Πηγαὶ ἄνυδροι ist als Kombination sonst in der Literatur vor dem *zweiten Petrusbrief* nicht belegt. Angesichts seiner Vorliebe für Wortspiele lässt das Oxymoron vermuten, dass der Verfasser die Zusammenstellung selbst gewählt hat. Mit πηγή greift er jedoch eine traditionelle Metapher auf, die schon aus den prophetischen und weisheitlichen Schriften bekannt ist. Prov 13,14 etwa bezeichnet den νόμος σοφοῦ als πηγὴ ζωῆς und Prov 14,27 gibt dem πρόσταγμα κυρίου dieselbe Funktion; es ist also die (weisheitliche) Lehre, sind die Gebote Gottes, die dem, der sich an ihnen ausrichtet, Lebenserfüllung versprechen.[601] Naheliegender freilich ist, dass der Verfasser direkt auf christliche Redeweisen von der „Quelle des Lebenswassers" u.ä. anspielt, wie sie im *Johannesevangelium* begegnen (τὸ ὕδωρ ὃ δώσω αὐτῷ γενήσεται ἐν αὐτῷ πηγὴ ὕδατος ἁλλομένου εἰς ζωὴν αἰώνιον; Joh 4,14) oder in der *Apokalypse* (ἐγὼ τῷ διψῶντι δώσω ἐκ τῆς πηγῆς τοῦ ὕδατος τῆς ζωῆς δωρεάν; Apk 21,6; vgl. auch Apk 7,17). So verstanden werden mit dem πηγαὶ ἄνυδροι einerseits die οὗτοι selbst disqualifiziert, indem sie dem wahren Lebensspender entgegenstellt werden, andererseits wird ihre Lehre als nicht zum Leben führend diskreditiert. Für eine solche Bezugnahme spricht die textuelle Umgebung im zweiten Kapitel des *zweiten Petrusbriefes*, wo es auch weiterhin um das zukünftige Schicksal der οὗτοι und die Gefahr für deren Zöglinge geht; deutliche Signale textueller Bezugnahme auf eine πηγὴ τοῦ ὕδατος τῆς ζωῆς o.ä. in einem konkreten Text lassen sich jedoch nicht ausmachen.

Ὀμίχλαι ist als Assoziation zu νεφέλαι aus dem Prätext *Judasbrief* verwendet. Zur Erklärung des neutestamentlichen Hapaxlegomenon wird zuweilen auf die *Meteorologica* des Aristoteles zurückgegriffen, die erläutern, ὀμίχλη sei was übrigbleibe, wenn eine νεφέλη sich zu Wasser kondensiere, ὀμίχλη sei sozusagen eine „sterile Wolke" (νεφέλη ἄγονος).[602] Ausschlag gebender dürfte sein, dass ὀμίχλη in den zehn Belegen der

---

[601] Zu πηγή in der Septuaginta vgl. ferner Prov 10,11; 16,22; 18,4; Sir 21,13; Ps 35,10; Jer 2,13; 17,13.

[602] Aristot meteor I,9.(346b); vgl. GREEN 2008, 292. KRAUS 2001, 334 hält fest, ὀμίχλη habe eine „generell weniger dicke Konsistenz", sei „weniger dunkel als νεφέλη".

Septuaginta zuweilen schlicht im Parallelismus als Variation zu νεφέλη eingesetzt wird und dass es Elemente des semantischen Feldes ‚Dunkelheit' anzieht. Konkret findet es sich mehrmals neben σκότος.[603] Beides kommt zusammen in der Beschreibung der ἡμέρα ὀργῆς in Zeph 1,15 = *Joel* 2,2: ἡμέρα σκότους καὶ γνόφου, ἡμέρα νεφέλης καὶ ὁμίχλης. Λαῖλαψ begegnet sieben Mal in der Septuaginta, häufig in der Verbindung mit Gott: So wird Elia Sir 48,9.12 zufolge in eine λαῖλαψ gehüllt bei seiner Entrückung, spricht Gott zu Hiob aus einer λαῖλαψ (Hi 38,1) oder übt die λαῖλαψ das göttliche Gericht aus, indem sie den Übeltäter hinwegfegt (Hi 21,17).[604] Andererseits ist die λαῖλαψ auch die gewaltige Naturmacht, die bedroht, verändert, mitreißt, die die Gegenseite in eine Position der Schwachheit und Vergänglichkeit bringt. Eine solche Funktion hat sie in der markinischen und lukanischen Fassung der Erzählung von der Sturmstillung. Ἐλαυνόμεναι unterstreicht das Element des Ausgeliefertseins, des Unselbständigen, wie auch der lukanische Gerasener ohne eigenen Einfluss von seinem Dämon an einsame Stätten (εἰς τὰς ἐρήμους) getrieben wird (ἠλαύνετο; Lk 8,29). Dabei ist nicht nur in 2 Petr 2,17, sondern auch in Jak 3,4 ein Wind die treibende Kraft hinter ἐλαύνεσθαι.[605] Der *zweite Petrusbrief* schafft also aus sprachlichen Elementen, die er seiner Textwelt entnimmt, mit ὁμίχλαι ὑπὸ λαίλαπος ἐλαυνόμεναι eine neue Metapher, die – in traditionell weisheitlichem Sinn – das Dasein der οὗτοι als ohne dauerhaften Bestand, ohne Zukunft beschreibt, wobei er sich im syntaktischen Aufbau an seinem Prätext orientiert. Damit ist er zwar im Vergleich mit dem *Judasbrief* originell und kreativ, doch entsteht diese Metapher andererseits innerhalb einer Textwelt, die ähnliche Metaphern mit vergleichbarer Bildwelt und Aussagekraft generiert. Dies zeigen das *syrische Baruchbuch* und der *Liber Antiquitatum*: In syrBar 82,9 wird das Schicksal der ‚Völker' beschrieben mit den Worten: „Sie werden vorübergehen wie eine Wolke, die vorübergeht"[606] und in LibAnt 19,12 kündigt Gott dem Mose kurz vor dessen Tod an: *Celum autem hoc erit in conspectu meo tamquam nebula currens.*

---

[603] ὁμίχλη parallel zu νεφέλη: Weish 2,4; Joel 2,2 = Zeph 1,15; ὁμίχλη neben σκότος: Jes 29,18; Joel 2,2 = Zeph 1,15.

[604] Möglicherweise ist diese Aussage in Hi 21,17 negiert, indem sie als zweifelnde Frage gestellt wird: Hiob beschwert sich, dass der Übeltäter gerade nicht durch eine λαῖλαψ mit fortgerissen wird. Dies ändert für die vorliegende Argumentation wenig. Denn in diesem Fall gehört die Aussage, dass die λαῖλαψ das Gericht Gottes repräsentiert auf die Seite der Theologie(n), gegen die Hiob rebelliert.

[605] Von den acht Belegen für ἐλαύνειν in der Septuaginta kommt keiner nahe genug an an den Gebrauch des Verbs in 2 Petr 2,17 heran, um als direkte Formulierungshilfe in Frage zu kommen; siehe Weish 16,18; 17,14; Jes 33,21; Jes 41,7; Sir 38,25; 2 Makk 9,4; Ex 25,12 und 3 Reg 9,27.

[606] Zitiert nach BERGER 1992, 269, siehe ibid. auch zur Parallele mit 4 Esr 13,20.

Über das übernommene Textstück οἷς ὁ ζόφος τοῦ σκότους τετήρηται wird häufiger gesagt, dass es durch die Rekontextualisierung weniger gut passe. Dass auf ἀστέρες πλανῆται der ζόφος τοῦ σκότους warte wie in Jud 13, bleibe eher im Bild als bei ὁμίχλαι in 2 Petr 2,17.[607] Wie erwähnt, hat jedoch schon in der Septuaginta – aber auch außerhalb ihrer[608] – ὁμίχλη eine Affinität zu σκότος o.ä., so dass nicht erst der Relativsatz οἷς ὁ ζόφος τοῦ σκότους τετήρηται, sondern bereits die Metapher ὁμίχλαι ὑπὸ λαίλαπος ἐλαυνόμεναι sehr nah an der Sachhälfte konstruiert sind. In diese Richtung deutet auch die Verweiskraft von οἷς ὁ ζόφος τοῦ σκότους τετήρηται auf der Ebene des Phänotextes. Aufgespartsein zum Gericht, ausgedrückt mit Hilfe des Verbums τηρεῖν, ist mit drei weiteren Belegen eine der wichtigsten theologischen Deutekategorien des Verfassers: So weiß der Herr, die ἄδικοι auf den Gerichtstag zur Bestrafung aufzusparen (τηρεῖν 2,9), so werden die ἄγγελοι ἁμαρτήσαντες zum Gericht festgehalten (τηρεῖν 2,4) und so sind auch die heutigen Himmel und die Erde aufgespeichert bis zur ἡμέρα κρίσεως καὶ ἀπωλείας τῶν ἀσεβῶν ἀνθρώπων (τηρεῖν 3,7). ὁ ζόφος τοῦ σκότους weist dann auf die Befindlichkeit nach einem Negativurteil an diesem Gerichtstag. Die Verweiskraft von ζόφος freilich reicht nicht weiter als bis zum Prätext, es findet sich nicht in der Septuaginta, außer Hebr 12,18 im NT nur im *Judasbrief* und der *Secunda Petri* und nicht bei den Apostolischen Vätern. Mit der Verwendung von σκότος für die negative Form der eschatologischen Befindlichkeit schwimmt der *zweite Petrusbrief* in einem frühchristlichen Sprachstrom, der an griechischen jüdischen Texten aus der Zeit des zweiten Tempels anknüpft. Bereits in späteren Schriften der Septuaginta kann σκότος parallel mit θάνατος verwendet werden (Tob 4,10; vgl. 14,10), die Kombination wird in dem biblische Sprache gebrauchenden Lobgesang des Zacharias aufgegriffen (τοῖς ἐν σκότει καὶ σκιᾷ θανάτου καθημένοις; Lk 1,79). Vor allem aber gebraucht Matthäus dreimal ἐκβάλλειν εἰς τὸ σκότος τὸ ἐξώτερον als Bild für die Verwerfung beim Gericht. Die Kombination von ζόφος und σκότος gehört dem rhetorischen *ornatus* poetischer Sprache an; auch Aelius Aristides verwendet sie nebeneinander, um ein Bild der στάσις, dem Gegenstück zum Thema seiner Rede an die Rhodier, nämlich der ὁμόνοια, zu zeichnen: Sie sei umringt von ζόφος und σκότος.[609]

---

[607] So etwa BAUCKHAM 1983, 274 und SCHRAGE 1993, 144.

[608] Für die Assoziation mit Dunkelheit siehe vor allem Lukian von Samosata, *Cataplus* 2, wo Charon über die Unterwelt sagt, dort gebe es nur Asphodill, Gußspenden für die Toten, Opferkuchen und Totenopfer, im übrigen sei jedoch alles ζόφος καὶ ὁμίχλη καὶ σκότος.

[609] Aristeid or 24,44: ... περὶ δὲ αὐτὴν ὥσπερ δίκτυον ἐν κύκλῳ ζόφος καὶ σκότος ... Vgl. auch die bereits zitierte Stelle bei Lukian von Samosata, *Cataplus* 2: τὰ δ' ἄλλα ζόφος καὶ ὁμίχλη καὶ σκότος.

Die Vorgehensweise des Verfassers bei der Texterstellung stellt sich also wie folgt dar: Er lässt sich von seinem Prätext *Judasbrief* inspirieren, folgt ihm aber nur punktuell und unter großen Auslassungen. Stattdessen erweitert er dort bereits Vorhandenes. Im Baukasten traditioneller Metaphorik und Lexik bedient er sich, sorgfältig auswählend, um zwei eigene Bilder zu entwerfen. Tradition bedeutet hierbei zunächst natürlich die Septuaginta und weitere jüdischen Schriften hellenistisch-römischer Zeit, doch zeigen sich auch christlicher Sprachgebrauch und Nähen zu rhetorischer Textgestaltung paganer Zeitgenossen. Die Perspektive, aus der die Bilder konstruiert sind, geht in Richtung des Eschaton, schaut auf das, was den οὗτοι – und deren Anhängern, wenn sie solche bleiben – an der ἡμέρα κρίσεως bevorzustehen droht.[610]

2 Petr 2,18 greift das Thema der Verführung unlängst bekehrter Gemeindemitglieder auf, widmet sich also dem Briefanlass. Dies belegt die intratextuelle Verweiskraft von δελεάζειν und ἀποφεύγειν. In 2,14 war den οὗτοι vorgeworfen worden, sie köderten „ungefestigte Seelen" (δελεάζοντες ψυχὰς ἀστηρίκτους); hier in 2,18 wird dasselbe Verb verwendet: δελεάζουσιν. Die Geköderten werden nun beschrieben als τοὺς ὀλίγως ἀποφεύγοντας τοὺς ἐν πλάνῃ ἀναστρεφομένους. Auch ἀποφεύγειν verweist intratextuell zurück, nämlich in das Proöm, wo die als Geschenk erfolgte Bereitstellung all dessen, was für ein Leben in Frömmigkeit benötigt wird, und die Verheißungen Gottes hervorgehoben wurden, die auf die Veränderung der ἀποφύγοντες τῆς ἐν τῷ κόσμῳ ἐν ἐπιθυμίᾳ φθορᾶς in Richtung einer Ausrichtung auf die moralische Integrität Gottes (θεία φύσις) zielen (2 Petr 1,3–4).[611] Dass nicht nur ἀποφεύγειν, sondern auch ἐπιθυμία als Ursache des Verderbens (φθορά) in 2,18 wieder aufgenommen werden, belegt, dass 1,3–4 schon im Blick auf den Briefanlass, die Gefahr der Apostasie Jungbekehrter, formuliert war und hier tatsächlich ein Rückverweis vorliegt. ἀποφεύγειν wird der Verfasser in 2,20 noch einmal verwenden, und zwar dann in Verbindung mit dem Stichwort κόσμος als Ort der verderblichen Lebensweise, so dass erneut zwei Lexeme zurückverweisen nach 1,4.

Nach der Darstellung des *zweiten Petrusbriefes* ist das Mittel der Verführung rhetorischer Natur (ὑπέρογκα γὰρ ματαιότητος φθεγγόμενοι) und der inhaltliche Anknüpfungspunkt sind „ausschweifende Fleischesgelüste" (ἐπιθυμίαι σαρκὸς ἀσελγείαι). Zur Formulierung beider Aspekte bedient sich der Verfasser eines Stichwortes aus dem *Judasbrief*. Für Verkündigung der οὗτοι scheint ihm das Wort ὑπέρογκα der Übernahme wert. Dieses erhält jedoch in 2 Petr 2,18 eine völlig neue Einbettung, so

---

[610] Treffend GREEN 2008, 293: "Peter's language echoes both the vocabulary and concepts of ancient discourse on judgment."

[611] Zur Deutung der θεία φύσις siehe III.A.1.2.2.

dass von der unmittelbaren Umgebung im Prätext keine Spur übrigbleibt. ὑπέρογκα ματαιότητος φθεγγόμενοι lautet die neue Formulierung. Bei der textuellen Neugestaltung ist einmal mehr an biblische Diktion anknüpfende Lexik das ausschlaggebende gestalterische Element. Φθέγγεσθαι wird in der Septuaginta öfter im Zusammenhang mit unrechtem Reden in Wendungen wie φθέγγεσθαι ἀδικίαν (Ps 93,4 LXX), φθέγγεσθαι ἄδικα (Weish 1,8) oder φθέγγεσθαι δόλον (Job 13,7) verwendet. ματαιότης begegnet häufig in der Septuaginta und dürfte wohl gerade deshalb hier in den Text aufgenommen sein, weil es das nicht zum Ziel Führende und daher Vergängliche in Worte fasst.[612] Dieser Aspekt der letzten Zielverfehlung spiegelt sich andernorts im Brief in der eschatologischen φθορά.[613] Vielleicht verdient der Umstand Aufmerksamkeit, dass auch die Prophetensprüche von nicht akzeptieren Propheten in der Septuaginta als μάταια bezeichnet werden können (Ez 13,6ff). Denn φθέγγεσθαι kann – wie in 2,16 – auch für das Aussprechen von Prophetien verwendet werden. Es ist also durchaus möglich, dass der Verfasser durch seine Wortwahl die οὗτοι in 2,18 erneut in einer Linie sieht mit den ψευδοπροφῆται der biblischen Zeit (vgl. 2 Petr 2,1) – und vielleicht steht ihm noch stets das Bild Bileams vor Augen, denn φθέγγεσθαι und δελεάζειν in 2,18 sind lexikalische Wiederaufnahmen aus seiner Bileamrezeption in 2,14 und 2,16.[614] Auch die Verwendung von ματαιότης würde so plausibel, wenn man sich an die Deutung des Namens Bileams etwa bei Philo erinnert: μάταιος ἑρμηνεύεται Βαλαάμ (conf 159). Daneben ist die Entwertung der Verkündigung heterodoxer Gruppen oder Einzelgestalten mit dem Stempel μάταιος auch ein typisches Element der Auseinandersetzung beim Streit um die sachgemäße Auslegung der christlichen Tradition, wie sowohl die Pastoralbriefe mit den Prägungen ματαιολογία (1 Tim 1,6) und ματαιολόγος zeigen als auch Polykarp mit der Parallelität von ματαιότης und ψευδοδιδασκαλία (2 Phil 7,2).[615]

---

[612] Siehe den Artikel von BAUERNFEIND s.v. μάταιος κτλ. in ThWNT IV *passim*, im Besonderen 34.

[613] Das Substantiv φθορά, sonst neutestamentlich nur in 1 Kor 15,42.50, findet sich in 2 Petr 1,4; 2,12 und 2,19; das zugehörige Verbum φθείρεσθαι (aus Jud 10) in 2 Petr 2,12. Dieses wird, anders als das Substantiv, jedenfalls neutestamentlich etwas häufiger gebraucht, jedoch in mehr als der Hälfte der Belege in aktiven Formen: 1 Kor 3,17 bis, 15,33; 2 Kor 7,2; und Apk 19,2; passiv sind neben Jud 10 und 2 Petr 2,12 noch 2 Kor 11,3 und Eph 4,22. Hiervon erinnert namentlich der letzte Vers an den Sprachgebrauch von 2 Petr 2: φθειρόμενος κατὰ τὰς ἐπιθυμίας τῆς ἀπάτης.

[614] So jetzt auch FORNBERG 2008, 268 über 2,18: "It is difficult to evade a suspicion that the figure of Balaam is still lurking in the thoughts of the author."

[615] Weitere Belege ließen sich anführen. Bei Polykarp etwa ist die genannte Stelle nicht die einzige. In 2 Phil 2,1 ruft er parallel auf, einen Bogen um die κενὴ ματαιολογία und die τῶν πολλῶν πλάνη zu machen.

Was die nominalen Elemente in ἐν ἐπιθυμίαις σαρκὸς ἀσελγείαις betrifft, so entsprechen sie allesamt sowohl der Diktion der *Secunda Petri* als auch des *Judasbriefes*, auch wenn von der betreffenden Stelle im Prätext Jud 16 allein ἐπιθυμίαι genannt sind. In 2 Petr 3,3 stammt ἐπιθυμίαι sicher aus Jud 18, aber der Verfasser verwendet es auch ohne Vorlage in 1,4 und 2,10. Ebenso ist der Gebrauch von σάρξ hier nicht durch den Prätext motiviert, wohl aber in 2 Petr 2,10 durch Jud 7. Und auch ἀσέλγεια kommt häufiger zum Einsatz als im *Judasbrief*: In 2 Petr 2,2 nimmt es Jud 4 auf, aber in 2,2 und 2,18 gibt es im Prätext keinen lexikalischen Anlass für den Rückgriff auf dieses Wort. Zusammengenommen findet also bei den Nominalbildungen, mit denen auf als inadäquat betrachtetes sexuelles Verhalten hingewiesen wird, eine Übernahme, Aneignung und Ausweitung statt.

Für den Verfasser der *Secunda Petri* ist die Situation des Nicht-Bekehrt-Seins πλάνη, ein Irrweg, ein Herumirren, ein Verlorensein; Unbekehrte sind ihm οἱ ἐν πλάνῃ ἀναστρεφόμενοι. Diese Auffassung teilt er mit anderen frühchristlichen Schriften. Der *zweite Clemensbrief* beschreibt diese Verlorenheit als πολλὴ πλάνη καὶ ἀπώλεια (2 Clem 1,7); der *Barnabasbrief* stellt fest, Christus sei dazu erschienen, die der ἀνομίᾳ τῆς πλάνης ausgelieferten καρδίαι zu erlösen (Barn 14,1) und ruft dazu auf, die ἔργα τῆς ἀνομίας zu fliehen und die πλάνη τοῦ νῦν καιροῦ zu hassen (Barn 4,1). Und der *Jakobusbrief* stellt klar, dass, wer einen Sünder ἐκ πλάνης ὁδοῦ αὐτοῦ abbringe, seine Seele vom Tode errette (5,20). Dies ist jedoch nur der weitere Kreis des Schrifttums, in denen sich dieser Gedanke niederschlägt. Näher an den *zweiten Petrusbrief* heran kommen Texte, die mit dieser πλάνη unerwünschtes sexuelles Verhalten verbinden. Solche Texte finden sich in authentischen und pseudepigraphen Paulusbriefen: In Röm 1,27 legt Paulus dar, Männer aus der paganen nichtchristlichen Welt, die Homosexualität praktizierten, hätten das zwangsläufig auf diese πλάνη stehende Entgelt (ἀντιμισθία) erhalten. Der pastorale Paulus beschreibt die vorchristliche Befindlichkeit der Menschen nebeneinander als πλανώμενοι und δουλεύοντες ἐπιθυμίαις καὶ ἡδοναῖς ποικίλαις (Tit 3,3); mit πλάνη werden hier erneut ἐπιθυμίαι verbunden.[616] Dazu gesellt sich die Metaphorik der Sklaverei, die im Folgevers 2,19 auch der *zweite Petrusbrief* aufgreift. Da dessen Analyse zu dem Ergebnis führen wird, dass dort mit einiger Wahrscheinlichkeit paulinisches Gedankengut aus dem *Römerbrief* inspirierend gewirkt hat, darf auch hier in 2,18 vermutet werden, dass Röm 1,27ff zumindest im Hintergrund steht. Möglicherweise sind sowohl

---

[616] In der Frage, ob in Tit 3,3 eine direkte (verallgemeinernde) Wiederaufnahme von Röm 1,27 vorliegt, wagen sich die Kommentare in der Regel nicht allzu weit vor. Siehe etwa OBERLINNER 1996, 167: „In der Art und Weise der Beschreibung eines vorchristlichen – und so darf man im Sinne der Past ergänzen – außerchristlichen Lebens zeigt sich Verwandtschaft mit Röm 1,29."

2 Petr 1,18 als auch Tit 3,3 als Reflexe paulinischer Theologie aus Römer 1 zu lesen.

1.2.9. Freiheit proklamierende Sklaven des Verderbens (2 Petr 2,19)

Mehr als einmal äußert sich der Verfasser der *Secunda Petri* im Laufe des Briefes metatextuell über die Verkündigung der von ihm als Bedrohung wahrgenommenen Lehrerpersönlichkeiten. Da der Wortlaut von deren für den *zweiten Petrusbrief* als Prätext fungierenden Lehre nicht vorliegt und die Äußerungen des Verfassers oft unmittelbar (negativ) wertenden Charakter haben, ist das Unternehmen einer Rekonstruktion von Prätextfragmenten vor große Hürden gestellt. Meist ist fraglich, ob es überhaupt eine syntaktische Aufnahme des Prätextes gibt. Wenn ihnen etwa vorgeworfen wird: δόξας οὐ τρέμουσιν βλασφημοῦντες (2,10b), so ist es *möglich*, dass sie das Wort δόξαι gebrauchten, aber *zwingend* ist das nicht; es könnte sich hierbei auch um die Formulierung des beurteilten Verhaltens mit den Worten des Verfassers handeln. 2 Petr 2,19 ermöglicht es dagegen, der Botschaft der Anderslehrenden einen Schritt näher zu kommen. Die Aussage ἐλευθερίαν αὐτοῖς ἐπαγγελλόμενοι dürfte belegen, dass ἐλευθερία eines der Schlagwörter ihrer Verkündigung war. Leider gibt der Text keine deutliche qualitative Näherbestimmung dieser Freiheit an. Wenn der anschließende Teilsatz konstatiert: αὐτοὶ δοῦλοι ὑπάρχοντες τῆς φθορᾶς, so ist dies eine wertende auktoriale Aussage, und es ist nicht sicher zu beweisen, dass die Verkündigung in der Konsequenz auch auf ἐλευθερία ἀπὸ τῆς φθορᾶς gelautet haben muss.[617] Träfe dies zu, so wäre natürlich dieses Verkündigungselement der Anderslehrenden das diachron wichtigste Prätextfragment für das Verständnis der Textkonstitution von 2 Petr 2,19. Doch steht dem gegenüber, dass φθορά auch durch den Verfasser der *Secunda Petri* in die Diskussion eingebracht sein könnte. Von allen neutestamentlichen Schriften macht der *zweite Petrusbrief* am ausgebreitetsten Gebrauch von φθορά und geht damit weit über den *Judasbrief* hinaus, mit dem ihn lediglich an einer Stelle der Gebrauch des zugehörigen Verbums φθείρεσθαι verbindet (2 Petr 2,12 par. Jud 10). Doch selbst wenn man es in der Frage, ob φθορά aus dem Munde der Gegner übernommen ist, bei einem *non liquet* belässt und damit möglicherweise ein wichtiges Scharnier übergeht, ergibt die intertextuelle Analyse der genannten Bewertung als δοῦλοι τῆς φθορᾶς ein plausibles Resultat.

---

[617] KÄSEMANN 1960, 137 und HARNISCH 1973, 100. Für weitere Deutungen der von den Anderslehrenden progagierten ἐλευθερία in der Forschung als Freiheit von der Verpflichtung auf moralische Kategorien bei der Lebensgestaltung, gnostische Freiheit vom Demiurgen oder den Archonten, politischer Freiheit und Freiheit von Furcht vor dem Gericht bei der Parusie siehe BAUCKHAM 1983, 275f; MOO 1996, 143f; KRAFTCHICK 2002, 143f; GREEN 2008, 297f.

Die Verweiskraft von 2 Petr 2,19a (ἐλευθερίαν αὐτοῖς ἐπαγγελλόμενοι, αὐτοὶ δοῦλοι ὑπάρχοντες τῆς φθορᾶς) führt zunächst zu Röm 8,20–21, wo Paulus dieselben Lexeme ἐλευθερ-, δουλ- und φθορ- in folgendem Gedankengang miteinander verbindet: Die κτίσις sei der Nichtigkeit (ματαιότης) unterworfen, sie sei vergänglich, steuere auf ihr Ende zu. Doch in all dem bestehe eine Hoffnung, denn die κτίσις werde frei werden von der Knechtung des Zunichtewerdens (ἐλευθερωθήσεται ἀπὸ τῆς δουλείας τῆς φθορᾶς) und die Freiheit erlangen, die in der δόξα der Kinder Gottes liegt. Über das bloße Nebeneinander der genannten Lexeme hinaus entspricht die Verbindung von δουλεία und φθορά genau den δοῦλοι τῆς φθορᾶς in 2 Petr 2,19. Außerdem zeigt der an sich vielfältige Begriff φθορά an den genannten Stellen deutlich konvergente Züge. Freiheit von der Versklavung an die φθορά ist in Röm 8 für die gesamte Schöpfung ein noch nicht erlangtes eschatologisches Gut. Dieses Verständnis von φθορά als Vergänglichkeit, der alles Natürliche unterliegt, kennt auch der *zweite Petrusbrief*. Deutlich wird dies, wenn in 2,12 von der φθορά der ἄλογα ζῷα die Rede ist. Setzt man in 2,19 denselben φθορά-Begriff voraus, so besagt der Vers, dass die Freiheitsverkündigung der Anderslehrenden deshalb gegenstandslos ist, weil sie von der Vergänglichkeit gerade nicht frei sind. 2 Petr 2,19 steht dann nicht nur aufgrund der mehrere Lexeme umfassenden lexikalischen Kongruenz sehr nahe bei Röm 8,21–22, sondern auch inhaltlich. Allerdings besteht bezüglich der φθορά im *zweiten Petrusbrief* und im *Römerbrief* ein entscheidender Unterschied: Die Bemerkung bezüglich der φθορά der ἄλογα ζῷα zeigt, dass es im *zweiten Petrusbrief* keine Aussicht auf eine allgemeine Freiheit der κτίσις von der Knechtung durch die Vergänglichkeit gibt. Vielmehr ist die φθορά eine Angelegenheit, die ἐν τῷ κόσμῳ lokalisiert ist, die in der ἐπιθυμία ihre Ursache hat und der es aktiv zu enfliehen gilt (ἀποφεύγειν; 2 Petr 1,4). Darum wird die φθορά in erster Linie als Schicksal der Heterodoxen dargestellt (2,12.19) sowie all derer, die diese Fluchtbewegung nicht konsequent weiterverfolgen (2,20–22), nicht aber als auch die auf Hoffnung Geretteten umfassend wie in Röm 8,21–25. Oder anders formuliert: Während bei Paulus sinngemäß alle δοῦλοι τῆς φθορᾶς sind, müssten der *Secunda Petri* zufolge die Angefeindeten keine δοῦλοι τῆς φθορᾶς sein, befleißigten sie sich nur einer anderen Lebensweise.[618]

Die Kombination von Freiheitsgedanke und Sklavenmetaphorik mit der Ankündigung eschatologischen Zunichtewerdens entspricht ferner der gedanklichen Ausrichtung von Röm 6,12–23. Dort wird, genau wie in 2 Petr 2,19–20, unterschieden zwischen einem früheren, vorchristlichen

---

[618] Dieses Problem scheint WITHERINGTON 2007, 360 nicht zu sehen, wenn er auf Röm 8,21 weisend bezüglich 2 Petr 2,19 schlicht feststellt: "...here may be the one and only place where he reflects his knowledge of Paul."

und einem neuen christlichen Leben, dessen moralische Gestaltung sich von dem vorigen unterscheiden muss. Beide Lebensweisen, so Paulus, seien von Freiheit gekennzeichnet, bei der früheren seien die Angeschriebenen ἐλεύθεροι τῇ δικαιοσύνῃ (Röm 6,20) gewesen, nun aber seien sie ἐλευθερωθέντες ἀπὸ τῆς ἁμαρτίας (Röm 6,18). Gleichermaßen werden auch beide Existenzformen als Sklaverei beschrieben,[619] wobei sich passive und aktive Akzente abwechseln – Paulus spricht sowohl vom Verfallensein in sklavische Hörigkeit (δουλωθῆναι; Röm 6,18.22) als auch von einem sich Zur-Verfügung-Stellen für Sklavendienste (Röm 6,16: παριστάνετε ἑαυτοὺς δούλους und Röm 6,19: παρεστήσατε τὰ μέλη ὑμῶν δοῦλα). Die Idee, gerade dem Zustand, den die Heterodoxen als Freiheit empfinden, den Stempel der Sklaverei zu geben, erinnert vage an das Verfahren des Paulus in diesem Text.[620] Allerdings thematisiert Röm 6 nicht die Freiheit von der Vergänglichkeit, sondern von der Sünde (Röm 6,18.22: ἐλευθερωθέντες δὲ ἀπὸ τῆς ἁμαρτίας). Das Wort φθορά erscheint überhaupt nicht in Röm 6,12–23. Auf den ersten Blick ist daher ein Verweis auf diesen Text schwächer ausgeprägt. Zieht man jedoch in Betracht, dass φθορά potentiell auch ‚moralische Verderbtheit' u.ä. denotiert und immer wieder Exegeten gerade in 2 Petr 2,19 eine moralische Bedeutung für φθορά postulieren,[621] so rücken die Texte näher zusammen. Doch auch wenn man in φθορά in oben beschriebenen Sinne das eschatologische Zunichtewerden sieht, besteht eine Verbindung zwischen Röm 6 und 2 Petr 2,19, nämlich gerade die gemeinsame perspektivische Ausrichtung auf das negative Schicksal im Eschaton, das freilich in beiden Texten lexikalisch unterschiedlich realisiert wird: Paulus nennt es nicht φθορά, sondern θάνατος – im Gegenüber zur ζωὴ αἰώνιος. Die Verbindung zwi-

---

[619] Die frühere Lebensweise: δοῦλοι τῆς ἁμαρτίας Röm 6,17.20; τὰ μέλη ὑμῶν δοῦλα δοῦλα τῇ ἀκαθαρσίᾳ Röm 6,19; die gegenwärtige Lebensweise: ἐδουλώθητε τῇ δικαιοσύνῃ Röm 6,18; δουλωθέντες δὲ τῷ θεῷ Röm 6,22; τὰ μέλη ὑμῶν δοῦλα τῇ δικαιοσύνῃ εἰς ἁγιασμόν.

[620] Die Kennzeichnung von Lebensweisen als Freiheit und Sklaverei findet sich auch andernorts bei Paulus, beispielsweise in Gal 5,1, wo er dazu aufruft, sich nach Erlangung der Freiheit durch Christus nicht erneut unter das Sklavenjoch zu begeben: τῇ ἐλευθερίᾳ ἡμᾶς Χριστὸς ἠλευθέρωσεν· στήκετε οὖν καὶ μὴ πάλιν ζυγῷ δουλείας ἐνέχεσθε.

[621] So etwa GREEN 2008, 299, der sich bemüht, mit Hilfe von Parallelen hier die von ihm postulierte Bedeutung „moralische Verderbtheit" mit speziell sexueller Konnotation zu belegen. Doch ist nicht ohne weiteres einzusehen, warum man φθορά hier nicht, wie auch sonst in der *Secunda Petri* als eschatologisches Zunichtewerden lesen sollte. So auch BAUCKHAM 1983, 276: "It designates that "corruptability" or "mortality" which is the consequence of sinful desire (1:4) and which ends in eschatological desctruction … From another point of view, φθορά can be seen as the divine judgment on sin (2:12)." Zur Bedeutung von φθορά siehe ferner den Exkurs φθείρω and φθορά bei MAYOR 1907, 175–179.

schen ἁμαρτία und θάνατος ist jedoch ganz analog zu der Verbindung zwischen einem Leben nach den ἐπιθυμίαι und der φθορά im *Zweiten Petrusbrief*.

Im zweiten Teil berührt sich 2 Petr 2,19 in *formaler* Hinsicht mit demselben Text, genauer gesagt: mit Röm 6,16. In diesem Vers beginnt Paulus den Abschnitt, in dem er extensiv auf das Lexem δουλ- zurückgreift, in Form einer Art Lehrsatz oder Sentenz, die mittels eines Aufmerksamkeitsmarkers (οὐκ οἴδατε ὅτι) hervorgehoben wird und die Funktion einer These hat, die im Folgenden ausgeführt wird. 2 Petr 2,19 hat eine ähnliche lehrsatzartige Form und fungiert im Zusammenhang zusammenfassend als Abschluss eines Gedankens:

Röm 6,16:
ᾧ παριστάνετε ἑαυτοὺς δούλους εἰς ὑπακοήν,   δοῦλοί ἐστε ᾧ ὑπακούετε
2 Petr 2,19b:
ᾧ γάρ τις ἥττηται,   τούτῳ δεδούλωται

Nun weiß der *zweite Petrusbrief* auch andernorts seiner Theologie in formelhaften Lehrsätzen Ausdruck zu geben, wie etwa 2,9 zu zeigen vermag, wo ein ähnlicher verallgemeinernder Lehrsatz die Reihe biblischer *exempla* abschließt: οἶδεν κύριος εὐσεβεῖς ἐκ πειρασμοῦ ῥύεσθαι, ἀδίκους δὲ εἰς ἡμέραν κρίσεως κολαζομένους τηρεῖν. Auch ist mit ἡττᾶσθαι wohl – anders als in Röm 6,16 – ein militärischer Bildbereich angesprochen.[622] Daher wird man das Zustandekommen von 2 Petr 2,19b gewiss nicht als an Röm 6,16 allein geschuldet erklären können. Dies gilt um so mehr, als vergleichbare Lehrsätze auch aus anderen frühchristlichen Texten bekannt sind, siehe etwa Joh 8,34 im Munde Jesu: Ἀμὴν ἀμὴν λέγω ὑμῖν ὅτι πᾶς ὁ ποιῶν τὴν ἁμαρτίαν δοῦλός ἐστιν τῆς ἁμαρτίας. Doch aufgrund der inhaltlichen Verbindungen zu Röm 6 schon in 2,19a, könnte Röm 6,16 mit zu den Inspirationsquellen bei der Formulierung von 2 Petr 2,19 gehört haben.

Als kaum wahrscheinlich erweist sich dagegen die Behauptung, man habe es in 2 Petr 2,19b mit einer bei Nichtchristen geläufigen Redensart zu tun.[623] Dies würde zwar gut in das Texterstellungsverfahren am Ende des zweiten Kapitels der *Secunda Petri* passen, doch legt sich für alle angeführten Textbelege der Schluss näher, dass sie 2 Petr 2,19 rezipieren:

---

[622] CHAINE 1939, 77: «L'image est tirée de l'ancien droit de guerre, le vaincu devient l'esclave du vainqueur.»; mit mehr Zurückhaltung, doch in dieselbe Richtung PAULSEN 1992, 144. KNOCH 1990, 269 spricht von einem „dem Kriegsrecht entstammenden Grundsatz"; FUCHS/REYMOND 1988, 100 von einem «aphorisme juridique».

[623] GREEN 2008, 299 mit Bezugnahme auf BAUCKHAM 1983, 277. Ließe sich die Vermutung, das Demonstrativpronomen τούτῳ entspreche semitischem Sprachgebrauch (BEYER 1962, 170) bestätigen, läge hierin ein erstes Gegenargument. Aufgrund des hypothethischen Charakters schon bei BEYER, wird in der hiesigen Argumentation jedoch auf diese mögliche Stütze bei der Widerlegung verzichtet.

	2 Petr 2,19	ᾧ γάρ τις ἥττηται, τούτῳ δεδούλωται
Beginn 3. Jh	Hippolyt, *In Danielem* III,22,4	Καὶ διὰ τοῦτο οὐκ ἔδωκεν ἀφορμὴν καταλαλίας τοῖς ἀντικειμένοις ᾧ γὰρ ἄν τις ὑποταγῇ τούτῳ καὶ δεδούλωται.
Mitte 3. Jh	Origenes *Homiliae in Exodum* 12,4	*Illius, quo constringor, negotii et sollicitudinis ser-* *vus sum; scio enim scriptum esse quia unusquisque,* *a quo vincitur, huic et servus addicitur.*
Ende 3. / Beginn 4. Jh	Adamantius *De recta in Deum fide* 28 821a–b	πείσει δέ σε καὶ ὁ ἔξωθεν λόγος ὅτι· ἕκαστος ᾧ ἥττηται, τούτῳ καὶ δεδούλωται.
Mitte 4. Jh	Clem rec V,12,3	*unusquisque illius fit servus, cui se ipse subiecerit*[624]

Hippolyt führt das leicht abgewandelte Zitat (ὑποταγῇ statt ἥττηται, Einfügung eines καί im Hauptsatz) in einem Kapitel seines *Danielkommentars* an, in dem er die Ausrichtung von Daniels Leben an den Prinzipien der Schrift deutlich machen will. Bereits in III,22,1 wird gezeigt, dass er sich an die Maxime „Gebt dem Kaiser, was des Kaiser ist..." (Mt 22,21) hielt; III,22,4 hebt darauf ab, dass er keinen Anlass zu übler Nachrede gab, indem er schlechten Verhaltensweisen nicht unterlag. Denn, so Hippolyt, wer jemandem unterliege, der sei auch dessen Sklave. Die Parallelität mit dem Verfahren in III,22,1 liegt auf der Hand. Der Beleg in der zwölften *Exodushomilie* bei Origenes ist noch expliziter über die Herkunft des Zitates: Hier wird es eingeführt mit *„scriptum est"*.[625] Für Adamantius ist das Zitat, das er in einer ähnlichen Form zu kennen scheint wie Origenes bzw. Rufinus (ἕκαστος = *unusquisque*; καί = *et*), ein ἔξωθεν λόγος. Dies muss jedoch nicht, wie es zuweilen geschieht, als "saying current among non-Christians" gedeutet werden.[626] Die Formulierung könnte auf die Nichtanerkennung des *zweiten Petrusbriefes* hinzielen, die für das vierte Jahrhundert für Teile der Kirche bei Euseb belegt ist (hist.eccl III,3,1,4). Die *Pseudoklementinen* jedoch akzeptieren ihn, denn bei ihnen ist das Zitat eingeleitet durch *„ipse dixit"*, wobei sich *ipse* nicht auf Petrus, sondern auf Christus bezieht. All diese Stellen sprechen demnach mehr für eine Rezeption der *Secunda Petri* statt einen allgemein verbreiteten Aphorismus zu belegen.[627]

---

[624] Vgl. auch Clem rec V,9,1: *nam qui permanet in malo et servus est mali.*

[625] Vgl. hierzu die Beschreibung der Haltung des Origenes zum *zweiten Petrusbrief* durch BIGG 1902, 201: "Origen ... records the doubt (scil.: bezüglich der Authentizität, MGR), yet is not unwilling to accept the Epistle."

[626] GREEN 2008, 299. Weitaus vorsichtiger und tastender in der Deutung ist der Kommentar von PRETTY 1997, 74 Anm. 192.

[627] Als einen solchen erwog CHAINE 1939, 4 die Stelle im *zweiten Petrusbrief* zu deuten. Zu dem Zitat aus den *Rekognitionen* merkt er an: «On peut être en présence du même aphorisme ou d'une réminiscence de II Pet.» Ähnlich FUCHS/REYMOND 1988, 100: «A l'appui de sa démonstration, l'auteur cite ce qui paraît être une sorte de pro-

Greift der *zweite Petrusbrief* somit in 2,19 wohl nicht auf eine bekannte Redensart zurück, so bedient er sich doch allgemein gängiger literarischer Techniken, wie der Vergleich mit einer Textstelle bei Cicero zeigt: In der zweiten *Rede gegen Verres* erwähnt dieser, Verres sei in seinen Missetaten gerade dadurch bestärkt worden, dass er gesehen habe, dass just die, die sich Herren der Gerichte (*iudiciorum dominos*) genannt wissen wollten, Sklaven ihrer Gelüste waren (*cupiditatum servos*).[628] Cicero verwendet hier zur rhetorischen Textgestaltung den Kontrast von Herren und Sklaven, wobei er Sklaverei im übertragenen Sinne gebraucht, wenn er die Genannten zu „Sklaven ihrer Gelüste" macht. Ähnlich argumentiert auch Seneca im sogenannten *Sklavenbrief* gegenüber denen, die so sehr auf dem Standesunterschied zwischen Sklaven und Herrn beharren: Wer sei eigentlich kein Sklave? Der eine diene seiner Lust, der andere der Habgier, wieder ein anderer dem Ehrgeiz usw.[629] Wenn die *Secunda Petri* also mit einem Kontrast zwischen Freiheit und Sklaverei arbeitet und das Bild von Sklaven der φθορά verwendet, bewegt sie sich zunächst im Rahmen gemeinantiker Rhetorik.[630] Doch gehen die intertextuellen Beziehungen von 2 Petr 2,19 darüber hinaus. Die Verbindung von φθορά mit der Sklavenmetapher ist außer im vorliegenden Vers und in Röm 8,21–22 nicht belegt. Hier drängt sich die Interpretation als textuelle Wiederaufnahme geradezu auf. Beziehungen zur zweiten Kapitelhälfte von Röm 6 lassen sich lexikalisch nicht in derselben Deutlichkeit nachweisen, angesichts der erwähnten Kongruenzen aber auch nicht ohne weiteres in Abrede stellen. Umso wahrscheinlicher werden die genannten Beziehungen, wenn man sich vergegenwärtigt, dass die Heterodoxen mit Paulus argumentierten, um ihre Lehre zu belegen. Dies geht aus dem Vorwurf hervor, sie verdrehten das Verständnis der Paulusbriefe (2 Petr 3,16). Zwar behauptet der *zweite Petrusbrief* nicht, dass sie gerade für ihr *Freiheitsverständnis* die Briefe des Apostels heranzögen, vielmehr werden diese in einem Kontext ins Feld

---

verbe, ou d'aphorisme juridique réglant le droit de guerre: le vaincu appartient comme esclave à son vainqueur.»

[628] Cic Verr II,1,22 § 58: *vidit enim eos qui iudiciorum se dominos dici volebant harum cupiditatum esse servos.*

[629] Sen ep V,47,17: «*Servus est.*» ... *Ostende, quis non sit : alius libidini servit, alius avaritiae, alius ambitioni, <omnes spei,> omnes timori.*

[630] Leicht ließen sich neben Cicero etliche weitere Beispiele angeben. Stellvertretend für sie sei hier noch Apuleius aufgeführt: Im letzten Buch der *Metamorphosen* fordert ein Isispriester den endlich aus der Eselsgestalt in sein ursprüngliches menschliches Äußeres zurückverwandelten Lucius auf, sich in die Mysterien der Göttin einweihen zu lassen, denn erst in deren Diensten werde er seine Freiheit recht genießen: *nam cum coeperis deae _servire_, tunc magis senties fructum tuae _libertatis_* (Apul met XI,15,5). Wie viel Ironie auch immer dabei eine Rolle spielen mag, jedenfalls wird hier der Topos aufgegriffen, dass sich unter dem Anschein von Knechtschaft Freiheit – oder umgekehrt – verbirgt.

geführt, wo es dem Verfasser um die Deutung des Ausbleibens eschatologischer Ereignisse als μακροθυμία Gottes zur σωτηρία der Menschen geht.[631] Dennoch ist nicht auszuschließen, dass ihnen Paulus auch sonst als Gewährsmann dienen musste, zumal ἐλευθερία in der Verkündigung des Paulus verschiedentlich eine Rolle spielt. Mit einiger Wahrscheinlichkeit begegnet der Verfasser der *Secunda Petri* in 2,19 den Anderslehrenden mit einem an Paulus inspirierten Argument. Dabei wird Paulus nicht zitiert, und die Übernahme lexikalischer Einheiten ist äußerst beschränkt. Doch zitiert die *Secunda Petri* ohnehin nicht und dass man auf Textstellen aus Briefen, die man als teilweise „schwer verständlich" (2 Petr 3,16) abstempelt, besser in seiner eigenen deutenden ,Paraphrase' wiedergibt, ist nicht mehr als einsichtig.

1.2.10. Am Ende schlimmer dran als ehedem (2 Petr 2,20)

Mit 2,20 kommt der Verfasser auf die Bewertung der Situation derer zu sprechen, die den μιάσματα τοῦ κόσμου durch die Erkenntnis Christi entflohen waren, sich dann aber in diese erneut verwickeln ließen und sich ihnen geschlagen gaben. Für sie gilt: γέγονεν αὐτοῖς τὰ ἔσχατα χείρονα τῶν πρώτων. Dieselbe Formulierung τὰ ἔσχατα … χείρονα τῶν πρώτων findet sich in Q 11,26 = Mt 12,45, sogar mit demselben Verbum γίνεσθαι verbunden, was für den *zweiten Petrusbrief* einen außergewöhnlich großen Umfang textueller Kongruenz mit einer anderen Schrift darstellt. Ähnlich umfangreich ist etwa in 3,10 der mit dem 1 Thess 5,2 gemeinsame Bestand in der Aufnahme des Diebeswortes: ἡμέρα κυρίου ὡς κλέπτης. Und tatsächlich ist der Fall ein ähnlicher. Denn auch hier liegt eine Redeweise vor, die im Schrifttum des frühen Christentums mehrfach bezeugt ist und zwar jeweils im selben Kontext: Es geht immer um eine Situation der Abwendung vom christlichen Glauben oder wenigstens von einer bestimmten Form christlichen Glaubens.

Herm sim 9,17,5 erzählt von Steinen, die aus den zwölf Bergen, die die zwölf Volksstämme der Weltbewohner darstellen (9,17,1), in den Turm der Kirche (9,13,1) eingesetzt wurden. Sie, die so verschiedenen Bergen entstammten, erglänzten, sobald sie in den Turm eingefügt wurden, in ein und derselben Farbe (9,17,3). Doch einige befleckten sich (ἐμίαναν ἑαυτούς) und wurden aus dem Geschlecht der Gerechten hinausgeworfen (9,17,5). Sie wurden erneut (πάλιν ἐγένοντο), was sie früher waren – und schlimmer (οἷοι πρότεροι ἦσαν, μᾶλλον δὲ καὶ χείρονες). Wenngleich diese Formulierung des Wortes vom schlechteren Endzustand weniger Übereinstimmung mit 2 Petr 2,20 aufweist als Q 11,26 = Mt 12,45, so springen doch andere Kongruenzen ins Auge: Sowohl der Hirt als auch die *Secunda Petri* bezeichnen das Vergehen, das als Abfall zu werten ist,

---

[631] Siehe hierzu II.D.

als Befleckung (μιάσματα – ἐμίαναν); ferner formulieren sie beide mit Hilfe des Wörtchens πάλιν (πάλιν ἐγένοντο – πάλιν ἐμπλακέντες). Auch der weitere Verlauf der Ausführungen des Hirten in Herm sim 9,18 erinnert an den *zweiten Petrusbrief*, denn hier wie dort ist der Schritt zum Glauben als Erkenntnis beschrieben, als Erkenntnis Christi (ἀποφυγόντες ἐν ἐπιγνώσει … Ἰησοῦ Χριστοῦ in 2 Petr 2,20; vgl. 2,21: ἐπεγνωκέναι und ἐπιγνοῦσιν ὑποστρέψαι) bzw. Gottes (ὁ θεὸν ἐπιγνούς; so und ähnlich mehrfach in Herm sim 9,18,1–2). Eine zusätzliche Übereinstimmung mit der synoptischen Tradition ist die Verwendung der Verben ὑποστρέ-ψαι (2,21) bzw. ἐπιστρέψαι (2,22), wovon der ausgetriebene Geist in Mt 12,44 das letztere, Lk 11,24 aber das erstere gebraucht, wenn er den Beschluss fasst, dorthin zurückzukehren, von wo er ausgefahren ist. Keine weitere lexikalische Übereinstimmung, wohl aber eine gedankliche Verwandtschaft zeigt sich mit dem *Martyrium des Polykarp*. Polykarp antwortet auf die Drohung, den wilden Tieren vorgeworfen zu werden, falls er seine Gesinnung nicht ändere, eine μετάνοια ἀπὸ τῶν κρειττόνων ἐπὶ τὰ χείρω sei kein gangbarer Weg, allein die umgekehrte Richtung (μετατίθε-σθαι ἀπὸ τῶν χαλεπῶν ἐπὶ τὰ δίκαια) sei gut (MartPol 11,1).

Wird man also insgesamt folgern müssen, dass das Abschlusslogion der Passage von der Rückkehr des ausgetriebenen Geistes im frühen Christentum in verschiedener lexikalischer Realisierung auf die Situation der Apostasie angewandt wurde, so dürfte doch die konkrete Form in 2 Petr 2,20 die Bekanntschaft mit der synoptischen Version belegen, ohne dass eine Konkretisierung auf das *Matthäus-*, das *Lukasevangelium* oder Q möglich ist; angesichts des sprichwortartigen Charakters ist auch eine mündliche Form synoptischer Tradition nicht auszuschließen.[632] Gleichzeitig ist zwischen dem *zweiten Petrusbrief* und dem *Hirten des Hermas* wenigstens ein gemeinsamer theologischer Kontext (Bekehrung zum Christentum als ἐπίγνωσις, ‚Befleckung' als Abwendung) vorauszusetzen.[633]

1.2.11. Besser wär's (2 Petr 2,21)

2 Petr 2,21 beginnt mit einem so genannten Tobspruch. Da der Inhalt der beiden miteinander verglichenen Sachverhalte dem Anliegen des Verfas-

---

[632] Mit FARKASVALVY 1985, 7: "The proverbial character of the saying and its briefness does not allow us to decide if the author quotes from scripture or oral tradition." Angesichts des Umfangs der lexikalischen Kongruenz bei einem sonst sehr eigenwillig formulierenden Autor dagegen zu skeptisch SCHELKLE 1961, 219, der auch eine „sprichwörtliche Redensart" erwägt.

[633] Dieses Resultat kommt weitgehend überein mit der Sicht BAUCKHAMs 1983, 277, der aus den Kongruenzen mit der synoptischen Tradition einerseits und dem *Hirten des Hermas* andererseits folgert: "Thus it appears that the author of 2 Peter was familiar with an application of this passage (scil.: von der Rückkehr des unreinen Geistes, MGR) to apostasy, current in the church of Rome in the late first century A.D."

sers direkt entspricht, kann nicht davon ausgegangen werden, dass dieser
Spruch als solcher schon vor der Abfassung der *Secunda Petri* bestand.[634]
Von Interesse ist die Verweiskraft der Bestandteile seiner Formulierungen, an erster Stelle die konkrete Ausprägung des Tobspruches, also
ein Fall generischer Intertextualität, im Weiteren die Formulierung ἡ ὁδὸς
τῆς δικαιοσύνης.[635]

Neutestamentliche Tobsprüche haben unterschiedliche Formen; das
den Vergleich einleitende Wort kann καλόν sein, συμφέρει, λυσιτελεῖ
oder κρεῖττον.[636] Letzteres ist nur drei Mal der Fall, einmal bei Paulus in 1
Kor 7,9, einmal in 1 Petr 3,17 und in 2 Petr 2,21. Damit scheint zunächst
ein Verweis auf die Septuaginta vorzuliegen, wo das hebräische מן...טוב
in der überwiegenden Mehrzahl der Fälle mit κρεῖττον oder κρεῖσσον
wiedergegeben wird. Doch gibt es auch Beispiele für κρεῖττον-/κρεῖσσον-
Sprüche aus der griechischen Literatur, wo kein semitisch-weisheitlicher
Einfluss zu vermuten steht.[637] Auch dem infinitivischen Subjekt zu
κρεῖττον/κρεῖσσον kommt kein Verweischarakter zu, er findet sich im
Griechischen ebenso wie im Hebräischen ab mischnaischer Zeit.[638]

Zur äußeren Form muss also noch der Inhalt hinzugenommen werden.
Und der ist im vorliegenden Fall keineswegs weisheitlich. Während der
typisch weisheitliche Tobspruch mögliche Güter oder Lebensformen gegeneinander abwägt,[639] zeichnet sich 2 Petr 2,21 durch die zusätzliche Dimension des Zugangs zur heilsrelevanten Erkenntnis und damit zu Heil
und Leben aus. Dies erinnert an Tobsprüche der synoptischen Tradition,
die zwar eine ganz andere Einleiteformel aufweisen, aber just die Heilsre-
levanz thematisieren, etwa indem sie auf eine drastische Weise feststellen,
der Tod sei besser als dieses oder jenes Verhalten oder Verschulden,[640]
oder indem sie dem Einzug ins Gottesreich unter Verstümmelung den
Vorrang geben vor dem unversehrten Ausschluss aus demselben:

---

[634] So auch GREEN 2008, 304: "We should not conclude that our author draws on a
known proverb at this point..."

[635] Zu ἡ παραδοθεῖσα αὐτοῖς ἁγία ἐντολή siehe die Ausführungen zu ἡ τῶν
ἀποστόλων ὑμῶν ἐντολή τοῦ κυρίου καὶ σωτῆρος in II.C.1.2.2.

[636] Siehe die Zusammenstellung bei SNYDER 1977.

[637] Siehe etwa Aischyl Prom 750f: κρεῖσσον γὰρ εἰσάπαξ θανεῖν ἢ τὰς ἁπάσας
ἡμέρας πάσχειν κακῶς oder Diod XII,16,2: κρεῖττον γάρ ἐστιν ἀποθανεῖν ἢ τοιαύ-
της ὕβρεως ἐν τῇ πατρίδι πειραθῆναι.

[638] BEYER 1962, 80.

[639] Siehe etwa Ps 36,16 LXX: κρεῖσσον ὀλίγον τῷ δικαίῳ ὑπὲρ πλοῦτον ἁμαρ-
τωλῶν πολύν oder κρείσσων πτωχὸς πορευόμενος ἐν ἀληθείᾳ πλουσίου ψευδοῦς.

[640] Vgl. hierzu auch den Tobspruch in der *äthiopischen Petrusapokalypse*. Angesichts
der Qualen der Sünder am Jüngsten Tag lässt sich Petrus zu der (als Zitat aufgenommenen?) Aussage hinreißen: "It was better for them, if they had not been created"
(äthApkPetr 3,4; Übersetzung BUCHHOLZ 1988). In griechischer Sprache ist der Textabschnitt nicht überliefert.

καὶ ἐὰν ὁ ὀφθαλμός σου σκανδαλίζῃ σε, ἔκβαλε αὐτόν·καλόν σέ ἐστιν
μονόφθαλμον εἰσελθεῖν εἰς τὴν βασιλείαν τοῦ θεοῦ ἢ δύο ὀφθαλμοὺς
ἔχοντα βληθῆναι εἰς τὴν γέενναν   Mk 9,47

καὶ εἰ ὁ ὀφθαλμός σου σκανδαλίζει σε, ἔξελε αὐτὸν καὶ βάλε ἀπὸ
σοῦ·καλόν σοί ἐστιν μονόφθαλμον εἰς τὴν ζωὴν εἰσελθεῖν, ἢ δύο
ὀφθαλμοὺς ἔχοντα βληθῆναι εἰς τὴν γέενναν τοῦ πυρός.   Mt 18,9

λυσιτελεῖ αὐτῷ εἰ λίθος μυλικὸς περίκειται περὶ τὸν τράχηλον αὐτοῦ
καὶ ἔρριπται εἰς τὴν θάλασσαν ἢ ἵνα σκανδαλίσῃ τῶν μικρῶν τούτων
ἕνα.   Lk 17,2

Der lehrhaft-drohende Charakter dieser Tobsprüche liegt auf der Hand
und trifft sich mit Formen des Lehrspruches aus dem rabbinischen Judentum, in denen es ebenfalls um Besseres im Vergleich mit einem schlimmen
Vergehen gehen oder die Existenz in Frage gestellt werden kann:[641]

נוח לו לאדם שלא נברא יותר משנברא   bEr 13b[642]

נוח לו לאותו צדיק שיהא שמש לדבר אחר ואל יכתב בו ויעש הרע בעיני   bShab 56b[643]

Die unmittelbare Textwelt, die 2 Petr 2,21 aus sich hervorbrachte und auf
die der Vers verweist, ist also bei Lehrtexten des Juden(christen)tums seiner Zeit zu suchen, die die Septuagintaform des Tobspruches in charakte-
ristischer Weise fortentwickelt haben.

Die von der Formulierung ὁδὸς τῆς δικαιοσύνης ausgehende Verweiskraft ähnelt der des mit κρεῖττον oder κρεῖσσον eingeleiteten Tobspruches. Auch dieser Ausdruck erinnert zunächst vor allem an das Buch
der *Proverbien*, wo verschiedene hebräische *constructus*-Verbindungen wie
ארחות־משפת, דרך־צדקה, ארח־צדקה, aber auch ganz andere sprachliche
Strukturen auf diese Weise wiedergegeben werden, meist allerdings dann
im Plural und artikellos als ὁδοὶ δικαιοσύνης, singularisches ὁδὸς δικαιοσύνης ist seltener.[644] Nur einmal begegnet die Verbindung in der Septuaginta außerhalb der *Proverbien*, nämlich in Hiob 24,13. Eine konkrete Stelle, wo etwa die Nominalverbindung in einem Tobspruch vorkäme, ist je-

---

[641] SNYDER 1977, 118 nennt zwei Charakteristika bei der Weiterführung der Tob-
spruch-Tradition im rabbinischen Judentum: "The *tobspruch* is applied personally
with a pronoun or some form of אדם (נוח לו לאדם). (2) The *tobspruch* no longer deals
with wisdom, but now normally contains a threatening exaggeration for teaching
purposes." Beides trifft auf 2 Petr 2,21 zu, die pronominale Ergänzung durch αὐτοῖς
und der lehrhaft drohend-übertreibende Charakter.

[642] In der Übersetzung NEUSNERs: "It would have been better for humanity not to
have been created than to have been created."

[643] In der Übersetzung NEUSNERs: "It would have been better for that righteous
man had he served 'something else' but that Scripture should not say of him, 'and
Solomon did that which was evil in the sight of the Lord' (1 Kgs. 11:6)."

[644] Plural: Prov 8,20; 12,28; 16,17.31; 17,23; Singular: Prov 21,16.21.

doch nicht auszumachen. So bleibt es bei einem Verweis nach der prover-
bialen Weisheit im Allgemeinen, offenbar soll 2 Petr 2,21 gesehen werden
als Element weisheitlicher Lebensführung. Sucht man nach weiteren Belegen in der textuellen Umwelt des *zweiten Petrusbriefes* mit der genannten
Abweichung vom Wortlaut in den *Proverbien*, nämlich dem Gebrauch des
Artikels vor δικαιοσύνης und dem dort selteneren Singular, so wird man
ausschließlich im *Matthäusevangelium* und dem Akhmîmfragment der *Petrusapokalypse* fündig. In einer Passage matthäischer Redaktion sagt Jesus,
Johannes der Täufer sei ἐν ὁδῷ τῆς δικαιοσύνης gekommen (Mt 21,32).
Und die *Petrusapokalypse* malt Strafen aus für οἱ βλασφημήσαντες (καὶ
κακῶς εἰπόντες) τὴν ὁδὸν τῆς δικαιοσύνης (ApkPetr 22.28). Der *Barna-
basbrief* verwendet zweimal das artikellose singularische ὁδὸς δικαιοσύνης (1,4; 5,4) und das *Henochbuch* das pluralische ἐν ὁδοῖς δικαιοσύνης
(äthHen 99,10–12).[645] Damit ergibt sich zum einen einmal mehr, dass die
Secunda Petri vermutlich nicht direkt auf eine griechische Version der
Schriften zurückgreift, sondern über die zeitgenössische Rezeption und
Auslegung derselben, und zweitens dass Matthäus und der Verfasser der
Secunda Petri im Blick auf ὁδὸς τῆς δικαιοσύνης zu derselben Sprachgemeinschaft gehören. Diese wird auch vom Verfasser der Rückübersetzung
der *Petrusapokalypse* ins Griechische geteilt; möglicherweise befindet er
sich damit in einer Linie mit dem Original; jedenfalls spricht die äthiopische Übersetzung wenigstens in einem der beiden ApkPetr 22 und 28 entsprechenden Verse, nämlich in 7,7 (= ApkPetr 22) ebenfalls vom „Weg der
Gerechtigkeit".[646]

1.2.12. Von kotzenden Hunden und sich suhlenden Schweinen (2 Petr 2,22)

Der Abschnitt, in dem sich der Verfasser des *zweiten Petrusbriefes* eingehend den Heterodoxen, ihrem Wesen und Treiben, ihren Vorbildern und
ihrer Zukunft widmet, schließt mit zwei Tiervergleichen (2,22), die sich
intratextuell in die mit ἄλογα ζῷα (2,12) und ὑποζύγιον ἄφωνον (2,16)
begonnene Reihe einfügen. Anders als an vielen anderen Stellen gibt er
dabei seinen Rückgriff auf existente Texte unumwunden zu erkennen, indem er die beiden Tiervergleiche als παροιμία bezeichnet. In der Septua-

---

[645] Genau genommen bietet äthHen 99,10–12 ἐν ὁδοῖς δικαιοσύνης αὐτοῦ; siehe
auch den Kommentar von NICKELSBURG 2001, 482 ad loc. Die Übersetzungen der
nicht in griechischer Sprache erhaltenen Textteile lassen die Vermutung zu, dass das
Syntagma im griechischen Text häufiger Verwendung fand; siehe etwa äthHen 92,3,
in dessen zweiter Hälfte "piety and eternal mercy" im Parallelismus mit δικαιοσύνη
verwendet werden; NICKELSBURG 2001, 430 ad loc. Der griechische Text des *Henoch-
buches*, wäre er in Gänze erhalten, könnte demnach möglicherweise weitere Hinweise
auf die lexikalische und geistige Heimat der *Secunda Petri* geben.

[646] An der anderen Stelle, nämlich äthApkPetr 9,3 = ApkPetr 28, scheint dies nicht
der Fall zu sein; siehe dazu die "literal translation" bei BUCHHOLZ 1988.

ginta ist Παροιμίαι der Titel des ספר משלי, doch lässt sich das Wort auch auf Spruchweisheit im weiteren Sinne anwenden,[647] und zwar auch außerhalb der Textwelt der autoritativ werdenden Schriften des entstehenden Tenach.[648] Auf den ersten Blick ist die Quellenangabe also nicht eindeutig, doch nimmt man die kulturell-weltanschaulich wahrscheinlich näher stehende Textwelt als Ausgangspunkt vor anderen Textwelten, so ist es vernünftig, die aufgenommenen Texte zuallererst in den *Proverbia* und angrenzender Literatur zu suchen.

Was die Syntax anbelangt, sind die beiden Tiervergleiche einander völlig analog aufgebaut:

Substantiv: Tier	Partizip	Richtungsangabe
κύων	ἐπιστρέψας	ἐπὶ τὸ ἴδιον ἐξέραμα
ὗς	λουσαμένη	εἰς κυλισμὸν βορβόρου

Einen Prätext ausfindig zu machen, in dem die beiden Tiervergleiche in genau dieser Form aufgenommen sind, gelingt nicht, doch ist es einigermaßen deutlich, dass die erste Hälfte des Verses Prov 26,11 aufgreift:

Prov 26,11 LXX	ὥσπερ κύων ὅταν ἐπέλθῃ ἐπὶ τὸν ἑαυτοῦ ἔμετον
	καὶ μισητὸς γένηται
2 Petr 2,22	κύων ἐπιστρέψας ἐπὶ τὸ ἴδιον ἐξέραμα
Prov 26,11 MT	ככלב שב על-קאו

Mit der Septuagintaversion stimmt der syntaktische Aufbau zwar nur ungefähr überein und ist die Lexik lediglich in κύων und ἐπί kongruent, doch lassen sich die beiden griechischen Sätze mit einer nur geringfügigen syntaktischen und einigen lexikalischen Transformationshandlungen mühelos ineinander überführen: Das Partizip ἐπιστρέψας entspricht dem temporalen Gliedsatz ὅταν ἐπέλθῃ, ἐξέραμα ist das Pendant zu ἔμετον, und dem Possessivum ἑαυτοῦ entspricht ἴδιον, dessen Verwendung mit zu den stilistischen Charakteristika der *Secunda Petri* gehört.[649] Lediglich der Anfang der Septuagintaversion ὥσπερ und das Ende καὶ μισητὸς γένηται haben kein Gegenstück im *zweiten Petrusbrief*. Geht schon daraus hervor, dass Prov 26,11 und 2 Petr 2,22 einander entsprechen, so zeigt erst recht der Vergleich mit dem hebräischen Text aufgrund der strukturellen Parallelität und lexikalischen Korrespondenz unzweideutig, dass der Hundevergleich in 2 Petr 2,22 tatsächlich eine Wiedergabe von Prov 26,11 ist.[650] Einmal mehr wird dabei deutlich, was auch andernorts beobachtet

---

[647] Siehe Sir 8,8 in Parallelität mit διήγημα σοφῶν.

[648] So etwa bei Lukian in den *Totengesprächen* 6,2 und 8,1.

[649] Zum Gebrauch von ἴδιος im *zweiten Petrusbrief* siehe KRAUS 2001, 216–218.

[650] Diese auffällige Nähe der Syntax von 2 Petr 2,22 zum hebräischen Text von Prov 26,11 muss in die Überlegungen, ob der Vers aus der mündlichen Tradition oder aus der Schrift übernommen wurde, einbezogen werden. Wenn man eine Übernahme aus dem Mündlichen annimmt, so muss vorausgesetzt werden, dass der Vers beinahe

wurde, nämlich dass der Verfasser beim Aufgreifen von Schriftzitaten nicht unbedingt den Septuagintatext verwendet.[651]

Die zweite Hälfte von Prov 26,11, die im *zweiten Petrusbrief* nicht aufgenommen wird, belegt ein Phänomen, das der Intertextualitätstheorie hinlänglich bekannt ist, jedoch bislang in unserem Brief nirgends deutlich zu beobachten war, nämlich die Fähigkeit eines wiederaufgenommenen Textfragments größere Teile des Prätextes zu evozieren oder sogar in den Phänotext einzutragen.[652] Im vorliegenden Fall passt der prätextuelle Kontext in den argumentativen Zusammenhang des Phänotextes, denn im Prätext ging es um den Toren, der wieder zu seiner Torheit zurückkehrt bzw. nach der Interpretation der Septuaginta, der sich nach der Abkehr von seiner Verderbtheit wieder dem alten Fehlverhalten zuwendet. Über den Vergleich mit dem Hund wird der Tor (כסיל bzw. ἄφρων) zum Rollenmodell, in das die Heterodoxen und ihre Anhänger eingepasst werden.

| Prov 26,11 LXX | οὕτως ἄφρων τῇ ἑαυτοῦ κακίᾳ ἀναστρέψας ἐπὶ τὴν ἑαυτοῦ ἁμαρτίαν. |
| Prov 26,11 MT | כסיל שׁונה באולתו |

Weniger offensichtlich als die Herkunft des Hundespruchs ist die Schweinewortes. Dass Schweine am Schlamm mehr Freude haben als an reinem Wasser, ist eine im Altertum mehrfach belegte Aussage, die zuweilen in die Nähe einer fast sprichwörtlichen Redensart tritt,[653] wovon Clemens von Alexandrien zumindest einen Teil dem Demokrit zuschreibt.[654]

| Phil spec.leg I,148 | συὸς τρόπον ἐν βορβόρῳ διαιτωμένη χαίρει |
| Phil agr 144 | τῷ συῶν παραβάλλει γένει διαυγεῖ μὲν οὐδενὶ καὶ καθαρῷ θολερῷ δὲ καὶ βορβορώδει βίῳ καὶ τοῖς αἰσχίστοις ἐμφερομένους |

unverändert im Blick auf Prov 26,11 weiterüberliefert wurde. Etwas zu schnell folgert daher FARKASVALVY 1985, 7: "The proverbial character of the saying and its briefness does not allow us to decide if the author quotes from scripture or oral tradition."

[651] Siehe etwa die Diskussion um die Aufnahme von Num 24,17 in III.B.1.2.2.

[652] Siehe dazu MERZ 2004, 39ff, Kapitel 2.5.3 „Sinnvermehrende Zusatzkodierungen im Zusammenspiel von intratextueller und intertextueller Ebene", besonders 2.5.3.3 „Einbeziehung des prätextuellen Ko-Textes als umstrittener Faktor bei der Aktualisierung eines Prätextverweises" expliziert am Beispiel von 2 Tim 2,19.

[653] In ClemAl strom I,2,1 fällt selbst das Stichwort οἱ παροιμιαζόμενοι, doch bezieht es sich in erster Linie auf ὄνος λύρας... τοῖς πολλοῖς τὰ συγγράμματα. Unmittelbar anschließend findet sich das Wort vom Schwein, das mehr Freude am Schlamm hat als an reinem Wasser. Es ist nicht auszuschließen, dass der Sprichwortcharakter auch diesem Ausspruch zugeschrieben werden soll.

[654] Es ist nicht ganz deutlich, wie weit sich κατὰ Δημόκριτον in Ὕες γάρ, φησίν, ἥδονται βορβόρῳ μᾶλλον ἢ καθαρῷ ὕδατι καὶ ἐπὶ φορυτῷ μαργαίνουσιν κατὰ Δημόκριτον (*Protreptikos* 10,92,4) zurückerstreckt.

Sextus Empiricus	σύες τε ἥδιον βορβόρῳ λούονται δυσωδεστάτῳ ἢ
Pyrrhoniae Hypotyposes I,56	ὕδατι διειδεῖ καὶ καθαρῷ
ClemAl	Ὕες γάρ, φησίν, ἥδονται βορβόρῳ μᾶλλον ἢ καθαρῷ
Protreptikos 10,92	ὕδατι καὶ ἐπὶ φορυτῷ μαργαίνουσιν
ClemAl strom I,2,1	ὕες γοῦν βορβόρῳ ἥδονται μᾶλλον ἢ καθαρῷ ὕδατι
ClemAl strom II,15,68,3	χοῖρος βορβόρῳ ἥδεται καὶ κόπρῳ
ClemAl strom V,8,51,3	ὁ μὲν γὰρ χοῖρος φιλήδονον καὶ ἀκάθαρτον ἐπιθυ-
	μίαν τροφῶν καὶ ἀφροδισίων λίχνον καὶ μεμολυσ-
	μένην ἀκολασίαν μηνύει ... ἐν βορβόρῳ κειμένην, εἰς
	σφαγὴν καὶ ἀπώλειαν πιαινομένην.

In all diesen Fassungen stimmt zwar die Kombination eines Wortes für Schwein mit dem Lexem βορβορ- mit 2 Petr 2,22 überein, bei Sextus Empiricus gesellt sich dazu noch das Verb λούειν. Der Aspekt der Rückkehr zum Schlamm nach erfolgter Waschung ist hier jedoch nirgends belegt. Nähme also die *Secunda Petri* allein die allgemein bekannte Eigenschaft des Schweines auf, lieber im Schlamm als im Wasser zu baden, so leistete sie einen nicht unbeträchtlichen eigenen Beitrag zur Gestaltung des Phänotextes, indem sie den Aspekt der *Rückkehr* in die Redensart eintrüge. Dies wäre ihr zwar durchaus zuzutrauen, zumal gerade bei der Rückkehr zu vorchristlichen Verhaltensweisen ihr Interesse liegt, doch gibt es in der syrischen und der auf dieser basierenden arabischen Version der Ahiqarerzählung einen Vers, der genau diesen Aspekt bereits enthält und die Stelle eines *missing link* auffüllen kann:[655]

syrische Version	Oh my son! Thou hast been to me like a pig who went into the hot bath with people of quality, and when it came out of the hot bath, it saw a filthy hole and it went down and wallowed in it.
arabische Version	My son, thou hast been to me like the swine that had been to the baths and when it saw a muddy ditch, went down and washed in it, and cried to his companions, 'come and wash.'

Angesichts der Existenz einer Form des Schweinexempels mit integriertem Rückkehrmotiv liegt es näher zu vermuten, dass die *Secunda Petri* dieses Motiv bereits mit übernommen und nicht selbst in die allgemein bekannte Redensart von der Vorliebe von Schweinen für Schlamm eingetragen hat. In 2 Petr 2,22 liegt also ein Doppelzitat vor, bestehend aus einem Sprichwort, das eine nicht der Septuaginta entnommene griechische Wiedergabe von Prov 26,11 darstellt, und einem Spruch, der entweder unab-

---

[655] Die oben angeführten Übersetzungen sind entnommen CONYBEARE et al. 1913, 125.158. Die erhaltenen Teile der aramäischen Version aus Elephantine (zweite Hälfte fünftes Jahrhundert v. Chr.; TADAE C1.1) enthalten diese Verse nicht.

hängig zu 2 Petr 2,22 auch in verschiedenen Fassungen der *Ahiqarerzählung* seinen Niederschlag gefunden hat oder der sogar von dort stammt.

Ob die Kombination dem Verfasser zuzurechnen ist oder die Sprüche ihm bereits gekoppelt vorlagen, ist nicht ohne weiteres ersichtlich. Gewiss ist, dass die Juxtaposition von Hunden und Schweinen eine längere Tradition kennt. So wird in der Septuagintaversion der Gerichtsankündigung, die Elia an Ahab von Israel aufgetragen wird, formuliert, dass die Hunde Ahabs Blut dort lecken werden, wo ἔλειξαν αἱ ὕες καὶ οἱ κύνες τὸ αἷμα Ναβουθαι (3 Reg 20,19). Nach Ahabs Tod wird festgehalten: καὶ ἐξέλειξαν αἱ ὕες καὶ οἱ κύνες τὸ αἷμα (3 Reg 22,38). Beide Male sind die Schweine Zutaten der Septuaginta, im hebräischen Text (1 Reg 21,19; 22,38) ist ausschließlich von Hunden die Rede. In der syrischen (und der hierauf basierenden arabischen) Version der Ahiqarerzählung geht dem oben zitierten Schweinewort ebenfalls ein Hundewort voraus: Nadan, der Adressat von Ahiqars Worten habe sich wie ein Hund verhalten, der sich am Ofen des Töpfers wärmt und, sobald er warm geworden ist, diesen anbellt.[656] Im Neuen Testament wird diese Tradition aufgenommen in der Mahnung der Bergpredigt, man solle das Heilige nicht den Hunden geben und die Perlen nicht vor die Säue werfen (Mt 7,6).[657] Möglicherweise ist die Entstehung von 2 Petr 2,22 also so zu denken, dass er aufgrund der traditionellen Hunde-Schweine-Kombination dem Hundespruch aus Prov 26,11 einen der Ahiqartradition entnommenen Schweinespruch vergleichbaren Inhalts an die Seite stellt. Auszuschließen ist jedoch auch nicht, dass die Kombination bereits vorlag; einen möglichen Hinweis auf die bereits bestehende Verbindung beider Sprüche könnte der Singular παροιμία darstellen, wenn er besagt, dass ihm beide *in ihrer Kombination* als παροιμία gelten. Trifft dies zu, dann ist nicht nur davon auszugehen, dass hier keineswegs Paganes und Biblisches gleichzeitig bezeichnet, also nicht ein allgemein in der antiken Welt bekanntes Sprichwort neben ein biblisches gestellt wird, sondern es liegt dann auf der Hand, dass παροιμία nicht speziell auf den kanonischen ספר משלי verweist, sondern allgemeiner auf die Spruchliteratur des Judentums, der die genannten Fassungen der Ahiqarerzählung ebenso angehören wie die biblischen *Proverbia*.

2. *Pragmatik der Intertextualität*

Auf der Suche nach Spuren der expliziten oder wenigstens impliziten Verständigung des Verfassers mit seiner intendierten Rezipientenschaft

---

[656] So die syrische Version, von der sich die arabische nicht wesentlich unterscheidet; siehe die Übersetzungen bei CONYBEARE et al. 1913, 125.158.

[657] Dies wertet DSCHULNIGG 1989, 169 als Anhaltspunkt für die theologische Verortung des *zweiten Petrusbriefes*: „Der 2Petr repräsentiert jenes Judenchristentum, das im NT im Matthäusevangelium seinen deutlichsten Niederschlag gefunden hat."

über die Wiederaufnahme von Prätexten empfiehlt es sich, zwischen dem konkreten Fall des *Judasbriefes* und Texten aus den Schriften sowie deren Auslegungstradition zu unterscheiden. Für den *Judasbrief* unterbleibt jegliche Kommunikation zwischen Sender und Empfänger über die Geburt des Phänotextes aus dem Geiste der Intertextualität. Die *Secunda Petri* gibt keinerlei expliziten Hinweis auf den *Judasbrief* als Prätext und setzt ihn auch nicht implizit zu ihrem Verständnis voraus. Die destruktive Kraft ihres Umgangs mit dem *Judasbrief* ist so tiefgreifend und wird von der völlig phänotextzentrierten konstruktiven Kraft derart effektiv flankiert, dass Rezipienten des Phänotextes, die den Prätext nicht kennen, wohl schwerlich die Existenz eines solchen postulieren würden.

Anders verhält es sich mit den Rekursen auf ‚biblische' Figuren und Ereignisse. Zwar fehlen auch hier ausdrückliche Verweise auf die Herkunft der *exempla* in der Form καθὼς γέγραπται ἐν τῷ Ἡσαΐᾳ τῷ προφήτη (Mk 1,2), Μωυσῆς φησιν ὅτι... (Phil all II,34), προεφήτευσεν δὲ καὶ τούτοις ἕβδομος ἀπὸ Ἀδὰμ Ἑνὼχ λέγων (Jud 14) und was die Tradition sonst noch an Formeln bereithält. Doch die Art und Weise, in der die *exempla* wieder aufgenommen werden, deutet darauf hin, dass hier über – wenn vielleicht auch nicht präzise in der vorliegenden Form, so doch wenigstens prinzipiell – bekannte Erzählungen und Figuren gesprochen wird. Denn die die vier *exempla* einschließende argumentative Struktur εἰ γάρ ...οἶδεν κύριος εὐσεβεῖς ἐκ πειρασμοῦ ῥύεσθαι, die grammatisch-rhetorisch den Inhalt der Protasis in ihrem Bezug zur Wirklichkeit scheinbar als offen darstellt[658] und so der Rezeption das Urteil darüber zuschiebt, zielt pragmatisch-kommunikativ doch darauf, dass diese die vier *exempla* gerade als gewiss und verlässlich bestätigt, sie mithin kennt; andernfalls würde das argumentative Ziel der Periode, nämlich die Plausibilität der und demzufolge die Zustimmung zu der in der Apodosis aufgestellten Folgerung, nicht erreicht. Des Weiteren sind auch die *exempla* an sich in der Weise, wie im Text auf sie angespielt wird, so angelegt, dass sie auf die Ergänzung aus dem Vorwissen zielen. Wer etwa die Geschichte vom Engelsfall nicht kennt, wird sich unter den ἄγγελοι ἁμαρτήσαντες, die zum Gericht bewahrt werden, in 2,4 wenig vorstellen können.[659] Schon das erste Beispiel büßte seine Evidenz ein. Nicht anders verhält es sich mit Noah. Geht man davon aus, dass die Kommunikation zwischen Sender und Empfängerschaft sinnvoll ist, d.h. dass der Sender seinen Text mit der berechtigten Erwartung schreibt, dass dieser nicht nur im Ganzen, son-

---

[658] Vgl. KRAUS 2001, 182, der jedoch die pragmatisch-kommunikative Funktion der Periode nicht berücksichtigt.

[659] Vgl. dazu CHARLES 2005: "...the rebellious angels appear in a series of moral paradigms that receive no commentary, explanation or interpretation. These paradigms ... are proverbial in character and part of moral-typological tradition well established in the history of Jewish interpretation."

dern auch im Detail verstanden wird, dann muss hinter der Bezeichnung Noahs als des Achten (ὄγδοος Νῶε; 2,5) eine gemeinsame Verständigungsbasis stehen, die es den Empfängern ermöglicht, aufgrund ihres Vorwissens etwas mit dieser Prädikation zu verbinden.[660] Diese Verständigungsbasis, auch das zeigt das Beispiel ὄγδοος – wie übrigens schon das Detail, dass die ἄγγελοι ἁμαρτήσαντες in σιροὶ ζόφου ,aufbewahrt' werden –, beschränkt sich durchaus nicht auf später kanonisch gewordene Texte, wie überhaupt das Wort ,Text' keineswegs suggeriert, dass eine Rezeption direkt auf Basis einer schriftlichen Fassung stattfand. Für die vorliegende Art der Kommunikation über ,biblische' Figuren und Ereignisse reicht die Annahme der Rezeption eines mündlich realisierten Textes aus.[661] Das Fehlen von expliziten Verweisen auf konkrete Texte ist dabei jedoch nicht notwendig ein Indiz in diese Richtung; auch die Rezeption eines nicht schriftlich realisierten Textes kann von einer Quellenangabe begleitet sein, wie dies etwa bei Schriftlesungen in Gottesdiensten der Gegenwart oft der Fall ist.

Die Tatsache, dass die *Secunda Petri* in 2,4–8 teilweise auf Standardbeispiele – Sodom und Gomorra waren schon immer Modell für die Bosheit der Menschen und das Gericht[662] – und traditionelle Ketten von *exempla* zurückgreift, ändert an der genannten Deutung nichts. Der Gebrauch von Standardbeispielen und Beispielketten mit jeweils nur knappem Antippen des einzelnen Beispiels setzt voraus, dass Rezipienten wenigstens einigermaßen vertraut sind mit der jeweils dahinter stehenden Geschichte. Wie detailliert man sich diese Vertrautheit vorzustellen hat, ist am Text des *zweiten Petrusbriefes* nicht abzulesen.

So ist etwa das genaue Ausmaß der im Falle Bileams vorausgesetzten Vorkenntnis nicht deutlich. Eine explizite Kommunikation zwischen Sender und Empfänger findet auch über Bileam nicht statt. Mit demselben Argument wie oben, dass nämlich erst bei einer gewissen Vertrautheit mit der Eselinnenperiode ihre deutende Zusammenfassung in 2,16 zu sprechen beginnt, lässt sich eine Bekanntschaft in Grundzügen annehmen. Möglicherweise darf man sogar noch ein Stück weitergehen und vermuten, dass die intendierten Rezipienten um die Assoziation verschiedener Laster mit Bileam wussten. Denn Bileam fungiert in der *Secunda Petri* als Identifikationsschablone, in die die Heterodoxen hineinpassen sollen.

---

[660] So auch FUCHS/REYMOND 1988, 133: «Il n'est donc pas interdit de penser que l'expression «Noé le huitième» appartenait au langage des lecteurs et des auditeurs du rédacteur de 2 P, qui la recevaient avec toute sa charge symbolique et qui, de plus, devaient en apprécier la pointe polémique: le Christ-Noé inaugure un monde nouveau au travers du jugement.»

[661] Zu der von SÖLL/HAUSMANN ²1980, 19ff entlehnten Begrifflichkeit von Konzeptions- und Realisierungsebene von Texten siehe Kapitel I.

[662] LOADER 1990, 138 u.ö.

Auffälligerweise wird Bileam als Prophet bezeichnet (2,16), freilich als einer, der sich durch παρανομία und παραφρονία auszeichnet. Schon in 1,20 war durch τοῦτο πρῶτον γινώσκοντες das Augenmerk der Rezipienten auf die Quelle echter Prophetie gewendet worden. Und in 2,1 stehen ψευδοπροφῆται neben ψευδοδιδάσκαλοι. Es scheint nicht unwahrscheinlich, dass die heterodoxen οὗτοι die Funktion von διδάσκαλοι hatten, die sich mit der Auslegung von Prophetie befassten.[663] Wenn die Gestalt Bileams nun Prophet genannt wird, lässt sich an ihm darstellen, dass auch ein Prophet sich – neben der Lehre – durch sein Verhalten disqualifizieren kann. Die Unterbreitung dieses Identifikationsangebotes legt sich für einen Verfasser vor allem dann nahe, wenn die intendierten Rezipienten bereits bestimmte Verhaltensweisen mit der vorgehaltenen Identifikationsfigur verbinden können.

Die syntaktische Analyse der Intertextualität hat an verschiedenen Punkten gezeigt, dass der Verfasser der *Secunda Petri* in seiner Rezeption anderer Texte auch in christlicher Tradition steht. Dies gilt etwa in der Sintflut-Gerichts-Typologie, denn Typologie charakterisiert christliche Noahexegese.[664] Ferner zeigten die Verse 2,18f einmal mehr, dass unser Brief auch in paulinischer Tradition steht. Eine für dritte nachvollziehbare Verständigung über die Aufnahme christlichen Gedankenguts ist jedoch genau so wenig zu entdecken wie ausdrückliche Verweise auf die nicht unbedingt spezifisch christlichen Textwelten, denen sich der Rekurs auf ‚biblische' Figuren und Erzählungen verdankt. Doch da die Kennzeichnung Noahs als ὄγδοος aller Wahrscheinlichkeit nach spezifisch christlich ist, wird an dieser Stelle eine christliche Deutetradition auch bei den Empfängeren vorausgesetzt. Das paulinische Gedankengut ist allerdings nicht als solches markiert. Es lässt sich lediglich postulieren, dass die Aufnahme paulinischer Gedanken vor allem dann Sinn macht, wenn die Empfängeren diese Gedanken als paulinisch erkennen und so Paulus an der Seites des schreibenden ‚Petrus', nicht aber bei den Heterodoxen wissen, immer vorausgesetzt, Paulus gilt ihnen als Autorität. Konkretere Anhaltspunkte für den Referenzrahmen des möglichen intertextuellen Spiels mit Paulus lassen sich jedoch nicht erkennen.

Nur an einer einzigen Stelle kennzeichnet der Verfasser verwendete Prätexte als solche. Den in 2,22 angeführten Doppelspruch labelt er als παροιμία. Unter diese Bezeichnung fällt für ihn sowohl ein Zitat aus den *Proverbia* in der ersten Hälfte des Doppelspruches als auch in der zweiten Hälfte ein Spruch, der wahrscheinlich einem Vers der Ahiqarerzählung

---

[663] Vgl. CAVALLIN 1979, 269: "…the substitution of ψευδο-διδάσκαλοι for ψευδο-προφῆται in ii 1 speaks for the assumption that the adversaries may have claimed a position to teach – and interpret prophecy (i 20) – but not the gift of prophecy itself."

[664] LEWIS 1978, 112: "Christian treatment of the flood differs most markedly from the other literary groups covered in this study in its use of typology."

nachempfunden ist; somit stehen beide im Phänotext gleichwertig nebeneinander. Ist ihre Nebeneinanderordnung dem Verfasser zuzuschreiben und darf man davon ausgehen, dass ihm die Herkunft beider Sprüche bewusst war, so liegt hier ein erneuter Beleg dafür vor, dass die ihm als autoritativ geltenden Schriften sich nicht auf die Zahl der später kanonischen beschränken. Wenn er die Kombination beider Sprüche schon aus der Tradition kennt, wofür eine gewisse Wahrscheinlichkeit besteht, gilt Ähnliches: Seine Kategorien zur Einordnung des Phänomens Anderslehrender bezieht er nicht nur aus den später kanonisch gewordenen Schriften. Inwiefern der Verfasser voraussetzt, dass die Empfänger den Doppelspruch kennen, ist nicht klar ersichtlich.[665]

3. Semantik der Intertextualität

Die Analyse der destruktiven und konstruktiven Verfahrensweisen des *zweiten Petrusbriefes* in Bezug auf seinen Prätext *Judasbrief* führte zu der Beobachtung, dass die Makrostruktur dieses letztgenannten zerstört wird, dass dessen Formulierungen oft aus den ursprünglichen Verbänden herausgelöst und neu kontextualisiert werden, dass dessen Anliegen und Aussagen eklektisch oder partiell in Dienst genommen werden, wo es dem eigenen theologischen – man denke etwa an die auffallend lange Übernahme οἷς ὁ ζόφος τοῦ σκότους τετήρηται in 2 Petr 2,17 – oder pragmatischen – dies betrifft vor allem die Charakterisierung der Gegner in 2,10–11.13–16 – Anliegen des Phänotextes entspricht. Theologische Erweiterungen oder Korrekturen wie der Nachdruck auf der Möglichkeit der Rettung entgegen der alleinigen Gewissheit des kommenden Gerichts im Prätext,[666] Verstärkung vorhandener Aussagen (ἐν τῇ φθορᾷ αὐτῶν

---

[665] Allzu schnell folgert FARKASVALVY 1985, 7: "However, the lack of any device of formal quotation suggests that the author supposes that the phrase is well known to his readers..." Dass er dem Verfasser "lack of any device of formal quotation" anlastet, lässt außer Acht, dass der Verfasser der *Secunda Petri* an keiner Stelle formal zitiert. Dies ist jedoch nicht zwangsläufig ein Indiz für die Voraussetzung der Bekanntheit der Empfängeren mit den verwendeten Texten. Ohne Beleg bleibt auch seine zweite Behauptung (ibid.): "...and its application to fallen-away Christians is, probably, also traditional." Die Anwendung auf Apostaten könnte auch eine auf der Fortsetzung des Verses in Prov 26,11 basierende Leistung des Verfassers sein: Was dort die Toren sind, sind hier die Heterodoxen und ihre Anhänger. Dafür spricht, dass er mehr als einmal in dem Brief biblische Figuren als Identifikationsschablonen für die Heterodoxen gebraucht: Spötter (2 Petr 3,3; siehe dazu III.D.1.1.2), Bileam und nun hier die Toren.

[666] Trotz diesem Nachdruck auf der Möglichkeit der Rettung in 2 Petr 2,4–10a ist es nicht so, dass der „Gerichts"-Gedanke völlig fehlt; in 2,12–18, vor allem in 2,12 (ἐν τῇ φθορᾷ αὐτῶν φθαρήσονται), ist ihm gegenüber dem *Judasbrief* sogar größeres Gewicht eingeräumt. Das Verhältnis gegenüber dem *Judasbrief* ist daher weniger als Korrektur denn als Erweiterung zu beschreiben.

καὶ φθαρήσονται 2,12) bei gleichzeitiger Unterdrückung anderer sowie neue Makrostrukturen – besonders gut zu beobachten in 2,4–10 – stehen allesamt im Interesse des Phänotextes. Der Prätext dient als eine Art Steinbruch für das Material des neu zu errichtenden Textgebäudes. Die Haltung des Phänotextes ihm gegenüber lässt sich als punktuelle Wertschätzung bei auf seine Gesamtheit bezogener Ablehnung beschreiben. Dabei gilt, dass dort, wo Übernahmen stattfinden, diese stets die Inhalte des Prätextes bestätigen. Nirgends wird ein Textfragment so übernommen und rekontextualisiert, dass es sinnkonstratierend zur Verwendung im Prätext eingesetzt würde. Vereinzelt beziehen sich diese affirmativen Übernahmen auch auf Formen, so hat etwa neben dem Inhalt die Form der Gegnerpolemik im Phänotext ihre Spuren hinterlassen, wenn etwa Deutungshilfen für die Identität der Heteroxoden in Figuren aus der ,biblischen' Tradition gesucht werden.

Ist der *Judasbrief* für die *Secunda Petri* im zweiten Kapitel Faden, dem entlang das eigene Textgewebe gesponnen wird, so dürfen doch passagenweise auch andere Prätexte den Phänotext mitprägen. Bleibt man bei dem Aspekt der Strukturalität, so stellt man fest, dass die *Secunda Petri* zuweilen geläufige Themenfolgen übernimmt. Dazu gehört die Sequenz *Fall und Bestrafung der Wächter – Noah und die Sintflut* ebenso wie das Nebeneinander von Aussagen über Hunden und Schweinen. Konkrete Prätexte lassen sich in beiden Fällen nicht dingfest machen, das Schema ist in mehreren Texten belegt. Doch soviel wird festzuhalten sein, dass der Verfasser hier traditionelle Schemata aktiv bejaht und durch die Anwendung zu legitimen Schablonen theologischer Argumentation erklärt. Sich selbst reiht er damit ein in die Palette dieser Texte, in die Gruppe derer, die theologische Diskurse anhand dieser Ausdrucksformen führt.

Formal und inhaltlich-theologisch dürfte Sir 16,7–9 für die Verse 2,4–10 mitbestimmend gewesen sein. Trifft dies zu, so liegt hier eine ähnliche Bedeutungszuweisung vor wie im Falle des *Judasbriefes*. Denn die *Secunda Petri* greift die sprachliche Gestaltung οὐκ ἐξιλάσατο – οὐκ ἐφείσατο – οὐκ ἠλέησεν unter geringfügiger lexikalischer Transformation mitsamt dem theologischen Anliegen, nämlich dem göttlichen Absehen von Schonung, auf, doch nur, um kritisch-ergänzend daneben die die Möglichkeit der Rettung zu stellen, möglicherweise inspiriert durch Weish 10. Die Theologie dieses letztgenannten Textes würde dann als Komplement zu der, wenn auf sich allein gestellt, als defizitär empfundenen Theologie des *Judasbriefes* und des angeführten Textes aus dem *Sirachbuch* verwendet.

Das positive Aufgreifen theologischer Aussagen, Bilder oder Herangehensweisen, die ihren Niederschlag vor allem in den Schriften des Judentums aus hellenistisch-römischer Zeit gefunden haben, kennzeichnet überhaupt die Ausrichtung des Phänotextes. In vielen Fällen gelingt es hier nicht, ein Prätextverhältnis eindeutig nachzuweisen; man bleibt bei dem vagen Eindruck stehen, dass Texte einander sehr nahe stehen. Neben den genannten theologischen Motiven Vergeltung und Rettung, die an die Seite von Texten aus dem *Sirachbuch* und der *Weisheit* zu stellen sind, gilt dies für die typologische Auslegung des Erzählung von Sodom und Gomorra (3 Makk 2,5), für das Modell des unter seinen Widersachern leidenden Gerechten, nach dem Lot stilisiert wird, für die Ausgestaltung der Wächtergeschichte mit Anklängen an den Titanenmythos, für die Deutung der Bileamgestalt, für das Bild der vorübertreibenden Nebelwolke (syrBar 82,9; LibAnt 19,12) u.a.m. Auch ohne konkrete Prätexte lässt sich hier eine Semantisierung beschreiben, eine Bedeutungszumessung an die Textwelt, aus der diese Bilder, Motive, Argumentationsformen stammen, im Sinne einer positiven Akzeptanz, und in Richtung auf den Phänotext als Zuweisung einer Heimat in dieser gedanklichen und sprachlichen Umwelt. Zuweilen reduziert sich diese Selbstverortung auf die Verwendung einer ‚biblischen' Sprache wie im Fall der Engel, die vor Gott kein Verwerfungsurteil vorzubringen wagen, des Nebels und der Finsternis, die traditionell zum Gerichtstag Gottes gehören, die Form des Tobspruches u.ä.

Auch Selbstverortung in der christlichen Sprachgemeinschaft findet sich immer wieder, meist aber reicht auch hier die lexikalische Kongruenz schwerlich aus, um den umumstößlichen Nachweis einer Prätextbeziehung zu erbringen und dann davon ausgehend die Bedeutungszuweisung an den jeweiligen Prätext ermessen zu können. So stellen die Achtzahl der Geretteten, der Nachdruck auf der ἀναστροφή und die Bezeichnung σπίλοι καὶ μῶμοι Verbindungselemente zur der *Prima Petri* dar; erinnert ἐκ πειρασμοῦ ῥύεσθαι (2,9) an das Vaterunser in matthäischer Formulierung (Mt 6,13), ist man geneigt die ὀφθαλμοὶ μεστοὶ μοιχαλίδος mit der zweiten Antithese zu verbinden (Mt 5,27–29) und findet das Nebeneinander von Hund und Schwein ebenfalls in der Bergpredigt (Mt 7,6). Das Abschlusslogion der Passage von der Rückkehr des unreinen Geistes aus der synoptischen Tradition in τὰ ἔσχατα ... χείρονα τῶν πρώτων (Q 11,26 = Mt 12,45) spiegelt sich in 2 Petr 2,20, eine Eingrenzung auf die matthäische oder eine andere konkrete vorliegende Fassung ist jedoch nicht möglich. Paulinische Inspiration findet sich bei den Freiheit proklamierenden Sklaven des Verderbens (2,19); vor allem Gedanken aus dem *Römerbrief* könnten hier mitschwingen. In der Verwendung der Bileamgestalt als Identifikationsfigur für die Gegner begegnet die *Secunda Petri* der *Apokalypse*. Die kumulative Evidenz potentieller oder wahrscheinlicher Referenzen auf neutestamentliche Texte verweist am deutlichsten auf das *Matthäusevangelium*, doch erfolgt keine Rezeption ganzer Passagen, zu denen eine Verhältnisbestimmung möglich wäre, sondern findet der Dialog der Texte auf der Ebene gemeinsamen Gedankenguts im Bereich Theologie (ἐκ πειρασμοῦ ῥύεσθαι), Moral (ὀφθαλμοὶ μεστοὶ μοιχαλίδος) und

Sprachlichkeit der Polemik (Hunde und Schweine) statt, die allenfalls wieder einen Hinweis auf die Selbstverortung des *zweiten Petrusbriefes* zu geben vermögen.

Eine klare Bedeutungszuweisung ist zu erkennen bei der Bezugnahme auf Figuren und Typen aus der ‚biblischen‘ Tradition. Aus Gottes Handeln an ihnen lässt sich sein Handeln in Gegenwart und Zukunft extrapolieren. Die gefallenen Engel, Noah, die Bewohner von Sodom und Gomorra, Lot, Bileam, die Toren aus der Weisheitsliteratur, sie alle stellen Modelle dar. Deutlich ist dies gesagt für die Städte Sodom und Gomorra, die als ὑπόδειγμα des Künftigen gelten. Noah und Lot sind Beispiele dafür, dass Gott den Gerechten rettet, und die gefallenen Engel dafür, dass die Ausführung der Strafe zuweilen auf sich warten lässt. Bileam, der Prophet, der sich auf Abwege begibt, ist das Urbild der ψευδοδιδάσκαλοι der Gegenwart; die Toren geben das Modell ab, dem diejenigen folgen, die sich wieder ihrem alten vorchristlichen Leben zukehren. Dabei macht die inhaltliche Ausprägung dieser Figuren und Typen nicht bei den später kanonischen Texten Halt. Deutlich bewegt sich der Verfasser vor der Kulisse zeitgenössischer Deutungen und hat auch wenig Scheu, ihnen seine Interpretation beizugeben, wie dies etwa am Falle Bileams deutlich wird.

Kanonische Engführung, wie sie oft anhand der Henochrezeption als Eigenschaft des *zweiten Petrusbriefes* im Gegenüber zum *Judasbrief* behauptet wird, lässt sich ihm schwerlich nachweisen, so wenig bei der Rezeption der ‚biblischen‘ Figuren wie an anderen Stellen. Ein Sprichwort, das eindeutig auf Prov 26,11 basiert, steht gleichgewichtig, unter demselben Label παροιμία wie ein Spruch, der der außerkanonischen Spruchliteratur entstammt. Die Verweise bleiben jedoch in der Regel im Rahmen der jüdischen (und christlichen) Literatur der hellenistisch-römischen Zeit. Bewusste Verweise auf pagane Literatur sind nicht zu erhärten; so ist beispielsweise nicht zu belegen, dass der Verfasser bei seiner Rezeption der ‚aufbewahrten‘ gefallenen Engel bewusst Anleihen beim Titanenmythos gemacht habe.[667] Die Begegnung von hellenistischer Kultur und biblischer Tradition findet schon weit vor dem *zweiten Petrusbrief* statt, und solange auf diesem Gebiet eine diese Begegnung weiterentwickelnde Eigenleistung des Verfassers nicht sicher nachzuweisen ist, muss immer zuerst mit der Möglichkeit gerechnet werden, dass er in der Tradition dieser Begegnung steht. Nur an wenigen Stellen zeigen sich gemeinantike Vorstellun-

---

[667] So sehr er sich auch von zeitgenössischen Trends der Interpretation der *Secunda Petri* abzugrenzen glaubte, war Spitta doch in dieser Hinsicht durchaus dem diesbezüglichen Optimismus seiner Zeit verpflichtet, wenn er 2 Petr 2,4 wie folgt kommentierte (SPITTA 1885, 142): „So zeigt sich gerade in der Wahl des so vielfach missverstandenen σειρός eine bewusste Anschliessung an die ausserkanonische Überlieferung; je weniger man mit derselben vertraut war, um so geneigter musste man sein, in σειροῖς einen Schreibfehler statt des zu Jud. 6 stimmenden σειραῖς zu sehen.“

gen wie etwa die von Tieren, die zur Schlachtung geboren sind (2,12) –
und selbst dann lassen sich meist Niederschläge dieser gemeinantiken
Vorstellungen in der jüdisch(-hellenistisch)en Literatur finden, so dass
bewusste Verweise auf Texte der paganen Antike nicht zu entdecken sind.

D. Petri eschatologische Lehre (2 Petr 3,3–13)

Mit der Ankündigung des Kommens von ‚Spöttern‘ (ἐμπαῖκται) und einer kurzen Skizze von deren Lehrmeinung kommt ‚Petrus‘ endlich auf
sein eigentliches Anliegen zu sprechen, nämlich die Widerlegung der anscheinend öffentlich geäußerten Zweifel an einem grundlegenden, den
Lauf der Geschichte verändernden Eingreifen Gottes bzw. Christi.[668] Doch
nur inhaltlich findet ein Neueinsatz statt, der zum Thema der Eschatologie führt. Syntaktisch knüpft die Partizipialkonstruktion τοῦτο πρῶτον
γινώσκοντες an das Vorausgehende an. Diese Worte haben genau wie in
1,20 die Funktion einer Markierung. Sie weisen das Folgende als das aus,
worauf es im bereits angeschnittenen Kontext besonders ankommt.[669]
Konkret: Unter allen Lehrinhalten der Propheten und Apostel, an die ‚Petrus‘ nach 3,2 erinnern will, sollen sich die Angesprochenen vor allem die
Ankündigung des Kommens von ἐμπαῖκται in den letzten Tagen vor Augen führen. Diese werden zum einen anhand ihres Lebensstils beschrieben – sie lassen sich von ihren eigenen ἐπιθυμίαι leiten –, zum anderen
aber über ihre als Spott (ἐν ἐμπαιγμονῇ) zu wertenden Ansichten. Diese
bestehen in der herausfordernden Frage, wie es denn nun um die Verhei-

---

[668] Es ist wenig hilfreich den Streitpunkt im *zweiten Petrusbrief* mit dem Begriff ‚Parusieverzögerung‘ zu beschreiben, da damit das Denkmodell einer großen Krise im
Urchristentum durch die Parusieverzögerung in den Text hineingetragen wird. Ganz
abgesehen davon, dass diese Sichtweise ohnehin auf den Prüfstand gerückt ist, hat
schon TALBERT 1966 bestritten, dass der *zweite Petrusbrief* ein Beleg für eine kirchen-
weite Parusieverzögerung sein könne. SNYDER 1986 leugnet rundweg, dass es in 2
Petr 3 um Christi verzögerte Parusie ginge, Thema sei vielmehr die Verheißung von
Gottes Kommen zum Gericht. Damit dürfte er eine falsche Alternative aufstellen;
FORNBERG 1977, 73 dagegen liegt richtig, wenn er es als eine Frage der Perspektive
ansieht, dass innerhalb des Vorstellungskomplexes Parusie, kosmische Katastrophe
und eschatologisches Gericht in 2 Petr 3 auf das Kommen des eschatologischen Ge-
richtstages abgehoben wird. Das Verdienst Snyders ist aber immerhin gewarnt zu
haben vor einer vorschnellen Etikettierung des Problems in der *Secunda Petri* als ‚Parusieverzögerung‘, die die Lektüre und Deutung lenkt und blind macht für den eigentlichen Wortlaut und dessen Traditionsgeschichte.

[669] Zu τοῦτο πρῶτον γινώσκοντες als konventionelle hellenistische Briefformel siehe
PORTER/PITTS 2008. Vgl. ferner SMITMANS 1973, 50: „Der Imperativ γινώσκετε ὅτι bezeichnet im Neuen Testament ... einen gewissen Höhepunkt der Paränese, oft für die
betreffende Schrift kennzeichnend (z.B. Joh 15,18; 1 Joh 2,29; Jak 5,20; 2 Petr 1,20).“

ßung (ἐπαγγελία) von Jesu (αὐτοῦ!) παρουσία bestellt sei. Schließlich bleibe (διαμένει) seit dem Entschlafen der Väter (πατέρες) alles so wie von Anbeginn der Schöpfung (ἀπ' ἀρχῆς κτίσεως).

In einem ersten Argumentationsgang (3,5–7) soll die Behauptung der Permanenz aller Dinge schon für die Vergangenheit als falsch erwiesen[670] und so dem als bevorstehend angekündigten göttlichen Eingreifen Wahrscheinlichkeit verliehen werden.[671] Den ἐμπαῖκται, die die in der genannten Weise argumentierten,[672] so der Verfasser, sei nicht klar, dass es ‚schon längst' (ἔκπαλαι) Himmel und eine Erde (οὐρανοὶ ...καὶ γῆ) gab, die ἐξ ὕδατος καὶ δι' ὕδατος[673] durch das Wort Gottes zu Stande gekommen sei (συνεστῶσα). Durch diese Dinge (δι' ὧν)[674] sei der damalige κόσμος, von Wasser überflutet (ὕδατι κατακλυσθείς), zugrunde gegangen (ἀπώλετο). Die jetzigen Himmel und die Erde (οἱ νῦν οὐρανοὶ καὶ ἡ γῆ) würden durch dasselbe Wort aufgespart (τεθησαυρισμένοι) für ein Feuer, würden bewahrt auf den Tag des Urteils und Verderbens (ἀπωλεία) der gottlosen Menschen.

Der Verfasser bemüht sich hier also um eine Parallelisierung der Geschehnisse bei der Sintflut und bei der mit dem Gericht verbundenen kosmischen Katastrophe. Doch führt er diese Parallelisierung wohl bewusst nicht konsequent aus, wie die sorgfältige sprachliche Gestaltung zeigt. Bei der ersten Aussage über Himmel und Erde οὐρανοὶ ἦσαν ἔκπαλαι καὶ γῆ ἐξ ὕδατος καὶ δι' ὕδατος συνεστῶσα τῷ τοῦ

---

[670] MEIER 1988 überzeugt nicht, wenn er behauptet, der Verfasser der *Secunda Petri* wolle dem Permanenzargument der ἐμπαῖκται keineswegs widersprechen, sondern nur seinen Bezug korrigieren: Gewiss gebe es eine Permanenz, aber eine Permanenz göttlichen Handelns, dessen künftiges Tun aus der Vergangenheit ableitbar sei.

[671] Gut erfasst ist der im Vergleich zur Aussage der ἐμπαῖκται chiastische Aufbau von 3,5–10 bei HARRINGTON 2003, 290: Die Verse 5–7 reagieren auf das in 3,4 als zweite Aussage aufgeführte Permanenzargument, die Verse 8–10 auf die zuerst geäußerte Skepsis gegenüber der Erfüllung der Verheißung. Ähnlich HARNISCH 1973, 104.

[672] Von einigen wird τοῦτο als Subjekt zu λανθάνει aufgefasst, von anderen als Objekt zu θέλοντας, mit beträchtlichen Folgen für das Gesamtverständnis. Im ersteren Fall weist τοῦτο kataphorisch auf den ὅτι-Satz, prädikatives θέλοντας beschreibt dann sowohl λανθάνει als αὐτούς: „Ihnen entgeht, und zwar willentlich, folgendes...". Im zweiteren Fall deutet τοῦτο anaphorisch auf das ‚Zitat' in Vers 4, und θέλοντας ist attributiv zu αὐτούς: „Ihnen, die dies wollen (i.S.v. behaupten), entgeht...". Die geschlossene Wortstellung αὐτοὺς τοῦτο θέλοντας, d.h. die Rahmung von τοῦτο durch zwei aufeinander bezogene Wörter, spricht für seine Objektfunktion; vgl. KELLY 1969, 356f; BAUCKHAM 1983, 297 und FUCHS/REYMOND 1988, 112.

[673] Zum Problem der Deutung der Präpositionen ἐξ und διά siehe III.D.1.2.1.

[674] Über das Antezedens zu ὧν wird vielfach debattiert, siehe dazu etwa BAUCKHAM 1983, 298. Mit BIGG 1902, 293f; KELLY 1969, 359f, GREEN 1987, 141f und anderen bezieht er ὧν trotz stilistischer Vorbehalte aus inhaltlichen Gründen auf ὕδωρ und τοῦ θεοῦ λόγος. Ein gutes Argument hierfür findet sich bei BIGG 1902, 293f, wieder aufgenommen u.a. bei VÖGTLE 1994, 226: Im Folgenden ist die Rede von „Zerstörung durch Wort und Feuer"; das Zusammennehmen von „Wasser" und „Wort Gottes" entspricht der Analogie, die der Verfasser des *zweiten Petrusbriefes* hier aufbauen will.

θεοῦ λόγῳ geht es ihm vornehmlich um eine Aussage über die Erde, wie die Kongruenz des Partizips mit dem zweiten Element γῆ anzeigt. Diesen Schwerpunkt behält er auch bei den Vernichtungsaussagen bei: ὁ τότε κόσμος bezieht sich auf die bewohnte Welt, also die Erde; es soll nicht gesagt werden, dass die Himmel damals durch Wasser vernichtet worden seien.[675] Dagegen liegt bei der zweiten Aussage über Himmel und Erde in Vers 7 sein Schwerpunkt auf den Himmeln, denn jetzt kongruieren die Partizipien (τεθησαυρισμένοι, τηρούμενοι) mit dem ersten Element οὐρανοί. Entsprechend gilt der Untergang in der bevorstehenden Katastrophe vor allem den Himmeln (οὐρανοί 3,10.12) mit den Gestirnen (στοιχεῖα 3,10.12).[676] Dass die Erde gänzlich vernichtet wird, wird nicht gesagt. Das Wüten des Feuers hat zur Folge, dass die die Erde und die auf ihr befindlichen Werke „gefunden werden" (εὑρεθήσεται 3,10),[677] dass die Erde also ‚leergeräumt', dass Verborgenes sichtbar wird. Eine Auflösung wird von ihr – anders als von Himmeln und Gestirnen – nicht behauptet. Die ausdrückliche Gegenüberstellung von οὐρανοὶ ... ἔκπαλαι καὶ γῆ (5), οἱ νῦν οὐρανοὶ καὶ ἡ γῆ (7) und καινοὶ οὐρανοὶ καὶ γῆ καινή (13) braucht nicht so weitgehend verstanden zu werden, dass jeweils Himmel und Erde in das Nichtbestehen aufgelöst werden. Sieht man also von der Vernichtung von Himmel und Gestirnen durch Feuer ab, sollte der Text nicht in strengem Sinn kosmologisch gelesen werden. Es geht um den Menschen, nicht das All; es geht um das Gericht, das einhergeht mit oder ausgeübt wird durch Wasser- und Feuerkatastrophen: Der Sinn von Sintflut und Ekpyrosis ist das Verderben bringende Urteil über die Menschen.

Hatte der erste Argumentationsgang (5–7) den Charakter einer Fest–stellung der dogmatischen Lücken der ἐμπαῖκται, also einer indirekten Belehrung (λανθάνει γὰρ αὐτούς), so spricht der zweite Argumentationsgang (8–10) die Angeschriebenen (μὴ λανθανέτω ὑμᾶς, ἀγαπητοί) direkt an. Er enthält drei aus Schriftzitaten heraus entwickelte Lehrstücke: Zum ersten sei vor dem Herrn (παρὰ κυρίῳ) ein Tag wie tausend Jahre und

---

[675] Dies ergibt sich auch deutlich aus der zweiten Erwähnung der Sintflut in 2 Petr 2,5, wo der ἀρχαῖος κόσμος der κόσμος ἀσεβῶν ist, er also über die in ihm lebenden Menschen definiert wird. Für eine ähnliche Position vgl. VÖGTLE 1970, 134f und SCHLOSSER 1973, 32. Schon die Antike reflektierte unterschiedliche Verwendungsweisen des Wortes κόσμος, siehe Phil aet 4; allerdings werden hier nicht alle für das NT relevanten Bedeutungsgehalte genannt; vgl. dazu BALZ, s.v. κόσμος, EWNT II, 767f. Diog Laert VII,137f schreibt speziell den Stoikern drei verschiedene Bedeutungen von κόσμος zu, darunter aber keine, die mit der hier vorliegenden übereinstimmte.

[676] Die Bedeutung ‚Gestirne' für στοιχεῖα ist spätestens in der zweiten Hälfte des zweiten Jahrhunderts verschiedentlich belegt; siehe etwa Theophilus, Ad Autolycum I,4; JustMart apol II,4(5),2. Alternativ wurde vorgeschlagen, unter στοιχεῖα die ‚Elemente' zu verstehen. So fand etwa WOHLENBERG 1923, 260f, es passe wenig zu Gestirnen, dass sie „verbrennend, von innerer Glut verzehrt, sich auflösen werden". Doch äthApkPetr 5,4 bezeugt die Vorstellung von sich im Feuer auflösenden Sternen. Eine dritte Gruppe fasst στοιχεῖα als Engelmächte, so etwa SPITTA 1886, 260–275; zur Diskussion siehe BAUCKHAM 1983, 315f; FUCHS/REYMOND 1988, 118 und NEYREY 1993,243.

[677] Die ewige crux interpretum εὑρεθήσεται wird keiner neuerlichen Diskussion unterzogen; alles, was hierzu zu sagen ist, findet sich in der sorgfältig analysierenden und stringent argumentierenden Studie von Christian BLUMENTHAL (2007). εὑρεθήσεται muss als die ursprüngliche Lesart angesehen werden.

tausend Jahre wie ein Tag (3,8). Ferner verschleppe Gott die Erfüllung der Verheißung nicht (οὐ βραδύνει κύριος τῆς ἐπαγγελίας),[678] wie einige das deuteten, sondern übe Langmut an den Angeschriebenen (μακροθυμεῖ εἰς ὑμᾶς), weil er nicht wolle, dass jemand zugrunde gehe (ἀπολέσθαι), sondern dass alle sich zur Umkehr aufmachten (εἰς μετάνοιαν χωρῆσαι). Und drittens komme die ἡμέρα κυρίου gleich einem Dieb. An diesem Tag würden die Himmel unter Geprassel (ῥοιζηδόν) vergehen (παρελεύσον-ται), die Gestirne sich im Brand auflösen und die Erde mitsamt der auf ihr befindlichen Werke ‚gefunden' werden (εὑρεθήσεται).

Der letzte Abschnitt (3,11–13), noch durchtränkt mit Lehrsätzen über die kosmische Katastrophe und Erneuerung, zieht bereits die Konsequenz aus den aufgeführten Stücken *de novissimis*. Da sich nun alles auf diese Weise auflöse, welch ein Verhalten müssten sie da an den Tag legen, um mit konkreten Bekundungen eines heiligen Lebenswandels in Frömmig-keit (ἐν ἁγίαις ἀναστροφαῖς καὶ εὐσεβείαις)[679] das Kommen des Tages Gottes (ἡ παρουσίαν τῆς τοῦ θεοῦ ἡμέρας) zu erwarten (προσδοκᾶν) und zu beschleunigen (σπεύδειν), an dem die Himmel sich im Feuer auf-lösten (οὐρανοὶ πυρούμενοι λυθήσονται) und die Gestirne im Brand schmölzen (στοιχεῖα καυσούμενα τήκεται). Seiner Verheißung gemäß (κατὰ τὸ ἐπάγγελμα αὐτοῦ) erwarteten Rechtgläubige und apostolische Autoritäten[680] neue Himmel und eine neue Erde, auf denen Gerechtigkeit (δικαιοσύνη) wohne (κατοικεῖ).

1. Syntax der Intertextualität

1.1. Die Heterodoxen und ihre eschatologische Lehre (2 Petr 3,3–4)

In 2 Petr 3,2 hatte der Verfasser als Intention (des ersten und) des vorlie-genden Briefes angegeben, die Adressatinnen und Adressaten sollten sich

---

[678] Βραδύνειν wird hier vom Verfasser als Interpretation des Handelns Gottes durch „einige Leute" (τινες) aufgegriffen. Diese τινες sind doch wohl – mit BERGER 1986, 123 – dieselben Leute wie die ἐμπαῖκται, denn hinter der Frage der Letzteren, wo denn die Erfüllung der Verheißung bleibe, steckt doch gerade die Behauptung von βραδύτης für das Handeln Gottes. Anders HOPPE 2004, 447 et *passim*, der zwi-schen den Gegnern, die die Parusie rundheraus *leugnen*, und der angeschriebenen Gemeinde, deren Problem die Parusie*verzögerung* sei, unterscheidet. – Der anderwei-tig nicht belegte Genitiv (τῆς ἐπαγγελίας) bei βραδύνειν erklärt sich, versteht man ihn als Analogie zum Genitiv bei bedeutungsbenachbarten Verben wie etwa ὑστε-ρεῖν, siehe dazu MAYOR 1907, 156; KNOPF 1912, 316f; STROBEL 1961, 89.

[679] Die Paraphrase fasst den Plural der Abstraktnomina (ἐν … ἀναστροφαῖς καὶ εὐσεβείαις) als Bezeichnung konkreter Äußerungsformen; vgl. MENGE 1978, 106f Nr. 27 und die formale Koordination als inhaltliche Subordination (Hendiadyoin).

[680] Es handelt sich hier um dasselbe die ἰσότιμον ἡμῖν λαχόντες πίστιν und das apostolischen ἡμεῖς umfassende „Wir" wie in 2 Petr 1,3–4. Gleichzeitig grenzt dieses ‚Wir' ab von den ‚Sie', nämlich den ψευδοδιδάσκαλοι, ἐμπαῖκται, τινες.

an die προειρημένα ῥήματα ὑπὸ τῶν ἁγίων προφητῶν und an die τῶν ἀποστόλων ὑμῶν ἐντολὴ τοῦ κυρίου καὶ σωτῆρος erinnern. Diese Erinnerung kanalisiert er nun in 3,3–4, indem er aus dem umfangreichen Komplex der Lehrinhalte, die diese Formulierung potentiell umschließt, einen einzigen wählt, nämlich den, der sein eigentliches Anliegen darstellt: das Kommen von ἐμπαῖκται in den letzten Tagen, deren moralischen Lebenswandel und ihre Lehre. Sein Verweis zielt dabei nicht auf einen genau in seinem Sinne bereits irgendwo in den Propheten oder den apostolischen Schriften vorformulierten Text, vielmehr borgt er für die sprachliche Gestaltung seiner Ankündigung und Charakterisierung der Heterodoxen lexikalische Einheiten und Syntagmata aus der prophetischen und apostolischen Tradition, die er neu zusammenstellt, so dass sich eine Hörerin oder ein Leser in der Tat an die prophetische und apostolische Botschaft erinnert fühlen kann. Gleichzeitig verweisen die Verse 3,3–4 intratextuell zurück nach 2,1. Dort waren schon einmal – in ‚Petri' eigener Diktion – Gestalten für die Zukunft angekündigt worden, nämlich ψευδοδιδάσκαλοι. Ihre Erwähnung hatte eine 3,3–4 ähnliche Struktur:[681]

	2 Petr 2,1	2 Petr 3,3–4
futurische Ankündigung	ἔσονται ψευδο-διδάσκαλοι	ἐλεύσονται … ἐμπαῖκται
Negativcharakterisierung der heterodoxen Lehre	παρεισάξουσιν αἱ-ρέσεις ἀπωλείας	ἐν ἐμπαιγμονῇ
moralische Negativcharakterisierung der heterodoxen Lehrer	*(vielfach in 2,2–22)*	κατὰ τὰς ἰδίας ἐπιθυμίας αὐτῶν πορευόμενοι
kurzer Hinweis auf den Inhalt der Lehre	τὸν ἀγοράσαντα αὐτοὺς δεσπότην ἀρνούμενοι	λέγοντες, Ποῦ ἐστιν ἡ ἐπ-αγγελία τῆς παρουσίας αὐ-τοῦ; ἀφ' ἧς γὰρ οἱ πατέρες ἐκοιμήθησαν, πάντα οὕτως διαμένει ἀπ' ἀρχῆς κτίσεως.

1.1.1. Die Ankündigung von ἐμπαῖκται und die Bewertung ihres Verhaltens (2 Petr 3,3)

Bei der Ankündigung der ἐμπαῖκται und der Qualifizierung ihres Verhaltens stützt sich der Verfasser der *Secunda Petri* auf den *Judasbrief*, wie für den, dem beide Briefe nebeneinander vorliegen, unmittelbar einsichtig ist. Er tut dies jedoch nicht ohne Eingriff in den Prätext:

---

[681] Vgl. dazu CAULLEY 1982, 39. Auch HARNISCH 1973, 103 sieht diese Verbindung: „Wie die Formulierungen von 3,1f und 2,1 … zeigen, soll das Auftreten der Spötter als ein von der prophetischen Überlieferung beglaubigtes, in der Geschichte Israels bereits im voraus abgebildetes Geschehen der Endzeit erscheinen."

2 Petr 3,3	Jud 18
τοῦτο πρῶτον γινώσκοντες,	ὅτι ἔλεγον ὑμῖν
ὅτι ἐλεύσονται	Ἐπ' ἐσχάτου [τοῦ] χρόνου
ἐπ' ἐσχάτων τῶν ἡμερῶν	ἔσονται
ἐν ἐμπαιγμονῇ ἐμπαῖκται	ἐμπαῖκται
κατὰ τὰς ἰδίας ἐπιθυμίας αὐτῶν	κατὰ τὰς ἑαυτῶν ἐπιθυμίας
πορευόμενοι	πορευόμενοι τῶν ἀσεβειῶν.

Ein zu der Idee der προειρημένα ῥήματα passendes Futur bot bereits Jud 18, bezüglich des Tempus bestand also bei der Textkonstitution von 2 Petr 3,3 kein Handlungsbedarf in Richtung einer Transformation. Beim Verb jedoch fiel die Wahl auf ἔρχεσθαι statt εἶναι, und hinsichtlich der Syntax auf eine Satzanfangsstellung. Die Funktion dieser Veränderung dürfte ein klanglicher Anschluss an andere neutestamentliche Texte – vorwiegend aus der synoptischen Tradition – sein, bei denen ἐλεύσονται die erste[682] Position einnimmt.[683] Das Logion etwa, das die Tage der Abwesenheit des Bräutigams ankündigt, beginnt mit ἐλεύσονται δὲ ἡμέραι ὅταν ἀπαρθῇ ἀπ' αὐτῶν ὁ νυμφίος ... (Mt 9,15b par. Lk 5,35). Die Ankündigung von Pseudochristussen, die natürlich als Analogtext gut zu 2 Petr 3,3 passt, hat ἐλεύσονται immerhin an zweiter Position: πολλοὶ γὰρ ἐλεύσονται ἐπὶ τῷ ὀνόματί μου λέγοντες, Ἐγώ εἰμι ὁ Χριστός, καὶ πολλοὺς πλανήσουσιν (Mt 24,5 par. Mk 13,6 und Lk 21,8). Dazu kommen zwei Texte aus dem lukanischen Sondergut, nämlich die Ankündigung der Tage vergeblicher Sehnsucht nach den Tagen des Menschensohnes: Ἐλεύσονται ἡμέραι ὅτε ἐπιθυμήσετε μίαν τῶν ἡμερῶν τοῦ υἱοῦ τοῦ ἀνθρώπου ἰδεῖν καὶ οὐκ ὄψεσθε (Lk 17,22) und die Ankündigung der Tage der Demontage des Tempels, wo das Rhema zu einem als Thema vorgeschalteten *accusativus Graecus* (ταῦτα ἃ θεωρεῖτε) durch ἐλεύσονται eingeleitet wird: ἐλεύσονται ἡμέραι ἐν αἷς οὐκ ἀφεθήσεται λίθος ἐπὶ λίθῳ ὃς οὐ καταλυθήσεται (Lk 21,6).[684] Dieses ἐλεύσονται in Satzanfangsstellung bzw. die Verbindungen πολλοὶ ἐλεύσονται und ἐλεύσονται ἡμέραι scheinen als

---

[682] Ein dem ἐλεύσονται vorausgehendes καί wird dabei nicht berücksichtigt.

[683] Für die Septuaginta kann ἐλεύσονται in Satzanfangsstellung nicht als charakteristisch bezeichnet werden. Nur vereinzelt finden sich Sätze mit diesem Satzanfang, siehe Dtn 28, 15: καὶ ἐλεύσονται ἐπὶ σὲ πᾶσαι αἱ κατάραι αὗται ... oder Weish 4,20 ἐλεύσονται ἐν συλλογισμῷ ἁμαρτημάτων αὐτῶν δειλοί ... – implizites Subjekt sind hier die ἀσεβεῖς. Zuweilen ist auch nicht deutlich feststellbar, wo eine Satzgrenze vorliegt, so dass eine Satzanfangsstellung kaum bestimmt werden kann: Jes 7,18f: καὶ ἔσται ἐν τῇ ἡμέρᾳ ἐκείνῃ συριεῖ κύριος μυίαις, ὃ κυριεύει μέρους ποταμοῦ Αἰγύπτου, καὶ τῇ μελίσσῃ, ἥ ἐστιν ἐν χώρᾳ Ἀσσυρίων, καὶ ἐλεύσονται πάντες καὶ ἀναπαύσονται ἐν ταῖς φάραγξι τῆς χώρα... Eine mit ἐλεύσονται eingeleitete Ankündigung von heterodoxen Persönlichkeiten lässt sich nicht finden.

[684] In Joh 11,48 ist die Satzgrenze eher nicht vor καὶ ἐλεύσονται anzusetzen: ἐὰν ἀφῶμεν αὐτὸν οὕτως, πάντες πιστεύσουσιν εἰς αὐτόν, καὶ ἐλεύσονται οἱ Ῥωμαῖοι καὶ ἀροῦσιν ἡμῶν καὶ τὸν τόπον καὶ τὸ ἔθνος.

typisch empfunden worden zu sein für Zukunftsankündigungen (vorwiegend) aus dem Munde Jesu, denn sowohl bei Justin als auch in den pseudoclementinischen *Homilien* findet es sich sogar in Versen, in denen der
biblische Text eine andere Lexik gebraucht, in Kombinationen von Versen
aus der synoptischen Tradition oder in neuen Zusammenhängen:

JustMart dial 35, 3	εἶπε γάρ·Πολλοὶ ἐλεύσονται ἐπὶ τῷ ὀνόματί μου, ἔξωθεν ἐνδεδυμένοι δέρματα προβάτων, ἔσωθεν δέ εἰσι λύκοι ἅρπαγες.	πολλοὶ ἐλεύ-σονται ist bei Justin eine neue Satzeinleitung; bei Matthäus fehlt πολλοί, das Verbum steht im Präsens	Προσέχετε ἀπὸ τῶν ψευδοπροφητῶν, οἵτινες ἔρχονται πρὸς ὑμᾶς ἐν ἐνδύ-μασιν προβάτων, ἔσωθεν δέ εἰσιν λύ-κοι ἅρπαγες.	Mt 7,15
JustMart dial 35, 3	Προσέχετε ἀπὸ τῶν ψευδοπροφητῶν, οἵ-τινες ἐλεύσονται πρὸς ὑμᾶς, ἔξωθεν ἐνδεδυμένοι δέρματα προβάτων, ἔσωθεν δέ εἰσι λύκοι ἅρπαγες.	Justin verändert im Vergleich zum Prätext die Zeitform des Verbs.	Προσέχετε ἀπὸ τῶν ψευδοπροφητῶν, οἵτινες ἔρχονται πρὸς ὑμᾶς ἐν ἐνδύ-μασιν προβάτων, ἔσωθεν δέ εἰσιν λύ-κοι ἅρπαγες.	Mt 7,15
JustMart dial 40,2	... εἰδὼς ὅτι ἐλεύσονται ἡμέραι μετὰ τὸ παθεῖν τὸν Χριστόν, ὅτε καὶ ὁ τόπος τῆς Ἱερουσαλὴμ τοῖς ἐχθροῖς ὑμῶν παραδοθήσεται καὶ παύσονται ἅπασαι ἁπλῶς προσφοραὶ γινόμεναι.		Justin gestaltet ohne kon-kreten Prätext unter Ver-wendung der Satzeinlei-tung ἐλεύσονται ἡμέραι wie in Mt 9,15b par.; Lk 17,22 und 21,6.	
ClemHom 3,15,2	«Οὐ μὴ παρέλθῃ ἡ γενεὰ αὕτη, καὶ ἡ καθαίρεσις ἀρχὴν λήψεται. ἐλεύσονται γὰρ καὶ καθιοῦσιν ἐνταῦθα καὶ περιχαρακώσουσιν καὶ τὰ τέκνα ὑμῶν ἐνταῦθα κατασφάξουσιν»		Begin in Anlehnung an Mt 24,34 par. Mk 13,30 und Lk 21,32. Der durch ἐλεύ-σονται eingeleitete Teil möglich von Lk 19,43f in-spiriert, aber sicher ist das nicht. In jedem Fall formu-liert der Homilienschreiber sehr selbständig.	
ClemHom 8,4,1	μέμνημαι γὰρ αὐτοῦ εἰπόντος· «Πολλοὶ ἐλεύσονται ἀπὸ ἀνατολῶν καὶ δυσμῶν, ἄρκτου τε καὶ μεσημβρίας, καὶ ἀνακλιθήσονται εἰς κόλπους Ἀβραὰμ καὶ Ἰσαὰκ καὶ Ἰακώβ...»	ἥξουσιν in Mt 8,11 und Lk 13,29 von den *Homilien* durch ἐλεύσονται er-setzt und an zweite Stelle im Satz veschoben	λέγω δὲ ὑμῖν ὅτι πολλοὶ ἀπὸ ἀνα-τολῶν καὶ δυσμῶν ἥξουσιν καὶ ἀνα-κλιθήσονται μετὰ Ἀβραὰμ καὶ Ἰσαὰκ καὶ Ἰακὼβ ἐν τῇ βασιλείᾳ τῶν οὐρανῶν·	Mt 8,11

ClemHom 11,35,6	οὖ χάριν ὁ ἀποστεί-λας ἡμᾶς ἔφη·«Πολ-λοὶ ἐλεύσονται πρός με ἐν ἐνδύματι προ-βάτων, ἔσωθεν δέ εἰσι λύκοι ἅρπαγες...».	πολλοὶ ἐλεύ-σονται ist eine neue Satzeinlei-tung, vergleich-bar mit JustMart dial 35,3	Προσέχετε ἀπὸ τῶν ψευδοπροφητῶν, οἵ-τινες ἔρχονται πρὸς ὑμᾶς ἐν ἐνδύμασιν προβάτων, ἔσωθεν δέ εἰσιν λύκοι ἅρπαγες.	Mt 7,15

Dürfte also das satzeröffnende ἐλεύσονται letztlich auf synoptischen Sprachgebrauch zurückgehen, so ist der Ersatz von ἐπ' ἐσχάτου [τοῦ] χρόνου in Jud 18 durch ἐπ' ἐσχάτων τῶν ἡμερῶν in 2 Petr 3,3 deutlich ein Rückgriff auf die Sprache der Septuaginta. Weder ἐπ' ἐσχάτου χρό-νου noch ἐπ' ἐσχάτου τοῦ χρόνου sind gängige Formulierungen,[685] für ἐπ' ἐσχάτων τῶν ἡμερῶν dagegen bietet die Septuaginta zehn Belege.[686]

Die angekündigten unliebsamen Gestalten werden von Judas schlicht ἐμπαῖκται genannt. 2 Petr 3,3 greift das zu Grunde liegende Lexem auf, um es zu einer etymologischen Figur auszubauen: Er modifiziert das Prä-dikat ἐλεύσονται durch die Adverbialbestimmung ἐν ἐμπαιγμονῇ. In-haltlich trägt diese Ergänzung nichts aus, ihre Funktion liegt jenseits blo-ßer Informationsmehrung, nämlich im Nachdruck auf der Bewertung des Tuns dieser Menschen: Ihr Reden ist als ἐμπαιγμονή einzustufen. Damit stellt sich die Frage, worauf die Wurzel ἐμπαιγ- verweist, welche Modelle das Lexem hervorruft, was das für eine Kategorie ist, der diese Figuren nach der Sicht des Verfassers zuzurechnen sind. Natürlich drängt sich zum Vergleich zunächst die Figur des Spötters (לֵץ) aus der Weis-heitsliteratur auf. Doch לֵץ wird in der Septuaginta an keiner Stelle mit ἐμπαίκτης wiedergegeben. Andererseits gibt es aber auch nicht das lexi-kalische Äquivalent schlechthin, vielmehr wird לֵץ in der Septuaginta abwechselnd durch λοιμός, ἄφρων, ὑπερήφανος, κακός, ἀκόλαστος, ἀν-ήκοος, παράνομος und ἀπαίδευτος übersetzt,[687] bei Aquila auch durch

---

[685] Der TLG weist für ἐπ'ἐσχάτου χρόνου einen einzigen Beleg im 4./5. Jahrhun-dert bei Theodoret aus, für ἐπ' ἐσχάτου τοῦ χρόνου neben Jud 18 ganze drei Belege, die sämtlich Zitate von Jud 18 sind (Didymus Caecus, Ephraem Syrus und Cyrill von Alexandrien).

[686] Gen 49,1; Dtn 8,16; Jos 24,27; Hos 3,5; Mi 4,1; Jer 37,24; Ez 38,16; Dan (Gr) 2,28.29.45; auch in der Danielversion Theodotions findet sich die Wendung: Dan 2,28; 10,14. Wenn im Kommentar von SCHREINER noch weitere Belegstellen angeführt wer-den, so liegt das daran, dass er auch Formulierungen wie ἐν ταῖς ἐσχάταις ἡμέραις (Jes 2,2), ἐπ'ἐσχάτου τῶν ἡμερῶν (Jer 23,30; 25,19) berücksichtigt, siehe SCHREINER 2003, 371.

[687] λοιμός in Ps 1,1; Prov 21,24; 22,10; 24,9; 29,8; Hos 7,5; ἄφρων in Prov 1,22; 19,25; ὑπερήφανος in Prov 3,34; Jes 29,20; κακός in Prov 9,7.8.12; 14,6; ἀνήκοος in Prov 13,1; παράνομος in Prov 14,9; ἀπαίδευτος in Prov 15,12; ἀκόλαστος in Prov 19,29; 20,1; 21,11; (ἀνὴρ) τεθλιμμένος in Jes 28,14.

χλευαστής.[688] Dass Aquila dieses Wort der Wortliste hinzufügt, deutet darauf hin, dass die Reihe der Wiedergaben von לֵץ in der Septuaginta nicht alle Möglichkeiten ausschöpfte. Geht man andererseits vom griechischen Verbum ἐμπαίζειν aus, so zeigt sich, dass dieses zur Wiedergabe verschiedener hebräischer Wörter eingesetzt wurde.[689] Über den Weg reiner Wortäquivalenzen scheint man hier also nicht weiter zu kommen. Erwähnenswerter ist der Umstand, dass verschiedene Nominalbildungen (ἔμπαιγμα, ἐμπαιγμός, ἐμπαιγμονή, ἐμπαίκτης) außerhalb von Septuaginta und Neuem Testament nicht belegt sind. Das Lexem trägt also wenigstens in seinen nominalen Ausformungen durchaus Verweiskraft auf die biblische Sprach- und Gedankenwelt. Ein konkreter Referenztext ist jedoch nicht auszumachen,[690] und da das Motiv des Spottes in den Schriften des Tenach und der Septuaginta in verschiedenen Kontexten zum Tragen kommt,[691] ist die Frage, welcher davon durch die Referenz mit aufgegriffen werden soll. Durch die Verbindung mit der in 3,4 formulierten Frage „ποῦ ἐστιν ..." wird durchaus das Bild des weisheitlichen Skeptikers evoziert, der Gottes Wirken in Abrede stellt, wie im nächsten Abschnitt herauszuarbeiten sein wird. Doch darüber hinaus schwingt noch ein weiterer Zug mit: Das Lexem ἐμπαιγ- beschreibt die Haltung der Widersacher des Gerechten, die diesem zu schaffen macht, unter der er – gegebenenfalls

---

[688] REIDER/TURNER 1966, 288.

[689] In Gen 39,14.17; Ps 103,26LXX etwa entspricht ἐμπαίζειν dem Pi'el von צחק/-שׂחק; in Ex 10,2; Num 22,29; Jdc 20,5 (Codex Alexandrinus); 1 Sam 6,6; 31,4; 1 Chr 10,4 dem Hitpa'el von עלל, um nur zwei mögliche Äquivalente zu nennen. Für eine Übersicht über das Sachfeld des Spottens und Höhnens siehe BERTRAM, ThWNT V s.v. ἐμπαίζω, hier 630f.

[690] Zunächst drängt sich natürlich der Gedanke auf, der Text könne Ziel der Referenz sein, der als einziger ebenfalls eine figura etymologica von ἐμπαίζειν umfasst, nämlich Sach 12,3: καὶ ἔσται ἐν τῇ ἡμέρᾳ ἐκείνῃ θήσομαι τὴν Ιερουσαλημ λίθον καταπατούμενον πᾶσιν τοῖς ἔθνεσιν·πᾶς ὁ καταπατῶν αὐτὴν ἐμπαίζων ἐμπαίξεται (für hebräisch שׂרוט ישׂשׂוט) καὶ ἐπισυναχθήσονται ἐπ' αὐτὴν πάντα τὰ ἔθνη τῆς γῆς. Dieser Vers, oder wenigstens die in ihm enthaltende Vorstellung von der eschatologischen Sammlung der Völker gegen Jerusalem, wird zwar in neutestamentlicher Zeit in apokalyptischen Texten aufgegriffen (Lk 21,24 und Apk 11,2, so jedenfalls der Randapparat des NESTLE-ALAND-Textes), doch ist für 2 Petr 3,3 nicht so recht ersichtlich, worin eine inhaltliche Bezugnahme bestehen könnte.

[691] So kann ἐμπαίζειν etwa das Triumphieren bei der Niederlage des Gegners und dessen Misshandlung beschreiben, wie etwa in 1 Reg 31,4, daher auch die triumphierende Haltung Gottes bei der Überwindung seiner Widersacher oder und der Einnahme derer angesichts seiner Übermacht lächerlich erscheinenden Verteidigungsmaßnahmen (Hab 1,10). Auch auf den Bereich (gewaltsamer) sexueller Handlungen kann es bezogen werden; in dieser Weise gebraucht es etwa Potifars Gattin bezüglich Josephs (Gen 39,17) und der Levit, dessen Frau im benjaminitischen Gibea vergewaltigt und ermordet wurde (Jdc 20,5 LXX codex Alexandrinus). Allgemeiner beschreibt ἐμπαίζειν Hochmut, Überheblichkeit, das Herabsehen auf, die Nichtachtung oder das Nicht-ernst-Nehmen des Gegenübers.

sogar physisch – zu leiden hat. So werden in den *Makkabäerbüchern* das Vorgehen gegen jüdische Märtyrer und Maßnahmen bzw. Ausschreitungen gegen jüdische Kultausübung mit diesem Wort belegt.[692] Bei den Synoptikern ist Jesus das Opfer von ἐμπαίζειν,[693] und in Hebr 11,36 werden ἐμπαιγμοί neben μάστιγες als Peristasen von (Märtyrer-)Propheten genannt. Dass diese Konnotation mitgedacht wird, ergibt sich nicht nur aus der Identifikation der Anderslehrenden mit den weisheitlichen Spöttern, die zwangsläufig das zugehörige Bild des Gerechten, Gläubigen, der unter diesem Spott zu leiden hat, aufruft, eine Rolle, die dann notwendigerweise auf den Verfasser und seine Gesinnungsgenossen entfallen muss. Ein weiteres Indiz ist intratextuell gegeben: In 2,7–8 hatte der Verfasser der *Secunda Petri* über seinen Prätext *Judasbrief* hinausgehend Lot als einen Gerechten geschildert und dabei besonders hervorgehoben, wie dieser unter dem gottlosen Verhalten seiner Umgebung zu leiden hatte, ganz offensichtlich als Analogie zu seiner Interpretation des Geschehens seiner Zeit. Dort wird zwar in erster Linie der moralische Wandel anderer, deren ἄνομα ἔργα – also der zweite Vorwurf des Verfassers gegenüber den Heterodoxen neben ihrer falschen Lehre – als Ursache des Leidens des Gerechten genannt, doch könnten auch Lehrgegenstände als Leidensauslöser angezeigt sein, wenn er hervorhebt, dass Lot βλέμματι καὶ ἀκοῇ gefoltert wurde – bei dem, was ihm unter die Augen und zu Ohren kam.

Der letzte Teil von 2 Petr 3,3 κατὰ τὰς ἰδίας ἐπιθυμίας αὐτῶν πορευόμενοι ist fast wörtlich aus dem *Judasbrief* übernommen. Lediglich sein Vorzugswort ἴδιος hat der Verfasser an die Stelle von ἑαυτῶν in Jud 18 treten und einfaches possessives αὐτῶν dem Substantiv folgen lassen. Erneut wird also unterstrichen, dass die Heterodoxen von sich aus etwas tun, wie schon im Zusammenhang mit der Auslegung prophetischer Schriftstellen in 1,20. Ferner hat er von den ἐπιθυμίαι das Attribut τῶν ἀσεβειῶν entfernt. Dies entspricht seinem Vorgehen in 2 Petr 2,1–3, wo ebenfalls im Vergleich zu Judas 4 die direkte Bezeichnung der Gegner als ἀσεβεῖς weggefallen war. Zwar verwendet der Verfasser das Wort durchaus auch in Textstellen ohne Vorlage im *Judasbrief* (2,5f; 3,6), doch immer höchstens mit indirektem, möglichem Bezug auf die Heterodoxen, etwa für die Menschen zur Zeit Noahs oder in Sodom und Gomorra, die typologisch auf die Gegner vorausweisen. Es scheint, als wolle der Verfasser

---

[692] In 1 Makk 9,26 wird die Vorgehensweise des Bakchides, eines Heerführers des Seleukidenkönigs Demetrius I Soter, gegen Anhänger von Judas Makkabäus als ἐκδικεῖν und ἐμπαίζειν beschrieben. BETRAM s.v. ἐμπαίζω, ThWNT V, 632 weist darauf hin, dass Josephus in ant XIII,1,1 § 4 den Sachverhalt mit βασανίζειν und πρὸς ἡδονὴν αἰκίζεσθαι wiedergibt. Er hat also aus ἐμπαίζειν Folterungen herausgelesen. Siehe ferner 2 Makk 7,7.10; 2 Makk 8,17 und 3 Makk 5,22.

[693] Von den dreizehn Belegen für ἐμπαίζειν bei den Synoptikern beziehen sich elf auf Jesus als den, dem ἐμπαίζειν widerfährt, siehe UNTERGASSMAIR in EWNT I, 1085f.

sich zurückhalten, die Heterodoxen direkt als ἀσεβεῖς anzusprechen. Wohl stellt er das Gericht über die ἀσεβεῖς im Allgemeinen in Aussicht (3,7), vermeidet jedoch die direkte Gleichsetzung der Anderen mit ihnen. Nimmt man zu diesem Befund den Nachdruck auf der Identifizierung als ἐμπαῖκται hinzu, so könnte das bedeuten, dass er das Interpretationsmodell ἀσεβεῖς zu Gunsten des Interpretationsmodells ἐμπαῖκται in den Hintergrund treten lassen will.

Durch die Transformationshandlungen am Possessivum zu ἐπιθυμίαι wird die lexikalische Überschneidung, die schon im Judastext mit dem *zweiten Timotheusbrief* bestand, hier in der *Secunda Petri* noch ausgebaut. Der pastorale Paulus kündigt im vierten Kapitel seines Testamentbriefes eine Zeit an (ἔσται γὰρ καιρὸς ὅτε), in der ‚man', also wohl bestimmte christliche Gruppen, „die gesunde Lehre" nicht mehr hinnehmen werde, sondern κατὰ τὰς ἰδίας ἐπιθυμίας solche Lehrer um sich herum scharen werde, nach denen einem die Ohren jucken (2 Tim 4,3). Die Situation ist beinahe dieselbe wie im *zweiten Petrusbrief*: Es werden für eine künftige Zeit Lehrergestalten angekündigt, die andere Lehrinhalte vertreten und offensichtlich auch Anhänger finden. Im Detail bestehen Unterschiede: Die Eigenmächtigkeit, die ἰδίαι ἐπιθυμίαι, werden in der *Secunda Petri* den ἐμπαῖκται zur Last gelegt, sie beschreiben deren Lebenswandel, während der *zweite Timotheusbrief* die Gemeindeteile vor Augen hat, die sich andere Lehrer suchen. Trotz der lexikalischen Kongruenz in κατὰ τὰς ἰδίας ἐπιθυμίας wird man hier kaum von einer direkten Abhängigkeit ausgehen können. Die gemeinsame Kontextualisierung in kurz vor dem Tod des Apostels angekündigten separatistischen Tendenzen der Zukunft zeigt, dass hier generische Intertextualität vorliegt, in deren Rahmen mit einer wohl einigermaßen gängigen Formulierung dem lehrmäßigen und moralischen Auseinanderdriften eine Ursache zugeschrieben wird: Menschen handeln κατὰ τὰς ἰδίας ἐπιθυμίας.

1.1.2. Die Lehrmeinung der ἐμπαῖκται (2 Petr 3,4)

Der *Judasbrief* hatte die Lehrmeinung der ἐμπαῖκται nicht in Worte gefasst; der Verfasser der *Secunda Petri* formuliert hier selbständig. Erneut bedient er sich jedoch zumindest *eines* lexikalischen Modells aus den Schriften, nämlich der Frage ποῦ ἐστιν. Mit der Formulierung ποῦ ἐστιν bzw. ποῦ εἰσιν wird dort die Machtlosigkeit (oder das Nichteingreifen) von Göttern oder Gottes, seltener von Königen, festgestellt, oft in einer Haltung der Überlegenheit, des Triumphes, aber durchaus auch als Zweifel des prinzipiell Gläubigen, der mit der Verborgenheit Gottes zu kämpfen hat, oder als drängende Aufforderung an Gott, doch aus dieser Verborgenheit hervorzutreten und sich durch Taten sichtbar zu machen.[694]

Die überlegen-triumphierende Haltung nimmt etwa Sanherib in 4 Reg 18,34 ein, wenn er fragt, ob die Götter der unterworfenen Völker sie etwa aus seiner Hand gerettet hätten (ebenso: Jes 36,19, mit dem Bezug auf Könige statt Götter: 4 Reg 19,13). Auch Gott kann fragen, wo denn die anderen Götter (Dtn 32,37) oder Könige (Hos 13,10) sind, denen die Menschen Vertrauen geschenkt haben. Gideon fragt nach den Wundertaten Gottes, von denen nichts zu sehen ist (Jdc 6,13 ποῦ ἐστιν πάντα τὰ θαυμάσια αὐτοῦ; vgl. dazu die Frage des Psalmbeters Ps 88,50 LXX sowie Jes 63,11.15). Der Psalmbeter fühlt sich schadenfroh gequält durch die Frage anderer, wo denn sein Gott sei (Ps 41,4.10f LXX; ähnlich Jer 17,15 und Mi 7,10). Mehrfach wird Gott aufgefordert, sich zu zeigen, damit nicht die ἔθνη die ποῦ-Frage stellen (Joel 2,17; Ps 78,10 LXX; Ps 113,10 LXX). Einer Aufforderung an Gott, sich an ihm ebenso zu zeigen wie an Elia, kommt es gleich, wenn Elisa mit dieser Frage auf den Lippen nach der Himmelfahrt Elias wie dieser mit dem Prophetenmantel die Wasser teilen will (4 Reg 2,14). Auch der Tod als personifizierte Macht kann sich mit der Frage nach seiner tatsächlichen Macht konfrontiert sehen (Hos 13,14, zitiert von Paulus in 1 Kor 15,55). Positiv gefüllt ist die ποῦ-Frage in Jer 2,6.8: Gott hätte erwartet, dass man so nach ihm fragt, aber die Väter und die Priester haben dies unterlassen.[695] Angekreidet wird die Frage den Angesprochenen in Mal 2,17, wo diese Gott mit der ständigen Frage nach dem Ort seiner Gerechtigkeit lästig fallen.

Im Neuen Testament wird die ποῦ-Frage unter Weglassung des Verbs als Sprachform aufgenommen. Der synoptische Jesus fragt die Jünger Ποῦ ἡ πίστις ὑμῶν (Lk 8,25) und Paulus zitiert nicht nur Hos 13,14 (ποῦ σου, θάνατε, τὸ νῖκος; ποῦ σου, θάνατε, τὸ κέντρον; 1 Kor 15,55), sondern stellt auch angesichts von Gottes Weisheit die Machtlosigkeit menschlicher Weisheit fest: ποῦ σοφός; ποῦ γραμματεύς; ποῦ συζητητὴς τοῦ αἰῶνος τούτου (1 Kor 1,20).[696]

---

[694] Zu pauschal in der Bewertung dieser Formel SKAGGS 2004, 133: "This rhetorical form is a standard form for sarcastic questions about prophecy or about God's existence or works." Präziser ist NEYREY 1993, 228: "In the Bible, questions such as "Where is …?" regularly call into question the existence of a person or the truth of something. Such questions are highly insulting and so function as honor challenges." Insgesamt ist die ποῦ-Frage eine mögliche Ausformung der literarischen Vorgehensweise, Gegnern ihre Zweifel am Eingreifen Gottes in einem kurzen, prägnanten Satz oder einer Frage in den Mund zu legen, vgl. etwa Hiob 22,17 LXX: Κύριος τί ποιήσει ἡμῖν; ἢ τί ἐπάξεται ἡμῖν ὁ παντοκράτωρ. Wenngleich der hebräische Text an dieser Stelle ebenfalls eine ‚Aussage' zitierte, stellt erst die Umgestaltung durch den Septuaginta-Übersetzer die Verwandtschaft mit der ποῦ-Frage vor Augen.

[695] Zu einem möglichen kultischen Hintergrund der Frage nach einer Gottheit, mit der man ihr Eingreifen herbeiwünscht, siehe SCHMIDT 2008, 73 Anm. 43.

[696] Es ist bezeichnend, dass in Plutarchs Schrift De sera numinis vindicta, auf deren inhaltliche Überschneidungen mit 2 Petr 3,3–13 seit GROTIUS und WETTSTEIN immer wieder verwiesen wird, bei dem Referat der Skeptiker oder der Bezugnahme auf sie die ποῦ-Frage nicht in dieser Form gestellt wird. Eine vergleichbare Formulierung ist jedoch für die Position verwendet, die allzu rasch auf eine Übeltat erfolgende Strafe

Ist nun die Einleitung der als direkte Rede gestalteten Wiedergabe der heterodoxen Lehrmeinung vom Verfasser klar erkennbar gestaltet, so ist auch damit zu rechnen, dass dem Rest seine Formulierung zu Grunde liegt. Dies bedeutet freilich nicht, dass die Worte, die er den ἐμπαίκται in den Mund legt, nicht wenigstens einigermaßen ihrer Lehre entsprächen. Entfernte er sich in seiner Formulierung allzu weit von deren tatsächlicher Position, so verfehlte er sein Ziel, den intendierten Erstrezipienten gegen die in seinen Augen falsche Lehre, mit der sie doch aktuell konfrontiert waren, Argumente an die Hand zu geben. Man wird also von einer vom Briefschreiber redigierten Form dieser Lehrmeinung auszugehen haben, nicht aber von einem regelrechten Zitat der Anderen.[697]

Der Gegenstand, nach dessen Ort mittels ποῦ ἐστιν gefragt wird, wird als ἡ ἐπαγγελία τῆς παρουσίας αὐτοῦ angegeben. Anders als bei ποῦ ἐστιν sind hier die Referenzen zunächst nicht außerhalb des *zweiten Petrusbriefes* zu suchen, denn was der Verfasser hier anschneidet, ist – wenigstens in seiner Wahrnehmung – das eigentliche Thema der Anderslehrenden. Dieses aber hat er schon sorgfältig vorbereitet: ἐπαγγελία gehört in das Gebiet der Prophetie, über die er sich am Ende des ersten Kapitels bereits geäußert hatte.[698] Παρουσία greift intratextuell auf 1,16 zurück. Dort hatte der Verfasser nachdrücklich darauf hingewiesen, dass die apostolische Verkündigung keine Ammenmärchen erzählt habe, als sie den Angeschriebenen τὴν τοῦ κυρίου ἡμῶν Ἰησοῦ Χριστοῦ δύναμιν καὶ παρουσίαν zur Kenntnis gebracht habe. Damit dürfte das aus dem unmittelbaren Textumfeld in seinem Bezug nicht klar zu bestimmende αὐτοῦ auf Christus gemünzt sein.[699] Neben der Christusbezogenheit geht ein

---

schon im menschlichen Bereich ablehnt. Nach etlichen Beispielen kommentiert hierzu Plutarch bzw. Timon, der Sprecher der entsprechenden Dialogpartie: ποῦ δὴ ταῦτα τὸ εὔλογον ἴσχει καὶ δίκαιον; (Plut mor 557D).

[697] Über die Tatsache redaktioneller Gestaltung durch den Verfasser sind sich viele Neutestamentler einig, treffend spricht etwa PAULSEN 1992, 151 von einer „durch den Vf. gesteuerte(n) Reproduktion der gegnerischen Position", vgl. ferner BAUCKHAM 1983, 295. Weniger Einmütigkeit besteht bezüglich des Umfangs seiner redaktionellen Tätigkeit. Eine sehr weitgehende Sicht vertreten FUCHS/REYMOND 1988, 110f. In ihren Augen stellt der Verfasser selbst den Zusammenhang zwischen der Vätergeneration und dem Beginn der Welt dar. Die Gegner hätten nur über die Permanenz der Welt gesprochen, das Problem der Parusie in Verbindung mit dem Sterben der Vätergeneration habe jedoch der Verfasser eingetragen. Eine Position, die in der Forschung heute keinen Widerhall mehr findet, vertrat HARNISCH 1973, 103: Es sei mit der „Möglichkeit zu rechnen, daß er einen ihm überlieferten gnostischen Spruch nach Maßgabe prophetischer Redeweise umstilisiert."

[698] ἐπαγγελία ist hier also nicht als Versprechen der Wiederkunft aus dem Mund Jesu zu deuten, wie etwa WITHERINGTON 2007, 371 behauptet; siehe zur Diskussion ADAMS 2005b, 109.

[699] Treffend hierzu ADAMS 2005b, 111: αὐτοῦ ist zwar im Zusammenhang mit 1,16 zu lesen, dennoch ist, wie die geringe Ausprägung der christologischen Komponente

zweites konnotativ mit παρουσία zu verbindendes Element ebenfalls intratextuell aus der weiteren Lektüre bis 3,13 hervor. Demnach ist παρουσία mit einem Gerichtshandeln zu verbinden. Zwei Umstände belegen dies: Zum einen kommt der Verfasser in 3,9 auf die hier in 3,4 genannte ἐπαγγελία zurück.[700] Er verwahrt sich dort gegen die Deutung, der κύριος zögere die (Erfüllung der) ἐπαγγελία hinaus. Vielmehr sei die Wartezeit als Zeichen seiner μακροθυμία zu betrachten, denn er wolle ja nicht, dass irgendjemand dem Verderben anheim fällt. Dem Verderben anheim fallen (ἀπολέσθαι) ist jedoch ein Begriff, der in den Vorstellungskomplex eines Gerichtshandelns gehört. Zum zweiten wird παρουσία in 3,12 explizit inhaltlich gefüllt: Man warte auf die παρουσία τῆς τοῦ θεοῦ ἡμέρας – und die ἡμέρα τοῦ θεοῦ ist unfraglich ein Gerichts*tag*. Die Parusie ist also ein Gerichtshandeln und steht in personaler Verbindung zu Christus. Mit diesen beiden Aspekten passt die Parusievorstellung des *zweiten Petrusbriefes* in den Rahmen, den die anderen neutestamentlichen Schriften für die Parusie abstecken, auch wenn die Formulierung παρουσία τῆς τοῦ θεοῦ ἡμέρας und der Hendiadyoin δύναμις καὶ παρουσία singuläre Erscheinungen im Neuen Testament sind.

Paulus verwendet παρουσία, sofern es nicht um seine Anwesenheit in einer Gemeinde (oder die eines Mitarbeiters), sondern um die eschatologische παρουσία Christi geht, nie ohne ein Christus bezeichnendes Genitivattribut, sei es in der langen Form τοῦ κυρίου ἡμῶν Ἰησοῦ Χριστοῦ (1 Thess 3,13; 5,23, siehe auch 2 Thess 2,1), sei es in der verkürzten Variante τοῦ κυρίου (1 Thess 4,15), sei es in einem auf Christus referierenden αὐτοῦ (1 Kor 15,23; 1 Thess 2,19). In Mt 24 spricht Jesus dreimal von der παρουσία τοῦ υἱοῦ τοῦ ἀνθρώπου (24,27.37.39) als Antwort auf die Frage der Jünger nach seiner Parusie (ἡ σὴ παρουσία, Mt 24,3). Auffallend ist, dass sowohl im *Jakobus*- als auch im *ersten Johannesbrief* letztlich eine ähnlich unklare Situation über die zentrale Figur bei der Parusie vorliegt wie im *zweiten Petrusbrief*. Der *Jakobusbrief* spricht zweimal von der παρουσία τοῦ κυρίου (Jak 5,7.8) und der *erste Johannesbrief* von der παρουσία αὐτοῦ (1 Joh 2,28), doch beiden Fällen ist sowohl ein Bezug auf Gott als auch ein Bezug auf Christus möglich. Als Erklärung für diesen Umstand lässt sich

---

auch in der Replik zeigt, hier vor allem die alttestamentliche Vorstellung von Gottes Kommen rezipiert, mit der sich in christlicher Sicht die Parusie Christi verbunden hat. Oder anders formuliert: Die (absichtlich?) nicht sorgfältig durchgeführte Trennung zwischen Gott und Christus (etwa 1,2.3.4) wird hier fortgeführt.

[700] Der Rückgriff ist um so deutlicher, als der Verfasser der *Secunda Petri*, der ja mit ἐπάγγελμα und ἐπαγγελία zwei unterschiedliche Bezeichnungen für ‚Verheißung' verwendet, in 3,9 genau das Wort aus 3,4 wieder aufgreift: ἐπαγγελία. KRAUS 2001, 293f hat einen semantischen Unterschied zwischen beiden Wörtern in der *Secunda Petri* herausgearbeitet: ἐπάγγελμα habe als resultatives *Nomen rei actae* etwas Tatsächliches aus der subjektiven Sicht dessen, der es gebraucht: In 1,4 sei dies durch das Perfekt δεδώρηται unterstützt, in 3,13 gebe die vertauensvoll-zuversichtliche Haltung der ἐπάγγελμα etwas Faktisches. Die hier verwendete ἐπαγγελία sei hinsichtlich der Erfüllung aus der Sicht des Sprechers offen.

entweder vermuten, dass beides gar nicht auseinander gehalten werden soll[701] oder dass die Rede von der παρουσία τοῦ κυρίου oder der παρουσία αὐτοῦ konnotativ so sehr mit Christus verbunden war, dass diese Formulierungen auch in Kontexten, wo eigentlich von Gott als κύριος die Rede ist, unweigerlich als christologisch aufgefasst werden mussten.[702]

Die Verbindung von Parusie und Gerichtshandeln wird unterschiedlich realisiert. Im Matthäusevangelium äußert sie sich in der Alternative παραλαμβάνεσθαι / ἀφίεσθαι (Mt 24,39ff). Bei Paulus deutet der στέφανος καυχήσεως in 1 Thess 2,19 auf eine Beurteilung hin, aber auch die Erfordernis, dann ἄμεμπτος, ἐν ἁγιοσύνῃ etc. zu sein (1 Thess 3,13 und 5,23), lässt auf eine solche schließen. Im *Jakobusbrief* ist unmittelbar anschließend an und parallel zu dem Hinweis auf die Parusie (ἡ παρουσία τοῦ κυρίου ἤγγικεν 5,8) vermerkt, dass der Richter vor der Tür stehe (ὁ κριτὴς πρὸ τῶν θυρῶν ἕστηκεν) und man daher nicht wider den Bruder oder die Schwester seufzen solle, um nicht gerichtet zu werden (ἵνα μὴ κριθῆτε, 5,9).

Bei der Formulierung der Position der Anderslehrenden wählt der Verfasser in deren ersten Hälfte also einen Verweis auf die aus verschiedenen Teilen der Schriften bekannte ποῦ ἐστιν-Frage, greift mit ἐπαγγελία das Thema Schriftprophetie wieder auf und gibt dem Inhalt mit dem Wort παρουσία eine christologische Zuspitzung, obwohl der Inhalt der ἐπαγγελία, wie aus der textuellen Umgebung deutlich wird, umfassender auf die Vorstellung vom Kommen Gottes zum Gericht abhebt. Für die zweite Hälfte ist nun ebenso die Frage zu stellen, auf welche Vorstellungen oder sogar Text(fragment)e die Formulierung verweist.

Der zweite Satz im Munde der ἐμπαῖκται hat die Form einer die kritische Anfrage im vorhergehenden Satz argumentativ untermauernden Behauptung (γάρ): Alles bleibe so (πάντα οὕτως διαμένει). Gerahmt ist sie von zwei Zeitbestimmungen, nämlich dem ‚Entschlafen‘ der ‚Väter‘ (ἀφ᾽ ἧς ... οἱ πατέρες ἐκοιμήθησαν) und dem Anfang der Schöpfung (ἀπ᾽ ἀρχῆς κτίσεως). Der Hauptsatz liest sich als logische Fortsetzung der Anfrage: „Was ist nun mit dem verheißenen Kommen? Es geht ja alles so weiter wie seit eh und je." Der Temporalsatz, der den Tod der Väter the-

---

[701] Diese Lösung schlägt POPKES 2001, 321f für Jak 5,7.8 vor: „Die nähere Bestimmung von »des Herrn« lässt er offen. Die ntl. Tradition legt »Christi« nahe; im Kontext (V. 4) steht »Herr« freilich für Gott; unklar sind V. 11.15; die beiden explizit christologischen Stellen (1,1; 2,1) kombinieren »Herr« und »Jesus Christus«. So dürfte auch in 5,7f an Christus gedacht sein; aber Jak scheint bewußt eine Unterscheidung zu vermeiden. Vielmehr steht Christus für Gott und umgekehrt; der eine wie der andere ist Kyrios."

[702] Diesen letztgenannten Ansatz vertritt ungefähr KLAUCK 1991, 172f im Blick auf die undeutliche Pronomenlage in 1 Joh 2,28f. Ihm scheinen letztlich beide Verse durchgehend christologisch zu sein bis auf den letzten Teil von Vers 29. Dies sei möglich, weil der Verfasser mit standardisierten Formeln arbeite, wovon ἐξ θεοῦ γεγεννῆσθαι eine sei, die hohen Wiedererkennungswert und daher starke konnotative Kraft hätten. αὐτοῦ in ἐξ αὐτοῦ γεγέννηται würde so gewissermaßen selbstverständlich auf Gott bezogen. αὐτοῦ in παρουσία αὐτοῦ dagegen sei christologisch zu verstehen.

matisiert, wird verständlich, vergegenwärtigt man sich, dass es um schriftprophetische ἐπαγγελία geht, als deren Erstadressaten, wie mehrfach im frühchristlichen Schrifttum belegt, die πατέρες gelten: So beschreibt der lukanische Paulus seine Verkündigungstätigkeit im pisidischen Antiochien als Predigt von der Erfüllung der Verheißung (ἐπαγγελία) an die Väter (πρὸς τοὺς πατέρας).[703] Ähnlich konstatiert der *Hebräerbrief*, dass Gott durch die Propheten zu den πατέρες gesprochen habe.[704] In diesen Kontext gehört auch die Darstellung des *Barnabasbriefes*, Christus habe es ertragen, im Fleische zu erscheinen, um so den Vätern die (an sie ergangene) Verheißung zu erfüllen.[705] Es ist also keineswegs nötig, hier eine Ausnahme vom christlichen Sprachgebrauch des ersten und zweiten Jahrhunderts zu postulieren,[706] der πατέρες durchweg auf die Väter aus der biblischen Geschichte bezog.[707] Damit wird man 2 Petr 3,4 nach der Intention des Verfassers nicht eingeengt auf den Tod der ersten Christengeneration zu lesen haben, so sehr auch die Verbindung von παρουσία mit κοιμηθῆναι den Gedanken an 1 Thess 4,13ff nahelegen mag.[708] Der in-

---

[703] Acta 13,32f: καὶ ἡμεῖς ὑμᾶς εὐαγγελιζόμεθα τὴν πρὸς τοὺς πατέρας ἐπαγγελίαν γενομένην ὅτι ταύτην ὁ θεὸς ἐκπεπλήρωκεν.

[704] Hebr 1,1: Πολυμερῶς καὶ πολυτρόπως πάλαι ὁ θεὸς λαλήσας τοῖς πατράσιν ἐν τοῖς προφήταις...

[705] Barn 5,6f: αὐτὸς δέ, ἵνα καταργήσῃ τὸν θάνατον καὶ τὴν ἐκ νεκρῶν ἀνάστασιν δείξῃ, ὅτι ἐν σαρκὶ ἔδει αὐτὸν φανερωθῆναι, ὑπέμεινεν, ἵνα τοῖς πατράσιν τὴν ἐπαγγελίαν ἀποδῷ, zur Stelle siehe PROSTMEIER 1999, 243–246; für eine ähnliche Idee über die Erfüllung der Verheißung an die Väter siehe OdSal 31,8–13.

[706] Typisch für diese weithin (u.a. von CHAINE 1937, 208; TESTA 1962, 252; BAUCKHAM 1983, 290; PAULSEN 1992, 157; DUPONT-ROC 1994, 99 u.ö. und WITHERINGTON 2007, 372) vertretene Position sind die Worte VÖGTLEs: „Obwohl sonst, jüdischem Sprachgebrauch folgend, Patriarchen oder Propheten, allgemeiner auch die Gerechten alttestamentlicher Zeiten als »die Väter« bezeichnet werden, ist hier mit den Vätern die erste christliche Generation gemeint." (VÖGTLE 1994, 216). Argumente für diese Position finden sich bei FORNBERG 1977, 62f. HARRINGTON 2003, 283 vertritt eine Minderheitenmeinung, wenn er die Möglichkeit offenhält, dass hier doch die großen Leitfiguren aus der biblischen Geschichte gemeint sind. Aufbauend auf dieser Interpretation als Ausnahmebedeutung deutet WATSON 2002, 206 den ‚anderen' Gebrauch von πατέρες aus intertextualitätstheoretischer Sicht als Rekontextualisierung.

[707] Siehe über die im Folgenden zu besprechenden Texte 1 Clem 23,3–4 und 2 Clem 11,2–4 hinaus Joh 7,22, wo die Patriarchen als πατέρες bezeichnet werden, ebenso in Röm 9,5 und äthApkPetr 16,1: "(where are) Abraham and Isaac and Jacob and the other righteous fathers?", vielleicht auch EpAp 28, wobei hier die Unsicherheit besteht, dass der wohl dem griechischen Original folgende koptische Text gerade an der entsprechenden Stelle eine Lücke aufweist; die nur in einer Handschrift aus dem 18. Jahrhundert vorliegende äthiopische Übersetzung hat hier ‚Väter', vgl. die Ausgabe von DUENSING.

[708] So hält etwa VÖGTLE 1994, 219 die „Geltendmachung der Nicht-Erfüllung der Parusieverheißungen" für einen „historisch glaubwürdige(n) Zug" und verweist neben 1 Thess 4,13 auf 2 Thess 2,1–8, Hebr 10,35–39 und Did 4,4.

tertextuelle Raum wird aufgrund des thematischen Schwerpunktes des *zweiten Petrusbriefes* auf der Schriftprophetie auf der Basis der Koordinaten ἐπαγγελία und πατέρες aufgespannt, nicht ausgehend von der Kombination von παρουσία und κοιμηθῆναι.

Eine verblüffend nahe Vergleichsstelle findet sich einmal mehr im syrischen Baruchbuch. Baruch beschäftigt ebenfalls die Frage, wie lange noch „das Vergängliche bestehen" wird (syrBar 21,19), und er bittet Gott, doch diejenigen seine Macht erkennen zu lassen, die seine „Langmut für Schwäche halten" (21,20). Offenbar liegt hier dieselbe Interpretation des ausbleibenden Endes vor wie in 2 Petr 3,9: Gott ist langmütig. Ferner bittet er, das Totenreich möge von nun an keine Toten mehr empfangen und „die Schatzkammern der Seelen sollten die wiedergeben, die noch darin verschlossen" seien (21,23, vgl. das Verb θησαυρίζειν in 2 Petr 3,7). Denn „viele Jahre sind verstrichen gleich denen, die seit den Tagen Abrahams, Isaaks und Jakobs vergangen sind und aller, die ihnen ähnlich sind, die schlafen in der Erde – um ihretwillen, sagtest du, daß du die Welt geschaffen hast." Hier findet sich zwar das Wort ‚Väter' nicht, immerhin aber die Patriarchen und die anderen Gerechten. Für deren Gestorbensein ist ebenfalls das Verb ‚schlafen' verwendet, und in der Zusage, dass um ihretwillen die Welt geschaffen sei, steckt deutlich das Element der Verheißung.

Die Erwähnung πατέρες in Verbindung mit einer auf dem Nichteintreten angekündigter Ereignisse gründenden Skepsis führt noch weiter zu einem Element des Intertextes der *Secunda Petri*, das beide Clemensbriefe rezipieren bzw. sogar zitieren:[709]

1 Clem 23,3	2 Clem 11,2
Πόρρω γενέσθω ἀφ' ἡμῶν ἡ γραφὴ αὕτη, ὅπου λέγει·	Λέγει γὰρ καὶ ὁ προφητικὸς λόγος·
Ταλαίπωροί εἰσιν οἱ δίψυχοι, οἱ διστάζοντες τῇ ψυχῇ, οἱ λέγοντες·	Ταλαίπωροί εἰσιν οἱ δίψυχοι, οἱ διστάζοντες τῇ καρδίᾳ, οἱ λέγοντες·
Ταῦτα ἠκούσαμεν καὶ ἐπὶ τῶν πατέρων ἡμῶν, καὶ ἰδού, γεγηράκαμεν, καὶ οὐδὲν ἡμῖν τούτων συνβέβηκεν.	Ταῦτα πάλαι ἠκούσαμεν καὶ ἐπὶ τῶν πατέρων ἡμῶν, ἡμεῖς δὲ ἡμέραν ἐξ ἡμέρας προσδεχόμενοι οὐδὲν τούτων ἑωράκαμεν.

Nach dem Ausweis beider Briefe ist dieses Textstück einer als autoritativ angesehenen Schrift entnommen; 1 Clem 23,3 rechnet sie zur γραφή, 2 Clem 11,2 zum προφητικὸς λόγος, doch ist die Herkunft nicht zu be-

---

[709] Eine Synopse größerer Textteile findet sich bei PAULSEN 1992, 152, vgl. zum Folgenden auch dessen Ausführungen ibid. 152ff. Die weitaus ausführlichste vergleichende Diskussion von 2 Clem 11,2–4 und 1 Clem 23,3–4 sowie der Frage nach dem Prätext findet sich bei WARNS 1985, 530–544; seiner Meinung nach fand sich der dort zitierte προφητικὸς λόγος als Exzerpt in einer beiden Briefen vorliegenden Zitatenkollektion; ibid. 540.

stimmen.[710] Beide Texte lassen über das Stichwort πατέϱες und den Umstand der Nichterfüllung hinaus noch weitere mit 2 Petr 2,3ff kongruente Elemente erkennen: So stellt der *zweite Clemensbrief* das Zitat explizit unter das Thema πιστεύειν ... τῇ ἐπαγγελίᾳ τοῦ θεοῦ (2 Clem 11,1) und spezifiziert anschließend diese ἐπαγγελία als Gericht, als Vergeltung für die Werke eines jeden (ὁ ἐπαγγειλάμενος τὰς ἀντιμισθίας ἀποδιδόναι ἑκάστῳ τῶν ἔϱγων αὐτοῦ 11,6). Dabei ermahnt er zum geduldigen Ausharren mit dem Hinweis auf die Aussicht auf Lohn (ἵνα καὶ τὸν μισθὸν κομισώμεθα 11,5). Man solle jederzeit das Gottesreich erwarten, da man ja die ἡμέϱα τῆς ἐπιφανείας τοῦ θεοῦ nicht kenne (12,1). Vergegenwärtigt man sich, dass etwa auch die Pastoralbriefe vorzugsweise von ἐπιφάνεια sprechen, wo andere frühchristliche Schriften den Begriff παϱουσία verwenden würden,[711] ist vollends deutlich, dass der Komplex thematischer Überschneidungen von beträchtlichem Umfang ist.[712] Auch mit dem *ersten Clemensbrief* liegen die Konvergenzen auf der Hand: Anschließend an das Zitat unterstreicht dieser, dass Gottes Wille schnell und plötzlich zur Vollendung kommen wird (ταχὺ καὶ ἐξαίφνης τελειωθήσεται τὸ βούλημα αὐτοῦ 1 Clem 23,5) und zitiert Jes 13,22: Ταχὺ ἥξει καὶ οὐ χϱονιεῖ,[713] gerade wie 2 Petr 3 das Element des Unerwarteten mit dem Bild des Diebes aufgreift (3,10) und – unter Verwendung von βϱαδύνειν statt χϱονίζειν – das Zögern Gottes abstreitet (3,9).[714]

Da diese ‚zusätzlichen' Überschneidungen mit dem *ersten Clemensbrief* einerseits und dem *zweiten Clemensbrief* andererseits nicht den Schluss zulassen, dass der *zweite Petrusbrief* sich einseitig entweder an dem einen oder an dem anderen inspiriert habe, ist davon auszugehen, dass es als

---

[710] Der u.a. von LIGHTFOOT vorgeschlagenen Herkunft aus der in Herm vis 2,3,4 erwähnten Schrift *Eldad und Modat* können weder LINDEMANN 1992, 83f noch PRATSCHER 2007, 152 etwas abgewinnen; BAUCKHAM 1983, 284f steht ihr jedoch recht positiv gegenüber. STROBEL 1961, 118 neigt vorsichtig der möglichen Entnahme aus Pseudo-Ezechiel zu.

[711] 1 Tim 6,14; 2 Tim 4,1.8 und Tit 2,13; siehe WENGST in SUC II, Anm. 94 Seite 274.

[712] Für die Textkonstitution des *zweiten Clemensbriefes* ist es aufschlussreich, dass er in unmittelbarer Umgebung zu der hier zur Diskussion stehenden Stelle, nämlich in 11,7 und in 12,2.6 ebenfalls auch andernorts belegte Traditionen oder Textfragmente verwendet; siehe dazu PRATSCHER 2007, 157f und 161f.

[713] Die Septuaginta gibt diesen Text wieder als ταχὺ ἔϱχεται καὶ οὐ χϱονιεῖ.

[714] Sowohl im *ersten* wie auch im *zweiten Clemensbrief* wird das genannte Zitat aus der unbekannten Schrift noch weitergeführt im Bild des Weinstocks, der erst Laub verliert, dann ausschlägt, Blätter bekommt und Blüten, darauf Herlinge und schließlich die reife Traube (1 Clem 23,4; 2 Clem 11,3), ganz offensichtlich als ermutigende Mahnung zum geduldigen Verfolgen, wie sich die Dinge langsam aber sicher zu ihrer Vollendung hin entwickeln. Genau dieselbe Vorgehensweise lässt sich am *Jakobusbrief* ablesen; auch er gebraucht, wenn auch weitaus weniger entwickelt, Vegetationsmetaphorik, nämlich das Bild vom Bauern, der die Frucht geduldig abwartet, um zum ausharrenden Warten auf die Parusie anzuspornen (Jak 5,7).

Reaktion auf eine skeptische Haltung gegenüber eschatologischen Gerichtsverheißungen (an die Väter) einen apologetischen Argumentationskomplex gab, der Nähe und Plötzlichkeit des Eintretens des Gerichts unterstrich und anhand einer Wachstumsmetapher zum geduldigen, die Zeichen der Zeit beobachtenden Haltung ermutigte. Dabei wurde auch Jes 13,22 als stützendes Argument verwendet. Dieser Komplex hat sich entweder ganz oder zu Teilen in der Schrift niedergeschlagen, auf die sich die beiden Clemensbriefe beziehen. Über die Frage, ob der *zweite Petrusbrief* diese Schrift unmittelbar rezipierte oder allgemein den Argumentationskomplex kannte, lässt sich kaum Sicherheit gewinnen.[715] Aber angesichts der nun schon öfter beobachteten Technik, mit minimalem Gebrauch referentieller Lexeme auf Texte oder Inhalte abzuheben, und angesichts dessen, dass genau dies in derselben Texteinheit mit der ποῦ ἐστιν-Frage geschieht, legt sich die Vermutung nahe, dass auch die Zeitangabe „Tod der Väter" in Verbindung mit ἐπαγγελία τῆς παρουσίας eine Referenz auf das Bild der Skeptiker darstellt, das der in beiden Clemensbriefen zitierte Text von ihnen entwirft. Erneut würde damit den Rezipienten ein Deutungsmodell für die Aktivitäten und Ansichten der Anderslehrenden an die Hand gegeben.[716]

Bis zu diesem Punkt lässt sich die Position der Anderslehrenden in einer Linie mit der generellen Skepsis gegenüber eschatologischen Prophezeiungen aufgrund ihres Nichteintreffens deuten. Die Formulierung ihrer Gegenposition πάντα οὕτως διαμένει ἀπ' ἀρχῆς κτίσεως fügt dem vielleicht einen Hinweis auf den Hintergrund ihrer Position hinzu. Wenn hinter dieser Formulierung nämlich die Behauptung der grundsätzlichen Beständigkeit der Welt zu suchen ist, ließen sich Einflüsse aus der Philosophie vermuten. Dort findet sich das Postulat einer Permanenz der Welt u.a. bei Aristoteles und bei Philo; Plutarch schreibt diese Sicht Epikur

---

[715] Dies ist eine sehr vorsichtige Position, die der Paulsens nahe kommt: „Nähe der Texte wie ihre Unterschiedenheit lassen deshalb den Schluß zu, daß alle drei verwandtes, aber nicht identisches Traditionsmaterial aufgenommen haben." (PAULSEN 1992, 153). BAUCKHAM 1983, 284f hält es dagegen für eine „plausible Hypothese", dass der *zweite Petrusbrief* über die gesamte Länge von 3,4–13 derselben Apokalypse folgt wie die beiden Clemensbriefe an den genannten Stellen. Damit entwickelt er eine Sicht weiter, die 1966 ALLMEN in die Diskussion eingebracht hatte, nämlich, dass der *zweite Petrusbrief* im dritten Kapitel aus einer jüdischen Apokalypse zitiert.

[716] Dieses Ergebnis mag auf den ersten Blick an die These von FUCHS/REYMOND 1988, 109–111 denken lassen, die behaupten, erst die Redaktion des Verfassers habe in 3,4 die beiden Themen der Parusieverzögerung, verschärft durch das Wegsterben der πατέρες, und der Permanenz der Welt verbunden. Bei näherem Hinsehen jedoch zeigen sich deutliche Unterschiede: FUCHS/REYMOND deuten die πατέρες auf die erste Christengeneration und so gelingt es ihnen auch nicht, den Gedanken des Todes der πατέρες in Verbindung zu bringen mit der Aussage, alles bleibe so wie es ist seit Anfang der Schöpfung.

zu.[717] Tatsächlich lässt sich die vergleichbare Formulierung διαμένειν εἰς ἀεί in bezug auf die Welt oder wenigstens die Elemente in philosophischer Literatur zuweilen finden,[718] doch eben gerade nicht οὕτως διαμένει.[719] Auch ist πάντα ohne bestimmten Artikel verwendet, es liegt also alles andere als eine deutliche Bezugnahme auf das All (τὰ πάντα) vor. Und schließlich gehört nach Aristoteles zum fortdauernden Bestehen auch das Nichtgeschaffensein,[720] ein Aspekt, den auch Philo aufgreift,[721] so dass der Gebrauch von κτίσις in ἀπ' ἀρχῆς κτίσεως einem Verweis auf die ari-

---

[717] Aristot cael 282A; Phil aet 93, ferner ibid. 7.10.12.20.69 und Phil som 2,283; für die Zuschreibung an Epikur siehe Plut Col 1114A; Philo aet 12 berichtet von Menschen, die diese Lehre auf die Pythagoräer zurückführen. Einen Zusammenhang zwischen 2 Petr 3,4 und der Permanenzlehre sehen BIGG 1902, 292; ALLMEN 1966, 257; GREEN 1987, 138. Zu Platos Standpunkt, wie er aus dem *Timaios* hervorgeht, nämlich einer unvergänglichen, aber aus Chaos geschaffenen Welt, sowie der kritischen Auseinandersetzung unter den unmittelbaren Schülern Platos mit der Frage, ob man einen Beginn der Welt annehmen könne, siehe MANSFELD 1979, 138–140.

[718] So schon vorsokratisch bei Philolaus in Περὶ ψυχῆς in einem Abschnitt über die Unzerstörbarkeit des Kosmos (frg 21): ἀλλ' ἦν ὅδε ὁ κόσμος ἐξ αἰῶνος καὶ εἰς αἰῶνα διαμενεῖ ... καὶ ὁ μὲν <εἷς> ἐς ἀεὶ διαμένει κατὰ τὸ αὐτὸ καὶ ὡσαύτως ἔχων ... Die Stelle ist freilich nicht unproblematisch, weil andere Fragmente die Ewigkeit der Welt gerade nicht behaupten, vgl. dazu die Ausgabe von HUFFMAN 1993, 343, der die Nähe zu platonischen Formulierungen feststellt: "The description of the universe as ἐς ἀεὶ διαμένει κατὰ τὸ αὐτὸ καὶ ὡσαύτως ἔχων is very similar to the standard phrasing that Plato uses to describe the immutability of forms..." Aristoteles erwähnt in seiner *Metaphysik*, dass Empedokles von vier Elementen ausging, die "immer bestehen und nicht entstehen" (ταῦτα γὰρ ἀεὶ διαμένειν καὶ οὐ γίγνεσθαι, Aristot metaph I.3 = 984A). Dies sagt er laut der Epitome des augusteischen Stoikers Arius Didymus auch über den Äther, den Stoff, aus dem Sterne und Himmel bestehen (συνιστάναι ... ἐκ τοῦ αἰθέρος: Stob I,22,1C): ἐς ἀεὶ διαμένειν ἄτρεπτον καὶ ἀναλλοίωτον.

[719] Wo οὕτως im Abstand weniger Worte zu διαμένειν belegt ist, gehört es syntaktisch nicht unmittelbar zu διαμένειν. Wenn Arius Didymus etwa formuliert τὸ δὲ διαμένειν τὰς ψυχὰς οὕτως λέγουσιν, ὅτι ..., so ist οὕτως zu λέγουσιν, ὅτι zuzurechnen, nicht zu διαμένειν (Eus pr.ev XV,20,6). Am nächsten kommt der Formulierung in 2 Petr 3,4 Theophr h.plant IV,13,6, wo eine besondere Behandlung eines Weinbergs beschrieben wird, an deren Ende vermerkt wird: καὶ οὕτως αἰεὶ διαμένειν. Auch hier ist allerdings die Verbindung zwischen οὕτως und διαμένειν loser als in 2 Petr 3,4, denn αἰεὶ διαμένειν bildet eine Einheit, die durch das sich auf die beschriebene Behandlung zurückbeziehende οὕτως ergänzt wird. – Eher schon stellt 1 Kor 7,40 eine Parallele dar. Hier gebraucht Paulus zwar nicht das Kompositum διαμένειν wie 2 Petr 3,4, sondern das Simplex μένειν zusammen mit οὕτως, doch bezeichnet er ebenso das Verbleiben in einem zuvor angegebenen Zustand: Paulus hält eine Witwe für μακαριωτέρα, wenn sie „so bleibt" statt erneut in den Ehestand zu treten.

[720] ἀγένητον und ἄφθαρτον, siehe den bereits angegebenen Textausschnitt Aristot cael 282A.

[721] Siehe etwa Phil som 2.283 sowie aet 69.93.

stotelische Position entgegensteht. ἀρχή könnte zwar philosophische Konnotation in den Text importieren, da es in Verbindung mit dem Weltenbeginn auf kosmogonische Spekulationen über die Anfangsprinzipien der Welt verweisen kann.[722] Doch lässt sich, und das ist das weitaus Naheliegendste, ἀπ' ἀρχῆς κτίσεως gänzlich aus jüdisch-christlichem Sprachgebrauch verstehen. Schon ἀπ' ἀρχῆς an sich referiert – vor allem in der Weisheitsliteratur – an die Schöpfung, ἀπ' ἀρχῆς κτίσεως stellt daher nicht mehr als eine Verstärkung der Bezugnahme auf die Schöpfung dar.[723] Wortwörtlich begegnet die Adverbialbestimmung ἀπ' ἀρχῆς κτίσεως vor dem vierten nachchristlichen Jahrhundert ausschließlich zweimal im *Markusevangelium* im Munde Jesu; in Mk 10,6 wird damit die auf die Schöpfungsordnung im Gegenüber zu den Regelungen des Mose bezüglich der Ehescheidung abgehoben; in Mk 13,19 findet sich das Syntagma ähnlich 2 Petr 3,4 in einer nahezu hyperbolischen Aussage, die die gesamte Zeitspanne von der Schöpfung (ἀπ' ἀρχῆς κτίσεως) bis zum aktuell erzählten Moment in den Blick nimmt.[724] Daneben finden sich Alternativformulierungen mit geringem semantischem Unterschied, etwa ἀπὸ κτίσεως οὐρανοῦ καὶ γῆς (PsSal 8,7) oder ἀπὸ τῆς κτίσεως (Jos bell IV,9,7 § 533); ἀπ' ἀρχῆς κτίσεως ist also gut ohne Rückgriff auf einen philosophischen Diskurs erklärbar.

Geht dabei die *Wortwahl* auch hier sicher wieder auf das Konto des Verfassers, so bleiben für die Frage nach der *Herkunft* des Gedankens mehrere Möglichkeiten der Deutung. Entweder handelt es sich bei ἀπ' ἀρχῆς κτίσεως gänzlich um seine Hinzufügung,[725] oder er ändert ein ur-

---

[722] DUPONT-ROC 1994, 101, die für die vorliegende Stelle die absichtliche zweifache Lesbarkeit behauptet: Traditionelle Anschauungen seien – adressatenorientiert! – bewusst mit hellenistisch-philosophischen Kategorien beschrieben.

[723] Vgl. hierzu BERGER 1972, 545f: „Die Wendung ἀπ' ἀρχῆς (κτίσεως) ist im Spätjudentum besonders in der Weisheitsliteratur geläufig (Sap Sal 6,22; 9,8; 14,12; 24,14; Sir 15,14; 16,26; 24,9; 39,25; Prov 8,23; Koh 3,11). Etwa 70 % aller Stellen, an denen in der LXX ἀπ' ἀρχῆς verwendet wird und in denen ἀρχή die Zeit der Schöpfung bedeutet, liegen in der Weisheitsliteratur."

[724] Bezüglich der Ehescheidung vertritt Jesus die Meinung, Mose habe die Erlaubnis zur Ehescheidung nur aufgrund der σκληροκαρδία der Menschen gegeben. Offenbar als Gegensatz dazu greift der markinische Jesus weiter zurück auf die Schöpfung und zitiert die Erschaffung des Menschen aus Gen 1,27 in Verbindung mit Gen 2,24. Eingeleitet wird das Zitat durch ἀπὸ δὲ ἀρχῆς κτίσεως (Mk 10,6). Die zweite Belegstelle findet sich in der markinischen Version der synoptischen Apokalypse. Die große Bedrängnis wird qualifiziert als eine, wie sie ἀπὸ ἀρχῆς κτίσεως nicht gewesen ist (Mk 13,19). Matthäus ändert die Formulierung hier übrigens: ἀπ' ἀρχῆς κόσμου ἕως τοῦ νῦν (Mt 24,21), bei Lukas entfällt die Zeitangabe.

[725] Dies wird durchaus häufiger und mit unterschiedlicher Begründung vertreten. HOPPE 2004, 445 unterstreicht, dass das Anliegen der Anderslehrenden die Zukunft sei, nicht die Schöpfung. Die Schöpfung sei „kein eigener Argumentationsgegenstand, sondern" stehe ‚funktional' im Dienste der Verheißungsbestreitung und Kon-

sprüngliches ἀπ' ἀρχῆς κόσμου o.ä. in der Lehrmeinung der Anderslehrenden ab zu vorliegender Formulierung, oder diese verbanden tatsächlich den Permanenzgedanken mit der Schöpfungsvorstellung.[726] Schließlich lässt sich πάντα οὕτως διαμένει ἀπ' ἀρχῆς κτίσεως auch schlicht als
Ausdruck enttäuschter eschatologischer Hoffnung lesen, ohne tieferen
philosophischen Hintergrund.[727] Auf der Ebene der Textkonstitution des
Phänotextes dürfte hinter ἀπ' ἀρχῆς κτίσεως nicht viel mehr zu suchen
sein als ein rhetorisches Mittel, um mit einigem Nachdruck die Zeitspanne
von der Schöpfung bis zur Gegenwart zu bezeichnen, ähnlich wie es auch
in Mk 13,19 geschieht. Denn die Formulierung der ,Lehrmeinung' der Heterodoxen trägt in der *Secunda Petri* insgesamt sehr deutlich expressiv-
rhetorische Züge. Dies belegen die aufgezeigten evokativen Qualitäten
des Beginns mit den Worten ποῦ ἐστιν, zu denen ein ausdrucksstarkes
Ende mit dem annähernd hyperbolischen ἀπ' ἀρχῆς κτίσεως mehr als gut
passt. Ob sich hinter diesem rhetorischen *ornatus* wirklich die Behauptung
einer Permanenz von der Schöpfung seitens der Gegner verbirgt, ist ohne
weitere Anhaltspunkte aus dem weiteren Textverlauf kaum ersichtlich.[728]

Unabhängig von der Frage, wie treffend er die Anderslehrenden rezipiert und wie stark in seinen oder ihren Formulierungen philosophische
Ideen von der Permanenz der Welt zu suchen sind, gehört die Aussage
πάντα οὕτως διαμένει ἀπ' ἀρχῆς κτίσεως zu dem genannten apologeti-

---

tinuitätsbehauptung, die sich beide auf die Zukunft beziehen." Schon BAUCKHAM
1983, 294 meinte: "The phrase ἀπ' ἀρχῆς κτίσεως ... is intended by the author to
highlight an assumption the scoffers made, but not necessarily an argument they ad-
vanced...." FUCHS/REYMOND 1988, 111 denken, der Verfasser habe möglicherweise
κόσμου durch κτίσεως ersetzt, um die Sicht der Anderen um so leichter widerlegen
zu können, da Geschaffenes die Eigenschaft habe, wieder zu vergehen. VÖGTLE 1970,
131 hält ἀπ' ἀρχῆς κτίσεως für eine „Zuspitzung der gegnerischen Argumentation,
auf die es dem Verfasser im Hinblick auf die beabsichtigte Widerlegung der Paru-
siespötter in den anschließenden VV. 5–7 ankommt."

[726] Theoretisch ist dies möglich. Phil aet 7 erwähnt eine Sicht, die Geschaffensein
mit Unvergänglichkeit verbinde: εἰσὶ δ' οἳ παρ' ἑκατέρων ἐκλαβόντες, τὸ μὲν
γενητὸν παρὰ τῶν ὑστέρων παρὰ δὲ τῶν προτέρων τὸ ἄφθαρτον, μικτὴν δόξαν
ἀπέλιπον, γενητὸν καὶ ἄφθαρτον οἰηθέντες αὐτὸν εἶναι. In aet 19 schreibt er diese
Sicht dem Mose zu: ὁ τῶν Ἰουδαίων νομοθέτης Μωϋσῆς γενητὸν καὶ ἄφθαρτον
ἔφη τὸν κόσμον ἐν ἱεραῖς βίβλοις.

[727] In diesem Sinne könnte es einfach eine aus der Gegenperspektive entworfene
Überzeichnung einer Position sein, wie sie im *syrischen Baruchbuch* dem Baruch in
den Mund gelegt ist, dem ebenfalls die Zeit bis zum Ende lange wird und der daher
Gott zum Eingreifen aufruft: „Viele Jahre sind verstrichen gleich denen, die seit den
Tagen Abrahams, Isaaks und Jakobs vergangen sind und aller, die ihnen ähnlich
sind, die schlafen in der Erde"; syrBar 21,24.

[728] Es ist daher wohl nicht von ungefähr, dass bei der minutiösen Zusammenstellung von Gegnermerkmalen bei BERGER 1986, 122–124 πάντα οὕτως διαμένει ἀπ' ἀρχῆς κτίσεως nur am Rande erwähnt wird und keinerlei weitere Besprechung erfährt.

schen Argumentationskomplex der den angeführten Stellen aus den beiden Clemensbriefen zu Grunde liegt. Auch dort kommen die als δίψυχοι und διστάζοντες τῇ καρδίᾳ / ψυχῇ Bezeichneten zu Wort und stellen mit unterschiedlichen Formulierungen fest, dass nichts von dem Gesagten eingetroffen ist. Die Worte πάντα οὕτως διαμένει ἀπ' ἀρχῆς κτίσεως sind die Variante des Verfassers der *Secunda Petri* zu dieser vorwurfsvoll-resignierten Feststellung, die er – mehr oder weniger – an die tatsächliche Sicht der Heterodoxen angelehnt formuliert:

1 Clem 23,3	2 Clem 11,2	2 Petr 3,4
οὐδὲν ἡμῖν τούτων συνβέβηκεν.	οὐδὲν τούτων ἑωράκαμεν.	πάντα οὕτως διαμένει ἀπ' ἀρχῆς κτίσεως.

1.2. Kosmogonie, Kataklysmus, Konflagration und kosmische Erneuerung (2 Petr 3,5–13)

1.2.1. Kosmogonie (2 Petr 3,5)

Als ersten Sachverhalt, der den ἐμπαῖκται entgeht, formuliert der Verfasser des *zweiten Petrusbriefes* eine Schöpfungsaussage:

οὐρανοὶ ἦσαν ἔκπαλαι
καὶ γῆ ἐξ ὕδατος καὶ δι' ὕδατος συνεστῶσα
τῷ τοῦ θεοῦ λόγῳ

Die Kombination von οὐρανοί und γῆ könnte auf Gen 1 verweisen, allerdings mit der Einschränkung, dass in der Septuaginta dort der Singular οὐρανός verwendet wird. Zu Gen 1 passt ebenfalls, dass der λόγος Gottes den Auslöser der Entstehung darstellt. Auch aus der Idee einer Erde ἐξ ὕδατος ließe sich ein Reflex der ersten Schöpfungserzählung herauslesen, denn zum Vorschein kommt die Erde dort tatsächlich aus dem Wasser heraus, dem die Sammlung an *einem* Ort befohlen wird (Gen 1,9). Nicht ganz ohne weiteres lässt sich δι' ὕδατος einordnen, es sei denn, man verstünde es lokal im Sinne von ἐν μέσῳ in Gen 1,6. Dann wäre Bezug genommen auf das στερέωμα, das zwischen dem Wasser oberhalb und dem Wasser unterhalb errichtet wird, und das den Namen οὐρανός (Gen 1,6) erhält.[729] Daneben ist es jedoch auch nicht unmöglich δι' ὕδατος auf γῆ bezogen verstehen, dem läge dann die Vorstellung zu Grunde, dass auch

---

[729] Allerdings würde es in diesem Falle noch schwieriger in der Kongruenz des Partizips irgendeine Plausibilität zu entdecken, das sich nach der sich dann ergebenden chiastischen Struktur (οὐρανοί – γῆ – ἐξ ὕδατος – δι' ὕδατος: A – B – B' – A'), deren letztes Element auf οὐρανοί verwiese, wieder an γῆ ausrichtet. – Andererseits ist (passend zu 2 Petr 3,5?) in BerR 4,4,3–4 die Vorstellung belegt, dass das Wasser oberhalb der רקיע durch ein Wort aufgehängt (תלוים במאמר) ist.

die Erde gänzlich von Wasser umgeben ist.[730] Kurzum, 2 Petr 3,5 lässt sich als Kommentar zu Gen 1 lesen. Doch selbst wenn man den Vers so liest, verweisen die sprachlichen Elemente, die über Gen 1 hinausgehen oder deren Bezug zu Gen 1 nicht unmittelbar auf der Hand liegt, auf weitere Elemente des textuellen Universums der *Secunda Petri*.[731]

Das Verb συνιστάνειν etwa stammt nicht aus Gen 1, sondern ist in der Literatur unserer Zeit im Zusammenhang mit dem Schöpfungshandeln (eines) Gottes bzw. mit Aussagen zum Beginn oder der Beschaffenheit des Kosmos ein einigermaßen geläufiges Verb. In den *Antiquitates* lässt Josephus es den Nicht(!)juden Aristaios gebrauchen, der sich bei Ptolemäus Philadelphus für die Freiheit der Juden einsetzt. In seiner Fürsprache argumentiert dieser mit der Juden und Ägyptern gemeinsamen Verehrung des Gottes, der alles geschaffen hat: τὸν γὰρ ἅπαντα <u>συστησάμενον</u> θεὸν καὶ οὗτοι καὶ ἡμεῖς σεβόμεθα (ant XII,2,2 § 22). Demnach gilt ἅπαντα συστησάμενος θεός Josephus als passende Formulierung für eine das Judentum mit anderen Teilen der antiken Welt verbindende Glaubensaussage. Weiterhin prädiziert Philo Gott als τὸν τὰ ὅλα <u>συστησάμενον</u> ἐκ μὴ ὄντων (all III,10), wie auch der *erste Clemensbrief* und der *Poimandres* des *Corpus Hermeticum* von einem Gebrauch von συνιστάνειν im Zusammenhang mit dem Schöpferhandeln Gottes zeugen.[732] Innerhalb des Neuen

---

[730] Dies erwägt etwa PAULSEN 1992, 161 und verweist dafür auf Jub 2,7, was nicht so recht zu überzeugen vermag. Schon vor ihm wurde diese Position vertreten von CHAINE 1939, 86 und MAYOR 1907, 150. – Das Partizip συνεστῶσα gibt keinen eindeutigen Aufschluss über den Bezug von ἐξ ὕδατος καὶ δι' ὕδατος; es könnte eine *attractio* vorliegen, bei der die Form nur mit dem letzten Teil einer zweigliederigen Bezugsgruppe kongruiert, aber sachlich auf die gesamte Gruppe bezogen ist, doch auch der ausschließliche Bezug auf γῆ, den der Partizipialausgang suggeriert, ist denkbar. Für eine *attractio (generis et numeri)* an γῆ, m.a.W. den inhaltlichen Bezug auf οὐρανοί und γῆ plädieren u.a. ADAMS 2005a, 195 Anm. 3, MAZZEO 2002, 314; PAULSEN 1992, 160; KELLY 1969, 358; CHAINE 1939, 85; KNOPF 1912, 312; MAYOR 1907, 150; den ausschließlichen Bezug von συνεστῶσα auf γῆ vertreten etwa HILLYER 1992, 213; FORNBERG 1977, 67f; SCHELKLE 1961, 225; BIGG 1902,293.

[731] Ähnlich argumentieren DOWNING 1995, 108: "... creation *ex hudatos* and *di'hudatos*, the burning up to come both of the earth and all the elements, and the counter to the suggestion that we're in a totally stable universe (*panta*) constitute together too many elements additional to the ancient Jewish tradition as it appears in our other texts for these parallels to be either coincidental or merely incidental, even though other strands again do seem more specifically Jewish ..." und ADAMS 2005a, 198: "The thought expressed by the writer's wording ... goes beyond the description in Genesis, but the phrase ἐξ ὕδατος is at least, as Kelly puts it, 'an understandable gloss' on it."

[732] 1 Clem 20,6 jubelt, das unendliche Meer trete nicht über das Becken hinaus, das ihm von Gott zur Sammlung geschaffen sei, (τὸ κύτος <u>συσταθὲν</u> εἰς τὰς συναγωγάς); 1 Clem 27,4 stellt ähnlich dem *zweiten Petrusbrief* Schöpfung und Zerstörung durch das Wort nebeneinander: ἐν λόγῳ τῆς μεγαλωσύνης αὐτοῦ <u>συνεστήσατο</u> τὰ

Testaments ist es der *Kolosserbrief*, der συνιστάνειν in einer Schöpfungsaussage verarbeitet: καὶ αὐτός ἐστιν πρὸ πάντων καὶ τὰ πάντα ἐν αὐτῷ
συνέστηκεν, wohl kaum zufällig in einem Textabschnitt, dessen Inhalt
und sprachliche Gestaltung immer wieder Anlass gegeben haben, nach
seiner religions- oder allgemein geistesgeschichtlichen Welt zu fragen.[733]
Auf philosophischer Seite hat συνιστάναι/συνιστάνειν in der Kosmogonie eine lange Tradition. Platon berichtet im *Timaios*, der Schöpfer – oder
besser „Zusammensteller"? Platon nennt ihn ὁ συνιστάς! – habe den
Kosmos aus den vier Elementen Feuer, Wasser, Erde und Luft zusammengestellt (συνέστησεν) und dabei diese sowie deren spezifische Wirk-
eigenschaften vollständig aufgebracht. Diesen Vorgang nennt er ἡ τοῦ
κόσμου σύστασις (Plat Tim 32c). Auch die Stoa verwendet das Verbum
unter anderem mit Bezug auf die Entstehung oder besser Zusammensetzung der Welt, ebenso das zugehörige Substantiv σύστημα.[734]
συνιστάνειν gehört damit nicht spezifisch zum Wortschatz jüdisch-christlicher Schriftexegese, sondern kann in der antiken Welt in einem größeren
Rahmen für Aussagen über Anfang oder Beschaffenheit der Welt verwendet werden.[735]

πάντα, καὶ ἐν λόγῳ δύναται αὐτὰ καταστρέψαι und CorpHerm 1,31 preist Gott:
ἅγιος εἶ, ὁ λόγῳ <u>συστησάμενος</u> τὰ ὄντα.

[733] Kol 1,17 gehört zum so genannten Kolosserhymnus; für eine kurze Zusammenfassung des Forschungsstandes zu den „zu Grunde liegenden religions- und motiv-
geschichtlichen Vorstellungswelten" siehe etwa FRANK 2009, 134–138. Zur sog. „präpositionalen Metaphysik" s.u.

[734] Vorsichtiger gesagt, wird das Verb oft verwendet, wenn die Sicht der Stoiker
dargestellt oder Passagen der Stoiker referiert werden, siehe etwa Phil aet 101 (ὁ
κόσμος ἐκ σπέρματος <u>συνιστάμενος</u>) oder auch Simplikios, ein Aristoteleskommen-
tator des 6. Jahrhunderts, der den Stoikern in ihrer Selbstzurückführung auf Heraklit
folgt: καὶ Ἡράκλειτος δὲ ποτὲ μὲν ἐκπυροῦσθαι λέγει τὸν κόσμον, ποτὲ δὲ ἐκ τοῦ
πυρὸς <u>συνίστασθαι</u> πάλιν αὐτὸν κατά τινας χρόνων περιόδους, ἐν οἷς φησί· ...
ταύτης δὲ τῆς δόξης ὕστερον ἐγένοντο καὶ οἱ Στωϊκοί (SVF II, 617). Stobaeus
I,10,16c (=SVF II, 413) sagt, laut Chrysipp, der hierin wiederum dem Schulgründer
Zenon folge, sei das Feuer das Element *par excellence*, weil die übrigen entsprechend
des Übergangs der Elemente ineinander aus ihm ihren Bestand hätten (διὰ τὸ ἐξ
αὐτοῦ πρώτου τὰ λοιπὰ <u>συνίστασθαι</u> κατὰ μεταβολήν) und sich alles wieder in
dieses zurück auflöse. Ebenfalls bei Chrysipp findet sich die definitionsartige Aussage, der Kosmos sei gleichsam eine Stadt, die sich aus Göttern und Menschen zu-
sammensetze: ὁ κόσμος οἱονεὶ πόλις ἐστὶν ἐκ θεῶν καὶ ἀνθρώπων <u>συνεστῶσα</u>
(SVF II, 528 = Arius Didymus bei Euseb pr.ev XV,15,4). Auch das Substantiv σύστημα wird bei Chrysipp unter anderem zu solchen definierenden Beschreibungen des
Kosmos gebraucht: Κόσμον δ' εἶναί φησιν ὁ Χρύσιππος σύστημα ἐξ οὐρανοῦ καὶ
γῆς καὶ τῶν ἐν τούτοις φύσεων· ἢ τὸ ἐκ θεῶν καὶ ἀνθρώπων σύστημα καὶ ἐκ τῶν
ἕνεκα τούτων γεγονότων. (SVF II, 527 = Stob I,21,5).

[735] Aus der Auseinandersetzung mit philosophischen Anschauungen könnte συνι-
στάναι/συνιστάνειν in den Sprachgebrauch des Judentums eingeflossen sein; Weish
7,17 (αὐτὸς γάρ μοι ἔδωκεν τῶν ὄντων γνῶσιν ἀψευδῆ εἰδέναι σύστασιν κόσμου

Ein Verweis auf philosophische Textwelten besteht umso mehr, als das Verb mit der Präposition ἐξ gepaart geht, die wiederum ὕδωρ regiert, eines der Grundelemente.[736] So erinnert 2 Petr 3,5 an die philosophischen Aussagen über die Zusammensetzung des Kosmos spätestens seit Plato.[737] Auch Philo gebraucht συνιστάναι/συνιστάνειν mit ἐξ: Gott, so der Alexandriner, habe alles aus der Nichtexistenz heraus geschaffen (ἐκ μὴ ὄντων; Phil all III,10). Anders als bei den Spekulationen über die Bestandteile bezeichnet ἐξ nun den Ausgangspunkt, nicht die Grundstoffe. Doch auch hier gibt es Vergleichbares in der Philosophie, nämlich wenn Chrysipp sagt, Feuer sei das Element schlechthin, weil sich aus ihm heraus die anderen aufgebaut hätten (τὸ ἐξ αὐτοῦ πρῶτου τὰ λοιπὰ συνίστασθαι; SVF II, 413). Trüge man diese Bedeutung in 2 Petr 3,5 ein, so ergäbe sich weniger eine lokale Angabe als eine Bezeichnung des Ausgangszustandes: Die Erde – je nach Bezug von συνεστῶσα einschließlich der Himmel – war vorher Wasser.

Weitaus mühsamer zu ermitteln ist die Verweiskraft von δι' ὕδατος. Anders als bei der Präposition ἐξ gibt es auch kaum Belege für die Kookkurrenz von συνιστάναι mit διά.

Lukian von Samosata lässt in den Dialogen der Seegötter Poseidon den Alpheios fragen, warum er sich denn nach seinem Einmünden ins Meer nicht mit dem Salzwasser vermenge und sich auf diese Weise auflöse, sondern durch das Meer hindurch seine eigenständige Existenz behalte (διὰ τῆς θαλάσσης συνεστώς, *Dialogi marini* 3,1). διά ist hier lokal zu verstehen, kontextbedingt mit einer konzessiven Note. Ein weiterer Beleg findet sich im dritten Jahrhundert bei Aristides Quintilianus in dessen Buch über die Musik (*De musica*). Den Einfluss der Musik auf die Seele erklärt er mit dem analogen Aufbau beider. Die Seele sei eine Harmonie auf der Basis von Zahlen. Die musikalische Harmonie sei aus denselben Verhältnissen aufgebaut (διὰ τῶν αὐτῶν ἀναλογιῶν συνεστῶσα; *De musica* 2,17), daher könnten bei ähnlichen Tonverhältnissen Seelenbewegungen erzeugt werden. Hier hat es den Anschein, als ob διά in die Nähe von ἐξ käme. Die vereinzelten anderen Belege aus späterer Zeit geben keine hilfreichen Aufschlüsse.[738]

καὶ ἐνέργειαν στοιχείων) belegt seine Verwendung in einem Kontext, der deutlich die Rezeption philosophischer Denkweisen voraussetzt, siehe den Kommentar von LARCHER 1984, 468f ad loc. Nach FORNBERG 1977, 67 gelangte das Verb über das hellenistische Judentum in den Sprachschatz des werdenden und jungen Christentums.

[736] Vgl. FORNBERG 1977, 67 spricht im Zusammenhang mit dem Verbum συνιστάναι von der "ἐξ-formula, which normally states the material of which the world was made."

[737] Siehe dazu etwa die bereits zitierten Stellen: Plat Tim 32c: ἐκ γὰρ πυρὸς παντὸς ὕδατός τε καὶ ἀέρος καὶ γῆς <u>συνέστησεν</u> αὐτὸν ὁ συνιστάς; SVF II, 413: διὰ τὸ <u>ἐξ</u> αὐτοῦ ... τὰ λοιπὰ <u>συνίστασθαι</u>; SVF II, 528: πόλις ἐστὶν <u>ἐκ</u> θεῶν καὶ ἀνθρώπων <u>συνεστῶσα</u> SVF II, 528 etc.

[738] Aus dem vierten Jahrhundert könnte διὰ παντὸς συνεστῶς aus dem *Johanneskommentar* Eusebs (II,36) aufgrund des adverbialen Charakters von διὰ παντός ohnehin keine weiteren Hinweise auf ein Verständnis und einen Verstehenskontext von 2

Nimmt man die biblischen Schriften als Referenzrahmen, so stößt man auf drei Belege von δι' ὕδατος in der Septuaginta, bei denen jeweils die räumliche Erstreckung durch Wasser hindurch so formuliert ist.[739] Auf dieselbe Weise dürfte auch δι' ὕδατος in 1 Petr 3,20 zu verstehen sein: Die Menschen in der Arche werden *durch das Wasser hin* gerettet.[740] Lediglich in 1 Joh 5,6, wo gesagt wird, Jesus sei δι' ὕδατος καὶ αἵματος gekommen, wird wohl die Vermittlung, besser: die Form seines Kommens beschrieben sein.[741] Verstünde man 2 Petr 3,5 wie in den Septuagintastellen und im *ersten Petrusbrief*, so bedeutete συνιστάναι δι' ὕδατος „seinen Bestand haben durch das Wasser hin". Dann wäre hier schon auf die Flut angespielt und der Fortbestand der Erde betont. Wasser stünde dann am Anfang der Erde (und des Himmels?), das jetzige Bestehen wäre beschrieben als eines durch die existentielle Bedrohung in Form der Sintflut hin.

Entfernt man sich von der Schrift als Referenzrahmen und lässt sich von συνιστάναι zu philosophischen Denkkategorien leiten, eröffnen sich weitere Deutungsmöglichkeiten, wie etwa die folgende:[742] Die Kombination ἐξ ὕδατος καὶ δι' ὕδατος könnte der stoischen Idee vom Übergang der Elemente ineinander entsprechen, διά kennzeichnete dann einen vorübergehenden Zustand. Diese Vorstellung besagt, dass im Rahmen einer der zyklisch erfolgenden Ekpyroseis alle Dinge zu Feuer werden, das dann jedoch erlischt. Übrig bleibt allein Wasser, aus dem heraus die Welt wieder entsteht.[743] Wasser wäre demnach ebenfalls nicht mehr als ein temporärer Zustand. Dieser an sich respektable Erklärungsversuch krankt allerdings an unzureichender Nachweisbarkeit. Nicht allein ist δι' ὕδατος im Elementenkreislauf nicht wörtlich belegt, auch das Vergleichsmoment einer anderen Stufe aus dem Elementenkreislauf (δι' ἀέρος εἰς ὕδωρ τρέπεται)[744] ist unzureichend, weil hier der Charakter des Transi-

---

Petr 3,5 geben. Weitere Belege sind ebenfalls zu finden im *Panarion* des Epiphanius (viertes Jahrhundert) I,459 (διὰ δὲ τῶν προειρημένων τὴν κατὰ σοῦ αἰσχύνην συστησάμενος διέξειμι τὴν τῶν ἑτέρων πλάνην); bei Hesych von Jerusalem (fünftes Jahrhundert?) im *Commentarius brevis* zu Psalm 25 (συστησάμενος διὰ σταυροῦ καὶ τῆς ἀναστάσεως τὰς ἐκκλησίας) und im neunten Jahrhundert im *Chronicon breve* des Chronographen Georgius Monachus (ὁ παράδεισος δι' αἰσθητῶν συνεστὼς αἰώνιον ἔχει τὴν ἀπόλαυσιν).

[739] In Weish 10,18 (διήγαγεν αὐτοὺς δι' ὕδατος πολλοῦ), Jes 43,2 (καὶ ἐὰν διαβαίνῃς δι' ὕδατος, μετὰ σοῦ εἰμι), so auch von der Reinigung nicht feuerbeständiger Gegenstände in Num 31,23.

[740] In der Forschungsgeschichte wurde freilich auch ein instrumentaler Sinn erwogen, siehe zur Diskussion ELLIOTT 2000, 667f.

[741] Dazu KRAUS 2001, 97 Anm. 219.

[742] Die folgenden Zeilen referieren ADAMS 2005a, 205ff.

[743] Siehe etwa Sen nat III,13,1–2: *Dicimus* [scil.: *nos Stoici* – MGR] *enim ignem esse qui occupet mundum et in se cuncta convertat, hunc evanidum languentemque considere et nihil relinqui aliud in rerum natura igne restincto quam umorem, in hoc futuri mundi spem latere. Ita ignis exitus mundi est, umor primordium.*

[744] Plut mor 1053A (Stoic.rep); ebenso verhält es sich mit der anderen Belegstelle, die ADAMS 2005a, 201 anführt, nämlich Diog Laert VII,142. Auch hier gibt das Verb

torischen, der an διά haften soll, wesentlich durch das Verbum (τρέπεται) bewirkt wird. Gerade dies, nämlich eine verbale Semantik des Verwandelns, des Veränderns, ist jedoch in 2 Petr 3,5 nicht gegeben. Sodann ist natürlich die Frage, ob es reiner Zufall ist, dass δι' ὕδατος im Übergang der Elemente ineinander nicht belegt ist, d.h. ob es wirklich so stoisch wäre zu formulieren, dass die Erde δι' ὕδατος entstanden ist. Die Verwandlung der Elemente ineinander scheint doch viel eher die Funktion einer Erklärung zu haben, wie es vom allumfassenden Feuer bei der Konflagration zu dem unmittelbar pränatalen Zustand der Welt kommen kann, wo alles Wasser ist. Doch selbst wenn man δι' ὕδατος als stoisch akzeptiert, ist die Frage, welche Funktion eine derartig gezielte Präzision, nämlich dass die Erde via das transitorische Stadium ‚Wasser' entstanden ist, innerhalb der Argumentation des *zweiten Petrusbriefes* haben sollte.

Um zu der Textwelt zu gelangen, der sich die kosmogonische Aussage in 2 Petr 3,5 verdankt, wird als Ausgangspunkt das gemeinsame Auftreten der beiden Präpositionen ἐκ und διά im Zusammenhang mit einem Verb aus dem Kontext Schöpfung/Weltentstehung (συνιστάναι) zu dienen haben.[745] Diese Verbindung verweist innerneutestamentlich auf weitere Texte, in denen ebenfalls das gegenwärtige Bestehen oder Geschaffensein unter Zuhilfenahme von Präpositionalausdrücken näher bestimmt wird. Ein Bekenntnis zu Gottvater und dem Kyrios Jesus Christus im *ersten Korintherbrief* prädiziert ersteren als ἐξ οὗ τὰ πάντα καὶ ἡμεῖς εἰς αὐτόν und preist zweiteren als δι' οὗ τὰ πάντα καὶ ἡμεῖς δι' αὐτοῦ (1 Kor 8,6). Der *Kolosserbrief* führt als christologische Schöpfungsaussage τὰ πάντα δι' αὐτοῦ καὶ εἰς αὐτὸν ἔκτισται (Kol 1,16) und der *Hebräerbrief* nennt Gott δι' ὃν τὰ πάντα καὶ δι' οὗ τὰ πάντα (Hebr 2,10). Diese Denkweise und sprachliche Form inspiriert sich aus der hellenistischen präpositionalen Metaphysik, die vor allem in der späteren Stoa und im Mittelplatonismus

---

τρέπεσθαι den semantischen Ausschlag: Γίνεσθαι δὲ τὸν κόσμον ὅταν ἐκ πυρὸς ἡ οὐσία τραπῇ δι' ἀέρος εἰς ὑγρότητα...

[745] Der theoretisch ebenfalls denkbare Weg, allein über das Nebeneinander von mit den beiden Präpositionen ἐκ und διά verbundenem ὕδατος einen aufschlussreichen Teil der Textwelt des *zweiten Petrusbriefes* zu entdecken, führt nicht zum Ziel: Im zweiten Jahrhundert nennt Artemidorus in seinem *Onirocriticon* unter den Gruppen, für die er die Bedeutung bestimmter Traumelemente darlegt, mehrfach Leute, deren Broterwerb unmittelbar (ἐξ ὕδατος) oder mittelbar (δι' ὕδατος) mit dem Wasser in Verbindung steht (Artem I,77 ἐξ ὕδατος ἢ δι' ὕδατος τὸν πορισμὸν ποιεῖσθαι; Artem II,13 und II,17 ἐξ ὕδατος ἢ δι' ὕδατος ἔχειν τὴν ἐργασίαν; Artem II,34 ἐξ ὕδατος ἢ δι' ὕδατος ἐργάζεσθαι). Unmittelbare Koordination von ἐξ ὕδατος und δι' ὕδατος ist daneben nur noch in einer Predigt (Pseudo-)Ephräms des Syrers gegen ‚Häretiker' zu finden. Dieser bemüht die mythische Vorstellung von der Entstehung der Perle aus dem Blitz als Analogie zur Geburt des Christus aus der Jungfrau Maria. Bei der Entstehung der Perle verbänden sich zwei völlig gegenteilige Elemente, der Blitz – also Feuer! – und Wasser, das die Materie und das Wachstumsmittel der Muschel seien (αἱ κόγχαι ἐξ ὕδατος, καὶ δι' ὕδατος αὐξουσι; *Sermo adversus haereticos* 150; zur „Geburt der Perle aus dem Blitz" vgl. OHLY 1974). διά ist in diesen Beispielen (indirekt) instrumental.

zur Blüte kam.[746] Die Präposition διά (mit dem Genitiv), die freilich nicht überall zum festen Bestandteil des Präpositionenkanons gehört, bezeichnet dort, wo sie in solchen Kontexten gebraucht wird, das Mittel oder Instrument,[747] wie es auch im *zweiten Petrusbrief* durchgehend der Fall ist.[748] Mag damit auch nicht letztlich deutlich sein, was dem Verfasser bei ἐξ ὕδατος καὶ δι' ὕδατος συνέστως bildlich vorschwebte, es liegt auf der Hand, dass er sich für das, was er sagen will, einer Sprache bedient, die auf philosophische Texte und Denkstrukturen verweist.[749] Wie dicht mit dieser Sprache bei zeitgenössischer Philosophie steht, zeigt eine strukturelle Parallele bei Pseudo-Aristoteles in der Schrift *De Mundo*,[750] in der gleichermaßen συνιστάναι im Perfekt mit ἐκ und διά eine Aussage über die Kosmogonie macht: ἀρχαῖος μὲν οὖν τις λόγος καὶ πάτριός ἐστι πᾶσιν ἀνθρώποις ὡς <u>ἐκ</u> θεοῦ <u>πάντα</u> καὶ <u>διὰ</u> θεοῦ ἡμῖν συνέστηκεν (397b). Der große Unterschied im Vergleich zu den genannten Stellen ist, dass überall (die) Gott(heit) oder Christus von den genannten Präpositionen regiert werden, nicht aber etwas, das dem Wasser von 2 Petr 3,5 vergleichbar wäre. Möglicherweise wird man den Vers als Versuch werten müssen, mit Hilfe zeitgenössischer präpositionaler Spekulation auf Genesis 1 Bezug zu nehmen, um den Text für die Argumentation im aktuellen Kontext aufzubereiten.[751]

---

[746] Für eine kurze Übersicht über präpositionale Metaphysik in hellenistischer Philosophie siehe STERLING 1997, 220–231; darüber hinaus auch DÖRRIE 1969 und THEILER 1964, 31–34.

[747] Siehe explizit Phil cher 125: καὶ ἔστι τὸ μὲν ὑφ' οὗ τὸ αἴτιον, ἐξ οὗ δὲ ἡ ὕλη, <u>δι' οὗ δὲ τὸ ἐργαλεῖον</u>, δι' ὃ δὲ ἡ αἰτία. Zur Hinzufügung eines instrumentalen αἴτιον zu den platonischen Kategorien im Mittelplatonismus siehe STERLING 1997, 228f.

[748] Die Präposition διά ist im *zweiten Petrusbrief* an allen Stellen als Ausdruck einer Vermittlung oder Veranlassung zu erklären: 2 Petr 1,3 πάντα ἡμῖν τῆς θείας δυνάμεως αὐτοῦ ... δεδωρημένης διὰ τῆς ἐπιγνώσεως...; 2 Petr 1,4 ἵνα διὰ τούτων γένησθε θείας κοινωνοὶ φύσεως; 2 Petr 1,3–4 ... ἰδίᾳ δόξῃ καὶ ἀρετῇ, δι' ὧν τὰ τίμια καὶ μέγιστα ἡμῖν ἐπαγγέλματα δεδώρηται; 2 Petr 3,6 δι' ὧν ὁ τότε κόσμος ὕδατι κατακλυσθεὶς ἀπώλετο; siehe dazu KRAUS 2001, 93–99.

[749] Nach den kosmogonischen Anschauungen der (alten) Stoa entsteht die Erde aus dem Wasser durch Sedimentierungsprozesse: Die schwereren Anteile am Wasser setzen sich ab und ballen sich zusammen. Für diesen letztgenannten Vorgang kann das Verb συνίστασθαι verwendet werden (SVF II, 581 = Diog Laert VII,142: εἶτα τὸ παχυμερὲς αὐτοῦ συστὰν ἀποτελεσθῆ γῆ); vgl. HAHM 1977, 57f. Der Verfasser gibt jedoch kein klar erkennbares sprachliches Signal, dass er mit seinen Worten ein solches Bild evozieren will. Anders ADAMS 2007, 213 der in 2 Petr 3,5 Ideen stoischer Kosmogonie entdecken will; zurückhaltender: DENNIS 2008, 173.

[750] Nach Furleys Einleitung in der Loeb-Ausgabe entstand *De mundo* zwischen 50 vor und 140 nach Christus.

[751] Es spricht nichts dafür, dass, wie WATSON 2002, 206 meint, hier "cultural intertextural allusions to the broader perspective of shared ancient Near Eastern myth that described a primeval sea from which earth and sky emerged" vorliegen. Mit

Συνιστάναι wird noch durch eine weitere Bestimmung ergänzt: τῷ τοῦ θεοῦ λόγῳ. Höchstwahrscheinlich wird diese Adverbialbestimmung im folgenden Vers mit δι' ὧν wieder aufgegriffen, so dass auch die Vernichtung durch Überflutung auf den λόγος Gottes zurückgeführt wird. Doch nicht nur die Schöpfung und Vernichtung geschehen durch Gottes Wort; parallel gilt, dass das Aufbewahrtsein der gegenwärtigen Himmel und Erde für das Feuer durch dasselbe Wort Gottes (τῷ αὐτῷ λόγῳ) erfolgt. Dieser deutliche Nachdruck auf dem Wort Gottes hat zunächst eine intratextuelle Funktion. In einem Brief, der, wie schon häufiger gesehen, Künftiges prinzipiell vom prophetischen Wort der Schriften her erwartet, verweist τῷ αὐτῷ λόγῳ noch einmal auf die Kongruenz zwischen Prophetie und Geschichte. Darüber hinaus bettet τῷ αὐτῷ λόγῳ zumindest den textuellen Ausgangspunkt, nämlich die Schöpfung durch das Wort Gottes, ein in eine jüdisch-christliche Textwelt, in der dieser Gedanke gängig war.[752] Besonders in jüdischer Weisheitsliteratur wurde der λόγος Gottes mit der Erschaffung der Welt und der Erhaltung ihres Laufes verbunden, wobei λόγος meist noch nicht ein kosmisches Prinzip beschreibt, sondern die Vorstellung vom Reden und Gebieten Gottes ausdrückt,[753] wie sich besonders gut dann ersehen lässt, wenn λόγος parallel zu ῥῆμα verwendet wird (Sir 39,17), ἐντολή gleichbedeutend steht mit λόγος (Sir 39,31) oder von λόγος selbst der Plural statt dem Singular gebraucht wird (Sir 34,10). Die engste textuelle Konvergenz von 2 Petr 3,5.7 innerhalb dieser jüdisch-christlichen Textwelt besteht zu 1 Clem 27,4, wo sich nicht nur die Schöpfung, sondern auch eine potentielle Zerstörung ἐν λόγῳ (τῆς μεγαλωσύ-

---

nichts lässt der Verfasser den Leser wissen, dass er ein so weites Feld mit seinen Worten evozieren will.

[752] Neben Gen 1, worauf natürlich primär verwiesen wird, gehören zu dieser Textwelt Ps 32,6 LXX (τῷ λόγῳ τοῦ κυρίου οἱ οὐρανοὶ ἐστερεώθησαν), Weish 9,1 (ὁ ποιήσας τὰ πάντα ἐν λόγῳ σου), Sib III,20 (ὃς λόγῳ ἔκτισε πάντα καὶ οὐρανὸν ἠδὲ θάλασσαν), Hebr 11,3 (πίστει νοοῦμεν κατηρτίσθαι τοὺς αἰῶνας ῥήματι θεοῦ); KerPet 2a (ὃς τὰ πάντα ἐποίησεν λόγῳ δυνάμεως αὐτοῦ); CorpHerm 1,31 (ἅγιος εἶ, ὁ λόγῳ συστησάμενος τὰ ὄντα). – Zu CorpHerm 1,31 ist anzumerken, dass zumindest auf der Ebene des gesamten *Poimandres* die semantische Ladung von λόγος über das Schöpfungswort hinaus geht, wie etwa aus der Vision des Ich-Erzählers und der Auslegung des Poimandres in CorpHerm 1,5–6 leicht erkennbar ist. Die Untersuchung des Traktates durch BÜCHLI 1987, 179 jedoch deutet λόγος an unserer Stelle auf das „alttestamentliche Schöpferwort" und verweist auf CorpHerm 1,9, wo dies auch schon der Fall gewesen sei.

[753] TOBIN 1990, 254 Anm. 9; ibid. Anm. 10 weist Tobin darauf hin, dass seine Belegstellen aus *Jesus Sirach* und *Weisheit* alle den instrumentalen Dativ (freilich mit der Präposition ἐν, siehe Sir 39,17.31; 43,10.26; Weish 9,1) und nicht διά mit Genitiv wie 2 Petr 3,5.7 führten. Durch die Verwendung der Präposition διά mit Genitiv jedoch rückt der λόγος zu einem personhaften «agent de la création» (DUPONT-ROC 1994, 103) auf, wie auch in Joh 1,3: ὁ λόγος … πάντα δι' αὐτοῦ ἐγένετο.

νης αὐτοῦ) vollzieht.[754] Demgegenüber haftet συνεστῶσα τῷ τοῦ θεοῦ λόγῳ kaum Verweiskraft nach stoischen λόγος-Vorstellungen an, obwohl die Kombination von συνιστάναι und λόγος an eine solche denken lassen könnte. Denn in der Stoa lässt sich vom λόγος zwar Schöpfungsaktivität im Sinne von Zusammenbringen der Materie aussagen,[755] und Kleanthes kann den λόγος auch als von der Gottheit, genauer dem Blitz des Zeus ausgehend darstellen (SVF 537 = Stob I,1,12); doch andererseits fällt die schöpferische Gottheit mit dem λόγος σπερματικός zusammen (Diog Laert VII, 135), so dass ὁ τοῦ θεοῦ λόγος in diesem gedanklichen Umfeld schwer unterzubringen ist. Insgesamt bedeutet dies für die Darstellung der Schöpfung im *zweiten Petrusbrief*, dass es zwar sprachliche Elemente gibt, die auf philosophisches Gedankengut verweisen könnten, dass diesen jedoch andere Elemente gegenüber stehen, die eindeutig in eine hellenistisch-jüdisch(-christlich)e Welt verweisen.

1.2.2. *Kataklysmus (2 Petr 3,6)*

Über die Sintflut schreibt der Verfasser des *zweiten Petrusbriefes* mit traditionell in diesem Kontext üblichen Wörtern. Traditionell bedeutet hier allerdings nicht, dass er sein Vokabular direkt aus dem Lexikon der Sintfluterzählung der Septuaginta nähme. Dort nämlich wird ausschließlich das Substantiv κατακλυσμός, nicht aber das Verb κατακλύζειν verwendet.[756] Überhaupt ist das Verb κατακλύζειν in der Septuaginta viel seltener als das zugehörige Substantiv und kann auch ohne spezifischen Bezug zur Sintflut verwendet werden.[757] Die *Sapientia Salomonis* jedoch belegt seinen Gebrauch in der Rede über die Sintflut, ebenso wie Josephus und die *pseudoclementinischen Homilien*.[758]

Auch ἀπόλλυσθαι stammt nicht aus der Sintfluterzählung der Septuaginta, weder passive Formen dieses Verbs noch aktive sind dort zu finden.[759] Josephus gebraucht es einmal indirekt für die Sintflut: Hätten die Römer, so der Flavier, noch länger gezögert, Johannes von Gischala und

---

[754] Neben Schöpfung und Zerstörung durch das/ein Wort und der Verwendung von συνιστάναι ergeben sich keine weiteren Berührungen zwischen 2 Petr 3,5–7 und 1 Clem 27,4, auch nicht aus der unmittelbaren textuellen Umgebung.

[755] Zu λόγος und Schöpfung vgl. POHLENZ 1970, 64–69 und HAHM 1977, 57ff.

[756] Gen 7,6.7.10.17; 9,11.15.28; 10,1.32 und 11,10.

[757] Siehe etwa Ps 77,20; Weish 10,19; Jer 29,2 sowie durchgängig in der Theodotionausgabe von *Daniel* (9,26; 11,10; 11,22.26).

[758] Weish 10,4; Jos bell V, 13,6 § 566; ClemHom 9,2,1. Bei dieser letztgenannten Stelle gleicht der Wortgebrauch auffällig dem *zweiten Petrusbrief*: ἔχετε γὰρ τοῦ πάλαι κατακλυσθέντος κόσμου τὸ ὑπόδειγμα. Hier wie dort wird die überflutete Erde als κόσμος bezeichnet und πάλαι erinnert an οὐρανοὶ ἦσαν ἔκπαλαι καὶ γῆ in 3,5.

[759] Statt dessen in aktiver Verwendung καταφθεῖραι πᾶσαν σάρκα (Gen 6,17); καταφθεῖραι πᾶσαν τὴν γῆν (Gen 9,11) und ἐξαλεῖψαι πᾶσαν σάρκα (9,15).

seinen Anhängern den Garaus zu machen, so hätte zweifellos ein Gottes-
gericht ähnlich der Sintflut, dem Untergang Sodoms und Gomorras und
der Vernichtung der Rotte Korah stattfinden müssen, seien die Leute seiner Zeit doch noch viel gottloser als die genannten biblischen Beispiele,
denn ihr Wahnsinn habe das ganze Volk mit ins Verderben gerissen
(συναπώλετο; Jos bell V,13,6 § 566). Direkt im Zusammenhang mit der
Sintflut macht Lukas Gebrauch von ἀπόλλυσθαι 17,26–27):

καὶ καθὼς ἐγένετο ἐν ταῖς ἡμέραις Νῶε,
οὕτως ἔσται καὶ ἐν ταῖς ἡμέραις τοῦ υἱοῦ τοῦ ἀνθρώπου·
ἤσθιον, ἔπινον, ἐγάμουν, ἐγαμίζοντο,
ἄχρι ἧς ἡμέρας εἰσῆλθεν Νῶε εἰς τὴν κιβωτόν,
καὶ ἦλθεν ὁ κατακλυσμὸς καὶ ἀπώλεσεν πάντας.[760]

Besonders auffällig im Vergleich zum *zweiten Petrusbrief* ist hier nicht nur
die Verwendung von ἀπόλλυσθαι für die Auswirkung der Sintflut
(ἀπώλεσεν πάντας), sondern darüber hinaus auch die erneute Verbindung der Sintflut mit der letzten Zeit. Diese wird hier als „Tage des Menschensohnes" bezeichnet; wie im *zweiten Petrusbrief* kennzeichnet also
ἡμέρα bzw. ἡμέραι auch bei Lukas eine bestimmte Zeit.[761] Schließlich hebt
Lukas gleich dem *zweiten Petrusbrief* das Element des überraschenden
Einbruchs des ‚Tages' in einen sich scheinbar ebenmäßig perpetuierenden
Weltenlauf hervor, wenn auch mit ganz unterschiedlichen literarischen
Mitteln: Lukas stellt einer imperfektischen Verbreihe (ἤσθιον, ἔπινον,
ἐγάμουν, ἐγαμίζοντο) drei Aoriste (εἰσῆλθεν ... ἦλθεν ... ἀπώλεσεν)
kontrastierend gegenüber; die *Secunda Petri* greift das Wort vom Dieb
(3,10) auf, das in einem vergleichbaren Verhältnis zu der Permanenzbe-
hauptung der ἐμπαῖκται steht.[762] Die Sintfluterzählung, auf die Lukas mit
teilweise demselben Vokabular wie der *zweite Petrusbrief* verweist, tritt
also in beiden Texten in ähnlicher argumentativer Funktion in eine vergleichbare Verbindung mit der letzten Zeit.

Sowohl die Bemerkung des Josephus über Johannes von Gischala als
auch der lukanische Vergleich der Tage des Menschensohnes mit den Tagen Noahs führen zu einem strukturellen Element, das sich auch in der

---

[760] Matthäus wählt hier übrigens nicht ἀπόλλυσθαι, sondern αἴρειν: καὶ οὐκ
ἔγνωσαν ἕως ἦλθεν ὁ κατακλυσμὸς καὶ ἦρεν ἅπαντας, οὕτως ἔσται [καὶ] ἡ παρουσία τοῦ υἱοῦ τοῦ ἀνθρώπου (Mt 24,39); dagegen führt Matthäus anders als Q und
Lk hier das Wort παρουσία ein.

[761] Während ἀπόλλυσθαι in diesem Zusammenhang wahrscheinlich nicht aus Q
stammt, da es bei Mt fehlt, findet sich die (singularische) ἡμέρα τοῦ υἱοῦ τοῦ ἀνθρώπου in Q 17,30 und eventuell auch in Q 17,26.

[762] VÖGTLE 1970, 133 konstatiert, dass in Lk 17,16f „der Ton im Unterschied zu 2 P
3 ... auf der Plötzlichkeit der Katastrophe liegt." Dies sei konzediert, allerdings darf
man den Unterschied zwischen beiden Texten in dieser Hinsicht nicht zu groß be-
messen; auch in 2 Petr 3 ist die Plötzlichkeit ein nicht zu vernachlässigender Aspekt.

Textwelt des Verfassers der *Secunda Petri* wiederfindet, nämlich zur Nebenordnung der Sintflutgeschichte neben andere Katastrophen- oder Strafenerzählungen.[763] Als Pendant zum Wasser findet sich dann oft das Feuer als Zerstörungs- und/oder Strafelement, nicht selten in der Konkretisierung der Geschehnisse von Sodom und Gomorra. So stellt etwa Philo die Vernichtung durch Wasser bei der Sintflut und durch Feuer infolge von Blitzeinschlägen in Sodom und Gomorra ausdrücklich nebeneinander als Strafen für das untugendhafte Leben der Menschen.[764] Der angeführte Text aus dem *Lukasevangelium* findet seine Fortsetzung in einem syntaktisch völlig analog konstruierten Textstück über Lot und den Untergang von Sodom und Gomorra (Lk 17,28–30):[765]

ὁμοίως καθὼς ἐγένετο ἐν ταῖς ἡμέραις Λώτ·
ἤσθιον, ἔπινον, ἠγόραζον, ἐπώλουν, ἐφύτευον, ᾠκοδόμουν·
ᾗ δὲ ἡμέρᾳ ἐξῆλθεν Λὼτ ἀπὸ Σοδόμων,
ἔβρεξεν πῦρ καὶ θεῖον ἀπ' οὐρανοῦ καὶ ἀπώλεσεν πάντας.
κατὰ τὰ αὐτὰ ἔσται ᾗ ἡμέρᾳ ὁ υἱὸς τοῦ ἀνθρώπου ἀποκαλύπτεται.

Mehrfach belegt in der rabbinischen Tradition ist eine Form des Gebetes Abrahams vor der Zerstörung Sodoms, worin der Erzvater Gott bezichtigt, sich nicht an seinen nach der Sintflut gegebenen Eid zu halten, dass es keine Flut (מבול) mehr geben werde. Gott mogle sich jetzt um dessen

---

[763] Auf einer allgemeineren Ebene gibt es auch Gericht oder Strafe, die sich u.a. in Wasser und Feuer vollziehen, ohne dass konkret auf die noachitische Sintflut Bezug genommen wäre. So kündigt Gott in Ez 38,22 Gericht in unterschiedlichen Formen an, darunter ὑετὸς κατακλύζων und πῦρ; von diesem Text wiederum ist Sib III,690 inspiriert; siehe BUITENWERF 2003, 279. Hieran knüpfen die *pseudoclementinischen Homilien* an, wenn sie Petrus gegenüber dem Erzketzer Simon in den Mund legen, dass es von Gottes Langmut (μακροθυμία, vgl 2 Petr 3,9) zeuge, dass bei der Verbreitung der irrigen, gottlosen Botschaft Simons sich nicht Erdspalten aufgetan hätten, kein Feuer vom Himmel zur Vernichtung der Menschen gesandt worden sei, kein Regen herabgegossen und keine wilden Tiere aus dem Dickicht hervorgebrochen seien (ClemHom 16,20,3). – Eine seltsame Vermischung von Feuer- und Wassermetaphorik findet sich in den Hodayot aus Höhle 1 in Qumran: In 1 QH 3,29–32 wüten die „Ströme Belials" (נחלי בליעל) „als verzehrendes Feuer" (כאש אוכלת), das sich auf einer Bahn der Vernichtung durchfrißt bis an die „Tiefen der Urflut" (מחשבי תהום).

[764] Phil vitMos II,53–59; in II,53 erscheinen die beiden Katastrophen sogar syntaktisch völlig parallel: τῶν τοῦ παντὸς δραστικωτάτων στοιχείων ἐπιθεμένων ὕδατος καὶ πυρός, ὡς καιρῶν περιόδοις <u>τοὺς μὲν κατακλυσμοῖς φθαρῆναι, τοὺς δὲ καταφλεχθέντας ἀπολέσθαι</u>. Auch in Abr 1 erwähnt er, das Buch *Genesis* habe neben der Weltschöpfung, die ihr den Namen gegeben habe, noch andere Inhalte, so etwa alles, was in Zusammenhang stehe mit den bedeutendsten Vernichtungen auf der Erde durch Feuer und Wasser (ὅσα κατ[ὰ] ... τὰς μεγίστας τῶν ἐπὶ γῆς φθορὰς διὰ πυρὸς καὶ ὕδατος).

[765] Keine Einigkeit besteht, ob dieses Nebeneinander von Noah und Lot schon in Q bestand. Matthäus nennt in Mt 24,37 nur die Tage Noahs; zu den Positionen verschiedener Q-Experten siehe die Q-Ausgabe von Hoffmann und HEIL 2002, 144.

Erfüllung herum, wenn er statt einer Wassers- (מבול שלמים) eine Feuersflut (מבול שלאש) beabsichtige.[766]

Während Josephus, Philo und das genannte Beispiel aus der rabbi-
nischen Tradition die Sintfluterzählung neben andere Vernichtungs- oder
Katastrophenerzählungen *in der Geschichte* stellen, treten Texte, die eine
Verbindung zwischen der Sintflut und den zu erwarteten *eschatologischen
Ereignissen* herstellen, noch dichter an die Funktion der Sintflut im *zweiten
Petrusbrief* heran. Bei Lukas liegt, wie gesehen, der Schwerpunkt auf dem
Vergleich der Zustände zur Zeit Noahs und Lots mit den Zuständen am
Tage der Offenbarung des Menschensohnes. Dazu kommt bei Matthäus
die Integration dieses Textstücks (24,37–39) in die synoptische Apokalypse, innerhalb derer auch kosmische Ereignisse angekündigt werden, nämlich Sonnen- und Mondverfinsterung, Sternenabsturz und Erschütterung
der Himmels,kräfte' (24,29). All diese kosmischen Geschehnisse orientieren sich an Textvorlagen aus Prophetenschriften; das letzte Element καὶ
αἱ δυνάμεις τῶν οὐρανῶν σαλευθήσονται dürfte dabei nichts Anderes
sein als eine andere Wiedergabe der Theodotionvariante von Jes 34,4
(τακήσονται πᾶσαι αἱ δυνάμεις τῶν οὐρανῶν),[767] also des Verses, der
wohl auch Anregung zur Formulierung des letzten Teiles von 2 Petr 3,12
gegeben hat (καὶ στοιχεῖα καυσούμενα τήκεται).[768] Eine unmittelbare
Verbindung zwischen der Noaherzählung und dem geschilderten kosmischen Drama besteht jedoch bei Matthäus nicht; auch gehört eine Konflagration dort nicht zu dessen Szenerie.

Eine rabbinische Tradition scheint die Ableitung einer künftigen Feuerkatastrophe
aus dem Sintflutgeschehen geradezu in Abrede stellen wollen: Die Völker scharen
sich um Bileam in der Sorge, Gott könne eine zweite Sintflut über sie bringen. Der
Hinweis des Sehers auf den Eid Gottes nach der Sintflut beruhigt sie nicht, schließlich könne es auch eine Feuerflut statt einer Wasserflut sein. Bileam macht ihnen

---

[766] Zweimal ist diese Tradition in *Bereschit Rabba* aufgenommen, in BerR 39,6,1 und
in BerR 49,9,6, ferner findet sie sich in *Wayiqra Rabba* (WaR 10,1).

[767] Zunächst ist καὶ αἱ δυνάμεις τῶν οὐρανῶν σαλευθήσονται in Mt 24,29 natürlich eine Überarbeitung von αἱ δυνάμεις αἱ ἐν τοῖς οὐρανοῖς σαλευθήσονται in Mk
13,25; siehe dazu MENKEN 2004, 218f. Fragt man jedoch weiter nach dem Zustandekommen von Mk 13,25, so könnte αἱ δυνάμεις αἱ ἐν τοῖς οὐρανοῖς σαλευθήσονται
wohl eine Wiedergabe von Jes 34,4a (ונמקו כל־צבא השמים) sein. Das Nif`al des Ver-
bums מקק im hebräischen Text wird zwar in der Septuaginta in sieben von acht Fällen durch τήκειν wiedergegeben, doch ist die Äquivalenz nicht so unumstößlich,
dass nicht auch eine andere Wiedergabe, etwa mit σαλεύεσθαι, denkbar wäre. Möglicherweise hat auch Mi 1,4 Einfluss ausgeübt: Hier steht in der Septuaginta σαλευ-
θήσεται neben τακήσονται als Reaktionen der Berge bzw. Hügel auf das Erscheinen
Gottes auf der Erde. Dieser Text hat nachweislich eine Wirkungsgeschichte innerhalb
apokalyptischer Textwelten gehabt, siehe etwa äthHen 1,6.

[768] Siehe dazu den folgenden Abschnitt.

deutlich, dass Gott weder in der einen noch in der anderen Form eine Flut, sondern seinem Volk die Tora senden werde.[769]

Die Idee einer Korrespondenz zwischen einer eschatologischen Ekpyrosis und der noachitischen Flutkatastrophe wie im *zweiten Petrusbrief* findet sich also bei den Synoptikern nicht, überhaupt ist eine Ekpyrosis dem Neuen Testament fremd. Gleichwohl dürfte auch hier keine Schöpfung des Verfassers der *Secunda Petri* vorliegen, jedenfalls nicht grundsätzlich. Denn neben den dargestellten Verbindungen „Strafgericht durch Wasser (Noah) und durch Feuer (Sodom und Gomorra) in der Vergangenheit" sowie „Noah als Typos für das Eschaton"[770] lässt die textuelle Umwelt schemenhaft erkennen, dass der Konnex „noachitischer Kataklysmus und künftige Feuerkatastrophe" bereits hergestellt war.[771] Ein Hinweis in diese Richtung findet sich möglicherweise einmal mehr bei Josephus. Dieser

---

[769] MekhY XLV,I (Traktat *Amaleq* 3), 2C–G. Das Alter der Endredaktion der *Mekhilta de Rabbi Yishma'el* ist, wie so oft, schwer zu bestimmen; STEMBERGER 1992, 253 legt sie in die zweite Hälfte des dritten Jahrhunderts; was natürlich für das Alter der einzelnen Traditionen nur einen *terminus ad quem* bedeutet.

[770] Laut LEWIS 1978, 112 unterscheidet sich die Rezeption der Sintfluterzählung in christlicher Literatur gerade in der typologischen Auslegung, eine Aussage, die möglicherweise relativiert werden muss, wenn man extrapoliert, was etwa äthHen und 1 QH 10 erahnen lassen; siehe dazu die nächste Anmerkung.

[771] Viel zu vollmundig ist es allerdings, wenn WATSON 2002, 207 behauptet: "The correlation of the flood and eschatological conflagration is common to Jewish apocalyptic literature." Die von ihm ibid. Anm. 56 angeführten Belegstellen besagen weitaus weniger: Sib I,195 befindet sich innerhalb einer Rede Noahs und kündigt lediglich einen zweiten Äon an, nachdem sich die Winde bei der Sintflut gelegt haben. Das siebte Buch der *Sibyllinischen Weissagungen* beginnt mit Untergangsankündigungen an Rhodos, Delos, Zypern und Sizilien. Zypern werde ein Ende im Wasser beschieden sein, Sizilien werde das sich unter der Insel befindliche Feuer zerstören. Daraufhin folgen Verse, die sich teilweise auch in der Noahrede aus Buch I befinden: VII,7 = I,183; VII,9 = I,193; VII,10 = I,194 und VII,11 = I,195. Von einer Korrelation zwischen Sintflut und eschatologischer Konflagration kann – gegen WATSON – auch in VII,11 keine Rede sein. In der weiterhin angeführten Passage äthHen 10,11–11,2 bricht zwar der Erzähler punktuell aus der Noahgeschichte aus und schwenkt zum Endgericht, wobei er Sprache und Bildwelt der Noaherzählung aufnimmt, um die neue Welt zu beschreiben, vgl. NICKELSBURG 224 ad loc, doch von einer Konflagration kann auch hier keine Rede sein. Ebenso ist Watsons Behauptung, der Untergang der Generation Noahs "was considered by Jewish and Early Christian traditions as a prototype of eschatological judgment" (Zitat ibid. 202, Belegstellen ibid. Anm. 46) nicht in allen Fällen zufrieden stellend belegt. So wird 1 QH 10,25f erst beim zweiten Hinsehen als Beleg einigermaßen plausibel: In diesen fragmentarisch erhaltenen Zeilen erschrickt der Beter, als er von Gottes „Gerichten an den Helden der Kraft" (עם גבורי כוח משפטיכה 1 QH 10,34f) und seinem „Rechtsstreit mit dem Heer der Heiligen" (ריבכה עם צבא קדושיכה 1 QH 10,35) hört. Wertet man dies als eine Bezugnahme auf die Traditionen um die Wächter/Göttersöhne/gefallenen Engel aus Gen 6, lässt sich die Interpretation gewinnen, dass dieses Strafgericht dem Beter den Ernst des künftigen Gerichtes vor Augen stellt, siehe LOHSE 1986, 293 Anm. 50.

berichtet am Beginn des ersten Buches seiner *Antiquitates*, die tugendhaften Söhne Seths hätten im Wissen um die Prophezeiung Adams, dass alle Dinge teils durch Feuer, teils durch Überschwemmungen zu Grunde gehen würden, ihre astronomischen Erkenntnisse auf einer Ziegel- und auf einer Steinsäule festgehalten. So könnten die Menschen auch nach der Vernichtung der ersteren durch die Wasserflut auf der steinernen noch deren Erkenntnisse einsehen. Diese Säule stehe nun in Syrien (Jos ant I,2,3 §§ 70–71). Es ist zumindest unklar, ob die Zerstörung aller Dinge durch Feuer auf den Untergang von Sodom und Gomorra anspielt. Sie könnte auch auf eine künftig zu erwartende Feuerkatastrophe deuten, zumal Josephus nichts über ihre Erfüllung schreibt und „Zerstörung aller Dinge" etwas zu umfassend erscheint für das Geschehen in Sodom und Gomorra. Die genannte rabbinische Tradition vom Herantreten der Völker an Bileam belegt das Vorhandensein einer Furcht vor einer künftigen Feuerskatastrophe in Analogie zur noachitischen Sintflut (MekhY XLV,I, 2C–G), wenngleich möglicherweise erst für die Zeit nach dem *zweiten Petrusbrief*. Ebenfalls später als der *zweite Petrusbrief* ist der Ausschnitt aus der *Apologie* des Melito von Sardes gegenüber Marc Aurel (161–180), in dem nun ganz deutlich die Sintflut mit dem künftigen Feuergericht am Ende der Tage verglichen wird:

Again, at another time, there was a flood of water, and all men and animals perished in the multitude of waters, but the just were preserved in an ark of wood by the command of God. So also will it be at the last time: there shall be a flood of fire, and the earth shall be burnt up, together with its mountains; and mankind shall be burnt up, along with the idols which they have made, and the carved images which they have worshipped; and the sea shall be burnt up, together with its islands; but the just shall be preserved from wrath, like as were their fellows of the ark from the waters of the deluge.[772]

Melito kennt offensichtlich die typologische Exegese der Noaherzählung auf die Geschehnisse der Endzeit hin, hebt jedoch nicht auf das überraschende Eintreten wie Q 17,26f ab, sondern auf die Rettung der Gerechten. In diesem Anliegen mit dem *zweiten Petrusbrief* durchaus eins (2 Petr 2,9), geht er doch über ihn hinaus, indem er die Rettung der Gerechten aus der Konflagration nachdrücklich hervorhebt, die sich aus der *Secunda Petri* nur erahnen lässt.

Die Nebenordnung oder der Vergleich von Weltuntergangsvorstellungen durch Wasser bzw. Feuer legte sich aber in der Antike anscheinend nicht nur aufgrund typologischer Exegese der Noaherzählung nahe. Sie ist auch im paganen Bereich belegt. Am Ende des dritten Buches seiner *Naturales Quaestiones* widmet Seneca der Darstellung einer künftigen Flut-

---

[772] Dieser Auszug ist nur in syrischer Sprache erhalten. Die Übersetzung stammt von B.P. PRATTEN in ANFa 8,755.

katastrophe einige Kapitel (nat III,27–30). Seine Reflexion ist, Wasser und Feuer seien die beherrschenden Kräfte, die am Anfang und am Ende alles Irdischen stehen (*aqua et ignis terrenis dominantur; ex his ortus, ex his interitus est*), daher sei es ebenso möglich, dass die Vernichtung der Welt, wenn sie erst einmal beschlossen ist, durch Wasser zu Stande kommt wie durch Feuer (*ergo quandoque placuere res nouae mundo, sic in nos mare emittitur desuper, ut feruor ignisque, cum aliud genus exitii placuit*: nat III,28,7). Am Ende, nachdem sich die Fluten zurückgezogen haben, steht die Wiederherstellung der alten Welt (*antiquus ordo revocabitur* nat III,30,6).[773]

So führt die Analyse des Verweises auf die Sintflut zu folgendem Ergebnis: Der *zweite Petrusbrief* greift nicht unmittelbar auf den Genesistext zurück, vielmehr lässt das Vokabular, das er für seine Formulierungen gebraucht, ersehen, dass er in einer Tradition jüdisch-hellenistischer Exegese steht. In dieselbe Richtung weist auch die Verknüpfung der Sintflut mit einem künftigen Gericht durch Feuer. In einzelnen Aspekten ist die Vorstellung einer Wasser- und/oder Brandkatastrophe auch in der paganen Antike vorwiegend stoischer Prägung belegt.

1.2.3. Konflagration (2 Petr 3,7.10–12)

Die Vorstellung einer kosmischen Brandkatastrophe in 2 Petr 3, 7.10–12 umfasst folgende Details:

	vom Geschehen betroffen	Bezeichnung des Geschehens	Element des Feuers	Ergänzung
7	οἱ ... νῦν οὐρανοὶ καὶ ἡ γῆ	τεθησαυρισμένοι τηρούμενοι	πυρί	τῷ αὐτῷ λόγῳ εἰς ἡμέραν κρίσεως καὶ ἀπωλείας τῶν ἀσεβῶν ἀνθρώπων
10	οἱ οὐρανοί στοιχεῖα καὶ γῆ καὶ τὰ ἐν αὐτῇ ἔργα	παρελεύσονται λυθήσεται εὑρεθήσεται	ῥοιζηδόν καυσούμενα	ἡμέρα κυρίου ... ἐν ᾗ
11	τούτων ... πάντων	λυομένων		
12	οὐρανοί στοιχεῖα	λυθήσονται τήκεται	πυρούμενοι καυσούμενα	... τὴν παρουσίαν τῆς τοῦ θεοῦ ἡμέρας δι' ἣν ...

---

[773] ADAMS 2007, 214.216 veranschlagt auch im Fall der 'kosmischen' Sintflut den Einfluss stoischen Denkens römischer Prägung stärker als in unserer Darstellung, die, wie DENNIS 2008, 173–175 die jüdisch-hellenistische Welt als die plausiblere Ideengeberin heraushebt.

Die Zerstörungsaussagen im engeren Sinn sprechen zweimal von οὐρανοί und στοιχεῖα als betroffenen Objekten. Sie werden sich auflösen (λύεσθαι, einmal von den οὐρανοί, einmal von den στοιχεῖα und einmal von ‚dem allem'), als Variation dazu wird einmal gesagt, dass die Himmel vergehen (παρέρχεσθαι), und einmal, dass die στοιχεῖα schmelzen (τήκεσθαι). Dass Feuer die verursachende Kraft ist, wird mit dem Substantiv πύρ (Subjekt: οἱ … νῦν οὐρανοὶ καὶ ἡ γῆ) und den Verben πυροῦσθαι (Subjekt: οὐρανοί) und καυσοῦσθαι (Subjekt: στοιχεῖα) zum Ausdruck gebracht. Dieses Zerstörungswerk durch Feuer verursacht ein Geräusch (ῥοιζηδόν). Die Katastrophe fällt zusammen mit der ἡμέρα κυρίου (10) oder ἡμέρα τοῦ θεοῦ (12), die eine ἡμέρα κρίσεως καὶ ἀπωλείας τῶν ἀσεβῶν ἀνθρώπων ist. Der Gerichtsaspekt ist also deutlich ausgesprochen und äußert sich auch darin, dass „die Erde und die Werke auf ihr" „gefunden werden" (εὑρεθῆναι). Zwei weitere Aspekte, die sich mit der Ekpyrosis verbinden, sind die Vorstellungen, dass erstens Himmel und Erde ‚aufgespart' (τεθησαυρίσθαι) und ‚gehalten' (τηρεῖσθαι) sind bis zu jenem Tag und dass zweitens dieses Aufsparen wie schon die Schöpfung und die Flut durch das Wort (τῷ αὐτῷ λόγῳ) zustande kamen.

An keiner anderen Stelle im Neuen Testament ist ähnlich explizit von so etwas wie einem Weltenbrand die Rede.[774] Ein Vergleich mit stoischen Weltenbrandvorstellungen bietet sich zwar an,[775] doch die Unterschiede zeigen sich schnell:[776] Das Weltbild ist im *zweiten Petrusbrief* linear, nicht zyklisch wie in der Stoa; die Vernichtung durch Feuer also kein regelmäßig auftretendes Geschehen, sondern ein einmaliger Akt, der eingebettet ist in eine dreiteilige Periodisierung der Geschichte des Kosmos und der Menschheit: Die erste Phase reicht von der Schöpfung bis zur Zerstö

---

[774] Ein Umstand, der in der Sekundärliteratur immer wieder hervorgehoben wird, siehe etwa MAYER 1956, 124; TESTA 1962, 253; BAUCKHAM 1983, 300; FABRIS 1995, 101; VAN DER HORST 1998, 286. Zum Aufkommen der Idee eines Weltenbrandes im jüdischen Schrifttum siehe MAYER 1956, 114–125 und VAN DER HORST 1998, 277–285. In der christlichen Literatur außerhalb des NT ist sie spätestens Mitte des zweiten Jahrhunderts bezeugt: JustMart apol I,20,4; JustMart apol II,7,3; Tatian *oratio ad Graecos* 25,2; siehe ferner etwa ApkEl 43,10, doch ist hier die christliche Endredaktion zeitlich nicht sicher einzuordnen; OEGEMA 1991, 169 datiert sie zwischen 150 und 275 n. Chr.

[775] Eine Übereinstimmung zwischen Stoa und christlicher Lehre in diesem Punkt sieht bereits Justin: τῷ δὲ ⟨λέγειν ἡμᾶς⟩ ἐκπύρωσιν γενέσθαι Στωϊκῶν ⟨δόξομεν λέγειν δόγμα⟩ (JustMart apol I,20,4). Die Frage nach vorstoischen Vorstellungen einer kosmischen Zerstörung, insbesondere die der Zuschreibung einer solchen an Heraklit durch einige Stoiker selbst, kann hier außer Acht gelassen werden.

[776] Vgl. dazu MAYER 1956, 125 Anm. 79; TESTA 1962, 265–268; GALBIATI 1967, 421f; BAUCKHAM 1983, 300f; VAN HOUWELINGEN 1988, 248f; VAN DER HORST 1998, 287f. Schon Justin hielt fest, dass die christliche ἐκπύρωσις-Lehre nicht wie in der Stoa in den Denkrahmen einer allgemeinen Umwandlung der Elemente ineinander gehöre: οὕτω γὰρ ἡμεῖς τὴν ἐκπύρωσίν φαμεν γενήσεσθαι, ἀλλ' οὐχ, ὡς οἱ Στωϊκοί, κατὰ τὸν τῆς εἰς ἄλληλα πάντων μεταβολῆς λόγον; JustMart apol II,7,3.

rung durch das Wasser der Sintflut (3,5–6), die zweite bis zur Zerstörung durch Feuer (3,7.10–12), die dritte spielt sich danach auf einer neuen Erde und mit neuen Himmeln ab (3,13). Derartige Periodisierungen verweisen auf apokalyptische Literatur, für die sie charakteristisch sind.[777] Weiterhin ist die Vernichtung durch Feuer im *zweiten Petrusbrief* auch nicht Bestandteil des natürlichen, sich zwangsläufig so vollziehenden Weltenlaufs, sondern ein göttliches Gerichtshandeln, das vor allem auf die Bestrafung der Gottlosen zielt (3,12: ἀπώλεια τῶν ἀσεβῶν ἀνθρώπων), ein Gedanke, der der Stoa fremd ist. So haftet der stoischen ἐκπύρωσις auch nicht die Konnotation des Beängstigenden an; sie ist, im Gegenteil, positiv zu werten, ist ein Zustand der Vollendung,[778] also etwas, das, wenn überhaupt, im *zweiten Petrusbrief* nur über den neuen Himmel und die neue Erde gesagt werden könnte (3,13), während nach stoischer Auffassung die nach einer ἐκπύρωσις entstehende neue Welt keine qualitativen Unterschiede zu der alten Welt vor der ἐκπύρωσις aufweisen kann.[779] Die gesamte Kontextualisierung der endzeitlichen Brandkatastrophe in der *Secunda Petri* steht demnach einem Verweis auf stoische Ekpyrosislehren geradezu im Wege.

Dies gilt auch für das Vokabular. Zunächst ist festzuhalten, dass der *terminus technicus*, nämlich ἐκπύρωσις, im *zweiten Petrusbrief* nicht auftaucht. Dieser Begriff war jedoch so geläufig, dass er bei einem bewussten Verweis auf stoisches Gedankengut beinahe zwangläufig hätte auftauchen müssen.[780] Dagegen ist das *Simplex* πυροῦσθαι, das in 2 Petr 3,12 verwendet wird, in stoischen Texten vergleichsweise selten.[781] Ein ähnlicher Verzicht auf stoisches Vokabular, das im Zusammenhang mit der ἐκπύρωσις zu erwarten wäre, bzw. die Wahl eines für die Stoa nicht ganz typischen Vokabulars lässt sich auch sonst beobachten. So klingt die Aussage, dass

---

[777] OEGEMA 1991, 165.

[778] So nachdrücklich VAN DER HORST 1998, 276f; für den ausführlichen Nachweis der positiven Wertung der ἐκπύρωσις in der Alten Stoa siehe MANSFELD 1979, 173ff.

[779] Wenn RIESNER 1984, 140 als entscheidenen Unterschied zwischen den Ekpyrosis-Vorstellungen Stoa und *zweitem Petrusbrief* festhält: „Die Stoiker erwarteten eine restituierte Welt, also einen νεὸς κόσμος, der zweite Petrus-Brief aber eine völlige Neuschöpfung, einen καινὸς [sic! MGR] οὐρανὸς [sic! MGR] καὶ γῆ καινή (2[sic!- MGR],13)", so bleibt er auf halber Strecke stehen, denn es fehlt die Entfaltung, was denn genau unter „völliger Neuschöpfung" zu verstehen sei. Sein Kontext lässt vermuten, dass er nur den kosmischen Aspekt vor Augen hat – entgegen den Aussagen des *zweiten Petrusbriefes*, der sehr nachdrücklich die grundlegend andere Qualität des Lebens dort hervorhebt: ... ἐν οἷς δικαιοσύνη κατοικεῖ (3,13).

[780] So findet sich ἐκπύρωσις beinahe standardmäßig, wo die stoische Lehre vom Weltenbrand genannt oder dargestellt wird: Phil aet 4.9.47.54.76f.87f.89f.95.99.104f.- 107; JustMart apol I,20; JustMart apol II,7; Diog Laert VII, 134; auch das zugehörige Verbum ἐκπυροῦσθαι erscheint gerade nicht in 2 Petr 3,5–13, anders als wenn Philo über die Ekpyrosis redet: Phil aet 83.

[781] Es findet sich etwa in SVF II,475, SVF II,619 (ὁ κόσμος ὁ πυρωθεὶς γενήσεται μείζων) und SVF II,703.

die στοιχεῖα sich auflösen (λύεσθαι) zunächst stoisch. Denn στοιχεῖα ist ein stoischer Begriff; er bezeichnet dort die vier Elemente, die Grundbestandteile alles Bestehenden.[782] Doch ganz offensichtlich soll στοιχεῖα im vorliegenden Text gerade nicht so gelesen werden; das Nebeneinander von οὐρανοί und στοιχεῖα im Sinne von Elementen ergäbe doch ein allzu ungleiches und sicher nicht stoisches Paar; (unter anderem) darum ist denen beizupflichten, die in 2 Petr 3,10.12 die Himmelskörper sehen.[783] Ohnehin redet die Stoa vom Himmel im Singular.[784] Für die Auflösung zu Feuer benutzt sie vorzugsweise ἀναλύεσθαι.[785] Die Kombination von στοιχεῖα und λύεσθαι dagegen findet sich in der erhaltenen Literatur erst nach dem *zweiten Petrusbrief* wieder und immer mit deutlicher Bezugnahme auf ihn.[786]

Auch παρέρχεσθαι stammt nicht aus dem Lexikon, mit dem die Stoa traditionellerweise die Vergänglichkeit der Welt beschreibt. Vielmehr weist dieses Verb auf die synoptische Tradition,[787] denn dort findet sich wie in 2 Petr 3,10 οὐρανός als (Teil-)Subjekt zu παρέρχεσθαι:

Mt 24,35 par.:
ὁ οὐρανὸς καὶ ἡ γῆ παρελεύσεται, οἱ δὲ λόγοι μου οὐ μὴ παρέλθωσιν

---

[782] SVF I,102 = Diog Laert VII,135–136 (τὰ τέσσαρα στοιχεῖα πῦρ, ὕδωρ, ἀέρα, γῆν); SVF II,309; Phil aet 107 u.v.ö.

[783] Unter den neueren gehören dazu KRAFTCHICK 2002, 163; MAZZEO 2002, 319f; HARRINGTON 2003, 289 ("most likely"); DAVIDS 2006, 286 ("although we would not want to say that too dogmatically"); an der Bedeutung ‚Elemente' wollen festhalten SCHREINER 2003, 384; REESE 2007, 171; unentschieden ist WITHERINGTON 2007, 379. Für einen kurzen Überblick über die Argumente in der Diskussion um die Bedeutung von στοιχεῖα siehe BAUCKHAM 1983, 315f und DAVIDS 2006, 283–286.

[784] Die Verbindung ὁ οὐρανὸς (Singular) καὶ ἡ γῆ begegnet etwa in SVF II,528.-529.564.590.638 u.ö.

[785] Siehe etwa SVF II,572 (αὐτὴν [=τὴν γῆν] ἢ εἰς καπνὸν ἢ εἰς ἀέρα πᾶσαν ἀνα-λυομένην), SVF II,596 (εἰς πῦρ αἰθερῶδες ἀναλυομένων πάντων); SVF II,603; SVF II,614 (JustMart apol I,20). Οἱ λεγόμενοι δὲ Στωϊκοὶ φιλόσοφοι καὶ αὐτὸν τὸν θεὸν εἰς πῦρ ἀναλύεσθαι δογματίζουσι); SVF II,619 (ἅπαν σῶμα ἀναλυόμενον εἰς πῦρ διαλύεταί τε καὶ χεῖται); Phil aet 8 οἱ δὲ Στωικοὶ κόσμον μὲν ἕνα, γενέσεως δ' αὐτοῦ θεὸν αἴτιον, φθορᾶς δὲ μηκέτι θεόν, ἀλλὰ τὴν ὑπάρχουσαν ἐν τοῖς οὖσι πυρὸς ἀκαμάτου δύναμιν χρόνων μακραῖς περιόδοις ἀναλύουσαν τὰ πάντα εἰς ἑαυτήν; Phil aet 87 εἰ κατὰ τὴν ἐκπύρωσιν οὖν τὸν κόσμον ἀναλύεσθαι φαῖμεν Auch διαλύεσθαι findet sich zuweilen: SVF II,413 τὸ δὲ <πῦρ καὶ> κατ' ἐξοχὴν στοιχεῖον λέγεσθαι διὰ τὸ ἐξ αὐτοῦ πρῶτόν τὰ λοιπὰ συνίστασθαι κατὰ μεταβολὴν καὶ εἰς αὐτὸ ἔσχατον πάντα χεόμενα διαλύεσθαι...

[786] Dies gilt natürlich nur für die im TLG berücksichtige Literatur. Wohl findet sich die Aussage, dass sich etwas in die στοιχεῖα auflöst (ἀναλύεσθαι εἰς τὰ στοι-χεῖα), nämlich der Mensch nach dem Tod, vgl. Marc Aurel IV,32,2.

[787] Dies sieht auch WATSON 2002, 209, wenngleich seine Formulierung "Παρέρχε-σθαι was used in the Gospel tradition to describe the fate of the heavens and earth at the *parousia*" in ihrem letzten Teil einmal mehr etwas zu viel behauptet, wie die oben angeführten Beispiele zeigen.

Lk 16,17par.:
εὐκοπώτερον δέ ἐστιν τὸν οὐρανὸν καὶ τὴν γῆν παρελθεῖν
ἢ τοῦ νόμου μίαν κεραίαν πεσεῖν.[788]

Eine weiter gehende Übereinstimmung mit entweder dem einen oder dem anderen der beiden Verse lässt sich nicht ausmachen. Es ist also möglich, dass es sich um eine damals in der Apokalyptik häufiger anzutreffende Formulierung handelt, die die synoptische Tradition und der *zweite Petrusbrief* unabhängig voneinander von dort übernommen haben. Jedoch ist angesichts dessen, dass hier und dort in der *Secunda Petri* auch sonst schon Bekanntschaft mit der synoptischen Traditionen aufschien, die Vermutung, die Formulierung reflektiere die Bekanntschaft mit der synoptischen Tradition, durchaus begründet.

Einen weiteren Anhaltspunkt für die Textwelt, aus der der *zweite Petrusbrief* seine Inspiration für die eschatologischen Ausführungen im dritten Kapitel nimmt, ist das Verb τήκεσθαι; im vorliegenden Kontext kommt ihm die Funktion zu, bei der letzten Erwähnung der στοιχεῖα noch einen konkretisierenden Aspekt einzutragen, indem es die teilweise bereits mehrfach eingesetzten Verben παρέρχεσθαι und λύεσθαι passend zu πυροῦσθαι und καυσοῦσθαι engeführt. Traditionsgeschichtlich gehört Schmelzen zu den Vorgängen, die mit dem Erscheinen Gottes (und seinem Gericht am Ende der Zeit) verbunden sein können, dann jedoch sind Berge oder Täler davon betroffen.[789] Bezogen auf Himmelskörper verwenden das Verb u.a. die *Kodizes Vaticanus* und *Leningradensis* für die Wiedergabe von Jes 34,4: τακήσονται πᾶσαι αἱ δυνάμεις τῶν οὐρανῶν,

---

[788] Das Vergehen von Himmel und Erde haftet also über zwei Traditionslinien an der Jesusüberlieferung: Lk 16,17 par. stammt aus Q und Mt 24,34f par. ist über das *Markusevangelium* in die synoptischen Evangelien eingeflossen.

[789] Das Motiv schmelzender Berge gehört zum Komplex der Reaktionen der Natur angesichts der Theophanie Gottes und könnte sehr alt sein; vgl. JEREMIAS 2007, 134 Anm. 48. In Kuntillet ʿAgrut im Negev ist es wahrscheinlich schon im neunten Jahrhundert inschriftlich belegt, siehe RENZ 1995, 59. Im Ersten Testament findet es sich am Beginn des *Micha*buches: Gott tritt aus seiner Wohnstätte heraus, fährt hinab und schreitet über die Höhenzüge der Erde. Unter ihm schmelzen die Hügel und spalten sich die Täler (Mi 1,1–4). Die Septuaginta gibt die Folgen des Erscheinens Gottes mit dem Futur wieder, und nun sind es die Täler, die schmelzen wie Wachs: αἱ κοιλάδες τακήσονται ὡς κηρὸς ἀπὸ προσώπου πυρός. Ähnlich formuliert der Septuagintaübersetzer Tritojesajas als Bedingung: Wenn Gott den Himmel aufreißt, dann werden die Berge erzittern und schmelzen (τρόμος λήμψεται ἀπὸ σοῦ ὄρη, καὶ τακήσονται ὡς κηρὸς ἀπὸ πυρὸς τήκεται, Jes 63,19–64,1); vgl. ferner Ps 96,5 LXX (τὰ ὄρη ἐτάκησαν) und Hab 3,6 LXX (ἐτάκησαν βουνοὶ αἰώνιοι). Im *äthiopischen Henochbuch* wird – wohl unter Aufnahme des Michatextes, vgl. NICKELSBURG 2001, 146 – das Schmelzen der Hügel angekündigt für die ferne Zeit, wenn Gott sich in seiner Macht offenbart (äthHen 1,6).

ebenso wie Theodotion.[790] Diese Form des Verses scheint einige Verbreitung gekannt zu haben, nach Ausweis des Macarius von Magnesia hat sie auch die *Petrusapokalypse* zitiert, allerdings wie Symmachus im Singular: καὶ τακήσεται πᾶσα δύναμις οὐρανοῦ.[791] Auf diese Jesajastelle könnte 2 Petr 3,12 mit τήκεσθαι anspielen, die δυνάμεις τῶν οὐρανῶν könnten den στοιχεῖα gleichkommen.[792] Freilich handelt es sich dann um eine textuelle Anlehnung, die, wie schon häufiger beobachtet, mit großer Zurückhaltung vorgenommen wird; der geringe Umfang der Lexeme, die den Verweis konstituieren, kaschieren die Bezugnahme eher, als dass sie explizit machen. Die deutlichste Parallele bietet 2 Clem 16,3:

γινώσκετε δέ
ὅτι ἔρχεται ἤδη ἡ ἡμέρα τῆς κρίσεως ὡς κλίβανος καιόμενος
καὶ τακήσονταί τινες τῶν οὐρανῶν καὶ πᾶσα ἡ γῆ
ὡς μόλιβος ἐπὶ πυρὶ τηκόμενος·
καὶ τότε φανήσεται τὰ κρύφια καὶ φανερὰ ἔργα τῶν ἀνθρώπων.

Hier wird, anders als im *zweiten Petrusbrief*, zwar das Schmelzen „einiger der Himmel und der gesamten Erde" ausgesagt, dafür aber ist die strukturelle Analogie auffällig, dass beiderseits übereinstimmend vom Kommen des Tages die Rede ist, dass dabei ein kosmischer Schmelzprozess stattfindet und dass die Werke offenbar werden. Die kosmologische Zukunftsschau steht also, genau wie im *zweiten Petrusbrief*, im Dienste der Paränese.[793] Wie in 2 Petr 3,12 hier ist eine Bezugnahme auf Jes 34,4 nicht offensichtlich, doch angesichts dessen, dass unmittelbar vorher Mal 3,19 aufgegriffen wird,[794] durchaus plausibel; der *zweite Clemensbrief* hätte dann verschiedene Prophetenzitate kombiniert.

Die erste Erwähnung eines bevorstehenden Feuers, das den Gottlosen Verderben bringt, im vorliegenden Textabschnitt (3,7) berichtet von einem ‚Aufgespart-Sein' der Himmel und der Erde der Gegenwart für das künf-

---

[790] Letzteres erwähnt Euseb in seinem *Jesajakommentar* (II,7 ad Jes 34,4–5): Aquila schreibe καὶ τακήσονται πᾶσα στρατιὰ τῶν οὐρανῶν, Symmachus καὶ τακήσεται πᾶσα δύναμις τῶν οὐρανῶν und Theodotion καὶ τακήσονται πᾶσαι αἱ δυνάμεις τῶν οὐρανῶν.

[791] Der Text ist abgedruckt in der neuen Ausgabe der *Petrusapokalypse* von KRAUS und NICKLAS GCS.NF 11, 93.

[792] Vgl. VAN HOUWELINGEN 1988, 241; VÖGTLE 1994, 242; VAN DER HORST 1998, 288.

[793] Mit PRATSCHER 2007, 200.

[794] Die lexikalischen und syntaktischen Übereinstimmungen zwischen Mal 3,19 LXX (διότι ἰδοὺ ἡμέρα κυρίου ἔρχεται καιομένη ὡς κλίβανος) und 2 Clem 16,3 (ὅτι ἔρχεται ἤδη ἡ ἡμέρα τῆς κρίσεως ὡς κλίβανος καιόμενος) sind so offensichtlich, dass eine textuelle Wiederaufnahme auf der Hand liegt. WATSON 2010, 48-49 deutet die Kombination dieser Wiederaufnahme mit dem Diebeswort als Rekontextualisierung: "The addition 'as a thief' … reconfigures the apostolic proclamation of the Parousia in terms of the Hebrew Bible's prophetic proclamation of the Day of the Lord."

tige Gericht. Die intratextuelle Funktion ist bereits die Vorbereitung der Reaktion auf den Vorwurf des Ausbleibens von Gottes richtendem Kommen: Der geschichtliche Standort wird bestimmt als ein ‚Aufgespart-Sein' (τεθησαυρίσθαι), ein ‚Gehalten-Sein' (τηρεῖσθαι) von Himmeln und Erde – für das Gericht, das gewiss kommt. Schon die Form, einmal mehr ein an poetische Texte des Tenach und der Septuaginta erinnernder *Parallelismus membrorum*, stellt einen Verweis auf diesen Literaturkreis dar:

οἱ δὲ νῦν οὐρανοὶ καὶ ἡ γῆ		
τῷ αὐτῷ λόγῳ	τεθησαυρισμένοι	εἰσὶν πυρί,
	τηρούμενοι	εἰς ἡμέραν κρίσεως
		καὶ ἀπωλείας
		τῶν ἀσεβῶν ἀνθρώπων.

Auch inhaltlich finden sich hier keinerlei Hinweise auf eine Rezeption stoischen oder anderweitig philosophischen Gedankenguts, der Inhalt ist allein erklärbar aus der biblisch-jüdischen Tradition. Wenngleich für die Aussage, dass Himmel und Erde ‚aufgeschatzt' (τεθησαυρισμένοι), d.h. in Schatzhäusern im Wartezustand sind, hier keine unmittelbare Parallele besteht, lässt sich der Gedanke, dass *Gutes und Böses* bei Gott gewissermaßen in einem Schatzhaus zum Gericht aufbewahrt werden, in verschiedenen Variationen in biblischen und außerbiblischen Schriften finden.[795] Die vorliegende Formulierung dürfte ein – im Sinne der kosmologischen Ausführungen des Verfassers – hyperbolisch ausgeführter Rückgriff auf diese Vorstellung sein. Auch die Formulierung εἰς ἡμέραν κρίσεως καὶ ἀπωλείας τῶν ἀσεβῶν ἀνθρώπων nimmt deutlich biblische Sprache auf.[796]

---

[795] Siehe Dtn 32,34f (... ταῦτα ...ἐσφράγισται ἐν τοῖς θησαυροῖς μου; ἐν ἡμέρᾳ ἐκδικήσεως ἀνταποδώσω), einen Text, den Phil all III,105 aufgreift und kommentiert; ferner PsSal 9,5 (ὁ ποιῶν δικαιοσύνην θησαυρίζει ζωὴν αὑτῷ παρὰ κυρίῳ); Röm 2,5 (κατὰ δὲ τὴν σκληρότητά σου καὶ ἀμετανόητον καρδίαν θησαυρίζεις σεαυτῷ ὀργὴν ἐν ἡμέρᾳ ὀργῆς); 4 Esr 7,77 (Für Esra ist „ein Schatz von Werken beim Höchsten hinterlegt", den er aber nicht zu sehen bekommt „bis zu den letzten Zeiten"; er soll sich daher nicht zu denen rechnen, die später gepeinigt werden); in den *Stromateis* des Clemens von Alexandrien (V,14,121,4) sind Verse eines jüdischen Dichters erhalten, der vielleicht um die Wende vom dritten zum zweiten Jahrhundert v. Chr. unter dem Namen des Sophokles schreibt: Der sich unter Feuereinfluss spaltende Äther werde einen Schatz ausspeien: ... ὅταν πυρὸς γέμοντα θησαυρὸν σχάσῃ χρυσωπὸς αἰθήρ... Auch ClemHom 16,20 greift in einem Abschnitt, der in verschiedener Weise an den *zweiten Petrusbrief* erinnert, dieses Bild auf: Hier sind die Pfeile zur Vernichtung der Gottlosen im Schatzhaus Gottes aufbewahrt: βέλη πρὸς συντέλειαν τῶν ἀσεβῶν ἐν τοῖς θησαυροῖς ἀποκείμενα.

[796] Siehe etwa Dtn 32,35 LXX: ἐν ἡμέρᾳ ἐκδικήσεως ἀνταποδώσω ... ὅτι ἐγγὺς ἡμέρα ἀπωλείας αὐτῶν; Hi 21,30 LXX: ὅτι εἰς ἡμέραν ἀπωλείας κουφίζεται ὁ πονηρός, εἰς ἡμέραν ὀργῆς αὐτοῦ ἀπαχθήσονται; ferner auch Röm 2,5.

Für seine Ausführungen über die endzeitliche Brandkatastrophe verweist der *zweite Petrusbrief* also gleich eingangs mit biblischer Sprache und Vorstellungen auf das, was er als deren Quelle betrachtet, nämlich die als Prophetie betrachteten Schriften. Die Überzeugung, die Ekpyrosis-Vorstellung von dort entnommen zu haben, darf man ihm umso mehr abnehmen, als sie sich auch bei Justin zeigt.

Justin gibt explizit an, Mose habe eine Ekpyrosis prophezeit (apol I,60,8–9) und belegt dies mit einem Zitat des προφητικὸν πνεῦμα, also der Schrift: καὶ ὡς ἐκπύρωσιν γενήσεσθαι διὰ Μωυσέως προεμήνυσε τὸ προφητικὸν πνεῦμα, ἀκούσατε. ἔφη δὲ οὕτως· Καταβήσεται ἀείζωον πῦρ καὶ καταφάγεται μέχρι τῆς ἀβύσσου κάτω. Nun ist der einzige Vers im Mund des Mose, an den Justin gedacht haben könnte, Dtn 32,22, ein Vers aus dem Lied des Mose, in dem vom Feuer des göttlichen Zorns die Rede ist, das bis in das Totenreich hinabdringt und die Erde verzehrt: ὅτι πῦρ ἐκκέκαυται ἐκ τοῦ θυμοῦ μου, καυθήσεται ἕως ἄδου κάτω, καταφάγεται γῆν καὶ τὰ γενήματα αὐτῆς, φλέξει θεμέλια ὀρέων. μέχρι τῆς ἀβύσσου κάτω dürfte dabei einfach eine Variation zu ἕως ἄδου κάτω sein; im ersten Teil ähnelt das Zitat, das Justin anführt, freilich eher 2 Reg 1,10 (=4 Reg 1,10 LXX): καὶ ἀπεκρίθη Ηλιου ...καταβήσεται πῦρ ἐκ τοῦ οὐρανοῦ καὶ καταφάγεταί σε καὶ τοὺς πεντήκοντά σου. Damit ist noch nicht alles erklärt, denn in den ursprünglichen Kontexten ging es noch nicht um eine eschatologische Prophezeiung wie bei Justin und ἀείζωον als Attribut zu πῦρ weist auf eine heraklitische Tradition.[797] Wichtig für den vorliegenden Kontext ist, dass Justin davon ausgeht, dass die Ekpyrosis biblische Weissagung ist.

Die wenigen Details, die der Verfasser des *zweiten Petrusbriefes* im Weiteren anschließt, bewegen sich im Rahmen der Vorstellungen zeitgenössischer apokalyptischer Literatur jüdischer oder christlicher Herkunft. Die Darstellung von einschneidenden Umwälzungen kosmischer Natur als szenischer Hintergrund oder Vorspiel göttlichen Gerichtshandelns, die Aufnahme einschlägiger Belegstellen aus den Propheten zur Schilderung der kosmischen Geschehnisse, die Periodisierung der Geschichte, all dies verweist auf apokalyptische Literatur. Die Vorgeschichte der Vorstellung einer umfassenden Brandkatastrophe, nämlich Feuer als Attribut der Erscheinung Gottes und Feuer als Mittel des Gerichts und/oder zur Läuterung, ist deutlich, lediglich die unmittelbare textuelle Umwelt, die ebenfalls einen umfassenden kosmischen Brand ähnlich dem *zweiten Petrusbrief* in die apokalyptische Szenerie der letzten Zeit aufnimmt, ist schwerer zu ermitteln. Pseudosophokles und die *Hodayot* aus Qumran lassen Fragen offen, wie umfassend das zu ihrer endzeitlichen Bilderwelt gehörende Feuer zu werten ist, so dass der erste deutliche Niederschlag einer universellen Brandkatastrophe sich im letzten vorchristlichen Jahrhundert in

---

[797] Siehe SMIT SIBINGA 1963, 99f. Von einer Vermischung von Traditionen ähnlichen Inhalts über Feuer vom Himmel in der Geschichte dürfte schon 2 Makk 2,10 zeugen, wo festgehalten ist, dass sowohl Mose als auch Salomon um Feuer vom Himmel baten; letzteres spielt auf 2 Chr 7,1 an, doch ersteres ist unklar.

den *Sibyllinen* findet.[798] Wenn der Paulus der *Paulusakten* ankündigt, Gott werde kommen die bewohnte Welt zu verbrennen (κατακαίων ... τὴν οἰκουμένην), so scheint dies ein umfassender Brand zu sein, der ausdrücklich die Funktion einer Läuterung hat (εἰς καθαρόν); inwieweit dabei eine kosmische Dimension impliziert, wird nicht völlig deutlich.[799]

Insgesamt wurde die stoische Idee einer Ekpyrosis nur in wenigen Teilen jüdischer Theologie und Literatur rezipiert, und dort wo es geschah, gerade von seiner typisch stoischen Implikation, nämlich dem zyklischen Weltenlauf, befreit und mit dem Gerichtsgedanken verbunden.[800] Eben dies lässt sich auch über den *zweiten Petrusbrief* sagen.[801] Doch nicht nur das stoische Weltbild rezipiert er nicht, er greift darüber hinaus auch gerade nicht auf das gängige Vokabular stoischer Ekpyrosis-Vorstellungen zurück. Statt dessen lässt sich neben gängigen sprachlichen Elementen des göttlichen Gerichts (ἡ τοῦ θεοῦ ἡμέρα, τὰ ... ἔργα, εὑρεθῆναι, ἡμέρα κρίσεως, ἀπώλεια τῶν ἀσεβῶν ἀνθρώπων) in den Formulierungen der Katastrophe eher ein Anklang an einen der in diesem Zusammenhang notorischen Prophetenverse (Jes 34,4; τήκεται) und an apokalyptische Verse der synoptischen Tradition (οἱ οὐρανοὶ ... παρελεύσονται) ausmachen.[802]

1.2.4. kosmische Erneuerung (2 Petr 3,13)

Die Vorstellung von einem neuen Himmel und einer neuen Erde geht zurück auf die letzten Kapitel des Buches *Jesaja*. In Jes 65,17 LXX wird in Aussicht gestellt: ἔσται γὰρ ὁ οὐρανὸς καινὸς καὶ ἡ γῆ καινή. Im un-

---

[798] Sib III,80–92 (Verse, die nach BUITENWERF 2003, 65–91, bes. 90, ursprünglich zu Buch II der ältesten *Sibyllinen*sammlung gehörten); Sib II,196–213; Sib IV,171–1788; Sib V,155–161; Sib V,206–213.

[799] Siehe den als *Martyrium Pauli* separat überlieferten Teil: AAA I, 114, Zeile 10: ὅταν ἔλθῃ κατακαίων εἰς καθαρὸν τὴν οἰκουμένην (*Martyrium Pauli* 4); schon zuvor (*Martyrium Pauli* 3) hatte Paulus Kaiser Nero gegenüber erklärt: μέλλει γὰρ ἐν μιᾷ ἡμέρᾳ τὸν κόσμον πολεμεῖν ἐν πυρί (AAA I, 110, Zeile 17–112, Zeile 1; im *Papyrus Hamburgensis* (Seite 9, Zeile 14) wohl mit anderer Reihenfolge der Satzglieder: πολεμῖν τὸ[ν κόσμον...]. Während οἰκουμένη einen Brand vor allem auf der Erde suggeriert, könnte κόσμος weiter gefasst sein, doch ist dies nicht zwingend so.

[800] Die letzten beiden Sätze referieren VAN DER HORST 1998, 279–285.

[801] Einmal mehr steht damit unsere Untersuchung damit dichter bei DENNIS 2008, 175–177 als bei ADAMS 2007, 228, der gegen WOLTERS 1987 hervorhebt, die stoische Konflagration sei "both utterly destructive and intensely purifying", um so an einer Verbindung zwischen stoischen Vorstellungen und 2 Petr 3 festhalten zu können.

[802] Wenn VAN HOUWELINGEN 1988, 256 andersherum argumentiert, der *zweite Petrusbrief* bediene sich mit κατακαίειν, λύειν und καίειν des gängigen Vokabulars der Septuaginta in entsprechenden Kontexten, so mag das sachlich zutreffen, doch sind κατακαίειν und καίειν nicht auffallend genug, um allein eine *Verweis*kraft tragen zu können, geschweige denn λύειν, für das er lediglich eine Belegstelle aus der Septuaginta anführt.

mittelbaren Kontext findet sich keine Beschreibung einer vorausgehenden kosmischen Katastrophe. Und der Text selbst suggeriert auch nicht, dass es sich um einen anderen Himmel und eine andere Erde handeln wird, vielmehr legt der bestimmte Artikel nahe, dass der jetzige Himmel und die jetzige Erde neu sein werden. Dies dürfte jedoch eine Interpretation der Septuagintaübersetzer sein, denn im hebräischen Text erscheinen Himmel und Erde artikellos: כי־הנני בורא שמים חדשים וארץ חדשה, das Konzept einer kosmischen Erneuerung könnte also eher am hebräischen als am Septuagintatext anknüpfen. Selbst dann gilt allerdings: Das Neue an der neuen Erde und dem neuen Himmel[803] ist das Leben in einem Zustand des Heils: Freude der Menschen und Freude Gottes an den Menschen, kein Weinen, kein unzeitiger Tod, keine Aneignung von Häusern oder Erträgen von Weinbergen durch Fremde, Erhörung der Gebete durch Gott, Friede selbst im Tierreich (Jes 65,17–25). Die Gewichtung zeigt: Nicht die Kosmologie steht im Zentrum des Interesses, sondern die neuen Lebensumstände.[804] In Jes 66,22 LXX wird die Formulierung noch einmal aufgenommen: ὁ οὐρανὸς καινὸς καὶ ἡ γῆ καινή, ἃ ἐγὼ ποιῶ. Diese Welt ist qualitativ neu, denn sie „bleibt vor Gott" (μένει ἐνώπιόν μου), was den Bestand ihrer Bewohnerschaft gewährleistet (οὕτως στήσεται τὸ σπέρμα ὑμῶν καὶ τὸ ὄνομα ὑμῶν). Auch in diesem Fall sucht man im unmittelbaren Kontext von Jes 66,22 vergeblich nach Anhaltspunkten für eine Zerstörung des alten Himmels und der alten Erde. Dagegen findet sich eine Reihe weiterer, größtenteils von denen aus Jes 65 verschiedenen Heilsvorstellungen. Auch hier scheint es zunächst nicht um eine kosmologische Aussage an sich zu gehen, der neue Himmel und die neue Erde sind nur der Rahmen für die veränderte Gestaltung menschlichen Lebens. Wohl kündigt Jes 66,15 das Kommen Gottes und sein Gericht an, wobei als Mittel des Richtens und Attribut der Erscheinung Gottes mehrfach das Feuer angeführt wird.

Diese Erneuerung von Himmel und Erde wird in der Folgezeit in apokalyptischer Literatur vielfach aufgenommen, teilweise auch in der Form einer Verwandlung. Die *Jubiläen* sprechen von der neuen Schöpfung, „wenn erneuert werden der Himmel und die Erde" (Jub 1,29), das *äthiopische Henochbuch* formuliert als Parallelismus „und ich will den Himmel

---

[803] Unter dem Titel "What's new about the new heaven and the new earth?" geht HEIDE 1997 der Frage nach, ob die Rede vom Vergehen der Erde in Apk 21 und 2 Petr 3 auf eine tatsächliche Vernichtung von Himmel und Erde sowie anschließend neu erfolgende *creatio ex nihilo* zielt.

[804] Mit BLENKINSOPP 2003, 286 ad Jes 65,17–25: "The passage consists essentially in two solemn pronouncements ... That the second of these (18b–24) is much longer than the first (17–18a) suggests that the new heavens and earth are thought of more as the context for social and political transformation and therefore are not the focus of attention in themselves ..."

verwandeln … und ich werde das Festland umwandeln" (äthHen 45,4–5). Zuweilen werden Himmel und Erde zusammengenommen und es ist von einer neuen Welt die Rede, wie etwa im *syrischen Baruchbuch* (syrBar 44,12; 57,7). Auch die Variante einer neuen *Natur* (καινὴ φύσις; Sib V,212) und der Erneuerung der Schöpfung (4 Esr 7,75) bestehen. Andernorts erfolgt der Rückgriff auf die Jesajatexte direkter durch die Wiederaufnahme des Syntagmas „neuer Himmel und neue Erde" (ApkEl 43,12–13; Apk 21,1) mit der Variante „anderer Himmel und andere Erde" (LibAnt 3,10). Konzeptionell lässt sich also zwischen einem mehr evolutiven Modell zu einer neuen Welt hin und einem radikalen Neuanfang unterscheiden;[805] syntagmatisch zwischen einer eher paraphrasierenden Reformulierung und einer sprachstrukturellen Reproduktion der jesajanischen Texte. Der *zweite Petrusbrief* schlägt sich auf die Seite derer, die einen einschneidenden Neubeginn postulieren und dicht an der vorgegebenen Formulierung aus dem Prophetenbuch bleiben. Allerdings übernimmt er auch hier nicht ohne eigene Gestaltung des Textsegments: Konsequent ist Himmel für ihn ein pluralisches Wort (οὐρανοί) und das gesamte Syntagma καινοὺς δὲ οὐρανοὺς καὶ γῆν καινήν gestaltet er hinsichtlich der Reihenfolge von Adjektiv und Substantiv chiastisch, während die übrigen Texte eine parallelen Anordnung aufweisen.[806]

Mit den neuen Himmeln und der neuen Erde ist auch in der *Secunda Petri* an allererster Stelle eine neue Lebensform verbunden: Die ἡμέρα κρίσεως ist für die ἀσεβεῖς ἄνθρωποι eine ἡμέρα ἀπωλείας (2 Petr 3,7); nach der Beseitigung der Gottlosigkeit wohnt auf der neuen Erde Gerechtigkeit, δικαιοσύνη. Dass nicht mehr gesündigt wird, findet sich auch als Abschlussaussage des Abschnittes Jes 65,17–25: οὐκ ἀδικήσουσιν οὐδὲ μὴ λυμανοῦνται (Jes 65,25 LXX), allerdings mit der Spezifikation ἐπὶ τῷ ὄρει τῷ ἁγίῳ μου. In 2 Petr 3,13 kommt der δικαιοσύνη eine prominentere Rolle zu, insofern einzig sie als Kennzeichen des neuen Himmels und der neuen Erde genannt wird. Nicht dass dies dem *Buch Jesaja* nicht in gewisser Weise entspräche, Gerechtigkeit spielt hier auch sonst, etwa gebunden an die zu erwartende Rettergestalt (Jes 9,6; 11,5), eine nicht zu unterschätzende Rolle. Viel augenfälliger jedoch ist der Verweis auf Texte, in denen ebenfalls Gerechtigkeit das Kennzeichen der neuen Zeit schlechthin ist, so etwa besonders ausgeprägt im *äthiopischen Henochbuch*:

---

[805] Ebenso PRIGENT 2000, 454: «Parfois … le renouvellement du monde semble conçu sur le mode d'une purification (qui peut même être progressive) qui se contente de supprimer tout ce qui est affecté de souillure et de péché. Parfois en revanche il s'agit d'un nouveau commencement, d'une nouvelle genèse, dieu intervenant d'une façon aussi totalement créatrice que lors de la première création.»

[806] Dies gilt jedenfalls für Jes 65,17 MT, Jes 65,17 LXX und Apk 21,1; für LibAnt 3,10, falls der lateinische Text (*et erit terra alia et celum aliud*) das Original imitiert und unter derselben Bedingung auch für ApkEl 43,12–13.

Und vernichte alle Gewalttat von der Erdoberfläche, und jedes Werk der Bosheit soll ein Ende nehmen; und die Pflanze der Gerechtigkeit und der Wahrheit soll erscheinen ...; das Werk der Gerechtigkeit und Wahrheit soll mit Freuden gepflanzt werden in Ewigkeit. Und dann werden alle Gerechten entkommen und am Leben bleiben ... Und in jenen Tagen wird die ganze Erde in Gerechtigkeit bebaut und ganz mit Bäumen bepflanzt werden .... Und du, reinige die Erde von aller Gewalttat, von aller Ungerechtigkeit, von aller Sünde, von aller Gottlosigkeit und von aller Unreinheit, die auf Erden getan wird; vertilge sie von der Erde! Und alle Menschenkinder sollen gerecht werden, und alle Nationen werden mich verherrlichen, mich preisen, und alle werden mich anbeten (äthHen 10,16–20).[807]

Zeitlich näher am *zweiten Petrusbrief* findet sich die Vorstellung, dass Gerechtigkeit ein Kennzeichen der kommenden Welt oder der βασιλεία τοῦ θεοῦ ist, im *vierten Buch Esra* in einer Reihe mit anderen Qualitäten und im *Römerbrief* des Paulus an der Spitze einer solchen Aufzählung.[808] Die Charakterisierung der neuen Welt ausschließlich durch δικαιοσύνη in 2 Petr 3,13 setzt eine Rezeptionsgeschichte der Jesajaverse voraus, in der die δικαιοσύνη zum dominierenden Merkmal der neuen Zeit wurde; die Personifizierung der δικαιοσύνη in Form der Zuschreibung der Tätigkeit ‚wohnen' dagegen ist ein direkter Anklang an Jes 32,16: καὶ δικαιοσύνη ἐν τῷ Καρμήλῳ κατοικήσει.

Dass der *zweite Petrusbrief* in seiner Textwelt noch andere Elemente zwischen sich und *Jesaja* kennt, zeigt ferner die Ausarbeitung des Gedankens, dass mit dem Gericht das Ende dieser Welt gekommen ist und die neue Welt ihren Anfang nimmt. Auch dies ist im *vierten Buche Esra* auf eine Weise in Worte gefasst, die die textuelle Nähe zum *zweiten Petrusbrief* handgreiflich macht (4 Esra 7,113):

Der Tag des Gerichtes aber ist das Ende dieser Welt und der Anfang der unsterblichen kommenden Welt, in der die Vergänglichkeit vorüber ist.[809]

So zeugt die Darstellung einer neuen Welt in der *Secunda Petri* ebenso wie die Art und Weise ihrer Aufnahme der Sintflut und *mutatis mutandis* der Schöpfung und Konflagration einerseits von textuellen Aufnahmen aus Thora und Propheten, andererseits aber auch von dem Zwischenglied ei-

---

[807] Vgl. äthHen 5,8–9; 38,2; 46,3; siehe auch slHen 65,8.

[808] 4 Esr 7,113f: „...der Anfang der unsterblichen kommenden Welt, in der die Vergänglichkeit vorüber ist, die Zuchtlosigkeit vertrieben, der Unglaube vertilgt, die Gerechtigkeit aber erwachsen und die Wahrheit entstanden ist." Röm 14,17: οὐ γάρ ἐστιν ἡ βασιλεία τοῦ θεοῦ βρῶσις καὶ πόσις, ἀλλὰ δικαιοσύνη καὶ εἰρήνη καὶ χαρὰ ἐν πνεύματι ἁγίῳ.

[809] Latent vorhanden ist diese Periodisierung auch in äthHen 10,11–11,2. Hier behandeln 10,11–15 die Gefangenschaft der Wächter bis zum Gerichtstag, in 10,16–11,2 fungiert dann die Beschreibung der Wiederherstellung der Welt nach der Sintflut in Gen 9–10 als Typologie für die Erneuerung der Menschheit nach dem Gericht; siehe Nickelsburg 2001, 224; vgl. dazu 1 Clem 9,4, wo von Noah gesagt wird, er habe der Welt „Wiedergeburt" verkündigt (παλιγγενεσίαν κόσμῳ ἐκήρυξεν).

ner hellenistisch-jüdischen (apokalyptischen) Auslegungstradition zwischen aufnehmendem und aufgenommenem Text.[810]

1.3. Eschatologische Exegese (2 Petr 3,8–10)

2 Petr 3,8 markiert mit dem an die Aufmerksamkeit der Leser appellierenden ἐν δὲ τοῦτο μὴ λανθανέτω ὑμᾶς, ἀγαπητοί, einen Neueinsatz. Was folgt, ist ein Lehrstück (3,8–10), das aus drei Traditionselementen besteht, nämlich erstens dem auf Ps 90,4 zurückgreifenden Satz von der Inkommensurabilität menschlichen und göttlichen Zeitmaßes, zweitens der u.a. mit Hab 2,3 verbundenen Reflexion ausbleibender göttlicher Intervention und drittens dem u.a. mit dem Bild vom Dieb illustrierten Insistieren auf einem plötzlich-überraschenden Eintreten des Endes.

1.3.1. Tausend Jahre und ein Tag (2 Petr 3,8)

Dass Ps 90,4 bzw. Ps 89,4 LXX zur Textwelt von 2 Petr 3,8 gehört, unterliegt schwerlich einem Zweifel. Doch der *zweite Petrusbrief* ist bei weitem nicht der einzige Text, der von der Rezeption, Weiterentwicklung und Anwendung des Psalmverses zeugt. Unterschiede zeigen sich bei der Wiederaufnahme in der Formulierung und in der argumentativen Funktion.

Der *zweite Petrusbrief* beginnt seine Version mit der kleineren Einheit: μία ἡμέρα. Mit dem sich anschließenden παρὰ κυρίῳ wird klargestellt, dass es um die göttliche Perspektive auf das Zeitmaß geht. Dann folgt der Vergleich mit der größeren Einheit: ὡς χίλια ἔτη. Ein zweiter Teil dreht den Vergleich um und setzt an bei den tausend Jahren: καὶ χίλια ἔτη ὡς ἡμέρα μία. Der Ausgangspunkt in der Septuaginta, die die Wortstellung des hebräischen Textes ganz und gar beibehält, sind die tausend Jahre. An die χίλια ἔτη schließt sich dort eine παρὰ κυρίῳ vergleichbare Aussage über die Beurteilungsinstanz an, hier allerdings in zweiter Person: ἐν ὀφθαλμοῖς σου. Es folgt der Vergleich mit dem vorigen Tag und einer Nachtwache (ὡς ἡ ἡμέρα ἡ ἐχθές, ἥτις διῆλθεν, καὶ φυλακὴ ἐν νυκτί). Griffe 2 Petr 3,8 den Psalmvers direkt auf, so geschähe das hinsichtlich der Vergleichsrichtung im zweiten Teil; wobei er die Einschaltung der Beurteilungsinstanz dann in die erste Hälfte vorzöge:

2 Petr 3,8	μία ἡμέρα καὶ χίλια ἔτη	παρὰ κυρίῳ	ὡς χίλια ἔτη ὡς ἡμέρα μία.
Ps 89,4LXX	χίλια ἔτη	ἐν ὀφθαλμοῖς σου	ὡς ἡ ἡμέρα ἡ ἐχθές, ἥτις διῆλθεν κτλ.
Ps 90,4 MT	’lp šnym	b‘ynyk	kywm’ tmwl ky y‘br ...

---

810 Wenn VAN HOUWELINGEN 1988, 258 festhält: "Petrus gaat echter niet buiten zijn boek (de wet en de profeten), en sluit direkt aan bij het onderwijs van Jezus", verkennt er die Traditionen, in denen der Verfasser steht.

In relativer zeitlicher Nähe zum *zweiten Petrusbrief* liegen mehrere Wiederaufnahmen der Idee und Formulierung von Ps 90,4 in griechischer Sprache vor, nämlich im *Barnabasbrief*, im *Dialogus* Justins und in Irenäus' umfangreicher Widerlegung der Gnosis. Alle drei beginnnen ihre Version mit ἡμέρα Κυρίου, also mit der kleinen Einheit und einem Genitivattribut,[811] woran sich der Vergleich ὡς χίλια ἔτη anschließt. Damit stehen sie Ps 89,4 LXX sowohl hinsichtlich der Vergleichsrichtung als auch was den Genitiv anbelangt, nicht nahe; dem *zweiten Petrusbrief* jedoch entspricht wenigstens der Einsatz bei ἡμέρα. Bei Justin und Irenäus trägt der Vergleich die Form eines Nominalsatzes wie in der *Secunda Petri* und der Septuaginta, nur der *Barnabasbrief* setzt die Kopula ἔσται. Letzterer weist seine Variante – wie übrigens Justin die Seine – ausdrücklich als Zitat aus (αὐτὸς δέ μοι μαρτυρεῖ λέγων),[812] zuvor hatte er den Satz in seine Argumentation integriert, offenbar mit eigenen Formulierungsanteilen. Dabei kommt er dem *zweiten Petrusbrief* insofern nahe, als er die Beurteilungsinstanz genau wie dieser mit παρά angab (παρ' αὐτῷ).

2 Petr 3,8		μία ἡμέρα	παρὰ κυρίῳ	ὡς	χίλια ἔτη
JustMart dial 81,8	τὸ εἰρημέ-νον, ὅτι	Ἡμέρα	κυρίου	ὡς	χίλια ἔτη
Iren haer V,28,3	Εἰ γὰρ	ἡμέρα	κυρίου	ὡς	χίλια ἔτη
Barn 15,3f		ἡ γὰρ ἡμέρα	παρ' αὐτῷ	σημαίνει	χίλια ἔτη.
	Αὐτὸς δέ μοι μαρτυ-ρεῖ λέγων·	«Ἰδού, ἡμέρα	κυρίου	ἔσται ὡς	χίλια ἔτη.»

Schwerlich ist dieser Befund als Abhängigkeit des *Barnabasbriefes*, Justins und des Irenäus vom *zweiten Petrusbrief* zu interpretieren.[813] Doch scheinen alle vier einem ihnen bekannten, die Reihenfolge im Psalmvers aber gerade nicht imitierenden Muster zu folgen, in dem „ein Tag" den Ausgangspunkt des Vergleichs bildet. Ein Grund für die Umkehrung der Ver-

---

[811] Die Verwendung eines Genitivattributs ändert den Satz nicht unerheblich. ἡμέρα κυρίου ist eine göttliche Maßeinheit, die in menschliche tausend Jahre umgerechnet wird. In μία ἡμέρα παρὰ κυρίῳ ὡς χίλια ἔτη ist μία ἡμέρα eine menschliche Maßeinheit, die von Gott her (παρὰ κυρίῳ) aber anders berechnet wird; für eine inhaltliche Diskussion der verschiedenen Varianten siehe SCHRAGE 1985.

[812] Hierin ist die lateinische Fassung der *Apostolischen Konstitutionen* (VI,18,14) vergleichbar. Auch sie weist als Schriftzitat aus (*invenietis scriptum quoniam*) und führt dann tatsächlich Ps 90,4 an, wie am Ende klar erkennbar ist; der Eingang jedoch entspricht diesem keineswegs. Denn dieser folgt den in der Tabelle aufgeführten Zitaten: *dies Domini ut mille anni: dies hesternus, qui transiit, et custodia nocturna.*

[813] So schon OTTO 1877, aber auch der Großteil der neueren Forschung, siehe etwa VÖGTLE 1994, 230.

gleichsrichtung könnte sein, dass der Psalmvers schon in der Literatur vorchristlicher Zeit, häufig dann aber in den rabbinischen Schriften als exegetische Regel verwendet wurde, gewissermaßen als Umrechnungsfaktor von Gottestagen in Menschenjahre: Biblische Texte, in denen von Tagen die Rede ist, lassen sich auf einen Zeitraum von mehrern tausend Jahren deuten. Der wohl früheste Beleg für dieses Procedere ist das *Jubiläenbuch* (Jub 4,30). Hier wird das Problem erörtert, warum Adam 930 Jahre alt geworden ist, wo ihm doch gesagt worden war, er müsse an dem Tag sterben, da er vom Baum der Erkenntnis esse. Die Lösung: Mit dem Umrechnungsfaktor 1 Tag = 1000 Jahre ist Adam sehr wohl gemäß der Ankündigung noch am selben Tag gestorben. Diese Argumentation findet sich häufiger in der rabbinischen Literatur.[814] Weitere wiederkehrende Anwendungsbeispiele[815] dieser Regel sind die sechs Schöpfungstage, die auf eine gesamte Bestehensdauer der Welt von 6000 Jahren umgerechnet werden,[816] verbunden damit – oder auch unabhängig davon – Aussagen über den Tag des Messias[817] und die von Prov 8,30 (יום יום‎) ausgehende Berechnung des Alters der Torah auf 2000 Jahre vor der Schöpfung.[818] Alle diese Umrechnungen gehen aus von einem Tag im biblischen Text und rechnen dann hoch auf tausend Jahre; aus dieser Richtung heraus ließe sich die Voranstellung der kleineren Einheit gut erklären. Dabei ist jedoch der Bezug zu dem Psalmvers nicht etwa verloren, im Gegenteil wird die Umrechnung von Tagen auf Jahre zuweilen, wie in der Tabelle exemplifiziert, ausdrücklich mit dem Psalmvers begründet.[819] Strukturell kommt eine solche Argumentation 2 Petr 3,8 sehr nahe, wenn auch die zweite Hälfte bei ihm keine Begründung für die erste ist:

	BerR 8.2.1D	2 Petr 3,8
1 d » 1000 a	ויומו שלהקב״ה אלף שנים שנ׳ כי	μία ἡμέρα παρὰ κυρίῳ ὡς χίλια ἔτη
1000 a » 1 d	אלף שנים בעיניך כיום אתמול	καὶ χίλια ἔτη ὡς ἡμέρα μία

Dass die Anwendungen der 1-Tag-1000-Jahre-Regel wenigstens teilweise früher kursierten als aus der Zuschreibung an bestimmte rabbinische Autoritäten in Talmud und Midraschim hervorgeht, zeigen neben dem *Jubiläenbuch* auch die angeführten griechischen Texte. Justin zitiert sie im Zu

---

[814] BerR 19,8,1G; BemR 5,4; PesR 40,2; MTeh 25,8.

[815] Vgl. die nur geringfügig abweichende Einteilung bei NEYREY 1993, 228.

[816] Zugeschrieben an Rab Qattina (zweite Amoräergeneration, zweite Hälfte drittes Jahrhundert) in bSan 97ab, bRHSh 31a; vgl. aber auch slHen 33,1–2.

[817] So etwa bSan 97a; MTeh 90,17; nicht ausdrücklich zitiert, aber wohl mitgedacht bei der Berechnung der Tage des Messias auf 7000 Jahre in bSan 99a.

[818] In ShirR 5.11.1 und WaR 19,1 an Rab Huna namens Resh Laqish zugeschrieben (beide zweite zweite Hälfte drittes Jahrhundert); siehe ferner BerR 8,2,1D.

[819] Siehe neben BerR 8,2,1D in der Tabelle auch ShirR 5,11 § 1 und MTeh 25,8.

sammenhang mit dem Tod Adams, Irenäus und der *Barnabasbrief* im Kontext der Extrapolation der Weltbestehenszeit von 6000 Jahren aus den sechs Schöpfungstagen. Sehr wahrscheinlich ist auch die in BerR 8.2.1D beobachtete Struktur „*1 d = 1000 a* denn *Ps 90,4*" nicht erst in rabbinischer Zeit vorauszusetzen. Im *Barnabasbrief* ist sie ja annähernd vorhanden, lediglich entspricht das Zitat nicht dem Wortlaut von Ps 90,4. Geht man davon aus, dass der Verfasser des *zweiten Petrusbriefes* diese Struktur kannte, lässt sich 2 Petr 3,8 als Variation dazu auffassen. Die Eigenleistung des Verfassers bestünde darin, unter Verzicht auf ausdrückliches Anführen des Psalmverses einen völlig analogen Vergleich in beide Richtungen formuliert zu haben, eine Form, die sonst nicht belegt ist. Dass dabei die syntaktischen Überschneidungen mit Ps 89,4 LXX = Ps 90,4 MT so gering werden, dass sich die Frage erhebt, wie direkt er auf ihn rekurriert, entspricht seinem schon mehrfach in der vorliegenden Arbeit beobachteten Umgang mit Schriftzitaten und Traditionsstücken an anderen Stellen seines Briefes.

Der Gedanke, dass eine Gottheit ein anderes Zeitbewusstsein hat, ist auch außerhalb des jüdisch-christlichen Schrifttums im Zusammenhang mit der Frage nach dem Ausbleiben sofortiger Strafe für einen Fehltritt belegt. Plutarch schreibt in *De sera numinis vindicta*, eigentlich könne man gar nicht von spät erfolgender, sondern nur von sich über eine längere Zeit erstreckender Strafe reden (mor 554C), um dann fortzufahren, dass „lange Zeit" (πολὺς χρόνος; mor 554D) natürlich ein Ausdruck sei, der nach menschlichen Maßstäben (πρὸς ἡμᾶς) werte. Denn für die Götter sei die gesamte Lebensspanne eines Menschen ein Nichts (ἐπεὶ τοῖς γε θεοῖς πᾶν ἀνθρωπίνου βίου διάστημα τὸ μηδέν ἐστι) und das Eintreten einer Strafe dreißig Jahre früher oder später entspreche in menschlichen Kategorien der Frage, ob man einen Verbrecher abends oder morgens foltern und hängen würde (καὶ τὸ νῦν ἀλλὰ μὴ πρὸ ἐτῶν τριάκοντα τοιοῦτόν ἐστιν οἷον τὸ δείλης ἀλλὰ μὴ πρωὶ στρεβλοῦν ἢ κρεμαννύναι τὸν πονηρόν). Was die sprachliche Gestaltung des Gedankens betrifft, ist keinerlei Indiz gegeben, dass der *zweite Petrusbrief* von Plutarch oder anderen Niederschlägen der paganen Analogie zu Ps 90,4 Impulse erhalten hätte. Allein für die Kommunizierbarkeit ergibt sich damit eine Situation möglicher Anknüpfung an gängiges Gedankengut.[820]

Der *zweite Petrusbrief* rekurriert also zunächst auf die aus Ps 90,4 abstrahierte Umrechnungsregel, vielleicht schwebt ihm in der zweiten Hälfte der Psalmvers als loses Zitat vor. Wie die anderen angeführten Texte, die sich dieses Verses als Auslegungsalgorithmus bedienen, scheint ihm am Sachanliegen von Psalm 90,4, nämlich der Nichtigkeit einer menschlichen

---

[820] Vgl. hierzu TRIMAILLE 2004, 481: «Le lecteur aura compris que ces convergences n'impliquent aucune dépendance littéraire, ni dans un sens ni dans l'autre, mais que 2 Pierre comme Plutarque semblent s'inscrire dans les milieux culturels semblables.»

Lebensspanne angesichts der Ewigkeit Gottes, nicht gelegen,[821] wenigstens nicht direkt. Doch berechtigt dies nicht, ihn ohne weiteres unter diese Belege zu kategorisieren. Denn es zeigt sich ein wichtiger Unterschied: Der *zweite Petrusbrief* gebraucht den Vers gerade nicht als Rechenregel im strengen Sinn. Während etwa die Spekulationen um Adams Lebenszeit wirklich ein mathematisches Exempel statuieren, nützt die *Secunda Petri* Ps 90,4 keineswegs, um zu sagen, dass die ἡμέρα κρίσεως καὶ ἀπωλείας entsprechend der Umrechnungsregel tausend Jahre dauere.[822] Die 1000 Jahre scheinen nicht wortwörtlich gemeint; 2 Petr 3,8 bezeichnet im vorliegenden Kontext allgemein die Inkommensurabilität göttlichen und menschlichen Zeitempfindens. Damit leistet er einen originären Beitrag zur Auslegungsgeschichte von Ps 90,4. In der Wirkungsgeschichte des Sachanliegens von Ps 90,4 könnte die *Secunda Petri* dagegen möglicherweise wohl einen Platz haben, wie das Verb μακροθυμεῖν in 3,9 andeutet, denn bereits *Jesus Sirach* verknüpft Gottes Langmut mit der Unerheblichkeit eines menschlichen Erdenlebens (Sir 18,10–11):

ὡς σταγὼν ὕδατος ἀπὸ θαλάσσης καὶ ψῆφος ἄμμου,
οὕτως ὀλίγα ἔτη ἐν ἡμέρᾳ αἰῶνος.
διὰ τοῦτο ἐμακροθύμησεν κύριος ἐπ᾽ αὐτοῖς
καὶ ἐξέχεεν ἐπ᾽ αὐτοὺς τὸ ἔλεος αὐτοῦ.

Das μακροθυμεῖν Gottes ist hier eine Konsequenz aus seinem Wissen um die Nichtigkeit des Menschenlebens. Wie der folgende Abschnitt erweisen wird, kommt μακροθυμεῖν in 2 Petr 3,9 zunächst aus der Tradition der Deutung einer sich dehnenden Zeit vor dem Ende. In zweiter Linie könnte jedoch die in Sir 18,10–11 zu Tage tretende Verbindung von Ps 90,4 und Gottes Erbarmen für den *zweiten Petrusbrief* eine Rolle spielen.

---

[821] Auch dieses hat freilich seine Wirkungsgeschichte, wie nicht nur Sir 18,8–11, sondern auch syrBar 48,12–13 zeigen.

[822] Treffend gesehen hat dies BAUCKHAM 1983, 307: "If these parallels govern the interpretation of 2 Petr 3,8, then the v must mean that "the day of judgment", mentioned in v 7, will last a thousand years." Allerdings überzeugt es nicht völlig, wenn er nun im Gegenzug 2 Petr 3,8 als aus einer jüdisch-apokalyptischen Schrift entstammt betrachtet, die das Sachanliegen von Ps 90,4 auf die letzte Zeit anwendet; siehe ibid. Auch für WITHERINGTON 2007, 377 zeigt 2 Petr 3,8 noch keinerlei Züge eines millenaristischen Verständnisses, auf diese Weise hätten jedoch sehr früh christliche Ausleger Apk 20 und 2 Petr 3,8 gelesen. Die Gegenposition vertritt SPITTA 1885, 256f. Für ihn ist aufgrund von 3,8 „dieser Tag des Messias, der Tag des Gerichts und der Strafe, nichts anderes ... als das Millenium der Apokalypse...". Die *Secunda Petri* stehe in einer „aus dem Judentum übernommenen Tradition", wie sie sich u.a. in Yalk (zu Psalm 72; Text bei SPITTA 1885, 256) und MTeh (zu Ps 90,9; Text ibid. 256) spiegelt. Dort wird Ps 90,4 auf die Dauer der Messiasherrschaft gedeutet. STROBEL 1961, 93 findet die Möglichkeit dieser Absicht hinter 2 Petr 3,8 „bestrickend".

1.3.2. Langmut statt Verzögerung (2 Petr 3,9)

Wenn der Verfasser mit οὐ βραδύνει κύριος τῆς ἐπαγγελίας auf die Frage der ἐμπαῖκται (Ποῦ ἐστιν ἡ ἐπαγγελία τῆς παρουσίας αὐτοῦ) zurückkommt, so nimmt er damit nach eigener Aussage deren Deutung auf (ὥς τινες βραδύτητα ἡγοῦνται), aber zur Formulierung von deren Deutung greift er, wie auch schon zur Formulierung ihrer Fragestellung, auf ein ihm aus der Tradition vorgegebenes Schlagwort zurück: βραδύνειν. Dieses Verb gehört in den Kontext der Wirkungsgeschichte von Hab 2,3, einem Vers, der zum *locus classicus* für die Frage nach dem ausbleibenden Ende geworden ist.[823]

כי עוד חזון למועד ויפח לקץ ולא יכזב
אם־יתמהמה חכה־לו כי־בא יבא לא יאחר

Der *Pescher Habakuk* belegt die Deutung des Verses auf die letzte Zeit im hebräischen Sprachbereich. Die letzte Zeit, so 1 QpHab 7,5ff, ziehe sich in die Länge, sogar über die Worte der Propheten hinaus. Auch im *vierten Buch Esra*, noch mehr aber in der *syrischen Baruchapokalypse* lassen sich deutliche Anklänge an Hab 2,3 feststellen, jeweils bezogen auf die Frage nach dem Ende.[824] Und schließlich geben die Wiederaufnahmen von Hab 2,3 in späterer Literatur sowie die griechischen Übersetzungen des Verses zu erkennen, wie sehr der Vers sich mit der Eschatologie verknüpfte.[825]

Das Verb βραδύνειν taucht in den Wiedergaben von Hab 2,3 an zwei verschiedenen Stellen auf. Zum einen übernimmt der hebräische Text von Sir 35,22 mit יתמהמה eine Verbform aus Hab 2,3, die die griechische Übersetzung Sir 35,19 LXX mit βραδύνη wiedergibt. Zum anderen übersetzt Aquila לא יאחר aus Hab 2,3 mit οὐ βραδυνεῖ, während sich die Septuaginta hier für οὐ μὴ χρονίσῃ entschieden hatte.[826] Das Verb βραδύνειν ist also greifbar mit Hab 2,3 verbunden und dieser Vers wiederum haftet fest an der Problematik des ausstehenden Endes.

1. βραδύνειν = מהה (hitpalpel)

| אם־יתמהמה הכה־לו | Hab 2,3 | | | |
| גם אדון לא יתמהמה | hebr 35,22 | Sir | LXX 35,19 | καὶ ὁ κύριος οὐ μὴ βραδύνη |

---

[823] Vgl. die Formulierung VÖGTLEs, demzufolge Hab 2,3 „seit dem 2. Jh. v. Chr. der *locus classicus* für die Diskussion des Problems der ausstehenden Erlösung war"; VÖGTLE 1994, 232. Die Wirkung dieses Verses ist nicht zu unterschätzen. Nach STROBEL 1961, 56–62 hat er bereits die Septuagintaversionen von Jes 13,22 (ταχὺ ἔρχεται καὶ οὐ χρονιεῖ) und Jes 51,14 (ἐν γὰρ τῷ σῴζεσθαί σε οὐ στήσεται οὐδὲ χρονιεῖ) beeinflusst.

[824] Siehe hierzu STROBEL 1961, 27–34.

[825] Siehe hierzu STROBEL 1961, 47–63.

[826] Auch χρονίζειν wird für das Phänomen des sich länger als erwartet hinziehenden Ausbleibens verwendet, siehe etwa Mt 24,28 und 25,5.

2. βϱαδύνειν = אחר (pi`el)

כי־בא יבא לא יאחר   MT   Hab 2,3   Aqu   ὅτι ἐϱχόμενος ἥξει
                                                          καὶ οὐ βϱαδυνεῖ

Wäre die bloße Verwendung von βϱαδύνειν noch nicht zwangsläufig ein
Hinweis auf eine textuelle Wiederaufnahme von Hab 2,3, so verweist es
eingebettet in den vorliegenden Kontext des zu erwartenden Endes beinahe unweigerlich auf diesen Vers. Hinzu kommt als weiteres sprachliches Element ἥξει in ἥξει δὲ ἡμέϱα κυϱίου am Beginn von 2 Petr 3,10.[827]
ἥξει bildet in den Übersetzungen von Hab 2,3 die positive Gegenaussage
zu βϱαδυνεῖ bzw. χϱονίσῃ:

Hab 2,3 LXX   ὅτι ἐϱχόμενος ἥξει καὶ οὐ μὴ χϱονίσῃ
Hab 2,3 Aquila   ὅτι ἐϱχόμενος ἥξει καὶ οὐ βϱαδυνεῖ

Diese Gegenüberstellung „gewiss kommen – nicht zögern", die sich als
„bald kommen – nicht zögern" in Jes 13,22 LXX findet, gehört zum geläufigen Formulierungsvorrat, wenn es um die Beteuerung eines (eschatologischen) Eintreffens geht.[828]
Das ‚Objekt' der Verzögerung nennt 2 Petr 3,9 ἐπαγγελία. Ganz ähnlich formuliert Baruch in syrBar 21,25 eine Bitte an Gott. Nach der Feststellung, dass viele Jahre seit den Tagen Abrahams, Isaaks, Jakobs und
anderer mittlerweile Verstorbener vergangen sind (syrBar 21,24), fleht er:
„Alsbald zeige deine Herrlichkeit und schiebe nicht hinaus, was du verheißen hast." (21,25). Baruch erhält in einer Reihe von Bildworten den Bescheid, dass Gott das Begonnene zu Ende führen wird (22,1–8). Er habe
die Menschen nicht vergessen. Deren sei eine Anzahl vorherbestimmt, die
noch ins Leben kommen solle (23,1–5). Dadurch wird deutlich, dass von
einer nachträglichen Dehnung der Zeit keine Rede sein kann, dass alles
nach Plan verläuft. Im Folgenden wird die Nähe der Erlösung betont
(23,7). Wenn dann die Bücher, die die Sünden verzeichnen, aufgetan werden und die Vorratskammern der Gerechtigkeit, dann wird Baruch die
Langmut des Höchsten erkennen (25,1–2). Auffällig ist hier die strukturelle Analogie: Die Elemente *Tod der Väter – Hinausschieben der Erfüllung der
Verheißung – Nähe der Erlösung – Gottes Langmut* finden sich im *zweiten Petrusbrief* ebenso wie im *syrischen Baruchbuch*. Es ist zwar nicht eindeutig, ob
Gottes Langmut auch hier die Gelegenheit zur Umkehr einräumen soll,
doch hat dieser Gedanke einige Plausibilität für sich, da diese Langmut im
Zusammenhang mit dem *Gericht* offenbar wird. Außerdem ist der Gedanke, dass die Zeit vor dem Eintreten eines Zornesgerichts als Zeit der Lang-

---

[827] HARNISCH 1973, 110 Anm. 63 erwägt eine Anspielung von ἥξει auf Mal 3,1 LXX.
[828] Siehe etwa Heb 10,37; syrBar 20,5 und 48,39.

mut zu bewerten ist, bereits eher im *syrischen Baruchbuch* deutlich zum Ausdruck gebracht.[829]

Die argumentative Verknüpfung von βραδύνειν und μακροθυμεῖν ist ebenfalls traditionell im Kontext der Diskussion um das Sich-Hinziehen des Endes geläufig. Wortwörtlich begegnet sie in Sir 35,19 LXX: καὶ ὁ κύριος οὐ μὴ βραδύνῃ οὐδὲ μὴ μακροθυμήσῃ ἐπ' αὐτοῖς. Allerdings sind hier die beiden Verben einander gleichgeordnet: βραδύνειν wird ebenso in Abrede gestellt wie μακροθυμεῖν, während der *zweite Petrusbrief* nur βραδύνειν leugnet, μακροθυμεῖν aber als geeignete Interpretation wertet. Zudem liegt bei *Jesus Sirach* kein eschatologischer Kontext vor: Es geht um den ταπεινός, der im Gebet verharrt, bis Gott zu seinen Gunsten Initiative ergreift. Dem Unbarmherzigen gegenüber zögert Gott nicht und zeigt auch keine Langmut (Sir 35,16–19 LXX). Offensichtlich stellt sich Sirach hier einem ihm bekannten Argumentationsschema entgegen, das Gottes Geduld und Zögern in der Intervention gegen den Unbarmherzigen vertritt. Dieses Argumentationsschema, das sich in jüdischer und später in christlicher Literatur findet, wertet das Ausbleiben des Gerichts als Langmut Gottes.[830] Das Verhältnis von 2 Petr 3,9 und Sir 35,19 LXX ist nicht als literarische Abhängigkeit zu beschreiben;[831] beide äußern sich zu der bekannten Deutung vom Ausbleiben Gottes als Langmut.

Diese Langmut, die sich im Aufschub des Gerichts niederschlägt, bedeutet einen Zeitgewinn für den Menschen, der nun umkehren und so den unweigerlich noch erfolgenden Urteilsspruch positiv beeinflussen kann. Auch mit diesem Gedankengut bewegt sich der Verfasser auf dem Grund traditionell biblisch-jüdischer Anschauungen.[832] So entspricht die

---

[829] SyrBar 12,4: „Denn sicher wird zu seiner Zeit der Zorn aufstehen gegen dich, der jetzt noch durch die Langmut wie von Zügeln aufgehalten wird."

[830] Siehe etwa 4 Esr 7,33f, wo über das Eintreffen des Gerichts gesagt wird: „das Erbarmen vergeht ... die Langmut verschwindet, nur das Gericht bleibt." Deutlich ist das Schema auch im den *pseudoclementinischen Homilien* (ClemHom 16,20,2–3): Es ist Gottes μακροθυμία, die Simon erträgt und ihm nicht sofort eine Strafe für seine Ketzereien auf den Fuß folgen lässt.

[831] SCHLOSSER 1973, 34f ist zu formal, wenn er aus der bloßen Kookkurrenz von βραδύνειν und μακροθυμεῖν in einem Kontext des Gerichts in beiden Texten einen möglichen Einfluss von Sir 35,19 LXX auf 2 Petr 3,9 als möglich erwägt; mit VÖGTLE 1994, 232 muss auch die gedankliche Anordnung beider Verben als Gegenüberstellung mit in die Erwägung eines Abhängigkeitsverhältnisses einfließen.

[832] Der Gedanke wird unterschiedlich formuliert, zuweilen auch nur als Gewähren eines Zeitraumes zur Umkehr ohne die ausdrückliche Qualifizierung dieser Tat als Langmut Gottes. Weish 11,23 beispielsweise sagt, Gott erbarme sich aller, er sehe über die Vergehen der Menschen hinweg – zu deren Umkehr. 4 Esr 9,11 kennt einen zeitlich begrenzten „Raum der Buße"; vgl. auch 4 Esr 7,82; syrBar 48,29. Zur Verbindung von 2 Petr 3,9 mit Ez 33,11 s.o., vgl. ähnlich Ez 18,23. Auch in frühchristlicher und rabbinischer Literatur wird wird die Vorstellung einer Frist zur Umkehr weitertradiert: In seiner Predigt zu Athen verkündigt der lukanische Paulus, Gott trage nun

Erweiterung zu 4 Esr 7,134 in der älteren der zwei arabischen Übersetzungen des *vierten Buches Esra*[833] („...und denen Aufschub gewährt, welche sich nicht fügen, damit sie bereuen und bußfertig zu ihm zurückkehren...") ganz der Theologie des *zweiten Petrusbriefes*;[834] in die weitere textuelle Umgebung gehört auch die rabbinische Diskussion, ob die Bußfertigkeit Israels das Ende oder die Erlösung zu beschleunigen vermag.[835] In zeitlicher Nähe zum *zweiten Petrusbrief* findet sich der Gedanke mehrfach mit denselben Worten μακροθυμεῖν und μετάνοια ausgedrückt in der jungen christlichen Literatur, angefangen bei Paulus, der in Röm 2,4 warnt, Gottes Reichtum an Güte, An-sich-Halten und Langmut (μακροθυμία) zu verachten, wo doch seine Güte zur Umkehr (μετάνοια) treibe.[836] In der achten *Similitudo* bekommt Hermas den Auftrag, Umkehr zu predigen (λέγε ἵνα μετανοήσωσι), denn sein Gesprächspartner, der Hirt, ist gesandt, allen die Umkehr zu geben (δοῦναι πᾶσι τὴν μετάνοιαν). Zwar seien einige nicht würdig, aber weil der Herr langmütig (μακρόθυμος) sei, wolle er, dass die Berufung durch den Sohn gerettet werde (Herm sim 8,11,1).[837] Und in den *pseudoklementinischen Homilien* wird dem strafenden Schöpfergott ein langmütiger Gott entgegengesetzt, der zur Umkehr ruft (μακροθυμεῖ, εἰς μετάνοιαν καλεῖ; ClemHom 16,20,4).[838]

---

allen Menschen überall die Umkehr auf (πάντας πανταχοῦ μετανοεῖν), weil ein Gerichtstag festgesetzt sei (Act 17,30f). Im *zweiten Clemensbrief* ist die zur Umkehr eingeräumte Frist die verbleibende Lebenszeit: 2 Clem 8,1–3; 16,1. Herm sim 9,14,2 formuliert es im Bild: Beim Turmbau gebe es einen Baustopp bzw. eine Verzögerung der Bautätigkeit (ἀνοχή), damit einige Leute umkehren (μετανοεῖν) können; vgl. Herm sim 10,4,4 (intermissio = ἀνοχή). In der rabbinischen Literatur begegnet mehrfach der Gedanke, dass von der vorgesehenen messianischen Zeit schon ein großer Teil wegen der zahlreichen Sünden des Gottesvolkes verstrichen sei, so etwa bAZ 9a.

[833] STROBEL 1961, 90 spricht irrtümlicherweise von der arabischen Übersetzung des *syrischen Baruchbuches*.

[834] In der Erweiterung zu 4 Esr 7,74 wird allerdings neben der Langmut ein positiv gefülltes Verzögern genannt: „...nicht um euretwillen allein hat er Langmut geübt, sondern auch damit die Zahl der Zeiten erfüllt werde, die er verzögert hat, damit sie seiner Rede gemäß würden." – Die Erweiterungen sind am besten einzusehen bei VIOLET 1910, 211–213 und 169. Dabei ist auf die andere Zählweise zu achten: 4 Esr 7,74 = 4 Esr 3,9,6 und 4 Esr 7,134 = 4 Esr 3,18,3.

[835] Siehe hierzu STROBEL 1961, 92.

[836] Zur Möglichkeit, dass dieser Vers den Verfasser des *zweiten Petrusbriefes* zum Verweis auf Paulus in 2 Petr 3,15 veranlasst haben könnte, siehe Kapitel II.D.

[837] Unter den Apostolischen Vätern könnte sich die Vorstellung weiterhin bei Ignatius finden, wenn er dazu aufruft, Gottes μακροθυμία zu fürchten, auf dass sie nicht zum Gericht werde; vgl. IgnEph 11,1.

[838] Siehe auch ClemHom 9,19,1: Gott sei nun allen gegenüber langmütig (πᾶσιν μακροθυμῶν), damit die, die ihre schlechten Taten bereuen (μεταμεληθέντες), am Gerichtstag ein angemessenes Urteil fänden. Μετάνοια taucht als Wort nicht auf, doch μεταμέλειν drückt sachlich dasselbe aus.

Andererseits finden sich ebenfalls in unmittelbarer literarischer Umgebung ganz vergleichbare Aussagen, die nur eines der beiden Wörter μακροθυμία und μετάνοια mit dem *zweiten Petrusbrief* gemein haben: Der *erste Petrusbrief* wendet dasselbe Denkmodell einer gnädigen Frist zur Umkehr auf die Vergangenheit an, wenn er über die Sintflut spricht: Gottes μακροθυμία habe damals gewartet, während die Arche errichtet wurde, – offensichtlich auf Umkehr der (sich mittlerweile ἐν φυλακῇ befindlichen) πνεύματα. Schließlich seien (nur) acht Leben gerettet worden (1 Petr 3,20). Und der *Brief der Christen aus Lyon und Vienne* mutet an wie eine Paraphrase des *zweiten Petrusbriefes*: Gott wolle nicht den Tod des Sünders, sondern gebe gnädig Gelegenheit zur Umkehr (τοῦ τὸν μὲν θάνατον τοῦ ἁμαρτωλοῦ μὴ βουλομένου, ἐπὶ δὲ τὴν μετάνοιαν χρηστευομένου θεοῦ; Eus hist.eccl V,1,46). Ursache für diese Nähe könnte sein, dass beide Texte sich an Ez 33,11 anlehnen: οὐ βούλομαι τὸν θάνατον τοῦ ἀσεβοῦς ὡς τὸ ἀποστρέψαι τὸν ἀσεβῆ ἀπὸ τῆς ὁδοῦ αὐτοῦ καὶ ζῆν αὐτόν (LXX).

Die Konsequenz aus οὐ βραδύνει κύριος τῆς ἐπαγγελίας (3,9) und ἥξει δὲ ἡμέρα κυρίου (3,10) ist für den Verfasser der *Secunda Petri* eine Haltung des aktiven Wartens (προσδοκᾶν 3,12.13). Damit folgt er der Logik von Hab 2,3, wo für den Fall einer Verzögerung zum Warten aufgerufen wird.[839] Lexikalisch ist dies zwar nicht festzumachen, weil das Pi`el von חכה in den Übersetzungen nicht durch προσδοκᾶν, sondern ὑπομένειν (LXX) bzw. προσδέχεσθαι (Aquila) wiedergegeben wird:

MT	LXX	Aquila
אִם־יִתְמַהְמָהּ	ἐὰν ὑστερήσῃ,	ἐὰν [δὲ] μελλήσῃ,
חַכֵּה־לוֹ	ὑπόμεινον αὐτόν	προσδέχου αὐτόν

Sachlich freilich ist die Entsprechung beider Verben durchaus gegeben. Ein ähnlicher Fall liegt in 1 Clem 23,5 vor. Auch hier bezeichnet προσδοκᾶν in Zitaten eschatologischen Charakters das Warten, das das angemessene Verhalten darstellt. Vergleicht man diese Zitate mit ihrer Septuagintaversion, so sucht man dort das Verb προσδοκᾶν vergeblich. Der Verfasser der *Prima Clementis* hat προσδοκᾶν an die Stelle anderer Verben gesetzt, offenbar weil es als die ‚richtige' Vokabel für das Harren auf den Kommenden ansah.[840]

---

[839] Siehe hier auch den babylonischen Talmud im *Traktat Sanhedrin*, wo mit diesem Vers begründet wird, dass das Ende erwartet, aber nicht berechnet werden sollte (bSan 97b): „R. Šemuél b. Nahmani ... : Es schwinde der Geist derjenigen, die das Ende berechnen wollen; denn diese sagen, sobald das [von ihnen berechnete] Ende herangereicht und er nicht gekommen ist, so komme er nicht mehr; vielmehr harre man seiner, denn es heisst: *Wenn sie sich verzögert, so harre ihrer.*"

[840] 1 Clem 23,5 kombiniert Jes 13,22 und Mal 3,1 in von der Septuaginta leicht unterschiedlichen Fassungen. ἐξαίφνης ἥξει ὁ κύριος εἰς τὸν ναὸν αὐτοῦ, καὶ ὁ ἅγιος,

Ob die *Secunda Petri* das Wort βϱαδύνειν nun tatsächlich aus der Argumentation der τινες übernimmt oder selbst in die Diskussion einbringt, in jedem Fall erreicht der Verfasser damit, dass das aktuelle Problem mit traditionellen Argumenten und Termini diskutiert werden kann. Der Verweis auf Hab 2,3, den βϱαδύνειν in eschatologischem Kontext unweigerlich darstellt, und die Deutung der verbleibenden Zeit als μακϱοθυμεῖν mit der Gelegenheit zur μετάνοια geben einmal mehr die Diskussionen des hellenistischen Judentums als seinen Denkhorizont und dessen Schriften sowie die des jungen Christentums als seine Textwelt zu erkennen.

Daneben leistet βϱαδύνειν aber noch mehr. Denn seine Verwendung im Blick auf ein nicht erfolgendes göttliches Eingreifen ist auch außerhalb der jüdisch-christlichen Sprachgemeinschaft belegt. In Plutarchs *De sera numinis vindicta* äußert sich Patrokleas über eine angeblich von Epikur gemachte Aussage: Er finde es doch einigermaßen anstößig (δεινόν), wenn der göttlichen Macht Langsamkeit und Zögerlichkeit (βϱαδύτης καὶ μέλλησις) im Umgang mit schlechten Menschen unterstellt werde (mor 548C). Daraus ist dreierlei zu entnehmen: zum einen, dass auch in der philosophischen Diskussion um die Vergeltung des Bösen durch die Gottheit das Wort βϱαδύτης Gebrauch fand, zum zweiten dass dies zumindest stellenweise[841] mit einer negativen, die Gottheit kritisierenden Konnotation geschah, und zum dritten, dass βϱαδύτης – wenigstens als absolutes Interpretament – von Plutarch, dessen Sicht Patrokleas an dieser Stelle in etwa vertritt, und philosophisch Gleichgesinnten als unangemessene Interpretation empfunden wurde.[842] Gerade hierin berührt sich aber 2 Petr 3,9 mit Plutarch. Auch er empfindet absolutes βϱαδύνειν als unangemessene Aussage. Doch die Analogie der Diskurse reicht noch weiter. Wie im *zweiten Petrusbrief* μακϱοθυμία der βϱαδύτης entgegengesetzt wird, so attribuiert Plutarch der Gottheit μεγαλοπάθεια (mor 551C). Ist auch die Traditionsgeschichte eine unterschiedliche, da μεγαλοπάθεια von der göttlichen Leidenschaftslosigkeit herkommt und die hellenistischjüdische

---

ὃν ὑμεῖς πϱοσδοκᾶτε in 1 Clem 23,5 entspricht Mal 3,1, in der Septuaginta übersetzt als ἐξαίφνης ἥξει εἰς τὸν ναὸν ἑαυτοῦ κύϱιος, ὃν ὑμεῖς ζητεῖτε, καὶ ὁ ἄγγελος τῆς διαθήκης, ὃν ὑμεῖς θέλετε. πϱοσδοκᾶν bezeichnet bei Clemens also, was die Septuaginta als ζητεῖν oder θέλειν übersetzt hatte.

[841] Eher positiv klingt es, wenn in 551C der Ich-Teilnehmer an der Diskussion hervorhebt, dass die Gottheit durch βϱαδέως κολάζειν „vielen Nutzen und sittliche Belehrung" (πολλοὺς ὠφελοῦσαν καὶ νουθετοῦσαν) bringt. Auch dann freilich gilt βϱαδύτης noch nicht als uneingeschränkt zutreffende Beschreibung göttlichen Handelns, vielmehr ist es die μεγαλοπάθεια, die die Vorsehung so handeln lässt.

[842] Sowohl βϱαδύτης als auch μέλλησις werden später in der Redeführung des Olympichos aufgenommen (mor 549B), dazu gesellt sich noch διατϱιβή. Dies bestärkt die hier vertretene Auffassung, dass βϱαδύνειν als gleichsam als Fachterminus auch in die philosophische Diskussion um das Ausbleiben vergeltenden Handelns der Vorsehung gehört.

μακροθυμία die Idee der hebräischen Schriften aufnimmt, dass Gott „langsam zum Zorn" (אֶרֶךְ אַפַּיִם) ist,[843] so eignet ihnen in ihrer Funktion eine gewisse Nähe, indem sie beide den Menschen einen Raum zur Änderung eröffnen. So formuliert nicht nur 2 Petr 3,9, Wunsch Gottes sei es, πάντας εἰς μετάνοιαν χωρῆσαι, auch die Gericht haltende Gottheit bei Plutarch durchschaut, ob die πάθη der kranken Seele eine Bewegung in Richtung μετάνοια erkennen lassen (mor 551D). So verschieden das Menschen- und Gottesbild auch sein mag und so unverkennbar die *Secunda Petri* im hellenistisch-jüdischen Sprachstrom steht und hellenistisch-jüdischen Denkweisen verhaftet ist, so unleugbar sind auch die strukturellen, teils sogar lexikalischen interkulturellen Konvergenzen mit dem philosophischen Diskurs.

1.3.3. Kommen wie ein Dieb (2 Petr 3,10)

Das Wort vom Kommen eines Diebes findet sich verschiedentlich in den neutestamentlichen Schriften sowie in christlichen und gnostischen Schriften neben und nach dem Neuen Testament.[844] Für seine Existenz außerhalb des christlichen und christlich beeinflussten Traditionsbereiches konnte kein Nachweis erbracht werden.[845] Damit muss zumindest mit der Möglichkeit gerechnet werden, dass der Verfasser der *Secunda Petri* hier auf ein christliches, vielleicht sogar jesuanisches apokalyptisches Bild zurückzugreift,[846] ungeachtet der Tatsache, dass bereits Joel 2,(1–)9 die Ver-

---

[843] Μακρόθυμος ist die standardisierte Wiedergabe von אֶרֶךְ אַפַּיִם in der Septuaginta, siehe Ex 34,6; Num 14,18; Neh 9,17 MT = 2 Esr 19,17 LXX; Ps 86,15 MT = Ps 85,15 LXX; Ps 103,8 MT = Ps 102,8 LXX; Joel 2,13; Jon 4,2; Nah 1,3; ferner Sir 5,4. In den Schriften von Qumran findet sich אֶרֶךְ אַפַּיִם als Eigenschaft Gottes etwa in CD 2,4 und 1 QH 16,16. μακρόθυμος wird weiter in den griechischen Schriften der Septuaginta verwendet in Weish 15,1; vgl. auch 4 Esr 7,134; äthHen 60,5.

[844] An dieser Stelle werden nur die neutestamentlichen Belege diskutiert; ThEv 21b fügt der Diskussion nichts zu und anhand von Did 16,1 lässt sich nur das Fehlen des Diebeswortes konstatieren. Dazu sowie zu Deutungen in den *Thomasakten*, in der *Pistis Sophia*, bei Markion, Tertullian und Origenes vgl. SMITMANS 1973, 63–66.

[845] HARNISCH 1973, 74f; STANLEY 2002, 468.

[846] BAUCKHAM 1983, 305 sieht hier in der Tat das Gleichnis Jesu vom Dieb rezipiert. HARNISCH 1973, 111 denkt allerdings, dass es sich bei dem Diebeswort „höchst wahrscheinlich um ein jüdisch-apokalyptisches Theologumenon handelt". Als Begründung dient ihm die Feststellung, dass „das durch den Vergleich ‚wie ein Dieb in der Nacht' pointierte Sachanliegen ..., die Ankunft des eschatologischen ‚Tages' als unberechenbar zu prädizieren, einer in der jüdischen Apokalyptik selbst wahrnehmbaren Tendenz" entspricht; ibid. 75. Eine solche Argumentation verfängt natürlich nur, solange man das Differenzkriterium hantiert. Geht man aber davon aus, dass Jesus selbst irgendwo in der jüdischen Apokalyptik zu verorten ist, kann mit diesem Argument schwerlich die Rückführung des Wortes auf Jesus in Zweifel gezogen werden; zur Kriteriologie der Jesusforschung siehe THEISSEN/MERZ 1996, 116–120. Plausibler ist hier SMITMANS 1973, 55, der das Gleichnis „wahrscheinlich der Verkündigung Je-

bindung von ‚Tag JHWHs' und ‚Dieb' herstellte.[847] Intertextuell stellt sich die Frage nach der Selbstverortung innerhalb der urchristlichen Literatur durch die Art der Aufnahme des Diebeswortes.

Bei der Verwendung im *zweiten Petrusbrief* fällt zunächst auf, dass das Diebeswort keinen weiteren Einfluss auf seine Umgebung hat. Der Verfasser nutzt die Metapher vom Dieb nicht, erklärt nicht das *tertium comparationis*, zieht keine Folgerungen. Sie schließt sich an an eine Belehrung darüber, wie die bislang ausgebliebene Erfüllung der Verheißung zu bewerten ist, nämlich als Geduld Gottes. Die Logik verlangte eine Gedankenführung wie ‚Wenn der Tag noch nicht eingetroffen ist, so ist das der Geduld Gottes zuzuschreiben. Dennoch kommt er *ganz gewiss'*. Tatsächlich jedoch kommt er im Text ‚*wie ein Dieb'*. Unmittelbar anschließend beschreibt ein Relativsatz die kosmischen Geschehnisse des Tages und das Zutagetreten der Werke. Die Paränese, die ab 3,11 folgt, zieht die Konsequenzen aus der kosmischen Katastrophe (τούτων οὕτως πάντων λυομένων), nicht aber aus dem Diebeswort, das etwa eine Aufforderung zur Wachsamkeit angesichts der Unvorhersehbarkeit – sollte das der Sachgehalt der Metapher sein – nahegelegt hätte.

Was den Umfang der lexikalischen Kongruenz betrifft, steht 2 Petr 3,10 am nächsten bei der paulinischen Variante des Diebeswortes in 1 Thess 5,2. Die Sachhälfte ist in beiden Fällen ἡμέρα κυρίου, die Bildhälfte folgt in beiden Texten der Sachhälfte unmittelbar in Form eines Vergleichs (ὡς). So ergibt sich ein gemeinsamer Textbestand von vier zusammenhängenden Wörtern: ἡμέρα κυρίου ὡς κλέπτης. Das Prädikat wird unterschiedlich realisiert: 2 Petr 3,10 stellt futurisches ἥξει an die Spitze des Satzes, 1 Thess 5,2 lässt präsentisches ἔρχεται am Satzende auf die Spezifizierung ἐν νυκτί folgen. Diese wurde von vielen Rezipienten des *zweiten Petrusbriefes* offenbar vermisst, jedenfalls findet sie sich im byzantinischen Text.[848] Während es nach Paulus ausdrücklich möglich ist, so zu wachen, dass man vom Herrentag nicht wie von einem Dieb überrascht wird (1 Thess 5,4), wird dies in 2 Petr 3 nicht ins Auge gefasst, jedenfalls nicht explizit.

Ebenfalls in der Form eines Vergleiches (ὡς κλέπτης) erscheint das Diebeswort in der *Johannesapokalypse*, wo es zweimal Verwendung findet, zum ersten im Sendschreiben an die Gemeinde in Sardes (Apk 3,3), dann innerhalb der Vision der sechsten Schale (Apk 16,15). Subjekt ist jeweils der in der ersten Person sprechende Christus: ἥξω ὡς κλέπτης (3,3) und ἔρχομαι ὡς κλέπτης (16,15). Im ersten Fall ist die Ankündigung des

---

su" zugehörig sieht. „Anders ist das Fehlen jüdischer Parallelen einerseits und das häufige Vorkommen im Neuen Testament andererseits kaum zu verstehen."

[847] Hierauf weist HOPPE 2006, 265f hin.

[848] Zu Details der Bezeugung siehe den Apparat der *Editio Critica Maior*.

Kommens wie ein Dieb als Folge an mangelnde Wachsamkeit gebunden, in der Sache also ähnlich wie bei Paulus: ἐὰν οὖν μὴ γϱηγοϱήσῃς, ἥξω ὡς κλέπτης. In Apk 16,15 hängt es an keinerlei Bedingung. Darauf weist auch der folgende Makarismus des Wachenden, der seine Kleider nicht ablegt, weil er sich dann nicht nackt an die Verfolgung des Diebes machen muss. Von der Ankunft eines Diebes wird also auch hier unbedingt ausgegangen. Das Sendschreiben an die Gemeinde in Sardes zeigt darüber hinaus Formulierungen, die an das synoptische Bildwort erinnern.[849] Unmittelbar davor werden die ἔϱγα der Gemeinde getadelt (3,1), sie seien vor Gott nämlich in einem Zustand des Nichtvollendetseins ,gefunden' (3,2: οὐ γὰϱ εὕϱηκά σου τὰ ἔϱγα πεπληϱωμένα ἐνώπιον τοῦ θεοῦ μου). Angesichts dessen wird sie zur Umkehr aufgerufen (μετανόησον). Hierin konvergiert der Apokalypsentext mit dem *zweiten Petrusbrief*. Denn in 2 Petr 3,9 war davon die Rede, dass Gott die Möglichkeit zur Umkehr (μετάνοια) einräumt und in 3,10 wird festgehalten, dass am Tag des Herrn die Werke ,gefunden' (εὑϱηθῆαι) werden.

Bei Matthäus (Mt 24,42–44) und Lukas (Lk 12,39–40) liegt kein Vergleich (ὡς) vor, sondern ein Bildwort in Form einer irrealen Konditionalperiode aus Q: Wenn der Hausherr wüsste, wann der Dieb kommt, würde er wachen.[850] Nur bei Matthäus finden sich sprachliche Elemente, die auf die Nachtzeit des Einbruchs verweisen, außerdem hat er das Stück in die Endzeitrede integriert; in Q dürfte es auf die Worte von der Sorgenfreiheit der Raben und Lilien gefolgt sein, bei Lukas findet sich dazwischen noch u.a. ein Mahnwort, sich zu gürten und die Lampen am Brennen zu halten. Besondere lexikalische oder motivische Kongruenzen mit der *Secunda Petri* sind nicht festzustellen.

So verweist das Diebeswort im *zweiten Petrusbrief* zwar durch seine Formulierung auf den *ersten Thessalonicherbrief*, doch wird diese wörtliche Übereinstimmung nicht durch andere Momente in seiner Verweiskraft unterstützt. Dagegen deuten andere Elemente in andere Richtungen. Denn so wenig der Diebesvergleich stringent in den Argumentationslauf des dritten Kapitels der *Secunda Petri* eingebettet scheint, so auffällig ist, dass es übereinstimmend mit der *Johannesapokalypse,* aber anders als bei Paulus, neben der Forderung nach μετάνοια und dem ,Finden' der Werke durch Gott steht. Mit den synoptischen Versionen des Diebeswortes scheint es auf den ersten Blick kaum etwas gemein zu haben, der nächste

---

[849] Apk 3,3: καὶ οὐ μὴ γνῷς ποίαν ὥϱαν ἥξω ἐπὶ σέ, vgl. Mt 24,42: οὐκ οἴδατε ποίᾳ ἡμέϱᾳ ὁ κύϱιος ὑμῶν ἔϱχεται; Mt 24,43 εἰ ᾔδει ὁ οἰκοδεσπότης ποίᾳ φυλακῇ ὁ κλέπτης ἔϱχεται; Mt 24,44: οὐ δοκεῖτε ὥϱᾳ ὁ υἱὸς τοῦ ἀνθϱώπου ἔϱχεται; Lk 12,39 εἰ ᾔδει ὁ οἰκοδεσπότης ποίᾳ ὥϱᾳ ὁ κλέπτης ἔϱχεται; Lk 12,40: ᾗ ὥϱᾳ οὐ δοκεῖτε ὁ υἱὸς τοῦ ἀνθϱώπου ἔϱχεται.

[850] Zum Bildwort vom Dieb in Q und bei den Synoptikern siehe LABAHN in ZIMMERMANN 2007, 154–160.

Abschnitt jedoch wird zeigen, dass unter dem Gesichtspunkt der Strukturalität doch auch Nähen namentlich zum *Matthäusevangelium* bestehen. So wird man insgesamt nicht von einem klaren Verweis auf einen konkreten Text sprechen können. Das Diebeswort, so eine plausible Folgerung, dürfte weithin bekannt gewesen sein.[851] Dafür spricht seine gleichsam isolierte Stellung in 2 Petr 3,10: Auch ohne argumentative Einbettung konnte es Assoziationen aufrufen. Bestätigt wird das durch Paulus, der vielleicht schon Ende der vierziger Jahre schreibt, dass die Gemeinde zu Thessalonich selber gut wisse, dass der Tag des Herrn wie ein Dieb in der Nacht komme (αὐτοὶ γὰρ ἀκριβῶς οἴδατε ὅτι ἡμέρα κυρίου ὡς κλέπτης ἐν νυκτὶ οὕτως ἔρχεται; 1 Thess 5,2). Ferner scheint es gewisse Sach- und Wortfelder in seinem natürlichen Gefolge gehabt zu haben, wozu μετάνοια (Apk, 2 Petr), ἔργα (mit εὑρίσκειν, Apk, 2 Petr), γρηγορεῖν (1 Thess, Mt), das Nichtkennen der Stunde (Mt, Lk, Apk) etc. gehören. Diese müssen nicht alle immer realisiert sein, in der *Secunda Petri* fehlen etwa das Stichwort γρηγορεῖν oder die Feststellung des Nichtwissens der Stunde. Wenn diese Dinge jedoch, wie hier angedeutet, zur natürlichen Umgebung des Diebeswortes gehörten, könnten sie bei den Erstrezipienten durchaus mitangeklungen sein.

1.4. Fazit

1.4.1. Strukturalität und Motivcluster

Ein Charakteristikum der intertextuellen Syntax des Textabschnittes 2 Petr 3,3–13 ist, dass lexikalische und/oder motivische Konvergenzen mit anderen Texten mehrfach geclustert vorliegen.

Ein erstes Beispiel für einen Vergleichstext in dieser Hinsicht ist ein Ausschnitt aus dem „Lied des Mose", nämlich Dtn 32,32–37. Vers 35 erwähnt hier die ἡμέρα ἐκδικήσεως, die für bestimmte Menschen eine ἡμέρα ἀπωλείας ist. Die Nähe dieses Tages wird ausdrücklich hervorgehoben (ἐγγὺς ἡμέρα ἀπωλείας αὐτῶν, καὶ πάρεστιν ἕτοιμα ὑμῖν). Auf diesen Tag hin sind bestimmte Strafen für die Feinde Israels gesammelt (συνῆκται) und „versiegelt in Gottes Schatzhäusern" (ἐσφράγισται ἐν τοῖς θησαυροῖς μου; 34). Diese Strafen werden verglichen mit den Strafen an Sodom und Gomorra (32). Da den Feinden ihre vermeintliche Stütze dann genommen sein wird, kann Gott überlegen fragen, wo denn nun ihre Göt-

---

[851] So auch SATAKE 2008, 179 ad loc: „Im AT und Judentum hat sie [scil.: die Metapher des Kommens wie ein Dieb; MGR] keine eigentliche Parallele. Es handelt sich also um ein erst im frühen Christentum entwickeltes und dort weit verbreitetes Motiv für die Parusie. An fast allen genannten neutestamentlichen Stellen kommt es in Verbindung mit der Mahnung, wachsam zu sein, vor; es handelt sich ursprünglich um ein Bild, das die Mahnung durch die Betonung der Plötzlichkeit einzuschärfen beabsichtigt."

ter seien (Ποῦ εἰσιν οἱ θεοὶ αὐτῶν). Innerhalb von nur sechs Versen finden sich hier also etwa ein halbes Dutzend Vorstellungen und Lexeme,
die auch in 2 Petr 3,3–13 verarbeitet sind, wo von einer ἡμέρα κρίσεως
καὶ ἀπωλείας τῶν ἀσεβῶν ἀνθρώπων (7) die Rede ist, auf die hin Himmel und Erde in ‚Schatzhäusern' aufbewahrt (τεθησαυρισμένοι, τηρούμενοι) sind (7), die nicht fern ist, gewiss kommt und dann unerwartet wie
ein Dieb hereinbrechen wird (10). Sodom und Gomorra spielen hier, wie
gesehen, zumindest auf dem Hintergrund eine Rolle; die ποῦ-Frage wurde durch die ἐμπαῖκται gestellt (3), sie sind es, die hier – zu Unrecht, wie
die *Secunda Petri* findet – eine überlegene Haltung einnehmen. Die Unterschiede liegen auf der Hand, auch ohne sie im Einzelnen aufzulisten;
daneben lassen jedoch die genannten Nähen zumindest aufmerken. Ob sie
hinreichend sind, um Dtn 32 als direkten Prätext zu 2 Petr 3 zu verstehen,
ist mehr als fraglich, selbst wenn man berücksichtigt, dass Justin vielleicht
einen weiteren Vers dieses Liedes, nämlich 32,22, als Prophetie des Moses
auf eine Ekpyrosis verstanden hat.[852]

Das *syrische Baruchbuch* ist bereits vielfach in dieser Untersuchung angeführt worden und fand auch als Vergleichstext für den vorliegenden
Textabschnitt mehrfach Erwähnung. Vorstellungen, Formulierungen und
literarische Techniken, die an 2 Petr 3,3–13 erinnern, finden sich über die
gesamte Schrift hin, in einigen Passagen jedoch in größerer Dichte. Dazu
gehören die Kapitel 20 bis 25, vor allem Kapitel 21, ein Gebet Baruchs. Im
letzten Vers von Kapitel 20,5 erhält Baruch die Vorankündigung eines
Auftrags „betreffs des Laufs der Zeiten". Diese werden, wie beteuert wird,
„kommen und nicht verzögert werden." Im Folgenden findet sich die
Schöpfungstätigkeit durch das Wort („Firmament durch dein Wort befes-
tigt", syrBar 20,4), die Erwähnung von Menschen, die Gottes Langmut für
Schwäche halten (21,20), die Vorstellung von Schatzkammern der Seelen
(21,23), das Argument der vielen seit den Patriarchen (und anderen) vergangenen Tagen (21,24) und die Bitte an Gott, den Erweis seiner Herrlichkeit nicht hinauszuschieben (21,25). Die Kapitel 22 und 23 machen Baruch
klar, dass Gott nicht sein Werk auf halber Strecke abbrechen wird und
dass die Erlösung kommt; die Kapitel 24 und 25 enthält einzelne mehr o-
der weniger für 2 Petr 3,3–13 relevante Motive: „Vorratskammern der Gerechtigkeit" (24,1), Langmut Gottes (24,2), das Aufbewahrt-Werden für
eine bestimmte Zeit (25,1) und der unverhoffte Moment des Hereinbrechens des Gerichts (25,4). Auch in Kapitel 48, einem erneuten Gebet Baruchs und Gottes Antwort darauf, begegnen Kongruenzen und Affinitäten
mit dem *zweiten Petrusbrief* in einer gewissen Dichte: Unmittelbar neben
der Schöpfung wird eine kommende Vernichtung erwähnt (syrBar 48,7),
Gottes andere Sicht auf die Zeit (Stunden wie Zeit, Tage wie Generatio-

---

[852] Siehe oben III.D.1.2.3.

nen, 48,12–13), Gottes Langmut, die ohnehin häufig in der gesamten Schrift wiederkehrt (48,29), das überraschende Eintreffen des Gerichts (48,36), die mit ‚wo' beginnende Formulierung zweier Fragen von Menschen in der letzten Zeit (48,36), die Ankündigung eines Untergangs der Menge und eines sie verzehrenden Feuers (48,43).

Konvergenzen und Kongruenzen mit Material aus der synoptischen Tradition lassen sich vor allem in deren apokalyptischen Textabschnitten erkennen, allem voran in einem Teil von Jesu Endzeitrede nach dem *Matthäusevangelium* (Mt 24,23–51).[853] Das Wort παρουσία wird bei den Synoptikern überhaupt nur im vierundzwanzigsten Kapitel bei Matthäus verwendet (24,3.27.37.39)[854] und dort mit kosmischen Erschütterungen in Verbindung gebracht (Mt 24,29). Vorher ist mit Pseudochristussen und Pseudopropheten zu rechnen (24,24). In Mt 24,35 wird festgehalten, dass Himmel und Erde vergehen (παρέρχεσθαι, vgl. 2 Petr 3,10), nicht aber Jesu Worte und auch nicht „dieses Geschlecht" (ἡ γενεὰ αὕτη), bevor alles geschieht (24,34). Es werden also Zuverlässigkeit der Vorhersage und Nähe ihrer Erfüllung festgehalten. Darauf folgt die besprochene Analogisierung der Tage Noahs mit den Tagen des Menschensohnes (24,37–39), die neben die Typologisierung von Flut und Ekpyrosis in 2 Petr 3,5–7 zu stellen ist, woraufhin die Unberechenbarkeit des Eintreffens mit dem Diebeswort illustriert wird (24,42–44).

1.4.2. Weitere Beobachtungen

An zahlreichen Stellen verweist der Phänotext auf Schriften des Ersten Testaments. Die Schöpfungserzählungen sind ebenso Zielpunkt einer Referenz wie die Sintfluterzählung. Punktuell finden sich Wiederaufnahmen prophetischer Textsegmente. Dabei ist der Verweischarakter auf die beiden Genesiskomplexe insofern deutlich, als durch das Aufgreifen bestimmter Lexeme (οὐρανοὶ … καὶ γῆ, τῷ τοῦ θεοῦ λόγῳ, ὕδατι κατακλυσθείς, ἀπώλετο) der jeweilige Genesistext eindeutig assoziiert werden kann. Dies bedeutet nicht, dass sich die Aussagen zu diesen Texten nur aus Fragmenten, die aus ihnen selbst stammen, konstituierten. Vielmehr zeigte sich, dass andere Äußerungen zu diesen Texten in der jüdischen Literatur, also Exegese im weitesten Sinne, den Formulierungen und Inhal-

---

[853] Hierauf hebt vor allem LÖVESTAM 1984 ab. Seine These lautet, dass der Konzentrationspunkt der Argumentation im dritten Kapitel des *zweiten Petrusbriefes* ausgeht von „typologisch angewandten Vorstellung von der Flut und dem Geschlecht der Flut." Dazu bediente er sich nicht bei „christlich umgearbeiteten Notargumenten …, die er aus der jüdischen Gedankenwelt bezog", sondern „konnte auf eine Tradition zurückgreifen, die in dem synoptischen Material dokumentiert ist und dort auf Jesu eigene Unterweisung zurückgeführt wird", ibid. 296. Zu den oben aufgelisteten „Ähnlichkeiten" zwischen Mt 24,32–51 und 2 Petr 3,3–13 siehe ibid. 297f.

[854] Zu παρουσία im NT s.o. III.D.1.1.2.

ten näher stehen als die biblischen Texte selbst. Dasselbe gilt *mutatis mutandis* für die Wiederaufnahme von Ps 90,4 = Ps 89,4 LXX, die streng genommen wohl eher die Übernahme und Bearbeitung einer früheren Wiederaufnahme des Psalmverses darstellt. Gleichwohl ist deutlich, dass eine – wenn vielleicht auch indirekte – Bezugnahme auf den Psalmvers vorliegt. Ebenso verhält es sich mit den auf Jes 65,17 zurückgehenden neuen Himmeln und der neuen Erde.

Verweise einer zweiten Kategorie, nun durchweg auf prophetische Texte wie Hab 2,3 (οὐ βραδύνει, ἥξει), vielleicht auch Jes 13,22 oder Mal 3,1 (ἥξει), Jes 34,4 (τήκεται) zielend, hängen an dünneren lexikalischen Fäden. Der ursprüngliche Textverband wird oft nicht mitrezipiert, so dass (für den modernen Leser) erst die Kenntnis der Wiederaufnahme dieser schriftprophetischen Zitate in den aufnehmenden Texten der hellenistisch-jüdischen Literatur Sicherheit über Referenzen gibt. Dabei fällt erneut auf, dass die griechische Textform der Septuaginta für den Verfasser der *Secunda Petri* nicht als Norm fungiert.

Ein wichtiges Element der Textwelt des *zweiten Petrusbriefes* stellt die Apokalyptik dar. Ein Konzept wie die Interpretation des ausbleibenden Gerichts als μακροθυμία Gottes und Gelegenheit zur μετάνοια mag zwar in seinen Bestandteilen, etwa der μακροθυμία als Eigenschaft Gottes, unzweifelhaft auf Vorstellungen der Schriften des Tenach zurückgehen, doch tritt der Konzeptcharakter des Ganzen erst in den außerkanonischen Schriften des hellenistischen Judentums, vornehmlich der Apokalyptik, hervor. Dies zeigt sich auch am Beispiel des in 1 Clem 23,2 und 2 Clem 11,2 als autoritative Schrift zitierten Textstückes, auf dessen Vorstellungen die *Secunda Petri* direkt oder indirekt zurückgreift.

Eindeutige Verweise auf philosophische Anschauungen sind nicht zu erkennen. Wohl ‚erinnern' die Ausführungen zur Schöpfung an die „Häufung der Präpositionen"[855] in zeitgenössischen philosophischen Strömungen, doch eine konkrete Bezugnahme lässt sich (für den heutigen Leser beim derzeitigen Forschungsstand?) nicht ermitteln. Mag man für die Schöpfung immerhin zugestehen, dass sich die *Secunda Petri* philosophischer Sprache nähert, so lassen die Worte zur endzeitlichen Brandkatastrophe die einschlägigen Formulierungen der stoischen Ekpyrosis-Vorstellungen geradezu vermissen. Andererseits verblüfft die synoptische Lektüre zwischen dem *zweiten Petrusbrief* und Plutarchs *De sera numinis vindicta*.[856] Die nicht auf den Fuß folgende göttliche Vergeltung erhält in dieser Schrift wie in unserem Brief u.a. das Etikett βραδύτης, die verzö-

---

[855] POKORNÝ 1990, 66 nennt die „Häufung der Präpositionen" eine „sprachliche Begleiterscheinung des stoischen Pantheismus", doch wie in III.D.1.2.1 ausgeführt, reicht das Phänomen weiter.

[856] Dies wurde schon lange gesehen; die Einzelheiten sind u.a. bei BERGER 1986, 124f zusammengestellt, siehe auch NEYREY 1980b, 407–412.

gerte Strafe eröffnet in beiden Schriften einen Raum zur Änderung und wie in der *Secunda Petri* tausend Jahre vor Gott als ein Tag gelten, so ist der ganze Zeitraum eines Menschenlebens bei Plutarch vor der Gottheit nichts, sind dreißig Jahre wie ein Tag. Auch hier lässt sich nicht sagen, dass der Verfasser des *zweiten Petrusbriefes* ausdrücklich auf den philosophischen Diskurs verweist, der sich bei Plutarch niederschlägt. Denn die sprachlichen Elemente, derer sich 2 Petr 3 bedient, sind durchweg aus der jüdisch-hellenistischen Tradition erklärbar.[857] Der Diskurs an sich jedoch lässt jüdischer- wie paganerseits teilweise vergleichbare Argumentationsstrukturen erkennen; oder anders gesagt: Das Problem des Ausbleibens eines letzten göttlichen Eingreifens im Juden- und Christentum stellt letztlich einen Spezialfall der allgemeinen Frage nach göttlicher Gerechtigkeit dar. Die Position, die Juden- und Christentum dabei beziehen, kann in ihrer Abgrenzung von anderen Positionen eine gleichsam anti-epikureische Färbung annehmen.[858] Begegnungen mit philosophischen Positionen, die nicht ohne Einfluss geblieben sind, lassen sich schon in der jüdisch-hellenistischen Literatur der zwischentestamentlichen Zeit beobachten, besonders greifbar wurden sie in diesem Kapitel in den *Sibyllinen* bei der Beschreibung kosmologischer Ereignisse der letzten Zeit.

Beziehungen zu anderen neutestamentlichen Texten tragen ebenfalls weitgehend keinen expliziten Verweischarakter. Lediglich das Vergehen (παρέρχεσθαι) der Himmel (2 Petr 3,10) referiert höchstwahrscheinlich auf das Vergehen von Himmel und Erde in der synoptischen Tradition

---

[857] Wenn VÖGTLE 1970, 124ff behauptet, die Lehrelemente in 2 Petr 3 könnten alle einzeln aus der prophetischen Tradition abgeleitet werden, so ist ihm Recht zu geben mit der Einschränkung, dass dazwischen noch als „missing link" die Auslegungstradition der hellenistischen Zeit anzusetzen ist. In den Augen des Verfassers der *Secunda Petri* dürfte sich die Sachlage allerdings in der Tat so darstellen, dass er mit der richtigen exegetischen Haltung auf die Schriftprophetie zurückgreift.

[858] BERGER 1986, 125 formuliert das Verhältnis so: „Trotz des Fehlens apokalyptischer Eschatologie bei Plutarch … finden sich wichtige Entsprechungen zum 2. Petr., die wohl am leichtesten verständlich werden, wenn man eine gemeinsame Basis von anti-epikureischen Traditionen annimmt." Eine (vielleicht allzu?) wichtige Rolle spielt die Deutung des sich im *zweiten Petrusbrief* spiegelnden Konfliken auf Abgrenzung von epikureischen Positionen in den Publikationen NEYREYs: NEYREY 1980b, 407–422 und NEYREY 1993, 122–128. Findet sich 1980 noch eine gewisse Zurückhaltung, was die direkte Identifikation der Gegner als Epikureer angeht (1980b, 414), so wird dies im Kommentar (1993, 122) als eine der Möglichkeiten ins Auge gefasst. NEYREY 1980b stellt übrigens eine Zusammenfassung seiner nicht publizierten und daher schwer zugänglichen Dissertation ("The form and background of the Polemic in 2 Peter", Yale University 1977) gleichen Namens dar. Eine weiteres Referat der darin vertretenen Positionen und eine Auseinandersetzung damit findet sich bei CAULLEY 1982, 28–33, der inzwischen allerdings von seinem Standpunkt von 1982, man müsse die Gegner mit gnostischen Positionen in Verbindung bringen, wieder Abstand genommen hat, siehe CAULLEY 2008.

(Mt 24,35 par.). Die Form des Diebeswortes im selben Vers erinnert weniger an die synoptische Tradition als an Paulus in 1 Thess 5,2. Doch die mangelnde Entfaltung des Vergleiches im *zweiten Petrusbrief* lässt keinen Schluss auf einen bewussten Verweis auf den *ersten Thessalonicherbrief* zu. Ebenso wenig ergibt die Untersuchung der Möglichkeit eines Verweises auf die *Johannesapokalypse* einen Hinweis auf die Kenntnis der Schrift, geschweige denn eine intendierte Referenz – entgegen aller Hoffnungen, die die zweifache Verwendung des Diebesvergleiches und die Aufnahme der Vorstellung von einem neuen Himmel und einer neuen Erde daselbst zunächst wecken mögen.[859] In Bezug auf den *Judasbrief* liegt in 3,3–4 eine deutliche textuelle Aufnahme vor, von einem Verweis kann allerdings keine Rede sein; die am Judastext vorgenommenen Transformationshandlungen haben sehr wahrscheinlich die Annäherung der Diktion an den Sprachgebrauch der Schriften des hebräischem und griechischem Ersten Testaments sowie des christlichen, vor allem synoptischen Schrifttums zum Ziel.

Die intertextuellen Relationen zu den Schriften der *Apostolischen Väter* beschränken sich auf den gemeinsamen Gebrauch diverser Motive oder Formulierungen. So kennt etwa der *erste Clemensbrief* den Gebrauch von συνιστάνειν für die Schöpfung (20,6), aber dieser Wortgebrauch lässt sich öfter nachweisen. Interessanter, weil komplexer in der übereinstimmenden Struktur ist die Parallelität von Schöpfung (συνιστάνειν) und Zerstörung durch Gottes Wort (27,4), ferner natürlich die Nähe zu der in 1 Clem 23,3–5 zitierten ‚Schrift'. Das Wenigste, was man wird sagen müssen, ist, dass der *erste Clemensbrief* und der *zweite Petrusbrief* ihre theologische Inspiration wenigstens teilweise aus derselben Textwelt zogen. Ähnliches gilt für den *zweiten Clemensbrief*, der neben der Aufnahme der unbekannten Schrift (11,1–2) für die Formulierung seiner kosmologischen Eschatologie (τακήσονταί τινες τῶν οὐρανῶν, 16,3) teilweise auf dieselben Schrifttexte rekurriert wie die *Secunda Petri* – und andere Schriften.

Konvergenzen und Kongruenzen mit anderer Petrusliteratur wurden nur sehr punktuell beobachtet. Die äthiopische Form der *Petrusapokalypse* belegt die Vorstellung von sich im Feuer auflösenden Sternen (5,4) und die Bezeichnung „gerechte Väter" für die Patriarchen Abraham, Isaak und

---

[859] Betrachtet man die Eschatologie der *Apokalypse* und des *zweiten Petrusbriefes* hinreichend global, kann man freilich zu einem Urteil kommen wie dem ROBINSONs, der anlässlich seiner Ausführungen zur Zerstörung der Welt durch Feuer konstatiert (ROBINSON 1986, 181): "With the rest of II Peter's eschatology, including the coming of the day of the Lord as a thief (3.10; cf. Rev. 3.3; 16.15), the laying bare of the earth and all that is in it (3.10; cf. Rev. 6.12–17; 16.20; etc.), and the creation of new heavens and a new earth (3,13; cf. Rev. 21.1–4), this theme finds ist nearest parallel in the book of Revelation (20.1–6), rather than in the extravagances of subsequent apocalypses, whether Jewish or Christian (including the Apocalypse of Peter)."

Jakob (16,1). Die *pseudoclementinischen Homilien* nehmen verschiedentlich mit dem Stichwort ἐλεύσονται Ankündigungen bestimmter Gestalten oder Ereignisse der letzten Zeit aus der synoptischen Tradition auf oder formulieren auf deren Basis neu (ClemHom 3,15,2; 8,4,1; 11,35,6). Damit bedienen sie sich eines 2 Petr 3,3 vergleichbaren Vorgehens, doch stehen sie in dieser Hinsicht nicht alleine da in der jungen christlichen Literatur. Der Verzicht auf Vergeltung von Gottes Seite mit der Deutung als μακρο-θυμεῖν und εἰς μετάνοιαν καλεῖν fand sich ClemHom 16,20,4, ein ähnlicher Gedanke in ClemHom 9,19,1. Da all diese Beobachtungen auf konzeptueller Ebene liegen, ist eine Bekanntschaft der *Pseudoclementinen* mit dem *zweiten Petrusbrief* nicht zwingend, doch erinnert vor allem Clem-Hom 16,20,1–4 schon sehr stark an 2 Petr 3.

1.4.3. Ad-hoc-Komposition oder strukturelle Prätextaufnahme?

Aus textkonstitutioneller Perspektive wurden verschiedene Vermutungen über 2 Petr 3 geäußert, die von einer Ad-hoc-Komposition aus verschiedenen Textversatzstücken[860] aus der apokalyptischen Literatur bis hin zu einer Abhängigkeit von einer heute verlorenen jüdisch-apokalyptischen Schrift analog der Wiederaufnahme des *Judasbriefes* (vor allem) im zweiten Kapitel,[861] reichen. Letzteres ist natürlich weder zu beweisen noch zu widerlegen. Denn selbst wenn es gelingt, die redaktionellen Eingriffe des Verfassers zutreffend zu erkennen, was angesichts der ihm eigenen Transformationshandlungen, wie sie am *Judasbrief* zu beobachten sind, mit einigen Schwierigkeiten verbunden sein dürfte, so ist doch nicht gewiss, ob das, was nach Abzug der Redaktion noch bleibt, einer einzigen Schrift angehört. Die Beobachtung jedoch, dass mehrere Motive, Argumente, lexikalische Kombinationen und textuelle Referenzen aus dem vorliegenden Abschnitt 2 Petr 3,3–13 in mehreren Texten geclustert vorliegen, macht die Annahme einer durchgenden Vorlage unnötig. Wenn es so ist, dass bestimmte Vorstellungen sich gerne mit anderen verbanden, dass es etwa Antworten und Argumente gab, mit denen mehr als einmal auf das Problem des ausbleibenden Eingreifens Gottes reagiert worden war, und dass die textuelle Umwelt des Verfassers der *Secunda Petri* solche Koppelungen

---

[860] HARNISCH 1973, 104: „Der Verfasser scheint verschiedene Überlieferungsstücke jüdisch-apokalyptischen Charakters ad hoc aufgegriffen und koordiniert zu haben."

[861] BAUCKHAM 1980, 19: "It is possible that the author is closely dependent on a Jewish apocalyptic writing in this chapter, just as he depends on the epistle of Jude in chapter 2." Bereits 1966 wies die redaktionskritische Untersuchung VON ALLMENS sehr nachdrücklich auf die jüdisch-apokalyptische Herkunft nichtredaktioneller Anteile in 3,1–13 hin. Während er jedoch vermutete, 3,10b habe in der Quelle direkt an 3,5–7 angeschlossen (ALLMEN 1966, 263), sieht BAUCKHAM 1983, 304 hinter 3,5–10 denselben Prätext. WATSON 2002, 203–205 vertritt eine der in der vorliegenden Arbeit vorgeschlagenen nicht unähnliche Position.

bereitstellte – und dass dies vernünftigerweise angenommen werden darf oder sogar muss, geht aus dem vorliegenden Kapitel hervor – dann hat die Behauptung, dass er selbständig aus diesem Pool schöpfte, um auf die aktuelle Situation einer Gemeinde zu reagieren, und so einen eigenen Beitrag zur diesem Problem leistete, einige Wahrscheinlichkeit für sich.

2. *Pragmatik der Intertextualität*

2 Petr 3,3–13 zeigt gleich mehrfach sprachliche Elemente der metatextuellen Korrespondenz, also der Verständigung des Verfassers mit seinen inendierten Rezipienten über seinen und die von ihm rezipierten Texte. Dazu gehört zunächst die dem Text unmittelbar vorausgehende Zuordnung (3,2b) des Inhalts von 3,3–4, wo der Verfasser angibt, im Folgenden nicht seine eigenen Gedanken über die Zukunft niederzuschreiben; vielmehr machten seine Ausführungen Teil aus „der von den Propheten vorhergesagten Ereignisse und der durch die Apostel verkündigten Lehre vom Herrn und Retter."[862] Intertextualitätstheoretisch gesprochen liegt hier eine Markierung vor: Der Verfasser gibt Auskunft über die Herkunft seines Materials, und diese ist insofern zutreffend, als zumindest die beiden Verse 3,3–4 (wie auch 3,8–10!) tatsächlich aus Versatzstücken apostolischer – und darunter fällt die synoptische Tradition ebenso wie die christliche Briefliteratur – und prophetischer Tradition aufgebaut sind.[863] Die Rezipienten werden auf das in der jesuanisch-apostolischen Verkündigung vorhergesagte Auftreten von für die Gemeinde bedrohlichen Gestalten gewiesen und auf diesen ähnlich gesinnte Menschen aus den Schriften von Tenach und Septuaginta.

Die nächste Spur einer Verständigung des Verfassers mit seinen Lesern oder Hörern ist das kataphorische τοῦτο πρῶτον γινώσκοντες, das die Aufmerksamkeit auf den folgenden Inhalt lenkt, indem es ihn als besonders wichtig kennzeichnet.[864] Darüber hinaus hat es eine intratextuelle

---

[862] Es ergibt daher ein etwas schiefes Bild, wenn WATSON 2002, 205 behauptet, im Verhältnis zum *Judasbrief* würde hier die Ankündigung den Aposteln entwunden und speziell Petrus in den Mund gelegt; so erneut WATSON 2010, 45. Tatsächlich verweist er durchaus auf jene als Urheber dessen, was er sagt. Zutreffend dagegen ist, wenn WATSON im Weiteren ausführt (ibid.): "Now Peter, the Old Testament prophets, the Lord, and the apostles of the community all speak in one voice on the coming of false teachers in the last days."

[863] Gerade wie auch 2,1–3a. WATSONs Ausführungen zu diesem Text (WATSON 2002, 210) könnten also gerade so für 3,3–4 übernommen werden: "Our author is using cultural intertexture – early Christian prophecies of the coming of false prophets and teachers in the end times – to create his apostolic prophecy about false teachers in the last days."

[864] Siehe dazu die die Paraphrase bzw. das *Close Reading* des Textes zu Beginn des Kapitels III.D.

Funktion: Es weist zurück nach 1,20, wo dieselbe Wendung verwendet war. Die beiden durch diese Einleitung herausgehobenen Inhalte, nämlich dass Schriftprophetie keine Sache eigener Auslegung und das Auftreten von ἐμπαῖκται für die letzte Zeit durch Propheten und Apostel angekündigt ist, sollen von den Rezipienten als nebeneinander stehend, als zusammengehörige zentrale Aussagen des Briefes aufgenommen werden.

Mit einer *figura etymologica* (ἐν ἐμπαιγμονῇ ἐμπαῖκται) charakterisiert der Verfasser Wesen und Tun der Heterodoxen. Dass er nicht einfach formuliert ἐλεύσονται ἐπ' ἐσχάτων τῶν ἡμερῶν ἐμπαῖκται ... λέγοντες, sondern durch die Ergänzung ἐν ἐμπαιγμονῇ das Merkmal des Spottes, das er diesen Menschen attribuiert, besonders hervorhebt, kann nicht anders denn als Kommunikation mit den intendierten Rezipienten gewertet werden: ἐμπαῖκται ist das Etikett, das auch sie diesen Personen und deren Reden geben sollen. Nun verweisen ἐμπαίζειν und seine nominalen Derivate, wie gesehen, auf die weisheitliche Gestalt des Spötters ebenso wie auf die Widersacher der Gerechten in der hellenistisch-jüdischen Literatur, unter deren Treiben der Gerechte zu leiden hat. Der nachdrückliche Hinweis auf die Gestalt des ἐμπαίκτης als Deuterahmen der Gegenwartssituation ist aber nur dann sinnvoll, wenn der Verfasser davon ausgehen kann, dass die intendierten Rezipienten mit ihm vertraut sind. Man darf also unterstellen, dass den intendierten Erstempfängeren das Konzept des ἐμπαίκτης und somit wahrscheinlich die Textwelt der Weisheitsliteratur und anderer Schriften des griechischen Ersten Testamentes wenigstens bis zu einem gewissen Grad bekannt ist.

Die erste Belehrung an die Empfängeren (3,5–7) hat die Form einer Erklärung, wie die ἐμπαῖκται zu ihrer Sicht gelangen können, welche Sachverhalte sie bei der Ausbildung ihrer Lehraussagen nicht berücksichtigen: λανθάνει γὰρ αὐτούς. Eine direkte Anrede in Form einer zweiten Person erfolgt nicht; die Einbettung in die briefliche Korrespondenz liefert hier den kommunikativen Rahmen: Natürlich ist diese Erklärung an die Angeschriebenen gerichtet; die ἐμπαῖκται werden in der dritten Person (αὐτούς) besprochen. Geht man davon aus, dass auch die sprachliche Gestaltung des Gesagten Aufschluss geben kann über Kommunikationspartner und/oder –situation, so lässt sich der Umstand, dass der Verfasser nur mit großer Zurückhaltung kosmologische Vorstellungen philosophischer Herkunft anklingen lässt, um so deutlicher aber tenachisch-jüdische Traditionen aufgreift, dahingehend deuten, dass er bei seinen Rezipienten die Lehrentwicklung möglichst wenig auf der Basis philosophischer Weltanschauung gründen, vielleicht sogar bewusst von ihr weglenken und auf die Vorstellungen gegründet sehen will, die er auf die Schriften des Te-

nach, der jüdischen Tradition und deren christliche Rezeption zurück-
führt.[865]

Die zweite Belehrung (3,8–10) wendet sich demgegenüber mit größerem Nachdruck an die Angeschriebenen, indem er sie einleitend direkt
anspricht: μὴ λανθανέτω ὑμᾶς; ihr Inhalt ist gegenüber dem Vorausgehenden noch hervorgehoben, indem er als Pointe (ἓν δὲ τοῦτο) dessen
ausgewiesen wird, was man sich vor Augen halten muss. μὴ λανθανέτω
ὑμᾶς an sich lässt noch keinen Schluss zu, ob die dargebotenen Inhalte
den Angeschriebenen nach der Auffassung des Schreibers bekannt sein
sollten. Die Art und Weise jedoch, wie das Material präsentiert wird,
könnte darauf hindeuten, dass es hier tatsächlich um bekannte Lehren
geht: Die Bearbeitung von Ps 90,4 = Ps 89,4 LXX, die Aufnahme von Hab
2,3 und das Diebeswort werden jeweils nur angetippt, nicht aber ausgeführt. Besonders auffällig ist dies beim Diebesvergleich, der in seiner iso-
lierten Verwendung nur dann sinnvoll ist, wenn er die Funktion hat, die
Erinnerung von Rezipienten zu stimulieren, die aufgrund früherer
Beanntschaft mit dem Text im Stande sind, allerlei Konnotationen und
Assoziationen zu aktivieren. Der unbedarfte Rezipient weiß nicht ohne
weiteres, was es bedeutet, dass der Herrentag wie ein Dieb kommt. Das
Bild ließe etwa auch die Deutung zu, dass der Dieb kommt, um etwas
wegzunehmen. Ihm bleibt nur der aktuelle Kontext als Verstehenshilfe.
Gerade der lässt ihn jedoch aufgrund der geringen Verankerung des Diebeswortes hier im Stich; mit anderen Worten: Diese Form der textuellen
Wiederaufnahme erwartet geradezu die Vertrautheit der Angeschriebenen mit den Inhalten. Und so stimmt in diesem Punkt die Beobachtung
der intertextuellen Kommunikation überein mit der Aussage des Verfassers: Was er schreibt, ist eine *Erinnerung* an die τῶν ἀποστόλων ὑμῶν
ἐντολή τοῦ κυρίου καὶ σωτῆρος, denn sie kennen – in welchem Umfang
auch immer – die apostolische Überlieferung der Jesustradition.

Auch von einer anderen Seite erhält die Annahme, die intendierten Rezipienten begegneten den als Argumenten vorgebrachten Texten und Motiven nicht zum ersten Mal, Plausibilität. So erklärt sich wenigstens teilweise, warum der Verfasser es nicht für nötig hält, einen Hinweis auf eine
Schriftstelle etwa durch eine Zitationsformel als solchen zu markieren.
Wenn etwa Hab 2,3 bekannt ist, reicht das Stichwort βραδύνειν, um an
den Vers, seine Implikation, seine Verwendung in der Diskussion zu erin-

---

[865] Mit allem Nachdruck sei darauf hingewiesen, dass es hier nicht um die Frage
geht, ob nicht bestimmte philosophische Denkansätze und Formulierungen die Entstehung des Textes auf die eine oder andere Weise beeinflusst haben. Wenn VAN
HOUWELINGEN 1988, 249 zu dem Ergebnis kommt, 2 Petr 3 sei nicht auf Gedankengut
aus der griechischen Philosophie gegründet, so besagt dies etwas über die *Herkunft*
des Textes. Die obigen Ausführungen beschäftigen sich mit der Frage, ob 2 Petr 3 auf
bestimmte philosophische Sichtweisen *verweist*.

nern.[866] Dass es dabei um mehr als um Erinnerung geht, nämlich um ein Selbstverortung im Erinnerten, eine Applikation der Lehre auf die eigene Existenz, wird deutlich, wenn der Verfasser gerade dort Pronomina der zweiten Person verwendet, wo wichtige Lehrelemente aufgerufen werden (μακροθυμεῖ εἰς ὑμᾶς; 3,9) oder aus ihnen paränetisch die Konsequenz gezogen wird (τούτων οὕτως πάντων λυομένων ποταποὺς δεῖ ὑπάρχειν ὑμᾶς ἐν ἁγίαις ἀναστροφαῖς καὶ εὐσεβείαις; 3,11).

Einen letzten Hinweis darauf, dass die geschilderte Zukunftserwartung nicht ihm selbst entspringt, findet sich im letzten Vers des Abschnitts. „Petrus" erwartet zusammen (προσδοκῶμεν!) mit denen, die denselben Glauben erlost haben wie er selbst und die Apostel (1,1), neue Himmel und eine neue Erde κατὰ τὸ ἐπάγγελμα αὐτοῦ. Wiederum liegt hier eine Markierung vor, eine Auskunft über die Herkunft des Inhalts. Es wird nicht erläutert, ob diese Verheißung in den Worten der Schriftpropheten oder in der Jesustradition zu suchen ist; nimmt man einen stringenten Textverlauf ohne Brüche an, so müsste αὐτοῦ sich auf θεός beziehen (σπεύδοντας τὴν παρουσίαν τῆς τοῦ θεοῦ ἡμέρας, 3,12) und ein Verweis auf die besprochenen Jesajaverse vorliegen.

Eine letzte Reflexion zur textuellen Kommunikation knüpft an bei der Stoffauswahl und ihrer Gestaltung. Dass offenbar der Eindruck vermieden werden soll, die apostolische Lehre bilde sich unter Aufnahme philosophischer Weltanschauungen aus, wurde bereits dargestellt. Auf der anderen Seite werden, wie etwa die Lektüre von Plutarchs *De sera numinis vindicta* oder der letzten Kapitel des dritten Buches von Senecas *Naturales Quaestiones* zeigt, Themen und Argumente aufgegriffen, die weiter reichen als bis zu den Grenzen des Diskurses in der jüdisch-christlichen Vorstellungswelt.[867] Das nicht unmittelbar erfolgende strafende Eingreifen der Gottheit, die Interpretation dessen als Raum zur Änderung, die Inkommensurabilität göttlichen und menschlichen Zeitempfindens, das Nebeneinander von Szenarien, die die Vernichtung der Welt durch Wasser und Feuer vor Augen führen, all dies sind Themen und Argumente, die auch in (Teilen) der religiösen Welt außerhalb des Juden- und Christentums kursierten. So gewiss also davon auszugehen ist, dass der Verfasser von einem jüdischen Hintergrund herkommt, diesen auch bei den Adressaten als Vertrautheit mit bestimmten Schriften voraussetzt und als verbind-

---

[866] In diesem Sinne auch STROBEL 1961, 89: „Zunächst muss einfach gesehen werden, daß V. 9 die Frage der Parusieverzögerung mit dem altehrwürdigen Schriftbeweis Hab 2,3, dessen Kenntnis man stillschweigend voraussetzt, beantwortet ist."

[867] Plutarchs *De sera numinis vindicta* ist nur ein Beleg dafür, dass die Themen in 2 Petr 3,3–13 über die jüdisch-christliche Welt hinausgehen. DOWNING 1995 hat versucht zu zeigen, dass eine kosmische Eschatologie eine weithin verbreitete Erwartung darstellte; ibid. 109: "Jews and Christians who said and wrote what we find in their apocalyptic eschatologies could be aware that much of it was common parlance."

liche Glaubensgrundlage gewahrt wissen will, so deutlich ist die prinzipielle Zugänglichkeit mancher Argumente für Rezipienten, die eine pagane Religiosität als vorchristlichen Ausgangspunkt haben.[868] Sehr wahrscheinlich schrieb der Verfasser nicht allein an Christen jüdischer Herkunft.[869]

3. Semantik der Intertextualität

Erwägungen zur Frage, welche Bedeutung oder Funktion der Verfasser den Elementen der textuellen Umwelt beimisst, von denen er Gebrauch macht – oder eben gerade keinen Gebrauch macht! – müssen notwendigerweise einigermaßen global bleiben, solange kein sicherer Prätext vorliegt, anhand dessen die Vorgehensweise des Verfassers sicher nachvollzogen werden kann. Gleichwohl haben die Beobachtungen am vorliegenden Textabschnitt genügend Anhaltspunkte bereitgestellt, um die Funktion anderer Texte oder Textgruppen für die *Secunda Petri* und ihre Selbstpositionierung innerhalb dieser textuellen Welt näher zu beschreiben.

Am Umgang des *zweiten Petrusbriefes* mit dem *Judasbrief* in 3,3–4 lässt sich in hervorragender Weise die von Kristeva beschriebene ambivalente Haltung eines Phänotextes zu seinem Prätext bei jeglicher textuellen Wiederaufnahme beobachten: Einerseits gebraucht er frühere Textelemente konstruktiv, andererseits destruiert er ein vorhandenes Gefüge. In dieser Handlungsweise drückt sich Wertschätzung ebenso aus wie Kritik. Zustimmung und Wertschätzung zeigen sich in der Übernahme der Ankündigung heterodoxer Persönlichkeiten in der Gemeinde aus Jud 18. So hoch ist diese Wertschätzung, dass diese Ankündigung sogar eine herausragende Rolle bekommt, indem sie mittels τοῦτο πρῶτον γινώσκοντες besonders hervorgehoben wird. Könnte man davon ausgehen, dass der *zweite Petrusbrief* eine weitere Rezeption des *Judasbriefes* neben sich selbst vor Augen hatte, so müsste man seine Vorgehensweise als eine Gewichtung innerhalb dessen Textes werten. Denn die Ankündigung der Heterodoxen erweist sich hier als das Textstück, auf das es ihm ankommt. Vielleicht ist gerade Jud 18 der Vers, der den Verfasser zur textuellen Wiederaufnahme

---

[868] Treffend formuliert PAULSEN 1992, 162 die kommunikative Wirkung der Schreibweise von 2 Petr 3 anlässlich der Auslegung von 2 Petr 3,7. Nach ihm ist „die Kommunikabilität der Überlegungen des 2 Petr dadurch erhöht, dass auch innerhalb des Hellenismus ähnliche Überlegungen wichtig sind." DUPONT-ROC 1994, 97 schreibt dem Verfasser sogar eine adressatenorientierte «pratique de l'inculturation» zu: «En effet, notre auteur ne garde pas seulement sa spécificité ancrée dans une tradition judéo-chrétienne de lecture de l'Écriture, mais, suivant la ligne qui est la sienne, il sait gagner en ampleur et en profondeur du fait même du sérieux avec lequel il considère la culture contemporaine.»

[869] DUPONT-ROC 1994, 98 geht sogar noch einen Schritt weiter: «L'auteur de 2 Pierre s'adresse à des chrétiens de culture et de langue grecques.»

anregte, der den Anlass gab zu seiner Rezeption. Die Kritik lässt sich am transformativen – und dies bedeutet unweigerlich destruktiven – Verhalten ermessen: Weder kontextuelle Einbettung noch Formulierung konnten vor ihm bestehen. Die Vorhersage findet sich nicht nur bei den Aposteln, sondern auch bei den Propheten; daher erklären sich auch die sprachlichen Eingriffe, die die Diktion ‚prophetischer' macht, also der Sprache der Schriftpropheten annähert. Hinter dieser destruktiven Kraft steht eine theologische Differenz oder wenigstens eine andere theologische Schwerpunktsetzung. Dem Verfasser der *Secunda Petri* geht es um die bleibende Gültigkeit und Relevanz der Schriftprophetie.

In engem Zusammenhang mit der Hochschätzung der Schriftprophetie steht die Dichte der Referenzen auf die Schriften des hebräischen und griechischen Ersten Testaments. Auf Schöpfungs- und Sintfluterzählung wird referiert als typologische Ereignisse für das Künftige; Nebi'im und Ketubim werden herangezogen zur Deutung der Gegenwart (ἐμπαῖκται, οὐ βραδύνει) und zur Ausbildung der Zukunftshoffnung (καινοὺς ... οὐρανοὺς καὶ γῆν καινὴν ... προσδοκῶμεν), ihre Ausagen gelten als Gottes Verheißung (κατὰ τὸ ἐπάγγελμα αὐτοῦ). Werden sie somit grundsätzlich bejaht und gelten als sinnstützend für die theologische Lehre des Verfassers, als deren unabdingbare Basis, so bedeutet dies nicht, dass Verfasser aus Ehrfurcht ihren Text intakt lassen und nur vollständige Verse oder wenigstens wörtlich übernommene Fragmente zitieren müsste. Ihrer Unentbehrlichkeit als obligatorische Grundlage jeglicher Lehrausbildung steht ein bemerkenswert großzügiger Umgang mit ihrem Wortlaut gegenüber. Ein Psalmvers kann in einer stark erweiterten Form verwendet, Prophetensprüche mit ein oder zwei Lexemen angetippt und diese dann syntaktisch neu eingebaut werden. Typische Syntagmata (ποῦ ἐστιν) und Satzstrukturen (*Parallelismus membrorum:* τεθησαυρισμένοι εἰσὶν πυρί, τηρούμενοι εἰς ἡμέραν κρίσεως καὶ ἀπωλείας τῶν ἀσεβῶν ἀνθρώπων) können zur Formulierung absichtlich auf ‚biblisch' klingend getrimmter Aussagen verwendet werden.

Hierin zeigt sich das Bewusstsein des Verfassers, an die biblische Tradition sprachlich und inhaltlich explizierend anzuknüpfen, ein gleichsam prophetisches Bewusstsein, wie es der apokalyptischen Literatur eigen ist, die ebenfalls auf Figuren, Gedanken, Textgattungen und teilweise Sprache von Schrifttexten zurückgreift, um von dieser Grundlage aus weiterführend in die aktuelle Lage und theologischen Fragehorizonte hinein ihre Antwort zu formulieren. Überhaupt zeigten sich so viele gedankliche und sprachliche Berührungen mit dem apokalyptischen Schrifttum, dass es keinem Zweifel unterliegen kann, dass der Verfasser sich dieser Literatur teilweise formal, gewiss aber inhaltlich verpflichtet und zugehörig weiß.

Die Bedeutung der τῶν ἀποστόλων ὑμῶν ἐντολὴ τοῦ κυρίου καὶ σωτῆρος steht auf gleicher Höhe neben der der προειρημένα ῥήματα ὑπὸ τῶν ἁγίων προφητῶν, wie 3,2b zeigte.[870] Dies schlägt sich nieder in einer Art Gleichbehandlung der sprachlichen Elemente, die der τῶν ἀποστόλων ὑμῶν ἐντολὴ τοῦ κυρίου καὶ σωτῆρος zugeordnet werden können. Die Ankündigung heterodoxer Lehrer, realisiert mit Elementen, die wahrscheinlich auf entsprechende Passagen der synoptischen Jesustradition verweisen, steht neben der ποῦ-Frage, die in erster Linie auf die Schriften des hebräischen und griechischen Ersten Testaments referiert. Das wohl jesuanische Wort vom Dieb reiht sich nahtlos ein in die Reihe der Zitate aus Ps 90,4 und Hab 2,3. Ein sprachlicher Verweis auf die in der synoptischen Tradition beschriebenen kosmischen Ereignisse der letzten Zeit (οἱ οὐρανοὶ … παρελεύσονται) wird nicht anders zur Formulierung der kosmologischen Zukunftserwartung verwendet als die Aufnahme eines Prophetenwortes (στοιχεῖα … τήκεται).

Zurückhaltung dagegen übt der Verfasser beim Heranziehen von Formulierungshilfen aus der Textwelt philosophischer Weltanschauung. Gerade so weit werden Wörter (συνιστάνειν) und Strukturen (ἐξ ὕδατος καὶ δι' ὕδατος) verwendet wie sie auch andernorts im jüdisch(-christlichen) Bereich gebraucht sein könnten (Philo, präpositionale Metaphysik im Corpus *Paulinum*). Und wo inhaltlich vielleicht dieser Rahmen verlassen wird, nämlich bei der Ekpyrosis-Vorstellung, wird sorgfältig darauf geachtet, dass nicht das einschlägige Vokabular der Stoa verwendet wird. Die Worte zur endzeitlichen Brandkatastrophe erwecken geradezu den Eindruck einer Distanzierung von Ekpyrosis-Vorstellungen der Stoa.[871] Dies lässt sich entweder als kaschierte Intertextualität verstehen, also als Leugnung der wirklichen Prätexte, oder als als mangelndes Bewusstsein für die Herkunft dieser Idee, also eine unbewusste Bezugnahme auf Texte und Vorstellungen.

Aus dem Blickwinkel der Autometatextualität, der Haltung gegenüber seinem eigenen Text, gibt sich der *zweite Petrusbrief* in diesem Abschnitt als legitimer Nachfahr. Nachfahr ist er insofern, als die maßgeblichen Texte, die Texte, die er zur Ausbildung seiner Lehre heranzieht oder wenigstens heranzuziehen meint, zeitlich vor ihm liegen. Schriften des hebräischen und griechischen Ersten Testaments sind ihm verbindliche Autorität. Er tritt nicht an ihre Seite, sondern in ihre Fußspuren. Implizit gilt dies im vorliegenden Abschnitt auch für die christliche Lehre, die in 3,2b explizit sogar gleichauf mit den Schriftpropheten genannt wird. Allein erhält sie, anders als die als Prophetie interpretierten Schriften, keine hermeneutische Reflexion an anderer Stelle im Brief. Legitim ist die Nachfah-

---

[870] Zu 2 Petr 3,1–2 siehe bereits II.C.

[871] Das Bedürfnis sich von den Ekpyrosis-Vorstellungen der Stoa abzugrenzen, weil man sich der Nähe sehr bewusst war, findet sich etwa bei JustMart apol II,7,3. Zur Rezeption der stoischen Ekpyrosis und ihrer *interpretatio Christiana* durch die Verbindung mit der Auferstehung siehe MANSFELD 1983.

renschaft aus seiner Sicht, weil er diese Schriften in seinen Augen *in deren Sinne* zur Ausbildung orthodoxer Lehre gebraucht. So übernimmt er die Rolle des Anwenders, des Auslegers, des Tradenten und Weiterentwicklers dessen, was er als verpflichtend gültige Schriften und Lehre betrachtet. Etwas anders gestaltet sich sein Verhältnis zum apokalyptischen Schrifttum. Hier finden sich zwar vielfach den seinen analoge Gedanken, so dass außer Zweifel steht, dass die Apokalyptik eine wichtige Inspirationsquelle für ihn darstellt. Dennoch steht sie *neben* ihm oder er neben ihr, wenn nicht gar *in* ihr, insofern er mit ihr den Umgang mit den Schriften des Ersten Testaments teilt. Unter die προειρημένα ῥήματα ὑπὸ τῶν ἁγίων προφητῶν und die τῶν ἀποστόλων ὑμῶν ἐντολὴ τοῦ κυρίου καὶ σωτῆρος fallen sie nicht. Gleichwohl ist ‚Kanonbewusstsein' ein großes Wort für diesen Vorgang.[872] Jedenfalls ist die für den Verfasser des *zweiten Petrusbriefes* theologisch relevante Textwelt größer als was den Heutigen als Kanon gilt.

---

[872] MEIER 1999, 69 etwa attestiert dem Verfasser ein "incipient, intuitive sense of canon", doch auch andernorts finden sich vergleichbare Formulierungen. Zur Frage nach dem ‚Kanonbewusstsein' der *Secunda Petri* vgl. III.C.

Kapitel IV

Ergebnis: Der zweite Petrusbrief und sein textuelles Universum

A. Rekapitulation: Ziel, Methode und Aufbau der Untersuchung

Das Ziel der vorliegenden Untersuchung war es, die Metatextualität des *zweiten Petrusbriefes*, als seine „Aktivität des expliziten und impliziten Kommentierens und Bewertens anderer Schriften" zu analysieren, um so die aus dieser Kommentarfunktion hervorgehende Platzanweisung an andere Schriften sowie die eigene Standortbestimmung im Verhältnis zu diesen Schriften erfassen zu können.[1] Zu diesem Zweck wurden sämtliche Textabschnitte in zwei Bereiche eingeteilt, nämlich ‚biographische' Passagen, also Passagen, in denen die Petrusfiktion gestaltet wird und die auch die wichtigsten direkten metatextuellen Aussagen enthalten, und Textteile, die im Rahmen der Gesamtfiktion als Petri Lehre zu gelten haben, ohne dass damit unmittelbar Aspekte einer Petrusbiographie thematisiert würden.[2] Unter Rückgriff auf Denkansätze aus der Intertextualitätstheorie und unter Anwendung einer aus dieser heraus anhand eines Vorschlages von Paul Claes entwickelten dreistufigen Analyse wurde dann jede Textpassage demselben Verfahren unterzogen. Ein erster Schritt widmete sich der Aufgabe, für die offensichtlichen oder vermuteten textuellen Transzendenzen des Phänotextes eine textuelle Welt zu ermitteln, der sie sich verdankt, *idealiter* einen konkreten Prätext. Der nächste Schritt untersuchte die Einbettung dieser textuellen Kontaktaufnahme in die Kommunikationssituation zwischen Sender und Empfänger, bevor ein letzter Abschnitt die in dieser textuellen Wiederauf- oder Bezugnahme enthaltene Bedeutungszuweisung an die Textwelt bzw. die konkret aufgenommenen Texte beschrieb sowie deren Rückwirkung auf die Selbstlokalisierung des *zweiten Petrusbriefes* in seinem textuellen Universum. Bleibt noch, in einem letzten Kapitel aus den Ergebnissen – wenigstens den wichtigsten – ein Gesamtbild von der durch den *zweiten Petrusbrief* seiner Textwelt angetragenen Ordnung zu entwerfen. Diese Synthese kann ohne neuerliche Ori-

---

[1] Siehe oben I.A.

[2] Diese Zweiteilung könnte übrigens auch die Grundlage einer narratologischen Untersuchung des *zweiten Petrusbriefes* bilden. Für erste Schritte zur Anwendung narrativer Analyse auf die *Secunda Petri* siehe jetzt REESE 2010.

entierung an dem Dreischritt des Analyseteils erfolgen. Zwei Arbeitsgänge sind erforderlich, nämlich erstens die Darstellung der Bedeutungszuweisung an die einzelnen Texte und Textgruppen des textuellen Universums und zweitens die der Standortbestimmung, die der *zweite Petrusbrief*
so für sich selbst vornimmt. Da innerhalb des ersten Schritts darüber hinaus Analyseergebnisse der intertextuellen Syntax ausgewertet werden
müssen, also zusammengestellt werden muss, welcher Art die Verbindung zu der jeweiligen Textgruppe ist, ist eine quantitative Ungleichgewichtigkeit beider Teile nicht zu vermeiden.

B. Bedeutungszuweisung an den Intertext

1. Der zweite Petrusbrief und die literarischen Gattungen seiner Textwelt

1.1. Ein paulinischer Apostelbrief eigenen Zuschnitts

Der Verfasser der *Secunda Petri* steht in der Tradition der paulinischen
Korrespondenz. Dies erweist schon seine Wahl des Briefes als ihm angemessen erscheinende Kommunikationsform zur Verbreitung seiner Botschaft und wird durch die nähere Gestaltung des Briefaufbaus bestätigt.
Der dreiteilige Aufbau des Briefpräskripts und die gewählten Füllungsarten entsprechen in vielerlei Hinsicht dem paulinischen Modell. Ebenso
haben die sich an das Präskript anschließenden Aufbauelemente „adressatenorientierte Briefeinleitung" und „Selbstthematisierung des Apostels"
Entsprechungen im paulinischen Briefformular.

Innerhalb dieser Zugehörigkeit stellt er sich jedoch auch als sehr eigenständig dar. Schon das Präskript imitiert nicht in allen Details paulinische
Gepflogenheiten. Anders als bei Paulus wird etwa der Aposteltitel nicht
weiter legitimiert. Findet sich die Kombination der Titel δοῦλος und ἀπό
στολος noch wenigstens ähnlich im *Römerbrief* und im *Titusbrief*, so gibt es
bei Paulus niemals πίστις und δικαιοσύνη im Präskript, niemals den Optativ πληθυνθείη im Gruß, dessen Näherbestimmung auch niemals mit
ἐν ἐπιγνώσει eingeleitet wird und innerhalb dessen bei der Nennung
Gottes niemals der Vatertitel fehlt. Zudem werden in der *adscriptio* die
Adressaten nicht mehr lokalisiert. Mag auch der Weg dahin über (nachträgliche?) Ausweitungen der Adressatenschaft der Gnesiopaulinen,[3] Gebiets- anstelle von Stadtadressierungen im *Galater-* und *ersten Petrusbrief*

---

[3] Es ist unklar, ob es sich im *ersten Korintherbrief* bei σὺν πᾶσιν τοῖς ἐπικαλουμέ
νοις τὸ ὄνομα τοῦ κυρίου ἡμῶν Ἰησοῦ Χριστοῦ ἐν παντὶ τόπῳ im Anschluss an die
Adressaten in Korinth um eine nachträgliche Erweiterung handelt oder ob die Worte
schon von Anfang an mit zum Text des *ersten Korintherbriefs* gehörten; siehe SCHRAGE
1991, 104f oder andere einschlägige Kommentare.

sowie Zirkulierungsaufträge in den Deuteropaulinen (Kol 4,16) schon
vorgezeichnet gewesen sein, im direkten Vergleich mit Proto- und Deuteropaulinen fällt die fehlende Lokalisierung als Abweichung auf. Bereits in
den ersten zwei Versen zeigt sich also, dass der Verfasser die ihm gegebenen Möglichkeiten nutzt, um innerhalb der Gattung Apostelbrief seinem
Schreiben sein ganz eigenes Gepräge zu geben, seine eigenen theologischen Schwerpunkte zu setzen und mithin sich in seiner Autorität nicht
gänzlich von Paulus abhängig zu machen. Der weitere Verlauf des Briefes
löst diese Ankündigung einer eigenwilligen Gestaltung ein: Die „adressatenorientierte Briefeinleitung" (1,3–11) ist nur in ihrer Funktion, nämlich
epistolographisch-didaktisch der Einführung zentraler Gedanken und
Begriffe, poimenisch-paränetisch der Sorge um das Wohl und die Entwicklung der Angeschriebenen und der entsprechenden Mahnung, nicht
aber in ihrer konkreten Ausgestaltung einer paulinischen Danksagung
oder Eulogie nachempfunden; die literarischen Vorbilder liegen hier wenigstens insgesamt nicht bei Paulus (III.A.1.1.4): Zu Beginn des Prooms
(1,3–4) sind dies die Eingangsperioden literarischer Werke und von De-
kretalinschriften zur Ehrung von Wohltätern (III.A.1.1.1); der folgende
Tugendkatalog (1,5–7) erinnert zwar inhaltlich in einzelnen Punkten wie
dem πίστις-ἀγάπη-Rahmen an Paulus, nicht aber in seiner konkret vorliegenden Gestalt in Form eines Sorites noch hinsichtlich seiner Position
im Briefeingang (III.A.1.1.2); der Verweis auf die eschatologische Hoffnung mit dem Stichwort βασιλεία in Verbindung mit Taufe und katalogischer Morallehre (1,9–11) findet sich zwar auch bei Paulus, ist jedoch nicht
spezifisch paulinisch und wird bei diesem auch nicht im Prooöm verhandelt (III.A.1.1.3). Und schließlich ist die „Selbstthematisierung des Apostels" (1,12–15), die in der *Secunda Petri* mit deutlichen Anleihen bei den
literarischen Konventionen der Abschiedsliteratur erfolgt (II.E.1.1), in dieser Form bei Paulus ebenfalls nicht zu finden; lediglich in den Pastoralbriefen, vornehmlich im *zweiten Timotheusbrief*, zeigen sich vergleichbare
situative Selbstaussagen des pastoralen Paulus.

In diesem Oszillieren zwischen Anschluss an das paulinische Briefformular und Distanznahme von ihm zeigt sich die Bedeutung, die der *zweite
Petrusbrief* der Form des Briefes paulinisch-apostolischer Prägung beimisst. Er akzeptiert, bejaht und übernimmt sie als probates Mittel autoritativer Einflussnahme auf die Entwicklung von Lehre und Lebensführung. Zugleich ist ihm die paulinische Art der konkreten Ausgestaltung
dieser äußeren Form keine für alle Zeiten zwingende Norm: So suggeriert
er gerade keine ‚paulinischen' Zeiten und Zustände durch eine direkte
Adressierung an die Gemeinde, deren aktueller Zustand ihn zu seinem
Brief veranlasst hat. Vielmehr wendet er sich an *alle* Gläubigen petrinisch-
apostolischer Prägung und knüpft damit an der nachpaulinischen Entwicklung an, so dass seine Bejahung nur teilweise der paulinischen Form

in ihrem ursprünglichen Zustand gilt, zu einem anderen Teil aber deren Weiterentwicklung, die er selbst durch seine eigenen Neuerungen noch mitbefördert. Das paulinische Formular ist ihm gültiges, der paulinische Einzelgemeindebrief aber ein überholtes Modell.

1.2. *Integriert: literarisch fixierte fingierte Abschiedsrede und Apokalyptik*

Ganz gewiss ist der Verfasser des *zweiten Petrusbriefes* vertraut mit den sprachlichen Gestaltungsmitteln, unter deren Zuhilfenahme ein Text erstellt werden kann, der sich in die Gruppe der Testamente und Abschiedsreden einreiht. Bestimmte Motive, lexikalische Einheiten oder Verbindungen sowie morphologische Gestaltungselemente zeigen deutliche Nähen zu oder gar Kongruenzen mit Abschnitten aus Abschiedsreden umfangreicherer Geschichtswerke (Moserede in den *Antiquitates* des Josephus; Paulusrede in den *Acta* etc.) oder zu Passagen aus Testamenten (z.B. *Testamenta duodecim patriarcharum*). Hierher gehört etwa das Konstatieren der Todesnähe, die Kommunikationssituation, in der der Sterbende sein Vermächtnis weiterreicht, das semantische Feld des Erinnerns und die Vorhersage von divergierenden Lehrmeinungen oder Verhaltenscodes (1,12–15; 2,1–3; 3,1–2). All diese Übereinstimmungen sind freilich als generisch zu werten, so dass man zu dem Ergebnis geführt wird, dass der Verfasser zwar durchaus Beispiele literarischer Gestaltung von Abschiedssituationen gekannt haben muss, um den Phänotext zu erstellen, aber letztlich kein einziger Prätext sicher benannt werden konnte. Es geht dem *zweiten Petrusbrief* nicht darum, durch Verweise oder ausgiebige Anleihen bei einem konkreten Werk in dessen Fußstapfen zu treten, sondern um die Akzeptanz der Gestaltungs- und Ausdrucksmöglichkeiten der Gattung für die eigenen Zwecke. Da diese, soweit möglich, in die dominierende Rahmengattung des Briefes integriert werden, zeigt sich sogar eine gewisse Distanznahme von der Form eines Testaments: Der Verfasser wollte kein Testament in der Form etwa der *Testamenta duodecim patriarcharum* schreiben, sondern die Autorität des Apostelbriefes nutzen und ihr die Gewichtigkeit und den Nachdruck der letzten Worte in der Situation eines definitiven Abschieds beigeben.[4] Auch hier geht der Verfasser mit den Entwicklungen der Gattung in seiner Gegenwart mit. Es ist nicht eine der großen Gestalten aus den Schriften des Ersten Testaments, dessen Abschiedsbrief er verfasst, sondern eine der zentralen Figuren der höchstens einige Jahrzehnte zurückliegenden apostolischen Entwicklungsphase des jungen Christentums. Ähnliche Versuche der Integration von Abschiedsrede und Testament in die Entwicklung der christlichen Literatur unternehmen die

---

[4] Siehe PAULSEN 1997, 159 Anm. 42: „Die Gattungsmerkmale des ‚Briefes' nehmen so die Topik des Testaments auf und interpretieren sie."

Evangelien in Bezug auf Jesus, die Apostelgeschichte und die Pastoralbriefe in Bezug auf Paulus.

Ein ähnliches Verhältnis wie zur Abschiedsliteratur zeigt sich zur Apokalyptik: Auch sie wird aufgegriffen und integriert, ohne dass ein eigenes
selbständiges Werk dieser Gattung entsteht. Entgegen dem Optimismus
einzelner Forscher[5] gibt es kein deutliches Indiz dafür, dass 2 Petr 3,4ff
wirklich eine jüdische Apokalypse als Prätext zu Grunde liegt. Gewiss jedoch rezipiert der *zweite Petrusbrief* apokalyptische Vorstellungen jüdischer und christlicher Provenienz, was wiederum seine Vertrautheit mit
apokalyptischer Literatur oder wenigstens mit deren Spiegelungen in anderen Genera wie etwa der Endzeitrede der synoptischen Evangelien voraussetzt. Die Darstellung von einschneidenden Umwälzungen kosmischer
Natur als szenischer Hintergrund oder Vorspiel göttlichen Gerichtshandelns (III.D.1.2.3), die Aufnahme einschlägiger Belegstellen aus den Propheten zur Schilderung dieser kosmischen Geschehnisse (III.D.1.3), die
Periodisierung der Geschichte (III.D.1.2.3), aber auch die Interpretation
des ausbleibenden Gerichts als μακροθυμία Gottes und Gelegenheit zur
μετάνοια (III.D.1.3.2), all dies verweist auf apokalyptische Literatur, ohne
dass ein konkretes Prätextverhältnis zu beobachten wäre.[6] Apokalyptische
Vorstellungen machen Teil aus des Geschichtsbildes der *Secunda Petri*; a-
pokalyptische Literatur ist eine probate Form der Formulierung von Zukunftserwartungen, doch hat sich der Verfasser gegen eine Petrus*apokalypse* und für einen Petrus*brief* entschieden.[7]

Mit der Akzeptanz, Übernahme und Integration von Ausdrucksformen
der literarisch fixierten fingierten Abschiedsrede sowie der Apokalyptik
bejaht er gleichzeitig das Verfahren von Texten, die, ihm ähnlich, diese

---

[5] ALLMEN 1966; BAUCKHAM 1983, 284f.304f.

[6] Auch bezüglich des in 1 Clem 23,2 und 2 Clem 11,2 als autoritative Schrift zitierten Textstücks kann nicht erwiesen werden, ob die *Secunda Petri* direkt oder indirekt
das Werk zurückgreift, zu dem der Abschnitt gehört.

[7] Was BAUCKHAM 1998, 170 über die *Petrusapokalypse* schreibt, erweist sich auch
für den *zweiten Petrusbrief* als sehr treffend: "That there is actual literary dependence
by the Apocalypse of Peter on any extant Jewish apocalypse is much less certain. The
links which exist are explicable as common apocalyptic tradition, current in Jewish
and Christian apocalyptic circles of that period. It is an important general feature of
the apocalypses of this period that they are all dependent on blocks of traditional
apocalyptic material. The more one studies the way the same traditions reappear in
various apocalypses, the more it becomes impossible to suppose that literary borrowing from one apocalypse to another can fully explain the recurrence of traditional
material. Apocalyptic tradition must have existed in some form, oral or written, in-
dependently of the apocalypses in which such traditions are now incorporated. (Of
course, such traditional material is also sometimes preserved in works which are not
apocalypses, such as the Biblical Antiquities of Pseudo-Philo or the letters of Paul.)…
Every apocalypse is therefore a mixture of tradition and originality."

Genera in einen größeren Rahmen aufnehmen, also etwa des *Baruchbuches* oder, aufgrund der Zuordnung zum christlichen Schrifttum, in noch größerer Nähe zu ihm, den Evangelien.

2. Der zweite Petrusbrief und die Schriften des Ersten Testaments

Die Trennung in „Schriften des Ersten Testaments" einerseits und „das jüdische Schrifttum außerhalb des Ersten Testaments" birgt die Gefahr, dem tatsächlichen Sachverhalt, wie er sich für den *zweiten Petrusbrief* darstellt, nicht zu entsprechen. Denn der Kreis für ihn verbindlicher, heiliger Schriften lässt sich nicht mit Sicherheit abstecken. Es ist weder gewiss, dass alle in der Septuaginta enthaltenen Schriften ihm bekannt waren oder als heilig galten; überhaupt muss es als höchst fraglich gelten, ob er diese Schriften in ihrer septuagesimalen Textform kannte. Noch kann mit Sicherheit davon ausgegangen werden, dass nicht vielleicht ein Buch wie die *Henochapokalypse* ihm als heilige Schrift galt. Korrekt formuliert würde die Fragestellung in diesem und dem folgenden Abschnitt lauten müssen, welche Bedeutung die *Secunda Petri* den (Inhalten der) Schriften gibt, die den Heutigen als Bestandteile des griechischen und/oder hebräischen Ersten Testamentes bekannt sind, und welche Bedeutung denen, die sie als außerkanonisch betrachten. Dabei ist selbst ‚die Heutigen' im Grunde eine unzulässige Vergröberung, weil der Kanon der äthiopisch-orthodoxen Kirche etwa die *Henochapokalypse* durchaus mit einschließt. Wenn diese Unterscheidung hier dennoch gebraucht wird, so besteht die innere Berechtigung dafür in dem Befund, dass sich die vom *zweiten Petrusbrief* aus der Tradition der heiligen Schriften aufgegriffenen Inhalte durchaus im Bereich des septuagesimalen Schrifttums befinden, eine äußere Plausibilität aber in einem der westlichen (wissenschaftlichen) Welt vertrauten Ordnungsschema.

Die Kontaktaufnahmen der *Secunda Petri* mit den Schriften des Ersten Testaments lassen sich im Wesentlichen in vier Kategorien gruppieren: Aufgreifen, Weiterentwickeln und Imitieren ‚biblischer' Diktion und Motivik; Rückgriff auf *exempla* narrativer Passagen des Ersten Testament zur Begründung theologischer Aussagen; Heranziehen biblischer Modelle und Figuren als Identifikationsschablonen für Zeitgenossen und Aufnahme von schriftprophetischen Aussagen zur Formulierung der Zukunftserwartungen.

‚Biblische' Diktion findet sich sowohl auf syntaktischer wie auf lexikalischer Ebene. In 2 Petr 1,19; 2,3 und 2,9 empfindet der Verfasser jeweils einen *Parallelismus membrorum* biblischen Stils nach; in 2 Petr 2,12 (ἐν τῇ φθορᾷ αὐτῶν καὶ φθαρήσονται) und 3,3 (ἐν ἐμπαιγμονῇ ἐμπαῖκται) jeweils eine etymologische Figur und in 2 Petr 3,4 eine Variante zur ποῦ-Frage (III.D.1.1). An anderen Stellen sind es kleine Formulierungseinheiten wie Wortkombinationen oder Wendungen, die außerhalb des Ersten

Testaments (und zuweilen des darauf fußenden Schrifttums) wenig oder gar nicht belegt sind.[8] Die Funktion dieser sprachlichen Gestaltung ergibt sich aus dem jeweiligen Vers. Einmal soll ein Gedanke durch ‚biblische' Diktion als der Welt der autoritativen Schriften zugehörig gekennzeichnet werden (III.C.1.2.5), einmal soll auf ein biblisches Identifikationsmodell für den aktuellen Konflikt verwiesen werden, das traditionell die typische Haltung des Widersachers des Gerechten beschreibt (ἐμπαίζειν; III.D.1.1), oder aber der aktuelle Konflikt unter Rückführung auf traditionell bekannte Deutemuster und mit der zugehörigen Terminologie diskutiert werden (βραδύνειν; III.D.1.3.2). Dabei wird deutlich, dass diese ‚biblische' Diktion nicht bei den (griechischen Übersetzungen der) Schriften des Tenach stehen bleibt, sondern sich manchmal erst ausgehend von den in griechischer Sprache konzipierten Schriften des Ersten Testaments in das Schrifttum des hellenistisch-römischen Judentums und des jungen Christentums hineinerstreckt. So ist Jesus bei den Synoptikern das Opfer von ἐμπαίζειν wie die makkabäischen Märtyrer angesichts der Maßnahmen gegen jüdische Kultausübung (III.D.1.1.1), so knüpft der Gebrauch von σκότος für die negative Form der eschatologischen Befindlichkeit in den frühchristlichen Texten an jüdisches Schrifttum in hellenistischer Zeit an (III.C.1.2.8). Auch die Metapher ὁμίχλαι ὑπὸ λαίλαπος ἐλαυνόμεναι verdankt sich dieser sprachlichen Bewegung (III.C.1.2.8). Zum einen beschreibt sie in traditionell weisheitlichem Sinn das zukunftslose Dasein der Anderen, zum anderen jedoch sind ähnliche Metaphern in der näheren textuellen Umgebung mehrfach belegt.

Mit exemplarischen Personen und Geschehnissen aus dem Ersten Testament belegt der Verfasser die Richtigkeit seiner theologischen Sichtweisen. Ferner können Geschehnisse auch typologisch künftige Dinge vorabbilden und Personen oder Figuren als Analogien für gegenwärtige oder künftige Menschen herangezogen werden. Dabei zeigt sowohl die Auswahl der Beispiele wie auch die konkrete Ausgestaltung der Rezeption, dass der Verfasser auch hier nicht beim Ersten Testament stehen bleibt: Neben Noah und Lot, der Sintflut und dem Untergang von Sodom und Gomorra stehen die „sündigen Engel", die in „Gruben der Düsternis" aufbewahrt werden (III.C.1.2.1–4). Gerade dieses letztgenannte Beispiel zeigt unmittelbar, dass hier nicht der *Genesis*text die rezipierte Version ist. Doch auch bei der Aufnahme der anderen Beispiele geht nur ein Teil des zur Ausgestaltung verwendeten Vokabulars auf die biblischen Erzählungen zurück (ἐπάγειν und κατακλυσμός für Noah, καταστροφή für Sodom und Gomorra), andere lexikalische Einheiten sind im Laufe der Rezeption

---

[8] Siehe etwa ἡμέραν ἐξ ἡμέρας und ἀνόμοις ἔργοις in 2,9; πορεύεσθαι ὀπίσω in 2,10; das Nebeneinander von Augen und Herz in 2,14; die Ergänzung ματαιότητος φθεγγόμενοι zu ὑπέρογκα in 2,18; ἐπ' ἐσχάτων τῶν ἡμερῶν in 3,3.

den Erzählungen zugewachsen und gehören zur Zeit des *zweiten Petrus-briefes* teilweise zum festen Bestand des Sprachmaterials, das zur Nacher-zählung herangezogen wird, haben aber keinen Anhaltspunkt in den Er-zählungen der *Genesis* (τεφροῦν und τέφρα für Sodom und Gomorra; No-ah als ὄγδοος eventuell erst christlich). Die theologischen Aussagen, die durch die *exempla* bestätigt werden sollen, lehnen sich formal und inhalt-lich an in hellenistischer Zeit entstandene Teile des griechischen Ersten Testaments an; für 2 Petr 2,4–10a scheinen konkret Sir 16 und Weish 10 prägend gewesen zu sein (III.C.1.2.5), wie die *Secunda Petri* auch sonst ge-legentlich theologisch an dieser Schriftengruppe anknüpft (βραδύνειν und μακροθυμεῖν im Kontext der Diskussion um das Sich-Hinziehen des Endes in Sir 35,19 LXX; Verbindung von Ps 90,4 mit Gottes Erbarmen in Sir 18,10–11?). Kompositorische Maßnahmen wie die Nebeneinanderord-nung von Sintflut und dem Untergang von Sodom und Gomorra oder so-gar der Dreischritt Wächtergeschichte – Sintflut – Untergang der beiden Städte (2 Petr 2,4–6) knüpfen ebenfalls an exegetische Gepflogenheiten hellenistischer Zeit an, und der typologische Zugang zu narrativen Passa-gen des Ersten Testaments als Vorabbildungen eschatologischen Gesche-hens (2 Petr 2,6) weist womöglich sogar auf die christliche Auslegung der Schriften des Ersten Testaments, wenngleich typologische Exegese an sich keine christliche Erfindung ist: Schon in 3 Makk 2,5 gelten Sodom und Gomorra als παράδειγμα. Kurzum, der Zugang der *Secunda Petri* zu den narrativen Passagen des Ersten Testaments und den in ihnen agierenden Gestalten erfolgt in der Regel über Auslegungstraditionen aus jüdisch-hellenistischer oder in einigen Fällen erst christlicher Zeit sowie über theologische Aussagen aus den hellenistischen Werken des griechischen Ersten Testaments.

Die biblische Tradition liefert dem Verfasser des *zweiten Petrusbriefes* nicht nur Material zur Untermauerung seiner Soteriologie und Eschatolo-gie; sie stellt ihm auch Modelle und Schablonen bereit, in die er Personen-konstellationen seiner Zeit einfügen kann. Ein solches Modell ist das des weisheitlichen Spötters, in das die Anderslehrenden durch die sprachliche Wiedergabe ihrer (angeblichen) Lehrmeinungen (ποῦ-Frage) eingepasst werden (III.D.1.1.2). Als Gegenstück gehört dazu das Bild des unter die-sem leidenden Gerechten, nach dem die Rezeption Lots geformt ist (III.C.-1.2.4), der wiederum so zur Identifikationsfigur derer wird, die den apos-telgleichen Glauben erlost haben, während das sexuelle Fehlverhalten die Anderslehrenden auf eine Stufe mit den Sodomiten stellt. Ein anderes Deute- oder Identifikationsmuster ist Bileam (III.C.1.2.7), und zwar einmal mehr ein Bileam mit dem Ballast seiner Interpretation in den *Wiederauf-nahmen* der Erzählungen des Buches *Numeri,* in denen ihm stets mehr und deutlicher allerlei Untugenden wie Verführung zur Apostasie in Form der Teilnahme an fremden Kultmählern und zu sexueller Deviation zuge-

wachsen sind bzw. bereits im *Numeri*buch zugeschriebene Laster vergrö-
ßert wurden. Selbst die sprichwörtlichen rückfälligen Hunde und Schweine, die einmal mehr bezeugen, dass die Gruppe der für die *Secunda Petri*
maßgeblichen Schriften wohl nicht nur den Umfang des Tenachs, sondern
auch den der Septuaginta überschritt, werden zum Rollenmodell der Anderslehrenden erklärt (III.C.1.2.12).

Die direkte metatextuelle Stellungnahme der *Secunda Petri* zur Bedeutung der Prophetie (2 Petr 1,20–21) besagt, dass die Prophetie der Schrift
von Gott herkommt und die Vorhersagen der Propheten als unbedingt
verbindliche Grundlage für die Zukunftserwartungen zu gelten haben.
Dieses Bild wird modifizierend vervollständigt, betrachtet man die Art
und Weise, wie der Verfasser auf schriftprophetische Aussagen zurückgreift. Zunächst fällt auf, dass kaum einmal ein aus mehreren zusammenhängenden Wörtern bestehendes Textstück aufgenommen, geschweige
denn ein ganzer Vers zitiert wird. Vielmehr werden vereinzelte lexikalische Einheiten vorgängiger Texte verwendet, um den Phänotext zu erstellen. Dass sich dennoch darin Spuren aufgenommener Texte erkennen lassen, liegt daran, dass der Verfasser oft auf *loci classici* zurückgreift, um die
aktuelle Botschaft zu formulieren, also Texte, von denen auch noch kleins-
te Fragmente ein hohes Evokationspotential besitzen. Dies gilt für den Anbruch des Tages (1,19; Cant 2,17=4,6), den Aufgang des φωσφόρος (1,19;
Num 24,17, eventuell in Verbindung mit Mal 3,20 LXX), die Schmähung
des Namens Gottes (2,2; Jes 52,5 LXX), das Nichtzögern (3,9; Hab 2,3), das
schleunige Kommen (Jes 13,22; Mal 3,1), das Schmelzen der Himmelskörper (3,12; Jes 34,4) und die Hoffnung auf neue Himmel und eine neue Erde, in denen Gerechtigkeit wohnt (3,13; Jes 65,17ff; 32,17; 66,22 LXX). Dabei werden einige der aufgenommenen Textfragmente rekontextualisiert:
Der Anbruch des Tages und der Aufgang des φωσφόρος werden zu einem wohl eschatologischen Moment persönlicher Erleuchtung; die
Schmähung des Namens Gottes wird zur Schmähung des „Weges der
Wahrheit". Der Originalität des Verfassers darf dies nur zum Teil ange-
rechnet werden, denn es zeigt sich, dass viele dieser Verse zu dem Zeitpunkt, wo der Verfasser der *Secunda Petri* sie aufgreift, bereits eine umfängliche Auslegungs- und Aktualisierungsgeschichte hinter sich haben,
im Laufe derer sie sich einer Rekontextualisierung unterziehen mussten.
Damit aber ist es sehr wahrscheinlich, dass der Verfasser der *Secunda Petri*
gar nicht unmittelbar auf die Prophetentexte des Ersten Testamentes zurückgreift bzw., wenn dies doch der Fall sein sollte, sie von der zeitgenössischen jüdisch-christlichen Auslegung her rezipiert. Unterstützt wird dieser Eindruck von der Tatsache, dass der textuellen Wiederaufnahme mehr
als einmal eine andere Textversion als die Septuaginta zugrunde liegt.

Die einzige Stelle, wo schließlich auf den ersten Blick doch ein regelrechtes Zitat aus einer Schrift des Ersten Testamentes vorzuliegen scheint,

bestätigt, was soeben zum Rezeptionsweg prophetischer Texte gesagt wurde. 2 Petr 3,8 formuliert eine exegetische Regel zum Geschichtsverständnis, die sich in ihrem zweiten Teil an Ps 89,4 LXX = Ps 90,4 MT anlehnt. Der erste Teil rezipiert einen aus demselben Vers abstrahierten Algorithmus zur Umrechnung von Gottestagen in Menschenjahre, der aus der Tradition jüdischer Schriftexegese hinreichend bekannt ist. Einmal mehr entnimmt der Verfasser seine Textform nicht direkt aus dem Ersten Testament, und einmal mehr leistet er einen eigenen Beitrag zur Auslegung, denn anders als andere verwendet er den Algorithmus gerade nicht um ein mathematisches Exempel zu statuieren: Die 1000 Jahre scheinen nicht wortwörtlich gemeint; 2 Petr 3,8 zielt im vorliegenden Kontext allgemein auf die Inkommensurabilität göttlichen und menschlichen Zeitempfindens. Damit kehrt er im Vergleich zu den Zeitgenossen, die den Vers als regelrechte Umrechnungsformel gebrauchten wieder einen Schritt zurück in die Nähe der ursprünglichen Kontextualisierung in Ps 90,4 (III.D.1.3.1).

Auf einen kurzen Nenner gebracht sind der *Secunda Petri* die Schriften des *Ersten Testaments* Quelle und Beweismittel einer orthodoxen Theologie, Interpretationshilfen für die Geschehnisse der Gegenwart und obligatorischer Fundus für die Ausbildung der Zukunftserwartungen. Zur Erstellung theologischer Lehrsätze dienen ihr besonders späte Schriften des griechischen Ersten Testaments. Die autoritative Geltung der Schriften steht einem kreativen Umgang mit deren Text nicht entgegen, ebenso wenig wie sie automatisch zu einem direkten Rückgriff auf die ersttestamentlichen Texte führt: Die *Secunda Petri* liest das Erste Testament durch die Brille der Auslegungsgeschichte in hellenistisch-römischer Zeit.[9]

3. Der zweite Petrusbrief und das jüdische Schrifttum außerhalb des Ersten Testaments

Der Verfasser des *zweiten Petrusbriefes* ist vielfach verwurzelt in Gedankengut und Literatur des Judentums hellenistischer Zeit. Punktuell finden sich auch Überschneidungen mit Gedanken, die in der Literatur rabbinischer Zeit ihren Niederschlag gefunden haben. Ohne auf die Beschreibung der Bedeutungszumessung an dieses Schrifttum und die Selbstpositionierung der *Secunda Petri* im Verhältnis zu ihr vorzugreifen, kann einleitend festgehalten werden, dass diesbezügliche Beobachtungen ihren Wert auf

---

[9] DAVIDS 2004, 429 beobachtet dies auch für den *ersten Petrusbrief*, den *Judasbrief* und den *Jakobusbrief*: "In no case does this literature directly cite the Tanak (MT or LXX) when citing narrative material. We have seen clues in even the briefest references to a narrative that show that the narratives have been mediated to our authors through the oral and written traditions (i.e. narrative amplifications) of Second Temple Judaism."

verschiedenen Niveaus entfalten: Zum einen machen sie eine Aussage über die geistige Prägung des Verfassers, dessen Heimat unzweifelhaft im hellenistischen Judentum gesucht werden muss. Zum zweiten bilden sie ein wichtiges Element beim Entwickeln eines Bildes vom Werden der christlichen Lehre im Verhältnis zum zeitgenössischen Judentum. Auch in einem späten Stadium des Neuen Testaments, wo die – natürlich auch im *zweiten Petrusbrief* beobachtbare! – Einflussnahme einer paganen Umwelt oft als das wichtigste Entwicklungsmoment des aufkommenden Christentums gehandelt wird, ist mit dem teilweise nicht unerheblichen Ein- und Weiterwirken jüdischen Gedankenguts zu rechnen. Drittens weist es auf die Notwendigkeit und Berechtigung der seit einigen Jahren im Gang befindlichen Gewichtsverlagerung im Verständnis des *zweiten Petrusbriefes*, die sich exemplarisch an zwei Dissertationen aus Uppsala nachvollziehen lässt: Während – wie viele andere! – Fornberg in seiner einflussreichen Dissertation "An Early Church in a Pluralistic Society" (1977) zuweilen den jüdischen Charakter der *Secunda Petri* heruntergespielt hat,[10] hat sich Gerdmar gut zwei Jahrzehnte später in seiner Dissertation "Rethinking the Judaism-Hellenism Dichotomy" (2001) die Aufgabe gestellt, gerade die jüdische Seite des *zweiten Petrusbriefes* aufzudecken.[11]

3.1. Die Baruchapokalypse und anderes jüdisch-hellenistisches Schrifttum

Besonders auffällige Konvergenzen traten immer wieder im Vergleich mit der *syrischen Baruchapokalypse* zu Tage. Besonders auffällig deshalb, weil sie sich nicht auf einzelne übereinstimmende oder ähnliche Formulierungen beschränken. Vielmehr ähnelt das *syrische Baruchbuch* der *Secunda Petri* in der Vereinigung mehrerer literarischer Gattungen. Am Ende dieser Schrift, die man insgesamt unter die Kategorie ‚Apokalypsen' fasst, finden sich Abschiedsreden mit dem Vermächtnis Baruchs und die Erwähnung zweier Abschiedsbriefe letztlich ‚katholischer' Adressatenschaft: einen an die Geschwister in Babel und einen an die neuneinhalb Stämme. Dieser letzte, der nach dem Hinscheiden Baruchs Orientierung geben soll, findet sich dann auch im Wortlaut am Ende der Schrift; Funktionsbestimmung

---

[10] Siehe FORNBERGs eigene Sicht auf den Brief: "… the setting of the letter seems to be so little affected by Judaism…"; FORNBERG 1977, 147. Die vorliegende Untersuchung hat jedoch gezeigt, dass an einigen der lexikalischen Stützen seiner These (zu ἐπόπτης siehe II.B.1.1.3, zu σιροῖς siehe III.C.1.2.1) mehr Verweiskraft auf einen paganhellenistischen Kontext beigemessen hat, als ihnen tatsächlich anhaftet.

[11] Dass er dabei gelegentlich über das Ziel hinaus schießt, steht auf einem anderen Blatt. Seine These etwa, dass die *Secunda Petri* stellenweise offenbar aus einer hebräischen Textversion des Ersten Testaments zitiere (GERDMAR 2001, 301), dürfte etwas zu vollmundig geäußert sein, doch ist die generelle Tendenz seines Buches hin zu den jüdischen Seiten des *zweiten Petrusbriefes* zu unterstützen; für eine ausgewogene Rezension siehe FREY 2003b.

und autoreferentieller Verweis kommen also der *Secunda Petri*, die ja nach ihrem Willen allzeit die Rolle einer bleibenden Erinnerungshilfe spielen will, äußerst nahe. Jenseits des souveränen Spiels der Vereinigung verschiedener Gattungen und der Selbstreferenz, hinter der sich derselbe Anspruch auf eine beinahe ‚kanonische' Geltung zeigt,[12] lassen sich stellenweise Motivcluster beobachten wie etwa in syrBar 21–25 die strukturelle Analogie mit 2 Petr 3 „Tod der Väter – Hinausschieben der Erfüllung der Verheißung – Nähe der Erlösung – Gottes Langmut" sowie einzelne motivische Nähen wie „Langmut für Schwäche halten" (21,20), die Vorstellung von ‚Schatz'kammern, wo Tote aufbewahrt werden (21,23), die Metapher des Schlafens für den Tod der Väter (21,24), das Bild von der vorbeiziehenden Wolke (82,9). Schließlich findet sich übereinstimmend der Verweis auf eine Schrift außerhalb des vorliegenden Werkes (77,19) und wird der Text durch Kundgabeformeln oder ähnliches gegliedert.[13] Trotz dieser Nähen ist auch hier kein Prätextverhältnis festzustellen: Es lässt sich in keine Richtung mit Sicherheit nachweisen, dass die eine Schrift die andere kannte und verwendete. Und doch findet durch die Begegnung auf den genannten verschiedenen Ebenen eine reziproke Bedeutungszuweisung statt. In ein Bild gefasst, geben sich die Schriften gegenseitig den Status von Brüdern, die ihre Wurzeln teilen und deren Ähnlichkeit nicht verblichen ist, obwohl das Leben sie in unterschiedliche unmittelbare Lebensumstände verschlagen hat.

Von anderem Stellenwert sind die immer wieder einmal zu verschiedenen Schriften des hellenistischen Judentums zu beobachtenden vereinzelten motivischen Kongruenzen wie die Vorstellung von der Gerechtigkeit als dem Charakteristikum eschatologischer Hoffnung in der *Henochapokalypse* (äthHen 10,16–20; III.D.1.2.4), die Interpretation vom Aufschub des Gerichts als Raum für Reue und Buße oder vom Gerichtstag als Ende der Welt und Anfang einer neuen im *vierten Esrabuch* (4 Esr 7,113.134; III.D.1.3.2; 2 Petr 3,10–13). Sie weisen auf den weiteren vorchristlichen Kontext hin, in dem sich Theologie und Gedankengut des *zweiten Petrusbriefes* – wie auch anderer früher christlicher Theologien – ausbildeten; um das genannte Bild fortzuführen: Sie geben sich den Status weiter entfernter Verwandter. Gelegentlich kann bei der Zusammenschau solcher Schriften mit dem *zweiten Petrusbrief* der Eindruck entstehen, dass nicht viel fehlte, um ein zitierendes Verhältnis zu postulieren, so etwa bei *sicut lucerna in loco obscuro* in 4 Esra 12,42 (vgl. 2 Petr 1,19; III.B.1.2.2) und beim Spruch vom frisch gebadeten Schwein, das zum Schlamm zurückkehrt, in der syrischen und arabischen Version der *Ahiqarerzählung* (2 Petr 2,22; III.C.1.2.12); ein Nachweis gelingt jedoch in keinem der Fälle sicher.

---

[12] WHITTERS 2001.
[13] Zu letzterem siehe SCHMIDT 2003, 300 Anm. 7.

3.2. Philo und Josephus

Texte der älteren jüdischen Zeitgenossen Philo und Josephus dienten der vorliegenden Untersuchung als ständige Vergleichsmöglichkeit, die aufgrund gedanklicher, motivischer, teilweise auch lexikalischer Kongruenzen gestattete, die Beheimatung des zur Exegese verwendeten sprachlichen Materials offenzulegen, überhaupt manchen exegetischen Zugängen des *zweiten Petrusbriefs* zu den Schriften des Ersten Testamentes einen Platz in der jüdischen literarischen Produktion seiner Zeit zuzuweisen. So zeigte Philos Bileamrezeption teilweise Überschneidungen mit den Ausführungen in 2 Petr 2 (III.C.1.2.7), darüber hinaus ermöglichte der Alexandriner die Verortung einiger theologischer Positionen der *Secunda Petri* wie beispielsweise des Prophetieverständnisses (spec.leg IV,49–52; III.B.-1.1.1) und belegte die Gebräuchlichkeit eines Teils ihres Wortschatzes im hellenistischen Judentum: Wie der *zweite Petrusbrief* kennt Philo beispielsweise den προφητικὸς λόγος, die εἰλικρινὴς διάνοια und die θεία δύναμις. Josephus gibt Einblick in narrativ-literarische Praktiken bei der Wiederaufnahme biblischer Erzählungen und Figuren, wie sie ansatzweise auch der *zweite Petrusbrief* kennt; hierher gehören die Nähen bezüglich Lexik und Topik in den Passagen der Abschiedsfiktion (II.E.1.1). Die Benutzung von Texten des Josephus oder Philos durch den *zweiten Petrusbrief* ist nicht nachzuweisen, doch auch im Falle dieser beiden Autoren liegt in den Berührungen mit der *Secunda Petri* eine reziproke Bedeutungszuweisung. Philo und Josephus gehören ebenso zur Familie wie die unter dem letzten Abschnitt thematisierten Schriften, nicht in derselben Nähe wie die *Baruchapokalypse* und sicher zu einer anderen Generation mit anderen Interessensausrichtungen, aber doch sich überschneidenden Grundlagen. Sie sind gewissermaßen Onkel des *zweiten Petrusbriefes*, mit denen man bekanntlich mehr oder weniger vertraut sein und Affinitäten haben kann.

3.3. Qumran, Targumim und Rabbinica

Die Beobachtungen zum Verhältnis zu Schriften aus Qumran, zu Targumim, Mischna, Talmud und Midrasch beschränken sich meist auf punktuelle Ähnlichkeiten. Ebenso wenig wie die Beobachtungen zu Josephus und Philo hat in dieser Hinsicht keine umfassende Untersuchung stattgefunden und kann demgemäß auch kein auch nur annähernd vollständiges Bild hier entworfen werden. Dennoch vermögen die spärlichen Ergebnisse einen kleinen Einblick in einen weiteren Teil der Textwelt der *Secunda Petri* zu gewähren. So belegen beispielsweise jussivische Grußformeln in frühjüdischen Briefen, dass der Optativ πληθυνθείη ungeachtet seiner unmittelbaren Herkunft aus den *salutationes* des *ersten Petrus-* und des *Judasbriefes* auf die dahinter stehende Welt jüdischer brieflicher Kommunikation verweist (II.A.1.2.3), und zeigt das „apostolische Wir" der Briefe Gamaliels, dass auch hier die christliche Sprachgemeinschaft, die aus dem *zweiten Petrusbrief* spricht, keinen im Judentum völlig analogielosen Weg beschritten hat (II.A.1.2.2). Die Beobachtung, dass besonders in den *Targumim* bei der Rezeption Bileams die Rolle der Eselin in einer dem *zweiten Petrusbrief* nicht unähnlichen Weise ausgebaut wurde (III.C.1.2.7), lässt erahnen, dass es exegetische Traditionen gegeben haben muss, die beide verbanden.[14] Und wenn schließlich im Midrasch ein Nebeneinander von Wassers- und Feuersflut erwähnt ist (III.D.1.2.2), so macht dies exemplarisch deutlich, dass es zu kurz gegriffen ist, verfolgt man die Textwelt des *zweiten Petrusbriefes* nicht weiter als bis zu den christlichen Parallelen. Diese mögen zwar die unmittelbareren Nachbarn im textuellen Universum sein; doch braucht die Inspiration für eine exegetische Herangehensweise nicht immer und nicht ausschließlich von dort zu kommen. Anders gesagt: Dass beide Flutarten nebeneinander gestellt wurden, entsprach einer verbreiteteren exegetischen Praxis; mit jüdischer Exegese vertrauten Rezipienten wäre die Verbindung beider nicht als außergewöhnlich aufgefallen. Die *Secunda Petri* bestätigt mit dieser Rezeption also implizit und prinzipiell eine jüdische exegetische Praxis als probate Vorgehensweise, die er dann – und hierin liegt möglicherweise ein Moment von Kritik oder theologischer Abgrenzung – in spezifischer Weise aufgreift und modifizierend fortführt.

4. Der zweite Petrusbrief und die Schriften des späteren Neuen Testaments

4.1. Der erste Petrusbrief

Der *zweite Petrusbrief* schließt willentlich an den *ersten* an. Dies ist nicht nur die die wenigsten Hypothesen erfordernde Prämisse dieser Untersuchung, sondern wird bestätigt durch die intertextuelle Analyse des Briefpräskripts. Gerade die Teile, die die Identität des Absenders zu erkennen geben, nämlich *superscriptio* und *salutatio*, gestaltet der Verfasser der *Secunda Petri* der *Prima* ähnlicher als jedem anderen neutestamentlichen Apostelbrief (II.A.1.2.1–4). Dies ist aufgrund der paratextuellen Funktion des Briefpräskripts als Leseanweisung für das gesamte Schreiben in seiner Bedeutung keinesfalls unterzubewerten (II.A.2.1). Wenn der Verfasser selbst also in 3,1 seinen eigenen Brief als zweiten ausgibt, so darf man in der kanonischen *Prima* getrost den gemeinten ersten Brief sehen; eine anderweitige Suche ist nicht nötig. Gleichermaßen weist das Präskript be-

---

[14] Konkreter deutet den Befund DAVIDS 2004, 425: "…the Targumic focus on the donkey's extensive rebuke of Balaam reveals a haggadic expansion that was in circulation in Jewish communities around the Mediterranean before the catastrophe of 70 CE."

reits darauf hin, dass der *zweite Petrusbrief* sich durch eine gewisse Selbst-
ständigkeit dem ersten gegenüber auszeichnen wird, denn ungeachtet des
erkennbaren Anschlusses in *superscriptio* und *salutatio* lässt die konkrete
Ausgestaltung des Präskripts doch auch deutliche – in der *superscriptio*
erweiternde, in der *salutatio* ersetzende – Divergenzen erkennen (II.A.-
1.2.1–4). Tatsächlich gibt es immer wieder einzelne inhaltliche Aspekte,
seltener auch Formulierungen, die den *ersten* mit dem *zweiten Petrusbrief*
verbinden, doch sind diese an keiner Stelle solcher Art, dass man genau
erkennen könnte, dass Passagen des *zweiten Petrusbriefes* sich mit den Ausführungen des *ersten* zum selben Thema in irgendeiner Weise auseinan-
dersetzten und sie kommentierten; vielmehr handelt es sich beim Inhalt
der *Secunda* um ein selbständiges Ganzes, dessen Inhalte additiv zur *Prima Petri* gelesen werden sollen. Anders ausgedrückt: Das Thema des *zweiten Petrusbriefes* ist nicht der *erste Petrusbrief*. Was den Verfasser zum
Schreiben veranlasst, sind konkrete problematische Entwicklungen in
Lehre und praktizierter Moral, die er in seiner Umgebung vorfindet. Diese
führen seines Erachtens weg von der prophetisch-apostolischen Tradition,
in deren Linie er sich selbst ebenso sieht wie den *ersten Petrusbrief*. Die erste Bedeutung, die der Anschluss an die *Prima Petri* dieser zuweist, ist also
deren Akzeptanz als orthodoxes Schreiben, als Schrift, die gerade so in
der rechten prophetisch-apostolischen Lehre unterweist wie auch die *Secunda* selbst.

Mögliche inhaltliche Anknüpfungspunkte boten sich dem *zweiten Petrusbrief* in unterschiedlichen Teilen des *ersten*.[15] So verbindet die beiden

---

[15] Von denen, die willens sind, Verbindungen zwischen den zwei Petrusbriefen zu
sehen, werden die als Gemeinsamkeiten betrachteten Aspekte durchaus unterschiedlich gruppiert. WEISS, den seine Betrachtungen ja zu dem Ergebnis geführt hatten,
dass „biblisch theologisch gesehen … der zweite Petrusbrief keiner NTlichen Schrift
näher" stehe „als dem ersten" (1889, 446) hatte in der zweiten Auflage seines „Lehr-
buchs der Einleitung in das Neue Testament" von 1889 zunächst das gemeinsame
zentrale Thema der Hoffnung hervorgehoben, dann den gemeinsamen judenchristlichen Charakter, die Rezeption des Ersten Testaments (Propheten, Noah, Tag des
Herrn), die gemeinsame „Erinnerung an das geschichtliche Leben des Herrn", die
Berufung in der Erwählung und den heiligen Wandel (445f). MAYOR 1907, der neben
einer inhaltlichen die wohl umfassendste vergleichende morphologische, lexikalische
usw. Untersuchung der beiden Briefe bietet (lxviii –cv; hierzu auch CHAINE 1939, 24–
26), benannte als drei Hauptfelder "the Second Coming of the Lord", "Noah's being
saved from the Flood" und die Prophetie, daneben "one or two slighter resemblances" (lxxx–lxxxv), und KELLY 1969, 353 sah "1 Peter's pervasive concern with the a-
voidance of immorality and with living blameless, holy lives" als übergeordnete Kategorie, unter die dann alle weiteren konkreten sich begegnenden Themenfelder zu
subsumieren sind. WITHERINGTON 2007, 264 nimmt besonders in 2 Petr 1,12–21 Übereinstimmungen mit dem *ersten Petrusbrief* wahr; ausgehend von der Autenthizität des
letzteren sieht er in 2 Petr 1,12–21, vielleicht sogar einschließlich 2,1–3 "the testimony

Proömien der theologische Ansatz. *Secunda* wie *Prima* wählen als Ausgangspunkt das die christliche Existenz begründende Handeln Gottes und blicken aus auf deren eschatologisches Ziel. Dabei dürften beide Texte auf eine Erinnerung an die Taufe und ihre – in unterschiedliche Worte gefasste – Bedeutung zielen (III.A.1.3.3.). Damit enden jedoch bereits die Berührungen in diesem Textabschnitt; die konkrete Ausgestaltung der Proömien ist so unterschiedlich, dass von einem regelrechten Dialog des einen Textes mit dem anderen, bei dem auf dessen Ausführungen eingegangen wird, keine Rede sein kann. Ein weiteres gemeinsames Thema ist die Reflexion der Einordnung und des Belangs der Schriftprophetie, deren Prophezeiungen beide Briefe auf die Gegenwart und Zukunft der Adressaten, im Besonderen auf das Schicksal Christi – beide nennen Christi δόξα (1 Petr 1,11; 2 Petr 1,17) – beziehen. Auch im Blick auf die eschatologische Erwartung ist das Thema der Prophetie für beide Briefe von Belang; in 2 Petr 3,1–2 wird deutlich, dass die Erinnerung an die Botschaft der (Apostel und) Propheten besonders die Eschatologie im Auge hat (vgl. den Übergang von 1 Petr 1,8–9 nach 1 Petr 1,10). Eng damit verbunden ist die Entwicklung eines gemeinsamen ‚Geschichts'schemas des Verhältnisses von Propheten, Aposteln und christlicher Gegenwart. Auch hier, in puncto Prophetie, lässt sich das Verhältnis beider Schriften als das Verhältnis einer Ergänzung zum Ergänzten beschreiben. Das in der *Prima* zu diesem Thema Gesagte wird nicht bestritten oder entwertet, aber auch nicht explizit bestätigt oder vertieft. Wiederholungen sucht man ebenso vergebens wie direkte Widersprüche; beide schauen aus ihrer jeweils eigenen Situation heraus auf die Schriftpropheten, über deren generelle Bedeutung sie sich eins sind (III.B.1.2.4). Während Bemühungen, auch im *ersten Petrusbrief* Anspielungen auf die Verklärungsgeschichte zu finden, gesucht anmuten (II.B.1.2.3), zeigt sich in der Beachtung, die beide dem Lebenswandel der Gemeindeglieder zollen, ein deutliches Kongruenzmoment; nicht umsonst ist ἀναστροφή eines der gemeinsamen lexikalischen Charakteristika (III.C.1.2.4). Beide Briefe ermahnen, jeweils auf ihre Art, zu einer bestimmten Form praktizierter christlicher Moral, und beide sehen einen möglichen Einfluss schlechten Lebenswandels auf die Reputation der christlichen Gemeinschaft.[16] Die Noahrezeption in beiden Briefen ähnelt sich punktuell etwa in der Achtzahl der Geretteten und in der Ver-

---

of Peter, perhaps orally passed on to the church at Rome shortly before his martyrdom" (ibid. 270).

[16] Der *erste Petrusbrief* zeigt sich hierin freilich etwas gespalten. Auf der einen Seite ermahnt er zu einem rechtschaffenen Leben, um dadurch die Verleumder zur Einsicht zu bringen (1 Petr 2,12 u.ö.); auf der anderen erkennt er, dass Lästerungen auch gerade deswegen zustande kommen, weil (4,4) sich die Gemeinde in ihrem Lebenswandel vom „Exzess an Liederlichkeit" (ἡ τῆς ἀσωτίας ἀνάχυσις) der Außenstehenden distanziert.

knüpfung mit der Wächtergeschichte (III.C.1.2.1–2). Ferner zeichnet der *erste Petrusbrief* in diesem Zusammenhang das Bild eines Gottes, der vor dem Eintreffen einer Katastrophe μακροθυμία übt (mit dem Ziel der μετάνοια?), gerade wie das der *zweite Petrusbrief* für die Zeit vor dem kosmischen Kollaps tut (III.D.1.3.2). Da nun all dies auch andernorts belegt ist und sich keine eindeutigen Zeichen einer direkten textuellen Kommunikation zwischen *Prima* und *Secunda Petri* ausfindig machen lassen, andererseits aber die *Prima* gewiss Prätext zur *Secunda* ist, muss das Verhältnis beider erneut so beschrieben werden, dass die *Secunda* sich wohl von der *Prima* inspirieren lässt, selektiv einzelne Züge aufgreift, soweit sie ihrem eigenen Ziel dienen, aber nicht direkt auf sie Bezug nimmt. Die Ausführungen der *Prima* bleiben erneut *neben* denen der *Secunda* stehen. Ähnlich liegt der Fall bei den wenigen Beispielen lexikalischer Kongruenzen. Sind etwa die beiden Petrusbriefe die einzigen neutestamentlichen Texte, die die Adjektive ἄσπιλος und ἀμώμητος bzw. ἄμωμος kombinieren, so lässt sich doch nicht erkennen, dass der *zweite Petrusbrief* den *ersten* besprechen wollte. Hier waren ἄσπιλος und ἄμωμος Eigenschaften des Lammes Jesus (1 Petr 1,19), dort sollen die Adjektive den Lebenswandel der Angeschriebenen charakterisieren, mit dem sie sich von den als σπίλοι καὶ μῶμοι Diffamierten (2 Petr 2,13) differenzieren sollen (III.C.1.2.7). Einmal mehr tritt die *Secunda Petri* neben die *Prima* mit einer weiteren Aussage zum Thema „ἄσπιλος und ἀμώμητος/ἄμωμος": Das Adjektivpaar beschreibt nicht allein das Opferlamm Jesus, sondern auch die aus eschatologischer Perspektive erforderliche moralische Praxis. So gewiss also auf der einen Seite der *zweite Petrusbrief* den ersten allgemein als Prätext voraussetzt und ihm metatextuell attestiert, mit ihm in derselben theologischen Tradition, nämlich der prophetisch-apostolischen, zu stehen, so wenig rezipiert er ihn durch eine eingehende Besprechung seiner Inhalte. Auch entwirft er seinen eigenen Brief nicht entlang der Themenfolge der *Prima*.[17] Vielmehr greift er einzelne dort angeschnittene Themen auf und führt diese fort, oder noch besser: gibt zu diesen Themen eigene Gesprächsbeiträge, die sich nicht als von den Gesprächsbeiträgen der *Prima* zum selben Thema abhängig erweisen lassen.[18]

---

[17] Eine solche Strukturalitätshypothese *avant la lettre* hat DALTON 1979 aufgestellt: Der *zweite Petrusbrief* folge dem *ersten Petrusbrief* in der Themenabfolge über weite Teile seines Schreibens, womit er im Grunde den Ansatz BOOBYERs in dessen Aufsatz "The Indebtedness of 2 Peter to 1 Peter" (1959) ausbaut.

[18] Nur am Rande sei angemerkt, dass die obigen Ausführungen zu einem interessanten Petrusbild führen: Die Kongruenzen im Präskript zeigen, dass ‚petrinische' Theologie beständig ist, bestimmte wiederkehrende Grundlinien hat: Christi Heilshandeln als Beginnpunkt, die eschatologische Erwartung als Ziel. Darüber hinaus bleibt ‚Petrus' auch gewissen Themen treu, zu denen er sich jedoch aus ganz unterschiedlicher Perspektive äußern kann.

Dies alles erweckt den Eindruck, als wiese der *zweite Petrusbrief* dem *ersten* einen Platz neben sich und auf Augenhöhe zu, was die direkte metatextuelle Funktionsbestimmung der *Secunda* in 3,1 für beide Briefe zunächst zu bestätigen scheint: Sie sollen der Erinnerung an die Vorhersagen der Schriftpropheten und die Botschaft der Apostel vom Herrn und Retter dienen (II.C.1.4.2). Das Entscheidende, so impliziert diese Beschreibung, ist schon gesagt; Propheten und Apostel sind die vorgängigen autoritativen Zeugnisse; den *ersten Petrusbrief* weiß der *zweite* an seiner Seite im gemeinsamen Verweis auf die Apostel und Propheten. Das Präskript der *Secunda Petri* und ihre Gestaltung als Testament des Petrus verleihen diesem Eindruck jedoch noch eine andere Nuance. Denn durch die vollständigere Namensangabe und Titelreihe weist der *zweite Petrusbrief* sich ein besonderes Gewicht zu, das sich später in 1,12–15 als das Gewicht eines Testamentbriefes zu erkennen gibt. Damit schließt er die Reihe möglicher Petrusbriefe ab; er legt den Umfang der ‚Petrusbrief'sammlung fest und bescheinigt dem *ersten Petrusbrief* in 3,1 die Legitimität und Zugehörigkeit zur Sammlung. Er ist demnach in der Position dessen, der erwählt und verwirft, eine Position *über* der des *ersten Petrusbriefes*.

4.2. Der Judasbrief

Ganz anders gestaltet sich das intertextuelle Verhältnis zum und die Bedeutungszuweisung an den *Judasbrief*. Nicht nur, dass es keinerlei expliziten metatextuellen Hinweis auf ihn gibt, wie das für den *ersten Petrusbrief* in 2 Petr 3,1 der Fall ist; auch die Transformationsmaßnahmen am Briefpräskript, genauer an den beiden Teilen, die die Identität des Absenders kenntlich machen, nämlich der *superscriptio* und der *salutatio*, zielen darauf, die übernommenen Textbausteine loszulösen von der Person des Judas und sie auf „Symeon Petrus" zu übertragen. Der Phänotext des Präskriptes zeigt also keinen Anschluss an den *Judasbrief*, oder besser: Die Kongruenzen erschließen sich nur dem, der den *Judasbrief* kennt. Zum Verständnis der *Secunda Petri* ist er jedenfalls nicht vorausgesetzt (II.A.- 1.2.1–4). Hierin tut sich dar, was Kristeva als die destruktive Kraft von Intertextualität bezeichnet, nämlich das im Letzten den Referenztext in seiner Phänotextualität negierende und ihn zum Prätext degradierende Transformationshandeln, das beispielsweise auch beim Umbau von Jud 3 und 5 zu einem Textstück zutage tritt, das sich der im *Judasbrief* so gar nicht angelegten Gattung der literarisch fixierten fingierten Abschiedsrede zurechnet (II.E.1.2.1). Die andere Seite ist, dass sich gerade in der Übernahme bestimmter Textfragmente eine Wertschätzung derselben zeigt: Sie sind es der *Secunda Petri* wert, übernommen zu werden, teilweise wörtlich, teilweise unter einer der üblichen Transformationsmöglichkeiten, die wiederum Kritik am Prätext implizieren. Die übernommenen Teile freilich erfahren eine Aufwertung durch den Akt der Übernahme:

Kraft des neuen Präskripts stehen sie jetzt unter apostolischer Autorität, sind sie jetzt Lehre des Apostels Petrus – Judas hatte in seiner *superscriptio* den Titel eines Apostels nicht geführt.

Die Übernahme von Prätextfragmenten aus dem *Judasbrief* charakterisiert eine hohe Selektivität. Zwar wird dessen Themenabfolge in etwa übernommen (Strukturalität), doch webt der Verfasser die aufgenommenen Textteile sorgfältig in seine Phänotextstruktur ein, die so unverkennbar seine eigene theologische und stilistische Handschrift trägt, dass die aktuellen Verknüpfungen des Wiederverwendeten dem alten Gedankengang nur noch selten entsprechen.[19] Mehr als die Strukturalität fällt also die Selektivität ins Auge, die eklektische Übernahme, bei deren Analyse sich verschiedene Themenkomplexe und mithin auch Auswahlkriterien entdecken lassen. So ist ein deutlich hervortretendes Thema textueller Übernahmen das bevorstehende Urteil, das sich sowohl in der Übernahme lexikalischer Einheiten spiegelt – hierzu gehört οἷς ὁ ζόφος τοῦ σκότους τετήρηται, eine der längsten Übernahmen im Brief überhaupt – als auch in dem Aspekt, unter dem in 2 Petr 2,4–10a die biblischen *exempla* aus dem *Judasbrief* übernimmt (III.C.1.1). Charakteristisch ist, dass diese textuellen Übernahmen nicht kommentarlos bleiben; denn intertextualitätstheoretisch sind Ergänzungen und Erweitungen als Kommentare zu werten. Sehr deutlich zeigt sich das in der neuen phänotextuellen Struktur von 2,4–10a, wo die ergänzend gewählten biblischen Vorbilder einen Gegenpol bilden zu den aus dem *Judasbrief* übernommenen, indem sie illustrieren: Gott kann nicht nur richtend der Vernichtung anheim geben (und wird das gewiss tun), sondern er kann den Gerechten und Frommen auch retten – mitten in bzw. aus sowie trotz einer ihm entgegen stehenden Umwelt (III.C.1.2.5). Offenbar war dieses letzte eine theologische Aussage, die der Verfasser im *Judasbrief* vermisst hatte und die er nun gegen die theologische Ausrichtung des *Judasbriefes* in prominenter Weise bei seiner Neugestaltung ergänzt. Ein weiteres Themenfeld, das offenbar als Auswahlkriterium für zu übernehmende Textteile diente, umfasst die Charakterisierung, die Moral und das Verhalten der Anderslehrenden. Zahlreiche lexikalische Übernahmen gehören hierher, u.a. als weiteres auffallend langes, nur leicht abgewandeltes Zitat κατὰ τὰς (ἰδίας) ἐπιθυμίας (ἐ)αυτῶν πορευόμενοι (III.D.1.1.1) und die Gesamtbewertung von deren Orientierung als πλάνη (2 Petr 2,15.18; 3,17; vgl. Jud 11). Diese Übernahmen, die freilich nur einen Teil der Beschreibung bzw. Verzeichnung der Gegenseite ausmachen, unterliegen den üblichen Transformationshandlungen. So

---

[19] So muss es denn auch nicht verwundern, dass Forscher mit anderen Ausgangspositionen bezüglich textueller Relationen das Ergebnis der Transformationen des *zweiten Petrusbriefes* beschreiben "confusion caused by our Author's alterations of his original", ABBOTT 1882, 147.

finden sich Ergänzungen (Anhängerwerbung 2 Petr 2,18, Thema des drohenden Rückfalls nach der Bekehrung 2 Petr 2,21–22) ebenso wie Auslassungen (ἀσεβεῖς in direkter Applikation auf die Heterodoxen; III.D.1.1.1), Verstärkungen (Mehrfachverwendung des im *Judasbrief* gebrauchten Vokabulars für unerwünschtes sexuelles Verhalten: ἐπιθυμία, σάρξ, ἀσέλγεια; etymologische Figur in ἐν τῇ φθορᾷ αὐτῶν καὶ φθαρήσονται; III.D.1.1) ebenso wie Ersetzungen (ψευδοδιδάσκαλοι statt τινες ἄνθρωποι; III.B.1.2.5) und Rekontextualisierungen (wenn etwa σπίλοι καὶ μῶμοι inspiriert sein sollte an der Aufforderung, man solle sich bestimmter Leute erbarmen und dabei selbst den von der σάρξ befleckten – ἐσπιλωμένον! – Chiton hassen). Hier sind die Transformationen ganz offensichtlich vorgenommen, um dem aktuellen Konflikt im Diversifizierungsprozess zu entsprechen, der sich vor den Augen des Verfassers vollzieht; so wirft der Verfasser den Anderslehrenden und -lebenden im Vergleich zum *Judasbrief* noch betonter vor, nach den *eigenen* ἐπιθυμίαι zu leben, sich also nicht an das zu halten, was für ihn den allgemeinen und richtigen christlichen Normen entspricht, ebenso wie er ihnen in 1,20 wahrscheinlich ankreidet, nicht bei der gängigen Deutung der Propheten zu bleiben, sondern einer ἴδια ἐπίλυσις, einer eigenmächtigen Auslegung, einer Sonderinterpretation anzuhängen.[20]

Auslassung und Ersetzung einerseits, Ausweitung und Ergänzung anderseits gelten auch der Metaphernhäufung aus Jud 12f (III.C.1.1; III.C.1.2.8) und dem aus den Schriften der Bibel und der jüdischen Tradition herangezogen Beispielrepertoire (III.C.1.1; III.C.1.2.1–5). Dabei werden biblische *exempla* wie Kain und Korach ausgelassen, der ,außerkanonische' Streit des Erzengels Michael mit dem Teufel um den Leichnam des Mose ersetzt durch ein anderes Engelsbeispiel (III.C.1.1; III.C.1.2.6). Die Parallelisierung der Angeschriebenen mit Bileam wird ausgeweitet; Lot und Noah als kontrastierende Beispiele der bestehenden *exempla*-Reihe hinzugefügt. ,Kanonizität' ist schwerlich ohne weiteres als Übernahmekriterium nachzuweisen. Zwar stimmt es, dass die vom Verfasser ergänzten Beispiele ,biblisch' sind, doch die Art ihrer Wiederaufnahme setzt deutlich ihre Rezeption im jüdischen Schrifttum der hellenistischen Zeit voraus (III.C.1.2.2; III.C.1.2.4). In diese Richtung weist auch die Veränderung der Diktion. Eine Formulierung aus dem *Judasbrief* wie οἱ πάλαι προγεγραμμένοι εἰς τοῦτο τὸ κρίμα wird bei ihm zu einem ,griechisch-biblischen' Beispielen nachempfundenen *Parallelismus membrorum* (οἷς τὸ κρίμα ἔκπαλαι οὐκ ἀργεῖ καὶ ἡ ἀπώλεια αὐτῶν οὐ νυστάζει; III.B.1.2.5) und die Erset-

---

[20] An der gemeindlichen Situation des Verfassers der *Secunda Petri* macht THURÉN 1996, 345 seine Verhältnisbestimmung von *Judasbrief* und *zweitem Petrusbrief* fest: "It is thus possible that 2 Peter is a hermeneutical application of Jude, intended for a specific occasion."

zung von δεῖγμα durch ὑπόδειγμα (III.C.1.2.3) dürfte die Anlehnung an einen Sprachgebrauch sein, der sich von den griechischen Versionen des Ersten Testamentes her gleichermaßen als *terminus technicus* im Rahmen der typologischen Exegese entwickelt hat. Kurzum, der Verfasser der *Secunda Petri* ist gerade in den Schriften des Judentums der hellenistisch-römischen Zeit so sehr verankert, dass ein ihm oft unterstelltes ‚Kanonbewusstsein‘ bzw. eine ‚Apokryphenscheu‘,[21] die gerade die im frühen Christentum einflussreiche und oft geschätzte[22] *Henochapokalypse* ausschließt, nicht so recht in dieses Bild passen will.

Ersetzungen und Erweiterungen lassen an einigen Stellen theologische Korrekturen erkennen. Für die Möglichkeit der Rettung neben der Gewissheit der Strafe wurde dies bereits gezeigt. Weitere theologische Neuausrichtungen des Phänotextes gegenüber dem Prätext zeigen sich etwa in der Interpretation der typologischen Hinweisfunktion von Sodom und Gomorra (2 Petr 2,6; III.C.1.2.3). Im *Judasbrief* waren sie δεῖγμα auf das πῦρ αἰώνιον, ein Ausdruck, den der *zweite Petrusbrief* vermeidet und ersetzt durch μέλλοντα – doch wohl weil er die Erwartung neuer Himmel und einer neuen Erde als Wohnort der δικαιοσύνη nach der kosmischen Katastrophe als Ziel der eschatologischen Ereignisse darstellen will (2 Petr 3,13) und nicht das πῦρ αἰώνιον die letzte Aussicht sein soll. Eine weitere theologische Differenz tritt in der Christologie zu Tage, da die *Secunda Petri* Christus konsequent den σωτήρ-Titel verleiht, unter anderem auch dort, wo im Prätext Christus ohne diesen genannt war (Jud 17; 2 Petr 3,2), wie überhaupt im *Judasbrief* ausschließlich Gott und nur ein einziges Mal als σωτήρ (Jud 25) bezeichnet wird. Auch die Deutung des Christusgeschehens als Loskauf von Sklaven (2 Petr 2,1) ist eine deutliche christologische Ergänzung und Korrektur gegenüber der Parallele im Prätext. Darüber hinaus zeigt sich eine theologische Differenz im Umgang mit der Möglichkeit des Abrückens von der als orthodox gewerteten Lehrmeinung und Lebensweise (πταίειν): Während der *Judasbrief* in der Schlussdoxologie unterstreicht, dass Gott davor bewahren könne, legt der *zweite Petrusbrief* die Verantwortlichkeit für die richtige dogmatische und moralische Entwicklung bei den Angeschriebenen selbst nieder. Und schließlich zeigt der Übergang von Jud 17 zu 2 Petr 3,2 eine Erweiterung, die signifikant ist für das Geschichtsverständnis der *Secunda Petri*: Die Erwartungen für die Zukunft leiten sich aus den Propheten her. Dass sich der

---

[21] *Nota bene*: BIGG 1902, 222 hielt schon zu Beginn des zwanzigsten Jahrhunderts die angebliche ‚Apokryphenscheu‘ *des zweiten Petrusbriefes* für ein typisches Phänomen der *deutschen* Forschung.

[22] Der Vollständigkeit halber muss ergänzt werden, dass die *Henochapokalypse* offenbar nicht überall dieselbe Wertschätzung genoss; VANDERKAM 1996, 60 weist darauf hin, dass eine Mehrheit derer, die die *Henochapokalypse* als autoritative Schrift anführen, mit Städten Nordafrikas assoziiert sind (Alexandrien, Karthago).

Judasbries hierin ‚nur' auf die Vorhersagen der Apostel stützt, ist unzureichend; die Formel muss dem *zweiten Petrusbrief* zufolge lauten: Die „Vorhersagen der heiligen Propheten und der Apostel Lehre vom Herrn und
Retter."

Die besondere Bedeutung des *Judasbriefes* als sicherer Prätext zum *zweiten Petrusbrief* ist nicht zu unterschätzen, denn an ihm lässt sich exemplarisch beobachten, was sonst mühsam erschlossen werden muss, nämlich
welchen Transformationen die *Secunda Petri* ihre Prätexte unterzieht, um
sie für ihre Zwecke in Dienst zu nehmen: Deren nach Maßgabe des eigenen theologischen oder pragmatischen Interesses eklektisch oder partiell
aufgegriffene Anliegen und Aussagen werden so weitgehend atomisiert,
ihrer ursprünglichen Einbettung entwurzelt und rekontextualisiert, dass
vom Phänotext kein Verweis mehr auf den Prätext ausgeht; dieser verweist allein auf sich selbst. Natürlich ist nicht gesagt, dass der *zweite Petrusbrief* jeden Prätext so behandelt. Im Falle des *Judasbriefes* könnten die
besonders einschneidenden Veränderungen darauf hinweisen, dass dieser
durch den ‚neuen' Text des *zweiten Petrusbriefes* ersetzt werden soll, und
nicht jedem Prätext gegenüber ist eine solche Haltung zu vermuten. Doch
zu der Dominanz des Phänotextes, der von sich aus nicht mehr oder kaum
noch auf das Vorhandensein eines Prätextes schließen lässt, passt, dass
vielerorts der zweifelsfreie Nachweis geahnter textueller Kontaktaufnahmen kaum möglich ist, weil der lexikalische Kongruenzbereich sich als
sehr dürftig erweist, wie beispielsweise gut am Aufgang des φωσφόρος
zu beobachten ist (2 Petr 1,19; III.B.1.2.2). Das Beispiel des *Judasbriefes*
zeigt, dass es – wenigstens in seinem Fall – zu den textkonstituierenden
Techniken gehört, den Prätext so völlig für seine Zwecke zu vereinnah-
men, dass der Hinweischarakter auf frühere Texte sehr schwach wird.
Hieraus erwächst die Berechtigung, auch dünne textuelle Berührungen
nicht vorschnell als unzureichend für die Behauptung eines Dialogs der
Texte unbeachtet zu lassen.

Zusammengefasst beläuft sich die Bedeutung des *Judasbriefes* für den
zweiten Petrusbrief auf den Status einer Vorlage, die zu bestimmten Themen derart brauchbare Ideen und Formulierungen bereitstellt, dass diese
es verdienen, durch Weiterverwendung unter höherem Namen aufgewertet zu werden. Andererseits gilt ihm diese Vorlage theologisch als unbedingt korrekturbedürftig, sie muss einer gründlichen Anpassung an die
gegenwärtigen Verhältnisse unterzogen werden. In ihrer vorliegenden
Form ist sie inakzeptabel.

4.3. Paulus

So sehr die wenigstens partiell Paulus imitierende Gestaltung des
Präskripts Zeugnis dafür ablegt, dass der Verfasser der *Secunda Petri* den
paulinischen Apostelbrief als Modell für die Kommunikation mit seinem

intendierten Publikum heranzieht, so wenig lässt sich sagen, dass das Präskript des *zweiten Petrusbriefes* in seiner Aufmachung auf das Präskript eines *bestimmten* Paulusbriefes verweist. Dieser Umstand darf als charakteristisch betrachtet werden für das Verhältnis zu den Paulusbriefen: Einerseits ist es ganz offensichtlich nicht die Absicht des Verfassers, konkrete Paulusbriefpassagen ausführlich zu thematisieren, andererseits ist hier und da der Eindruck zu gewinnen, ein paulinisches Thema würde aufgegriffen oder man hätte es mit einer Anknüpfung an eine paulinische Aussage zu tun; mancherorts ist dies sogar wahrscheinlich zu machen. Doch geschehen diese zaghaften Kontaktaufnahmen, wenn es sich denn um solche handelt, mehr *en passant*, kaum in Form einer wirklichen Auseinandersetzung mit paulinischen Positionen, in jedem Fall ohne deutliche Markierung, dass nun eine Verhandlung paulinischen Materials folge. Dennoch, so die These der vorliegenden Arbeit, schöpft der Verfasser der *Secunda Petri* – unter anderem und punktuell – aus paulinischer Theologie.[23] Er befindet sich in einer Situation sich diversifizierenden paulinischen Erbes, und man darf es ihm wohl – jedenfalls zu großen Teilen – als subjektive Ehrlichkeit abnehmen, dass er sich mit dem großen Apostel eins weiß in seiner Lehre. Wie genau er dessen Positionen kannte, ist eine andere Frage, auf die sich ein Antwortbereich nur sehr grob abstecken lässt.[24]

,Paulus' gilt der *Secunda Petri* nach deren Bekunden als Verfasser einer nicht konkret genannten Zahl von Briefen,[25] doch sucht man vergeblich nach ausdrücklichen Verweisen auf bestimmte Paulusbriefe. Wenn 2 Petr 3,14f als übereinstimmende Lehrmomente anführt, dass das nahende Ende eine bestimmte Verhaltensweise erfordere und dass man die Langmut

---

[23] Vgl. KOPERSKI 2004, 472, die es als Ergebnis ihrer Betrachtungen für wahrscheinlich hält "that the author of 2 Peter was more familiar with the writings of Paul than is usually admitted, and may have been creatively appropriating the wisdom teaching of Paul."

[24] Dabei wird man nicht so weit gehen müssen wie PAULSEN 1997, 157f, der dem Verfasser des *zweiten Petrusbriefes* gleichzeitig „tatsächliche Unkenntnis der paulinischen Theologie und die Hochschätzung des ,Paulus' als eines Kronzeugen der Vergangenheit" unterstellt. Zu der Sicht auf "Echoes of Paul in 2 Peter" im Laufe der Forschungsgeschichte siehe KOPERSKI 2004, 462ff.

[25] THEISSEN 2007, 141 sieht in der Formulierung ἐν πάσαις ταῖς ἐπιστολαῖς die Gewissheit des Verfassers, alle Paulusbriefe zu kennen. Ist dies zutreffend, so ließe sich vielleicht dahinter ein ganzer Prozess der Sammlung von Paulusbriefen vermuten, der, jedenfalls in der Sicht des Verfassers der *Secunda Petri*, abgeschlossen wäre; weil keine weiteren Briefe mehr zu bekommen sind. Demgegenüber interpretierte die vorliegende Arbeit den bestimmten Artikel ταῖς kataphorisch auf die konditionale Partizipialkonstruktion λαλῶν ἐν αὐταῖς περὶ τούτων vorausweist, welche somit einschränkende Wirkung für ἐν πάσαις ταῖς erhält: in all den Briefen, (sofern d.h.) wo er auf diese Dinge zu sprechen kommt; vgl. die Paraphrase zu Beginn des Kapitels II.D.

des Herrn als (Möglichkeit zur) Rettung werten müsse, so könnte zumindest deren erstes im Grunde verschiedenen Paulusbriefen entnommen sein (II.D.1.1). Eine ähnliche Situation ergibt sich auch im Blick auf andere Textpassagen, für die sich ein paulinischer Hintergrund erschließen lässt. So deutlich etwa der Tugendkatalog in 2 Petr 1,5–7 die paulinische Trias reflektiert (III.A.1.1.2), so wenig verweist der Katalog auf eine konkrete Passage in Paulusbriefen, d.h. der Verfasser könnte die Trias auch einer *allgemeinen* Pauluskenntnis entnommen haben. Gäbe er nicht selbst den Hinweis, mit paulinischer Lehre vertraut zu sein, und müsste man ihm nicht von daher unterstellen, dass er sich durch das Aufgreifen der – modifizierten – Trias bewusst in paulinische Tradition stellen will, so ließe sich auch denken, er habe sie indirekt kennen gelernt. Denn dass sie eine nachpaulinische Wirkungsgeschichte hatte, lässt sich sowohl der πίστις-ἀγάπη-Rahmung von Tugendlisten im *Hirten des Hermas* entnehmen als auch bei Ignatius und Clemens von Alexandrien nachvollziehen, die wenigstens das bipolare Denkmuster von πίστις und ἀγάπη als Anfang und Ende kennen. Nicht weniger uneindeutig ist auf den ersten Blick die Verweiskraft des „paulinischen Slogans" (Bauckham) von der ihm von Gott verliehenen Gnadengabe (ἡ χάρις ἡ δοθεῖσά μοι), die freilich im *zweiten Petrusbrief* zur σοφία wird (2 Petr 3,15; II.D.1.3); denn wird das Syntagma tatsächlich als Slogan verwendet, so setzt dies ja die Bekanntschaft mit einer *Mehrzahl* von Belegstellen für diese Formulierung voraus. Vollends sind konkrete Bezugnahmen unmöglich festzustellen, wenn es um mit Paulus übereinstimmende epistolographische Gepflogenheiten geht wie die – anders als im *ersten Johannes-, ersten Petrus-* und *Judasbrief* – nie an erster Stelle im Satz erfolgende Anrede mit ἀγαπητοί (2 Petr 3,1.14.17; II.C.1.3), und zumindest äußerst schwierig bei der sich für genommen mit Paulus (bzw. Deutero- oder Tritopaulus) vergleichbaren Verwendung theologischer Begrifflichkeit, wie etwa ἀλήθεια für die eigene Lehre (2 Petr 1,12; II.E.1.2.2) oder ἀγοράζειν bzw. ἐξαγοράζειν für das soteriologische Handeln Christi (2 Petr 2,1; III.B.1.2.8). Dennoch, auch wenn diese textuellen Transzendenzen ein konkretes Referenzziel innerhalb des *Corpus Paulinum* entweder nicht erkennen lassen oder gar nicht haben, es bleiben textuelle Transzendenzen mit dem Verweis auf ‚Paulus'.

Versucht man all diesen Einschränkungen zum Trotz anhand der möglichen Anspielungen und textuellen Wiederaufnahmen zu ermessen, wie umfangreich die dem Verfasser des *zweiten Petrusbriefes* vorliegende Paulusbriefsammlung gewesen sein mag, so gelangt man zu dem folgenden Ergebnis:[26] Vorausgesetzt, dem Verfasser des *zweiten Petrusbriefes* schweb-

---

[26] Für andere Wertung der Beziehungen zum *Corpus Paulinum* siehe GILMOUR 2002, 100–105, der die Existenz von ‚Parallelen' konzediert, doch darauf hinweist, dass diese den Kriterien für unzweifelhafte literarische Abhängigkeit nicht entsprechen;

te ein konkreter Paulustext vor, als er seine Aufforderung, man solle das Ausbleiben des Endes als Gottes Langmut zur Reue und Buße werten, als paulinisch auswies, dann ist höchstwahrscheinlich Röm 2,4 der alludierte Text (II.D.1.1; II.D.1.5). Für die Bekanntschaft mit dem *Römerbrief* spricht ferner die Tatsache, dass sich in Röm 12,3 und 15,15 zwei Beispiele für die Formulierung διὰ τὴν χάριν τὴν δοθεῖσάν μοι finden, wozu freilich einschränkend gesagt werden muss, dass, wenn auf eine konkrete Stelle angespielt ist, diese eher in Gal 2,9 zu suchen ist. Die Beschreibung der *condition hétérodoxe* als Sklaverei in Bezug auf die φθορά bei vermeintlicher Freiheit (2 Petr 2,19) könnte von Röm 8,20ff und Röm 6,12–23 inspiriert sein (III.C.1.2.9). Mit etwas geringerer Sicherheit lässt sich in der Verbindung von πλάνη mit sexueller Verfehlung ein Reflex paulinischer Theologie in Röm 1,27ff sehen (III.C.1.2.8) und das Nebeneinander von Berufung (κλῆσις) und Auserwählung (ἐκλογή) in 2 Petr 1,5 auf Röm 8,28–30 zurückgehen (III.A.1.3.1).

Mit noch höherer Wahrscheinlichkeit darf der *Galaterbrief* als bekannt vorausgesetzt werden. Gerade weil in einem Kontext auf den paulinischen Slogan angespielt wird, wo das Verhältnis zwischen Petrus und Paulus zur Verhandlung steht, dürfte Gal 2,9 hier aufgenommen sein, wo die drei Jerusalemer Säulen Paulus die Hand reichen, weil sie die ihm von Gott verliehene χάρις kennen (II.D.1.3): Der *zweite Petrusbrief* will bei den Bekundungen der Einigkeit zwischen Petrus und Paulus anknüpfen, nicht den Konflikten, die ja ebenfalls dem *Galaterbrief* zu entnehmen wären. Auffallenderweise finden sich im selben zweiten Kapitel (Gal 2,4) bei der Bezugnahme auf die Anderslehrenden, die Paulus Probleme bereiten, dieselben sprachlichen Mittel verwendet wie später in der *Secunda Petri*: Eine kraft des Wortbildungselements ψευδ- disqualifizierte Gruppe führt eine durch das Doppelpräfix παρεισ- negativ konnotierte Handlung aus, die für dogmatische Uneinigkeit sorgt (vgl. 2 Petr 2,1). Ihr Ziel ist, die Galater aus ihrem Zustand christlicher Freiheit wieder zu versklaven, ebenso wie die Widersacher in der *Secunda Petri* Freiheit versprechen, aber doch im Grunde selber Sklaven sind (2 Petr 2,18). Ihre Anhängerwerbung bedeutet darum ebenso Rückführung in die Sklaverei wie die Beschneidungsforderung der galatischen ψευδάδελφοι. Indem er sich sprachlich also in mehrerlei Hinsicht an die paulinische Darstellung der Vorgänge in Galatien anlehnt, liest sich die Auseinandersetzung mit den Heterodoxen im *zwei-*

NEYREY 1993, 134, dem zufolge der *zweite Petrusbrief* wenigstens den *Römer-, ersten Thessalonicher-* und womöglich *ersten Korintherbrief* kennt; LINDEMANN 1979, 263, nach dem im *zweiten Petrusbrief* nicht nur „keine Bezugnahme auf paulinische Briefe" enthalten ist, sondern auch „das Denken des Vf von paulinischer Theologie nicht berührt" ist, und BARNETT 1941, 222–228 der die sichersten textuelle Bezüge zum *Römer-* und *Epheserbrief* findet und mit etwas weniger Gewissheit auch zum *zweiten Korintherbrief*, zum *Galater-* und *ersten Thessalonicherbrief*.

ten Petrusbrief als Analogie zu bzw. Neuauflage des Konflikts mit den ψευδάδελφοι im *Galaterbrief.* Kleinere Übereinstimmungen sind die Erinnerung an den Ruf Gottes/Christi am Briefeingang mit τοῦ καλέσαντος und entsprechenden Ergänzungen (Gal 1,6; 2 Petr 1,3; III.A.1.1.4), die Verbindung der Fruchtmetapher mit einem Tugendkatalog (Gal 5,22–23; 2 Petr 1,5–8; III.A.1.1.3) und der Gebrauch von ἀγοράζειν bzw. ἐξαγοράζειν als soteriologische Metapher (2 Petr 2,1; Gal 3,13; 4,4f; III.B.1.2.8).

Diese letztere findet sich auch im *ersten Korintherbrief* (6,20; 7,23), auf den sonst kaum Verweise zu erkennen sind. Die futurische Ankündigung von αἱρέσεις in 2 Petr 2,1 könnte an 1 Kor 11,19 inspiriert sein (III.B.1.2.7); ob die κυρίου ἐντολή in 1 Kor 14,37 semantisch wirklich in die Nähe der τῶν ἀποστόλων ὑμῶν ἐντολὴ τοῦ κυρίου καὶ σωτῆρος aus 2 Petr 3,1 kommt, ist nicht ganz deutlich (II.C.1.2.2), und auch die Verbindung von Taufe, bestimmten Verhaltensweisen und der βασιλεία in 1 Kor 6,9–11 und 2 Petr 1,8–11 vermögen keine Kontaktaufnahme zwischen den Texten zu belegen (III.A.1.1.3): Die Rede von der βασιλεία und die Erwähnung bestimmter moralischer Normen gehören generisch zur Taufparänese, und das Bild vom *Eingehen* in die βασιλεία weist eher von Paulus weg als auf ihn hin, wird doch bei ihm die βασιλεία vorzugsweise *geerbt.* Besser steht die Sache für den *zweiten Korintherbrief.* Mit einiger Sicherheit nimmt der *zweite Petrusbrief* in 1,13–14 mit der Verbindung von Bekleidungs- und Zeltmetapher im Zusammenhang mit dem bevorstehenden Tod 2 Kor 5,1–5 wieder auf (II.E.1.2.3); das Ziel dieser Referenz dürfte sein, Paulus und Petrus dieselbe Sicht auf irdische Existenz, Tod und die Hoffnung für das Danach zuzuschreiben. Das Motiv des Aufgangs des φωσφόρος ἐν ταῖς καρδίαις (2 Petr 1,19) dürfte auf 2 Kor 4,6 zurückverweisen, wo Paulus als Motivation für seine Missionstätigkeit angibt ὁ θεὸς ... ἔλαμψεν ἐν ταῖς καρδίαις ἡμῶν (III.B.1.2.2): Sowohl Paulus als auch Petrus haben denselben Erleuchtungsvorsprung gegenüber den jeweils Angeschriebenen. Schließlich findet sich in 2 Kor 8,7 eine fünfteilige Aufzählung der Qualitäten der Korinther, gerahmt durch πίστις und ἀγάπη und mit als weiterem übereinstimmenden Element der γνῶσις; einen ähnlich hohen Übereinstimmungsgrad weist 2 Petr 1,5–7 nur noch mit dem Katalog in 1 Tim 6,11 auf. Ein gezielter Verweis auf 2 Kor 8,7 geht von der *Secunda Petri* freilich nicht aus (III.A.1.1.2).

Das Diebeswort in 2 Petr 3,10 steht hinsichtlich des Umfangs der lexikalischen Kongruenz am nächsten bei der paulinischen Variante 1 Thess 5,2; doch die gemeinsamen Elemente mit der textuellen Umgebung sind im *ersten Thessalonicherbrief* geringer als im Vergleich mit der Aufnahme des Diebeswortes in der synoptischen Tradition und der *Johannesapokalypse* (III.D.1.3.3). Entweder man rechnet mit einer größeren mündlichen Verbreitung des Diebeswortes oder damit, dass der Verfasser des *zweiten Petrusbriefes* das Wort sowohl über den *ersten Thessalonicherbrief* kannte als auch über andere Wege. Mangels weiterer auffälliger Berührungen mit dem *ersten Thessalonicherbrief* lässt sich das Verhältnis der *Secunda Petri* zu ihm nicht präziser fassen.

Zur Kenntnis der deuteropaulinischen *Briefe an die Kolosser* und *Epheser* hilft zunächst eine allgemeine Überlegung: Wenn es wahr ist, dass das singularische ἀγαπητὸς ἀδελφός (2 Petr 3,15; II.D.1.2) die paulinische Prädikation für einen geschätzten Mitarbeiter wieder aufnehmen soll, dann muss der *zweite Petrusbrief* mit Deuteropaulinen bekannt gewesen sein, denn in den Gnesiopaulinen ist ἀγαπητὸς ἀδελφός in diesem Sinne nur einmal verwendet, nämlich in Bezug auf Onesimus im *Philemonbrief*. Erst mit der Ausweitung auf Tychikus in *Kolosser-* und *Epheserbrief* gewinnt die Wendung den Rang einer für ‚Paulus' typischen Prädikation. Speziell mit dem *Kolosserbrief* verbindet die *Secunda Petri* die Zuschreibung der βασιλεία an Christus statt an den Vater (Kol 1,13 und 2 Petr 1,11; III.A.1.3.2) und die Rede von der Anwesenheit (vom Wort) der Wahrheit im Sinne von „christliche Lehre" (ἐν τῇ παρούσῃ ἀληθείᾳ 2 Petr 1,12 und ἐν τῷ λόγῳ τῆς ἀληθείας τοῦ εὐαγγελίου τοῦ παρόντος εἰς ὑμᾶς Kol 1,6; II.E.1.2.2). Weitere Hinweise auf speziell den *Epheserbrief* oder den *zweiten Thessalonicherbrief* wurden nicht festgestellt.

Fasst man diese Beobachtungen zusammen, so dürfte es trotz aller Unsicherheiten bezüglich der Tatsächlichkeit einer textuellen Wiederaufnahme in nicht wenigen Fällen doch insgesamt eine vernünftige Annahme sein, dass der Verfasser des *zweiten Petrusbriefes*, als er πᾶσαι αἱ ἐπιστολαὶ λαλῶν ἐν αὐταῖς περὶ τούτων (2 Petr 3,15f) als Produkte der göttlichen Weisheit Pauli pries, eine Paulusbriefsammlung vor Augen hatte, die nicht nur die Basiskollektion aus *Römerbrief, erstem* und *zweitem Korintherbrief* sowie *Galaterbrief*[27] umfasste, sondern bereits in einer um Deuteropaulinen erweiterten Form vorlag. Die Bedeutung, die der Verfasser Paulus und dessen Briefen zuerkennt, lässt sich sowohl anhand direkt metatextueller Aussagen als auch vermöge metatextueller Aspekte intertextueller Kontaktaufnahmen mit den (Deutero)Paulinen ermessen.

Einen ersten Hinweis gibt die Bezeichnung Pauli als ἀγαπητὸς ἡμῶν ἀδελφός (2 Petr 3,15). ‚Paulus' erhält damit dieselbe Qualifizierung, die der historische Paulus sowie der Paulus der Deuteropaulinen Onesimus und Tychikus als geschätzten Mitarbeitern verliehen. Auf diese Weise wird Paulus zum geschätzten Mitarbeiter des Petrus, womit zum einen die Einmütigkeit zwischen beiden ausgesagt wird, zum anderen aber eine Integration stattfindet: Paulus ist nach diesem Bild nicht mehr selbst der

---

[27] Zur These, dass die erste Sammlung der Paulusbriefe noch von Paulus selbst für „Freunde in Ephesus" (TROBISCH 1994, 135) herausgegeben wurde und den *Römerbrief*, die beiden Korintherbriefe sowie den *Galaterbrief* umfasste, siehe TROBISCH 1994 und TROBISCH 2001; aufgenommen von THEISSEN 2007, 143–145.

Leiter eines missionierenden Netzwerks, sondern Mitarbeiter Petri. Vielleicht äußert sich hierin ein Moment der Überlegenheit, wie möglicherweise auch in der Tatsache, dass der Aposteltitel Petri – anders als der des Paulus – in den Präskripten nicht durch Rückführung auf Christus verteidigt werden muss. Ein zweites Indiz für die Wertschätzung liegt allein schon darin, dass die von ‚Petrus' vertretenen und somit natürlich orthodoxen Lehraussagen auch Paulus zugeschrieben werden (καθὼς καὶ ὁ ... Παῦλος ... ἔγραψεν ὑμῖν; 2 Petr 3,15) – ganz gleichgültig, ob sie tatsächlich von diesem stammen oder nicht, und ganz gleichgültig, ob dieser Vermerk freiwillig erfolgte oder unter dem Druck der Anderslehrenden, die Paulus für ihre Sicht der Dinge beanspruchten. Denn in letzterem Fall hätte es dem Verfasser ja auch freigestanden, sich von paulinischen Überzeugungen zu distanzieren. Paulusbriefe stehen jedoch offenbar so hoch in Geltung, dass er sie theologisch lieber auf seiner Seite haben will und wohl auch überzeugt ist, dass tatsächlich dort stehen. Die Übereinstimmung mit Paulusbriefen vermag seinen eigenen theologischen Aussagen Gewicht zu verleihen, mehr als die Übereinstimmung mit anderen. Es wäre dem Verfasser ein Leichtes gewesen, für die Aussage, dass Gottes Langmut auf Umkehr zielt, andere Gewährsleute aus seiner Textwelt heranzuziehen, doch offenbar liegt Autorität und Orthodoxie in höherem Maß bei den Paulusbriefen, die dieser „in der Weisheit, die ihm gegeben ist" verfasste. Die Anerkennung Pauli als orthodox und das Wissen um die Einsgesinntheit mit ihm führt zwangsläufig zu der Sicht, dass, wer mit Berufung auf Paulus andere Dinge lehrt als die *Secunda Petri*, Paulus missverstanden haben muss oder ihn mutwillig missversteht (2 Petr 3,16). Petri Übereinstimmung mit Paulus und seine Augenhöhe mit dem „geliebten Bruder" zeigt sich über die direkt metatextuellen Aussagen hinaus auch in den textuellen Wiederaufnahmen: In ihrer Sicht auf irdische Körperlichkeit, den Tod und die Hoffnung für das Danach sind sie sich eins (2 Kor 5,1–5; 2 Petr 1,12–15). Auch die Konflikte, die sie mit Anderslehrenden auszufechten haben, sind miteinander zu vergleichen (Gal 2,4ff; 2 Petr 2,1.19; 3,15).

Diese Hochschätzung und Autorität des Paulus bedeutet nun ganz offensichtlich nicht, dass der Verfasser des *zweiten Petrusbriefes* sich ganz und gar in paulinischen Denkkategorien bewegen würde oder seine Ausführungen gänzlich aus paulinischen Versatzstücken zusammenstellte. Die Auslassung des Vatertitels für Gott in der *salutatio*, die im Vergleich zwangsläufig auffallen musste, und die Einführung des für den *zweiten Petrusbrief* zentralen Begriffes ἐπίγνωσις an derselben Stelle markieren vom Briefanfang an eigene theologische Schwerpunkte gegenüber Paulus. Schon die Tatsache, dass er keinen pseudepigraphischen Brief unter dem Namen des Paulus schreibt, sondern den des Petrus verwendet, spricht für sich. Selbst dort, wo er sich in paulinischer Traditionen lokalisiert, indem er etwa einen Tugendkatalog mit paulinischen Zügen in den Dienst der Paränese stellt, geschieht dies doch auf eine eigenwillige Art. Neben textuellen Aufnahmen, die passend zu der metatextuellen Bemerkung in 2 Petr 3,15 die Übereinstimmung paulinischer und petrinischer Lehre ausdrücken, wie der Ankündigung bzw. Einsicht der Zwangsläufigkeit des Aufkommens von αἱρέσεις (2 Petr 2,1 und 1 Kor 11,19), und solchen, die das Wirken des Petrus mit dem des Paulus im Gegenüber zu den jeweils Angeschriebenen analogisieren, wie der Erleuchtungsvorsprung ἐν ταῖς καρδίαις auf Seiten der Apostel (2 Kor 4,6 und 2 Petr 1,19), finden sich auch inhaltliche Schwerpunktverschiebungen bei der Anspielung auf Paulus, die den Fehldeutungen der Heterodoxen gegensteuern sollen, und Versuche, die Rezeption paulinischer Literatur zu lenken. So steht hinter dem Hinweis auf die Einigkeit zwischen Paulus und den Säulen in Jerusalem in Gal 2,9 durch die Aufnahme des paulinischen Slogans in 2 Petr 3,15 implizit die Aufforderung, die Paulusbriefe als Dokumente in inhaltlicher Übereinstimmung mit der ‚petrinischen' Sichtweise zu lesen. Und wenn die soteriologische Metapher des Loskaufs in 2 Petr 2,1 ihren Zielpunkt darin hat, dass dieser Loskauf eine entsprechende Haltung dem δεσπότης gegenüber verlangt, die die Heterodoxen vermissen lassen, so bedeutet dies eine Verschiebung im Zugang zu derselben Metapher bei Paulus, der, jedenfalls im *ersten Korintherbrief*, vor allem das Bewahrenswerte des neuen Zustandes der Freiheit hervorhebt. Dies jedoch empfahl sich in der Situation der *Secunda Petri* offenbar nicht, wo gerade die ἐλευθερία-Verkündigung der Heterodoxen (2 Petr 2,19) bzw. deren Implikationen einen der größten Kritikpunkte darstellen. Der Autorität des Paulus und seinem literarischen Vorbild steht also die petrinische Eigenwilligkeit und weitgehende Unabhängigkeit von Paulus gegenüber, der Mut, seine Rezeption zu kanalisieren sowie die kreative Verwendung und Rekontextualisierung paulinischer Gedanken und Formen: Zeltmetapher und Tugendkatalog zeigen sich im Phänotext in völlig neuer Aufmachung, integriert in das Anliegen des *zweiten Petrusbriefes*, ähnlich wie dies schon im Umgang mit Motiven aus der Schrift wie etwa dem Aufgang des φωσφόρος beobachtet worden war.

Gilt das Beschriebene für Gnesio- und Deuteropaulinen, so liegt die Verbindung mit den Pastoralbriefen auf einer anderen Ebene.[28] Lexikalische Überschneidungen zeigen sich auf dem Gebiet der Charakterisierung der Heterodoxen und der Bezeichnung der Lehre, ferner lässt sich eine ähnliche Strategie in der Adressierung Gleichgesinnter beobachten: Aus

---

[28] GILMOUR 2002, 134 kommt am Ende seiner Betrachtungen (124–134) wie so oft zu einer äußerst vorsichtigen Bewertung des Verhältnisses zu den Pastoralbriefen: "The most that can be said is that 2 Peter shares various characteristics with the Pastoral Epistles as a whole."

dem Präskript geht hervor, dass sich die Pastoralbriefe wie die *Secunda Petri* an die ‚Linientreuen' wenden, wenn nämlich der pastorale Paulus Timotheus und Titus als seine ‚echten' (!) Kinder (γνήσιον τέκνον) bezeichnet und der ‚Petrus' des *zweiten Petrusbriefes* sein Schreiben an Gleichgläubige (τοῖς ἰσότιμον ἡμῖν λαχοῦσιν πίστιν) adressiert (II.A.-1.2.2). Beide geben sich damit als esoterische, also nach innen gerichtete Schreiben, die die Rezipienten vor die Entscheidung stellen, ob sie sich als in dieser Linie stehend sehen wollen oder nicht. Das Ziel einer solchen Strategie ist die Kanalisierung der Lehre, aber eben auch die klare Trennung zwischen solchen, die zur eigenen Gruppe gehören, und anderen, die das nicht tun. Daher erklärt sich auch die gemeinsame Formulierung κατὰ τὰς ἰδίας ἐπιθυμίας (2 Tim 4,3; 2 Petr 3,3; III.D.1.1.1): Man verschiebt die Separationsbewegung auf die Gegenpartei, die ‚eigene' Wege geht, sich „nach eigenen Trieben" Lehrerpersönlichkeiten wählt und die ihr Leben „nach eigenen Trieben" gestaltet. Die Lehre, die der Verfasser vertritt, gilt als ἀλήθεια (2 Petr 1,12; Tit 1,1.14; 2 Tim 4,4) im Gegenüber zur Lehre der anderen, die μῦθοι erzählt (Tit 1,14; 2 Petr 1,16), die als ἑτεροδιδασκαλεῖν (1 Tim 1,3; 6,3) zu verstehen ist und von ψευδοδιδάσκαλοι vertreten wird. Die christliche Lehre wird als ἐντολή (1 Tim 6,14; 2 Petr 3,2), ja selbst ἁγία ἐντολή (2 Petr 2,21) bezeichnet; für Bedeutung Christi scheint, wie ansatzweise schon in den Deuteropaulinen, zunehmend der Titel σωτήρ geeignet; christliche Lebensführung wird als εὐσέβεια beschrieben (2 Petr 1,3; 2,9; 3,11; 1 Tim 3,16; 6,3; 2 Tim 3,5; Tit 1,1 u.ö.). Die Art der textuellen Berührungen, nämlich lexikalische und pragmatische Berührungen, die nicht ganze Textteile des anderen Textes voraussetzen oder gar thematisieren, dürfte dafür sprechen, dass die Gemeinsamkeit der *Secunda Petri* mit den Pastoralbriefen nicht in erster Linie in einer Bekanntschaft mit deren Text zu suchen ist, sondern in der gemeinsamen Situation sich diversifizierender Lehre, in der gemeinsamen Herausforderung, dogmatisches und moralisches Erbe möglichst treu zu verwalten und in den innerhalb dieser Auseinandersetzung gemeinsam beschrittenen Wegen und angewandten verbalen und strategischen Techniken im Umgang mit dem Problem Anderslehrender und Anderslebender. Möglicherweise schauen die Pastoralbriefe und die *Secunda Petri* von verschiedenen Blickwinkeln auf dieselbe Situation; möglicherweise sind sie Zeitgenossen.[29]

4.4. Die Synoptiker

Eine explizite Markierung, die ausdrücklich eines oder mehrere der kanonisch gewordenen Evangelien als Grundlage seiner Ausführungen identi-

---

[29] Mit FARKASVALVY 1985, 12: "Second Peter belongs together with the Pastorals as a literary piece produced by similar needs and circumstances."

fizierte, enthält der Verfasser der *Secunda Petri* seiner Rezipientenschaft vor. Im Verlauf des Briefes trifft man jedoch auf so viele Spuren von textueller Wiederaufnahme, von Anspielungen oder der Voraussetzung bestimmter synoptischer Textpassagen, auf deren Basis der Phänotext eine besondere Plausibilität gewinnt, dass eine Bekanntschaft mit der synoptischen Tradition schwer zu leugnen sein dürfte. Dies belegen die Aufnahme der Verklärungsgeschichte, vor allem in der Verbindung mit der παρουσία (2 Petr 1,16–18; II.B.1), die Vorstellung von dem an eine Bedingung geknüpften Eingehen (εἴσοδος) in die βασιλεία (2 Petr 1,11; III.A.-1.3.2), der Tobspruch in 2 Petr 2,20 (III.C.1.2.11), der das Abschlusslogion der Passage von der Rückkehr des ausgetriebenen Geistes aufgreifen dürfte, Noah bzw. die Sintflut als Typos für das Eschaton (Vergleich zwischen Noah und den Tagen des Menschensohnes; III.D.1.1.2), die sprachliche Realisierung der künftigen kosmischen Katastrophe mit οὐρανός als (Teil)Subjekt zu παρέρχεσθαι (Mt 24,35 par.; Lk 16,17 par.; III.D.1.2.3) sowie die Ankündigung von ψευδοπροφῆται und ψευδόχριστοι für die letzten Tage, zu denen die ψευδοδιδάσκαλοι in Analogie treten (III.B.-1.2.6). Dies besagt freilich noch wenig oder sogar nichts über die konkrete Form, unter der dem Verfasser und wohl auch den intendierten Rezipienten die synoptische Tradition geläufig war; in vielen Fällen ist es unmöglich, nähere Angaben darüber zu machen, ob von einer mündlichen Bekanntschaft auszugehen ist oder vielleicht sogar einer indirekten, weil natürlich die synoptische Tradition weiterverarbeitet wurde, wie aus der jeweils unter Bearbeitung erfolgenden Wiederverwendung etwa des Abschlusslogions von der Passage vom unreinen Geist für verschiedene Situationen der Apostasie hervorgeht. Und selbst dort, wo man nicht mit solchen Zwischenstufen der Tradition auf dem Weg zur *Secunda Petri* rechnen muss, sondern von der Wiederaufnahme eines schriftlichen Textes auszugehen geneigt ist, wird oft nicht deutlich, auf welches synoptische Evangelium die Indizien textueller Kommunikation verweisen. Unter diesen Einschränkungen können nun andererseits doch gelegentlich Beobachtungen gemacht werden, die die Beziehung zu dem einen oder anderen der synoptischen Evangelien etwas näher zu bestimmen erlauben.

Kaum etwas spricht speziell für die Bekanntschaft mit dem *Markusevangelium*. Die einzige direkte lexikalische Verbindung zwischen *zweitem Petrusbrief* und *Markusevangelium*, die zu den anderen beiden kanonischen Synoptikern nicht besteht, ist die Wendung ἀπ' ἀρχῆς κτίσεως, die dort zweimal (Mk 10,6; 13,19) in Jesus zugewiesenen Äußerungen begegnet, wie sie ja auch in 2 Petr 3,4 in den Mund der ἐμπαῖκται gelegt ist (III.D.1.1.2). Vielleicht wird man die Wendung als eine in bestimmten Kreisen gebräuchliche Argumentation in theologischen Diskussionen zu werten haben.

Mit dem *Lukasevangelium* trifft sich der *zweite Petrusbrief* erstens in literarischen Ausdrucksformen und in bestimmten Vorstellungswelten, die
sich wiederum in konvergierender Begrifflichkeit niederschlagen, und
zweitens auf dem Gebiet theologischer Geschichtsdeutung und im Rückblick auf die christliche Vergangenheit. Hinsichtlich der literarischen Ausdrucksformen kennen sowohl Lukas als auch der Verfasser des *zweiten
Petrusbriefes* die literarisch fixierte fingierte Abschiedsrede, was zu Konvergenzen zwischen der Abschiedsrede des Paulus vor den Ältesten von
Ephesus und bestimmten Elementen der fiktiven Abschiedssituation im
zweiten Petrusbrief führt (2 Petr 1,12–15; II.E.1.1). Hierher gehören auch die
Übereinstimmungen auf der Ausdrucksebene, nämlich dass Lukas als
einziger im Neuen Testament das Wort ἔξοδος für den bevorstehenden
Tod Jesu verwendet wie die *Secunda Petri* für das Ende Petri; dass jener
ganz wie dieser μεγαλειότης für die göttliche Erhabenheit und δόξα als
Interpretationskategorie für das Verklärungsgeschehen einsetzt (II.B.-
1.2.1). Bezüglich des vergleichbaren Zugangs zur Geschichte sind zunächst die Propheten anzuführen, die nur im *zweiten Petrusbrief* und im
Lukasevangelium in Verbindung mit der Erfüllung ihrer Prophetie als ‚heilig' bezeichnet werden (2 Petr 3,2; Lk 1,70; II.C.1.2.1); auch der Gedanke,
dass Prophetie bzw. Verheißung (ἐπαγγελία) an die Väter erging (2 Petr
3,4; Act 13,32f.), eint Lukas mit der *Secunda Petri* (III.D.1.1.2). Darüber hinaus geben für beide Augen- und Ohrenzeugenschaft die Gewähr eines
unverfälschten Zugangs zu den Geschehnissen der Geschichte Jesu (Lk
1,1–4; 2 Petr 1,18), wenn Lukas diesen Punkt auch nicht mit der Verklärung verbindet (II.B.1.1.3). Weiterhin treten in der *Secunda Petri* Petrus
und Paulus in ein Verhältnis des in etwa gleichgewichtigen Nebeneinan-
ders, ähnlich wie in der *Apostelgeschichte* des Lukas.[30] Und wie Petrus in
der lukanischen Verklärungsgeschichte die Zebedaiden noch ein Stück
mehr in den Hintergrund drängt als bei Matthäus und Markus, so ist das
in noch verstärktem Maße im *zweiten Petrusbrief* der Fall, in dem ‚Petrus'
diese Begebenheit im Namen und aus der Perspektive eines anonymen
apostolischen Wir aufnimmt (II.B.1.2.1). Im Rückgriff auf die biblische
Tradition (in ihrer zeitgenössischen Auslegung) zeigen sich ebenfalls inte-
ressante Konvergenzen: Lukas stellt das Beispiel Lots im Zusammenhang
der Geschehnisse um Sodom und Gomorra direkt neben das Beispiel Noahs, wenn er den plötzlichen Einbruch der Tage des Menschensohnes in

---

[30] CHARLES 1997 zeigt im vierten Kapitel gemeinsame Strategien der Areopagrede
und des *zweiten Petrusbriefes* auf: "A comparison of Acts 17.16–34 and 2 Peter 1 is use-
ful for the purposes of illuminating the mode of apostolic witness in Gentile culture."
Verzichtet man auf CHARLES' Prämisse der Authentizität, gelangt man zu einer These
auf dem Gebiet der literarischen Darstellung von Aposteln, in denen sich Lukas und
der *zweite Petrusbrief* begegnen: Beide zeichnen sie einen Petrus resp. Paulus, der sich
mit philosophischen Gegenwartsströmungen und –ansichten auseinandersetzt.

einen sich anscheinend wie immer gestaltenden Weltenlauf hervorhebt (Lk 17,28–30 neben Lk 17,26–27; III.D.1.2.2). Dass Noah und Lot gemeinsam als Analogien für das künftige (und teils gegenwärtige) Geschehen herangezogen werden, lässt sich, samt weiterer Details wie dem Gebrauch von ἀπόλλυσθαι für die Auswirkung der Sintflut (ἀπώλεσεν πάντας; Lk 17,27; 2 Petr 3,6), am besten durch eine gemeinsame Tradition der Schriftauslegung begreifen. Nimmt man alle diese Beobachtungen zusammen, so weisen sie Lukas nicht so sehr die Rolle einer literarischen Vorlage zu als sie auf einen in mancherlei Hinsicht geteilten theologischen Hintergrund sowie einen gemeinsamen geschichtlichen Ort und ein ähnliches Verhältnis zur literarischen Textwelt ihrer Zeit. Lukas ist für den *zweiten Petrusbrief* eine Art theologischer Freund.

Schärfer zeichnet sich ein Kontakt zum *Matthäusevangelium* ab.[31] Vor allem der Wortlaut der Himmelsstimme bei der Verklärungsgeschichte ist ein starkes Indiz für diese Bekanntschaft (II.B.1.2.1). Dazu gesellt sich die Betonung der Augenzeugenschaft bei der Wiedergabe der Verklärungsgeschichte, die sich freilich auch im *Markusevangelium* findet. In besonderer Dichte finden sich mit dem dritten, teils auch dem zweiten Kapitel des *zweiten Petrusbriefes* konvergierende Textbausteine und Motive in der matthäischen Version der synoptischen Apokalypse, vor allem dem Abschnitt Mt 24,23–51, so das Auftreten übereinstimmend mit dem Wortbildungselement ψεύδο- als unrechtmäßig gebrandmarkter Lehrerfiguren (Mt 24,11.24: 2 Petr 2,1; III.B.1.2.6) und die Diversifizierung der christlichen Bewegung (Mt 24,23–28; 2 Petr 2,1); die Erfolge der Pseudo-Gestalten (Mt 24,15; 2 Petr 2,2; III.B.1.2.6); die Verbindung der παρουσία mit kosmischen Erschütterungen (Mt 24,3.27.29.37.39; III.D.1.4.); der Rückgriff auf Jes 34,4 für die kosmischen Ereignisse (Mt 24,29; 2 Petr 3,12; III.D.1.2.2; III.D.1.4.1–2); die Verwendung von παρέρχεσθαι für Himmel und Erde (Mt 24,35; 2 Petr 3,10); die mit Hilfe des Diebeswortes illustrierte Unberechenbarkeit des Eintreffens (Mt 24,42–44; 2 Petr 3,10) neben der Betonung der Zuverlässigkeit der Vorhersage und der Nähe ihrer Erfüllung (Mt 24,34). Ferner integriert nur der Matthäusevangelist den Vergleich der Tage Noahs und der Tage des Menschensohns in die synoptische Apokalypse (24,37–39), wie es letztlich auch in der Typologisierung von Flut und Ekpyrosis in 2 Petr 3,5–7 geschieht. Weiterhin könnte der Wortlaut der zentralen theologischen Aussage des *zweiten Petrusbriefes*, dass Gott aus der Versuchung zu entreißen weiß, die matthäische Version des Vaterunsers aufnehmen (2 Petr 2,9 und Mt 6,13; III.D.1.2.5) und der Hinweis auf

---

[31] Nach DSCHULNIGG 1989, 168 ‚repräsentiert' der *zweite Petrusbrief* „jenes Judenchristentum, das im NT im Matthäusevangelium seinen deutlichsten Niederschlag gefunden hat." DSCHULNIGG ist überzeugt, dass „der Verfasser des 2Petr das Mt-Ev gekannt hat und durch dessen Überlieferung von Jesus nachhaltig geprägt wurde".

die Augen, in denen sich allein die Ehebrecherin befindet (2 Petr 2,14; III.C.1.2.7), die zweite Antithese der Bergpredigt (Mt 5,27–29). Gelegentlich erinnert auch eine Formulierung wie ὁδὸς τῆς δικαιοσύνης (2 Petr 2,21) an den ersten Evangelisten. Auch das *Matthäusevangelium* wird freilich, außer womöglich in der Himmelsstimme, nicht zitiert; doch sind allein schon deren Wortlaut und die Konzentration textueller Begegnungen im Bereich der Eschatologie in Mt 24 und 2 Petr 3 gewichtige Argumente, die die Bekanntschaft mit der synoptischen Tradition in matthäischer Form als gut begründete, sinnvolle Annahme erscheinen lassen. Diese Texte gelten dem *zweiten Petrusbrief* als autoritative Lehrgrundlage. Aus ihnen heraus entwickelt er seine dogmatischen – hier vor allem eschatologischen – Aussagen, wiederum nicht in der Weise umfangreicher textueller Übernahmen, sondern in der argumentativen Verwendung dieser Texte. Dass sie die Basis sind, auf die es für die Lehrentwicklung zurückzugreifen gilt, ist dabei nur ein Aspekt; der andere ist, dass sie auch Basis zu sein scheinen, auf der man sich verständigen kann, deren Kenntnis und Autorität auch bei den Rezipienten vorausgesetzt werden darf, die schon beim vorsichtigen Antippen bei diesen ihr Evokationspotential entfalten. Dies wiederum passt zu der Aussage des Verfassers, er wolle ja nur erinnern; und beachtet man, dass er seiner eigenen Aussage am Beginn des dritten Kapitels zufolge gerade im Blick auf die Eschatologie neben den προειρημένα ῥήματα ὑπὸ τῶν ἁγίων προφητῶν an τῶν ἀποστόλων ὑμῶν ἐντολὴ τοῦ κυρίου καὶ σωτῆρος erinnern wollte, so drängt sich die Deutung geradezu auf, dass sich hinter dieser durch die Apostel vermittelten ἐντολή vom Herrn und Retter die synoptische Tradition matthäischer Form verbirgt. Ähnlich ruft 1 Clem 13,1 zur Erinnerung an Worte Jesu (μάλιστα μεμνημένοι τῶν λόγων τοῦ κυρίου Ἰησοῦ) aus der synoptischen Tradition der Bergpredigt/Feldrede (13,2) auf, die er abschließend als ἐντολή und παραγγέλματα bezeichnet (13,3).

4.5. Johannesevangelium, Johannesbriefe und Johannesapokalypse

Eine vom *zweiten Petrusbrief* ausgehende Kontaktaufnahme mit dem Text des *Johannesevangeliums* scheint nicht vorzuliegen. Die wenigen Berührungen und Nähen liegen auf anderen Gebieten als dem direkten Dialog von Texten. So liegt die wahrscheinlich auffallendste Gemeinsamkeit, nämlich die Aussage, dass die δόξα des Sohnes vom Vater herkommt und dass das apostolische Wir Zeuge dieser δόξα-Übertragung war (2 Petr 1,16f; Joh 1,14b), wohl eher auf dem Gebiet theologischer Vorstellungen als auf dem Gebiet literarischer Beziehungen (II.B.1.2.2). Die φωνὴ ἐκ τοῦ οὐρανοῦ in Joh 12,28 steht zwar sprachlich dichter bei 2 Petr 1,18 als die φωνὴ ἐκ τῆς νεφέλης in Mt 17,5 parr., aber eine Himmelsstimme ist eine so gängige Erscheinung in biblischer und angrenzender Literatur, dass sich anhand dieser Übereinstimmung keine textuelle Zweierbeziehung nachweisen lässt. Ob schließlich das im Blick auf den bevorstehenden Tod Petri formulierte καθὼς καὶ ὁ κύριος ἡμῶν Ἰησοῦς Χριστὸς ἐδήλωσέν μοι (2 Petr 1,14) die Martyriumsankündigung in Joh 21,18f aufnimmt, bleibt spekulativ, zeugt gewissermaßen vom Mangel einer besseren Erklärung, denn es gibt keinerlei konkretes sprachliches oder literarisches Indiz, mit dem die Behauptung einer textuellen Wiederaufnahme begründet werden könnte (II.E.1.2.4). Ein Gleichklang mit dem *ersten Johannesbrief* zeigt sich in dessen ersten Versen in der starken Betonung der Augen- und Ohrenzeugenschaft des apostolischen Wir (II.B.1.1.3), was wahrscheinlich als Zeugnis einer gemeinsamen Strategie in nachapostolischer Zeit zu werten ist, Zugang zur apostolischen Vergangenheit zu gewinnen und deren Bedeutung zu bestimmen, ähnlich wahrscheinlich der diesbezüglichen Konvergenz mit dem *Lukasevangelium*.

Hoffnungsvoller stimmt wenigstens auf den ersten Blick die Synopse mit der *Johannesapokalypse*. Nicht nur kennt sie ἀγοράζειν als soteriologische Vokabel (Apk 5,9 und 14,4; III.B.1.2.8), sondern auch das Wort vom Kommen gleich einem Dieb (Apk 3,3; 16,15; III.D.1.3.3), das im Sendschreiben an die Gemeinde zu Sardes ähnlich wie bei 2 Petr 3,9f im Zusammenhang mit dem ‚Gefundenwerden‘ der Werke (εὕρηκά σου τὰ ἔργα; Apk 3,2) und der Aufforderung zur Umkehr (μετανόησον) verwendet wird, ferner die Zukunftsperspektive eines neuen Himmels und einer neuen Erde (Apk 21,1; III.D.1.1.4) sowie die Vorgehensweise, missliebige Strömungen als Anhänger Bileams zu disqualifizieren (Apk 2,14; III.D.1.2.7), wobei als *tertium comparationis* Mahlzeitvergehen (φαγεῖν εἰδωλόθυτα) und sexuelles Fehlverhalten (πορνεῦσαι) genannt werden, wie auch in 2 Petr 2,13f (ἐντρυφῶντες ... συνευωχούμενοι ὑμῖν; ὀφθαλμοὺς ... μεστοὺς μοιχαλίδος). Der zweite Blick stellt dann ernüchternd fest, dass diese Übereinstimmungen fast durchweg auch indirekt, also anders als über einen textuellen Kontakt zwischen *Johannesapokalypse* und *zweitem Petrusbrief* erklärt werden können. Das Wort vom Kommen gleich einem Dieb war schon Ende der vierziger Jahre in christlichen Kreisen einigermaßen bekannt; Bileam wurde vielfach zum Vorbild missliebiger Strömungen erklärt; die Rede von einem neuen Himmel und einer neuen Erde greift ohnehin Verse Tritojesajas wieder auf, und ἀγοράζειν ist schon bei Paulus soteriologisches Motiv der Christologie. Dagegen gibt es keinerlei Hinweise, die einen direkten Dialog der Texte zwischen *Apokalypse* und *zweitem Petrusbrief* zu einer zwingenden Erklärung machen. Was freilich auffällt, ist, dass die Konvergenzen aus verschiedenen Bereichen stammen, nämlich der Gegnerbekämpfung, der kosmologischen Eschatologie und der christologischen Soteriologie. Für diese theologischen Kongruenzen könnte man möglicherweise eine geringe zeitliche und/oder lokale Distanz zur *Johannesapokalypse* postulieren. Aus metatextueller Perspektive, also unter der Fragestellung der impliziten Kommentierung der gemeinsamen Textteile, Traditionen oder Strategien, ist festzuhalten, dass die *Secunda Petri* sie positiv aufnimmt, sie mit einer gewissen Selbstverständlichkeit als Verständigungsbasis gebraucht. Das Wort vom Kommen gleich einem Dieb ist unhinterfragter Bestandteil der Lehre, der in Argumentationen gebraucht werden kann, ἀγοράζειν eine gültige soteriologische Deutungsart und der neue Himmel samt der neuen Erde unrelativierte Zukunftshoffnung.

5. Der zweite Petrusbrief und das außerkanonische christliche Schrifttum

5.1. Die Apostolischen Väter

Da der *zweite Petrusbrief* nach mehrheitlicher Meinung zu den spätesten oder wenigstens späteren Schriften des Neuen Testaments gehört, sollte es verwundern, gäbe es keine Berührungspunkte mit den Apostolischen Vätern. Tatsächlich lassen sich solche auch für beinahe jede Schrift finden; für keine drängt sich jedoch die Vermutung eines prätextuellen Verhältnisses mit dem *zweiten Petrusbrief* auf. Die folgende Zusammenstellung beansprucht keine Vollständigkeit, sie soll allein die Art der bestehenden Kontakte illustrieren. Mit dem *ersten Clemensbrief* gibt es lexikalische und theologische Übereinstimmungen: So gebraucht dieser etwa mit Vorliebe den Titel δεσπότης für Gott, den im Neuen Testament sonst nur je einmal die *Johannesapokalypse*, der *Judasbrief*, das *Lukasevangelium*, die *Apostelgeschichte*, der *zweite Timotheusbrief* und der *zweite Petrusbrief* verwenden, außerdem bezeichnet er einen Teil der Jesustradition einmal als ἐντολή (1 Clem 13,3; vgl. 2 Petr 3,2; II.C.1.2.2).[32] Ist es angesichts der weiteren Verbreitung noch nicht auffällig, dass beide das Verb συνιστάνειν für die Schöpfung gebrauchen (1 Clem 20,6; 2 Petr 3,5; III.D.1.2.1), so lässt doch die beiderseitige Parallelisierung von Schöpfung und Zerstörung durch Gottes Wort (1 Clem 27,4; 2 Petr 3,5.7; III.D.1.2.1) auf eine in diesem Punkt gemeinsame theologische Tradition schließen. Die vielleicht bemerkenswerteste Berührung war in den Passagen zu beobachten, in denen *erster* und *zweiter Clemensbrief* eine weiter nicht bekannte Schrift zitieren, in der Menschen zu zweifeln beginnen, weil sich die Worte aus der Zeit der Väter ihrer Wahrnehmung nach nicht erfüllen (1 Clem 23,3–5; 2 Clem 11,1–2; III.D.1.1.2); doch plädiert die Art der Berührung nicht für das Postulat einer textuellen Beziehung zwischen der *Secunda Petri* und einem der beiden Clemensbriefe. Vielmehr ist deutlich, dass sie ihre theologische Inspiration teilweise auf derselben Textwelt gründeten. So ist beispielsweise auch zu beobachten, dass der *zweite Clemensbrief* für die Formulierung

---

[32] Für einen weiteren lexikalischen Anklang in der Bezeichnung Gottes als μεγαλοπρεπής δόξα (1 Clem 9,2 und 2 Petr 1,17), der wohl die Sprache von Ps 20,6 LXX und Ps 144,5.12 LXX aufnimmt, siehe GILMOUR 2002, 116.

seiner kosmologischen Eschatologie (τακήσονταί τινες τῶν οὐρανῶν, 2 Clem 16,3; III.D.1.2.3) wahrscheinlich teilweise auf dieselben Schrifttexte (Jes 34,4) rekurriert wie die *Secunda Petri* (2 Petr 3,12); inhaltlich stimmen sie darin überein, dass ein kosmischer Schmelzprozess ausgelöst wird, wodurch die Werke zu Tage treten (2 Clem 16,3). Für den Eingang ins Reich Gottes unter der Bedingung, dass Moral der Paränese gemäß praktiziert wird, und mit dem Hinweis auf die Taufe, findet sich gleichermaßen die nächste Parallele zur *Secunda Petri* im *zweiten Clemensbrief* (2 Clem 6,8–9; III.A.1.3.2). Ferner kennt die *Secunda Clementis* die Wendung προφητικὸς λόγος (2 Clem 11,2; III.B.1.1.1) und die Gleichordnung der Schriften der Propheten mit der Lehre der Apostel (2 Clem 14,2; II.C.1.1). Damit ergeben sich wenigstens mit dem *zweiten Clemensbrief* sehr viel mehr Berührungen als mit mancher neutestamentlichen Schrift; in vielerlei Hinsicht ist er theologischer Nachbar. Übereinstimmungen in theologischen Denkmustern und im Ausdruck lassen sich auch mit dem *Hirten des Hermas* wahrnehmen. So kennt dieser eine ähnliche Verarbeitung des Gedankens, der Zustand nach der Apostasie sei ein größeres Übel als der vor der Zuwendung zum Christentum, wobei letztere ebenfalls als ἐπίγνωσις gewertet wird und der Abfall mit ‚Befleckung' einhergeht (Herm sim 9,17,5; III.C.1.2.10). Auch die πίστις-ἀγάπη-Rahmung wird vom Hirten verwendet (Herm vis 3,8,7; Herm sim 9,15,2; III.A.1.1.2), außerdem gibt auch bei ihm die Langmut Gottes (μακρόθυμος) den Raum zur Umkehr (δοῦναι πᾶσι τὴν μετάνοιαν; Herm sim 8,11,1; III.D.1.3.2).

Kontakte mit den anderen Schriften der Apostolischen Väter lassen sich zum Teil auf denselben Gebieten oder doch wenigstens auf demselben Niveau beobachten: Polykarp kennt die Nennung der Apostel auf gleicher Augenhöhe mit den Propheten (2 Phil 6,3; II.C.1.1), Ignatius die polare und gleichzeitig umfassende Position von πίστις und ἀγάπη (IgnEph 14,1; III.A.1.1.2), die *Didache* vielleicht ἐντολή als Jesustradition oder christliche Lehre (Did 2,1; 4,13; II.C.1.2.2) wie möglicherweise auch der *Barnabasbrief* (Barn 16,9; II.C.1.2.2), bei dem ferner die Vorhersagen der Propheten auf Christus hin an die πατέρες ergehen (Barn 5,6; III.D.1.1.2).

Damit ist der *zweite Petrusbrief* theologisch nicht nur mit dem lukanischen Doppelwerk oder der *Johannesapokalypse* verbunden, sondern auch mit dem frühen außerkanonischen Schrifttum, vielleicht besonders mit dem *ersten* und *zweiten Clemensbrief* und dem *Hirten des Hermas*. Letzteres hat vor allem Bauckham in seinem epochalen Kommentar unterstrichen und die Ursache in einem gemeinsamen Milieu, nämlich dem römischen Christentum, verortet;[33] eine Sicht, die seither viele geteilt haben. Die vorliegende Untersuchung muss leiser treten. Da zunächst keine signifikanten Unterschiede hinsichtlich der Qualität der Beziehung zum lukani-

---

[33] Siehe BAUCKHAM 1983, 149–151.

schen Doppelwerk und der *Johannesapokalypse* einerseits und den drei genannten römischen Schriften andererseits ins Auge fallen, muss es einer
Detailuntersuchung vorbehalten bleiben, solche ausfindig zu machen. Bis
dahin gilt, dass auch Spuren in den kleinasiatischen Raum führen.

5.2. *Weitere christliche Schriften des zweiten und dritten Jahrhunderts*

Theologische Verbindungen zu Schriften des frühen Christentums bestehen auch über die Gruppe der Apostolischen Väter hinaus. Dies betrifft in
besonderem Maße die Konvergenzen hinsichtlich des Prophetieverständnisses mit einigen Apologeten des zweiten Jahrhunderts, vor allem mit
der Schrift *Ad Autolycum* des Antiochener Bischofs Theophilus (um 180);
die Bezeichnung der Propheten als ,heilig' ist dabei nur einer der Berührungspunkte (II.C.1.2.1). Justin gebraucht wie die *Secunda Petri* die Bezeichnung προφητικὸς λόγος (III.B.1.1.1). Dass die genannten Verfasser
gerade in dieser Hinsicht christliche Lehre aufgreifen und weiterentwickeln, ist angesichts ihres Anliegens, nämlich die ,Wahrheit' der christlichen Lehre aus den Schriften zu belegen, alles andere als verwunderlich.
Ebenso wenig erstaunt ein zweiter – mit dem soeben genannten verwandter! – Berührungspunkt, nämlich die Rückbindung der christlichen Lehre
an die Anfänge und die Abgrenzung gegenüber Anderslehrenden. Waren
in den früheren Schriften immer noch ψευδόχριστοι, ψευδοπροφῆται, gelegentlich auch ψευδαπόστολοι die von Jesus in der synoptischen Tradition vorhergesagten Bedrohungen, so spricht Justin von ψευδοδιδάσκαλοι
(dial 82,1), wie auch die *Secunda Petri* das tut (III.B.1.1.2.1; III.B.1.2.6). Da
Justin dies noch dazu in einer Weise tut, die beinahe zwangsläufig an 2
Petr 2,1 erinnert, meinte die vorliegende Untersuchung, hier begründet
von einem Prätextverhältnis ausgehen und Justin als Rezipienten der *Secunda Petri* ansehen zu dürfen. Auch das Nebeneinander von Aposteln
und Propheten kennt Justin, und seine Aufnahme des *Danielbuches* lässt
vermuten, dass die Rede von einer αἰώνιος βασιλεία in 2 Petr 1,11 von einer an Daniel orientierten Menschensohnvorstellung herrührt.

Auch Hegesipp zeugt von einer lexikalisch ähnlich geführten Auseinandersetzung mit Anderslehrenden: Er gebraucht παρεισάγειν für die
Einführung diverser devianter Lehren, aus denen dann auch ψευδόχριστοι, ψευδοπροφῆται und ψευδαπόστολοι hervorgegangen seinen (Eus
hist.eccl IV,22,5–6; III.B.1.1.2.2). Der Brief der Gemeinden von Vienne und
Lyon unterstreicht in Aufnahme von Ez 33,11 und ähnlich wie 2 Petr 3,9,
dass Gott nicht den Tod, sondern die μετάνοια wolle (Eus hist.eccl V,1,46;
III.D.1.3.2); und Clemens von Alexandrien kennt πίστις als Anfang und
ἀγάπη als Ende (ClemAl strom VII,10,55,6; III.A.1.1.2). Diese Beispiele belegen freilich nicht mehr als die Einbettung der *Secunda Petri*, zeigen nicht
mehr, als dass ihre Textwelt nicht nur in ihrer Vergangenheit und Gegenwart, sondern auch zeitlich nach ihr liegt.

5.3. Petrusliteratur

Der *zweite Petrusbrief* gehört in den seit dem Ende des ersten, spätestens aber dem Beginn des zweiten Jahrhunderts wachsenden Strom an ‚Petrus'literatur, was zu der Frage führt, ob besondere Beziehungen zwischen ihm und einer anderen ‚petrinischen' Schrift bestehen. Die meisten davon sind nur fragmentarisch und nicht in der Originalsprache erhalten, was die Aussichten auf eine Antwort nicht gerade günstig erscheinen lässt. Die vorliegende Zusammenfassung verzichtet auf eine Wiederholung des spärlichen Befundes zum *Kerygma Petrou* und den *Petrusakten/Actus Vercellenses*. Was die *Pseudoklementinen* betrifft, so erweckte EpClem 2,1 den Eindruck einer Neubearbeitung von 2 Petr 1,14 (II.E.1.2.4). In den *Homilien* finden sich sporadisch theologische Motive, die auch der *zweite Petrusbrief* kennt (ClemHom 16,20,4: μακροθυμία und μέτανοια, vgl. 9,19,1; ἐλεύσονται zur Ankündigung bestimmter Gestalten oder Ereignisse der letzten Zeit wie in der synoptischen Tradition ClemHom 3,15,2; 8,4,1; 11,35,6); der langmütige, zur Umkehr rufende Gott, den ClemHom 16,20,4 einem strafenden Schöpfergott entgegensetzt, könnte über eine allgemeine motivische Kongruenz hinausgehen und 2 Petr 3,15 aufnehmen (III.D.1.3.2 und III.D.1.4.2).

Die *Petrusapokalypse* zeigt sowohl in den wenigen erhaltenen Fragmenten des ursprünglichen Textes sowie in dem, was aus der äthiopischen Übersetzung über diese ursprüngliche Textform rückgeschlossen werden kann, als auch in der Überarbeitung im Akhmîm-Fragment zumindest auffällige Nähen zum *zweiten Petrusbrief*, die man vielleicht sogar als textuelle Kontakte interpretieren darf. Ausgehend vom Kriterium der Strukturalität lässt sich sowohl im ersten griechischen Text der *Petrusapokalypse* als auch in der *Secunda Petri* die unmittelbare Aufeinanderfolge von Taufe und Reich Christi beobachten (III.A.1.3.2). Wäre dies für sich genommen aufgrund der traditionellen Verbindung in der Taufparänese noch kein sehr stichhaltiges Indiz für einen textuellen Kontakt, so ist die übereinstimmende seltene Qualifikation der βασιλεία als αἰώνιος doch bemerkenswert, ebenso wie die folgende Erwähnung von κλητοί und ἐκ{κ}λεκτοί, was an κλῆσις καὶ ἐκλογή aus 2 Petr 1,10 erinnert. Unmittelbar hierauf fordert Jesus den Petrus zum Martyrium auf, gerade wie anschließend an die Tauferinnerungsparänese in 2 Petr 1,3–11 der bevorstehende Tod Petri thematisiert wird (2 Petr 1,12–15), jedoch mit dem Unterschied, dass die Martyriumsaufforderung in der *Petrusapokalypse* szenisch erfolgt. Im Zusammenhang mit dem Martyrium ist mit demselben Verb von Offenbarung die Rede wie in der *Secunda Petri* (δηλοῦν), allerdings ist das Objekt der Offenbarung in der *Petrusapokalypse* nicht konkret das Martyrium, sondern reichlich vage ausgedrückt mit πάντα. Ein weiterer Hinweis ergibt sich aus der Rezeption von Jes 34,4, einem Vers, den die *Kodizes Vaticanus* und *Leningradensis* sowie Theodotion wiedergeben mit τακήσονται πᾶσαι αἱ δυνάμεις τῶν οὐρανῶν. Nach Ausweis des Macarius von Magnesia hat auch die *Petrusapokalypse* diese Form zitiert, allerdings wie Symmachus im Singular: καὶ τακήσεται πᾶσα δύναμις οὐρανοῦ; an diese Form von Jes 34,4 könnte auch die Formulierung von 2 Petr 3,12 anknüpfen (III.D.1.2.3). Darüber hinaus dürften noch weitere terminologische Kongruenzen bestanden haben; die äthiopische Übersetzung macht es wahrscheinlich, dass nicht erst die Bearbeitung im Akhmîm-Fragment, sondern bereits der alte griechische Text von der ὁδὸς τῆς δικαιοσύνης und βλασφημεῖν sprach (vgl. äthApkPetr 7,2 mit ApkPetr (Akh) 22; III.B.1.2.9). Auch die Neubearbeitung der Verklärungsszene in der äthiopischen Version könnte mit der Erwähnung eines ‚heiligen' Berges (äthApkPetr 15,1), "honour and glory" (äthApkPetr 16,5 = τιμὴν καὶ δόξαν; 2 Petr 1,17) und der Stimme aus dem Himmel (äthApkPetr 17,1) Elemente der Wiedergabe der Verklärungserzählung in 2 Petr 1,16–18 aufnehmen, doch ist hierfür keine Sicherheit zu gewinnen; denn alle drei Übereinstimmungen lassen sich auch anders erklären (II.B.1.2.3). Der Akhmîm-Text unterstützt hier nicht, doch könnte sein Beginn für eine (erneute) Benutzung des *zweiten Petrusbriefes* bei der Überarbeitung sprechen: πολλοὶ ἐξ αὐτῶν ἔσονται ψευδοπροφῆται καὶ ὁδοὺς καὶ δόγματα ποικίλα τῆς ἀπωλείας διδάξουσιν; vielleicht ließe sich so auch τόπον … αὐχμηρόν{των (22; vgl. 2 Petr 1,19) erklären (III.B.1.2.9). Für mit größerer Sicherheit zu treffende Aussagen wäre eine umfangreichere Textbasis des ursprünglichen griechischen Textes wünschenswert, wenigstens aber eine eingehendere Betrachtung, als sie im Rahmen der vorliegenden Untersuchung möglich war. Es sollte jedoch nicht überraschen, wenn sich im Rahmen einer – längst fälligen – die in der Aufsatzliteratur oder als Teil größerer Untersuchungen eher beiläufig erzielten bisherigen Ergebnisse verarbeitenden monographischen Untersuchung zum Verhältnis der verschiedenen Apokalypsenversionen untereinander und zum *zweiten Petrusbrief* die *Secunda Petri* als Prätext zur *Petrusapokalypse* erwiese.[34]

---

[34] Damit wird hier das Ergebnis des Verhältnisses vorsichtiger formuliert als von BAUCKHAM 1998b, 302f, der denkt, dass wenigstens äthApkPetr 14 (=P.Vindob.G 39756) von 2 Petr 1 inspiriert war und die Aufnahme der Verklärung Züge aus dem *Matthäusevangelium* mit solchen aus dem *zweiten Petrusbrief* vermischt; siehe bereits den Forschungsbericht BAUCKHAM 1988e, 4721–4723. GILMOUR 2002, (110–)115 dagegen sieht Bauckhams Nachweis der Abhängigkeit der *Petrusapokalypse* vom *zweiten Petrusbrief* als gescheitert. KRAUS 2001, 396 kommt nach einer Sichtung der Berührungen ebenfalls zu dem Ergebnis, dass „ApkPetr von 2Petr als abhängig anzunehmen ist". BUCHHOLZ 1988, 97 Anm. 3 listet eine Reihe von Beobachtungen zu Kongruenzen und Konvergenzen des äthiopischen Textes mit dem *zweiten Petrusbrief* auf, weist aber darauf hin, dass eine gründliche Untersuchung zwischen den beiden Texten noch fehlt.

6. Der zweite Petrusbrief und seine pagane Textwelt

Zum textuellen Universum des *zweiten Petrusbriefes* gehören neben den
Schriften des Ersten Testamentes, dem jüdischen Schrifttum hellenistischer und römischer Zeit sowie der entstehenden Literatur des jungen
Christentums auch pagane Texte. Eine erste Kategorie, von der der Verfasser einige Beispiele gekannt haben muss, weil er ihren Aufbau und ihre
Diktion imitiert, sind Dekrete zur Ehrung von Persönlichkeiten, die sich
um das Wohl eines Gemeinwesens verdient gemacht haben, vielleicht
auch andere dekretale Bekanntmachungen. Dabei handelt es sich um Texte, die oft öffentlich in Form von Inschriften zugänglich waren. Die alltäg-
liche Erfahrungswelt liefert ihm also illustrierende Analogien für theologische Inhalte, so etwa wenn Christi Bedeutung mit Hilfe der Titelkombi-
nation κύριος ἡμῶν καὶ σωτήρ beschrieben und suggeriert wird, dass
man sich ihm gegenüber auch wie gegen einen aus der Alltagswelt bekannten σωτήρ zu verhalten habe. Deutlich misst er dieser Textsorte der
öffentlichen Dekrete eine positive Bedeutung bei; sie gilt ihm als adäquates Mittel für die Formulierung seines theologischen Anliegens (III.A.-
1.1.1; III.A.3).

Während die syntaktisch-stilistische Gestaltung des Proömbeginns (*genitivus absolutus* als Einleitung einer vielfältig angereicherten Periode) für
sich genommen auch auf Proömien literarischer Werke verweist und somit der so eingeleiteten Schrift sowohl selbst Bedeutung beimisst als sie
auch von anderen einfordert, darüber hinaus in Verbindung mit einschlägiger Idiomatik des persönlichen Engagements (σπουδὴν πᾶσαν
παρεισφέρειν) sowie panegyrischen Elementen, wie sie etwa in der Historiographie und kaiserlichen Selbstdarstellung gebräuchlich sind (ἰδίᾳ
δόξῃ καὶ ἀρετῇ, III.A.1.2.1), auf die genannten Dekretstexte abhebt, stellen Formulierungen wie εἰλικρινὴς διάνοια (II.C.1.2.3), θεία δύναμις
(III.A.1.2.2) und θεία φύσις (III.A.1.2.3) textuelle Transzendenzen in andere Richtungen dar. Sie sind oft schon bei Plato, teilweise auch Aristoteles belegt, zeigen sich dann aber in hellenistisch-römischer Zeit wieder
bei jüdischen Schriftstellern wie Philo und Josephus; θεία δύναμις und
θεία φύσις beispielsweise gehören zur Zeit des *zweiten Petrusbriefes* zu
den Ausdrucksmöglichkeiten sowohl paganen als auch jüdischen Redens
über Gott bzw. die Götter in der Literatur. Die Idiomatik des religiösen
Diskurses übersteigt hier die Grenzen zwischen jüdisch-christlich und pagan, und mit der Idiomatik bekommen bestimmte theologische Anschauungen kult(ur?)übergreifenden Charakter. So stellt beispielsweise θεία
δύναμις ganz allgemein und ohne Bindung an eine bestimmte (Form der)
Religion das göttliche Vermögen der menschlichen Begrenztheit gegenüber. Doch nicht allein Idiomatik, auch theologische Motivik erweist sich
stellenweise als über die Grenzen der jüdisch-christlichen Religion hi-
nausgreifend. So begegnet etwa im Zusammenhang mit der Frage nach

dem Ausbleiben sofortiger göttlicher Strafe für einen menschlichen Fehltritt der Gedanke, eine Gottheit habe ein anderes Zeitbewusstsein, außer im jüdisch-christlichen Schrifttum auch in Plutarchs *De sera numinis vindicta;* dasselbe Wort βραδύνειν, das ausgehend von den griechischen Versionen von Hab 2,3 *terminus technicus* des jüdischen Diskurses über Kommen oder Ausbleiben Gottes geworden ist, gebraucht auch Plutarch in diesem Kontext (III.D.1.3.2).[35] Solche Ansätze transkultureller, wenigstens aber transkultischer Theologie könnten auch dazu geführt haben, dass bei der Wiederaufnahme der Wächtergeschichte Vokabular mit deutlichem Verweispotential auf den Titanenmythos zum Einsatz kommt (III.C.1.2.1).

Ihre Bindung an gemeinantike Vorstellungen oder Diskursweisen gibt die *Secunda Petri* auch jenseits des Gebietes von Theologie und Religion zu erkennen. Der Gedanke etwa, dass die ἄλογα ζῷα von Natur dazu geboren sind, gefangen und getötet zu werden, ist der in der paganen Antike ebenso belegt wie im Judentum. Im *zweiten Petrusbrief* ist sie Ergebnis der Erweiterung einer Formulierung des *Judasbriefes;* erst der *zweite Petrusbrief* konformiert die Aussage des *Judasbriefes* an die gemeinantike Vorstellung. Ein Teil des Strebens der *Secunda Petri* zielt also offenbar auf die Einbettung in eine nicht spezifisch jüdisch-christliche antike Kultur (III.C.1.2.6). Dies gilt auch für einige Elemente des rhetorischen *ornatus*. So nimmt die Beschreibung der Engel als ἰσχύϊ καὶ δυνάμει μείζονες die häufig zu beobachtende gemeingriechische Eigenheit auf, dass sich die beiden Lexeme ἰσχυ- und δυναμ- in den verschiedensten Formen anziehen (III.C.1.2.6). Einer ähnlichen seit dem ersten vorchristlichen Jahrhundert belegten reziproken Anziehungskraft der Lexeme verdankt sich τολμηταί, αὐθάδεις, (III.C.1.2.6) und auch die Kombination von ζόφος und σκότος gehört dem rhetorischen *ornatus* poetischer Sprache an (III.C.1.2.8). Gleichermaßen bewegt sich der Kontrast zwischen Freiheit und Sklaverei und das das Bild von Sklaven der φθορά im Rahmen gemeinantiker Rhetorik, auch wenn dem Verfasser dabei in erster Linie Paulus vor Augen gestanden haben mag (III.C.1.2.9).

Über allgemeine Kategorien hinaus reichende konkrete Verweise, etwa in die Richtung bestimmter zeitgenössischer philosophischer Strömungen oder Texte lassen sich dagegen nicht erkennen. Die Formulierung ἐξ ὕδατος καὶ δι' ὕδατος συνέστως dürfte einen Versuch darstellen, mit Hilfe präpositionaler Spekulation *Genesis* 1 aufzunehmen, doch lässt sich nirgends ein philosophischer Text entdecken, der hinreichend deutlich zeigte, dass der Verfasser der *Secunda Petri* bei einer bestimmten Schrift oder

---

[35] Siehe hierzu die Deutung von Trimaille 2004, 481: «En ce qui regarde le milieu et la culture des destinataires, les quelques convergences repérées entre 2 P et Plutarque manifestent que l'auteur parle le langage de son temps et de son milieu, et ne craint pas d'affronter les questions que se posent ses contemporains.»

bei konkret benennbaren zeitgenössischen philosophischen Bewegungen borgte; ἐξ ὕδατος καὶ δι' ὕδατος sind am besten als freie Assoziationen zum Schöpfungshymnus der *Genesis* zu verstehen (III.D.1.2.1). Für die Ekpyrosis-Vorstellung wurde gezeigt, dass ihre typisch stoischen Implikationen (zyklisches Geschichtsbild) und das typisch stoische Vokabular zu ihrer Formulierung in der *Secunda Petri* fehlten; so als wolle sie gerade nicht auf ähnliche stoische Vorstellungen verweisen (III.D.1.2.3). Wahrscheinlich hielt der Verfasser sie tatsächlich für auf den Schriftpropheten beruhend und wollte er die Lehrentwicklung, die er mit seinem Brief zu steuern versuchte, möglichst wenig auf kosmologische Vorstellungen philosophischer Herkunft gründen, sondern um so mehr auf den Schriften des Ersten Testaments, der jüdischen Tradition und deren christlicher Rezeption. Auch der Tugendkatalog in 2 Petr 1,5–7 lehnt sich nicht an die Kataloge der Alten Stoa oder der kynisch-stoischen Diatribe an. Seine Elemente sind unverkennbar christlich geprägt (III.A.1.1.2). Andererseits lassen sich Anklänge an die präpositionale Spekulation, die Ekpyrosis-Vorstellung, den stoischen Wertekatalog nicht rundweg in Abrede stellen, aber diese beschränken sich auf sprachliche und literarische Darstellungsformen, nicht auf die jeweiligen philosophischen Inhalte.

C. Selbstlokalisierung im Intertext

Aus den direkten und indirekten metatextuellen Äußerungen des *zweiten Petrusbriefes* lässt sich die Position, die er sich selbst innerhalb seines textuellen Universums einräumt, wie folgt erheben:

Eine ausdrückliche Selbstzuordnung beschreibt die *Secunda Petri* im Verhältnis zu drei Schriftengruppen und einer Einzelschrift, nämlich (1) den προειρημένα ῥήματα ὑπὸ τῶν ἁγίων προφητῶν (2 Petr 3,2), (2) der τῶν ἀποστόλων ὑμῶν ἐντολὴ τοῦ κυρίου καὶ σωτῆρος (2 Petr 3,2), (3) πᾶσαι αἱ ἐπιστολαὶ λαλῶν [scil: Παῦλος] ἐν αὐταῖς περὶ τούτων (2 Petr 3,16) und schließlich (4) der aus der Selbstbezeichnung als δευτέρα ἐπιστολή zu erschließenden πρωτὴ ἐπιστολή (2 Petr 3,1).

Zu den beiden erstgenannten Gruppen ist die Haltung dieselbe: Der *zweite Petrusbrief* will die Funktion einer an sie erinnernden, also auf sie verweisenden Schrift bekleiden. Das Ergebnis der intertextuellen Analyse, die das Gefüge von Referenzen auf vorgängige Texte offenlegte, bestätigt diese Selbstbeschreibung: Wie sich exemplarisch an der sprachlichen Gestaltung der Ankündigung und Charakterisierung der Heterodoxen, aber auch bei der Schilderung der eschatologisch zu erwartenden Ereignisse nachvollziehen lässt, borgt der Verfasser lexikalische Einheiten und Syntagmata aus der prophetischen und ‚apostolischen' Tradition, die er neu zusammenstellt, so dass sich eine Hörerin oder ein Leser in der Tat an die prophetische und apostolische Botschaft erinnert fühlen kann.

Mit dieser Funktionsbestimmung der Erinnerungshilfe gibt der *zweite Petrusbrief* sich selbst einerseits den Anstrich des Untergeordneten, des Epigonen, dessen, der auf die entscheidenden Dinge, die längst schon andernorts gesagt sind, allein noch verweisen kann. Er verleiht sich den Charakter von Auxiliarliteratur, eines Paratextes, der nur Supplementcharakter zum eigentlichen Prätext hat. Denn Erinnern setzt einen vorhandenen Gegenstand der Erinnerung voraus, und wer für sich als vornehmliche Funktion die Erinnerung bestimmt, der impliziert, dass er sich nicht als Neuerer darstellen will und nicht als jemand, der selber Grundlagen schafft. Die zentrale Funktion der Erinnerung, die der Verfasser seinem Brief zuschreibt, stellt ihn zunächst nicht an die Seite der erinnerten Texte, sondern in deren Fußstapfen. Dies ist jedoch nur die eine Seite. Auf der anderen stehen mehrere Beobachtungen, die darauf verweisen, dass der Status von Auxiliarliteratur alles andere als eine umfassende Beschreibung der Selbstsicht des *zweiten Petrusbriefes* ist. Zunächst ist festzuhalten, dass Erinnerung zwar unzweifelhaft die genannten Aspekte in sich trägt, darüber hinaus aber auch zum apostolischen Aufgabenbereich gehört. Paulus erinnert verschiedentlich an frühere Verkündigung (z.B. 1 Kor 15,1; Phil 3,18; 1 Thess 4,6; Gal 5,21; 2 Kor 13,2) oder lässt dies durch Timotheus geschehen (1 Kor 4,17) und stellt wenigstens einmal *expressis verbis* die Verbindung her zwischen Erinnern und der ihm von Gott gegebenen χάρις (Röm 15,15).[36] Der *zweite Petrusbrief* steht also mit seiner Erinnerungstätigkeit durchaus auf Augenhöhe mit Paulus oder Aposteln allgemein.[37] Ferner gehört hierher die Einsicht, dass der Verfasser seine Erinnerungsghilfe offenbar als unerlässlich betrachtet, dass er es seinem Publikum nicht zutraut, von sich aus auf die Vorhersagen der heiligen Propheten und der Apostel Lehre vom Herrn und Retter zurückzugreifen, oder wenigstens nicht, dies in der richtigen Weise zu tun. So notwendig sind

---

[36] Röm 15,15: τολμηρότερον δὲ ἔγραψα ὑμῖν ἀπὸ μέρους ὡς ἐπαναμιμνήσκων ὑμᾶς διὰ τὴν χάριν τὴν δοθεῖσάν μοι ὑπὸ τοῦ θεοῦ.

[37] RIEDL 2005 versucht, den hermeneutischen Schlüssel zur neutestamentlichen Pseudepigraphie bei der „Anamnese im Alten Testament" (ibid. 165–194) und der „Erinnerung in jüdischer Perspektive"(ibid. 195–206) zu finden, um schließlich die „Reflexionsfigur der alttestamentlichen und jüdischen Anamnese" (ibid. 240), der sich der pseudopetrinische Verfasser mit Bezug auf Petrus bedient, um zu dem Ergebnis zu gelangen: „Der 2. Petrusbrief kann ... zu Recht als apostolisch bezeichnet werden. Die Anamnese ermöglicht die Apostolizität des Briefes" (ibid. 240). Ein einigermaßen umfassendes auf gnesioapostolischer Literatur basiertes Kapitel über die Erinnerungstätigkeit als apostolische Aufgabe hätte man sich unter einer Untersuchung des Titels „Anamnese und Apostolizität. Der *zweite Petrusbrief* und das Problem der neutestamentlichen Pseudepigraphie" (RIEDL 2005) freilich durchaus noch gewünscht.

seine Hinweise, dass er sie unter höchste Autorität stellt: Er wählt die Form eines Testamentsbriefes des wohl bedeutendsten Apostels: Petrus. Hierin spiegelt sich das Selbstbewusstsein, mit dem er meint, in die Entwicklung der christlichen Lehre eingreifen und sie ein für allemal in die richtigen Bahnen zu lenken zu müssen. Ein kurz vor dem Tod verfasstes Testament ist ein Abschluss und lässt keinen Raum mehr für weitere Petrusbriefe, die die Entwicklung ähnlich beeinflussen könnten. Eine höhere Selbsteinschätzung als die Charakterisierung als bescheidene Erinnerungshilfe verrät schließlich auch die Form des Apostelbriefes und die Gestaltung des Präskripts. Der Anschluss an paulinische Formen brieflicher Korrespondenz ist ein bewusster; es liegt auf der Hand, dass der Verfasser sein Schreiben als ein Werk in der Reihe der (paulinischen) Apostelbriefe ausweisen will, deren Ansehen er auch für sich beansprucht: ‚Petrus' präsentiert sich in der *superscriptio* auf eine dem Paulus vergleichbare Weise, auch sein Gruß erinnert an den Gruß Pauli in der *salutatio*, mehr noch, im Grunde geht er über Paulus hinaus, denn er muss den Aposteltitel Petri in der *superscriptio* nicht mehr durch die ausdrückliche Herleitung von Gott verteidigen – anders als Paulus den seinen. Stellen also *superscriptio* und *salutatio* den *zweiten Petrusbrief* in eine Reihe mit den Paulusbriefen, so zeigt sich in der *adscriptio* sogar ein Moment, das über die Paulusbriefe hinausgeht: Anders als die Gnesiopaulinen, deren *adscriptio* verrät, dass der Brief einer lokalen Gemeinde gilt und in eine lokale Situation hineingeschrieben ist, zielt der *zweite Petrusbrief* unmittelbar auf einen weiter ausgreifenden Wirkungsradius. Auch er hat wahrscheinlich eine lokale Situation vor Augen, richtet seine Worte jedoch an die Rechtgläubigen, wo sie auch wohnen. Der Status, den die echten Paulusbriefe erst langsam erreichen mussten und auf den lediglich die Deutero- und Tritopaulinen schon von ihrer Anlage her hinarbeiteten, nämlich die metalokale Bedeutung, ist dem *zweiten Petrusbrief* als Anspruch von Anfang an inhärent: Petrus ist Apostel der gesamten Kirche.[38] Die Haltung des *zweiten Petrusbriefes* zu sich selbst ist also wenigstens ambivalent: Auf der einen Seite ist er Nachfahr der Apostel und Propheten, auf der anderen Seite drängt er sich, wie soeben für die Apostel gezeigt, an deren Seite.

Aus dem paratextuellen Charakter der *Secunda Petri* lässt sich eine weitere Funktion ermessen: Die Eigenschaft eines Paratextes ist es, eine Leseanweisung für den Haupttext zu geben, einen Zugang zu ihm zu verschaffen, vorzubereiten auf die Lektüre oder einen Aspekt an die Hand zu geben, unter dem dieser zu lesen ist. Dies jedoch bedeutet wiederum nichts weniger als dass die Leserinnen und Leser gelenkt werden in der Rezeption, was der Verfasser auch recht unumwunden zu erkennen gibt:

---

[38] So der Titel von PERKINS' Petrusmonographie aus dem Jahre 1994: "Peter: Apostle of the Whole Church".

Prophetie gehört nicht in den Ermessensraum eigener Auslegung (2 Petr 1,20). Das von ihm im entsprechenden Vers nicht explizierte, aber in seinem Sinne zu ergänzende ‚Sondern' besteht in der Aussage: Sie muss in der petrinisch-apostolischen Tradition gedeutet werden, deren Vertreter die *Secunda Petri* selbst ist. Der *zweite Petrusbrief* will also definitiv (ἑκάστοτε ... μετὰ τὴν ἐμὴν ἔξοδον; 1,15) den petrinischen Zugang zu Propheten und Aposteln festlegen. Er ist das Lehramt, das die verbindliche Deutung der für die Lehrentwicklung autoritativ relevanten Literatur gibt.[39]

Wie bewusst ihm dabei war, dass er selbst mit seinem Verständnis der von ihm aufgegriffenen ersttestamentlichen Texte in exegetischen Traditionen stand, sei dahingestellt, doch der Sachverhalt als solcher ist unverkennbar. So hat diese Untersuchung, um nur eines von vielen Beispielen noch einmal zu nennen, festgehalten, dass das Nebeneinander von Zerstörung durch Wasser und durch Feuer, von Noah und Lot einer verbreiteteren exegetischen Praxis entsprach; mit jüdischer Exegese vertrauten Rezipienten ist die Verbindung beider sicher nicht als außergewöhnlich aufgefallen, und christliche Rezeption knüpfte an die jüdische Praxis an. Die *Secunda Petri* reiht sich mit ihrer Rezeption an dieser wie an vielen anderen Stellen nicht nur ein in eine Tradition christlicher Exegese, sondern bestätigt damit implizit auch eine jüdische exegetische Praxis als probate Vorgehensweise. Allein wo diese unter neuen Gesichtspunkten und mit Verschiebungen wieder aufgenommen wird, kann ein Moment von Kritik oder theologischer Abgrenzung beobachtet werden. Zeitgenössische jüdische und judenchristliche Exegese, wie sie die *Secunda Petri* rezipiert, so die implizite Botschaft, ist der richtige Zugang zu den Schriften des Ersten Testaments als Grundlage christlicher Lehre. Doch nicht nur als legitim erklärt er diese exegetischen Traditionen implizit, sondern auch als zu dem richtigen Verständnis der autoritativen Schriften führend. Sein Vertrauen zu ihnen ist so groß, dass er kaum irgendwo auf die von ihm als maßgeblich betrachteten Schriften zurückzugreifen scheint.

So ergibt sich für den *zweiten Petrusbrief* im Verhältnis zu den Schriften des Ersten Testaments die Position eines legitimen Nachfahren. Als Nachfahr greift er zurück auf Vorhandenes, zeitlich hinter ihm Liegendes. Die verbindlichen Schriften liegen vor, mit ihnen wird argumentiert, anhand ihrer gültige Lehre entwickelt. Dabei kommt, wie gesehen, nicht nur der

---

[39] MEADE 1986, 185f sieht hier eine den Pastoralbriefen ähnliche Funktion des *zweiten Petrusbriefes*, wenn auch mehr implizit: "The way that Petrine (like Pauline) doctrine would maintain its vitality and relevance is not just through scriptural writings (since these could be misinterpreted), but through an official teaching office, a primitive form of *magisterium* (2 Pet 1:20–21)." Freilich fehlt im Unterschied zu den Pastoralbriefen in der *Secunda Petri* jede Spur einer personalen Instanz fehlt, die den richtigen Zugang zu den Schriften gewährleisten könnte; vielmehr nimmt sie selbst diese Aufgabe für sich in Anspruch.

Schriftengruppe des späteren Tenach Bedeutung zu; vielmehr stammen wichtige theologische Inspirationen für die aktuellen Ausführungen gerade aus der späteren Schicht des Ersten Testaments; Bücher wie *Weisheit* und *Jesus Sirach* scheinen eine besondere Bedeutung gehabt zu haben. Legitim ist er aus seiner Sicht, weil er den rechten – den eben beschriebenen Zugang – zu diesen maßgeblichen Schriften gebraucht und so – wiederum nach eigener Sicht – die gültige Lehre aus ihnen heraus entwickelt. Der *zweite Petrusbrief* ist Anwender, Ausleger, Tradent, Weiterentwickler dessen, was er als verpflichtend gültige Schriften betrachtet.

Zu den Schriften des späteren *Neuen Testaments*, die er kennt, situiert sich der *zweite Petrusbrief* in differenzierter Weise. Nach Aussage der direkt metatextuellen Verweise nimmt er zu „der Apostel ἐντολή vom Herrn und Retter" dieselbe Haltung ein wie zu den Vorhersagen der Propheten, nämlich die einer Erinnerungshilfe. Diese ἐντολή vom Herrn und Retter bezeichnet auf jeden Fall Evangelienliteratur, unter anderem (?) wohl konkret synoptische Tradition matthäischer Prägung. Ob auch später neutestamentlich gewordene Briefliteratur darunter gefasst werden kann, ist nicht ganz deutlich, da es keine Analogie zu einer Verwendung von ἐντολή mit Bezug auf apostolische Briefliteratur gibt. Die Paulusbriefe gelten ihm als γραφή, zu der er inhaltlich nicht im Widerspruch stehen will; der Befund des intertextuellen Vergleiches der Selbstdarstellung im Vergleich zu Paulus zeigte die *Secunda Petri* teilweise als Nachahmerin, teilweise als Konkurrentin mit Überbietungstendenz. In seiner Selbstdarstellung gibt sich ‚Petrus' als großer Bruder des Paulus, ungeachtet der Tatsache, dass jener der Ältere ist.[40] Im Verhältnis zum *ersten Petrusbrief* beansprucht er die Rolle des Fortsetzers und Vollenders eines kleinen *Corpus Petrinum*, das insgesamt die beschriebene Erinnerungsfunktion ausübt; damit ist er selbst der *Prima* mindestens gleichwertig, als *Corpus*abschluss und Testamentbrief jedoch eher überlegen. Die intertextuelle Analyse zeigt, dass der *Judasbrief* punktuell aufgegriffen wird, wo sich Aspekte der Gegnercharakterisierung und deren eschatologische Zukunftsaussichten zur Übernahme anbieten; dabei jedoch Erweiterung und Veränderung unterliegt. In seinem ursprünglichen Charakter wird er zerstört, theologisch wird er korrigiert. Im Vergleich zum *Judasbrief* ist der *zweite Petrusbrief* die neue, erweiterte und korrigierte Ausgabe, neben der die alte keinen hinreichenden Existenzgrund mehr hat. Eines der wichtigsten Anliegen, vielleicht überhaupt das Anliegen dieser Überarbeitung ist die Konkretisierung der eschatologischen Hoffnung und ihrer Grundlage: Ne-

---

[40] Ein anderes Bild für die Charakterisierung des Verhältnisses zwischen Petrus und Paulus findet sich im Titel der Habilitation von WEHR „Kontrahenten und Partner" (WEHR 1996) trifft den Sachverhalt im *zweiten Petrusbrief* in gewisser Weise; vgl. auch ibid. 336: „Paulus wird als Apostel anerkannt, als Theologe aber bevormundet."

ben den Aposteln sind ausdrücklich die Propheten diejenigen, aus denen die Zukunftserwartung abzuleiten ist.

Gegenüber der paganen Text- und Vorstellungswelt ist der *zweite Petrusbrief* eklektischer Integrator. Bilder wie das des Wohltäters für das Gemeinwohl und sprachliche Ausdrucksmöglichkeiten übernimmt er aus verschiedenen Kontexten, wo sie ihm geeignet erscheinen, theologische Gehalte mit ihrer Hilfe auszudrücken. Doch bleiben sie Hilfsmittel, haben keinen eigenen Stellenwert. Niemals werden sie so weitgehend rezipiert, dass bestimmten Schriften oder Strömungen ein deutliches Zuhause in der Theologie des *zweiten Petrusbriefes* gegeben ist. Kommunikationshilfen sind sie, nicht mehr, nicht weniger.

Der *zweite Petrusbrief* ist ein Grenzgänger. So haben einerseits diejenigen Recht, die ihn mit dem Kanonisierungsprozess in Verbindung bringen wollen. Denn er bestimmt Schriften als maßgeblich, als Richtschnur, an der sich gute Lehre messen lassen muss. Er klassifiziert diese Schriften sogar: Da ist die Gruppe der προειρημένα ῥήματα ὑπὸ τῶν ἁγίων προφητῶν und die Größe der τῶν ἀποστόλων ὑμῶν ἐντολὴ τοῦ κυρίου καὶ σωτῆρος. Die Paulusbriefe gelten als γραφή neben anderen γραφαί, in deren Nachfolge und an deren Seite er sich selbst stellt, nach seiner Sicht inhaltlich übereinstimmend mit und anschließend an den *ersten Petrusbrief*. Was sich hier also herausbildet, ist eine in Untergruppen eingeteilte Gesamtheit maßgeblicher Schriften. Doch nicht nur aus den direkt metatextuellen Bemerkungen ist dies zu ersehen, sondern – und gerade dies ist eine der Erkenntnisse der vorliegenden Arbeit – auch indirekt in der Weise, wie er sie für die Ausbildung und Unterstützung seiner Lehre heranzieht: Textfragmente aus prophetischer Tradition stehen argumentativ gleichwertig neben Bruchstücken aus der Botschaft der Synoptiker und Gedanken, die unter anderem paulinische Theologie als einen ihrer Einflüsse erkennen lassen.

Und gleichzeitig haben auch die Recht, die den Begriff des Kanons in Bezug auf den *zweiten Petrusbrief* für verfrüht halten. Denn so sehr die maßgeblichen Texte über ihre ‚heiligen' Verfasser zu „heiligen Texten" werden, so wenig bedeutet diese Heiligkeit die Unantastbarkeit des Textes. Der *zweite Petrusbrief* mag sich zwar einerseits als Kommentator der maßgeblichen Schriften sehen, doch zugleich arbeitet er noch mit ihrem Text; die Freiheit, mit der er bei der Wiederaufnahme rekontextualisiert und neu zusammenstellt, aus Textfragmenten einen neuen Text konstituiert, entspricht noch nicht der Haltung eines Auslegers heiliger Texte, der sie ehrfürchtig als Ganze belässt und nur explizierende Randglossen oder Kommentarbücher zum integralen Text schreiben kann; der Umgang des *zweiten Petrusbriefes* mit den maßgeblichen Texten ist ein ganzes Stück souveräner und selbstbewusster. Er darf nicht nur deren Wortlaut soweit elementarisieren, dass er stellenweise kaum noch wieder zu erkennen ist, vielmehr will er auch als dauerhaft an seiner Seite stehender Paratext dessen gültige Lesart bestimmen. So gibt der *zweite Petrusbrief* Zeugnis von einer Entstehungssituation, die den Gedanken eines abgeschlossenen Kanons bereits in sich trägt, ohne dass dieser schon das Licht der Welt erblickt hätte. Gekommen als ein Späterer, aber gekommen, um zu bleiben, bewegt er sich zwischen Epigonentum und Zugehörigkeit.

Literaturverzeichnis

A. Quellen

Die in der vorliegenden Arbeit gebrauchten Abkürzungen stimmen vorwiegend mit dem Abkürzungsverzeichnis in der Theologischen Realenzyklopädie (TRE ²1994 bzw. IATG ²1992) überein. Abkürzungen für antike Autoren und Werktitel orientieren sich an dem Verzeichnis im ersten Band des Neuen Pauly (DNP 1, 2001).

1. Bibelausgaben, Teilausgaben der Bibel, Synopsen von Bibeltexten

1.1. Neues Testament

Novum Testamentum Graece cum apparatu critico curavit Eberhard NESTLE, novis curis elaboraverunt Erwin NESTLE et Kurt ALAND, Stuttgart 1963

Novum Testamentum Graecum, Editio Critica Maior IV: Die katholischen Briefe 2: Die Petrusbriefe. Teil 1/Text und 2/Begleitende Materialien, edd. Barbara ALAND u.a., Stuttgart 2000

Novum Testamentum Graece post Eberhard NESTLE et Erwin NESTLE communiter ediderunt Kurt ALAND, Matthew BLACK, Carlo M. MARTINI, Bruce M. METZGER, Allen WIKGREN, Stuttgart 1979, revidierter Druck 1981

Synopsis Quattuorum Evangeliorum, ed. Kurt ALAND, Stuttgart ¹¹1976

Die Spruchquelle Q, Studienausgabe, edd. Paul HOFFMANN und Christoph HEIL, Darmstadt 2002

1.2. Septuaginta und Umfeld

Septuaginta. Id est Vetus Testamentum graece iuxta LXX interpretes, ed. Alfred RAHLFS, duo volumina in uno, Stuttgart 1935 et 1979.

The Book of Ben Sira in Hebrew. A Text Edition of All Extant Hebrew Manuscripts and A Synopsis of All Parallel Hebrew Ben Sira Texts, ed. Pancratius C. BEENTJES, SupplVT 68, Leiden 1997

2. Andere Textausgaben und Übersetzungen

2.1. Griechisch-lateinische Profanliteratur

CLAUDIUS AELIANUS

Claudius Aelianus, ed. Rudolph HERCHER, 2 Bde, Graz 1971

The Letters of Alciphron, Aelian and Philostratus, with an English Translation by Allen R. BENNER and Francis H. FOBES, London, Cambridge/Massachusetts 1962

AELIUS ARISTIDES

Aelius Aristides Smyrnaeus, Quae supersunt omnia, ed. Bruno KEIL, Vol. 2: orationes 17–53 continens, Berlin ²1958

P. Aelius Aristides, The Complete Works, Vol II: Orations XVII–LIII, Translated into English by Charles A. BEHR, Leiden 1981

Aristides in Four Volumes, I Panathenaic Oration and In Defence of Oration, Text and Translation by Charles A. BEHR, London, Cambridge/Massachusetts 1973

OLIVER James H.: The Civilizing Power. A Study of the Panathenaic Discourse of Aelius Aristides Against the Background of Literature and Cultural Conflict with Text, Translation, and Commentary, TAPhS NS 58/1, Philadelphia 1968

HUMBEL Achilles: Ailios Aristeides: Klage über Eleusis (oratio 22). Lesetext, Übersetzung, Kommentar, WSt Beiheft 19, Arbeiten zur Religionsgeschichte 3, Wien 1994

AISCHYLOS

Aischylos, Prometheus, in: Aeschylus, with an English Translation by Herbert WEIR Smyth, in two volumes, Cambridge/Massachusetts, London 1971–73

APULEIUS

Apuleius, Der goldene Esel.Metamorphoseom libri XI, lat.-dt., herausgegeben und übersetzt von Edward BRANDT und Wilhelm EHLERS, Düsseldorf, Zürich ⁵1998

ARISTIDES QUINTILIANUS

Aristeides Quintilianus, Von der Musik, eingeleitet, übersetzt und erläutert von Rudolf SCHÄFKE, Berlin 1937

Aristidis Quintiliani de musica libri tres ed. Reginald Pepys WINNINGTON-INGRAM, Leipzig 1963

ARISTOTELES

Aristoteles, Die Lehrschriften IV.2: Über den Himmel. Vom Werden und Vergehen, herausgegeben, übertragen und erläutert von Paul GOHLKE, Paderborn 1958

Aristote, Du ciel, texte établi et traduit par Paul MORAUX, Paris 1965

Aristoteles, De colore, in: Aristotle, Minor Works, with an English Translation by W.S. HETT, Cambridge/Massachusetts, London 1963

Aristotle, Historia Animalium, Books I–III, with an English Translation by A.L. PLECK, Cambridge/Massachusetts, London 1965

Aristoteles, Metafysika. Boek I–VI. Grieks – Nederlands, bezorgd en vertaald door Ben SCHOMAKERS, Budel 2005

Aristote, Météorologiques, Livr. I–II, texte établi et traduit par Pierre LOUIS, Paris 1982

Aristote, Politique, Tome III, première partie, (Livre VII), texte établi et traduit par Jean AUBONNET, Paris 1986

Aristote, Rhétorique, Livre III, texte établi et traduit par Médéric DUFOUR et André WARTELLE, Paris 1980

Aristoteles, Rhetorik, übersetzt und erläutert von Christof RAPP, erster Halbband, Aristoteles, Werke in deutscher Übersetzung, begründet von Ernst GRUMLACH, herausgegeben von Hellmut FLASHAR, Bd. 4, Darmstadt 2002

Aristotelis Ars Rhetorica, ed. William David ROSS, Oxford 1959

ARTEMIDORUS

Artemidor von Daldis, Das Traumbuch, übersetzt, erläutert und mit einem Nachwort von Karl BRACKERTZ, Zürich, München 1979

Artemidori Daldiani Onirocriticon Libri V, ed. Roger A. PACK, Leipzig 1963

AUCTOR AD HERENNIUM

Rhetorica ad Herennium, lateinisch – deutsch, herausgegeben und übersetzt von Theodor NÜSSLEIN, München 1994

Rhétorique à Herennius, texte établi et traduit par Guy ACHARD, Paris 1989

CASSIUS DIO

Dio's Roman History, with an English Translation by Earnest Cary on the Basis of the Version of Herbert Baldwin FOSTER, in nine volumes, London, Cambridge/Massachusetts 1961–1970

CICERO

M. Tullius Cicero, De inventione. Über die Auffindung des Stoffes, De optimo genere oratorum. Über die beste Gattung von Rednern, lateinisch – deutsch, herausgegeben und übersetzt von Theodor NÜSSLEIN, Düsseldorf, Zürich 1998

M. Tullius Cicero, Epistularum ad familiares libri XVI, lateinisch – deutsch, herausgegeben und übersetzt von Helmut KASTEN, München ³1980

M. Tullius Cicero, De natura Deorum, ed. Wilhelm AX, Stuttgart 1933, ND 1980

Marcus Tullius Cicero, Sämtliche Reden, eingeleitet, übersetzt und erläutert von Manfred FUHRMANN, Bd III, Zürich, Stuttgart 1971

M. Tulli Ciceronis scripta quae manserunt omnia V: In Q. Caecilium divinatio, in C. Verrem actio i et ii, rec. Alfred KLOTZ, Leipzig 1923

CORPUS HERMETICUM

Hermès Trismégistre, Vol 1: Poimandres, Traités 2–12, texte établi par Arthur Darby NOCK et traduit par André Jean FESTUGIERE, Paris 1960

DEMOSTHENES

Demosthenes VII, Funeral Speech, Erotic Essay, LX, LXI, Exordia and Letters, with an English Translation by Norman W. DE WITT and Norman J. DE WITT, London, Cambrigde/Massachusetts 1962

DIODORUS SICULUS

Diodorus of Sicily in twelve volumes, with an English Translation by C.H. OLDFATHER (vol 1–6), C.L. SHERMAN (vol 7), C.B. WELLES (vol 8), R.M. GEER (vol 9–10), F.R. WALTON (vol 11–12), London, Cambridge/Massachusetts 1967–1983

DIOGENES LAËRTIUS

Diogenes Laertius, Leben und Meinungen berühmter Philosophen, tr. Otto APELT, Philosophische Bibliothek 53–54, Hamburg ²1967

Diogenes Laertius, Lives of Eminent Philosophers, with an English Translation by R. D. HICKS, 2 Bände, London, Cambridge/Massachusetts 1958

DIONYS VON HALIKARNASS

Dionysius of Halicarnassus, Roman Antiquities in seven volumes, with an English Translation by Earnest CARY on the Basis of the Version of Edward SPELMAN, Cambridge/Massachusetts, London 1958–1971

Dionysius of Halicarnassus, The Critical Essays in Two Volumes, with an English Translation by Stephen USHER, Cambridge/Massachusetts, London 1974–1985

EPIKTET

Epictète, Entretiens, Livres I–IV, texte établi et traduit par J. SOUILHÉ, Paris 1948–1969

(SCHOLIEN ZU) EURYPIDES
Scholia in Euripidem, Vol II, ed. Eduard SCHWARTZ, Berlin 1891

HIEROKLES
Hierokles, Ethische Elementarlehre (Papyrus 9780), ed. Hans von ARNIM, Berliner
Klassikertexte 4, Berlin 1906

HIPPOKRATES UND CORPUS HIPPOCRATIUM
Hippocrates, with an English Translation by W.H.S. JONES, Vol 1, London, Cambrid-
ge/Massachusetts 1972
Hippocrates, with an English Translation by Paul POTTER, Vol 6, Cambridge/Massa-
chusetts, London 1988
ΠΕΡΙ ΚΑΡΔΙΗΣ. Liber Hippocraticus de corde, editus cum prolegomenis et commen-
tario a Frederico Carolo UNGER, Leiden 1923
Hippocratic Writings, ed. Geoffrey Ernest Richard LLOYD, translated by John CHAD-
WICK, William N. MANN, I.M. LEONIE, E.T. WITHINGTON, Harmondsworth, Middle-
sex 1978
Oeuvres complètes d'Hippocrate, traduction nouvelle avec le texte en regard, par
Émile LITTRÉ, Paris 1839, ND Amsterdam 1973

HERMOGENES VON TARSOS
Hermogenes, ed. Hugo RABE, Stuttgart 1913, ND 1985

HERODIAN
Herodian in two volumes, with an English translation by C. R. WHITTAKER, London,
Cambridge/Massachusetts 1969–1970

HESIOD
Hesiod, Works and Days, edited with Prolegomena and Commentary by M. L. WEST,
Oxford 1978

ISOKRATES
Isocrates, Ad Demonicum et Panegyricus, ed. J. Edwin SANDYS, Greek Texts and
Commentaries, New York 1979

JOSEPHUS
Flavius Josephus, De Oude Geschiedenis van de Joden [Antiquitates Iudaicae], Deel
1, Boek 1–7, vertaald door F.J.A.M. MEIJER en M.A. WES, Amsterdam ³2002
Flavius Josephus, Jüdische Altertümer, übersetzt und mit Einleitung und Anmerkun-
gen vesehen von Heinrich CLEMENTZ, neu gesetzte und überarbeitete Ausgabe
nach der Ausgabe Halle/Saale 1899, Wiesbaden ²2006
Josephus, Jewish Antiquities, Books I–IV, with an English Translation by H.ST.J.
THACKERAY, Books IX–XI, with an English Translation by Ralph MARCUS, Books
XV–XVII, with an English Translation by Ralph MARCUS and Allen WIKGREN,
Books XVIII–XX, with an English Translation by Louis H. FELDMAN, London,
Cambridge/Massachusetts 1963–1969
Flavius Josephus, Der jüdische Krieg und kleinere Schriften, übersetzt und mit Einlei-
tung und Anmerkungen versehen von Heinrich CLEMENTZ, neu gesetzte und ü-
berarbeitete Ausgabe, Wiesbaden 2005
Flavii Iosephi opera, vol. 4 vol. 6, ed. Benedictus NIESE, Berlin 1895, ND 1955

Flavius Josephus, Translation and Commentary, Volume 10, Against Apion, tr. et. comm. John M.G. BARCLAY, Leiden 2007

JUVENAL
Juvenal and Persius, with an English Translation by G.G. RAMSAY, London, Cambridge/Massachusetts 1969

(PSEUDO)KRATES VON THEBEN
MALHERBE Abraham J.: The Cynic Epistles. A Study Edition, SBL Sources for Biblical Study 12, Missoula/Montana 1977
Epistolographi Graeci, ed. Rudolph HERCHER, Paris 1873, ND Amsterdam 1965

LIVIUS
Titus Livius, Römische Geschichte, lateinisch und deutsch, herausgegeben von Hans Jürgen HILLEN, Darmstadt ²1997

LUKIAN VON SAMOSATA
Luciani Opera, rec. M.D.MACLEOD, tomus I, libelli 1–25, Oxford 1972
Lucian in eight volumes, volume III, with an English Translation by A.M.HARMON, Cambridge/Massachusetts, London 1968
Die Hauptwerke des Lukian, griechisch – deutsch, herausgegeben und übersetzt von Karl MRAS, Freising 1954

JOHANNES LYDUS
Ioannes Lydus, De mensibus, ed. Richard WÜNSCH, Stuttgart 1967

MARCUS AURELIUS
The Communings with Himself of Marcus Aurelius Antoninus, with an English Translation by C. R. HAINES, Cambridge/Massachusetts, London 1979

MAXIMUS VON TYRUS
Maximus Tyrius, Philosophumena – ΔΙΑΛΕΞΕΙΣ, ed. George Leonidas KONIARIS, Berlin, New York 1995
Maximus of Tyre, The Philosophical Orations, tr. et ann. M. B. TRAPP, Oxford 1997

MUSONIUS
C. Musonius Rufus, Reliquiae, ed. Otto HENSE, Tübingen 1905

ORPHISCHE HYMNEN
The Orphic Hymns, Text, Translation and Notes by Apostolos N. ATHANASSAKIS, SBL.TT 12, GRRS 4, Missoula/Montana 1977

PAUSANIAS
Pausanias, Description of Greece, with an English Translation by W. H. S. JONES, London, Cambridge/Massachusetts 1966

PHILEMON
Comicorum Atticorum Fragmenta II, ed. Th KOCK, Leipzig 1884, ND Utrecht 1976

PHILOLAUS
Carl A. HUFFMAN, Philolaus of Croton. Pythagorean and Presocratic. A Commentary on the Fragments and Testimonia with Interpretive Essays, Cambridge 1993

PLATON

Platonis Opera I–V, rec. John BURNET, Oxford 1901–1907

Platon, Dialogues apocryphes, Oeuvres Complètes. 13/3, texte établi et traduit par Joseph SOUILHE, Paris ²1962

Plato, Complete Works, ed. J. M. COOPER, Indianapolis, Cambridge 1997

Plato, Verzameld Werk, nieuwe geheel herziene uitgave van de vertaling van Xaveer DE WIN, bewerkt door Jef ECTOR, Rein FERWEDA, Ko KLEISEN, Carlos STEEL en anderen, 5 delen, Kapellen 1999

Platon, Werke. Übersetzung und Kommentar, Göttingen: I,4: Phaidon, von Theodor EBERT, 2004; III,4: Phaidros, von Ernst HEITSCH, ²1997; VI,2: Protagoras, von Bernd MANUWALD 1999; VIII,4: Kritias, von Heinz-Günther NESSELRATH, 2006; IX,2: 2 Bde Nomoi, von Klaus SCHÖPSDAU, 1994

Platonis Opera I, rec. E.A. DUKE, W.F. HICKEN, W.S.M. NICOLL, D.B. ROBINSON, J.C.G. STRACHAN, Oxford 1995

Platon, Der Staat, eingeleitet, übersetzt und erklärt von Karl VRETSKA, Stuttgart 1974

Plato, Timaeus, translated by Donald J. ZEYL, Indianapolis/Indiana, Cambridge 2000

PLINIUS

C. Plinius Secundus, Naturalis historiae libri XXXVII, lat. – dt., von Roderich KÖNIG in Zusammenarbeit mit Gerhard WINKLER, München et al. 1973–1996

PLUTARCH

Plutarch, Drei religionsphilosophische Schriften: Über den Aberglauben. Über die späte Strafe der Gottheit. Über Isis und Osiris, übersetzt und herausgegeben von Herwig GÖRGEMANNS et al., Düssseldorf, Zürich 2003

Plutarque, Œuvres morales, Paris: tome IV: ed. et tr. Jacques BOULOGNE, 2002; tome VI: ed. et tr. Robert FLACELIERE, 1974; tome VII/1 : ed. et tr. Jean DUMORTIER avec la collaboration de J. DEFRADAS, 1975; tome VII/2 : ed. et trad. Robert KLAERR et Yvonne VERNIERE, 1974; tome X: ed. et tr. Robert FLACELIÈRE, 1980; tome XI/2, ed. et tr. Jean-Claude CARRIÈRE, 1984

Putarch's Moralia, Cambridge/Massachusetts, London: XII/2, 1033 A–1086 B, with an English Translation by Harold CHERNISS, 1976; XIV, 1086 C–1147 A, with an English Translation by Benedict EINARSON and Phillip H. de LACY, 1967

Plutarch's Lives in Eleven Volumes, with an English Translation by Bernadotte PERRIN, London, Cambridge/Massachusetts 1958–1962

PSEUDO-ARISTOTELES

Aristotle, On Sophistical Refutations, On Coming-to-Be and Passing-Away by Edward Seymour FORSTER, On the cosmos by David J. FURLEY, London, Cambridge/Massachusetts 1965

PSEUDO-DEMETRIUS

Demetrius On Style. The Greek text of Demetrius De Elocutione edited after the Paris Manuscript with Introduction, Translation, Facsimiles etc., ed. W. Rhys ROBERTS, New York 1979

PSEUDO-HIPPOKRATES

Hippokrates, Pseudepigraphic Writings. Letters – Embassy – Speech from the Altar – Decree, Edited and Translated with an Introduction by Wesley D. SMITH, Studies in Ancient Medicine 2, Leiden u.a. 1990

PSEUDO-LONGINOS
Pseudo-Longinus, Vom Erhabenen, griechisch und deutsch, ed. Reinhard BRANDT, Darmstadt 1966

PSEUDO-MAKARIUS
Makarios/Symeon, Sammlung I d. Vaticanus Graecus 694 (B), ed. Heinz BERTHOLD, 2 Bde, GCS 59–60, Berlin 1973

PSEUDO-PHOKYLIDES
VAN DER HORST Pieter Willem: The Sentences of Pseudo-Phocylides. With Introduction and Commentary, SVTP 4, Leiden 1978

QUINTILIAN
Marcus Fabius Quintilianus, Ausbildung des Redners, Zwölf Bücher, herausgegeben und übersetzt von Helmut RAHN, 2 Bde, Darmstadt 1972–1975

SENECA
L. Annaeus Seneca, Philosophische Schriften lateinisch und deutsch III+IV, lat. Text François PRÉCHAC, ed. Manfred ROSENBACH, Darmstadt 1999 (= ⁴1995)
L. Annaeus Seneca, Naturales Quaestiones, curavit, transtulit, adnotationibus instruxit Martinus Franciscus Ardina BROK, Darmstadt 1995

SEXTUS EMPIRICUS
Sextus Empiricus, with an English Translation by R. G. BURY, in Four Volumes, London, Cambridge/Massachusetts 1967–1971

STOBAEUS
Ioannis Stobaei Anthologium, rec. Curtius WACHSMUTH et Otto HENSE, Zürich 1884–1923, ND 1974

STRABO
Strabons Geographika, Band 2: Buch V–VIII, Text und Übersetzung, ed. Stefan RADT, Göttingen 2003

SYNESIUS (CYRENENSIS)
Synesii Cyrenensis Hymni et Opuscula II, ed. Nicolaus TERZAGHI, Scriptores Graeci et Latini consilio Academiae Lynceorum editi, Rom 1944
The Essays and Hymns of Synesius of Cyrene, Including the Address to the Emperor Arcadius and the Political Speeches, Translated into English with Introduction and Notes by Augustine FITZGERALD, Volume II, London 1930

TELES
Teletis reliquiae, ed. Otto HENSE, Tübingen ²1909

THEON
Aelius Théon, Progymnasmata, texte établi et traduit par Michel PATILLON avec l'assistance de Giancarlo BOLOGNESI, Paris 1997

THEOPHRAST
Theophrastus, Enquiry into Plants and Minor Works on Odours and Weather Signs, with an English Translation by Arthur HORT, vol II, Cambridge/Massachusetts, London 1977

Théophraste, Recherches sur les plantes, texte établi et traduit par Suzanne AMIGUES, tome I–III, Paris 1988–1993

TIMAIOS VON LOCRI

Timaios of Locri, On the nature of the world and the soul, Text, Translation and Notes by Thomas H. TOBIN, Texts and Translations 26, Graeco-Roman Series 8, Chico/California 1985

XENOPHON

Xenophon, Cyropaedia, Books I–IV, with an English Translation by Walter MILLER, London, Cambridge/Massachusetts 1914, repr. 2001

2.2. Jüdische, christlich-jüdische, christliche Literatur

ACTA PAULI

SCHMIDT Carl, SCHUBART Wilhelm: ΠΡΑΧΕΙΣ ΡΑΥΛΟΥ. Acta Pauli. Nach dem Papyrus der Hamburger Staats- und Universitäts-Bibliothek, Veröffentlichungen aus der Hamburger Staats- und Universitäts-Bibliothek NF 2, Glückstadt u.a. 1936

ACTA PETRI ET PAULI

Acta Apostolorum Apocrypha I: Acta Petri, Acta Pauli, Acta Petri et Pauli, Acta Pauli et Theclae, Acta Thaddei, ed. Ricardus Albertus LIPSIUS, AAA I, Leipzig 1891, repr. Hildesheim u.a. 1972

ACTUS VERCELLENSES - PETRUSAKTEN

SCHNEEMELCHER Wilhelm: Petrusakten, in: Edgar HENNECKE, Wilhelm SCHNEEMELCHER (eds), Neutestamentliche Apokryphen in deutscher Übersetzung, Band II: Apostolisches, Apokalypsen und Verwandtes, Tübingen ³1964, 177–221

Acta Apostolorum Apocrypha I: Acta Petri, Acta Pauli, Acta Petri et Pauli, Acta Pauli et Theclae, Acta Thaddei, ed. Ricardus Albertus LIPSIUS, AAA I, Leipzig 1891, repr. Hildesheim u.a. 1972

ADAMANTIUS

Der Dialog des Adamantius περὶ τῆς εἰς θεὸν ὀρθῆς πίστεως. De recta in Deum fide (olim sub auctore Origine Adamantio), ed. W.H. VAN DE SANDE BAKHUYZEN, GCS 4, Leipzig 1901

Adamantius, Dialogue on the True Faith in God = De recta in deum fide, Translated with a Commentary by Robert A. PRETTY, ed. Garry W. TROMPF, Gnostica 1, Leuven 1997

(CHRISTLICHES) ADAMBUCH

DILLMANN August: Das christliche Adambuch des Morgenlandes, aus dem Aethiopischen mit Bemerkungen übersetzt, JBW 5, 1852–1853, Göttingen 1953, 1–144

AHIQARERZÄHLUNG

The Story of Ahikar from the Aramaic, Syriac, Arabic, Armenian, Ethiopic, Old Turkish, Greek and Slavonic Versions, edd. F. C. CONYBEARE, J. Rendel HARRIS and Agnes Smith LEWIS, Cambridge ²1913

APOKALYPSE ABRAHAMS

PHILONENKO-SAYAR Belkis, PHILONENKO Marc: Die Apokalypse Abrahams, JSHRZ V, Gütersloh 1982, 415–460

APOKALYPSE BARUCHS

BERGER Klaus: Synopse des Vierten Buches Esra und der Syrischen Baruchapokalypse, TANZ 8, Tübingen u.a 1992
BOGAERT Pierre: L'apocalypse syriaque de Baruch. Introduction, traduction et commentaire I– II, SC 144–145, Paris 1969
KLIJN Albertus Frederik Johannes: Die syrische Baruch-Apokalypse, JSHRZ V, Gütersloh 1976, 103–191

APOKALYPSE ELIAS

SCHRAGE Wolfgang: Die Elia-Apokalypse, JSHRZ V, Gütersloh 1980, 195–288
STEINDORFF Georg: Die Apokalypse des Elias, TU 17 (NS 2.3a), Leipzig 1899

APOKALYPSE ESRAS

MÜLLER Ulrich B.: Die griechische Esra-Apokalypse, JSHRZ V, Gütersloh 1976, 85–102
OEGEMA Gerbern S.: Apokalypsen, JSHRZ VI, Gütersloh 2001, 1–208
Apocalypsis Esdrae. Apocalypsis Sedrach. Visio beati Esdrae, ed. Otto WAHL, PVTG 4, Leiden 1977
Der Lateinische Text der Apokalypse des Esra, ed. A.F.J. KLIJN, TU 131, Berlin 1983

APOKALYPSE HENOCHS

Apocalypsis Henochi Graece, ed. Matthew BLACK, Fragmenta pseudepigraphorum quae supersunt graeca, ed. Albert-Marie DENIS, PVTG 3, Leiden 1970
The Book of Enoch or 1 Enoch. A New English Edition with Commentary and Textual notes by Matthew BLACK, SVTP 7, Leiden 1985
UHLIG Siegbert: Das Äthiopische Henochbuch, JSHRZ V, Gütersloh 1984, 463–780
BÖTTRICH Christfried: Das slavische Henochbuch, JSHRZ V, Gütersloh 1995, 783–1040

APOKRYPHE APOSTELAKTEN

Acta Apostolorum Apocrypha I: Acta Petri, Acta Pauli, Acta Petri et Pauli, Acta Pauli et Theclae, Acta Thaddei, ed. Ricardus Albertus LIPSIUS, Leipzig 1891, repr. Hildesheim u.a. 1972

APOKRYPHEN DES AT

Die Apokryphen und Pseudepigraphen des Alten Testaments (APAT), ed. Emil KAUTZSCH, II: Die Pseudepigraphen des Alten Testaments, Tübingen 1900, unveränderter Neudruck Hildesheim, New York [4]1975

APOKRYPHEN DES NT

Neutestamentliche Apokryphen in deutscher Übersetzung, edd. Edgar HENNECKE, Wilhelm SCHNEEMELCHER, Band II: Apostolisches, Apokalypsen und Verwandtes, Tübingen [3]1964, [5]1989

(PSEUDO)APOLLONIUS VON TYANA

The Letters of Apollonius of Tyana. A Critical Text with Prolegomena, Translation and Commentary by Robert J. PENELLA, Leiden 1979

APOSTOLISCHE KONSTITUTIONEN

Didascalia, Constitutiones Apostolorum ed. Franz X. FUNK, 2 Bde, Paderborn 1905

APOSTOLISCHE VÄTER

SUC I: Die Apostolischen Väter, ed. Joseph A. FISCHER Darmstadt [10]1993, ND 2004

Aristides von Athen
Aristide, Apologie. Introductions, textes critiques, traduction et commentaire par Bernard Pouderon et Marie-Joseph Pierre, SC 470, Paris 2003

Ascensio Isaiae
Ascensio Isaiae. Textus ed. Paolo Bettiolo, Alda Giambelluca Kossova, Claudio Leonardi, Enrico Norelli, Lorenzo Perrone, CCSA 7, Turnhout 1995
The Amherst Papyri, ed. Bernard P. Grenfell, Arthur S. Hunt, Part I: The Ascension of Isaiah, and Other Theological Fragments with Nine Plates, London 1900

Assumptio Mosis
Egon Brandenburger: Himmelfahrt Moses, JSHRZ V, Gütersloh 1976, 57–84

Avot de Rabbi Nathan
The Fathers According to Rabbi Nathan. An Analytical Translation and Explanation by Jacob Neusner, Brown Judaic Studies 114, Atlanta/Georgia 1986
Aboth de Rabbi Nathan, ed. Solomon Schechter, New York 1967

Barnabasbrief
SUC II: Didache (Apostellehre), Barnabasbrief, Zweiter Klemensbrief, Schrift an Diognet, ed. Klaus Wengst, Darmstadt 1984, ND 2004
Epître de Barnabé, Introduction, traduction, notes Pierre Prigent, SC 172, Paris 1971

Canon Muratori
Zahn Theodor: Grundriß der Geschichte des Neutestamentlichen Kanons, Leipzig ²1904, ND Wuppertal ³1985

Clemens Alexandrinus
Clemens Alexandrinus, II, Stromata I – VI, edd. Otto Stählin u.a., GCS, Berlin ⁴1985
Clemens Alexandrinus, III, Stromata VII–VIII, Excerpta ex Theodoto. Eclogae propheticae. Quis dives salvetur. Fragmente, ed. Ludwig Früchtel, CGS 17, Berlin ²1970
Clément d'Aléxandrie, Extraits de Théodote, texte grec, introduction, traduction et notes de François Sagnard, SC 23, Paris 1948
Clément d'Alexandrie, Le pédagogue, livre I, introduction et notes Henri-Irénée Marrou, traduction Marguerite Harl, SC 70, Paris 1960
Clément d'Aléxandrie, Le protreptique, introduction, traduction et notes de Claude Mondésert, SC 2, Paris 1949
Klemens von Alexandrien, Ausgewählte Schriften zur Pädagogik, ed. Heinrich Kanz, Paderborn 1966
Titus Flavius Klemens von Alexandria, Die Teppiche, deutscher Text nach der Übersetzung von Franz Overbeck, Basel 1936

Erster und Zweiter Clemensbrief
SUC I: Die Apostolischen Väter, ed. Joseph A. Fischer, Darmstadt ¹⁰1993, ND 2004
SUC II: Didache (Apostellehre), Barnabasbrief, Zweiter Klemensbrief, Schrift an Diognet, ed. Klaus Wengst Darmstadt 1984, ND 2004

Cyrill von Alexandrien
Cyrille d'Aléxandrie, Dialogues sur la trinité, Tome 1, Dialogues I et II, texte critique, traduciton et notes par Georges Matthieu de Durand o.p., SC 231, Paris 1976

DIDYMUS CAECUS
Didymus der Blinde, De trinitate, Buch I, herausgegeben und übersetzt von Jürgen HÖNSCHEID, BKP 44, Meisenheim am Glan 1975
Didymus der Blinde, Kommentar zum Ecclesiastes (Tura-Papyrus) IV, herausgegeven, übersetzt, erläutert von Joh. KRAMER, Bärbel KREBBER, PTA 16, Bonn 1972

(SCHRIFT AN) DIOGNET
SUC II: Didache (Apostellehre), Barnabasbrief, Zweiter Klemensbrief, Schrift an Diognet, ed. Klaus WENGST Darmstadt 1984, unveränderter Nachdruck 2004

EPHRAEM SYRUS
K.G. PHRANTZOLES, Ὁσίου Ἐφραίμ τοῦ Σύρου ἔργα, vol. 5. Thessalonica: To Perivoli tis Panagias, 1994, 282–299 (TLG); vol. 6. Thessalonica: To Perivoli tis Panagias, 1995, 131–172 (TLG)

EPISTULA APOSTOLORUM
Epistula Apostolorum, ed. Hugo DUENSING, KlT 152, Bonn 1925

EPISTULA CLEMENTIS AD JACOBUM
Die Pseudoklementinen I: Homilien, ed. Bernhard REHM, GCS 42, Berlin, Leipzig 1953

EPIPHANIUS VON SALAMIS
S.P.N. Epiphanii opera quae reperiri potuerunt, ed. J.-P. MIGNE, PG 41, Paris 1858
Epiphanius, ed. Karl HOLL, Bd 1: Ancoratus und Panarion haer. 1–33, GCS 25, Leipzig 1915; Bd 2: Panarion haer. 34–64, GCS 31, bearb. Jürgen DUMMER, Berlin ²1980; Bd 3: Panarion haer. 65–80, GCS 37, De fide, bearb. Jürgen DUMMER, Berlin ²1985

VIERTES BUCH ESRA
SCHREINER Josef: Das 4. Buch Esra, JSHRZ V, Gütersloh 1981, 291–412

EUSEB
Eusèbe de Césarée, Contre Hieroclès, introduction, traduction et notes par Marguerite FORRAT, ed. Edouard des PLACES, SC 333, Paris 1986
Eusèbe de Césarée, La preparation évangélique, Paris
    livres V,18–36, introduction, traduction, notes par E. des PLACES, SC 266, 1980;
    livres XIV–XV, introduction, traduction, notes par E. des PLACES, SC 338, 1987
Eusebius, The Ecclesiastical History, Volume I: Books I–V: tr. Kirsopp LAKE; Volume II: Books VI–X: tr. J. E. L. OULTON, taken from the ed. publ. in conjunction with H. J. LAWLOR, London, Cambridge/Massachussetts 1973–1980
Eusebius Werke, Band 9: Der Jesajakommentar, ed. J. ZIEGLER, GCS, Berlin, 1975

HIPPOLYT
Hippolytus, Werke I: Exegetische und homiletische Schriften. 1. Die Kommentare zu Daniel und zum Hoheliede; ed. G. Natanael BONWETSCH, 2. Kleinere exegetische und homiletische Schriften; ed. Hans ACHELIS, GCS 1, Leipzig 1897.
Hippolyte, Commentaire sur Daniel. Introduction de Gustave BARDY, texte établi et traduit par Maurice LEFÈVRE, SC 14, Paris 1947

HIRT DES HERMAS
SUC III: Papiasfragmente, Hirt des Hermas, edd. Ulrich H.J. KÖRTNER, Martin LEUTZSCH, Darmstadt 1998, ND 2004

IGNATIUS
SUC I: Die Apostolischen Väter, ed. Joseph A. FISCHER, Darmstadt [10]1993, ND 2004

IRENÄUS
Irénée de Lyon, Contre les hérésies, livre III, texte latin, fragments grecs, introduction, traduction et notes de François SAGNARD, SC 34, Paris 1952; livre V, edition critique, tome II, texte et traduction, par Adelin ROUSSEAU, SC 153, Paris 1969
Sancti Ireanaei Libros quinque adversus Haereses, ed. W. Wigan HARVEY, tom II, Cambridge 1857

JOHANNESAKTEN
Acta Iohannis. Praefatio–textus, ed. E. JUNOD, J.-D. KAESTLI, CCSA 1, Turnhout 1983

JUBILÄEN
Das Buch der Jubiläen, übersetzt und eingeleitet von Enno LITTMANN, in: Emil KAUTZSCH (ed.), Die Apokryphen und Pseudepigraphen des Alten Testaments, Band 2: Die Pseudepigraphen des Alten Testaments, Tübingen 1900, ND 1975
BERGER Klaus: Das Buch der Jubiläen, JSHRZ II, Gütersloh 1983

JUSTIN
Saint Justin, Apologie pour les chrétiens, ed. et tr. Charles MUNIER, Paradosis. Etudes de littérature et de théologie anciennes 39, Fribourg 1995
Justin, Apologie pour les chrétiens, Introduction, texte critique, traduction et notes par Charles MUNIER, SC 507, Paris 2006
Justin Martyr, Dialogue avec Tryphon, ed. Philippe BOBICHON, Vol I: Introduction, texte grec, traduction. Paradosis. Etudes de littérature et de théologie anciennes 47/1, Fribourg 2003
Iustinus Martyr, Dialogus cum Tryphone, ed. Miroslav MARCOVICH, PTS 47, Berlin, New York 1997

KERYGMA PETROU
Kerygma Petri. Textus et commentarius, ed. Michel CAMBE, CCSA 15, Turnhout 2003

LIBER ANTIQUITATUM
Pseudo-Philo's Liber Antiquitatum Biblicarum, ed. Guido KISCH, Publications in Mediaeval Studies 10, Notre Dame/Indiana 1949
De bijbelse geschiedenis van Pseudo-Philo. Een joodse hervertelling van de Bijbel uit de eerste eeuw van onze jaartelling, vertaald, ingeleid en toegelicht door Pieter Willem VAN DER HORST, Na de Schriften 7, Kampen 1990

VIERTES MAKKABÄERBUCH
KLAUCK Hans-Josef: 4. Makkabäerbuch, JSHRZ III, Gütersloh 1989, 645–763

MARTYRIUM PETRI ET PAULI
Acta Apostolorum Apocrypha I: Acta Petri, Acta Pauli, Acta Petri et Pauli, Acta Pauli et Theclae, Acta Thaddei, ed. Ricardus Albertus LIPSIUS, AAA I, Leipzig 1891, repr. Hildesheim u.a. 1972, 118–177

MARTYRIUM POLYCARPI
Patrum Apostolicorum Opera, rec. Oscar de GEBHARDT, Adolfus HARNACK et Theodorus ZAHN, Editio Minor, Leipzig 1877

MELITO VON SARDES

Melito the Philosopher, in: B.P. PRATTEN, Remains of the Second and Third Century, ANFa 8, 1886, repr. 1995, 751–756

Melito of Sardis, On Pascha and Fragments, texts and translations edited by Stuart George HALL, Oxford 1979

METHODIUS

Méthode d'Olympe, Le banquet, introduction et texte critique par Herbert Musurillo, traduit du Grec et notes par Victor-Henry DEBIDOUR, SC 95, Paris 1963

MIDRASCHLITERATUR

Bereschit Rabba mit kritischem Apparat und Kommentar, edd. Julius THEODOR, Ch. ALBECK; Jerusalem ²1965

Genesis Rabbah, The Judaic Commentary To The Book of Genesis. A New American Translation by Jacob NEUSNER, 3 volumes, Atlanta/Georgia 1985

Midraš rabba, ed. Mošeh 'Aryeh MIRKIN Tel Aviv 1957–1968

Midrash Rabbah Translated into English, ed. Harry FREEDMAN and Maurice SIMON, London, New York ³1983: vol IV Leviticus, chapters I–XIX translated by J. ISRAEL-STAM; chapters XX–XXXVII translated by Judah J. SLOTKI; vols V – VI Numbers translated by Judah J. SLOTKI; vol VIII Ecclesiastes translated by Abraham COHEN

Mekhilta according to Rabbi Ishmael: An Analytical Translation by Jacob NEUSNER, 2 volumes, Atlanta/Georgia 1988

Mekilta de Rabbi Ishmael: A Critical Edition with an English Translation, Introduction and Notes by J. Z. LAUTERBACH, Philadelphia 1933–1935

Midrasch Tannaim zum Deuteronomium, ed. D. HOFFMANN, Berlin 1909

Midrasch Tehillim ed. Salomon BUBER, Wilna 1891

Midrasch Tehillim oder Haggadische Erklärung der Psalmen, übersetzt von August WÜNSCHE, 2 Bde, Trier 1892–3

Pesikta Rabbati. Discourses for Feasts, Fasts, and Special Sabbaths, translated from the Hebrew by William G. BRAUDE, 2 vols, New Haven, London 1968

Pirke de-Rabbi Elieser, nach der Edition Venedig 1544 unter Berücksichtigung der Edition Warschau 1852, aufbereitet und übersetzt von Dagmar BÖRNER-KLEIN, Studia Judaica 26, Berlin, New York 2004

Der Midrasch Kohelet, zum ersten Male ins Deutsche übertragen von August WÜNSCHE, Bibliotheca Rabbinica, Leipzig 1880

Midraš Rabbā Šir ha-šīrīm; Midraš hazīta, ed. Šimšōn DŪNSQI, Jerusalem et al. 1980

Der Midrasch Schir Ha-Schirim, zum ersten Male ins Deutsche übertragen von August WÜNSCHE, Bibliotheca Rabbinica, Leipzig 1880

Der Midrasch Echa Rabbati, zum ersten Male ins Deutsch übertragen von August WÜNSCHE, Bibliotheca Rabbinica, Leipzig 1881

MISCHNA

Die Mischna. Text Ausgabe mit deutscher Übersetzung und Kommentar, ed. Michael KRUPP, Jerusalem: Avot. Väter, bearbeitet von Frank UEBERSCHAER und Michael KRUPP, 2003; Sota. Die Ehebruchsverdächtige, bearbeitet von Michael KRUPP, 2005

Soṭa. Die des Ehebruchs Verdächtige, ed., tr. et comm. Hans BIETENHARD, in: Die Mischna, Text, Übersetzung und ausführliche Erklärung, ed. Karl Heinrich RENGS-TORF, Leonhard ROST, Berlin 1956

ODEN SALOMOS
LATTKE Michael: Oden Salomos. Text, Übersetzung, Kommentar, 3 Bde, NTOA 41,1–
3, Freiburg 1999–2005

ORIGENES
Origenes Werke Band 8, ed. Wilhelm Adolph BAEHRENS, CSG 33, Leipzig 1925
Origène, Commentaire sur le cantique des cantiques, par Luc BRESARD et Henri
CROUZEL, avec la collaboration de Marcel BORRET, SC 375–376, Paris 1991–92
Origène, Commentaire sur Saint Jean, Tome 1 (Livres I–V), texte Grec, avant-propos,
traduction et notes par Cécile BLANC, SC 120, Paris 1966; Tome 2 (Livres VI et X),
texte Grec, avant-propos, traduction et notes par Cécile BLANC, SC 157, Paris 1970
Origenes, Matthäuserklärung, ed. E. KLOSTERMANN, GCS Origenes 10, Leipzig 1935
Origenes, Der Kommentar zum Evangelium nach Mattäus I, eingeleitet, übersetzt
und mit Anmerkungen versehen von Hermann Josef VOGT, BGL 18, Stuttgart 1983
Origenis Hexapla quae supersunt, ed. Fr. FIELD; Oxford 1975, ND Hildesheim 1964
Origène, Homélies sur le Cantique des Cantiques, introduction, traduction et notes
de Olivier ROUSSEAU, SC 37bis; Paris ²1966
Origène, Homélies sur l'exode, texte Latin, introduction, traduction et notes de Marcel BORRET, SC 321, Paris 1985
Origenes, Vier Bücher von den Prinzipien, herausgegeben, übersetzt, mit kritischen
und erläuternden Anmerkungen versehen von Herwig GÖRGEMANNS und Heinrich KNAPP, TzF 24, Darmstadt 1976

PAPIASFRAGMENTE
KÖRTNER Ulrich H.J., LEUTZSCH Martin (eds): SUC III: Papiasfragmente, Hirt des
Hermas, Darmstadt 1998, unveränderter Nachdruck 2004

PARALIPOMENA JEREMIOU
SCHALLER Berndt: Paralipomena Jeremiou, JSHRZ I, Gütersloh 1988
Paraleipomena Jeremiou, ed. and tr. Robert A. KRAFT and Ann-Elizabeth PURINTUN,
SBL.TT 1, PSP 1, Missoula/Montana 1972

PASSIO APOSTOLORUM PETRI ET PAULI
Acta Apostolorum Apocrypha I: Acta Petri, Acta Pauli, Acta Petri et Pauli, Acta Pauli
et Theclae, Acta Thaddei, ed. Ricardus Albertus Lipsius, AAA I, Leipzig 1891,
repr. Hildesheim u.a. 1972

PASSIO PERPETUAE ET FELICITATIS
Passio Sanctarum Perpetuae et Felicitatis, latine et graece, ed. Cornelius Joannes Maria Joseph VAN BEEK, Florilegium Patristicum Fasciculus 43, Bonn 1938

PAULUSAPOKALYPSE
DUENSING Hugo, SANTOS OTERO Aurelio de: Apokalypse des Paulus, in: Edgar HEN-
NECKE, Wilhelm SCHNEEMELCHER (eds), Neutestamentliche Apokryphen in deutscher Übersetzung, Band II: Apostolisches, Apokalypsen und Verwandtes, Tübingen ⁵1989, 644–675

PESCHER HABAKUK
The Pesher to Habakkuk, in: J.C.TREVER, Scrolls from Qumrân Cave 1, Jerusalem 1972

Commentaar op Habakuk, in: Florentino García MARTÍNEZ, Adam Simon VAN DER WOUDE, De Rollen van de Dode Zee. Ingeleid en in het Nederlands vertaald 2, Kampen 1995

PETRUSAKTEN – ACTUS VERCELLENSES

SCHNEEMELCHER Wilhelm: Petrusakten, in: Edgar HENNECKE, Wilhelm SCHNEEMEL-CHER (eds), Neutestamentliche Apokryphen in deutscher Übersetzung, Band II: Apostolisches, Apokalypsen und Verwandtes, Tübingen ³1964, 177–221

Acta Apostolorum Apocrypha I: Acta Petri, Acta Pauli, Acta Petri et Pauli, Acta Pauli et Theclae, Acta Thaddei, ed. Ricardus Albertus LIPSIUS, AAA I, Leipzig 1891, repr. Hildesheim u.a. 1972

PETRUSAPOKALYPSE

Das Evangelium und die Apokalypse des Petrus. Die neuentdeckten Bruchstücke nach einer Photographie der Handschrift zu Gizeh in Lichtdruck herausgegeben von Oscar von GEBHARDT, Leipzig 1903

Das Petrusevangelium und die Petrusapokalypse. Die griechischen Fragmente mit deutscher und englischer Übersetzung, edd. Thomas J. KRAUS und Tobias NICK-LAS, CGS.NF 11, Berlin, New York 2004

BUCHHOLZ Dennis D.: Your Eyes will be opened. A Study of the Greek (Ethiopic) A-pocalypse of Peter, SBL.DS 97, Atlanta/Georgia 1988

PETRUSEVANGELIUM

Das Evangelium und die Apokalypse des Petrus. Die neuentdeckten Bruchstücke nach einer Photographie der Handschrift zu Gizeh in Lichtdruck herausgegeben von Oscar von GEBHARDT, Leipzig 1903

Das Petrusevangelium und die Petrusapokalypse. Die griechischen Fragmente mit deutscher und englischer Übersetzung, edd. Thomas J. KRAUS und Tobias NICK-LAS, CGS.NF 11, Berlin, New York 2004

PHILIPPUSEVANGELIUM

Das Philippusevangelium (Nag-Hammadi-Codex II,3), neu herausgegeben, übersetzt und erklärt von Hans-Martin SCHENKE, TU 143, Berlin 1997

PHILO ALEXANDRINUS

Les œuvres de Philon d'Aléxandrie, introduction, traduction et notes, Paris;
  vol 1: De opificio mundi, par Roger ARNALDEZ, 1961; vol 2 : Legum Allegoriae I–III, par Claude MONDESERT, 1962; vol 3: De cherubim, par Jean GOREZ, 1963; vol 4: De sacrificiis Abelis et Caini, par Anita MEASSON, 1966; vol 5: Quod deterius potiori insidiari soleat, par Irène FEUER, 1965; vol 6: De posteritate Caini, par Roger ARNALDEZ, 1972; vol 7–8: De gigantibus. Quod deus sit immutabilis, par André MOSES, 1963; vol 9: De agricultura, par Jean POUILLOUX, 1961; vol 10: De plantatione, par Jean POUILLOUX, 1963; vol 11–12: De ebrietate – De Sobrietate, par Jean GOREZ, 1962; vol 13: De confusione linguarum, par Jean-Georges KAHN, 1963; vol 14: De migratione Abrahami, par Jacques CAZEAUX, 1965; vol 15: Quis rerum divinarum heres sit, par Marguerite HARL, 1966; vol 16: De congressu eruditionis gratia, par Monique ALEXANDRE, 1967; vol 17: De fuga et inventione, par Esther STAROBINSKI-SAFRAN, 1970; vol 18: De mutatione nominum, par Roger ARNALDEZ, 1964; vol 19: De somniis, par Pierre SAVINEL, 1962; vol 20: De Abrahamo, par Jean GOREZ, 20, 1966; vol 21: De Iosepho, par Jean LAPORTE, 1964; vol 22: De vita Mosis

I–II, par Roger ARNALDEZ, Claude MONDESERT, Jean POUILLOUX, Pierre SAVINEL, 1967; vol 23: De decalogo, par Valentin NIKIPROWETZKY, 1965; vol 24: De speciali- bus legibus, Lib I–II, par Suzanne DANIEL, 1975; vol 26: De virtutibus, par Roger Arnaldez et Paulette DELOBRE, M.-R. SERVEL, A.-M. VERILHAC, 1962; vol 27: De praemiis et poenis – De exsecrationibus, par André BECKAERT, 1961; vol 28: Quod omnis probus liber sit, par Madeleine PETIT, 1974; vol 30: De aeternitate mundi, in- troduction et notes par Jean GOREZ, 1969; vol 31: In Flaccum, par André BELLETIER, 1967 ; vol 32: Legatio ad Gaium, par André PELLETIER, 1972; vol 34B:, Quaestiones et solutiones in Genesim III–VI e versione armeniaca, par Charles MERCIER, com- plément de l'ancienne version latine, par Françoise PETIT, 1984

PROTEVANGELIUM DES JAKOBUS
Le protévangile de Jacques et ses remaniements Latins, introduction, textes, traduc- tion et commentaire par Émile AMANN, Paris 1910

PSALMEN SALOMOS
HOLM-NIELSEN Svend: Die Psalmen Salomos, JSHRZ IV, Gütersloh 1977,51–112

PSEUDOKLEMENTINEN
Die Pseudoklementinen I: Homilien, ed. Bernhard REHM, GCS 42, Berlin, Leipzig 1953
Die Pseudoklementinen II: Rekognitionen, ed. Bernhard REHM, Georg STRECKER, GCS 51, Berlin ²1993
The Clementina, in: A. ROBERTS, J. DONALDSON (eds.): ANFa Vol 8, 1896, repr. Peabo- dy/Massachusetts 1995

RHEGINUSBRIEF
SCHENKE Hans-Martin, BETHGE Hans-Gebhard, KAISER Ursula Ulrike (eds): Nag Ham- madi Deutsch, Studienausgabe, eingeleitet und übersetzt von Mitgliedern des Ber- liner Arbeitskreises für Koptisch-Gnostische Schriften, Berlin et al. 2007

SENTENZEN DES SEXTUS
CHADWICK Henry: The Sentences of Sextus. A Contribution to the History of Early Christian Ethics, Cambridge 1959

SIBYLLINISCHE ORAKEL
Sibyllinische Weissagungen, griechisch-deutsch, von Jörg-Dieter GAUGER auf der Grundlage der Ausgabe von Alfons KURFESS, Darmstadt 1998

TALMUD BAVLI
STEINSALTZ 'Adin (ed): Talmūd bavlī, Jerusalem 1975ff.
The Babylonian Talmud, Translated into English under the Editorship of Isidore EP- STEIN, London 1935–52
GOLDSCHMIDT Lazarus (ed): Der Babylonische Talmud mit Einschluss der vollständi- gen Mišnah, Den Haag 1933

TALMUD YERUSHALMI
STEINSALTZ 'Adin (ed): Talmūd Yĕrūšalmī, Jerusalem 1987ff

TARGUMIM
The Aramaic Bible, edd. Martin MCNAMARA et al, Edinburgh; vol 1B: Targum Pseudo-Jonathan: Genesis. Translated, with Introduction and Notes by Michael

MAHER, 1992: vol 4: Targum Neofiti 1: Numbers, Translated, with Apparatus and Notes by Martin MCNAMARA, Targum Pseudo-Jonathan: Numbers, Translated, with Notes by Ernest G. CLARKE 1993; vol 19: The Targum of Chronicles, Translated, with Introduction, Apparatus, and Notes by J. Stanley Mc IVOR, 1994

CLARKE Ernest G. et al: Targum Pseudo-Jonathan of the Pentateuch: Text and Concordance, Hoboken/New Jersey 1984

DÍEZ MACHO, Alejandro Neophyti I: Targum Palestinense MS de la Bibliotheca Vaticana, 6 volumes, Madrid, Barcelona 1968–1979

TATIAN

Tatian, Oratio ad Graecos and Fragments, ed. and tr. Molly WHITTAKER, Oxford 1982

TERTULLIAN

Quinti Septimi Florentis Tertulliani Opera, Pars 1, Opera catholica, Adversus Marcionem, ed. Eligius DEKKERS, CChr.SL I, Turnhout 1954

Quintus Septimius Florens Tertullianus, De baptismo, De oratione, Von der Taufe, Vom Gebet, lateinisch – deutsch von Dietrich SCHLEYER, FC 76, Turnhout 2006

Quintus Septimius Florens Tertullianus, De praescriptione haereticorum – Vom prinzipiellen Einspruch gegen die Häretiker, lateinisch – deutsch von Dietrich SCHLEYER, FC 42, Turnhout 2002

TESTAMENTA XII PATRIARCHARUM

Testamentum XII patriarchum. Edited according to Cambridge University Library MS Ff I.24 fol. 203a. 262b with short notes by Marinus de Jonge, PVTG 1, Leiden 1969

The Testaments of the Twelve Patriarchs. A Critical Edition of the Greek Text, ed. Marinus de Jonge in cooperation with Harm Wouter HOLLANDER, Henk Jan DE JONGE and Th. KORTEWEG, PVTG 1,2; Leiden 1978

BECKER Jürgen: Die Testamente der 12 Patriarchen, JSHRZ III, Gütersloh 1974

TESTAMENTUM ABRAHAE

JANSSEN Enno: Testament Abrahams, JSHRZ III, Gütersloh 1975, 193–256

TESTAMENTUM IOB

The Testament of Job According to the SV Text. Greek text and English Translation, ed. R.A.KRAFT et al, SBL.TT 5, PS 4, Missoula/Montana 1974

SCHALLER Berndt: Das Testament Hiobs, JSHRZ III, Gütersloh 1973

THEOPHILUS VON ANTIOCHIEN

Theophilus of Antioch, Ad Autolycum, ed. et tr. Robert M. GRANT, Oxford 1970

Frühchristliche Apologeten und Märtyrerakten aus dem Griechischen und Lateinischen übersetzt, 2. Band, BKV 14, Kempten, München 1913

THOMASAKTEN

Acta Philippi et Acta Thomae accedunt Acta Barnabae, ed. Maximilianus BONNET, AAA II,2, Leipzig 1903, repr. Hildesheim u.a. 1972

BORNKAMM Günther: Thomasakten, in: Edgar HENNECKE, Wilhelm SCHNEEMELCHER (eds), Neutestamentliche Apokryphen in deutscher Übersetzung, Band II: Apostolisches, Apokalypsen und Verwandtes, Tübingen ³1964, 297–372

TOSEFTA
ZUCKERMANDEL Moses Samuel: Tosephta. Pasewalk 1880, ND Jerusalem 1963
NEUSNER Jacob: The Tosefta. Translated from the Hebrew. 6 Volumes, New York
1977–86

VITA ADAM ET EVAE
MERK Otto, MEISER Martin: Das Leben Adams und Evas, JSHRZ II, Gütersloh 1973–
1999, 737–870
ANDERSON Gary G., STONE Michael E.: A Synopsis of the Books of Adam and Eve, SBL
Early Judaism and Its Literature 5, Atlanta/Georgia 1994
TROMP Johannes: The Life of Adam and Eve in Greek. A Critical Edition, PVTG 6,
Leiden u.a. 2005

VITA CYPRIANI
MOHRMANN Christine (ed): Vite dei Santi, vol. 3, Vita di Cipriano, Vita di Ambrogio,
Vita di Agostino, intr. Christine MOHRMANN, ed. A. A. R. BASTIAENSEN, tr. Luca
CANALI e Carlo CARENA, Verona etc. 1975

3. Sammlungen und Corpora von Inschriften, Papyri, Fragmenten etc.

Comicorum Atticorum Fragmenta, ed. Th. KOCK, Leipzig 1880–1988, ND Utrecht 1976
Corpus Inscriptionum Graecarum, Berlin 1828ff
Corpus Inscriptionum Latinarum, Berlin 1962ff
COWLEY Arthur Earnest: Aramaic Papyri of the Fifth Century, Edited with Transla-
tion and Notes, Oxford 1967, repr. Osnabrück 1967
DALMAN Gustaf: Aramäische Dialektproben. Lesestücke zur Grammatik des Jüdisch-
Ptolemäischen Aramäisch zumeist nach Handschriften des Britischen Museums,
Leipzig 1896
Discoveries in the Judean Desert, ed. Roland DE VAUX, Pierre BENOIT, John STRUG-
NELL, Emanuel TOV et al, Oxford 1955ff
DÖLLSTÄDT,Walter: Griechische Papyrusprivatbriefe in gebildeter Sprache aus den
ersten vier Jahrhunderten nach Christus, Diss. Borna-Leipzig 1934
Fragmenta Philosophorum Graecorum, ed. Friedrich Wilhelm August MULLACH, 3
Bde, Paris 1860–1881, ND Aalen 1968
GARCÍA MARTÍNEZ Florentino, VAN DER WOUDE Adam Simon: De Rollen van de Dode
Zee. Ingeleid en in het Nederlands vertaald, 2 Bde, Kampen 1994–1995
GHEDINI Giuseppe: Lettere Christiane dai Papiri Greci del III e IV secolo, Supple-
menti ad "Aegyptus" ser. divulgazione, ser. Greco-Romana 3, Milano 1923
HERCHER Rudolph (ed): Epistolographi Graeci, Paris 1873, ND Amsterdam 1965
HILLER VON GAERTRINGEN Friedrich (ed): Inschriften von Priene, Berlin 1906
KAIBEL Georg: Epigrammata Graeca ex lapidibus conlecta, Berlin 1878 und Frankfurt/
Main 1879, ND 1965
LOHSE Eduard: Die Texte aus Qumran, Darmstadt ⁴1986
MIGNE Jaques P. (ed) : Patrologiae Cursus Completus, Series Graeca, Paris 1857–1866
Orientis Graeci Inscriptiones Selectae, ed. Wilhelm DITTENBERGER, 2 Bde, Leipzig
1903–1905, ND Hildesheim 1960
Poetae Comici Graeci, edd. R. KASSEL et C. AUSTIN, Berlin, New York 1983–2001
Stoicorum veterum fragmenta, ed. Hans von ARNIM, 4 Bde, Leipzig 1903–1924

STRECKER Georg, SCHNELLE Udo (eds): Neuer Wettstein. Texte zum Neuen Testament aus Griechentum und Hellenismus, Band II: Texte zur Briefliteratur und zur Johannesapokalypse, Teilband 2, Berlin, New York 1996

WITKOWSKY Stanislaw: Epistulae privatae Graecae quae in papyris aetatis Lagidarum servantur, Leipzig ²1911

4. Numismatische Sammlungen

MATTINGLY Harold: Coins of the Roman Empire in the British Museum, Vol I, III, IV, London 1923, 1936, 1940

STEVENSON Seth William, SMITH C. Roach, MADDEN Frederic N.: A Dictionary of Roman Coins, Republican and Imperial, Hildesheim 1969

B. Hilfsmittel

1. Grammatiken und Sprachuntersuchungen

1.1. Griechisch

BLASS Friedrich, DEBRUNNER Albert, REHKOPF Friedrich: Grammatik des neutestamentlichen Griechisch, Göttingen ¹⁶1984

MENGE Hermann: Repetitorium der griechischen Syntax, ⁹1961, ND Darmstadt 1978

SCHWYZER Eduard: Griechische Grammatik, Band I: Allgemeiner Teil, Lautlehre, Wortbildung, Flexion, HAW 2,1,1, München ⁴1968

1.2. Hebräisch und Aramäisch

ALONSO SCHÖKEL Luis: A Manual of Hebrew Poetics, SubBi 11, Rom 1988

BERLIN Adele: The Dynamics of Biblical Parallelism, Bloomington/Indiana 1985

BEYER Klaus: Semitische Syntax im Neuen Testament, Band I: Satzlehre Teil 1, StUNT 1, Göttingen 1962

GESENIUS Wilhelm: Hebräische Grammatik, völlig umgearbeitet von E. KAUTZSCH Leipzig ²⁸1909, ND Darmstadt 1991

JOÜON Paul, MURAOKA Takamitsu: A Grammar of Biblical Hebrew, SubBi 14/I–II, Rom 2005, (Nachdruck der ersten Auflage mit Berichtigungen von 1993)

WATSON Wilfred: Classical Hebrew Poetry. A Guide to its Techniques, JSOT.S 26, Sheffield 1984

2. Enzyklopädien, Lexika, Wörterbücher und Verwandtes

ABD: Anchor Bible Dictionnary, ed. David Noel FREEDMAN, New York 1992

BARTELINK Gerhardus Johannes Marinus: Prisma Handwoordenboek Grieks – Nederlands, Utrecht 1992

BAUER Walter: Griechisch-deutsches Wörterbuch zu den Schriften des Neuen Testaments und der frühchristlichen Literatur, neu bearbeitet von Kurt und Barbara Aland, Berlin, New York ⁶1988

BALZ Horst R., SCHNEIDER Gerhard (eds): Exegetisches Wörterbuch zum Neuen Testament, Stuttgart 1978–1983

BOTTERWECK Gerhard Johannes, RINGGREN Helmer (eds): Theologisches Wörterbuch zum Alten Testament, Stuttgart 1973ff

DNP: Der Neue PAULY. Enzyklopädie der Antike, edd. Hubert CANCIK und Helmuth SCHNEIDER, Stuttgart, Weimar 1996–2003

DÖPP Siegmar, GEERLINGS Wilhelm (eds): Lexikon der antiken christlichen Literatur, Freiburg u.a. ³2002 (LACL)

GEMOLL Wilhelm: Griechisch-deutsches Schul- und Handwörterbuch, München, Wien ⁹1965, ND 1988

JASTROW Marcus: A Dictionary of the Targumim, the Talmud Babli and Yerushalmi, and the Midrashic Literature, 1903, ND Peabody/Massachusetts 2005

KITTEL Gerhard (ed): Theol. Wörterbuch zum Neuen Testament, Stuttgart 1933–1979

LIDDELL Henry George, SCOTT, Robert: A Greek-English Lexicon, revised and augmented by Sir Henry Stuart JONES et al, Oxford ⁹1940 repr 1973

RAC: Reallexikon für Antike und Christentum. Sachwörterbuch zur Auseinandersetzung des Christentums mit der antiken Welt, edd. Theodor KLAUSER et al., Stuttgart 1950ff

RGG⁴: Religion in Geschichte und Gegenwart. Handwörterbuch für Theologie und Religionswissenschaft, vierte Auflage, edd. Hans Dieter BETZ, Don S. BROWNING, Bernd JANOWSKI und Eberhard JÜNGEL, Tübingen 1998–2007

SPICQ Ceslas: Notes de lexicographie néo-testamentaire I–III, OBO 22/1–3, Fribourg, Göttingen 1978–1982

Thesaurus Graecae Linguae ed. H. STEPHANUS, C.B. HASE, W. und L. DINDORF et al., 1831ff, ND 1954

TLG® Thesaurus Linguae Graecae, A Digital Library of Greek Literature, University of California

TRE: Theologische Realenzyklopädie, edd. Gerhard Müller, Horst Balz, Gerhard Krause, Berlin 1976–2004

3. Konkordanzen

Computer-Konkordanz zum Novum Testamentum Graece von Nestle-Aland, 26. Auflage und zum Greek New Testament, 3rd edition, hrsg. vom Institut für Neutestamentliche Textforschung und vom Rechenzentrum der Universität Münster, unter besonderer Mitwirkung von H. BACHMANN und W. A. SLABY, neue vollständige und erweiterte Ausgabe, Berlin, New York 1980

The Death Sea Scrolls Concordance, Volume One, Non-Biblical Texts from Qumran, by Martin G. ABEGG, with James E. BOWLEY, Edward M. COOK, in cosultation with Emanuel TOV, Leiden, Berlin 2003

DENIS Albert-Marie: Concordance Grecque des Pseudépigraphes d'Ancien Testament, Louvain 1987

GOODSPEED Edgar J.: Index patristicus sive clavis patrum apostolicorum operum, Naperville/Illinois ²1960

HATCH Edwin, REDPATH Henry A. (eds): A Concordance to the Septuagint and the Other Greek Versions of the Old Testament Including the Apocryphal Books, Oxford 1897-1906 ND Graz 1954

KRAFT Henricus: Clavis Patrum Apostolicorum, Darmstadt 1963

REIDER Joseph, TURNER Nigel: An Index to Aquila, VT.S 12, Leiden 1966

4. Weitere Hilfsmittel

ACKERMANN Hans Christoph, GISLER, Jean-Robert (eds): Lexicon Iconographicum Mythologiae Classicae (LIHC), Zürich et al. 1981–1999

LAUSBERG Heinrich: Elemente der literarischen Rhetorik, München 1963

METZGER Bruce C.: A Textual Commentary on the Greek New Testament, Stuttgart et al. ²1998

SCHWERTNER Siegfried M.: TRE Abkürzungsverzeichnis, Berlin – New York ²1994

C. Kommentare

1. Kommentare zum zweiten Petrusbrief

A LAPIDE Cornelius: Commentaria in Scripturam Sacram, Tomus Vigesimus in Epistolas Canonicas, Paris ⁹1880

BAUCKHAM Richard: Jude, 2 Peter, WBC 50, Waco/Texas 1983

BÉNÉTREAU Samuel: La deuxième épître de Pierre. L'épître de Jude, CEB 16, Vaux-sur-Seine 1994

BENSON George: A Paraphrase and Notes on the Seven (commonly called) Catholic Epistles to which are annexed Several Critical Dissertations, The Second Edition, London 1756

BIGG Charles: Epistles of St. Peter and St. Jude, ICC, Edinburgh ²1902, repr. 1910, 1946, 1961

BOLKESTEIN Marinus Hendrik: De brieven van Petrus en Judas, De Prediking van het Nieuwe Testament 15, Nijkeerk ²1972

BRAY Gerald Lewis: James, 1–2 Peter, 1–3 John, Jude, Ancient Christian Commentary on Scripture: New Testament Volume XI, Downers Grove 2004

CALVIN Johannes: Commentarius in Petri Apostoli Epistolam Posteriorem, in: Ioannis Calvini Opera Quae Supersunt Omnia 55, CR 83, ed. Wilhelm BAUM, Eduard CUNITZ und Eduard REUSS, Braunschweig 1896, 437–480

CAMERLYNCK Achille: Commentarius in Epistolas catholicas, Commentarii Brugenses in Sanctam Scripturam, Brügge ⁵1909

CHAINE Joseph: Les Épîtres catholiques. La seconde épître de Saint Pierre, les épîtres de Saint Jean, l'épître de Saint Jude, Paris 1939

CHATELION COUNET Patrick: 1 & 2 Peter, Jude, Belichting van het Bijbelboek, 's Hertogenbosch, Leuven 2006

DAVIDS Peter H.: The Letters of 2 Peter and Jude, PNTC, Grand Rapids/Michigan, Nottingham 2006

ELLIOTT John H.: I–II Peter/Jude, in: R.A. MARTIN, James, John H. ELLIOTT, I–II Peter/Jude, ACNT, Minneapolis/Minnesota 1982

FRANKEMÖLLE Hubert: 1. und 2. Petrusbrief. Judasbrief, NEB, Würzburg 1987

FUCHS Eric, REYMOND, Pierre: La deuxième épitre de Saint Pierre. L'épitre de Saint Jude, CNT(N), 2ème série, 13 b, Neuchâtel, Paris 1988

GREEN Michael: 2 Peter & Jude: An Introduction and Commentary, The Tyndale New Testament Commentaries, Downers Grove/Illinois, Nottingham 1987

GREEN Gene L.: Jude & 2 Peter, BECNT, Grand Rapids/Michigan 2008

GREIJDANUS, Seakle: I en II Petrus, KVHS, Kampen 1931

GROTIUS Hugo: Annotationes in Novum Testamentum, Volumen VII, ²1830

GRUNDMANN Walter: Der Brief des Judas und der zweite Brief des Petrus, ThHK 15, Berlin 1974

HARRINGTON Daniel J.: Jude and 2 Peter, in: Donald P. SENIOR, 1 Peter, Daniel J. HARRINGTON, Jude and 2 Peter, Sacra Pagina 15, Collegeville/Minnesota 2003

HILLYER Norman: 1 and 2 Peter, Jude, NIBC 16, Peabody/Massachusetts 1992

HOFMANN Johann Christian Konrad von: Die heilige Schrift neuen Testaments VII,2: Der zweite Brief Petri und der Brief Judä, Nördlingen 1875

VAN HOUWELINGEN Pieter Harry Robert: 2 Petrus en Judas, CNT(K), Derde Serie, Kampen 1993

JACHMANN Karl Reinhold: Commentar über die katholischen Briefe mit genauer Berücksichtigung der neuesten Auslegungen, Leipzig 1838

JOHNSON Edna: A Semantic and Structural Analysis of 2 Peter, Dallas/Texas 1988

KAHMANN Johannes Josephus Alphonsus: De tweede brief van Petrus, in: Johannes Josephus Alphonsus KAHMANN, Boudewijn A. G. M. DEHANDSCHUTTER, De tweede brief van Petrus. De brief van Judas, Het Nieuwe Testament, Boxtel 1983

KELLY John N.D.: Commentary on the Epistles of Peter and Jude, BNTC, London 1969

KNOCH Otto: Der zweite Petrusbrief. Der Judasbrief, Die Welt der Bibel – Kleinkommentar 8, Düsseldorf 1967

KNOCH Otto: Der Erste u. Zweite Petrusbrief. Der Judasbrief, RNT, Regensburg 1990

LUTHER Martin: Die ander Epistel S. Petri und eine S. Judas gepredigt und ausgelegt 1523/4, WA 14,14–91

MAYOR Joseph B.: The Epistle of St. Jude and the Epistle of St. Peter. Greek Text with Introduction Notes and Comments, London 1907, repr. 1978

MAZZEO Michele: Lettere di Pietro. Lettere di Guida, I Libri Biblici, Nuovo Testamento, Milano 2002

MOO Douglas: 2 Peter, Jude, The NIV Application Commentary, Grand Rapids/Michigan 1996

NEYREY Jerome: 2 Peter. Jude, A New Translation with Introduction and Commentary, AncB 37C, New York 1993

KNOPF Rudolf: Die Briefe Petri und Judä, KEK XII, Göttingen ⁷1912

PAULSEN Henning: Der Zweite Petrusbrief, der Judasbrief, KEK 12/2, Göttingen 1992

REESE Ruth Anne: 2 Peter & Jude, The Two Horizons Commentary, Grand Rapids/Michigan, Cambrigde/U.K. 2007

REICKE Bo: The Epistles of James, Peter and Jude, AncB 37, Garden City/NY 1964

ROSENMÜLLER Johann Georg: Scholia in Novum Testamentum V, Nürnberg ⁵1808,

SCHELKLE Karl Hermann: Die Petrusbriefe. Der Judasbrief, HThK 13/2, Freiburg, Basel, Wien, 1961

SCHRAGE Wolfgang: Der zweite Petrusbrief, in: Horst BALZ, Wolfgang SCHRAGE: Die ,Katholischen' Briefe. Die Briefe des Jakobus, Petrus, Johannes und Judas, NTD 10, Göttingen ⁴1993

SCHREINER Thomas R.: 1, 2 Peter, Jude. The New American Commentary. An Exegetical and Theological Exposition of Holy Scripture, 37, Nashville/Tennessee 2003

SKAGGS Rebecca: The Pentecostal Commentary on 1 Peter, 2 Peter and Jude, The Pentecostal Commentary New Testament, London 2004

SPICQ Ceslas: Les épîtres de Saint Pierre, SBi, Paris 1966

SPITTA Friedrich: Der zweite Brief des Petrus und der Brief des Judas. Eine geschichtliche Untersuchung, Halle 1885

STRACK Hermann L., BILLERBECK Paul: Kommentar zum Neuen Testament aus Talmud und Midrasch, Band 3: Die Briefe des Neuen Testaments und die Offenbarung Johannis erläutert aus Talmud und Midrasch, München ²1954; Band 4: Exkurse zu einzelnen Stellen des Neuen Testaments, München ²1956

VAN UNNIK Willem Cornelis: De tweede brief van Petrus, in: Commentaar op de heilige Schrift, samengesteld onder redactie van Jan Arend VOR DER HAKE, Paris, Amsterdam 1956, 1104–1197

VANNI Ugo: Lettere di Pietro, Giacomo e Guida, Leggere oggi la Bibbia (=LoB) 2.13, Brescia ²1995

VANNI Ugo: Lettere di Pietro, Giacomo e Guida, Nuovissima Versione della Bibbia dai Testi Originali 44, Milano ⁵2003

VÖGTLE Anton: Der Judasbrief. Der zweite Petrusbrief, EKK 22, Neukirchen-Vluyn 1994

DE VRIES Egbert: 1 en 2 Petrus. Judas, Een praktische bijbelverklaring, tekst en toelichting, Kampen 1998

DE WETTE Wilhelm Martin Leberecht: Kurze Erklärung der Briefe des Petrus, Judas und Jakobus, Kurzgefasstes exegetisches Handbuch zum Neuen Testament III,1, bearbeitet von Bruno BRÜCKNER, Leipzig 31865

WINDISCH Hans: Die katholischen Briefe, HNT 15, Tübingen 1930

WINDISCH Hans: Die katholischen Briefe erklärt, umgearbeitet von Herbert Preisker, HNT 15, Tübingen ³1951

WITHERINGTON Ben: Letters and Homilies for Hellenized Christians Vol. 2A, A Socio-Rhetorical Commentary on 1–2 Peter, Downers Grove/Illionis, Nottingham 2007

WOHLENBERG Gustav: Der erste und zweite Petrusbrief und der Judasbrief, KNT 15, Leipzig/Erlangen ³1923

2. Kommentare zu anderen biblischen Büchern

BAUER Walter: Das Johannesevangelium, HNT 6, Tübingen ²1925

BECKER Jürgen: Der Brief an die Galater, NTD, Göttingen 1976

BECKER Jürgen: Das Evangelium nach Johannes, Kapitel 11–22, ÖTBK NT 4/2, Gütersloh 1981

BENGEL Johann Albrecht: Gnomon Novi Testamenti, Stuttgart ⁸1915

BETZ Hans Dieter: Galatians, Hermeneia, Philadelphia 1979

BLENKINSOPP Joseph: Isaiah 56–66. A New Translation with Introduction and Commentary, AncB 19, New York et al. 2003

BOUTTIER Michel: L'épître de Saint Paul aux Éphésiens, CNT(N) 2.Sér.9b, Genève 1991

BROX Norbert: Der erste Petrusbrief, EKK 21, Zürich u.a. 1979

BROWN Raymond E.: The Gospel According to John I–XII, AncB 29, New York 1966

BRUCE Frederick Fyvie: 1 & 2 Thessalonians, WBC 45, Waco/Texas 1982

CONZELMANN Hans: Der erste Brief an die Korinther, KEK 5, Göttingen 1969

DIETZFELBINGER Christian: Das Evangelium nach Johannes, Teilband 2: Johannes 13–21, ZBK.NT 4,2, Zürich 2001

DHORME Paul: Le livre de Job, Paris 1926

DORIVAL Gilles: Les Nombres. La Bible d'Aléxandrie, traduction du texte grec de la Septante, Introduction et Notes, Paris 1994

ELLIOTT John H.: 1 Peter. A New Translation with Introduction and Commentary, AncB 37B, New York et al. 2000

GNILKA Joachim: Der Philipperbrief, HThK 10,3, Freiburg, Basel, Wien 1968

GNILKA Joachim: Das Evangelium nach Markus, 2. Teilband (Mk. 8,27–16,20), EKK 2/2, Zürich u.a. 1979

HAENCHEN Ernst: Die Apostelgeschichte, KEK 3/12, 121959

HOSSFELD Frank-Lothar, ZENGER, Erich: Die Psalmen, Psalm 1– 50, NEB.AT 29, Würzburg 1993

HOLTZ Traugott: Die Offenbarung des Johannes, NTD 11, Göttingen 2008

JEREMIAS Jörg: Die Propheten Joel, Obadja, Jona, Micha, ATD 24/3, Göttingen 2007

JEWETT Robert: Romans: A Commentary, Hermeneia, Minneapolis/Minnesota 2007

KLAUCK Hans-Josef: Der erste Johannesbrief, EKK 23/1, Zürich u.a. 1991

KLAUCK Hans-Josef: Der zweite und dritte Johannesbrief, EKK 23/2, Zürich u.a. 1992

KNOCH Otto: 1. und 2. Timotheusbrief. Titusbrief, NEB 14, Würzburg 1988

LARCHER Chrysostome: Le livre de la Sagesse ou Sagesse de Salomon, 3 Bde, Paris 1983–1985

LIETZMANN Hans: An die Korinther I·II, HNT 9, ²1923

LIETZMANN Hans: Der Römerbrief, HNT 8, ³1928

LIGHTFOOT Joseph Barber: Saint Paul's Epistles to the Colossians and to Philemon. A Revised Text with Introductions, Notes and Dissertations, ²1879, ND 1976

LINCOLN, Andrew T.: Ephesians, WBC 42, Dallas/Texas 1990

LINDEMANN Andreas: Der Epheserbrief, ZBK.NT 8, Zürich 1985

LUZ Ulrich: Das Evangelium nach Matthäus, 3. Teilband (Mt 18,1–25,46), EKK 1/3, Zürich u.a. 1997

MARXSEN Willi: Der zweite Thessalonicherbrief, ZBK.NT 11/2, Zürich 1982

MERKEL Helmut: Die Pastoralbriefe, NTD 9/1, Göttingen, Zürich 1991

MICHAELS J. Ramsey: 1 Peter, WBC 49, Waco/Texas 1988

MÜLLER Paul-Gerhard: Der Erste und Zweite Brief an die Thessalonicher, RNT, Regensburg 2001

MÜLLER Ulrich B.: Der Brief des Paulus an die Philipper, ThHK 11/1, Leipzig ²2002

NOLLAND John: Luke 9,21–19,24, WBC 35B, Dallas/Texas 1993

OBERLINNER Lorenz: Die Pastoralbriefe I, Kommentar zum ersten Timotheusbrief, HThK 11/2, Freiburg, Basel, Wien 1994

OBERLINNER Lorenz: Die Pastoralbriefe III, Kommentar zum Titusbrief, HThK 11/2, Freiburg, Basel, Wien 1996

PESCH Rudolf: Die Apostelgeschichte, Band 2: Apg 13–28, EKK 5/2, Zürich 2003

PFAMMATTER Josef: Epheserbrief, Kolosserbrief, NEB.NT 10.12, Würzburg 1987

POKORNÝ Petr: Der Brief des Paulus an die Kolosser, ThHK 10/1, Berlin ²1990

POPKES Wiard: Der Brief des Jakobus, ThHK 14, Leizpig 2001

PRIGENT Pierre: L'Apocalypse de Saint Jean, CNT(N) 2.Sér. 14, Genève ²2000

QUINN Jerome D.: The Letter to Titus. A New Translation with Notes and Commentary and An Introduction to Titus, I and II Timothy, The Pastoral Epistles, AncBib, New York et al. 1990

RICHARD Earl J.: First and Second Thessalonians, Sacra Pagina Series Volume 11, Collegeville/Minnesota 1995

ROBINSON Joseph Armitage: St. Paul's Epistle to the Ephesians, London ²1907

ROLOFF Jürgen: Der erste Brief an Timotheus, EKK 15, Zürich u.a. 1988

SATAKE Akira: Die Offenbarung des Johannes, KEK 16, Göttingen 2008
SAUER Georg: Jesus Sirach/Ben Sira, ATD. Apokryphen 1, Göttingen 2000
SCHMIDT Werner H.: Das Buch Jeremia. Kapitel 1 – 20, ATD 20, Göttingen 2008
SCHNACKENBURG Rudolf: Der Brief an die Epheser, EKK 10, Zürich u.a. 1982
SCHNELLE Udo: Das Evangelium nach Johannes, ThHK 4, Leipzig 1998
SCHRAGE Wolfgang: Der erste Brief an die Korinther. 1 Kor 1,1–6,11, EKK 7/1, Zürich u.a. 1991
SCHRAGE Wolfgang: Der erste Brief an die Korinther. 1 Kor 11,17–14,40, EKK 7/3, Zürich u.a. 1999
SCHREINER Josef: Jesus Sirach 1–24, NEB.AT, Würzburg 2002
SELWYN Edward Gordon: The First Epistle of St. Peter, London 1949
WEISER Alfons: Der zweite Brief an Timotheus, EKK 16/1, Zürich u.a. 2003
WETTSTEIN Johann Jakob: H KAINH ΔIAΘHKH Novum Testamentum Graecum cum lectionibus variantibus nec non commentario pleniore, Tomus II continens epistolas Pauli, Acta Apostolorum, Epistolas Canonicas et Apocalypsin, Amsterdam 1752
WEVERS John William: Notes on the Greek Text of Numbers, SBL.Septuagint and Cognate Studies Series, 46, Atlanta/Georgia 1998
WILCKENS Ulrich: Der Brief an die Römer, EKK 6/1, Zürich, Neukirchen-Vluyn 1978
WILCKENS Ulrich: Der Brief an die Römer, EKK 6/2, Zürich, Neukirchen-Vluyn 1980

3. Kommentare zu nichtbiblischen Schriften

BAUER Walter, PAULSEN Henning: Die Briefe des Ignatius von Antiochia. Der Brief des Polykarp von Smyrna, HNT 18, Die Apostolischen Väter II, Tübingen ²1985
BOBICHON Philippe: Justin Martyr, Dialogue avec Tryphon, Vol II: Notes de la traduction, appendices, indices. Paradosis. Etudes de littérature et de théologie anciennes 47/2, Fribourg 2003
BOGART Pierre: L'apocalypse syriaque de Baruch, vol. II commentaire 145, Paris 1969
BUSCHMANN Gerd: Das Martyrium des Polykarp, KAV 6, Göttingen 1998
HOLLANDER Harm Wouter, DE JONGE Marinus: The Testaments of the Twelve Patriarchs. A Commentary, SVTP 8, Leiden 1985
LINDEMANN Andreas: Die Clemensbriefe, HNT 17, Die Apostolischen Väter I, Tübingen 1992
NICKELSBURG George W.E.: 1 Enoch 1: A Commentary on the Book of 1 Enoch, Chapters 1–36; 81–108, Hermeneia, Minneapolis/Minnesota 2001
NIEDERWIMMER Kurt: Die Didache, KAV 1, Göttingen 1989
NORELLI Enrico: Ascensio Isaiae. Commentarius, CCSA 8, Turnhout 1995
PRATSCHER Wilhelm: Der zweite Clemensbrief, KAV 3, Göttingen 2007
PROSTMEIER Ferdinand R.: Der Barnabasbrief, KAV 8, Göttingen 1999
SMID Harm Reinder: Protevangelium Jacobi. A Commentary, Apocriphae Novi Testamenti, Assen 1965
WINDISCH Hans: Die Apostolischen Väter 3, Der Barnabasbrief, HNT Ergänzungsband, Tübingen 1920

D. Forschungsberichte, Bibliographien, Rezensionen

1. Forschungsberichte

BAUCKHAM Richard J.: The letter of Jude: An Account of Research, in: ANRW 2,25,5, 1988, 3791–3826 (1988c)

BAUCKHAM Richard J.: 2 Peter. An Account of Research, in: ANRW 2,25,5, 1988, 3713–3752 (1988d)

BAUCKHAM Richard J.: The Apocalypse of Peter: An Account of Research, ANRW 2,25,6, 1988, 4712–4750 (1988e)

ETTE Ottmar: Intertextualität. Ein Forschungsbericht mit literatursoziologischen Anmerkungen, in: Romanistische Zeitschrift für Literaturgeschichte 9, 497–519

MÜLLER Peter: Der 2. Petrusbrief, ThR 66, 2001, 310–337

PEARSON Birger A.: James, 1–2 Peter, Jude, in: Eldon Jay EPP, George W. MACRAE (eds): The New Testament and Its Modern Interpreters, Atlanta/Georgia 1989, 371–406

WEBB Robert L.: The Petrine Epistles. Recent Developments and Trends, in: Scot McKNIGHT, Grant R. OSBORNE (eds): The Face of New Testament Studies. A Survey of Recent Research, Grand Rapids/Michigan 2004, 373–390

2. Bibliographien

GILMOUR Michael J.: 2 Peter in Recent Research: A Bibliography, JETS 42, 1999, 674–678

MAI Hans-Peter: Intertextual Theory – A Bibliography, in: Heinrich F. PLETT (ed): Intertextuality, Research in Text Theory. Untersuchungen zur Texttheorie Volume 15, Berlin – New York 1991, 237–250

MILLS Watson E.: 2 Peter and Jude, Bibliographies for Biblical Research, New Testament Series, Volume XIX, Lewiston/New York et al. 2000

SNYDER John: A 2 Peter Bibliography, JETS 22–23, 1979, 265–267

3. Rezensionen

BAUCKHAM Richard J.: Rezension J. Daryl CHARLES, Virtue amidst Vice. The Catalog of Virtues in 2 Peter 1, in: JThS 50, 1999, 257–260

DAVIDS Peter H.: Rezension J. Daryl CHARLES, Virtue amidst Vice. The Catalog of Virtues in 2 Peter 1, in: CBQ 61, 1999, 579f

FORNBERG Tord: Rezension D.F. WATSON, Invention, Arrangement and Style, in: ThLZ 114, 1989, 523

FREY Jörg: Rezension Anders GERDMAR, Rethinking the Judaism–Hellenism Dichotomy, in: ThLZ 2003, 394f (2003b)

KRAUS Thomas J.: Rezension Michael J. GILMOUR, The Significance of Parallels between 2 Peter and Other Early Christian Literature, Review of Biblical Literature, http://www.bookreviews.org, 2003

E. Monographien, Artikel und Aufsätze

ABBOTT Edwin A.: On the Second Epistle of Peter, The Expositor 3, 1882, 49–63.139–153.204–219

ACHTEMEIER Paul J.: Omne verbum sonat: The New Testament and the Oral Environment of late Western Antiquity, JBL 109, 1990, 3–27

ADAMS Edward: Creation "out of" and "through" water in 2 Petr 3:5, in: G.H. VAN KOOTEN, The Creation of Heaven and Earth, Leiden 2005, 195–210 (2005a)

ADAMS Edward: "Where is the promise of his coming?": the complaint of the scoffers in 2 Peter 3:4, NTS 51, 2005, 106–122

ADAMS Edward: The Stars Will Fall From Heaven. Cosmic Catastrophe in the New Testament and its World, Library of New Testament Studies 347, London, New York 2007

AICHELE George, PHILLIPS Gary A.: Introduction: Exegesis, Eisegesis, Intergesis, in: George Aichele, Gary A. Philips (eds): Intertextuality and the Bible. Semeia 69/70, Altanta 1995, 7–18

ALAND Kurt und Barbara: Der Text des Neuen Testaments. Einführung in die wissenschaftlichen Ausgaben und in Theorie wie Praxis der modernen Textkritik, Stuttgart 1982

ALEXANDER T. Desmond: Lot's Hospitality: A Clue to his Righteousness, JBL 104, 1984, 289–291

ALLMEN Daniel von: L'apocalyptique juive et le retard de la parousie en II Pierre 3:1–12, RThPh 3. Ser 16, 1966, 255–274

ANDRESEN Carl: Zum Formular frühchristlicher Gemeindebriefe, ZNW 56, 1965, 233–259

ANGENOT Marc: L'«intertextualité»: enquête sur l'émergence et la diffusion d'un champ notionnel, RSHum 189, 1983, 121–135

ASSMANN Jan: Das kulturelle Gedächtnis. Schrift, Erinnerung und politische Identität in frühen Hochkulturen, 4. Auflage in der Beck'schen Reihe, München 2002

AUNE David E.: The New Testament and Its Literary Environment, LEC 8, Philadelphia 1987

AUSTIN John L.: How to do things with words, Oxford, New York ²1975

AVIOZ Michael: Josephus's Portrayal of Lot and his Family, JSP 16, 2006, 3–13

BAASLAND Ernst: 2 Peters brev og urkristelig profeti. Eksegese av 2, Pet. 1,12–21, TTK 53, 1982, 19–35

BALTENSWEILER Heinrich: Die Verklärung Jesu: Historisches Ereignis und synoptische Berichte, ATANT 33, Zürich 1959

BALTZER Klaus: Das Bundesformular, WMANT 4, Neukirchen ²1964.

BARNETT Albert E.: Paul Becomes A Literary Influence, Chicago/Illinois 1941

BARRETT Charles Kingsley: The Holy Spirit and the Gospel Tradition, London 1947

BARRETT Charles Kingsley: Myth and the New Testament, ET 68, 1956/57, 345–348 und 359–362

BARTELINK Gerhardus Johannes Marinus: Lexicologisch-semantische studie over de taal van de apostolische Vaders. Bijdrage tot de studie von de groeptaal der griekse christenen, Utrecht 1953

BARTHES Roland: La Mort de l'Auteur, in: Essais Critiques IV, Le Bruissement de la Langue, Paris 1984, 61–67

BARTHES Roland: Le Plaisir du texte, Paris 1973

BASKIN Judith R.: Pharao's Counsellors. Job, Jethro, and Balaam in Rabbinic and Patristic Tradition, Brown Judaic Studies 47, Chico/California 1983

BAUCKHAM Richard J.: The Delay of the Parousia, Tyndale Bulletin 31, 1980, 3–36

BAUCKHAM Richard J.: James, 1 and 2 Peter, Jude, in: D.A. CARSON, H.G.M. WILLIAMSON (eds): It is written: Scripture Citing Scripture. Essays in Honour of Barnabas Lindars, Cambridge 1988, 290–303 (1988a)

BAUCKHAM Richard J.: Pseudo-Apostolic Letters, JBL 107, 1988, 469–494 (1988b)

BAUCKHAM Richard J.: The Martyrdom of Peter in Early Christian Literature, ANRW 2,26,1, 1992, 539–595

BAUCKHAM Richard J.: The Apocalypse of Peter: A Jewish Christian Apocalypse from the Time of Bar Kokhba, in: Richard J. BAUCKHAM, The Fate of the Dead. Studies on the Jewish and Christian Apocalypses, NT.S 93, Leiden u.a. 1998, 160–258 (1998a)

BAUCKHAM Richard J.: 2 Peter and the Apocalypse of Peter, in: Richard J. BAUCKHAM, The Fate of the Dead. Studies on the Jewish and Christian Apocalypses, NT.S 93, Leiden u.a. 1998, 290–303 (1998b)

BAUMANN Gerlinde: Gottes Gewalt im Wandel. Traditionsgeschichtliche und intertextuelle Studien zu Nahum 1,2–8, WMANT 108, Neukirchen-Vluyn 2005

BAUMERT Norbert: KOINONEIN und METECHEIN – synonym? Eine umfassende semantische Untersuchung, SBB 51, Stuttgart 2003

BÉNÉTREAU Samuel: Evangile et prophétie. Un texte original (1 P 1,10–12) peut-il éclairer un texte difficile (2 P 1,16–21)?, Bib. 86, 2005, 174–191

BERCHMAN Robert M.: Arcana Mundi between Balaam and Hecate: Prophecy, Divination, and Magic in Later Platonism, SBL.SP 28, 1989, 107–185

BERDING Kenneth: Polycarp and Paul. An Analysis of Their Literary and Theological Relationship in Light of Polycarp's Use of Biblical and Extra-Biblical Literature, SVigChr 62, Leiden 2002

BERGER Klaus: Die Gesetzesauslegung Jesu. Ihr historischer Hintergrund im Judentum und im Alten Testament, Teil 1: Markus und Parallelen, WMANT 40/1, Neukirchen 1972

BERGER Klaus: Apostelbrief und apostolische Rede. Zum Formular frühchristlicher Briefe, ZNW 65, 1974, 190–231

BERGER Klaus: Unfehlbare Offenbarung, in: Paul-Gerhard MÜLLER und Werner STENGER (eds): Kontinuität und Einheit, FS Franz Mußner, Freiburg u.a. 1981, 261–326

BERGER Klaus: Hellenistische Gattungen im Neuen Testament, ANRW 2,25,2, 1984, 1031–1432

BERGER Klaus: Streit um Gottes Vorsehung. Zur Position der Gegner im 2. Petrusbrief, in: J.W. VAN HENTEN et al. (eds.): Tradition and Re-Interpretation in Jewish and Early Christian Literature, Leiden 1986, 121–135

BERGER Klaus: Synopse des Vierten Buches Esra und der Syrischen Baruchapokalypse, TANZ 8, Tübingen u.a 1992

BERGER Klaus: Theologiegeschichte des Urchristentums. Theologie des Neuen Testaments, Tübingen, Basel 1994

BERGER Klaus: Formen und Gattungen im Neuen Testament, Tübingen u.a. 2005

BEST Ernest: The Markan Redaction of the Transfiguration, StEv 7, Berlin 1982, 41–53

BETZ Hans Dieter: Transferring a Ritual: Paul's Interpretation of Baptism in Romans 6, in: Troels ENGBERG-PEDERSEN (ed): Paul in his Hellenistic Context, Minneapolis 1995, 84–118

BETZ Otto: Offenbarung und Schriftforschung in der Qumransekte, WUNT 6, Tübingen 1960

BIEBER Margarete: Honos et Virtus, AJA 49, 1945, 25–34

BIELER Ludwig: ΘΕΙΟΣ ANHP. Das Bild des »göttlichen Menschen« in Spätantike und Frühchristentum, Wien 1935, ND Darmstadt 1967

BLINZLER Joseph: Die neutestamentlichen Berichte über die Verklärung Jesu, NTA XVII/4, Münster 1937

BLUMENTHAL Christian: „Es wird aber kommen der Tag des Herrn". Eine textkritische Studie zu 2Petr 3,10, Bonner Biblische Beiträge 154, Hamburg 2007

BOEHMER Julius: Tag und Morgenstern? Zu II Petr 1₁₉, ZNW 22, 1923, 228–233

BOGAERT Pierre: L'apocalypse syriaque de Baruch, vol. I. Introduction et traduction SC 144, Paris 1969

BOOBYER George H.: St Mark and the Transfiguration Story, Edinburgh 1942

BOOBYER George H.: The Indebtedness of 2 Peter to 1 Peter, in: A. J. B. HIGGINS (ed): New Testament Essays. Studies in Memory of Thomas Walter Manson 1893–1958, Manchester 1959, 34–53

BOYS-SMITH E.P.: 'Interpretation' or 'Revealment', ExpTim 8, 1896/7, 331f.

BRETSCHER Paul G.: Exodus 4 22–23 and the Voice from Heaven, JBL 87, 1968, 301–311

BRODIE Thomas L., MACDONALD Dennis R., PORTER Stanley E. (eds): The Intertextuality of the Epistles, Explorations in Theory and Practice, Sheffield 2006

BROICH Ulrich: Bezugsfelder der Intertextualität, Zur Einzeltextreferenz: in: Ulrich BROICH, Manfred PFISTER (eds): Intertextualität. Formen, Funktionen, anglistische Fallstudien, Tübingen 1985, 48–52 (1985a)

BROICH Ulrich: Formen der Markierung von Intertextualität, in: Ulrich BROICH, Manfred PFISTER (eds): Intertextualität. Formen, Funktionen, anglistische Fallstudien, Tübingen 1985, 31–47 (1985b)

BROWN Raymond Edward, DONFRIED Karl Paul, REUMANN John (eds): Peter in the New Testament: A Collaborative Assessment by Protestant and Roman Catholic Scholars, Minneapolis-New York 1973

BROX Norbert: Zu den persönlichen Notizen der Pastoralbriefe, in: Norbert BROX (ed): Pseudepigraphie in der heidnischen und jüdisch-christlichen Antike, WdF 484, Darmstadt 1969, 272–294

BROX Norbert: Zum Problemstand in der Erforschung der altchristlichen Pseudepigraphie, in: Norbert BROX (ed): Pseudepigraphie in der heidnischen und jüdisch-christlichen Antike, WdF 484, 311–334

BROX Norbert: Zur pseudepigraphischen Rahmung des ersten Petrusbriefes, BZ NF 14. 1975, 78–96

BUCHHOLZ Dennis D.: Your Eyes will be opened. A Study of the Greek (Ethiopic) Apocalypse of Peter, SBL.DS 97, Atlanta/Georgia 1988

BÜCHLI Jörg: Der Poimandres. Ein paganisiertes Evangelium. Sprachliche und begriffliche Untersuchungen zum ersten Traktat des Corpus Hermeticum, WUNT II, 27, Tübingen 1987

BUITENWERF Rieuwerd: Book III of the Sibylline Oracles and its Social Setting, with an Introduction, Translation and Commentary, Leiden 2003

CALLAN Terrance: Use of the Letter of Jude by the Second Letter of Peter, Bib. 85, 2004, 42–64

CALLAN Terrance: The Syntax of 2 Petr 1:1–7, CBQ 67, 2005, 632–640

CALLAN Terrance: A Note on 2 Peter 1:19–20, JBL 125, 2006, 143–150

CALLAN Terrance: Comparison of Humans to Animals in 2 Peter 2,10b–22, Bib. 90 , 2009, 101–113.

CALLAN Terrance: Rhetorography and Rhetorology of Apocalyptic Discourse in Second Peter, in: Robert L. WEBB, Duane F. WATSON (eds): Reading Second Peter with

New Eyes. Methodological Reassessments of the Letter of Second Peter, Library of New Testament Studies, London, New York 2010, 59–90

CARTLIDGE David R.: Transfigurations of Metamorphosis Traditions in the Acts of John, Thomas, and Peter, in: Dennis Ronald MACDc ⸱D (ed): The Apocryphal Acts of the Apostles, Semeia 38, Decatur 1986, 53–66

CAULLEY Thomas Scott: The False Teachers in Second Peter, SBTh 12, 1982, 27–42

CAULLEY Thomas Scott: The Idea of Inspiration in 2 Peter 1.16–21, Diss. Theol. Tübingen 1983

CAULLEY Thomas Scott:"They promise them freedom". Once again, the ψευδοδιδάσκαλοι in 2 Peter, ZNW 99, 2008, 129–138

CAVALLIN Hans Clemens Caesarius: The False Teachers of 2 PT As Pseudo-Prophets, Novum Testamentum 21, 1979, 263–270

CHAINE Joseph: Cosmogonie aquatique et conflagration finale d'après la secunda Petri, RB 46, 1937, 207–216

CHARLES J. Daryl: Virtue amidst Vice. The Catalog of Virtues in 2 Peter 1, JSNT Supplement Series 150, Sheffield 1997

CHARLES J. Daryl: The Language and Logic of Virtue in 2 Peter 1:5–7, Bulletin for Biblical Research 8, 1998, 55–73

CHARLES J. Daryl: The Angels under Reserve in 2 Peter and Jude, Bulletin for Biblical Research 15, 2005, 39–48

CLAES Paul: Het gekietel van de tekst. Barthes en het structuralisme, Streven 27, 1973/74, 265–272

CLAES Paul: Het netwerk en de nevelvlek. Semiotische studies, Argo Studies 1, Leuven 1979

CLAES Paul: Semiotiek van de intertextualiteit, in: ALW. Bulletin van de Vlaamse Vereniging voor Literatuurwetenschap 1, 1980, 24–36

CLAES Paul: De mot zit in de mythe. Hugo Claes en de oudheid, Amsterdam 1984

CLAES Paul: Bijzondere en algemene intertextualiteitstheorie, Spiegel der Letteren 29, 1987, 7–15

CONTI Martino: La Sophia di 2 Petr. 3,15, RivBib 17, 1969, 121–138

CORTÈS Enric: Los discursos de adiós de Gn 49 a Jn 13–17. Pistas para la historia de un género literario en la antigua literatura judía, CSPac 23, Barcelona 1976

COLLINS John Joseph: The Sibylline Oracles, in: Michael E. STONE (ed): Jewish Writings of the Second Temple Period. Apocrypha, Pseudepigrapha, Qumran Sectarian Writings, Philo, Josephus, CRI II,2, Assen, Philadelphia 1984, 357–381

COX Samuel: From Starlight to Sunlight: 2 Petr i. 16–20, Exp. 1/1, 1875, 169–185

CRAWFORD Michael H.: Roman Republican Coinage, Vol 1: Introduction and Catalogue, Vol 2: Studies, Plates and Indexes, Cambridge 1974

CREHAN Joseph H..: New Light on 2 Peter from the Bodmer Payrus, StEv 7, Berlin 1982, 145–149

CULLMANN Oscar: Petrus. Jünger – Apostel – Märtyrer. Das historische und das theologische Petrusproblem, ²1960, Lizenzausgabe München und Hamburg 1967

CURRAN John T.: The Teaching of II Peter 1:20, Theological Studies 4, 1943, 347–368

DABROWSKI Eugène: La transfiguration de Jésus, Rome 1939

DALTON William J.: The Interpretation of 1 Peter 3,19 and 4,6: Light from 2 Peter, Bib. 60, 1979, 547–555

DANKER Frederick W.: 2 Peter 1: A Solemn Decree, CBQ 40, 1978, 64–82

DANKER Frederick W.: Benefactor: Epigraphic Study of a Graeco-Roman and New Testament Semantic Field, Saint Louis/Montana 1982

DASSMANN Ernst: Der Stachel im Fleisch. Paulus in der frühchristlichen Literatur bis Irenäus, Münster 1979

DAVIDS Peter H.: The Use of Second Temple Traditions in 1 and 2 Peter and Jude, in: Jacques SCHLOSSER (ed): The Catholic Epistles and the Tradition, BEThL 176, Leuven 2004, 409–431

DEISSMANN Adolf: Bibelstudien. Beiträge, zumeist aus den Papyri und Inschriften, zur Geschichte der Sprache, des Schrifttums und der Religion des hellenistischen Judentums und des Urchristentums, Marburg 1895

DEISSMANN Adolf: Licht vom Osten. Das Neue Testament und die neuentdeckten Texte der hellenistisch-römischen Welt, Tübingen [4]1923

DENNIS John: Cosmology in the Petrine Literature and Jude, in: Jonathan T. PENNINGTON, Sean M. MCDONOUGH (eds): Cosmology and New Testament Theology, Library of New Testament Studies 355, London, New York 2008, 157–177

DIETHART Johannes: Lexikographische Lesefrüchte. Bemerkungen zu „Liddell-Scott": „Revised Supplement" 1996, ZPE 123, 1998, 165–176

DIHLE Albrecht: Antike Höflichkeit und christliche Demut, SIFC NS 26, 1952, 169–190

DÖLGER Franz Joseph: Antike und Christentum. Kultur- und religionsgeschichtliche Studien 5, Münster 1936, [2]1976

DONFRIED Karl Paul: The Setting of Second Clement in Early Christianity, NT.S 38, Leiden 1974

DÖRRIE Heinrich: Präpositionen und Metaphysik, MH 26, 1969, 217–228

DOWNING F. Gerald: Cosmic Eschatology in the First Century: "Pagan", Jewish and Christian, AnCl 64, 1995, 99–108

DSCHULNIGG Peter: Der theologische Ort des 2. Petrusbriefes, BZ 33, 1989, 161–177

DUENSING Hugo: Ein Stücke der urchristlichen Petrusapokalypse enthaltender Traktat der äthiopischen Pseudoklementinischen Literatur, ZNW 14, 1913, 65–78

DUNHAM Duane A.: An Exegetical Study of 2 Peter 2:18–22, BS 190, 1983, 40–54

DURAND Alfred: Le sens de IIa Petri I,20, RSR 2, 1911, 187–189

DUPONT-ROC Roselyne: Le motif de la création selon 2 Pierre 3, RB 101, 1994, 95–114

DRAISMA Sipke (ed.): Intertextuality and Biblical Writings. Essais in Honour of Bas van Iersel, Kampen 1989

EASTON Burton Scott: New Testament Ethical Lists, JBL 51, 1932, 1–12

EISENHUT Werner: Virtus Romana. Ihre Stellung im römischen Wertesystem, STA 13, München 1973

FABRIS Rinaldo: Elementi apocalittici nelle lettere di Pietro e Giuda, RStB 7, 1995, 85–102

FARKASFALVY Denis: The Ecclesiastical Setting of Pseudepigraphy in Second Peter and its Role in the Formation of the Canon, The Second Century 5, 1985, 3–29

FARMER William R.: Some Critical Reflections on Second Peter: A Response to a Paper on Second Peter by Denis Farkasfalvy, The Second Century 5, 1985, 30–45

FARRAR Frederic W.: Dr. Abbott on the Second Epistle of St. Peter, The Expositor 3, 1882, 401–423

FARRAR Frederic W.: The Early Days of Christianity, London, Paris, New York 1884

FEARS J. Rufus: The Cult of Virtues and Roman Imperial Ideology, ANRW 1,17,2, 1981, 827–948

FELDMAN Louis H.: Philo's Version of Balaam, Henoch 25, 2003, 301–319

FENS Kees: Broeinesten en bijbelplaatsen, Baarn 1983

FISCHEL Henry A.: The Uses of the Sorites in the Tannaitic Period, HUCA 44, 1973, 119–151

FISCHER Karl Martin: Anmerkungen zur Pseudepigraphie im Neuen Testament, NTS 23, 1977, 76–81

FITZMYER Joseph A.: The Name Simon, in: Essays on the Semitic Background of the New Testament, London 1971, 105–112

FORNBERG Tord: An Early Church in a Pluralistic Society. A Study of 2 Peter, CB.NT 9, Lund 1977

FORNBERG Tord: Balaam and 2 Peter 2:15: 'They have followed in the steps of Balaam' (Jude 11), in: George H. VAN KOOTEN, Jacques VAN RUITEN (eds): The Prestige of the Pagan Prophet Balaam in Judaism, Early Christianity and Islam, Themes in Biblical Narrative 11, Leiden, Boston 2008, 265–274

FRANK Nicole: Neutestamentliche Pseudepigrapha als Mittel der Identitätsstiftung und –vergewisserung im frühen Christentum. Ein intertextueller Zugang zu Kol 4,9, in: Henk DE ROEST, Wolfgang WISCHMEYER (eds): Heiliger Text. Die identitätsbildende Funktion klassischer Texte innerhalb einer Gemeinschaft. Vorträge der fünften Konferenz der mittelsüdosteuropäischen und niederländischen Theologischen Fakultäten (Leiden 1.5 – 5.5.2006), Theologie zwischen Ost und West 5, Groningen 22007, 70–85

FRANK Nicole: Dresscode christlicher Identität: Kol 3,12 und die lebenspraktische Akutalisierung der biblischen Botschaft, in: Bob BECKING, Annette MERZ (eds): Verhaal als identiteitscode, Utrechtse Reeks 60, Utrecht 2008, 118–124.

FRANK Nicole: Der Kolosserbrief im Kontext des paulinischen Erbes. Eine intertextuelle Studie zur Auslegung und Fortschreibung der Paulustradition, WUNT II, 271, Tübingen 2009

FREY Jörg: Retter, Gott und Morgenstern: Metaphorik und Christologie im Zweiten Petrusbrief, in: Jörg FREY, Jan ROHLS, Ruben ZIMMERMANN (eds): Metaphorik und Christologie, Theologische Bibliothek Töpelmann, Berlin 2003, 131–148

FREY Jörg: Autorfiktion und Gegnerbild im Judasbrief und im Zweiten Petrusbrief, in: Jörg FREY et al. (eds): Pseudepigraphie und Verfasserfiktion in frühchristlichen Briefen; WUNT I 246, Tübingen 2009, 683–732

FRIJNS Willem Maria: De briefvorm in het Nieuwe Testament, in: 't Heilig Land 9, 1956, 53–56

FROW John: Intertextuality and Ontology, in: Michael WORTON, Judith STILL (eds): Intertextuality. Theories and practices, Manchester 1990, 45–55

GALBIATI Enrico: L'escatologia delle lettere di S. Pietro, in: Agostino BEA et al. (eds.): San Pietro. Atti della XIX Settimana Biblica, Associazione Biblica Italiana, Brescia 1967, 413–423

GENETTE Gérard: Palimpsestes. La littérature au second degré, Paris 1982

GENETTE Gérard: Seuils, Paris 1987

GERDMAR Anders: Rethinking the Judaism-Hellenism Dichotomy. A Historiographical Case Study of Second Peter and Jude, CB.NT 36, Stockholm 2001

GHIBERTI Giuseppe: I «santi profeti» (Lc 1,70; At 3,21; 2Pt 3,2). La santità nella mediazione della parola di Dio, in: Santi GRASSO, Ermenegildo MANICARDI (eds): Generati da una parola di verità (Gc 1,18). Scritti in onore di Rinaldo Fabris nel suo LXX compleanno, Supplimenti alla RivBib 47, Bologna 2006, 223–234

GIGNOUX Anne-Claire: Initiation à l'intertextualité, Paris 2005

GILES Kevin: Apostels before and after Paul, ChM, 1985, 241–256

GILLMAYR-BUCHER Susanne: Between Literary Theory and Text Analysis, in: Thomas L. BRODIE, Dennis R. MACDONALD, Stanley E. PORTER (eds): The Intertextuality of the Epistles, Explorations in Theory and Practice, Sheffield 2006, 13–23

GILMOUR Michael J.: The Significance of Parallels between 2 Peter and Other Early Christian Literature, SBL.Academica Biblica 10, Atlanta 2002

GLASER Timo: Paulus als Briefroman erzählt. Studien zum antiken Briefroman und seiner christlichen Rezeption in den Pastoralbriefen, NTOA/StUNT 76, Göttingen 2009

GNILKA Joachim: Petrus und Rom: Das Petrusbild in den ersten zwei Jahrhunderten, Freiburg 2002

GOETZ Karl Gerold: Petrus als Gründer und Oberhaupt der Kirche und Schauer von Gesichten nach den altchristlichen Berichten und Legenden, Untersuchungen zum Neuen Testament 13, Leipzig 1927

GRANT Michael: Roman Imperial Money, Amsterdam 1972

GREEN Gene L.: Second Peter's Use of Jude: Imitatio and the Sociology of Early Christianity, in: Robert L. WEBB, Duane F. WATSON (eds): Reading Second Peter with New Eyes. Methodological Reassessments of the Letter of Second Peter, Library of New Testament Studies, London, New York 2010, 1–25

GREENE John T.: Balaam and His Interpreters. A Hermeneutical Study of the Balaam Traditons, BJSt 244, Altanta/Georgia 1992

GRIVEL Charles: Serien textueller Perzeption. Eine Skizze, in: Wolf SCHMID und Wolf-Dieter STEMPEL (eds): Dialog der Texte. Hamburger Kolloquium zur Intertextualität, Wiener slawistischer Almanach, Sonderband II, Wien 1983, 53–83

GUTHRIE Donald: The Development of the Idea of Canonical Pseudepigrapha in New Testament Criticism, in: The Authorship and Integrity of the New Testament, TCSPCK 4, London 1965, 14–39 (=Vox Evangelica 1, 1962, 43–59)

GUTHRIE Donald: New Testament Introduction, Downers Grove/Illinois ³1970

GYLLENBERG Rafael: De inledande hälsningsformlerna i de paulinska breven, SEÅ 16, Uppsala 1952, 21–31

HAHM David E.: The Origins of Stoic Cosmology, ColumbusOhio 1977

HALLYN Fernand: Iconiciteit, Metatekstualiteit en Onbepaalbaarheid, in: Walter GEERTS en Clem NEUTJENS (eds): De literatuur verliefd op zichzelf. Een probleem van metatekstualiteit, Antwerpen 1982, 35–54

HALLYN Fernand, JAQUES Gérard: Aspects du paratexte, in: Maurice DELCROIX, Fernand HALLYN, Methodes du texte. Introduction aux études littéraires, Paris 1987, 202–215

HARNACK Adolf: Zur Revision der Prinzipien der neutestamentlichen Textkritik. Die Bedeutung der Vulgata für den Text der katholischen Briefe und der Anteil des Hieronymus an dem Übersetzungswerk, Leipzig 1916

HARNISCH Wolfgang: Eschatologische Existenz. Ein exegetischer Beitrag zum Sachanliegen von 1. Thessalonicher 4,13–5,11, FRLANT 110, Göttingen 1973

HARTOG Paul: Polycarp and the New Testament: The Occasion, Rhetoric, Theme, and Unity of the Epistle to the Philippians and its Allusions to the New Testament Literature, WUNT II, 134, Tübingen 2002

HARVEY Anthony E.: The Testament of Simeon Peter, in: Philip R. DAVIES, Richard T. WHITE (eds): A Tribute to Geza VERMES. Essays on Jewish and Christian Literature and History, JSOT Supp 100, Sheffield 1990, 339–354

HAVELAAR Henriette: An Intertextual Study of the Apocalypse of Peter, in: Marguerite RASSART-DEBERGH, Julien RIES (eds): Actes du Congrès Copte 1988, PIOL 41, Louvain 1992, 388–394

HAYS Christopher M.: A Fresh Look at Βοσόρ: Textual Criticism in 2 Peter 2:15, Filología neotestamentaria 17, 2004, 105–109

HAYS Richard B.: Echoes of Scripture in the Letters of Paul, New Haven, London 1989

HEATER Homer: A Septuagint Translation Technique in the Book of Job, CBQ.MS 11, Washington 1982

HEBEL Udo J.: Romaninterpretation als Textarchäologie. Untersuchungen zur Intertextualität am Beispiel von F. Scott Fitzgeralds This Side of Paradise, Mainzer Studien zur Amerikanistik 23, Frankfurt am Main, Bern, New York, Paris 1989

HECKEL Theo K.: Die Traditionsverknüpfungen des zweiten Petrusbriefes und die Anfänge einer neutestamentlichen Theologie, in: Roland GEBAUER, Martin MEISER (eds): Die bleibende Gegenwart des Evangeliums, FS für Otto MERK, MThSt 76, Marburg 2003, 189–204

HEIDE Gale Z.: What Is New About the New Heaven and the New Earth? Theology of Creation from Revelation 21 and 2 Peter 3, JETS 40, 1997, 37–56

HELBIG Jörg: Intertextualität und Markierung, Untersuchungen zur Systematik und Funktion der Signalisierung von Intertextualität, Beiträge zur neueren Literaturgeschichte Folge 3, Band 141, Heidelberg 1996

HEMPFER Klaus W.: Intertextualität, Systemreferenz und Strukturwandel: Die Pluralisierung des erotischen Diskurses in der italienischen und französischen Renaissance-Lyrik (Ariost, Bembo, DuBellay, Ronsard), in: Michael TITZMANN (ed): Modelle des literarischen Strukturwandels, Studien und Texte zur Sozialgeschichte der Literatur Band 33, Tübingen 1991, 7–43

HENGEL Martin: Anonymität, Pseudepigraphie und «Literarische Fälschung» in der jüdisch-hellenistischen Literatur, in: Kurt von FRITZ (ed): Pseudepigrapha I. Pseudopythagorea – Lettres de Platon – Littérature pseudépigraphique classique, Entretiens sur l'antiquité classique, Genf 1972, 231–308

VAN HENTEN Jan Willem: Balaam in Revelation 2:14, in: George H. VAN KOOTEN, Jacques VAN RUITEN (eds): The Prestige of the Pagan Prophet Balaam in Judaism, Early Christianity and Islam, Themes in Biblical Narrative 11, Leiden u.a. 2008, 247–263

HIEBERT D. Edmond: Selected Studies from 2 Peter, Part 1: The Necessary Growth in the Christian Life: An Exposition of 2 Peter 1:5–11, BS 141, 1984, 43–54

HIEBERT D. Edmond: Selected Studies from 2 Peter Part 2: The Prophetic Foundation for the Christian Life: An Exposition of 2 Peter 1:19–21, BS 141, 1984, 158–168

HIEBERT D. Edmond: Selected Studies from 2 Peter, Part 3: A Portrayal of False Teachers: An Exposition of 2 Peter 2:1–3; BS 141, 1984, 255–265

HIEBERT D. Edmond: Selected Studies from 2 Peter, Part 4: Directives for Living in Dangerous Days: An Exposition of 2 Peter 3:14–18a, BS 141/1984, 330–340

HÖLLER Josef: Die Verklärung Jesu, Freiburg im Breisgau 1937

HÖLSCHER Gustav: Zur jüdischen Namenskunde, BZAW 41, 1925, 148–157

HOFTIJZER Jacob, VAN DER KOOIJ Gerrit (eds): Aramaic Texts From Deir 'Alla, DMOA 19, Leiden 1976

HOLTHUIS Susanne: Intertextualität. Aspekte einer rezeptionsorientierten Konzeption, Stauffenberg-Colloquium Band 28, Tübingen 1993

HOMMEL Hildebrecht, ZIEGLER Konrat: s.v. Rhetorik, KP 4, 1972, 1396–1414

HOPPE Rudolf: Parusieglaube zwischen dem ersten Thessalonicherbrief und dem zweiten Petrusbrief ein unerledigtes Problem, in: Jacques SCHLOSSER (ed): The Catholic Epistles and the Tradition, BEThL 176, Leuven 2004, 433–449

HOPPE Rudolf: Tag des Herrn – Dieb in der Nacht. Zur paulinischen Metaphernverwendung in 1 Thess 5,1–11, in: Gerhard HOTZE, Egon SPIEGEL et al. (eds): Verantwortete Exegese. Hermeutische Zugänge – exegetische Studien – Systematischen Reflexionen – Ökumenische Perspektiven – Praktische Konkretionen. FS Franz Georg Untergaßmair zum 65. Geburtstag, Vechtaer Beiträge zur Theologie 13, Berlin 2006, 263–280

VAN DER HORST Pieter Willem: Aelius Aristides and The New Testament, SCHNT 6, Leiden 1980

VAN DER HORST Pieter Willem: "The Elements Will Be Dissolved With Fire". The Idea of Cosmic Conflagration in Hellenism, Ancient Judaism, and Early Christianity, in: idem: Hellenism – Judaism – Christianity. Essays on Their Interaction, Leuven ²1998, 271–292

VAN HOUWELINGEN Pieter Harry Robert: De tweede trompet. De authenticiteit van de tweede brief van Petrus, Kampen 1988

VAN HOUWELINGEN Pieter Harry Robert: The Authenticity of 2 Peter: Problems and Possible Solutions, European Journal of Theology 19.2, 2010, 119–129

HULTGÅRD Anders: L'eschatologie des Testaments des Douze Patriarches, Vol. I: Interprétation des textes, Uppsala 1971

HULTGÅRD Anders: L'eschatologie des Testaments des Douze Patriarches, Vol. II: Composition de l'ouvrage, textes et traductions, Uppsala 1981

VAN IERSEL Bas: Intertekstualiteit in soorten. Een voorstel tot enkele nieuwe classificaties verhelderd aan Mt 1–2 en Lc 1–2 en experimenteel toegepast op Mc 1,1–13, Nijmegen 1989

JANSSEN Martina: Unter falschem Namen, ARGU 14, Frankfurt am Main 2003

JEREMIAS Joachim: Unbekannte Jesusworte, Gütersloh ³1963

DE JONGE Marinus: De Nieuwtestamenticus als historicus en theoloog. Enige opmerkingen naar aanleiding van de Brief van Judas. Rede uitgesproken bij het aanvaarden van het ambt van gewoon hoogleraar in de uitlegging van het nieuwe testament met inbegrip van de inleidingswetenschap en de oud-christelijke letterkunde aan de rijksuniversiteit te Leiden op 16 december 1966, Leiden 966

JUNG Franz: ΣΩΤΗΡ. Studien zur Rezeption eines hellenistischen Ehrentitels im Neuen Testament, NTA Neue Folge 39, Münster 2002

KAHMANN Johannes Josephus Alphonsus: Schrift en traditie in de tweede brief van Petrus, in: Ernest HENAU et al: Schrift in veelvoud, FS J.J.A. Kahmann, Boxtel 1980, 80–94

KAHMANN Johannes Josephus Alphonsus: The Second Letter of Peter and the Letter of Jude. Their Mutual Relationship, in: Jean-Marie SEVRIN (ed): The New Testament in Early Christianity. La réception des écrits néotestamentaires dans le christianisme primitif, BEThL 86, Leuven 1989, 105–121

KAMLAH Ehrhard: Die Form der katalogischen Paränese im Neuen Testament, WUNT 7, Tübingen 1964

KÄSEMANN Ernst: Eine Apologie der urchristlichen Eschatologie, in: Exegetische Versuche und Besinnungen I (1960), ⁶1970, 135–157

KARRER Martin: Die Johannesoffenbarung als Brief. Studien zu ihrem literarischen, historischen und theologischen Ort, FRLANT 140, Göttingen 1986

KARRER Wolfgang: Intertextualität als Elementen- und Struktur-Reproduktion, in: Ulrich BROICH, Manfred PFISTER (eds): Intertextualität. Formen, Funktionen, anglistische Fallstudien, Tübingen 1985, 98–116

KARRER Wolfgang: Titles and Mottoes as Intertextual Devices, in: Heinrich F. PLETT (ed): Intertextuality, Research in Text Theory. Untersuchungen zur Texttheorie Volume 15, Berlin, New York 1991, 122–134

KEE Howard Clark: The Transfiguration in Mark: Epiphany or Apocalyptic Vision, in: John REUMANN (ed): Understanding the Sacred Text, FS Morton S. Enslin, Valley Forge/Pennsylvania 1972, 137–152

KIRK Alan: Social and Cultural Memory, in: Alan KIRK, Tom THATCHER (eds): Memory, Tradition and Text. Uses of the Past in Early Christianity, Atlanta 2005, 1–24

KLAUCK Hans-Josef: Die religiöse Umwelt des Neuen Testaments, I: Stadt- und Hausreligion, Mysterienkulte, Volksglaube, Stuttgart 1995

KLAUCK Hans-Josef: Die antike Briefliteratur und das Neue Testament: ein Lehr- und Arbeitsbuch, Paderborn u.a. 1998

KLEIN Günter: Die zwölf Apostel. Ursprung und Gehalt einer Idee, FRLANT 77, Göttingen 1961

KLEIN Günter: Der zweite Petrusbrief und der neutestamentliche Kanon, in: Günter KLEIN, Ärgernisse, München 1970, 109–114

KLINGER Jerzy: The Second Epistle of Peter: An Essay in Understanding, St. Vladimir's Theological Quarterly 17, 1973, 152–169.

KNOCH Otto: Das Vermächtnis des Petrus: Der 2. Petrusbrief, in: Helmut FELD, Josef NOLTE (eds): Wort Gottes in der Zeit, FS Karl Hermann Schelkle zum 65. Geburtstag, Düsseldorf 1973, 149–165 (1973a)

KNOCH Otto: Die 'Testamente' des Petrus und des Paulus: Die Sicherung der apostolischen Überlieferung in der spätapostolischen Zeit, SBS 62, Stuttgart 1973 (1973b)

KNOCH Otto: Petrus und Paulus in den Schriften der Apostolischen Väter, in: Paul-Gerhard MÜLLER, Werner STENGER (eds): Kontinuität und Einheit, FS Franz Mußner, Freiburg u.a. 1981, 240–260

KOLENKOW Anitra Bingham: The Genre Testament and Forecasts of the Future in the Hellenistic Jewish Milieu, JSJ 6, 1975, 57–71

KOPERSKI Veronica: Knowledge of Our Lord Jesus Christ, in: Jacques SCHLOSSER (ed): The Catholic Epistles and the Tradition, BEThL 176, Leuven 2004, 461–472

KOSKENNIEMI Heikki: Studien zur Idee und Phraseologie des griechischen Briefes bis 400 n. Chr., AASF Ser. B 102,2, Helsinki 1956

KRAUS Thomas J.: 'Uneducated', 'Ignorant' or even 'Illiterate'? Aspects and Background for an Understanding of ΑΓΡΑΜΜΑΟΙ (and ΙΛΙΩΤΑΙ) in Acts 4.13, NTS 45, 1999, 434–449

KRAUS Thomas J.: Παρὰ κυρίου, παρὰ κυρίῳ oder omit in 2 Petr 2,11: Textkritik und Interpretation vor dem Hintergrund juristischer Diktion und der Verwendung von παρά, ZNW 91, 2000, 265–273

KRAUS Thomas J.: Sprache, Stil und historischer Ort des zweiten Petrusbriefes, WUNT II, 136, Tübingen 2001

KRAUS Thomas J.: P.Vindob.G 39756 + Bodl. MS Gr. th. f. 4 [P]: Fragmente eines Codex der giechischen Petrusapokalypse, BASPap 40, 2003, 45–61

KRAVAR Zoran: Art. Metatextualität, in: Dieter BORCHMEYER, Viktor ŽMEGAČ: Moderne Literatur in Grundbegriffen, Tübingen ²1994, 274–277

KRISTEVA Julia: Le mot, le dialogue et le roman, in: Julia KRISTEVA, Σημειωτική. Recherches pour une sémanalyse, Seuil, Paris 1969, 82–112 (KRISTEVA 1966)

KRISTEVA Julia: Le texte clos, in: Julia KRISTEVA, Σημειωτική. Recherches pour une sémanalyse, Seuil, Paris 1969, 52–81 (KRISTEVA 1966/67)

KRISTEVA Julia: Σημειωτική. Recherches pour une sémanalyse, Seuil, Paris 1969

KRISTEVA Julia: La révolution du langage poétique. L'avant-garde à la fin du XIXe siècle: Lautréamont et Mallarmé, Seuil, Paris 1974

KRISTEVA Julia: Le texte du roman. Approche sémiotique d'une structure discursive transformationnelle, Approaches to Semiotics 6, Den Haag, Paris ²1976

KÜMMEL Werner Georg: Das Neue Testament. Geschichte der Erforschung seiner Probleme, OA 3/3, Freiburg, München 1958

KURZ William S.: Farewell Adresses in the New Testament, Collegeville/MN 1990

LAFRANCE Yvon: La Théorie Platonicienne de la Doxa, Montréal, Paris 1981

LAMPE Peter: Das Spiel mit dem Petrusnamen - Matt XVI.18, NTS 25, 1978/79, 227–245

LAPHAM Fred: Peter. The Myth, the Man and the Writings. A Study of Early Petrine Text and Tradition, JSNT Supp 239, London/Sheffield 2003

LEE Simon S.: Jesus' Transfiguration and the Believers' Transformation, WUNT II, 265, Tübingen 2009

LEPPÄ Outi: The Making of Colossians. A Study on the Formation and Purpose of a Deutero-Pauline Letter, Vantaa 2000

LERNOUT Geert: Intertextualiteit als programma, Spiegel der Letteren 29, 1987, 33–42

LEWIS Jack P.: A Study of the Interpretation of Noah and the Flood in Jewish and Christian Literature, Leiden 1978 (ND von 1968)

LINDEMANN Andreas: Paulus im ältesten Christentum: das Bild des Apostels und die Rezeption der paulinischen Theologie in der frühchristlichen Literatur bis Marcion, BHTh 58, Tübingen 1979

LINDNER Monika: Interaktionsformen der Intertextualität, in: Ulrich BROICH, Manfred PFISTER (eds): Intertextualität. Formen, Funktionen, anglistische Fallstudien, Tübingen 1985, 116–135

LOADER James Alfred: A Tale of Two Cities. Contributions to Biblical Exegesis and Theology 1, Kampen 1990

LOUW J.: Wat wordt in II Petrus 1:20 gesteld? NedThT19, 1964/65, 202–212

LÖVESTAM Evald: Eschatologie und Tradition im 2 Petrusbrief, The New Testament Age, FS Bo Reicke, vols 2, 1984, 287–300

LØNNING Inge: Tradisjon og skrift. Eksegese av 2 Petr 1,19–21, NTT 72, 1971, 129–154

LUCASSEN Gosuynus: Disputatio Theologica de Argumento Epistolarum Petri Posterioris, & Judae, Catholicarum sub praesidio Campegii Vitringa, Franeker 1694

MALHERBE Abraham J.: Moral Exhortation. A Greco-Roman Sourcebook, Library of Early Christianity 4, Philadelphia/Pennsylvania 1986

MANSFELD Jaap: Providence and the Destruction of the Universe in Early Stoic Thought, in: Maarten Jozef VERMASEREN (ed): Studies in Hellenistic Religions, Leiden 1979, 129–188

MANSFELD Jaap: Resurrection Added: The Interpretatio Christiana of a Stoic Doctrine, VigChr 37, 1983, 218–233

MARIANI Bonaventura: L'episodo del "Quo vadis?" nella tradizione, in: Studia Hierosolymitana in onore di P. Bellarmino Bagatti, II. Studi esegetici, Studii Biblici Franciscani Collectio Maior 23, Jerusalem 1975, 333–346

MARGOLIN Uri: Formal, Semantic, and Pragmatic Aspects of Metatextuality: Comparativism Revisited, in: Steven TÖTÖSY DE ZEPETNEK et al. (eds): Comparative Literature Now, Theories and Practice, Paris 1999, 153–163

MAYER Rudolf: Die biblische Vorstellung vom Weltenbrand. Eine Untersuchung über die Beziehungen zwischen Parsismus und Judentum, Bonner orientalistische Studien NF 4, Bonn 1956

MCDONNELL Miles: Roman Manliness, Cambridge et 2006

MCNAMARA Martin: The Unity of Second Peter: A Reconsideration, Scripture 12, 1960, 13–19

MEADE David G.: Pseudonymity and Canon. An Investigation into the Relationship of Authorship and Authority in Jewish and Earliest Christian Tradition, WUNT 39, Tübingen 1986

MEIER John P.: First Biblical Reflection on the Canon: Forming the Canon on the Edge of the Canon: 2 Peter 3:8–18, Mid-Stream: An Ecumenical Journal 28, 1999, 65–70

MEIER Samuel A.: 2 Peter 3:3–7 – an Early Jewish and Christian Response to Eschatological Skepticism, BZ 32, 1988, 255–257

MENKEN Maarten J.J.: Matthew's Bible. The Old Testament Text of the Evangelist, BEThL 173, Leuven, Paris, Dudley/Massachusetts 2004

MERTENS Anthony: Intertekstualiteit, in: Anthony MERTENS, Klaus BEEKMANN (eds): Intertekstualiteit in theorie en praktijk, Dordrecht, Providence 1990, 1–24

MERZ Annette: Die fiktive Selbstauslegung des Paulus in den Pastoralbriefen, NTOA 52, Göttingen 2004

MERZ Annette: The fictitious self-exposition of Paul: How might intertextual theory suggest a reformulation of the hermeneutics of pseudepigraphy?, in: Thomas L. BRODIE, Dennis R. MACDONALD, Stanley E. PORTER (eds): The Intertextuality of the Epistles, Explorations in Theory and Practice, Sheffield 2006, 113–132

MERZ Annette: Amore Pauli: Das Corpus Pastorale und das Ringen um die Interpretationshoheit bezüglich des paulinischen Erbes, ThQ 187, 2007, 274–294

MICHEL Hans-Joachim: Die Abschiedsrede des Paulus an die Kirche Apg 20,17–38. Motivgeschichte und theologische Bedeutung, StANT 35, München 1973

MILLER James C.: The Sociological Category of 'Collective Identity' and Its Implication for Understanding Second Peter, in: Robert L. WEBB, Duane F. WATSON (eds): Reading Second Peter With New Eyes. Methodological Reassessments of the Letter of Second Peter, Library of New Testament Studies, London, New York 2010, 147–177

MILLER Robert J.: Is there an Independent Attestation for the Transfiguration in 2 Peter, NTS 42, 1996, 620–625

MOLLAND Einar: La these «La prophétie n'est jamais venue de la volonté de l'homme» (2 Pierre I,21) et les Pseudo-Clémentines, StTh 9, 1955, 67–85 (= Opuscula Patristica, Oslo 1970, 61–77)

MOYISE Steve: Intertextuality, Historical Criticism and Deconstruction, in: Thomas L. BRODIE, Dennis R. MACDONALD, Stanley E. PORTER (eds): The Intertextuality of the Epistles, Explorations in Theory and Practice, Sheffield 2006, 24–34

MÜLLER Ulrich B.: Zur frühchristlichen Theologiegeschichte. Judenchristentum und Paulinismus in Kleinasien an der Wende vom ersten zum zweiten Jahrhundert nach Christus, Gütersloh 1976

MÜLLER Wolfgang: Interfigurality. A Study of Interdependence of Literary Figures, in: Heinrich F. PLETT (ed): Intertextuality, Research in Text Theory. Untersuchungen zur Texttheorie Volume 15, Berlin, New York 1991, 101–121 (1991a)

MÜLLER Wolfgang: Namen als intertextuelle Elemente, Poetica 23, 1991, 139–165 (1991b)

MULLINS Terence Y.: Formulas in New Testament Epistles, JBL 91, 1972, 380–390

MUNCK Johannes: Discours d'adieu dans le Nouveau Testament et dans la littérature biblique, in: Aux sources de la tradition chrétienne, FS Maurice GOGUEL, Bibliothèque théologique, Neuchâtel, Paris 1950, 155–170

MUSSNER Franz: Petrus und Paulus – Pole der Einheit, QD76, Freiburg 1976

NEYREY Jerome H.: The Apologetic Use of the Transfiguration in 2 Peter 1:16–21, CBQ 42, 1980, 504–519 (1980a)

NEYREY Jerome H.: The Form and Background of the Polemic in 2 Peter, JBL 99, 1980, 407–431 (1980b)

NINEHAM Dennis Eric: Eye-witness Testimony and the Gospel Tradition I, JTS 8, 1958, 13–25

NINEHAM Dennis Eric: Eye-witness Testimony and the Gospel Tradition III, JTS 10, 1960, 253–264

NORDHEIM Eckhard von: Die Lehre der Alten, I. Das Testament als Literaturgattung im Judentum der hellenistisch-römischen Zeit, ALGHJ 13, Leiden 1980

NORDHEIM Eckhard von: Die Lehre der Alten, II. Das Testament als Literaturgattung im Alten Testament und im Alten Vorderen Orient, ALGHJ 18, Leiden 1985

NORMANN Friedrich: Teilhabe – ein Schlüsselwort, MBTh 42, Münster 1978

O'BRIEN Peter Thomas: Introductory Thanksgivings in the Letters of Paul, NT.S 49, Leiden 1977

OEGEMA Gerbern S.: De messiaanse verwachtingen ten tijde van Jezus. Een inleiding in de messiaanse verwachtingen en bewegingen gedurende de hellenistisch-romeinse tijd, Baarn 1991

OHLY Friedrich: Die Geburt der Perle aus dem Blitz, 1974, abgedruckt in: idem, Schriften zur mittelalterlichen Bedeutungsforschung, Darmstadt 1977, 293–311

OLIVER James H.: The Civilizing Power. A Study of the Panathenaic Discourse of Aelius Aristides Against the Background of Literature and Cultural Conflict with Text, Translation, and Commentary, TAPhS NS 58/1, Philadelphia 1968

OTTENHEIJM Eric: De 'oven van Aknai' (b.bava metsia 59b) herlezen: voetnoten bij een Talmudisch verhaal, in: Bob BECKING, Annette MERZ (eds): Verhaal als identiteitscode, Utrechtse Reeks 60, Utrecht 2008, 242–254

OTTO Johann Karl Theodor von: Haben Barnabas, Justinus und Irenäus den zweiten Petrusbrief (3,8) benutzt?, ZWTh 20, 1877, 525–529

VAN OYEN Geert: Openbaring 1:1–3: De narratieve functie van Jezus Christus, in: Geert VAN OYEN (ed): Een tip van de sluier. Vier wegen naar het boek openbaring, Utrechtse theologische reeks, publicaties vanwege de faculteit Godgeleerdheid van de Universiteit Utrecht, deel 52, Utrecht 2005, 51–63

PAGET James Carleton: The Epistle of Barnabas. Outlook and Background, WUNT II, 64, Tübingen 1994

PAULSEN Henning: Kanon und Geschichte. Bemerkungen zum zweiten Petrusbrief, in: Ute E. EISEN (ed): Zur Literatur und Geschichte des frühen Christentums. Gesammelte Aufsätze, WUNT 99, 154–161 (ursprünglich in: Luise und Willy SCHOTTROFF (eds): Auslegung Gottes durch Jesus, FS Herbert Braun zu seinem 80. Geburtstag, Mainz 1983, 194–204)

PEARSON Birger A.: A Reminiscence of Classical Myth at II Peter 2.4, GRBS 10, 1969, 71–80

PEARSON Birger A.: The Apocalypse of Peter and Canonical 2 Peter, in: James E. GOEHRING et al. (eds): Gnosticism and the Early Christian World (FS James M. Robinson), Sonoma/California 1990, 67–74

VAN PEER Will: Intertextualiteit: Traditie en kritiek, Spiegel der Letteren 29, 1987, 16–24

PENNA Romano: Osservationi sull' anti-edonismo nel Nuovo Testamento in rapporto al suo ambiente culturale, in: Testimonium Christi, scritti in onore di Jacques DUPONT, Brescia 1985, 351–377

PERKINS Pheme: Peter: Apostle of the Whole Church, Columbia/South Carolina 1994

PESCH Rudolf:Peter in the Mirror of Paul's Letters, in: Lorenzo DE LORENZI (ed): Paul de Tarse. Apôtre du notre temps, La communauté monastique de S. Paul en mémoire de Pape Paul VI, Rom 1979, 291–309

PESCH Rudolf: Simon – Petrus. Geschichte und geschichtliche Bedeutung des ersten Jüngers Jesu Christi, PuP 15, Stuttgart 1980

PETETIN Véronique: Du sujet de l'écriture chez Roland Barthes, in: Catherine COQUIO, Régis SALADO (eds): Barthes après Barthes, Une actualité en questions, Actes du colloque international de Pau 22–24 novembre 1990, Publications de l'Université de Pau, Pau 1993, 27–32

PETERSON Erik: Das Martyrium des Hl. Petrus nach der Petrus-Apokalypse, in: Miscellanea Giulio BELVEDERI, Collezione „Amici delle Catacombe"23, Città del Vaticano 1954, 181–185

PETERSON Erik: Das Praescriptum des 1. Clemens-Briefes, in: idem, Frühkirche, Judentum und Gnosis. Studien und Untersuchungen, Rom u.a. 1959, 129–136

PFISTER Manfred: Bezugsfelder der Intertextualität, Zur Systemreferenz, in: Ulrich BROICH, Manfred PFISTER (eds): Intertextualität. Formen, Funktionen, anglistische Fallstudien, Tübingen 1985, 52–58 (1985a)

PFISTER Manfred: Konzepte der Intertextualität, in: Ulrich BROICH, Manfred PFISTER (eds): Intertextualität. Formen, Funktionen, anglistische Fallstudien, Tübingen 1985, 1–30 (1985b)

PHILLIPS Gary A.: Sign/Text/Différance. The Contribution of Intertextual Theory to Biblical Criticism, in: Heinrich F. Plett (ed): Intertextuality. Research in Text Theory. Untersuchungen zur Texttheorie Volume 15, Berlin, New York 1991, 78–97

PHILLIPS Peter: Biblical Studies and Intertextuality: Should the work of Genette and Eco broaden our horizons?, in: Thomas L. BRODIE, Dennis R. MACDONALD and Stanley E. PORTER (eds): The Intertextuality of the Epistles, Explorations in Theory and Practice, Sheffield 2006, 35–45

PICIRELLI Robert E.: The meaning of "Epignosis", EvQ 47, 1975, 85–93

PICIRILLI Robert E.: Allusions to 2 Peter in the Apostolic Fathers, JSNT 33, 1988, 57–83

PILHOFER Peter: PRESBYTERON KREITTON, WUNT II, 39, Tübingen 1990

PLETT Heinrich: Sprachliche Konstituenten einer intertextuellen Poetik, in: Ulrich BROICH, Manfred PFISTER (eds): Intertextualität. Formen, Funktionen, anglistische Fallstudien, Tübingen 1985, 78–98

POHLENZ Max: Die Stoa. Geschichte einer geistigen Bewegung, 2 Bde, Göttingen [4]1970 und 1972

PORTER Stanley E., PITTS Andrew W.: τοῦτο πρῶτον γινώσκοντες ὅτι in 2 Peter 1:20 and Hellenistic Epistolary Convention, JBL 127, 2008, 165–171

PRÜMM Karl: De genuino Apocalypsis Petri textu. Examen testium iam notorum et novi fragmenti Raineriani, Bib. 10, 1929, 62–80

PUSTOSLEMŠEK Stefan: Gottes Gericht und menschliches Urteil. Der Wortstamm *κριν* bei Paulus im Schnittpunkt von Eschatologie, Apostolat und Ekkesiologie, diss. Heidelberg 1997

RAPPAPORT Salomo: Der gerechte Lot, ZNW 29, 1930, 299–304

REBELL Walter: Neutestamentliche Apokryphen und Apostolische Väter, München 1992

REESE Ruth Anne: Narrative Method and the Letter of Second Peter, in: Robert L. WEBB, Duane F. WATSON (eds): Reading Second Peter With New Eyes. Methodological Reassessments of the Letter of Second Peter, Library of New Testament Studies, London, New York 2010, 119–146

REPO Eero: Der „Weg" als Selbstbezeichnung des Urchristentums. Eine traditionsgeschichtliche und semasiologische Untersuchung, AASF Ser. B 132, Helsinki 1964

REUTER Rainer: Textvergleichende und synoptische Arbeit an den Briefen des Neuen Testaments. Geschichte – Methode – Praxis. Textvergleich Kolosser- und Philemonbrief, ARGU 13, Frankfurt am Main u.a. 2003

RICHARDSON L. (jr): Honos et Virtus and the Sacra Via, AJA 82, 1978, 240–246

RIEDL Hermann Josef: Anamnese und Apostolizität. Der Zweite Petrusbrief und das theologische Problem neutestamentlicher Pseudepigraphie, RSTh 64, Frankfurt am Main u.a. 2005

RIEDWEG Christoph: Mysterienterminologie bei Platon, Philon und Klemens von Alexandrien, UALG 26, Berlin, New York 1987

RIESENFELD Harald: Jésus transfiguré, ASNU 16, Kopenhagen 1947

RIESNER Rainer: Der zweite Petrus-Brief und die Eschatologie, in: Gerhard MAIER (ed): Zukunftserwartung in biblischer Sicht. Beiträge zur Eschatologie, Wuppertal, Gießen, Basel 1984, 124–143

RIFFATERRE Michael: La syllepse intertextuelle, Poétique 40, 1979, 496–501

RIFFATERRE Michael: Compulsory reader response: the intertextual drive, in: Michael WORTON, Judith STILL (eds): Intertextuality. Theories and practices, Manchester 1990, 56–78

RIGAUX Béda: Saint Paul et ses lettres. Etat de la question. SN.S 2, Paris u.a 1962

RINALDI Giovanni: La «sapienza data» a Paolo (2. Petr. 3,15), ASB 19, 1967, 395–411

ROBSON E. Iliff: Studies in the Second Epistle of St Peter, Cambridge 1915

ROBINSON John A. T.: Redating the New Testament, London 1976

ROLLER Otto: Das Formular der paulinischen Briefe, BWANT 58, 1933

ROSE Christian: Die Wolke der Zeugen. Eine exegetisch-traditionsgeschichtliche Untersuchung zu Hebräer 10,32–12,3; WUNT II, 60, Tübingen 1994

RÖSEL Martin: Wie einer vom Propheten zum Verführer wurde. Tradition und Rezeption der Bileamgestalt, Bib. 80, 1999, 506–524

ROUFFIAC Jean: Recherches sur les caractères du Grec dans le Nouveau Testament d'après les inscriptions de Priène, BEHE.R 24,2, Paris 1911

DE RU Gerrit: De authenticiteit van II Petrus, NTT 24, 1969–70, 1–12

DE RU Gerrit: De grond der geloofszekerheid, Kerk en Theologie 21, 1970, 38–54

RUF Martin G.: Ein neuer Versuch den Petrus-Code zu knacken: Der zweite Petrusbrief als allographische Fortsetzung, in: Bob BECKING, Annette MERZ (eds): Verhaal als identiteitscode, Utrechtse Reeks 60, Utrecht 2008, 255–265

SAMOYAULT Tiphaine: L'intertextualité. Mémoire de la littérature, Littérature 128, Paris ²2005

VAN DE SANDT Huub, FLUSSER David: The Didachè. Its Jewish Sources and its Place in Early Judaism and Christianity, CRI Sect.3 nr. 5, Assen u.a. 2002

SCHLOSSER Jacques: Les jours de Noé et de Lot. A propos de Luc, XVII, 26–30, RB 80, 1973, 13–36

SCHMIDT Karl Matthias: Mahnung und Erinnerung im Maskenspiel. Epistolographie, Rhetorik und Narrativik der pseudepigraphen Petrusbriefe, HBS 38, Freiburg u.a. 2003

SCHMITZ Peter Frits: Intertextualiteit door signalen en door symptomen, Spiegel der Letteren 29, 1987, 25–31

SCHNIDER Franz, STENGER Werner: Studien zum neutestamenlichen Briefformular, NTTS XI, Leiden u.a 1987

SCHOONHEIM Pieter Leendert:Een semasiologisch onderzoek van Parousia met betrekking tot het gebruik in Mattheüs 24, Diss. Utrecht, Aalten 1953

SCHRAGE Wolfgang: »Ein Tag ist beim Herrn wie tausend Jahre und tausend Jahre sind wie ein Tag« 2 Petr 3,8, in: Erich GRÄSSER, Otto MERK, Glaube und Eschatologie, FS Werner Georg KÜMMEL zum 80. Geburtstag, Tübingen 1985, 267–275

SCHUBERT Paul: Form and Function of the Pauline Thanksgivings, BZNW 20, Berlin 1939

SCHULTE-MIDDELICH Bernd: Funktionen intertextueller Textkonstitution, in: Ulrich BROICH, Manfred PFISTER (eds): Intertextualität. Formen, Funktionen, anglistische Fallstudien, Tübingen 1985, 197–242

SCHULZ Siegfried: Die Mitte der Schrift. Der Frühkatholizismus im Neuen Testament als Herausforderung an den Protestantismus, Stuttgart, Berlin 1976

SICKENBERGER Joseph: Engels- oder Teufelslästerer im Judasbriefe (8–10) und im 2. Petrusbriefe (2,10–12)? in: Theodor SIEBS (ed): FS zur Jahrhundertfeier der Universität Breslau, Breslau 1911, 621–639

SKEHAN Patrick W.: A Note on 2 Peter 2,13, Bib. 41, 1960, 69–71

SMIT SIBINGA Joost: The Old Testament Text of Justin Martyr, Vol. I Pentateuch, Leiden 1963

SMIT SIBINGA Joost: Une citation du Cantique dans la Secunda Petri, RB 73, 1966, 107–118

SMITH Terence V.: Petrine Controversies in Early Christianity, WUNT II,15, Tübingen 1985

SMITMANS Adolf: Das Gleichnis vom Dieb, in: Helmut FELD, Josef NOLTE (eds): Wort Gottes in der Zeit, FS Karl Hermann SCHELKLE, 1973, 43–68

SNYDER Graydon F.: The Tobspruch in the New Testament, NTS 23, 1977, 117–120

SNYDER John Ivan: The Promise of His Coming. The Eschatology of 2 Peter, San Mateo/California 1986

SÖLL Ludwig: Gesprochenes und geschriebenes Französisch, 2. von Franz Josef HAUSMANN bearbeitete Auflage, Grundlagen der Romanistik 6, Berlin 1980

SOURDS Marion L.: 1 Peter, 2 Peter, and Jude as Evidence for a Petrine School, ANRW 2,25,5, 1988, 3828–3849

SPENCE R. M.: Private Interpretation, ET 8, 1896/7, 285f.

SPEYER Wolfgang: Religiöse Pseudepigraphie und literarische Fälschung im Altertum, in: Norbert BROX (ed): Pseudepigraphie in der heidnischen und jüdisch-christlichen Antike, WdF 484, Darmstadt 1977, 195–263

SPITTA Friedrich: Die Petrusapokalypse und der zweite Petrusbrief, ZNW 12, 1911, 237–242

STANDHARTINGER Angela: Eusebeia in den Pastoralbriefen. Ein Beitrag zum Einfluss römischen Denkens auf das entstehende Christentum, NT 48, 2006, 51–82

STANLEY Christopher D.: Who's afraid of a thief in the night?, NTS 48, 2002, 468–486

STARR James M.: Sharers in Divine Nature. 2 Peter 1:4 in Its Hellenistic Context, CB New Testament Series 33, Stockholm 2000

STAUFFER Ethelbert: Die Theologie des Neuen Testaments, Gütersloh ⁴1948

STEIN Robert H.: Is the Transfiguration (Mark 9:2–8) a Misplaced Resurrection-Account?, JBL 95, 1976, 79–96

STEMBERGER Günter: Einleitung in Talmud und Midrasch, München ⁸1992

STEMPEL Wolf-Dieter: Intertextualität und Rezeption, in: Wolf SCHMID, Wolf-Dieter STEMPEL (eds): Dialog der Texte. Hamburger Kolloquium zur Intertextualität, Wiener slawistischer Almanach, Sonderband II, Wien 1983, 85–111

STERLING Gregory E.: Prepositional Metaphysics in Jewish Wisdom Speculation and Early Christian Liturgical Texts, SHJ 9, Atlanta/Georgia 1997, 219–238

STIERLE Karlheinz:, Werk und Intertextualität, in: Wolf SCHMID, Wolf-Dieter STEMPEL (eds): Dialog der Texte. Hamburger Kolloquium zur Intertextualität, Wiener slawistischer Almanach, Sonderband II, Wien 1983, 7–26

STIREWALT M. Luther: Studies in Ancient Epistolography, SBL Resources for Biblical Studies 27, Altanta/Georgia 1993

STRECKER Georg: Das Judenchristentum in den Pseudoklementinen, TUGAL 702, Berlin ²1981

STROBEL August: Untersuchungen zum eschatologischen Verzögerungsproblem auf Grund der spätjüdisch-frühchristlichen Geschichte von Habakuk 2,2ff., NT.S 2, Leiden, Köln 1961

SUERBAUM Ulrich: Intertextualität und Gattung. Beispielreihen und Hypothesen, in: Ulrich BROICH, Manfred PFISTER (eds): Intertextualität. Formen, Funktionen, anglistische Fallstudien, Tübingen 1985, 58–77

SYLVA Dennis D.: A Unified Field Picture of Second Peter 1.3–15: Making Rhetorical Sense Out of Individual Images, in: Robert L. WEBB, Duane F. WATSON (eds): Reading Second Peter With New Eyes. Methodological Reassessments of the Letter of Second Peter, Library of New Testament Studies, London u.a. 2010, 91–118

TAATZ Irene: Frühjüdische Briefe. Die paulinischen Briefe im Rahmen der offiziellen religiösen Briefe des Frühjudentums, NTOA 16, Freiburg/Schweiz u.a. 1991

TALBERT Charles H.: II Peter and the Delay of Parousia, VigChr 20, 1966, 137–145

TESTA Emmanuele: La distruzione del mondo per il fuoco nella seconda epistola di San Pietro, RivBib 19, 1962, 252–281

THEILER Willy: Die Vorbereitung des Neuplatonismus, Berlin, Zürich ²1964 (=¹1930)

THEISSEN Gerd: Urchristliche Wundergeschichten. Ein Beitrag zur formgeschichtlichen Erforschung der synoptischen Evangelien, StNT 8, Gütersloh ⁵1987

THEISSEN Gerd: Die Religion der ersten Christen. Eine Theorie des Urchristentums, Lizenzausgabe Darmstadt ³2003

THEISSEN Gerd: Die Entstehung des Neuen Testaments als literaturgechichtliches Problem, Schriften der philosophisch-historischen Klasse der Heidelberger Akademie der Wissenschaften 40, Heidelberg 2007

THEISSEN Gerd, MERZ Annette: Der historische Jesus. Ein Lehrbuch, Göttingen 1996

THOMSON P.: 'Interpretation' or 'Revealment', Exp.Tim. 8, 1896/7, 331

THURÉN Lauri: Style never goes out of fashion, in: Stanley E. PORTER, Thomas H. OLBRICHT (eds): Rhetoric, Scripture and Theology. Essays from the 1994 Pretoria Conference, JSNT.S 131, Sheffield 1996, 329–347

THURÉN Lauri: The Relationship between 2 Peter and Jude – A Classical Problem Resolved? In: Jacques SCHLOSSER (ed): The Catholic Epistles and the Tradition, BEThL 176, Leuven 2004, 451–440

TIBILETTI Giuseppe: Le lettere private nei papiri greci del III e IV secolo d.C. tra paganesimo e cristianesimo, Scienze filologiche e letteratura 15, Milano 1979

TOBIN Thomas H.: The Prologue of John and Hellenistic Jewish Speculation, CBQ 1990, 252–269

TORM Frederik: Die Psychologie der Pseudonymität im Hinblick auf die Literatur des Urchristentums, in: Norbert BROX (ed): Pseudepigraphie in der heidnischen und jüdisch-christlichen Antike, WdF 484, Darmstadt 1977, 111–148

TRIMAILLE Michel: Le "De sera" de Plutarque et la patience de dieu en 2 P 3, in: Jacques SCHLOSSER (ed): The Catholic Epistles and the Tradition, BEThL 176, Leuven 2004, 473–481

TROBISCH David: Die Paulusbriefe und die Anfänge der christlichen Publizistik, Gütersloh 1994

TROBISCH David: Die Endredaktion des Neuen Testaments, Eine Untersuchung zur Entstehung der christlichen Bibel, NTOA 31, Göttingen 1996

TROBISCH David: Paul's Letter Collection. Tracing the Origins, Bolivar/Missouri 2001

TRUMMER Peter: Corpus Paulinum – Corpus Pastorale. Zur Ortung der Paulustradition in den Pastoralbriefen, in: Karl KERTELGE (ed): Paulus in den neutestamentlichen Spätschriften. Zur Paulusrezeption in Neuen Testament, QD 89, Freiburg, Basel, Wien 1981, 122–145

ULLMANN Carl: Der zweite Brief Petri kritisch untersucht, Heidelberg 1821

VAN UNNIK Willem Cornelis: De verlossing 1 Petrus 1:18–19 en het probleem van den eersten Petrusbrief, mededeelingen der Nederlandsche akademie van wetenschappen, afdeeling letterkunde, nieuwe reeks, deel 5, no 1, Amsterdam 1942

VAN UNNIK Willem Cornelis: Die Rücksicht auf die Reaktion der Nicht-Christen als Motiv in der altchristlichen Paränese, in: Judentum, Urchristentum, Kirche, FS Joachim Jeremias 1964, wiederabgedruckt in: Sparsa Collecta, The Collected Essays of W. C. van Unnik II, NT.S 30, Leiden 1980, 307–322

VAN UNNIK Willem Cornelis: Oog en Oor. Criteria voor de eerste samenstelling van het Nieuwe Testament, Rede ter gelegenheid van de 337e dies natalis der rijkuniversiteit te Utrecht op 30 maart 1973, Utrecht 1973

VANDERKAM James C.: The Righteousness of Noah, in: George W. E. NICKELSBURG, John J. COLLINS (eds): Ideal Figures in Ancient Judaism. Profiles and Paradigms, SBL.Septuagint and Cognate Studies 12, Chico/California, 1980, 13–32

VANDERKAM James C.: 1 Enoch, Enochic Motifs, and Enoch in Early Christian Literature, in: James C. VANDERKAM, William ADLER, The Jewish Apocalyptic Heritage in Early Christianity, CRI sect 3 vol 4, Assen, Minneapolis 1996, 33–101

VEENKER Ronald A.: Noah, Herald of Righteousness, Proceedings of the Eastern Great Lakes and Midwest Biblical Societies 6, 1986, 204–218

VERDAASDONK Hugo J.A.: Het konsept 'intertekstualiteit', in: Kees FENS, Hans Ulrich JESSURUN D'OLIVEIRA, Jacob Jan OVERSTEEGEN (eds): Literair Lustrum 2. Een overzicht van vijf jaar Nederlandse literatuur 1966–1971, Amsterdam 1973, 344–365

VIELHAUER Philipp: Geschichte der urchristlichen Literatur, Berlin, New York ²1978, ND 1985

VOELZ James W.: Multiple Signs, Levels of Meaning and Self as Text: Elements of Intertextuality, in: George AICHELE, Gary A. PHILIPS (eds): Intertextuality and the Bible. Semeia 69/70, Altanta 1995, 149–164

VÖGTLE Anton: Die Tugend- und Lasterkataloge im Neuen Testament exegetisch, religions- und formgeschichtlich untersucht, NTA 16, 4 und 5, Münster 1936

VÖGTLE Anton: Das Neue Testament und die Zukunft des Kosmos, KBANT, Düsseldorf 1970

VÖGTLE Anton: Die Schriftwerdung der apostolischen Paradosis nach 2. Petr 1,12–15, in: Heinrich BALTENSWEILER, Bo REICKE (eds): Neues Testament und Geschichte, FS Oscar Cullmann, Tübingen 1972, 297–305

VÖGTLE Anton: Petrus und Paulus nach dem zweiten Petrusbrief, in: Paul-Gerhard MÜLLER, Werner STENGER (eds): Kontinuität und Einheit, FS Franz Mußner, Freiburg u.a. 1981, 223–239

VÖGTLE Anton: Christo-logie und Theo-logie im zweiten Petrusbrief, in: Cillier BREYTENBACH, Henning PAULSEN et al: Anfänge der Christologie, FS Ferdinand Hahn zum 65. Geburtstag, Göttingen 1991, 383–398

VORSTER Willem S.: Intertextuality and Redaktionsgeschichte, in: Sipke DRAISMA (ed): Intertextuality and Biblical Writings. Essais in Honour of Bas van Iersel, Kampen 1989, 15–26

VOUGA François: Der Brief als Form der apostolischen Autorität, in: Klaus BERGER, François VOUGA, Michael WOLTER, Dieter ZELLER, Studien und Texte zur Formgeschichte, TANZ 7, Tübingen/Basel 1992, 7–58

WACKERNAGEL Jacob: Griechische Miszellen, 12. ἀφίκευσο: ἀφίκου, Glotta 14, 1925, 56–61

WAINWRIGHT Arthur W.: The Trinity in the New Testament, London 1962

WALL Robert W.: The Canonical Function of 2 Peter, Biblical Interpretation 9, 2001, 64–81

WARNING Rainer: Imitatio und Intertextualität. Zur Geschichte lyrischer Dekonstruktion der Amortheologie: Dante, Petrarca, Baudelaire, in: Klaus W. HEMPFER, Gerhard REGN (eds): Interpretation. Das Paradigma der europäischen Renaissance-Literatur, FS Alfred NOYER-WEIDNER zum 60. Geburtstag, Wiesbaden 1983, 288–317

WARNS Rüdiger: Untersuchungen zum 2. Clemens-Brief, Diss. Marburg 1985 (1989)

WENGST Klaus: Tradition und Theologie des Barnabasbriefes, AKG 42, Berlin, New York 1971

WATSON Duane Frederick: Invention, Arrangement, and Style. Rhetorical Criticism of Jude and 2 Peter, SBL.DS 104, Atlanta/Georgia 1988

WATSON Duane Frederick: The Oral-Scribal and Cultural Intertexture of Apocalyptic Discourse in Jude and 2 Peter, in: idem (ed): The Intertexture of Apocalyptic Discourse in the New Testament, SBL.Symposium Series 14, Leiden u.a. 2002, 187–213

WATSON Duane Frederick: Comparing Two Related Methods: Rhetorical Criticism and Socio-Rhetorical Interpretation Applied to Second Peter, in: Robert L. WEBB, Duane F. WATSON (eds): Reading Second Peter With New Eyes. Methodological Reassessments of the Letter of Second Peter, Library of New Testament Studies, London, New York 2010, 27–57

WAGENMANN Julius: Die Stellung des Apostels Paulus neben den Zwölf in den ersten zwei Jahrhunderten, BZNW 3, Gießen 1926

WEEDA Willem Hendrik: 2 Pt 1:20b. Geen profetie der schrift is van eigen uitlegging, Nieuwe Theologische Studiën 2, 1919, 129–135

WEHR Lothar: Petrus und Paulus – Kontrahenten und Partner. Die beiden Apostel im Spiegel des Neuen Testaments, der Apostolischen Väter und früher Zeugnisse ihrer Verehrung, NTA.NF 30, Münster 1996

WEISS Bernhard: Lehrbuch der Einleitung in das Neue Testament, Berlin 1886

WERDERMANN Hermann: Die Irrlehrer des Judas- und 2. Petrusbriefes, BFChTh 7, 1913 Nr. 6, Gütersloh 1913

WEREN Wim: Intertextualiteit en bijbel, Kampen 1993

WHITE John L.: Saint Paul and the Apostolic Letter Tradition, CBQ 45, 1983, 433–444

WHITE John L.: New Testament Epistolary Literature in the Framework of Ancient Epistolography, ANRW 2,25,2, 1984, 1730–1756

WHITTERS Mark F.: Testament and Canon in the Letter of Second Baruch (2 Baruch 78–87), JSP 12,2, 2001, 149–163

WIBBING Siegfried: Die Tugend- und Lasterkataloge im Neuen Testament und ihre Traditionsgeschichte unter besonderer Berücksichtigung der Qumran-Texte, BZNW 25, Berlin 1959

WINDISCH Hans: Die Sprüche vom Eingehen in das Reich Gottes, ZNW 27, 1928, 163–192

WINTER Martin: Das Vermächtnis Jesu und die Abschiedsworte der Väter. Gattungsgeschichtliche Untersuchung der Vermächtnisrede im Blick auf Joh. 13–17, FRLANT 161, Göttingen 1994

WISCHMEYER Oda: Das Adjektiv ΑΓΑΠΗΤΟΣ in den paulinischen Briefen. Eine traditionsgeschichtliche Miszelle, NTS 32, 1986, 476–480

VAN WOLDE Ellen: Boeken lezen we allemaal, Schrift 91, 1984, 3–7 (1984a)

VAN WOLDE Ellen: Semiotiek en haar betekenis voor de theologie, TTh 24, 1984, 138–167 (1984b)

VAN WOLDE Ellen: Trendy Intertextuality? in: Sipke DRAISMA (ed): Intertextuality and Biblical Writings. Essais in Honour of Bas van Iersel, Kampen 1989, 43–49

VAN WOLDE Ellen: Van tekst via tekst naar betekenis: Intertekstualiteit en haar implicaties, TTh 30, 1990, 333–361

WOLF Werner: s.v. Metatext und Metatextualität, in: Ansgar NÜNNING (ed): Metzler Lexikon Literatur- und Kulturtheorie, Stuttgart, Weimar ³2004, 453–454

WOLTERS Al: "Partners of the Deity": A Covenantal Reading of 2 Peter 1:4, CTJ 25, 1990, 28–44

WOLTERS Al: Postscript to "Partners of the Deity", CTJ 26, 1991, 419–420

WORTON Michael, STILL Judith: Introduction, in: idem (eds): Intertextuality: Theories and Practices, Manchester 1990, 1–44

ZAHN Theodor: Geschichte des Neutestamentlichen Kanons, Erster Band: Das neue Testament vor Origenes, Zweite Hälfte, Leizpig 1889

ZAHN Theodor: Einleitung in das Neue Testament, Bd 2, Leipzig ³1907

ZILLIACUS Henrik: Selbstgefühl und Servilität. Studien zum unregelmässigen Numerusgebrauch im Griechischen, Societas Scientiarum Fennica. Commentationes Humanarum Litterarum XVIII,3, Helsingfors 1953

ZIMMERMANN Ruben et al. (eds): Kompendium der Gleichnisse Jesu, Gütersloh 2007

ZUMSTEIN Jean: Kreative Erinnerung. Relecture und Auslegung im Johannesevangelium, Zürich 1999

Stellenregister

Das Register erfasst neben den im fortlaufenden Text angeführten Stellen
verschiedentlich auch Verweise in den Fußnoten.

Tenach und Septuaginta

Neues Testament

8–9	429	2,28	106
8–10	427	3,1	540
9	396, 399, 427	3,2	222, 540, 590
10	390, 394, 397, 400, 457	3,2–3	161
11	378, 398f, 433, 574	3,3	539, 541, 590
12	390, 397f, 448, 450	4,9	126
12–13	575	5,9	365, 590
13	400, 450f, 453	7,12	428
14	398, 472	7,17	451
14–15	399f	8,6–9,21	386
16	456	10,4.8	101
17	105, 135–138, 141, 147,	11,2	488
	152, 155, 576	11,12	101
18	456, 484, 486, 488, 552	11,15	305
24	182, 312,319	12,61	351
24–25	181	12,28	123
25	62, 138, 182, 576	14,4	365, 590
		14,13	101
Johannesapokalypse		16,13	333
		16,15	539f, 590
1,4	32, 52, 63	19,2	455
1,4–5	64	19,20	333
1,14	123	20	532
2,12–17	443	20,20	333
2,13	443, 445	21	525
2,14	590	21,1	525, 590
2,19	272f	21,6	451
2,26–28	123		

Außerbiblische jüdische und christliche Literatur

Acta Johannis		*Apostolische Konstitutionen*	
90	119	VIII,12,22	411
106–107	311		
		Ascenio Isaiae	
Acta Pauli		2,12f	333
20	121	3,30–31	329
		9,9	227
Acta Petri			
ActVerc 33–35	238	*Avot de Rabbi Nathan (ARN)*	
ActVerc 36	207, 238	1,5,3	438
		29,7,1	436
Acta Thomae			
143	120f		
		Barnabasbrief	
Adamantius:		1,2	259
De recta in Deum fide		1,2–3	260
I28 821a–b	461	1,4	467

Nicht jüdisch-christliche antike Literatur

Inschriften

Autorenregister

Sachregister

564, 565, 568, 570, 571, 573, 575,
576, 577, 587, 592, 593, 598, 599,
600, 601, 602, 603,

Präskript 22, 29, 32, 33, 43, 45–48, 49,
53, 54, 55, 57, 60, 63, 64, 66, 67–78,
79, 80, 81, 83, 84, 85–87, 11, 132,
138, 144, 151, 156, 161, 162, 180,
183, 184, 185, 187, 192, 194, 206,
209, 211, 219, 220, 221, 245, 251,
254, 258, 259, 260, 261, 264, 266,
286, 287, 309, 317, 356, 357, 372,
557, 569, 570, 572, 573, 574, 577,
578, 583, 585, 600

–, *adscriptio* 44, 45, 46, 51–63, 65, 67,
69, 71, 72, 75, 77, 82f, 85, 87, 156,
185, 254, 255, 288, 409, 557, 600

–, *superscriptio* 33, 44, 46, 48–51, 64,
65, 66, 68, 73, 74, 75, 79–88, 160,
173, 259, 356, 569, 570, 573, 574,
600

–, *salutatio* 33, 44, 46, 58, 60, 63–65, 66,
69, 71, 72, 75, 78, 83f, 161, 162, 259,
356, 568, 569, 570, 573, 583, 600

Prätext 14, 15, 16, 17, 18, 22, 23, 25, 26,
27, 47, 50, 51, 59, 62, 64, 65, 66, 70,
78, 79, 80, 82, 83, 84, 85, 103, 106,
108, 119, 122f, 128, 129, 131, 135–
138, 141, 147, 152, 157, 168, 169,
171, 180, 181, 182, 183f, 191, 192,
193, 195, 197, 219–221, 246, 247,
251, 252, 253, 310, 316, 317, 334,
335, 347, 357–359, 263, 264, 274,
376, 378, 379, 380, 381, 382, 384,
387, 390–401, 418, 427, 430, 431,
432, 434, 443, 448, 449, 451, 452,
453, 454, 455, 456, 457, 469, 469,
472, 474, 475, 476, 477, 483, 488,
495, 542, 547, 552, 554, 556, 559,
560, 567, 572, 573, 574, 576, 577,
591, 593, 595, 599

–, ständiger Prätext 41f

(Text-)Produktion (*auch*: Produktivität) 1, 2, 5, 7, 8, 9, 10, 11, 12, 14, 16,
23, 24, 25, 28, 29, 35–38, 39, 80, 244,
568

Pseudepigraphie 28–35, 25–40, 67, 71,
75, 76, 81, 102, 130, 132, 133, 148,
158, 174, 190, 200, 208, 220, 221,
238, 248, 283, 456, 583, 599

–, pseudepigraphe Phase frühchristlicher Literatur 28–31

Qumran 265, 284, 346, 353, 373, 447,
511, 522, 538, 568

Referenz 13, 14, 17, 18, 24, 42, 47, 123,
127, 135, 136, 147, 149, 150, 152,
155, 157, 163, 164, 165, 166, 172,
183, 233, 243, 266, 276, 286, 291,
302, 305, 306, 310–313, 347, 362,
369, 374, 379, 381, 384, 399, 474,
477, 487, 491, 497, 505, 543, 544,
546, 547, 553, 565, 579, 581, 598

–, autoreferentieller Verweis 245, 249,
567

–, Einzeltextreferenz 21

–, intratextuelle Referenz 104, 136,
160, 266, 421, 422, 545

–, lexikalische Referenz 122, 289–303,
341–372

–, metatextuelle Referenz (*siehe*: Metatextualität)

–, onomastische Referenz 38

–, Referentialität 16, 25

–, Referenztext 77, 134, 135, 163, 167,
168, 169, 170, 171, 249, 487, 573

–, Referenztextorientierung 16

–, Systemreferenz 21, 45

Rezeption (von Texten, Personen und
Figuren) 5, 10, 11, 12, 16, 23, 24,
25, 26, 35–38, 49, 48, 69, 70, 76, 110,
130, 150, 187, 190, 191, 203, 208,
242, 244, 246, 248, 253, 268, 303,
305, 348, 352, 377, 378, 382, 406,
408, 409, 412, 413, 419, 420, 426,
427, 433, 434, 435, 437, 439, 441,
442, 443, 444, 445, 446, 449, 450,
455, 461, 465, 472, 473, 474, 477,
478, 504, 513, 521, 526, 527, 550,
552, 553, 554, 562, 563, 564, 568,
569, 570, 571, 575, 594, 598, 601

Wissenschaftliche Untersuchungen zum Neuen Testament

Alphabetische Übersicht der ersten und zweiten Reihe

Ådna, Jostein: Jesu Stellung zum Tempel. 2000. *Bd. II/119.*

Ådna, Jostein (Hrsg.): The Formation of the Early Church. 2005. *Bd. 183.*

– und *Hans Kvalbein* (Hrsg.): The Mission of the Early Church to Jews and Gentiles. 2000. *Bd. 127.*

Ahearne-Kroll, Stephen P., Paul A. Holloway und *James A. Kelhoffer* (Hrsg.): Women and Gender in Ancient Religions. 2010. *Bd. 263*

Aland, Barbara: Was ist Gnosis? 2009. *Bd. 239.*

Alexeev, Anatoly A., Christos Karakolis und *Ulrich Luz* (Hrsg.): Einheit der Kirche im Neuen Testament. Dritte europäische orthodox-westliche Exegetenkonferenz in Sankt Petersburg, 24.–31. August 2005. 2008. *Band 218.*

Alkier, Stefan: Wunder und Wirklichkeit in den Briefen des Apostels Paulus. 2001. *Bd. 134.*

Allen, David M.: Deuteronomy and Exhortation in Hebrews. 2008. *Bd. II/238.*

Anderson, Paul N.: The Christology of the Fourth Gospel. 1996. *Bd. II/78.*

Appold, Mark L.: The Oneness Motif in the Fourth Gospel. 1976. *Bd. II/1.*

Arnold, Clinton E.: The Colossian Syncretism. 1995. *Bd. II/77.*

Ascough, Richard S.: Paul's Macedonian Associations. 2003. *Bd. II/161.*

Asiedu-Peprah, Martin: Johannine Sabbath Conflicts As Juridical Controversy. 2001. *Bd. II/132.*

Attridge, Harold W.: Essays on John and Hebrews. 2010. *Bd. 264.*

– siehe *Zangenberg, Jürgen.*

Aune, David E.: Apocalypticism, Prophecy and Magic in Early Christianity. 2006. *Bd. 199.*

Avemarie, Friedrich: Die Tauferzählungen der Apostelgeschichte. 2002. *Bd. 139.*

Avemarie, Friedrich und *Hermann Lichtenberger* (Hrsg.): Auferstehung – Ressurection. 2001. *Bd. 135.*

– Bund und Tora. 1996. *Bd. 92.*

Baarlink, Heinrich: Verkündigtes Heil. 2004. *Bd. 168.*

Bachmann, Michael: Sünder oder Übertreter. 1992. *Bd. 59.*

Bachmann, Michael (Hrsg.): Lutherische und Neue Paulusperspektive. 2005. *Bd. 182.*

Back, Frances: Verwandlung durch Offenbarung bei Paulus. 2002. *Bd. II/153.*

Backhaus, Knut: Der sprechende Gott. 2009. *Bd. 240.*

Baker, William R.: Personal Speech-Ethics in the Epistle of James. 1995. *Bd. II/68.*

Bakke, Odd Magne: 'Concord and Peace'. 2001. *Bd. II/143.*

Balch, David L.: Roman Domestic Art and Early House Churches. 2008. *Bd. 228.*

Baldwin, Matthew C.: Whose *Acts of Peter*? 2005. *Bd. II/196.*

Balla, Peter: Challenges to New Testament Theology. 1997. *Bd. II/95.*

– The Child-Parent Relationship in the New Testament and its Environment. 2003. *Bd. 155.*

Bammel, Ernst: Judaica. Bd. I 1986. *Bd. 37.*

– Bd. II 1997. *Bd. 91.*

Barreto, Eric D.: Ethnic Negotiations. 2010. *Bd. II/294.*

Barrier, Jeremy W. : The Acts of Paul and Thecla. 2009. *Bd. II/270.*

Barton, Stephen C.: siehe *Stuckenbruck, Loren T.*

Bash, Anthony: Ambassadors for Christ. 1997. *Bd. II/92.*

Bauckham, Richard: The Jewish World around the New Testament. Collected Essays Volume I. 2008. *Bd. 233.*

Bauernfeind, Otto: Kommentar und Studien zur Apostelgeschichte. 1980. *Bd. 22.*

Baum, Armin Daniel: Pseudepigraphie und literarische Fälschung im frühen Christentum. 2001. *Bd. II/138.*

Bayer, Hans Friedrich: Jesus' Predictions of Vindication and Resurrection. 1986. *Bd. II/20.*

Becker, Eve-Marie: Das Markus-Evangelium im Rahmen antiker Historiographie. 2006. *Bd. 194.*

Becker, Eve-Marie und *Peter Pilhofer* (Hrsg.): Biographie und Persönlichkeit des Paulus. 2005. *Bd. 187.*

Becker, Michael: Wunder und Wundertäter im frührabbinischen Judentum. 2002. *Bd. II/144.*

Becker, Michael und *Markus Öhler* (Hrsg.): Apokalyptik als Herausforderung neutestamentlicher Theologie. 2006. *Bd. II/214.*

Bell, Richard H.: Deliver Us from Evil. 2007. *Bd. 216.*

– The Irrevocable Call of God. 2005. *Bd. 184.*

– No One Seeks for God. 1998. *Bd. 106.*

– Provoked to Jealousy. 1994. *Bd. II/63.*

Bennema, Cornelis: The Power of Saving Wisdom. 2002. *Bd. II/148.*

Bergman, Jan: siehe *Kieffer, René*

Bergmeier, Roland: Das Gesetz im Römerbrief und andere Studien zum Neuen Testament. 2000. *Bd. 121.*

Bernett, Monika: Der Kaiserkult in Judäa unter den Herodiern und Römern. 2007. *Bd. 203.*

Betz, Otto: Jesus, der Messias Israels. 1987. *Bd. 42.*

– Jesus, der Herr der Kirche. 1990. *Bd. 52.*

Beyschlag, Karlmann: Simon Magus und die christliche Gnosis. 1974. *Bd. 16.*

Bieringer, Reimund: siehe *Koester, Craig.*

Bittner, Wolfgang J.: Jesu Zeichen im Johannesevangelium. 1987. *Bd. II/26.*

Bjerkelund, Carl J.: Tauta Egeneto. 1987. *Bd. 40.*

Blackburn, Barry Lee: Theios Aner and the Markan Miracle Traditions. 1991. *Bd. II/40.*

Blanton IV, Thomas R.: Constructing a New Covenant. 2007. *Bd. II/233.*

Bock, Darrell L.: Blasphemy and Exaltation in Judaism and the Final Examination of Jesus. 1998. *Bd. II/106.*

Bockmuehl, Markus: The Remembered Peter. 2010. *Vol. 262.*

– Revelation and Mystery in Ancient Judaism and Pauline Christianity. 1990. *Bd. II/36.*

Bøe, Sverre: Cross-Bearing in Luke. 2010. *Bd. II/278.*

– Gog and Magog. 2001. *Bd. II/135.*

Böhlig, Alexander: Gnosis und Synkretismus. Teil 1 1989. *Bd. 47* – Teil 2 1989. *Bd. 48.*

Böhm, Martina: Samarien und die Samaritai bei Lukas. 1999. *Bd. II/111.*

Börstinghaus, Jens: Sturmfahrt und Schiffbruch. 2010. *Bd. II/274.*

Böttrich, Christfried: Weltweisheit – Menschheitsethik – Urkult. 1992. *Bd. II/50.*

– */ Herzer, Jens* (Hrsg.): Josephus und das Neue Testament. 2007. *Bd. 209.*

Bolyki, János: Jesu Tischgemeinschaften. 1997. *Bd. II/96.*

Bosman, Philip: Conscience in Philo and Paul. 2003. *Bd. II/166.*

Bovon, François: New Testament and Christian Apocrypha. 2009. *Bd. 237.*

– Studies in Early Christianity. 2003. *Bd. 161.*

Brändl, Martin: Der Agon bei Paulus. 2006. *Bd. II/222.*

Braun, Heike: Geschichte des Gottesvolkes und christliche Identität. 2010. *Bd. II/279.*

Breytenbach, Cilliers: siehe *Frey, Jörg.*

Broadhead, Edwin K.: Jewish Ways of Following Jesus Redrawing the Religious Map of Antiquity. 2010. *Bd. 266.*

Brocke, Christoph vom: Thessaloniki – Stadt des Kassander und Gemeinde des Paulus. 2001. *Bd. II/125.*

Brunson, Andrew: Psalm 118 in the Gospel of John. 2003. *Bd. II/158.*

Büchli, Jörg: Der Poimandres – ein paganisiertes Evangelium. 1987. *Bd. II/27.*

Bühner, Jan A.: Der Gesandte und sein Weg im 4. Evangelium. 1977. *Bd. II/2.*

Burchard, Christoph: Untersuchungen zu Joseph und Aseneth. 1965. *Bd. 8.*

– Studien zur Theologie, Sprache und Umwelt des Neuen Testaments. Hrsg. von D. Sänger. 1998. *Bd. 107.*

Burnett, Richard: Karl Barth's Theological Exegesis. 2001. *Bd. II/145.*

Byron, John: Slavery Metaphors in Early Judaism and Pauline Christianity. 2003. *Bd. II/162.*

Byrskog, Samuel: Story as History – History as Story. 2000. *Bd. 123.*

Cancik, Hubert (Hrsg.): Markus-Philologie. 1984. *Bd. 33.*

Capes, David B.: Old Testament Yaweh Texts in Paul's Christology. 1992. *Bd. II/47.*

Caragounis, Chrys C.: The Development of Greek and the New Testament. 2004. *Bd. 167.*

– The Son of Man. 1986. *Bd. 38.*

– siehe *Fridrichsen, Anton.*

Carleton Paget, James: The Epistle of Barnabas. 1994. *Bd. II/64.*

– Jews, Christians and Jewish Christians in Antiquity. 2010. *Bd. 251.*

Carson, D.A., Peter T. O'Brien und *Mark Seifrid* (Hrsg.): Justification and Variegated Nomism.
Bd. 1: The Complexities of Second Temple Judaism. 2001. *Bd. II/140.*
Bd. 2: The Paradoxes of Paul. 2004. *Bd. II/181.*

Chae, Young Sam: Jesus as the Eschatological Davidic Shepherd. 2006. *Bd. II/216.*

Chapman, David W.: Ancient Jewish and Christian Perceptions of Crucifixion. 2008. *Bd. II/244.*

Chester, Andrew: Messiah and Exaltation. 2007. *Bd. 207.*

Chibici-Revneanu, Nicole: Die Herrlichkeit des Verherrlichten. 2007. *Bd. II/231.*

Ciampa, Roy E.: The Presence and Function of Scripture in Galatians 1 and 2. 1998. *Bd. II/102.*

Classen, Carl Joachim: Rhetorical Criticism of the New Testament. 2000. *Bd. 128.*

Colpe, Carsten: Griechen – Byzantiner – Semiten – Muslime. 2008. *Bd. 221.*

– Iranier – Aramäer – Hebräer – Hellenen. 2003. *Bd. 154.*

Cook, John G.: Roman Attitudes Towards the Christians. 2010. *Band 261.*

Coote, Robert B. (Hrsg.): siehe *Weissenrieder, Annette.*

Coppins, Wayne: The Interpretation of Freedom in the Letters of Paul. 2009. *Bd. II/261.*

Crump, David: Jesus the Intercessor. 1992. *Bd. II/49.*

Dahl, Nils Alstrup: Studies in Ephesians. 2000. *Bd. 131.*

Daise, Michael A.: Feasts in John. 2007. *Bd. II/229.*

Deines, Roland: Die Gerechtigkeit der Tora im Reich des Messias. 2004. *Bd. 177.*
– Jüdische Steingefäße und pharisäische Frömmigkeit. 1993. *Bd. II/52.*
– Die Pharisäer. 1997. *Bd. 101.*

Deines, Roland und *Karl-Wilhelm Niebuhr* (Hrsg.): Philo und das Neue Testament. 2004. *Bd. 172.*

Dennis, John A.: Jesus' Death and the Gathering of True Israel. 2006. *Bd. 217.*

Dettwiler, Andreas und *Jean Zumstein* (Hrsg.): Kreuzestheologie im Neuen Testament. 2002. *Bd. 151.*

Dickson, John P.: Mission-Commitment in Ancient Judaism and in the Pauline Communities. 2003. *Bd. II/159.*

Dietzfelbinger, Christian: Der Abschied des Kommenden. 1997. *Bd. 95.*

Dimitrov, Ivan Z., James D.G. Dunn, Ulrich Luz und *Karl-Wilhelm Niebuhr* (Hrsg.): Das Alte Testament als christliche Bibel in orthodoxer und westlicher Sicht. 2004. *Bd. 174.*

Dobbeler, Axel von: Glaube als Teilhabe. 1987. *Bd. II/22.*

Docherty, Susan E.: The Use of the Old Testament in Hebrews. 2009. *Bd. II/260.*

Dochhorn, Jan: Schriftgelehrte Prophetie. 2010. *Bd. 268.*

Downs, David J.: The Offering of the Gentiles. 2008. *Bd. II/248.*

Dryden, J. de Waal: Theology and Ethics in 1 Peter. 2006. *Bd. II/209.*

Dübbers, Michael: Christologie und Existenz im Kolosserbrief. 2005. *Bd. II/191.*

Dunn, James D.G.: The New Perspective on Paul. 2005. *Bd. 185.*

Dunn , James D.G. (Hrsg.): Jews and Christians. 1992. *Bd. 66.*
– Paul and the Mosaic Law. 1996. *Bd. 89.*
– siehe *Dimitrov, Ivan Z.*

Dunn, James D.G., Hans Klein, Ulrich Luz und *Vasile Mihoc* (Hrsg.): Auslegung der Bibel in orthodoxer und westlicher Perspektive. 2000. *Bd. 130.*

Ebel, Eva: Die Attraktivität früher christlicher Gemeinden. 2004. *Bd. II/178.*

Ebertz, Michael N.: Das Charisma des Gekreuzigten. 1987. *Bd. 45.*

Eckstein, Hans-Joachim: Der Begriff Syneidesis bei Paulus. 1983. *Bd. II/10.*
– Verheißung und Gesetz. 1996. *Bd. 86.*

Ego, Beate: Im Himmel wie auf Erden. 1989. *Bd. II/34.*

Ego, Beate, Armin Lange und *Peter Pilhofer* (Hrsg.): Gemeinde ohne Tempel – Community without Temple. 1999. *Bd. 118.*
– und *Helmut Merkel* (Hrsg.): Religiöses Lernen in der biblischen, frühjüdischen und frühchristlichen Überlieferung. 2005. *Bd. 180.*

Eisele, Wilfried: Welcher Thomas? 2010. *Bd. 259.*

Eisen, Ute E.: siehe *Paulsen, Henning.*

Elledge, C.D.: Life after Death in Early Judaism. 2006. *Bd. II/208.*

Ellis, E. Earle: Prophecy and Hermeneutic in Early Christianity. 1978. *Bd. 18.*
– The Old Testament in Early Christianity. 1991. *Bd. 54.*

Elmer, Ian J.: Paul, Jerusalem and the Judaisers. 2009. *Bd. II/258.*

Endo, Masanobu: Creation and Christology. 2002. *Bd. 149.*

Ennulat, Andreas: Die 'Minor Agreements'. 1994. *Bd. II/62.*

Ensor, Peter W.: Jesus and His 'Works'. 1996. *Bd. II/85.*

Eskola, Timo: Messiah and the Throne. 2001. *Bd. II/142.*
– Theodicy and Predestination in Pauline Soteriology. 1998. *Bd. II/100.*

Farelly, Nicolas: The Disciples in the Fourth Gospel. 2010. *Bd. II/290.*

Fatehi, Mehrdad: The Spirit's Relation to the Risen Lord in Paul. 2000. *Bd. II/128.*

Feldmeier, Reinhard: Die Krisis des Gottessohnes. 1987. *Bd. II/21.*
– Die Christen als Fremde. 1992. *Bd. 64.*

Feldmeier, Reinhard und *Ulrich Heckel* (Hrsg.): Die Heiden. 1994. *Bd. 70.*

Finnern, Sönke: Narratologie und biblische Exegese. 2010. *Bd. II/285.*

Fletcher-Louis, Crispin H.T.: Luke-Acts: Angels, Christology and Soteriology. 1997. *Bd. II/94.*

Förster, Niclas: Marcus Magus. 1999. *Bd. 114.*

Forbes, Christopher Brian: Prophecy and Inspired Speech in Early Christianity and its Hellenistic Environment. 1995. *Bd. II/75.*

Fornberg, Tord: siehe *Fridrichsen, Anton.*

Fossum, Jarl E.: The Name of God and the Angel of the Lord. 1985. *Bd. 36.*

Foster, Paul: Community, Law and Mission in Matthew's Gospel. *Bd. II/177.*

Fotopoulos, John: Food Offered to Idols in Roman Corinth. 2003. *Bd. II/151.*

Frank, Nicole: Der Kolosserbrief im Kontext des paulinischen Erbes. 2009. *Bd. II/271.*

Frenschkowski, Marco: Offenbarung und Epiphanie. Bd. 1 1995. *Bd. II/79* – Bd. 2 1997. *Bd. II/80.*

Frey, Jörg: Eugen Drewermann und die biblische Exegese. 1995. *Bd. II/71.*
– Die johanneische Eschatologie. Bd. I. 1997. *Bd. 96.* – Bd. II. 1998. *Bd. 110.*
– Bd. III. 2000. *Bd. 117.*

Frey, Jörg und *Cilliers Breytenbach* (Hrsg.): Aufgabe und Durchführung einer Theologie des Neuen Testaments. 2007. *Bd. 205.*
– *Jens Herzer, Martina Janßen* und *Clare K. Rothschild* (Hrsg.): Pseudepigraphie und

Verfasserfiktion in frühchristlichen Briefen. 2009. *Bd. 246.*
- *Stefan Krauter* und *Hermann Lichtenberger* (Hrsg.): Heil und Geschichte. 2009. *Bd. 248.*
- und *Udo Schnelle* (Hrsg.): Kontexte des Johannesevangeliums. 2004. *Bd. 175.*
- und *Jens Schröter* (Hrsg.): Deutungen des Todes Jesu im Neuen Testament. 2005. *Bd. 181.*
- Jesus in apokryphen Evangelienüberlieferungen. 2010. *Bd. 254.*
- , *Jan G. van der Watt,* und *Ruben Zimmermann* (Hrsg.): Imagery in the Gospel of John. 2006. *Bd. 200.*

Freyne, Sean: Galilee and Gospel. 2000. *Bd. 125.*

Fridrichsen, Anton: Exegetical Writings. Hrsg. von C.C. Caragounis und T. Fornberg. 1994. *Bd. 76.*

Gadenz, Pablo T.: Called from the Jews and from the Gentiles. 2009. *Bd. II/267.*

Gäbel, Georg: Die Kulttheologie des Hebräerbriefes. 2006. *Bd. II/212.*

Gäckle, Volker: Die Starken und die Schwachen in Korinth und in Rom. 2005. *Bd. 200.*

Garlington, Don B.: 'The Obedience of Faith'. 1991. *Bd. II/38.*
- Faith, Obedience, and Perseverance. 1994. *Bd. 79.*

Garnet, Paul: Salvation and Atonement in the Qumran Scrolls. 1977. *Bd. II/3.*

Gemünden, Petra von (Hrsg.): siehe *Weissenrieder, Annette.*

Gese, Michael: Das Vermächtnis des Apostels. 1997. *Bd. II/99.*

Gheorghita, Radu: The Role of the Septuagint in Hebrews. 2003. *Bd. II/160.*

Gordley, Matthew E.: The Colossian Hymn in Context. 2007. *Bd. II/228.*

Gräbe, Petrus J.: The Power of God in Paul's Letters. 2000, ²2008. *Bd. II/123.*

Gräßer, Erich: Der Alte Bund im Neuen. 1985. *Bd. 35.*
- Forschungen zur Apostelgeschichte. 2001. *Bd. 137.*

Grappe, Christian (Hrsg.): Le Repas de Dieu – Das Mahl Gottes. 2004. *Bd. 169.*

Gray, Timothy C.: The Temple in the Gospel of Mark. 2008. *Bd. II/242.*

Green, Joel B.: The Death of Jesus. 1988. *Bd. II/33.*

Gregg, Brian Han: The Historical Jesus and the Final Judgment Sayings in Q. 2005. *Bd. II/207.*

Gregory, Andrew: The Reception of Luke and Acts in the Period before Irenaeus. 2003. *Bd. II/169.*

Grindheim, Sigurd: The Crux of Election. 2005. *Bd. II/202.*

Gundry, Robert H.: The Old is Better. 2005. *Bd. 178.*

Gundry Volf, Judith M.: Paul and Perseverance. 1990. *Bd. II/37.*

Häußer, Detlef: Christusbekenntnis und Jesusüberlieferung bei Paulus. 2006. *Bd. 210.*

Hafemann, Scott J.: Suffering and the Spirit. 1986. *Bd. II/19.*
- Paul, Moses, and the History of Israel. 1995. *Bd. 81.*

Hahn, Ferdinand: Studien zum Neuen Testament.
Bd. I: Grundsatzfragen, Jesusforschung, Evangelien. 2006. *Bd. 191.*
Bd. II: Bekenntnisbildung und Theologie in urchristlicher Zeit. 2006. *Bd. 192.*

Hahn, Johannes (Hrsg.): Zerstörungen des Jerusalemer Tempels. 2002. *Bd. 147.*

Hamid-Khani, Saeed: Relevation and Concealment of Christ. 2000. *Bd. II/120.*

Hannah, Darrel D.: Michael and Christ. 1999. *Bd. II/109.*

Hardin, Justin K.: Galatians and the Imperial Cult? 2007. *Bd. II /237.*

Harrison; James R.: Paul's Language of Grace in Its Graeco-Roman Context. 2003. *Bd. II/172.*

Hartman, Lars: Text-Centered New Testament Studies. Hrsg. von D. Hellholm. 1997. *Bd. 102.*

Hartog, Paul: Polycarp and the New Testament. 2001. *Bd. II/134.*

Hays, Christopher M.: Luke's Wealth Ethics. 2010. *Bd. 275.*

Heckel, Theo K.: Der Innere Mensch. 1993. *Bd. II/53.*
- Vom Evangelium des Markus zum viergestaltigen Evangelium. 1999. *Bd. 120.*

Heckel, Ulrich: Kraft in Schwachheit. 1993. *Bd. II/56.*
- Der Segen im Neuen Testament. 2002. *Bd. 150.*
- siehe *Feldmeier, Reinhard.*
- siehe *Hengel, Martin.*

Heemstra, Marius The Fiscus Judaicus and the Parting of the Ways. 2010. *Bd. II/277.*

Heiligenthal, Roman: Werke als Zeichen. 1983. *Bd. II/9.*

Heininger, Bernhard: Die Inkulturation des Christentums. 2010. *Bd. 255.*

Heliso, Desta: Pistis and the Righteous One. 2007. *Bd. II/235.*

Hellholm, D.: siehe *Hartman, Lars.*

Hemer, Colin J.: The Book of Acts in the Setting of Hellenistic History. 1989. *Bd. 49.*

Hengel, Martin: Jesus und die Evangelien. Kleine Schriften V. 2007. *Bd. 211.*
- Die johanneische Frage. 1993. *Bd. 67.*
- Judaica et Hellenistica. Kleine Schriften I. 1996. *Bd. 90.*
- Judaica, Hellenistica et Christiana. Kleine Schriften II. 1999. *Bd. 109.*

- Judentum und Hellenismus. 1969, ³1988. *Bd. 10.*
- Paulus und Jakobus. Kleine Schriften III. 2002. *Bd. 141.*
- Studien zur Christologie. Kleine Schriften IV. 2006. *Bd. 201.*
- Studien zum Urchristentum. Kleine Schriften VI. 2008. *Bd. 234.*
- Theologische, historische und biographische Skizzen. Kleine Schriften VII. 2010. *Band 253.*
- und *Anna Maria Schwemer:* Paulus zwischen Damaskus und Antiochien. 1998. *Bd. 108.*
- Der messianische Anspruch Jesu und die Anfänge der Christologie. 2001. *Bd. 138.*
- Die vier Evangelien und das eine Evangelium von Jesus Christus. 2008. *Bd. 224.*
Hengel, Martin und *Ulrich Heckel* (Hrsg.): Paulus und das antike Judentum. 1991. *Bd. 58.*
- und *Hermut Löhr* (Hrsg.): Schriftauslegung im antiken Judentum und im Urchristentum. 1994. *Bd. 73.*
- und *Anna Maria Schwemer* (Hrsg.): Königsherrschaft Gottes und himmlischer Kult. 1991. *Bd. 55.*
- Die Septuaginta. 1994. *Bd. 72.*
-, *Siegfried Mittmann* und *Anna Maria Schwemer* (Hrsg.): La Cité de Dieu / Die Stadt Gottes. 2000. *Bd. 129.*
Hentschel, Anni: Diakonia im Neuen Testament. 2007. *Bd. 226.*
Hernández Jr., Juan: Scribal Habits and Theological Influence in the Apocalypse. 2006. *Bd. II/218.*
Herrenbrück, Fritz: Jesus und die Zöllner. 1990. *Bd. II/41.*
Herzer, Jens: Paulus oder Petrus? 1998. *Bd. 103.*
- siehe *Böttrich, Christfried.*
- siehe *Frey, Jörg.*
Hill, Charles E.: From the Lost Teaching of Polycarp. 2005. *Bd. 186.*
Hoegen-Rohls, Christina: Der nachösterliche Johannes. 1996. *Bd. II/84.*
Hoffmann, Matthias Reinhard: The Destroyer and the Lamb. 2005. *Bd. II/203.*
Hofius, Otfried: Katapausis. 1970. *Bd. 11.*
- Der Vorhang vor dem Thron Gottes. 1972. *Bd. 14.*
- Der Christushymnus Philipper 2,6–11. 1976, ²1991. *Bd. 17.*
- Paulusstudien. 1989, ²1994. *Bd. 51.*
- Neutestamentliche Studien. 2000. *Bd. 132.*
- Paulusstudien II. 2002. *Bd. 143.*
- Exegetische Studien. 2008. *Bd. 223.*
- und *Hans-Christian Kammler:* Johannesstudien. 1996. *Bd. 88.*
Holloway, Paul A.: Coping with Prejudice. 2009. *Bd. 244.*
- siehe *Ahearne-Kroll, Stephen P.*

Holmberg, Bengt (Hrsg.): Exploring Early Christian Identity. 2008. *Bd. 226.*
- und *Mikael Winninge* (Hrsg.): Identity Formation in the New Testament. 2008. *Bd. 227.*
Holtz, Traugott: Geschichte und Theologie des Urchristentums. 1991. *Bd. 57.*
Hommel, Hildebrecht: Sebasmata. Bd. 1 1983. *Bd. 31.* Bd. 2 1984. *Bd. 32.*
Horbury, William: Herodian Judaism and New Testament Study. 2006. *Bd. 193.*
Horn, Friedrich Wilhelm und *Ruben Zimmermann* (Hrsg): Jenseits von Indikativ und Imperativ. Bd. 1. 2009. *Bd. 238.*
Horst, Pieter W. van der: Jews and Christians in Their Graeco-Roman Context. 2006. *Bd. 196.*
Hultgård, Anders und *Stig Norin* (Hrsg): Le Jour de Dieu / Der Tag Gottes. 2009. *Bd. 245.*
Hume, Douglas A.: The Early Christian Community. 2011. *Vol. II/298.*
Jackson, Ryan: New Creation in Paul's Letters. 2010. *Bd. II/272.*
Hvalvik, Reidar: The Struggle for Scripture and Covenant. 1996. *Bd. II/82.*
Janßen Martina: siehe *Frey, Jörg.*
Jauhiainen, Marko: The Use of Zechariah in Revelation. 2005. *Bd. II/199.*
Jensen, Morten H.: Herod Antipas in Galilee. 2006. ²2010. *Bd. II/215.*
Johns, Loren L.: The Lamb Christology of the Apocalypse of John. 2003. *Bd. II/167.*
Jossa, Giorgio: Jews or Christians? 2006. *Bd. 202.*
Joubert, Stephan: Paul as Benefactor. 2000. *Bd. II/124.*
Judge, E. A.: The First Christians in the Roman World. 2008. *Bd. 229.*
- Jerusalem and Athens. 2010. *Bd. 265.*
Jungbauer, Harry: „Ehre Vater und Mutter". 2002. *Bd. II/146.*
Kähler, Christoph: Jesu Gleichnisse als Poesie und Therapie. 1995. *Bd. 78.*
Kamlah, Ehrhard: Die Form der katalogischen Paränese im Neuen Testament. 1964. *Bd. 7.*
Kammler, Hans-Christian: Christologie und Eschatologie. 2000. *Bd. 126.*
- Kreuz und Weisheit. 2003. *Bd. 159.*
- siehe *Hofius, Otfried.*
Karakolis, Christos: siehe *Alexeev, Anatoly A.*
Karrer, Martin und *Wolfgang Kraus* (Hrsg.): Die Septuaginta – Texte, Kontexte, Lebenswelten. 2008. *Band 219.*
- siehe *Kraus, Wolfgang.*
Kelhoffer, James A.: The Diet of John the Baptist. 2005. *Bd. 176.*
- Miracle and Mission. 1999. *Bd. II/112.*
- Persecution, Persuasion and Power. 2010. *Bd. 270.*

Noack, Christian: Gottesbewußtsein. 2000.
Bd. II/116.
Noormann, Rolf: Irenäus als Paulusinterpret.
1994. *Bd. II/66.*
Novakovic, Lidija: Messiah, the Healer of the
Sick. 2003. *Bd. II/170.*
Obermann, Andreas: Die christologische Er-
füllung der Schrift im Johannesevangelium.
1996. *Bd. II/83.*
Öhler, Markus: Barnabas. 2003. *Bd. 156.*
– siehe *Becker, Michael.*
Okure, Teresa: The Johannine Approach to
Mission. 1988. *Bd. II/31.*
Onuki, Takashi: Heil und Erlösung. 2004.
Bd. 165.
Oropeza, B. J.: Paul and Apostasy. 2000.
Bd. II/115.
Ostmeyer, Karl-Heinrich: Kommunikation mit
Gott und Christus. 2006. *Bd. 197.*
– Taufe und Typos. 2000. *Bd. II/118.*
Pao, David W.: Acts and the Isaianic New Ex-
odus. 2000. *Bd. II/130.*
Park, Eung Chun: The Mission Discourse
in Matthew's Interpretation. 1995. *Bd. II/81.*
Park, Joseph S.: Conceptions of Afterlife in
Jewish Insriptions. 2000. *Bd. II/121.*
Parsenios, George L.: Rhetoric and Drama in
the Johannine Lawsuit Motif. 2010. *Bd. 258.*
Pate, C. Marvin: The Reverse of the Curse.
2000. *Bd. II/114.*
Paulsen, Henning: Studien zur Literatur und
Geschichte des frühen Christentums. Hrsg.
von Ute E. Eisen. 1997. *Bd. 99.*
Pearce, Sarah J.K.: The Land of the Body. 2007.
Bd. 208.
Peres, Imre: Griechische Grabinschriften und
neutestamentliche Eschatologie. 2003.
Bd. 157.
Perry, Peter S.: The Rhetoric of Digressions.
2009. *Bd. II/268.*
Philip, Finny: The Origins of Pauline Pneuma-
tology. 2005. *Bd. II/194.*
Philonenko, Marc (Hrsg.): Le Trône de Dieu.
1993. *Bd. 69.*
Pilhofer, Peter: Presbyteron Kreitton. 1990.
Bd. II/39.
– Philippi. Bd. 1 1995. *Bd. 87.* – Bd. 2 ²2009.
Bd. 119.
– Die frühen Christen und ihre Welt. 2002.
Bd. 145.
– siehe *Becker, Eve-Marie.*
– siehe *Ego, Beate.*
Pitre, Brant: Jesus, the Tribulation, and the End
of the Exile. 2005. *Bd. II/204.*
Plümacher, Eckhard: Geschichte und Geschich-
ten. 2004. *Bd. 170.*
Pöhlmann, Wolfgang: Der Verlorene Sohn und
das Haus. 1993. *Bd. 68.*
Poirier, John C.: The Tongues of Angels. 2010.
Bd. II/287.

Pokorný, Petr und *Josef B. Souček:* Bibelaus-
legung als Theologie. 1997. *Bd. 100.*
Pokorný, Petr und *Jan Roskovec* (Hrsg.): Philo-
sophical Hermeneutics and Biblical Ex-
egesis. 2002. *Bd. 153.*
Popkes, Enno Edzard: Das Menschenbild des
Thomasevangeliums. 2007. *Band 206.*
– Die Theologie der Liebe Gottes in den
johanneischen Schriften. 2005. *Bd. II/197.*
Porter, Stanley E.: The Paul of Acts. 1999.
Bd. 115.
Prieur, Alexander: Die Verkündigung der Got-
tesherrschaft. 1996. *Bd. II/89.*
Probst, Hermann: Paulus und der Brief. 1991.
Bd. II/45.
Puig i Tàrrech, Armand: Jesus: An Uncommon
Journey. 2010. *Vol. II/288.*
Rabens, Volker: The Holy Spirit and Ethics in
Paul. 2010. *Bd. II/283.*
Räisänen, Heikki: Paul and the Law. 1983,
²1987. *Bd. 29.*
Rehkopf, Friedrich: Die lukanische Sonderquel-
le. 1959. *Bd. 5.*
Rein, Matthias: Die Heilung des Blindgebore-
nen (Joh 9). 1995. *Bd. II/73.*
Reinmuth, Eckart: Pseudo-Philo und Lukas.
1994. *Bd. 74.*
Reiser, Marius: Bibelkritik und Auslegung der
Heiligen Schrift. 2007. *Bd. 217.*
– Syntax und Stil des Markusevangeliums.
1984. *Bd. II/11.*
Reynolds, Benjamin E.: The Apocalyptic Son of
Man in the Gospel of John. 2008. *Bd. II/249.*
Rhodes, James N.: The Epistle of Barnabas
and the Deuteronomic Tradition. 2004.
Bd. II/188.
Richards, E. Randolph: The Secretary in the
Letters of Paul. 1991. *Bd. II/42.*
Riesner, Rainer: Jesus als Lehrer. 1981, ³1988.
Bd. II/7.
– Die Frühzeit des Apostels Paulus. 1994.
Bd. 71.
Rissi, Mathias: Die Theologie des Hebräer-
briefs. 1987. *Bd. 41.*
Röcker, Fritz W.: Belial und Katechon. 2009.
Bd. II/262.
Röhser, Günter: Metaphorik und Personifikation
der Sünde. 1987. *Bd. II/25.*
Rose, Christian: Theologie als Erzählung im
Markusevangelium. 2007. *Bd. II/236.*
– Die Wolke der Zeugen. 1994. *Bd. II/60.*
Roskovec, Jan: siehe *Pokorný, Petr.*
Rothschild, Clare K.: Baptist Traditions and Q.
2005. *Bd. 190.*
– Hebrews as Pseudepigraphon. 2009.
Band 235.
– Luke Acts and the Rhetoric of History. 2004.
Bd. II/175.
– siehe *Frey, Jörg.*
Rüegger, Hans-Ulrich: Verstehen, was Markus
erzählt. 2002. *Bd. II/155.*

Rüger, Hans Peter: Die Weisheitsschrift aus der Kairoer Geniza. 1991. *Bd. 53.*

Ruf, Martin G.: Die heiligen Propheten, eure Apostel und ich. 2011. *Bd. II/300.*

Sänger, Dieter: Antikes Judentum und die Mysterien. 1980. *Bd. II/5.*

– Die Verkündigung des Gekreuzigten und Israel. 1994. *Bd. 75.*

– siehe *Burchard, Christoph.*

– und *Ulrich Mell* (Hrsg.): Paulus und Johannes. 2006. *Bd. 198.*

Salier, Willis Hedley: The Rhetorical Impact of the Se-meia in the Gospel of John. 2004. *Bd. II/186.*

Salzmann, Jorg Christian: Lehren und Ermahnen. 1994. *Bd. II/59.*

Sandnes, Karl Olav: Paul – One of the Prophets? 1991. *Bd. II/43.*

Sato, Migaku: Q und Prophetie. 1988. *Bd. II/29.*

Schäfer, Ruth: Paulus bis zum Apostelkonzil. 2004. *Bd. II/179.*

Schaper, Joachim: Eschatology in the Greek Psalter. 1995. *Bd. II/76.*

Schimanowski, Gottfried: Die himmlische Liturgie in der Apokalypse des Johannes. 2002. *Bd. II/154.*

– Weisheit und Messias. 1985. *Bd. II/17.*

Schlichting, Günter: Ein jüdisches Leben Jesu. 1982. *Bd. 24.*

Schließer, Benjamin: Abraham's Faith in Romans 4. 2007. *Band II/224.*

Schnabel, Eckhard J.: Law and Wisdom from Ben Sira to Paul. 1985. *Bd. II/16.*

Schnelle, Udo: siehe *Frey, Jörg.*

Schröter, Jens: Von Jesus zum Neuen Testament. 2007. *Band 204.*

– siehe *Frey, Jörg.*

Schutter, William L.: Hermeneutic and Composition in I Peter. 1989. *Bd. II/30.*

Schwartz, Daniel R.: Studies in the Jewish Background of Christianity. 1992. *Bd. 60.*

Schwemer, Anna Maria: siehe *Hengel, Martin*

Schwindt, Rainer: Das Weltbild des Epheserbriefes. 2002. *Bd. 148.*

Scott, Ian W.: Implicit Epistemology in the Letters of Paul. 2005. *Bd. II/205.*

Scott, James M.: Adoption as Sons of God. 1992. *Bd. II/48.*

– Paul and the Nations. 1995. *Bd. 84.*

Shi, Wenhua: Paul's Message of the Cross as Body Language. 2008. *Bd. II/254.*

Shum, Shiu-Lun: Paul's Use of Isaiah in Romans. 2002. *Bd. II/156.*

Siegert, Folker: Drei hellenistisch-jüdische Predigten. Teil I 1980. *Bd. 20* – Teil II 1992. *Bd. 61.*

– Nag-Hammadi-Register. 1982. *Bd. 26.*

– Argumentation bei Paulus. 1985. *Bd. 34.*

– Philon von Alexandrien. 1988. *Bd. 46.*

Simon, Marcel: Le christianisme antique et son contexte religieux I/II. 1981. *Bd. 23.*

Smit, Peter-Ben: Fellowship and Food in the Kingdom. 2008. *Bd. II/234.*

Snodgrass, Klyne: The Parable of the Wicked Tenants. 1983. *Bd. 27.*

Söding, Thomas: Das Wort vom Kreuz. 1997. *Bd. 93.*

– siehe *Thüsing, Wilhelm.*

Sommer, Urs: Die Passionsgeschichte des Markusevangeliums. 1993. *Bd. II/58.*

Sorensen, Eric: Possession and Exorcism in the New Testament and Early Christianity. 2002. *Band II/157.*

Souček, Josef B.: siehe *Pokorný, Petr.*

Southall, David J.: Rediscovering Righteousness in Romans. 2008. *Bd. 240.*

Spangenberg, Volker: Herrlichkeit des Neuen Bundes. 1993. *Bd. II/55.*

Spanje, T.E. van: Inconsistency in Paul? 1999. *Bd. II/110.*

Speyer, Wolfgang: Frühes Christentum im antiken Strahlungsfeld. Bd. I: 1989. *Bd. 50.*

– Bd. II: 1999. *Bd. 116.*

– Bd. III: 2007. *Bd. 213.*

Spittler, Janet E.: Animals in the Apocryphal Acts of the Apostles. 2008. *Bd. II/247.*

Sprinkle, Preston: Law and Life. 2008. *Bd. II/241.*

Stadelmann, Helge: Ben Sira als Schriftgelehrter. 1980. *Bd. II/6.*

Stein, Hans Joachim: Frühchristliche Mahlfeiern. 2008. *Bd. II/255.*

Stenschke, Christoph W.: Luke's Portrait of Gentiles Prior to Their Coming to Faith. *Bd. II/108.*

Sterck-Degueldre, Jean-Pierre: Eine Frau namens Lydia. 2004. *Bd. II/176.*

Stettler, Christian: Der Kolosserhymnus. 2000. *Bd. II/131.*

– Das letzte Gericht. 2011. *Bd. II/299.*

Stettler, Hanna: Die Christologie der Pastoralbriefe. 1998. *Bd. II/105.*

Stökl Ben Ezra, Daniel: The Impact of Yom Kippur on Early Christianity. 2003. *Bd. 163.*

Strobel, August: Die Stunde der Wahrheit. 1980. *Bd. 21.*

Stroumsa, Guy G.: Barbarian Philosophy. 1999. *Bd. 112.*

Stuckenbruck, Loren T.: Angel Veneration and Christology. 1995. *Bd. II/70.*

–, *Stephen C. Barton* und *Benjamin G. Wold* (Hrsg.): Memory in the Bible and Antiquity. 2007. *Vol. 212.*

Stuhlmacher, Peter (Hrsg.): Das Evangelium und die Evangelien. 1983. *Bd. 28.*

– Biblische Theologie und Evangelium. 2002. *Bd. 146.*

Sung, Chong-Hyon: Vergebung der Sünden. 1993. *Bd. II/57.*

Svendsen, Stefan N.: Allegory Transformed. 2009. *Bd. II/269*

Tajra, Harry W.: The Trial of St. Paul. 1989. *Bd. II/35.*

– The Martyrdom of St.Paul. 1994. *Bd. II/67.*

Tellbe, Mikael: Christ-Believers in Ephesus. 2009. *Bd. 242.*

Theißen, Gerd: Studien zur Soziologie des Urchristentums. 1979, ³1989. *Bd. 19.*

Theobald, Michael: Studien zum Corpus Iohanneum. 2010. *Band 267.*

– Studien zum Römerbrief. 2001. *Bd. 136.*

– siehe *Mußner, Franz.*

Thornton, Claus-Jürgen: Der Zeuge des Zeugen. 1991. *Bd. 56.*

Thüsing, Wilhelm: Studien zur neutestamentlichen Theologie. Hrsg. von Thomas Söding. 1995. *Bd. 82.*

Thurén, Lauri: Derhethorizing Paul. 2000. *Bd. 124.*

Thyen, Hartwig: Studien zum Corpus Iohanneum. 2007. *Bd. 214.*

Tibbs, Clint: Religious Experience of the Pneuma. 2007. *Bd. II/230.*

Toit, David S. du: Theios Anthropos. 1997. *Bd. II/91.*

Tomson, Peter J. und *Doris Lambers-Petry* (Hrsg.): The Image of the Judaeo-Christians in Ancient Jewish and Christian Literature. 2003. *Bd. 158.*

Tolmie, D. Francois: Persuading the Galatians. 2005. *Bd. II/190.*

Toney, Carl N.: Paul's Inclusive Ethic. 2008. *Bd. II/252.*

Trebilco, Paul: The Early Christians in Ephesus from Paul to Ignatius. 2004. *Bd. 166.*

Treloar, Geoffrey R.: Lightfoot the Historian. 1998. *Bd. II/103.*

Troftgruben, Troy M.: A Conclusion Unhindered. 2010. *Bd. II/280.*

Tso, Marcus K.M.: Ethics in the Qumran Community. 2010. *Bd. II/292.*

Tsuji, Manabu: Glaube zwischen Vollkommenheit und Verweltlichung. 1997. *Bd. II/93.*

Twelftree, Graham H.: Jesus the Exorcist. 1993. *Bd. II/54.*

Ulrichs, Karl Friedrich: Christusglaube. 2007. *Bd. II/227.*

Urban, Christina: Das Menschenbild nach dem Johannesevangelium. 2001. *Bd. II/137.*

Vahrenhorst, Martin: Kultische Sprache in den Paulusbriefen. 2008. *Bd. 230.*

Vegge, Ivar: 2 Corinthians – a Letter about Reconciliation. 2008. *Bd. II/239.*

Verheyden, Joseph, Korinna Zamfir und *Tobias Nicklas* (Ed.): Prophets and Prophecy in Jewish and Early Christian Literature. 2010. *Bd. II/286.*

– siehe *Nicklas, Tobias*

Visotzky, Burton L.: Fathers of the World. 1995. *Bd. 80.*

Vollenweider, Samuel: Horizonte neutestamentlicher Christologie. 2002. *Bd. 144.*

Vos, Johan S.: Die Kunst der Argumentation bei Paulus. 2002. *Bd. 149.*

Waaler, Erik: The *Shema* and The First Commandment in First Corinthians. 2008. *Bd. II/253.*

Wagener, Ulrike: Die Ordnung des „Hauses Gottes". 1994. *Bd. II/65.*

Wagner, J. Ross: siehe *Wilk, Florian.*

Wahlen, Clinton: Jesus and the Impurity of Spirits in the Synoptic Gospels. 2004. *Bd. II/185.*

Walker, Donald D.: Paul's Offer of Leniency (2 Cor 10:1). 2002. *Bd. II/152.*

Walter, Nikolaus: Praeparatio Evangelica. Hrsg. von Wolfgang Kraus und Florian Wilk. 1997. *Bd. 98.*

Wander, Bernd: Gottesfürchtige und Sympathisanten. 1998. *Bd. 104.*

Wardle, Timothy: The Jerusalem Temple and Early Christian Identity. 2010. *Bd. II/291.*

Wasserman, Emma: The Death of the Soul in Romans 7. 2008. *Bd. 256.*

Waters, Guy: The End of Deuteronomy in the Epistles of Paul. 2006. *Bd. 221.*

Watt, Jan G. van der: siehe *Frey, Jörg.*

– siehe *Zimmermann, Ruben.*

Watts, Rikki: Isaiah's New Exodus and Mark. 1997. *Bd. II/88.*

Wedderburn, Alexander J.M.: Baptism and Resurrection. 1987. *Bd. 44.*

– Jesus and the Historians. 2010. *Bd. 269.*

Wegner, Uwe: Der Hauptmann von Kafarnaum. 1985. *Bd. II/14.*

Weiß, Hans-Friedrich: Frühes Christentum und Gnosis. 2008. *Bd. 225.*

Weissenrieder, Annette: Images of Illness in the Gospel of Luke. 2003. *Bd. II/164.*

– und *Robert B. Coote* (Hrsg.): The Interface of Orality and Writing. 2010. *Bd. 260.*

–, *Friederike Wendt* und *Petra von Gemünden* (Hrsg.): Picturing the New Testament. 2005. *Bd. II/193.*

Welck, Christian: Erzählte ‚Zeichen‘. 1994. *Bd. II/69.*

Wendt, Friederike (Hrsg.): siehe *Weissenrieder, Annette.*

Wiarda, Timothy: Peter in the Gospels. 2000. *Bd. II/127.*

Wifstrand, Albert: Epochs and Styles. 2005. *Bd. 179.*

Wilk, Florian und *J. Ross Wagner* (Ed.): Between Gospel and Election. 2010. *Bd. 257.*

– siehe *Walter, Nikolaus.*

Williams, Catrin H.: I am He. 2000. *Bd. II/113.*

Winninge, Mikael: siehe *Holmberg, Bengt.*

Wilson, Todd A.: The Curse of the Law and the Crisis in Galatia. 2007. *Bd. II/225.*

Wilson, Walter T.: Love without Pretense. 1991. *Bd. II/46.*

Winn, Adam: The Purpose of Mark's Gospel. 2008. *Bd. II/245.*

Wischmeyer, Oda: Von Ben Sira zu Paulus. 2004. *Bd. 173.*